安国县志

—— ANGUO XIANZHI ——

（修订版）

安国市地方志编纂委员会　编

方志出版社
Publishing House of Local Records

图书在版编目（CIP）数据

安国县志. / 安国市地方志编纂委员会编. --修订本
. --北京 ：方志出版社，2020.6
ISBN 978-7-5144-4227-4

Ⅰ.①安… Ⅱ.①安… Ⅲ.①安国—地方志 Ⅳ.
①K292.24

中国版本图书馆CIP数据核字（2020）第107590号

安国县志（修订版）

编　　者：安国市地方志编纂委员会
责任编辑：范　静
出 版 者：方志出版社
地址　北京市朝阳区潘家园东里9号（国家方志馆4层）
邮编　100021
网址　http://www.fzph.org
发　　行：方志出版社图书经销中心
电话（010）67110500
经　　销：各地新华书店
印　　刷：山东黄氏印务有限公司
开　　本：889×1194　1/16
印　　张：61.5
字　　数：1813千字
版　　次：2020年6月第1版　2020年6月第1次印刷
ISBN 978-7-5144-4227-4　定价：560.00元

为安国县志题

功在当代
惠及子孙

杨成武
一九九二年十一月

前事不忘
后世之師

吕正操

一九九二年四月

安国市（县）地方志编纂委员会成员（1984.9—1996.9）

总 监 修　李文志（1991.1—1993.4）
　　　　　高天民（1995.5—1996.9）

主　　任　袁德根（1984.9—1991.1）
　　　　　李振忠（1991.2—1993.4）
　　　　　肖贺田（1993.5—1994.11）
　　　　　刘彦华（1995.1—1996.9）

副 主 任　周　汶（1984.9—1991.1）　史　朴（1984.9—1991.1）
　　　　　吕俊玲（1984.9—1991.9）　王志秋（1984.9—1996.9）
　　　　　徐广仁（1984.9—1996.9）　张聪秀（1991.1—1993.4）
　　　　　袁志超（1991.1—1993.4）　党泽普（1991.1—1996.9）
　　　　　刘胜军（1991.1—1996.9）　刘彦华（1993.1—1996.9）
　　　　　郭金起（1993.2—1996.9）　史洪聚（1993.11—1996.9）
　　　　　孙玉秀（1996.5—1996.9）　陈　方

委　　员（历届委员共 39 人，连任者不重列）

刘占国　于盼粘　赵　英　朱孟申　徐敬武　李济川　刘纪祥
李景章　唐延宾　李根立　吕世涌　吴国华　赵国章　杨坤龙
王国彬　曹根来　常　征　李　敏　霍洪欣　宋之光　李宗振
焦新年　刘占春　安振西　冯海泉　王守良　郑利军　李焕明
袁振宗　李建刚　李景志　赵树彬　刘会谦　张林才　刘畔力
王光弟　郭立庄　钟　军　王永祥

顾　　问　刘志明　刘仲莹

地方志编纂委员会办公室主任
　　　　　徐广仁（政府办主任兼，1984.9—1996.9）

地方志编纂委员会办公室副主任
　　　　　于盼粘（牵头主持工作，1988.7—1995.11）
　　　　　赵　英（1988.7—1996.9）
　　　　　朱孟申（1996.2—1996.9）

《安国县志》编纂人员

主　　编　于盼粘（1988.7—1995.11）
　　　　　赵　英（1995.12—1996.9）

副 主 编　赵　英（1988.7—1995.12）　吕全顺（1989.11—1990.6）
　　　　　李建亚（1990.9—1993.9）　朱孟申（1995.12—1996.9）

编　　辑　李建亚（1984.9—1993.9）　吕全顺（1984.9—1990.6）
　　　　　王建涛（1984.9—1992.9）　刘彩英（1987.1—1996.9）
　　　　　于盼粘（1988.7—1995.11）　赵　英（1988.7—1996.9）
　　　　　霍寿松（1988.8—1996.9）　朱孟申（1988.8—1996.9）
　　　　　刘跃民（1988.8—1996.9）　宋义军（1988.10—1996.9）
　　　　　史巧英（1988.11—1996.3）　王新友（1989.9—1992.1）
　　　　　吴丽英（1990.3—1996.9）　李振清（1992.1—1996.9）

曾参与编辑人员

李建欣　郝　鸣　王康瑜　霍　杰　马万年

提供资料人员

史　斌　刘云芳　袁福寿　纪福林　霍志军　寇国强　刘洪刚
张伟光　李帅修　沈　策　马泽良　孙志杰　张清田　郑兴斌
李玉坤　赵洪楼　李新哲　马志荣　刘亚丽　史东良　冯志肖
刘仲元　马东发　刘会彬　于洪兴　张宝国　陈士英　靳会君
吕占民　解胜旗　张　忠　秦　泽　王志杰　马兰柱　李建弟
胡甲兵　李英娟　赵建欣　王占芬　杨树森　宋会景　张礼恒
刘玉荣　马彦杰　王福兴　张军海　贾志生　马会敏　刘月会
杨锡庄　刘桂然　许学军　李占军　于志安　张造堂　张知人
马良驹　朱永发　焦增元　吴立柱　肖树昌　李二刚　高连英
王力民　刘建国　王会章　张树林　王胜欣　张建良　沈建然
党　力　刘立中　张　岱　孟志杰

《安国县志》编辑指导

徐广仁　袁德根　王志秋　谢　亭　史　朴　张聪秀　赵振甲
李士英　靳立君　刘永波　刘　义

审　稿

保定市地方志编纂委员会办公室　赵　静　刘宝营　赵　光　宫卫红
保定市修志顾问　张　荣　靳述凡　崔季辛
中国地方志指导小组　诸葛计
河北省地方志编纂委员会办公室　卢振川　王广才　任丽英
校　　对　赵　英　朱孟申　刘彩英　宋义军　霍寿松　刘跃民　吴丽英
电脑排版　许晓红　马秀丽　赵天普　张　颖
摄　　影　王幸来　焦秋芹

安国市地方志编纂委员会成员（2019 年调整）

总 监 修　罗　利（市委书记）
主　　任　张壮田（市长）
副 主 任　王占祥（常务副市长）
封庆明（市人大常委会副主任）
张彦安（市政协副主席）
委　　员　以姓氏笔画为序
于盼粘　马成军　王　志　王　彬　安建辉　刘拥军　宋文芳
张　帅　张　平　杨　青　赵永辉　赵聪丽　曹建辉　焦建伟
市地方志编纂委员会办公室主任　安建辉

安国市地方志指导委员会成员（2019年调整）

主　　任　王俊红（市人大常委会主任）

　　　　　刘子仁（市政协主席）

副 主 任　王占祥（常务副市长）

　　　　　封庆明（市人大常委会副主任）

　　　　　张彦安（市政协副主席）

委　　员　以姓氏笔画为序

　　　　　于盼粘　王树生　安建辉　刘敬隆　张　帅

　　　　　吴建永　谢秀敏　霍寿松

《安国县志（修订版）》修订人员

主　　编　于盼粘

编辑校对　宋义军　王兆周　齐运玲　杜志猛　杜树贵

　　　　　赵　娴　孟跃亭　杨　鹏　霍寿松

修订指导　徐广仁

特约校订　缴世忠　王炳武　刁建志　王国栓

底图资料来源：《安国县志》ISBN 7-80122-156-7/K·16，且未对界线资料进行修改

审图号：冀S(2020)042号

中共河北省委书记邢崇智（左二）在安国药交会

河北省省长张曙光（右一）考察安国制药厂

1　县委、县政府办公大楼
2　医药大楼
3　对外经济贸易大楼
4　安国市区一角
5　邮电大楼

1
2 3
4
5

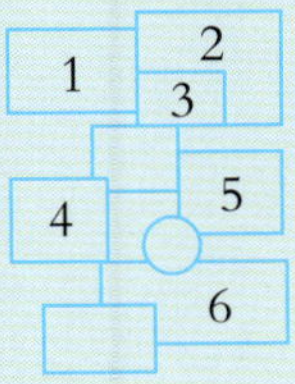

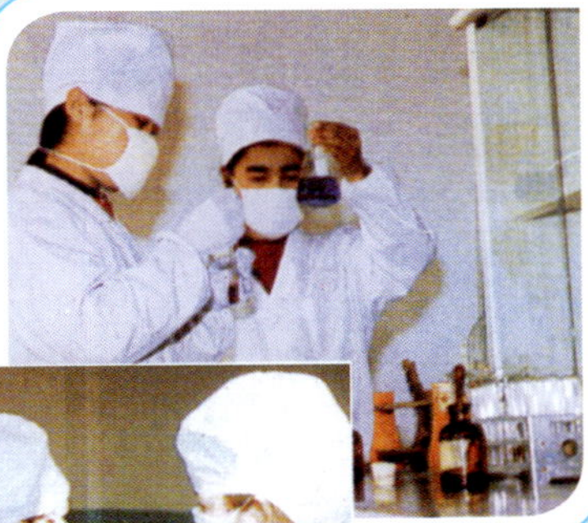

1　繁荣的中药材交易市场
2　安国药交会盛况
3　外国客商在安国药交会

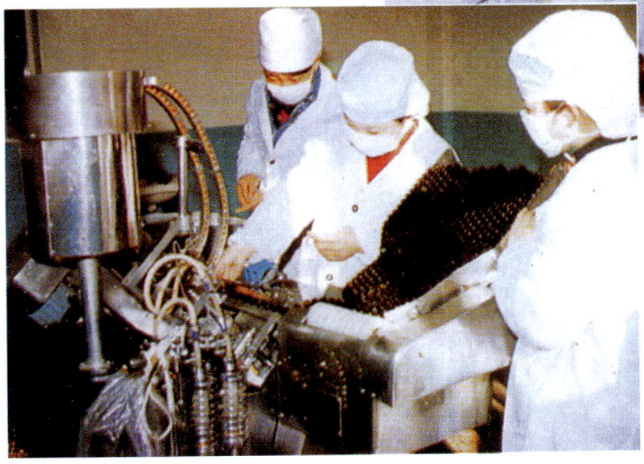

4　医疗保健品生产
5　中成药生产
6　药材种植

1　甲鱼养殖
2　庭院经济
3　大棚菜

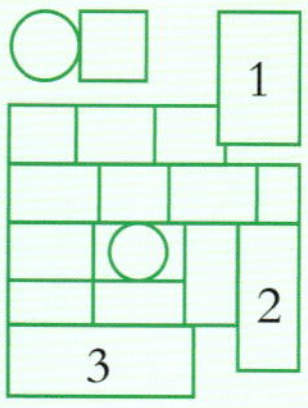

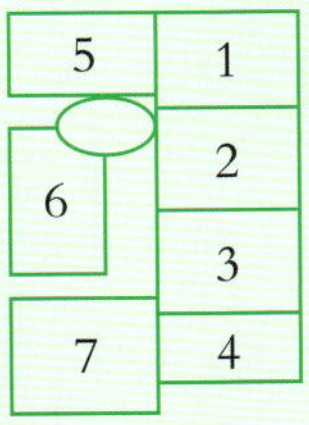

1 制酒厂获奖产品
2 棉纺厂棉纺车间
3 卫士保健品公司
4 输送机带厂
5 制酒厂包装车间
6 橡胶厂
7 第一水泵厂

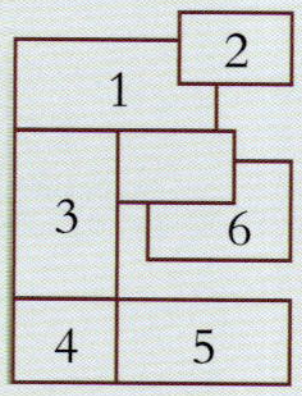

1 祁州百货大楼
2 琳琅满目的商品
3 县中医院一角
4 安国中学
5 中药材技工学校
6 职教中心大楼

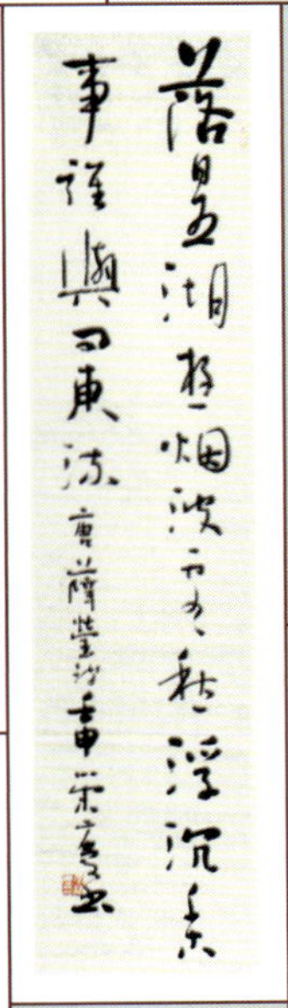

1　药王庙鼓楼
2　革命烈士纪念碑
3　药王庙钟楼
4　药王庙碑楼
5　马长柱　书法

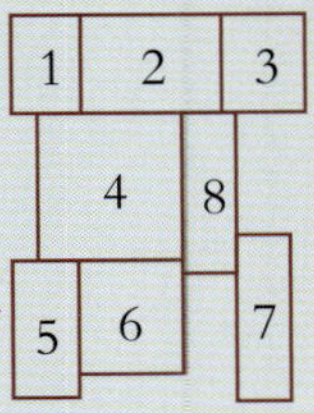

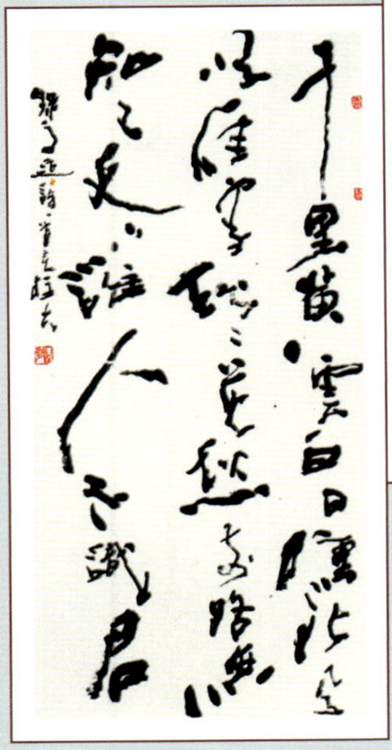

6　伟大戏剧家关汉卿墓
7　许世辉　绘画作品
8　张荣庆　书法

安国市地方志编纂委员会领导成员

前排右起：郭金起　党泽普　高天民　刘彦华　袁志超　王志秋

后排右起：徐广仁　袁德根　刘胜军　史洪聚　孙玉秀

参加《安国县志》稿评会人员合影

前排右起：李振清　李建亚　刘跃民　史巧英　吴丽英　刘彩英　朱孟申　霍寿松　宋义军　王新友

中排右起：于盼粘　王志秋　谢　亭　赵　静　郭金起　诸葛计　王广才　靳述凡　崔季辛　袁德根　徐广仁　赵　英

后排右起：宫卫红　刘宝营　靳立君　赵振甲　李士英　刘永波　张聪秀　史　朴　刘　义　胡宝琛　任丽英　赵　光

序一

《安国县志》将付梓。览毕志稿，深为安国人民创造生活的果敢和执着所鼓舞；掩卷思之，复为编纂者们务实求真的科学态度所感动。地方志办公室的同志们又邀我作序，遂感义不容辞。一则，所请殷殷，却之不恭；再则，感由衷发，不吐不快。故，不揣冒昧，写几句心里话，权以代序。

接任之前，已对安国见闻颇多，再读志稿，感触良深。她让我看到了蕴藏在安国人民中的巨大潜力，平添了自己同安国人民一起建设家园的信心。

安国有着两千余年文字可考的历史。源远浓厚的文化氛围，孕育了安国传统文化的两朵奇葩——戏剧艺术和中医药文化。世界文化名人、中国元代戏剧大师关汉卿就生活在这片古老而神奇的土地上。他才思敏锐，嫉恶如仇，塑造了一系列被压迫、受宰割而又有着强烈反抗精神的“反叛”形象，为人世间的不平呐喊、抗争，赢得后人敬仰。与他同时期的安国籍文学家、戏剧家人才辈出，董玤、杨果、吴弘道等在中国戏剧文学发展史上均颇多建树，从而奠定了 700 年来安国籍作家群在中国戏剧史上的地位。发端宋代的安国药业，历经完善，形成了自己一整套中药材种植、加工、经营的成熟模式，至明朝中叶取得全国中药材交流中心的地位，“南药换北药，东西大交流”，数百年来堪称中国乃至世界中药材交易第一大市场。其药材炮制加工技术名冠全国，饮誉世界。安国籍药工遍布全国各地，以家乡传统的加工炮制技术服务于祖国的中医药事业，为中医药文化的发展乃至走向世界做出了贡献。中国屹立于世界文化之林的戏剧、中医药、中华武术三大瑰宝，安国有其二，我为安国而自豪。

旧志云：燕赵自古多豪杰。淳朴阳刚的民风，造就了安国人“敢争天下先”的英雄气质。在同历代封建统治者的抗争中，安国人勇敢、坚毅，旧志中多有“揭竿而起”的记载。在推动历史车轮前进中安国人是斗士；在建设社会主义的事业中，安国人是先行。20 世纪 50 年代末，安国人民在中国共产党的领导下，大搞农田基本建设，取得了改土治水的极大成功，创出了高产纪录，举世瞩目。先后迎来了毛泽东主席和刘少奇、周恩来、邓小平、贺龙、陈毅等党和国家领导人的视察及 28 个国家和地区领导人的参观、访问，周恩来总理为安国人民题词：“敢想、敢说、敢干，苦干、实干、巧干”。中共十一届三中全会后，安国人民又以崭新的姿态迎接经济建设新时期的到来。改革开放，为悠久而文明的药业重镇带来了发展的新机遇，市委、市政府以药富民、以工强市战略的实施，展开了安国经济腾飞两个金翅膀，东方药城已具规模，祁州工业城已经启动。药业和工业的发展必将带动安国经济的全面发展。

《安国县志》以辩证唯物主义和历史唯物主义观点，客观地再现了安国历史，无论对安国的过去、现在和将来都是很大的贡献，谨对她的问世表示热烈祝贺。

中共安国市委书记

丙子年仲夏

序二

《安国县志》脱稿付印，实境内百年盛举。新修《安国县志》以严谨的体例、翔实的史料，客观地再现了安国两千余年的历史，读来使人深感欣慰，倍受鼓舞。

县志编纂作为安国一项重要的文化建设工程，自 1988 年步入正轨，几乎同时，我调任安国，有幸参与修志，目睹方志办的同志们以一腔浓浓乡情及对安国历史高度负责的精神，高起点，严要求，力求上乘之作。他们查资料，核史实，日以继夜，勤奋笔耕，几易寒暑，方始奏功。编纂者甘作奉献的拳拳之心，令人钦敬。安国人民将世代感谢他们对安国做出的贡献。

市、县之有志，犹国之有史。一地领导以志辅政，可以观古今，明得失。安国自宋至清志乘数修，但自清末至今历时近百载，竟无一部志书问世。其间，民国 20 年（1931）前后，有过一修，终因人力财力不逮而夭折。志书的资政作用是非常明显的，即使在封建时代，当政者亦是下车伊始先阅志，实在是因为志书系统、全面地记载一地的地情、民情，对于主政者来说，是必不可少的第一手资料。共产党人当政，向来注重借鉴、研究一地历史上方针、政策、法规对经济、民情的影响，客观分析利弊得失，以决定自己的施政方针。每当翻阅历代旧志，均因散佚或失修而难窥全豹，平添诸多遗憾。总希望能有一部贯通古今、资料翔实、可资借鉴的志书以为资政。恰逢其时，新修《安国县志》雪中送炭。她堪称一部安国的百科全书，使我们在了解县（市）情、民情，吸取历史经验教训等方面大受裨益。

我将其荐给今人及后之来者。

安国市人民政府市长 

一九九六年八月

《安国县志》修订再版序

“郡邑之有志，犹国之有史”。安国自西汉建县，历史悠久、钟灵毓秀、物华天宝、人杰地灵，历来有编史修志的传统，但留存下来的不多。20 世纪 80 年代中期到 90 年代中期，历经十余年寒暑，安国县（市）地方志编纂委员会编纂出版了中华人民共和国成立后安国的首轮志书——《安国县志》。这部县志是贯通古今的志书，记载了 2000 多年的自然环境变迁和社会变化，特别是弥补了民国时期没有县志而形成的历史空白。

地方志书有存史、资治、教化作用。《安国县志》自 1996 年出版已过去 20 多年，现存量极少。这次修订再版就是为了满足社会需求，修正错讹，存一部质量上乘志书，使其更好地为经济建设和社会发展服务，为社会各界服务。当代及后世从政者、经商者、为文者、务农者等百业千行，都能从中得到借鉴，学到本行业所需的知识，《安国县志》就是一部极具典藏价值的志书。

作为地方主官，每到一地任职，首先要了解的就是地情，而地方志书即是最全的、最权威的地情书。从地方志书中，可以溯历史、鉴古今、知形胜、察民情、明经济、看特色、学经验、避失误，为服务、建设、治理一方提供有益借鉴。我们初到安国的时候，也是从《安国县志》中了解了安国历史，历代安国人民在改造自然、建设家园、保卫家园中进行了不屈不挠的斗争。安国取得的成绩，无不闪耀着历代安国人民的聪明才智和昂扬向上、积极进取、勤劳勇敢、追求美好幸福生活的奋斗精神、崇高品德。孕育在安国这片古老热土上的优秀文化，是中华优秀传统文化、先进文化的组成部分，激发着当代、后世安国人民的自尊心、自信心、自豪感，是当代及后世安国人民建设安国、振兴安国的精神动力。

药业是安国的经济支柱。从历史上看，药业兴则安国兴。因此，历届安国的执政者都把发展药业作为振兴安国经济的大事来抓。如今，在上级党委、政府的领导下，中共安国市委、市政府正带领全市人民以繁荣和振兴祖国中医药事业为己任，瞄准建设国家级中药产业聚集之都、健康文化养生之地、绿色生态宜居之城三大功能定位，抢抓省部共建中药都、京津冀协同发展中药产业转移、国家大力振兴中医药事业和雄安新区规划建设四大战略机遇，深入实施中药产业创新升级、新型城镇化建设、健康养生文化提升三大主体战略，奋力开创经济强市、健康安国新局面。

编修《安国县志》，在市委、市政府高度重视下，经过市地方志编纂委员会办公室同志们的辛勤付出，数易其稿，终于成书。这是一部展示安国辉煌发展历程的成就展，重现了大地波澜壮阔的发展变迁；这是一部记述开拓进取推动时代变迁的奋斗史，凝聚着全市干部群众挥洒激情干事创业的心血结晶。修订后将会有更多的人看到、收藏这部地方历史文献，其记载的安国智慧、文化、精神，定会为安国人民所传承，转化为更高的热情和干劲，为建设美丽家园，为祖国建设和发展做出更大贡献。

谨以此感想，权作序。

中共安国市委书记

安国市人民政府市长

2020 年 5 月

《安国县志》修订再版说明

《安国县志》是由安国市地方志编纂委员会编纂，记述汉代到 1990 年安国地域内地理、经济、政治、军事、文化、社会、人物等的志书，全书 160 万字，1996 年出版发行。《安国县志》出版后，得到社会各界广泛关注，其资料性、科学性、实用性很强，获河北省地方志书特等奖。上级领导，安国市历届领导、各个部门、单位，地情研究机构，专家学者，历史文化爱好者，在了解安国、研究安国、重大事项决策、重大课题研究时，《安国县志》提供了全面、详细资料，是安国市物质文明和精神文明建设可资借鉴的资料宝库。

在《安国县志》编纂中，主编于盼粘，副主编赵英、李建亚、吕全顺，编辑朱孟申、宋义军、刘彩英、霍寿松、王建涛、王新友、吴丽英、李振清、史巧英、刘跃民等按照主编设计的"六三一工作法"（在时间和精力上，六分搜集资料，三分分析研究资料，一分撰写），殚精竭虑，奋斗 8 年，完成编纂、评稿、定稿。主编定稿后调走，继任主编和副主编同编辑人员一起，又奋斗半年多，负责添加彩页、联系出版社等事宜，印刷出版。

由于当时印数较少，至今已无存书，市内外每每寻求此书者无果，再版呼声很高。同时，关注《安国县志》的专家、学者、领导、方志界同仁针对书中存在问题，也提出修订再版意见。

适逢编纂续志——《安国市志（1991—2010）》，安国市地方志编纂委员会决定修订再版《安国县志》，同续志一起出版，以满足人们需求，起到系统的存史、资治、教化作用。此举得到中共安国市委、安国市人民政府在人员、经费以及工作上大力支持，得以启动这一有益当代，惠及后人的重要文化工程。

安国市地方志办公室接受修订再版任务后，组成以于盼粘为组长，宋义军、王兆周（兼主校对）为副组长，徐广仁为修订指导的《安国县志》修订小组，邀请有关专家缴世忠、王炳武、刁建志、王国栓（负责方言），共同核实修订志书。大家在不改变原著内容的基础上，核实修订志书中的错字、漏字、错用标点符号、错误数字、表格错位、时间排序不规范等多处错误，同时查阅大量历史资料，核实了一些历史人名、地名和历史事件，规范用语，去掉一些赘语。修订稿完成后，市方志办全体编辑分为 3 个校对组，校对多遍，送方志出版社出版。

虽然在修订再版工作中，我们付出很大努力，但由于能力和水平所限，仍难免纰缪，敬请广大读者批评指正。

安国市地方志编纂委员会办公室

2020 年 6 月

凡例

一、本志是记述安国县情的资料性著述。其上限自汉建县始，个别情况据事上溯，下限断至 1990 年。

二、以马克思列宁主义、毛泽东思想、邓小平理论、“三个代表”重要思想、科学发展观、习近平新时代中国特色社会主义思想为指导，坚持辩证唯物主义和历史唯物主义的立场、观点和方法，坚持“实事求是”“秉笔直书”原则。

三、首设概述、大事记，述陈历史概要；中立建置区划、自然环境、人口、基础设施、经济总情、农业、药业、工商业、财税 金融、经济综合管理、政党、政权 政协、政务、公安司法、军事、社会团体、教科文卫体、社会保障、宗教 民俗 方言、人物共 20 编，为本志主体；后设附录，收载志余。

四、采用志、记、图、表、传、录等体裁，横排竖写，事以类分。为突出地方特点，对特殊事物升格记述或破类处理。大事记采用编年体，兼用记事本末体。

五、采用现代语体文，力求文约事丰，除概述和编章小序外，坚持述而不论。

六、行文中，1945 年 8 月 28 日安国县从日伪统治下解放出来前后，简称解放前、解放后。机构、单位、事件等名称，首次出现用全称。

七、地名、货币、计量等，以当时名称、单位记述。中华人民共和国成立后计量单位使用法定计量单位。

八、清代及以前用历史纪年，中华民国到中华人民共和国成立前用民国纪年，均括注公元纪年；中华人民共和国成立后用公元纪年。

九、标点符号、数字用法遵循国家法规相关规定。

十、按照“生不立传”原则，遴选有重大贡献或重大影响的已故人物立传，主传本籍人，兼传客籍人，对其他典型人物采用“以事系人”的办法，于各编章中记述。人物表、人名录按照统一标准，在世、已逝者并录。

十一、本志资料主要来源于本地明、清时期旧志，县、地、省、国家档案资料和图书文献资料、部门提供资料、采访资料。

目 录

概 述 …………………………………… 1
大事记 …………………………………… 5

第一编 建置区划

第一章 辖域 建置沿革 ……………………… 41
第一节 位 置 ……………………………… 41
第二节 辖域变迁 …………………………… 41
第三节 建置沿革 …………………………… 42
第二章 行政区划 …………………………… 44
第一节 明代行政区划 ……………………… 44
第二节 清代行政区划 ……………………… 44
第三节 民国时期行政区划 ………………… 45
第四节 中华人民共和国成立后行政区划 … 47
第三章 城镇 乡村 ………………………… 53
第一节 县 城 ……………………………… 53
第二节 镇 …………………………………… 57
第三节 乡 …………………………………… 58
第四节 村 …………………………………… 62

第二编 自然环境

第一章 地 质 ……………………………… 75
第一节 地 史 ……………………………… 75
第二节 地质构造 …………………………… 76
第三节 地 层 ……………………………… 76
第二章 地 貌 ……………………………… 78
第一节 洪积冲积平原 ……………………… 78
第二节 浅平洼地 …………………………… 78
第三节 二坡地 ……………………………… 79
第四节 河漫滩 ……………………………… 79
第三章 气 候 ……………………………… 80
第一节 日 照 ……………………………… 80
第二节 辐 射 ……………………………… 80
第三节 气 温 ……………………………… 81
第四节 地 温 ……………………………… 81
第五节 降 水 ……………………………… 82
第六节 风 …………………………………… 83
第七节 霜 …………………………………… 83
第八节 蒸 发 ……………………………… 83
第九节 物 候 ……………………………… 83
第四章 水 文 ……………………………… 85
第一节 地上水 ……………………………… 85
第二节 地下水 ……………………………… 91
第五章 土 壤 ……………………………… 95
第一节 种类与分布 ………………………… 95
第二节 土壤质量 …………………………… 98
第六章 野生动植物 ………………………… 102
第一节 野生植物 …………………………… 102
第二节 野生动物 …………………………… 102
第七章 自然灾害 …………………………… 111
第一节 水 灾 ……………………………… 111
第二节 旱 灾 ……………………………… 112
第三节 风 灾 ……………………………… 113

第四节　雹　灾 …………………………… 114
第五节　虫　灾 …………………………… 115
第六节　地　震 …………………………… 115
第七节　其他灾害 ………………………… 116

第三编　人　口

第一章　人口数量与分布 ……………… 117
第一节　人口数量 ………………………… 117
第二节　人口分布 ………………………… 119
第二章　人口变动 ……………………… 122
第一节　生死变动 ………………………… 122
第二节　人口流动 ………………………… 124
第三章　人口质量 ……………………… 127
第一节　体　质 …………………………… 127
第二节　品　质 …………………………… 129
第三节　文化素质 ………………………… 130
第四节　劳动技能 ………………………… 130
第四章　人口结构 ……………………… 131
第一节　性别结构 ………………………… 131
第二节　年龄结构 ………………………… 131
第三节　民族结构 ………………………… 134
第四节　职业结构 ………………………… 134
第五节　姓氏结构 ………………………… 137
第五章　婚姻家庭 ……………………… 140
第一节　婚　姻 …………………………… 140
第二节　家　庭 …………………………… 144
第六章　计划生育 ……………………… 146
第一节　晚　婚 …………………………… 146
第二节　计划生育管理 …………………… 147

第四编　基础设施

第一章　水　利 ………………………… 149
第一节　地下水开采 ……………………… 149
第二节　地上水利用 ……………………… 151
第三节　防洪排涝 ………………………… 154
第四节　水利管理 ………………………… 159
第二章　能　源 ………………………… 163
第一节　电　力 …………………………… 163
第二节　煤　炭 …………………………… 168
第三节　石　油 …………………………… 170
第四节　其他能源 ………………………… 172
第三章　交通运输 ……………………… 174
第一节　道　路 …………………………… 174
第二节　桥　涵 …………………………… 178
第三节　运　输 …………………………… 179
第四节　公路管理 ………………………… 183
第五节　交通监理 ………………………… 186
第六节　水　路 …………………………… 187
第四章　邮　电 ………………………… 189
第一节　机　构 …………………………… 189
第二节　邮　政 …………………………… 190
第三节　电　信 …………………………… 193
第五章　城乡建设 ……………………… 196
第一节　县城建设 ………………………… 196
第二节　集镇建设 ………………………… 200
第三节　村庄建设 ………………………… 202
第四节　建筑施工 ………………………… 204
第五节　环境保护 ………………………… 205
第六节　城乡建设管理 …………………… 207

第五编　经济总情

第一章　生产关系变革与经济体制改革 …… 209
第一节　农业生产关系变革与体制改革…… 209
第二节　工商业生产关系变革与体制改革 … 215
第二章　经济发展概况 ………………… 219
第一节　中华人民共和国成立前经济概况… 219
第二节　中华人民共和国成立后经济概况… 219
第三章　经济结构 ……………………… 224
第一节　各业比重 ………………………… 224
第二节　农业结构 ………………………… 224
第三节　工业结构 ………………………… 227

第四节　商业结构 …………………………… 228
第四章　居民生活 …………………………… 232
第一节　农民生活 …………………………… 232
第二节　职工生活 …………………………… 241

第六编　农　业

第一章　种植业 …………………………… 245
第一节　种植品种 …………………………… 245
第二节　种植技艺 …………………………… 255
第三节　农田建设 …………………………… 260
第四节　生产效益 …………………………… 261
第五节　机构队伍 …………………………… 262
第二章　林　业 …………………………… 264
第一节　林木品种及分布 …………………………… 264
第二节　植树造林 …………………………… 267
第三节　果　林 …………………………… 269
第四节　病虫害防治 …………………………… 271
第五节　林木管理 …………………………… 272
第三章　畜牧业 …………………………… 274
第一节　畜禽品种 …………………………… 274
第二节　畜禽饲养 …………………………… 278
第三节　饲草饲料 …………………………… 282
第四节　畜禽防疫灭病 …………………………… 284
第五节　管理机构 …………………………… 286
第四章　农业机具 …………………………… 287
第一节　农田机具 …………………………… 287
第二节　农副产品加工机具 …………………………… 290
第三节　动力机械 …………………………… 292
第四节　农机管理 …………………………… 294

第七编　药　业

第一章　药材贸易 …………………………… 297
第一节　起源与发展 …………………………… 297
第二节　药　市 …………………………… 298
第三节　药　会 …………………………… 304
第四节　经　营 …………………………… 308
第五节　药材外贸 …………………………… 330
第二章　药材加工 …………………………… 333
第一节　加工业概况 …………………………… 333
第二节　加工技艺 …………………………… 334
第三章　中药材种植 …………………………… 339
第一节　分　布 …………………………… 339
第二节　品　种 …………………………… 340
第三节　面积与产量 …………………………… 341
第四节　栽培管理技术 …………………………… 344
第四章　药市服务 …………………………… 348
第一节　金融服务 …………………………… 348
第二节　交易服务 …………………………… 349
第三节　法律服务 …………………………… 350
第四节　信息服务 …………………………… 350
第五节　劳务服务 …………………………… 351
第六节　文化　生活服务 …………………………… 351
第五章　药业管理 …………………………… 352
第一节　管理机构 …………………………… 352
第二节　药业企业登记管理 …………………………… 353
第三节　交易管理 …………………………… 353

第八编　工商业

第一章　工　业 …………………………… 357
第一节　私营工业 …………………………… 357
第二节　集体工业 …………………………… 358
第三节　国营工业 …………………………… 359
第四节　门类与生产 …………………………… 360
第五节　管理机构 …………………………… 371
第二章　商　业 …………………………… 374
第一节　私营个体商业 …………………………… 374
第二节　集体商业 …………………………… 375
第三节　国营商业 …………………………… 377
第四节　商业网点 …………………………… 379
第五节　商品购销 …………………………… 381
第六节　饮食　服务 …………………………… 386

第七节　管理机构 …………………………… 387
第三章　粮油经营 …………………………… 390
第一节　粮油贸易 …………………………… 390
第二节　粮油储运 …………………………… 393
第三节　粮油加工 …………………………… 396
第四节　管理机构 …………………………… 397
第四章　乡镇企业 …………………………… 402
第一节　主体行业 …………………………… 403
第二节　重点企业与乡村龙头产业 ……… 405
第三节　乡镇企业管理 ……………………… 408

第九编　财税　金融

第一章　财　政 ……………………………… 413
第一节　财政机构 …………………………… 413
第二节　财政体制 …………………………… 413
第三节　财政收支 …………………………… 414
第四节　收支监理 …………………………… 419
第五节　债　券 ……………………………… 420
第二章　税　务 ……………………………… 422
第一节　赋税征收 …………………………… 422
第二节　税收减免 …………………………… 430
第三节　税务管理 …………………………… 432
第三章　金　融 ……………………………… 434
第一节　金融机构 …………………………… 434
第二节　货　币 ……………………………… 437
第三节　储　蓄 ……………………………… 440
第四节　信　贷 ……………………………… 443
第五节　结　算 ……………………………… 446

第十编　经济综合管理

第一章　工商行政管理 ……………………… 449
第一节　管理机构 …………………………… 449
第二节　企业登记管理 ……………………… 449
第三节　商标管理 …………………………… 450
第四节　市场管理 …………………………… 451
第五节　经济合同管理 ……………………… 452
第二章　价格管理 …………………………… 453
第一节　管理机构 …………………………… 453
第二节　物价管理体制 ……………………… 453
第三节　物价水平及调整 …………………… 454
第四节　物价监督检查 ……………………… 460
第三章　标准计量管理 ……………………… 461
第一节　计量演变 …………………………… 461
第二节　计量管理 …………………………… 463
第三节　标准化管理 ………………………… 463
第四节　管理机构 …………………………… 464
第四章　计　划 ……………………………… 465
第一节　计划编制 …………………………… 465
第二节　计划实施 …………………………… 466
第五章　统　计 ……………………………… 467
第一节　统计机构 …………………………… 467
第二节　统计工作 …………………………… 467
第六章　土地管理 …………………………… 469
第一节　管理机构 …………………………… 469
第二节　管理状况 …………………………… 469
第七章　审　计 ……………………………… 471
第一节　审计机构 …………………………… 471
第二节　审计工作 …………………………… 471

第十一编　政　党

第一章　中国共产党安国县地方组织 …… 473
第一节　创建与发展 ………………………… 473
第二节　组织机构 …………………………… 477
第三节　党　员 ……………………………… 487
第四节　党员代表大会 ……………………… 491
第五节　组织建设 …………………………… 493
第六节　宣　传 ……………………………… 496
第七节　统一战线 …………………………… 499
第八节　纪律检查 …………………………… 500
第九节　共产党的领导方法 ………………… 502
第二章　中国国民党安国县地方组织 …… 509

第一节 机构沿革 …………………………… 509
第二节 主要活动 …………………………… 509

第十二编 政权 政协

第一章 旧政权 …………………………………… 511
第一节 县（州）衙 ………………………… 511
第二节 民国县政府 ………………………… 517
第三节 县参议会 …………………………… 518
第二章 人民权力机关 ……………………………… 519
第一节 各界人民代表会议 ……………… 519
第二节 人民代表大会 ……………………… 520
第三节 人民代表大会常务委员会 ……… 524
第三章 人民政府 ………………………………… 527
第一节 县级行政机构 ……………………… 527
第二节 基层政权设置 ……………………… 531
第四章 政治协商会议 ……………………………… 533
第一节 机 构 ……………………………… 533
第二节 历届政协会议 ……………………… 533
第三节 主要活动 …………………………… 536

第十三编 政 务

第一章 政府施政方式 ……………………………… 539
第一节 旧政权施政方式 ………………… 539
第二节 人民政府施政方式 ……………… 539
第二章 人事管理 ………………………………… 543
第一节 干部队伍 …………………………… 543
第二节 编制管理 …………………………… 548
第三章 来信来访 ………………………………… 557
第一节 信访机构 …………………………… 557
第二节 信访工作 …………………………… 557
第四章 政事辑要 ………………………………… 559
第一节 旧政权政事辑要 ………………… 559
第二节 人民政权政事辑要 ……………… 564
第三节 中华人民共和国成立后历次运动 … 574

第十四编 公安 司法

第一章 旧政权司法 ……………………………… 587
第一节 治 安 ……………………………… 587
第二节 审 判 ……………………………… 589
第二章 人民公安 ………………………………… 591
第一节 机 构 ……………………………… 591
第二节 社会治安 …………………………… 592
第三节 户籍管理 …………………………… 596
第四节 监所管理 …………………………… 596
第五节 特种行业管理 ……………………… 597
第六节 消 防 ……………………………… 597
第三章 人民检察 ………………………………… 599
第一节 机 构 ……………………………… 599
第二节 刑事检察 …………………………… 599
第三节 控告申诉 …………………………… 600
第四节 经济检察 …………………………… 601
第五节 法纪检察 …………………………… 601
第六节 监所检察 …………………………… 602
第四章 人民法院 ………………………………… 603
第一节 机 构 ……………………………… 603
第二节 刑事审判 …………………………… 603
第三节 民事审判 …………………………… 604
第四节 经济审判 …………………………… 604
第五节 行政审判 …………………………… 605
第六节 告诉 申诉 ………………………… 605
第五章 司法行政 ………………………………… 606
第一节 机 构 ……………………………… 606
第二节 法制宣传 …………………………… 606
第三节 公 证 ……………………………… 607
第四节 律师事务 …………………………… 607
第五节 民事调解 …………………………… 608

第十五编 军 事

第一章 地方武装和驻军 ………………………… 609

第一节　旧政权地方武装和驻军 …… 609
第二节　人民地方武装和驻军 …… 612
第二章　兵　役 …… 617
第一节　旧政府兵役 …… 617
第二节　人民政府兵役 …… 617
第三章　民　兵 …… 619
第一节　组织建设 …… 619
第二节　教育训练 …… 620
第三节　主要活动 …… 621
第四章　支　前 …… 624
第一节　抗日战争支前 …… 624
第二节　解放战争支前 …… 624
第五章　战　事 …… 631
第一节　民国及以前战事 …… 631
第二节　抗日战争时期主要战事 …… 632

第十六编　社会团体

第一章　群众团体 …… 643
第一节　工人团体 …… 643
第二节　青少年团体 …… 645
第三节　妇女团体 …… 648
第四节　农民团体 …… 650
第五节　工商团体 …… 651
第六节　其他团体 …… 652
第二章　学术团体 …… 654
第一节　学术研究会 …… 654
第二节　文艺团体 …… 655
第三章　公益团体 …… 656
第一节　中国国际红十字会安国县分会 …… 656
第二节　残疾人联合会 …… 656
第三节　消费者协会 …… 656
第四章　帮　会 …… 657
第一节　行　帮 …… 657
第二节　会　道 …… 658

第十七编　教科文卫体

第一章　教　育 …… 661
第一节　科举制教育 …… 661
第二节　现代普通教育 …… 663
第三节　职业教育 …… 668
第四节　成人教育 …… 670
第五节　教师队伍 …… 673
第六节　教育投资 …… 676
第七节　教学研究 …… 679
第八节　勤工俭学 …… 679
第九节　管理机构 …… 680
第二章　科学技术 …… 681
第一节　科技队伍 …… 681
第二节　科学普及 …… 682
第三节　科学研究 …… 683
第四节　科技管理 …… 688
第三章　文　化 …… 692
第一节　机构与设施 …… 692
第二节　民间艺术 …… 696
第三节　文学著述 …… 705
第四节　民间传说 …… 714
第五节　报刊　通讯 …… 718
第六节　广播　电视　电影 …… 719
第七节　文物胜迹 …… 721
第四章　卫　生 …… 731
第一节　医疗队伍 …… 731
第二节　医疗单位 …… 732
第三节　医疗技术 …… 735
第四节　药　品 …… 737
第五节　卫生防疫 …… 738
第六节　爱国卫生运动 …… 743
第七节　妇幼保健 …… 743
第八节　医疗制度 …… 744
第九节　医药管理 …… 745
第五章　体　育 …… 747

第一节　体育设施 …… 747
第二节　学校体育 …… 747
第三节　群众体育 …… 748
第四节　体育竞赛 …… 750
第五节　管理机构 …… 757
第六章　编史修志 …… 758
第一节　解放前历次修志 …… 758
第二节　解放后史志编修 …… 760

第十八编　社会保障

第一章　劳　动 …… 763
第一节　管理机构 …… 763
第二节　劳动就业 …… 763
第三节　工资福利 …… 769
第四节　劳动保护 …… 775
第二章　社会福利 …… 777
第一节　管理机构 …… 777
第二节　社会救济 …… 777
第三节　优　抚 …… 782
第三章　保　险 …… 789
第一节　职工劳动保险 …… 789
第二节　投保保险 …… 793

第十九编　宗教　民俗　方言

第一章　宗　教 …… 795
第一节　佛　教 …… 795
第二节　道　教 …… 795
第三节　伊斯兰教 …… 795
第四节　天主教 …… 796
第五节　基督教 …… 796
第二章　习　俗 …… 798
第一节　生活习俗 …… 798
第二节　礼仪习俗 …… 804
第三节　节日习俗 …… 813
第四节　游艺习俗 …… 817
第五节　命名习俗 …… 820
第六节　经济活动习俗 …… 822
第七节　交往习俗 …… 825
第八节　社会风气 …… 827
第三章　谣　谚 …… 831
第一节　歌　谣 …… 831
第二节　谚　语 …… 836
第三节　歇后语 …… 840
第四节　俗　语 …… 842
第四章　方　言 …… 844
第一节　方言概说 …… 844
第二节　音标符号 …… 845
第三节　语音分析 …… 849
第四节　词　汇 …… 861
第五节　语　法 …… 878

第二十编　人　物

第一章　人物传 …… 881
第二章　人物表 …… 906
第三章　革命烈士英名录 …… 934

附　录

一、党和国家领导人视察、考察、参观安国县 …… 947
二、药王庙碑铭牌匾录 …… 951
三、考　证 …… 958

条目索引 …… 962
编后记 …… 974

概　述

安国是举世闻名的中药材集散地，素有“药都”之称。地处太行山东麓，河北省中部平原，北京、天津、石家庄大三角腹地。面积486平方千米，划为4镇16乡198个行政村，耕地50.2万亩，人口36.3万人。

域内地势坦荡，一马平川，北部孝义河蜿蜒穿过，中部沙河灌渠横贯东西，南部磁河、沙河、小清河汇潴龙河直泻白洋淀，通达渤海。气候属北温带，四季分明，光照充足，地下水资源丰富。盛产小麦、玉米、棉花、花生及多种药材、蔬菜、瓜果等，是钟灵毓秀、阡陌流金之地。

安国开发较早，新石器时期即有人类活动。夏商称冀地，战国属赵。汉置县，北宋设州，元代立府，明、清沿以州制。地名历更安国、兴睦、义丰、立节、蒲阴、祁州、祁县，民国初复名安国县。安国自古为交通要道和军事重地。秦即有驰道过境；汉刘秀、王郎于此争雄；三国曹操凿平虏渠北征单于蹋顿；北宋闫承翰开唐河渠以济军运；金元两设元帅府，为北兵盘踞之要冲；元辟官马大道，为“两京要路，各省通衢”“狱讼赴诉，财贡输纳，征旗使节，走毂奔蹄”；明重关防，为戍京城，设置三卫。漫漫岁月，留下诸多文物古迹：有7000年前石斧、商代陶鬲、战国铜剑、汉代县城遗址、北宋药王庙、元关汉卿墓、明万寿桥、清铁铸旗杆等，皆闪烁着安国的古老文明。

富饶的安国，名产众多。花纶、蟾酥，曾为贡品；酥口鸭梨、紫皮大蒜、河滩烟叶、红花、蓝靛，“牙客相招，皆堪远贩”；菊花、紫菀、薄荷、大黄等地产药材，冠以“祁”字，载入药典；“镑制犀角”“云片鹿茸”“蝉翼清夏”“百刀槟榔”等特技饮片，堪称刀工一绝；炮台芪、毛知母、光条山药等药材加工产品，获出口免验殊荣；安宫牛黄丸、祁州陈酿酒等工业品，名闻遐迩，畅销不衰。

安国人民，是一个积极向上，富有开拓精神的群体。这里“人义水甜”，英才辈出。东汉大司农刘祐，唐宰相张行成、户部尚书齐抗，宋殿中丞卢之翰、天章阁待制齐恢，元状元董珪、李齐等，功名显赫，代代传颂。元戏剧大师关汉卿，以其不朽作品光照后世，被列为世界文化名人。华北第一个苏维埃政权、红24军创始人之一谷雄一，共和国将军殷希彭、刘世昌、胡友之、刘志田、王立中，数学家魏元雄，针灸专家郑魁山，书法家张荣庆等志士名流，如灿灿群星，熠熠生辉，为社会主义革命和建设事业做出不可磨灭的贡献。更有勤劳、勇敢、质朴、聪慧的安国人民，世世代代不懈努力，创造并推动着社会发展的物质文明和精神文明。

优越的地理位置、丰富的物产和淳厚的民风使安国渐成商业重埠，“百货辐辏，商贾云集”“布帛尽东南之美”“皮服来岛夷而贩口西，名驹竭秦晋而空冀北”。药业更是独隆华夏，驰名海外。明代，安国即成为大江以北发兑药材之总汇，至清全国药商趋赴，因域而成“十三帮”“五大会”，俄国、日本、印度等国药商亦纷至沓来。药材贸易春五（个月）秋七（个月），经年不断，上市“药材极海山之产”“南货换北货，东西大交流”，堪称“天下第一药市”。药材贸易带动药材种植、加工业发展。大面积种植药材居江北之首，以品种繁多，地道纯正，产量高著称，被誉为“药材之乡”。药材加工更是独具异彩，技艺精湛，赢得“草到安国方成药，药经祁州始生香”之赞誉。安国药业为中华民族繁衍发展做出重大贡献，为中国医药史写下灿烂篇章，影响和带动了域内农业、工业、金融、文化艺术等各业发展，为安国经济持续繁荣奠定了坚实基础。

然而，安国这方宝地，在漫长的封建社会中，却是生产力低下，劳苦大众饥寒交迫，苦不堪言。旧志载：“天行之丰歉不可知，一遇水旱，户鲜盖藏，迁徙流离。”到20世纪30年代，一般仍是“布衣粗粒以生活，土室茅檐弥漫村落”。悠悠两千余载，安国经济何以发展如此之缓，主要是封建制度抑制生产力发展，天灾人祸，交相为虐。

历史上的安国，并非大面积良田沃土，而是沙碱连片，不毛之地甚多，“种一葫芦打一瓢”不为鲜见。古唐河不驯，历有10次滚动，留下条条沙带，横贯域内中部；北部、东部低洼盐碱，“春天白茫茫，秋天水汪汪”；南部诸河，岁有泛溢，为害连连。加之旱涝无常，虫害肆虐，十年九灾。唐到民国，特大灾害有载者即达百余起，遇涝禾稼尽没，逢旱赤地千里，生蝗遮天蔽日。往往饥馑连岁，斗米千钱，饿殍遍野，人相残食。大灾之后多有大疫，时疫所至，新冢累累，家家闻哭。

因历代战乱，人民备受其扰。两汉间，争战迭起，杀戮至惨。后赵、前燕、冉魏等操戈逐鹿，域内战争持续80余载，以致田园荒芜，民生凋敝。唐天宝后，藩镇割据，域内“戎马云屯，邻封日扰”。五代时，契丹屡攻义丰，金帛财物多被劫掠。北宋，安国地处边域，宋、金、辽重复争夺，人民深受战争之苦，竞相逃离。元明换代、燕王“靖难”，铁蹄所至，人烟几断。清兵入关，生灵涂炭，民众死伤逃亡7000人。民国初，军阀混战，匪患四起，域内或为战场，或遭兵寇袭扰，男丁强征充军，车马财物劫掠殆尽。日本侵略军入侵8年间，制造骇人听闻的惨案数十起，7472人被残酷屠杀或蹂躏致残，烧拆房屋14280间，抢劫财物无数。民国28年（1939）夏，日军决滹沱堤水淹冀中，域内南部顿成泽国，同时出动飞机扫射，陷民于灭顶之灾。

灾害兵燹之外，统治阶级的残酷盘剥，更使人民如牛负重，度日艰辛。自汉迄明，大多朝代立国之初，域内多有均田记载，但在无遏止的土地兼并中，多数农民失去土地，沦为地主的徒附、佃农。民国初，地主占有土地多者人均达200余亩，广大农民却土地甚微，“恒产毫无，藉劳力以营生者，比比也”。佃农向地主交租高达产量的7～8成。统治阶级贪婪无度，任意加派捐税，大自银钱、粮秣、马匹、兵器，小至柴薪、灯油、桌凳、毡毯统由劳苦大众供给，致使不少农民倾家荡产。明万历至崇祯间，大宗田赋累加即有7次，全域人口不足4万人，赋银则超10万两。民国间，杂捐摊派多如牛毛，仅正项赋税达20余种。官府催捐逼税如狼似虎，典田输赋、卖儿鬻女者时有所闻。民多逃亡，“至有终身不能识其庐墓者”。

千百年的自然灾害、封建统治和外敌入侵，水深火热，民生凋敝。先民不甘其苦，要抗争，要生存。他们开渠筑堤以抗旱涝，垦荒治沙以造良田，繁五谷，兴药业，植桑棉，战天斗地，努力改善生产、生活条件。更以铮铮铁骨，抵御外侮和向封建剥削抗争。武周万岁通天二年（697），抗契丹保家园，武则天赐县名“立节”。东汉张燕、隋末魏刁儿、元代红袄军、清初白莲教、清末义和团等农民起义，先民热烈响应，揭竿而起，惩赃官，除恶霸，为生存而奋争。然而，战来斗去，民困依然，朝灭朝兴，制度依旧。

中国共产党的诞生，开创了革命斗争新纪元。民国14年（1925），中共安国县大五女支部建立，马列主义传入县内，共产党的主张唤醒了劳苦大众。打“盐狗子”、反割头税、捣毁牙纪局、砸国民党县党部、抵制日货等斗争的胜利，极大地鼓舞了民众，革命斗争烈火遍燃全县。

七七事变后，中国共产党肩负起抗日救国重任。民国27年（1938）2月，中共安国县委诞生，各级抗日政权相继建立，县、乡、村纷纷成立抗日武装，社会各界抗日统一战线迅速形成。八年抗战全县人民同仇敌忾，浴血奋战，痛击日本侵略者。1730名抗日志士牺牲在前线。

抗日战争胜利后，全县人民积极恢复生产，发展经济，掀起轰轰烈烈的土地改革运动，彻底摧毁了延续2000多年的封建土地所有制，真正实现耕者有其田。为保卫得之不易的胜利果实，全县人民以极大热情投入解放战争，先后有万余人5次组成担架队、运输队，参加晋西、冀东、保北、察南、清风店、石家庄、平津等战役，输送军需，转运伤员，功绩卓著。安国民工团被授予“钢铁民工团”称号，许多民工荣获“支前功臣”“支前模范”称号。同时，域内5000余名青壮年入伍参加解放军。他们中，700余人为新中国的诞生献出宝贵生命。

中华人民共和国的成立，使安国历史出现一个伟大转折，开始步入社会主义革命和建设的崭新历史时期。中华人民共和国成立初，全县人民满怀建设新中国的激情，积极投入爱国增产运动，兴修水利，整治河道，恢复药业，发展工业、手工业，经济建设热火朝天。1956年，完成对农业、手工业和资本主义工商业的社会主义改造，紧接着开始史无前例的改造生产条件大会战。至70年代中期，共出动12.6万余人参加王快、西大洋、安各庄等上游水库修建和子牙河、滹沱河等河道整治；于域内开挖沙河灌渠125千米，疏浚整修孝义河、月明河、小白河、清水沟四大排水系统102千米；全县人民协同劳作，开挖撤水沟，整修台、条田，彻底改造了“北大跑”“石佛洼”“南郭村洼”等10余万亩低洼盐碱地；平沙丘、植林网，改造了6万余亩沙荒地；大平大整土地达30多万亩。同时，国家和集体投资，打机井、兴电力，发展农业机械，实现旱能浇，涝能排，粮食产量大幅度提高。生产条件的改善，提高了抵御自然灾害的能力。1963年特大洪灾后，全县人民迅速恢复生产，度过灾荒，在安国历史上首次出现大灾无大荒，大灾无大疫。安国人民从20世纪50年代中期开始建立自己的工业体系，利用县内丰富的粮食、棉花、药材等资源，先后建起制酒、棉纺、制药、化肥、农机5大国营工厂和针织、五金、印刷、服装等一批县办集体工业企业。1966年，社会总产值、工农业总产值、国民收入、财政收入分别比1949年增长2.6倍、2.4倍、2.3倍、4.1倍。

前进中也有曲折和失误。1958年“大跃进”，安国县作为全国闻名的“先进典型”，追求高指标、高速度，搞“鏖战”，放“卫星”，以至浮夸虚报，加之天灾、内忧外患，导致生产下降，人民生活出现严重困难。1966年开始的“文化大革命”，打乱了正常的政治、经济秩序，持续10年之久。

1978年中共十一届三中全会后，县委、县政府按照改革开放的指导方针，农、工、商并举，大力恢复和发展药业，全县经济出现新的繁荣局面。

1979年，推行农业家庭联产承包责任制，农民积极投资购置农业机具、化肥、农药、良种等生产资料，国家大量投资用于农业开发，打机井，修建各种防渗管道，扶持发展种养项目。1990年，全县粮食亩产631千克，比1977年和1949年分别增长1倍和10倍。工业生产实行国家、集体、联合体、个体“四轮驱动”。在巩固发展县办工业的同时，采取供信息、给贷款、帮技术等措施，鼓励支持发展乡镇企业，县内工业迅速崛起，逐步形成拥有制药、酿造、纺织、化工、机械、造纸、印刷、食品、服装、建材、工艺美术、农副产品加工、畜产品加工、木器、电子等诸多行业的工业体系。1990年，社会总产值86244万元，工农业总产值61406万元，国民收入40765万元，按1980年可比价计算，分别比1978年增长3.5倍、3倍、3.6倍，比1949年增长22倍、18倍、16.8倍；财政收入1820万元，比1978年和1952年分别增长1.8倍和12倍。

安国药业沐改革开放春风，迅猛发展。1980年，恢复“文化大革命”中断的全国药材交流大会，全国三大药材交流会（另有河南百泉春会，江西樟树秋会），唯独安国一年举办春秋两次。1983年后，开全国先例，全面放开中药材市场，实行“经销、加工、种植一条龙，国家、集体、个人一齐上”的发展方针，建成全国最大的中药材专业市场——祁州药市，并派生出十几个农村药材市场。开放的政策以及信息、技术、法律等一系列服务措施的实施，使安国药业空前繁荣，全县千余家药材经销、加工企业遍布城乡，从业4万余人。农村家家种药，常年植药10万亩左右，总产3万余吨，品种200余个。药材加工从“低、初、粗”向“高、精、深”发展，寓医疗、保健于一体的中成药、药物饮料、药枕、药膳等新产品不断问世。祁州药市长年货山人海，药气熏天，来此贸易者每日逾万人，上市品种数千个，可谓“举步走遍九州地，天下药材安国齐”。安国药市位居全国十大药市之首，是辐射国内外的中药材交易中心。药材贸易的发达，使商业产值大幅度上升。1990年，商业产值达21917万元，占社会总产值的30.4%，比1978年和1949年分别增长56倍和237倍。

“石蕴玉而山辉，水怀珠而川媚”。得天独厚的药业优势，吸引了众多单位和个人来安国投资建设，县城规模迅速扩大。1984年，县政府制定“祁州镇总体规划”，至1990年用于县城建设投资1亿多元，城区面积扩大1倍，高层建筑鳞次栉比，与药王庙、仿古建筑一条街、祁州药市交相辉映，形成独具特色的旅游风景区。日本、美国、新加坡、瑞典、加拿大、冈比亚等30多个国家以及中国香港、台湾地区的政、商、新闻界人士和大批旅游团相继到安国考察、观光、洽谈生意。1990年，国务院批准安国对外国人开放，古文化和现代文明相得益彰的药都，向全世界展示着诱人风彩。

经济繁荣带来各业发展，人民生活明显改善。教学楼城乡耸立，沥青路通达乡村，4000门程控电话与全国大中城市联网直拨，110千伏安变电站建成运营。县医院、县中医院设备、医疗技术均处全国同级医院领先水平，形成县、乡、村三级医疗保健网，达到病能治、疫能防，人民健康水平不断提高。全县人民家家有余粮，户户有存款，基本实现饭食细粮、服饰漂亮、居住宽敞，手表、自行车、电视机、洗衣机等普及城乡，电冰箱、摩托车、汽车等高档商品进入部分家庭，县民开始向小康迈进。1990年，农村人均纯收入623元，比1965年增长12.5倍；全民职工人均工资1592元，比1949年增长23倍；全县储蓄余额2.72亿元，比1952年增长1814倍，人均储蓄在全省名列前茅。城乡群众文化生活丰富多彩，文化馆（站）、图书馆、俱乐部、电影院（队）、剧团、歌舞厅等文化设施和场所遍布城乡，吹歌、架鼓、狮子、少林、高跷等花会活跃在民间，广播、电视覆盖率达100%。人民的政治环境宽松舒畅，社会稳定，秩序井然，文明礼貌蔚然成风。

岁月嬗递，历史沧桑，安国人民以热血和汗水在安国发展史上写下灿烂篇章。今天的安国人民，在充分发挥自己优势的同时，也清醒地看到了所存在的不利因素。无矿产，煤炭、石油全靠引进；水资源日渐减少，河断流，塘干涸，地下水位持续下降；人口增长过快，耕地大量减少，人均耕地由1949年的2.6亩下降到1990年的1.36亩；缺乏人才、资金，工业发展缓慢等等。发展安国经济，既要扬长避短，又要克服制约因素。加快交通能源建设，无疑是为发展经济铺设坦途。安国公路虽然四通八达，更应努力接通高速公路，修建飞机场，建设铁路，现代化交通设施定会带来更大效益。安国人商业意识较浓，应进一步发展药材贸易，建立信息网络，培育期货市场，加强药业管理，引导药材贸易向现代化经营管理迈进，保持“天下第一药市”地位，扩大国际知名度。应以优惠政策，吸引资金、人才，把发展工业作为富县强民的战略措施，重点发展医药工业、轻工业，使农业人口大批向工业转移。要逐步实现农业集约化经营，并应着力保护和改善生态环境，为子孙后代创造良好的生活空间。

蓝图宏伟，有志竟成。本志下限之后，1991年撤县设安国市，1992年建成占地2000亩气势恢弘的东方药城，1994年祁州工业城动工兴建，“三城”（药城、商城、旅游城）建设规划正付诸实施。一个经济发达、商贸繁荣、人民富裕、环境优美，具有药都特色的现代化文明城市正在迅速崛起。

大 事 记

西 汉

高帝六年（前 201）

高帝刘邦封开国功臣王陵为安国侯，其封地即今安国一带。

元狩六年（前 117）

始置安国县，属中山国，十月建安国城，城址在今西安国城村。

更始二年（24）

刘秀与王郎战于域内。刘秀败走柏乡。

东 汉

建武十三年（37）

匈奴南侵，汉将马武屯兵滹沱河设防，域内兵患频仍。

延熹元年（158）

析中山置博陵郡安国属之。

建安十一年（206）

曹操征辽西单于蹋顿，为运军需，开凿平虏渠，使滹沱与域内泒（沙河）、滱（唐河）、磁（磁河）等诸水互通。

三 国

魏景初二年（238）

大将军司马懿经平虏渠运军粮征讨自立为燕王的公孙渊。

晋

西晋永嘉三年（309）

汉帝刘渊之大将石勒攻陷安国。

西晋永嘉六年（312）

晋将刘琨自晋阳（今太原南晋源镇）发兵收复中山一带失地。不久，安国复陷于石勒。

东晋永和六年（350）

冉闵灭后赵，建冉魏，安国属之。

东晋永和八年（352）

前燕灭冉魏，王午据安国称王，后被部将秦兴所杀，吕护复杀秦兴，自称安国王。

南北朝

北魏登国十一年（396）

四月，拓跋珪攻陷安国，县域始属北魏。

北魏太平真君七年（446）

安国并入深泽县。

北魏景明二年（501）

复置安国县。

北魏孝昌二年（526）

魏宁远将军杨祯于安国一带避乱，值鲜于修礼起义，杨祯等结义招兵，镇压起义，兵败而亡。

北魏永安三年（530）

尔朱兆杀孝庄帝，刘灵助起兵征讨，屯兵安国，与尔朱羽生、叱列延庆等大战。

北齐天保七年（556）

撤安国县，归属博陵郡。

隋

开皇六年（586）

置义丰县，属定州。县城设于郑德堡（今县城）。

大业三年（607）

义丰改属博陵郡。

大业十一年至义宁二年（615—618）

魏刁儿、窦建德等起义抗隋，县民起而应之，域内争战不断。

唐

武德四年至八年（621—625）

四年（621年），窦建德被李世民击败，义丰归唐，改属定州。刘黑闼率领起义军复占义丰县，翌年被李世民打败，义丰改属蠡州。八年（625年），复属定州博陵郡。

贞观年间（627—649）

滹沱、滱水（唐河）岁有涨溢，义丰屡受水灾。贞观二十三年（649）开筑滹沱河堤，域内水患有减。

武周万岁通天二年（697）

契丹侵犯中原，冀、瀛、定、赵等州皆破，唯义丰屡攻不下，武则天赐县名“立节”以褒奖。

神龙元年（705）

中宗复位，复县名义丰。

开元二十八年（740）

域内人口49667人，比东魏武定年间（543—550年）增长15900人。

天宝十四年（755）

冬，三镇节度使安禄山起兵叛乱，域内被兵，生灵涂炭，民众纷纷屯结抵抗。

建忠二年（781）

李惟岳与田悦、李正已联兵反唐。朱滔、张孝忠奉诏平叛，克束鹿后，于义丰屯兵月余。

建忠三年（782）

李惟岳与部将王武俊失和，王杀之，并献定、易二州于张孝忠，遭孝忠之弟升璘谩骂。武俊怒，遣兵袭取义丰、安喜、无极，掠走万余人。

元和五年（810）

王承宗反。范阳节度使刘济率兵7万讨之，克饶阳、束鹿。四月，刘济、张茂昭等与承宗战于域内木刀沟，王承宗兵败。

景福元年（892）

晋王李克用兵渡滹沱，讨常山李存孝。镇州节度使王熔率骑10万驰援存孝，夜战于磁水（今磁河）畔，晋军败，复重整兵马攻王熔，卢龙军节度使李匡威救王熔，大战于磁水。

光化三年（900）

宣武军节度使朱全忠命张存敬攻幽州，王处直遣骑将甄琼章于义丰扰之，琼章兵败被俘。

五　代

晋出帝开运元年（944）

三月，契丹克义丰，县域入辽。

周世宗显德六年（959）

周世宗柴荣克义丰，县域属周。

宋

太平兴国元年（976）

改县名为蒲阴。

太平兴国四年（979）

耿全斌随太宗赵光义征太原，班师途中，在蒲阴遇契丹军南犯，耿追击至徐河。

太平兴国八年（983）

七月，磁河涨溢，水入城，毁军营民舍百余处。

太平兴国年间（976—984）

新建皮场王庙（药王庙前身），香火会渐盛。

端拱元年（988）

于蒲阴设蒲阴郡团练。

咸平三年（1000）

正月，郎山路都巡检使荆嗣在蒲阴战败契丹军，俘获甚众。

咸平六年（1003）

谢德权受命修葺蒲阴城，以防契丹。

咸平年间（998—1003）

宋将阎承翰开唐河渠（今孟良河），自曲阳县嘉山经中山（今定州）至域内入沙河，以运军需。

景德元年（1004）

祁州治所由无极移蒲阴，辖蒲阴、鼓城、深泽、无极4县。

九月，辽兵大举南犯。十月，辽顺国王萧达兰率兵陷祁州。“澶渊之盟”后，辽兵方撤。

嘉祐间（1056—1063）

哲学家张载任祁州司法参军，于城内东北隅辟馆讲学，时称“张子书院”。

熙宁六年（1073）

始筑磁、沙河南堤。

金

天会四年（1126）

完颜昌克祁州，州境属金，置蒲阴郡军。

天会四年至九年（1126—1131）

在祁州城西侧建新城，州治移于新区。

天会九年（1131）

完颜宗翰在祁州城置元帅府，尽遣城内居民，钱谷器具皆被扣留，民苦不堪言。

天眷二年（1139）

三月，南宋与金议和，金兵北还过祁州。

是年，金熙宗下诏诛杀完颜昌，昌自燕京南逃，金兀术追至祁州杀之。

大定二十三年（1183）

四月，祁州刺史大磐逼死染工，强逼平民25人为奴，激起民愤，被解职。

贞祐元年（1213）

土豪王知贿领祁州，搜刮民财，欺男霸女，大为民害。州人愤而逐之，公推蒲阴令贾辅为州首，诸行台皆闻，遂授贾辅为宣武将军、祁州刺史。

贞祐二年（1214）

九月，红袄起义军周元儿克祁州。

贞祐三年（1215）

成吉思汗与其子拖雷率军攻金，八月，攻陷祁州。

兴定元年（1217）

元将张柔在祁州两败金真定帅武仙，祁州刺史贾辅率众降元。

元

太宗十一年（1239）

贾文备在祁州置元帅府，辟地重建州衙、文庙。

至元三年（1266）

撤祁州，置祁阳府，辖蒲阴、深泽、束鹿、安平、饶阳、武强6县。

是年，城外建郭。

至元十二年（1275）

撤府复州，辖蒲阴、深泽、束鹿3县。

至元二十九年（1292）

都水监奉旨修筑沙、唐河堤堰，唐河始有堤。

皇庆二年（1313）

置祁州惠民药局，是域内最早的融医药管理、经营和防疫为一体的官办机构。

至治元年（1321）

唐、沙、磁河泛滥，域内一片汪洋。

至治三年（1323）

洪涝成灾，毁禾稼6000余顷。

是年，始筑潴龙河南北堤。

至正二十八年（1368）

明将常遇春克祁州。

明

明初，域内蟾酥列为贡品，岁岁纳贡。

时，域内始大量植棉。

洪武二年（1369）

七月，省蒲阴县并入祁州，属保定府，辖深泽、束鹿、博野。

洪武六年（1373）

博野县析出，祁州辖深泽、束鹿二县。

洪武十二年（1379）

六月，大水毁禾稼。冬，大粮荒，人相食。

建文一年至三年（1399—1401）

朱棣“靖难”，起兵南下，域内兵燹屡加，村寨为墟，人烟几断。

永乐年间（1403—1424）

元年（1403年），安国城（今东安国城村）迁入部分回民，域内始有伊斯兰教。继之，大量移民分批从山西洪洞县等地迁入。至宣德年间（1426—1435）建民屯31处，立村庄90余处。

正统十四年（1449）

“土木之变”，域遭兵祸，州城被毁。

正统年间（1436—1449）

知州余徽主持疏浚各河，航运繁盛，商贾云集。

成化十四年（1478）

六月，洪涝成灾，民多巢居树上。水退后，以树皮、草根充饥，饿殍遍野。

成化二十年（1484）

知州童潮重修祁州城，设东、西、南三门，于城四角建角楼。

成化二十三年（1487）

五月，野蚕成茧，民取织绢。

成化年间（1465—1487）

宪宗遣御马太监吴进寺至祁州皮场王庙树碑彰功。药材交易庙会愈盛。

弘治十五年（1502）

始建养济院，额养孤贫。

正德六年（1511）

刘六、刘七起义军攻下祁州。

正德十二年（1517）

六月，大水，禾稼尽没。冬，大饥荒，人相食。

正德十三年（1518）

春，瘟疫流行，死人无数。

嘉靖元年（1522）

五月，风雹袭祁州，雹大如拳，刮倒民舍无数。

嘉靖十四年（1535）

贞文书院落成，占地6.4亩，内设大雅堂、斋舍等。

嘉靖二十四年（1545）

十二月，大雪，平地深达四五尺。

嘉靖三十九年（1560）

春夏大旱，禾稼不生。

万历二十六年（1598）

朝廷拨银建磁河万寿桥，二十九年（1601）落成。

万历三十一年（1603）

四月二十五日，暴雨如注，平地水深尺余。五月暴雨转频，磁、沙、唐河并溢。七月又大雨，洪涛纵横，城庐淹没，民捞未熟庄稼充饥。

天启五年（1625）

实行保甲法。

是年，大旱，斗米逾百钱。

天启六年（1626）

二月，知州郭应响发动州民植树，并捐俸银购柳苗6660株，分发栽植。

六月三日，地震有声，大风拔树。

七月，暴雨如注，唐河决口直冲州城。城墙仅露出水面6尺，居民溺死无数。

崇祯元年（1628）

知州郭应响纂修《祁州志》。

崇祯十一年（1638）

“闯王”李自成遣部攻祁州，知州危思谦、训导万人杰率众抵抗，城未破。

崇祯十七年（1644）

三月，李自成之义军又攻祁州城，数日不下。

清

顺治三年（1646）

实行牌甲法。

康熙初（1662—1672）

祁州药材庙会由每年春季一次扩展为春秋两次，交易范围达全国。

康熙十九年（1680）

知州梅朗中增补崇祯本《祁州志》，成十卷（今存，缺卷八）。

康熙三十九年（1700）

秋，飞蝗蔽日，食稼殆尽。

康熙四十二年（1703）

五月，遍生黑虫，园圃皆满，蚕食大、小麦，持续数日。

七月八日，地震。

康熙四十五年（1706）

域内建义学12所。

康熙五十年（1711）

三月二十八日，大风拔树，南城楼崩塌。

康熙五十九年（1720）

六月七日，地震。

康熙六十一年（1722）

春夏大旱，六月二十日始雨。是年粮荒，斗米千钱。

康熙年间（1662—1722）

天主教传入域内。

雍正元年至三年（1723—1725）

连年水患，民大饥。

雍正四年（1726）

五月，唐河突决，小麦未收者皆被淤倒，登场者漂没一空。

雍正五年（1727）

六月，讹传朝廷选秀女，民间嫁娶若狂，官不能禁，六七日乃止。

是年，建先农坛（今东山），占地4.9亩。

雍正十一年（1733）

深泽、束鹿二县划出。祁州不再辖县。

雍正十二年（1734）

三月，大风，赤沙掩日，白昼如晦。

乾隆三年（1738）

春夏大旱。秋雨连日，房倒屋塌，禾稼生虫。是年饥荒。

是年，重修养济院，养孤贫57人。

乾隆八年（1743）

五月，酷热，屋壁、地榻如火炙，持续六七日，死人甚多。

乾隆十年（1745）

州署刊印《蚕政》《种桑子法》二书，并桑苗分发四乡，植桑养蚕之风大盛。

乾隆十五年（1750）

六月，连日大雨，磁、沙、唐三水涨发，东南一域平地水深丈余，庄稼被毁一空。

乾隆十六年（1751）

裁茂山、腾骧、定州三卫，人、地归祁州，域内增1300丁，时有38752丁。

七月，遍生蝗蝻。

乾隆十七年（1752）

五月四日，狂风骤起，黄沙蔽日，禾稼尽伏。

七月，遍生蝗蝻，啮伤禾稼甚重。

乾隆十八年（1753）

五月五日，降雹，大如鸡卵，由西而东伤田禾数十里。

乾隆十九年（1754）

城南关、娄家营、中羊建留养局，每局房2间。以200两捐银出贷，年收息40两，用于留养。

乾隆二十年（1755）

张万铨等纂修《祁州志》，共八卷（今存）。

是年，大、小麦丰收。

乾隆四十四年（1779）

怀庆府等外地药商捐资修葺药王庙。

乾隆五十八年（1793）

秋，蝗虫成灾，食稼殆尽。

嘉庆六年（1801）

大水。唐河北徙出域。

嘉庆二十三年（1818）

药王庙中院南北两侧建十大名医殿。北殿塑华佗、张介宾、刘河间、孙琳、张子和像，南殿塑扁鹊、张仲景、孙思邈、皇甫士安、徐文伯像。

是年，建药王庙门前牌楼。

嘉庆二十四年（1819）

十二月，大雪，平地深四五尺。

道光元年（1821）

七月，疫病流行，死人甚多，致乡试改期。

是年，秋粮丰收。

道光九年（1829）

药商帮会捐资铸造药王庙门前铁旗杆1对，各重15吨，高24米。道光十二年落成。

咸丰三年（1853）

太平天国将领林凤祥率部北征，清廷大震。九月钦差大臣胜保率兵于流罗河口设防。

咸丰七年（1857）

秋，蝗虫食稼殆尽。

同治七年（1868）

一月十五日，捻军克祁州，杀知州，惩豪绅，驻4日撤走。是役，域内死2000余人。

同治十二年（1873）

大水，域西南受灾严重。

同治年间（1862—1874）

天主教北京教区主教府于域内设祁州总铎区，辖束鹿、祁州、博野、蠡县4个本堂区。

光绪元年（1875）

知州赵秉恒与邑人刘学海纂修《祁州续志》，成四卷（今存）。

光绪十年（1884）

疏浚孟良河。

光绪二十五年（1899）

基督教传入祁州。

光绪二十六年（1900）

四月，义和团及乡民攻打长仕教堂。相持数日，毁教舍，杀教徒70余人，引起教案争端。因清廷乞和，翌年七月祁州向教会赔款11.2万余缗。

光绪二十七年（1901）

三月四日，义和团首领徐宝元率众攻入西伯章寨，与地主武装巷战，徐阵亡，义和团撤入安平。

四月，法国侵略军入域，掠钱粮无数。

光绪三十年（1904）

办新学风盛。改贞文书院为高等小学堂，12所义学为初等小学堂。翌年，初等小学堂达96所。

光绪三十一年（1905）

编修《祁州乡土志》，成手稿，未刊行。

光绪三十二年（1906）

春，州设巡警总局，四乡立巡警分所，时有巡警443人。

六月，创建官办工艺局，内设织染科，始用机器织布。

是年，改高等小学堂为初级师范学堂，于南关开办女子初级小学堂。

是年，宋荫桐纂修《祁州新志稿》，成四卷（今存）。

中华民国

民国元年（1912）

基督教华北教区牧师狄德罗（英国人）到祁州传教，适值乱兵入境，狄被杀。翌年，复派胡士伟至祁主持教务，处理狄被杀案，以祁赔款作罢。

是年，药市安客堂改为商会，仍袭安客堂规章。

民国2年（1913）

改祁州为祁县。

是年，县人卜继彬筹资500银圆，在城南关开设劝业有限公司，生产纺织品。有织机50余台，日产提花、方格、条纹等布10～20匹。

民国3年（1914）

县名因与山西省祁县同，复称安国县。

是年，成立中华圣公会华北教区安国牧区，在城内东大街建礼拜堂。

民国4年（1915）

创建县立城内女子高等小学堂、南关私立高等小学堂和段村、大五女、伍仁桥、石佛等区办高等小学堂，招生622人。

民国5年（1916）

张家营村由5县共管划归安国县管辖。

民国6年（1917）

特大洪水，禾稼尽没，房舍冲毁无数，溺死2370人、牲畜2380头。流离失所者8730户4.36万人，卖儿女者2040户。

民国7年（1918）

创办私营汽车公司，购买汽车3辆（客车2辆，货车1辆），并草修安国至定县公路，为域内汽车运输之始。

民国8年（1919）

在北王买村建县立乙种工业学校，招生35人。

民国10年（1921）

北洋军阀曹锟派薛聚田在安国设立牙纪局，征收药业牙纪税，并按交易额的2%收取药材出境税。各路口遍设岗卡，严查药材出入，药商多被苛罚。是年，仅药材出境税即达42万两白银。

民国13年（1924）

建立社会主义青年团大五女特别支部，时有团员7人。

是年，社会主义青年团大五女特别支部改为共产主义青年团大五女特别支部。

民国14年（1925）

7月，大五女共产主义青年团特别支部转为中国共产党（简称中共）安国县大五女支部，时有党员7人，唐朴农任书记，直接受保定地方委员会领导。是县内最早的中共组织。

民国16年（1927）

军阀混战波及安国。10月初，晋军刘香九师进驻。中旬，奉军何柱国部抵此，双方大战，晋军败逃。部分散兵窜至张乡村，与晋县流匪陈海峰展开巷战，被陈歼灭。陈部进驻县城，大肆搜刮勒索，扰民甚重。

民国17年（1928）

1月6日拂晓前，阎治堂师包围县城，先炮击，天亮后冲入城内，消灭驻县城的陈海峰土匪武装大部。是月，张廷逊部从河南省开抵域内，驻扎在城东南，阎部夜袭张部未果，败走。

7月5日，中国国民党安国县指导委员会成立，10月建城关、石佛、伍仁桥、大五女、西伯章5个区分部。农民协会、妇女会等组织相继成立。

是年，成立戒烟所，8月31日发布《禁烟条例》。

民国18年（1929）

2月，县政府以公益捐30万元购置铅、石印机和铡刀等设备，创办印刷厂，是域内机器印刷之始。

3月，河北省立农场在太平山建立安国县农事试验场，占地9亩，专事农作物引进品种试验和良种繁育。

4月18日，数千名药商、药工涌上街头游行，反对牙纪局横征暴敛，冲进牙纪局大院，将牙纪局捣毁。迫于压力，省政府有条件裁撤牙纪局。

民国19年（1930）

国民党县党部派系斗争日趋激烈。7月，“乡村派”砸毁县党部牌子，将“城关派”代表、县党部主任委员王大伟等2人按倒在地，灌粪汤羞辱，王被迫辞职。

秋，大旱无收。国际统一救灾会和直隶义赈会向县内捐洋救济。

民国 20 年（1931）

1 月，奉军白凤祥骑兵六旅 2 个连进驻安国县城，四处抢掠马匹、财物，百姓深受其害。

9 月，石友三率部攻打县城，在西南关激战数小时，被白凤祥部击败。撤退时，将沿途百姓车马抢劫一空。

是年，宋汝彬纂修《安国县新志稿续》，成手稿，未刊印，今佚。

民国 21 年（1932）

春，中共大五女支部、反帝大同盟组织师生罢课游行，声讨日本侵略军（简称日军，下同）侵占东北三省的罪行，发动群众开展抵制日货运动。

春，国民第五军方振武率部途经安国北上抗日，在城内关帝庙召开民众大会，宣传抗日主张。各界开展募捐慰劳活动，药商捐款 5 万银圆资补军费，数十人投军。

4 月，乡师学生罢课，抗议增加学生负担。县教育局局长田蔚浓到校弹压，开除 2 名学生代表。乡师学生发出《告全县师生呼吁书》，城内各校罢课声援，结队到县政府请愿，全县师生纷纷响应。持续 20 余天的学潮，以田蔚浓和乡师校长钟润生被解职，恢复被开除学生校籍，免去增加的学生负担而告终。

民国 22 年（1933）

春，中共大五女支部发动当地农民开展反盐店斗争。广大农民团结在一起，轰走盐巡，闯入盐店试秤、验质，迫使坑民盐商赔款道歉。之后，斗争遍及全县。

8 月，中共大五女、南马、南章支部遭破坏，域内共产党活动中断。

是年，霍乱流行，大五女、大李庄、郑章一带尤甚，因疫灭门者众。

民国 23 年（1934）

大营、小营 2 村由清苑县划属安国县。

民国 24 年（1935）

志昌面粉厂购置 1 台发电机，是域内生产用电之始。

是年，县政府厉禁烟患。至 12 月底，查获吸毒、贩毒案件 400 余起 890 人，发案总数居河北省各县首位。枪毙贩毒、吸毒者 3 人，强令 837 人戒烟。

民国 25 年（1936）

著名生药学家赵燏黄到安国调查药业，著《祁州药志》。

民国 26 年（1937）

8 月 15 日，国民军第 53 军闻日军兵至，兵溃南逃过境，抢劫商船，拆民房绑扎筏子，争渡沙河，淹死士兵甚多。县政府官员随之南撤。

10 月 23 日，吕正操率人民自卫军进驻安国，成立安国县抗日救国自卫队总部，组建临时抗日县政府，开明绅士王希尧当选县长。

11 月 17 日，晋察冀抗日义勇军八支队在大五女镇成立，唐朴农任支队长，半月内发展到 500 余人。

是月，成立安国县抗日救国联合会，内设青年、工人、妇女部。同月，该会出版抗日刊物《人民报》。

是月，中共平汉线省委派韩印堂、陈沐新到安国组建河北游击总队第三路军。县内 1000 余人参军，并筹现洋 7000 圆，600 支枪支军。

12 月，建立安国县抗日武装特务队。

是年，因七七事变影响，大批药商迁往天津。域内各业凋敝，药业几绝。

民国 27 年（1938）

1 月，吕正操率人民自卫军将以抗日为名，啸聚千余众，盘踞舍二村，奸淫劫掠，独霸一方的土匪高建勋部击溃，残部被八路军二十三大队全歼。

是月，改组县临时抗日政府，建立安国县抗日民主政府，师容之任县长。

2 月，在县城文庙秘密召开中共党员代表大会，选举产生中共安国县委员会（简称县委，下同），马建民任书记。全县党的基层组织相继建立。

4 月 1 日，日伪军侵占安国县城。4 日，被人民自卫军收复。

5 月，县抗日武装特务队改为县大队，全县 5 个区建区小队，各村建武委会、青年抗日先锋队、游击组等民兵组织。

6 月 15 日，日伪军再次侵犯县城，人民自卫军坚守一昼夜后撤出。21 日凌晨，人民自卫军与县武装经 3 小时激战夺回县城，并设伏截获逃敌大车 53 辆，步枪三四十支，子弹一批。

是月，县抗日救国会发动群众拆毁城墙。

10 月，经常与抗日武装制造摩擦的驻博野县河北民军一部至北各堡村一带骚扰，被县基干自卫队包围，毙 10 余人，俘 40 余人，缴获机枪 1 挺，大枪 50 余支。

12 月 24 日，大批日伪军在飞机、坦克掩护下第三次侵占县城，县委、县抗日民主政府及各抗日组织撤至农村，坚持斗争。

民国 28 年（1939）

1 月 5 日，冀中军区二十三大队一营在南阳村伏击日军，炸毁坦克、汽车，毙伤多人。翌日，驻安国、博野日军对该村报复，杀村民 6 人，烧毁民房 800 余间。

是月，日伪县政府成立。

2 月 15 日，冀中军区二十三、二十四大队在刲头村伏击进攻安平的日军，经两天激战，击毙日军 107 人，伤 100 余人。

是月，日军在流罗河口筑城外第一个据点。

6 月 9 日，日军包围东安国城、西安国城村，杀死村民 18 人。

7 月 7 日，路景村 27 名群众被日军杀害。

7 月上旬，日军决开滹沱河、沙河、潴龙河大堤，并出动飞机扫射水中难民，域内一片汪洋，死人无数。

7 月 30 日，日军在流罗村杀死村民 13 人，烧毁房屋 184 间。

8 月初，县委临时代表大会在八方村召开，研究部署对敌斗争策略。

9 月 9 日，县大队在安博路埋雷伏击日军，炸毁军车 1 辆，毙敌 4 人。

是月，日军在明官店、伍仁桥、大五女、西伯章村建据点。

冬，县委在茂山卫村举办妇女自卫队队长训练班，受训者 180 余人，后多数村庄建立妇女武装自卫队。

是年，除日军据点外，全县普遍实行减租减息，合理负担。

民国 29 年（1940）

1 月 16 日，冀中军区十八团某连，在孝义河畔袭击由西伯章向县城送棉的日伪军，截获皮棉万余斤，马 6 匹。

春，县内民兵首创土地雷（以手榴弹和碎铁片相捆）炸敌，被冀中军区推广。

6月初，冀中军区二十二团在南张村伏击下乡抢麦日伪军，炸毁汽车2辆，毙敌67人，缴获步枪70余支，子弹百余发。

6月15日拂晓，驻县城日伪军200余人到流托村一带抢麦。冀中十八团一营于沙河南岸乘日伪军过河之际发起攻击，打死打伤日伪军100余人。

是月，县委召开第二次党代会，选举刘云生为县委书记。

7月，日伪军四处“扫荡”，对域内百姓实行血腥屠杀，惨案接连发生，较大的有马固、北都、齐村、营二里、西伯章、辛庄6起，屠杀百姓130余人。

8月，为扩大统一战线，县内开展民主宪政运动，建立“三三”制抗日民主政权。在村区选举的基础上，安国县第一届议会在南马村召开，选举刘守璞（女）为县议长，曹刚为抗日民主政府县长。

11月，县公安局在二区破获日伪特务组织“反共救国会”。县抗日民主政府在石佛村召开大会公开审理、枪决3名首犯。

是月，日军华北方面军总司令冈村宁次强令恢复安国药材庙会。

12月底，在抗日军民打击下，伍仁桥等距县城较远据点日军被迫撤回县城。

民国30年（1941）

3月，日伪军在安定、安博公路两侧深挖封锁沟，沿路修筑炮楼，驻兵把守。县域被分割为南北两大块。

5月4日，域内抗日根据地召开庆祝五四青年节大会，500多名青年报名参军，组成五四青年营奔赴抗日前线。

6月15日，日军火劫流托村，烧毁民房100余间。

7月22日，冀中军区十七团二营“围点打援”，围攻郑章据点的同时，在安国至郑章途中设伏，毙伤救援日伪军三四十人。

8月，日军“扫荡”蚕食抗日根据地，推行“新交通政策”“强化治安”。县抗日民主政府发动群众万余人，开展大规模破路、割电线行动。

民国31年（1942）

4月7日，冀中军区十八团攻克石佛据点。毙伤日伪军20余人，俘250余人。

5月1日，日军开始拉网式大“扫荡”。多数抗日组织遭破坏，许多干部群众被杀害。

6月，日伪实行“强化治安”，增建据点、炮楼，组建自卫团等伪组织，白色恐怖笼罩全县。抗日组织采取精简人员，隐蔽分散，建立保垒村、户等措施坚持斗争。

11月12日，县委书记刘云生在大户村被日伪军包围，与敌奋战，英勇牺牲。

冬，抗日武装开展锄奸反特斗争，采取“单打一”“掏窝”等办法打击重点，教育一般。至翌年4月，镇压汉奸特务140余人。

是年，日伪军在域内设伪学校32处，强迫儿童入学，施行奴化教育。

民国32年（1943）

2月上旬，县委、县抗日民主政府在流昌村召开200多人参加的英模大会，号召全县人民行动起来，形成新的抗日高潮。与会代表检阅了县、区人民抗日武装队伍。

5月27日，县委在田袁李村召开县、区干部会议，被日伪军包围。冀中军区三十二区队和县大队与敌展开激战，掩护县、区干部撤出。此战，双方各伤亡50余人。

7月7日，日伪军包围寺下村搜捕抗日干部，打死群众4人，抓走100多人。

10月，县大队在南马村北设伏，打死打伤伍仁桥据点外出包围南马村的日伪军20余人。

秋，全县恢复整顿中共各级组织。

12月12日，日伪军包围东北马、西北马两村，抓走村民11人，杀7人，将4人的头挂在伍仁桥村南门楼上“示众”。

12月16日，县委书记彭志申率县大队进驻固显村，因汉奸告密被围，翌日凌晨突围。县大队伤亡50余人，被俘10余人。

民国33年（1944）

年初，县委组织春季攻势，连克娄营、西照、北流罗、北堡、石佛、马庄、南马、大李庄、东秋元、固城、焦庄、刘庄、海市、郭北庄、流托、宋固、西娄底17座日伪炮楼。

3月9日，驻安国、博野、蠡县的日伪军分三路包围石佛村，将群众集中到天主教堂，打伤154人，杀27人。

6月，县委组织夏季攻势，克流霜、庞各庄、茂山卫、南娄底、东崔章、西河、南王买等8座日伪炮楼。

9月6日夜，县大队攻入县城南关，烧毁伪军中队部。

11月，全县各根据地和游击区开展“二五”减租，对所有租佃土地重新订立5年契约。年底，县内抗日根据地扩大，148个村庄建立抗日政权，县大队发展到200余人，武装民兵2000余人。

民国34年（1945）

春，域内根据地开展大生产运动，县委、县抗日民主政府机关开荒187亩。郑家庄王洛合（化名于致祥）创办县内第一个农业生产互助组。5月1日，县委作出《关于开展于致祥运动的决定》，互助组在大生产运动中迅速发展。

5月，县委作出扩大解放区，缩小敌占区，向城关挺进的决定。县城周围除沿安国—定县公路的日伪炮楼外均已攻克。

6月15日，县抗日武装围攻县城，切断城内日伪给养。

7月初，冀中军区二十七团进驻安国，连克安定路沿线韩村、侯村、新安炮楼，扫清了城外日伪军。

7月12日夜10点，冀中军区二十六团和县大队攻打县城。11点，伪军大队长段炳林率58人投诚。14日夜克南门、孟庄、大粪场炮楼，歼灭伪军100多人。驻定县日军200多人赶来增援，为减少伤亡，攻城部队撤出战斗。

8月28日凌晨，在抗日武装强大攻势下，日伪军弃城逃走，安国全境解放。

8月29日，农民进城游行，载歌载舞，欢庆胜利。逃出县城的居民纷纷回城。1000多名青年踊跃参军。

8月下旬，分批选派干部赴东北开辟工作，至年底县内派出20多人。

9月1日，县民主政府发出通知，动员全县人民为城市解放捐献钱粮。至12月初，献钱粮折小米91883斤。

9月15日，城厢区开展减租、增资斗争。到月底，167户佃户减租17867斤，向36户佃户退租6785斤，148名工人增资折小米839石7斗。

是月，收复县城的善后工作进展顺利，城内秩序井然。工商业者纷纷回城开业，建立县民主政府领导的工商业联合会。

11 月 10 日，县召开各行业代表会议，组建繁荣庙会委员会，恢复药材及其他物资交流庙会。

11 月 16 日，开始查租、减息、反黑地斗争。至翌年 3 月，全县实现“二五”减租，查出未报土地 92775 亩。

是年，安国接通附近 10 个县电话线路。

民国 35 年（1946）

2 月 5 日，开始反“国特”（国民党特务）斗争。通过群众揭发和专案侦察，共查出“国特”70 余人，处决 5 人。

4 月，全县掀起以组织起来，增加生产为中心的大生产运动。五区 41 个村组织 522 个互助组，一区开荒地 621 亩；二区修复和新打井 386 眼。东北马村成立利民合作社。工商业由年初的 175 户增加到 579 户。

是月，县、区机关整编、精简，县大队、区小队战士复员。部分干部到学校任教，大部分战士回村务农。

6 月，全县遍发黏虫、蝗虫灾害。

是月，为保卫胜利果实，组建保田大队，辖两个连 300 余人。

7 月 24 日，九专署就中共中央七七事变九周年宣言和李公朴、闻一多被国民党杀害事件，在安国县城召开各界人士座谈会。会议通电蒋介石，呼吁停止内战，要求美在华部队撤出中国。

9 月，县成立土地改革（简称土改）运动委员会，28 日县土改工作队进驻土改示范村庞各庄。

10 月 10 日，县委、县民主政府在庞各庄村召开各区村干部参加的献田大会，“耕者有其田”、算账复仇运动在全县展开。

秋，县委将 4 月份复员的县大队、区小队战士全部召回，复建县大队。

11—12 月，开展扩军支前运动，全县动员 5 个连的兵力开赴前线。庞各庄、流霜等 4 个村仅半月就完成支前棉军衣 1 万多套，袜子 6000 双。

12 月，县大队主力编入中国人民解放军野战军，部分编入冀中军区八十团。

冬，准备开展运动战，县城开挖护城沟、地道，使街与街、户与户相通。

民国 36 年（1947）

2 月，县民主政府首次发放边币 1.2 亿元贷款，支持工业、手工业生产。

3 月 9 日，县委在南关大药市召开纪念三八妇女节大会，3 架国民党军飞机轰炸会场，炸死 3 人，伤 9 人。

是月，县委书记赵士珍带领 1000 余名民工开赴解放战争前线。

5 月，在大生产运动中，县民主政府向 26 个村的 180 个贫困户发放低息贷款边币 900 万元，用以购买籽种。

8 月，全县妇女为解放军做棉衣 1.5 万套。

8—10 月，县内 1200 余人带 400 副担架、400 辆大车参加保北、保南、清风店战役支前。战役结束后，解放军某部为安国担架队祝捷庆功。

9 月，县民主政府组织全县人民全面修复日伪时期破坏的公路。

10 月 31 日，中国人民解放军总司令朱德、晋察冀军区司令员聂荣臻到安国县，翌日在舍二村召开会议，研究解放石家庄方案。聂荣臻为西章凝村支前模范李济林题写“支前功臣”匾。

10 月底，组织民工 1000 多人，编成 9 个连，随解放军三纵九旅二十五团北征。安国民工团被部队授予“钢铁民工团”称号。

是月，中共冀中九地委在药王庙召开各县科长以上干部1000余人参加的土改会议，贯彻《中国土地法大纲》。会后，县组成土改委员会，代行县委职权，随后派土改工作组进村领导土改运动。同时，各村成立贫民团，基层党团组织停止活动。将200多名农村干部集中到西关教堂集训审查，即“搬石头”。土改平分工作迅速开展。

11月初，安国县切药工会、理发工会、城关职工会等群众组织和石佛、路景等学校师生为清风店大捷发起劳军募捐，共募款边币100余万元、实物一部分，送到部队。

是月，中共冀中九地委主持召开安国县党员代表大会，选举产生中共安国县委员会。年底，党的基层组织和党员在社会上公开。

是年，中共冀中九地委、专员行署迁至安国县城。

民国37年（1948）

2月初，县委在北都村召开县、区、村三级干部会议，学习土改政策，总结土改经验教训。会后，全县开展土改复查工作。

2月16日，安国民工团850余人，随解放军三纵九旅参加察南、热西、冀东等战役，至10月20日回县。

4月7日，全县掀起参军高潮。至25日，1373名青年入伍。

是月，全县大部分麦田发生红蜘蛛，受灾面积达303075亩。

5月，安国城关改建安国市。11个村的群众和城关职工会、商会及各机关学校2000余人，在药王庙举行建市典礼。

7月21日，潴龙河水暴发，58村被淹。8月，北部40余村黏虫为害。县委、县民主政府组织200余人，赴灾区领导抗洪灭虫救灾。灾后，县发放大批贷款和救济粮帮助灾民重建家园，恢复生产和度灾。

10月30日，为支援“平津战役”，县后勤部组织7800余名民工，抢修安国—定县、安国—博野公路。

是月，安国市政府举办冬季庙会，北平、天津、保定、邯郸、临清等地商人及七七事变后安国外迁商户到会交易，成交额53亿元，其中西药占48.8%。

11月，全县2000余名民工携200辆大车、240副担架赴天津外围支前，直到天津解放。

12月1日，发行第一套人民币，安国是首批使用流通区，其它货币禁止流通。

12月28日，市政府发动劳军募捐、向平津战场解放军将士献慰问袋活动。各界3天捐款2.7亿元。

是年，麻疹流行，万人染疫，千人死亡。县民主政府大力组织医务人员灭疫，控制蔓延。

民国38年（1949）

2月，解放军第四野战军途经安国南下，干部群众全力为部队供应吃、住，圆满完成几十万人马的供给任务。

是月，撤销安国市，并入城厢区。

是月，历时3年的土改运动结束。县民主政府先后为全县48877户农户颁发土地房产使用证。

上半年，县委、县民主政府组织人员系统调查全县工商业，特别是药业历史情况，制定出鼓励工商业发展和繁荣药业的规划。

7月，大旱。县民主政府组织沿孟良河18村民工5717人，疏浚该河中部河道，1.62万亩地得以灌溉。

8月1日，安国县属定县专区。

8月7日，部分粮田发生黏虫、蝗虫、蚜虫灾害，13日遍及全县。

是月，县公安局对县内16个反动落后会道门登记立案，翌年全部取缔。

中华人民共和国

1949年

10月1日，全县人民走上街头集会游行，敲锣打鼓，放鞭鸣枪，庆祝中华人民共和国成立。县民主政府改称人民政府。

是月，安国县第一次妇女代表大会召开，选举产生安国县民主妇女联合会第一届委员会。

11月11—15日，安国县第一次各界人民代表大会召开，到会代表1130人，县、区干部273人列席。主要议题是贯彻落实粮食征购政策，安排冬季生产和加强人民民主专政

1950年

2月1—5日，召开县第二次各届人民代表大会，到会代表240人。会议听取1949年县人民政府工作报告，通过1950年农业生产计划。

4月下旬，县委组织开展突击种棉运动。全县种棉15万亩，比上年增加5万亩。

5月，全县麦田普遍发生锈病，县政府发动群众喷药防治，控制了灾情。

8月，开始镇压反革命运动，至1953年10月，逮捕反革命分子187人，杀罪大恶极者37人。

9月，安国县第一次工人代表大会召开，选举13名委员组成第一届工会委员会。

11月28日至12月4日，中共安国县第一届党员代表大会召开，出席代表263人，选举产生中华人民共和国成立后中共安国县首届委员会；通过农村整党决议。

1951年

2月，县委书记李健带领县武装组织配合保定独立营在马庄截击由沧州叛逃的改编骑兵连，打死打伤叛兵17人。

3月中旬，县委、县政府发动24万人全面整治河道。

6月，各级普遍成立抗美援朝委员会，全县掀起捐献活动。至10月4日，共捐款3亿元。

8月11—13日，召开安国县首次互助组代表大会，号召进一步巩固与广泛开展劳动互助运动。

9月20日，县政府就棉商抢购棉花，引起棉价上涨现象采取措施，向外来公私厂商、县内棉商核发购棉证，稳定棉花市场。

11月20日，开始大规模冬季植树造林，植树8万株。

12月27日，召开安国县第一届第一次工商界代表大会，修订爱国公约，订立增产节约计划。

1952年

1月7日，定县地委和安国县委在安国县供销社搞“三反”(反贪污、反浪费、反官僚主义）试点，随之“三反”运动在全县展开。至4月底，经核实审查，对有贪污等错误的327人分别给予党、政纪和刑事处分，追回赃款、赃物15.28亿元。

2月初，结合“三反”，工商业中开展反行贿、反偷税漏税、反盗骗国家财产、反偷工减料、反盗窃

国家经济情报的“五反”运动。揭发出违法商户96户，各种类错误事实158件，在“三反”定案时一并处理。

2月23日晚，持枪匪特抢劫安国县二区银行分所巨款2800余万元和一批有奖储蓄券。

6月3日，县委召开爱国增产竞赛大会，公布1952年爱国增产竞赛计划书和与深泽、无极、博野等5县的竞赛协议书。爱国增产竞赛运动轰轰烈烈展开。

11月，全县开展速成识字班扫盲运动。

年底，县建合作指导委员会，区乡设专职干部，具体指导互助合作运动。在甄庄村组建县内第一个初级农业生产合作社，作为示范向全县推广。

是年，特大干旱，全年降水仅184.2毫米，8000余亩作物绝收。

1953年

1月，掀起抗美援朝参军高潮，615名青年入伍。

是月，二区个别干部违背群众意愿，强行组织合作社，使一些合作社组而复散，对合作运动影响很大。为此，定县专员公署通报批评。

3月29日，开始毁拆东长仕村的太中山寺，历时2个月拆完。其砖瓦木料用于建筑南关礼堂。

4月，组建第一个手工业生产合作社——木器工业生产合作社。

8月20日，全县建成民办高小18所，40个教学班，招收学生2761人。

8月下旬，县委举办互助合作训练班，培训骨干919人，加强对互助合作具体指导。

秋，阴雨连绵40余天，连遭大风、蚜虫、洪水等灾害，农作物受灾面积4.7万余亩，倒塌房屋1.86万余间。

11月29日至12月2日，召开安国县第七次各界人民代表会议，贯彻过渡时期总路线。

12月，实行粮、油统购统销。

年底，长年互助组发展到2585个；初级农业合作社33个，入社375户。

1954年

6月，定县专区撤销，安国县改属保定专区。

7月6—11日，安国县首届一次人民代表大会召开，到会代表216人，中心议题是发展农业生产，进一步促进农业、手工业和资本主义工商业社会主义改造。

是月，进行第一次人口普查。1日零时全县人口247178人。

是月，县建立对私改造办公室，下设城关、农村两个对私改造工作队及手工业改造工作组，着手对全县私营工商业、个体手工业进行社会主义改造。

8月，大水，秋季作物全部被淹，减产5成以上，倒塌房屋3.1万间。灾后，人民政府发放救济款30万元，救济粮2000吨。

9月15日，全县开展评选劳动模范活动，共选出县级劳模184人。

10月18日，全县党政机关、团体干部发起为灾民募集棉衣、棉被、鞋、帽等防寒物品活动。

12月16日，开始对全县农业生产合作社进行以加强民主管理，健全财务等制度为内容的整顿。翌年1月8日结束。

1955年

1月9—11日，召开安国县首届人民代表大会第三次会议，改安国县人民政府为安国县人民委员会（简称县人委，下同）。

1月17日，中国人民政治协商会议河北省安国县委员会成立（简称县政协，下同）。

2月25日，全县掀起反对使用原子武器的签名运动，到3月底共有21万人自愿签名。

3月1日，换行新人民币，到4月底共兑换旧人民币235.7亿元。

3月下旬，抽调大批民工治理孟良河，共用工10.5万个，动土54.936万立方米，总费用12.3万多元。

春，中共中央主席毛泽东在中共中央常委会上谈到中医药工作时说："河北不是有个祁州吗？那是中药的集散地，商业部门必须加以研究。"

春，全县初级农业生产合作社发展到1067个，入社农户占62%。

7月23日，"肃反"运动开始，首批在县办工厂、县直财贸系统、中等学校中展开。运动共分5批进行，1957年8月结束。运动中，2410人交代了个人历史行迹，群众揭发材料8324件。共查出反革命分子161人，坏分子36人。

是月，发生蝗虫，飞蝗遮天蔽日，响若飓风，县人委发动全民灭蝗。受灾面积25.4万亩。

8月，实行粮食定产、定购、定销到户政策。

9月15日，县内首次使用拖拉机耕地，成千上万群众涌向田头观看。

秋，县对私改造办公室组成27人工作队，重点改造私营工业，开始实行公私合营。

10月，农业合作化运动出现冒进，一轰而起。全县并转为63个高级社，100个初级社，95%的农户入社。

11月30日，第一眼人工架子锥机井在南娄底村打成，全县1000余名代表参加庆祝大会。此技术在保定地区推广。

12月25日，县委召开工商界代表1125人参加的全行业公私合营动员大会，公私合营进入高潮。

是月，将全县高级社、初级社统一并转为29个大型合作社，实现了土地集体所有制。

1956年

1月25日，中共河北省委在安国召开10万人参加的建立集体农庄典礼。安国29个乡改为29个集体农庄。会上，省委书记、省长林铁，保定地委书记李悦农作报告，33个县的代表发言。

1月26日，县召开4万多人参加的庆祝全县农业社会主义改造胜利完成，开展社会主义农业增产竞赛运动大会，林铁到会讲话，号召安国实现"千斤丰产县"。

是月，中央新闻纪录电影制片厂在安国拍摄实现高级合作化纪录片。

是月，203户药材私商并为公私合营药材批发部。

3月，建成伍仁桥、明官店、庞各庄、小营、南王买5所国办中学。

是月，县组织4万余人参加沙荒造林活动，植树万余亩。

4月17日，县内有线广播站建成试播，8月1日正式对全县播音。

5月1日，县委机关报《安国前进报》创刊，1958年10月1日改名《安国日报》，1961年停刊。

5月29日，10个农业社遭受严重雹灾，砸毁小麦30704亩，棉花和其他春苗4万余亩。

是月，举办中华人民共和国成立后首次全国性中药材交流大会，20多个省、市、自治区代表到会，交易额300余万元。其后每年春、秋各举办一次。

6月底，全县完成对资本主义工商业的社会主义改造，建成10个国营合作社，9个公私合营商店。

是月，撤区，县直接辖乡。

是月，越南劳动党代表团到安国县参观考察农业生产合作化情况。

8月初，连日大雨，河水涨发，南部86个村庄受灾，死亡11人，伤42人，24万余亩农作物绝收，倒塌房屋5.8万余间。县委、县人委迅速组织抢险队赴灾区抢险救灾。

8月7日，县委组织机关人员带500千克炒小米、1500千克馒头、1万元现金和1500条麻袋等物资急赴伍仁桥重灾区救灾。

8月11日，县委、县人委组成救灾物资供应组，将大批苇席、熟食、煤炭、食盐等物资运到灾区。

8月28日，保定市工人代表、医务人员、劳动模范一行37人组成的慰问团带1万元现金和大批药品到伍仁桥等5个重灾区慰问。

灾后，县组成生产救灾委员会，领导全县灾民开展生产自救，重建家园。发放救济款90余万元，棉、单衣235万件，并拨80.6万元贷款发展副业生产。同时，全县开展“增产节约，支援灾区”运动。至翌年4月，共节粮1155吨、煤120吨、棉布27.17万米，捐献给灾民。

年底，县内手工业社会主义改造基本完成，组成手工业合作社（组）42个，共有社员893人。

1957年

3月28日，安国县第一届先进生产者、先进工作者代表大会召开。195名代表参加大会，会上通过了给全县农民和职工的公开信，倡议全县开展生产竞赛。

8月21日，县委召开964人参加的县、乡干部会议，部署在全县农村开展大规模的社会主义宣传教育运动。

9月10日，县委成立整风办公室，开始分期分批开展反官僚主义、反宗派主义、反主观主义的整风运动，启发党内外人士向党提意见。

9月18日，周村、马庄村划归安平县。

9月28日，首批整风运动在县直36个单位展开。到10月15日，共贴大字报8047张，向党和政府提出批评意见和建议16192条。继后，整风运动在农村展开。

10月，团中央和中国青年出版社一行25人到淤村和齐村参加劳动，历时1个月。

11月，全县对《全国农业发展纲要四十条》展开大讨论，县委号召狠批右倾保守，开展生产“大跃进”。

12月4日，整风转为反右派运动，出现扩大化。翌年8月运动结束，全县共定“右派分子”302人，115人下放农村劳动。

12月31日，北部33个村完成改造“北跑”第一期水利工程。沿孝义河开挖10个大水柜蓄水坑，修筑拦水埝两条，共动土15.6万立方米。

是月，县委提出1958年要实现亩产“万斤薯、千斤粮、百斤棉（皮棉），乡乡‘大跃进’，全县过长江”的口号，拉开“大跃进”运动序幕。

是年，全县粮食总产55795吨，向国家交售粮食4825吨，结束缺粮县历史。

1958年

1月17日，县委在人民礼堂召开“除四害”（老鼠、苍蝇、蚊子、麻雀）誓师大会，向全县人民发出围歼“四害”的命令。

2月25日，县委召开3万余人参加的生产“大跃进”誓师大会。全县深翻土地、兴办水利、大搞积肥、建试验田等“跃进”运动全面展开。

3月3日，中共河北省委批转安国县委《关于社社建立试验田的情况报告》，向全省推广安国经验。

3月18—23日，农业部和河北省委联合组织的8省及河北省40县麦田管理促进会在安国县召开，与会者参观了麦田管理。

3月26日，《人民日报》发表《麦田管理抓两头，安国经验传八省》的报道。

4月19日至5月1日，全县机关干部、整风教师880人到庞各庄开挖占地40多亩的“幸福泉”。

5月29日，县委组织26个乡的1500余名民工到石佛乡开挖潴龙河分洪道。至6月6日，完成全部工程，共动土30多万立方米。

5月31日，县委召开贯彻总路线广播大会，掀起宣传总路线高潮。

6月中旬，县城南关发电厂开工兴建，8月3日运营，供县城照明、工业用电和城关附近农业用电。1960年10月停办。

是月，县组织1万余民工赴曲阳县参加王快水库修建，历时1年完成第一期工程。安国民工在施工中，放出日运土上坝1.2万立方米的“大号卫星”，获“元帅县”称号。

7月，各村办起集体食堂。

8月5日，中共中央主席毛泽东在河北省委、省政府领导陪同下，到流村红星农业社（今八五村）视察。

8月11日，县组织6000余人赴曲阳山区炼钢。到年底，全县先后赴曲阳炼钢者8万余人。

9月12日，中共中央副主席、全国人大常委会委员长刘少奇和夫人王光美到安国视察卓头、南娄底等大队和东山药材场，指示要把安国建成药材县。

9月14日，国务院副总理李先念到安国考察，指示要引种外地药材，把野生药材驯化为家种药材，打破“地道药材”的迷信说法，创造高额丰产。

9月23—25日，中国文联参观团一行20人在中国戏剧家协会主席田汉、著名作家老舍率领下到安国参观。随行人员有中国影联主席蔡楚生、中国美学院院长吴作人、作家曹禺、国画家蒋兆和、舞蹈家戴爱莲等。

是月，建县棉纺厂，1960年10月开齐5000纱锭，1965年增添织机200台，成为纺织全能企业。

10月11日，元帅贺龙、聂荣臻、罗荣桓和上将杨成武一行7人到安国县考察东风人民公社（伍仁桥）“千亩天下第一田”和安国制药厂。

10月15日，国务院副总理薄一波、中央书记处候补书记胡乔木考察安国制药厂。

10月31日，外交部组织驻外使馆回国人员24人和由18个少数民族青年组成的40人代表团同时到安国县参观。

11月2日，国务院副总理陈毅、国家计委主任李富春、人民解放军总参谋长黄克诚、全国妇联会主席蔡畅、全国妇联会书记处书记康克清等一行21人到安国县考察。

11月5日，1.1万余名壮劳力赴曲阳修王快水库。

11月15日，县委召开全县农业丰收、实行“双半”（半供给、半工资）制庆功广播大会，各公社设分会场，当场发放工资。

11月26日，卫生部部长李德全率在保定市参加全国中医中药工作会议的各省卫生厅、局长400余人到安国县参观。

12月23日，县委抽调县直干部148人与各公社、大队会计共近2000人，分赴社队清理财物。

12月24日上午，中共中央副主席、国务院总理周恩来视察安国县先锋人民公社（城关）麦田，焦庄大队“魁元方”，东风人民公社（伍仁桥）医院、百货商店，伍仁桥大队食堂、托儿所、农民家庭等。下午又视察了安国制药厂、通用机械厂、安国第一中学。为制药厂题词：“敢想、敢说、敢干，苦干、实干、巧干”。

是年，博野县大部和望都县的12个村并入安国，全县建8个人民公社。

1959年

1月8日，国务院总理周恩来指示发给先锋人民公社3台电动机。按照周总理指示，先锋人民公社更名祁州人民公社。

1月上旬，县委群众生活办公室组织县、社、队干部1942人，进行全县群众生活大检查，找出存在的差距。继之，整顿全县集体食堂，共安排25625间房作为食堂饭厅，新置饭锅5357口；放假拾柴以供社员个人取暖；同时发给烈军属、孤老户救济金19376元。

2月13日，出动8000余名民工、30余名医生和200辆大车赴曲阳参加王快水库建设。

3月，伍仁桥公社副社长芦会仙随中国妇女代表团赴苏联参加国际三八妇女节庆祝大会。

4月，苏联农业考察团一行30余人到安国县，实地考察4个多月。

5月10—15日，共青团中央书记胡耀邦到齐村参加劳动。

5月15日，罗马尼亚考察团一行8人到伍仁桥公社进行为期6个月的考察。

8月下旬，河北省农林厅、商业厅、卫生厅联合在安国县召开中药材种植经验技术交流会。

是月，反右倾运动开始，翌年2月结束，41人被定为“右倾”受批判。

9月下旬，为207名“右派”摘帽。占1957年划定“右派”的68.5%。

10月1日，县委在安国一中体育场召开庆祝中华人民共和国成立十周年大会。会后6000余人上街游行。晚上，分别在人民礼堂、一中礼堂和大药市举办文娱晚会。

10月12日，1.35万人赴王快参加水库建设。

10月，民主德国、波兰、朝鲜等十几个国家的驻华使节到伍仁桥公社参观“千亩天下第一田”。

秋季，保定—衡水公路县城以北19.15千米改线工程竣工。

11月20日，全线开挖沙河灌渠主干渠道，3.5万名干部、民工昼夜奋战，到11月27日完成第一期工程，共挖土107万立方米，成渠12822米。

11月28日，县委在“北跑”召开全县洼碱地改造誓师大会，全县8万名民工、50台拖拉机、1万余辆大车投入改造工程。至12月7日，深翻平整土地3.7万亩，每亩平均盖沙5吨，修建3～6米宽的田间机耕道42条，开挖大小渠道186条。

12月13日，在保定地区农业庆功誓师大会上，安国获粮棉“元帅县”锦旗。

12月底，全县四级医疗保健网形成，包括综合性县级医院1处，公社医院8所，区卫生所43所，农村保健站125所，中西医务人员685人。

是年，县长焦家驹作为青年代表参加在奥地利维也那举行的世界青年联欢会。

是年，全县粮食总产44540吨，向国家交粮38520吨，占总产的86.5%，是征购率最高的一年。

1960年

1月14日，6台国产东方红-54型履带式拖拉机运进安国，是县内使用国产拖拉机之始。

3月，县内第一座变电站于西关开建，总容量2000千伏安，9月10日运营。

春，原望都县划归安国的12个村析出，划归唐县。

5月下旬，小麦遍发锈病，河北省委、保定市委紧急向安国调拨3000千克农药，并派飞机喷药防治。

5月30日，狂风，5万多亩棉花和6600多亩甘薯受灾。

6月30日，县委组织县、公社主管生活、粮食、卫生及妇幼工作的干部85人，分赴8个公社检查集体食堂及人民生活情况。

8月，全县9万余亩玉米、谷子发生蝗虫、黏虫、钻心虫等虫害。4万余名男女社员投入灭虫。

9月，开始精减下放机关干部。12日，在安国影院召开大会，欢送首批360名干部下放农业生产第一线。

12月，河北省委、保定市委派工作组进驻安国，整风整社运动全面展开。重点纠正“大跃进”中的“五风”（共产风、命令风、浮夸风、特殊化风、瞎指挥风）错误。

年底，“大跃进”高潮中开办的21个国营工厂除制药厂、机械厂、制酒厂保留外，分别停办或转集体经营。

1961年

1月1日，河北省委批转安国县委关于“五风”问题的检查报告，县委针对本身脱离实际制定生产计划和社队浮夸等问题作了检查。

1月13日，县委发出《关于认真执行省、市委指示，大干十天，停止病、弱发展、非正常死亡现象，保证社员体质健康的意见》。对解决社员口粮，照顾老、弱、病、孕、小，加强卫生保健，突击治疗浮肿、流感和子宫下垂等危及人民生命的病症等方面作了具体部署。

1月下旬，县委派出1205人的工作队进驻各村，发动群众，揭发“五风”问题。

2月27日，沙河灌渠郑章支渠和郑章至博野支渠开挖工程全线开工，受益村庄4217名社员苦战20余天，总长34千米的两条支渠全部完工。

2月，调整区划，全县设29个人民公社。

3月20日，县委召开三级干部大会，推行农业“三包一奖”（包产、包工、包投资，超产奖）制度。

7月27日，遭8级大风和暴雨袭击，风雨持续30分钟左右，1.78万亩农作物受灾，全县平均减产20%。

7月，普遍落实“六下放”（土地、劳力、耕畜、农具、经营管理权、干部下放到生产队）、“四固定”（固定土地、劳力、耕畜、农具到生产队）政策，划分社员自留地和食堂菜地。

8月，发生蝗灾，受灾面积5万余亩。

9月23日，成立县直整风办公室，1000余名干部参加整风，重点揭摆处理“五风”问题。整风整社运动于翌年初结束。

是月，县成立甄别工作领导小组，甄别纠正对1957年以后批判处理的11784人的决定。

冬，开展以贯彻农业“六十条”为中心的社会主义教育运动。

是年，年产8000吨合成氨的小型农用氨水厂（县化肥厂前身）建成投产，是全国第一批小氮肥企业。

1962年

1月6日，博野县析出，全县调整为20个人民公社。

是月，全县停止“供给制”，关闭生产队集体食堂，恢复“分户立灶”的传统生活制度，农村实行“三级所有、队为基础”的经济体制。

3月，流感、白喉、麻疹三疫大流行，两月内仅染流感者即4926人，死亡639人。

春，县人委鼓励开荒，谁开谁种谁收，不计入产量、征购、口粮指标。

6月22日，开始压缩非农业人员，精减职工。到年底，全县4399名非农业人员下放农村务农。

春夏大旱，1—6月仅降雨80毫米，近24万亩农作物受灾，其中8万余亩绝收。

7月4日，雹灾，砸毁棉花6183亩。

7月9日19点30分，县内遭10级大风袭击，毁坏棉田1万余亩，刮倒电杆100余根，造成全县停电。

7月，县委组成工作组，整顿69个后进村，加强领导班子建设，帮助落实“包产到户”“小段包工”等生产责任制。

10月，安国被河北省电力部门确定为大修改造、补配套双重点县，拨专款160余万元，对全县通电线路进行改造。

是年，普遍落实全县耕地、自留地、荒地、闲散地及宅院权属。

1963年

2月8日，开始以清账目、清仓库、清工分、清财物为内容的“四清”运动，4月5日结束，全县共清出有贪污盗窃行为的大小队干部157人。

3月，全县开展学雷锋活动，做好事蔚然成风。

6月24日，县内遭冰雹、大风袭击，气温急剧下降，农作物受灾严重。

8月3—9日，连日暴雨，河水涨发，全县村庄普遍积水，最深2米，毁坏房屋18万余间，467585亩庄稼绝收，死亡30人，受伤130余人，耕畜死亡3000余头，水利和电力设施损坏严重。县委、县人委组织大批机关、企事业单位干部职工下乡抢险救灾。

是月，中共中央、华北局和全国各地先后派慰问团到安国慰问或寄慰问品。国家拨给安国统销粮8080吨、救济款76.5万元、煤炭3050吨、木材1122立方米及大量布匹、棉絮。

11月2日，县水利工程指挥部成立，设潴龙河施工所，磁河施工所，唐、清河施工所。

1964年

1月，县组织380多名干部，分赴各社队开展第二次“四清”运动。通过清查账物，5059名社队干部退出多吃多占款物。至5月上旬结束。

春，麦叶蜂大面积危害麦田，县组织7.2万人突击除治。

7月，进行第二次人口普查。1日零时，县内人口有254460人。

10月16日，抽调402名县、社干部，赴新城县参加“四清大会战”。

12月下旬，开始“清政治、清经济、清组织、清思想”的第三次“四清”运动。

是年，10万亩盐碱地第一期改造工程完成。

是年，始施行煤炭计划供应。

1965年

2月17日，县委召开5817人参加的贫下中农代表和三级干部联席会议，处理“四不清”干部的经济退赔、落实政策事宜。至3月5日退赔结束。

8月，全县掀起“活学活用”毛主席著作热潮。县建立学习毛主席著作办公室，各社队及企事业单位层层建立相应组织，共设学习毛主席著作辅导员5694人。

冬，县组织力量彻底改造“北跑”，营造“台条田”3万余亩。

1966年

2月17日，开展学习焦裕禄活动。

3月22日，河北宁晋东南发生7.2级地震，波及安国，全县倒塌、震坏房屋4197间。

5月，中央“五一六”通知后，县内开展批判“三家村”运动。“文化大革命”运动首先在教育系统展开。

6月14日，安国中学首先“停课闹革命”，随后各校陆续停课。在横扫一切“牛鬼蛇神”的口号下，掀起破“四旧”（旧思想、旧文化、旧风俗、旧习惯）、立“四新”运动，对“五类分子”（地主、富农、反革命分子、坏分子、右派分子）、“牛鬼蛇神”进行游斗批判，一些古迹、文物、字画、藏书被视为“四旧”销毁。

8月，县成立“文化大革命”办公室，各级各单位纷纷建“文化大革命”领导小组。是月底，各中学选派红卫兵代表进京接受中共中央主席毛泽东检阅，后纷纷到全国各地串联。

11月，县内各个领域各种名称的“战斗队”“造反团”“司令部”等造反组织蜂拥而起，大字报和各组织间的大辩论随处可见。

是年，因“文化大革命”冲击，全国性药材交流大会中断。

1967年

1月，“造反派”掀起夺权高潮。550名县、社领导干部被隔离审查或游斗，一些干部被打成“反革命”“叛徒”“特务”“走资本主义道路的当权派”（简称“走资派”）被揪斗。各级党政机关瘫痪。

2月，县人民武装部介入“文化大革命”，与造反组织成立“三结合”（造反派、武装部干部、党政干部）的“安国县革命委员会”，行使政府职权。部分造反组织指责其为“三凑合”，不予承认。自此，县内形成保“三结合”、踢“三凑合”的“踢”“保”对立两大派，对立情绪日甚一日。

4月，在北章令建钢筋混凝土结构的沙河大桥，9月竣工。

5月，中国人民解放军4894部队进驻安国县“三支两军”（支左、支工、支农，军管、军训），对县公安局、法院、检察院等机关实行军事管制。

6月30日，“保”“踢”两派在省科委驻安国办事处大院发生首次以棍棒、砖瓦相击的武斗。

7月30日，“保”“踢”两派在安国中学校园武斗，砸毁学校门窗、玻璃。

9月21日，“保”“踢”两派在制酒厂以棍棒武斗，1人死亡，多人受伤。损失酒3吨，停产20天。

12月24日，“保”“踢”两派在县面粉厂首次枪械相击，死亡1人，重伤2人。

是年，暴发流行性脑膜炎，染疫2696人，死亡199人。

1968年

年初，“保”“踢”两派代表前往保定参加中共中央组织的学习班，达成实现联合、制止武斗的“三一六”协议，但未落实，武斗未止。

春，“造反派”在流村（今八五）村西砖窑处截击解放军车辆，造成解放军和造反派各2人死亡。

5月21日凌晨，“保”“踢”两派在伍仁桥村武斗，6人死亡。

5月29日凌晨，“保”“踢”两派在流村武斗，死亡6人，重伤1人。

6月23日凌晨4点，“保派”从东、南、北三面包围县城，此为“文化大革命”武斗期间第一次攻城。25日攻入。此次武斗死5人，损失食油3500余千克，造成县棉纺厂失火，烧毁皮棉850吨，损失761472.39元。

7月25日，“踢派”从北面攻入城内，为第二次攻城，死亡13人。

8月29日上午，“保派”组织第三次攻城，连攻三次未入。其间，制药厂被击起火，损失23675.57元。

1969年

1月，全县小学下放为队办，教师由供国库粮改为“队摊粮”。1971年恢复为国办。

7月下旬，中共中央发布“七二三”布告后，县内两派组织进行联合谈判。

8月16日，经省、地革委会批准，两派组织以对等人员组成“安国县革命委员会”(简称县革委会)，实现两派联合。

9月19日，县召开10万人大会，庆祝县革委会成立。会后举行盛大游行。

10月初，县革委会举办县、社、队干部700多人参加的毛泽东思想学习班，消除派性。

是年，农村实行合作医疗制度，配备“赤脚医生”。

是年，首批来自北京、天津的知识青年到县内插队落户。

1970年

1月10日，开始“清理阶级队伍”，178名干部职工被遣送、遣散回原籍，家属受株连随迁。

2月28日，县召开万余人工农业生产新跃进誓师大会。

6月19日，副总理纪登奎、中共中央组织部部长郭玉峰到八五大队考察。

10月12—13日，县革委会召开“农业学大寨”万人会议，首次提出“以阶级斗争为纲，三年建成大寨县，粮食亩产过长江”的口号。随之，以农田基本建设为重点的农业学大寨运动掀起高潮。

是年，在八五村南建“毛主席视察纪念馆”。

1971年

1月15—20日，中共安国县第五次党员代表大会召开，复建县委。

2月7日，召开县、社、队三级干部3000余人参加的“一打三反”(打击反革命破坏活动，反对贪污盗窃、投机倒把、铺张浪费）运动誓师大会。

8月，棉铃虫为害，8万余亩棉花大量落铃。

10月15—23日，县委召开1452人参加的党员干部大会，传达中共中央粉碎林彪反党集团文件，批林整风运动开始。

是年，队队办初中，社社办高中，中学达到87所，教师拔高使用。同时实行贫下中农、工人管理学校，招生由考试改为“推荐”，一些“成分高”或认为有其他“问题”家庭的子女被拒之校外。

1972年

春，县委组织社队干部到大寨参观学习，随之，全县掀起平整土地、打井修渠、植树造林、兴办工副业高潮。

10月26日至11月3日，县委在安国中学召开农村干部会议。会上，粮食产量再度出现浮夸。由于超量征购，出现买粮交征购现象。

12月15日，抽调457名县、社干部到各社队开展批林整风运动。

1973年

1月8—10日，县委召开计划生育工作会议。

3月10日，农林部副部长罗玉川率5人调查组到安国调查1972年粮食产量。

7月，陆续接收安置天津、北京等地下乡知识青年700余人，分布在全县20个公社的122个生产大队。

9月3日17时，常庄公社6个生产大队遭受风雹袭击，降雹20多分钟，并伴有暴风雨，毁坏庄稼8959亩，高压电线被刮断3处。

是月，县派出2600名民工参加治理白洋淀二期工程。

冬，全县调动6万余名干部、社员、中学生开展改造“东跑”(石佛一带低洼盐碱地）大会战。新挖和整修排灌渠10条，长34千米；修田间路8条，长28千米；打机井22眼。

1974年

春，在子娄村建成火化厂，推行火葬。

8月7—26日，中共河北省委副书记吕玉兰一行8人驻安国检查工作。其间，到西河、八五等6个生产大队及制药厂考察。

9月，天旱少雨，地下水位大幅度下降，至翌年8月普降5～8米，河水断流，浅井全部干枯。100余个村的群众到村外机井取生活用水。

是年，学大寨运动中，大割“资本主义尾巴”，禁止搞家庭副业、外出打工和从事商贩活动。教育界开展“反对修正主义教育路线回潮”运动。

1975年

春，因地下水位下降，东固村创“机泵下卧”法提水，在全省推广。

7月31日，霍庄大队小学生误食带皮苦杏仁，28人中毒，5人死亡。

8月2日，县化肥厂合成车间失火，烧毁房屋15间及部分设备、物资，损失4.6万余元。

是月，棉铃虫、黏虫、钻心虫、红蜘蛛等大面积发生。34万亩粮食作物、8.5万亩棉花受害。全县出动12万余人人工捕杀和药物除虫。

11月，全国农业学大寨会议后，各社、队掀起农田基本建设高潮。是冬，全县投入劳力9.2万人，搬沙丘、平坟岗、填壕沟，开拓耕地7400多亩，大平大整土地2.1万亩。

是年“支左”部队撤出。

1976年

5月，“派”仗重起，3日县委在东河召开常委会议，遭一派冲击，县委书记被“轰走”。

6月25日，县城发生武斗，打伤8人，砸坏门窗多处，造成停工闭店。

7月28日凌晨，唐山大地震波及安国，震感较强。当天县派医疗队携药品等赴唐山救灾。

9月中旬，全县各级各单位，搭设灵棚，悼念中共中央主席毛泽东逝世。

10月上旬，城乡连日集会，欢庆粉碎江青反革命集团，随后掀起声讨、批判江青反革命集团罪行的高潮。

11月9日，中国人民解放军宣传队进驻县内，收缴散落在社会上的武器弹药。

1977年

春，开展“三讲一评”(讲“文化大革命”的经历、对“文化大革命”的认识、在“文化大革命”中的表现，群众评议）活动，清查与江青反革命集团有牵连的人和事。

7月下旬，连降暴雨，各河水涨，2.08万亩农作物被淹，伍仁桥、流昌等村被洪水围困。县委、县革委会组织干部职工赴灾区救灾。

8月25日晚，西吴庄大队放映电影发生触电事故，8人触电，3人死亡。

10月21日，公布恢复高考，是年全县考入大专院校92人，中专170人。

11月11日，县农机厂因工人偷窃汽油发生火灾，损失11万元。

1978年

3月1日，开始“一批三打”(批判江青反革命集团，打击阶级敌人、资本主义势力、打砸抢首恶分子）运动。

5月，开展“实践是检验真理的唯一标准”大讨论，开始对冤、假、错案平反，落实干部、知识分子政策。

9月，复查原划“右派分子”“反社会主义分子”199人。至翌年9月，为194人平反。

是年，在东安国城大队试行棉田“五定”(定地块、人员、产量、报酬、奖惩)责任制，皮棉单产比未实行责任制的西安国城大队高5倍。

1979年

年初，全县贯彻中共十一届三中全会精神，工作重点开始向经济建设转移。

2月6日，县委召开三级干部会议，推广东安国城“五定”经验。

2月14日，开始对地主、富农分子摘帽，3月底结束。

3月，开始大量安排下乡知识青年到国营、县办集体企业就业，到年底共安排610多人。

春，在504个生产队中进行不同形式的农业生产责任制试验。

10月26—31日，国家医药管理总局、卫生部在安国召开中成药灭菌座谈会，部分省、市卫生局、药检所、中药厂和科研单位70多人参加会议。

10月底，1566个生产队实行小段包工、定额管理、以产定工等农业生产责任制。

是年，提倡“一对夫妇一个孩子，最多两个”。秋，县在明官店公社召开“只要一孩”全县现场会，5349对夫妇领取“独生子女光荣证”。

冬，国家医药管理总局在安国县召开全国医药、药材计划均衡会。会上议定在安国县建立一个中药材市场调节单位，翌年建安国县中药材交易所，后改北方中药材贸易货栈。

1980年

1月10—17日，国家医药管理总局在安国举办全面质量管理学习班，29个省、市、自治区医药局、药材公司和32个重点中药厂派员参加学习。

3月10—19日，国家医药管理总局、中国药材公司在安国召开全国药材系统中药计划均衡会，成交额11865万元。

5月1日，安国县电视插转台建成开播。

6月2—13日，中共保定地委农村政策办公室派员专题调查安国县试行联产计酬生产责任制情况，给予肯定。

6月3—12日，恢复举办中断14年的安国县全国药材交流大会。27个省、市、自治区的400余个单位1900余名代表莅会，签订合同7338份，购销总额3306.47万元。

11月5日，县土产公司北仓库失火，11间库房及物资被烧，损失4.78万元。

是年，县委举办3期农业生产责任制训练班，培训骨干，帮助生产队实行责任制。

是年，自发形成县城南河沿药材市场，各地药商和四乡农民到此交易药材和药材籽种。

1981年

3月2日，恢复中国人民政治协商会议河北省安国县委员会。

4月，全面推行家庭联产承包责任制，一定三年不变。

5月，县内公社卫生院试行半浮动工资制，受到卫生部肯定。

6月11日，东柴大队31名儿童食变质花生饼中毒，死亡2人。

7月，工业企业推行生产技术责任制。

10月25日，县委召开平反冤、假、错案大会，纠正平反历次运动中的冤、假、错案，共纠正平反冤、假、错案756起，为597人落实政策。

是年，县医院妇产科主任吴松泉成功摘除1例继发性腹腔妊娠30年石胎，在全国卫生界引起轰动。

1982年

1月7—11日，召开安国县第八届人民代表大会，县革委会改称县人民政府。公社、大队革委会分别改称管理委员会。

3月，开展第一个以“五讲四美”（讲道德、讲文明、讲礼貌、讲卫生、讲秩序，心灵美、行为美、语言美、环境美）为内容的全民文明礼貌月活动。重点治理“脏、乱、差”，掀起清洁卫生、植树造林、学雷锋做好事高潮。

春，焦庄村创建浇地公司，实行企业经营。其做法向全省推广。

7月1日零时，第三次全国人口普查，全县实有人口325251人。

7月18日，降雹，大如鸡卵，83个村受灾。

8月，县直党员干部520人集中整风，主要整顿国家干部建私房、招工、转工和假知青、农转非、计划生育以及经济领域中的不正之风等。共揭摆查出各种违纪行为660条，涉及县领导和中层干部68人，分别予以不同处理。

是月，县制酒厂生产的“祁州陈酿”酒获河北省一轻系统百花奖、包装装潢设计优秀奖。

年底，全县1523个生产队落实农业“大包干”生产责任制，占总队数的72.5%。

是年，县制药厂研制成功“速效牛黄丸”，获省优产品和地区科技一等奖，打入国际市场。

是年，因地下水位下降，浇地提水始用深井水泵和潜水泵。

1983年

年初，连年亏损的玻璃厂、水泥厂和磷肥厂分别转产药材加工和地毯。

春，县抽调119名机关干部组成农村工作辅导队，按照“宜统则统、宜分则分、分类指导”的原则，帮助解决农村浇水、耕地、地块零散、集体财产、领导班子等存在的具体问题。

5月，县委、县政府作出大力发展商品生产，全面振兴安国经济的决定。

7月25日，开始严厉打击严重刑事犯罪分子，至9月底完成第一战役，抓捕各类犯罪分子222人。到1985年7月，共进行3个战役，破获各类刑事案件684起。

8月中旬，县委、县政府抽调80余名干部组成经济调查小组，历时两个月，就农村政策、农林机电水建设、工交财贸、药材、社队企业6个专题，到48个大队、23个工厂、26个财贸企业、23个社队企业调查产、供、销各环节情况。县委、县政府据此制订优势商品发展规划。

9月12日，西安国城大队一社员用五硫化二磷沤制肥料，造成5人接触中毒，3人死亡。

9月21—26日，县委邀请曾在安国工作过的51名老干部到县参加党史资料征集座谈会。会后老干部撰写回忆文章54篇。

秋，彻底放开中药材经营权，允许医药系统外的国营、集体单位及个人经营。同时在县城西关大街设药材专业市场，并建占地15亩的交易中心。

11月16日，县委发出《关于机构改革的方案》。部局委办由50个减至37个。

12月15日，安国县卫生局被卫生部授予“全国卫生先进集体”称号。

是月，县委召开“两户一联”表彰大会，表彰奖励依靠劳动致富的专业户、重点户、联合体。

是年，县林业局、观音堂大队联合研究防治榆兰金花虫技术，通过地区鉴定，达到省内先进水平。

1984年

年初，在工商企业中推行“一包三改”（责任承包，改革人事管理、用人制度、经营方式），为企业松绑放权。

1月5日，安国县建全国唯一的中药材管理局。

2月16日（农历正月十五），举办传统花会，30余个村的花会队伍齐集县城，传统的架鼓、吹歌、少林、旱船、狮子舞、高跷、跑驴等节目吸引了10万余名观众，从上午8时持续至下午3时。

3月20—29日，举办安国全国春季药交会，27个省、市、自治区3000余名代表到会，成交额8258.8万元。本届大会除在市场交易外，一些外地药材经销单位与县内药材种植重点村建立长期供销关系。是年，全县药材种植11万亩。

春，兴起机关办企业风潮，不久即禁止。

5月，人民公社管委会改为乡、镇人民政府，大队管委会改为村民委员会。

7月1日，全县农村中小学教师工资和学校办公费改由乡村负担，增加了农民负担。翌年复由国家支付。

8月13日，县政府发布《关于支持和鼓励农民进城务工经商的通告》。农民纷纷入城摆摊开店，经销药材者遍布全城。

是月，开始查处“粮耗子”“电霸”。至10月底，查出较大的非法倒卖粮食、集体贪污、勒索用户等案件21件，给予严肃处理。

9月20日，县政府颁发《关于加快小城镇建设的若干规定》，鼓励国家、集体单位和个人投资城镇建设。

秋，农村全部实行包干到户责任制，土地承包期延长至15年。

11月13日，卫生部部长崔月犁到安国县考察，为县中医院和计划兴建的“祁州药市”题名。

是月，县政府决定立冬至小雪为全县“修路节”。其间，各乡镇政府以民兵、共青团员为骨干，义务整修道路19条，总长88.76千米。

12月6日，河北省省长张曙光到安国县视察药业，指示要解放思想，冲破“左”的束缚，国家、集体、个人一起上，尽快把安国建成面向全国、面向世界的药材县。

是年，流霜村创办农机协会，其经验被推广全国。

是年，日本4个访华团体共60人到县内参观访问。

1985年

年初，河北省人民政府将发展安国药业列入年度工作指导纲要，指出：“中药材生产要发挥安国中药材基地优势，把安国办成我国北方中药材生产和集散中心。”

1月，县通用机械厂改为安国县汽车厂，主要组装生产“一三〇”汽车底盘，1987年停产。

2月底，公布《祁州镇总体规划》，3月16日召开誓师动员大会，规模宏大的县城改造、建设工程全面铺开。

4月，开始整党，按统一思想、整顿作风、加强纪律和纯洁组织的要求，纠正党内不正之风，对党员重新登记，到1986年底结束。开除党籍4人，受其他处分12人。

6月2日，河北省省长、安国药业总顾问张曙光就安国药业发展，在北方中药材贸易货栈向十几家新闻单位记者发表谈话。

6月12日，全国政协副主席吕正操到安国考察。

7月2日，34个村遭特大风雹袭击，直接经济损失2045万元。县政府发放救灾款11.5万元及木材、化肥、玻璃等救灾物资，免收农业税1万元。县内各界向灾区捐款1.6万余元，轻灾区支援重灾区秧苗420余万株。

9月10日，县召开首次教师节庆祝大会，表彰贡献突出的教师，为执教30年以上的教师颁发荣誉证书。

10月20日，新建全国最大的中药材专业市场祁州药市投入使用。

是月，成立全省第一个农业信息员协会，农牧渔业部、河北省农业厅发贺电。

是月，药王庙修复工程历时5个月完工，重塑了药王、十大名医等36尊塑像，药王庙基本恢复原貌。

11月，开展打击赌博活动。到翌年1月，查处赌窝10个，没收赌具170付、赌资5万余元，依法逮捕赌徒9人。

12月7日，庞各庄乡更名西安国城乡，乡址由庞各庄村迁至西安国城村。

是年，进口化肥增加，县化肥厂因产品滞销，设备老化、无力更新而下马。

1986年

年初，“祁州药材商品生产基地技术开发”列为省“七五”重点科研项目。51个子课题由省、地、县13个教学、科研、生产单位的53名科技人员协同攻关。

1月14日，县内6个系统12个单位，携带产品进京参加全国第二次迎春农、工、副产品展销会。

2月16日，发展安国药业再次被河北省人民政府列入工作指导纲要。

3月7日，县政府召开全县第一次农村经济信息发布会，发布药业、种植业、养殖业、林果业、农副产品加工业等信息168条。

3月12日，1.05万名干部群众义务植用材树2万余株、果树500余亩。

5月9日，县政府在祁州药市召开大会，当众焚毁流入安国市场的假劣中药材广角、麝香、杜仲、虫草等23个品种10313千克。

5月17日，中国中医研究院、中国医史文献研究所、北京广安门中医院、中国医学会等单位的21位专家教授，在安国药交会期间以“鸦片战争前的药店和药市”“五十年前的祁州药市”等为题举行大型学术报告会。

5月28日19时50分—20时40分，域内遭受7级以上大风袭击，31个村受灾严重。地区行署拨款30万元、平价柴油50吨、优质化肥20吨支援安国县受灾乡、村。

是月，南关小学、南关小学三·二中队、常庄中心小学荣获团中央、全国少工委、《中国少年报》、共青团河北省委颁发的“少先队创造杯竞赛活动”奖杯。

6月21—25日，按照河北省森检部门指令，安国县就地焚毁从辽宁省凤城县引进的带疫山楂苗70余万株。

是月，坐落在南大街的祁州镇集贸市场建成。

8月10日，降雹，最大者直径80毫米，45个村7万余亩农田受灾。

9月7日，与河北省建有友好省县关系的日本国鸟取县知事西尾邑次一行12人到安国县参观访问。

10月5日，首次全国中医院建设学术会在安国县召开，26个省、市、自治区的88家中医院117名代表到会，安国县中医院在会上介绍经验。

11月，美国《纽约时报》记者葛刚到安国采访中药材市场。其介绍安国药市的文章发表在美国《纽约时报》上，11月19日中国《参考消息》报以《美记者安国中药市场采访见闻》为题摘载。

是月，全国教育思想讨论会在安国中学召开，安国中学6名教师宣读论文。

12月，县药品检验所被卫生部命名为“全国先进县级药品检验所”。

是月，首次集资统建的34幢东环城居民住宅楼竣工。

冬，县民政局普查全县孤寡老人生活情况，为生活困难的652户发放棉衣477件、棉被175条、棉褥57条、粮食3175千克、煤239吨。

是年，县城石桥以南大街改造工程破土动工，沿街房屋全部按低层仿古式样改建，翌年竣工。

1987年

3月，县政府组织编写的《祁州中药志》由河北科技出版社出版。翌年，该书获北方十省市优秀科技图书一等奖。

4月14日，药市发现假人工牛黄。县委、县政府立即组成116人的专案组。至5月20日，查清假人工牛黄出自河南省郸城县农民李全孝三兄弟之手，经4条渠道流入安国，总量1168千克，给国家造成经济损失297万元。案犯分别被判处死刑和有期徒刑。中央人民广播电台、《人民日报》《中国医药报》均做了报道。

4月23日，复建的关汉卿墓碑揭幕仪式在关氏故里伍仁村举行。来自北京、上海、河北文化界的专家、教授和美国、捷克斯洛伐克的戏曲专家，以及地、县领导、伍仁村村民500余人参加了揭幕仪式。

是月，关汉卿纪念馆在县城建成，全国政协副主席王任重题写馆名。

5月7日，1987年春季全国药材交流暨庆祝首届安国中华药材节大会在祁州药市开幕，国家旅游局副局长何光伟、中共河北省委副书记李文珊、副省长洪毅到会祝贺。德国电视一台驻京记者处、日本广播协会驻京分局、日本广播电视网公司和《人民日报》《中国日报》等中外新闻单位派员参加开幕式。全国27个省、市、自治区的5500余名客商到会，成交额5.3亿元。

5月14日，开始对药业全面整顿。到6月底，共查出有问题药品17种计1.12万千克，吊销7个企业的营业执照。

5月20日，劳动人事部在安国县药都饭店召开劳动服务公司系统发展中药材经营横向联合会议。黑龙江、辽宁、吉林、福建、河南等8省16家劳动服务公司负责人到会。会议决定以安国县为龙头，逐步建立全国劳动服务公司系统中药材经销、加工之间的横向经济联合。

6月，南流罗村54户农民非法种植的4.7亩罂粟被全部铲除，对每户处1000元罚款。

7月中旬，焦庄乡经联社贷款35万元，从哈尔滨购进467对带疫种貉，造成全县犬瘟热流行。县政府发出封锁令，控制疫区扩大。

8月13—15日，美国纽约电视台记者威尔森和杰克逊专程到安国县采访药业和风土民情。

8月17日下午2时30分至5时左右，大风拔树近千株，10万亩农作物受灾。

12月13日，匈牙利内科医生鲍以哥·爱娃女士、神经科医生克劳西·马尔顿到安国县中医院参观、考察中医、中药和针灸、按摩。

是年，工商企业推行厂长（经理）任期目标责任制。企业内部分配推行销售费用包干、计件和浮动工资，百元产值（利润）工资含量等办法。

1988年

1月10日，县政府颁布《关于加强药业管理的暂行规定》，共8章35条。

1月23日，八方村鞭炮加工户违章生产引起爆炸，炸死5人，重伤3人，5间砖房夷为平地，周围80米以内的房屋门窗玻璃多被震碎。

是月，中共中央常委胡启立由保定地委副书记贾瑞增等陪同到安国县考察。

是月，县复混肥厂生产的多元素复合肥通过化工部上海化工研究院鉴定。

3月23日，河北省回乡退伍军人技术培训现场经验交流会在安国县召开。

春，上海等大城市流行甲型肝炎，药市茵陈、板蓝根、大青叶等防治肝炎的中药材价格暴涨。县政府制定最高限价，组织货源支援疫区。

春，扩建祁州药市，10月竣工。药市占地400亩，建筑面积15万平方米，容纳经营单位700余个。

5月15—23日，日本国家NHK电视台青木黛一行3人到安国拍摄《中国药城——安国》电视片。

5月18日，郑章乡中药材供销公司失火，损失50多万元。

5月22日，县橡胶厂失火，损失20多万元。

5月24—28日，中共中央原总书记胡耀邦到安国县考察调研。

7月初，通过考试评审，88名农民领取了中药师、中药技术员职称证书。

7月20日，110千伏输变电工程动工兴建，线路总长32千米，1990年9月13日投入运营。

是月，保定地区第一次地方志工作会议后，县政府加强修志力量，开始为编纂《安国县志》全方位搜集资料。

8月5日，日本冲绳县泉崎政策研究会副会长城间源一等一行人到安国县参观考察，洽谈合作贸易，签定意向书。

9月23日，联邦德国《维恩顿日报》记者哈拉德•哥鲁贝尔、《商业周刊》记者罗兰提奇专程到安国县参观采访药业。

10月18—20日，第三次中国古代戏曲学术讨论会——关汉卿创作730周年纪念大会在安国县召开，参加大会的有国内外专家学者100余人。文化部和32位国内外从事元曲研究的专家为大会发来贺电。会上，成立中国关汉卿戏曲研究会。

10月23—28日，副县长刘飞应香港新隆基贸易有限公司邀请，赴泰国曼谷参加第二届国际医疗器械及牙医设备展览会。

是月，县政府颁发《安国县水资源管理暂行规定》，县内实行取水许可制度。

11月6日，安国县与天津市河东区结为友好县区。

11月21日，全国政协原副主席杨成武到安国考察，题词“药都安国名不虚传”。

11月25日，额定电压35千伏，容量3150千伏安的谢庄变电站投入运营。

11月29日，祁州药市被国家工商局命名为“全国文明集贸市场”，保定地区工商局代表国家工商局向祁州药市授匾。

是年，郑章乡的“金鱼”牌卫生纸，南流罗村雕刻厂的木雕产品，舍二村红星化工厂的高级透明白炭黑打入国际市场。

是年，83个县办工商企业全部实行公开招标竞争承包责任制。

是年，物价上涨，上半年在涨价风影响下，县人抢购药材囤货，及时卖出者暴赚，滞售者大赔。

1989年

1月，治理经济环境，停建缓建一批基建项目。

2月25日，祁州镇政府和县公安局清理近年非正常迁入祁州镇的农业户口工作结束，1086人迁回原籍。

3月1日，伍仁桥撤乡建镇。

3月5—9日，中央电视台“九州方圆”专题节目组到县内拍摄以药都文化为中心的专题节目。

3月17—18日，以日本东洋医学会会长矢数圭堂为团长的日本汉方协会访华团一行24人到安国县访问。参观了县中医院和祁州药市。

4月22—23日，河北省工商局在安国县召开市场派驻仲裁庭首届现场经验交流会。安国县工商局介绍经验。

是月，县畜牧局在南阳村进行牛体人工育黄手术获得成功。

5月17日，在县内举行安国县与宣化县结为友好县签字仪式。

6月25日，杨庄村农民杨玉庆向国家交售0.5万余千克粮食，是县内第一个售万斤粮大户。

7月25日，县组成慰问团、医疗小分队带3000千克糕点和捐款赴完县洪灾区慰问救灾。

是月，全县各级团组织广泛开展“唱革命歌、激爱国情”活动，印发《没有共产党就没有新中国》等10首革命歌曲7000余份，成立38个合唱队到农村、工厂、学校演唱。

8月1日，县慰问军烈属，对在北京执行戒严任务的安国籍官兵87人的家属发放平价柴油2175千克，优质尿素4350千克。

8月15日，县成立“双反”(反贪污受贿、反投机倒把）小组，敦促犯罪分子投案自首。

10月初，县卫生局检查全县医疗单位药品质量，共查出和销毁过期变质失效药品85种，伪劣中药29种，对违章者罚款2430元。

10月26日，县成立扫黄（指淫秽书、画、录像带，卖淫活动等）队，开展扫黄行动。

11月9日，举行祁州镇育新小学主体工程落成典礼。该校址占地20亩，设24个教学班，可容纳800名学生。

是年，海市村农民捐款8万元，建起县内第一座太阳能取暖教学楼。

是年，中日合资北村有限公司在域内建立80亩的中药材种植试验场。

是年，拓宽县城南北大街桥北段，沿街均建成两层以上楼房。

1990年

2月28日，石佛、大五女撤乡建镇。

4月4日，县委召开中层干部整顿动员大会。主要解决领导层中存在的思想怠惰、纪律松驰、作风飘浮、联系群众不够、工作节奏不快、办事效率不高等问题。

4月21日，中国旅游协会会长韩克华到安国考察。提议要充分开发、利用安国这个独具特色的民俗旅游点。

5月4日，县委召开纪念五四，弘扬雷锋精神事迹报告会。400余名青年干部、职工参加会议，来自全县各条战线上的学雷锋积极分子介绍先进事迹。

5月22日，台湾药商团到安国参观考察药业。

是月，县内开展“我为亚运做贡献”活动，共捐款5万余元。

是月，麦田遍生白粉病，小麦严重减产。

6月13日，东柴、西桃、马固村3人收麦时遭雷击死亡。

6月21日，中国国际旅游社派员到安国县考察旅游景点，决定把安国县列为北京4个旅游线中的重点旅游点。

6月22日，大风，折断树木8000余株，果树落果率高达40%，刮断农用电力线路和通讯线路20千米，经济损失100余万元。

6月25—30日，完成孟良河开槽复堤工程，用工5万余个，动土12.5万立方米。

7月1日零时，为第四次全国人口普查标准时间，安国县时有人口363452人。

7月9日，国务院批准安国县为对外国人开放县。

7月14日，中共中央顾问委员会委员、中国红十字总会长、中华全国中医学会会长、世界医学气功学会主席崔月犁等一行14人到安国县考察。崔月犁题词“天下第一药市”“发展药都，面向世界，造福人民”。

8月1日，全县宅基地有偿使用现场会在门东乡召开。

8月30日，成立安国县药农协会，时有会员120人。

9月11日，杜庄村建成杜庄小学。至此，县内达到村村有小学校。

9月14日、16日，台湾中药制造商团一行17人、韩国汉城现代韩医院代表团一行10人分别到县内参观考察。台湾商团提出与安国县合作开发药业意向。

10月4日至11月30日，县旅游资源普查办公室普查全县旅游资源，药王庙、东山药材试验场、祁州药市、药材博物馆、关汉卿墓、贵妃桥等11处定为旅游景点。

10月25日，县委、县政府召开全县经济工作会议。

10月31日，郑章乡村村通油面路工程全部竣工，为县内第一个村村通油面路的乡。

11月9日，县委、县政府召开全县农业丰收竞赛表彰大会，授予夺得小麦、玉米、棉花最高亩产的83户农民“农业高产状元”称号。

11月17日，安国药材博物馆剪彩开馆。馆内陈列了大量药业史料，系统展示了安国药业兴起与发展的历史。

11月22日，国家旅游局局长刘毅等到安国考察旅游资源开发情况，并为药材博物馆题词“药贸、旅游结合，振兴安国经济”。

12月2日，新建的祁州百货大楼开业。

12月5日，保定地区地方志资料工作现场会在安国县召开，安国县地方志办公室介绍经验。

是月，23种传统中药材加工产品，在省首届名、优、特、新、高产品展销会上荣获“振兴河北经济奖”。

第一编

建置区划

第一章　辖域　建置沿革

第一节　位　置

安国县地处华北平原腹地，太行山东麓，位于北纬 38°15′～38°35′，东经 115°10′～115°29′之间，县城坐标为北纬 38°26′，东经 115°19′。县境东、北与博野县为邻；西与定州市相傍；西北与望都、清苑两县交界；西南与深泽县相接；东南与安平县连壤。安国辖域历代隶属不同，行政位置相应而变。春秋时处鲜虞东部，后处中山国腹地。战国时处赵国北界。秦处恒山郡东南边地。两汉时处中山国东南部。三国至北魏处博陵郡之西北边地。隋处高阳郡之东鄙。唐及五代处定州东南隅。宋、金处河北西路东界。元处保定路南端。明清两代处保定府南界。中华民国时处保定道腹心。中华人民共和国成立后至 1990 年处河北省中部，保定地区南端。县城北距北京市区 250 千米，保定市区 54 千米；南距石家庄市区 113 千米；东北距天津市区 235 千米；东距博野县城 15 千米；西距定州市区 35 千米；西南距深泽县城 37 千米；东南距安平县城 32 千米；西北距望都县城 40 千米；北距清苑县城 45 千米。定（州）河（间）、保（定）衡（水）公路于县城交会穿过，安（国）束（鹿）公路自县城向南纵贯县域南部，安（国）望（都）公路自县城向北至界折西北直达望都。西距（北）京广（州）铁路 37 千米，东距（北）京沪（上海）铁路 153 千米。

第二节　辖域变迁

安国辖域，宋前无考。宋景德二年（1005）始有祁州境域记载，县城至各方位州界，东 12 里，西 18 里，南 75 里，北 23 里，东南 25 里，西南 150 里，东北 12 里，西北 22 里。金、元时期，由于战事频繁，辖域不定，亦无详载。明崇祯本《祁州志》载：旧境东西 37 里，南北 75 里。当时步量县城东至博野县界 17 里，西至定州界 30 里，东西距 47 里；南至束鹿县界 70 里，北至清苑县界 40 里，南北长 110 里。

清代，由于量具标准、选点位置和测量方式不同，对县域记载不尽统一。《大清一统志》载：县城东至博野县界 17 里，西至定州界 30 里，南至深泽县界 35 里，北至清苑县界 40 里。清乾隆本《祁州志》载：县城东至博野县羊村界 30 里，西至定州五女店界 17 里，东西相距 47 里；南至深泽县大堡界 40 里，北至清苑县刘村界 35 里，南北长 75 里。清光绪本《祁州续志》载：县城东至博野县界 20 里，西至定州界 15 里，南至束鹿县界 30 里，北至博野县界 25 里，东南至安平县界 30 里，西南至深泽县界 30 里，东北至博野县界 15 里，西北至望都县界 18 里。

清乾隆二十一年（1756）后，大内村划归定州。民国 5 年（1916），原由博野、安国、清苑、望都、定县 5 县共管的张家营村划归安国县。民国 23 年（1934），清苑县的大营、小营村划归安国县。民国 25 年（1936），安国境域约 1600 方里。

中华人民共和国成立初辖域无变化。1957 年 9 月，安国县所辖周村、马庄两村划归安平县。1958 年，博野县、望都县贾村乡先后划归安国县。1960 年春，贾村乡划归唐县。1962 年 1 月，博野县析出，原博野县及安国县王各庄村划归博野县。自此至 1990 年，安国县辖域无变化，全县南北长 34.7 千米，东西宽 28.15 千米，总面积 486 平方千米。

第三节　建置沿革

安国辖域，春秋时属鲜虞国，后属中山国。

战国初属晋。魏文侯四十一年（前 405），魏克中山，属魏。赵武灵王二十五年（前 301），赵克中山，遂属赵。

秦属钜鹿郡。

西汉高帝六年（前 201），封王陵为“安国侯”，于此建采邑。武帝元狩六年（前 117），始置安国县，属冀州中山国。

王莽始建国元年（9）改安国为兴睦，属冀州中山国。

东汉延熹元年（158），析中山置博陵郡，安国属之。

三国时属魏冀州博陵郡。

晋时属冀州博陵国，后改属博陵郡。

北魏太平真君七年（446），撤安国县，并入深泽县，属定州博陵郡。景明二年（501），析深泽县复置安国县，因旧属。北齐天保七年（556），撤安国县，县地仍属博陵郡。

隋开皇六年（586），于旧安国地置义丰县，属定州。大业三年（607），属博陵郡，九年（613），改属高阳郡。

唐武德四年（621），改属定州，五年（622）改属蠡州，八年（625）复属定州博陵郡。武则天万岁通天二年（697），改名立节县。唐神龙元年（705），复名义丰县，属定州。天宝元年（742 年），改属博陵郡。至德二年（757），复属定州。

五代因之。

宋太平兴国元年（976），义丰县改名蒲阴县，属定州。端拱元年（988），于蒲阴县设蒲阴郡团练。景德元年（1004），祁州治所自无极迁蒲阴县，辖蒲阴、深泽、无极、鼓城 4 县。

金天会四年（1126），金克祁州，于此置蒲阴郡军，属真定路。天会九年（1131），完颜宗翰以祁州城为元帅府，属河北西路。

元太宗十一年（1239 年），祁州改隶中书省顺天军。至元三年（1266），撤祁州置祁阳府，辖蒲阴、深泽、束鹿、安平、武强、饶阳 6 县。至元十二年（1275），改顺天军为保定路，撤祁阳府，复祁州，属中书省保定路，辖蒲阴、深泽、束鹿 3 县。

明洪武元年（1368），改保定路为保定府，祁州属之。翌年，撤蒲阴县入祁州，辖深泽、束鹿、博野县。洪武六年（1373），划博野县直属保定府，祁州辖深泽、束鹿。

清初，祁州属京师保定府。雍正十一年（1733），深泽、束鹿 2 县划出，祁州不再辖县。嘉庆二十五年（1820），置直隶省，祁州属直隶省保定府。

中华民国 2 年（1913），直隶省设 4 个观察使，祁州改为祁县，属范阳观察使。民国 3 年（1914），改范阳观察使为保定道，祁县属之。同年复名安国县，仍属保定道。民国 17 年（1928），直隶省改为河北省，撤道直接辖县，安国县属之。民国 25 年（1936），省内设行政区，安国县属博野行政区。翌年设督察区，安国县属河北省第十督察区。

民国 27 年（1938）1 月，安国县成立抗日民主政府，属晋察冀边区政府冀中区，同年 9 月属冀中区二分区。12 月 24 日，县城沦陷于日军，抗日民主政府转至农村工作。民国 29 年（1940）7 月，属冀中区八专区。民国 33 年（1944）6 月，属冀中区七分区。民国 34 年（1945）8 月 28 日，安国县城解放，抗日民主政府进驻县城，属冀中七专区。民国 35 年（1946）5 月，属冀中九专区。翌年，冀中九地委、专员行署迁到安国县城。民国 37 年（1948）5 月，安国城关改建为安国市（县级市），翌年 2 月撤销，市辖区归安国县。8 月 1 日，安国县属河北省定县专区。

1949 年 10 月 1 日，中华人民共和国成立，安国县属河北省定县专区。1954 年，撤定县专区，安国县属保定专区。1958 年，撤博野县并入安国县。1960 年 5 月 30 日，撤保定专区，安国县改属保定市。1961 年 5 月 23 日，复保定专区，安国县属之。1962 年 1 月，析安国县，复博野县，安国县仍属保定专区。1970 年，保定专区改为保定地区，安国县属之，至 1990 年未变。

附：县名考略

安国县辖域自置县至今，使用的名称有安国、义丰、立节、蒲阴、祁州、祁县。考略如下：

安国县　据《汉书》载，秦末农民起义领袖刘邦在沛县起义，举兵攻占秦都咸阳，沛县人王陵也聚集数千人占据南阳。楚汉战争开始后，王陵率军归顺刘邦，在灭楚建汉战争中屡立战功。为表彰王陵的功绩，汉高帝六年（前 201），取“安国宁邦”之意，封王陵为“安国侯”，食邑 5000 户。其封地即今安国一带。汉武帝元狩六年（前 117），取其封号，置安国县。

义丰县　据《北史》载，北魏末年，天下大乱。隋文帝杨坚之祖父北魏宁远将军杨祯，在中山一带（今定州、安国一带）避乱，并在此地“结义徒”招兵马，镇压鲜于修礼率领的河北农民起义军。后杨祯死于此。隋开皇六年（586），杨坚为感念众多义士于境内辅佐其祖奠定隋朝基业，遂复县建置，赐名义丰县。

立节县　据《新唐书》载，唐武周时，契丹进犯中原，义丰县周围城池多被攻陷，唯义丰县城久攻不下。为褒扬义丰军民气节，万岁通天二年（697）武则天赐名立节县。

蒲阴县　蒲阴县名源于完县古县名。据《汉书》载，汉章帝出巡至曲逆县（今完县），认为“曲逆名不善”。因曲逆城在蒲水之南，因而更名蒲阴。至北齐时废用。《祁州乡土志》载，完县（时称蒲阴）旧有安国故城，曾与安国县古城混同。到十六国时，安国县就有古蒲阴县之讹。五代时，辽世宗于北平滦州（今滦县）置义丰军，曾名义丰县，与今安国境“义丰”重名。为区别地名，辽称安国境“义丰”为蒲阴。宋太平兴国元年（976）正式改名蒲阴县。

祁　州　传说古中山一带为陶唐氏肇封尧国之地。尧为其国，祁为其姓。故“山曰尧山，水曰祁水”。“尧山祁水”乃国家江山之意。唐景福二年（893），定州节度使王处存取“祁水”之“祁”字，上奏于无极置祁州。宋景德元年（1004），将祁州移治蒲阴（今安国县）。明洪武二年（1369）撤蒲阴县，归州治，遂名祁州。

祁　县　民国 2 年（1913），撤州改县，祁州改祁县。翌年，因与山西省祁县同名，又恢复古名安国县。

第二章 行政区划

域内行政区划，元代以前无考。

第一节 明代行政区划

崇祯元年（1628），设4乡，18社，31屯。

4乡

东部山羊乡，南部亲贤乡，西部义丰乡，北部佛落乡。

18社

在 城	王玉巷	北 郪	使 庄	军 诜	马 村	行 堂	张 村
辛 安	段 村	北 河	门 东	安固城	宋 固	东 固	南 阳
北 都	韩 村						

31屯

北 郪	东 寇	路 景	南 阳	北 堡	故 显	陈家庄	刘家庄
庞家庄	石 佛	安固城	马 固	中 阳	大 间	南 马	西 马
淤 村	东 固	阳 翟	辛 安	瓦 子	中 赵	西 赵	马家庄
茂山卫	北茂山	佰 张	颜 村	翟家营	刘 村	曲 堤	

第二节 清代行政区划

乾隆二十一年（1756），4乡18社同明代，每乡设1镇，共辖185村。东设安固城镇，西设大五女镇，南设伍仁桥镇，北设娄家营镇。

山羊乡辖53村（其中2个李家庄）

七公村	北七公	曲堤村	河西庄	门东村	北娄庄	中羊村	大间庄
南羊村	立家庄	北羊村	王各庄	路景村	西路景	石佛村	南长庄
梁家庄	刘罗村	王玉巷	李家庄	东马村	马家庄	王家庄	庞各庄
甄家庄	北堡庄	陈各庄	石家庄	郑各庄	周 村	马 庄	大户村
张乡村	安固城	李家庄	东王奇	西王奇	王奇庄	郪头村	西寇庄
东寇庄	固流村	固显庄	流霜村	张家庄	北使庄	贾村庄	宋家庄
南使庄	马固村	南堡庄	范家庄	北陈各庄			

亲贤乡辖 56 村

舍二村	孟家庄	刘家庄	西使庄	子娄村	东固村	明光店	西固村
张宁村	辛立庄	流托村	中宋庄	抄纸庄	郭　村	宋固村	大章村
沙头村	茂山卫	高业村	南娄底	北娄底	伍仁桥	伍仁村	奉伯村
张家庄	寺下村	崔章村	镯头村	流昌村	南马村	北马村	军诜村
张各庄	八方村	固城庄	固西庄	焦家庄	刘家庄	郑家庄	王家庄
东长史	西长史	南流村	霍家庄	徐辛庄	王家庄	辛　庄	小南流
行堂村	王买村	北王买	付　村	海仕村	羊家庄	东河村	西河村

义丰乡辖 43 村

西南关	西徐村	侯村庄	西徐营	东桄里	西桄里	郑章村	谢家庄
郑　村	霍家庄	唐家庄	西伍女	龙王店	张家庄	大秋元	小秋元
滩头村	南头村	新立庄	北张村	里河村	北里河	吴家庄	刘家庄
袁家庄	田家庄	景中村	康家庄	周各庄	西娄底	边家庄	张家庄
东柴里	王家庄	韩　村	路根庄	常家庄	辛安村	梨元庄	张家店
小李家庄	大李家庄	贾家庄					

佛落乡辖 33 村

羊翟村	瓦子庄	西照村	中照村	大内村	小内村	黄台村	北都村
马家庄	南段村	姬家庄	北段村	翟家营	胡家庄	臧家庄	辛边屯
瓦子屯	辛安屯	南各堡	北各堡	郭皮庄	北河庄	娄家营	康家庄
西佛落	东佛落	东伯章	西伯章	淤　村	流　村	张各庄	齐　村
阎　村							

光绪三十二年（1906 年），乡区划未变，村庄因大小而分合，时设 137 村，附村 28 个。山羊乡辖 43 村，附村 9 个；亲贤乡辖 42 村，附村 8 个；义丰乡辖 25 村，附村 6 个；佛落乡辖 27 村，附村 5 个。东镇由安国城迁石佛，北镇由娄家营迁西伯章。

第三节　民国时期行政区划

民国初，设 4 乡，辖 172 村。山羊乡辖 57 村，亲贤乡辖 53 村，义丰乡、佛落乡各辖 31 村。民国 20 年（1931），全县划为 5 个区，共辖 171 村。第一区辖 38 村，第二区辖 28 村，第三区辖 40 村，第四区辖 37 村，第五区辖 28 村。民国 23 年（1934），设区、乡，全县划为 5 区，158 乡。翌年秋，实行地方自治，设区、乡、保、邻。全县划为 4 区，169 乡，1501 保，7416 邻。

民国 27 年（1938）1 月，建立安国县抗日民主政府。5 月，全县划为 5 区，辖 183 村。

第一区　区公所驻城关，辖 48 村

北七公	宋家庄	东张庄	流　霜	马　固	大　文	曲　堤	东　河
小中阳	舍二村	刘　庄	孟　庄	贾　村	北仕庄	西仕庄	西　河
南仕庄	东王奇	西王奇	王奇庄	东长仕	西长仕	霍　庄	伏　村
大南流	子　娄	明官店	北章凝	西章凝	河北庄	小流托	东　固

张乡	大户	南张庄	焦庄	王庄	辛庄	小南流	郑家庄
西固	海市	杨庄	刘庄	南关	南七公	北徐辛庄	南徐辛庄

第二区　区公所驻石佛，辖 32 村

石佛	南章	固显	马家庄	米家庄	石家庄	马村	东寇
流各庄	郑各庄	西寇	马庄	周村	甄家庄	南堡	北堡
庞各庄	北流罗	东路景	西路景	南阳	北阳	立家庄	中阳
南娄	西王玉巷	东王玉巷	东安国城	西安国城	西王各庄	南程各庄	南流罗

第三区　区公所驻伍仁挢，辖 27 村

伍仁桥	伍仁村	流昌	南章凝	中送	流托	奉伯	寺下
东崔章	西崔章	固城	八方	固西	军诜	南郭村	大章
宋固	沙头	南娄底	北娄底	卓头	东北马	西北马	南马
高业	茂山卫	北张各庄					

第四区　区公所驻大五女，辖 43 村

大五女	滩头	南张村	郑村	张店	西秋元	东秋元	景中
西张庄	西吴庄	东吴庄	大李庄	袁庄	南里河	小李庄	行堂
北里河	谢庄	南王买	北王买	郑章	西娄底	东柴里	西桄
东桄	营二里	侯村	西徐	常庄	观音堂	杜庄	杨翟
瓦子里	辛安	梨园	韩村	路根	北张村	边庄	北龙王店
南龙王店	西李王庄	东李王庄					

第五区　区公所驻西伯章，辖 33 村

西伯章	东佛落	西佛落	中佛落	张家营	马庄	北都	黄台
康庄	娄营	阎村	齐村	大营	小营	淤村	河西
北娄	门东	流村	北河	姬家庄	北各堡	段村庄	小内
南段村	北段村	边三庄	翟家营	郭北庄	中照	西照	东南各堡
西南各堡							

民国 31 年（1942），三区改为五区，五区改为三区，区公所驻地未变。民国 33 年（1944），全县设城厢和一、二、三、四、五、六共 7 个区，171 个行政村。民国 34 年（1945）11 月，将 7 个区归为 5 个区，将 184 个自然村划为 169 个行政村。一区驻城关，辖 34 村；二区驻石佛，辖 33 村；三区驻西伯章，辖 35 村；四区驻大五女，辖 31 村；五区驻伍仁桥，辖 36 村。

民国 36 年（1947）12 月，全县划为 8 区，177 个行政村：

一区　区公所驻伍仁桥，辖 27 村

伍仁桥	伍仁村	流昌	南章凝	中送	流托	奉伯	寺下
东崔章	西崔章	固城	八方	固西	军诜	南郭村	大章
宋固	沙头	南娄底	北娄底	卓头	高业	茂山卫	南马
东北马	西北马	北张各庄					

二区　区公所驻明官店，辖 13 村

东王奇	西王奇	王奇庄	大南流	子娄	西固	东固	张乡
明官店	大户	北章凝	西章凝	南流罗			

三区　区公所驻庞各庄，辖 24 村

石　佛　路　景　周　村　马　庄　固　显　米家庄　石家庄　马　村
甄家庄　流各庄　东　寇　西　寇　郑各庄　庞各庄　北流罗　埑　头
马家庄　南　章　东王玉巷　西王玉巷　北程各庄　南程各庄　东安国城　西安国城

四区　区公所驻东张庄，辖 26 村

北　阳　立家庄　南　阳　南　堡　北　堡　马　固　南仕庄　刘家庄
贾　村　西仕庄　北仕庄　舍二村　流　霜　东张庄　南七公　宋家庄
大　文　北七公　中　阳　南　娄　北　娄　门　东　河　西　曲　堤
流　村　西王各庄

五区　区公所驻小营，辖 23 村

张家营　西伏落　中伏落　东伏落　西伯章　大　营　小　营　康　庄
娄家营　淤　村　阎　村　齐　村　郭北庄　北各堡　东各堡　北　河
姬家庄　观音堂　杜家庄　杨　翟　侯　村　西　徐　西各堡

六区　区公所驻中照，辖 14 村

黄　台　北　都　北马庄　小　内　西　照　中　照　边三庄　韩　村
翟家营　北段村　南段村　瓦子里　梨　园　辛　安

七区　区公所驻西桄，辖 22 村

路　根　常　庄　营二里　东柴里　西　桄　东　桄　郑　章　边　庄
谢　庄　西娄底　北张村　南张村　滩　头　东秋元　西秋元　郑　村
西李王庄　东李王庄　北龙王店　南龙王店　大五女　张　店

八区　区公所驻行堂，辖 28 村

东　河　西　河　伏　村　西长仕　东长仕　霍　庄　行　唐　海　市
南王买　北王买　小南流　辛　庄　王　庄　里　河　西张庄　景　中
大李庄　袁　庄　杨　庄　东吴庄　西吴庄　郑家庄　刘　庄　焦　庄
南张庄　河北庄　北徐辛庄　南徐辛庄

民国 37 年（1948 年）5 月，将城关改为安国市。翌年 2 月，全县设城厢、庞各庄、小营、郑章、伍仁桥 5 个区，195 个行政村。同时，撤安国市，并入城厢区。

第四节　中华人民共和国成立后行政区划

1953 年 5 月，全县划为 5 区，1 镇，70 乡，辖 189 个行政村。

1953 年 5 月至 1955 年 6 月安国县行政区划表

表 1-1

区　镇	乡	辖村数	辖　村
城关镇		9	民主街　东大街　农民街　光明街　北大街　西关街　东关街　药市街　南大街

续表 1-1

区　镇	乡	辖村数	辖　村
第一区（驻霍庄，辖 14 乡 41 村）	刘　庄	5	刘　庄　孟　庄　舍二村　宋　庄　贾　村
	东　河	2	东　河　西　河
	东张庄	4	东张庄　流　霜　南七公　北七公
	西王奇	3	西王奇　东王奇　王奇庄
	大　户	1	大　户
	张　乡	1	张　乡
	南仕庄	3	南仕庄　北仕庄　西仕庄
	东　固	3	东　固　西　固　霍　庄
	南徐辛庄	2	南徐辛庄　北徐辛庄
	东长仕	4	东长仕　西长仕　伏　村　子　娄
	郑家庄	4	焦　庄　刘　庄　小王庄　郑家庄
	明官店	2	明官店　北章凝
	西章凝	3	西章凝　南张庄　统一村
	大南流	4	大南流　小南流　辛　庄　王　庄
第二区（驻庞各庄，辖 15 乡 35 村）	庞各庄	2	庞各庄　甄　庄
	北流罗	2	北流罗　西　寇
	郑各庄	2	郑各庄　东　寇
	流各庄	2	流各庄　程各庄
	米家庄	4	米家庄　石马村　东马庄　固　显
	西王玉巷	2	东王玉巷　西王玉巷
	石　佛	2	石　佛　南　章
	路　景	1	路　景
	东安国城	1	东安国城
	封　头	2	封　头　西安国城
	南　堡	3	南　堡　北　堡　马　固
	南　娄	4	南　娄　王各庄　霍家屯　北　阳
	立家庄	2	立家庄　南　阳
	中　阳	3	中　阳　小中阳　大　文
	周　村	3	周　村　马　庄　南流罗
第三区（驻小营，辖 13 乡 34 村）	张家营	2	张家营　西伏落
	东伏落	2	东伏落　中伏落
	西伯章	1	西伯章
	北　都	3	北　都　黄　台　马　庄
	小　营	3	小　营　大　营　郭北庄
	康　庄	2	康　庄　娄　营
	齐　村	2	齐　村　阎　村
	淤　村	3	淤　村　北　河　河　西

续表 1-1

区　镇	乡	辖村数	辖　村
第三区（驻小营，辖 13 乡 34 村）	门　东	3	门　东　北　娄　曲　提
	西　照	3	西　照　中　照　小　内
	流　村	2	流　村　观音堂
	东各堡	4	东各堡　西各堡　北各堡　姬　庄
	北段村	4	北段村　南段村　翟　营　边三庄
第四区（驻郑章，辖 16 乡 43 村）	郑　章	2	郑　章　谢　庄
	韩　村	2	韩　村　路　根
	新　安	2	新　安　梨　园
	杨　翟	2	杨　翟　瓦子里
	常　庄	2	常　庄　营二里
	西　枕	2	西　枕　东　枕
	东柴里	4	东柴里　西李王庄　东李王庄　边　庄
	南王买	3	南王买　北王买　小王买
	大五女	3	大五女　滩　头　郑　村
	张　店	5	张　店　南　店　北　店　东秋元　西秋元
	西楼底	3	西楼底　南张村　北张村
	景　中	2	景　中　里　河
	田袁李	3	田袁李　东吴庄　杨　庄
	大李庄	3	大李庄　西吴庄　西张庄
	海　市	2	海　市　行　唐
	西　徐	3	西　徐　侯　村　杜　庄
第五区（驻伍仁桥，辖 12 乡 27 村）	伍仁桥	2	伍仁桥　伍仁村
	流　托	3	流　托　中　送　南章凝
	大　章	3	大　章　宋　固　沙　头
	军　诜	2	军　诜　南郭村
	流　昌	1	流　昌
	奉　伯	2	奉　伯　寺　下
	崔　章	2	东崔章　西崔章
	固　城	3	固　城　八　方　固　西
	南　马	2	南　马　北张各庄
	东北马	2	东北马　西北马
	高　业	2	高　业　茂山卫
	南娄底	3	南娄底　北娄底　卓　头

1955 年，将 70 个乡合并为 29 个乡。

1956 年 1 月，按 29 个乡区划建立 29 个集体农庄（亦称社）。全县时设 5 区，29 乡（社），189 个行政村。

1956 年安国县行政区划表

表 1-2

区	乡	社名	辖村数	辖村
一区（驻霍庄，辖6乡38村）	城镇	光明	9	光明街 南大街 东大街 东关街 西关街 农民街 民主街 北大街 药市街
	南七公	胜利	8	南七公 北七公 宋庄 刘庄 贾村 舍二村 孟庄 东张庄
	东河	幸福	6	东河 西河 西长仕 伏村 子娄 东长仕
	观音堂	火炬	4	观音堂 西徐 侯村 杜庄
	南仕庄	钢铁	6	南仕庄 北仕庄 西仕庄 王奇庄 东王奇 西王奇
	霍庄	铁流	5	大南流 东固 西固 霍庄 北徐辛庄
二区（驻庞各庄，辖7乡36村）	东马庄	丰丰	5	东马庄 固显 米庄 石庄 马村
	石佛	日新	5	石佛 路景 南章 东王玉巷 西王玉巷
	流各庄	宏流	6	流各庄 甄庄 东寇 郑各庄 南程各庄 北程各庄
	周村	新新	2	周村 马庄
	庞各庄	晨光	5	西寇 封头 庞各庄 北流罗 南流罗
	民族	先锋	6	北堡 南堡 流霜 马固 东安国城 西安国城
	中阳	和平	7	大文 中阳 南阳 北阳 立家庄 王各庄 南娄
三区（驻小营，辖4乡33村）	西伏落	红光	5	张家营 中伏落 西伏落 东伏落 西伯章
	中照	红旗	6	小内 中照 西照 北都 黄台 马庄
	北段村	红虹	5	南段村 北段村 边三庄 翟营 郭北庄
	淤村	红星	17	淤村 流村 北河 齐村 阎村 小营 东各堡 北各堡 西各堡 河西 曲堤 门东 北娄 大营 姬家庄 娄营 康庄
四区（驻大五女，辖6乡40村）	常庄	光辉	4	西枕 常庄 营二里 东枕
	新安	旭光	6	路根 韩村 新安 梨园 杨翟 瓦子里
	南王买	常青	7	南王买 北王买 谢庄 郑章 海市 行唐 南徐辛庄
	景中	火焰	8	景中 里河 大李庄 西张庄 东吴庄 西吴庄 田袁里 杨庄

续表 1-2

区	乡	社　名	辖村数	辖　村
四区（驻大五女，辖 6 乡 40 村）	西娄底	星　光	6	西娄底　北张村　边　庄　东柴里 西李王庄　东李王庄
	大五女	星　火	9	大五女　南张村　滩　头　郑　村　东秋元 张　店　西秋元　北　店　南　店
五区（驻伍仁桥，辖 6 乡 42 村）	南娄底	崭　新	9	南娄底　北娄底　卓　头　高　业 南　马　茂山卫　东北马　西北马 北张各庄
	张　乡	新　生	6	张　乡　大　户　明光店　西章凝 北章凝　陈　庄
	焦　庄	前　进	9	焦　庄　南张庄　统一村　辛　庄 王　庄　杨　横　小南流　刘　庄 郑　庄
	西崔章	灯　塔	5	西崔章　东崔章　固　城　固　西 八　方
	南郭村	烽　光	5	南郭村　军　诜　宋　固　沙　头 大　章
	伍仁桥	曙　光	8	伍仁桥　伍仁村　流　托　中　送 寺　下　流　昌　南章凝　奉　伯

1956 年 6 月，撤区，县直接辖乡。

1957 年 9 月，周村、马庄划归安平县。

1958 年 6 月，博野县城关、冯村、小店、杨村、城东、同连 6 个乡 66 个村划归安国县。同年，原博野县划归高阳县的东墟、史家佐、程委、顿庄 4 个乡 59 个村划归安国县。8 月，望都县贾村乡 12 个村划归安国县，原博野县城关乡更名为博野乡。同月全县建先锋（祁州）、东风（伍仁桥）、卫星（郑章）、火箭（庞各庄）、红旗（淤村）、旭光（博野）、红星（城东）、崭新（程委）8 个人民公社。翌年 1 月改称祁州、伍仁桥、淤村、郑章、庞各庄、博野、城东、程委人民公社。

1960 年春，原望都县 12 个村划归唐县。

1961 年 2 月，将全县 8 个人民公社划为城镇、祁州、东河、南仕庄、庞各庄、流各庄、伍仁桥、西伯章、南娄底、大李庄、明官店、焦庄、淤村、西伏落、中照、郑章、大五女、常庄、石佛、城东、小店、博野、北阳村、冯村、东墟、程委、杜田庄、庄窝头、南小王 29 个人民公社。

1962 年 1 月，析县，原博野 10 个乡 125 个村连同安国县的王各庄划归博野县。安国县设祁州、南仕庄、庞各庄、流各庄、石佛、门东、淤村、西伏落、北段村、常庄、郑章、大五女、 大李庄、西崔章、南娄底、伍仁桥、南郭村、明官店、东河、焦庄 20 个人民公社，下辖 196 个大队。

1965 年，祁州人民公社改为祁州镇人民公社。

1985 年，撤庞各庄乡，建西安国城乡，承原庞各庄乡辖地，乡政府由庞各庄迁西安国城。

1988 年和 1989 年，分别增建小王买和新军诜两个行政村。

1989 年，伍仁桥乡改为镇。

1990 年，大五女、石佛两个乡改为镇。全县时辖 4 镇，16 乡，198 个行政村。

1990年安国县行政区划表

表1-3

乡　镇	辖村数	辖　村
祁　州	10	药市街　东关街　西关街　光明街　民主街　北大街　南大街　东大街　农民街　孟庄
伍仁桥	8	伍仁桥　伍仁村　流托　南章令　流昌　中送　奉伯　寺下
大五女	10	大五女　郑村　南张村　北张村　西娄底　滩头　南店　北店　张店　西秋元
石　佛	10	石佛　路景　南阳　立家庄　北阳　南章　李街　王街　高街　东巷
常　庄	14	常庄　东枕　西枕　东李王庄　西李王庄　路根　韩村　梨园　新安　杨翟　西徐　侯村　营二里　东柴
南仕庄	12	南仕庄　北仕庄　西仕庄　东王奇　西王奇　流霜　东张庄　南七公　宋庄　贾村　刘庄　王奇庄
东　河	12	东河　西河　伏村　西长仕　东长仕　子娄　霍庄　大南流　北徐辛庄　西固　东固　舍二村
郑　章	9	郑章　谢庄　南王买　北王买　小王买　行唐　海市　南徐辛庄　边庄
南郭村	6	南郭村　军诜　大章　沙头　宋固　新军诜
焦　庄	10	焦庄　杨横　焦街　郑庄　新刘庄　辛庄　小南流　张庄　统一村　王庄
西崔章	5	西崔章　东崔章　固城　固西　八方
南娄底	9	南娄底　北娄底　卓头　东北马　西北马　南马　北张各庄　茂山卫　高业
明官店	10	明官店　陈庄　西章令　北章令　东庄　西韩　东韩　前李　肖街　大户
大李庄	9	大李庄　东秋元　景中　西张庄　西吴庄　东吴庄　袁李庄　杨庄　里河
流各庄	11	流各庄　甄庄　东寇　郑各庄　南程各庄　固显　北程各庄　马村　石庄　米庄　东马庄
门　东	10	门东　河西　曲堤　北七公　大文　中阳　南娄　北娄　阎村　齐村
西安国城	13	西安国城　东安国城　东街　西街　南街　北街　西寇　南流罗　北流罗　崖头　北堡　南堡　马固
西伏落	5	西伏落　张家营　中伏落　东伏落　西伯章
北段村	11	北段村　南段村　中照　西照　小内　黄台　北都　北马庄　边三庄　翟营　瓦子里
淤　村	14	八五　姬庄　郭北庄　西各堡　东各堡　北各堡　小营　淤村　大营　康庄　娄营　观音堂　北河　杜庄

第三章　城镇　乡村

第一节　县　城

汉武帝元狩六年（前117年）10月，在今西安国城村北建安国县城。历经汉、三国、晋为县治所703年。今仅存南北向190米，东西向880米，高1.8米的旧城墙基一段。县城详况无考。

隋开皇六年（586年），在郑德堡建义丰县城，后历代均以此为县（州）城。明代，城为方形，周长6里。清末，四周城墙高5丈，有东、西、南三道城门，门名分别为：迎曦门、德星门、拱辰门。门外有瓮城，南门瓮城上镌有“拱护神京”的石匾。城门上均有敌楼，城墙四角各有角楼。城内有南北街3条，东西街2条。公署坐落在城中北侧东西大街中段，面向南北大街。南北大街中段有石牌坊。公署东有文庙、贞文书院、关帝庙，西有圣母宫（亦称报德祠、刁公祠）。城东南隅有南大寺，西南隅有崔府君庙。三道城门外，分别为南关、东关、西关。

南关　有药王庙、大药市、小药市、义学等，南护城河上有通济桥。为药市区。

东关　有龙王庙，东护城河上有望春桥。先农坛、八腊庙在东关外，庙后有漏泽园（义冢），旁有刘猛将军庙、承恩馆、问俗亭等建筑。东南有碧霞宫，四周松柏高低起伏，树色苍翠，俗称“太平山”，即“祁州八景”的“古刹朝霞”。

西关　有忠义祠，西护城河上有涌泉桥。关外有教场、演武厅、社稷坛，关南有镇安塔寺。

民国初，县城无大变化。民国27年（1938年），拆毁城墙。日军侵占县城后，城内建筑受损失修，一片颓败。

中华人民共和国成立后，县城几经修葺扩建，1990年已为南北长3.7千米，东西宽2.3千米，总面积7平方千米的不规则矩形新县城。南北大街为县城纵轴，府前大街为县城横轴。县人民政府办公楼坐落在横轴线北侧。城四周为环城路，北环路以南为改建扩建的旧城区，以北为开发的新城区。

旧城区包括原城内、南关、西关、东关，东西走向的沙河灌渠穿旧城区中部而过，汉白玉石桥将南北大街接通。桥南区划单位有药市街、东大街、南大街、农民街、北大街、孟庄村和第一街道居民委员会。主要街道为南大街，是南北大街的桥南段，宽18米，沿街两旁多为仿古建筑，俗称“商业步行街”，有药王庙、剧场和百货、医药、五金、食品、化工、日杂等商业门店，主要企业有制酒厂、针织厂、制药厂、木器厂、棉纺厂、农机公司等。大型农贸市场坐落在该区西南部。

桥北区划单位有光明街、民主街、东关街、西关街和第二街道居民委员会。主要街道为光明街和府前大街。光明街为南北大街北段，宽20米，柏油路面，沿街均为2～3层楼房建筑，多为商业、服务性行业和文化、卫生设施。电影院、工人俱乐部、书店、百货大楼、中医院等坐落街道两旁。西环路有化工厂、农机厂、印刷厂、地毯厂等工业企业。东后街有菜市场、面粉厂、皮革厂、生产资料公司、五金公司等。府前大街贯穿东西，宽35米，柏油路面两侧有绿化带。沿街主要有县党政机关、人民医院、汽车站、石油公司、邮电局、人民商场、北方中药材贸易货栈和餐馆、药店、粮站、水果市场、针织百货市场等。东西两端为新建居民区。

新城区包括北环路、东环路北段、物资局街北段，举世闻名的祁州药市坐落其中。沿北环路有祁州镇政府、税务局、计划生育中心、妇幼保健站、卫生防疫站、县招待所、自来水公司、工商银行、农业银行、文化馆、安国中学、中医院门诊部等单位。物资局街北段有环卫所、副食品公司、职业中学、土产公司。东环路北段两侧有人民银行、建筑公司、种子公司、药材加工厂、汽车队、省外贸楼、北京同仁堂驻安办事处楼等。

县城外围东有县委党校、中药材技术学校、卫生学校、药材种植试验场、烈士陵园及居民区。东南有新建的制酒厂分厂，南有110千伏变电站。

附：清以前祁州公署简介

宋以前公署无考。元初，副元帅兼祁州刺史贾文备主持建公署，元末圮。明初重建。正统二年（1437）建厅堂，正统十四年（1449）毁于战火。景泰初（约1450）建草堂。成化三年（1467）始，用10年时间扩建，占地73亩。正德四年（1509）于后堂增建“和敬轩”。天启中（1623左右）增修正堂后，规模最大。

公署正堂面南居中，向后为穿廊，进穿廊到二堂，额书“玉衡堂”。其北是三堂，额书“运甓”。左为“若谷轩”，轩前有训养鹤鹿之园。右为“静观轩”。三堂后为“树德楼”，高与正堂齐，楼左为台，楼后为寝室。自三堂到此均属内室宅院。正堂左右为幕厅，左建园库楼，右幕厅额书“赞政”。正堂前筑高台，台下通甬道，甬道中立“戒石亭”，石上镌刻：“尔俸尔禄，民膏民脂，下民易虐，上天难欺。”后改为牌坊。甬道左右列六房，稍前为班房，道前设“仪门”，上书“纲纪人伦”。仪门前建大牌坊，其上原书“守土保民”，后改书“经国诚民”。再前为鼓楼，即州衙大门，上有石刻“古义丰”，后改“畿南雄镇”。大门前立照壁，左右有牌坊，左坊书“承流”，右坊书“宣化”。左幕厅之东为“州判署”，右幕厅之西为“吏目署”，再西为练武场，场中有“绎志亭”。仪门外东建“寅宾馆”，额书“三益”；西为监狱，门上书“司圆”。狱前为“仓”，关押轻罪者。鼓楼门外照壁两边各建“铺”，暂押罪行再轻者。铺匾左为“古嘉石”，右为“小福堂”。仪门内两侧有亭，东亭上书“旌善”，西亭上书“申明”。至清末公署布局基本未变，只是有些建筑圮坏。

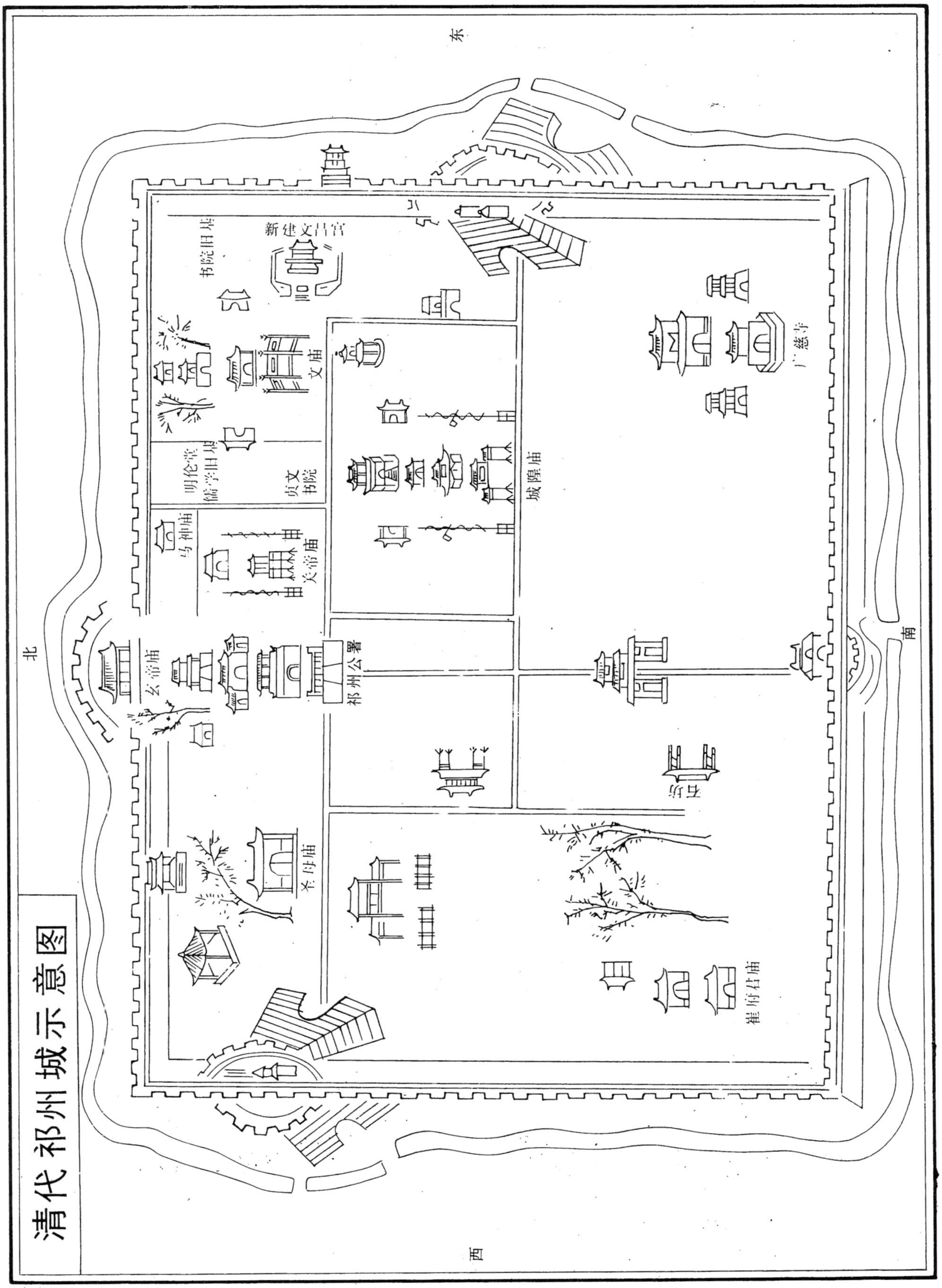

图 1-1　清代祁州城示意图

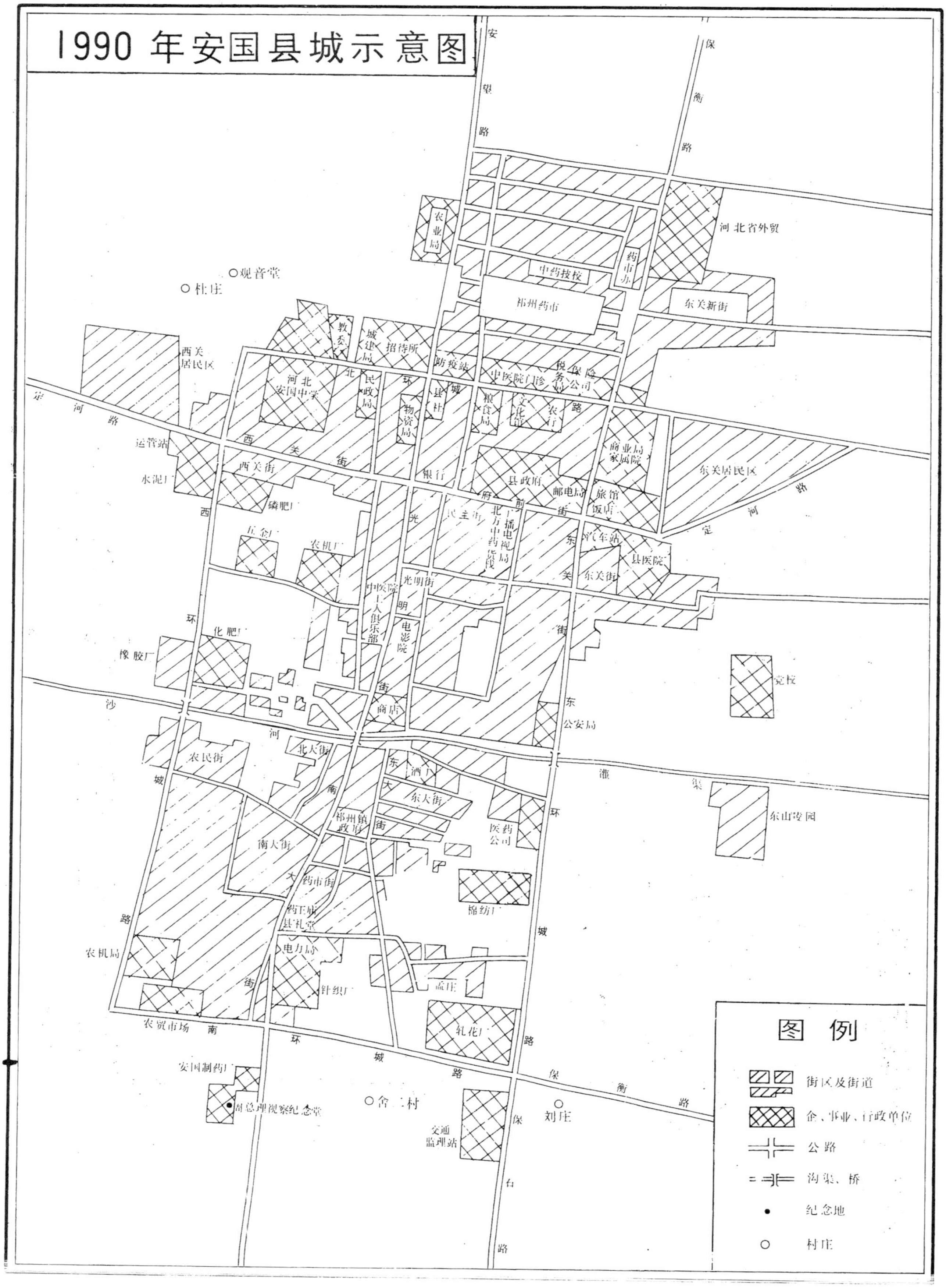

图 1-2 1990 年安国县城示意图

第二节　镇

一、祁州镇

祁州镇位于县域中偏北，为县人民政府驻地。镇人民政府驻民主街，辖 10 个行政村（9 条街，1 个自然村），2 个街道居民委员会。总面积 8 平方千米，耕地 6441 亩，总人口 27387 人，其中非农业人口 18430 人（1990 年末统计数字，下同）。沙河灌渠横贯中部。镇内商业发达，是全国中药材集散地。逢农历一、六为大集，三、八为小集。农历四月二十八日和十月十五日为传统庙会，县内外赴会人数常逾 10 万人。镇属人口从事药业、商业、服务业者占总劳动力的 80%。镇内有工业企业 36 个，镇办企业有电声器材厂、塑料制品厂、五金厂、纸箱包装厂、植物化工厂等。1990 年粮食总产 367 万千克，工农业总产值 1958 万元，其中工业产值 1738 万元，农业产值 220 万元。镇内有中专、师范学校 4 所，职业中学 1 所，普通中学 2 所，小学 3 所。其中，镇办中学 1 所，小学 2 所。国办医疗卫生单位 4 个。文化事业单位 7 个。定（州））河（间）公路和保（定）石（家庄）公路交会于镇内，该镇为全县交通枢纽，政治、经济、文化中心。

二、伍仁桥镇

伍仁桥镇位于县人民政府驻地南 13 千米。镇人民政府驻伍仁桥村，辖 8 个行政村（9 个自然村）。总面积 23.5 平方千米，耕地 19824 亩，总人口 21442 人，其中非农业人口 620 人。该镇北靠沙河，南临小白河，磁河横贯境内。旧时设码头，沿磁河东下直达天津。石（家庄）保（定）公路穿镇而过，可直达石家庄、保定、天律、北京等地。是古今县内重镇。镇区主要街道为南北大街，沿街多为 2 ～ 3 层楼房。镇卫生院、供销社、邮电支局、银行营业所、粮站等企事业单位坐落在南北大街。

伍仁桥是县南商业中心，逢农历四、九为集日，1987 年建 2500 平方米交易大厅，为附近市县最大的布匹批发市场。

该镇土地肥沃，是农业高产区。盛产小麦、大蒜、蓝靛、烟叶等。伍仁桥紫皮大蒜以其“汁多味浓，瓣大皮薄”享誉华北。镇办企业主要有油腻厂、铁厂、汽车修配厂、铸造厂、面粉厂、刹车片厂、木材加工厂、织布厂、蜂窝煤厂等。1990 年，粮食总产 671 万千克，工农业总产值 1893 万元，其中工业产值 1085 万元，农业产值 808 万元。

镇内有国办中学 1 所，镇办中学 1 所，小学 8 所，文化设施和单位有影剧院、文化站、广播站、录像放映厅、书店等。世界文化名人、元代戏剧大师关汉卿墓在该镇伍仁村。明代建筑、省级文物保护单位“贵妃桥”在镇南关，国内外游人、学者常到此游览、观光、考察。镇卫生院是县内乡镇级最大的卫生院，设 11 个科室，50 张病床，配有 X 光机、心电图机、B 超等现代化设备。

三、大五女镇

大五女镇位于县人民政府驻地西偏南 12.5 千米处。镇人民政府驻大五女村，辖 10 个行政村。总面积 18.5 平方千米，耕地 20286 亩，总人口 13225 人，其中非农业人口 300 人。1990 年撤乡建镇。镇区主要街道为东西大街，东与郑村新建东西大街连为一体，街长 2.5 千米。镇政府及卫生院、供销社、粮站、信用社等企事业单位位于街道两侧，郑村街段两侧均为 2 层楼房。

大五女逢农历二、七为集日，该集辐射县西及定州市东界一带，20 世纪 70 年代末期兴建了中药材及药材籽种、秧苗市场。药材、牲畜、木材市场分别占地 15 亩以上。农历四月十八日为传统庙会，赴会人逾万，贸易、文化活动十分活跃。

农业除种植粮食外，尚有棉花、药材、油料、蔬菜等经济作物。镇内工业企业有橡胶厂、制镜厂、预制件厂、面粉厂、农机修配厂等。1990 年，粮食总产 806 万千克，工农业总产值 2091 万元，其中工业产值 1250 万元，农业产值 841 万元。

有镇办中学 1 所，小学 10 所及电影院、文化站、俱乐部、广播站、录相放映厅、卫生院、 供销社、信用社等单位和设施，设公共汽车站，可直达定州、保定、石家庄。

四、石佛镇

石佛镇位于县人民政府驻地东 12 千米处。镇人民政府驻石佛村，辖 10 个行政村。总面积 27.8 平方千米，耕地 35018 亩，总人口 19194 人，其中非农业人口 306 人。1990 年撤乡建镇。镇区呈东西延伸自然聚落，主要街道是东西大街，镇政府及供销社、卫生院、信用社、粮站等企事业单位建于街道两侧。

石佛逢农历五、十为集日，集贸市场主要分布在南北街上，有粮食、牲畜、木材等较大的专业市场。辐射范围为县东和博野、安平县邻界一带。农历三月二十八日为传统庙会。

农业以种植粮、棉为主，并盛产菊花、黄芪等中药材和西瓜。镇内工业企业有水泵厂、 木材加工厂、油毡厂、机械配件厂等。1990 年，粮食总产 1244 万千克，工农业总产值 2059 万元，其中工业产值 861 万元，农业产值 1198 万元。

有中学 1 所，小学 10 所及影剧院、录像放映厅、广播站、文化站、卫生院等单位和设施，设公共汽车站，可直达保定、石家庄、天津、北京等地。

第三节　乡

一、西伏落乡

西伏落乡位于县人民政府驻地北 13 千米处，人民政府驻西伏落村，辖 5 个行政村（9 个自然村）。总面积 25 平方千米，耕地 26587 亩，总人口 15388 人，其中非农业人口 294 人。主要农作物为小麦、玉米、棉花，亦有药材种植。乡办企业主要有制砖厂、面粉加工厂、磷肥厂、塑管厂、地毯厂等。1990 年，粮食总产 1129 万千克，工农业总产值 1609 万元，其中农业产值 804 万元，工业产值 805 万元。有乡办中学 1 所，村办小学 5 所和乡卫生院、文化站、电影队、供销社、粮站、信用社等单位。张家营村为县北最大的集市。乡域东临保（定）安（国）公路，安（国）望（都）公路穿乡而过，设有公共汽车站。

二、北段村乡

北段村乡位于县人民政府驻地西北偏北6千米处。乡人民政府驻北段村，辖11个行政村，总面积39.9平方千米，耕地41701亩。总人口23546人，其中非农业人口359人。农作物主要有小麦、玉米、棉花、药材。乡办企业有造纸厂、药材加工厂、服装加工厂等。1990年，粮食总产1630万千克，工农业总产值2172万元，其中农业产值1467万元，工业产值705万元。乡办中学1所，村办小学11所，有文化站、卫生院、供销社、粮站、信用社等单位。

三、淤村乡

淤村乡位于县人民政府驻地北偏东4千米处。乡人民政府驻淤村，辖14个行政村。总面积34.8平方千米，耕地34654亩，总人口20594人，其中非农业人口503人。1969年，为庆祝1958年8月5日中共中央主席毛泽东视察该乡流村，更名为八五公社，1982年复原名。药材种植较多，大多劳力兼营药材加工和经销。乡办企业有电料加工厂、棉纺厂、建材加工厂等。1990年，粮食总产1382万千克，工农业总产值2552万元，其中农业产值1522万元，工业产值1030万元。有国办、乡办中学各1所，村办小学14所和乡文化站、地段医院、供销社、粮站、银行营业所等单位。保（定）石（家庄）公路、安（国）望（都）公路均穿乡域而过。

四、门东乡

门东乡位于县人民政府驻地东北偏东4千米处。乡人民政府驻门东村，辖10个行政村。总面积28平方千米，耕地30529亩，总人口20050人，其中非农业人口246人。5个村有果林，主要产苹果、鸭梨，培育多种树苗、花卉。乡办企业有印刷厂、服装厂、铸造厂等。1990年，粮食总产1027万千克，工农业总产值2143万元，其中农业产值928万元，工业产值1215万元。有乡办中学1所，村办小学10所和文化站、电影队、卫生院、供销社、信用社等单位。定（州）河（间）公路横穿乡域。

五、常庄乡

常庄乡位于县人民政府驻地西5千米处。乡人民政府驻常庄村，辖14个行政村。总面积35.4平方千米，耕地30593亩，总人口23521人，其中非农业人口428人。沙带西北、东南走向斜贯乡域，5个村有果林，主要产苹果、鸭梨，果品质地优良，鸭梨以“天津鸭梨”系列出口。种植药材历史悠久，盛产沙参、白芍、紫菀、丹参等多种中药材。乡办企业有化工厂、药材加工厂、油脂加工厂等。1990年，粮食总产1014万千克，工农业总产值2151万元，其中农业产值1121万元，工业产值1030万元。有乡办中学1所，村办小学14所和文化站、卫生院、供销社、粮站、信用社等单位。定（州）河（间）公路横穿乡域。

六、南仕庄乡

南仕庄乡位于县人民政府驻地东偏南4千米处。乡人民政府驻南仕庄村，辖12个行政村（13个自然村）。总面积23平方千米，耕地24662亩，总人口15552人，其中非农业人口317人。种棉历史悠久，亦盛产药材。乡办企业有面粉加工厂、药材加工厂、化工厂等。1990年，粮食总产873万千克，工农业总产值1527万元，其中农业产值705万元，工业产值822万元。有乡办中学1所，村办小学12所和文化站、卫生院、粮站、信用社、供销社等单位。保（定）磨（头）、保（定）石（家庄）公路穿乡域而过。

七、东河乡

东河乡位于县人民政府驻地南偏西3.5千米处。乡人民政府驻东河村，辖12个行政村。总面积25平方千米，耕地28555亩，总人口23048人，其中非农业人口381人。中药材种植较多，多数村繁育药材籽种、秧苗。乡内有沙带，6个村有林业，其中3个村有果林。乡办企业有药材加工厂、预制件厂等。1990年，粮食总产1128万千克，工农业总产值1665万元，其中农业产值928万元，工业产值737万元。有乡办中学1所，村办小学12所和文化站、卫生院、供销社、信用社等单位。

八、郑章乡

郑章乡位于县人民政府驻地西南7千米处。乡人民政府驻郑章村，辖9个行政村。总面积22平方千米，耕地23065亩，总人口16586人，其中非农业人口455人。药材种植、加工业发达，乡办企业有药材加工厂、制砖厂、机械修造厂、造纸厂、无纺布厂等。1988年，乡政府驻地建中药材专业市场，黄芪上市量最大。1990年，粮食总产920万千克，工农业总产值2091万元，其中农业产值841万元，工业产值1250万元。有国办、乡办中学各1所，村办小学9所和文化站、地段医院、供销社、银行营业所、游泳池等。

九、西安国城乡

西安国城乡位于县人民政府驻地东偏南10千米处。乡人民政府驻西安国城村，辖13个行政村（10个自然村）。总面积32.6平方千米，耕地35845亩，总人口22607人，其中回族2244人，非农业人口452人。是县内粮棉主要产区，亦多产瓜菜、药材。乡办企业有制砖厂、皮革厂、药材加工厂、棉油加工厂、景泰兰加工厂等。1990年，粮食总产1450万千克，工农业总产值2016万元，其中农业产值997万元，工业产值1019万元。有国、乡办中学各1所，村办小学10所和文化站、卫生院、供销社、粮站、银行营业所等单位。保（定）磨（头）公路在乡西南部通过，域内流罗大桥横跨潴龙河。

十、流各庄乡

流各庄乡位于县人民政府驻地东南偏东13千米处。乡人民政府驻流各庄村，辖11个行政村。总面积 21.5 平方千米，耕地 24335 亩，总人口 14682 人，其中非农业人口 237 人。有种植辣椒、西瓜、药用菊花等经济作物的习惯。乡办企业有机械加工厂、果酱加工厂、铸造厂等。1990 年，粮食总产 920 万千克，工农业总产值 852 万元，其中农业产值 709 万元，工业产值 143 万元。有乡办中学 1 所，村办小学 11 所和文化站、卫生院、供销社、粮站、信用社等单位。

十一、大李庄乡

大李庄乡位于县人民政府驻地西南 11.5 千米处。乡人民政府驻大李庄村，辖 9 个行政村。总面积 18.5 平方千米，耕地 17416 亩，总人口 12707 人，其中非农业人口 209 人。盛产大葱、大白菜。乡办企业有制砖厂、石棉瓦厂、印刷厂等。1990 年，粮食总产 712 万千克，工农业总产值 850 万元，其中农业产值 519 万元，工业产值 331 万元。有乡办中学 1 所，村办小学 9 所和文化站、卫生院、供销社、信用社、粮站等单位。

十二、明官店乡

明官店乡位于县人民政府驻地南偏东 9.3 千米处。乡人民政府驻明官店村，辖 10 个行政村（7 个自然村）。总面积 19.5 平方千米，耕地 17134 亩，总人口 15075 人，其中非农业人口 345 人。沙河、孟良河穿域而过，建有沙河大桥。中药材种植历史悠久，近年大棚菜发展较快。乡办企业有造纸厂、调料厂等。1990 年，粮食总产 740 万千克，工农业总产值 1508 万元，其中农业产值 547 万元，工业产值 961 万元。有国办、乡办中学各 1 所，村办小学 7 所和文化站、电影队、卫生院、供销社、信用社、粮站等单位。保（定）石（家庄）公路穿乡域而过，乡驻地设汽车站。

十三、焦庄乡

焦庄乡位于县人民政府驻地南偏西 11.5 千米处。乡人民政府驻焦庄村，辖 10 个行政村（13 个自然村）。总面积 15 平方千米，耕地 11579 亩，总人口 10773 人，其中非农业人口 167 人。南靠沙河，孟良河横穿乡域。种植中药材品种多、质地好。乡办企业有建筑队、铁厂等。1990 年，粮食总产 520 万千克，工农业总产值 619 万元，其中农业产值 408 万元，工业产值 211 万元。有乡办中学 1 所，村办小学 10 所和文化站、电影队、卫生院、供销社、粮站、信用社等单位。

十四、西崔章乡

西崔章乡位于县人民政府驻地南偏西 15 千米处。乡人民政府驻西崔章村，辖 5 个行政村。总面积 17.6 平方千米，耕地 17527 亩，总人口 12801 人，其中非农业人口 253 人。北靠沙河，南临磁河大堤。乡办企业有鬃毛加工厂、制砖厂、药材加工厂等。1990 年，粮食总产 666 万千克，工农业总产值 2152 万元，其中农业产值 522 万元，工业产值 1630 万元。有乡办中学 1 所，村办小学 5 所和文化站、电影队、卫生院、供销社、粮站、信用社等单位。

十五、南郭村乡

南郭村乡位于县人民政府驻地东南15千米处。乡人民政府驻南郭村南2千米处，辖6个行政村。总面积15平方千米，耕地17140亩，总人口11795人，其中非农业人口220人。盛产烟叶。乡办企业有制镜厂、面粉厂、饮料厂等。1990年，粮食总产709万千克，工农业总产值891万元，其中农业产值669万元，工业产值222万元。有乡办中学1所，村办小学6所和文化站、电影队、卫生院、供销社、粮站、信用社等单位。

十六、南娄底乡

南娄底乡位于县人民政府驻地南16千米处。乡人民政府驻南娄底村，辖9个行政村。总面积35.4平方千米，耕地37430亩，总人口23300人，其中非农业人口334人。有地热资源。盛产白菜、大蒜。乡办企业有织网厂、面粉加工厂、制砖厂等。1990年，粮食总产1409万千克，工农业总产值3395万元，其中农业产值1828万元，工业产值1567万元。有乡办中学1所，村办小学9所和文化站、电影队、卫生院、供销社、粮站、信用社等单位。保（定）石（家庄）公路横穿乡域。

第四节　村

祁州镇

民主街　位于祁州镇内北部，335户，1474人，874亩耕地（1990年末统计数字，下同）中华人民共和国成立初建村。祁州药市坐落在街内。

药市街　位于祁州镇内东南部，182户，734人，461亩耕地。明清时已形成药市区，中华人民共和国成立初建村，沿袭药市称谓。

西关街　位于祁州镇西北部，155户，571人，473亩耕地。解放后建村。

东关街　位于祁州镇内东北部，172户，669人，519亩耕地。解放后建村。旅馆服务业较发达。

光明街　位于祁州镇内中北部，356户，1610人，1221亩耕地。中华人民共和国成立初建村。

北大街　位于祁州镇内中部，182户，725人，395亩耕地。民国时称南关西街，1950年命名为建设街，1954年改名北大街。

东大街　位于祁州镇内中东部，167户，704人，420亩耕地。民国时称东升街，中华人民共和国成立初改称东大街。

南大街　位于祁州镇内南部，263户，909人，864亩耕地。中华人民共和国成立初建村。

农民街　位于祁州镇内西南部，211户，843人，766亩耕地。清代建村，原名西南关，中华人民共和国成立初更名为农民街。

孟　庄　位于祁州镇东南部，189户，718人，495亩耕地。相传金代建村，章宗年间（1195左右），孟姓一户因战乱逃难于此定居，取名孟家庄，后简称孟庄。

伍仁桥镇

伍仁桥　南临磁河，古为水陆交通要道，872户，3573人，3214亩耕地。土质为黏土，平坦肥沃。盛产紫皮大蒜。相传明初伍仁村弟兄5人在此开店，取名五人店。明万历二十九年（1601），朝廷拨银建成五拱石桥“万寿桥”（俗称贵妃桥）后，改名伍仁桥。

南章令　位于镇政府驻地北偏东2千米处，北靠沙河，151户，598人，398亩耕地。多为沙壤土。原名张凝村，明初洪水暴发，被冲毁房屋的北半部村民迁至沙河北定居建村。因方位，两村分别改名为南章凝、北章凝，后简化为南章令。

流　托　位于镇政府驻地北偏西1千米处，北靠沙河，514户，2351人，1562亩耕地。土质多为沙壤。相传明初山西移民到此，于沙河淤积高地建村，故名流托。

流　昌　位于镇政府驻地东北1.5千米处，沙、磁两河汇合处。896户，3929人，4043亩耕地。北部多为沙壤，南部为黏土。为汉时古村，村名含水长流、人昌旺之意。

寺　下　位于镇政府驻地西偏北4千米处，南临磁河，北靠沙河，771户，3364人，3053亩耕地。多为沙白土。相传为唐代古村，原名东汪，后被洪水淹没，仅存一庙寺。明初山西移民迁居寺旁，故名寺下。

奉　伯　位于镇政府驻地西偏北1千米处，北靠沙河，1113户，4784人，4632亩耕地。北部多为沙土，西部为黏土。是秦汉前古村，相传西汉末年，刘秀率军驻沙河两岸。王莽败后，刘玄称帝，深惧刘秀兄弟“功高镇主”，设计杀其兄伯升。村人不平，暗摆伯升牌位纪念，遂改名为俸伯，后简化为奉伯。

中　送　位于镇政府驻地北偏西0.4千米处，191户，879人，725亩耕地。土地肥沃，多为黏土。相传该处有一富户居住，名富家庄。明初山西宋氏移民到此定居，改名中宋，后演化为中送。

伍仁村　位于镇政府驻地东偏北0.5千米处，东临磁河，447户，1744人，2184亩耕地。多为黏土，平坦肥沃。是县内农业高产区，盛产大蒜、蓝靛等蔬菜和中药材。汉时名东道里。相传西汉末年刘秀与王郎作战途经此处，正遇村旁田间5人赌博，问路不答，刘秀怒斩4人，1人逃走。唐大中年间，雕无头赌博状石像4个，越墙欲逃者1个，并改村名为五人村。后雅化为伍仁村。是元代著名杂剧作家、世界文化名人关汉卿故里，其墓尚存。

大五女镇

大五女　463户，1932人，2816亩耕地。相传西汉末年刘秀奉命镇抚河北至此，住在一家客店，邯郸王王郎围村偷袭刘秀，店家5位姑娘用金蝉脱壳计救刘秀脱险。刘秀感恩封村名为五女店。此地曾建城堡，时称五女堡，后改名五女铺。清中期民间贸易兴旺，俗称五女集。民国年间改名大五女。

西娄底　位于镇政府驻地东北3.5千米处，313户，1333人，1713亩耕地。相传南北朝时，皇帝派大臣于此修建行宫。开工不久，大臣携资逃跑，仅存阁楼基底。后于此建村，取名楼底。为与县内同名村区别，改名并简称西娄底。

北张村　位于镇政府驻地东北偏北3千米处，179户，838人，1298亩耕地。明代张姓于此建村，名张村。清时，以穿村而过的小清河为界分治，村处河北，故名北张村。

滩　头　位于镇政府驻地北1.5千米处，249户，1059人，1468亩耕地。明初建村，因处古唐河道沙滩旁，故名滩头。

南张村　位于镇政府驻地东北2千米处，607户，2625人，3967亩耕地（村名来历见“北张村”）。

北　店　位于镇政府驻地北西1.2千米处，252户，1019人，1646亩耕地。相传明代刘姓大户居此开店，称“刘家店”。后建龙王庙，改村名为龙王店。中华人民共和国成立后分成两村，因方位称北龙王店，后简称北店。

郑　村　位于镇政府驻地东0.5千米处，446户，1860人，3742亩耕地。据碑文记载，明末有唐、魏、解、霍、吴五姓人家居此，称“五合公”。后唐家出面与其他四姓商议联村，因之取村名“整村”，后演化为郑村。

南　店　位于镇政府驻地西偏南1.2千米处，243户，952人，1584亩耕地（村名来历见“北店”）。

张　店　位于镇政府驻地南0.75千米处，106户，410人，658亩耕地。据传明代一张姓人家在此开店，名张家店。形成村后，以店名为村名，后简化为张店。

西秋元　位于镇政府驻地南1.6千米处，214户，897人，1376亩耕地，多沙壤土。明永乐三年（1405）从山西洪洞县迁来移民定居于此，因地处沙河北岸，夏秋之际，常被水淹，取名“秋淹”，后演化为秋元。再后分为两村，因方位称西秋元。

石佛镇

石　佛　处古唐河之南，930户，4118人，7630亩耕地，原多盐碱地，俗称“东大洼”，已改造为良田。水泵生产较发达。明初建村，名山羊村。相传一年唐河水涨，冲来1尊石佛像，村民修庙供奉，遂改村名石佛。

北　阳　位于镇政府驻地西北4千米处，130户，511人，871亩耕地（村名来历见门东乡“中阳村”）。

立　庄　位于镇政府驻地西北偏西4千米处，438户，1653人，3300亩耕地。相传明永乐年间（1403—1424）山西黎姓移民迁于此，起名黎家庄。后又迁来李、孟等户。清初，李、孟、黎三姓共议，将黎家庄改为立家庄，后简称立庄。

南　阳　位于镇政府驻地西偏北4千米处，449户，1725人，2697亩耕地（村名来历见门东乡“中阳村”）。村北有一附属小村“黄瓜园”，清初一杨姓长工于此种地定居，繁衍成聚落，因多种黄瓜而得名。

路　景　位于镇政府驻地西偏北1千米处。1110户，4668人，8020亩耕地。明代建村，名山羊巷。北靠古唐河，堤旁有王子坟，村旁有两大土台，俗称“琵琶金”“摘星楼”，又有四处桥形土坡，风景幽雅宜人。后改名路景。

东　巷　位于镇政府驻地东偏南2.5千米处，507户，2128人，5062亩耕地。原多盐碱地，已改造成良田。相传宋代此地是运粮河港口。明初由山西迁来江姓几户，并带来传家宝王玉佩环，故取名王玉港。后演化为王玉巷，村西部含高家街、李家街、王家街3小村。后分为东西两村，因方位称东王玉巷，后简称东巷。

高　街　位于镇政府驻地东偏南2.5千米处，147户，597人，1268亩耕地。明嘉靖年间（1522—1566）碑文记载就有高家街、李家街、王家街之称。后统称“西王玉巷”。1958年分为3村，复称高街。

李　街　位于镇政府驻地东偏北2千米处，160户，565人，1275亩耕地（村名来历见“高街”）。

南　章　位于镇政府驻地东南1千米处，473户，2195人，3475亩耕地。铸造业较发达，据村中天界寺碑文记载，明嘉靖年间（1522—1566）是山羊村（石佛村）南一小庄，名小南庄，后谐为南章。

王　街　位于镇政府驻地东南偏东2千米处，171户，675人，1414亩耕地（村名来历见“高街”）。

西伏落乡

西伏落　725户，2887人，4373亩耕地。处古唐河南岸，旧时多盐碱地，已改造为良田。相传宋太平兴国八年（983）洪水泛滥，河上游冲来佛像两尊，于此分落两处，乡人为之修庙供奉，称为东、西佛庙。明初乔姓人家迁到西佛庙旁居住，取名西佛落村。后简化为西伏落。

张家营　位于乡政府驻地西北偏西2千米处，安国、博野、清苑、望都、定州5县（市）交界处，922户，3681人，5799亩耕地。地势平坦，多为黏土。是当地最大的集市。此地处于古唐河南岸，曾有码头。相传是明军营地，有练马场和饮马坑，时名“仗营”，后谐音张家营。

中伏落　位于乡政府驻地东南1.5千米处，335户，1435人，2480亩耕地。原属东伏落村，1953年建行政村，因处东伏落、西伏落中间，故名中伏落。村北有古墓群。

东伏落　位于乡政府驻地东南2千米处，760户，2796人，5692亩耕地。村东北2千米处有汉墓。（村名来历见“西伏落”）。

西伯章　位于乡政府驻地东南3千米处，1180户，4295人，8243亩耕地。地势平坦，多为黏土，较肥沃。相传宋朝建村，地处古唐河西岸，是重要渡口，俗称西摆渡，后雅化为西伯章。

北段村乡

北段村　400户，1716人，3216亩耕地，为当地集市，黄芪上市量较大。相传唐朝建村，后迁于此地人户增多，居住较分散。为方便管理，分成南北两段，名南段村、北段村。

黄　台　位于乡政府驻地西北偏北4.5千米处，682户，3173人，耕地5080亩，多壤土。相传汉朝建村，村东有一圆土高台而得名。

北　都　位于乡政府驻地西北3.25千米处，868户，3867人，耕地7590亩，地势平坦，多为壤土。相传春秋时鲜虞国王北迁，欲选此地为都城，故后人称村名北都。

北马庄　位于乡政府驻地北2.5千米处，338户，1358人，2870亩耕地。相传此地是东汉刘秀属下武将马武的庄园。马武卒后葬于此，故名马庄。因与县内村庄重名，1982年更名为北马庄。

小　内　位于乡政府驻地西偏北4.5千米处，235户，1035人，1667亩耕地。唐朝建村，因村内有“小礼庙”，故得名小礼，后谐音小内（方言内读ní音）。

西　照　位于乡政府驻地西偏北2.75千米处，466户，2085人，3719亩耕地。碑文载，隋时村名南都村（因在北都之南）。附近有一片沼泽地，唐时分为3村，以沼泽方位命名，分别称西沼、中沼、东沼，后沼演化为照。

中　照　位于乡政府驻地西偏北1.75千米处，610户，2551人，4443亩耕地（村名来历见“西照”）。

边三庄　位于乡政府驻地西北1千米处，424户，1747人，3535亩耕地。相传唐朝建村，因胡、臧、边姓氏名胡庄、臧庄、边家营3个自然村。民国27年（1938）5月合而为一，名边三庄。

翟　营　位于乡政府驻地西北1千米处，240户，940人，1791亩耕地。明初建村，由山西先后迁来董、翟两家，始名董家营，后翟家兴旺，改为翟家营，简化为翟营。

南段村　位于乡政府驻地东南偏南1千米处，484户，1840人，3682亩耕地（村名来历见“北段村”）。

瓦子里　位于乡政府驻地西南3千米处，668户，2875人，4108亩耕地。该村处唐河故道，土地多为沙壤，建有果园，主产苹果、鸭梨。相传东汉建村，因地势较洼，故名洼子里，后演化为瓦子里。

淤村乡

淤　村　全村615户，2502人，3167亩耕地。多为沙壤土，中药材生产历史悠久，尤以菊花出名，村民多加工、经营药材。相传原与北河是一村（村名失传），南临唐河，明初毁于洪水。村民于北岸建1村，名北河；张、贾、齐3户在淤积的高地建1村，名淤村。

郭北庄　位于乡政府驻地西北偏北3.5千米处，202户，774人，2392亩耕地。地势平坦，原多盐碱地，现已改造成良田。相传明万历年间（1573—1620）从山西迁来郭姓立村，名郭皮庄，后改郭北庄。

大　营　位于乡政府驻地北偏东2.75千米处，600户，2373人，5038亩耕地。原多盐碱地，后改造成良田。相传明初从山西迁来李、齐、赵等4户于此定居。明代，该地建有10个营盘，此处营盘较大，故名大营。

小　营　位于乡政府驻地北偏西1.75千米处，388户，1635人，3740亩耕地。明代，此地设一小营盘，故名小营。

康　庄　位于乡政府驻地东北偏北2.25千米处，370户，1532人，2713亩耕地。相传明初从山西迁来康、李、张等4户，因康氏人口兴旺，取名康庄。

娄　营　位于乡政府驻地东北偏北2千米处，312户，1198人，2338亩耕地。相传唐朝罗成扫北时在此建走马驿，官军常驻此为营。建村后名罗家营，后因与清苑县一村同名，娄氏便提议改村名为娄家营，后简化为娄营。

北各堡　位于乡政府驻地西偏北2千米处，210户，897人，1711亩耕地。相传宋元时此处有寨堡。明初山西移民在此建成鼎立3村，按坐落分置东、西、北各堡。民国27年（1938）3村联合办公，统称为建国堡。民国31年（1942）日军五一“扫荡”时3村分开，恢复原名北各堡。

西各堡　位于乡政府驻地2.5千米处，172户，627人，1321亩耕地（村名来历见“北各堡”）。

东各堡　位于乡政府驻地西2.5千米处，170户，770人，1497亩耕地（村名来历见“北各堡”）。

北　河　位于乡政府驻地西偏南1.3千米处，208户，782人，1094亩耕地（村名来历见“淤村”）。

姬　庄　位于乡政府驻地西南偏西2.5千米处，365户，1446人，2544亩耕地。多沙壤土，有苹果园。相传明万历年间（1573—1620），由山西迁来姬、王两户建村，因姬姓人多，故名姬庄。

八　五　位于乡政府驻地南偏西2.25千米处，890户，3730人，4609亩耕地，原全部为沙壤，后均改造为良田。村民多加工、经营药材。相传宋时建村，位于唐河故道旁，后河床移动留下一片高地建成村庄，名留村，后演化为流村。为纪念1958年8月5日中共中央主席毛泽东到此视察，1969年改为“八五”。视察地建有“毛主席视察纪念馆”。

杜　庄　位于乡政府驻地西南偏南4.4千米处，80户，302人，306亩耕地。相传明初山西杜姓几户迁此，故名杜庄。

观音堂　位于乡政府驻地西南偏南4千米处，399户，1735人，2184亩耕地。相传此地有座观音庙，吴姓人家在此建村，取名观音堂。1966年更名为永革庄，1982年复名观音堂。

门东乡

门　东　511户，2148人，3380亩耕地，多沙壤土。林业、苗木生产较发达。此地系东汉古城解渎亭，晋时毁于洪水，仅存东城门，后于城门东建村，故名门东。

齐　村　位于乡政府驻地北偏西3千米处，970户，3722人，5203亩耕地。有果林，产苹果、鸭梨、桃等。庙宇碑文载，晋时此地有7个小村，宋时合为1村，名“七村”，后演化为齐村。

阎　村　位于乡政府驻地东北3.2千米处，741户，3350人，5585亩耕地。有果林，产苹果、鸭梨、葡萄等。原村（名不详）唐时毁于洪水，幸存阎姓几家，复村后名阎村。

河　西　位于乡政府驻地西北1千米处，216户，922人，1165亩耕地。有果林。村民多加工、经营药材。河西空堂坟临道碑文载，元朝建村。因位于唐河西岸，故名河西。

北　娄　位于乡政府驻地东北偏东2千米处，350户，1442人，2107亩耕地，全部为沙壤，有果林。相传秦时此地有一片楼阁，通称大楼，东晋时毁于洪水。村民在楼南、楼北各建村庄。村在楼北，故名北楼，后简化为北娄。

南　娄　位于乡政府驻地东2.5千米处，118户，476人，780亩耕地（村名来历见“北娄”）。

曲　堤　位于乡政府驻地西1.5千米处，330户，1455人，1652亩耕地。铸造业较发达。村内多次发现宋币，最多一次于1980年挖出铜钱1窖，2000多千克。宋以前建村，后毁于洪水。明初复村时因地处唐河堤弯曲处，故名曲堤。

大　文　位于乡政府驻地南0.5千米处，615户，2261人，3756亩耕地。粉条加工业较发达。汉时建村。原名大间，后雅化为大文。

中　阳　位于乡政府驻地东南2千米处，620户，2530人，4700亩耕地。柳编、工艺品加工较发达，产品出口日本、销往中国香港等地。相传汉时建村，名羊村，后因居住分散，分而立村，因方位称中羊，后演化为中阳。

北七公　位于乡政府驻地西南2千米处，364户，1498人，2201亩耕地。建村年代不详。村北1千米处为元初镇国上将军贾辅墓，为纪念贾辅，改村名“齐供”。后演化为“七公”，明时分村而治，因方位称北七公。贾辅墓毁于1972年农田建设。

常庄乡

常　庄　670户，2754人，3508亩耕地，多沙壤，有果林，主产梨、苹果。盛产中药材，以沙参为佳。相传宋时建村，明初常姓移民迁于此，遂名常庄。

韩　村　位于乡政府驻地西北偏北3.5千米处，603户，2478人，3157亩耕地。相传宋时韩姓移民迁此，取名韩村。村东有古墓5座。

路　根　位于乡政府驻地西北3.5千米处，370户，1431人，1973亩耕地。相传元末山西移民至此，有部分人在路旁定居，后形成村庄，取名路根。

梨　园　位于乡政府驻地北偏西3千米处，138户，560人，578亩耕地。相传清代建村。原是一片梨园，由新安村迁来几户人家，居梨园一侧，故名梨园。

新　安　位于乡政府驻地北偏西2千米处，665户，2710人，3689亩耕地。多沙壤地，产中药材。相传宋代建村。因辛、安两姓居于此，取名辛安，后演化为新安。

杨　翟　位于乡政府驻地东北3千米处，465户，1835人，2820亩耕地。多沙壤，有果林。相传宋代建村，取村民杨、翟之姓，名杨翟。村中有古建筑金龙大王庙。

侯　村　位于乡政府驻地东2千米处，389户，1550人，1989亩耕地。相传建村晚于邻村“西徐”，取名后村，后演化为侯村。

西　徐　位于乡政府驻地东2.3千米处，306户，1199人，1602亩耕地。相传唐代建村，徐姓人家由安国城（今西安国城村）迁来。因地处县城西，取名西徐。

营二里　位于乡政府驻地东偏南1千米处，228户，900人，1367亩耕地。明末蔡姓人家由束鹿县迁来建村，取名蔡家营。清时与相距 2 里的侯村在人事、经济方面来往甚密，为表示这一关系，改名营二里。

西李王庄　位于乡政府驻地西偏南 4 千米处，193 户，793 人，1028 亩耕地。吕氏碑文载，明洪武二年（1369）山西移民迁此建村，因李姓较多，故名李家庄。民国 26 年（1937 年）由定县划归安国县，与小王庄合并，名李王庄。1961 年又分为两村，此地处西部，故名西李王庄。

东李王庄　位于乡政府驻地偏南 3 千米处，169 户，734 人，987 亩耕地（村名来历见“西李王庄”）。

东　柴　位于乡政府驻地西南 2.5 千米处，568 户，2308 人，3310 亩耕地。相传明代建村，原为 3 小村共名“三合庄”。清代 3 村分立，将村庙内 1 棵大树 3 村分之，分东树桄者名东桄村，分西树桄者名西桄村，分树枝毛柴者名柴蒿，又称柴里，后柴里分为东、西两村，因方位称东柴里，后简化为东柴。

西　桄　位于乡政府驻地西南 2 千米处，490 户，1998 人，2325 亩耕地。多为沙壤，有果林，主产鸭梨（村名来历见“东柴”）。

东　桄　位于乡政府驻地南 1.5 千米处，449 户，2017 人，2260 亩耕地。盛产鸭梨（村名来历见“东柴”）。

南仕庄乡

南仕庄　全村 371 户，1525 人，3084 亩耕地。相传原名许由村。后外地移民来此，在村南建村。村民希望多出人才，取名仕庄。明万历年间（1573—1620）分为 3 村，因方位称南仕庄。

南七公　位于乡政府驻地北 2.5 千米处，284 户，1159 人，1512 亩耕地（村名来历见门东乡“北七公”）。

宋　庄　位于乡政府驻地北偏西 2.5 千米处，84 户，299 人，305 亩耕地。相传明末沙窝村（属博野县）宋姓人迁来建村，名宋家庄，后简称宋庄。

刘　庄　位于乡政府驻地西 2.5 千米处，211 户，807 人，797 亩耕地。相传明末从山西洪洞县迁来刘姓人在此建村，名刘家庄，后简称刘庄。

贾　村　位于乡政府驻地北偏西 2 千米处，214 户，802 人，766 亩耕地。相传宋代建村，因在祁州城（今县城）南关东南 500 米处，每年药材庙会期间，商贾常居于此，故名贾（gǔ）村，后习惯称为贾（jia）村。

东张庄　位于乡政府驻地北偏东 2 千米处，250 户，912 人，1747 亩耕地。张氏家谱记载，明末山西洪洞县 6 户张姓移民在此定居，名张家庄。为与县内同名村区别，按方位称东张庄。

北仕庄　位于乡政府驻地北偏西 1 千米处，153 户，607 人，881 亩耕地（村名来历见“南仕庄”）。

流　霜　位于乡政府驻地东北偏东 1 千米处，670 户，2557 人，4487 亩耕地。西汉末建村。相传西汉末年，刘秀部下大将贾复与王郎大战，兵败至此。时大风降雪，掩盖了人马踪迹，摆脱了王郎追兵，故有“风送战马去，独留一片霜”的诗句。建村时起名留霜，后演化为流霜。清末，从中阳村迁出 3 户人家在流霜村东北定居，称小中阳，为流霜属村。

西仕庄　位于乡政府驻地西北偏西 1 千米处，315 户，1220 人，1624 亩耕地（村名来历见“南仕庄”）。

西王奇　位于乡政府驻地南 1 千米处，609 户，2557 人，4685 亩耕地。地处月明河北岸。相传明末山西洪洞县移民至此，其中一秀才见此地草茂林丰，地势奇异，叹道：“此地王气生，必有贵人出”，遂定居于此，取名“王气”。后雅化为“王奇”。清初，一部分村民东移建村，称东王奇，原村称西王奇。

东王奇　位于乡政府驻地东南 1.5 千米处，294 户，2117 人，3585 亩耕地。土地肥沃（村名来历见“西王奇”）。

王奇庄　位于乡政府驻地南偏西 1 千米处，168 户，673 人，1189 亩耕地。位于月明河故道，多沙壤。清初少数住户从西王奇迁出至西南约 1 千米建村，取名王奇庄。

东河乡

东　河　全村 622 户，2258 人，2798 亩耕地。建村年代不详，因处月明河东，称东河。

西　河　位于乡政府驻地西北 1.5 千米处，898 户，1897 人，5291 亩耕地。多沙壤。因处月明河西，称西河。

舍二村　位于乡政府驻地东北 1.5 千米处，290 户，1019 人，1085 亩耕地。相传有两人曾任舍人官职，在此建村，后起名舍二村。

伏　村　位于乡政府驻地西南偏西 2.5 千米处，338 户，1365 人，1690 亩耕地。多沙壤，有果林，主产梨、杏等。相传清康熙十八年洪水冲来佛像一尊，村民建佛堂供奉，后有人迁至佛堂旁定居建村，名佛村，后演化为伏村。

西长仕　位于乡政府驻地西南 1.5 千米处，516 户，1897 人，2325 亩耕地。多沙壤。有果林。相传宋时赵氏家族有人官居长史，辞职后定居于此，称村名长史。后分东西两村，因方位称西长史，后演化为西长仕。

东长仕　位于乡政府驻地南偏东 1.2 千米处，391 户，1797 人，2501 亩耕地。多沙壤。有果林，产苹果、梨等（村名来历见“西长仕”）。村内原有规模宏大的庙宇“太中山寺”，1954 年毁。

子　娄　位于乡政府驻地东南偏南 2.7 千米处，398 户，1652 人，2247 亩耕地。多沙壤。相传唐移民时，从山西迁来井、匙诸姓建村。当时织柳斗、柳篓者多，因名织篓村。明代又有山西移民迁此，改村名子娄。

北徐辛庄　位于乡政府驻地西南 4 千米处，388 户，1800 人，1996 亩耕地。中药材种植历史悠久。相传明中期从山西老鸹窝迁来徐、辛两家，建村名徐辛庄。小唐河从村中穿过。民国初，以河为界分村，此村处河北侧，名北徐辛庄。

霍　庄　位于乡政府驻地南 3.7 千米处，435 户，1989 人，2137 亩耕地。北部多沙壤。相传明时南流村 1 户霍姓人在村北另立村庄，取名南流霍家庄。民国初改名霍家庄，后简称霍庄。

大南流　位于乡政府驻地南 4.5 千米处，400 户，1789 人，1863 亩耕地。相传唐朝黄巢起义时，幽州守备霍子成之子南逃，流亡于此定居，取名南流。清道光年间（1821—1850），部分村民迁出建村，名小南流；此村名大南流。

东　固　位于乡政府驻地东南 5 千米处，439 户，1961 人，2936 亩耕地。相传明初山西老鸹窝移民在道东侧定居，名东固。

西　固　位于乡政府驻地南偏东 4.5 千米处，323 户，1439 人，1716 亩耕地。相传明中期从山西迁来崔姓 3 户建村，名崔家庄。后有文人过此闻村名说：“东村坚固（指东固）西被摧（指崔家庄），不祥也，莫若两固可媲美。”于是改名西固。

郑章乡

郑　章　936 户，3686 人，5657 亩耕地。盛产中药材，药材加工业发达。相传西汉末年王郎军与刘秀军在此交战多日，因系战场阵地，建村时取名“阵上”，明时演化为郑章。

边　庄　位于乡政府驻地西北2.5千米处，359户，1445人，1973亩耕地。相传明初因边姓立庄，名边家庄，后简称边庄。

谢　庄　位于乡政府驻地南1千米处，292户，1264人，1969亩耕地。谢氏家谱记载，明永乐年间（1403—1424），谢姓人在此建村，起名谢家庄，后简称谢庄。

北王买　位于乡政府驻地东南偏东1千米处，289户，1140人，1502亩耕地。相传西汉末年王郎军与刘秀军在此交战时，此村为王郎军驻地，百姓称此村为王郎，后演化为王买。明末分为两村，因方位名北王买。

南王买　位于乡政府驻地东南1.5千米处，731户，2888人，4362亩耕地（村名来历见“北王买”）。

小王买　位于乡政府驻地南2千米处，189户，760人，1064亩耕地。清乾隆年间（1736—1795）由南王买迁出王、齐等姓人家建村，起名小王买。

行　唐　位于乡政府驻地南3.5千米处，406户，1631人，2339亩耕地。元末建村。小清河从村南流过。因村内沟塘纵横，起村名行塘。明初演化为行唐。

南徐辛庄　位于乡政府驻地东南偏南4千米处，211户，971人，1202亩耕地（村名来历见东河乡“北徐辛庄”）。

海　市　位于乡政府驻地南偏东4千米处，602户，2346人，2997亩耕地。村庄在小唐河与孟良河之间，地势低洼，四周多水，颇有汪洋大海之势，明时村内秀才取村名海势。清末，依据“海市蜃楼”的典故，改为海市。

西安国城乡

西安国城　全村720户，2950人，4610亩耕地。此地系汉时所建安国县城。北齐时撤安国县，遂为自然村落，取名安国城村。明永乐年间（1403—1424），从南京二龙岗迁至此部分回民，居村东半部，后分村，因方位称西安国城。

马　固　位于乡政府驻地北偏西2千米处，490户，1993人，3716亩耕地。东汉建村。相传汉光武帝刘秀走国时，战马死于此。刘秀称帝后起村名马故，后演化为马固。

南　堡　位于乡政府驻地北1.5千米处，495户，1850人，3254亩耕地。元代在古城堡南建村，取名南堡。

北　堡　位于乡政府驻地东北偏北2.5千米处，394户，1380人，3233亩耕地。相传明时南堡村北开挖运粮河，将耕地分隔两岸，耕种不便，数家丁姓村民迁至北岸定居，渐成村庄，取名北堡。

东安国城　位于乡政府驻地东0.5千米处，回民村，440户，2244人，2982亩耕地（村名来历见“西安国城”）。

封　头　位于乡政府驻地东南1.5千米处，436户，1800人，3063亩耕地。汉时古村，村内遗有一土筑高台。相传西汉末年，刘秀征战获胜后于此加封将士，后起村名封头，含论功封赏地之意。

西　寇　位于乡政府驻地东南偏东3千米处，352户，1457人，1949亩耕地。相传汉代建村，徐、寇两姓定居于此，起名徐寇村。明时，村东建东寇村，徐姓已后继无人，遂改名西寇。

北流罗　位于乡政府驻地东南2千米处，南临潴龙河，594户，2335人，2606亩耕地。汉代建村，原名八里庄。后因潴龙河水涨，将村冲为南北两部分。相传顺水冲来18个石罗汉，故改名流罗。分村时因地处河北岸，称“北流罗”。

南流罗　位于乡政府驻地东南偏南3.5千米处，380户，1556人，1424亩耕地（村名来历见“北流罗”)。

庞各庄东街　位于乡政府驻地东偏北 2.5 千米处，252 户，1008 人，982 亩耕地。相传庞各庄村建于汉朝。此地有一白雀寺，明燕王扫北时，留百姓定居寺旁，起名旁庄，后恰好庞姓最多，故改名庞各庄。因庞各庄村大，1958 年分为东、西、南、北街 4 个行政村。

庞各庄西街　位于乡政府驻地东偏北 2.5 千米处，275 户，1279 人，2233 亩耕地（村名来历见“庞各庄东街”）。

庞各庄南街　位于乡政府驻地东偏北 2.5 千米处，244 户，947 人，2078 亩耕地（村名来历见“庞各庄东街”）。

庞各庄北街　位于乡政府驻地东偏北 2.5 千米处，332 户，1372 人，2612 亩耕地。传统手工造纸业较发达（村名来历见“庞各庄东街”）。

流各庄乡

流各庄　380 户，1581 人，2976 亩耕地。原名固刘村，旧址在村北 1 千米处，地势低洼。明初因洪水泛滥，刘姓人家南迁建村于高地，改名流各庄。

固　显　位于乡政府驻地北偏东 2.5 千米处，450 户，1997 人，3868 亩耕地。地势高低不平，蓄水能力很强，有“涝不死的固显”之说。土质多黏土。相传元初建村，原名何固屯，旧址在村西偏南 1 千米处。明初因洪水泛滥，固姓人家迁村东高地，取名固显。

东马庄　位于乡政府驻地东北 3 千米处，189 户，870 人，1823 亩耕地。相传明初山西洪洞县马姓移民在此定居，取名马屯。清中期改为马家庄，后简称马庄。1982 年因县内村庄重名，更名东马庄。

米　庄　位于乡政府驻地东北偏东 2.5 千米处，157 户，713 人，1200 亩耕地。相传明初米姓几户移民定居于此，取名米庄。

石　庄　位于乡政府驻地东偏北 3.5 千米处，98 户，407 人，695 亩耕地。相传明初山西洪洞县石姓移民定居于此，取名石庄。

甄　庄　位于乡政府驻地西北 1.5 千米处，374 户，1428 人，2381 亩耕地。相传宋时曲阳当城甄姓人家迁此定居，取名甄家庄，后简称甄庄。

马　村　位于乡政府驻地东偏北 3 千米处，170 户，777 人，1295 亩耕地。相传明永乐四年（1406），山西马姓移民在此定居，为与马家庄相区别而名马村。又传为汉代古村。

东　寇　位于乡政府驻地西南 2 千米处，314 户，1388 人，1751 亩耕地。地处潴龙河北岸，多淤积沙壤。相传明永乐年间（1403—1424）山西寇姓迁居于此，因住址在徐寇村东，名为东寇。

北程各庄　位于乡政府驻地东南偏南 2 千米处，170 户，865 人，1446 亩耕地。相传明初是陈家大村，燕王扫北荡为废墟，幸存人家分别向南北搬迁。此村迁于村北，名北陈各庄，清末改名北程各庄。

郑各庄　位于乡政府驻地西南偏南 1.7 千米处，600 户，2572 人，4045 亩耕地。相传燕王扫北时，一赵姓将官，见此地临河平坦，便把郑氏家属留此定居，名郑各庄。

南程各庄　位于乡政府驻地东南 2.5 千米处，462 户，1945 人，2804 亩耕地。多淤积沙壤，有果林（村名来历见“北程各庄”）。

大李庄乡

大李庄　721 户，2797 人，3245 亩耕地。地处沙河北岸，多淤积沙壤。相传明永乐年间（1403—1424），山西洪洞县移民在此定居，曾名周家店，后因李姓人多，改名大李庄。

东秋元　位于乡政府驻地西北偏西 3 千米处，176 户，767 人，1017 亩耕地（村名来历见大五女乡

“西秋元”）。

景　中　位于乡政府驻地西北1.5千米处，571户，2271人，3685亩耕地。多沙壤，有果林。相传明初建村，因村人农事经验丰富，作物管理精细，受当地一带百姓称誉，故名“耕种”村。明永乐年间（1403—1424）从山西迁来宋、张、王姓等户，形成大村，“耕种”被村中文人雅化为“景中”。

里　河　位于乡政府驻地东北偏北2千米处，491户，1826人，2694亩耕地。孟良河绕村流过，因名里河。

西张庄　位于乡政府驻地西1.5千米处，349户，1722人，2254亩耕地。多沙壤。明永乐三年（1405）山西洪洞县移民在此定居，因张姓居多，故名张庄。后因与县内同名村区别，更名西张庄。

袁　李　位于乡政府驻地东1千米处，191户，823人，1252亩耕地。多沙壤。明永乐三年（1405）从山西洪洞县迁来袁、田、李3姓人家在此定居，名袁庄、田庄、李庄，后3庄合村，名田袁李。后田庄分属大李庄村，更名袁李。

杨　庄　位于乡政府驻地东偏南2千米处，198户，778人，1127亩耕地。相传明永乐年间（1403—1424）从山西洪洞县迁来杨姓人家在此定居，故名杨庄。

西吴庄　位于乡政府驻地西偏南1千米处，191户，809人，1141亩耕地。相传明永乐三年（1405），山西洪洞县吴姓移民在此定居，故名吴庄，后因居住分散，分为两村，按方位名西吴庄。

东吴庄　位于乡政府驻地东偏南0.5千米处，171户，705人，885亩耕地（村名来历见“西吴庄”）。

明官店乡

明官店　小唐河从村中流过，将村分成南北两部分，451户，1970人，2243亩耕地。相传原为北章凝村北部一角，地处沙河、小唐河中间，是水陆交通要道。明时村民在此开店，渐成村落，称明光店，后演化为明官店。

西章令　位于乡政府驻地西1.3千米处，445户，1752人，2238亩耕地。相传明天启年间（1621—1627）水灾后，由北章凝村迁出7户在此定居，名新立庄，后改为小章凝。因地处北章凝西，又名西章凝，后演化为西章令。

东　庄　位于乡政府驻地东偏南1千米处，132户，515人，586亩耕地。相传明时部分村民为避水灾，从北章凝迁此定居，起名东园，后演化为东庄。

陈　庄　位于乡政府驻地西偏南0.7千米处，168户，634人，561亩耕地。相传明天启年间（1621—1627）沙河泛滥成灾，几户陈姓人从北章凝村迁此定居，取名陈庄。

北章令　位于乡政府驻地南偏东0.8千米处，南临沙河，267户，986人，746亩耕地。多淤积土壤，古有“南京到北京，好地属章令”之说（村名来历见伍仁桥镇“南章令”）。

大　户　位于乡政府驻地东偏南4千米处，南临潴龙河，575户，2573人，3278亩耕地。相传明初山西戴、孟、周等姓人移此建村，因戴姓户数较多，故名戴户村。后谐音为大户。

东　韩　位于乡政府驻地东偏北2.25千米处的张乡自然村内，388户，1809人，2318亩耕地。地处沙河、磁河、小唐河汇合处北侧，地势平坦肥沃，略显沙性，北部多黏土。盛产中药材“山药”。相传唐时建村，明初燕王扫北时，毁于战火，幸存张享等户人家。后山西移民肖、韩、袁、李姓几户迁此，举颇孚众望的当地人张享名为村名，后演化为张乡。因按姓氏聚居，习惯称为东韩、西韩、肖街、前李。1962年设为4个行政村。

西　韩　450户，1650人，2013亩耕地（地理位置、村名来历见“东韩”）。

前 李 396户，1739人，1721亩耕地（地理位置、村名来历见“东韩”）。

肖 街 271户，1165人，1412亩耕地（地理位置、村名来历见“东韩”）。

焦庄乡

焦 庄 南临沙河，北靠孟良河，406户，1697人，1783亩耕地。相传明嘉靖年间（1522—1566），崔章村焦姓迁来居住，起名焦家庄，后简称焦庄。

小南流 位于乡政府驻地北偏东2.7千米处，117户，492人，542亩耕地（村名来历见东河乡“大南流”）。

王 庄 位于乡政府驻地北偏东2.4千米处，236户，1000人，1386亩耕地。相传明永乐三年（1405年），从山西洪洞县迁来王姓兄弟2人，各立村庄，老大居此地，取名大王庄，后简称王庄。

辛 庄 位于乡政府驻地东北偏北2.5千米处，204户，817人，1007亩耕地。原系大南流西南角一部分，距村较远，耕种不便。明代霍姓兄弟3人迁此居住，取名新庄，后演化为辛庄。

新刘庄 位于乡政府驻地西偏北2.8千米处，南临沙河，287户，1292人，1171亩耕地。多沙壤。冯氏家谱载，明永乐三年（1405）冯子成由山西迁来，后刘姓也迁此定居。因冯家5代单传，刘氏人口发展较快，故建村后起名刘家庄，后简称刘庄。因与县内村庄同名，1982年更名新刘庄。

郑 庄 位于乡政府驻地西偏北1.5千米处，南临沙河，265户，1083人，1169亩耕地。多沙壤。郑氏家谱载，明永乐三年（1405），郑海一家从山西迁往保定，不久迁祁州城内居住。其后人又移于此安家，名郑家庄，后简称郑庄。

焦 街 位于乡政府驻地西偏北1千米处，127户，542人，699亩耕地。地处沙河北岸。明万历年间（1573—1620），崔章村焦姓迁此处落户，后属郑庄村，1954年从郑庄分出立村，名焦街。

杨 横 位于乡政府驻地西北偏南0.6千米处，219户，867人，1003亩耕地。相传明末有杨姓一户居此，为人蛮横，人皆惧之，当地人称此村为杨横。辖自然村店上，相传明末张姓傍杨横建村，名张家庄，后有钱势的孙姓1家迁至，更名孙家店，后演化为店上。

张 庄 位于乡政府驻地东偏北2千米处，482户，2162人，2354亩耕地。地处沙河北岸，盛产烟叶。相传原系沙河南岸奉伯村张家土地，清康熙年间（1662—1722），为耕种方便，张姓几户暂居于此。道光年间（1821—1850）形成村庄，取名张庄。

统一村 位于乡政府驻地东偏北3.5千米处，由河北庄、小流托2个自然村合成，182户，654人，465亩耕地。碑文载，明永乐三年（1405）靳姓人由山西迁此取名靳家庄。清时军诜村赵姓人家因遭强盗抢劫，被迫迁此落户，抄纸为业，人称抄纸庄。因村靠沙河北岸，后改为河北庄。小流托因流托村部分人迁至而名。

西崔章乡

西崔章 南临磁河，731户，2938人，4485亩耕地。相传是汉代古村，唐初从外地迁来崔姓移民。相传宋时此村崔子玉官至知州，名重一时，死后宋真宗追封其为西宁王，于临安（今杭州）建祠赐额，彰其德于天下，村名遂改为崔彰，后谐为崔章。清末因村大分设2村，因方位名西崔章。

固 城 位于乡政府驻地西北2.25千米处，北靠沙河，801户，2875人，3623亩耕地。清乾隆本《祁州志》载，此地有“古城峰，巍然高耸，与山无异，谷中春月，有声如鼓”。故取名鼓城，后演化为固城。村南曾有古墓，俗称“狐子疙瘩”。

固 西 位于乡政府驻地西北偏西3千米处，427户，1631人，1898亩耕地。相传明初建村，因地处固城之西而名。

八　方　位于乡政府驻地西偏北2千米处，北靠沙河，478户，1814人，2932亩耕地。相传明初建村时，从外地迁来刘、曹、程3姓人家。分地时，以方位划分8方，刘、程2家各要3方，曹家要2方。故取名八方。

东崔章　位于乡政府驻地东偏南1千米处，878户，3290人，4312亩耕地（村名来历见“西崔章”）。

南郭村乡

南郭村　位于乡政府驻地北2千米处，385户，1425人，2224亩耕地。相传明初建村名杨家庄。后迁来郭姓富户，改名郭村。明末部分村民移于村东北2千米处建村，取名北郭村（今属安平县），此地改称南郭村。

军　诜　位于乡政府驻地北2.5千米处。北靠磁河、沙河、小唐河汇合处——三岔口，795户，3448人，4335亩耕地。汉代古村。因曾集结众多军队得名。

大　章　位于乡政府驻地西0.5千米处，510户，1659人，2175亩耕地。相传明代建村。因村中章姓系大户，故名大章（相传后来村中章姓转为张姓）。

宋　固　位于乡政府驻地东1.25千米处，612户，2295人，4169亩耕地。地势平坦，旧时多盐碱，已改造为良田。相传明初建村，因村中宋姓较多，名宋村。后遭战乱，村人奋起护村，免遭劫难，遂改名宋固。

沙　头　位于乡政府驻地南1千米处，625户，2248人，3361亩耕地。相传明初山西移民迁此。因村南沙丘似人头状，故名沙头。

新军诜　位于乡政府驻地东北2.5千米处，125户，500人，876亩耕地。1978年开始，军诜村部分户陆续迁此建村，名新军诜，1989年确立为行政村。

南娄底乡

南娄底　全村559户，2480人，4017亩耕地。明代此地有楼阁1座，后有人迁居于楼旁，起村名楼底。分村时因方位称南楼底，后简化为南娄底。

北娄底　位于乡政府驻地北1千米处，172户，605人，1014亩耕地（村名来历见“南娄底”）。

卓　头　位于乡政府驻地西1.5千米处，612户，2427人，3672亩耕地。相传唐代建村，村内付氏寺中有巨钟因名钟村。后因周围和尚都属此寺管辖，以寺中镯头（乐器钟）为禅师代号，故改村名镯头，后简化为卓头。

高　业　位于乡政府驻地东偏南1千米处，312户，1347人，2372亩耕地。塔龛石刻记载，宋元丰四年（1082），在此建高塔1座，继有人在塔北定居，人财兴旺，取村名高业。

北张各庄　位于乡政府驻地西偏南4.5千米处，616户，3038人，4729亩耕地。村民原多种葫芦卖葫芦瓢，后主要从业铁编。相传元代张姓在此同时建2村，南为南张各庄（现属深泽县），北为北张各庄。

西北马　位于乡政府驻地西南偏西2.5千米处，690户，2761人，5243亩耕地。相传宋时曾为训养军马，分东西两处，俗称东圈、西圈。后在此建村，为与南马相对称，按方位而名西北马。

东北马　位于乡政府驻地西南2千米处，566户，2139人，4132亩耕地（村名来历见“西北马”）。

南　马　位于乡政府驻地西南4千米处，1099户，4717人，7321亩耕地。相传此地宋时训养军马，因名马村。明末于此建御暴关口1座，称“南关”，后改村名南马。

茂山卫　位于乡政府驻地东南2千米处，801户，3452人，4930亩耕地。因村旁有一山状土丘，树木成林，高大茂密，俗称茂山。明初于此建卫所，村名沿用茂山卫。

第二编
自然环境

第一章　地　质

第一节　地　史

域内地质史随冀中坳陷构造同步发育。先后经历了基底形成、前第三系构造形成和第三系构造发育几个大的地质历史阶段。在早元古代（距今19亿年前）域内已经形成一套以片麻岩为主的深变质结晶岩系，并以此为基底接受以后的上覆地层沉积。从距今18亿年到距今6500万年的漫长时期内，安国地域经历了上元古界、古生界、中生界几个大的地质历史时期，受大区域地壳运动影响，发生过多次升降活动。上、中元古代时期，冀中发生大规模海浸，变成一片汪洋，海浸持续12亿～13亿年。在原有结晶变质岩基底上，域内沉积一套以碳酸盐岩为主夹少部碎屑岩的巨厚中、上元古界地层。晚元古代末期“蓟县运动”使冀中南部抬升，安国域内海水渐退，岩层裸露地表，受风化剥蚀。早古生代中期，冀中再次发生地壳下沉，地面重被海水浸没，成为广阔浅海，域内复接受自寒武系至奥陶系的长期沉积，形成一套碳酸盐岩系。奥陶纪末期的“加里东运动”，冀中整体抬升，域内地层出露，持续1.4亿年，安国寒武系到奥陶系地层均被剥蚀无存。

距今2.5亿年起的中生代时期，域内又受数次剧烈构造运动影响。海西运动和印支运动期间，高阳—安国一带与太行山联成一体，整体隆起褶皱成山，无接受新的沉积。“燕山运动”时期，地壳活动加剧，安国高阳一线成为赞皇—冀中背斜带的轴部地段，县域北部隆起较高，南半部则处在高阳—博野背斜的南端下倾部位，沉积起一套中生界浅海相—湖沼相披复地层。

从距今约6000万年的新生代第三纪开始，冀中地质构造运动进入断陷—坳陷发展阶段，冀中隆起区从太行山脱离出来，成为快速沉降区。第三纪早期的孔店—沙河街四期，保定、石家庄凹陷形成，安国处于相对较高的隆起区。这种情况一直延续至沙二末期，域内没有沉积产生。其后，安国地域继续高隆，地层严重剥蚀，至东营组末期，保定等凹陷填平抬升，地表开始向东倾斜，剥蚀严重。

晚第三纪始，安国地域随整个冀中地区进入坳陷为主的构造发育阶段，地壳大幅度沉降，并接受大量新的沉积。新地层厚达千米以上。

第四纪时期，县域进入平原沉积发育阶段，最终形成现今地表层。

第二节　地质构造

安国地层被地壳运动造成的大量中小规模断层分裂切割，产生于第三纪的断层在域内西北部尤为密集。断层多数为北东走向，少数呈东西向延伸。其中“高阳—安国断层”“安国断层”“温仁西断层”发育时间最长，断裂规模最大，对域内地层构造的演化起一定的控制作用。“高阳—安国断层”为北东走向，发生于前第三系基底岩层，向上贯通至上第三系底部，断裂两边岩层发生较大位移，断层自南阳村入境西南向至崔章村入定州市界。“安国断层”在第三纪早期即已存在，纵向上消失于早第三纪末期，与“高阳—安国断层”几近平行。“温仁西断层”与“安国断层”同向发育，近平行排列，早期活动剧烈，至东营组末期始趋静止。

第三节　地　层

域内地层分别为：下元古界结晶变质岩系，中上元古界结晶变质岩系，中上元古界碳酸岩层系，中生界碎屑岩系，下第三系（包括孔店组、沙河街组、东营组）陆相碎屑沉积，上第三系（馆陶组、明化镇组）粗碎屑沉积，平原组地表层。缺失寒武系、奥陶系、石碳二迭系、三迭系地层。

一、下元古界及太古界

片麻岩为主的结晶变质岩系，是域内岩层基底。

二、中上元古界长城系

滨海—浅海相沉积，厚 1000 米。底部石英岩，中部泥岩或灰质白云岩，顶部深灰色白云岩，岩层压实程度高，底部石英岩矽质成分重、致密、坚硬。

三、中上元古界蓟县系

浅海相碳酸盐岩层系，厚 2000 米以上。上部岩层缺失；中下部浅灰—灰色厚层白云岩，矽质白云岩；底部含泥岩类，岩石密度大，成岩性极好，性硬，顶部遭受风化剥蚀。

四、中生界

顶层浅滨湖相—半深湖相沉积，仅在域内西、南部有不同厚度分布，最厚处 600 ～ 700 米；东部及东北部缺失此层；中层以厚层棕色火成岩为主，间夹凝灰质砂岩、暗棕色泥岩与黑绿色玄武岩等；底层上部红色凝灰岩，下部上元古界迷雾山组地层，主要暗棕色泥岩与墨绿色玄武岩，不等厚互层，上下两部呈不整合接触。

五、下第三系孔店组

河流相沉积，厚度约 200 ～ 650 米，呈东薄西厚状分布。上部砂岩与泥岩交互层夹墨绿色玄武岩和薄层白云质灰岩等。下部浅灰色砂岩、含砾砂岩及棕红色钙质砂岩与紫红色泥岩、灰色白云质灰岩不等厚交互。岩层压实程度高，成岩性好。

六、下第三系沙河街组

河流相沉积，厚度 500 ～ 1200 米不等。上部灰色砂岩夹灰色、棕红色泥岩，砂岩碎屑颗粒较粗，常含砾石。中部灰色砂岩与紫红色泥岩交层，底部以灰白、浅灰色砂岩、含砾砂岩为主，夹少部泥岩，并有数层钙质砂岩交互。

七、下第三系东营组

河流相沉积，北部、西北部最厚处 500 米以上。西南向渐变薄。以棕红、灰、灰绿色泥岩为主，夹浅灰色砂岩、粉砂岩。受风化剥蚀时间较长。

八、上第三系馆陶组

厚 200 ～ 500 米，南厚北薄，中上部厚层浅灰色砂岩、含砾砂岩，夹棕色泥岩，成岩性较好；底部砾石层。

九、上第三系明化镇组

厚约 600 ～ 700 米。上部土黄色、浅灰色砂岩、含砾砂岩与棕色泥岩互层，间夹粉砂岩，成岩性差；中部灰色砂层、含砂岩与泥岩互层，成岩性较差；下部棕色及灰色泥岩夹浅灰、灰绿色砂岩，成岩性较好。

十、第四系平原组

壤质覆盖物，厚 400 ～ 430 米，由黄色黏土及砂质黏土土层夹散沙层组成，不成岩，松散，易破碎。地表多黄色沙壤土及潮褐土。

第二章　地　貌

县域属太行山东麓山前扇缘平原向冲积平原过渡地带，地势平坦，自西北向东南缓倾，自然坡度1/2200，海拔高程24.6～36.4米。历史上3条行洪河道横贯县域东西，由于紧靠山前扇缘平原的地理位置和唐河在域内多次改道，大量泥沙沉积地表，形成多条沙带，构成多种地貌类型。

第一节　洪积冲积平原

分布于中部及中部偏北的广大地区，绝对高程在海拔30～36.4米，属唐河冲积扇。历史上仅有记载者，唐河在域内10次改道，多因故道行洪年久，河床沙积高厚，故道淤塞，大水之年决堤泄流，形成新河道，旧河道即成隆起沙带。日久年长，堆积物成片，形成中部地区平原型洪积冲积扇，其地域包括北段村乡中南部、淤村乡中南部、大五女镇北部及常庄、郑章、东河、南仕庄、石佛、门东等乡镇，面积近300平方千米，是域内分布最广的地貌类型。地域内有两条明显沙带，一条在城北，自小内村南向东南经瓦子里、新安、杨翟、观音堂村北转向东北经八五村北、门东乡北部至博野县界；一条在城南，自路根村南向东南经常庄村南、西桄、东桄、伏村、西长仕、东长仕、霍庄、子娄至东王奇、西王奇。今可见沙带之上固定波状沙丘，还可见古河道自然堤遗留的多处缓岗，一般高出地面1米左右，主要分布于常庄、东河、北段村、淤村等乡两条沙带边缘部分。

第二节　浅平洼地

域内有浅平洼地3块，一在北部黄台、北都、郭北庄、小营、大营一线以北，张家营、西伏落、东伏落、西伯章一线以南，总面积10.4平方千米。地势低平，自西北向东南缓倾，洼地中心高程海拔28米，南北边缘部分绝对高程30米，距唐河故道较远，未受唐河摆动影响，随其南、北侧地面分别受河沙淤积升高，形成相对洼地，沥水汇集为沼泽，脱沼后形成大面积低洼易涝盐碱地。一在东部唐河故道与潴龙河之间地带。北部边缘西起马固向东至北堡、路景、石佛，系古唐河冲积扇边缘。南部边缘西起堼头向东至流各庄出县界。洼地包括西安国城、流各庄、石佛3个乡镇大部分。总面积约35平方千米，海拔高度28米，与边缘部分高差近2米，地势低洼易涝。一在磁河南的大片地区，包括南娄底、南郭村2乡及西崔章乡的部分区域，总面积约30平方千米。夹在磁河冲积扇与滹沱河冲积扇之间，成因与东部低平洼地类似，中心地点卓头一带海拔27.5米，与南北边缘地区高差约2.5米。

第三节　二坡地

河流冲积扇扇缘至浅平洼地的过渡地段。特点是落差小，过渡较平缓。主要分布在门东、北段村、南仕庄、西崔章、伍仁桥等乡镇。

第四节　河漫滩

分布于沙河沿岸，系沙河多年冲漫而成，分布在大李庄、大五女、明官店、西崔章等乡镇。多处已被沿岸村庄辟为二阶地。

第三章　气　候

安国属北温带大陆性半干旱季风气候区。大陆性气候特点明显，四季分明，湿热同季，日照充足。春季干燥多风，气温回升较快；夏季炎热多雨；秋季昼暖夜凉，温差较大，晚秋多干旱；冬季寒冷少雪。春夏多南风，秋冬多北风。

第一节　日　照

全县年日照总时数 4335.3 小时。由于云雾影响，全年日照实照时数约 60%，7 月最少仅 52%，8 月也仅有 54%。1957—1990 年，实照时数以 5 月最多，283.2 小时，12 月最短，178.6 小时。各月日平均实照时数以 5 月最长，平均 9.2 小时，12 月最短，仅平均 5.8 小时。

1957—1990 年安国县平均各月日照时数和日照百分率统计表

表 2-1

项目＼月份	1	2	3	4	5	6	7	8	9	10	11	12
日照时数	188.9	179.0	221.2	242.9	283.2	274.2	232.9	228.8	230.5	220.5	181.8	178.6
日照百分率	62	59	60	61	64	62	52	54	62	64	60	61

第二节　辐　射

1957—1990 年，平均年太阳辐射总量 128.745 千卡 / 平方厘米，年际变化比较明显，最大年辐射量 142.987 千卡 / 平方厘米（出现在 1965 年）；最小 118.969 千卡 / 平方厘米（出现在 1964 年）。季节分配以夏季最多，平均 44.027 千卡 / 平方厘米；冬季最少，平均 19.40 千卡 / 平方厘米。月辐射量以 5 月最多，平均 15.897 千卡 / 平方厘米；12 月最少，平均 5.899 千卡 / 平方厘米。

1957—1990 年安国县平均各月辐射量统计表

表 2-2　　单位：千卡 / 平方厘米

月份	1	2	3	4	5	6	7	8
辐射量	6.471	7.790	11.268	13.441	15.897	15.094	13.036	12.413
月份	9	10	11	12	全年			
辐射量	11.400	9.366	6.670	5.899	128.745			

第三节　气　温

1957—1990年统计，域内≥0℃的活动积温年均4736.8℃，日平均气温12.1℃，年积温最高值5052.8℃（出现在1961年），年积温最低值4406.4℃（出现在1976年）。最热月7月，平均积温815.3℃，日平均气温26.3℃。最冷月1月，日平均气温-4.5℃。1957—1990年，极端最高气温41.7℃（出现在1972年6月16日），极端最低气温-23.7℃（出现在1970年1月4日），域内日平均气温稳定通过≥0℃的初终日在2月26日至11月30日，持续日数280天。稳定通过≥3℃的初终日在3月12日至11月17日，持续日数254天，积温4682.5℃。稳定通过≥10℃的初终日在4月5日至10月25日，持续日数204天，积温4302.1℃。稳定通过≥15℃的初终日在4月25日至10月5日，持续日数164天，积温3723.0℃。日平均气温低于0℃的初终日平均日期在11月 26日至翌年3月1日，平均持续95天，最多114天（出现在1984—1985年），最少83天（出现在1983—1984年），年均负积温-296.5℃，最大值为-367.9℃。

1957—1990年安国县各月平均气温统计表

表2-3　　单位：℃

项目＼月份	1	2	3	4	5	6	7	8	9	10	11	12	全年
平均气温	-4.5	-1.5	5.7	14.0	20.2	25.1	26.3	24.9	19.7	13.2	4.6	-2.3	12.1

第四节　地　温

域内年平均地表温度14.7℃。1957—1990年，地表温度极端最高值69.6℃（出现在1972年6月15日），极端最低值-29.5℃（出现在1966年2月22日）。7月地表温度最高，累年平均值31.3℃，1月最低-4.5℃。地表下5厘米、10厘米、15厘米、20厘米深度的累年平均地温分别是14.0℃、13.9℃、14.3℃、14.3℃，地表稳定通过≥0℃的初日最早在2月8日，最晚3月6日，平均日期在2月21日。

1957—1990年安国县各月平均地面温度统计表

表2-4　　单位：℃

月份	1	2	3	4	5	6	7	8	9	10	11	12	全年
地面温度	-4.5	-0.8	8.0	17.4	25.3	30.4	31.3	29.1	23.3	15.1	4.9	-2.6	14.7

1957—1990 年安国县耕作层分深度平均地温变化表

表 2-5　　单位：℃

深度（厘米）＼月份	1	2	3	4	5	6	7
5	-3.4	0.6	7.0	15.7	23.2	28.5	29.2
10	-2.6	-0.4	6.8	15.1	22.2	27.3	28.6
15	-1.7	0.0	6.9	15.0	21.9	26.9	28.3
20	- 1.3	0.1	6.7	14.7	22.1	26.4	27.9

深度（厘米）＼月份	8	9	10	11	12	全年
5	22.7	25.4	14.6	5.4	-1.4	14.0
10	27.3	22.2	15.0	6.2	-0.5	13.9
15	27.3	22.6	15.8	7.2	0.5	14.2
20	27.1	22.6	16.1	7.8	1.1	14.3

第五节　降　水

民国 18 年（1929）至 1990 年，有记载的 54 个年份平均年降水量 502.7 毫米，最大降水量 991.7 毫米（出现在 1954 年），最小降水量 184.2 毫米（出现在 1952 年）。54 年中降水不足 400 毫米的旱年有 13 个年份，其中 1941 年、1965 年、1972 年均略高于 200 毫米，形成大旱；500 ～ 700 毫米的平水年有 13 个年份；700 毫米以上的丰水年有 6 个年份，均造成沥涝。其中 1963 年降水 971.8 毫米，因降水集中，造成百年不遇的洪灾。降水分配因季节而异。雨量多集中在夏季，尤以 7 月下旬至 8 月上旬最多。据 54 个年份降水资料，夏季降水平均占全年降水量的 71%；春、秋降水约占全年的 15% 和 11%；冬季最少，仅平均 12.2 毫米，占全年降水量的 3%。月降水量以 8 月最多，平均值 157.5 毫米，最大值 697.4 毫米（出现在 1963 年）；1 月最少，月平均值仅 2.4 毫米。日降水量最大值 195 毫米（出现在 1963 年 8 月 9 日）。

部分年份安国县降水量统计表

表 2-6　　单位：毫米

年份	降水量	年份	降水量	年份	降水量	年份	降水量	年份	降水量
1929	616.2	1944	746.5	1959	529.3	1970	494.9	1981	309.0
1930	446.7	1946	429.4	1960	481.2	1971	402.2	1982	439.6
1931	306.0	1947	410.7	1961	511.5	1972	236.4	1983	372.6
1932	642.8	1950	333.7	1962	337.5	1973	599.8	1984	394.1
1933	727.3	1951	352.5	1963	971.8	1974	507.4	1985	650.3
1934	372.5	1952	184.2	1964	781.2	1975	207.1	1986	415.7
1935	395.5	1953	624.9	1965	212.9	1976	530.8	1987	348.1

续表 2-6

年份	降水量	年份	降水量	年份	降水量	年份	降水量	年份	降水量
1936	280.5	1954	991.7	1966	637.0	1977	787.8	1988	707.2
1941	233.7	1956	860.7	1967	546.0	1978	398.6	1989	407.7
1942	322.0	1957	358.0	1968	428.1	1979	523.0	1990	717.7
1943	590.2	1958	572.0	1969	605.5	1980	487.5		

第六节　风

1957—1990 年，平均风速 2.5 米 / 秒，最大极端风速 24 米 / 秒（出现在 1975 年 7 月 19 日和 1990 年 6 月 27 日，风向北偏西）。风速平均值以春季最大，在 3.0 米 / 秒以上。夏末秋初平均值最小，在 2.1 米 / 秒以下。全年有风日除冬季风向多西北风外，其他各月均以南风（包括东南、南、西南）为主，频率最大 41%，西风频率最小 6%。年平均大风日数（风速≥ 17 米 / 秒）19.8 天。4 月、5 月间出现大风频率最高，累计年平均 7 天，8 月、9 月出现大风日数最少，均在 1 天以下。

第七节　霜

1957—1990 年，平均无霜期 191 天，无霜期最长年 223 天（出现在 1990 年），最短年 159 天（出现在 1964 年）。初霜日一般在 10 月中旬，最早 10 月 9 日，最迟 11 月 5 日。终霜日一般在 4 月中旬，最早 4 月 4 日，最迟 4 月 29 日。

第八节　蒸　发

1979—1990 年，年平均蒸发量 1823.4 毫米，最大蒸发量 2168 毫米（出现在 1981 年），最小蒸发量 1447.9 毫米（出现在 1990 年）。春季升温迅速、多风，蒸发量大，季均蒸发量 669.5 毫米，季最大蒸发量 857.3 毫米（出现在 1981 年）。冬季温度低，蒸发量小，季均蒸发量 159.7 毫米，季最小蒸发量 125.4 毫米（出现在 1990 年）。年内 6 月蒸发量最大，平均 286.3 毫米，最大蒸发量 339.2 毫米（出现在 1983 年）。12 月蒸发量最小，月平均 45.7 毫米。年蒸发量一般是年降水量的 3 ～ 4 倍。

第九节　物　候

综合气象部门、农林科研人员记载，域内部分物候现象如下表：

安国县物候现象一览表

表 2-7

物候现象	日期（日／月）
榆树发芽	24/2—29/2
小麦返青	3/3—6/3
野草发青	4/3—9/3
柳树发芽	9/3—13/3
蜜蜂群飞	10/3—14/3
蒲公英始萌	13/3—15/3
雁北飞	14/3—19/3
蒲公英始展叶	18/3—20/3
榆树始花	19/3—24/3
杏树发芽	21/3—25/3
梨树发芽	25/3—29/3
桃花开，柳树始叶	29/3—4/4
板兰根返青	2/4—5/4
杏花开	3/4—9/4
国槐发芽，小麦拔节	9/4—14/4
蒲公英开花	13/4—25/4
板兰根现蕾，枣芽发	14/4—19/4
杏树、国槐树始展叶	15/4—19/4
蛙始鸣	15/4—20/4
苹果树始花	20/4—25/4
桑树始花	21/4—28/4

物候现象	日期（日／月）
蒲公英果实熟落，板兰根开花	26/4—28/4
棉花出苗	22/4—1/5
柳絮飞，小麦孕穗	29/4—2/5
榆钱落	2/5—7/5
小麦抽穗	6/5—9/5
小麦开花，洋槐花开放	8/5—13/5
小麦灌浆，布谷鸟始鸣	20/5—25/5
枣树始花，小麦乳熟，板兰根籽熟	27/5—4/6
枣树花盛开，小麦熟	5/6—13/6
蝉始鸣，棉花现蕾	15/6—20/6
谷子拔节，杏成熟	18/6—23/6
木槿始花	20/6—25/6
梧桐树始花	23/6—28/6
春玉米抽穗	4/7—9/7
棉花始花	5/7—12/7
夏玉米拔节	4/7—9/7
国槐始花	10/7—16/7

物候现象	日期（日／月）
谷子抽穗	21/7—28/7
蟋蟀始鸣	22/7—27/7
夏玉米抽穗	31/7—3/8
夏玉米开花	6/8—9/8
春玉米熟	25/8—30/8
谷子熟	26/8—31/8
梧桐树种子熟	1/9—6/9
棉花始吐絮	8/9—13/9
夏玉米熟	20/9—25/9
冬小麦始播种	26/9—29/9
蝉终鸣	29/9—4/10
野草始黄	6/10—9/10
小叶杨树叶始黄	8/10—13/10
国槐叶始黄	9/10—14/10
雁南飞	13/10—18/10
蟋蟀终鸣	19/10—24/10
枣叶始落	22/10—27/10
杏树叶始落	1/11—5/11
小叶杨、加拿大杨树叶落	8/11—13/11
野草全黄枯	10/11—15/11
榆树叶落尽	26/11—1/12
苹果树叶落尽	27/11—2/12
小麦停止生长	1/12—6/12

第四章　水　文

第一节　地上水

古代域内地上水资源较丰。战国时，呕夷水（唐河）自顾（定州）入境，因流域广阔，径流量颇大。东汉初年，泒水（沙河）流经域内，始成两河并流格局。至北魏滹沱改道北侵泒水，致使泒水行洪不畅，河水滞留，形成积水百余平方千米的“天井泽”，至东魏滹沱始归故道，积水退出，成泽百余年。隋代，磁河自灵寿决堤东下横穿县域南部，时称木刀沟，自此域内三河并行，每至汛期，唐河涨溢，滹沱水北侵，每成泽国。宋初，唐河改道，自定州一路东南，斜穿县域与沙河汇流。熙宁年间开挖新河，将磁河引入沙河。自此，磁、沙、唐河于军诜村北汇流，下游称潴龙河。明清时期，三河流域大多年份水量较丰，沥涝之年时有涨溢，平均20年一次大涨发。唐、沙、磁河虽系季节河流，但大多年份枯水季节不见断流。文人墨客笔下描绘的域内风光，多是一幅幅水乡景色。明梁骥诗云：“雨歇磁河水满塘，一川晴绿接云长，鸥边细漾桃花暖，鱼口轻吹柳絮香　”；清刁显祖《祁阳赋》：“唯三河之潋滟，汇磁沙以入唐，冬春则坚冰澄彻，夏秋则浊浪砰扬”。明清数百年间，三河通航不断。至民国初《安国县新志稿》描写流罗渡口风光：“三水潆洄，清波一派，晴光返照，渔舟上下，实令人徘徊不忍去。”20世纪中期，磁、沙两河尚常年流水不断。城北孝义河，自上源至入界长不过十数里，源头并无水泉，但长年流水不断。坑塘亦长年积水。至20世纪60年代中后期，上游水库蓄水，加之降水减少，河流、坑塘皆渐干涸。

一、河　流

域内河流属海河流域大清河南支水系。行洪河道有沙河、孟良河、磁河以及三河汇流后的潴龙河；排涝河道北有孝义河，南有小白河，中有月明河南北支。

（一）潴龙河

大清河南支最大行洪河道。磁河、沙河、孟良河于军诜村交汇成潴龙河。自军诜始，流经大户、南流罗、北流罗、西寇、东寇、郑各庄、南程各庄出界，东流入白洋淀。域内河长9.3千米，宽0.5～2千米，深2米左右，纵坡1/4000。河床内多堆积沙丘，最小断面行洪量1904.7立方米/秒。两岸设有堤防，南堤在安平县内，是“千里堤”上端，北堤安国界内长10.4千米。

（二）沙河

古称泒水。发源于山西省灵丘县冉庄和繁峙县白坡头。经新乐县、曲阳县、定州市入安国县境。西起西吴庄，经焦庄、南章令至军诜汇入潴龙河。域内河长14.6千米，河宽最大900米，最小200米，一般500米。河深约2米，纵坡1/2000，行洪流量约2000立方米/秒。沙质河床，槽形不规则，季节性强，流量变化大。

（三）磁河

古称磁水、木刀沟。发源于山西省荡回山，经正定、藁城、无极、深泽县在西崔章入安国县界，经东崔章、伍仁桥、伍仁村、流昌至军诜入潴龙河。长13千米，宽72米（旧河道宽26米），深1.8米，纵坡1/3000，泄水量30立方米/秒。河南侧筑有大堤，长12.4千米，在军诜村东北与潴龙河右堤（千里堤）相接。

（四）孟良河

古称嘉河，域内河段称小清河。发源于曲阳县西北西口南村附近山区。经定州市西柴里入安国县界，1964年，将清水沟、马跑泉、小唐河并入小清河，改名孟良河。自滩头始，经南张村、里河、行唐、南张庄，至统一村汇入沙河，长13.27千米，宽25～30米，主河槽深2米，纵坡1/2500。河两侧筑堤（子埝）总长25.6千米。左堤高2.6米，顶宽4米；右堤高2.5米，顶宽2.5米，设计流量263～272 立方米/秒。

（五）小唐河

亦称孟良河。发源于曲阳县城北孝慕村，绕曲阳县向东南汇入马跑泉、广济沟至西娄底入安国县界，流经北张村、南张村、郑章、谢庄、南王买、北徐辛庄、南徐辛庄、南流、明官店、张乡入潴龙河。1964年自南张村并入小清河，下游今存断续河道。

（六）孝义河

古唐河分支。起于定州市帅村，有南北两支。入安国县界后，北支自黄台始，南支自西照村西北始，于北马庄村东北合流向东出县界，汇入白洋淀。域内长17.6千米，其中南支长7.8千米，北支长9.8千米。南支河底宽2～8米，深2～2.5米，纵坡1/1500；北支河底宽8米左右，深2～2.5米，纵坡1/2000。泄水量5～15 立方米/秒。

（七）月明河

古唐河支流。源于域内，分南北两支。南支源于西娄底，经边庄、郑章、伏村、西王奇、西安国城、庞各庄、东王玉巷出县界；北支源于新安，经侯村、西徐、县城、北七公、南阳出县界。两支于博野小旺村西汇合，至蠡县汇入孝义河。域内河长39.6千米，其中南支23.2千米，北支16.4千米。今南支已基本填平。北支从县城至南阳村南合为沙河灌渠，其他河段平为农田。

（八）小白河

源于北张各庄村西北，经卓头、南娄底、大章、宋固村东北出县界，向东汇入白洋淀。域内长12.4千米，底宽1.5～6米，深1.5～2.2米，纵坡1/2000，泄水量4～15立方米/秒。

1951—1990 年潴龙河北郭村水文站流量、水位统计表

表 2-8

年份	年径流量（亿立方米）	月平均流量（立方米／秒）												全年最大流量			全年最高水位		
		一	二	三	四	五	六	七	八	九	十	十一	十二	流量（立方米／秒）	月	日	水位（米）	月	日
1951														414	8	14	28.2	8	14
1952	2.152	1	1.2	1.8	0.8	0.1	0	34.8	30.3	5.7	0.8	1.1	1.6	189	7	26	27.64	7	26
1953	6.1	0.48	1.41	1.63	0.18	0.08	0	18.5	129	47.3	13.9	3	0.8	502	8	11	28.5	8	11
1954	33.3	5.65	6.02	4.66	0.94	0.11	67.4	415	492	148	60	32.4	20.3	1930	8	10	29.57	8	10
1955	19.65	11.6	21.4	13.7	3.41	1.13	0.59	0.52	371	205	60.3	32.8	21.7	2690	8	18	29.7	8	18
1956	24.35	11.2	18.2	14.8	3.79	2.91	51.3	86.3	519	84.3	82.3	44.9	16.2	3390	8	5	30.49	8	5
1957	4.585	14.8	16.1	22.4	17.1	3.59	24.6	10.9	24.8	31.3	2.25	3.17	4.1	203	6	16	27.09	8	30
1958	6.227	1.32	6	0.74	0.001	0.78	0	71.3	82.4	40	50.1	13.5	2.39	609	8	9	27.8	8	9
1959	21.54	2.06	7.64	2.4	0.038	0	0.65	92.6	492	114	50.1	34.4	14.1	3440	8	9	29.35	8	9
1960	1.554	8.39	4.63	1.04	0	7.13	0	5.63	22.1	16.2	2.6	2.14	3.06	105	8	3	27.08	5	7
1961	2.824	1.51	2.76	1.92	0.321	0.603	2.35	7.65	23.3	6.56	28.4	9.2	21.7	440	8	22	25.6	8	22
1962	6.121	19.9	23.6	5.37	4.22	16.6	40.4	48.9	50.5	3.02	7.52	4.8	4.89	176	7	31	24.2	7	31
1963	28.37	2.2	30.19	1.19	0.589	1.14	1.14	1.67	884	63.1	22.8	62.3	20.5	5330	8	8	28.37	8	8
1964	24.85	19.7	13.1	15.9	44.5	163	20.4	69.5	239	183	31.2	44.6	44.6	663	8	13	27.79	3	13
1965	2.585	61.3	15.9	7.36	4.2	3.48	1.51	2.61	1.12	0.04	0.016	0.396	0.358	108	1	1	26.1	1	12
1966	2.43	0.41	0.11	0.53	0.27	0	0	5.15	1.91	59.7	2.8	2.46	2.12	132	9	4	24.8	9	4
1967	10.46	1.44	1.47	1.56	1.15	0.51	9.15	64.3	208	74.4	8.3	11.6	11.3	410	8	11	26.9	8	11
1968	1.922	5.57	3.98	4.59	30	9.25	0.69	2.64	4.54	0.49	6.06	2.77	2.59	41	4	25	26.65	10	9
1969	4.714	1.75	2.02	2.84	1.97	4.58	5.54	67	57	6.71	15.3	7.46	4.7	144	7	31	27.33	7	31
1970	1.828	2.86	3.46	6.16	6.37	6.83	1.26	14.8	19.8	2.4	24.3	1.84	1.44	54	8	2	24.03	8	2
1971	0.6878	1.25	0.78	0.28	0.71	4.13	7.89	5.78	2.69	1.64	0.17	0.24	0.25	26.2	6	27	27.32	5	19
1972	0.119	0.46	0.72	0.76	0	0	0	2.1	0.46	0	0	0	0	64.5	7	21	27.34	7	21

续表 2-8

年份	年径流量（亿立方米）	月平均流量（立方米/秒）												全年最大流量			全年最高水位		
		一	二	三	四	五	六	七	八	九	十	十一	十二	流量（立方米/秒）	月	日	水位（米）	月	日
1973	4.128	0	0	0	0	0	0	0	0.05	43.2	83.1	28.3	1.88	189	10	10	27.99	9	17
1974	1.675	8.79	6.91	3.61	4.7	9.65	9.35	2	18.5	1.2	0.8	0.37	0.68	224	8	9	27.95	8	9
1975	0.10964	0.58	0.58	0	0	0	0.37	0	0.05	2.53	.0.01	0	0	6.91	9	17	26.4	9	17
1976	2.8	0	0	0	0	0	0	0.78	49.8	40.8	2.2	7.42	5.07	205	8	24	27.93	8	24
1977	6.15	0	5	10.7	7.99	0.004	2.53	40	143	7	0.04	5.67	2.76	320	8	3	29.03	8	3
1978	0.163	2.48	2.31	1.68	1.45	3.37	8.15	0	1.35	96.7	14.8	2.52	0.11	164	9	12	27.5	9	12
1979	5.35	4.65	11.6	4.17	23.6	28.9	0.055	25	75.7	12.9	11.4	2.5	1.54	157	8	18	27.71	8	18
1980	0.0511	26.68	17.75	14.74	0	0	0	0	0	0	0	0	0	1.89	1	6	26.43	1	7
1981	0	0	0	0	0	0	0	0	0	0	0	0	0	0	—	—	—	—	—
1982	0.0409	0	0	0	0	0	0	0	1.53	0	0	0	0	32	1	1	27.05	8	4
1983	0.00192	0	0	0	0	0.036	0	0	0.035	0	0	0	0	7.32	3	26	26.47	1	13
1984	0	0	0	0	0	0	0	0	0	0	0	0	0	0	—	—	—	—	—
1985	0	0	0	0	0	0	0	0	0	0	0	0	0	0	—	—	—	—	—
1986	0	0	0	0	0	0	0	0	0	0	0	0	0	0	—	—	—	—	—
1987	0	0	0	0	0	0	0	0	0.	0	0	0	0	0	—	—	—	—	—
1988	6.32	0	0	0	0	0	0	1.61	175	17.6	7.23	14.7	20.3	593	8	14	28.7	8	12
1989	0.3947	1.44	0.81	0	0	0	6.2	4.47	2.1	0	0	0	0	30.1	1	1	16.87	1	1
1990	0.3377	0	0	0	0	0	0	3.4	8.55	0.085	0	0	0	36.8	8	8	27.08	8	8

附：安国域内唐河故道考略

唐河，战国时称呕夷水，秦、汉时称滱河，东汉后改称滱水，唐代始称唐河。唐河发源于山西省灵丘县，自战国至清中叶一直是经倒马关入河北省涞源县，一路东南经易县、完县、唐县、望都县、定州市入安国县界东泻。唐河向称浑河，夹带大量泥沙堆积域内。经水利工作者多年勘察考定，自战国至清，唐河在域内改道10次。

战国时，呕夷水自望都县贯村入安国县，经张家营村北出界入博野县寺上村至淤堤村南分两股再入安国县界。一股经西佰章村北绕村东向南，一股向南经东伏落村绕至西伯章村南向东，二流汇合出安国县界，经博野县东伯章村南东去，汇入河水（黄河）入渤海。

秦、汉时，滱河自定州市分两支入安国县界，流经县域南部。南支经今西娄底村北、边庄、伏村、霍庄、西固、东固、郪头、甄庄村北至固显入博野县，经高阳县入白洋淀。北支经西李王庄村北、东柴、西桄村南、东桄村北、西长仕、东长仕、子娄、西王奇、西安国城、南章至东巷入博野县界，经高阳县入白洋淀。

东汉至西晋时，滱水两支交汇，自安熹（今定州市东亭镇附近）一路东南，由路根村西南入安国县界，经常庄、县城、北七公至南阳入博野县向东北入白洋淀。

北魏时，滱水北徙。自韩村南入安国县界，经新安、杨翟、淤村至门东分为两支：一支向东经北娄村入博野县，转入白洋淀；一支向东北经齐村、阎村入博野县，汇入博水（今无）。

唐代，唐河再次北徙，在路根村入安国县界后，经梨园、瓦子里、姬庄、淤村村南、河西村北、齐村至阎村向东入博野县，经高阳县汇入白洋淀。

北宋时，唐河南徙，在南张村、北张村之间入安国县界，经郑章、王买、小南流、明官店至张乡入潴龙河。

金代，唐河复北徙，自小内村南入安国县界，经瓦子里村北，折而东南经西徐村东至东河村南折而正东，经南堡、石佛入博野县，经高阳县入白洋淀。

元代，唐河稍向南徙，自韩村村南入安国县界，经侯村、西徐向东南穿东河、西河2村之间，经子娄村北至西王奇村北折而东北经东王奇村南、西安国城村北、庞各庄村北、南章、李街、高街村北入博野县，经高阳县入白洋淀。

明初，唐河分为两支。主河道南徙，自韩村入安国县界，经梨园、新安、常庄、东桄、西长仕、东长仕、王奇庄、郪头、西寇至南程各庄出安国县界。另一支自新安村东流，经观音堂村北、县城北廓外，至曲堤村西向南至马固转向东北至东巷出安国县界。

清乾隆六年（1741）唐河再次南徙，自大五女村南入安国县界，折向东北经东桄转向东南至王买村南侵孟良河道，向东南至三岔口汇入潴龙河。清嘉庆六年（1801），唐河自定州市北移，经望都县、清苑县，东入白洋淀。自此，唐河再未入安国县界。

二、坑塘洼地

由于河流冲刷堆积和人工影响，域内大大小小的坑塘和洼地星罗棋布。北魏时，泒水（沙河）以王庄、辛庄为中心，漫成西至大李庄，东至西安国城，南至流托，北至伏村、霍庄一带约百余平方千米的“天井泽”。《魏书·地形志》载，安国有“盐石渊”。《大清一统志》载“祁州宋村有蟾池”。今皆湮。1985年，域内有大小洼地、坑塘679块，总面积10.9万亩，容积2132.5万立方米。大洼地有“北跑”、石佛、南郭村等7块，总面积9.28万亩，容积1256万立方米；小洼地131块，面积1.1万亩，容积235万立方米；坑塘各村均有分布，共541个，容积641.5万立方米。

1985 年安国县小洼地统计表

表 2-9

乡镇名称	洼地（个）	占地面积（亩）	容积（百万立方米）	乡镇名称	洼地（个）	占地面积（亩）	容积（百万立方米）
伍仁桥	11	331.5	0.1032	淤　村	4	537.8	0.1077
南娄底	11	579	0.1242	门　东	8	714.9	0.1199
明官店	7	406.5	0.0964	祁州镇	5	556.5	0.1753
南郭村	3	151.5	0.0395	石　佛	10	1416	0.2225
流各庄	7	1069.5	0.3226	东　河	9	549	0.1297
西安国城	14	1290	0.2627	西崔章	6	160.5	0.0332
南仕庄	13	415.5	0.0982	焦　庄	6	1269	0.1950
郑　章	7	441	0.0833	北段村	7	621	0.1526
常　庄	3	417	0.0838	合　计	131	10926.2	2.3498

1985 年安国县坑塘统计表

表 2-10

乡镇名称	坑塘（个）	占地面积（亩）	容积（立方米）	乡镇名称	坑塘（个）	占地面积（亩）	容积（立方米）
伍仁桥	28	90.8	120932	西伏落	11	328.5	341000
南娄底	34	603.3	535361	淤　村	55	640.8	690339
西崔章	12	59	51282	门　东	55	379.1	1563756
明官店	18	289	254830	祁州镇	19	48.5	117228
南郭村	11	82.1	81710	南仕庄	27	227.3	155561
焦　庄	9	21.5	21180	西安国城	39	461.4	466008
大李庄	8	16.1	11927	石　佛	41	922.6	847380
大五女	21	152.4	145813	流各庄	31	212.2	176531
郑　章	17	162	114080	东　河	34	219.8	257700
常　庄	27	163.2	113545	合　计	541	5469.9	6414992
北段村	44	390.3	348829				

1985 年安国县大洼地统计表

表 2-11

坐落	面积（亩）	分布		海拔高程（米）			容积（立方米）
		乡镇	面积（亩）	中心	边缘	差	
孝义河两岸	36780	北段村	6188	29.1	29.8	0.7	5386876
		西伏落	18355	28.1	29.4	1.3	
		淤　村	12237	26.6	27.4	0.8	
小白河两岸	23463	西崔章	2346	28.8	29.4	0.6	2738750
		南娄底	12905	27.9	28.6	0.7	
		南郭村	8212	26.8	27.7	0.9	

续表 2-11

坐落	面积（亩）	分布		海拔高程（米）			容积（立方米）
		乡镇	面积（亩）	中心	边缘	差	
月明河北	14379	石　佛	14397	21.4	23.4	2	2109998
孟良河两岸	10469	焦　庄	5234	30.6	31.2	0.6	1745625
		郑　章	3490	29.5	30.5	1	
		大五女	1745	30.9	32	1.1	
张乡村北	4070	明官店	4070	26.9	28	1.1	217740
县城北	1749	淤　村	1749	29.8	31.3	1.5	175032
安望路两侧	1871	淤　村	1871	30.2	31.2	1	187200

第二节　地下水

历史上，域内地下水资源丰富，地表下 0 ～ 160 米内分布有 4 个含水层。第一含水层埋藏较浅，平均距地面不足 3 米。地下浅水层为富水层，枯水期砖井水位距地表 3 ～ 4 米。丰水期仅为 1 ～ 2 米，低洼处水井常出现溢流。历代志书均有地平井、涌泉记载。清乾隆《祁州志》载：“状元泉……在东城墙下，文昌阁之南。建城时凿得一泉，圆径二尺许，水涌出四溢，当事者以为不利于城，覆以铁釜，泉因以塞。”又载：“地平井在东安国城，水与地面平。”清光绪《祁州续志·艺文志〈重修西关涌泉桥记〉》载：“此桥废已百年矣，其下出泉，有二穴，汩汩然，从穴涌出……”。又载：“东伯章村，又有地平井一眼，水与地平。”地下富水状况一直延续到 20 世纪 60 年代中期，砖井水位一般距地表 3 ～ 4 米，雨季回升至 2 ～ 3 米。1968 年后，降雨量偏少，大量抽取地下水灌溉农田，顶层浅水枯竭，水位陡降。

一、类型与分布

（一）类型

域内地下水分浅、中、深三层，均属淡水，水质良好，适用于人民生活、农田灌溉、工业生产和其他方面。按舒卡列夫分类法分为 2-A 型（重碳酸钙镁型）；4-A 型（重碳酸钙钠型）；5-A 型（重碳酸钙镁钠型）。以 2-A 型为主。

（二）分布

域内地下水含水系均属山前孔隙亚区第四纪含水层，从地表到地下 400 ～ 600 米均为松散岩石类，属第四纪含水岩系。上部为冲积、洪积物构造的潜水——微承压水，蓄水性好，间有半透水的岩类物质相隔。下部为河流、沼泽相沉积物，蓄水性较差。总的分布规律，自西偏北走向东偏南，含水层埋深由浅渐深，由厚变薄，岩性颗粒由粗变细。地下含水层分为 3 个含水组。第一含水组：底界 80 ～ 100 米，岩性以中粗砂为主，间存卵石，厚度 30 ～ 40 米，为主要开采区。第二含水组：底界埋深 100 ～ 180 米，含水层岩性以粗中砂为主，含水层厚 42 ～ 63 米，为次要开采层。第三含水组：底界埋深 180 ～ 320 米，含水层岩性以细中砂为主，含水层厚 46 ～ 90 米。

安国县水文地质分区说明表

表 2-12

分区编号												合计或平均
分区编号	平原区	I										
	一级亚区	I1										
	二级亚区	I1—1（浅层）		I1—2（中层）								
	区段	1	2	3	4	5	6	7	8	9	10	
含水层主要特征		100米内15米左右见中粗砂厚40米左右	100米内10米见中粗砂厚35米左右	100米内15米左右见粗中砂厚40米左右	100米内15米左右见粗中砂厚40米左右	120米内15米左右见粗中砂厚40米左右	120米内15米左右见中砂厚45米左右	150米内20米左右见中砂厚45米左右	150米内20米左右见中砂厚40米左右	140米内20米左右见中砂和微量粗砂厚35米左右	150米内25米左右见中细砂厚35米左右	
段内包含乡镇范围		大五女 大李庄 郑　章 焦　庄	南娄底 西崔章 大李庄 常　庄 东　河 大五女 伍仁桥 郑　章 明官店 焦　庄	常　庄 东　河	淤　村 北段村 西伏落	常　庄 北段村 淤　村	北段村 西伏落	祁州镇 东　河 淤　村 石　佛 门　东	祁州镇 东　河 南仕庄 明官店 伍仁桥 南郭村 门　东 西安国城	石　佛 流各庄 西安国城	流各庄 西安国城	
地下水埋深（米）	平均	4.2	4.7	4.4	5.0	5.1	4.4	5.3	6.1	5.9	5.4	5.81
	最大	7	10	9	8.5	8.5	9	11	9.5	9	9.7	11
	最低	3.3	3.3	3	4.2	4.5	4.7	4.7	4.2	4.5	3.3	3
单位涌水量（吨／时米）		81	75.6	72	84	89.6	89.6	62	54	54	52	—
参数与可开采量	参透系数K（米／日）	27	36	37.5	25	22	22	18	15	15	14	22.9
	水位降深S（米）	3.5	3	4	3.7	3.7	4.2	3.9	4.5	4	4.5	3.66
	单井出水量Q（吨／时）	50	42	47	45	40	45	35	35	27	27	38.59
	单井影响半径R（米）	234	206	220	177	168	172	173	149	151	162	176
	段内面积（平方千米）	35	89	9	50	27	29	148	40	51	5	483
	段内开采储量Q（万吨）	1126.7	2406.6	272.3	1448.5	695.3	840.2	3335.4	901.3	886.7	87	12000
	有效机井数（眼）	203	667	59	507	306	312	1566	571	711	61	4963
	开采摸数（万吨／平方千米）	35.2	29.6	33.1	31.7	28.2	31.7	24.6	24.7	19	19	27.2

说明：地下水坡度1:700，地表坡度1:2200，本表数据为1985年调查

二、动态特征

域内地下水自西偏北流向东偏南，与现行河道流向基本一致，水力坡度为1/1700。地下水埋深平均年内变幅为4米左右。年内地下水埋深变化成“倒驼峰式”，3月20日开始逐渐下降，到6月30日为谷底；7月20日又缓升，至8月30日又开始下降，到10月20日为第二谷底。此后又逐渐回升，到次年2月28日为最大恢复水位。年内两次谷差为0.18米。地下水相邻年际之间水位变化为±0.8米，平均逐年下降0.1米左右。

部分年份安国县地下水位变化表

表2-13　　单位：米

月 年	一	二	三	四	五	六	七	八	九	十	十一	十二
1974	—	—	—	—	—	—	6.39	5.56	5.66	5.92	5.87	5.74
1975	5.45	5.31	5.95	6.49	6.61	7.15	6.68	7.48	7.18	7.69	6.77	6.37
1976	6.42	6.18	6.6	7.26	7.88	8.37	7.75	6.12	6.56	8	7.73	5.9
1977	5.86	5.86	6.08	6.46	6.34	6.41	5.76	5.09	5.35	5.34	4.98	4.87
1978	4.97	4.8	5.15	5.62	5.81	5.96	6.03	5.73	5.3	5.09	5.13	4.97
1979	4.85	4.76	4.81	5.06	5.27	5.39	5.15	4.47	4.8	4.99	4.76	4.47
1980	4.66	4.42	4.61	4.9	5.08	4.9	5.36	5.56	5.74	5.46	5.38	5.28
1982	6.7	6.48	6.45	7.21	8.32	8.33	10.9	9.8	7.69	9.32	9.26	11.11
1983	8.95	8.93	9.58	9.88	8.92	8.96	9.72	9.62	9.24	9.03	8.96	8.25
1984	8.23	8.07	8.05	9.72	10.52	10.76	11.26	11.11	10.52	10.78	10.69	10.59
1985	10.21	9.74	9.72	10.08	11.65	12.01	12.07	11.35	10.52	9.24	9.75	9.63
1986	9.4	8.85	8.84	8.85	11.32	11.86	11.36	9.92	10.66	11.44	11.19	10.79
1987	10.74	10.63	10.57	10.99	12.31	12.66	12.59	13.19	12.94	13.5	13.47	13.22
1988	12.58	12.3	12.06	12.87	13.55	13.98	14.03	13.44	12.76	11.87	11.7	11.85
1989	11.36	11.11	11.2	12.01	13.15	12.53	13.7	13.5	13.45	13.85	12.88	12.65
1990	12.22	11.89	11.64	12.79	12.83	13.92	13.3	12.44	11.87	11.5	11.43	11.3

三、理化特征

（一）物理特征

颜色　域内浅层水受外界影响较大，呈微淡黄色、淡蓝色、浅灰色。中、深水透明无色。

口感　甜：含有机物多，分布在县城一带；涩：含铁多，分布在南娄底、郑章一带；苦涩：含镁、钠多，分布在流霜、北流罗一带；咸：含氟化钠，分布在中阳、大文、西伯章、东伏落一带。

温度　浅、中层水的温度为5℃～20℃。

沉淀物　干涸残渣及灼烧残量为400～500毫克/升，在饮用水不超过500～1000毫克/升规定范围之内。

（二）化学性质

矿化度 平均为474毫克/升，最大为589毫克/升，在好水不超过1000毫克/升标准范围内。

酸碱度 pH值平均为7.4，最高7.5，最低7.3，呈微碱性。

总硬度 平均13.1度，最高16.3度，最低10.8度。在好水不超过25度标准之内。

钠吸附比 平均0.15，最高0.6，符合好水小于10的标准。

铁含量 丰水季平均0.27毫克/升，最高含量0.75毫克/升；枯水季平均0.22毫克/升，最高含量0.66毫克/升。部分村庄略大于规定，但无多大影响。

氟含量 丰水季平均0.58毫克/升，最高含量1毫克/升；枯水季平均0.6毫克/升，最大含量1.25毫克/升。庞各庄、北流罗、大文、流霜、中阳、东伏落、西伯章7个村庄，7平方千米饮水标准超出小于1毫克/升的规定。

砷含量 丰水季平均0.066毫克/升，最大含量0.4毫克/升；枯水季平均0.033毫克/升，最高含量0.4毫克/升，超过饮用水标准0.02毫克/升。砷元素含量较大的有石佛镇、流各庄乡，共14个村庄。

铜、锰、铅、氯化物含量均在现行饮用水标准之内。

第五章　土　壤

第一节　种类与分布

域内土壤分褐土和潮土 2 个土类，潮化褐土、褐土性土、潮土 3 个亚类，沙质洪积冲积物，壤质洪积冲积物，沙质洪冲积物，沙质河流沉积物，壤质河流沉积物，脱沼泽河流沉积物 6 个土属。细分为 26 个土种。

一、褐　土

褐土是域内主要土类，面积 436029 亩，占全县总面积的 60.5%。包括褐土性土和潮化褐土 2 个亚类。

（一）褐土性土

主要分布在古唐河道、河漫滩，面积 47312 亩，占全县总面积的 6.56%。

（二）潮化褐土

全县除南部的南娄底、伍仁桥和北部的西伏落等乡镇的潮土区外都有分布，面积 388717 亩，占总面积的 53.94%。包括沙质黄土和壤质黄土 2 个土属。

沙质黄土　主要分布在县城西部、南部和北部的大部分地区，即古唐河、沙河的冲积扇上中部，面积 288364 亩，占总面积的 40.01%。其土质疏松，耕性好，保水保肥力差，肥力较低。

壤质黄土　主要分布在县城东部和南部，古唐河、沙河等河流的冲积扇中下部，包括西安国城、流各庄、石佛、伍仁桥等乡镇，面积 100353 亩，占总面积的 13.93%。其土质较为疏松，耕性较好，保水保肥力一般，肥力较高。

二、潮　土

潮土是域内扇缘冲积平原主要土壤。分布面积 113720 亩，占总面积的 15.78%。其中主要是潮土亚类，分为沙质潮土、壤质潮土和脱沼泽体潮土 3 个土属。

沙质河流沉积物土属　分布在古唐河道和沙河故道，包括南郭村、大章、宋固、茂山卫、南马、辛庄、海市、行唐、小王买等村和石佛村北，面积 28959 亩，占总面积的 4.02%，其表层质地为沙壤，透水性能良好。土壤有机质偏低，易耕易管。

壤质河流沉积物土属　主要分布在古唐河、沙河等河流故道中下游和扇缘平原距河流较远部位，包括南娄底、北娄底、卓头、高业、南马、西北马、东北马、北张各庄、沙头、宋固等村，面积 34141 亩，占总面积的 4.74%。其表层为轻壤，通透性良好，土质沙黏适中，易耕易管，耕层养分含量较高。

脱沼泽河流沉积物土属　主要分布在“北跑”洼地地带，包括淤村乡北部、西伏落乡南部、北段村乡东部，面积 50620 亩，占总面积的 7.02%。其地势低洼易涝，土壤较肥。

安国县土壤种类分布系统说明表（1980 年普查）

表 2-14

土类	亚类	土属 俗称	土属 学名	土种 俗称	土种 学名	面积	占总面积（%）	土种代号	母质	地形
褐土	潮化褐土	沙黄土	沙质洪积冲积物	沙黄土	沙质潮褐土	1196	0.17	Ⅰ 211-1	洪冲积母质	洪冲扇下部
				底沙沙黄土	沙壤质底沙潮褐土	8590	1.19	Ⅰ 212-0		
				小黄土	沙壤质潮褐土	202448	28.1	Ⅰ 212-1		
				沙性腰黏小黄土	沙壤质壤体潮褐土	8903	1.23	Ⅰ 212-5		
				沙性底黏小黄土	沙壤质壤底潮褐土	66164	9.18	Ⅰ 212-7		
				腰黏小黄土	沙壤质潮褐土黏体	357	0.05	Ⅰ 212-6		
				底黏小黄土	沙壤质潮褐土底黏	302	0.04	Ⅰ 212-8		
				沙黄土	沙壤质深位沙礓潮褐土	404	0.056	Ⅰ 212-6		
		黄土	壤质洪积冲积物	黄　土	轻壤质潮褐土	74963	10.4	Ⅰ 213-1		
				底沙黄土	轻壤质潮褐土底沙	3384	0.47	Ⅰ 213-6		
				黏底黄土	轻壤质潮褐土黏底	17515	2.43	Ⅰ 213-7		
				黑　土	中壤质潮褐土	1419	0.62	Ⅰ 214-1		
	褐性土土		沙质洪冲积物	沙质褐土性土	沙质土	5358	0.74	Ⅱ 11-1	洪冲积物	沙质丘岭
				沙土褐土性土	沙　土	41954	5.83	Ⅱ 11-2		
潮土	潮土	沙黄土	沙质河流沉积物	底沙沙黄土	沙壤质潮土底沙	1093	0.15	Ⅲ 12-0	河流沉积母质	冲积平原洼地
				沙黄土	沙壤质潮土	27696	3.84	Ⅲ 12-1		
				底黏沙黄土	沙壤质潮土壤底	170	0.02	Ⅲ 12-7		
		黄土	壤质河流沉积物	黄　土	轻壤质潮土	14440	2	Ⅲ 13-1		
				底沙黄土	轻壤质潮土底沙	543	0.075	Ⅲ 13-6		
				腰黏黄土	轻壤质潮土黏体	1015	0.14	Ⅲ 13-5		
				底黏黄土	轻壤质潮土黏底	1588	0.22	Ⅲ 13-7		
				黑　土	中壤质潮土	15280	2.12	Ⅲ 14-1		
				黑土漏沙地	中壤质潮土漏沙	417	0.06	Ⅲ 14-3		
				黑土漏沙地	中壤质潮土底沙	858	0.12	Ⅲ 14-4		
		黑土	脱沼泽河流沉积物	黑　土	轻壤质潮土脱沼泽	48425	6.72	Ⅲ 16-2		
				黑　土	中壤质潮土脱沼泽	2195	0.3	Ⅲ 16-3		

地下水埋藏深度（米）	作物植被	主要特点	酸碱度（pH）	碳酸钙（%）	主要分布区域
六至八米	粮棉油	易耕，保水肥力差，通气性能良好	7.78	5.5	西张庄村西
		表层沙壤，50 厘米以下出现沙质，漏水不漏肥	7.7～8.1	5.89～6.22	南仕庄、埝头、八五、石佛、西伏落、南段村、西李王庄、南阳等村
		表层沙壤，有时底层出现轻壤	8～8.3	5.76～6.54	全县东部面积较大
		表层沙壤，50 厘米以上出现中壤层，保肥水能力强	7.9～8.3	6.5～7.85	北河、张营、康庄、七公、路景、立庄、南程各庄等村。
		表层沙壤，50 厘米有中壤层，保肥能力强	8.3～8.5	6.75～9.07	黄台、北都、祁州镇、北马庄、西河、马固、南堡、北堡、大李庄、滩头、西张庄、景中、阎村、立庄、辛庄等
		表层沙壤，20～50 厘米出现黏层	8～8.2	5.56～6.5	韩村等村
		表层沙壤，50 厘米以下出现黏层	8.1～8.3	5.55～9.2	东柴村东南、流霜村北
		表层沙壤，80 厘米以下出现沙礓	7.8～8.1	6.28～7.26	小内村
	粮棉	表层轻壤，有的底层出现沙壤或中壤	8.1～8.3	6.12～6.5	西安国城、流各庄、伍仁桥、西崔章等乡镇大部分村庄、西伏落乡东部
		表层轻壤，50 厘米出现沙土，有漏水肥现象	8.1～8.2	4.55～6.35	大五女、郑村、南张村、埝头、庞各庄等村
		表层轻壤，底层出现黏土层，耕性较差	8.2～8.3	6.23～6.56	南郭村西、棉种场、北张各庄村北、南章村西等
		表层中壤，耕性很差	8.1～8.5	5.66～6.61	伍仁桥第一田、流各庄等村
八米左右	荒废树林	通体沙质，寸草不长	7.4～7.5	4.23～5.12	沙河漫滩及古河道
		通体沙土，只能植树造林	7.6～7.9	4.5～5.1	常庄、东河乡至王奇庄，瓦子里、杨翟至观音堂、八五，齐村至阎村 3 条沙带等地
四至六米	粮棉	表层沙壤，底层沙质，漏水肥严重	7.8～7.9	6.1～6.43	南郭村、南娄底乡部分村、郑章乡南部，石佛镇北部
		表层沙壤，耕性较好	7.9	6.25～6.7	行唐一带
		表层沙壤，50 厘米以下出现中壤层	8～8.3	6.27～6.58	郑章乡一带
		表层轻壤，有的底层出现沙壤或中壤层	8～8.3	5.45～6.23	南马、北张各庄、北娄底、沙头、宋固、棉种场等
		表层轻壤，50 厘米以下出现沙土层	7.9～8.1	5.5～6.25	南娄底乡南部
		表层轻壤，50 厘米以上出现黏层，保水肥能力强	8.3～8.6	6～6.55	东北马村东南
		表层轻壤，50 厘米以下出现黏层	8.25～8.5	7～7.5	石佛镇东北角
		表层中壤，耕作费力	8～8.1	5.71～6.7	南娄底、卓头、东北马、高业、北娄底等村
		表层中壤，50 厘米以下出现沙壤	8～8.1	7.23～8.15	高业村南
		表层中壤，50 厘米以下出现沙壤或沙土	8～8.1	7.58～8.2	南马村东南
		表层轻壤，底层出现黑淤泥层	8.2～8.5	9.98～9.96	“北跑”洼地地势较高部位
		表层中壤，底层出现黑淤泥层，耕作费力	8.4～8.75	9.23～10.3	“北跑”洼地中心

第二节　土壤质量

一、养　分

安国县土壤肥沃，地表下 0 ～ 20 厘米耕层土壤养分平均含量为：有机质 0.85%，全氮 0.055%，碱解氮 36.7ppm，速效磷 5.5ppm，速效钾 81ppm。所含微量元素，有效锰极为丰富，有效铜比较丰富，部分土壤缺铁，大面积土壤缺锌。

安国县各种土壤养分含量表（1980 年普查）

表 2-15

土壤名称	有机质（%）	全氮（%）	碱解氮（ppm）	速效磷（ppm）	速效钾（ppm）	土壤名称	有机质（%）	全氮（%）	碱解氮（ppm）	速效磷（ppm）	速效钾（ppm）
沙质褐土性土	0.2	0.017	15	2	15	中壤质潮褐土	1.4	0.09	65	7.5	155
沙土褐土性土	0.3	0.03	20	2	20	沙壤质潮土	0.65	0.04	33	3	60
沙质潮化褐土	0.2	0.035	20	2.1	22	沙壤质底沙潮土	0.6	0.042	30	2.5	55
沙壤质底沙潮化褐土	0.5	0.045	27.5	2.8	40	沙壤质壤底潮土	0.9	0.08	43	7.5	65
沙壤质体潮化褐土	0.9	0.073	45	8	85	轻壤质潮土	1.1	0.082	51	3	55
沙壤质潮化褐土	0.8	0.065	28	4	75	轻壤质黏体潮土	1	0.08	70	9.5	110
沙壤质壤底潮褐土	0.9	0.065	47	7.2	87	轻壤质底沙潮土	0.6	0.03	31	3	33
沙壤质黏体潮化褐土	0.8	0.08	70	8	95	轻壤质底黏潮土	1.1	0.08	90	10	105
沙壤质深位沙礓潮化褐土	0.7	0.045	30	8	70	中壤质潮土	1.5	0.085	85	9.5	160
沙壤质黏底潮化褐土	—	—	90	11	150	中壤质漏沙潮土	0.65	0.05	28.5	3.5	55
轻壤质潮化褐土	0.75	0.04	50	8	80	中壤质底沙潮土	0.7	0.08	31	4	60
轻壤质底沙潮化褐土	0.6	0.062	35	6	55	轻壤质脱沼泽潮土	0.8	0.06	50	7.5	65
轻壤质黏底潮化褐土	0.9	0.08	40	5	80	中壤质脱沼泽潮土	0.9	0.09	65	9.5	85

1980 年安国县耕层（0 ～ 20 厘米）土壤养分含量分级及所占面积表

表 2-16

养分名称	变化幅度	平均含量	级别	其中		
				各级养分含量	占耕地面积（亩）	占耕地（%）
有机质	≤ 0.6 ～ 2%	0.85%	3	2 ～ 3	2057	0.41
			4	1 ～ 2	93042	18.52
			5	0.6 ～ 1	376044	74.84
			6	≤ 0.6	31294	6.23
全氮	≤ 0.05 ～ 0.15%	0.055%	3	0.1 ～ 0.15	426	0.08
			4	0.075 ～ 0.1	30538	6.08
			5	0.05 ～ 0.075	206699	41.14
			6	≤ 0.05	264774	52.7
碱解氮	≤ 30 ～ 90 ppm	36 ppm	4	60 ～ 90	1919	0.38
			5	30 ～ 60	334122	66.5
			6	≤ 30	166396	33.12
速效磷	≤ 3 ～ 40 ppm	5.5 ppm	2	20 ～ 40	1394	0.28
			3	10 ～ 20	11394	2.27
			4	5 ～ 10	311471	61.99
			5	3 ～ 5	100936	20.09
			6	≤ 3	77242	15.37
速效钾	≤ 30 ～ 200 ppm	81 ppm	1	> 200	264	0.05
			2	150 ～ 200	5193	1.03
			3	100 ～ 150	57092	11.37
			4	50 ～ 100	413311	82.26
			5	30 ～ 50	25984	5.17
			6	≤ 30	593	0.12

安国县各乡镇土壤耕层（0 ～ 20 厘米）养分平均含量表（1980 年普查）

表 2-17

养分 / 乡镇	有机质（%）	全氮（%）	碱解氮（ppm）	速效磷（ppm）	速效钾（ppm）	养分 / 乡镇	有机质（%）	全氮（%）	碱解氮（ppm）	速效磷（ppm）	速效钾（ppm）
常　庄	0.69	0.048	31.5	6.8	67.1	石　佛	0.74	0.043	28.1	4.5	74.5
淤　村	0.72	0.04	34.8	7.5	71.5	西伏落	0.81	0.044	32.9	5.7	76.7
东　河	0.61	0.045	40.9	5.9	75.7	北段村	0.67	0.034	29.9	4.4	74.9
郑　章	0.86	0.059	39.1	4.8	81.2	西崔章	0.79	0.042	40.4	4.4	83.5
大五女	0.97	0.064	42.8	6	95.8	南娄底	1.03	0.057	39.7	5	107.9
大李庄	0.86	0.06	36.2	5.8	56.4	伍仁桥	1.19	0.082	53.4	4.4	103.7
焦　庄	0.99	0.063	38.5	4.9	61.9	南郭村	0.94	0.061	40.2	4	87.7
南仕庄	0.76	0.05	25.2	3.9	63.7	西安国城	0.93	0.067	34.3	5.3	90.6
祁州镇	1.07	0.06	40.5	12.2	104.5	明官店	0.98	0.059	38.6	4.6	81.2

续表 2-17

养分 乡镇	有机质 %	全氮 %	碱解氮 ppm	速效磷 ppm	速效钾 ppm	养分 乡镇	有机质 %	全氮 %	碱解氮 ppm	速效磷 ppm	速效钾 ppm
门　东	0.7	0.045	25.2	5.6	67	流各庄	0.85	0.081	41.3	4.7	96.5

安国县各乡镇耕层（0～20 厘米）土壤微量元素平均含量表（1980 年普查）

表 2-18　　　　单位：ppm

养分含量 名称 乡镇	有效锌		有效铁		有效铜		有效锰	
	范围	平均值	范围	平均值	范围	平均值	范围	平均值
常　庄	0.12～0.73	0.36	2.51～4.32	3.33	0.8～2.7	1.3	0.12～0.73	0.36
淤　村	0.24～0.81	0.72	3.13～4.52	3.74	0.3～1.2	0.5	0.24～0.81	0.72
东　河	0.11～0.47	0.35	2.78～4.57	3.89	0.6～1.3	0.8	0.11～0.47	0.35
郑　章	0.09～0.42	0.28	3.21～6.82	5.88	0.7～1.8	1.1	0.09～0.42	0.28
大五女	0.11～0.39	0.32	4.23～9.23	6.39	1.3	1.3	0.11～0.39	0.32
大李庄	0.13～0.36	0.23	3.12～6.73	5.23	0.7～1.5	0.9	0.13～0.36	0.23
焦　庄	0.09～0.72	0.24	3.56～7.82	5.51	0.4～0.9	0.6	0.09～0.72	0.24
明官店	0.13～0.35	0.26	4.53～8.74	6.66	1.3	1.3	0.13～0.35	0.26
南仕庄	0.74～1.93	1.04	3.21～9.73	5.83	0.5～2.1	1	0.74～1.93	1.04
祁州镇	0.45～1.82	0.81	4.18～8.14	5.68	1.4	1.4	0.45～1.82	0.81
门　东	0.12～0.94	0.33	2.12～7.31	4.12	0.5～1.2	0.6	0.12～0.94	0.33
石　佛	0.09～0.52	0.24	2.84～6.28	4.08	0.4～0.9	0.8	0.09～0.52	0.24
西伏落	0.08～0.93	0.26	2.25～7.33	4.01	0.7～1.1	0.9	0.68～0.93	0.26
北段村	0.25～1.20	0.61	1.27～5.84	3.13	0.3～1.2	0.7	0.25～1.2	0.61
西崔章	0.27～1.02	0.56	2.13～6.79	4.76	0.7～1.4	0.9	0.27～1.02	0.56
南娄底	0.14～0.86	0.26	3.15～7.21	4.61	0.9～1.8	1.1	0.14～0.86	0.26
伍仁桥	0.09～0.68	0.24	2.74～6.93	5.65	0.7～1.5	1.2	0.09～0.68	0.24
南郭村	0.21～0.73	0.55	2.76～6.58	4.38	0.7～1.2	1	0.1～0.73	0.55
西安国城	0.11～0.92	0.26	1.44～5.62	3.84	0.3～0.9	0.6	0.11～0.92	0.26
流各庄	0.15～0.83	0.25	1.76～6.52	3.60	0.5～1.3	0.9	0.15～0.83	0.25

1980 年安国县耕层（0～20 厘米）土壤微量营养元素含量、分级及所占面积表

表 2-19

项目 养分 名称	变化幅度（ppm）	平均含量（ppm）	分级	其中		
				各级含量（ppm）	占耕地（亩）	占耕地（%）
有效锌（Zn）	≤0.3～4	0.41	1	＞2～4	2126	0.43
			2	1～2	15394	3.06
			3	0.5～1	32066	6.38
			4	0.3～0.5	174666	34.76
			5	≤0.3	278185	55.37

续表 2-19

项目 养分 名称	变化幅度（ppm）	平均含量（ppm）	分级	其中		
				各级含量（ ppm ）	占耕地（亩）	占耕地（%）
有效铁（Fe）	≤2.5～10	4.5	1	＞4.5～10	245932	48.95
			2	2.5～4.5	250625	49.88
			3	≤2.5	5880	1.17
有效铜（Cu）	≤0.2～3	0.93	1	2～3	6589	1.31
			2	1～2	202232	40.25
			3	0.5～1	271819	54.1
			4	0.2～0.5	19229	3.83
			5	≤0.2	2568	0.51
有效锰（Mn）	＞1～5	2.7	2	2～5	432034	85.99
			3	＞1～2	70403	14.01

二、等　级

根据国家八级土壤划分标准，县内土地划为 5 个级、6 个等。

1980 年安国县耕地评级划等表

表 2-20

级别	等别	面积（亩）	占（%）	土壤类型	主要限制因素	分布
Ⅱ	Ⅱ1	6492	1.18	轻壤	肥力较高，有机质全氮 3～4 级	祁州镇、伍仁桥
Ⅲ	Ⅲ1	25185	4.58	中壤	质地较黏，有机质全氮 4 级	伍仁桥、流各庄、南娄底
	Ⅲ2	462388	84.11	沙壤	质地较沙，漏水肥，肥力 5 级	全县各乡、村均有
Ⅳ	Ⅳ	14414	2.62	偏沙	漏沙，水肥易流失，肥力 5～6 级	淤村、门东、西安国城、大五女、南仕庄
Ⅴ	Ⅴ1	35912	6.53	沙土	质地沙漏，不保水肥，肥力 6 级	常庄、淤村、北段村、门东、东河
Ⅵ	Ⅵ1	5358	0.98	砂质	质地过沙，非农田地，肥力 6 级以下	淤村、常庄、门东、焦庄、大李庄

第六章 野生动植物

第一节 野生植物

明崇祯本《祁州志》载，野生灌木以紫荆、酸枣居多，野生草类主要有星茅、菅、蒿、艾、荻、苇、芦、蒲、兰、蓼、莠、莎、浮萍、绣墩、车前、马兰等。20世纪50年代以后，随着大搞农田基本建设和深翻土地，苦菜、蒲公英、老鸹筋、白茅、沙蓬等多年生杂草渐少，因坑塘河道干涸，苇、蒲、藻、萍、三棱草等水生及喜湿性草锐减，马齿苋、藜、霸王草等耐旱杂草大量繁衍。据1990年不完全统计，域内野生植物有76科、158属、209种。（见下页“1990年安国县野生植物统计表”）

第二节 野生动物

明代以前，域内人口较少，有大片沼泽及荒草地，野生动物较多。据明崇祯本《祁州志》载，野兽有狼、鹿、猴、狐、獾、兔、獭、刺猬、鼠、蝙蝠、野山羊等；禽类有鹰、枭、鹊、雁、雉、鸦、鸨、凫、燕、鹞、鹌鹑、雀、黄鹂、鸯鸯、鹭鸶、鹧鸪、鹌鹑、海青、野鸭、天鹅、杜鹃等；鱼类有鲤、鲫、鲂、鲇、面条、淮鱼等。甲壳类有鳖、龟、蟹、蜗牛、螺、蚌、虾等；爬行类有蛙、蛇、蝎、蜥蜴、壁虎、蟾蜍等；昆虫类有蜂、蚕、蝉、蝶、萤、蚊、蝇、蠓、蜻蜓、蟋蟀、蜣螂、蝗、尺蠖、蜉蝣、螽斯、壁虱、蚱蜢、鼠妇、蝼蛄等。至清乾隆年间，野生动物已不见狼、猴、鹿、野山羊及鹤、海青、雉等。清中叶至中华人民共和国成立前，野生动物种类变化不大。20世纪50年代，狐、獾渐趋灭绝。60年代后随农药大量施用和水域干涸，乌鸦、黄鹂、鹳、鹭鸶、水鸡、水鸭、山鸽及鱼类已很少见。今域内野生哺乳类动物有兔、刺猬、黄鼠狼、家鼠、蝙蝠等；鸟类动物有麻雀、云雀、燕、喜鹊、鹞、鹰、枭、啄木鸟、杜鹃、鹌鹑等；爬行动物有蛇、蛙、蟾蜍、蜥蜴、壁虎等；昆虫纲种类繁多，主要有蚊、蝇、蜂、蛾、蝉、蝗、螟、蚜、蜻蜓、蟋蟀、螳螂、甲虫、天牛、象甲虫等。1990年，野生动物共有7门、20纲、142科、257种，其中昆虫纲74科、163种。

1990年安国县野生植物统计表

表2-21

科	属	种	俗　名	生长环境及分布	用　途	资源概况
轮藻科	脆轮藻属	脆轮藻	—	含钙质和硅质的淡水中	全草入药	多
麦角科	麦角属	麦　角	—	禾本科植物的花序上	菌核入药	多
银耳科	银耳属	银　耳	白木耳	阔叶树朽木上	子实体药用或食用	多
黑粉科	黑粉属	高粱黑粉菌	高粱乌米	高粱病穗	染病高粱穗入药	多
		玉米黑粉菌	玉米黑疸	玉米株上	孢子堆入药	较多
		麦散黑粉菌	黑　疸	大小麦穗上	冬孢子粉入药	较少
木耳科	毛木耳属	毛木耳	—	雨后阔叶朽木上	子实体入药	多
	木耳属	木　耳	—	雨后阔叶朽木上	子实体药用或食用	多
多孔菌科	灵芝属	紫灵芝	紫　芝	夏秋阔叶树木桩上	子实体入药	多
	齿毛芝属	齿毛芝	单色云芝	榆、杨树腐木上	子实体入药	多
	云芝属	云　芝	—	阔叶树朽木上	子实体入药	多
	木蹄属	木　蹄	—	榆、苹果、梨、李树干上	子实体入药	多
	红栓菌属	红栓菌	朱红栓菌	阔叶树腐木上	子实体入药	多
红菇科	臭黄菇属	臭黄菇	—	林中地上	子实体入药	多
	变色红菇属	变色红菇	—	林内地上	子实体入药	多
	金顶蘑属	金顶蘑	—	榆树干上	子实体入药	多
侧耳科	侧耳属	侧　耳	—	阔叶树干上	子实体入药	多
	大榆蘑属	大榆蘑	—	阔叶树干或枝上	子实体入药	多
	裂褶菌属	裂褶菌	—	阔叶树干或枝上	子实体入药	多
	密环蕈属	密环蕈	—	阔叶树干基部或烧过的树根上	子实体入药	多
白蘑科	冬菇属	冬　菇	—	阔叶树朽木上	子实体入药	少
	硬柄皮伞属	硬柄皮伞	仙环小皮伞	夏秋草丛中	子实体入药	多
	白蘑属	白　蘑	—	草丛中	子实体入药	少
灰色菇科	灰包菇属	灰包菇	—	沙地、旷野草地	子实体入药	多
灰包科	大马勃属	大马勃	马粪包	旷野草地	子实体入药	多

续表 2-21

科	属	种	俗　名	生长环境及分布	用　途	资源概况
网褶菌科	卷缘网褶菌属	卷缘网褶菌	—	林中地上	子实体入药	多
鬼笔科	红鬼笔属	红鬼笔	—	树林、田野草丛	子实体入药	多
鸟巢菌科	粪生黑疸属	黑疸巢	—	粪堆、垃圾堆上	子实体入药	多
脐衣科	脐衣属	脐　衣	—	墙壁上	叶状体入药	少
真藓科	银叶真藓属	真　藓	—	土墙房顶	全草入药	多
提灯藓科	尖叶提灯藓属	尖叶提灯藓	—	溪边阴湿土坡	全草入药	多
葫芦藓科	葫芦藓属	葫芦藓	—	田间及住宅周围	全草入药	多
金发藓科	大金发藓属	大金发藓	—	阴湿土坡、酸性壤土上	全草入药	多
苏铁科	苏铁属	苏　铁	—	—	根、叶、花入药	少
萍　科	萍　属	田字萍	—	池塘中	全草入药	极多
	浮萍属	浮　萍	—	池塘中	全草入药	极多
木贼科	木贼属	问　荆	—	田间、沟旁、林边	全草入药	极多
		节节草	—	潮湿路旁、沙地、林中	全草入药	极多
黑伞科	黑蘑菇属	黑蘑菇	—	草丛中	子实体入药	多
	洋蘑菇属	洋蘑菇	—	旷野草丛中	子实体入药	极多
	蘑菇属	蘑　菇	—	菜园、田野、庭院	子实体入药	多
	黑汁鬼伞属	黑汁鬼伞	—	旷野、庭院草地及堆肥上	子实体入药	多
	毛鬼伞属	毛鬼伞	毛头鬼伞	林中草丛	子实体入药	少
	粪鬼伞属	粪鬼伞		粪堆上	子实体入药	极多
锦葵科	苘麻属	苘　麻	冬葵子	田野、路旁、堤边	种子入药	极多
	木槿属	野西瓜苗	野芝麻	田埂、荒坡	种子及全草入药	多
	锦葵属	冬　葵	土黄芪	村边、路旁草丛	种子及全草入药	多
苋　科	苋　属	野　苋	—	路旁及草丛	根及种子入药	极多
	千日红属	千日红	—	沙质土壤	根及花入药	少
远志科	远志属	西伯利亚远志	小草、小鸡腿	沙滩林中	根及根皮入药	极少
鼠李科	枣　属	酸　枣	酸　枣	千里堤坡及路旁	果仁入药	少

续表 2-21

科	属	种	俗　名	生长环境及分布	用　途	资源概况
柽柳科	柽柳属	柽　柳	红荆子	河沟盐碱地	条可编器、枝叶入药	少
堇菜科	堇菜属	旱千堇菜	—	林中、路旁、坡地	全草入药	多
柳叶菜科	丁香蓼属	丁香蓼	水丁香	水沟边、潮湿地	全草入药	少
伞形科	蛇床属	蛇　床	野胡萝卜子	河边、路旁	果实入药	多
牻牛苗科	牻牛苗属	老鸹草	老鸹筋	田间、路旁	饲草或入药	多
		牻牛苗儿	—	沙滩林下	全草入药	极少
藜　科	藜　属	藜	涝　藜	田间路边	全草入药	极少
		小　藜	涝　藜	村边、道旁、田野	全草入药	极多
	地肤属	地　肤	扫帚苗	林旁、宅旁、田野	种子及全草入药	极多
	猪毛菜属	猪毛菜	扎蓬棵	各乡林中、堤坡	全草入药	极多
十字花科	糖芥属	糖　芥	宽叶糖芥	田边、路旁	种子入药	多
	碎米芥属	碎米芥	—	田边、路旁	种子入药	多
	插娘蒿属	插娘蒿	葶苈子	田边、路旁	种子入药	多
	独行菜属	腺茎独行菜	葶苈子	田边、路旁	种子入药	多
	蔊菜属	蔊　菜	野菜子	沟边、路旁、湿地	全草入药	少
	遏兰菜属	菥　蓂	白花草	路旁、沟边及麦田	种子及全草入药	极多
	荠　属	荠　菜	白花菜	田边、路旁及麦地	全草入药	极多
	来服属	来　服	—	田间	种子入药	多
	芥草属	芥　草	—	—	种子入药	极少
	离蕊芥属	离蕊芥	—	—		
蔷薇科	龙牙草属	仙鹤草	龙牙草	沙滩、林中、河边	全草入药	少
	委陵菜属	二裂委陵菜	痔疮草	路旁草丛及林中	全草入药	多
		朝天委陵菜	—	路旁草丛及林中	全草入药	多
		鹅绒委陵菜	—	河岸、路旁、田野	全草入药	少
夹竹桃科	茶叶花属	罗布麻	牛奶子棵	河滩、沙滩、林中	叶及根入药	少
马鞭草科	牡荆属	黄　荆	荆　条	河岸冲积地草丛	茎、叶入药	少

续表 2-21

科	属	种	俗名	生长环境及分布	用途	资源概况
萝藦科	萝藦属	萝藦	婆婆针线包	路旁、堤岸	果壳入药	少
紫薇科	角蒿属	角蒿	羊角蒿	各乡荒坡路旁	全草入药	多
谷精草科	谷精草属	谷精草	—	潮湿处	带茎花序药用	少
石竹科	蝇子草属	麦瓶草	米瓦罐	麦田及路旁草丛	全草及种子入药	多
	麦兰菜属	麦兰菜	王不留行	沙河两岸及麦田	种子入药	极多
豆科	米口袋属	米口袋	甜地丁	荒坡、路旁草丛	全草入药	少
		狭叶米口袋	甜地丁	荒坡、路旁草丛	全草入药或作饲草	少
	草木樨属	草木樨	野苜蓿	沙滩林下	全草入药或作饲草	多
	甘草属	刺果甘草	胡苍耳	—	全草入药	极多
	鸡眼草属	鸡眼草	竖毛鸡眼草	沙滩林下	全草入药	极多
	胡枝子属	多花胡枝子	牛干粮	沙滩林下	根入药	极多
	苜蓿属	天蓝苜蓿	木樨	沙滩林下	全草入药	多
	槐属	苦参	野槐	沙地林中	根入药	多
	合欢树属	合欢树	芙蓉花	田间、道旁	花序入药	少
大戟科	白车轴属	白车轴草	白三叶草	—	—	—
	铁苋菜属	铁苋菜	海蚌含珠	荒地草丛	全草入药	极多
	大戟属	猫眼草	打碗棵	沙滩林下	全草入药	少
		地锦	血见愁卧蛋草	荒地草丛田间	全草入药	多
	地构叶属	地构叶	透骨草	沙滩林下	全草入药	少
车前科	车前属	车前	大车前	路旁、河边	种子及全草入药	极多
		平车前	小车前	路旁、河边	种子及全草入药	极多
茜草科	茜草属	茜草	红茜草	沙滩林下草丛	根入药	多
		猪殃殃		田间、道旁、林中	种子入药	多
菊科	艾属	茵陈蒿	绵茵陈	林中荒坡	全草入药	极多
		滨蒿	猪毛蒿	林中荒坡	全草入药	极多
		黄花蒿	青蒿	荒坡、路边	全草入药	极多

续表 2-21

科	属	种	俗　名	生长环境及分布	用　途	资源概况
菊　科	艾　属	青　蒿	臭蒿子	荒坡、林缘、路旁	全草入药	极多
		大蓬蒿	—	田间路旁	饲　猪	多
		菊花脑	—	沟边道旁	饲　草	多
	鬼针草属	鬼针草	粘身草	沟边、路旁湿地	全草入药	多
		水苏子	—	河塘边	饲　料	多
	苦菜属	苦荬菜	曲曲菜	田园湿润处	全草入药	多
		山苦菜	苦菜花	沟边、路旁、草地	全草入药	极多
		苦　菜	—	田间、道旁	饲　猪	极多
	苦苣菜属	苦苣菜	苦　菜	田间	全草食用或药用	极多
		苣荬菜	—	路边、田野	药用或饲料	多
	刺儿菜属	小　蓟	扎扎嘴	田边、荒地、沙滩	全草入药或词料	极多
	刻叶刺儿菜属	小　蓟	扎扎嘴	田边、荒地、沙滩	全草入药或饲料	极多
	飞蓬属	小飞蓬	祁州一枝蒿	田边、路旁林中	全草入药	极多
	鳢肠属	鳢　肠	墨旱莲	田园湿润处	全草入药	极多
	蒲公英属	蒲公英	婆婆丁	荒坡、田边、路旁	全草入药	多
	苍耳属	苍　耳	苍耳棵	沟边、路旁	种子及全草入药	极多
		曲子菜	燕子尾	路旁、坡沿	—	多
		蓍	锯齿草	田间、道旁	药用或观赏	多
	狗哇花属	阿尔泰紫菀	祁州野菊花	沟边、道旁	—	多
		鸦　葱	—	田间杂草	饲　草	极多
		泥胡菜	—	田间、道旁	饲　草	极多
旋花科	打　碗	打碗花	小旋花	林中、堤坡、路旁、田边	花及根状茎入药	多
	花　属	旋　花	狗狗秧	田间、路旁、沟边	根状茎入药	多
	菟丝子属	菟丝子	菟儿丝	寄生于豆科、菊科植物上	种子入药	多

续表 2-21

科	属	种	俗名	生长环境及分布	用途	资源概况
旋花科	牵牛属	裂叶牵牛	二丑、丑牛	林边、路旁	种子入药	少
		大花牵牛	牵牛花	林边、路旁	种子入药	多
		篱天剑	喇叭花	田间、荒坡	花入药	多
唇形科	夏至草属	夏至草	小益母草	路旁、荒坡	全草入药	极多
	益母草属	益母草	坤　草	沙滩草丛及湿润地	全草入药	多
		野芝麻	—	林缘、林间、路旁	全草入药	多
茄　科	曼陀罗属	曼陀罗	洋金花	村旁、路边、草丛	花及叶入药	多
		毛曼陀罗	洋金花	村旁、路边、草丛	花及叶入药	多
	枸杞属	枸　杞	地骨皮	沙滩、林中	根、皮入药	少
	酸浆属	苦　蘵	灯笼草	林边、路旁、阴湿肥沃地	全草入药	少
	茄　属	龙　葵	野葡萄	田边、路旁、湿地	果实及全草入药	多
莎草科	莎草属	异型莎草	—	河边、沟旁湿处	带根及全草入药	极多
		莎　草	香附子	沙河两岸、沟渠、沼泽地	块茎入药	多
		碎米莎草	—	沼泽地	全草入药	极多
	披叶苔属	羊胡髭草	羊胡子草	荒坡、林下、路旁	全草入药	多
	藨草属	荆三棱	三棱草	沼泽地	块茎入药	多
		水　葱	—	池塘、河中	饲　料	少
		藨　草	—	水湿处	—	多
百合科	葱　属	小根蒜	薤　白	堤坡、古丘地	茎入药	少
	天门冬属	山天冬	坟台草	丘地、林中	全草入约	少
禾木科	赖草属	赖　草	滨　草	河边、荒地、坡洼地	根茎、穗入药	多
	莨草属	莨　草	马耳草	田园、沟边、阴湿地	全草入药	多
	野燕麦属	野燕麦	燕麦草	田边、沟旁、河滩	全草药用、饲养	多
	稗草属	稗　草	稗　子	田边、沟旁、水湿处	全草及根药用、饲草	极多
	蟋蟀草属	牛筋草	—	路旁、田园	全草药用、饲草	极多
	白茅属	白　茅	菅　草	沙滩、河内	根茎药用、饲草	极多

续表 2-21

科	属	种	俗　名	生长环境及分布	用　途	资源概况
禾木科	画眉草属	画眉草	星星草	田园、荒野草丛	全草药用或作饲草	极多
	狼尾草属	狼尾草	大狗尾巴草	田园、林中、荒地	全草入药	极多
	芦苇属	芦　苇	苇　子	河边、池塘、洼地	根状茎入药、制苇席	多
	狗尾草属	狗尾草	谷莠子	田间、路旁、荒地	全草药用或饲草	极多
	早熟禾属	早熟禾	—	—	—	—
	虎尾草属	虎尾草	—	田间杂草	饲　草	极多
	䓣冰草属	䓣冰草	—	田间、道旁	饲　草	极多
	茼草属	茼　草	盘子草	水边潮湿处	饲　草	极多
	大叶章属	大叶章	—	河岸潮湿处	饲　草	多
	拂子茅属	拂子茅	—	低湿处	饲　草	极多
	马唐属	马　唐	蟋蟀草	田间、道旁	饲　草	极多
	披硷草属	披硷草	碱　草	路边、碱荒地	饲　草	多
鸭趾草科	鸭趾草属	鸭趾草	—	—	—	—
		水竹叶	—	池塘沼泽地	饲　草	多
浮萍科		青　萍	—	池塘	全草入药、饲草	多
	浮萍属	三叉浮萍	—	池塘	饲　草	多
		浮　萍	—	池塘	猪鸭饲料	多
马齿苋科	马齿苋属	马齿苋	马齿菜	田间、道旁	全草入药	极多
白花菜科	白花菜属	白花菜	臭花菜	路旁、庭院	种子入药	极多
景天科	瓦松属	瓦　松	瓦　花	房顶、墙头	全草入药	少
香蒲科	香蒲属	水　烛	—	祁州镇等 3 乡镇池塘边	花粉入药	极多
酸浆草科	酢浆草属	酢浆草	酸浆草	田园、住宅、沟边、湿边	全草入药	少
蒺藜科	蒺藜属	刺蒺藜	蒺　藜	田园、路旁、沙滩林下	种子及全草入药	极多
桑　科	构树属	楮　树	楮实子	各乡镇均有	种子入药	多
	大麻属	大　麻	火　麻	堤坡、路边、林边	种仁入药	多
	葎草属	啤酒花	野酒花	伍仁桥镇	雌花序入药	少
		葎　草	拉拉秧	各乡镇路旁、坑边	全草入药	多

续表 2-21

科	属	种	俗　名	生长环境及分布	用　途	资源概况
蓼　科	蓼　属	荞　麦	棱　子	各乡镇有野生	种子入药	多
		两栖蓼	小黄药	沟边、湿润路旁	全草入药	少
		辣　蓼	红辣蓼	沟边湿地	全草入药	极多
		珠芽蓼	山高粱	沟渠潮湿草地	全草入药	少
		红　蓼	狗尾巴花	各乡镇沟边草地湿地	种子入药	多
		箭叶蓼	乔麦刺	各乡镇沟边湿地	全草入药	少
		西伯利亚蓼	—	各乡镇沟边湿地	全草入药	少
		酸模叶蓼	—	沟渠潮湿草地	全草入药	少
		水　蓼	辣蓼草	路旁湿地	全草入药	极少
		萹　蓄	猪牙草	沟边草丛	全草入药	多
	酸模属	羊　蹄	—	沟边湿地	根茎入药	多
		酸　模	牛舌头	路旁及湿草地	全草入药	少
		巴天酸模	—	沟边湿地	根茎入药	少
		皱叶酸模	土大黄	沟边湿地	根茎入药	少
	大黄属	华北大黄	山大黄	沟边湿地	根入药	少
眼子菜科		菹　草	札　草	池塘水面	饲草、绿肥	多
小二仙科		草	—	静水池沼中	词草	少
鸢尾科	鸢尾属	马　蔺	马　莲	沟边、路旁、坡地	全草入药	少
天南星科		菖　蒲	—	沟边、路旁	药用或工业原料	少
葡萄科		蘡薁	野葡萄	田间、道旁湿地	果酿酒、根入药	多
蘋科		蘋	四叶菜	池塘、沟渠	饲草或药用	少
金鱼藻属	金鱼藻属	金鱼藻	—	河中	鸭饲料	少
灯心草科	灯心草属	灯心草	—	湿地	饲草	极多
		小灯心草	—	低湿砂质土壤	饲草	极多
雨久花科	雨久花属	鸭舌草	—	湿地	猪草	多
		雨久花	—	池沼、田中	猪草	多

第七章　自然灾害

域内自然灾害较多，旱、涝、风、雹、虫等交相为虐，尤以旱涝为害最剧。旧有“春天白茫茫，秋天水汪汪，十年九不收，穷人饿断肠”之谣。据明清祁州志及有关资料记载，明洪武十二年（1379）至民国37年（1948）大水31次，明嘉靖三十九年（1560）至1949年大旱8次。大旱赤地千里，大水洪涛纵横。灾后，饿殍于道，哀鸿遍野。中华人民共和国成立后，抵御自然灾害能力提高，42年中虽逢4次大水，14次大旱，基本达到大灾无饥馑。仅将有载较大自然灾害志之。为保存地震资料，未成灾地震亦收入。

第一节　水　灾

唐贞观年间（627—649），滹沱河、滱水（唐河）岁有涨溢，域内屡被水淹。

宋太平兴国八年（983）七月，磁河决口，水入祁州城，冲毁军营民舍100余所。

元治至元年（1321），唐、沙、磁三河泛滥，域内一片汪洋。

治至三年（1323），沥水成灾，庄稼皆被水淹，出现大粮荒。

明洪武十二年（1379）六月，大水，庄稼被淹。冬大饥，人相食。

成化十四年（1488）六月，沥涝成灾，难民巢居于树，水退后，以树皮、草根度日，饿殍遍野。

正德十二年（1517）六月，大水成灾，庄稼淹没一空，哀鸿遍野，人相食。

嘉靖九年（1530）五月，大雨，灾情甚重。

万历三十一年（1603）四月二十五日，暴雨如注，平地水深尺余。五月连降暴雨，磁、沙、唐三河并溢，庄稼淹没殆尽。七月又大雨，淋淫不止，洪涛纵横，城垣倾圮，庐舍尽没，民捞未熟庄稼充饥。

天启六年（1626）七月，暴雨连日，滹沱、磁、沙、唐河皆决口。唐河自五女店与路根间决口130余丈，直冲州城。水位距城墙顶部仅6尺，屋宇倒塌无数，漂流溺死者不计其数。

清顺治二年（1645），磁、沙、唐河并溢。

顺治十二年（1655），大水。

康熙十八年（1679）秋，大水。

康熙二十四年（1685），大水。

雍正元年（1723），大水，二、三年皆有水患，饥馑连岁，斗米百钱。四年（1726）夏，唐河突发，决口多处，未收小麦皆淤，登场小麦漂流一空。

乾隆二年（1737）六月，淫雨连绵，河水泛滥，近河村庄皆被淹。翌年秋，大雨连日，房屋倒塌无数。

乾隆十五年（1750）六月，连降大雨。潴龙河、磁河涨发，域东南一带，平地水深丈余，庄稼被毁一空。

乾隆五十九年（1794），大水，潴龙南堤溃决，淹没田庐。

嘉庆六年（1801），滹沱、磁、沙三河并溢，域内皆被淹。

道光二年（1822）、三年（1823）、十四年（1835）、十五年（1836），皆大水，潴龙河堤连决5次，域东南屡被水淹，饥馑连岁。

同治十年（1871），滹沱河北泛，沙、磁河决口。域内一片汪洋。十一年（1872）、十二年（1873）皆大水。潴龙河自军诜以下多处决口，滹沱河水北漫入域，域东南平地行舟。

民国6年（1917）洪水成灾，房屋冲毁无数，溺死人口2370人，牲畜2380头。

民国26年（1937）7月，沥涝成灾，沿磁、沙河村庄多被水淹，庄稼损失殆尽。

民国28年（1937）7月，大水。

民国31年（1942）秋，淫雨不止，庄稼被淹，大面积绝收。冬及翌年春，大饥，毙于冻饿者随处可见。

民国37年（1948）7月21日，潴龙河水暴发，40个村庄被淹。8月，南部58个村庄被淹，仅马庄、伍仁桥、南流罗、北流罗等村即淹地5673亩，死亡2人，房屋倒塌865间，砸毁农具家具1000余件。9月秋雨连连，秋粮严重减产。

1953年，沥涝成灾，全县6.3万亩庄稼被淹，倒塌房屋1.86万余间。

1954年8月3—4日，连降大雨，小唐河、小清河于西娄底、南张村、谢庄、滩头等地决口，全县37.4万亩秋收作物减产5成以上，倒塌房屋3.1万间。

1956年8月初，连降暴雨，4日潴龙河流罗段2处决口，沙河明官店段1处决口，沿河86个村庄被淹，倒塌房屋5.8万余间。明官店等18个村房屋倒塌70%以上，死亡11人，伤42人。冲毁庄稼45.4万余亩，其中24万亩绝收，损失全部生活资料者3万余人。

1960年9月12日，暴雨如注，沥水成灾，1.01万亩庄稼被淹，其中5000亩绝收。

1963年8月3—9日，连续降水679.4毫米，造成空前水灾。各河涨发，全县村庄普遍积水，深者达2米，毁坏房屋18万间，死亡30人，伤130余人，耕畜死亡3000余头。46.8万亩庄稼绝收。水电设施大部分被毁。

1964年7月31日至8月1日，降水123毫米，受灾面积14.8万亩。9—10月间，秋雨持续月余，薯干大部分霉烂。

1977年7月下旬，连降暴雨，沙、磁、孟良河水位陡涨，沿河14个村庄受灾面积2.08万亩，伍仁桥、流昌等村被大水围困。8月6日又降暴雨，受灾面积扩大到3.7万亩。

第二节　旱　灾

明嘉靖三十九年（1560），春夏大旱，赤地千里。

天启五年（1625）大旱，斗米逾百钱。

清康熙六十一年（1722）春，大旱。是年大饥，斗米千钱。

乾隆二年（1737）春，大旱。翌年春夏又大旱，赤地千里，饿殍遍野。

乾隆十七年（1752），大旱。

乾隆五十七年（1792），大旱。

民国 19 年（1930）秋，大旱无收。

民国 38 年（1949）7 月，大旱，2.1 万亩作物几绝收。

1950 年，大旱。翌年又旱。

1952 年，特大干旱，全年降水仅 184.2 毫米，8132 亩农作物绝收。

1957 年，旱。1—5 月降水 66 毫米，9—12 月降水 20 余毫米，夏秋作物大幅度减产。

1962 年春，大旱。1—6 月降水不足 80 毫米，受灾面积 23.9 万亩，其中 8.7 万亩几乎绝收，抗旱增加用电 168 万千瓦时。

1963 年春，大旱，大、小麦等受灾 1.2 万亩。

1965 年，干旱。6—10 月降水不足 140 毫米，抗旱持续六七个月，用电量较 1964 年增加 574 万千瓦时。

1972 年，大旱。1—6 月降水不足 40 毫米。旱情持续全年，用电较平常年增加 500 余万千瓦时，用柴油较 1971 年增加 1287 吨。

1975 年，大旱。1—4 月滴雨未见，至 6 月底降水仅 30 余毫米，9—11 月降水亦不足 40 毫米。全年开机抗旱，较正常年份多耗油 3000 余吨，多耗电 300 余万千瓦时。

1977 年春，大旱。1—4 月降水仅 20 毫米，6 月仅降水 6.5 毫米，地下水位下降，抽水困难，农作物不同程度受灾。较 1976 年减产粮食 5000 吨。

1978 年春，大旱。1—6 月降水不足 60 毫米。秋又大旱，抗旱耗电 550 余万千瓦时，耗油近 6000 吨。

1980 年春，大旱。受灾面积 3.3 万亩，其中 2.4 万亩春播作物受灾减产，较 1979 年减产粮食 1.9 万吨。

1981 年，大旱。全年降水 309 毫米，粮食减产 530 吨，棉花等经济作物减产 180 吨。

1983 年，旱。全年抗旱耗电比 1982 年多 160 余万千瓦时，粮食减产 330 吨。

第三节　风　灾

明嘉靖元年（1522）五月，大风吹倒民房。

万历三十一年（1603）四月二十五日，狂风拔树折木。

天启六年（1626）六月三日，大风拔树。

清康熙五十年（1711）三月二十八日，大风刮倒树木，南城楼崩塌。

雍正十二年（1734）三月某日，大风，赤沙掩日，天昏地暗。

乾隆十七年（1752）五月四日，大风突起，黄沙遮天蔽日，夏收作物尽受风灾。

1960 年 5 月 30 日，狂风，全县 5 万余亩棉花和 6600 余亩甘薯受灾。

1961 年 7 月 27 日，8 级大风持续 30 分钟左右，1.78 万亩农作物严重受损。

1962 年 7 月 9 日 19 时 30 分，遭 10 级大风袭击，毁坏棉花 1 万余亩，刮倒电线杆 100 余根，造成全县停电。

1982 年 5 月 3 日 11 点 1 分 至 13 点 20 分、5 日 8 点 15 分 至 9 点 17 分、20 日 11 点 59 分 至 18 点 35 分，3 次遭 7 ～ 8 级大风袭击，最大风速每秒 17 米，小麦倒伏。

1983 年 4 月 28 日 16 时 44 分至 20 时，遭 8 ～ 9 级西北风袭击，最大风速每秒 18.3 米。

1984 年 7 月 29 日 18 时 45 分至 19 时 17 分，遭 7 ～ 8 级西北风袭击，最大风速每秒 17 米，玉米倒伏严重。

1985 年 7 月 2 日下午，遭 8 级以上大风袭击，刮倒树木 7853 棵，高、低压电线杆 235 根，毁坏房屋 1.2 万余间，伤 100 余人。

1986 年 1 月 3 日，大风持续 10 分钟左右，最大风速每秒 18 米。5 月 28 日 19 时 50 分至 20 时 40 分，再遭 7 级以上大风袭击，小麦倒伏 3.16 万亩。石佛、门东、北段村等乡的 31 个村受灾最重。

1987 年 8 月 17 日下午 2 时 30 分至 5 时左右，遭 7 级以上大风袭击，16 个乡的 83 个村受灾，成灾面积 10.1 万亩，占秋季高秆作物的 95%，刮倒树木 845 棵。

1990 年 6 月 22 日，遭大风袭击，折断树木 8000 余棵，果树落果率最高达 40%，农用电力线和通讯线路刮断 20 千米，直接经济损失 100 万余元。

第四节　雹　灾

明嘉靖元年（1522）五月，冰雹大如拳。

嘉靖九年（1530）五月，降大冰雹，灾害甚重。

隆庆六年（1572）八月，降大雨雹，砸毁庄稼。

万历三十一年（1603）四月二十五日，冰雹。

清乾隆十八年（1753）五月五日，东西向数十里降雹，大如鸡卵，砸毁庄稼。

嘉庆六年（1801），降大雨雹，大、小麦俱伤。

嘉庆九年（1804）五月，降大雨雹，大、小麦俱伤。

1956 年 5 月 29 日，伍仁桥一带 3 个区 10 个农业社遭受严重雹灾，砸毁小麦 3.07 万亩、棉花和其他春苗 4 万余亩。

1962 年 7 月 4 日，降雹，砸毁棉花 6183 亩。21 日又降雹，毁棉花 2786 亩。22 日 17 时再降雹，南娄底、西崔章、南仕庄 3 个公社 1.33 万亩农作物被毁。

1963 年 6 月 24 日，遭冰雹大风袭击，气温急剧下降，农作物严重受损。

1964 年 6 月某日，降大雨雹，冰雹最大直径 7 厘米。8 月 23 日又降雹，最大直径 6 厘米，受灾面积 4.6 万亩。

1973 年 9 月 3 日 17 时，常庄公社 6 个村遭风雹袭击，降雹 20 余分钟，毁坏庄稼 8959 亩，高压电线断 3 处。

1982 年 7 月 18 日晚 23 时，降雹，雹大如鸡卵，小如核桃。八五、北段村、门东、石佛、流各庄、庞各庄、城镇、常庄、南仕庄等 10 个公社 83 个村受灾，15 万亩大秋作物受损。

1985 年 7 月 2 日下午，淤村、西伏落、北段村、门东 4 个乡的 34 个村遭特大风雹袭击，雹大如核桃，来势猛，密度高，12.6 万亩作物受灾。其中 10.6 万亩绝收。16 个果园 4878 亩果树被砸，直接经济损失 2045 万元。

1986 年 8 月 10 日，降雹，最大直径 80 毫米，6 个乡的 45 个村 7.36 万亩农田受灾。

1987 年 8 月 18 日下午，门东、石佛、西安国城、南仕庄等乡的 11 个村遭冰雹袭击，雹大如核桃，小如杏核，持续 15 分钟，2.59 万亩大秋作物叶子被砸光，粮食减产 1720 吨。

第五节　虫　灾

清康熙三十九年（1700）秋，飞蝗蔽日，庄稼被食殆尽。

康熙四十二年（1703）五月，遍生黑虫，似蚕而小，一昼夜园圃皆满，蚕食大、小麦，近村处密密麻麻，几无下脚处，持续六七日。

乾隆三年（1738），虫灾。

乾隆十六年（1751），遍生蝗蝻，庄稼大部受灾。翌年7月，蝗蝻啮害庄稼，灾情甚于上年。

乾隆五十八年（1793）秋，蝗虫成灾，庄稼被食一空。

咸丰七年（1857）秋，蝗灾，庄稼被食几尽。

民国35年（1946）6月，遍生黏虫、蝗虫。

民国37年（1948）4月，大部分棉田发生红蜘蛛，受灾面积30.31万亩，棉花严重减产。

民国38年（1949）8月7日，部分粮田生黏、蝗、蚜三虫，13日遍及全县。黏虫严重者，每平方丈150～200头，谷叶大部分被食光，受灾面积4.52万亩。

1954年4日，发生红蜘蛛，30余万亩农作物受灾。

1955年7月，蝗灾。蝗虫迁飞遮天蔽日，响若飓风。城北一带严重者每平方丈500～600头，庄稼被食，受灾严重者25.41万亩。

1958年8月，秋田作物发生蚜虫、钻心虫，受灾面积15万亩，严重减产者10.38万亩。

1959年7月，发生黏虫、钻心虫及棉蚜，15万余亩农作物受灾。

1961年8月10日，遍生蝗虫，成灾面积5万余亩。

1962年夏秋，棉蚜、蝼蛄、黏虫、红蜘蛛为害农作物，受灾面积7.5万亩。

1963年5月下旬，12万亩棉田发生棉蚜。6月，虫株率50%～80%，棉花严重减产。

1964年7月，棉铃虫大发生，10万亩棉花受灾。

1965年8月下旬，遍生甘薯天蛾，沟埂皆满，薯叶被食光。

1971年8月，8万亩棉田发生棉铃虫害，虫株率达70%，棉花大量落铃。

1975年，农作物大面积发生虫害，棉铃虫、钻心虫和红蜘蛛为害最剧，34万亩粮食作物、8.5万亩棉田受灾。

1987年5月上旬，小麦遍生蚜虫，受灾面积20万亩。

第六节　地　震

明天启四年（1624）六月五日，地震，有声如雷。

天启六年（1626）六月三日，地震有声。

清康熙四十二年（1703）七月八日，地震。

康熙五十九年（1720）六月七日，地震。

道光十年（1830），地微震。

1966年3月8日5时29分14秒，河北省隆尧县发生6.8级地震，波及安国，震感较重，房屋摇晃，门窗震响，农村个别房屋烟囱倒塌，山墙裂缝。

1966年3月22日16时19分27秒，河北省宁晋县发生7.2级地震，波及安国，房屋倒塌1015间，裂缝3183间。东崔章村西坑塘冒黑沙，北张各庄、东崔章、西崔章5眼机井冒黑水，遂损。县人搭防震棚居住月余。

1967年3月27日16时58分20秒，河北省河间、大城间发生6.3级地震波及安国，全县有震感，老房落土。

1975年2月4日19时36分43秒，辽宁省海城发生7.3级地震，安国有震感，井水位上升。

1976年7月28日3时42分53秒，河北省唐山发生7.8级地震波及安国，屋宇摇晃，县人搭防震棚居住10余日。

1981年7月7日22时4分，博野、蠡县交界处发生3.3级地震，安国有感。是日前后，东伏落村刘长江家井水变浑。是日晚，北都村村民发现鸡咯咯乱叫，狗狂吠，鼠出洞。7月9日，定县东亭村发生2.4、1.3、1.9、1.3级小震4次，安国有感。

1984年3月2日5时9分48秒，安国县城南发生1.7级地震。

第七节　其他灾害

明嘉靖二十四年（1545）十二月，大雪，平地雪深四五尺。

清康熙六十一年（1722）七月，大雷雨，东桄里村两株合抱粗的大杨树遭雷击，云烟过后化为乌有，唯见残枝碎叶满地，木质揉若乱丝。

乾隆八年（1743）五月，天气酷热，屋壁、地榻如火烤，持续六七日，死人甚多，夜遇微雨，热方止。

嘉庆二十四年（1819）十二月，大雪，平地雪深四五尺。

1959年5月，小麦锈病遍及全县，受灾面积11.55万亩，严重者2.16万亩，病株达50%～90%。

1960年5月下旬，小麦遍生锈病。

1964年，小麦遍生锈病，严重减产。

1990年5月，小麦遍生白粉病，城北尤甚，大幅度减产。

第三编
人　口

第一章　人口数量与分布

第一节　人口数量

据发掘域内古文化遗存发现，新石器时期即有人类活动。历三皇至周秦，人口日繁，数量已无考。汉高帝六年（前201），刘邦封部将王陵为安国侯，“食邑五千户”。据西汉元始二年（2）各郡国人口统计，取冀州刺史部中山国14县的平均数，安国县当为1.14万户，4.77万人。东汉时，据顺帝永和五年（140年）博陵郡人口统计数字推算，约为5000户，3万余人。西晋时，据《晋书·地理志》博陵郡人口数字推算，约有3300户，1.5万人。南北朝时，据《魏书·地形志》载东魏孝静帝武定年间（543—550年）博陵郡人口数量推算，约6953户，3.37万人。隋代，据《隋书·地理志》载博陵郡人口数量推算，约1.02万户，5.2万人。唐代，据《新唐书·地理志》载，开元二十八年（740年）定州人口推算，约7809户，4.96万人。宋代，据《宋史·地理志》载，崇宁元年（1102）祁州24484户，49975人，按所辖三县各占三分之一计算，约8161户，16658人。金代，据《金史·地理志》载，约7794户，按当时全国户均6.71人计算，约5.22万人。元代，据《元史·地理志》载保定路户口情况推算，约3417户，5951人。明代，万历九年（1581）推行一条鞭法，域内折就人丁39156人。清代，顺治初年编审户口，域内32285丁。乾隆十六年（1751）编审户口，域内37452丁。同时，裁茂山、腾骧、定州三卫，屯丁1300人归祁州，域内共有38752丁。此后人口增长较快，光绪十年（1884）达43018户，132062人；三十年（1904）为25411户，147371人；三十二年（1906）为26816户，146909人。民国7年（1918），31598户，200650人。日军入侵后，人口下降。民国26年（1937）域内有41191户，204027人。民国31年（1942）降为201737人。解放后，人口增长较快，1949年达52479户，228242人。中华人民共和国成立后，人口快速增长。县统计部门对户口逐年统计，并分别以1954年、1964年、1982年、1990年的7月1日零时为标准时间，进行全县人口普查，人口数量分别为247178人、254460人、325251人、363452人。经国家人口普查委员会抽样检查，误差率均不超过十万分之一。

1949—1990年各年底安国县户数、人口、劳动力统计表

表3-1

年度	户数（户）			人口（人）			总劳动力（个）
	总户数	农业户	非农业户	总人口	农业人口	非农业人口	
1949	52479	48877	3602	228242	218342	9900	90000
1950	52615	50683	1932	232646	222715	9931	90000
1951	53935	52131	1804	237150	227200	9950	91000
1952	53935	53035	900	240623	230658	9965	96000
1953	54006	53009	997	245605	235585	10020	101000
1954	54006	52996	1010	249592	239492	10100	115000
1955	55326	54315	1011	253672	234559	19113	114000
1956	55773	54749	1024	253736	243491	10245	109000
1957	55778	54743	1035	251980	241630	10350	99000
1958	54794	53578	1216	245125	229955	15170	96000
1959	54644	52797	1647	249149	233916	15233	103000
1960	54413	53202	1211	244291	229237	15054	98000
1961	55655	54040	1615	246592	235107	11485	101000
1962	57748	56642	1106	248891	240960	7931	107000
1963	58132	56710	1422	252814	244401	8413	117000
1964	58333	56756	1577	256431	246935	9496	104000
1965	58749	56899	1850	260639	251304	9335	87454
1966	58969	57489	1480	265755	255621	10134	87210
1967	58794	57349	1445	268691	258611	10080	89315
1968	60721	59124	1597	273150	262934	10216	90762
1969	61958	60364	1594	279335	269000	10335	92708
1970	63101	61526	1575	284218	275174	9044	101155
1971	63916	62100	1816	288364	278586	9778	92853
1972	64446	62568	1878	291153	280348	10805	89672
1973	65406	63501	1905	294422	283183	11239	112798
1974	65982	64171	1811	298339	286674	11665	113885
1975	67057	65200	1857	301077	289206	11871	115621
1976	69174	67211	1963	305185	292987	12198	117384
1977	71982	69747	2235	309587	297209	12378	114023
1978	74303	72108	2195	313242	300489	12753	117087
1979	75400	72946	2454	315694	302357	13337	121222
1980	76386	73761	2625	319611	305808	13803	118936
1981	77532	74291	3241	324788	310257	14531	119960
1982	77571	74244	3327	329153	313088	16065	120830
1983	78502	74569	3933	332611	315630	16981	121801
1984	79454	75184	4270	337019	319256	17763	128159

续表 3-1

年度	户数（户）			人口（人）			总劳动力（个）
	总户数	农业户	非农业户	总人口	农业人口	非农业人口	
1985	80376	75786	4590	339779	320923	18856	130945
1986	83301	76564	6737	343012	322675	20337	133660
1987	84503	77733	6770	346080	324736	21344	136016
1988	86128	79406	6722	351138	329100	22038	138744
1989	87191	80221	6970	356033	332441	23592	138885
1990	89448	82570	6878	363273	338415	24858	142658

第二节　人口分布

原始社会后期，域内人口多分布于古唐河流域，从事渔猎、农耕活动，殷商至周秦代遍及域内。汉武帝元狩六年（前 117）十月建安国城后，渐形成以安国城为中心的东南部人口密集区，现存 30 个隋以前村庄多集中在东南部。隋初县城移郑德堡，随政治、文化中心迁移，西、北部村落渐多。至宋金时期，形成中、南部人口较密集区，北部因未完全脱沼，人口较稀疏。元初，县城始扩为东、西两部分，城内人口增多，总数不少于 3000 人。明初，随移民迁入和域内茂山、腾骧、定州三卫设立，人烟稀疏区多为民屯村庄及军屯营地所充。明初立村 93 个，另有 31 处民屯附于其它村，移民遍布全域，初具今村落分布格局。至明中叶，县城南关药材市场规模渐大，县内及外地客商集聚南关，至清中叶形成以商户为主的高密度人口聚居区，常住商户达 2000 余家，城区总人口达 8000 之众。清代，由于地远耕种不便、水灾、外地人迁入等原因，又相继立梨园、王奇庄、东河、西河、伏村、小南流、小王买、张庄 8 村。民国初，全域分为 5 个治安管理区，民国 6 年（1917），各区人口情况如表 3-2。

1917 年安国县各区人口统计表

表 3-2

类别＼区别		东区分驻所	南区分驻所	西区分驻所	北区分驻所	中区分驻所	总计
户数（户）		7004	7556	8440	6162	2427	31589
人口（人）	男	22595	23590	27095	23102	10539	106921
	女	21073	21370	22581	20468	6637	92129
	合计	43668	44960	49676	43570	17176	199050

民国 24 年（1935）统计，县城人口 8357 人。

中华人民共和国成立后，区域人口发展不平衡。1964 年底，全县人口密度每平方千米 527.6 人，乡村人口 246935 人，占总人口的 96.3%。人口最多的常庄公社 16775 人，其次庞各庄公社 16660 人，南娄底、东河、北段村公社均在 1.6 万人以上。焦庄公社人口最少，8603 人，南郭村、西崔章、大五女公社人口均在万人以下。人口密度最大的是伍仁桥公社，每平方千米 672 人；其次是东河公社每平方千米 652.2 人；西崔章、大李庄、明官店、南郭村公社均在 550 人以上。人口密度最小的是北段村公社，每平方千米402人，西伏落、淤村公社均在450人以下。至1990年第四次人口普查，全县人口密度为每平方千米 747.8人，乡村340876人，占总人口的93.8%。西部地区（包括常庄、郑章、大李庄、大五女4乡镇）总面积94.4平方千米，总人口66039人，每平方千米700人；东部地区（包括石佛、南仕庄、流各庄、西安国城4乡镇）总面积104.9平方千米，总人口72035人，每平方千米687人；北部地区（包括北段村、西伏落、门东、淤村4乡）总面积127.7平方千米，总人口 79578人，每平方千米623人；南部地区（包括伍仁桥、明官店、南娄底、南郭村、焦庄、西崔章、东河7乡镇）总面积151平方千米，总人口 118134人，每平方千米782人。北段村乡人口最多，23546人；其次常庄乡23521人；南娄底、东河、西安国城、淤村、门东乡人口均在2万人以上。焦庄乡人口最少，仅10773人；南郭村、大李庄、西崔章乡均在1.3万人以下。人口密度最大的东河乡，每平方千米917.4人；次为伍仁桥镇每平方千米 909.2人；明官店、郑章乡每平方千米均在750人以上。北段村乡人口密度最小，每平方千米585.1人，淤村、西伏落乡在620人以下。奉伯村人口最多，为4784人；次为南马村，4717人；路景、西伯章、流昌、北都村均在3800人以上。杜庄村人口最少，仅302人；石庄、张店、南娄、小南流村均在500人以下。

中华人民共和国成立后，在地广村稀地带建立一些新居民点。1962年，姬庄村迁出10余户，在小营村西北2千米处建点，今仍为10余户。1966年，张家营村迁出80户，于村南距孝义河1千米处建点，今发展至150户，近600人。1970年，西伏落村迁出30余户，于村南孝义河北岸建点，今发展至50余户。1973年，东伏落村迁出20户，在村西南孝义河西伏落石桥南200米安望公路西侧建点，今发展至30余户；西伯章村迁出50户，于村西南孝义河西桥头建点，今发展至70余户，280余人。1978年，大营村迁出20余户，于村北建点，今发展至30余户。新建的聚居地还有新军诜村、南郭村乡政府驻地、县良种场、县棉种厂等。城镇人口近年增长较快，1964年9901人，1982年19719人，1990年增至25180人。

1990年7月1日零时安国县人口分布情况表

表3-3

乡镇名称	户数（户）	人口（人）			户均人口（人）	人口密度（人/平方千米）
		合计	男	女		
祁　州	7536	25180	13011	12169	3.34	3147.5
伍仁桥	5002	21367	10548	10819	4.27	909.2
石　佛	4606	19100	9631	9469	4.15	687.5
大五女	3078	13222	6529	6693	4.30	714.7
焦　庄	2482	11179	5665	5514	4.50	745.3
明官店	3620	15336	7595	7741	4.24	786.5
南娄底	5490	23338	11605	11733	4.25	659.3
南郭村	2953	12126	6069	6057	4.11	808.4
西崔章	3295	13394	6815	6579	4.06	761
南仕庄	3827	15552	7720	7832	4.06	676.2
东　河	5435	22936	11376	11560	4.22	917.4
西安国城	5712	23749	11943	11806	4.16	728.5
流各庄	3596	14727	7298	7429	4.10	685

续表 3-3

乡镇名称	户数（户）	人口（人）			户均人口（人）	人口密度（人/平方千米）
		合计	男	女		
门　东	4875	19644	9757	9887	4.03	701.6
淤　村	5111	20759	10376	10383	4.06	596.5
北段村	5682	23345	11618	11727	4.11	585.1
西伏落	3930	15383	7739	7644	3.91	615.3
郑　章	4045	16561	8240	8321	4.09	752.8
常　庄	5731	23847	11742	12105	4.16	673.6
大李庄	2974	12707	6371	6336	4.27	686.8
合　计	88980	363452	181648	181804	4.08	747.8

第二章　人口变动

第一节　生死变动

一、自然生死

20世纪50年代前，人口生育处于无节制状态，出生率较高。一对夫妇一般生育五六个孩子，多者七八个，个别达十余个。然而，由于医疗条件低下和其他社会原因，死亡率很高。故自汉建县至清中叶近2000年中，人口数量几经起落，最多未过5万余人。清乾隆十六年（1751）至光绪十年（1884）的133年中，人口由38752人增至132062人，自然增长率平均每年9‰。此后至光绪三十年（1904）编审户口，人口纯增15309人，自然增长率平均每年6‰。民国6年（1917）年终人口199050人，当年出生4000人，死亡2752人，出生率约21‰，死亡率约15‰，自然增长率约6‰。民国7年（1918）至民国26年（1937），人口出生率均在20‰以上，人口仅增长4377人，自然增长率平均每年约1‰。中华人民共和国成立后，随医疗条件逐步提高和妇幼保健制度逐渐完善，死亡率高的状况得以扭转。20世纪50—70年代初的20余年中，维持高出生率、低死亡率，人口增长迅速，至1975年全县人口突破30万人。26年中出生171176人，死亡88341人，纯增人口82835人，出生率年均高达22‰，死亡率年均10‰，自然增长率年均12‰。1970年以后，逐步加强人口生育管理，无计划生育状况得到控制，人口出生率逐渐降低。

1949—1990年安国县人口自然变动统计表

表3-4

年份	出生人口（人）	出生率（‰）	死亡人口（人）	死亡率（‰）	自然增长率（‰）
1949	6567	28.6	3132	13.7	14.9
1950	6815	29.57	3162	13.72	15.85
1951	7069	30.09	3084	13.12	16.97
1952	7240	30.31	3059	12.81	17.50
1953	7401	30.45	3056	12.57	17.88
1954	7601	30.7	3537	14.29	16.41
1955	7453	29.62	2562	10.18	19.44
1956	8912	35.13	3435	13.54	21.59
1957	6451	25.51	2772	10.96	14.55
1958	4850	19.51	2745	11.04	8.47
1959	5430	21.97	2790	11.29	10.68
1960	4593	18.62	3542	14.36	4.26

续表 3-4

年份	出生人口（人）	出生率（‰）	死亡人口（人）	死亡率（‰）	自然增长率（‰）
1961	4012	16.34	3046	12.41	3.93
1962	5782	23.34	2148	8.67	14.67
1963	7399	29.5	2582	10.29	19.21
1964	6746	26.49	2660	10.45	16.04
1965	7915	30.62	2252	8.71	21.91
1966	6616	25.33	2339	8.89	16.44
1967	5194	23.18	1805	6.76	16.42
1968	5583	20.61	1858	6.86	13.75
1969	6247	22.61	1836	6.65	15.96
1970	6600	23.42	1629	5.78	17.64
1971	6386	22.3	1978	6.9	15.4
1972	6374	21.99	2159	7.45	14.54
1973	5240	17.89	2070	7.07	10.82
1974	5377	18.13	1990	6.71	11.42
1975	5323	17.76	2394	7.99	9.77
1976	5258	17.35	2605	8.59	8.76
1977	5690	18.51	2194	7.14	11.37
1978	5929	19.04	2176	6.99	12.05
1979	4919	15.64	2212	7.03	8.61
1980	5159	16.24	2154	6.78	9.46
1981	7950	24.7	1987	6.2	18.5
1982	5727	17.52	1960	5.99	11.53
1983	4956	14.98	1924	5.81	9.17
1984	4515	13.48	2484	7.43	6.05
1985	4333	12.8	2228	6.58	6.22
1986	4816	14.09	2015	5.89	8.2
1987	3883	11.27	2074	6.02	5.25
1988	4357	12.5	2113	6.06	6.44
1989	4532	12.82	2061	5.83	6.99
1990	4340	11.95	1915	5.3	6.65

二、战争及灾害影响

汉至清中叶近2000年中，域内人口无增反减，战争是影响人口自然增长的重要因素。西汉末年（约23—24），刘秀与王郎战于域内，人民死伤近半，田园为墟。虽经百年休养生息，至东汉顺帝永和年间（136—141），人口尚不及西汉初年的三分之二。东汉末年黄巾起义，张牛角聚众数万与官军战于域内，官军滥杀无辜，后连年军阀混战，攻城掠地，人民死亡殆尽，出现“出门无所见，白骨蔽平原”的惨景，至西晋末年人口尚不足1.5万人。西晋永嘉三年（309），羯人石勒攻陷安国，其后西晋残余军队、鲜卑人、羝人混战于域内。80余年征战、杀伐不已，人口大减。北魏至隋百余年，域内相对稳定，人口大增，总数突破5万人，达清中叶以前历史最高额。隋末，河北农民纷纷揭竿而起，反抗隋朝的残酷压榨，高阳魏刁儿，恒山赵万海及郝孝德、孙宣雅、时季康，山东窦建德等起义军与隋军战于域内，杀戮甚众。经唐初百余年休养，至唐开元二十八年（740），尚不及隋时人口数量。唐天宝年间（742—756）“安史之乱”起，乱兵过境，大肆抢掠、杀戮，人口再减。唐后期，藩镇累年用兵，历五代十国至北宋几无宁日，人口又减。晋出帝开运元年（944）至周太宗广顺三年（953），契丹3次攻占义丰，妇孺、金帛席卷一空，域内居民十去八九，田园荒芜。至宋徽宗崇宁年间（1102—1106），虽历百年休养，尚不足1.7万人。崇宁后，金人频频犯境，大肆劫掠，人民多被杀或逃亡。金末，元人犯内，屠戮甚惨，死人无数，至元朝定鼎，域内已不足6000人。明初，燕王朱棣起兵夺取帝位，争战连年，村寨为墟，“路皆榛塞，人烟断绝”。明末，清军入关，兵燹横加于民，死伤7000人。七七事变后，日军盘踞安国，推行烧光、杀光、抢光政策，至民国34年（1945）日军投降，人口减少1.6万余人。

灾害影响人口自然增长。中华人民共和国成立前，大灾之后继有大疫，致使人口锐减。据志载：明正德十二年（1517）六月，大水成灾，庄稼淹没一空，秋冬粮荒，饿死者众多。翌年春，瘟疫流行，死者无数。明天启六年（1626）大水，唐河决堤，平地水深丈余，漂流淹死者不计其数。清乾隆三年（1738）春夏大旱，赤地千里，饿殍遍野。民国6年（1917）沥涝成灾，淹死2370人，冬及翌年春，瘟疫流行，死亡3000余人。

第二节　人口流动

一、人口迁徙

三国曹魏及北宋年间，域内置军屯和民屯。西晋永嘉年间（307—313），域人有举家南迁之传，但无确载。明洪武至宣德年间（1368—1435），多次于山西、河南等地移民，建民屯31处，立村庄90余处，民屯户口隶属州籍。并置茂山、定州、腾骧三卫，在卫所置军屯。至清初乾隆十六年（1751）裁汰三卫，所遗屯丁1300余人归隶州籍。清末至民国年间，随鸦片大量流入为害和官府沉重盘剥，农民纷纷破产，大批青壮年或只身，或携带家眷赴关外谋生（时称下关东）。

中华人民共和国成立初，人口相对稳定。1960—1962年，经济困难，男性青年外流6000余人。1969—1977年，2810名北京、天津等城市知识青年到域内插队落户。1969—1973年清理阶级队伍，全县接纳遣反原籍人员2155人。1973年后知识青年陆续回城，迁出774人，余皆婚配就业于域内。20世纪70年代初期，四川、云南、贵州、甘肃等省一些青年妇女到域内婚配、落户，其后人数逐年增加。至1990年，外省妇女嫁到安国3745人。此外，升学、参军、招工、工作调动、经商、婚嫁、家属随军（厂）、干部职工离休退休、军队干部战士转业退伍、大中专毕业生分配等人口迁移亦较频繁。多数年份迁入大于迁出。

部分年份安国县人口迁出迁入统计表

表 3-5　　单位：人

年份	迁入	迁出	年份	迁入	迁出	年份	迁入	迁出
1949	2479	1762	1985	3478	2865	1988	5399	2517
1954	9146	12256	1986	3838	2332	1989	5476	2958
1964	5698	4494	1987	3309	2173	1990	8850	4035

二、人口暂时流动

（一）县城人口流动

县城人口流动量最大。自北宋始的皮场王庙香火会，至明中叶发展为全国性药材交流庙会，全国各地药商汇集祁州南关药市，使州城人口流动量高于附近州县。明成化年间（1465—1487），方圆百里赴庙会者络绎于途，高峰时日人流量数万人。清雍正年间（1723—1735），庙会发展为春秋两次，交易经年不断，州城内外“商贾云集”“肩磨毂击”，人口流动量巨增。道光年间（1821—1850），商栈达 3000 余家，客居城内、南关，股东、店员、学徒、经纪、工人不下万人。药材庙会高潮时，各邦商大量购销，东西南北各官道车马相继于途，持续数月，人口大量流进流出，加之“下路”送货者频繁出入，总数不下数十万人次。

光绪三十二年（1906）后，京汉、津浦铁路相继通车，到安国贸易者遍及全国，俄国、暹罗、安南、印度、日本、高丽等国药商也不远万里而至。仅药市客流量即达四五万人。

民国 20 年（1931），外地驻安国务工经商者近万人。日军侵占安国后，外地商行纷纷迁走，本地商人迁出者亦不下千人。解放后，随药市恢复，日人流量激增，庙会期间二三万人。

1980 年后，市场逐步开放，进城贸易者日增，每至集日，人流量常达七八万人。祁州药市建成后，加之近年各种集贸活动发展迅速，日人流量常逾十万人，平日亦达万人。据估算，县城年际人口流动 600 万人次。

（二）农村集市人口流动

清至民国，南镇伍仁桥、西镇大五女、北镇西伯章、东镇石佛已形成地域性经济文化中心，颇具规模的集贸市场招徕地域性人口流动。大五女以牲畜交易闻名县内外，内蒙、张北、陕、甘等地的牲口贩子赶着成群的骡马驴牛赴大五女集市贸易，省内南部各区县及山东、河南的客商亦赶集到此购货，从冬至春历时数月，人口总流量常逾数十万人。伍仁桥是水陆码头，天津、沧州、白洋淀商船溯水而上，将大批石油、食盐、布匹、苇席等运至此地。该地主产大蒜，且有较大的木料交易市场，博野、蠡县、定县、深泽、无极、饶阳、安平、保定、北京、天津等地客商常至此贸易。该地每年三月三（旧历）举办庙会，持续月余，日人流量常达一二万人。石佛、西伯章集市交易以粮食、棉花为最。民国时期，域内及附近县的粮食、棉花多以该两镇为集散地，京、津、石、保等大中城市的粮棉商亦从此购货。粮棉行、斗行的牙纪亦集于该两镇，集日每镇人流量不下万人。

中华人民共和国成立后，随西伯章集市迁至张家营，城北人口流动即以张家营为中心。由于该村地处定县、望都、清苑、博野、安国 5 县交界，且牲畜、木材市场较大，农闲集日人口流动达一二万人。1985 年后，西部郑章村建成黄芪专业市场，并带起其他贸易。域内西部、南部，定县东部大片地区的药农、药工、药商多到此交易黄芪，集日人流量近万人。

（三）其他人口流动

明、清、民国时期，出卖劳动力是域内人口主要流动去向。其一，打长工和学徒，是持续性流动。土地不足的农民，均打长活，流动范围在域内或邻县，学徒则多赴天津、北京、保定等地。每年打活和学徒造成的人口流动约万余人。其二，打短工，是季节性人口流动。每年亦有数万人。20 世纪 40 年代的随军支前，50 年代末的炼钢铁、修水库，60—70 年代的根治海河亦经常使人口向外流动，少则数千人，多则逾万人。80 年代剩余劳力开始大量输出，主要集中在建筑业和纺织业。建筑业多限于男性，遍及中国北部大中城市，纺织业多为女性，至北京、天津、蠡县等地做工，常年外出劳力约二三万人。

1985 年后，浙江、四川、新疆等地至域内从事缝纫、理发、饮食等服务业者渐多。四川、安徽等地一些劳力亦常年到域内打工，多在建材业从事体力劳动。1990 年，以上人员约千余人。

第三章　人口质量

第一节　体　质

一、体格特征

县人身材适中，体态匀称。历史上，因营养不良，侏儒症、佝偻病患者亦屡见不鲜。

中华人民共和国成立后，随生活水平日益提高，县人身体素质普遍增强，据1990年调查，正常新生儿0～3天内男童身长49～52厘米，体重3～3.5千克；女童身长48～52厘米，体重2.8～3.3千克。6～7周岁男童身长110～117厘米，体重17～20千克；女童身长106～115厘米，体重16～19千克。1990年底统计，域内0～7周岁幼儿身高和体重达北方农村正常儿童发育衡量值分别为74%和71%。成年男性中等身材身长为170厘米，坐高91厘米，体重62千克，头围57厘米，肩宽46厘米，胸围90厘米，骨盆宽26～28厘米，肺活量4000～4600毫升，握力20～25千克；中等身材成年女性身长160厘米，坐高84厘米，体重55千克，头围58厘米，胸围89厘米，骨盆宽28厘米，肩宽38厘米，肺活量2700～3500毫升，握力 15～18千克。

二、残疾人比例

中华人民共和国成立前，因近亲结婚、生活贫困、战争、瘟疫等多种原因，盲、聋、哑、痴呆、精神病、肢体残疾及其他综合性残疾较多，致残率10%。中华人民共和国成立后，随科学知识传播和生活医疗保健条件改善，婴儿致残率大幅度降低。因流疫得以控制，成年人致残减少，但有少量在用电、农机操作、建筑施工、工业生产中不慎致残者。1990年统计，全县残疾人1.98万人，约占总人口的5.3%，其中18周岁以下残疾人不足总人口的1%。

三、营养水平

中华人民共和国成立前，县人食物结构一般为杂粮糠菜，蛋白质、脂肪、糖摄入量不足。以一般生活水准，每人每日0.1千克小米，0.2千克红粱，0.2千克甘薯粉，0.5～0.7千克各类干鲜蔬菜（多为野菜），总热量不足1900大卡，仅达正常需求量的60%～80%。多数人面带菜色，皮肤灰暗无光、干燥、皴裂。严冬，啼饥号寒，时有倒毙之虞；炎夏，中暑、霍乱及其他传染病不断吞噬生命。儿童因营养不良以致面黄肌瘦，青筋暴露，四肢干瘪，大腹鼓胀。

中华人民共和国成立后，特别是进入20世纪80年代后，人民生活水平普遍提高，食物结构发生很大变化，一般人家以白面为主食，肉蛋奶食品增多。按每人每天食用0.4千克白面、0.1千克大米（或小米）、0.1千克肉蛋奶、20克动植物油、0.5千克各类鲜菜，辅以少量水果计算，总热量可达2300大卡。

四、寿　命

中华人民共和国成立前，居民寿命较短。一般农家常为贫穷困扰，出牛马力，咽糟糠食，人至中年已现老态，久有“人活七十古来稀”之谚，加之妇幼伤亡率大，战争、瘟疫和饥荒亦常使大批人死于非命，人口平均寿命长期维持在低水平，至1949年未能突破40周岁。中华人民共和国成立后，随医疗、生活、劳动条件提高和改善，居民体质不断增强，尤其体力劳动者年至花甲依然精神矍铄，劳动能力不减。1990年，域内婴儿成活率及产妇安全率均近100%；县人平均寿命65.2周岁，男64.4周岁，女67.2周岁。90周岁以上的长寿老人，清光绪八年（1882）47人，约占总人口的0.35‰，年龄最高者109周岁；1982年132人，占总人口的0.4‰，年龄最高者100周岁；1990年186人（其中男44人，女142人），占总人口的0.5‰，年龄最高者105周岁。

附：百岁老人简介

张秀莲，女，大五女村人。清咸丰三年（1853）生，1970年卒，终年117岁。生育3子2女。饮食以五谷杂粮为主，不食肉。性格开朗，为人宽厚，家庭和睦。

某氏，大李庄王狗子之祖母。清咸丰十年（1860）生，1970年卒，终年110岁。生育1子。食以杂粮为主，不喜腥荤，性格直爽，为人和善。

某氏，大李庄村王彦普之祖母。清同治五年（1866）生，1970年卒，终年104岁。早年家贫，生活艰难，常年以杂粮和糠菜为主食。安贫自守，情绪怡然，性格直爽，乐于助人。

张四宝，女，清同治八年（1869）生，1976年卒，终年107岁。生育1子。食以杂粮为主，厌食肉类和动物油，性格开朗，乐于助人。

某氏，大五女村王造拴之母。清光绪元年（1875）生，1981年卒，终年106岁。生育2子1女，喜素食。性格直爽，乐天无忧，为人宽厚。一生体格壮健，逝前仍耳聪目明，牙齿齐全。

刘凤楼，男，回族，东安国城村人。清光绪二年（1876）生，1986年卒，终年110岁。30岁初婚，99岁丧偶，终身无子女。终生勤俭，不嗜烟酒，食以粗粮为主，食量大。性格温和，开朗乐观，喜唱大鼓，嗓音洪亮，百岁时，河北电视台对其专访，录制音像。

某氏，常庄村王拴柱之母。清光绪二年（1876）生，1980年卒，终年104岁。喜素食。情绪稳定，乐于助人。家庭和睦。

某氏，郭北庄村王进征之祖母。清光绪八年（1882）生，1985年卒，终年103岁。生育1子2女。食以杂粮为主，厌食肉类，情绪稳定，为人和善。

李菊尔，女，郭北庄村人。清光绪八年（1882）生，1983年卒，终年101岁。生育3个子女，食以杂粮为主，少食肉，情绪稳定，喜欢清静，家庭和睦。

某氏，马庄村李建章之祖母。清光绪十年（1884）生，1989年卒，终年105岁。食以杂粮为主，不喜腥荤。情绪稳定。为人和善。

谷凤兰，女，东伏落村人。清光绪十年（1884）生，1989年卒，终年105岁。生育1女。60岁丧偶，60多岁时患中风症，后一直行走不便，由其女赡养。性格爽朗，胸怀开阔，情绪稳定，乐观坦然；喜食家常便饭。晚年起居饮食颇有规律，早点1块蛋糕，1碗奶粉汁或白糖、葡萄糖水；中餐2只鸡蛋，半碗面条或十来个水饺；晚餐少量软馍，一碗蛋汤。

马大贵，女，清光绪十一年（1885）生，1990年105岁。东安国城村人。19岁结婚，生育2子，84岁丧偶，孀居。食以杂粮为主，喜吃蔬菜和植物油，勤于劳作，性格开朗，家庭和睦。1985年腿部跌伤，卧床，无其他疾病。

于洛金，男，梨园村人。清光绪十五年（1889）生，1990年101岁。4个子女。喜食家常便饭，不食腥荤，不嗜烟酒。性格率直，乐于助人，家庭和谐。1990年时头脑清楚，四肢灵便，尚能从事田间劳动，视听功能略减。

高小凤，女，明官店村人，清光绪十五年（1889）生，1990年101岁。生育2子1女。早年吃糠咽菜，现仍以粗粮为主，不食肉类和动物油，食欲甚佳，每餐一大碗。性格直爽。为人宽厚，不与人计较。身体尚健，唯视力较弱。

邢老国，男，明官店村人，清光绪十五年（1889）生，1990年101岁。3子3女。92岁丧偶，鳏居。喜食家常饭，不食腥荤，不吸烟、不喝酒。性情豪爽，乐天无忧。1990年时身体健壮，耳聪目明，能做一般家务。

胡小恋，女，西安国城村人，清光绪十六年（1890）生，1990年100岁。生育4男5女。早年贫寒，吃糠咽菜，终年劳作。1990年时头脑清楚，视听正常，手脚灵便，尚能做针线及下地拾柴、拔草。老年饮食有规律，早餐：点心、牛奶（或饭汤）；中餐：软馍佐以花生、芝麻面，少食鲜菜；晚餐：软面条、荷包蛋。常辅以补品人参麦乳精等，少吃甜食、肉类。

刘氏，东伏落村陈玉江之母，清光绪十六年（1890）生，1990年100岁，生育2子1女。喜食粗粮，不食肉类。性情温和，情绪稳定，从不动怒，家庭和谐，身体尚健，起居自理。

陈莲菊，女，北都村人，清光绪十六年（1890）生，1990年100岁。生育4子2女。性格开朗，待人诚挚，家庭和睦。饮食以家常饭为主，不喜肉类和动物油。晚年起居饮食颇有规律，每天午睡1小时，从不暴食暴饮。如有不适从不打针、吃药，只吃干食，不饮汤水，数天即愈。90余岁尚能缝补、浆洗，清扫庭院。100岁时尚耳聪目明，头脑清楚，精神矍铄，自理起居。

李老栋，男，寺下村人，清光绪十六年（1890）生，1990年100岁。有两次婚史，4子2女。现鳏居。食以杂粮为主，不嗜烟酒。性格开朗，为人和善。牙齿脱落，体弱，已卧床4年。

第二节　品　质

清乾隆《祁州志》载，“民多淳朴”“明以来，民务本力学，有唐尧勤俭之风，质朴尚义，直道而行”“古云安国多奇士”。安国人民历来忠勇刚毅，不畏强暴，扶困济危，主持公道，且以勤劳俭朴、诚实待人、重义轻利、刚直不阿为美德。

现代安国人继承祖先优良传统，重文化，尚修养，讲礼仪，性情豪爽，处世豁达，办事精明，自信自尊，生活俭朴，持家严谨。

青年人，进取而不蛮干，强悍而不轻浮，果敢而不孟浪；竞争意识强，不甘居人下；办事大刀阔斧，办则求成，且喜标新立异，善于接受新事物，喜赶潮流，间有竞奢攀富之偏颇；商品意识强，经营灵活，生财有道；好交友，讲信誉，慷慨义气，遇人急难常能解囊相助。

中年人勤奋耐劳，坚韧不拔，办事沉稳持重，讲求实效，不尚虚荣；重信义，言必信，则行必果。重感情，遇事好设身处地替他人着想，轻易不与人争。尚俭敬业，最富奉献精神。

老年人自强不息，宽厚和善，以子女自立为幸，转移家庭财权则甘之如饴。多操劳终生，八十老者尚劳作不辍，以不依赖于人为自慰。

女性克勤克俭，任劳任怨，精于持家，敦厚，率直，最富自我牺牲精神。品格贤淑大方持重，注重操守。多崇尚贤妻良母，社交较拘谨。

第三节 文化素质

解放前，居民文化素质很低，文化领域是有钱人领地，广大劳动人民无缘涉足。明以前除州学外，农村殷实家庭多设“家馆”，延请教书先生教读子弟。明末少数村庄立社学，教读农家子弟，但贫苦农家迫于生计，多无力供子女读书。至清初，部分村立义学，农家子弟入学者比明时略多，但一般学生仅能读一二年，至多二三年。明清两代，州学学额仅限文武童生 39 人，廪增生 30 人，肄业后是域内档次较高文人。据清光绪本《祁州乡土志》载“今士之数有 4247 名”。民国年间提倡“教育救国”，旨在提高县民文化素质。自民初“拆庙兴学”，其后多次劝学，学龄儿童入学率始终未超过 50%，且多系就读二三年，仅粗通文字而已。民国 20 年（1931）后，每年毕业的高小生不过 200 人。成人文盲半文盲占成人总数的 90%，女子中文盲更多。

解放后，民主政府在大力普及少儿教育的同时，利用多种渠道扫除文盲，居民文化素质有很大提高。1964 年，具有不同文化程度和占人口总数的比例：大专 258 人，占 1‰；高中 2048 人，占 8‰；初中 14868 人，占 58‰；小学 85793 人，占 335‰；文盲半文盲 77186 人，占 301‰。1982 年，全县人口中不同文化程度占人口总数比例：大专 487 人，大专肄业（含在校生）41 人，共占 1.6‰；高中 20982 人（含毕业、肄业在校生，下同）占 65‰；初中 69679 人，占 214‰；小学 111711 人，占 343‰。1990 年，全县 6 周岁以上人口中，不同文化程度和占人口总数比例：大学本科 188 人，专科 796 人，共占 2.7‰；中等专业 2585 人，占 7.1‰；高中 16142 人，占 44.4‰；初中 101109 人，占 280‰；小学 150732 人，占 415.2‰。

第四节 劳动技能

在漫长的封建社会，域内生产消费封闭循环，农民、匠人各操本业，生产过程以手工操作为主，生产方式原始落后。农家男耕女织，男自幼习种田，父传子受，辈辈相因，耕耩锄管全套农活技术娴熟。女自幼习针黹，衣帽鞋袜做工精细，刺绣织染花色繁多。匠人行当齐全，徒艺师授，各行当多积数代人之经验，均有较深造诣。

中华人民共和国成立后，机器生产逐步替代手工操作。居民开始改革工艺，操纵机器。大小机具全由居民使用、保养、维修，并很快具备了研究、革新机具、工艺的能力。20 世纪 50 年代中至 60 年代初，全县革新工艺、机具千余项。妇女同男子一样参加各种生产劳动。培养出县内第一批女车工、女拖拉机手、女医师。80 年代后，居民观念大变，劳动技能培养趋向多领域和专业化，农机维修、家电维修、作物栽培、食用菌栽培、家禽家畜养殖、药材种植、饮片加工、烹饪、剪裁、理发等学习班纷纷涌现。1990 年，域内 7 万人能够驾驶汽车、拖拉机，1 万人掌握了裁剪、缝纫技术，8 万人能从事药材加工、种植和鉴别，10 万人掌握了常规农业技术和车床、刨车等机具操作，4 万人掌握了木、瓦工及混凝浇铸等建筑技术。大批人分别掌握了畜禽养殖、蔬菜及食用菌栽培、果树管理、编织、烹饪、理发等专门技术。

第四章 人口结构

第一节 性别结构

域内长期男性多于女性。居民受男尊女卑思想影响，认为“一辈子闺女，三辈子祸害”，溺杀女婴现象时有发生，性别比例严重失调。清及以前数据无考。民国6年（1917），成活男婴2444人，成活女婴1372人，性别比177（女性=100，下同），是年总人口性别比116。翌年成活男婴2338人，女婴1227人，性别比191，总人口性别比依然116。1954年，成活男婴2949人，女婴2653人，性别比111；总人口性别比约100。1964年，出生男婴4476人，女婴4337人，性别比103；总人口性别比103。1982年，出生男婴3940人，女婴3754人，性别比105；总人口性别比100。1990年出生男婴2183人，女婴2157人，性别比101；总人口性别比102。

第二节 年龄结构

历史上，由于各种因素影响，常造成人口年龄结构失衡。长期的社会动荡，使劳动年龄人口锐减，人口老化指数提高；连年天灾，造成饥荒，又常使老幼大批冻饿而死，人口年龄中位数增大。据民国7年（1918）统计，学龄前儿童仅占总人口的10%，是1954年的50%，劳动年龄人口约占总人口的62%，人口老龄化指数及人口年龄中位数均比中华人民共和国成立后高出很多。20世纪80年代后，随实行计划生育，人口老化指数及人口年龄中位数历年有所增加，至1990年人口老化指数23.1，人口年龄中位数26，人口年龄结构渐向老年型转化。

部分年份安国县各年龄组人口构成比较表

表3-6

年份/占比/组别	1918		1954		1964		1982		1990	
	人口数（人）	占总人口%	人口数（人）	占总人口%	人口数（人）	占总人口%	人口数（人）	占总人口%	人口数（人）	占总人口%
学龄前儿童（0～6周岁）	19908	10	49592	20	41051	16.1	50622	15.6	49321	13.5
学龄儿童（7～12周岁）	19704	9.9	31775	12.9	41611	16.4	40894	12.6	45999	12.6
劳动后备军（13～15周岁）	9903	5	14290	5.8	19157	7.5	18341	5.6	19479	5.3
劳动年龄（男16～59周岁，女16～54周岁）	123114	61.8	115662	46.8	121501	47.8	177031	54.4	205501	56.7

续表 3-6

组别＼占比＼年份	1918		1954		1964		1982		1990	
	人口数（人）	占总人口%	人口数（人）	占总人口%	人口数（人）	占总人口%	人口数（人）	占总人口%	人口数（人）	占总人口%
退休年龄（男 60 周岁以上，女 55 周岁以上）	26426	13.3	35859	14.5	31140	12.2	38363	11.8	43152	11.9
人口老化指数	26		21.9		18		21.3		23.1	
人口年龄中位数	29		19		20		24		26	

注：人口老化指数：系指 65 周岁以上人口同 0～14 周岁人口之比；

人口年龄中位数：系从不满周岁累计人数达到总人口一半之年龄

1954 年 7 月 1 日零时安国县分年龄、性别人口数量统计表

表 3-7　　单位：人

年龄	人口数			年龄	人口数			年龄	人口数		
	合计	男	女		合计	男	女		合计	男	女
总计	247178	123646	123532	33	2811	1320	1491	67	1626	808	818
0	5602	2949	2653	34	2647	1247	1400	68	1551	737	814
1	8895	4474	4421	35	2757	1414	1343	69	1392	681	711
2	7793	3916	3877	36	2753	1394	1359	70	1506	717	789
3	7537	3814	3723	37	2677	1347	1330	71	1358	646	712
4	7064	3675	3389	38	2810	1345	1465	72	1302	604	698
5	6475	3369	3106	39	2816	1508	1308	73	1087	494	593
6	6222	3207	3015	40	2880	1519	1361	74	888	405	483
7	6285	3196	3089	41	2391	1254	1137	75	776	385	391
8	5652	2911	2741	42	2532	1327	1205	76	745	316	429
9	5127	2715	2412	43	2817	1428	1389	77	596	276	320
10	4986	2579	2407	44	2628	1389	1239	78	703	310	393
11	5182	2649	2533	45	2678	1418	1260	79	425	171	254
12	4547	2395	2152	46	2270	1207	1063	80	478	204	274
13	4504	2439	2065	47	2513	1315	1198	81	341	143	198
14	4901	2575	2326	48	2549	1313	1236	82	295	115	180
15	4885	2587	2298	49	2440	1245	1195	83	282	114	168
16	3975	2005	1970	50	2538	1306	1232	84	251	102	149
17	3346	1534	1812	51	2165	1134	1031	85	130	56	74
18	3284	1434	1850	52	2086	1061	1025	86	110	37	73
19	3085	1344	1741	53	2008	1049	959	87	98	29	69
20	3416	1485	1931	54	2183	1184	999	88	90	28	62
21	3264	1516	1748	55	2431	1313	1118	89	49	9	40
22	3324	1478	1846	56	2477	1392	1085	90	48	13	35
23	3196	1419	1777	57	2104	1137	967	91	29	16	13

续表 3-7

年龄	人口数			年龄	人口数			年龄	人口数		
	合计	男	女		合计	男	女		合计	男	女
24	3287	1479	1808	58	2148	1122	1026	92	22	2	20
25	3244	1516	1728	59	1933	1003	930	93	10	1	9
26	3110	1485	1625	60	2266	1172	1094	94	4	3	1
27	3090	1445	1645	61	2013	1041	972	95	11	9	2
28	3289	1518	1771	62	1965	1030	935	96	2	—	2
29	2997	1415	1582	63	1902	995	907	97	1	—	1
30	3243	1447	1796	64	1901	956	945	98	—	—	—
31	2718	1255	1463	65	1959	960	999	99	—	—	—
32	2719	1318	1401	66	1680	827	853	100	—	—	—

1990 年 7 月 1 日零时安国县分年龄、性别人口数量统计表

表 3-8　　单位：人

年龄	人口数			年龄	人口数			年龄	人口数		
	合计	男	女		合计	男	女		合计	男	女
总计	363452	182913	180539	33	6322	3013	3309	67	2026	1004	1022
0	5989	3187	2802	34	5907	2785	3122	68	1831	810	1021
1	7012	3699	3313	35	6294	3065	3229	69	1724	790	934
2	7680	4018	3662	36	6590	3248	3342	70	1739	793	946
3	7415	3886	3529	37	6148	2958	3190	71	1394	639	755
4	6551	3384	3187	38	6085	2985	3100	72	1322	624	698
5	6959	3583	3376	39	6101	3007	3094	73	1313	593	720
6	7715	3918	3797	40	5828	2931	2897	74	1226	565	661
7	7776	4150	3626	41	5298	2644	2654	75	1190	534	656
8	8786	4515	4271	42	4823	2440	2383	76	1175	529	646
9	7922	4052	3870	43	4418	2260	2158	77	913	406	507
10	6631	3426	3205	44	4548	2303	2245	78	756	313	443
11	7232	3727	3505	45	3916	2050	1866	79	707	315	392
12	7644	3822	3822	46	3148	1600	1548	80	687	311	376
13	7042	3535	3507	47	3212	1742	1470	81	552	216	336
14	6437	3351	3086	48	3060	1651	1409	82	544	241	303
15	6000	3047	2953	49	2574	1417	1157	83	341	138	203
16	5926	3003	2923	50	2457	1336	1121	84	276	118	158
17	6272	3086	3186	51	2373	1297	1076	85	281	110	171
18	6167	3055	3112	52	2840	1572	1268	86	213	87	126
19	6835	3408	3427	53	2546	1442	1104	87	185	63	122
20	6831	3203	3628	54	2478	1385	1093	88	119	34	85

续表 3-8

年龄	人口数			年龄	人口数			年龄	人口数		
	合计	男	女		合计	男	女		合计	男	女
21	6364	3078	3286	55	2378	1286	1092	89	82	35	47
22	5861	2881	2980	56	2525	1284	1241	90	69	15	54
23	5954	2803	3151	57	2632	1377	1255	91	32	10	22
24	6912	3352	3560	58	2731	1474	1257	92	29	9	20
25	7010	3308	3702	59	2486	1286	1200	93	23	4	19
26	7256	3478	3778	60	2667	1310	1357	94	12	2	10
27	7313	3586	3727	61	2343	1188	1155	95	6	3	3
28	4487	2056	2431	62	2451	1221	1230	96	3	1	2
29	3333	1519	1814	63	2302	1127	1175	97	6	—	6
30	4472	2240	2232	64	2238	1111	1127	98	3	—	3
31	4874	2366	2508	65	2306	1028	1278	99	2	—	2
32	5961	2899	3062	66	2018	957	1061	100以上	1	—	1

说明：百岁以上者，人口普查与编者调查不符，原因是农村有“人不言过百”之习

第三节　民族结构

历史上，域内居民以汉族为主，十六国、北魏、金、元等朝代，曾有匈奴、鲜卑、羯、羝、党项、女真、蒙古等民族杂处，但多不见于史料，详情无考。明初，马、刘、王、李等数十户回民从南京二龙岗迁入。清初，3 户居民投充满族，清光绪三十一年（1905）回族达 200 余户，满族“各随本村社甲”，户数不详。

1954 年第一次人口普查，汉族 245473 人，约占总人口的 99.3%；回族 1704 人，约占总人口的 0.68%；满族 1 人。1964 年第二次人口普查，汉族 252470 人，约占总人口的 99.22%；回族 1981 人，约占总人口的 0.78%；蒙古族 1 人，满族 3 人，高山族 1 人，民族不详 1 人，外国人加入中国籍 3 人。1982 年第三次人口普查，汉族 322583 人，约占总人口的 99.18%；回族 2639 人，约占总人口的 0.81%；满族 11 人，藏族 8 人，壮族、白族各 3 人，瑶族、纳西族、蒙古族各 1 人，外国人加入中国籍 1 人。1990 年第四次人口普查，汉族 360332 人，占总人口的 99.14%；回族 2957 人，占总人口的 0.81%；壮族 37 人，满族 53 人，藏族 12 人，苗族 10 人，蒙古族 9 人，土家族 8 人，白族 7 人，瑶族 4 人，傈僳族 5 人，朝鲜族 5 人，纳西族、羌族、土族、维吾尔族各 2 人，傣族、拉祜族各 1 人，未识民族 3 人，总计 163 人，占总人口的 0.05%。

第四节　职业结构

历史上，县人以农为主，工商服务业为辅。工业以铁器锻铸、挽具制造、陶器砖瓦烧制、铁柳编

织、棉布织染、抄纸、酿酒、榨油、药材加工为主；商业以生产、生活资料及药材经营较多。农民除经营土地外兼营纺织、贩运等副业，清光绪三十二年（1906），域内有各业工人1617人，商人2577人，农人54756人。民国初，工商业者比例增加，民国6年（1917），域内各业从业人数如下表：

民国6年（1917）安国县各业从业人数统计表

表3-9

区别 职业	东区分驻所	南区分驻所	西区分驻所	北区分驻所	中区分驻所	总计
议　员	1	—	—	—	—	1
官　吏	—	—	—	3	—	3
公　吏	9	8	8	6	6	37
教　员	30	35	32	28	6	131
生　徒	1394	1502	1384	1052	247	5579
僧侣教徒	8	11	—	—	2	21
律　师	1	4	—	—	1	6
医　士	21	25	17	15	8	86
稳　婆	10	11	10	8	5	44
农　业	29574	31052	32012	30041	5530	128209
商　业	6010	6048	5202	5382	4320	26962
工　业	3009	1903	2742	1896	2150	11700
其他职业	1085	1109	1554	1284	3089	8121
无职业	2516	3252	6715	3855	1817	18155
合　计	43668	44960	49676	43570	17171	199050

民国25年（1936），工商服务行业有药行、转运行、木货行、铁器行、车子链表行、绳席行、杂货行、布线行、首饰行、理发行、饭行和茶庄、画店、浴池等21种，工匠、学徒2万余人，占总人口的10%。

1956年工商业社会主义改造后，不同职业人数：农业9万人；药材加工、成药销售、印刷、缝纫、农机具修造、铁器加工、日用商品经营、理发、照相等875人；行政干部368人；教师及文艺工作者900余人。

1962年，工交行业2040人；科技、教育、文化、卫生行业1428人；商业、金融、服务业1361人；农业107672人，其中技术人员672人；机关行政工作者670人。1971年，工交行业3574人；农业93050人，其中技术人员197人；商业、金融服务业1592人；科技、教育、文化、卫生、体育等行业1495人；机关干部340人；其他行业562人。1979年，工交行业6391人；农业121803人，其中技术人员601人；商业、金融、服务等行业2291人；教育、科技、文化、卫生等行业2147人；机关行政工作者904人。1986年，工交行业4927人；农业125576人，其中管理和技术人员544人；商业、金融、保险、服务等行业3103人；房地产管理、咨询服务等公用事业行业201人；卫生、体育、社会福利行业731人；教育、科技、文化、广播、电视2182人；机关行政工作者1619人。1990年，农业人口340876人，无职业人口57849人，其中在校学生10890人，待业708人，料理家务22834人，其中女21958人。1990年性别职业大类人口情况详见表3—10。

1990 年 7 月 1 日零时安国县分年龄、性别职业大类人口统计表

表 3-10　　单位：人

年龄	在业人口总数			各类专业技术人员			国家机关党群组织、企事业单位负责人			办事人员和有关人员			商业人员			服务业工作人员			农、林、牧、渔、劳动者			生产、运输和有关人员		
	合计	男	女	合计	男	女	合计	男	女	合计	男	女	合计	男	女	合计	男	女	合计	男	女	合计	男	女
总 计	196804	107156	89648	5399	2638	2761	1853	1693	160	1070	844	226	3076	1857	1219	771	476	295	179287	96158	83129	5348	3490	1858
15～19 周岁	19631	10387	9244	182	66	116	6	5	1	60	43	17	153	78	75	69	31	38	18449	9832	8617	712	332	380
20～24 周岁	29646	14816	14830	906	259	647	42	33	9	156	114	42	331	185	146	108	54	54	27168	13648	13520	935	523	412
25～29 周岁	27682	13765	13917	1017	448	569	103	82	21	156	118	38	444	252	192	89	53	36	25072	12276	12796	801	536	265
30～34 周岁	26074	13183	12891	830	379	451	160	144	16	156	120	36	530	310	220	98	54	44	23511	11668	11843	789	508	281
35～39 周岁	29534	15130	14404	715	335	380	285	259	26	175	140	35	623	329	294	119	68	51	26796	13426	13370	821	573	248
40～44 周岁	23095	12447	10648	585	322	263	378	344	34	149	117	32	459	274	185	87	58	29	20809	10870	9939	628	462	166
45～49 周岁	14071	8272	5799	474	290	184	374	349	25	96	83	13	225	164	61	60	38	22	12466	7050	5416	376	298	78
50～54 周岁	9681	6456	3225	392	286	106	260	244	16	70	59	11	129	103	26	52	39	13	8606	5573	3033	172	152	20
55～59 周岁	7943	5575	2368	190	153	37	183	177	6	34	32	2	73	63	10	41	37	4	7348	5045	2303	74	68	6
60～64 周岁	5109	3781	1328	76	72	4	48	44	4	12	12	—	61	53	8	26	24	2	4868	3559	1309	18	17	1
65 周岁及以上	4338	3344	994	32	28	4	14	12	2	6	6	—	48	46	2	22	20	2	4194	3211	983	22	21	1

第五节 姓氏结构

1990年，域内姓氏304个，其中万人以上姓氏5个，10人以下姓氏111个，1姓1人者56个。万人以上大姓为明朝移民、土著居民；千人以上姓氏，大部分在域内有500余年生活史；10人以下姓氏多系近年外地妇女嫁到安国，由云南、贵州、四川、陕西及张家口以北地区迁来。

1990年安国县姓氏统计表

表3-11　　　　单位：人

姓氏	人口	姓氏	人口	姓氏	人口	姓氏	人口	姓氏	人口	姓氏	人口
王	47257	李	37146	张	31467	刘	29784	赵	20153	杨	9239
马	7803	宋	7636	陈	7448	崔	6491	霍	5074	许	5071
周	4773	郑	4687	徐	4550	吕	4166	吴	4155	胡	4135
韩	4009	袁	3968	石	3864	郭	3748	邢	3619	高	3451
魏	3410	安	3279	焦	3200	杜	3106	孟	3071	墨	3028
董	3002	冯	2506	曹	2432	郝	2181	谢	2151	孙	2131
田	2024	邵	1952	齐	1840	江	1826	于	1816	付	1699
黄	1643	金	1623	史	1613	姬	1425	甄	1415	贾	1414
平	1401	解	1365	段	1346	纪	1302	牛	1254	党	1247
程	1190	唐	1098	秦	1008	井	980	庞	943	侯	937
朱	922	肖	914	匙	909	阎	879	谷	829	戴	828
靳	818	翟	809	梁	795	苑	787	白	726	何	693
寇	693	汪	691	薛	626	孔	625	任	625	耿	614
康	610	尹	603	姚	594	臧	583	苏	578	娄	566
钟	566	单	563	宫	493	常	430	刁	422	相	421
范	395	丁	390	沈	376	封	374	宁	373	卢	353
佟	336	商	312	贺	298	边	293	邸	267	乔	264
林	259	戈	244	骆	243	兰	223	滑	218	玉	212
蔡	196	卜	181	梅	180	苗	180	布	179	吝	177
聂	176	祝	171	施	159	夏	153	柴	147	申	140
詹	139	由	139	姜	133	陶	127	艾	122	邓	118
湛	117	蒋	116	陆	111	钮	109	武	102	瞿	98
温	98	时	95	伍	94	殷	93	颜	92	彭	86
甘	83	裴	78	罗	68	柳	67	习	66	关	55
冉	54	黎	53	曾	51	易	50	郄	47	巨	46
桂	43	可	43	季	42	巩	38	毛	38	绳	35
邱	33	岳	32	曲	31	狄	31	原	29	支	28
尚	28	辛	27	元	26	耳	26	路	26	明	24

续表 3-11

姓氏	人口	姓氏	人口	姓氏	人口	姓氏	人口	姓氏	人口	姓氏	人口
祁	24	便	24	毕	24	鲁	23	尤	22	仁	22
乜	22	叶	20	谬	19	龚	19	穆	19	廉	18
樊	17	谭	17	文	17	宅	16	余	15	薄	14
郎	14	善	14	房	13	雷	13	葛	13	英	12
浦	11	羊	10	泰	9	赛	8	强	8	华	8
廖	8	熊	8	荣	8	良	7	刀	7	韦	7
岱	7	恋	6	万	6	渠	6	潘	6	鲍	6
舒	6	伊	6	荀	5	司	6	车	5	左	5
竹	5	勒	5	顾	4	宗	4	汤	4	米	4
门	4	帅	3	吉	3	古	3	苟	3	游	3
弓	3	哈	3	方	2	邹	2	龙	2	严	2
丘	2	阮	2	洪	2	荆	2	赖	2	啜	2
项	2	桑	2	腾	2	信	2	凡	2	提	2
仝	3	寨	2	景	1	国	1	晏	1	山	1
旺	1	妙	1	么	1	南	1	郗	1	淳	1
楚	1	盛	1	向	1	宾	1	仲	1	胥	1
饶	1	芮	1	庄	1	陵	1	席	1	表	1
芳	1	皮	1	屠	1	革	1	优	1	圆	1
仪	1	屯	1	岭	1	求	1	辽	1	中	1
素	1	莫	1	芈	1	木	1	广	1	力	1
超	1	课	1	阳	1	青	1	双	1	农	1
柯	1	呈	1	柏	1	吾	1	俞	1	丑	1
亳	1	沙	1	窦	1	俎	1				

附：安国县部分姓氏考略

郑各庄赵氏 祖籍山西省兴县，先世系宋王室遗族。域内始祖赵进甫原为明太祖朱元璋御前指挥使，历仕太祖至成祖三朝，晚年致仕，定居域内郑各庄。赵进甫有 3 子，长子迁安平县什五村，次子迁清苑县赵庄村，三子留居郑各庄。赵氏二世至十世均五世同堂，耕读传家。至十一世赵官禄官居内相，明万历五年（1577），挈妻小迁居北京。十二世赵辅民亦官居内相，于泰昌元年（1620），迁居北京；赵可昂官居知府，于崇祯元年（1628）迁居任所湖广承天府。明末，十二世赵可升兄弟 9 人析产，始分为西四门、东五门，凡九支，共百余人。十五世赵安国官居德安守备，于清康熙五年（1666）迁至任所。十七世赵文潢候补徐州铜山守备，乾隆十五年（1750 年）迁居任所。赵文雄及十八世赵群玉官至千总，分别于乾隆二十年（1755）、三十年（1765）、五十年（1785）迁至河南南阳、江西千山县等地任所。清嘉庆间（1796—1820），赵氏家丁兴旺，仅域内已达千余人。咸丰八年（1858），二十世赵鸣岐官居御前侍卫，迁北京定居。至民国 26 年（1937 年），郑各庄赵氏已发展至 2000 余人。1990 年，仅居郑各庄赵氏一族已达 4000 余人。

立家庄孟氏 明永乐年间（1403—1424），孟姓一户自小兴州迁入阎村定居。清乾隆年间（1736—1795），“兴”字辈兄弟二人自阎村迁入立家庄落户，兄绝嗣，弟有 5 子，始分 5 支。孟氏迁立家庄后数十年中，家道颇兴，自 2

世至4世祖孙8人皆有功名、封赠。4世孟汉图是嘉庆己卯科武进士，山东武定府守备。5世以下，功名亦多。8世孟庆雅于民国26年（1937）迁甄家庄，孟庆炎于民国36年（1947）迁中阳村。孟氏定居立家庄200余年，传15世，共100余户600余人。

大文村沈氏　祖籍浙江湖州，后1支移居山西。明初，沈三奇应诏由山西迁大文村。清咸丰年间（1851—1861），沈氏传至14世，堂兄弟7人陆续外迁，沈三元移居姬家庄，沈元友迁至广昌县，沈西义、沈伟全迁到阎村，沈庭梅、沈芳梅、沈萼梅移居县城北街。留居大文村的沈昌运、沈元梅、沈元永、沈元凤、沈元化分为5支，约100余人。至清末，15世沈老芬、沈老来移居阎村，沈老茂移居县城东关，16世沈小进移居曲堤村。民国初，17世沈桂月移居中阳村。沈氏在域内繁衍近600年，传至21世，400余人。

舍二村张氏　祖籍山西省洪洞县张庄村。明初张士明奉诏迁堼头村。明中叶，5世张国堂留长子于堼头村，携次子、三子迁居舍二村，是舍二村张氏始祖。舍二村张氏以耕读传家，家道渐兴，至明末传至5世，发展至百余人。清末传至14世，分为洛多、洛星、锡连、子连、锡全、子亭、庚戌7支，400余人，长支洛多，有5子，经商起家，民国20年（1931）举家迁天津，在北京、天津开设药栈。第7支绝嗣。所剩5支延续至今，传18世，150户计800余人。

大李庄王氏　明初，王得中自小兴州迁至滩头村，其孙王坦官至兵科给事中。据王氏家族传，王坦之后王之洞在清廷为官，勇于弹劾直谏。当权太监戏之说："汝常动辄奏三本，敢奏咱家一本乎？"之洞遂上疏揭其隐私，康熙令对太监三施宫刑（俗称续扫三茬）。太监挟嫌报复，诬告之洞谋反，被斩，其族人为避难计，之洞之长子王经逃至常庄村定居，次子王纶移居州城西南关，三子王纯、四子王维迁至大李庄村。王维绝嗣，王纯即为大李庄王氏始祖。王氏定居大李庄，至今传23世，349户计1553人。

祁州镇刁氏　其先世祖居小兴州，明永乐二年（1404）刁应奉诏迁祁州，落户侯村。明中叶，4世刁洪迁西长仕村。至明末，8世刁克俊、刁克佃移居州城西门内，分为两支。之后，刁家科第蝉联，名重一时。至13世，计有进士4人，举人9人，贡、庠生12人，布政使、奉政大夫、文林郎、修职郎等朝廷命官13人。清同治年间（1862—1874），16世刁怀璋移居山东邹平县，刁福移居山东黄县黄山馆，刁凤鸣移居束鹿县王口村，刁德林移居深县马庄村，刁士俊移居北京干鱼胡同。刁氏家族于域内繁衍500余年，历23世，今散居侯村、西长仕村、民主街，100余户计400余人。

北都吕氏　明永乐十五年（1417），吕希文夫妇挈两子从小兴州迁居北都村。4世吕振昌移居东照村。5世吕坤等两户移居东桄村，另有两户移居东柴村，分别为东桄、东柴吕姓始祖。北都吕氏迁居域内500余年，迄今传至25世。村内吕姓达640户近3000人。

西伯章董氏　《董氏家谱》叙言载，始祖董宜德，山西汾州人。明成化年间（1465—1487），往直隶保定府游击衙门投亲不遇，南游西摆渡寄居，纳婿于戴门，置地两顷余，自是家业渐盛。2世兄弟5人，3世兄弟4人，4世堂兄弟10人，至5世仅有成生、维生兄弟2人，分为南北两院。北院成生有2子，后失传；南院维生3子，始分3支，其中长支单传数代不继。清中叶，12世荣章、荣锡、荣华，13世常信、心保、心奎、心刚陆续移居关东。清末，15世德彬移居北京南苑。董氏一族在域内繁衍500余年，传18世，今域内共100余户计600余人。

第五章 婚姻家庭

第一节 婚 姻

一、婚姻状况

旧时多早婚，一般男 18 周岁、女 16 周岁即行婚嫁。清乾隆《祁州志》载，女子“于归”年龄，多在 15 ～ 17 周岁之间。封建的“一夫多妻”制，造成富人三妻四妾，穷人鳏夫成群。男人丧偶，多要续弦；女人丧夫，必要“守节”。乾隆《祁州志》载，时有受旌节妇 282 人，仅确切记载的 24 周岁前丧夫寡居终身者即 188 人，年龄最小者仅 14 周岁。民国年间，贫富婚龄相差悬殊，富人往往 7 ～ 8 周岁即娶妻，穷人多延至三四十周岁。富人女大男 10 余岁，穷人男大女 10 余岁，甚至相差 20 余岁者屡见不鲜。穷人往往兄弟数人仅能一人娶妻，其他则鳏居终身。

解放后废除一夫多妻制，提倡婚姻自主，寡妇改嫁不再受歧视，男女婚龄逐渐增大，男子成婚率提高，夫妻年龄相当。20 世纪 60 年代初至 70 年代末，婚龄一般维持在男 25 周岁，女 23 周岁以上。80 年代后，早婚现象又有抬头，男女婚龄又提前到 18 ～ 19 周岁。1990 年，全县 15 ～ 19 周岁共 3.12 万人，已婚 2744 人，早婚率 8.8% ；15 周岁以上人口 244653 人，有配偶者 190794 人，成偶率 77.8%；丧偶 17176 人，约占 15 周岁以上总人口的 7%，其中 40 周岁以下孀居者少于鳏居者，40 周岁以上孀居者是鳏居者的 4 倍；比丈夫年龄小 7 岁以上的妻子 6248 人，约占有配偶人数的 3%，其中 80 岁周以上的 534 对老夫妻中，男大女 10 岁以上者 141 对。

二、婚姻基础

解放前，多为“父母之命，媒妁之言”的包办婚姻，其基础主要是地位、金钱。域内久有“女子嫁汉，穿衣吃饭”之说，故有金钱地位者往往妻妾成群，而穷汉则不免鳏居终身。官僚士绅择偶重门第，官宦女不嫁白丁，有钱女不嫁穷汉，有些贫寒之家无奈让女儿为富人作妾，以图温饱。有钱人即便痴呆、身残，亦不愁无妻。解放后，县政府宣传贯彻婚姻法，提倡婚姻自主，婚姻基础渐渐转为以情爱为主，兼考虑男方的经济条件。解放后 40 余年中，女子的择偶条件几经变化。解放初，理想丈夫为干部；中华人民共和国成立初为干部、店员、工人；20 世纪 60—70 年代为军人、工人；80 年代初为有工作、吃商品粮者；80 年代后期城镇姑娘择偶要求有学历，有工作，经济较充裕；农村姑娘择偶要求精明强干，有技术，会经商，生财有道。在恋爱过程中，双方志趣、爱好、气质相近，则易构成婚姻，且基础牢固。亦有单纯看重地位、金钱者。

三、婚姻质量

（一）婚姻稳定状况

旧时婚姻一经成立，女人便要“嫁鸡随鸡、嫁狗随狗”，从一而终，而男人则有休妻权力。女子被休，被认为奇耻大辱，玷污娘家门风。民国年间，西伯章村张某因其妻丑陋而休妻，女方父母、兄嫂为保全面子齐至张家“跪门”赔情，受到张家侮辱，但女终至被休。张妻绝望自杀。不公平的婚姻制度，往往以弱女人作牺牲品。解放后，女人在婚姻中的地位逐渐提高。随着《中华人民共和国婚姻法》贯彻，一些感情不合的中青年夫妇离婚，离婚率上升。1950 年和 1952 年婚姻诉讼均为 499 件，1953 年 573 件。20 世纪 60—70 年代末，每年法院受理的民事案件中，离婚案件占比 50% ～ 70%，年均 100 件左右。80 年代后，离婚原因多为感情障碍。

（二）婚姻与生育

域内旧式婚姻弊端较多，有遗传残疾的男女仗财婚配，其后代多有痴呆、盲、哑、瘫、瘸等遗传性残疾；近亲结婚，后代多夭折或成为低能儿和残疾人；村内、邻村择偶现象相当普遍，有“好女不出村”之说，形成远祖近祖的血缘亲，后代自然素质下降。

中华人民共和国成立后血缘亲渐少，患有遗传性残疾的男子多难婚配，但由于女性比例较小，有遗传性残疾的女人多能嫁出。婚配地域范围仍多限于村内、县内或邻县。20 世纪 70 年代后，四川、云南、贵州等地一些女人陆续到安国择偶成婚。

四、婚姻登记

（一）结婚登记

中华人民共和国成立后，按《婚姻法》规定，男女双方结婚各持本人户口证明和所在单位介绍信到乡（镇）政府履行登记，经审查符合结婚条件的办理登记手续，发给结婚证书。结婚证书一式三份，一份存登记机关，男女双方各存一份。

（二）离婚登记

夫妻离婚须办理离婚登记。男女双方同意离婚者，到乡（镇）政府、县民政部门办理离婚手续。离婚后，男女双方将达成财产分配、子女抚养等事项写在离婚证书上，即解除夫妻关系。如一方不同意，可起诉法院受理。经法庭调查后，做出调解或判决。有离婚再复婚者，要重新办理复婚登记手续。据县人民法院婚姻案件统计，民国 34 年（1945）至 1950 年平均每年离婚 121 对；1951—1960 年平均每年 181 对；1961—1970 年平均每年 79 对；1971—1980 年平均每年 57 对；1981—1990 年平均每年 86 对。

1990 年 7 月 1 日零时安国县 15 周岁及以上人口年龄、性别婚姻状况统计表

表 3-12　　单位：人

年龄（周岁）	合计			未婚			有配偶			丧偶			离婚		
	合计	男	女	小计	男	女	小计	男	女	小计	男	女	小计	男	女
总计	254653	125460	129193	45353	25214	20139	190794	93696	97098	17176	5497	11679	1330	1053	277
15～19 岁	31200	15599	15601	28450	13998	14452	2744	1598	1146	1	—	1	5	3	2
20～24 岁	31922	15317	16605	9632	4411	5221	22152	10820	11332	26	15	11	112	71	41
25～29 岁	29399	13947	15452	1168	800	368	28011	13013	14998	47	24	23	173	110	63
30～34 岁	27536	13303	14233	754	721	33	26564	12433	14131	96	46	50	122	103	19
35～39 岁	31218	15263	15955	940	926	14	29926	14091	15835	184	104	80	168	142	26
40～44 岁	24915	12578	12337	891	875	16	23484	11389	12095	398	189	209	142	125	17
45～49 岁	15910	8460	7450	850	843	7	14462	7321	7141	477	187	290	121	109	12
50～54 岁	12694	7032	5662	805	803	2	10992	5831	5161	782	293	489	115	105	10
55～59 岁	12752	6707	6045	614	609	5	10637	5511	5126	1389	485	904	112	102	10
60～64 岁	12001	5957	6044	451	449	2	9125	4676	4449	2328	752	1576	97	80	17
65～69 岁	9905	4589	5316	348	342	6	6403	3349	3054	3077	846	2231	77	52	25
70～74 岁	6994	3214	3780	211	208	3	3573	2006	1567	3166	973	2193	44	27	17
75～79 岁	4741	2097	2644	141	137	4	1885	1124	761	2686	817	1869	29	19	10
80～84 岁	2400	1024	1376	73	69	4	672	431	241	1643	519	1124	12	5	7
85～89 岁	880	329	551	21	19	2	153	96	57	705	214	491	1	—	1
90～94 岁	165	40	125	3	3	—	10	6	4	152	31	121	—	—	—
95～99 岁	20	4	16	1	1	—	1	1	—	18	2	16	—	—	—
100 岁以上	1	—	1	—	—	—	—	—	—	1	—	1	—	—	—

1945—1990 年安国县人民法院离婚案件处理情况统计表

表 3-13

项目 数字 年份	民事案件数（件）	婚姻案件数（件）	其中（件）				婚姻案件占民事案（%）
			离婚	调解	撤诉	中止	
1945	432	7	1	2	3	1	1.6
1946	347	135	89	27	18	1	38.9
1947	259	114	90	7	16	1	44
1948	259	66	50	5	11	—	25.5
1949	514	291	209	45	36	1	56.6
1950	1096	499	288	122	78	11	45.5
1951	645	301	186	68	39	8	46.7
1952	842	499	205	193	85	16	59.3
1953	1187	573	298	165	62	48	48.3
1954	825	392	271	62	38	21	47.5
1955	649	358	212	89	30	27	55.2
1956	432	321	209	58	22	32	74.3
1957	391	239	142	52	29	16	61.1
1958	313	249	105	34	91	19	79.6
1959	150	150	99	24	12	15	100
1960	117	106	75	14	8	9	90.6
1961	204	184	116	35	24	9	90.2
1962	246	194	120	47	19	8	78.9
1963	205	138	87	28	14	9	67.3
1964	216	135	107	13	10	5	62.5
1965	162	111	75	25	6	5	68.5
1966	101	89	66	17	1	5	88.1
1967	60	57	39	10	7	1	95
1968	89	78	74	2	1	1	87.6
1969	40	35	33	1	1	—	87.5
1970	90	77	75	1	1	—	85.6
1971	76	45	32	9	1	3	59.2
1972	72	58	56	2	—	—	80.6
1973	92	64	52	9	—	3	69.6
1974	149	96	70	23	2	1	64.4
1975	119	73	63	10	—	—	61.3
1976	104	84	70	11	1	2	80.8
1977	100	71	56	13	—	2	71
1978	167	103	70	22	3	8	61.7
1979	173	101	56	31	8	6	58.4

续表 3-13

项目 数字 年份	民事案件数（件）	婚姻案件数（件）	其中（件）				婚姻案件占民事案（%）
			离婚	调解	撤诉	中止	
1980	206	100	48	40	4	8	48.5
1981	191	112	64	33	10	5	58.6
1982	192	113	49	43	13	8	58.9
1983	230	96	37	48	5	6	41.7
1984	409	158	76	67	8	7	38.6
1985	294	130	72	53	3	2	44.2
1986	352	180	97	64	15	4	51.1
1987	323	157	88	57	8	4	48.6
1988	310	179	94	60	11	14	57.7
1989	419	151	79	60	10	2	36
1990	618	225	190	32	3	—	36.4

第二节　家　庭

一、家庭人口

民国以前，域内家庭规模一直处于两极分化状态，富人崇尚五世同堂的大家庭，以家大业大为荣，四五代人生活在一起，三五十口的大家庭屡见不鲜。小有之家，时有入不敷出之虞，户主为减轻经济压力，促儿辈早日自立，儿子成婚便析产各过。寡居、鳏居者为数很多。据清光绪三十年（1904）统计，户均人口 5.8 人。民国年间，大家庭依然普遍。据民国 7 年（1918）统计，户均人口 6.4 人。中华人民共和国成立后，渐向二世共居的小家庭过渡，三世、四世同堂仅见于独子家庭。20 世纪 50—60 年代，由于无节制生育，家庭规模仍较大，七八口之家较常见。1954 年和 1964 年统计，户均人口分别为 4.6 人和 4.4 人。80 年代，多为儿子成婚即析户分家。城镇多 3 口之家，农村家庭多为四五口。1990 年，全县户均人口 4.06 人，其中城镇户均 3.1 人，农村户均 4.2 人。

1990 年安国县不同规模家庭户类别统计表

表 3-14　　单位：户

家庭规模	合计	单身户	一对夫妇	二代户	三代户	四代户	五代户	与其它亲属、非亲属合户的				其他
								一代户	二代户	三代户	四代户	
总计	88642	4294	5396	53698	17923	922	2	808	2050	1450	84	2015
一人户	6309	4294	—	—	—	—	—	—	—	—	—	2015
二人户	10022	—	5396	4192	—	—	—	434	—	—	—	—
三人户	14448	—	—	13182	631	—	—	268	367	—	—	—
四人户	27537	—	—	24282	2536	11	—	51	570	87	—	—

续表 3-14

家庭规模	合计	单身户	一对夫妇	二代户	三代户	四代户	五代户	与其它亲属、非亲属合户的				其他
								一代户	二代户	三代户	四代户	
五人户	17581	—	—	9642	6775	85	—	34	709	330	6	—
六人户	6745	—	—	1952	3944	152	—	10	241	436	10	—
七人户	3359	—	—	382	2266	243	—	8	122	314	24	—
八人户	1452	—	—	54	976	202	1	1	34	162	22	—
九人户	601	—	—	12	384	113	1	2	5	69	15	—
十人及以上	588	—	—	—	411	116	—	—	2	52	7	—

二、性别比例

民国及以前，一般家庭中男性比例较大。民国 6 年（1917），平均每个家庭男性 3.4 人，女性 2.9 人。富人有妻、有妾，家庭中女多男少；穷人往往弟兄数人找不到配偶，家庭中男多女少。解放后，由于一夫一妻制的实行和贫富差别缩小，家庭中性别比例渐趋平衡。据 1954 年统计，家庭中性别比例平均为 1:1。20 世纪 60—70 年代，因生活较困难，农村鳏夫增多。1980 年后，经济状况明显好转，女子多嫁当地，加之外省妇女入境择偶，城乡届婚龄男子除明显生理缺陷者外，罕见鳏夫。1990 年，城镇 3 口之家男女比例或 2:1 或 1:2，平均比例为 1:1。乡村中由于残存重男轻女思想，一、二胎均生女者违反政策超生，部分家庭女性比例偏大。

第六章　计划生育

20 世纪 50 年代以前，人口一直处于无计划的自然增殖状态。历代封建统治者均把人口当作聚敛财富的源泉，沉重的赋敛，客观上限制了人口增长。清康熙五十年（1711），朝廷改革赋税制度，将口赋加入地亩一并征收，并规定以后“滋生人丁，永不加赋”，实则加重田赋，取消了“人头税”，客观上促进了人口增长。至光绪三十二年（1906）的 195 年中，域内人口总数几近翻两番，达 146909 人，时域内有识之士即发出“嗟乎！地无可辟，户口日增，将有人满之虑”的警告，并未引起官方重视。至民国 7 年（1918）人口突破 20 万人。

日军投降后，为休养生息，县民主政府鼓励生育，严格限制人工流产和绝育，对销售避孕药物和非法堕胎的施、受术者和溺婴者追究刑事责任。1955 年人口突破 25 万人。20 世纪 60 年代，国家提倡计划生育，该工作纳入政府议程。

第一节　晚　婚

1963 年，开始提倡晚婚，要求婚龄男 25 周岁，女 23 周岁。县委、县人委发动各级、各部门利月广播、幻灯，广泛宣传，号召党团员带头晚婚晚育。至 1964 年，全县 85% 的青年响应号召，制订晚婚计划。1972 年 9 月，县委、县革委会规定最低婚龄：非农业人口男 27 周岁，女 25 周岁；农业人口男 25 周岁，女 23 周岁。同时，加强婚姻登记管理，年龄不达最低婚龄不予办理结婚登记手续。至 1973 年，晚婚率达 93%。1977 年，县革委会对积极响应晚婚号召的青年进行表彰，为 4156 名晚婚男女青年颁发“晚婚光荣证”。1980 年新《婚姻法》颁布后，县委、县革委会发出《关于深入贯彻婚姻法的通知》，组织有关部门深入基层宣传，当年结婚的 1952 对青年男女中，符合法定婚龄者 1920 对。1981 年后，早婚又有抬头。1985 年，北段村乡《关于春节前后男女青年结婚情况的调查报告》载：205 对新婚男女中，有 140 对未办理结婚登记手续，占总数的 68%，其中一方或双方不足法定婚龄者有 173 对，男性年龄最小者仅 16 岁。对此，各级政府广泛进行宣传教育，加以制止，但屡禁不止。1990 年，晚婚率为推行晚婚政策以来最低水平。

1976—1990 年安国县女性晚婚情况统计表

表 3-15

年份	女性初婚人数（人）	其中晚婚人数（人）	晚婚率（%）	年份	女性初婚人数（人）	其中晚婚人数（人）	晚婚率（%）
1976	2139	1873	87.56	1984	2446	1781	72.81
1977	2324	2157	92.81	1985	3089	2601	84.2
1978	1959	1816	92.7	1986	2444	1920	78.56

续表 3-15

年份	女性初婚人数（人）	其中晚婚人数（人）	晚婚率（%）	年份	女性初婚人数（人）	其中晚婚人数（人）	晚婚率（%）
1979	1581	1521	96.2	1987	1885	1504	79.79
1980	1952	1920	98.36	1988	1953	917	46.95
1981	2310	1968	85.19	1989	2077	1123	54.07
1982	2262	1934	85.5	1990	2080	878	42.21
1983	2726	2129	78.1				

第二节 计划生育管理

一、节 育

1956 年，卫生医疗部门免费向群众提供避孕药具。同时，选派县医院妇产科医生轮番赴保定学习人工流产和绝育手术。1957 年春，实施第一例绝育手术，至 1958 年 4 月全县绝育施术 15 人。是月，县医院、县妇幼保健站及石佛、庞各庄、伍仁桥、郑章、淤村 5 个地段医院开设节育指导门诊，承做节育手术。同月 11—30 日，全县掀起计划生育“双十”（宣传、施术各 10 天）突击高潮。

1963 年 1 月，全县掀起提倡晚婚晚育，号召一对夫妻生育两个孩子的宣传教育活动。至 6 月中旬，避孕者 1500 余人。是年，县医院组织 10 余名有妇科经验的中西医生组成节育科研小组。1967 年，分期培训大队赤脚医生，传授上环技术，基本达到上环不出村。1969 年，县革委会提出节制生育“晚、稀、少”原则，切实加强晚婚管理，提倡一对夫妇只生两个孩子，一胎和二胎至少间隔 4 年。是年，全县人口自然增长率降至 12.3‰。1973 年，根据国家人口发展规划，县内制定生育指标，层层落实。同时鼓励男到女家落户，解除有女无子家庭的后顾之忧。1976 年，全县 340 余名男青年结婚后在女家落户。1973—1978 年，计划生育率稳定在 70% ～ 80% 之间，人口自然增长率控制在 8‰～ 12‰之间。1979 年秋，县委、县革委会在明官店公社召开一孩夫妇报名领取“独生子女光荣证”现场会后，全县 5349 对夫妻领取“独生子女光荣证”。1986 年，省政府授予安国县“计划生育先进集体”称号。其后，对计划生育常抓不懈，1987—1990 年人口自然增长率控制在 7‰以下。

1974—1990 年安国县计划生育情况统计表

表 3-16　　　　单位：%

年份	一胎率	多胎率	计划生育率	年份	一胎率	多胎率	计划生育率
1974	—	—	82.00	1983	58.33	7.95	60.08
1975	—	—	68.21	1984	72.62	5.18	79.49
1976	—	—	72.52	1985	84.35	0.65	92.36
1977	—	—	78.26	1986	68.41	1.81	74.85
1978	—	10.49	77.01	1987	80.94	0.31	88.00

续表 3-16

年份	一胎率	多胎率	计划生育率	年份	一胎率	多胎率	计划生育率
1979	44.77	13.86	75.35	1988	69.89	0.44	75.00
1980	50.67	13.03	72.22	1989	80.22	0.66	83.32
1981	48.30	17.03	48.70	1990	76.18	0.31	82.00
1982	52.42	16.26	58.41				

二、计划生育政策

（一）节育、绝育奖励规定

1963 年 3 月 5 日，县人委《关于大力开展计划生育和节育工作的意见》中规定：对于自愿绝育者，尽可能降低收费标准。绝育后子女患病，医疗单位优先治疗，医疗费减收 20%。11 月 5 日，县计划生育委员会规定：人工流产休假 10 ～ 15 天；女性结扎休假 20 ～ 30 天；男子结扎休假 2 ～ 3 天。1964 年 7 月 12 日，县人委《关于计划生育工作若干问题的规定的修正案》中规定：凡属施行四术所需住院、医药费用，对家庭困难者予以减免照顾。休假改为人工流产 15 天，女结扎 20 天，上环 5 天，男结扎 3 天。休假期间社员工分照记，机关、企事业单位干部职工，城镇居民补助大豆 0.5 千克，食油 0.25 千克，食糖 1 千克。

（二）独生子女奖励规定

1982 年，县委、县政府颁发的《关于计划生育工作若干问题的暂行规定》：对终生只要一孩的干部、职工，夫妇双方每月发给 2.5 元儿童保健费，直到孩子 14 周岁。农村社员夫妇双方分别奖给 200 个工分或相当于当年劳力平均收入 10% 的现金。独生子女可分给两个孩子的自留地。

三、管理机构

1963 年 3 月 1 日，县成立计划生育委员会，1 名副县长兼任主任，设副主任 2 人，委员 7 人。下设办公室，卫生科长兼主任。同年 5 月，各公社建立 5 ～ 7 人的计划生育委员会，机关、企事业单位、居委会、生产大队建 3 ～ 5 人的计划生育领导小组。同年 11 月，调整计划生育组织，县、社、队均由 1 名副书记任主要领导。“文化大革命”中该组织瘫痪。1972 年 3 月 5 日，复建县计划生育委员会和基层组织。1974 年，县计划生育委员会办公室由卫生局析出，改为安国县计划生育办公室，设主任 1 人，统计、会计、信访、秘书各 1 人。1980 年 10 月，各公社配备专职计划生育助理员，县直机关、工厂也配备了专职计划生育干部。1984 年初，各公社成立计划生育办公室，由主管计划生育的副书记、公社妇联会主任、计划生育助理员组成。1988 年，各乡镇配备专职计划生育宣传员、统计员。至 1990 年，全县从事计划生育工作的人员达 780 人，其中县计划生育委员会 34 人，县直科局干部兼职 93 人，乡镇计划生育专职人员 252 人，计划生育管理人员 401 人。

第四编

基础设施

第一章　水　利

安国为半干旱地区，春旱年必有之，谓“春雨贵如油”，秋旱，三年两遇，谚云“立秋下雨一秋吊（旱），吊不起来一秋涝”。然而，夏季降雨集中，且域内河流承负着西部山区洪水的下泄，沥涝洪灾，三五年一遇。先民挖井抗旱，疏河排涝，世代与大自然顽强搏斗。但是，在封建社会，由于生产工具落后及缺乏综合治理的水利工程，终难摆脱旱涝灾害的袭扰。解放后，县委、县政府领导全县人民开展了持久的大规模水利建设。“大跃进”中，县委发动全县人民建水库，打机井，挖河筑堤，开渠治碱，加快了农田水利建设步伐。1963 年特大洪水后，对各行洪河道进行固堤疏障，大大增强了行洪能力。其后，连年干旱严重威胁着农业生产，县委提出“天大旱，人大干”的口号，常年开展以打机井为中心的农田水利建设。至 1973 年，全县机井灌溉面积达到 49 万余亩，占总耕地的 97%。至 1990 年，国家投入县内水利建设资金 1395 万元，打机井 8610 眼，建各种防渗管道 47 万米，基本实现了旱涝保收。自 1972 年后，干旱少雨，地下水资源日渐匮乏，地上排灌设施损坏严重。水资源匮乏渐成为人民生产、生活的忧患。

第一节　地下水开采

一、凿　井

（一）土井

先民挖土井取水，起于何时无考。历代贫户无力凿砖井，多挖土井。中华人民共和国成立初，尚有土井灌溉。土井有长方形和圆形两种，均选地下土质坚硬（俗称“立土”），含水沙层较浅的地块挖掘。长方形土井为阶梯式，顺阶而下取水；圆井上口直径 0.8～1 米，底径 1.5～2 米，深 4～6 米，水下以苇箔护壁，使用寿命一般一二年，防护好的可使用 10 年以上。20 世纪 60 年代后绝迹。

附：社会主义大井

1957 年，明官店农业社开挖一口占地亩余、深 5.5 米的土井，供抽水灌田，称“社会主义大井”。1958 年，县委组织 880 名教师、机关干部在庞各庄村，突击 13 昼夜，挖出占地 40 多亩的 1 个土井，称“幸福泉”。同年，又在大五女、北都、八方等开挖 3 处“自流泉”工程，在宽 7 ~ 10 米，长 100 多米的深沟内，锥孔数十个，以期引水自流。到1959年底，共挖“社会主义大井”28个，开挖自流泉工程3处，投资数十万元，均未见效益，1962年全部填平复耕。

（二）砖井

汉代，域内有以数节砖质圆筒组成井壁的砖井。井筒直径1.2～1.5米，单节高0.5米。后逐渐发展为用方形砖砌井壁，先挖3～4米深的圆坑，在环形木盘上砌砖成井筒，再掏挖木盘下泥沙，使井筒缓慢下降。井深一般4～7米，砖井有大眼井（直径2～3米）、小眼井（上口直径1～1.5米，井底直径2～2.5米）之分。大眼井多在田间开凿用于灌溉，小眼井多在庭院开凿用于饮水。旱年，井干涸后有在大井中套小井增加井深者。民国14年（1925），域内几个凿井工人首创在井底锥10～20米深孔嵌入木管或竹管，使深层水自流补充井水，群众称为“下柳筲”。此种井常年盈水。县劝业所大力推广，民间争相效仿。民国21年（1932），凿井92眼，翌年又凿36眼，井深约7米，凿井费用每眼50块银圆，保浇20亩。民国25年（1936），全县共有砖井9311眼，灌溉面积18.6万亩。民国34年（1945）后，县民主政府通过减免税收，提供贷款等办法，扶持农民凿井灌田，到1949年全县砖井13250眼。之后至1956年，年均凿砖井1100眼，仅1956年就成井3448眼，总数达历史最高峰。随着机井的出现和推广，砖井逐年减少。20世纪60年代，田间砖井多弃用，仅限于村中凿饮水井。1973年，凿砖井深达11米。后被压水井取代，砖井绝迹。

（三）机井

1955年，南娄底村民刘子安从外地借来人工打井工具一套，组织32人，于8月21日开锥，连续施工46个日夜，打成1眼深135米的木管机井，为保定专区第一眼机井，投资2000元，比打一眼砖井成本高3倍，功效高12倍。11月30日，县委、县人委在井旁召开县、乡、村三级干部千人现场会。当年，组织打井班230个，全县掀起打机井高潮。至1957年，成井282眼，占保定专区机井总数的30%。翌年，县委、县人委发动社员投资、献木料大搞水利建设，全年4291人参加打井，成井473眼。1961年9月，西伏落村打成第一眼磨砖砌管机井，较木管机井成本低，寿命长，推广一时，但耗工多，下管难度大。1962年，南七公村试制成水泥井管，广为推行。

1971年11月，建立安国县打井队，引进150型冲击式钻机，平均3天打1眼机井。同时建安国县水泥管厂，产品供应全县。翌年，引进回旋式钻机，程子健机组创“三个当天”（当天开钻、成井、搬迁）。1975年，县打井队职工百余人，有回旋式钻机6台和空压机、电测仪等设备。社队打井队亦淘汰人工架子，购进打井机，1976年达22台。1979年后，出现个体专业打井户，除在田间打灌溉机井外，还在宅院打小孔井和中孔井。1985年，域内百米以内的浅层井占78%，100～150米中层井占20%，150米以上的深层井仅占2%。之后，浅层井供水不足，各村多增打中深层井。1990年，中层井上升为95%，深层井上升为4%。是年，全县有打井队9个，打井机12台，其中私营打井队8个，打井机8台。

1949—1990年安国县机井、砖井数量统计表

表4-1　　单位：眼

年份	年末机井	其中配套	砖井	年份	年末机井	其中配套	砖井
1949	—	—	13250	1970	2446	1870	4455
1950	—	—	13994	1971	2619	2039	3147
1951	—	—	14910	1972	3066	2603	568
1952	—	—	17062	1973	3474	3333	1097

续表 4-1

年份	年末机井	其中配套	砖井	年份	年末机井	其中配套	砖井
1953	—	—	17608	1974	3786	3606	1035
1954	1	—	17724	1975	4272	4161	942
1955	8	—	17743	1976	4491	4370	859
1956	8	—	21191	1977	4626	4427	509
1957	282	—	19460	1978	4818	4712	401
1958	755	—	9610	1979	4834	4703	400
1959	889	—	8860	1980	4974	4821	304
1960	954	—	6060	1981	4901	4901	—
1961	1055	—	6068	1982	5094	5094	—
1962	1244	—	7855	1983	5158	5100	—
1963	1266	—	7581	1984	5415	5352	—
1964	1583	—	7656	1985	5468	5450	—
1965	1688	—	6055	1986	5766	5689	—
1966	1998	—	6166	1987	5840	5819	—
1967	2063	1679	6100	1988	6009	5993	—
1968	2132	1709	5900	1989	6239	6228	—
1969	2214	1754	4600	1990	6259	6227	—

二、提　水

传统提水工具有陶罐、铁木桶、柳斗、挑杆、辘轳等，效率低，清中期全县水浇地不足总耕地的20%。清末民初，使用人力、畜力水车较普遍，水浇地面积扩大。1949 年，水浇地达 22.38 万亩，占总耕地的 40%。1954 年，始用离心式水泵和动力机械。1957 年水浇地扩大到 42.75 万亩，占总耕地的80%。随地下水位逐年下降，离心泵上水量渐少，1975 年东固村创“机泵下卧”法，围井管下挖 2 ～ 3 米的旱井，将机泵置内，上水如初。此法在全省推广。到 1982 年下卧深达 8 ～ 10 米。是年，全县耕地全部实现机井灌溉。离心式水泵下卧至 10 米后扬水困难，渐更换深井泵和潜水泵。到 1990 年底，全县深井泵达 5099 台，潜水泵 1335 台，全部替代离心式水泵。

第二节　地上水利用

一、引　灌

域内凿渠通舟、引渠灌田历史久远。汉献帝建安十一年（206），曹操为征辽西单于蹋顿，凿“平虏渠”引滹沱水入沙河，以运粮草。宋真宗咸平中（1000 年左右），宋将阎承翰屯重兵于中山（今定州），因旱路粮运困难，遂自中山开唐河渠（今孟良河），至安国入沙河与界河沟通，之后通航灌溉，县民受益多年。明万历二十六年（1598）黄道亨出守祁州，率民疏浚小清河、小唐河，以利灌溉。清至民国，沿河村庄或截流，或挖“通河井”引灌，已较普遍。

1957年11月，南郭村乡自大章村西南千里堤至宋固村北开挖灌渠，全长4千米，深、宽各1.7米，引磁河水灌溉面积近万亩，1959年因雨水调匀而弃置。同年春，县委、县人委组织10万名民工，以边测量、边设计、边施工的方法，开挖沙河灌渠和“北跑”灌渠干支渠38条，总长41千米，动土133723立方米，北跑灌渠自西李王庄村南引小唐河水，经东柴、西桄、东桄、西徐、侯村、姬庄、南段村、北段村东入孝义河，长19千米，5天完工，第6天放水，沿渠随处坍塌，水未进田渠即废。1961年，又从西李王庄经东固、张乡、大户到甄庄，挖渠引小唐河水灌溉，渠长13千米，通水后仅灌田数次，翌年因缺水而废。同年春，沙河灌渠工程下马，只完成了东山至南阳及路景村北一段，长14.1千米，动土242659立方米，用工40402个。同时，为利用孟良河水灌田，县委、县人委组织民工抢挖临时支渠3条，有长8.8千米的淤村支渠，9.2千米的郑章支渠和26千米的郑章至博野支渠，因无科学规划设计，均未受益。1971年11月15日，按照保定地区革命委员会统一部署，沙河灌渠工程重新上马，县革委会组织4万余名民工和驻安国“三支两军”解放军指战员及中学生，突击10天，完成韩村至路景总干渠、韩村南北干渠、东山南干渠等4条干渠和16条支渠。至1972年春，共建涵、闸、桥357座，干支渠总长138.2千米，动土120万立方米，引水能力21.4立方米/秒，总投资314万元。干支渠分布于11个公社，65个大队，1972年5月4日正式通水，灌溉面积8万亩，占设计灌溉面积的40%。1978年秋，扩建南阳总干节制闸。1979年又完成南阳南干和南阳北支渠配套工程，投资52.3万元，动土42万立方米，用工5.35万个。1980年后，因水库放水不正常，加之管理不善，渠灌面积逐年减少。1990年，除石佛镇、西安国城乡利用渠灌外，沿渠各乡均未利用，每年水库配给的500万立方米水大部分越境而过。

沙河灌渠安国段基本情况一览表

表 4-2

渠系名称	设计灌溉面积（亩）	设计引水流量（立方米/秒）	渠道技术指标					分水闸（座）	节制闸（座）	桥（座）	其他建筑物	1990 年状况
			渠长（米）	底宽（米）	水深（米）	边坡比	纵坡					
韩北干渠	70000	7000	6300	3	2	1：2	1/8000	3	1	7	渡槽 1 处	1 支分水口、北干分水口节制、分水闸损坏
韩北干 1 支		0.65	6500	2.5	1.5	1：1.5	1/5000	13	4	17		韩村东南桥代闸闸板、护坡损坏
韩北干 2 支		1.5	9250	2.5	1.5	1：15	1/5000	10	3	10		南段村南桥代闸及桥损坏
韩北干 3 支			4500	1.5	1.45	1：15	1/6000	9	2	8		西照西南桥代闸损坏
韩北干 4 支			9300	1.5	1.5	1：15	1/6000	4	3	4		西照分水闸、中照大车桥、翟营桥代闸损坏
韩北干 5 支			8100	2.0	1.5	1：15	1/3000	6		7		黄台、北都桥代闸损坏
韩南干渠	2700	3	6750	2	1.7	1：15	1/10000		3	12		东柴西南分水闸及渠被毁
韩南干 1 支		1	1500	1.5	0.7	1：15	1/4000	1	1	2	—	
韩南干 2 支		2	4200	1.5	1	1：15	1/4000	4	2	17		西桃至西河五处桥代闸均有损坏
东山南干渠	25000	3	5561	2	1.7	1：15	1/5000			10		
东山南干 1 支			3300	1.5	0.7	1：15	1/4000			7	渡槽 1 处	贾村东桥跌水，流霜村东桥、南七公节制、分水闸损坏，张庄北节制闸代桥损坏
东山南干 2 支			4200	1.5	1	1：15	1/4000	3	3	16		
东山北支渠	15000	1.43	7325	2	1.5	1：1.5	1/5000	5	4	9	—	—
南阳南干渠	60800	5.77	2750	2	1.7	1：1.5	1/5000	3	2	4	渡槽 2 处	二支口节制、分水闸损坏
南阳南干 1 支	15400	1.5	7300	2	1.2	1：1.5	1/5000		1	3	渡槽 2 处	
南阳南干 2 支	15400	1.3	8335	1	1.08	1：1.5	1/4000	20	1	16	倒虹吸 3 处 渡槽 1 处	南章西节制闸护坡坏
南阳南干 3 支	15300	1.5	8470	1	1.16	1：1.5	1/4000	14	1	7		南堡、庞各庄、甄庄 7 处建筑物受损
南阳南干 4 支	14700	1.47	8300	1.5	1.2	1：1.5	1/4000	2	4	17		西安国城村北大车桥报废
南阳北支渠	3000	0.5	1500	2	1.2	1：15	1/4000	2		6	—	—
石佛支渠	9000		4500	1	0.7	1：1	1/4000	5	4	6	—	11 处建筑受损

二、蓄　水

1957年，县委根据“以蓄为主，蓄用结合”的方针，提出“水不出境，节节控制”的口号，全县掀起筑坝拦水高潮。到1959年共开挖、整修坑塘1081个，在小清河、小唐河、孝义河、磁河上建竹节水库30个，在石佛、西河建平原水库2座，工程总面积2.85万亩，累计投入劳力30余万人次，资金141万余元。坑塘起到地下水回归作用，而“水库”旱无水，汛成障，几年后复田。

（一）石佛平原水库

1957年在石佛村东、博野县大营村南、东王玉巷村北修建。直径约3千米，堤高3～4米，顶宽5米。大营村南建退水闸1处。同时，开挖潴龙河至该水库的引洪工程，从东寇村南大堤开口建闸。经南章、固显村东通向水库，底宽10米，两堤与潴龙河北堤埒平。该工程动土30万立方米，用工23万个，补助民工粮50吨。仅东寇引洪闸即投资5万元。闸3孔，孔装5吨启闭机1台。因潴龙河与水库间无落差，旱时不能引水入库，汛时提闸有溃堤之险，反作险段设防。1962年平毁复田。

（二）西河平原水库

1959年由县水利局设计，在北王买村与西河村之间的行洪古道上建2千米长南北向拦水坝1道。坝高2.4米，顶宽2米，用土3.2万立方米，建坝目的是拦蓄郑章村以西沥水。1963年8月，连日暴雨，坝内沥水不能下泄，库区一片汪洋，郑章村被淹。县委指示扒坝，又淹西河村，两村房倒屋塌，农田被毁。是年冬，村民平残坝还田。

第三节　防洪排涝

一、河道整治

域内河流，汛期水猛，为患甚重。自宋代始，先后筑潴龙、沙、唐、磁河大堤，虽历代疏修，灾害却未曾稍减。中华人民共和国成立初，多雨年份小清河、小唐河、沙河、潴龙河频频决堤，对人民生命财产造成巨大损失。为根治水患，县政府组织民工，年年疏浚河道，加固堤防，增强了抗洪能力。

（一）潴龙河

元至治三年（1323），始筑潴龙河南北堤及夹堤。明正统（1436—1449）、正德（1506—1521）、嘉靖（1522—1566）年间均有浚修。由于潴龙河道上游宽、下游窄，堤岸多沙，易坍塌，每至汛期，洪水下泄不及，加之伍仁桥以上磁河堤矮，难阻滹沱河水灌入，每遇洪水，堤溃决口，水患不息。清道光至咸丰间（1821—1860），潴龙河南北堤决口6次，两堤渐圮。同治十年（1871），候补道叶伯英命疏河道复堤防，知州赵秉恒督工，修筑长25里，高1丈，底宽4丈，顶宽2丈的磁河堤接潴龙河南堤，并复自大户村至博野县套里村长23里的潴龙河北堤。之后，岁岁加固。民国初，沿堤设松木桩和支水帘以护堤，民国37年（1948），改为砖坝迎水、挑水，亦无法抗拒洪涛的巨大冲刷力。是年汛期，北流罗、郑各庄、程各庄等堤段出现2197.5米险工，翌年春修复，用土18.51万立方米，用工3.29万个。1951年，加高培厚军诜村北、北流罗村北大堤、大户村南堤，总长2.3千米，用土5.52万立方米。1953年3月，定县专区组织加固千里堤，安国县出民工388人，加固后保证流量达1000立方米/秒。1955年两堤加高培厚，南堤增高 1 米，北堤增高 0.5 米，堤顶宽由 3 米增至 4.5 米。此项工程全县出动民工 5071 人，工期 17 天，动土 12.57 万立方米，投资 41.66 万元，泄洪能力增到 3000 立方米 / 秒。是年，北堤从张乡向西延展到明官店村西北与小唐河堤衔接，全长 3 千米，解决了潴龙河水顶托北溢成灾问题。1965 年行洪时，军诜、北流罗、东寇、南程各庄堤段出现 6 处险工，北流罗段行洪道北徙数百米，接近北堤，北流罗村被迫由堤内迁至堤外。1957 年，在北堤内筑砖坝 310 米，用砖 40 万块。1962 年，又将坝接长 70 米，用砖 10 万块。1963 年洪水造成北流罗至西寇险工 3289 米。是年冬，县委、县人委组织 4000 名民工施工 23 天，建成顶宽 6 米，内坡 1∶2，外坡 1∶2.5，占地 659.1 亩的新堤。工程投资 12.19 万元，补助粮 76.20 吨，动土 24.58 万立方米，用工 15.24 万个。1970 年，用砖 30 万块将原有砖坝加高、加厚、接长。1971 年，投资 3.5 万元。在北流罗、郑各庄等河段筑三角石坝 3 组。1977 年，于北流罗叚开挖导流沟，清理全河道树障，以后每年春秋均有浚修。

（二）沙河

宋始筑堤。元世祖至元二十九年（1292），朝廷命都水监修治沙河堤堰。之后，虽历代整治，仍水患不息。1951 年 3 月，县政府组织民工，修筑沙河南北埝 7.50 千米，动土 1.3 万立方米，用工 1.03 万个。是年夏，沙河焦庄段脱中，民舍农田受到威胁。县、区立即组织抢险，先设支水帘子，后建砖坝 2 处，再从南张庄引渠，使河道归中。1956 年洪水后，县人委组织民工修整南埝 4.47 千米，动土 1.37 万立方米，用工 3427 个。20 世纪 60 年代末，上游水库建成后，结束了沙河汛期横溢成灾的历史。“文化大革命”中，生产队“开荒”平毁沙河两岸的防洪埝，堤内大片植树，布下隐患。1977 年，清除沙河树障 4000 亩。1988 年夏涝，行洪出险，秋与翌年春复筑防洪埝。

（三）磁河

宋熙宁六年（1073），首筑磁河堤，高 1 米。磁河经岁长流，汛期滹沱河、沙河之水常灌入磁河，使之堤溃成灾。元至治三年（1323）、明正德十二年（1517）六月，磁河水溢堤溃，后皆复筑。清嘉庆六年（1801），木刀沟被磁河占流，水势大增，翌年筑南堤。同治十年（1871），滹沱河水北注磁河，南北堤溃。翌年，知州赵秉恒奉令筑南堤，自定州段家庄至安平北郭村下接潴龙河堤，同治十二年（1873）竣工。自此，滹沱河水再未灌注磁河。民国 26 年（1937），民国政府督令沿河村庄对磁河南大堤加宽增厚，增筑土牛，栽补柳树。1949 年，县民主政府组织沿河村民加固伍仁桥东南堤 108 米，用砖 2.4 万块。1956 年，将深泽县固罗村至域内东崔章村大“S”弯取直，开卡 900 米，动土 1.14 万立方米，全部工程由受益村庄义务施工。1963 年秋，为综合治理水患，县水利局勘测设计并组织施工，将磁河改道。新河道自奉伯村起，经伍仁村、流昌至军诜村北入沙河，翌年春竣工，全长 6.28 千米，动土 9.68 万立方米，用工 8.03 万个，总投资 7.52 万元。1965 年，又将奉伯村至深泽县七级村的河槽，由 15 米拓至 20 米，在七级村和崔章裁弯 1.20 千米，通水量由原来 80 立方米 / 秒提高到 180 立方米 / 秒，用工 7.43 万个，动土 46 万立方米，投资 10 万元。至 1990 年未生水患。

（四）孟良河

又名小唐河，是唐河故道。元世祖至元二十九年（1292），始筑唐河南堤。明正统年间（1436—1449），知州余徽集丁疏浚唐河，正德年间（1506—1521）、世宗年间（1522—1566），均筑唐河堤堰。唐河定州五女店至域内路根堤段（今无）长约 1330 丈，历代均为险段，常决口，淹祁州、蠡县、博野。历来是河防重点，由以上三县分修。清乾隆十八年（1753）改由祁州、定州分修。域内中照、北段村、杨翟、瓦子里、流村、大内（今属定州）、淤村、南各堡、辛边屯、南段村等 11 村共修 930 丈。嘉庆六年（1801）大水后，唐河徙出安国境，旧道始称小唐河，水势大减。翌年，于韩村至陈各庄（今南程各庄）沿唐河旧道北岸筑堤50里（今王买以上堤段圮）。民国38年（1949）7月，县民主政府组织沿河18村民工5717人，疏浚小唐河中部河道1260丈，动土6300立方米。至1956年，先后对西娄底、北张村、谢庄、南流、明官店堤段裁弯取直，培高加厚，修筑南埝，并疏浚河道。1963年洪水时，该河流量达200余立方米／秒，超容9倍，北堤北徐辛庄段决口，冬修复加固。翌年，从北张村西向南开挖河道至南张村，将小唐河并入小清河，同时将小清河全线浚深拓宽，两岸堤段由原间距20～30米加宽至185米，堤高增至2.5米，南堤顶宽2.5米，北堤顶宽3米，河槽宽15米，此工程动土23.35万立方米，用标工20.3万个，补助粮100吨，总投资21.88万元。两河并后沿用上游名称“孟良河”。行洪能力提高到140立方米／秒。

两河合并前，小清河两岸堤埝断续高低不整，遇洪则溢，自里河村入小清河的清水沟原无堤埝，河道狭窄，沥大不能排，洪大不能泄，两岸常为泽国。1953年，县政府组织疏浚清水沟，并改道由小霍庄东入小清河。1957年，于小清河北岸筑堤一道，高、顶宽各1.5米，用土10万立方米，用工7万个，1963年洪水冲毁堤埝，秋冬修复。

1977—1978年，3次浚修孟良河，复堤25.60千米，明官店筑新堤588米，建桥8座，水闸1处，动土 31.79万立方米，用工10.29万个，投资3.63万元，行洪量提高到272立方米／秒。

二、沥涝治理

域内旧有孝义河、月明河、小白河、清水沟四大排水系统，通称“四条涝沟”。流域面积内分别有北大跑、石佛洼、大五女洼、南郭村洼等四大洼碱地。1957—1965年，综合治理四大排水系416平方千米，流域内沥涝灾害根除，碱地变良田。

（一）孝义河排水系

孝义河主要承泄定州东北部及域内北部沥水，域内全长17.6千米，流域面积129平方千米。河道狭窄淤浅，有水必灾。清乾隆二年（1737）大水，保定知府孙嘉淦巡灾，集丁按势疏浚孝义河，北部之水顺河而泄。同治十二年（1873），再疏浚。清末至中华人民共和国成立初，未见治理，沥涝灾害岁有发生。该河流域形成域内最大的盐碱洼地——“北大跑”。1957年，保定专区将其列入治理重点，县委、县人委组织民工开卡疏浚1.7万米，排沥标准为5年一遇。1963年开挖排水沟55条，底宽1～2.5米，深1～2米，总长34.20千米。1965年，保定地区统一组织疏浚孝义河，上自域内小内村北，下至高阳县马棚店，挖深1米，加宽3～4米。域内工段长13.7千米。同时，开南北干沟两条，支沟30余条，条田沟 840条，构成洼地排水体系。排沥标准达5年一遇。孝义河排水量提高到38立方米／秒。

（二）月明河排水系

月明河总长21.65千米，域内流域南自孟良河北岸，北至定（州）河（间）公路两侧，东至博野县界，面积221平方千米。主要承泄定州至安国域内中部沥水。1957年对该河及其支沟疏浚，排沥标准达5年一遇。翌年，平整土地规划方田时，将部分干支沟平毁耕种，沥水无所归。1963年洪沥并至，流域内村镇具成泽国。洪水后，县委、县人委组织领导干部和科技人员30人，实地考察勘测，1964年组织受益村庄挖南北2支排水沟。北支从城关至石佛村北入博野县大营村，全长20千米，深1.5米，底宽1.5～3米，泄水量7立方米／秒。南支从郑章村至东巷村南入博野县界，总长24千米，底宽2～4米，泄水量12立方米／秒。南支建桥涵18座，北支17座。于石佛洼开挖排水干沟3条，支沟123条，动土24.79万立方米，恢复5年一遇排沥标准。1965年分别在北张村、郑章建退水闸和泄水涵洞，排水能力分别为 10 立方米 / 秒和 15 立方米 / 秒。1982 年后，月明河南北支 15 千米被平毁耕种，失去排水能力。

（三）小白河、清水沟排水系

小清河以南清水沟、磁河以南小白河两大排水系，河道长度分别为 6 千米和 12.4 千米，流域总面积 66 平方千米。1957 年和 1965 年先后疏浚两河，并在南郭村、大五女两大洼地开挖排水干支沟和台田沟。

安国县四大排水系统一览表

表 4-3

排水系	排涝河沟	流域范围（乡、镇）	面积（平方千米）	长度（千米）	底宽（米）	深度（米）	纵坡	泄洪量（米 / 秒）	备注
孝义河	孝义河	北段村 淤　村 西伏落	99.7	17.6	南 2 ～ 8 北支 8	2 ～ 2.5	1/1500	5 ～ 15	南支长 7.8 千米 北支长 9.8 千米
	安望路排水沟	淤　村 北段村 西伏落	29.3	6	1 ～ 2	1.5	1/5000		孝义河排涝支沟
	保石路排水沟	淤　村		4	0.5 ～ 2.5	0.7 ～ 1.8	1/4000		
	北　七米　沟	西伏落		3	1 ～ 1.5	1.5 ～ 2	1/2000		
	丈八道排水沟	北段村 淤　村		4.5	1 ～ 1.5	1 ～ 1.5	1/2000		
	南　七米　沟	西伏落		3.5	1 ～ 1.5	1 ～ 1.5	1/2000		
	二道沟	北段村 淤　村		5.4	1 ～ 1.5	1 ～ 1.5	1/2000		
月明河	南支	郑　章 东　河 南仕庄 明官店 石　佛 西安国城	221	23.2	2 ～ 4	1.1 ～ 1.7	1/2000	2 ～ 5	—
	北支	常　庄 祁州镇 门　东		16.4	1.5 ～ 3	0.7 ～ 1.2	1/2000	0.5 ～ 1	—
小白河	小白河	西崔章 南娄底 南郭村 伍仁桥	47	12.4	1.5 ～ 6	1.5 ～ 2.2	1/2000	4 ～ 15	—
清水沟	清水沟	大五女 大李庄 郑　章	19	6	1 ～ 2	1.2	1/2000	2	—

三、外地施工

中华人民共和国成立后，为根除水患，省、地多次组织大规模修水库、疏河工程。1955年春，县内首次出民工疏浚北京凉水河。1958年始，安国县派出大批民工，参加大清河水系的综合治理，十数年中先后参加王快水库、安各庄水库、西大洋水库、张房水库的修建和续建。1963年10月17日，中共中央主席毛泽东发出“一定要根治海河”的号召后，县建“根治海河指挥部”，专责外地施工事宜。

1955—1980年，除个别年度外，累年组织13万余名民工赴外地参加浚河、建水库工程。

1955—1980年部分年份安国县民工赴外地施工情况表

表4-4

时间		地点	工程名称	民工人数（人）
1955年	春	北　京	凉水河疏浚	600
1957年	春	望　都	薛庄展堤	2000
1958年	春	阜　平	双岭水库	1000
	秋	阜　平	王快水库	3000
1959年	春	阜　平	王快水库	7500
	秋	阜　平	王快水库	7500
1960年	春	易　县	安各庄水库	15000
	秋	易　县	安各庄水库	3900
1961年	春	唐　县	西大洋水库	4000
	秋		张房水库	2000
1962年	秋	阜　平	王快水库	3000
1963年	春	阜　平	王快水库	3000
1965年	春	任　丘	白洋淀开卡	2500
	秋	武　邑	子牙新河堤	2300
1966年	春	安　新	唐河开卡	2200
	秋	河　间	滏东排河北堤	2000
1967年	春	河　间	滏东排河南堤	2200
	秋	深　泽	滹沱河北堤	2500
1968年	春	饶　阳	滹沱河北堤	2500
	秋	天津北大港	独流减河	2800
1969年	春	天津北大港	独流减河	2800
	秋	容　城	挖河复堤	4000
1970年	春	雄　县	挖河复堤	4000
	秋	唐　县	西大洋水库	3000
1971年	春	唐　县	西大洋水库	3000
	秋	曲　阳	沙河灌渠	2000

续表 4-4

时间		地点	工程名称	民工人数
1972 年	春	曲　阳	沙河灌渠	2000
	秋	曲　阳	沙河灌渠	3000
1973 年	春	曲　阳	沙河灌渠	2650
	秋	曲　阳	沙河灌渠	1000
1974 年	春	高　阳	赵同堤	3000
	秋	安　新	围村复堤	4000
1975 年	春	安　新	围村复堤	4000
	秋	安　新	两闸一堤	2600
1976 年	春	曲　阳	王快水库续建	2600
	秋	曲　阳	王快水库回填防渗	2600
1977 年	春	曲　阳	王快水库	1000
1979 年	春	青　县	北排河挖河复堤	4000
	秋	武　邑	滏东排河复堤	3000
1980 年	春	武　邑	滏东排河复堤	3000

第四节　水利管理

一、管理机构

宋代域内设防河卒。金大定十年（1170）设巡河官。清雍正十二年（1734）设祁州管河通判，乾隆十年（1745）设管河州同，嘉庆十六年（1811）均裁撤。时，雄县河厅委派官员驻伍仁桥管理河务，道光十九年（1839）撤回，河务由州衙工房督办。光绪十五年（1885），复委员督办河务。民国时期，建设科和劝业所分别负责河防、凿井、推广水车等事。民国 28 年（1939），县抗日民主政府实业科，下设河务委员会管理水利。1949 年，县人民政府农建科设 2 ～ 3 人负责水利。1954 年，农建科改农业科，水利管理人员增至 6 人。1955 年，农业科更名农建局，下设水利股。1957 年，成立水利科，内设农田水利组，防汛排涝组、办公室，有干部职工 14 人。1958 年，农、林、机、电、水等机构合并为农林水利局，1959 年 12 月恢复水利科。1962 年 12 月，水利科与电力局合并为水电局，1963 年 5 月，水利科析出。1966 年以后，水利机构瘫痪。1969 年，建县革委生产指挥组，内设农业组兼责水利工作，1971 年，农业组改称农业科，下设水利组。1975 年，改设农林局，内设水利股。是年 7 月，建水利局，下设农田水利组、工程技术组、办公室和伍仁桥河防办事处。1985 年，各乡均设 1 名水利管理员，主管河渠、地下水开发利用。1986 年春，设淤村、西安国城、伍仁桥、郑章水利管理站，每站 6 人。同时，于祁州镇设水利综合管理站，办公地点在祁州药市北侧。其他 4 站各辖 5 个乡镇。1988 年，建安国县水资源综合管理办公室，旨在加强水资源的统一管理和保护。1990 年底，全县水利系统干部职工 126 人。

二、工程管理

（一）堤防管理

唐代，每至汛期，州司马率军驻唐河守堤。宋代设防河卒，元代巡河官专事堤防监护、管理。清代，凡修堤工程，均按亩摊丁，新筑堤段被水冲毁，仍由原筑堤之丁重筑。光绪十四年（1888）、十五年（1889）磁、沙河连溢，新任管河官员征夫植柳，以固堤防。民国成立至26年（1937），每年春，由县督令业堤村庄修筑堤埝，栽补柳树。每至汛期，则由业堤民夫日夜巡护。民国28年（1939）汛期，县抗日民主政府干部率沿河村民守堤抗洪，同时，各河道险工段设立防汛办事处，各区、村设防汛委员会，负责筹备物料、工具及组织巡堤、抢险等。民国34年（1945）后，各河堤防均设常备汛铺，汛期增加临时汛铺，由县河务委员会统管。1953年有常备汛工24人，巡堤员8人。1962年，县人委颁发《关于堤防管理养护试行办法（草案）》。同年4月16日，设伍仁桥河防办事处，并于磁河、潴龙河等主要河道设汛铺31个，其中千里堤11个，潴龙河北堤6个，沙河南北埝14个，共有汛工62人。1967—1974年，县内堤防统由受益社队管理。堤坡、堤根垦种，堤树被伐现象严重，部分堤埝被扒开，河内随意打坝，堤根被侵达70%。1975年恢复河防办事处，堤防管理再度加强。1985年1月20日，县政府颁发《堤防管理规定（试行）》，各河段健全管理组织。1990年底，河防办事处干部职工7人，千里堤和潴龙河堤护堤员（常备汛工）36人，孟良河临时巡堤员48人。

（二）机井及配套设施管理

自1955年有第一眼机井始到1958年，机井与机具属农业社所有，各农业社设专人负责维修养护。1958年公社化后，生产大队或生产队设置机电组，负责使用、维修、保养。维修资金由大队或生产队统一支付。实行联产承包责任制初期的1981年，全县仅26个大队675眼机井有专人管理，其余170个大队的机井及设施管理处于混乱状况，由于户承包地块不集中，农民经常搬机拔泵，时有争井抢水现象发生，机井及设备损坏严重。1982年，焦庄村率先创建省内第一家浇地公司，买牌浇地，企业经营，受到各级政府重视。并在省内推广。到1984年，全县仍有78个村的机井无人管。全县机井97.5%无井房，40%无井池，69.3%无井盖，并有886眼大坑井。经实测2960眼机井，原成井总深为25.42万米，实际总深12万米，平均每井淤积45.4米，占成井深度的53%。是年，全县报废机井337眼，占机井总数的6.2%，较常年高2%。西伏落乡坏井率高达11%。年后，进行机井测试改造，逐步更换深井泵和潜水泵，部分村设专人管理，亦有受益户联合管理者。1990年仍有少数村因管理不善，农民为浇地犯难。

机关、企事业单位的机井，一般自建、自管、自养。

三、水利投资

民国以前，官方组织的疏河筑堤，均由官府征役，物料由官银置办。民间打井、开渠、购置提水工具等由农民自己投资或受益户摊派。解放后，挖河筑堤，按照“民办公助”原则，农民出工，国家给予物料补贴。水后复堤，多采取“以工代赈”办法。农民打井、修渠国家给予补贴或提供低息贷款。民工外出施工，按标工补助粮食。修筑闸、桥、涵等工程由国家投资，受益单位出工，给民工适量补助。1970年前，每标工补款0.75元，1970—1979年每标工补款0.65元。1980年后，补0.75元。1956—1990年，国家对水利基建、修渠、抗旱等项投资达1143.26万元。

1956—1990 年安国县水利投资一览表

表 4-5　　单位：万元

年度	合计	基建投资	防汛岁修	农田水利投资	打井补助	抗旱补助	其他事业费
1956	98.6	80	10.8	7.3	—	—	0.5
1957	28.1	26	0.9	0.5	—	—	0.7
1958	47.3	42	0.7	3.8	—	—	0.8
1959	13.5	12	0.7	—	—	—	0.8
1960	52.6	43	0.3	8.3	—	—	1
1961	28	20	1	6	—	—	1
1962	3	—	0.3	1.7	—	—	1
1963	15.2	10	1.2	3	—	—	1
1964	3.2	—	0.6	1.6	—	—	1
1965	22.6	17.6	1	3	—	—	1
1966	9.9	6.1	0.8	2	—	—	1
1967	1.2	—	0.3	—	—	—	0.9
1968	2.2	—	1.2	—	—	—	1
1969	3	—	2	—	—	—	1
1970	5.7	—	0.7	—	4	—	1
1971	21	—	3.9	2.1	14	—	1
1972	59	42	4.5	8.3	3.5	—	0.7
1973	20.1	—	5	11	3.4	—	0.7
1974	34.5	—	—	—	28.8	5	0.7
1975	38.3	—	1.5	5	17.2	13.7	0.9
1976	28.9	—	8.7	3.8	10.1	5.4	0.9
1977	51	—	5.1	20	24	1	0.9
1978	50.5	11.7	3.3	15.9	17	1.5	1.1
1979	67.47	27	3.53	9.2	3.94	22.7	1.1
1980	64.33	20.5	2.7	9.2	6.2	24.73	1
1981	31.6	—	1	4.7	2.2	22.7	1
1982	43.6	—	1	8.4	29.1	4	1.1
1983	11.7	—	1.4	2.9	—	5.7	1.7
1984	18.7	—	1.7	5.9	—	8.6	2.5
1985	5.9	—	1.9	1.2	—	—	2.8
1986	20.5	—	8.9	3.4	—	3	5.2
1987	40.2	—	4.1	23	—	8.5	4.6
1988	63.46	—	6.19	45.5	4.08	2	5.69
1989	85.1	—	12.5	55.4	7.2	3	7
1990	53.3	—	4	31	9.2	—	9.1

四、节约用水

（一）防渗设施

1958 年，县工会首创管泵相接、支沟设闸的地下缸管输水管道，因水资源较充足未能推广。1977 年，县水利局在边三庄村南至中照村试建 1 条长 2000 米的水泥防渗垄沟，节水率达 20% ，遂向全县推广。1982 年后，除继续修建水泥防渗垄沟外，又采用了“小白龙”软塑管、“小白龙”内衬水泥管、硬塑管等多种形式的地上、地下防渗管道。1990 年底，全县各种防渗垄沟、管道达 43.6 万米，控制机井 1234 眼，防渗覆盖面积 12.04 万亩，年节水 800 万立方米。

（二）滴灌、喷灌工程

1958 年，县工会在地下水管道出水口处安装 6 ～ 8 米长喷水管，试制成简易喷灌设备，时称“人工降雨器”。每个喷管喷灌面积约 20 平方米，未推广。1974 年，齐村果园试装机动喷灌设施，至 1979 年，扩展为 200 亩，灌溉、洒药兼用。后因供电不正常、成本高等原因停用。1987 年，西桃村、北河村投资 5 万元分别安装 90 亩滴灌和 50 亩喷灌设施。翌年，西桃村滴灌因管道淤塞停用，北河村喷灌因耗电量高（每个喷头辐射面积 12 平方米，21 个喷头时耗电 16 千瓦时）和因耕地分户承包，作物不一而停用。

（三）计划用水

1980 年后，水资源日渐匮乏，加强水资源管理，实行计划用水被提到议事日程。1988 年 10 月，县政府颁发《安国县水资源管理的暂行规定》，实行取水许可制度。用户打井必须申请，经水资源管理办公室审查批准。1989 年开始，对城镇居民用水、工业用水及农村企业（包括果园）用水征收水资源管理费，工业用水 0.07 元 / 吨，乡镇企业用水 0.03 元 / 吨，城镇居民生活用水 0.05 元 / 吨。

第二章　能　源

第一节　电　力

一、电力设施

（一）发电设施

民国24年（1935），姬家庄村民姬亚斋在县城内开设志昌面粉厂，购置1台以柴油机为动力的发电机，专供生产之用，是最早的发电设备，民国27年（1938年）被侵华日军烧毁。民国36年（1947），中共冀中九地委配置17.5千瓦发电机1台，以25马力柴油机为配套动力，年发电量1万余千瓦时，用于党政机关和市政照明，是年7月建安国县电灯公司，翌年10月与县轧花厂合并，改名为安国县棉电厂。为满足生产需要，1954年增装10千瓦发电机1台，年发电量2.7万千瓦时。1958年4月，从邯郸调来英国产敞开式330千瓦发电机1台，购抚顺产10吨锅炉1台为配套动力，于县城南关外建火力发电厂，8月31日投运发电，年发电量140.4万千瓦时。为充分利用配套动力，解决大马拉小车问题，1960年元月保定专署从易县无偿调拨原侵华日军使用的美国产200千瓦汽轮发电机1套，河北省安装公司火电二队和北京基建四处共同安装，2月7日点火，先后8次试车均未成功，机组报废。是月，又从上海购进1台PK-15型（1500千瓦）发电机，因筹建电网未安装，发电机调往定县。同年10月，县发电厂因燃料不足，成本高停止发电。此后，由于电网供电不足，电影公司、邮电局、广播站等单位相继购进中、小型发电机组。1971年后，各公社电影放映队均配备D-75型汽油发电机。1980年后，电网供电不能满足迅速发展的经济建设需要，自备发电机的企事业单位逐渐增多。至1990年，全县共有发电机578台，装机容量7219千瓦，均以柴油机和汽油机为配套动力。

（二）变电设施

1960年，于县城西关建域内第一座变电站。随着电力事业发展，变电设施逐渐增加，至1990年全县共有110千伏变电站1座，容量31500千伏安；35千伏变电站4座，安装主变压器5台，总容量15950千伏安。

西关变电站　位于祁州镇西关街，1960年3月动工兴建，9月10日建成投运。先期安装主变压器2台，总容量2000千伏安，输入35千伏线路1条，输出10千伏线路4条，投资29.6万元。由于用电户不断增加，严重超荷。1963年更换2台主变压器，容量增至6400千伏安，10千伏出线增加城区工业、市内生活及东河、门东、南仕庄、大李庄、北段村、淤村乡8条。

伍仁桥变电站　位于伍仁桥村西北，建于1970年初，10月投运，初为简易变电站，国家拨款3.5万元安装主变压器1台，容量1800千伏安，由西关变电站至安平县刘吉口变电站35千伏线路梯接输入35千伏线路1条，10千伏出线4条。1973年6月，为解决南部乡镇用电紧张问题，国家又拨款3万元更换为3200千伏安变压器。供电范围为伍仁桥、南娄底、南郭村、明官店、西崔章、焦庄6个乡镇。

化肥厂变电站　位于县城西侧，1978年建成投运。有主变压器2台，总容量3600千伏安，由定县东亭化肥厂输入 35 千伏线路 1 条，全长 17 千米，专供化肥厂用电。1985 年化肥厂下马，变电站随之停运拆除。

庞各庄变电站 位于庞各庄村东南，1984 年 9 月动工兴建，1985 年 12 月 27 日投运。有主变压器 1 台，容量 3200 千伏安，35 千伏输入线路 1 条，输出 10 千伏线路 5 条，总投资 48.96 万元（省补 15 万元，地补 30 万元，县筹 3.96 万元）。供电范围主要为石佛、西安国城、流各庄 3 个乡镇。

谢庄变电站 位于谢庄村西南，1986 年 2 月动工兴建，1988 年 11 月 25 日投运。总体设计为主变压器 2 台，总容量 6300 千伏安，现仅安装主变压器 1 台，容量 3150 千伏安。架设 35 千伏高压线路 6.8 千米，总投资 50 万元（县财政 15 万元，电力部门 5 万元，用户 30 万元）。输入 35 千伏高压线路 1 条，输出 10 千伏线路 5 条，供电范围主要为郑章、大李庄、大五女 3 个乡镇。

舍二村 110 千伏变电站 位于舍二村村南，设计容量 31500 千伏安，主变压器 2 台，110 千伏线路为双进单出，即由定州 220 千伏变电站供电，电网联网后也可由安平 220 千伏变电站供电，35 千伏直配出线 16 条，10 千伏直配出线 6 条。1988 年 7 月动工兴建，1990 年 9 月 10 日第一期工程建成投运。安装主变压器 1 台，容量 31500 千伏安，110 千伏输入线路 1 条，35 千伏输出线路 4 条，10 千伏出线 8 条，总投资 735 万元（国家拨 375 万元，集资 360 万元）。

（三）电网建设

1960 年 3 月，首次动工兴建保定至安国 35 千伏输电线路，全长 52.7 千米，以木质电杆架设 AC-50 平方毫米导线。采取“社办公助”的办法，县内征集木杆 1400 根，横担 2600 根，国家投资 42.1 万元，同年 9 月竣工投运。同时，建成 10 千伏线路 61 千米，安装配电变压器 73 台，总容量 3175 千伏安；低压线路 27 千米，用电户为 4 个公社的 22 个大队。1961 年，县委号召“大上农业，电力先行”，坚持“投资小，效益大，先近后远，少拉线，多布点，建、管、用相结合”的办电原则，相继架设 10 千伏线路 76 千米，低压线路 125 千米，增装配电变压器 70 台。1962 年 10 月，省、专电力管理部门确定安国为大修改造、补配套双重点县，拨专款 167.4 万元。至翌年 10 月，完成保定至安国 35 千伏线路 38 千米的更换水泥杆和改架 AC-120 平方毫米导线工程。与 1962 年相比，域内 10 千伏线路增加 48 千米；配电变压器增加 107 台；低压线路增加 155 千米；通电大队由 1962 年 8 月的 135 个增至 194 个，农村照明达到 12650 户，占全县总户数的 20%；电动机达 928 台，农田电力灌溉面积 31.55 万亩，占总耕地的 63%，全县电网初步形成。1964 年，国家投资 60.4 万元，对西关至大李庄、西关至北都、刘庄至流各庄、西王奇至北章令 4 条 10 千伏线路进行改造，并对 1963 年洪灾受损的 230.8 千米低压线路进行整修，改换水泥杆 4140 根，全县 196 个大队全部通电。

1984 年后，根据“自筹资金为主，国家补助为辅”的办电方针，不断改造和增设电力线路。至 1990 年底，全县共有 35 千伏线路 6 条，10 千伏线路 22 条，配电变压器 882 台，容量 48930 千伏安，低压线路 2010 千米。

1960—1990 年安国县电力发展基本情况统计表

表 4-6

项目 年度	35 千伏线路长度（千米）	配电变压器（台 / 千伏安）	10 千伏线路长度（千米）	0.38 千伏线路长度（千米）	固定资产（元）
1960	52.7	73/3175	61	27	—
1961	67.7	143/5780	186	103	805566

续表 4-6

项目 年度	35 千伏线路长度（千米）	配电变压器（台／千伏安）	10 千伏线路长度（千米）	0.38 千伏线路长度（千米）	固定资产（元）
1962	52.7	275/11215	331	318	775638
1963	52.7	382/15060	379	473	1550731
1964	52.7	386/15355	366	440	1987636
1965	52.7	405/17060	371	615	1598733
1966	52.7	420/17710	433.8	773	1525809
1967	52.7	—	—	—	1498968
1968	52.7	—	—	—	1498968
1969	52.7	437/18265	433.8	750.8	1521679
1970	52.7				1531824
1971	59.7	438/18640	444	740.4	1558508
1972	59.7	453/19640	447	785.4	1531141
1973	59.7	—	—	—	1583389
1974	59.7	—	—	—	1624983
1975	59.7	—	—	—	1641990
1976	76.7	510/24910	460	896	1652217
1977	76.7	510/24910	465	929	1661035
1978	76.7	520/25250	467	881	1661035
1979	76.7	531/24905	462	993	1660773
1980	76.7	552/24145	462	993	1695483
1981	76.7	576/26615	465	993	1697551
1982	76.7	—	—	—	1788143
1983	76.7	654/30445	485	960	1800511
1984	76.7	689/32345	496	960	1911268
1985	54	706/36375	507	1050	2909677
1986	72	731/37625	517	1090	3518228
1987	31.8	760/39145	525	1095	3516102
1988	53	836/45965	535	2000	3863392
1989	53	856/47075	539	2005	4354610
1990	53.43	882/48930	550.7	2010	4354600

说明：1961 年 35 千伏线路含博野城东变电站

二、电力分配

1960 年前，电力工业薄弱，仅能供应县城及近郊少数农村用电。是年，电网输入后，除电网检修和故障外，断电较少。1970 年后，电力供应趋紧，城乡常有断电，农村更甚。1980 年后，由于乡镇企业和家用电器不断增加，电力供需矛盾日渐突出。据调查统计，1988 年全县需用电 64529000 千瓦时，实际供电仅 40879000 千瓦时。为缓解矛盾，按照省、地电力部门制定的“谁集资，谁用电；多集资，多用电；不集资，不供电”原则，1985年，为建灵山电厂集资52.8万元。1990年9月，县内110千伏变电站投运后，电力供应有所缓和，但电力不足状况并未根本解决。1990年，全县用电46190000千瓦时，用电比例为工业51.6%，农业28.6%，生活及其他19.8%。

（一）工业用电

民国时期，县内仅志昌面粉厂和西伯章村恒昌轧花厂数家规模较大的私营企业自备发电机发电用做动力。中华人民共和国成立初，也仅棉电厂自发电轧花。1958年，县发电厂投运，县属工业陆续用电生产。1960年后，县内工业逐步发展，用电量上升，1964年用电2965000千瓦时，1966年为5882000千瓦时。“文化大革命”期间，工业不能正常生产，用电量骤减，1969年降到1536000千瓦时。1978年后，县、乡工业发展较快，用电量连年递增，1986年14886000千瓦时，1989年升至20363000千瓦时。

20世纪70年代中期后，由于连年干旱，工业向农业让电，除化肥厂外，其他工厂多限用晚间低谷电，乡镇工业停电更频。1990年，110千伏变电站投运之后，工业断电现象减少。

（二）农业用电

1958年，位于县发电厂附近的南大街、药市街、孟庄、舍二村等大队始以电力为动力灌田。是年，全县有农用电动机14台，容量105千瓦，灌溉面积2400余亩。1960年电网输入，有4个公社22个大队接通电路，安装电动机71台，容量365千瓦，灌溉面积2.4万亩。1963年，农电建设迅速发展，全年农业用电2900000千瓦时，电灌面积达31.6万亩。1975年后，连年干旱，统筹安排为抗旱让电，但仍不能满足农业用电需求。据全县农田灌溉面积和装机容量测算，正常年份，农业需用电36470000千瓦时。按1990年实供电13200000千瓦时计，尚缺23270000千瓦时。

（三）生活用电

民国36年（1947），县内始发电用于照明。1958年建电厂后，城内居民照明用电增多。1960年西关变电站投运后，部分农村开始用电照明。1962年，农村用电照明达12650户，用电620000千瓦时。1978年后，县内家用电器逐年增多，生活用电剧增，1983年达1620000千瓦时，比1962年增长161.3%。1983年后，为弥补工、农业用电缺口，电力部门对生活用电采取限供措施，农村照明用电很不正常。1987年后，随着庞各庄、谢庄两座35千伏变电站建成投运，生活用电供应明显好转。1990年，生活用电上升为9154000千瓦时。

1962—1990年部分年份安国县各项用电量统计表

表4-7　　单位：千瓦时

年度＼项目	工业用电	农业用电	生活用电	其他用电	年度＼项目	工业用电	农业用电	生活用电	其他用电
1962	626	2535	620	—	1977	4608	4152	1379	2235
1963	1045	2900	827	—	1978	5524	4855	1310	3338
1964	2965	390	720	—	1979	6158	6265	1542	3425
1965	2011	5552	442	1820	1980	5763	6807	1504	4317
1966	5882	7969	651	747	1981	6009	9791	1510	4798
1967	1944	8198	801	304	1982	6611	10162	1430	4046
1969	1536	6900	821	250	1983	11306	—	1620	—
1970	2540	8346	713	160	1984	8854	11349	1701	6292
1971	2802	11895	827	224	1985	8428	7141	2000	7023

续表 4-7

年度＼项目	工业用电	农业用电	生活用电	其他用电	年度＼项目	工业用电	农业用电	生活用电	其他用电
1972	2902	13421	854	125	1986	14886	12586	4073	7059
1973	3142	8557	923	102	1987	16296	12274	5413	—
1974	3709	10831	1158	287	1988	17019	10002	6247	7611
1975	3935	11076	1179	1148	1989	20363	11501	6779	—
1976	3525	5496	1235	2957	1990	23836	13200	9154	—

三、用电管理

（一）管理机构

1961年12月，成立县电力局，设办公室、计财股、供电股、生产技术股。1962年12月，电力局与水利科合并称水电局。1963年5月，析水电局建安国县供电所，属县机电科管理。1965年6月，保定地区实行电业统管，原机电科分管电业人员并入供电所，建立政、企合一的电力管理局，挂安国县电力管理局和安国县供电所两个牌子，供电所直属保定地区管理。1971年5月，供电所下放到县管理，为县电力局下属单位。1990年，电力局设办公室、生产技术股、用电股、农电股、财务股、企业管理股、输变股、保卫股、调度室、计量室10个股室，辖西关、伍仁桥、庞各庄、谢庄4个变电站和南关、城内、药市、东环、西环、淤村、郑章、伍仁桥、庞各庄9个供电所。

（二）电工队伍

民国36年（1947），县电灯公司仅有技术员2人。1958年县发电厂筹建期间，先后抽调108人到滑水发电厂、下花园发电厂和保定发电厂学习操作、维修和电工专业技术，成为县内电力事业发展的技术骨干。1961年始，每2年举办一次基层电工培训班，学习操作规程、用电知识及有关规章制度等。考试合格者发给电工合格证，培养了大批专、兼职电工。1967年，农村电工王国琛经多次摸索试验，研制成功“触电保安器”，被县内用电单位广泛采用。1974年，为解决电力超荷烧毁电动机问题，县电力局技术人员改革成功“阻丝掉闸”“气调闸”等电机保护装置。到1990年底，全县共有电业工程技术人员10人，职工246人，基层管电组织217个，电工551人。

（三）计划用电

县内用电由保定地区供电局计划分配，按照“先生产，后照明，侧重农业”的原则，自行调度。1985年，县电力局根据用电单位情况，要求用户实行“四定”制度（定质量、定负荷、定生产单耗、定负荷率），按计划“消峰补谷”，提高负荷率。1986年始，采取“指令用电时间”，要求用户计划用电，限制非连续运转设备在用电高峰时用电，违者处罚。

（四）节约用电

办电初期，由于注重建设速度，忽视工程质量，无功消耗过大，1962年线损率高达38.1%。基此，1964年对电力设备进行大修改造时，将分布、配套不合型的130台变压器统一更换，铁导线更换为铝线，是年线损降到15%。1965年，确定专人管理线损，输电线路和变电站加装电容器。1970年始，每季进行线损理论计算，据情查找原因，并经常检查偷漏电问题。1978年后，按照责、权、利相结合的原则，进一步加强线损管理，10千伏线路全部实行高压计量，照明用电实行几户一总表，户户有分表的办法管理，1983年线损降为11.2%，为历史最好水平。1985年后线损率有所上升，1990年为11.4%。

（五）安全用电

1963年，县建立安全供电小组，社、队设专职或兼职安全员，负责安全用电的监督工作。1964年，县制定《安全用电管理条例》，认真贯彻执行以安全供电为中心的办电方针，在加强安全用电常识宣传教育的同时，为基层培训触电急救员215人。1970年后，脱粒机械增多，为防止打麦场失火和触电事故，电力部门严格执行检查、验收制度，不合格不予供电。为保证电力设备安全运行，除对输电线路日常巡修外，每年冬和春灌前全面检修两次。

附：触电事故

办电初期，由于设备质量差，群众缺乏安全用电常识，触电伤亡事故屡屡发生，1960—1965年，触电死亡达49人。1970—1972年触电死亡24人。1977年8月23日晚，大李庄公社西吴庄大队放映电影，因群众拥挤，将放映场地——大队部院内终端电杆挤倒，当场8人触电，经抢救5人脱险，3人死亡。1958—1990年，全县共触电死亡118人。每年触电事故多发生于6—9月份，占全年事故的68.3%，主要原因是用电设备启动广泛，临时用电频繁，加之阴雨潮湿，设备安全系数降低。触电伤亡者中，男性占92%；18—25周岁占65.4%；农民占55.5%，学生占14.8%，其他人员占29.7%。

1960—1990年安国县触电死亡人数统计表

表4-8　　单位：人

年份	死亡人数	年份	死亡人数	年份	死亡人数
1960	2	1971	12	1982	4
1961	4	1972	5	1983	5
1962	11	1973	3	1984	0
1963	17	1974	3	1985	0
1964	7	1975	4	1986	1
1965	8	1976	2	1987	3
1966	0	1977	5	1988	0
1967	7	1978	2	1989	0
1968	1	1979	1	1990	0
1969	1	1980	2		
1970	7	1981	2		

第二节　煤　炭

一、经营机构

1950年，县工商科建立煤炭经销组，始有煤炭经营管理机构，1952年改为煤炭分销处。1957年10月，成立中国煤业建筑器材公司安国县公司，简称煤建公司，隶属县商业局。公司下设郑章、伍仁桥、明官店、石佛、庞各庄、西伏落、城镇7个煤炭经销点。1958年3月，煤建、木材两公司合并为燃料木材经理部。1961年，更名燃料公司。1964年，撤7个供煤点。1983年划归县物资局，辖蜂窝煤加工厂和伍仁桥、石佛、郑章、西伏落4个煤炭经销点。

二、煤炭购销

民国25年（1936），县内有私人专营和兼营煤场7家，年购销煤炭500余吨。庞各庄高家在城内南关开设的德聚煤场经销量最大，约占全县购销量的30%。民国38年（1949）2月，县民主政府于伍仁桥建煤炭交易所，从获鹿、井陉、平山等地购进煤炭。主要供应当地居民、部队和冀中区火柴厂、粉笔厂等单位。1951年，扩大煤炭购销渠道，出现供大于求状况。1952年，全县购进煤炭2800吨，销售仅为1108吨。之后，县煤炭分销处采取赊销、增加网点等办法，扩大煤炭销售。1957年，购进煤炭4207吨，实现购销平衡。其后，随着工业发展，煤炭购销量不断上升，很快突破4万吨。1963年，除国家分配5000吨救灾专用煤外，煤炭购销降到2.47万吨。翌年，对煤炭实行计划供应，在首先保证非农业人口、机关、企事业单位用煤的前提下，对农业人口定量供应，每季每人供应12.5千克至15千克。1967—1975年，因煤炭供应不足，部分生产队或社员直接赴山西省阳泉市附近购煤。1976年，国家分配给安国县3.5万吨，不能满足生产、生活需要，县须自购煤炭2000吨，方能保障供应。随着生产发展和人民生活水平提高，煤炭购销量逐年增长。

从1984年开始，外地及县内个体户大量运进煤炭，解决了广大农民买煤难问题。县煤炭经营管理部门也由过去的分配管理型发展为经营服务型。1988年后，煤炭计划供应量逐年减少，自购量增加。1990年，计划内到货3.21万吨，自购1.7万吨，在煤炭销售中，工业占22.2%，生活占61.1%，其他占16.7%。

三、节约用煤

1958年2月3日，县委发出“大力开展节约用煤”号召，12日建立“煤炭战线办公室”，制定用煤标准：（1）食堂用煤，10人食堂每人每天0.5千克，20～50人每人每天0.375千克，50人以上每人每天0.25千克。（2）对砖窑技术改造，每块砖用煤不得超过0.1875千克，冶炼用煤每吨铁不得超过4吨。（3）机关取暖晚生火10天，早止火10天。翌年，县人委制定“灌溉机械用煤标准”：锅驼机每马力/小时1.5～2千克，煤气机每马力/小时1千克。1964年，县人委发动机关食堂、城乡居民大搞改炉改灶活动，年节煤800余吨。翌年，推广红薯育秧炕煤、柴两用灶1103个，比原炕节煤45%。1971年，全县107个机关团体食堂和饮食服务业食堂采用“吸风灶”，由斤粮耗煤0.325千克，降为0.25千克，仅此年节煤100余吨。1980年，县公司建蜂窝煤加工厂，随后，南大街、伍仁桥、门东、郑章等村也建蜂窝煤加工厂，使用蜂窝煤者从县到乡逐年增多。1990年，全县加工蜂窝煤1万多吨，约有2.5万套蜂窝煤炉具，节煤万吨左右。

附：县办煤矿

县内无煤炭资源。1959年4月，保定市委确定安国在曲阳县灵山镇建矿采煤。同年5月，县人委抽调340余人赴灵山办矿，并从外地调入38马力锅驼机、13千瓦发电机、德国产潜水泵、7.5千瓦电动机各1台和绞车1部。是月9日动工，建井投资20万元（市拨15万元，县筹5万元），9月18日出煤。生产中发现煤炭储量与原勘探储量相差甚远。煤层厚不足1米，且厚薄不匀。加之动力设备功能差，煤炭产量很低。1960年3月，从保定电力局调入1台120马力/80千瓦发电机组，日产原煤10吨左右。1962年2月，在压缩工业中，煤矿下马，人员调回，设备由保定地区煤矿接管。

1970年6月，在保定地区统一规划下，县再次派员赴灵山办矿，接管曲阳县王家村1眼小直井（核定作价4万元）。10月，在地区煤矿协助下开建斜井，至1974年9月，掘砌主、副井251米，地面建房102间，共计投资81.66万元（省拨25万元，地区拨9万元，县筹47.66万元）。由于地质结构复杂，矿井位置设计不合理，掘井深度虽达设计要求，但大部分煤层已被火成岩浸蚀，仅有40厘米左右的煤层，开采价值甚低。1975年8月停办。自1970年建矿至1975年共生产原煤17241吨，累计亏损79.7万元。至1978年，由于缺乏管理和维修，矿井报废，人员调回，原有设施交地区煤矿电厂。

第三节　石　油

一、经营机构

1950年，县工商科建油脂小组，1957年与煤建公司合并，1978年析出成立县石油公司，1985年9月归属保定地区石油公司。1990年，公司下设办公室、业务室、会计室、油料库、汽车队、警卫室、加油站，共有干部职工70人。

二、石油购销

清末，县内始有煤油经营，货物由私商从天津河运至县内北流罗、伍仁桥码头，批发县内及博野、蠡县、安平、深泽等县零售店铺。煤油主要有“美孚”“元宝”“红星”等牌号，白铁皮方桶包装，2桶为1箱，每箱约60斤，年购销7000余箱。民国24年（1935），购销量达1万余箱。县城的美孚石油分销处煤油销量最大，占全县销售总数的35%左右。1950年，煤油货源紧缺，年购销量降至2700箱。为控制私商屯积居奇，哄抬油价，县商业部门组织力量，广辟货源。1953年，购销量上升到5300箱，缓解了供求矛盾。1955年，随着内燃动力机械引进，增加了柴油、汽油和润滑油经营，并按照农业优先原则，实行凭证限量供应。拖拉机耕地亩供柴油0.9千克，柴油机、汽油机按作业时间分别以每马力/小时耗油0.15千克和0.35千克供应。城乡居民每户3人为一主灯，每人每月供煤油0.065千克，3人以下0.2千克。1963年，城乡多通电照明，煤油销量大幅度下降，全年销售161吨，比1956年减少285吨。1965年，各类油实行计划分配。1971年，县国营拖拉机站用油由过去省直接分配改为县供应。1972年后，为方便社、队用油，县公司委托基层供销社代售石油。1976年，柴油销售量达7864吨，汽油541吨，分别比1971年增长555.6%和304%。1981年后，随着内燃动力机械增多，油料供应趋于紧张。1983年，石油调拨价与议价并行，并逐渐减少计划供应。据县农业部门调查，1985年国家分配农用柴油3834吨，实际需用6886吨，缺口以高价和议价补充。1990年，县石油公司柴油销售总量中，调拨价占55.16%，高价占0.24%，议价占44.59%；汽油销售总量中，调拨价占18.3%，议价占81.7%；润滑油销售总量中，调拨价占29%，议价占71%。由于煤油需求量较少，一直实行调拨价供应。

三、节　油

1959年8月，对全县69台拖拉机实行“喷水节油、柴油预温”节油措施，亩均耗油由0.8千克降至0.76千克。10月，5个机耕队全部实行单车核算，定额管理，大力开展改机节油活动，亩均耗油降到0.7千克以下，全年节油11.4吨。1961年，推广农田排灌机械使用乳化油，替代润滑油。1974年，根据河北省商业厅《关于节油工作意见》，县革委会提出节油措施，要求以1973年耗油水平为基础，交通运输车辆再降低5%～7%，厂矿企业车辆降低10%～15%，其他车辆除公安、救护等车外，一律降低30%，禁止拖拉机搞营业性运输和使用柴油炉具做饭。是年6月，县农机局改装成功柴油机滴水节油，节油率达20%。1975年，保定地区农机局在安国县国营拖拉机站召开现场会，推广该站“缓冲卸油、浮子取油、管道流油、封闭式加填黄油”等节油经验。1981年石油供应不足，为确保农业用油，县革委会于3月5日发出《关于封车节油的通知》，封存汽车29辆，节油68吨；1982年封车20辆，节油41.2吨。1989年，各种柴油动力机械全部使用柴油添加剂，节油45吨。

四、储运设备

1955年，县拖拉机站调入容量200公升油桶17个，用于油料储运。1956年7月，增加48立方米和36立方米金属储油罐各1个，10月又调入专用解放牌4吨油罐车1辆。1962年，燃料公司建容量65立方米地上油池2个和80立方米地下油池3个。县拖拉机站大、中型金属储油罐达到5个，总容量176.12吨。1964—1970年，燃料公司先后购置容量1.5立方米和2立方米金属储油罐58个。1971年，县农机局的大型储运设备划归燃料公司使用，公司增建容量80立方米和160立方米地下油池1个。1972年，全县17个基层供销社共建地下油池26个，其中容量30立方米19个，45立方米7个。1976年6月，燃料公司购置解放牌4吨油罐车3辆。1987年，县石油公司所建砖混结构的油池全部拆除，基层供油由供销社改为乡农机管理服务站，全部使用金属储油罐。是年，石油公司共有60立方米储油罐21个，翌年地区石油公司调走6个。1990年，县石油公司共有储油罐19个，储油总量1005立方米，其中60立方米16个，15立方米3个；油罐车5辆；客货131型运输车1辆。

五、安全管理

1962年以前，石油经营单位消防设备主要有泡沫灭火机，辅以消防桶、锨、镐、沙等。1963年后，随着油料储量增加，石油经营单位健全并严格执行各种规章制度，建立义务消防队。1985年，县石油公司投资2.2万元，建成消防水塔1座，200立方米储水池2个，100立方米储水池1个，铺设专用消防管道340米，安装消防栓3个，备水龙带280米，消防锨、斧等工具42件，泡沫灭火机1台。1989年，购进二氧化碳灭火机8台，8公升灭火器32个。县石油公司从建库至1990年，未发生火灾事故。

第四节 其他能源

一、柴 草

（一）资源

据1985年调查，全县年产柴草25万吨，其中玉米、小麦、高粱、谷子等作物秸杆20万吨；棉、麻、豆类、黄芪、菊花等硬质秸秆4万吨；四旁树、经济林、防护林及散生树木间伐、更新、整枝等提供薪柴1万吨。共折标准煤13万吨。

（二）利用

1956年以前，县民生活能源以柴草为主。随着煤炭增加和其他各类能源的开发利用，柴草用于燃料逐年减少。1985年，燃料利用量为10.7万吨，占42.8% ；沤肥8.45吨，占33.8%；用作饲草2.85万吨，占11.4%；用于生产沼气0.9万吨，占3.6%；工业及其他消耗2.1万吨，占8.4%。

1965年以前，农村居民多使用旧式连炕灶，柴草热效率只有15%左右。1965—1967年，先后两次推广简易节柴灶，改造旧式连炕灶1万多个，热效率达21%左右。1980年后，农村居民普遍推广使用吸风式节柴灶，燃热效率达25%。

二、沼 气

适合制取沼气的资源，有农作物秸秆、人畜粪便和大量的杂草树叶等。1985年可开发沼气量为2869.5万立方米，人均89.4立方米。

1958年，县内开始推广沼气制取和利用技术，因建池质量差、产气少，未能推开。1974年，采用石灰、黄土混合物建造沼气池，由于用料多、出料难、使用寿命短等原因，发展缓慢。1978年，改用混凝土建池，产气量有很大提高，改变了过去“深、大、笨”的缺陷，沼气建设发展较快。1982年，贯彻“加强领导，积极推广，成片发展，稳步前进”的沼气建设方针，坚持“社员自办为主，国家、集体扶持为辅”原则，进一步推动了沼气事业的发展，是年全县建沼气池316个，北河、陈庄2个村沼气使用率均达全村总户数的80%以上，实现了“做饭不用柴和炭，点灯不用油和电”。据1985年统计，全县正常使用的沼气池643个，生产沼气12万立方米，约合标准煤420吨。至1986年，全县累计建沼气池1163个。由于设备性能不稳定及费时费工等因，沼气利用萎缩，1990年沼气池利用率由1986年的76%下降到38%。

三、太阳能

（一）太阳灶

1980年，县新能源办公室着手研制反射聚光式太阳灶。至1986年，共研制推广86台，后因局限性大，发展缓慢。

（二）太阳能热水器

1980年和1983年，分别引进推广水泥池太阳能热水器和双桶式太阳能热水器。1984年，推广闷晒式塑料袋、铁筒太阳能热水器。1985年，研制推广板管式自动循环太阳能热水器，晴天时每天每平方米可提供40°C～65°C热水100千克，全年集热可折煤0.3吨。至1990年底，全县累计推广1208平方米。

（三）太阳能采暖房

1985年，海市村始建太阳能采暖房，由清华大学建筑系设计，村委会组织施工，至1987年全村建成36幢。采暖方式采用直接受热与花格集热墙相结合，保温墙体为370毫米夹心墙，中间填80毫米膨胀珍珠岩粉，屋顶吊顶时加铺50毫米珍珠岩粉。冬季不用其他采暖措施，室内温度最低为5°C，最高达17°C。5间太阳能采暖房每冬可节约标准煤1.4吨。至1990年底，全县建成太阳能采暖房83幢，建筑面积6640平方米。

（四）塑料大棚

1974年，贾村始用塑料棚育棉苗，之后部分生产队和个人用简易塑料棚育菜苗。1981年，西韩村建塑料保温棚早春种植蔬菜，经济效益显著。后推广到13个村。1990年底，全县共有太阳能保护地（包括太阳能温室、大棚、简易棚）633亩。

（五）地膜覆盖

1980年，农民始用地膜覆盖西瓜。1986年，推广地膜覆盖小麦1160亩，后未推开。1988年，推广地膜覆盖棉花。1990年，全县地膜覆盖西瓜2万亩，棉花3万余亩。地膜覆盖具有提高地温、抑制杂草和保墒作用，受覆地块作物平均早熟10—15天，经济效益可观。

四、地　热

1970年11月，华北石油勘探队在中照村北探出地热资源1处。

1985年6月，华北石油勘探队在南娄底村南900米处又发现地热资源1处。其构造部位为伍仁桥潜山顶部，完井深度2972米，自流量127立方米/日，主要出水段在2568～2972米之间，厚度404米，水质矿化度5.25克/升，尚未开发利用。

第三章　交通运输

第一节　道　路

民国前，域内道路多为晴通雨阻的车马土道。民国7年（1918），始筑公路。后连续战乱，公路时断时修，发展缓慢。到1949年，仅有土面公路2条，全长19.5千米。中华人民共和国成立后，交通事业发展很快。公路增多，道路畅通。到1990年底，沥青路面通车里程达187.87千米。其中干线公路59.4千米；县级公路15.7千米；乡级公路112.23千米；专线公路0.54千米。全县以县城为中心，形成了与干线公路相衔接的公路网络。

一、古　道

秦代，安国至唐县百余里有驰道。西汉时期，开通东达束州（河间），西至中山（定州），北至蓟州（北京），南至束鹿（辛集）的大道。唐天宝（742—756）后，河北陷于藩镇，安国为边境要地，戎马云屯，邻封日扰，民不聊生，道路无甚发展。北宋太平兴国二年（997）后，宋辽几度通好，先后于镇（正定）、易（易县）、雄（雄县）、霸（霸县）、沧州、安肃（徐水）、广信（徐水西北）和保安（涿鹿）军置榷场（官设市场）相互贸易，由于安国的特殊位置和药业兴起，交通日趋发达。元建都北京后，保定成为畿南重镇，贯穿安国全境的保定—束鹿官马大道“狱讼赴诉，财贡输纳，征旗使节，走毂奔蹄”，一片繁忙。明代，保定巡抚汪应蛟撰《敕建万寿桥碑记》称保束路“乃两京要路，各省通衢”。

清代，由于全国药材于安国集散，促进了交通发展。至光绪年间（1875—1908），车马大道四通八达，主要有8条：

祁州—保定道　出县东关向西北折，经流村、淤村、娄家营村入博野界，域内全长18千米。

祁州—望都道　出城向北，经观音堂、姬家庄、南段村、北段村、臧家庄、北都、黄台村入望都县界，域内全长15千米。

祁州—定州道　出城向西经侯村、新安、梨园、路根村入定州界，域内全长12千米。

祁州—博野道　出城东经北七公、大文、中阳、南娄村入博野县界，域内全长7千米。

祁州—束鹿道　出城向南经舍二村、子娄、东固、北章令、流昌、伍仁桥、南娄底、茂山卫村入深泽县界，达束鹿县，域内全长21千米。

祁州—深泽道　出城南经东长仕、霍庄、大南流、辛庄、王庄、焦庄、西崔章村入深泽县界，域内全长16千米。

祁州—安平道　出城南东折经孟庄、贾村、流霜、西安国城、郪头、北流罗、南流罗村入安平界，域内全长23千米。

祁州—无极道　出城向西南，经西河、行唐、大李庄、固城村入定州界达无极，域内全长20千米。

二、油面路

（一）干线公路

保定—衡水公路安国段（简称保衡路） 从娄营村西北入境，经县城东环城路折向东去至北流罗村东南入安平县境，全长22.4千米，油路面宽6米，线路技术标准三级。

民国13年（1924）春，直系军阀曹锟为准备第二次直奉战争，派兵拉夫将保定通安国的官马大道裁弯取直加宽垫高，修成宽9米的土面公路。后直系战败，此路因雨水冲刷失修而中断。民国20年（1931）冬，国民军白凤翔部驻防安国，将保衡路改筑成马路式样，但因路面土松散，仍是“雨天泥泞难行，晴天沙土吃轮尺许，坎坷异常，汽车通行觉十分吃力”。

民国28年（1939），日军出于军事目的，强征民夫，避村就野，修成北直通西伯章入清苑，东直达流罗入安平的简易公路。

民国35年（1946）秋，为配合解放战争，县民主政府组成修路指挥部，发动军民将日伪时期强占民田修筑的公路和封锁濠沟、交通沟填平还田，保衡路加宽垫高，恢复原古道路线。

中华人民共和国成立后，党和政府积极发展公路交通事业，1952年县农建科组织民工义务修路，垫高保衡路路基，修成宽9米的土面公路。该线因穿村多，道窄弯急，影响车辆行驶，1959年避村裁直。同时提高路基0.5米，两侧加修排水沟，全宽21米。1964年，铺筑北段沥青路面，宽3.5米，长9.2千米，是域内第一条油面路，共用建勤工2.63万个，投资9.37万元。1970年，投资17.3万元，油面加宽到6米。1975年3月，南段铺筑沥青油面，宽6米，全长13.2千米，投资23.9万元。1984年，国家投资22.75万元，按三级路面标准将北段进行大修。1990年，该路段汽车、拖拉机日混合交通量为2102辆次。

定州—河间公路安国段（简称定河路） 横穿县境，东出北娄村，经博野、蠡县、肃宁至河间；西出韩村直达定州，域内全长16.6千米。线路技术标准三级，是连贯京广、京沪两条铁路的主要公路之一。

民国7年（1918），私人募资草修安国—定县界公路，并开设汽车公司，不久因战乱停驶。民国24年（1935），由县长张仰文主持，按沿路人口派工，将安国通定县的北官道与定县修通。路线经西关、杨翟、新安、梨园、韩村至定县，均穿村而过。民国28年（1939），日军强令百姓改修成由韩村西南入境，避村就野经县城入博野境的军用公路，日军白天逼百姓修路，抗日军民夜间破路，日军车辆终未畅行。

中华人民共和国成立后，多次对定河路进行整修。1952年，将路基提高至0.5米，沿路建业路村负责养护。1958年春，按照省、地交通部门关于公路改善要本着“依靠群众，因地制宜，就地取材，经济实用”的方针和“分期改善，逐步提高”的原则，采取“民工建勤”办法，历时一个月，将定河路安国西段9.84千米的土路面改建成泥结碎石路面，用建勤工8000个，大车1500辆，总投资19万元。1965年秋，铺筑东段6.5千米泥结碎石路面。

1971年3—8月，该路西段铺筑宽6米的沥青路面，用建勤工23.06万个，总投资24.5万元。1973年9月8日至10月1日，东段铺筑宽6米的沥青路面，用建勤工6500个，总投资9.75万元。1988年6月，投资70.2万元，将西段油面拓宽至9米。1990年该路段汽车、拖拉机混合交通量达2465辆次，比1979年的767辆次提高近4倍。

安国—束鹿公路安国段（简称安束路） 沿县城东环路一直向南，经刘庄、子娄、东固、明官店、伍仁桥、南娄底、卓头入深泽县，达束鹿县（今辛集市），亦可达无极、晋县及省会石家庄。域内全长20.4千米，线路技术标准三级。

民国28年（1939）春，日军在原古道基础上，避村就野，裁弯取直，改修成土面公路。日军投降后，沿途农民毁路种田，仍沿旧道通行。1949年，修成简易公路。1959年，伍仁桥南段改线，由伍仁桥至南娄底街中转向西，过卓头村南、北张各庄村北达县界。1960年，县城至北章令渡口改线，从东环路经刘庄、子娄、东固、明官店、北章令村西侧，越沙河从南章令村西转南顺原道达伍仁桥。1970年7月至1971年5月，全线铺筑6米宽沥青路面，建公路桥2座，改建1座，总投资75.5万元。1986年，因伍仁桥镇街狭道窄，车辆经常堵塞，将街心公路由6米拓宽至12米，并在镇南北两头各建公路桥1座。1988年，又投资82万元，将刘庄村至南娄底村路段的13.7千米油面由6米拓至7米。

（二）县级公路

只有安国—望都路1条，沿县城南北大街向北，经西伏落、张家营入望都界，域内全长15.7千米，油路面宽6米，线路技术标准四级。是通往西北山区唐县、完县、满城等地的重要道路。民国29年（1940），日军施行“强化治安”，在原古道基础上改修成连结姬家庄、北段村、北都据点、炮楼的汽车道。解放后，仍沿旧道通行。1955年，为便于农业机械作业，县人委决定将原道改线东移，修成宽6.5米的机耕路。即今县城通西伏落村路，段长12.5千米。1972年于西伏落村北向西与望都县路修通。该路连同边沟总宽18米，路基高出地面0.3米。

1973年下半年，县革委会决定将该路铺筑成沥青路面，9月1日动工，动员机关团体、学校、企事业单位和农村生产队汽车18辆、拖拉机56台、马车4481辆投入运料。10月1日至翌年1月6日铺筑完成，油面宽6米，用工8.45万个，投资26.3万元。1990年，该路汽车、拖拉机混合交通量日均517辆次。

（三）乡级公路

县城—大五女公路 从县城西环路南端起，经东栊村东、郑章村东、南王买村西、谢庄村南达大五女村，全长24.02千米。路面标准四级。该路原为民国28年（1939），日军强占民田修建，其走向从县城南关始，经西河村北、郑章村、郑村西达大五女村。1956年秋，改线建成宽5米的机耕路。1975年，县革委会决定同时修建县城—大五女和县城—大李庄两条公路。当年秋沿途7个公社出勤，历时7天，用工4.3万个，修成8米宽的路基。1977年5月至1978年3月，发动9个公社用工8.8万个，完成两路铺筑沥青任务，油面均宽5米。同时修桥3座，涵洞2道，总投资56.8万元。

县城—大李庄公路 由大李庄乡政府驻地始，于谢庄村南与县城—大五女公路相接，经北王买、东栊村、常庄村与定河路相接。全长19.26千米。路面标准四级。

县城—焦庄公路 北起县城南北大街南端，南行经东长仕、霍庄、大南流、王庄至焦庄村，全长9.48千米。该路为县城通深泽县古道。1958年修成机耕路。1987年，投资42.7万元，铺筑成沥青油面路。路面技术标准四级。

县城—石佛公路 原为联村道路，日军侵占时，强占民田修成由县城南关东行，经刘庄村北、东张庄村南、北堡村北达石佛村的5米宽简易土路。解放后，废路还田。1958年修成机耕路，由石佛村西起，经路景、大文、北七公村直达县城东关与定河路衔接。1977年5月，以民工建勤办法，修筑成宽8米的土公路，1986年5月铺筑沥青路面，宽4米，全长11.27千米，投资45.9万元。

伍仁桥—西崔章公路 西起西崔章村，东行经寺下、奉伯、中送村南至伍仁桥村北与安束路相连。

该路在1959年修筑宽6.5米机耕路基础上，1988年铺筑成沥青油面路，路面技术标准四级，路基宽8米，油面宽4米，长5.8千米，投资24万元。

北段村—常庄公路　北起北段村，经瓦子里、杨翟村西，至常庄村北与定河路相交。1986年投资22万元铺筑沥青路面，宽4米，长6.2千米，路面技术标准四级。

流各庄—西安国城公路　1986年投资30.8万元修筑，自流各庄村北西去至庞各庄村西经西安国城与保衡路相接，长7.8千米，沥青油面宽4米，技术标准四级。

南郭村—伍仁桥公路　1988年7月投资26万元修筑，自南郭村起，东至安平县满子村，西越千里堤、磁河，至伍仁桥与安束路相接。全长4.2千米，沥青油面宽4米，技术标准四级。

（四）联村油路

1988年6月，地、县交通局投资4.3万元，修通齐村至保衡路1千米油面路，为县内第一条村级油面路。同年，北段村乡群众集资20万元，将北段村至中照、西照、边三庄、北都、黄台的联村土路筑成宽4米的沥青油面路，总长13千米。1989年8月，郑章乡党委、政府发动全乡村民、乡镇企业集资70万元，将全乡9个村联村土路全部筑成沥青油面路。油面路宽4米，全长10.2千米。为安国县第一个村村通油面公路乡。

（五）专线

保衡路至毛主席视察纪念馆油路1条。东起八五村南纪念馆，西接保衡路，长540米。此专线系1970年为纪念中共中央主席毛泽东视察流村12周年，经保定地区革委会批准建“毛主席视察纪念馆”后，1971年7月投资6850元，动员县直机关、学校义务投工修建，路基宽8米，油面宽6米。

三、乡村土路

中华人民共和国成立前，乡村道路多为宽窄不一，弯弯曲曲，坑洼不平的大车道或人行小路。

民国27年（1938），日军侵占安国后，为控制交通线，在全县强修简易土公路35条，挖封锁沟480多千米。翌年春，县抗日民主政府组织抗日军民广泛开展“交通战”，将全县95%以上的联村大车道挖成深1米、宽2米的“交通沟”。解放后，军民开始修整道路。民国35年（1946）9月15日，县民主政府成立修路指挥部，组织群众抢修道路。历时月余，将日伪时期的封锁沟、交通沟毁掉还田，并修通主要公路线和联村大道。

中华人民共和国成立后，随着农业机械的增多，党和政府非常重视乡村路况的改善。1955年12月县人委制定《安国县乡村道路规划草案》，根据县域南北长、东西短的特点，确定乡村道路建设以南北为主，东西为辅，以县城为中心的原则，达到乡乡通公路，村村通机耕道，对旧大车道进行改建。1956年初各乡建立交通委员会，专门负责乡村道路的规划与整修。是年5月，修机耕路2条，全长20千米，道面宽4米。

1958年“大跃进”运动中，土地统一划方，田间修筑机耕道，联村大道拓宽取直，乡村道路全部实现网格化。共修筑6.5米宽土公路8条，长52千米，修筑4米宽机耕路224条，长551千米。到1960年，全县简易公路、机耕路达518条，长1284千米（含博野县）。

1978年后，道路状况与农村商品经济迅速发展的形势极不适应，1984年11月至12月15日，县委、县政府发动群众以民工建勤方法，整修乡通乡道路9条，长44.8千米；联村大道486条，长618千米。各村专设护路员。到1990年底，全县联村土路完好畅通。

第二节 桥 涵

清末，有木、砖木、砖石结构桥梁16座。民国22年（1933）有桥19座。解放后，政府对桥梁进行了整修改建。1957—1990年，兴建公路桥梁23座，计1365.7米。其中，大、中型7座，1131.4米；小型16座，234.3米。兴建农村道路桥梁14座，314.23米。公路泄水涵洞66座，352.3米。

一、古 桥

（一）万寿桥（贵妃桥）

为5孔石桥。明万历二十六年（1598）神宗敕建，坐落在伍仁桥村南，横跨磁河。采用宫式典型营造法，桥拱自中孔按比例向外逐孔缩小。桥高7米、宽7米、长60米，均为长方大理石料。系河北省文物保护单位。1986年，经河北省文化厅批准，在桥西侧另建新桥1座，该桥已不使用。

（二）安定桥

坐落在南章村西南，横跨月明河。始建于明万历年间（1573—1621）。为板式桥，桥长18米、高1.2米，7孔。中间5孔，孔径各2.6米，两端各1.8米。每孔用厚0.2米、长2.6米、宽0.6米的长条石块砌成桥面，略呈拱形。桥墩为柱式，每墩6块方石。民国6年（1917）被洪水冲坏，村民修复。民国8年（1919）又复修1次。今月明河平毁，桥不再用，遗迹尚存。

（三）南王买石桥

坐落于南王买村南口，横跨小唐河。原为木桥，据桥旁碑文载，清康熙四十年（1701），皇帝南巡，路阻南王买小唐河北岸，遂御批修此木桥。民国20年（1931）桥木腐朽，行将坍塌，村民改建为6墩7孔板式石桥，孔径1.5米，高2.2米、宽3.5米、长15.4米。每墩由3根石柱（碌碡）码成。桥面近于水平，用35块厚0.2米、宽0.6米、长2.2米条石组成。桥面两侧有高0.4米的石拦板。今河床已为耕地，仅存残桥。

（四）徐辛庄石桥

坐落于南徐辛庄、北徐辛庄之间，横跨小唐河。清宣统元年（1909），两村合建。为4墩5孔石板桥，长12米、宽2.9米、高2.2米，桥墩由四根直径0.45米石圆柱码成，横向托梁为长3.9米、宽0.45米、厚0.25米的花岗岩条石，桥面用25块长2.2米、宽0.6米、厚0.2米的花岗岩条石组成。今桥完好。

（五）军诜桥

坐落在军诜村西250米处，横跨磁河。民国25年（1936）军诜村和邻村义捐修建。为木石结构，8墩9孔，为方便船只通过，孔径大小不一。桥墩为3柱式墩台，3排碌碡码砌而成。桥面拱形，木托梁，上铺双层木板，有专为铁皮花轱辘大车通过而铺设的车道。今尚存。

二、永久性大型桥梁

（一）沙河大桥

坐落于安東路北章令村南，横跨沙河。钢筋混凝土结构，全长 493.9 米，35 孔，跨径 14.1 米，净宽 7 米，两侧人行道各 0.75 米，是县内最大的桥梁。由河北省工程二队设计，于 1967 年 4 月始，与安国县共同施工，9 月建成。用工 1.06 万个，投资 66 万元。解放前，沙河河宽水急，波涛汹涌，客商行人往来靠木船摆渡，流传着“冬跑冰，夏乘船，搭起草桥一年完，百姓商旅过河难”的歌谣。民国 29 年（1940），日伪政权出于军事目的搭起一座长 400 多米的木桥，民国 33 年（1944）5 月，被抗日军民拆毁。中华人民共和国成立后，县政府每年拨款在无汛期搭建木便桥，汛期拆除。

（二）北流罗大桥

位于保衡路潴龙河北流罗渡口处。是一座钢筋混凝土结构的双铰板式漫水桥。全桥长 450.3 米，42 孔。1977 年 12 月动工至翌年 11 月竣工，投资 67 万元。通车后发现因技术原因第 19、28、30、39 孔拱板和第 22 桩柱盖梁结合处有裂缝。省、地、县三级交通部门于 1980 年 12 月 23 日联合下达“观察停用”通知。1981 年 8 月进行加固处理，至翌年 7 月竣工，耗资 60.64 万元。

第三节　运　输

一、运输工具

清代以前，县内水路交通工具有木帆船、渡船。光绪末年，张家转运行有木帆船 300 只，专运出入境药材、粮食、布匹、棉花、烟叶等物。陆路多靠畜驮人挑，主要运输工具有木制手推独轮车和木轮大车、木制铁皮轱辘大车。载人主要有驴、马、轿（分二、四、八人抬 3 种）及骡马牵拉木制轿子车。民国初，始有胶轮车、自行车。

民国 7 年（1918），安国—定州公路修成，私人购进 3 辆汽车载运客货，始有汽车运输。民国 25 年（1936），县有汽车 4 辆，其中货车 1 辆，客车 3 辆。民国 34 年（1945）县城解放时，缴获日军汽车 2 辆。1949 年有汽车 3 辆，铁皮大车 1.22 万辆，胶轮马车 47 辆，自行车 1000 多辆。1953 年，铁皮大车增至 14920 辆，后随胶轮大车增多，逐年减少，1972 年彻底淘汰。1949 年，有胶轮大车 47 辆，1958 年 2450 辆，到 1974 年达 4588 辆。手推独轮车、轿子车、轿子亦于中华人民共和国成立后逐渐淘汰，随之出现多牌号的自行车，双轮人力小拉车和大中小型拖拉机、汽车等半机械化和机械化运输工具。1984 年后，购买机动交通运输工具的个体户大量增加。到 1990 年底，全县共有大中小型拖拉机 5176 台，汽车 578 辆，摩托车 1900 余辆，自行车 14 万辆。

1973—1990 年安国县主要交通运输工具统计表

表 4-9

车种/数量/年份	汽车						拖拉机		人畜力车	
	合计	卡车		客车		其他（辆）	大中型（辆）	小型（辆）	胶轮大车（辆）	双轮手推车（辆）
		辆	吨位	辆	座位					
1973	37	28	99	—	—	9	133	45	4415	18719
1974	48	39	139	—	—	9	185	49	4588	23776
1975	64	53	189	—	—	11	248	78	4574	29752
1976	71	58	205	—	—	13	341	130	4563	32921
1977	81	66	235	—	—	15	416	237	4492	35104
1978	96	81	290	—	—	15	205	467	4441	39085
1979	115	99	351	—	—	16	276	617	4220	42542
1980	147	131	460	—	—	16	310	739	4079	46509
1981	168	152	478	—	—	16	347	1177	3681	49374
1982	250	234	822	—	—	16	356	1392	2757	49682
1983	254	235	825	3	111	16	371	2123	2660	49764
1984	276	251	891	9	270	16	317	3179	2920	52069
1985	360	315	963	29	521	16	213	3917	2780	50243
1986	397	343	1204	38	648	16	202	4166	2731	51546
1987	537	482	1694	39	657	16	174	4391	2256	58660
1988	571	510	1788	45	792	16	144	4351	2190	54799
1989	547	486	1706	45	995	16	130	4518	2386	54241
1990	578	513	1827	49	1193	16	134	5042	1726	48246

1980—1990 年安国县私营交通运输工具统计表

表 4-10

年度	卡车		挂车		小拖拉机	客车		出租轿车	
	辆	吨位	辆	吨位		辆	座位	辆	座位
1980	47	164	27	108	729	—	—	—	—
1981	67	230	31	124	739	—	—	—	—
1982	81	283	33	132	1177	—	—	—	—
1983	87	304	41	143	1392	3	141	—	—
1984	98	343	43	151	2123	3	170	—	—
1985	122	427	62	217	3179	4	201	—	—
1986	148	518	77	231	3917	12	460	—	—
1987	185	740	92	276	4166	36	621	—	—
1988	183	768	46	140	4196	32	792	19	104
1989	181	634	96	353	4510	45	1095	22	126
1990	189	661	102	308	5030	49	1193	33	185

二、客 运

域内每至药材庙会，“商贾云集，轮蹄辐辏”，客运业尤为发达。

明清时，载客多为骡马轿子车，亦有牵驴驮客者，据药王庙碑文记载，清嘉庆二十三年（1818），城关即有永盛号车行，店主张凤舞；同治十二年（1873）有仁义车号；光绪年间（1875—1908），有张家、王家、郝家等载客车行5家。

民国2年（1913），安国至定县有来往载客轿车（木制，比大车小，有车篷）13辆，庙会期间营此业者甚多。民国7年（1918），始有汽车客运，时有客车2辆，专驶安国、定县间。民国20年（1931），国民政府军驻防安国、定县等地，以军用汽车开办瑞丰汽车公司。因道路坎坷难行，专搭乘客，不载货物，来往于保定、深泽、束鹿、天津、定县、南宫等地。同时，县城还有既拉运旅客又开店的轿子车店。字号有耿家店、福顺店、二合店、兴隆店、二顺店、小康店、东增盛店、和昌店等9家，一般每家有轿子车3～5辆不等。民国25年（1936），县内汽车公司有万国雪佛来、道济牌长途客车3辆，分23人、19人、5人座，往返天津、保定、定县。七七事变后，药商和其他商户迁津，客运业随之衰败。

中华人民共和国成立初，冀中运输公司定县支公司，组织由定县开往安国班车，每天对开1次。1951年，县成立运输站，安国—定县客运班车日对开2次。1954年增到4次。1961年，建西关汽车站，每日有开往保定、天津、石家庄、前磨头的班车。1968年，因武斗客运停止，定县来车只达小五女站。此间，出现“二等”车，即在自行车尾架缚一木扶手，驮运客人，每千米0.3元左右收费。当时县城附近村民从此业者不下百余人。1970年，为扭转不正常运输局面，成立县联运指挥部，客运好转。1973年，汽车运输站迁东关定河路、保衡路交会处。随着药市恢复发展，到安国经营药材的客商逐渐增多。1984年，每天过往客车80辆，域内乘客600余人，可直达天津、北京、沧州、石家庄、保定等大中城市。是年，谢庄村民谢礼明，购1辆45座大型客车，专行大五女至沧州间，随后个体客车大量出现。个体车不设站台，招手即停，服务热情周到。同时，出现个体出租的三轮车、高级小轿车。1989年10月，为便于管理，将原来在站外发车的个体客车统一安排进站，车站提取7%服务费。到1990年，从域内发车的有98辆大中型客车，过往客运达152辆次。主要线路有安国—保定、安国—石家庄、安国—定州、安国—天津、安国—北京、安国—阜平、安国—沧州。

三、货 运

中华人民共和国成立前，货运以畜力车为主，货主发运药材、粮食、烟叶等物，皆靠车行包运。清末，有王、李、金、周、杨、张等9家车行，近千辆运输车，主运药材。王家专运辽宁、吉林、黑龙江线；李家专运山东、安徽、湖南、湖北线；金家专运河南线；张家水陆兼营。民国初，始有汽车运输。民国20年（1931）郑合成撰《安国药市调查》载：“因路段不修的缘故，药材输出输入多用大车，至山东潍县和河南彰德、禹州、安徽、亳州、顺德的药货也用大车运输”。当时，县城内有既开旅店又搞运输的永兴、永源、西长兴、西增盛、平安、王家大店和王家店7家“车厂”（即大车店）。运费如表4-11。

1931 年安国县运费一览表

表 4-11

运往地点	保定	彰德	德县	禹州	潍县	黄县（龙口）	亳州	道口	定县
百斤价格（元）	1.2	4.5	4.5	6	6	9	12	14	0.9

七七事变后，因药业衰败，车行停业。民国 36 年（1947），县民主政府在恢复药材庙会的基础上，大力发展群众运输业，有县运输站等公私营转运站 9 家。是年底，冀中运输公司在县城、伍仁桥镇分别建立安国车行、华丰车行、公益车行，部分区村也成立了运输合作社。华丰车行仅两个月，就组织起运输车辆 362 辆，运货 1125 吨。附近定县、深泽、无极、安平、饶阳、博野县的一些农民也加入车行。1956 年，经过社会主义改造，县成立集体所有制的运输社，有职工 108 人，胶轮马车 98 辆。1958 年，县交通局成立汽车队，有汽车 9 辆。8 个公社（含博野县）均建交通运输管理站，有专业马车 500 辆。农忙务农，农闲运输的马车 1500 辆，全年完成运输量 17.45 万吨。1978 年以后，随着工作重心转移到经济建设上来，运输事业加快。1981 年底，县属运输单位增至 3 个，有运输社、搬运站和交通局汽车队，全年运输量 20 万吨。随后出现国营、集体、个体多形式、多层次、多渠道经营局面。到 1990 年底，全县拥有各种货运汽车 513 辆。累计完成运输量 69.3 万吨，周转量 3627 万吨千米。

四、搬　运

明、清及民国时期，有专门承担货物搬运装卸的工人，被称为“扛包的”“卖苦力的”。他们自成帮伙，谓之“脚行”。装卸工具为人手一杠一钩一块青布。城内脚行活动范围多在大药市、小药市和粮行、药庄。伍仁桥、北流罗码头也有常年从事搬运的工人。七七事变前，脚行工人分三种。一是扛运工，多为农忙务农、农闲务工的农民，无组织，多在药市“候活”，只要药商招呼一声“扛来”，便将药包肩扛或用杠抬至指定地点。运资多少，但凭商人给付，鲜有争议。二是装车工，有严密的组织，外人很难加入。装车工多附属各“车厂”。工资分路定价，大致如下：

1936 年安国药市装车工资一览表

表 4-12

路别	定县	曲阳	完县	彰德	保定	关东	行唐	获鹿
单车价（元）	0.6	0.6	0.6	0.8	0.6	2.0	0.8	0.7

三是卸车工，有工会，只允许会员卸车，收入与装车工相近，工资也因路别而定，大致如下：

1936 年安国药市卸车工资一览表

表 4-13

路别	关东	潍县	亳州	德县	邢台	行唐	彰德	完县	保定	获鹿	曲阳	定县
单车价（元）	1.5	1.5	1.02	0.5	0.5	0.5	0.5	0.45	0.45	0.4	0.2	0.15

民国36年（1947），县民主政府组织83名搬运工人成立搬运工会，以南护城河为界，分河南组（47人）、河北组（36人）。1956年，搬运工会定为集体所有制。1958年，工会组织工人大搞技术革新，制造出货物输送机和上垛机。1979年，搬运工会改称搬运站，实行承包责任制。1980年后，随着药业的恢复和发展，药市出现个体三轮车、马车、小型拖拉机、汽车搬倒市场和搬运劳务市场，服务灵活，随叫随到。1989年，县搬运站发展到5部挂斗汽车，改称汽车二队。1990年，货物装卸量达万吨，货运量3500吨，货运周转量56万吨千米，总收入11万元，比1978年增长10多倍。个体搬倒服务市场有脚踏三轮车168辆，马车29辆，小型拖拉机63台，单挂汽车24辆，农忙务农、农闲从事搬倒劳务者1200多人。

五、转　运

民国初期，县城内有“报关行”2家，代客商办理货物报关手续和代办托运、装船等事宜。京汉、津浦铁路建成后，县内有转运行4家，运输车船1200余辆（只），车行还在定县、汉口、天津、营口、禹州等地设立转运站。民国24年（1935），有转运业工会组织。七七事变后，药业萧条，转运业随之衰败。民国36年（1947），冀中运输公司为大力发展运输事业，支援解放战争，在安国扶持建立私营转运行9家，从业96人。中华人民共和国成立后，建县转运站，1970年县成立公、铁、水三路联运指挥部，下设联运办公室，开办转运业务，1981年更名转运站。1983年，保定铁路段在安国开办公、铁联运，同年出现私营转运站。1984年，个体运输户组建安国县志联运输协会。到1990年底，全县有集体办汽车站联运站、安国县联运站、搬运站联运站、汽车队联运站、县社联运站5家；个体办三环运输站、三环转运站2家。这些转（联）运单位均以取货上门，送货到家，改善服务参与竞争。全年货运量2.56万吨，90.67万件。

第四节　公路管理

一、管理机构

清代以前，县内没有专门管理交通的机构。民国17年（1928），县实业科代管交通。之后，民国县政府设建设局分管交通事宜。民国34年（1945），县民主政府农建科代管公路交通，37年（1948）建交通科，编制4人。1949年12月，保定公路管理段在安国建公路管理所，为县内第一个公路专管机构，设所长1人，职工2人。1951年3月，建公路管理站，隶属县农建科。1955年，建县交通科，公路管理站归属交通科。1959年春，交通科更名交通运输局，内设秘书、计财、路政、业务调度四股，下属单位有汽车队、运输社、搬运站和8个公社交通管理站。1962年，撤交通运输局，成立工业交通局，后改工业交通科，1965年更名交通局。是年7月，撤公路管理站，人员并入交通局。1971年，交通局更名交通科，增设交通管理站，与交通科合署办公，1975年复更名交通局。1990年，交通局内设办公室、养路费稽征站、运输管理站，下属单位有养路工区、汽车队、汽车站、搬运站、联运站。全局共有行政管理干部25人，职工370人。

二、公路修筑

民国以前，官道修筑由州衙督办，乡里富绅善士义举筑路修桥者众。民国19年（1930）8月14日，河北省政府颁发《河北省修治县路乡路暂行通则》规定“修治县路、乡路由县政府督率”“各县修治县、乡路得设县路局，经费由地方筹集”。是年9月1日，河北省政府规定县路宽度为8米，乡路3米，县路必设路肩和泄水沟，路修好后由省建设厅派员核验。民国22年（1933），因安国修县路未设路肩和泄水沟，新任县长王汝楷险被撤职。抗日战争时期，抗日军民对公路采取“敌修我破”战略，抗击日本侵略者。民国36年（1947）9月，县民主政府根据晋察冀边区行政委员会和军区司令部“为便于军事行动与商旅运输，对敌伪时期破坏的公路和桥梁要及时恢复”的指示，组织全民普修公路。

1950年，县委、县政府根据中央第一届全国交通会议提出的“结合当地政府，依靠群众办好交通”和“少花钱、多办事”的指示精神，发动4800余名民工义务修路26.6千米。是年，县政府规定公路整修标准：（1）加修公路辅道，宽3～4米；（2）公路两旁开挖排水沟，沟底宽1米，两边坡度1∶1；（3）路面修出路拱，坡度6%；（4）抬高路基，达到路面不存水；（5）公路桥上必须铺土，以利铁轮车通行。1951年，贯彻政务院颁布的《关于整修公路的暂行规定》，全县18～50周岁的男劳力，每人每年出建勤工10个。1955年，根据国务院发布的《改进民工建勤养护公路和修建地方道路的指示》，县规定每个劳动力每年建勤工不超过5个，车、船、畜力不超过2个。乡村建设公路试行民办公助、灾区适当补贴办法。1956年，公路大部分被洪水冲毁。9月21日，县人委采用“以工代赈”办法修复。1956—1957年，共用工2.15万个，修复公路57.4千米，民工收入工赈款12.08万元。同时，修复公路桥涵13座，全长48米，民工收入工赈款4360元。1957年春，为改变县内公路晴通雨阻状况，本着“依靠群众、因地制宜、就地取材和经济实用”的精神，用掺黏土、碎砖瓦和炉渣的办法，对安東、定河路8569米路面进行改善。1958年春，开始铺筑泥结碎石路面，路面材料配比是砂子7/20，石子5/20，黏土8/20，路面宽3.5米，厚20厘米。泥结碎石路面的铺筑使公路晴雨无阻。1964年，开始修建沥青油面路，改善公路阻水状况。在保衡、安東路两条干线上修建钢筋水泥和砖石桥涵17座，全长54.6米，总投资8.5万元。1978年后，商品经济发展很快，人民逐步富裕，县委、县政府采取“民办公助”办法，引导群众发展交通事业。1986—1990年，共投资430.85万元，其中上级拨款81.7万元，干部、职工、农民集资349.15万元，修建地方道路15条，全长111.94千米。

三、公路养护

（一）维护保养

中华人民共和国成立前，县内没有公路养护机构和专职人员。1949年12月，保定专署公路管理段在安国始设公路管理所，有养路工2人。1952年10月10日，按照《保定专区业路村组织暂行办法》，实行义务建勤养护公路。沿保衡、安東路两侧2.5千米左右的10个村庄定为业路村，业路村均建立护路委员会。保衡、定河两路段共建业路村10个。1955年建养路村，定河、保衡、安東3条干线公路段有养路村25个，养护里程58.5千米。1956年，9条乡村公路纳入养护范围，实行养路代表工制。各农业社设养路小组，养路村增到34个，养路人员78人。养路工报酬为每年200个劳动日，年终纳入社内分红。1959年，于3条干线公路旁建养路工房21处，设常年养路工133人，每人月工资24～28元，

30%作为伙食费，剩余部分交队记工。社级公路继续以民工建勤养护，设养路工 25 人，养护里程共 838 千米。1973 年 1 月，建养路工区，设专业养路代表工 50 人，其中定河路 11 人，保衡路 14 人，安東路 15 人，安望路 10 人。1977 年，干线公路和县级公路改由养路工区养护，建东王奇、曲堤、章令、卓头、淤村、新安和安望路道班 7 个，有国家正式职工 28 人，养路代表工 30 人。是年，建油面路桥涵维修队，有 2 吨、8 吨、12 吨压道机 4 台，汽车 1 辆，小拖拉机 10 台。1983 年，县以路容路况好、路政管理好和交通秩序好为内容开展综合治理公路，创建“文明路段”活动。1984—1988 年，定河、保衡路安国段分别被保定地区行署命名为“文明路段”，新安道班被命名为“文明道班”。

（二）公路绿化

1951 年，县农建科发动沿路村民在保衡路、定河路两旁植树，以绿化和养护公路，并明确树权谁栽谁有。1954 年，交通部门雇工在定河、保衡路分别植洋槐 2574 株、柳树 6640 株。1956 年县共青团、妇联、农林、交通等部门联合组织青年在保衡、安東两线义务植柳树 12860 株。1958 年，将全县古坟内 14148 株大、小柏树移植到 85 千米长的公路两旁，不久全部死亡，致域内柏树几乎绝迹。鉴于公路两侧植树成活率偏低状况，1962 年 12 月县人委发出《加强公路和公路两旁树木管理的通知》，规定域内干线公路行道树由公路管理部门种植经营，树权归国有，其他公路谁栽谁受益。调动了沿路社队植树管树的积极性，树木成活率大大提高。1981 年底，对全县公路行道树进行清查登记，共有杨、柳、榆、槐、椿、合欢等成幼树 8.3 万株。1987—1988 年更新保衡、定河公路树木 7370 株，材积 3000 多立方米。

四、养路费征收

直隶省从民国 10 年（1921）开始征收公路捐，县建设局对汽车每辆收月捐大洋 5 元，过往客车每次抽临时捐大洋 1 元。民国 17 年（1928）12 月，根据河北省政府规定，汽车每辆月捐 30 元，马车按运次征收。

1949 年 12 月，公路管理所负责养路费征收，不久撤销，1951 年 3 月重建公路管理所，负责安国、肃宁、博野、蠡县、饶阳、安平 6 个县的公路养路费征收。是年 6 月，执行《华北区养路费征收办法》，安国县因汽车和营运马车较少，征费甚微。1955 年 5 月，执行《河北省公路养路费征收细则》。1979 年 11 月，执行《河北省公路养路费征收施行细则》。1972—1990 年，全县共征收养路费 1049.18 万元。

1972—1990 年安国县养路费征收统计表

表 4-14　　单位：万元

年份	征收额	年份	征收额	年份	征收额	年份	征收额
1972	5.84	1977	22.58	1982	25.6	1987	117.8
1973	6.19	1978	21.09	1983	33.7	1988	114
1974	7.86	1979	22.71	1984	53.4	1989	159.6
1975	15.69	1980	25.73	1985	98.8	1990	176.5
1976	12.58	1981	25.81	1986	103.7		

第五节　交通监理

一、监理机构

中华人民共和国成立初，县内无专门监理机构，监理工作由公路管理站兼，主要对象是畜力车。1958年后，随着机动车辆迅速增加，交通肇事增多，县交通局与公安局联合组成交通监理小组，每年配合地区监理站审验全县汽车、拖拉机等机动车辆和驾驶人员。“文化大革命”期间，车辆管理混乱，无证、无照者增多，恶性事故不断发生。1973年长春全国交通会议后，监理工作逐步恢复，重建交通安全委员会，颁发《关于公路和县城街道管理的通告》，并在县城东关设交通检查站。1976年，交通局设专职监理人员。1977年，建交通监理站，公安局建交通队，兼管交通监理和肇事处理。是年，审验车辆720台（辆），考核驾驶员980人，处理交通事故254起。1984年，监理站增建路检队，有监理人员8人。1986年，交通监理站划归公安局，改称交通警察大队。

二、违章肇事处理

域内发生交通事故，交通监理站（交通警察大队）立即赶赴现场，勘察案情，根据国家交通法规及时处理。平时，交通监理部门采取驾驶员培训、宣传车广播、事故图片游展、沿路书写标语和在事故多发区设置醒目标志等措施进行安全教育，以减少交通事故。

1962—1990年安国县交通事故统计表

表4-15

年份	发生事故数（起）	死亡人数（人）	受伤人数（人）	经济损失（元）	年份	发生事故数（起）	死亡人数（人）	受伤人数（人）	经济损失（元）
1962	17	2	4	—	1977	23	6	30	35000
1963	15	1	2	—	1978	27	5	19	10600
1964	10	1	4	—	1979	24	5	10	11800
1965	12	2	8	—	1980	14	2	7	4300
1966	5	1	11	—	1981	17	7	5	2200
1967	6	—	13	—	1982	14	5	7	5400
1968	9	2	16	—	1983	22	5	11	8650
1969	7	1	5	—	1984	42	7	17	16110
1970	32	—	24	—	1985	35	4	13	12005
1971	43	5	14	—	1986	—	—	—	—
1972	51	7	44	—	1987	29	7	11	52800
1973	36	7	50	—	1988	23	6	10	43090
1974	29	4	9	—	1989	19	4	13	32100

续表 4-15

年份	发生事故数（起）	死亡人数（人）	受伤人数（人）	经济损失（元）	年份	发生事故数（起）	死亡人数（人）	受伤人数（人）	经济损失（元）
1975	11	1	95	—	1990	20	7	14	40000
1976	36	4	14	25200					

附：重大事故选例

1.1973 年 9 月 4 日，韩村大队社员在定河公路上碾压玉米秸造成障碍，定县至安国客运班车为躲避行人紧急制动，车撞行道树，旅客重伤 4 人，轻伤 20 人，客车报废。

2.1977 年 3 月 2 日凌晨，北京华北农大驾驶员金某某驾驶 PI-25095 号大客车，送本校师生及家属 31 人到晋县。行至安束路北章令沙河大桥中心处，司机倦睡，汽车失控，驶上高 20 厘米的人行道，撞断桥拦，冲入桥下河中，造成 1 人死亡、12 人重伤、15 人轻伤、汽车坠毁重大事故。

第六节　水　路

民国前，安国水路交通较为发达。明末清初史地学家顾祖禹《读史方舆纪要》中载“祁州川原平衍，水陆四通”。域内沙河受 16 条沟渠之水，磁河受 11 条沟渠之水，小唐河、孟良河皆受六七条沟渠之水而总汇于潴龙河。沙、磁二河水流不断，由定州南部入境，于军诜汇潴龙河，东注白洋淀，入海河达天津。磁、沙两河来往帆樯不断，运输繁忙。伍仁桥、流罗、张凝（今北章令）、军诜、伍仁村等村沿河开埠屯货，常获舟楫之利。京汉铁路建成前，生产、生活物资交流，中药材集散，多靠水路转运。至民国 20 年（1931），磁、沙两河帆船仍可直航天津。20 世纪 60 年代末，上游水库拦蓄，除汛期外河道断流航运断绝。今水路交通已断绝。

一、水　运

东汉建安十一年（206），曹操北攻辽西单于蹋顿，为便利军运开凿平虏渠，平虏渠由滹沱河下游入沙河，滹沱、沙、磁三河遂互通运输。

北宋真宗咸平五年（1002），镇、定、高阳关三路排阵都钤辖阎承翰因中山（今定州）屯兵甚众，军粮运送艰难，奏请真宗凿唐河渠。此渠自曲阳嘉山始，经定州、蒲阴（今安国）与沙河通，东经边吴泊（安新县西，今湮）入界河，达直沽口。渠成后，不仅解决了军粮运输，还为民间物资交流开辟了新航线，沿河村镇开埠获利，人皆称便。

明正统年间（1436—1439），祁州知州余徽，决壅疏塞，振兴运输，潴龙、沙、磁三河不断帆樯，直达天津，临河码头商贾争集，极为阜盛。伍仁村、伍仁桥、流昌、张凝、军诜等村镇“皆铺头落载之所”。

清光绪十年（1884），疏通孟良河，以舟运盐直达定州。光绪末年，磁、沙二河春涸夏盈，水流不定，汛期方可行舟。清光绪三十年（1904），经营船行运输者 3 家，有船 300 多条。每年约从水路输入钢铁铜器万余件，苇席万余领，煤炭百万余斤，盐 3000 包（每包 500 斤），中药材数百种千万斤以上；

输出土产、棉花百万余斤，中药材薏米、祁艾、山药、菊花、大黄、紫菀180多万斤。

民国初，水路、铁路运输竞争激烈。铁路运价常减，水路运输逐渐萧条。民国20年（1931），直隶水运路线分上西河、下西河、御河、东北河4个区域。安国属上西河区，部分运往天津的棉花、中药材、粮食等物资仍走水路。运往天津的货物，磁河水旺在伍仁桥码头上船，水不旺则南至深泽县，由滹沱漕运，或由保定南关的府河发运。药材由伍仁桥抵天津，一般每百斤需洋2元左右（含一名货主押运员的吃喝费用）。

中华人民共和国成立初，河北省成立航运管理局，在保定设航运办事处。所辖白洋淀—安国线全长134千米，是当时一条主要水上航线。1957年，水运断绝。

二、码　头

（一）北流罗码头

相传，东汉年间由村中富户建立，码头搬运工只用本村人。过往船只十有六七为“倒舶”，即水淀区上口将天津来大吨位渡船装载的货物，倒载于木帆船上行分运各码头。民国初，村人安保忠在码头开设兴隆过货店，常年雇用搬运工20多人，过货店收存放费和手续费，年收入2000～3000元。该村80%农户备有马车从事运输。七七事变前，码头设有官办盐务分发处。20世纪60年代末，沙河断水，码头废。

（二）伍仁桥码头

明代建立。伍仁桥因地处两京古道要津，又有磁河水运之便，商业尤为发达，有“小天津”之称，码头异常繁荣。七七事变前，日过往客货船二三百只。外地舶来芦苇、苇席、食盐、布匹、红糖、纸张及铜铁、瓷器等货物集于此，分销各地。向外发运的货物有中药材、食油、棉花、小麦、大葱、大蒜、烟叶、土布、土线等。航运带起一方运输业。民国36年（1947），伍仁桥附近村庄有运输马车700多辆。20世纪60年代末，磁河时常断流，码头遂废。

三、渡　口

清代，沙河有焦庄、流托、张凝3个渡口，焦庄、张凝为官渡，各有渡船1只，流托有渡船2只。潴龙河有流罗、东马庄两个渡口，流罗渡船为村人安旭彩捐造，东马庄有义船1只。清初郑各庄太学生赵文海施地18亩为渡船费用，到乾隆二十年（1755）仍赖此资摆渡过往行人。民国21年（1932），有明官店、南流、王买、桃里、北章令、焦庄、三岔口（磁、沙、唐三河汇流处）、军诜、刘家庄9个渡口。

解放前，北流罗、东马庄村有渡口组织“桥会”，汛期摆渡，汛后水缓搭草桥供行。费用来源于附近村庄收敛的实物或现款，主用于修船造桥和船工报酬。

民国26年（1937），国民党军队南撤，为防日军追击，将县内渡口船只全部炸毁。1952年，成立县渡口委员会。交通要冲北章令、北流罗两渡口由国家接管。1953年，县投资为北章令、北流罗造木船2只。1957年，北章令渡口造长8米、宽5米大木船1只，渡运载重汽车。1961年，北章令、北流罗、宋村（属博野县）三渡口有船工50人，木船4只。后有水船渡，无水河床行人。1967年、1978年分别建沙河、流罗大桥，渡口遂废。

第四章 邮 电

第一节 机 构

明嘉靖三十七年（1559），域内设5个急递铺，专事传递官方文书。每铺设铺司1人，铺兵10人。总铺设在南关。南路有东固铺、楼底铺，北路有娄营铺、许村铺（今属博野县）。清乾隆十九年（1754），撤娄营和许村铺，增设东路王家庄铺（今属博野县）。

清光绪二十八年（1902）十二月十四日，建祁州邮政代办所，光绪三十三年（1907年）增建伍仁桥、西伯章、石佛、大五女4处邮政代办所。

民国元年（1912），祁州代办所改为祁州中华邮政局（二等甲局）。民国3年（1914），邮政局辖代办所11处：域内有伍仁桥、西伯章、石佛3处；博野域内有程委、程六市、博野3处；饶阳县域内有饶阳、张岗、中佐旗3处；蠡县域内有洪善堡、蠡县2处。民国12年（1923）、15年（1926）、18年（1929）分别设南马、齐村、安国城、张家营邮政代办所。民国23年（1934），在北流罗设信柜1处。民国25年（1936），设五女集（今属定州）代办所。民国26年（1937）9月13日，祁州邮政局由北平邮务区划归山西邮务区，同年10月20日重归北平管辖。民国33年（1944），祁州邮政局降为三等甲局。民国35年（1946）3月23日，县民主政府接管祁州中华邮政局，改建安国县邮政局。民国36年（1947）8月29日，伍仁桥、石佛、张家营、大五女4个邮政代办所改邮政支局。1952年2月9日，建立县电信营业所。12月，县邮政局与电信营业所合并为邮电局，下设伍仁桥支局，其他支局复为邮政代办所。1954年在普及乡村邮政网工作中，除原有大五女、张家营、石佛、西伯章、南马、齐村、安国城7处代办所外，又增设光明街、庞各庄、北段村、郑各庄、中阳、大李庄、宋固、西崔章、张乡9处私人代办所。7月，整顿代办机构，撤销郑各庄、大李庄、中阳、宋固、西崔章5个代办所，其余转由基层供销合作社代办。1956年，统一调整代办所、信报站，按照河北省邮电管理局每隔4～5千米建1个局所的要求，建伍仁桥、淤村、郑章、大五女、石佛5个支局（所），各农业合作社设投递员1人。1969年12月1日，县邮电局划分为邮政局和电信局。邮政局由县革委会领导，电信局隶属县武装部。1973年两局合并，复为邮电局。1981年，县邮电局转隶保定邮电局。1990年，县邮电局下设伍仁桥支局，郑章、淤村、石佛、大五女、南关、西伏落6个邮电所，张乡、西安国城、齐村、西伯章、庞各庄及10个乡镇电话分机室共15个代办所。

第二节 邮 政

一、邮 路

（一）长途邮路

清光绪二十九年（1903），辟祁州至保定邮路，日进出口一个频次，邮件由人力肩运。民国元年（1912）建祁州邮政局后，辟博野、蠡县、饶阳 3 条邮路，邮件由自行车运送，日交换 1 次。民国 22 年（1933），进出口邮件由保定邮路改为定县邮路，日进出口仍为一个频次。祁州邮政局同时办理博野、蠡县、安平、饶阳 4 县邮件转运。民国 27 年（1938），开通安国至保定汽车邮路，全长 63.3 千米，日两个频次。同年新增安国至深泽邮路，东线博野、蠡县邮路延伸至肃宁，均为自行车逐日班。民国 35 年（1946）1 月，晋察冀边区邮政管理局指定安国邮政局为转口局，负责经转安平、饶阳、李亲顾、深泽、新乐、博野、蠡县、肃宁 8 县（镇）的邮件运送。时通邮路 12 条，370 千米。是年 8 月，又开通河间、辛集、献县、深县、旧城邮路。邮件运送由自行车逐日班改为马车逐日班。民国 38 年（1949）4 月，安国局进出口邮件邮路再次由保定改为定县。1954 年，安国局不再担负外县邮件转运，县内邮件委托安国至定县长途公共汽车代办。1965 年，安国局进出口邮件复归保定邮路，邮件由保定邮电管理局邮电专运车运送，每日两个频次。

（二）县内投递邮路

清光绪三十三年（1907），辟祁州至伍仁桥第一条乡村投递邮路，全长 13.5 千米。次年增开祁州至西伯章、石佛、大五女 3 条邮路，全长 38 千米。邮件均由祁州代办所邮差运送，其它代办所负责分发。民国 37 年（1948），全县设乡村邮路 8 条，均为自行车隔日班。1956 年，设邮路 10 条，全长 374.75 千米，信件投递逐日到区，隔日到乡。县城内设市投线 2 条，为逐日班。1958 年，设机要投递邮路 5 条，其中县直机关 1 条为逐日班；县至各区社 4 条，为隔日班。乡村邮路增至 I2 条，均为自行车隔日班。1969 年，改用摩托车投递，全县调整为 8 条邮路。后因道路不佳，车质较差，投递频次不能保证，1981 年复用自行车。同时，增乡村邮路 5 条，增市投邮路 1 条。1990 年，全县有乡村邮路 13 条，全长 576 千米，市投邮路 5 条，全长 100 千米。

二、邮政业务

（一）函件

清光绪二十八年（1902），设祁州邮政代办所时即办理函件业务，主要有信函、明信片、新闻纸，延至民国时期。中华人民共和国成立后，业务项目不断增加。1952 年开办保价函件业务；1954 年开办盲人读物业务；1959 年增加特种挂号业务；1981 年开办国际挂号函件；1988 年增办邮政快件。每年 5 月、9 月安国春秋两届全国中药材交流会前后，信函业务较其他月份增长 60% 左右。1989 年，实行邮政编码和标准信封，为电子计算机检信奠定基础。

（二）包件

自清代开办邮政起，即办理普通包裹业务。随着经济的发展，商包业务量大增，以中草药和中成药包裹业务量为最。民国23年（1934），药类包裹占商包总量的87.6%。民国36年（1947）8月30日，冀中邮政管理局发出《关于安国局与药厂商定为之代售中成药和普通代购中草药的通知》中明确："河间、大城、建国、献县、鄚州、蠡县、高阳、深泽、无极、泊头为代售局，各代售局可直接与安国局开展业务联系。"中华人民共和国成立后，包件业务不断扩大，1982年增办甲、乙两类保价包裹业务，1985年开办代收货价业务，大件包裹和远距离邮寄业务不断增加。1989—1990年，大件包裹达83230件，占总包裹量的70.3%，其中92%是中药材。包裹进出口业务起伏很大，1981—1984年进口111517件，出口130361件，经常加车运送。1985—1988年，进出口包裹基本持平。1989—1990年，进口包裹121213件，出口104688件。

（三）汇兑

民国元年（1912），县内开办小额汇兑业务。民国22年（1933），开始办理电报汇兑业务，邮差送定县邮局转发，汇兑费率5%。民国36年（1947）1月1日，伍仁桥支局开办汇兑业务。1954年，规定每笔汇款最高限额300元，汇兑费率1%，1982年汇款限额上调到每笔5000元，1978年开发汇票10649张，1988年增为87861张。1990年，全县邮电支局（所）均办普通汇兑，除县局办理电报汇兑外，支局（所）只办理电汇兑付。

（四）报刊发行

民国34年（1945）前，报纸由报贩零售。民国35年（1946），县邮政局开办代售、代订《冀中导报》业务。是年3月1日始，推销发行《晋察冀日报》。民国37年（1948）6月15日《晋察冀日报》与《人民日报》合并出版新《人民日报》后，邮政代办所开始代订代售《人民日报》。1949年后，报刊发行实行计划征订。1957年，全县设报刊发行网点18个，1960年增设98个，有社队报刊推销员179人，开展"报刊送田间活动"，报纸发行量逐年增长。1978年后，各类周报、期刊、杂志发行量激增。1988年，全县征订报刊1300种，621万份，其中中医药类58种。1990年，各支局、所均办理报刊发行业务，全县设4个报刊亭（县城3个、伍仁桥1个），8个报刊发行站，159个信报站，有义务报刊发行员230人。

（五）机要通信

民国31年（1942），抗日民主政府的机要信件由武装交通队传递。解放后，县委设机要交通员专事机要文件收发。1957年4月，机要通信业务归邮电部门，设专职机要通信员，机要文件的投递范围仅限于县级党政机关，1958年7月扩大到各公社，1966年缩为县委、政府两个机要室。

（六）邮政储蓄

民国8年（1919）10月15日，祁州邮政局开办储金业务，民国34年（1945）停办。1986年8月30日，县邮电局增办邮政储蓄业务，当年储蓄金额达237663元。是年12月23日，设伍仁桥支局邮政储蓄点。1987年9月28日，南关邮电所开办储蓄业务。全县储蓄金额1988年为179.8万元，1990年达525万元。

（七）集邮

1985年，县邮电局开办集邮业务，集邮爱好者逐年增多。1989年7月1日，成立"安国县集邮协会"（简称邮协），发展会员159人。是年，邮电局设集邮专柜，每次发行500套集邮邮票，不能满足集邮者需求。1990年7月1日，举行邮协成立1周年庆祝大会暨首届邮展。个人藏品中，以祁州镇第一街道居民委员会仝德仁为最。是年，邮协会员达400余人，集邮邮票发行50916枚。

三、邮政设施

明嘉靖元年（1522），县内有递马 14 匹，骡 6 头，全部寄养民间，专供邮传役使。邮传差多，官备递马不足时，雇用民马走递。天启六年（1626），祁州知州郭应响革除马政弊端，递马由民养改官养，设递马 16 匹，不足役使雇用民马。

民国时期，县邮政局租用民房办公，邮运工具主要为扁担，独木轮小车、马车和为数不多的自行车。办公用具只有日戳、墨盘、算盘、木杆秤、木柜和分信台等。

中华人民共和国成立后，邮政设备不断更新和增加，运输工具逐步向机械化迈进。1952 年 2 月，在县城南关建电信营业所门市部。1965 年，有投递自行车 10 辆。1969 年，建城内邮电局营业门市部，配摩托车 6 辆。1989 年，兴建 4 层邮电综合楼，建筑面积 2860 平方米。1990 年，邮电系统拥有房屋建筑面积 8399 平方米，汽车 2 辆，摩托车 4 辆，自行车 37 辆。

1954—1990 年部分年份安国县邮政业务统计表

表 4-16

年份	函件		包裹		汇兑		机要		报刊发行		邮政业务总收入（元）
	收发件数（件）	业务收入（元）	收发件数（件）	业务收入（元）	汇兑票数（张）	业务收入（元）	收发件数（件）	业务收入（元）	发行总数（份）	业务收入（元）	
1954	363131	295775 千元	17081	139071 千元	6508	13066 千元	—	—	470604	55655 千元	503567 千元
1955	418140	338900 千元	16040	137071 千元	6919	14024 千元	—	—	517136	64363 千元	554358 千元
1962	531147	62493	16333	32738	6402	7120	6985	2160	—	10227	114738
1964	—	33573	—	18094	—	1749	—	1477	—	6978	61871
1965	381931	33453	16288	18133	5928	1637	7098	1524	1298252	8546	63293
1966	—	38218	—	17452	—	2864	—	1608	—	10730	70872
1967	—	38671	—	16268	—	2912	—	324	—	7847	66022
1968	—	18641	—	8361	—	1239	—		—	2961	31202
1969	—	27963	—	14510	—	2654	—		—	4734	49861
1970	—	40223	—	20326	—	3672	—	115	—	8791	73127
1971	—	44961	—	16972	—	3498	—	319	—	12849	78599
1972	1124226	39738	54475	23314	63171	3772	2352	266	—	16443	83533
1973	—	42073	—	26922	—	4201	—	189	—	15015	88400
1974	—	40616	—	26584	—	5079	—	293	—	14986	87558
1975	—	40327	—	39530	—	5613	—	176	—	16523	102169
1976	—	36220	—	29561	—	5115	—	84	—	16692	87672
1977	—	42402	—	51659	—	7893	—	249	—	16486	118689
1978	416200	36937	31810	47499	10649	6942	464	500	262078	17000	108878
1979	536323	41185	35202	38657	9638	5976	588	200	2764859	17100	103118

续表 4-16

年份	函件		包裹		汇兑		机要		报刊发行		邮政业务总收入（元）
	收发件数	业务收入（元）	收发件数	业务收入（元）	汇兑票数	业务收入（元）	收发件数	业务收入（元）	发行总数	业务收入（元）	
1981	1534117	42162	60533	61842	64013	12041	559	600	2289336	29000	145645
1982	1625202	41450	52808	67481	62595	12372	527	600	2133807	21000	142903
1983	1591260	43458	57191	84237	60853	15222	152	1350	2200753	20431	164698
1984	1388812	42312	55787	86238	61313	86237	723	227	2866151	27018	242032
1985	1978348	199433	56485	88031	68256	87426	588	182	3147036	42417	417489
1986	1844666	219000	58716	92762	71886	89963	515	185	5117436	48315	450225
1987	1805182	104140	26778	176927	68657	84310	539	177	4412960	54446	420000
1988	2059014	137263	70455	258397	87861	93626	398	120	6210941	78986	568392
1989	810596	100036	49816	402711	23995	60474	441	128	4315841	91279	654628
1990	697071	105656	7129	564817	25616	72427	331	177	4011696	96289	839366

第三节　电　信

一、电　报

（一）有线电报

民国 22 年（1933），县内始办电报汇兑邮转业务。1950 年开办普通电报业务，电话传至定县电信局拍发。1957 年，安装莫尔斯电报机 1 部，开始自办电报收发业务。1958 年，增加电传机 1 台，电报业务有较大发展。1985 年，随药业发展，电报成为沟通信息的主要通信途径之一，业务量与日俱增。1986 年，增装安国至保定双工电路自动电传机 2 部，1989 年又增 BDD-002 型中英文自动译码机 3 部、电传机和自转设备，直接插入石家庄局自转。电报高峰期为药材交流会期间，日均收发 1200 余封，90% 为药业内容。

（二）无线电通讯

1966 年，河北省邮电管理局拨给县邮电局 15 瓦无线电台 1 部，用于收发报业务。1985—1990 年，县公安局、交通局、工商行政管理局、水利局、人民银行等单位先后配备无线电对讲机，除县内通信外，还可通过地区各专业差转台，进行全区范围内通话。

（三）传真

1983 年，县委办公室安装中文传真机，租赁安国至保定专用电话线路 1 条，以电话预约方式，与地委机要室互相收发传真电报。1987 年，县公安局亦配备有线中文传真机 1 台。1990 年，县政府办公室配备微波无线传真机 1 台。

二、电　话

（一）长途电话

民国 34 年（1945），冀中七专署在药王庙南侧建立电话站，安装 50 门日式磁石交换机 1 台。冀中第七军分区在舍二村张家大院安装 1 台 20 门中天式磁石交换机。先后开通安国至博野、蠡县、高阳、安新，安国至肃宁、饶阳，安国至深泽、无极、藁城，安国至安平、饶阳，安国至之光（今清苑县），安国至定南（今定州南部）共 6 条长途电话线路，均为党政军机关所用，全长 250 单线杆程公里。民国 38 年（1949）8 月，分区党政军机关迁往定县，架通安国至定县长话线路，电话站仍设在安国，负责分区与县长途电话接转。1952 年 2 月 9 日，分区电话站撤销，建立安国县电信营业所，仍使用原分区电话站的 50 门日式磁石交换机。同时，拆除大部长话线路，只保留安国至安平、安国至深泽 2 条，并开始对外办理长途电话业务。同年 4 月，新增 1 台南京磁石交换机。1955 年 2 月，随着行政区划调整，拆除安国至安平、安国至深泽 2 条长话线路。翌年，伍仁桥、大五女、石佛、郑章 4 个支局开始办理长话业务。1958 年，开通安国至保定长话线路 4 条，1960 年增开安国至保定载波电路 3 条。1983 年，安装安国至保定 12 路载波机 1 部，开通高 12 路、低 12 路载波机各 1 部。1988 年，开始办理特快电话业务。1990 年，共开通使用长话线路 19 条，其中通保定 12 条，石家庄 3 条，博野、蠡县各 1 条，县公安局至保定，县农业银行至保定专线各 1 条。全县各邮电支局（所）都办理长途电话业务。

（二）市内电话

民国 34 年（1945）8 月，县抗日民主政府利用缴获侵华日军的 1 台日式人工 50 门磁石交换机，在县城十字街南一宅院建立电话站，始办市内电话业务，装电话 20 余部，仅服务于党政机关。1952 年，于南关大街路东建电信营业所，增机扩线，用户增加。1954 年，改用 105 门中天式磁石交换机，用户增至 83 户。1957 年，增装 100 门中天式磁石交换机 1 台，市话达到 103 部，架空明线 10.2 杆公里。1958 年后，线路、网点逐步增加。1978 年，县邮电局自行研制 101 型 1000 门准电子自动交换机，1980 年 7 月 19 日开通使用，市内直通县局的电话改手摇为拨号。1986 年，市内安装第一部个体电话机，之后个体安装者增多，原有容量不能满足用户需要。1988 年，新增 100 门中天式磁石交换机 1 台。1990 年，市话线路 60 杆公里，架空电缆 38.7 皮长公里，安装市内电话 482 部，其中祁州药市 58 部。县医院、公安局、燃料公司各装内部分机 1 台。

（三）农村电话

民国 24 年（1935），全县设有 12 门小型交换机 4 台，电话 29 部，农村电话杆路长 134 公里，全部为民国县政府通往各区、部分乡的电话。民国 34 年（1945）架设安国至伍仁桥原兴商店电话线路 12.5 杆公里。中华人民共和国成立后，农村电话逐步发展。1952 年，4 个区公所（伍仁桥、石佛、小营、大五女）与县电信所架通电话线路。1956 年，河北省邮电管理局在伍仁桥、大五女、北段村、庞各庄试办农村电话交换点，安装中天式磁石交换机 5 台 150 门，架设农话杆路 105 公里，线路 196 对公里，全县装电话机 91 部，28 个乡通电话。1958 年，贯彻“全党全民办邮电”的方针，采取邮电部门和公社两种经营方式，20 个公社均装磁石交换机，单线杆程达 426 公里，农村电话用户 252 户，实现了社社（公社）队队（大队）通电话。“文化大革命”开始后，农话设备受损，至 1968 年 5 月乡村电话全部中断。是年 10 月，县邮电局整修线路、设备，埋设县局至石佛、庞各庄、南仕庄 3 个公社塑料电缆 70.97 沟公里。1969 年，埋设县局至伍仁桥支局电缆 14.5 沟公里。至 1970 年，全县各村恢复通话。之后，郑章、石佛、庞各庄、西伏落、大五女、南关6个邮电所，全部更新、埋设地下电缆，总长117.35沟公里。后因部分电缆质量差，经常断路、串音，伍仁桥、郑章改换明线。1980年后，通村电话逐渐减少。1990年，邮电部门经营管理的交换点有伍仁桥、郑章、淤村、西伏落，乡镇经营管理的15个。农村电话中继线有县城至各乡（镇）的明线12条，杆路57公里，线路114对公里，电缆58.4沟公里，皮长81公里。

1954—1990年部分年份安国县邮电局电信业务情况统计表

表4-17

年份	电报		长途电话		市话		农村电话		电信业务总收入（元）
	份数（份）	收入（元）	次数（次）	收入（元）	户数（户）	收入（元）	户数（户）	收入（元）	
1954	—	37274	—	97959	32046	—	—	167279	—
1955	—	38520	—	118500	—	32901	—	—	189921
1962	—	18505	28568	13461	—	11912	—	—	43878
1964	16600	10460	—	14968	—	11829	—	26544	63801
1965	16500	7182	24012	15572	159	10791	91	31871	65416
1966	10600	9180	25000	31973	166	14496	100	37597	93746
1967	13058	14103	43457	28706	206	15989	110	21125	79923
1968	—	2601	—	5074	—	10758	—	2082	20515
1969	—	1739	—	3536	—	10003	—	4185	19463
1970	—	6938	—	9241	—	13945	—	10333	40457
1971	—	7507	—	8608	—	14505	—	14265	44885
1972	—	9502	—	11400	—	15934	—	17994	54830
1973	—	11746	—	12437	—	17664	—	22428	64275
1974	—	11602	—	11046	—	16754	—	19936	59338
1975	—	16047	—	15542	—	15716	—	22330	69635
1976	—	11062	—	7480	—	15491	—	15036	49069
1977	—	12763	—	8390	—	15513	—	16114	52780
1978	20788	14784	28392	15910	224	16339	71	71813	118846
1979	28528	20019	35142	23559	236	18103	53	19333	81014
1981	36919	26939	40647	30424	219	34796	50	11583	103742
1982	32410	25415	39459	35196	233	36447	58	15137	112195
1983	43046	38446	46977	42207	246	42400	56	16073	139126
1984	51971	92563	59658	65833	305	49403	52	20286	228085
1985	66149	117908	67073	82857	319	58891	58	23061	282717
1986	66070	122244	68464	97376	384	77167	60	26158	322945
1987	36443	159227	73474	139665	421	92888	67	49212	440992
1988	136634	234798	24730	19559	467	119093	75	68488	617908
1989	108775	199405	86473	263087	505	134900	113	81622	679014
1990	108678	206603	117767	329809	493	145517	123	85325	767254

第五章　城乡建设

第一节　县城建设

今安国县城原为郑德堡，隋开皇六年（586）于原城堡基础上建义丰县城。唐、宋时期均有增修。金代于城西侧筑西城，元代加修原东城，使东西两城合为一体，建成周长6里的方形城。明成化二十年（1484），知州童潮征役筑城墙，高5丈，下宽2丈，上宽1丈，建东、西、南三道城门，城墙四角各建一角楼。后三门外均建外门，成瓮城。崇祯年间（1628—1644）将内外6道城门改以砖砌，清代又有加修。同治三年（1864），于各瓮城内建役室，住员司城门启闭。民国27年（1938）6月，安国县抗日总动员会发动群众拆毁城墙。1949年城区面积为2.3平方千米，建筑面积约15.09万平方米。中华人民共和国成立初，于城外缘兴建工厂，扩建学校、医院等设施，城区面积扩大。1959年，修筑总长8000米的东、西、南、北4条环城路。城区以南护城河为界，形成棋盘式结构。至1969年，城内建筑面积扩展至31.19万平方米。1985年，开始实施城镇规划委员会制定的《祁州镇总体规划》，城建步伐加快。到1990年底，用于县城建设的投资达1.1亿元，城区面积扩建为7平方千米，建筑面积达869602平方米。

一、街　道

旧县城内的主要街道，为元代建方城时形成。明代，安国药业已具规模，南关成为药材交流的中心场所，街市异常繁荣。城内南有迎恩、状元、中书等街，东有承流、兴贤等街，西有宣化、富民等街。逢年过节，春秋两季药交会期间，临街门堂店铺，悬灯结彩，满街映辉。清代有南北走向的主街道1条，名大街；小街2条，按方位分别称东小街、西小街；东西走向大街2条，一条正对东门，称东大街；一条正对西门，称西大街。民国时期，县政府正对南门大街称县政府大街；县政府大街东西各有南北街1条，东名东大街，西名西大街；十字横街正对东门为建设街；县政府前横街正对西门，东段称关岳庙街，西段称棉花市街；南北向南大街为中山大街，大街东西各有南北向小街1条，东为和平街，俗称东后街，西为奋斗街，俗称西后街。各街道宽度为1.8丈，路身高出地面1尺。民国26年（1937），城内设清道夫6人，专事修整街道，清除污物。街旁设水缸，按时洒水，以保市容整洁，县政府还命令沿街各户在街道两旁栽植槐树，美化环境，以壮观瞻。

1953年，设清洁工11人，主要街道设拉圾箱35个，配有洒水车2辆。是年，首次在南北大街安装白炽路灯29盏。1957年，撤洒水工人及喷水车，设专人负责组织居民清扫街道。1958年卫生运动掀高潮时，每天清扫街道4～5次。1965年，县人委组织各机关、企事业单位干部职工在主街道两旁栽植洋槐树。1966—1976年，由祁州镇医院组织清扫街道。

1968年，将南北大街裁弯拓宽，铺筑县城第一条沥青油面街。1970年，先后将府前街、东后街、南关东大街等街道铺设沥青油面。1971年，府前街安装路灯15盏。1979年，成立祁州镇环卫队，招收临时清洁工 17 人，管理人员 3 人，县财政拨款 2 万元，置房 5 间，建化粪池 1 座，购小四轮拖拉机 2 辆。1980 年，因工人工资得不到保障，环卫队解散，房屋设施倾圮。1983 年春，再次发动干部职工街旁植树，并实行挂牌标名，谁栽谁管。同年建县环卫所，办公地点设在县防疫站，设管理人员和清洁工 23 人，配有汽车 1 辆，置垃圾箱 13 个。1985 年，按照《祁州镇总体规划》，将府前街由 12 米拓宽至 35 米，沿街多建 2 层以上楼房。同时，拓建北环路，并在北环路北新辟祁州药市，建成东西大街 4 条。府前街、东环路、北环路、祁州药市各街栽植了杜仲、国槐、龙爪槐、红花洋槐、松柏、菊花、月季、冬青等药树、观赏树和药材花卉。逢国庆节、五一国际劳动节和春秋安国药交会，分别在汽车站十字街、物资局南十字街、祁州药市设置花坛，点缀药城。1986 年，拓宽南北大街桥南段，沿街两侧改建为仿古建筑，与药王庙古建筑群交相辉映。是年，祁州药市 5 条街，物资局街，车站至煤建公司门口全部安装高压钠路灯，府前街、南北大街也更新为高压钠灯。1987 年，东环路拓宽至 40 米，扩建祁州药市，新辟东西大街 3 条。1989 年，拓宽南北大街桥北段，沿街多建 2 层以上楼房。1990 年，县城有主要街道 6 条，全长 11280 米。各街道共有路灯 105 盏，照明线路总长 7200 米。县环卫所迁至祁州药市北端，增至 56 人，负责城区主要街道清洁及卫生监督、收费。配有机动车 10 辆，其中小四轮拖拉机 5 辆，翻斗垃圾车、货车、摩托车、洒水车、清槽车各 1 辆，固定资产总值 30 万元。年收取卫生管理费 10 万余元。

1990 年安国县城街道一览表

表 4-18

街道名称	起止点	宽（米）	长（米）	路面结构
东环路	种子公司—交警大队	40	3100	沥青石子
西环路	南环路西端—西关路口	35	2100	沥青石子
北环路	西关—安中—东环	35	1200	沥青石子
南环路	西环路南端—轧花厂	35	1200	沥青石子
府前街	西关—县医院	35	1500	沥青石子
药市一街	安望路—东环路	18	560	沥青石子
药市二街	安望路—东环路	18	560	沥青石子
药市三街	安望路—药市管委会	18	280	沥青石子
药市四街	安望路—药市管委会	18	280	沥青石子
药市五街	安望路—东环路	18	560	沥青石子
新北环路	安望路—东环路	35	560	土　路
物资局街	祁州商场—新北环	35	800	沥青石子
南北大街	祁洲商场—石桥	20	800	沥青石子
商业步行街	石桥—南环路	16 ～ 18	1000	沥青石子
民主东后街	府前街—肖街	8	800	沥青石子
民主西后街	府前街—食品公司	8	700	土　路
城隍庙街	南北大街—东环	12	560	土　路
肖　街	商业步行街—东环	10	560	水泥石子
建设街	府前街—南大寺小学	8	800	水泥石子
教育路	商业步行街—西街	8	650	土　路
东大街	肖街—祁州镇五金厂	6	800	水泥石子

二、公共建筑物

宋代以前，城内主要公共建筑物有衙署、寺庙等。元初，副元帅兼祁州刺史贾文备主持修建了衙署和文庙。明清时期又有增修，衙署占地73亩，并增建书院、多种庙宇和牌坊等。至清末，县城内有药王庙、关帝庙、南大寺、崔府君庙、文庙、城隍庙等寺庙7座，学校3所。民国初拆庙兴学，南大寺、关帝庙改为学校，沿街新建牙纪局、警察局等办公设施。民国6—18年（1917—1929），先后在城内大街、东关、西关建教堂和教会医院。1949年后，逐渐拆除大部分庙宇、旧衙署、牌坊等建筑物，至1965年兴建了剧场、电影院、县医院、百货公司、供销社、邮电局、棉纺厂、轧花厂、针织厂、制酒厂、制药厂、化肥厂等娱乐、营业场所、厂房、中小学校，及县委、县人委办公房等公共建筑，1974年建县招待所2层楼1座。1979年后，大中型公共建筑逐年增多，特别是1985年以后幢幢高楼拔地而起，至1990年用于办公、营业、娱乐、教育等方面的大中型公共建筑达69座。

1990年底安国县城主要公共建筑一览表

表4-19

建筑物名称	坐落方位	开竣工时间（年．月—年．月）	建筑面积（平方米）	层数（层）	结构	投资（万元）
药交会大楼	府前街南侧	1985.5—1986.3	1900	主5局6	砖混	34
新华书店楼	南北大街中部西侧	1985.8—1986.9	—	3	砖混	8
饮食服务公司	东环路十字路东侧	1985.8—1986.9	1500	3	砖混	23
安国中学教学楼	北环路西段南侧	1985.6—1990.12	4500	5	砖混	67
经委经销公司楼	保石公路西侧	1986.9—1987.6	1800	3	砖混	65
农科公司楼	北环路南侧	1986.10—1987.6	900	3	砖混	33
农技中心楼	安望路西侧	1986.11—1987.9	2500	3	砖混	50
房管所楼	南关南北大街西侧	1984.5—1986.9	6000	2	砖混	80
粮局直属库楼	北环路中部南侧	1985.8—1986.10	1328	3	砖混	52
农排公司农机营业楼	东环路西侧	1986.10—1987.4	3520	3	砖混	20
养路工区楼	府前街车站东侧	1987.3—1987.12	1145	2	砖混	13
天主教堂	北环路南侧安中院内	民国年间	—	2	砖木	—
县人民礼堂	商业步行街东侧	1954	1414个座位	1	砖木	—
县医院住院部	府前大街东端南侧	1958—1959	5700	2	砖混	30
县医院门诊部	府前大街东端北侧	—	1500	2	砖混	—
化肥厂车间	西环路中部东侧	1958	2000	1	砖木	—
印刷厂车间	西环路中部东侧	1958	950	1	砖木	—
制药厂车间	南环路中部南侧	1959	—	1	砖木	—
制酒厂车间	商业步行街北端东侧	1958	—	1	砖木	—
机械厂车间	西环路北部东侧	1959	—	1	砖木	—
制药厂生产楼	南环路中部南侧	1982	—	3	砖混	—
食品公司门市部	南北大街南部西侧	1989—1990	800	2	砖混	17

续表 4-19

建筑物名称	坐落方位	开竣工时间（年．月—年．月）	建筑面积（平方米）	层数（层）	结构	投资（万元）
工人俱乐部	南北大街中部西侧	1984.8—1986.3	804	3	砖混	14
祁州药材种子站	物资局街北端西侧	1975—1976	1300	主3局4	砖混	50

三、居民住宅

中华人民共和国成立前，城内居民住宅多自建或租赁。1949 年，全城居民住宅面积 5.09 万平方米。之后，城内农民以自建私宅为主，非农业人口以居住公产房为主。1979 年始，为解决居民住房拥挤，采取国家、集体、个人多方集资建住宅，至 1990 年县城居民住宅面积达 53.6 万平方米。

（一）公产房

房产管理所管理的公产房　民国 34 年（1945），县民主政府接管教堂、庙宇、县署、学校等公产 13 处，计有房屋 1162 间，同时接收空地 18 块。民国 36 年（1947）土地改革时，没收地主房产 82 处，房屋 3303.5 间。1964 年，县人委依照《国务院批转国家房产管理局关于私有出租房屋社会主义改造问题的报告》精神，对县城内出租房屋超过 100 平方米的 96 户，495 间房屋，收归公有（1984 年根据有关政策，向 2 户退回 10 间）。是年底，房产管理所管理的公产房共计 4611 间，其中居民住房 2743 间。房管所除对接收房屋拆旧建新、维修改造外，还新建一批居民住宅。到 1986 年，房管所管理的公产房达 5544 间 77622 平方米，其中居民住房 3520 间 49280 平方米，年收租金 5.3 万元。1961 年以前，租赁公产房每间每月 1 元。1962 年，将公产房分三等收取租金，甲等 0.12 元／平方米，乙等 0.09 元／平方米，丙等 0.07 元／平方米。1973 年，将机关、企事业单位占房租金提高到 0.3 元／平方米。1987 年，开始住房改革，至 1989 年将零星、不易管理的 400 间公产房按每平方米 40 ～ 80 元售给个人。

企事业单位自建自管职工家属宿舍　1983 年后，部分企业利用利润留成款建职工家属宿舍。至 1986 年，新建和利用弃用的办公室、仓库等改建职工家属宿舍 276 间 4380 平方米。1987—1990 年，5 个单位将 380 间 6840 平方米住房售给职工。

（二）私房

明、清两代及民国前期，除本地居民自建住宅外，外地药商亦于县城内租（购）地建房，用以居住、营业。租地期满，房产归宅地主人所有。中华人民共和国成立初，城内农民和有房产的非农户建少量住宅，1963 年洪水后，被毁私人住宅大部分翻新。1970 年后，部分干部职工买地建私房，县委、县革委曾严加制止。自 1979 年始，祁州镇所属街、村向村民发放宅基地，围城住房大量增加。1985 年后，干部职工个人建私房 93600 平方米。1986 年和 1989 年房产管理所采取预收买主资金的办法，筹资 450 万元，分别于南关、东关和西关建独院式二层居民商品住宅楼 232 套，总建筑面积 13265 平方米，以每平方米 110 ～ 185 元售给居民。至 1990 年底，全城共有私房 33 万平方米。

四、排水　供水

（一）排水

元、明、清时期，城内主要排水设施为 1 条深 1.5 丈、宽 4 丈的护城河和 10 余个大小不等的坑塘洼地。街道排水依靠地面自然排泄渗漏。民国初期，主要街道两侧建砖筑排水沟，日军侵占后排水沟被破坏。中华人民共和国成立初，缺乏统一规划管理，一些坑塘洼地被征用填平，遇有雨水，除主要街道能排泄外，其它街巷雨水和生活污水多靠自然渗漏和蒸发，污染严重。1972 年，县政府拨款 16355 元，修筑物资局街南口至西关和师范附小至东关宽 0.6 米、深 1 米的砖砌敞口排水沟。1973 年，县政府投资 17300 元修筑南关、东大街宽 0.6 米、深 0.8 米的砖砌水泥盖板排水沟，全长 513 米。1974 年，修筑石板胡同至小药市，南关南端至药厂宽 0.6 米、深 1 米的砖砌水泥盖板排水沟 2 条，总长 900 米。1985 年，按《祁州镇总体规划》铺设西关至县医院直径 1 米的排水主管道，长 1430 米。至 1990 年，共投资 33 万元相继铺设了南北大街、建设街、祁州药市、东环路等排水管道，全长 4000 米。其他街道仍为自然排水。大药市、东大街、石板胡同、公安局家属院等居民区的排污问题日渐突出，雨季污水四溢，冬季泥泞满道，严重影响交通和环境卫生。

（二）供水

1958 年以前，城区生产、生活用水主要靠人工提取地下井水。1958 年，县化肥厂建成第一座工业供水塔。之后，造纸厂、机械厂、制药厂、制酒厂、针织厂、棉纺厂等也相继建起工业供水塔。1969 年，城内居民开始使用压水机提取地下水，并于大药市建 1 座机井水塔，供附近居民用水。部分靠近水塔的机关、工厂和居民开始安装自来水管道，以后逐年增加，但因缺乏统一规划管理，用水得不到保障。1985 年，按《祁州镇总体规划》修建城内第一条供水干线——府前街供水管线。1986 年，建自来水公司，利用新打机井 6 眼和一些企事业单位原有机井 34 眼，分区供居民生活用水。至 1990 年底，共铺设自来水管道 1.2 万米，用户 3200 余户，95% 的居民吃上了自来水，日用水量约 6000 吨，其中生活用水约 1500 吨。

第二节　集镇建设

明代，安国城（今西安国城）、大五女、伍仁桥、娄家营四镇建有城堡。清末，东镇移石佛，北镇移西伯章，均建寨墙和护寨沟。20 世纪 40 年代，因张家营村地处 5 县（安国、定县、博野、望都、清苑）交界，县北贸易中心遂移张家营，相继建木材、牲畜等专业市场和商业、服务业配套建筑。1949 年后，四集镇不断建设，规模扩大。1958 年，取消镇建置，1980 年后先后恢复镇建置。县内各集镇尤以伍仁桥、大五女、石佛建设步伐较快。

一、伍仁桥镇

明代，镇四周有城墙，设东、西、南、北 4 道城门，门外为四关。镇南靠磁河，明万历二十六年（1598）二月建万寿桥（贵妃桥），至万历二十九年（1601）竣工，随之建起万寿坊、三忠阁、九龙碑、三教庵等。该镇由此名声大振，庙宇、栈店等逐年增多。清同治元年（1862），在万寿桥北建砖石结构牌坊 1 座，居中镌石“祁南雄镇”。清末，城墙圮，四门尚存。主要街道为南北大街 1 条、小街 2 条、东西小街 2 条，沿街两旁多建栈店铺肆。镇内及四关建有三霄庙、文昌宫、关帝庙等。1958 年拆除城门，将原宽 5 ～ 6 米的南北大街拓至 8 ～ 10 米，后于主街建礼堂、供销社门市部、邮电局营业所等砖木平房建筑。1970 年，南北大街铺筑沥青路面。1979 年，将南北大街拓宽至 12 米。为解决集日交通堵塞问题，1986 年南北大街又拓至 25 米。为保护古建筑万寿桥，于万寿桥西另建一桥，镇北亦建一桥。该街全长 1285 米，路两侧安装路灯，设绿化带。1987 年，新辟宽 18 米、长 560 米的东西街 2 条。1979—1990 年，沿街建砖混结构平房门店 8000 平方米，2 层以上楼房 21 座，计 6000 平方米，1986 年于镇西建 1 座 1 万平方米的市场交易大棚。镇内为自然排水，供水以机井和压水井为主。

1990 年伍仁桥镇区主要公共建筑一览表

表 4-20

建筑物名称	坐落方位	竣工时间（年）	建筑面积（平方米）	层数	结构	投资（万元）
工商储蓄所楼	南北大街	1988	550	3	砖混	5
镇医院楼	南北大街	1987	1500	2	砖混	12
百货大楼	万寿桥北路东	1985	600	2	砖混	10
邮电支局	南北大街	1986	800	1	砖混	12
税务所	南北大街	1986	300	1	砖混	5
工商所	市场内	1986	300	1	砖混	5
农贸市场	东西大街	1986	6000	—	—	5
粮站	安東公路东	1982	2000	1	砖混	30
镇政府	安東公路西	1976	600	1	砖混	7
村委会楼	南北大街	1987	600	3	砖混	9
镇中学	东西大街南	1970	829	1	砖混	8
村小学校	东西大街北	1970	900	1	砖混	9
变电站	安東公路西	1975	200	1	砖混	25
电影院	南北大街	1958	500	1	砖木	5
农业银行信用社楼	十字街南	1986	600	3	砖混	10
信用社营业楼	东西大街	1990.5	180	2	砖混	7
汽车站	南北大街	1990.12	100	1	砖混	4

二、大五女镇

明代，镇四周筑有土城墙，设东、西两道城门。外围有护城河。清末，镇内有祠堂、庙宇、栈店门铺等建筑物，设有粮食、牲畜、土产杂品等市场。民国初，拆除庙宇，改建学堂。民国 36 年（1947），拆除城墙。主街道两条，东西大街长 900 米、宽 6 米；南北大街长 450 米、宽 5 米。1955 年后，相继建公社、粮站、供销社、食堂、信用社、中心小学、医院、大队卫生室、汽车站、拖拉机站、铁厂等办公、营业、生产用等公共建筑。1978 年，东西大街铺设沥青石子路面。之后，街两侧建成 2 层以上楼房 16 座，建筑面积 5000 平方米。1990 年，东西大街拓至 20 米，两侧栽植龙爪槐 280 株，安装路灯 26 盏。镇内为自然排水，供水以机井和压水井为主。

三、石佛镇

唐代，镇内建占地10亩的天齐庙。后历代多建庙宇，至清末有奶奶庙、老君庙、武道庙、观音庙等10余座。主要街道4条，其中东西街2条，各长1500米；南北街2条，各长700米。民国期间，拆毁大部分庙宇，主街两侧建药店、杂货铺、饭馆等，镇中心建有警察局、保卫团等。1960年后，东西大街两侧新建中小学校、粮站、食品店、兽医站、卫生院、税务所、工商行政管理所、农业银行储蓄所、邮电所、信用社、供销社、礼堂等公共设施。2层以上楼房10座，建筑面积2500平方米。1986年，东西大街拓宽至20米，铺筑6米宽沥青石子路面。1987年，投资8万元建罐式供水塔3座，供镇区居民生活用水。镇区排水为自然排泄。1990年，全镇总建筑面积35万平方米，比1949年增长近1倍。

1990年石佛镇区主要公共建筑物一览表

表4-21

建筑物名称	坐落方位	竣工时间（年）	建筑面积（平方米）	层数（层）	结构	投资（万元）
食品站	东西大街	1977	120	1	砖木	1
兽医站	东西大街	1977	120	1	砖木	1
卫生院	兽医站东	1974	380	1	砖木	3
税务所	卫生院西	1977	120	1	砖木	1.5
银行营业所	镇政府对过	1990	230	2	砖混	9
供销社	镇政府东	1989	270	2	砖混	9
信用社	镇政府东	1988	230	2	砖混	6
邮电所	镇政府东	1983	60	1	砖混	0.3
礼堂	镇中部路南	1981	1200	1	砖木	13
中心小学校	镇政府东	1971	1272	1	砖木	14
镇中学	镇政府东	1960	2550	1	砖木	37
工商管理所	镇政府东	1986	210	1	砖木	3.5
粮站	镇政府东	1965	3300	1	砖木	14
镇政府	东西大街	1987	536	2	砖混	6

第三节　村庄建设

一、村民住宅

中华人民共和国成立前，农村大部分为低矮土坯房，多由自己制坯，请工帮建，遇大雨或洪水，易坍塌。少数富户以砖、木、瓦建房，宅大屋高，甚为华丽。1949年，全县农村约有住房18.4万间。1956年和1963年水灾后，农民多建戳斗砖房。20世纪70年代，多建里坯外砖的卧板砖房（俗称假卧板）。80年代，砖木结构平房居多，同时出现砖混结构住房，水泥预制构件逐渐替代椽、檩、梁、柱等木料。1990年，曲堤、北七公、东长仕、观音堂、郑章、郑村、大五女、伍仁桥等67个村建住宅楼

720幢，全县农村住房达34.86万间。

二、公共设施

（一）街道

域内大部村庄为自然形成，街道宽窄不一，直斜并存。1958年后，有些村庄拓街展道，裁弯取直，村容村貌发生很大变化。多数村街道安装路灯，沿街植树木。部分村庄对街道维护管理不善，路面高洼不平，遇雨泥泞难行。

（二）公共建筑

农村公共建筑，旧有村公所、祠堂、庙宇、水井、桥梁、戏楼等。民国初，将大部分庙宇改为学校。1949年后，逐渐拆除祠堂、庙宇，兴建学校、卫生院、敬老院、烈士碑、仓库、工副业厂房和大队办公室等。特别是1985年后，许多村庄兴建了教学楼、村委会办公室、自来水供水设施等。至1990年，全县农村建成教学楼28座，烈士碑亭122座，礼堂3座，供水塔罐114座。

三、重点村庄建设选介

（一）海市村

海市村原分为前、后海市，占地597.6亩，房屋陈旧，院落大小不一，街道极不规则，遇雨泥泞难行。1980年，规划并动工，将前海市67户迁后海市，同时改造后海市，1985年完成搬迁。至1990年底，新建住房18排368套29440平方米。其中太阳能采暖房35套2800平方米。改造后的海市村占地537.6亩。建成东西街3条，长800米，宽分别为8米和11米；南北街7条，长460米，各宽7.5米。1980—1990年，该村用于公共建设投资达42万元。计有砖混结构的村委会办公室7间200平方米；二层砖混结构的太阳能教学楼1座，建筑面积600平方米；罐式水塔2座，自来水管道通至家家户户；主街道一侧架设输电线路，安装路灯84盏。

（二）霍庄村

霍庄村原占地320亩。1984年，全村开始向村北沙滩搬迁，1986年迁完，旧址垦耕。新村占地615.45亩，其中500亩为沙滩地。建有房屋13排550套4.4万平方米。新村呈长方形，南北街道13条，各长373米，中心街宽16米，其他宽11米；东西街道12条，各长1100米，其中11条宽8米，中心街宽16米。街旁院内植杨树4万余株，320户院内有小机井，潜水泵提水，余为压水机。搬迁同时，建村委会办公室、供销社分店、储蓄所、学校、烈士碑等公共建筑，建筑面积4100平方米。

（三）河西村

河西村旧址占地204亩。1978年，开始向村北沙滩搬迁，1989年迁完。新村占沙滩地250亩，建房屋10排230套，多为里坯外砖的砖木结构。新村呈长方形，南北街4条，各长350米，其中3条宽7米；东西街10条，各长550米，其中9条宽8米，中心十字街宽13米。街道两侧植杨树万余株。迁村时，建村委会办公室10间350平方米；学校1所，教室17间，建筑面积1500平方米；罐式水塔2座，自来水管道通至各户。

第四节　建筑施工

一、设　计

清代及以前，域内建筑大、中型寺庙、桥梁，由匠人制造模型。一般民房、祠堂和小庙则相互模仿，由掌作师傅现场指挥。民国年间所建基督教堂、天主教堂均为传教士带来图纸。1959 年，县建筑队设专职设计人员 3 人，进行一些小型设计。大、中型建筑采用外地图纸或请外地设计部门设计。1981 年，县建筑公司配备专业设计人员。1987 年，县城建局建立设计室，技术级别为国家丁级，配有土建、水、电、暖预算等工程设计人员 5 人，能承担中、小型工业建筑设计和 6 层以下楼房设计。至 1990 年底，先后设计了棉油厂轧花车间、药市东楼、经委综合楼、祁州信用社营业楼、药都饭店楼等 128 项工程。乡镇建筑队技术队伍不断扩大，有专职设计人员 3 人，兼职 14 人。

二、施工设备

1958 年以前，县内建筑工匠只使用锨、瓦刀、锯、凿、刨等手工工具。1959 年，县建筑队配备电锯、打夯机、电刨、搅拌机、振动器等机动工具。1970 年后，县及农村建筑队逐渐配置卷扬机、构件切割机、塔吊、汽车吊、提升机、推土机、翻斗料车等动力机械，脚手架由钢管替代木架。到 1990 年底，全县建筑企业有大、中型机械设备 582 台，小型机械设备 1574 台，总功率 16148 千瓦，价值 1728 万元。

三、建筑技术

域内古代公共建筑庙宇、戏楼等，墙体多为砖石结构，石灰粘接，框架为木质，榫卯连接，顶部为起脊盖瓦、斗檐飞拱。桥梁有的为拱洞结构，有的以石柱为桥墩，平架石板。现存古建筑群药王庙，历经数百载依然完好；万寿桥自明迄今，仍安卧磁河之上。民国年间，西方传教士建造教堂，域内工匠颇受西方建筑技术影响。20 世纪 50 年代建造影院、礼堂、工厂车间等跨度较大工程时，采用木质“人”字梁房屋架和钢木三角架撑顶。70 年代后，大、中型公共建筑大多采用混合沙浆垒砌，预制构件盖顶，或钢筋水泥浇筑。也有的采用钢筋水泥筑成框架结构，再补砌砖的建筑技术。80 年代贴面外装修技术普遍应用。

20 世纪 50 年代以前，房基多筑砖石，以泥粘砌，墙体多为土坯。亦有外立砖（称戳斗）里垒坯者，斗砖以纯石灰膏粘砌（俗称带刀灰）。这种墙体较厚，二三尺不等。门窗上方木（俗称过木）盖顶，框架为柱、梁、檩结构，每根梁用 2 根立柱支撑（俗称四梁八柱），檩于梁上以榫卯连接，上架木椽，铺苇箔，压湿土（俗称苦累土），盖麦秸泥，砘实，抹细泥（多为烧后的炕坯土，沥水性较好）。50 年代后，墙体渐薄，戳斗房体多为一戳砖一横坯一贴坯；70 年代“假卧板”房体为一板砖一横坯，砖体为沙灰浆粘砌，坯衬为土泥粘砌。门窗口多为拱形，亦有用水泥、砖“平砌”者。房顶以煤渣、石灰锤面（俗称打沙皮）。地面多铺砖。80 年代，房基多以灰土夯实，墙体渐为全部砖砌，水泥勾缝，根部和顶部均用水泥、石子、钢筋浇筑圈梁，前檐有用水泥板出檐者，亦有用挑梁托预制板成“厦架”者。室内地一般为水泥抹成，亦有水磨石或镶嵌地板砖、马赛克地面。玻璃门窗越来越大，一般宽为2.4～3米。前墙多装修水刷石、马赛克、瓷砖、涂料。

四、建筑材料

砖瓦多产自县内，20世纪70年代中后期，平板瓦多购于高阳县。80年代，除使用县内所产机制砖外，亦使用望都、清苑、深泽、定县等地机制砖。旧时，建房所用木料为地产杨、柳、榆、槐等，70年代后多用东北松木。细沙于县内挖取，大砂和石子、石灰从定县、曲阳、满城、正定、获鹿等地购进。除使用部分县水泥厂生产的水泥外，其余均用唐县白河、曲阳、获鹿、望都、藁城等地水泥。钢材由国家计划调拨和县物资部门自采供应。瓷砖、马赛克多由定县购入，水泥预制空心板、檩条，多产自县内，部分购自博野县。室内涂料多于县内配制。

第五节　环境保护

一、环境污染

中华人民共和国成立前，县人以传统方式生产、生活，环境污染较轻。人为影响大气质量的因素，主要是植物秸秆燃烧释放的烟雾，但影响不大；四季气爽风清，空气透明度较高。饮用水污染较普遍，多因水井无盖和距厕所、猪圈、垃圾较近。中华人民共和国成立后，随工农业生产向现代化发展，环境污染日趋严重，1958年，县棉纺厂、造纸厂、针织厂、制酒厂、制药厂、化肥厂、机械厂、砖厂等相继建成投产或扩大生产规模，废气、废水、废渣（简称“三废”）大量排出，污染县城空气和水源。1981后，乡镇企业迅速发展，农业机械化程度亦普遍提高，“三废”排放量剧增。县造纸厂污水流入厂外沉淀池，悬浮物沉淀后腐烂发臭，蚊蝇孳生。化肥厂、制酒厂、造纸厂的废水直接排入沙河灌渠，大部分渗入地下，造成水源污染。针织厂印染废水渗入地下，造成厂内水井铬含量超标。县植保公司分装农药造成空气污染，致使附近树木干枯。县磷肥厂酸雾污染，亦致附近树木枯死。1985年，县城建局调查了环境污染情况。

（一）废水

1985年，全县废水集中在造纸、织染、酿造、卫生、医药5个行业，年排放量129.906万吨，其中造纸业年排污水60.33万吨，占排污水总量的46.83%；其次是织染和酿造业，各排污水26.42万吨，余为医药、卫生行业，年排污水分别为8.95万吨和6.673万吨。所排各类污水分别占废水排放总量的比例为：有机废水67.46%；含菌废水4.84%；含硫废水1.15%；冷却废水26.4%。

1985 年安国县废水污染物统计表

表 4-22

区域	行业	悬浮物（吨）	化学需氧量（吨）	酚（吨）	硫（吨）	石油类（吨）	碳（吨）	合计（吨）	占总量（%）
县城	造纸	787.19	530.69	0.3106	3.52	2.3	0	1324.01	73.82
	轻纺	0.91	2	0.00055	0.014	0.11	0.00022	2.31	0.14
	酿造	145.51	163.29	0	0.15	0	0	308.95	17.23
	卫生	5.71	12.27	0	0	0	0	17.98	1.01
	合计	939.32	708.25	0.3112	3.684	2.41	0.00022	1653.98	92.24
	占总量（%）	52.385	39.495	0.02	0.21	0.13	—	—	—
农村	造纸	43.5	92.8	0	1.91	0.13	0	138.34	7.76
	占总量（%）	2.43	5.19	0	0.12	0.02	0	0	—
合计		982.82	801.05	0.31	5.594	2.54	0.00022	1792.31	—
占总量（%）		54.815	—	44.685	0.02	0.33	0.15	—	100

（二）废气

1985 年，全县废气污染单位 21 个，年排放废气 20002.7 万标立方米。其中，燃煤废气 19921 万标立方米，工业废气 81.7 万标立方米。县城废气排放量为 11242.79 万标立方米，占废气排放总量的 56.2%，仅制酒厂即排放废气 4106.21 万标立方米，占排放总量的 20.53%。

1985 年安国县废气污染物情况统计表

表 4-23

行业	排污量（吨）	其中（吨）				占总量（%）
		烟尘	一氧化碳	氮氧化物	二氧华硫	
建材	830.16	81.59	476.56	122.95	149.06	49.7
化工	24.75	1.94	15.41	2.66	4.74	1.48
造纸	134.11	10.1	83.89	14.52	25.6	8.03
轻纺	109.42	8.59	68.21	11.81	20.81	6.55
卫生	60.54	3.95	38.28	6.63	11.68	3.63
酿造	379.57	28.74	228.33	39.5	83.00	22.73
医药	129.52	10.16	80.74	13.98	24.64	7.76
重工	1.94	0.14	1.21	0.32	0.27	0.12

（三）废渣

1985 年，全县废渣年排放量 8111 吨，主要集中在酿造和建材两大行业。酿造业废渣主要是酒糟，建材业废渣主要是炉渣。两项年排放 8098 吨，占排放总量的 99.84%，其中酒糟 4615 吨，炉渣 2141 吨。

（四）噪声

噪声主要为工业和交通运输的机械噪声。县城内汽车、拖拉机日流量达 7000 余车次，噪声强度常达 50 ～ 60 分贝，车辆高峰时达 90 分贝以上。工业噪声以棉纺厂和针织厂强度最高，厂内声源强度分别为 55 ～ 102 分贝和 102 分贝，厂区附近噪声强度达 55 分贝和 64 分贝。

（五）农药污染

20 世纪 50 年代始，域内使用有机氯农药渐多，品种有六六六粉、滴滴涕等。60 年代后，普遍施用有机磷农药，主要品种为 1059、1605、3911、敌敌畏、甲胺硫磷等。有机磷农药对环境污染严重，粮果菜中含残留毒物。农药拌种，飞禽被大量毒死。80 年代后，多用高效低毒的菊脂类农药，污染有减。

二、污染治理

中华人民共和国成立初，大规模爱国卫生运动中，把治理水污染作为一项重要内容。拆除距水井 30 米以内的厕所、猪圈，垫平污水坑，清除垃圾，有效地治理了水污染。20 世纪 80 年代后，县政府将工业“三废”治理纳入工作日程，要求各单位按照《中华人民共和国环境保护法》，加速污染治理。一些企事业单位的锅炉安装了除尘器，对排空废气进行净化处理，县造纸厂开挖沉淀池沉淀废水悬浮物。制酒厂等企业对酒糟、炉渣等分别用作饲料和建筑材料进行处理，处理率达 100%。1985 年，经对 21 个“三废”排放大户调查表明，废水、废气净化远未达到国家标准，年排放量达 2.01 亿立方米的废气，净化处理率仅为 0.6%，废水中的有毒物质未采取滤除措施。县环保部门提出污染控制建议和治理措施，限于经济条件，进展缓慢。1989 后，县委、县政府下大力治理污染，取得显著成绩。

第六节　城乡建设管理

一、管理机构

民国时期，城乡建设由建设科管理。民国 34 年（1945）县民主政府设两名专职人员管理房地产。1949 年，房地产管理工作移交财政科，设房产管理股。农村建设用地由农建科兼管，1960 年归属民政局。1973 年，成立城建办公室专管城镇建设。农村建设用地由农林局管理，下设土地管理股。1984 年，城建办公室归属计委。1985 年，成立城乡建设局，下设城建监察管理中队、环保股、设计室、质检站、工程股、规划股、办公室、房产管理所，共有干部职工 152 人。1987 年 6 月，成立县土地管理局，下设地政股、建设用地股、监督检查股、信访股、宣教股、办公室和房地产开发公司，共有干部职工 32 人。各乡镇设专职或兼职土地管理助理员 1 人；村设土地管理领导小组，村委会主任兼组长，另有组员 3～5 人。至 1990 年未变。

二、规划管理

（一）城镇规划管理

中华人民共和国成立前，城镇建设随意性很大，无严格的规划管理措施。1958 年，县人委制定《安国县城关总体规划（草案）》。1984 年 7 月，成立安国县城镇规划委员会，年底完成《祁州镇总体规划》编制工作。1985—1989 年，县政府先后颁布《实施祁州镇总体规划的布告》《加强规划管理的若干规定》《城镇管理暂行办法》《市政管理细则》《建筑市场管理规定》《拆迁补偿安置办法》等文件。1985—1990

年规划实施期间，共拆迁400余户1.6万平方米；拆除违章建筑10处500平方米。城镇建设逐步实现按规划进行。

（二）农村规划管理

中华人民共和国成立前，村民多在自家旧宅和园地内建房，无统一规划。20世纪70年代前，社员建宅由生产队统一规划。70年代改由大队规划管理，多数村庄在村边新建“排子房”。1983年，县城建办公室举办两期村镇规划培训班，学员205人。10月，各公社确定一名副主任兼管规划建设管理工作，生产大队成立建房领导小组。1984年，全县农村均制定了总体规划，绘制了现状图和规划图，农村建设基本按规划进行。

附：安国县建筑工程公司

安国县建筑工程公司系隶属于县城建局的集体企业。1953年2月成立，始称建筑工会，职工8人。1956年，更名建筑队，1959年更名修缮社，职工300人。1971年，改名建筑工程队，1981年更名建筑工程公司，1986年评定为三级建筑企业。1990年，有工程师1人，助理工程师4人，技术人员874人，工人平均等级4.5级，配有大、中型机械设备94台（件），能承担12层以下民用建筑和36米跨度的工业建筑工程。县棉纺厂车间、电影院、县医院门诊楼、安国中学教学楼等为该公司所建。

第五编
经济总情

第一章　生产关系变革与经济体制改革

第一节　农业生产关系变革与体制改革

一、私有制农业经济

两千余年的封建社会中，一直沿袭私有制农业经济。其特点是作为主要生产资料的土地占有相差悬殊，兼并严重，地权高度集中在地主阶级手中，而广大农民却占有极少土地。据民国 22 年（1933）统计，全县 41007 户农户中，占有土地 10 亩以下者 18435 户，10 亩以上 30 亩以下者 8943 户，30 亩以上 50 亩以下者 6709 户，50 亩以上 100 亩以下者 4745 户，100 亩以上者 2166 户。民国 35 年（1946），全县共有地主 285 户，占有土地最多者 700 余亩，少者 100 ～ 200 亩。舍二村占全村总户数 14% 的地主、富农占有全村 54% 的土地。庞各庄两户地主占有土地 980 亩，人均占有 23.9 亩，而 87 户贫农人均土地仅 1.5 亩。四区贫农人均土地只有 0.4 亩。地主阶级凭借手中的大量土地，残酷剥削广大农民，其主要手段是出租土地、放高利贷和雇工。

（一）地租

地主将土地租给农民耕种，收取一定的粮食或货币。租制主要有死租、活租、租佃、典当、认差种地、认差带租、租地带工等形式。其中死租制无论丰欠先交租后耕种（俗称“上打租”），租额一般为常年收成的一半左右，高者达 70%。每遇灾年，佃农产粮不够交租。活租制是在收获终结时，佃户按比例向地主交租，一年一算，一般每收获 1 石粮食要交地主 7 ～ 8 斗。货币地租则按土壤肥力和地理位置，先交纳一定租金，一般每亩从 2 ～ 6 元（银圆）到 8 ～ 10 元不等。租佃有长期、短期之分，前者租期以 5 年、10 年、15 年为限，佃户须保持土壤肥力；后者租期 1 ～ 3 年，到期地主收回土地，另行外租，如双方同意，可续租。上述 3 种租制，七七事变前较为普遍。之后捐税横生，负担加重，为逃避负担，地主改变剥削方式，主要取认差种地、认差带租、典当等形式，将修筑碉堡、工事等所有公差同地租联系起来，推给佃户负担。还有一些地主将土地以每亩 1 元的价钱卖给佃户，不立契约，一切负担由佃户交纳，一旦负担减轻，又以原价收回土地。民国 31 年（1942），日军大量修筑碉堡，人力负担甚重，地主便采取租地带工制把地租给农民。佃户除如数上交地租外，每月要替地主出劳工，否则便以收回土地相挟。郭北庄村佃户王某，为保租地替地主出劳工时累死。

（二）高利贷

地主将盘剥农民的钱财储存或买粮囤积，等青黄不接或灾年欠收时借机向农民放高利贷。一般借钱利率为月息1～2分，高者3分，借期1年，不能如期偿还则利滚利，俗称“驴打滚”。另有借期为1月或1集（5天1集）者，俗称“月拨子”“集利儿”。借粮则是借1还2，即春借1斗秋还2斗。借贷须有保人或以房地产等抵押。

（三）雇工

雇工是域内一种较普遍现象。无地或少地的农民，除租种地主土地外，只有靠出卖劳动力，当雇工养家糊口。雇工有长工和短工。用短工临时到市上雇佣，当面言价，活儿完给钱。常日工资2～2.5角左右，农忙时3～5角左右；长工亦称“扛长活”，即全年为雇主干活，七七事变前年工资40～70元不等。有因无力还债而给债主当长工者，以劳抵债。

二、减租减息与土地改革

（一）减租减息

民国33年（1944）冬，抗日形势好转，县委、县抗日民主政府按照中共中央《关于抗日根据地土地政策的决定》，发动群众开展减租减息斗争。全县182个行政村，其中解放区136村，日伪控制11村，两面维持的35村。县委决定：减租减息主要在解放区和部分两面维持村进行，实行“二五减租”。首先在庞各庄、西北马、西伯章、中照4个村试点，总结了3个主要做法：一是通过发动群众，动员租佃户揭发控诉地主盘剥农民的形式和罪状，启发农民的斗争性；二是召开地主、富农座谈会，通过算帐教育他们认清剥削罪恶，偿还农民土地、租粮，减低借贷利息；三是通过谈判和仲裁，租佃户与地主、富农订立租额契约。试点经验向全县推广，贫苦农民通过说理、清算斗争，控诉剥削阶级压榨农民的罪恶事实，将租粮由过去的“六二五”减为“三七五”，并定立3～5年契约，同时追回部分土地和租粮。仅四区22个村庄，就斗争出地主、富农34872亩土地，分给贫苦农民。全县百余户贫苦农民购置了车、马和水车，106个村组建了农民生产互助合作社，入社社员达1372户。减租减息斗争中，优抚军、工、烈属1272户，发放优抚粮17.15万斤；救济贫民和贫（穷）抗（属）7312户，发放救济粮66.37万斤，其中贫困农民3020户，粮 24.61万斤，贫抗户4292户，粮41.76万斤。

民国34年（1945）11月，按照中共中央和冀中区党委关于在新解放区发动一次大的减租运动，以激励大多数农民群众革命热情的指示精神，根据上次减租时日伪盘踞县城，大部分村减租减息不彻底，有明减暗不减，地主夺租夺佃，部分农民退土地、退物等严重情况，县委发出《关于开展查租减租反黑地的指示》，制定了有关政策：一、坚决落实“二五减租”，减轻农民负担，改善农民生活，提高农民生产、支前的革命热情。二、过去实行过减租减息的老区村庄普遍进行查租、追租和清算复仇，新解放区要清算近一二年来违反减租减息的额外剥削。对地主、奸霸之非法盘剥，以粮款和土地还债，并重新订立租佃契约。三、通过群众自发控诉、清算斗争，对地主、奸霸除留给一部分生活设施和用品外，没收其土地、财产。四、对瞒地瞒租的地主、富农，让其全部补还差额，并根据群众意见酌情处罚，补还或处罚款物分给抗属、贫农或作发展合作社基金。运动全面展开前，县委、县民主政府首先选群众基础较好的庞各庄、伍仁桥、西伯章等村为示范村。民国34年（1945）12月上旬，全县形成反奸反霸高潮，受尽压迫和剥削的农民纷纷控诉、揭发地富、汉奸、恶霸横行乡里、鱼肉百姓、草菅人命的累累罪行。12月8日，数万群众聚集南关药王庙，举行斗争地主兼资本家卜湘大会，县民主政府当场决定将其盘剥人民的土地、财产归还人民。民国 35 年（1946）3 月，查租减租反黑地运动结束。共查出黑地 92775 亩，清算追补大批粮、款、木材、家具、牲畜等物。此次斗争，全县彻底实现了“二五减租”，借债月息由 3 分减为 1.5 分。

运动中，由于政策教育不够，致使个别区、村出现偏差。如有的村没有地主、富农，就斗争清算新富农、中农，侵犯了中农利益，这些问题，后均按政策及时纠正、平反。

（二）土地改革

民国 35 年（1946）5 月 4 日，中共中央发出《关于清算减租及土地问题的指示》后，县委决定进行土地改革（简称土改）。经过一段时间宣传，8 月县委召开区、县干部参加的土改会议，随后举办贫民代表土改培训班，培训 440 名土改骨干。

9 月，县委成立土地改革运动委员会，土改工作分三步进行。第一步，广泛宣传，搞好示范，培训干部和土地登记；第二步，组织阶级队伍，确定斗争对象，进行清算斗争，动员地主献田；第三步，分配斗争果实，调解纠纷，订立契约。9 月 28 日，县、区和村干部组成的土改工作队进驻土改示范村庞各庄。经过发动群众对地主进行斗争、教育和谈判，全村 19 户地主向农民献田 1479 亩。400 余户农民从地主手中取得土地。10 月 10 日，县委、县民主政府在庞各庄召开区村干部参加的献田大会，庞各庄土改经验在全县推开。至 11 月 26 日，据 56 个村统计，2.8 万余名农民参加了说理清算斗争，没收地主土地 1.75 万余亩。

民国 36 年（1947）9 月，全县完成土改的村 178 个，占总村数的 96.7%；54148 人参加土改斗争，占总人口的 26%。据 6 个区统计，共斗争汉奸 144 户，恶霸 65 户，地主 124 户，军阀官僚 25 户，共斗出土地 46442.35 亩，房屋 937 间，粮食 259895 斤，大车 3 辆，水车 18 架，牲畜 74 头，树木 870 棵，现款 10553.737 万元，及大批农具、家具、衣服、布匹等。这些胜利果实，分给 16762 户无地少房和生活困难的贫、雇农、中农和烈军属、荣退军人，村留部分作为发展农业生产合作社基金。此阶段的土改，由于政策本身的局限性和发生部分干部偏袒地主，未进行彻底，还错斗中农 81 户，伤害了团结对象。

《中国土地法大纲》颁布后，开始了彻底的土改运动。中共冀中区九地委将安国定为土改试点县。首先开展了“搬石头”运动，将县主要领导调离安国。成立由地、县干部 9 人组成的土改委员会，行使县委职权。随即派土改工作队进驻北都、齐村、庞各庄、西桃等 16 个村试点。试点中，在广泛宣传土改政策的基础上，通过支部党员大会、贫雇农大会和群众大会成立贫农团；停止村党、团活动，收回村干部和民兵的枪枝弹药；停止地主、富农党员党籍；宣布搬掉阻碍农民彻底翻身的绊脚石，土改运动由贫农团直接领导。到 11 月，全县包括 16 个试点村在内的 25 个村平分了土地。

12 月 15 日，各村进驻土改工作队，平分运动由点到面在全县展开。斗地主、反奸霸、伸冤仇、搞清算、查地亩、定阶级，土改运动如火如荼，迅猛异常。至年底，全县斗争地主、恶霸、军阀、官僚 737 户，斗出土地 13202 亩和大批现洋、粮食、农具等浮财。至民国 37 年（1948）1 月，土改基本完成，全县人均土地 2.55 亩。

民国 37 年（1948）2 月，进行土改复查。纠正土改中“左”倾错误。通过复查，斗争了漏斗地主，纠正错定成份 318 户，对被侵犯利益的 100 多户中农退回没收财物并赔礼道歉，500 余户中农分得了土地。复查中，仅南段村、北段村、曲堤、北娄等 5 村查出隐瞒黑地 1240 亩。11 月，复查结束。土改复查的同时，公开整顿基层支部，纠正了“搬石头”中的错误，给一些老党员恢复了名誉，农村基层支部陆续恢复活动。

民国38年（1949）2月，历经3年多的土改运动结束。1.67万余户无地少地农民获得土地和浮财。县政府给全县48877户农民颁发了土地房产使用证。从此，几千年的封建剥削制度被彻底推翻。

三、农业合作化

（一）互助组

土改后，农民初得土地，生产情绪高涨。一家一户在自己的土地上耕种、收获，基本解除冻饿之苦。但土地及其他生产资料的私有制，仍制约着生产力发展，加之抵御自然灾害的能力非常低下，两极分化难能避免。民国34年（1945），郑家庄王洛合建起的互助组，克服了一家一户难以克服的困难，县民主政府大力向全县推广。民国37年（1948）9月4日，冀中行政公署颁布《发展保护与奖励农业生产的七项办法》，明令保护合作互助组织，给以优良技术、优良工具、优良籽种、杀虫药剂及贷款等多方面支持。合作原则上，实行不分阶级，不拘形式，自觉自愿，等价两利。是年，出现男工换女工、人力换畜力、技术换劳力、长工换短工等10余种低级形式的互助合作组织1500多个。

过渡时期的总路线提出后，互助合作进入有计划、有步骤、有领导的稳步发展阶段。1952年末，县成立合作指导委员会，各区乡设专职干部，加强对互助合作的具体指导。根据县内互助基础较好的情况，按照"自愿互利、典型示范和国家帮助"的原则，以发展长期性互助组为重点，号召党团员、干部带头，从经济、政治、物资、技术等方面以鼓励和支持。到1953年底，全县长年互助组发展到2585个，季节性互助组减至5074个。互助组并未改变所有制性质，土地及其他生产资料仍然私有，仅在劳动用工方面互助合作，产品完全由原主自由支配。长年互助组，年底按土地用工和劳动力出工算帐，用工多而出工少者，给用工少出工多者经济补偿，以工找平。季节性互助组，以季节结束用工找平。临时互助用人工畜工一事一平。

（二）合作社

初级社 1952年末，县合作指导委员会在甄庄村组建刘新建初级农业生产合作社，作为试点示范，翌年全县推广。在互助组的基础上，一般20～30户组成一社。实行入社自愿，退社自由，土地折标准亩作股入社，由社统一经营；车马农具等生产资料作价入社，私有公用，折工计酬，集体劳动，评工记分；产品按土地和劳动比例分配。

1954年，根据中共中央《关于发展农业生产合作社的决议》精神，举办"互助合作训练班"培训骨干，采取抓典型带一般等措施，初级农业生产合作得到较快发展。其间，某些区乡出现违背群众意愿，强行组社的错误做法，受到定县专区专员公署通报批评。为此，县人民政府根据上级指示精神，对已建社进行整顿，加强社内民主管理，建立健全财经、生产计划等制度，推行各种形式的包工制，初级农业生产合作社得到巩固。到1955年春，全县初级社发展到1067个，入社农户占总农户的62%。其中"地四劳六"的社1005个，"地五劳五"的社2个，"地四五劳五五"的社60个。

初级农业生产合作社，一方面保留社员对土地及其他生产资料的所有权，另一方面又实现联合生产和一部分合作占有，既有适当分工分业，又能共同协作，成为生产资料私有制基础上的合作经济形式，比较适应当时生产力发展水平和管理水平，促进了新式农具、优良品种、改土施肥、打井修渠、副业生产等方面的发展，全县粮食产量和副业收入明显增加。但因过分强调共同劳动，忽略家庭在农副业生产经营中的作用和分配上的平均主义等，使经济发展受到一定抑制。

高级社 1955年下半年，全县合作化运动出现急躁冒进倾向。特别是中共七届六中全会后，在肯定

“大发展”和批判所谓“右倾”错误影响下，违背客观实际和农民意愿，实行“一刀切”，强令小社并大社，初级转高级，使合作化变成一场自上而下层层发动的政治运动，全县共并转为63个高级社，100个初级社，入社农户占95%。

成立高级社后，取消土地个人所有权，土地全部归集体所有，牲畜、农具等生产资料全部作价入社，由社分期付给价款；集体劳动，评工记分，取消土地分红，产品完全按人劳分配，以社为基本核算单位；生产队为合作社组织劳动的基本单位，其成员固定，负责经营固定的土地和使用固定的耕畜、农具等；实行日工和包工包产制，对超额完成生产计划者酌情多给劳动日，经营不好完不成生产计划者，酌情扣减劳动日。

是年12月，将全县高级社、初级社统一并转为29个生产资料完全公有的大型合作社。由于转变过快，违背了农民自愿互利的原则，加之规模大，管理水平低，财务制度混乱，窝工浪费严重，以及分配上的平均主义，在一定程度上挫伤了农民生产积极性。

1957年，又将29个大型合作社划分为175个合作社，除城关镇外，多为一村一社。同时整顿干部作风，落实各项管理制度，推行小组常年包工和作物管理包工到户等责任制，生产形势逐步好转，粮食生产、副业生产得到恢复和提高。

四、人民公社

1958年8月25日，全县实现公社化，26日在县城召开庆祝大会。252个高级农业社（含博野县）建成8个政社合一的大型人民公社，干部由国家委派，行政村为生产大队，下设若干生产队，土地等基本生产资料全部归公社集体所有。取消社员自留地和家庭副业，关闭农村集市；生产上实行集体劳动，生活上推行公共食堂制；各社队之间，人力、物力、财力无偿调拨；公社统一核算，以“供给制”代替按劳分配。1959年后，实行统一领导，队为基础，分级管理，权力下放。使生产大队有了一定的生产管理和分配权，但分配计划仍由公社决定。

1962年，实行公社、大队、生产队三级所有，以生产队为基本核算单位，各计盈亏。劳动力由生产队统一安排使用，社员按年龄、体力、技术等状况，评工记分，年底按工分配决算。同时，推行包产到户、小段包工、交款记工等多种办法，生产得以恢复和发展。各生产队在粮食分配上，实行按工加照顾的985个；基本口粮与劳动工分相结合的31个；实行人劳比例的743个，其中“人五劳五”的300个，“人六劳四”的233个，“人七劳三”的98个，“人八劳二”的11个，“倒三七”的4个，“倒四六”的97个。无论按何种比例分配，年终均将各户所分实物的价值与出工工值比较结算，超分者退款，少分者以款补齐。此后，人劳分配比例逐渐拉大。到1965年，1815个生产队实行“人三劳七”比例分配，44个生产队实行“人二劳八”比例分配，39个生产队实行其他比例分配，激发了群众生产积极性。1966年粮食亩产达302千克，创此前历史最高水平。

“文化大革命”期间，强调“以阶级斗争为纲”，将包产到户、小段包工等视为“资本主义”而批判。1969年，推行“人八劳二”“人九劳一”分配办法。到1972年，全县生产队中，实行“人八劳二”者1590个，“人八五劳一五”者205个。这种分配方法，抑制了群众生产积极性。到1977年，人均年收入在40元以下的生产队626个，人均口粮180千克以下的生产队989个，分别占总队数的34.1%和53.84%。从1969年到1979年，农业总产值年均递增仅为5.66%，社员收入年均递增2.65%。

五、家庭联产承包责任制

1978年，开始试实农业生产责任制。在普遍推行包工到人、包工到组等包工制的基础上，县委在东安国城大队棉田进行“定地块、定人员、定产量、定报酬、定奖惩”的“五定”责任制试验、示范，皮棉产量比未实行责任制的西安国城大队提高5倍。

1979年2月6日，县委召开三级干部会议，推广东安国城大队“五定”责任制做法，落实生产中的责、权、利，号召干部群众，以发展农业生产为目的，根据本地实际，实行多形式、多层次的生产责任制，但不能分田到户。至10月底，有1566个生产队实行了以小段包工、定额管理、以产定工等为主的农业生产责任制。

中共中央《关于加快农业发展若干问题的决定》发布后，为加快农业生产责任制的实施，进一步放宽政策，打破不允许大包干的禁锢，县委决定实行以发展农业生产为目的，以落实责、权、利三挂钩为主要形式的农业生产责任制。由于“左”的长期影响，一部分干部群众认为这是走“回头路”，不是社会主义，或心有余悸怕扣“资本主义”帽子，思想不解放，使责任制推行受阻，徘徊不前。基此，县委一班人在统一认识的基础上，召开座谈会、电话会、现场会，大张旗鼓地宣传党在新时期的总路线，要求各级领导必须紧跟形势，转变思想，大胆改革，把主要精力放在研究和推行农业生产责任制上来。同时，先后举办3期基层干部训练班，培训骨干，帮助生产队解决实行责任制中出现的具体问题，使部分群众“观望”、少数干部“顶牛”状况得到解决，农业生产责任制进程加快。到1980年底，2000多个生产队中，有1851个实行了不同形式的责任制，其中实行统一计划、统一核算、统一分配、统一机耕、统一浇水、联产到劳的1632个；定额计酬、小段包工或季节性包工的21个；包产到户、包干到户的174个；专业承包24个。

1981年3月初，县委抽调机关干部组成6个调查组，由县委常委带队，分片调查各种形式的责任制。通过分析对比认为，包干到户（家庭联产承包）利益直接，责任明确，方法简便，效果显著，为各种责任制中的最佳形式。县委据此作出决定，全面推行包干到户责任制，一定三年不变。4月2日，县委召开电话会议，宣布这一决定，落实包干责任制形成高潮。到1982年底，1523个生产队实行了包干到户，占总数的72.5%；包产到户177个，占8.4%；联产到劳257个，占12.2%；小段包工105个，占5%。工作中，因统筹安排不周，过于强调分，对浇水、耕地等该统的未统，造成机具重复购置，争机抢水现象时有发生，出现浇地难。由于土地承包过于零散，人、物力浪费大，有些村出现班子瘫痪，哄抢集体财产等问题。1983年1月，中共中央发出《当前农村经济政策的若干问题》，规定凡是群众要求实行分户承包家庭经营的都应当积极支持。县委在贯彻中央文件精神，进一步推行大包干责任制的同时，按照“宜统则统，宜分则分，分类指导”原则，抽调119名机关干部组成农村工作辅导队，深入农村帮助解决具体问题。对浇水分别实行大队统管、分组统浇或建立浇地公司等办法，解决农民浇地难问题。对集体的大型机具，包机到人，建立农机协会，实行有偿服务。为稳定农村领导班子，在适当精减人员的基础上，实行固定补贴和误工补贴。按照“大稳定、小调整”原则调整过于零散地块。以上措施有效地完善巩固了农业生产责任制。1984年，198个村全部实行了包干到户责任制，为使农民增加对农业的投入，增强发展后劲，将土地承包期延长到15年。

第二节　工商业生产关系变革与体制改革

一、私有制工商业经济

民国34年（1945）前，域内工商业皆私人经营，厂、店均属个人所有，分独资与合资两种，其中合资的投资者称股东，由股东组成股东大会，监督企业经营。利润按股分红，一般3年一账期，账期满后，方可增、退股。厂长、经理等企业管理人员实行聘任制，为调动其管理企业的积极性，增强责任心，一般均算作人股，比例分红。资方（称东家）一般不直接参与经营，只坐收红利。亦有独资独掌者。但企业的转产、歇业、扩大规模、增置设备等重大问题则由东家或股东大会决定。工人、店员实行雇用制，每月付给工资，其工资额视行业、工种、年龄、技术状况及企业经营好坏数额不等。学徒工只管饭，不给工钱，学徒期间，除本职工作外，兼打水、扫地、干杂活、侍奉掌柜。民国20年（1931年），域内工资最高者为盐业工人，年均135元（银圆，下同），最低者为杂货业工人，年均65元。为取得高额利润，有的雇用童工等廉价劳动力。是年，全县7类民营工业中，雇用童工30人，工资最高者仅每月3元，工作时间一般每日10～12个小时，有的竟达14～16小时，工人必须最大限度地加紧劳作，对厂（店）主绝对服从，稍有不慎即被解雇。由于卫生、安全条件极差及过度劳累，工人病残严重，资方不予负担。

二、手工业社会主义改造

1952年末，根据中央过渡时期的总路线，县内开始着手对个体手工业进行社会主义改造，号召手工业者组织起来，走互助合作的道路。经过广泛宣传发动和深入细致的思想工作，在自愿互利原则基础上，于1953年4月组织起全县第一个手工业生产合作社——木器工业生产合作社，吸收社员19人，生产资料折股入社（股金342万元），利润按股分红。随后，成立由41人参加的棉织生产合作社。1954年7月，根据中共中央《加强对手工业改造的领导》的指示精神，县委成立3人领导小组，下设手工业改造工作组，由县手工业局负责，组建起安国县手工业生产联合社筹备委员会。按照“积极领导，稳步前进”的方针和手工业劳动者自愿原则以及县委制定的先城镇、再农村的改造方案，当年重点组织了铁、木两行的合作组织。到年底，共建成手工业生产合作社（组）15个，发展社（组）员292人，其中手工业合作社4个（棉织社、木业社、翻砂社、烘炉社）。由于只顾组织合作，忽略生产经营和实际需要，不少手工业合作社买不到原料，销不出产品，使手工业社会主义改造受到影响。基此，1955年初，抽调县工商科、县供销社、税务局、银行、药材部等有关部门专业干部和统计人员组成手工业调整办公室，对全县手工业进行详细的调查摸底和分类排队，对那些与大工业争原料、争市场，不符合本地实际情况的行业逐步淘汰。按照“统筹兼顾，全面安排，积极领导，稳步前进”的方针，通过广泛宣传，组织学习会、座谈会等方法，采取供销生产小组、供销生产合作社（统一供销，分散生产，自负盈亏，工具设备仍为社员所有）、生产合作社等形式，对手工业实行由低级到高级，有计划、有步骤的全面改造，对合作社的生产经营纳入计划，原料由国家供应，产品由国家商业包销，贷款优先支持，手工业社会主义改造进入高潮。到1956年底，共组织起手工业生产合作社（组）42个，其中高级形式的26个，共有社员893人。至此，县内基本完成手工业社会主义改造。

三、资本主义工商业社会主义改造

1953年，根据“利用、限制、改造”方针，县内开始资本主义工商业社会主义改造。1954年7月，按照中共中央《关于加强市场管理和改造私营商业的指示》，县成立3人领导小组，下设对私改造办公室和城关、农村两个私营商业改造工作队。在全面调查摸清底码的基础上，首先改造140户经营国家统购物资的私商，其中取缔肉商17户、油商77户、棉布商24户。城关6户棉布商组成联合销售店，16户农村棉布商并入供销社。其次，将私营批发商安排吸收到国营商业，以国营商业批发为主，对零售商采取公私合营、代销、经销、联营、合作、转业等形式进行改造。到1954年底，共改造私商873户1427人，其中公私合营1户，安排经销代销421户，组成合作商店11个，饮食业合作食堂15个，联营小组7个。

改造中因缺乏统筹安排，城乡私商经营出现困难，加之网点减少，造成流通渠道阻塞。为纠正改造中出现的偏差，1955年3月，县委组织力量全面调查私营商业的经营活动情况，采取国营商业让品种，让市场，降低批发起点，实行按对象批发，银行贷款扶持等措施，解决经营中的困难。组织并带动私营商户送货下乡，送货上门，供给农民生产、生活需要，流通渠道得到疏通。

从1955年三季度开始，县私改办公室重点抓了对私营工业企业的社会主义改造，由初期的加工订货、统购包销，逐步转向公私合营。针对县内工业基础薄弱，企业规模小等特点，县私改办公室组成27人工作组，逐户调查摸底，对10人以上企业采取“以大带小，以先进带落后”的办法，按行业先行合并、联营、改组，而后公私合营。合营后，利润分配实行“四马分肥”。10人以下雇工极少的企业，按手工业对待。对经营项目不符合本地实际，不能维持，无改造条件的，使其转业或收其人员，淘汰其企业。到第四季度共合营两个企业，有食品厂（包括6个私营糕点业）、调料厂，联营1个企业（伟中氏药厂与通仁堂组成建华联营药厂）。

1955年11月16日，中央颁发《关于资本主义工商业改造问题的决议》，县内工商业改造由个别企业的公私合营进入全行业公私合营阶段。12月25日，县委组织召开由资本家、工商业主、商贩、手工业者组织起来的社（组）员、工人、工商业家属等1125人参加的全行业公私合营动员大会，宣传解释党的改造政策，号召广大工商业者，认清社会发展形势，自觉积极接受改造。会后，通过学习讨论，广大工商业者对社会主义改造的认识普遍提高，纷纷自愿合并、联营和申请合营，全行业公私合营达到高潮。到1956年3月，共组织公私合营企业9个，同时取消“四马分肥”，实行定息制度，按照“公平合理，实事求是”原则，对义来饭店、合营饭店、安国旅店、日用百货商店（103户组成）、药材批发商店（203户组成）、澡堂、建华制药厂（包括复华、惠康、建华等药厂）等进行清产核资、定股、定息和人事等安排。公私合营后，无论企业盈亏，按核定的私股股额，每年支付资方5%的股息，期限10年，有代价地将私有生产资料逐步收归国有。6月，全县资本主义工商业社会主义改造结束。

四、工商企业体制改革

（一）产品生产调控体制

1956年完成社会主义改造后，开始实行计划生产，除一些重要产品由国家下达指令性计划生产外，绝大多数产品生产仍靠市场调节，所需原材料大部由企业自采（重要原材料由国家计划调拨）。1966 年后，逐步扩大指令性计划范围，除少量小产品外，全部靠指令性计划生产，生产品种、产量由计划部门下达指标，原材料国家调拨，产品由商业部门包销，国家制定价格。1987 年后，实行以计划经济为主、市场调节为辅的发展经济方针，除关系国计民生产品外，其他产品、产量，在国家计划指导下，根据市场情况，由企业自行安排生产。同时，取消产品包销，原材料由计划调拨改为自采，企业由过去的单一生产型变为生产经营型，并允许工商企业开展多种经营和跨行业、跨地区、跨所有制等不同形式的联营。

（二）企业收入分配体制

1957 年前，国（公）营工商企业实行统收统支办法，企业盈利全部上缴县财政，亏损由县财政补贴，固定资产及流动资金由县财政无偿拨付。为鼓励企业生产、经营，建立企业奖励基金和超计划利润分成制度，企业有少量机动财力。1958 年，实行利润留成，企业盈利按照一定比例，分为企业自留和上缴国家两部分。1962 年，取消利润留成，恢复统收统支办法。“文化大革命”中，企业奖励基金被当作“资本主义尾巴”取消，1978 年再次实行利润留成制度，根据企业不同情况，分别实行“基数利润留成加增长利润留成”“全额利润留成”“超计划利润留成”“上缴利润包干，超收分成或留用”“亏损基数包干，超亏不补，减亏分成”“亏损递减包干，减亏留用或分成”“超亏自补”等多种形式。折旧基金也由原来的全部上缴县财政改为 30% 留企业。1983 年，实行“税利并存”制度，将企业过去应上缴国家之利润，按 55% 的税率缴纳所得税；小型企业按八级超额累进税率缴纳所得税。税后利润在保证企业合理留利之后，再按固定比例、定额包干等多种办法上缴财政。1985 年，国营企业实行完全的“以税代利”。同时，对亏损企业由过去的财政补贴改为企业自负；企业发展生产所需资金由过去财政无偿拨付改为有偿信贷；折旧基金由过去留企业 30% 改为全留企业，改变了企业吃国家“大锅饭”的状况。1988 年，按照“所有权和经营权分离”原则，开始实行承包经营制，由县确定承包基数，向社会招标承包，根据“包死基数，确保上缴，超收多留，欠收自补”的精神，保证完成产值、利润、上缴税利等主要指标。

县办集体企业一直实行独立核算，自负盈亏，以八级超额累进税率向国家缴纳税金。1974 年，仿效国营企业管理方式，在本系统内实行统收统支，盈利全部上缴主管部门，所用资金由主管部门拨付。1980 年，恢复独立核算，自负盈亏机制。乡镇企业一般实行独立核算，本乡村范围内共负盈亏。生产责任制后，多数乡镇企业实行承包责任制，在保证上缴乡、村承包任务的基础上，盈亏自负。

（三）经营管理体制

1956 年社会主义改造后，民主议定管理制度，采用计件、计时、记分、固定工资、按股分红等多种计酬方法。1958 年，干部职工全部实行固定工资制，生产不计成本，不讲效益，盲目追求高指标、高速度，企业正常生产经营被打乱。1961 年后，普遍推行三级经济核算，企业管理逐步完善，初步建立起计件、奖金等按劳计酬生产责任制，工人通过职工代表大会制参加民主管理。

“文化大革命”开始后，已经形成的一些行之有效的管理制度被视为资本主义的“管、卡、压”予以废除，按劳计酬的分配方法被当作“资本主义尾巴”而割掉，用“抓革命、促生产”的口号代替企业管理，造成干多干少一个样，干与不干一个样。“文化大革命”后期，规章制度部分得到恢复，但仍以行政手段管理企业为主。通过抓典型、树标兵、学样板及开展批评（批判）等精神手段，激励工人生产积极性。

中共十一届三中全会后，随着工作重点转移，县委、县革委会通过试点，总结经验，于 1981 年起在工商企业内部推行多种形式的经营责任制。1983 年，县政府颁发《关于在全县商业、供销企业全面推行经营承包责任制的意见》，对商业局、供销社企业实行自上而下层层经营承包，其形式有集体承包、职工个人承包和租赁经营。工业企业全面推行岗位生产责任制，任务指标落实到车间班组，工资与经济效益挂钩。

1984 年《中共中央关于经济体制改革的决定》颁布后，县委、县政府以增强企业活力为中心，在全县工商企业中推行“一包”（责任承包）“三改”（改革人事管理、用人制度、经营方式），为企业松绑放权，具体办法为：（1）亏损、微利和经营状况不好的企业，改厂长、经理任命制为选聘或自荐夺标制，选聘招标对象可以是干部，也可以是工人、农民，厂长、经理有组阁权、人事管理权、经营决策权；（2）推行工人合同制，改固定工为合同工，表现不好的工人经教育试用仍不改正可予辞退；（3）改固定工资为浮动工资或其他工资形式，工资奖金随利税增减浮动，多劳多得，下不保底，上不封顶；（4）对小型企业彻底放开，经营主管部门对企业实行一要（经济效益）、二问（经营方针、产品质量）、三不管（用人招工、工资奖励、生产经营项目），对理发、照相、食堂、浴池、旅馆等服务性行业试行租赁经营。1985 年，按照国家统一部署，进一步简政放权，抓紧企业内部配套改革，有计划、有步骤地进行工资、物价、科技、教育体制改革，疏通生产、流通渠道，进一步为工商企业改革清障除卡。县政府确定在化肥厂、针织厂、制酒厂等企业试行分级、分权管理，责、权、利相结合。1987 年，为深化改革，根据县内工商企业具体情况，县委、县政府制定了《国营工业改革五十八条》《集体工业改革十八条》《国营商业、供销社改革的若干规定》，全面推行厂长（经理）负责制和任期目标责任制。在改革企业内部分配上推广了制药厂、棉纺厂、制酒厂、五金公司等企业的销售费用包干、计件工资、浮动工资、百元产值（利润）工资含量等办法，进一步拉开工资档次，打破企业“大锅饭”。中共十三大后，全县大部分企业实行社会公开招标、企业内部招标承包和租赁经营，通过把竞争机制引入承包使一批有真才实学的人走上企业领导岗位。1988 年，工商企业改革以深化企业内部配套改革为重点，83 个县办工商企业全部实行公开招标、竞争承包，企业内部层层分解承包，明确目标任务和奖惩，优化劳动组合。企业活力增强，效益提高。

第二章　经济发展概况

第一节　中华人民共和国成立前经济概况

安国经济向以农业为主体。在两千多年的封建社会中，虽多次实行奖励耕织等鼓励发展生产措施，但封建土地所有制使生产力受到严重束缚，生产方式落后，经济形式单一，抗灾能力低下，粮产不丰，很大程度上“靠天”吃饭，广大劳动人民“糠菜半年粮”，生活异常窘迫。

明中期后，随着全国药材集散地的形成，带动了各业迅速发展，中药材种植、加工，中成药制造，钱业及包装、装卸、转运、经纪等与药业有关行业应运而生，商业服务业渐趋繁荣。清光绪三十三年（1907），药材种植大宗品种有薏米、大黄、蓝靛、紫苏等，年产 10 万斤左右，成药制造品种 500 余种。

手工业以纺织为传统，但多系规模较小的家庭性生产。清末民初，近代工业始萌芽，工艺局、劝业有限公司等纺织企业相继建立，有织机 90 余台，日产各种“洋布”10 ～ 20 匹。乡间生产粗布约 2.9 万尺。民国 20 年（1931），全县从事纺织业 297 户，从业男工 250 人，女工 45 人，童工 34 人，拥有资金 1.82 万元，年需原料 87.66 万斤，年产量 12.84 万匹，总值 27.24 万元。染坊 16 户，男工 106 人，童工 10 人，拥有资金 400 元，年产 2700 匹。另有造纸、造车、制药、制绳等手工业作坊 41 个，从业 240 人。七七事变前，主要农产物为谷子，年产 10 万余石；小麦年产 3550 余石；棉花年产 550 万斤。药材年产大黄 5 万斤，苏叶 3 万斤等。工业除同丰面粉公司、振商织布工厂、伟迪氏制药厂、恒昌号轧花厂等一批使用机器规模较大的厂家外，另有制药、织染、木器、铁器、食品等手工作坊 120 余家。商业有 4480 户，其中药行 4013 户，年输出输入药材分别为 3203 万斤和 3646 万斤，其他商品交易亦颇兴旺，年销洋布 3.5 万匹，煤油 2 万桶，纸烟 1700 箱。全县财政收入 17.57 万元（银圆）。

日军侵占安国后，肆意掠夺，捐税横生，劳役沉重，工厂商店纷纷倒闭，百姓流离失所，经济异常萧条，濒于崩溃。

解放后，县民主政府领导全县人民医治战争创伤，通过土地改革及采取一系列扶植发展工商业的措施，全县国民经济得到恢复和发展。1949 年，全县粮食总产增至 21935 吨，亩产 58 千克，社会总产值 2283 万元，工农业总产值 2146 万元，国民收入 1413 万元。

第二节　中华人民共和国成立后经济概况

中华人民共和国成立后，生产力和科学技术水平不断提高，生产条件逐步改善，国民经济得到迅速发展。1990 年，社会总产值达到 53417 万元（1980 年不变价，下同），比 1949 年增长 22.4 倍。工农业总产值 40895 万元，比 1949 年增长 18 倍，其中农业总产值 17405 万元，比 1949 年增长 18.1 倍，工业总产值 23490 万元，比 1949 年增长 88.3 倍。社会商品零售额 17335 万元，比 1949 年增长 26 倍。1990 年完成财政收入 1820 万元，是 1952 年的 13 倍。经济增长带来人民生活显著改善。1990 年，农村人均纯收入623元，是1965年的13.5倍；全民所有制单位职工人均年工资1592元，是1949年的19.6倍，开始向小康迈进。

一、三年国民经济恢复时期（1949—1952）

此间，通过土地改革，广大农民生产情绪高涨。同时，采取多种办法扶持私营工商业，改善公私、劳资关系，积极组织和发展国营工商业，实行多种经济成分并存的方针，促进了整个国民经济的恢复和发展。1952年，社会总产值5498万元，国民收入3344万元，分别比1949年增长140.8%和136.6%；工农业总产值5213万元，比1949年增长142.9%，其中工业总产值896万元，农业总产值4317万元，分别比1949年增长240.6%和129.3%。

二、第一个五年计划时期（1953—1957）

这一时期，按照互助合作和利用、限制、改造的方针，完成对农业、手工业和资本主义工商业的社会主义改造。在农民自愿互利原则基础上，实行说服、示范和国家帮助的领导方法，采取由互助组到初级社再到高级社3个互相衔接逐步前进的步骤和形式，变小农经济为社会主义集体经济。对个体手工业和私营工商业采取组织合作、委托加工、计划定货、统购包销、委托经销、代购代销、公私合营等一系列由低级到高级的过渡形式，使私有经济转变为社会主义集体和国营经济，进而逐步纳入国家计划轨道。

生产关系的巨大变革，有力地推动了生产力的发展。这一阶段，农业生产依靠集体力量，改沙治碱，开荒造田，进行以打井修渠为主的农田水利建设，生产条件进一步改善，农业新技术得到推广应用，粮食产量逐年增加，工农业生产协调发展，物价稳定，市场繁荣，国民经济得到较快发展。1957年，全县粮食亩产153千克，总产55795吨，始由缺粮县变为余粮县；社会总产值6497万元，国民收入3937万元，分别比1952年增长18.2%和17.7%；工农业总产值6015万元，比1952年增长15.4%，其中农业总产值4628万元，工业总产值1387万元，分别比1952年增长7.2%和54.8%；财政收入338.8万元，比1952年增长142.7%，社会商品零售额1345.3万元，比1952年增长118.5%。

三、第二个五年计划和三年调整时期（1958—1965）

社会主义改造基本完成后，由于指导思想上、经济建设上急于求成，生产关系上急于过渡，1958—1960年开展了“大跃进”“人民公社化”运动。其间，高速度、高指标、瞎指挥，浮夸风和共产风泛滥，同时以公社为统一核算单位，穷富一刀切，好坏平均摊，粮食丢、烂、糟现象到处可见，增产不增收，加之国家还外债，造成人民生活“瓜菜代”。在“宁愿不吃饭，工业也要办”的口号下，大办工业，大炼钢铁，一批县、社、队办企业仓促上马，土炼钢铁炉遍地开花，多数未见效益即垮，造成人财物的空前浪费，国民经济比例严重失调。1962年，社会总产值5240万元，国民收入2909万元，工农业总产值4608万元，分别比1957年下降19.3%、26.1%和23.4%，其中工业总产值下降37.5%。其间，广大干部和社员依靠集体力量，大搞农田基本建设、平整土地、改造低洼盐碱地、打井修渠、整建方田和兴办基础工业，为以后发展提供了基础条件。

1963 年，贯彻中共中央“调整、巩固、充实、提高”八字方针，着力纠正“左”的错误，开展了整风整社，实行“三级所有，队为基础”，以生产队为基本核算单位，同时压缩基建规模，关、停、并、转一批企业，精减职工充实农业，允许国营、集体和个人等多种经济成分并存，国民经济逐渐恢复好转。到 1965 年，全县经济恢复到 1957 年的水平，并略有增长。

四、第三和第四个五年计划时期（1966—1975）

此间，正值 10 年“文化大革命”，刚刚得到恢复的国民经济遭到摧残。特别是 1966—1968 年，在“造反有理”口号推动下，全县各级党政机构被“造反派”冲击、夺权，陷于瘫痪，派性武斗使工厂停工、商店关门、运输中断，国民经济遭到严重破坏。1968 年，社会总产值由 1966 年的 8157 万元下降到 5713 万元，农业产值由 5793 万元下降为 4134 万元，工业总产值由 1532 万元下降到 761 万元。之后，强调“政治挂帅”“阶级斗争为纲”，大割“资本主义尾巴”，正当的家庭副业被取缔，关闭农贸市场，撤并商业网点，流通渠道单一。分配上“平均主义”盛行，群众生产积极性被抑制，国民经济发展受到影响。

1971 年后，全县人民大力开展农田水利基本建设，兴办县、社、队“五小工业”。特别是 1975 年贯彻中央“安定团结”“把国民经济搞上去”的正确方针，全县经济得到较快发展。是年，社会总产值达到 11967 万元，比 1965 年增长 74.2%，其中工业产值 2860 万元，比 1965 年增长 116%，农业总产值 7870 万元，比 1965 年增长 65%，国民收入 5685 万元，财政收入 560 万元，社会商品零售总额 3350 万元，分别比 1965 年增长 46%、73.4%、94.2%。同时电力、交通、邮电和城乡建设事业均有不同程度发展。

五、第五和第六个五年计划时期（1976—1985）

1976 年，“文化大革命”结束，全县各项建设逐渐步入正轨。1978 年中共十一届三中全会后，工作重点转向社会主义现代化建设，根据“调整、改革、整顿、提高”方针，着力经济管理体制改革。在农村恢复集市贸易，鼓励开展多种经营。农业实行大包干责任制，调动了农民生产积极性，粮食产量大幅度增长。1981 年后，全县工商企业相继开始了旨在提高经济效益、增强企业活力的多项改革。到 1985 年底，基本形成了以国营经济为主，集体经济为辅，个体、联营经济为有效补充的多种经济成分并存的经济格局。此间，传统药业优势得到迅速恢复和发展，1980 年恢复一年两次的全国性药材交流大会，1985 年建成祁州药市，开放药材市场，促进了药材种植、加工和经销业的迅速崛起。是年，全县药业纯收入达 3897 万元。乡镇企业异军突起，农村生产结构单一化的局面得到改变。城乡市场活跃，购销渠道畅通，货源充裕，整个经济协调发展。1985 年，社会总产值 29731 万元，比 1980 年增长 180.8%，其中工业总产值 10979 万元，农业总产值 13764 万元，分别比 1980 年增长 254.5% 和 151%；社会商品零售总额 9946 万元，财政收入 985.3 万元，分别比 1980 年增长 102% 和 74.3%；粮食总产 138320 吨，亩产 483 千克，分别比 1980 年增长 18.9% 和 40.2%；国民收入 14807 万元，比 1980 年增长 196.7%。

六、第七个五年计划时期（1986—1990）

“六五”计划末期，由于家庭联产承包责任制和乡镇企业的发展，农村生产潜力迸发出来，国民经济发展迅速。1986 年后，各级政府确立以农业为基础的思想，狠抓科技兴农，调整内部结构，改善基础设施，增加投入，增强后劲。到 1990 年，组织实施了“八、七、五”吨粮田建设规划（1990、1991、1992 年分别完成 8 万、7 万、5 万亩亩产吨粮的建设规划）。是年粮食总产 192504 吨，平均亩产 631 千克。分别比 1986 年增长 10% 和 13%；比 1978 年增长 53.1% 和 68.3%。工业生产由于资金、能源短缺，原材料涨价，产品销售市场疲软，一度出现滑坡。1989 年后，通过治理整顿、深化改革，工业、乡镇企业在困境中求得生存和发展。到 1990 年，乡镇企业总产值 36530 万元，实现利税 6814 万元，分别比 1986 年增长 132.3% 和 121.8%；比 1978 年增长 19 倍和 7.7 倍。药业发展受市场影响起伏较大，1988 年高峰过后，药业跌入低谷。为求得发展，调整了种植结构，改变经营方式，向多品种、小批量、多渠道方向转变，药材加工业在群众性粗加工基础上，开发引进精、细加工，使药业经受市场大起大落之后，在调整中逐步回升。1990 年，药业纯收入 9810 万元，比 1986 年增长 5.2 倍。随着经济体制改革的不断深入，商业流通渠道增多。因物价上涨，流通领域一度出现混乱。1989 年，开始对流通领域加强治理，秩序逐渐好转，渠道畅通，货源充足，市场稳定，物价得到平抑。到 1990 年，国合商业完成纯购进 8734 万元，纯销售 9053 万元，全县社会商品零售总额达 17335 万元，比 1986 年增长 50.8%，比 1978 年增长 392.6%。此间，交通、邮电、能源建设步伐加快。1989 年，实现乡乡通油路，建起程控电话通讯大楼。到 1990 年，郑章乡率先实现村村通公路，全县公路建设进入乡村联网新阶段。同时，新建 11 万伏变电站投入运营，全县供电量达 46190 千度，比 1985 年增长 87.8%。各业的蓬勃发展，使全县财政收入持续增长，1990 年完成财政收入 1820 万元，比 1985 年增长 85%，比 1978 年增长 184.5% ；社会总产值 53417 万元，比 1985 年增长 79.6%，比 1978 年增长 3.6 倍，其中工业总产值 23490 万元，农业总产值 17405 万元，分别比 1985 年增长 114% 和 26.5%，比 1978 年增长 5.7 倍和 156% ；国民收入 25248 万元，比 1985 年增长 70.5%，比 1978 年增长 3.6 倍；社会商品零售额 17335 万元，比 1985 年增长 74.3%，比 1978 年增长 3.9 倍。

1949—1990 年安国县国民经济情况统计表

表 5-1　　单位：万元

年份	社会总产值	国民收入	工农业总产值	社会商品零售总额	年份	社会总产值	国民收入	工农业总产值	社会商品零售总额
1949	2283	1413	2146	640	1971	8891	4562	7914	2004.1
1950	2992	2470	3792	750	1972	9696	5024	8595	2790.4
1951	4681	2838	4435	825	1973	11505	5839	10400	2890.2
1952	5498	3344	5213	615.7	1974	12336	6086	11183	3130.8
1953	6259	3661	5785	903.9	1975	11967	5685	10730	3350.2
1954	3062	1640	2537	936.4	1976	10507	4949	9205	3168.1
1955	5235	3032	4743	1238.6	1977	10624	4918	9346	3285.1
1956	4479	2537	3899	1101.9	1978	11746	5491	10282	3519

续表 5-1

年份	社　会 总产值	国民 收入	工农业 总产值	社会商品 零售总额
1957	6497	3937	6015	1345.3
1958	7996	4646	7237	2477.5
1959	8770	4687	8043	2754.3
1960	8227	4057	7367	2635.6
1961	6069	3256	5175	1819.6
1962	5240	2909	4608	1739
1963	3204	1671	2357	2002.4
1964	5959	3398	5252	1787.4
1965	6871	3895	6093	1725.7
1966	8157	4603	7325	1827.5
1967	6408	3566	5576	1636.5
1968	5713	3253	4895	1221.6
1969	6236	3430	5300	1660.7
1970	7984	4107	6717	2171.1

年份		社　会 总产值	国民 收入	工农业 总产值	社会商品 零售总额
1979		13664	6486	11902	3482
1980		10586	4990	8581	4926
1981		12361	6056	10421	4852.8
1982		13080	6548	11096	4878
1983		16305	8782	14372	5926
1984		22661	11195	19505	7715
1985		29731	14807	24743	9946
1986		32764	17809	27014	11497
1987		39665	19101	33041	13542
1988		48144	21091	37871	16024
1989		49965	20268	39139	16425
1990	1980年不变价	53417	25248	40895	—
	1990年现价	86244	40765	61406	17335

说明：1989 年以前数字为 1980 年不变价

第三章　经济结构

第一节　各业比重

安国古为农业经济，业农者占十之八九。明中期后，随药业繁盛，弃农经商者增多，商业随之成为仅次于农业的第二大行业，收入比例不断上升。民国6年（1917），工商业者占总人口的比例达19.4%。日军侵占安国后，工商企业多数倒闭，在国民经济中的比重大幅度下降。解放后，县民主政府施行一系列鼓励发展工商业政策，工商业逐渐回升。

1949年，在全县社会总产值中，农业占82.5%，工业占11.5%，商业占4%。其后，经济结构呈工商业比重逐渐上升，农业比重相应下降的趋势。1960年，社会总产值8227万元，工业即达3905万元，占47.5%，比1949年所占比重上升36个百分点；商业331万元，占4%；农业3462万元，占42.1%，比1949年所占比重下降40.4个百分点。过快的发展速度造成产业结构比例失调，原材料短缺，能源紧张，后劲不继，大批企业倒闭、停产，工业产值严重滑坡，1962年工业所占比重降至16.5%，比1960年所占比重下降31个百分点。随着贯彻“调整、巩固、充实、提高”的方针，调整产业结构，至1965年各业产值在社会总产值中所占比例有所变化，农业占69.4%，工业占19.3%，商业占2.8%，建筑业占7.4%，交通邮电业占1.1%。后至1979年的十余年中，农业比重保持在60%～70%之间，工业比重渐升至26%，商业比重徘徊在3%～4%之间。20世纪80年代，随着药业繁荣和乡镇企业崛起，工商业比重迅速增长，农业产值虽累年增加，比重却连年下降。1990年，五大物质生产部门在社会总产值中所占比重为农业32.6%，工业44%，商业12.7%，建筑业5.5%，交通邮电业5.3%（详见表5-2）。

第二节　农业结构

中华人民共和国成立前，域内农业结构中，种植业比例很大，林、牧、副业所占比例甚微。中华人民共和国成立初，种植业比例仍逐年上升。1949年种植业占87.55%，畜牧业占12.45%。1955年，种植业上升至96.48%，畜牧业降至3.52%。此后至1970年，种植业比重一直稳定在90%左右。1971年，提倡农、林、牧、副、渔各业齐发展，林、牧、副业发展加快。1978年，种植业产值所占比例降至79.35%，副业达11.48%，畜牧业8.98%，林业0.19%。随着家庭联产承包责任制的实行，农村副业、养殖业发展很快，农业结构发生较大变化。1990年，种植业产值占农业总产值的68.3%。比1980年所占比重下降12.48个百分点；副业产值占14.4%，比1980年所占比重上升6个百分点；畜牧业产值占16.9%，比1980年所占比重上升6.44个百分点；林业产值稳定在0.4%左右；渔业产值微乎其微（详见表5-3）。

1949—1990年安国县五大物质生产部门比重表

表5-2

年度	社会总产值	农业		工业		商业		建筑业		交通邮电	
		产值（万元）	比重（%）	产值（万元）	比重（%）	产值（万元）	比重（%）	产值（万元）	比重（%）	产值（万元）	比重（%）
1949	2283	1883	82.5	263	11.5	92	4.0	39	1.7	6	0.3
1950	3992	3401	85.2	391	9.8	107	2.7	82	2.1	11	0.2
1951	4681	3798	81.1	637	13.7	119	2.5	114	2.4	13	0.3
1952	5498	4317	78.5	896	16.4	135	2.4	138	2.5	12	0.2
1953	6259	4718	75.4	1067	17	154	2.5	306	4.9	14	0.2
1954	3062	1742	56.9	795	26	158	5.1	352	11.5	15	0.5
1955	5235	3714	71	1029	19.7	200	3.8	274	5.2	18	0.3
1956	4479	2925	65.3	974	21.7	189	4.2	370	8.3	21	0.5
1957	6497	4628	71.2	1387	21.3	203	3.1	243	3.7	36	0.6
1958	7996	4959	62	2278	28	336	4.2	182	2.3	241	3.5
1959	8770	4420	50.4	3623	41.3	285	3.2	252	2.9	190	2.2
1960	8227	3462	42.1	3905	47.5	331	4	376	4.5	153	1.9
1961	6069	3755	61.9	1420	23.4	327	5.4	458	7.5	109	1.8
1962	5240	3741	71.4	867	16.5	254	4.9	365	7	13	0.2
1963	3204	1727	53.9	630	19.7	334	10.4	491	15.3	22	0.7
1964	5959	4212	70.7	1040	17.5	223	3.7	422	7.1	62	1
1965	6871	4770	69.4	1323	19.3	198	2.8	506	7.4	74	1.1
1966	8157	5793	71	1532	18.8	206	2.5	538	6.6	88	1.1
1967	6408	4377	68.3	1199	18.7	197	3.1	567	8.8	68	1.1
1968	5713	4134	72.4	761	13.3	178	3.1	556	9.7	84	1.5
1969	6236	4215	67.6	1085	17.4	163	2.6	706	11.3	67	1.1
1970	7984	4984	62.4	1733	21.7	245	3.1	946	11.8	76	1
1971	8891	5836	65.6	2078	23.4	234	2.6	677	7.6	66	0.8
1972	9696	6576	67.8	2019	20.8	332	3.4	694	7.2	75	0.8
1973	11505	8126	70.6	2274	19.8	325	2.8	689	6	91	0.8
1974	12336	8681	70.4	2502	20.3	376	3	683	5.5	94	0.8
1975	11967	7870	65.8	2860	23.9	384	3.2	749	6.2	104	0.9
1976	10507	6788	64.6	2417	23	424	4.1	737	7	141	1.3
1977	10624	6399	60	2947	27.8	355	3.4	791	7.5	132	1.3
1978	11746	6790	57.8	3492	29.7	384	3.3	903	7.7	177	1.5
1979	13644	8361	61.3	3541	26	647	4.6	923	6.8	172	1.3
1980	10586	5484	51.8	3097	29.2	838	7.9	1012	9.6	155	1.5
1981	12361	7221	58.4	3200	25.9	876	7.1	933	7.5	131	1.1
1982	13080	7843	60	3253	24.9	967	7.4	907	6.9	110	0.8
1983	16305	10715	65.7	3657	22.4	1143	7.1	528	3.2	262	1.6

续表 5-2

年度	社会总产值	农业		工业		商业		建筑业		交通邮电	
		产值（万元）	比重（%）	产值（万元）	比重（%）	产值（万元）	比重（%）	产值（万元）	比重（%）	产值（万元）	比重（%）
1984	22661	13401	59.1	6104	26.9	1618	7.2	810	3.6	728	3.2
1985	29731	13764	46.3	10979	36.9	2231	7.5	1684	5.7	1073	3.6
1986	32764	15350	46.9	11664	35.6	2314	7.1	1565	4.7	1871	5.7
1987	39665	16543	41.7	16498	41.6	3132	7.9	1578	4	1914	4.8
1988	48144	17866	37.2	20005	41.6	5821	11.9	1984	4.2	2468	5.1
1989	49965	16834	33.1	22305	45	5843	11.8	2476	5	2507	5.1
1990	53417	17405	32.6	23490	44	6762	12.7	2927	5.5	2833	5.3

1949—1990 年安国县农业结构统计表

表 5-3

年份	农业总产值（万元）		其中									
	现价	不变价	种植业产值（万元）	比重（%）	林业产值（万元）	比重（%）	畜牧业产值（万元）	比重（%）	副业产值（万元）	比重（%）	渔业产值（万元）	比重（%）
1949	1883	964	844	87.55	—	—	120	12.45	—	—	—	—
1950	3401	1818	1690	92.96	—	—	128	7.04	—	—	—	—
1951	3798	2030	1887	92.96	—	—	143	7.04	—	—	—	—
1952	4317	2319	2170	93.57	—	—	149	6.43	—	—	—	—
1953	4718	2588	2487	96.1	—	—	101	3.9	—	—	—	—
1954	1742	914	829	90.7	—	—	85	9.3	—	—	—	—
1955	3714	2044	1972	96.48	—	—	72	3.52	—	—	—	—
1956	2925	1582	1493	94.37	—	—	89	5.63	—	—	—	—
1957	4628	2452	2253	91.88	—	—	199	8.12	—	—	—	—
1958	4959	2634	2454	93.17	6	0.23	174	6.6	—	—	—	—
1959	4420	2389	2262	94.68	2	0.08	125	5.24	—	—	—	—
1960	3462	1835	1713	93.35	6	0.33	116	6.32	—	—	—	—
1961	3755	2025	1809	89.33	—	—	127	6.27	89	4.4	—	—
1962	3741	2032	1728	85.04	3	0.15	162	7.97	139	6.84	—	—
1963	1727	868	701	80.76	—	—	137	15.78	30	3.46	—	—
1964	4212	2248	2034	90.48	4	0.18	145	6.45	65	2.89	—	—
1965	4770	2540	2316	91.18	7	0.28	157	6.18	60	2.36	—	—
1966	5793	3091	2791	90.55	4	0.13	208	6.73	80	2.59	—	—
1967	4377	2353	2142	91.04	3	0.13	138	5.86	70	2.97	—	—
1968	4134	2231	2034	91.17	3	0.13	120	5.38	74	3.32	—	—
1969	4215	2281	2086	91.45	3	0.13	115	5.04	77	3.38	—	—
1970	4984	—	—	91.3	4	0.15	142	5.28	88	3.27	—	—

续表 5-3

年份	农业总产值（万元）		其				中					
	现价	不变价	种植业产值（万元）	比重（%）	林业产值（万元）	比重（%）	畜牧业产值（万元）	比重（%）	副业产值（万元）	比重（%）	渔业产值（万元）	比重（%）
1971	5836	4209	3647	—	—	0.38	378	8.98	168	3.99	—	—
1972	6576	4694	4162	88.67	15	0.32	341	7.26	176	3.75	—	—
1973	8126	5863	4654	79.38	42	0.72	479	8.17	688	11.73	—	—
1974	8681	6132	5401	88.08	39	0.64	496	8.08	196	3.2	—	—
1975	7870	5557	4633	83.37	61	1.1	495	8.91	368	6.62	—	—
1976	6788	4757	3857	81.07	66	1.39	465	9.78	369	7.76	—	—
1977	6399	4629	3594	77.64	11	0.24	504	10.89	520	11.23	—	—
1978	6790	5661	4492	79.35	11	0.19	508	8.98	650	11.48	—	—
1979	8361	6089	4852	79.68	14	0.23	528	8.67	695	11.41	—	—
1980	5484	3930	3175	80.78	14	0.36	411	10.46	330	8.4	—	—
1981	7221	—	—	—	—	—	—	—	—	—	—	—
1982	7843	7843	5957	76	46	0.6	1196	15.2	644	8.2	—	—
1983	10715	10715	7963	74.3	52	0.5	1332	12.4	1368	12.8	—	—
1984	13401	13401	11498	80.9	30	0.2	1221	8.6	1460	10.3	—	—
1985	13764	13764	10424	75.8	54	0.4	2362	17.1	924	6.7	—	—
1986	15350	15350	10811	70.4	77	0.5	2592	16.9	1868	12.2	2	—
1987	16534	16534	11158	67.4	123	0.7	3437	20.8	1824	11	1	—
1988	17866	17866	12834	71.8	77	0.4	3274	18.3	1679	9.4	2	—
1989	16834	16834	12022	71.4	61	0.4	2745	16.3	2001	11.9	5	—
1990	17405	17405	11892	68.3	67	0.4	2933	16.9	2513	14.4	—	—

第三节　工业结构

明代，域内工业中，棉布织染比例较大，铁木器等制造、酒酿造、砖瓦陶器烧制等行业占有较小比例。清代，药材加工比例大增，但传统行业中，土布织染仍占很大比例。民国 20 年（1931），据对 7 个工业门类统计，在生产总值中所占比例分别为：土布织染 40.13%，轧花 33.39%，首饰打造 5.9%，米面加工 8.23%，木器制造 3.15%，造纸、副食品加工 9.2%。中华人民共和国成立后，大力发展工业企业。全民工业产值中，1957 年制药占 26.77%，轧花占 62.55%，制酒占 10.68%。1964 年，增加粮食加工产值统计，制药占 54.34%，轧花占 27.19%，制酒占 4.96%，粮食加工占 13.5%。国民经济调整后，增加了纺织、化工等门类。“文化大革命”中，工业结构变化不大，1975 年全民、县办集体工业各门类产值比例为：制药 17.3%，纺织 20.2%，五金机械 20.5%，建材 4.3%，化工 15.8%，造纸印刷 2.6%，食品酿造 11.7%，鞋帽皮革 6%，木器加工 1.6%。1978 年后，药材加工业发展较快。1990 年所占比例达 67.98%，比 1975 年所占比例增加 50.68 个百分点。其他各门类所占比例相应下降，纺织 16.27%，五金机械

1.29%，建材2.26%，化工1.1%，造纸印刷4.9%。食品酿造5.7%，服装加工0.3%，木器加工0.2%。

工业所有制结构，解放前为单一的个体私营。中华人民共和国成立后，全民、集体、个体私营并存。1949年工业总产值中，全民占18.6%，个体手工业占81.4%。工业手工业社会主义改造后，全民工业比例加大，集体工业也逐渐加大比重。1957年，工业总产值中，全民占51.5%，集体占1.1%，个体手工业占47.4%。“大跃进”中，全民工业盲目扩大规模，上速度，产值猛增。1960年，工业总产值中，全民占73.5%，集体占15.5%，个体占11%。国民经济调整后，工业结构以全民企业为主体。1980年，工业总产值中，全民企业占67.3%，县办集体企业占18.15%，社办集体企业占14.5%。之后，乡镇企业发展迅速，尤以私营个体工业发展最快。1990年工业产值中，全民企业占16.1%，县办集体企业占7.2%，乡镇集体企业占7.3%，村办集体企业占18.3%，村以下企业占51.1%（详见表5-4）。

第四节　商业结构

唐及以前，官商垄断盐行，在商业中占有很大比重。民营商业中有杂货、旅店、饮食业等，杂货行所占比重最大。宋代药材贸易兴起，在商业中所占比重渐大。明清时药市大盛，直至民国初药业在商业中所占比重超过50%。在其他商业行业中，因药业带起的旅栈、饮食、金钱、服装业比重超过杂货业。七七事变后，药业一落千丈，商业萧条，杂货行又占绝大比重。

中华人民共和国成立后，商业局系统的国营商业和供销社系统的合作商业从无到有迅速发展，并很快占据主导地位。1952年，社会商品零售额中，商业占60.72%，工业占4.91%，饮食业占4.33%，其他行业占30.04%。商业零售额中，供销合作社占51.92%，粮食系统占31.2%，商业局系统占15.28%，其他系统占1.6%。之后，随着商业体制变革，商业结构发生较大变化。1964年，社会商品零售额中，商业零售额占89.74%，比1952年上升29.02个百分点。商业零售额中，商业局系统占26.55%，比1952年上升11.27个百分点；供销社占42.4%，比1952年下降9.52个百分点；粮食系统占23.23%，比1952年下降7.97个百分点；其他系统占7.82%，比1952年上升6.22个百分点。“文化大革命”中，国营商业“一统天下”，至1980年每年零售额均占90%以上。实行开放政策后，国营、集体、个体商业一齐发展。1985年，国营商业在社会商品零售额中所占比例降为46.4%，私营个体商业突破30%。1990年，社会商品零售总额中，国合商业占54.1%，个体商业占28.3%，饮食业占6.9%，其他占10.7%。

社会商品零售总额中，按居民生活消费、生产消费、社会集团消费分类，消费比例也在不断变化。1973—1979年，居民生活消费平均为59.2%，生产消费平均为36.8%，社会集团消费平均为4.1%。1980—1990年，居民生活消费平均为70.6%，生产消费平均为26.6%，社会集团消费平均为2.8%（详见表5-5）。

1949—1990 年部分年份安国县工业结构统计表

表 5-4

年份	工业总产值（万元）	其中													
		全民（万元）	比重（%）	集体						村及村以下					
				小计（万元）	比重（%）	县办（万元）	比重（%）	乡镇办（万元）	比重（%）	小计（万元）	比重（%）	村办（万元）	比重（%）	村以下（万元）	比重（%）
1949	223.7	41.6	18.6	—	—	—	—	—	—	—	—	—	—	182.1	81.4
1950	333	116.3	34.9	—	—	—	—	—	—	—	—	—	—	216.7	65.1
1951	542.6	299.6	55.2	—	—	—	—	—	—	—	—	—	—	243	44.8
1952	763.7	364.5	47.7	—	—	—	—	—	—	—	—	—	—	399.2	52.3
1953	909.6	526.1	59.8	—	—	—	—	—	—	—	—	—	—	383.5	42.2
1954	677.7	313.2	46.2	—	—	—	—	—	—	—	—	—	—	364.5	53.8
1955	876.9	572.1	65.2	—	—	—	—	—	—	—	—	—	—	304.8	34.8
1956	830	396.1	47.7	—	—	—	—	—	—	—	—	—	—	433.9	52.3
1957	1182	609.1	51.5	12.8	1.1	—	—	—	—	—	—	—	—	560.1	47.4
1958	1940.9	928.6	47.8	210.8	10.9	—	—	—	—	—	—	—	—	801.5	41.3
1959	3088	2300.4	74.5	436.1	14.1	—	—	—	—	—	—	—	—	351.5	11.4
1960	3323	2446.5	73.5	512.1	15.5	—	—	—	—	—	—	—	—	364.4	11
1961	1206.13	977.1	80.8	228.6	18.9	—	—	—	—	—	—	—	—	0.43	0.3
1962	738.65	607.7	82	130.7	17.6	—	—	—	—	—	—	—	—	0.25	0.4
1963	536.4	445	82.8	91.3	16.9	—	—	—	—	—	—	—	—	0.1	0.2
1964	868.7	759	87.3	109.6	12.6	—	—	—	—	—	—	—	—	0.1	0.1
1971	2078	1520	—	—	—	304	—	60	—	194	—	—	—	—	—
1975	2593	1967	75.9	—	—	493	19	133	5.1	—	—	—	—	—	—
1976	2191.3	1392.3	63.5	—	—	486.9	22.3	312.1	14.2	—	—	—	—	—	—
1977	2672.3	1678.1	62.8	—	—	567.4	21.2	426.8	16	—	—	—	—	—	—
1979	3211.3	1920.1	59.8	—	—	653	20.3	638.2	19.9	—	—	—	—	—	—
1980	3097	2085	67.3	1012	32.7	562	18.15	450	14.5						

续表 5-4

年份	工业总产值（万元）	其中													
		全民（万元）	比重（%）	集体						村及村以下					
				小计（万元）	比重（%）	县办（万元）	比重（%）	乡镇办（万元）	比重（%）	小计（万元）	比重（%）	村办（万元）	比重（%）	村以下（万元）	比重（%）
1982	3253	2412	74.1	839	25.8	503	15.51	336	10.3	2	0.1	—	—	2	0.1
1983	3657	2770	75.5	881	21.1	470	12.9	411	11.2	12	0.4	6	0.2	6	0.2
1984	6104	2240.3	45.7	2661	43.6	2084	46.6	574	11.7	1203	19.8	1200.6	19.7	2.4	0.1
1985	10979	3406	31	2545	23.2	1833	16.7	712	6.5	5028	45.8	2206	20.1	2822	25.7
1986	11664	2491	21.4	2707	23.2	1491	12.8	1216	10.4	6466	55.4	1749	15	4717	40.4
1987	16498	2682	16.3	3157	19.1	1554	9.4	1603	9.7	10659	64.6	2887	17.5	7772	47.1
1988	20005	2988	14.9	2952	14.6	1217	6.1	1735	8.7	14065	70.3	3807	19	10258	51.3
1989	22305	3483	15.6	3353	15	1859	8.3	1494	6.7	15469	69.4	4259	19.1	11210	50.3
1990	23490	3778	16.1	3410	12.2	1690	7.2	1720	7.3	16302	69.4	4298	18.3	12004	51.1

1973—1990 年部分年份安国县商业结构统计表

表 5-5

年份	社会商品零售总额（万元）	一						二													
								商业零售													
		居民购买额（万元）	比重（%）	社会集团购买额（万元）	比重（%）	农业生产资料（万元）	比重（%）	国营商业（万元）	比重（%）	集体商业（万元）	比重（%）	个体商业（万元）	比重（%）	饮食业零售（万元）	比重（%）	工业零售（万元）	比重（%）	其它行业（万元）	比重（%）	农对非（万元）	比重（%）
1973	2890.2	1615.9	55.9	146	5.1	1128.3	39	3678.1	92.7	—	—	—	—	58	2	154.1	5.3	—	—	—	—
1975	3350.2	1916.8	57.2	90.4	2.7	1343	40.1	1266.2	38	184.3	55	—	—	79	2.4	157	4.7	5	0.15	—	—
1976	3168.1	1955	61.7	151	4.8	1062.1	33.5	1370.8	43.3	1629.8	51.4	—	—	92	2.9	73.2	2.3	2.3	0.07	—	—
1977	3285.1	1948.2	59.3	134.9	4.1	1202	36.6	1248.3	38	1871.5	57	—	—	77.6	2.4	64.3	2	23.4	0.7	—	—
1979	3842	2370	61.7	143	3.7	1329	34.6	1495	38.9	2029	52.8	—	—	89	2.3	203	5.3	26	0.7	—	—
1980	4344	2885	66.4	114.7	2.6	1344.3	30.9	3909.9	90	92.5	2.1	25	0.6	172.5	4	82.8	1.9	13.3	0.3	48	1.1
1982	4816	3000	62.3	185	3.8	1631	33.9	3694	76.7	140	2.9	327	6.8	319	6.6	132	2.7	204	4.2	—	—
1983	6011	3890	64.7	252	4.2	1869	31.1	3773	62.8	230	3.8	849	14.1	475	7.9	378	6.3	223	3.1	83	1.4
1984	7715	5631	73	217	2.8	1867	24.2	4079	52.9	335	4.3	1990	25.8	580	7.5	443	5.7	288	3.7	—	—
1985	10264	8247	80.3	183	1.8	1834	17.9	2416	23.5	2354	22.9	3420	33.3	864	8.4	457	4.5	435	4.2	318	3.1
1986	11665	9041	77.5	256	2.2	2368	20.3	2588	22.2	2682	23	3966	34	989	8.5	566	4.9	706	6.1	168	1.4
1987	13800	10464	75.8	191	1.4	3145	22.8	2989	21.7	3031	22	5078	36.8	1146	8.3	578	4.2	720	5.2	258	1.9
1988	16297	11552	70.9	427	2.6	4318	26.5	4343	26.6	3302	20.3	5825	35.7	1140	7	704	4.3	710	4.4	273	1.7
1989	16425	11785	71.8	519	3.2	4121	25.1	4183	25.5	4379	26.6	4844	29.5	1204	7.3	639	3.9	866	5.3	310	1.9
1990	17335	10990	63.4	510	2.9	5835	33.7	4670	27	4696	27.1	4910	28.3	1191	6.9	644	3.7	874	5	350	2

第四章　居民生活

第一节　农民生活

一、解放前农民生活

（一）家产

安国解放前，农民赖以生存的土地多被地主阶级占有，域内占人口百分之十几的地主、富农，拥有百分之五六十的土地，且高堂瓦舍，骡马成群。而广大贫苦农民却土地极少，据民国22年（1933）《安国县新志稿续》载：“一县之中，百亩之田者为上户，下至数十亩，或十余亩，甚而恒产毫无，藉劳力以营生者，比比也。”“布衣粗粒以生活，土室茅檐弥漫村落”。民国35年（1946），庞各庄村810户3200人，9020亩地，11户地主占地2480亩，户均225.45亩；贫户526户，占地1804亩，户均3.43亩，人均不足1亩地。该村南街180户700余人中，租地耕种者48户336人；扛长活、打短工者131人；当女佣者7户10人；当童工者24户26人；因无地长年逃荒要饭者8户56人；另有因生活所迫卖儿女者3户，给人做童养媳者3户3人。

富户家财万贯。城内卜家，拥有土地200多亩，雇工耕种或租佃。房屋成片，人称“卜家大院”，分三大院落。分别有房屋194间（分6院）；187间（分4院）；122间（分2院），连同临街商房共计1091.5间。清至民国，卜家是城内最大的药商，并在保定、沈阳、营口等地开设数十家药行。在城内设有钱庄2所。民国初，西伯章村富户王某，全家3口人，有地700多亩，房屋200余间，黄包车1辆，骡马大车2辆，轿子车3辆，20余亩的花园一座。王两房妻室，常年雇女佣5人，男仆4人，在村内开银号1座，城内开当铺1所，家资30万银圆。民国16年（1927），王死后发丧即花费3万大洋。舍二村富户张某，全家50口人有房屋280间，另在县城内有商房200间，其中2层楼房3座，拥有土地500亩，农用车5辆，轿子车5辆，黄包车1辆，骡子14头，雇用长工14个，农忙雇短工数十人。女佣男仆5人。在城内设钱庄1所，药行、货栈多处。北京、天津均有房产、商号。

贫者恒产毫无。民国21年（1932），定县陈忠秀一家因贫穷难以度日，沿途讨要到安国县城，住进财主卜家坟地3间东屋土坯房，为卜家看坟。陈忠秀9个孩子，全家十几口人，只种着卜家坟边的3亩薄地。年岁大点的男孩随父给财主家打短工、赶地头（帮工赶吃剩饭），女孩随母给财主家做零活，无活可做时一家就拾庄稼，挖野菜，沿街要饭。全家人破衣烂衫，土炕上连领炕席都没有，更无一件家具。冬季，孩子们挤在柴炕上合盖一条破被子。陈家过年，都是讨要些干粮为年货，从未吃过一顿纯白面饺子。陈家大儿媳、二儿媳过门后，因陈家人多房少，只好和婆婆、小姑睡在一起，夫妻长期不能同居。后在坟边搭3间草房勉为其居。

（二）收入

安国解放前，农民收入贫富悬殊。据民国26年（1937）统计，农民户均收入160余元，除去肥料、牲畜饲料、地租及各种苛捐杂税等费用，纯收入四五十元。富户比穷户高10倍以上。西伯章富户王某，

700 亩地全部租佃，常年亩产 120 斤，按三七开收租，年收入粮食 5.8 万斤，人均粮食 1.96 万斤；银号放贷款月均 10 万元，年收息 4 万元，人均收入 1.3 万余元。舍二村中等户张某，全家 4 口人，3 间房，小驴车 1 套，耕种 10 亩地，年产粮食 1600 斤，人均粮食 400 斤。喂养 1 头猪，留下杂肉过年食用，好肉卖掉收入 30 元左右，作为常年零用钱。孟庄村穷户党某全家 5 口人，3.3 亩旱地，另租地 12 亩，按三七分成得三分，共收粮食 850 斤，人均粮食 170 斤。党利用农闲为药栈看门，年收入 36 元，为 3 家挑水，年收入 30 元，共计 66 元，人均 13.2 元。庞各庄村穷户孙某，全家 5 口人，无房无地，孙给地主扛长活，其妻做女佣，干的牛马活，吃的猪狗食，年终所剩无几。其长子出生在粪堆旁，因孩子拖累，孙妻不能继续干活，只好带孩子讨饭。

县内少地无地的农民为维持生计，有的租地耕种，称为佃户或佃农。孟庄村孟某，全家 9 口人，租地 20 亩耕种，年打粮 3000 斤，交地租 2100 斤，剩粮 900 斤，人均粮食 100 斤。有的常年给地主做活，一般年收入 60 元，按时价米折算，等于挣 600 斤小米。舍二村穷户张某扛活一年结算，地主扣这扣那，仅剩十几元钱，仅能买 100 多斤小米。有的为地主打短工，南关石桥为“人市”，城内及附近村的地主管家都到这里领短工，想打短工的便到“人市”上候活。一般打一天短工得工钱 0.2 元左右，按时价能买 2 斤左右小米。有的到药行切药，或是干零活，切药一天能挣 0.3 元，干零活 0.1 元左右。

（三）消费

县内较大富户，食以细粮为主，常年鸡鸭鱼肉，花天酒地，应有尽有。穿为绫罗绸缎，衣帽鞋袜四季齐全。女眷配戴金银首饰。住为冬暖夏凉的砖瓦房，室内雕花家具，铺盖为丝绸被褥。家主及其子女，走动坐人拉车或骑马坐轿。西伯章村富户王某，挥霍无度，常于酒肉过后，摔盘子听响声取乐。

一般富户饭食粗细参半，逢年过节生活改善，穿戴齐全。衣服分“省穿”“当穿”“常穿”；衣料一般为“洋布”，亦有穿土布料者；“省穿”衣料多为“洋布”、绸缎。住房多为宽敞的砖房，一般人均住房面积二三十平方米。青壮年都从事农活或家务活动。

自耕农大多数饱粗食暖粗衣。主食以小米、高粱、甘薯、甘薯片、甘薯面为主，掺棉花籽、谷糠、榆叶混吃。农闲吃稀，农忙吃干。平时少吃细粮，小麦面多做成面条汤。过节食细粮白面，并买上一二斤肉改善，过年以细粮为主，食用猪肉年人均 5 斤左右，常穿土布衣服，布鞋布袜，包粗布手巾。“省穿”衣料为“洋布”，有棉有单。住房好者为戳斗砖房，人均住房面积一般 10 平方米左右。破旧家具，人均 1 条被褥，土炕铺有炕席和土布炕被。

贫雇农户常年以粗粮为主，经常掺谷糠、棉籽皮、野菜、树叶、甘薯叶、豆叶等糠菜混吃。过节吃顿纯粮面干粮为改善，过年吃顿白面饺子，有的只能白面掺甘薯面为两搭掺面饺子。一般过年人均买肉 1 斤左右，有的穷户买不起肉，腥荤不见。民国初《安国县新志稿》载：“安国百姓食榆叶，餍野菜，人多艰苦，时人称糠菜祁州。”住房多为土坯房，低矮破旧，门窗狭小，阴暗潮湿，一般人均住房五六平方米左右。有的无房户借房住，俗称“串房檐”。两三口人合盖一条被子，土坯炕上仅铺炕席。家俱连用几代，老化陈旧，破烂不堪。穿的是土布衣，单改棉棉改单，补丁摞补丁，有“新三年，旧三年，缝缝补补又三年”之说，农民夏天地里劳动只穿一条短裤，上赤背，下光脚。冬天穿棉土布鞋、土布袜，有的没棉只穿单，无袜，手脚常被冻伤。贫户日用品极为简单，擦脸用粗布手巾，洗脸用猪胰子（用猪胰脏和碱砸成），洗衣用草木灰淋水作洗涤剂。赶集上庙，走亲访友多步行。

安国解放前，一般农户遇丰年勉强糊口度日，遇灾年如过鬼门关，饥寒交迫，卖儿卖女，逃荒要饭者随处可见。明洪武十二年（1379）和正德十二年（1517）水灾后粮荒，人相残食。民国 6 年（1917），洪水成灾，榆、枣、杏等树叶被采食一光。民国 28 年（1939）发大水，南娄底村有 70 余户外出逃荒要饭，村民李某卖掉小弟换 5 斗红高粱，维持生计。

二、解放后农民生活

（一）收入

土改后，穷苦农民获得了土地及其他生产资料和生活资料，实现口粮自给，可维持基本生活。农业合作化后，农业产量提高，收入增加。社员分有自留地（按当地人均土地面积的 5% 分配）长期耕种，作为生活的辅助来源，农民生活渐趋富裕。1957 年，北徐辛庄 3 户农民收入情况如下表：

表 5-6

姓名	人口（人）	劳力（个）	劳动分红（元）	自留地药材收入（元）	合计（元）
任连成	7	4	454.32	300	754.32
刘云山	11	3	527.16	300	827.16
王四合	4	2	205.56	250	455.56

“大跃进”中，一切收入归集体，农民吃饭在食堂，伙食标准统一。三年困难时期，粮食严重缺乏，群众生活“低指标、瓜菜代”，1962 年关闭“大食堂”，重新分给农民自留地，开放市场，农民生活逐步改善。至 20 世纪 70 年代末，农民收入无显著增加。一般生产队工值在 0.5 元左右，最高者 1.5 元，最低者仅几分钱。西伯章大队第 27 生产队为中等队，1963—1980 年 1 个工最高 0.57 元，最低 0.1 元。

1979 年实行家庭联产承包责任制后，农民收益逐年增加。1990 年，全县农民人均纯收入达 623 元，比 1980 年增长 5.1 倍。农民存款亦逐年上升，1990 年人均存款达 200 元，比 1980 年增长 2.83 倍，1983—1984 年和 1985—1990 年，县统计局分别对 30 户和 70 户农民收入情况跟踪调查，人均纯收入 1983 年为 390 元，1990 年为 798 元。

在农民收入中，户与户之间差距较大，从 30 户、70 户农民收入调查情况看，人均纯收入分为 12 个等次，经营药材、承包建筑和从事其他商业的农民比纯农业户收入高。

1963—1980 年安国县西伯章大队第 27 生产队收益分配统计表

表 5-7　　单位：元

项目/金额/年份	收入			支出					生产队提留		社员分红		
	农业收入	副业收入	其他收入	农业支出	副业支出	管理费	税金	其他支出	公积金	公益金	金额	总用工	工值
1963	2126.74	174	76.7	867.1	10.23	121.9	0	243.56	0	0	1134.65	11346.5	0.1
1964	7624.37	438.55	699.6	2341.6	291.96	65.31	434.9	213.62	538.53	87.5	4759.1	10694.6	0.45
1965	10406.85	467.86	0	4633.33	271.06	53	505.53	0	388.4	53	4969.89	12427	0.4
1966	11833.21	562.8	0	4833.01	0	72.35	594.73	0	856.38	0	6089.54	13480.7	0.45
1967	11673.58	60	155.18	3400.92	0	12.25	599.89	0	704	0	7171.7	14354.0	0.5
1968	8547.61	0	378.56	1504.32	520.54	19.01	599.89	0	588.11	0	5694.3	12513.2	0.46
1969	10721.79	247.79	72.97	3290.87	0	47.18	599.9	406	613.19	333	6053.41	12611.3	0.48
1970	13654.45	455.32	0	5259.92	0	86.9	599.9	0	1260.66	81.03	6821.3	13921.0	0.49
1971	13538.94	506.83	542.4	4848.9	0	75.38	599.9	1747.64	437.23	4.14	6965.04	14819.2	0.47
1972	5898.65	498.1	315.44	4539.61	54.54	82.06	599.9	329.84	—1252.58	0	2358.82	14742.5	0.16
1973	6142.61	460.5	347.58	5423.31	125.65	15.11	599.9	673.05	—4346.33	0	4460	15649.10	0.29
1974	14285.52	1059.07	475.36	8568.29	109.77	162.4	599.9	847.95	0	109.9	5421.11	14267.60	0.38
1975	14615.91	1143.03	2361.16	10141.11	96.39	30.01	599.9	1523.84	561.97	103.83	5063.05	15971.70	0.32
1976	13186.99	1001	2931.35	8713.79	43.7	89.73	360	769.88	893.33	89.5	6159.21	14841.50	0.42
1977	8560.86	860.62	2811.95	6799.46	79	72，37	839.8	758.74	0	0	3684.06	12972.20	0.28
1978	16843.21	1227.69	3314.66	11833.75	48	84.72	401.94	872.31	0	294.41	7850.43	19626.00	0.4
1979	24210.71	1116.2	1203.87	12419.95	68.3	139.92	665.71	1069.48	2058.63	176.64	9932.15	17577.9	0.57
1980	19344.88	222	1667.77	8795.39	120	88.12	707.01	2414.97	718.98	75.5	8314.68	17943.6	0.46

1965—1990 年部分年份安国县农村经济收益统计表

表 5-8

年份	农民纯收入（万元）	人均纯收入（元）	人均口粮（千克）	年份	农民纯收 入（万元）	人均纯收入（元）	人均口粮（千克）
1965	1423	46	183.5	1984	13855	400	以下无统计
1971	1914	55	195.5				
1976	2165	54	188.5	1986	17098	530	—
1978	2260	61	217.5	1988	20089	611	—
1980	3119	102	242.5	1989	20518	617	—
1983	5742	276	294	1990	21074	623	—

1951—1990 年安国县农村存款统计表

表 5-9

年度	金额（万元）	农村人口	人均额（元）	年度	金额（万元）	农村人口	人均额（元）
1951	7	227200	0.3	1971	237	278586	8.5
1952	11	230658	0.48	1972	263	280348	9.38
1953	5	235585	0.21	1973	185	283183	6.53
1954	5	239492	0.21	1974	455	286674	15.87
1955	46	234559	1.96	1975	493	289206	17.04
1956	113	243491	4.64	1976	552	292987	18.84
1957	111	241630	4.59	1977	706	297209	23.75
1958	403	229955	17.5	1978	752	300489	25.02
1959	150	233916	6.4	1979	919	302357	30.39
1960	162	229237	7	1980	1339	305808	43.78
1961	65	235107	2.76	1981	1071	310257	34.51
1962	42	240960	1.74	1982	2981	313088	95.21
1963	50	244401	2.04	1983	4702	315630	148.97
1964	62	246935	2.51	1984	5600	319256	175.4
1965	81	251304	3.22	1985	6712	320923	209.14
1966	104	255621	4.06	1986	8956	322675	277.55
1967	138	258611	5.33	1987	11884	324739	365.95
1968	152	262934	5.78	1988	11725	329100	356.62
1969	165	269000	6.13	1989	17941	332441	539.67
1970	222	275174	7.96	1990	23815	338415	703.72

1983—1990 年安国县农民收入情况抽样调查表

表 5-10　　单位：元

项目 \ 金额 \ 年份	1983（30 户）	1984（30 户）	1985（70 户）	1986（70 户）	1987（70 户）	1988（70 户）	1989（70 户）	1990（70 户）
全年总收入	77488	92539	243548	268205	282987	343197	368907	377583
一、从集体统一经营中得到的	7091	1047	7408	9608	7724	7620	10895	5110
二、从经济联合体得到的	7452	4365	17600	12733	8070	10685	5500	5000
三、家庭经营收入	54838	78362	190470	223812	246940	307492	317860	330233
1. 农业收入	39460	46015	91264	116597	146380	172781	211915	218782
其中粮食收入	14593	20088	43800	62201	88769	76940	117900	97731
2. 林业收入	—	—	708	190	928	100	591	2140
3. 牧业收入	6037	7985	25244	26753	39616	65679	48707	44399
4. 渔业收入	—	—	—	—	—	—	—	—
5. 手工业收入	2928	4134	1774	1956	1858	—	—	—
6. 采集捕猎收入	—	—	21	86	130	—	—	—
7. 工业收入	—	—	—	1000	1456	4816	3889	2300
其中粮食加工收入	—	—	—	1000	500	1200	300	2300
8. 建筑业收入	64	10	4342	7424	4975	6204	3666	3223
9. 运输业收入	1640	4478	5423	16737	7019	127	1890	188
10. 生产性劳务收入	607	3154	5215	12528	12949	17384	14633	7464
11. 商业收入	550	1575	3070	3515	9326	8192	7073	12456
12. 饮食业收入	1035	2682	8206	4637	6718	12835	4761	17125
13. 服务业收入	1314	367	2100	7284	2691	400	812	2340
14. 其他家庭经营收入	1203	7962	43103	25105	12894	18974	19923	19816
四、其他非生产性收入	8107	8765	28070	22052	20253	17400	34652	37240
其中调查补贴	450	450	1050	1050	1050	1050	1050	1050
全年纯收入	57361	77078	186162	200012	209698	233876	256158	261141
平均每人纯收入	390	518	531	578	615	709	758	798
生产性人均纯收入	338	462	454	517	559	659	659	687

1983—1990 年安国县抽样调查农民收入等次表

表 5-11

等次 \ 户数 \ 年度	1983	1984	1985	1986	1987	1988	1989	1990
100 元以下	—	—	1	—	—	—	—	—
100 ～ 150 元	—	—	5	—	1	1	—	—
150 ～ 200 元	1	1	2	—	—	—	1	1
200 ～ 300 元	5	2	13	2	3	2	1	—
300 ～ 400 元	9	4	11	10	9	3	7	3
400 ～ 500 元	8	5	14	15	8	10	11	8
500 ～ 600 元	6	10	4	18	12	8	6	6

续表 5-11

户数 年度 / 等次	1983	1984	1985	1986	1987	1988	1989	1990
600 ~ 800 元	1	6	8	17	22	26	17	21
800 ~ 1000 元	—	2	2	6	10	8	12	15
1000 ~ 1500 元	—	—	7	1	5	11	14	15
1500 ~ 2000 元	—	—	2	—	—	1	—	1
2000 元以上	—	—	1	1	—	—	1	—
合计	30	30	70	70	70	70	70	70

（二）消费

土改翻身后的农民辛勤劳作，农业产量增加，用节余的粮、油等农副产品换取机制布、煤油、机制纸、火柴、胶鞋、皮带、手电、毛巾等日常生活所需工业品。一般农户自家或几家合伙买牲畜，购车辆，过上了人们长期向往的自耕农生活。农业合作化后，初步富裕的农民盖新房，置家俱，缝纫机、自行车、收音机进入部分农家。

20 世纪 50—70 年代，农民以解决温饱为主，食品以玉米、小米、薯干等粗粮为主，长年有白面，节日有肉食改善。消费水平没有大的提高。

进入 80 年代中期后，农民生活逐步向“小康”过渡，消费水平提高。

农民的衣衫布料，多为化纤、毛呢、皮革、精制机制布等。1986 年，全县农民家庭平均每人消费棉花 1.2 千克，棉布 1.9 米，化纤布 2 米。土纺土织的粗布已绝迹。农民大都按季节制备穿戴，四季衣帽鞋袜齐全，美观整洁。

农民住宅，全部为砖木结构和砖混结构。外部装修有水刷石、贴瓷砖，室内水泥地面，玻璃门窗，外雅内亮，冬暖夏凉。至 1990 年，1386 户农民盖了楼房。

农户大都使用现代家俱，精制棉布或丝绸被褥。手表、自行车、缝纫机、挂钟、座钟等已普及全县，收音机、洗衣机、黑白电视机、电风扇等家用电器进入大部分农家。有的农户还购置了彩电、冰箱、摩托车、席梦思软床等高档生活用品。

部分年份安国县农村人均饮食消费统计表

表 5-12　　单位：千克

数量 年份 / 品名		1983	1986	1990	数量 年份 / 品名	1983	1986	1990
粮食	粗粮	113	35	26	植物油	3	3.7	6
	细粮	123	171	175	动物油	0.2	1.2	1
蔬菜		186	174	173	猪肉	3	9.7	5
牛羊肉		0.7	—	0.7	家禽	0.1	—	0.5
蛋类		1.3	3.6	2	鱼虾	0.04	—	0.3
食糖		0.1	0.65	0.7	卷烟	7（盒）	12（盒）	23（盒）

续表 5-12

品名＼数量＼年份	1983	1986	1990	品名＼数量＼年份	1983	1986	1990
酒	0.4	0.9	2	茶　叶	0.14	—	0.02
糖　果	0.25	—	0.3	糕　点	0.25	0.8	1
水　果	0.5	1.8	6				

1983—1990 年安国县农民主要耐用物品抽样调查表

表 5-13

项目＼数量＼年度	1983（30 户）	1984（30 户）	1985（70 户）	1986（70 户）	1987（70 户）	1988（70 户）	1989（70 户）	1990（70 户）
自行车（辆）	42	60	130	128	136	137	140	144
缝纫机（架）	24	25	62	68	65	68	69	69
钟（只）	24	28	59	78	80	70	66	68
手表（块）	47	68	142	151	152	157	156	155
其中：电子表	—	—	—	16	24	18	14	13
电风扇（台）	—	5	9	20	26	39	40	54
洗衣机（台）	—	—	7	14	24	37	39	42
电冰箱（台）	—	—	—	—	—	—	1	1
摩托车（辆）	—	—	1	1	1	1	1	1
大型家具（件）	89	102	174	272	219	265	266	295
其中：1. 沙发（个）			1	7	37	45	63	72
2. 大衣柜（个）	15	28	64	71	55	82	81	87
3. 写字台（个）	7	16	44	43	56	77	75	82
收音机（台）	30	30	73	75	71	67	58	48
黑白电视机（台）	5	10	24	29	35	39	43	49
彩电（台）	—	—	3	4	6	5	6	6
收录机（台）	—	1	4	10	12	13	12	17
照相机（架）	—	—	—	1	1	—	—	—

（三）典型村户农民生活调查

孟庄村人民生活情况　1990 年，孟庄村 174 户 722 人，420 亩耕地，村办企业 12 个，户办企业、摊点 36 个，固定资产 120 万元。年人均口粮 500 千克，人均收入 864 元，消费户均 3000 ～ 5000 元。主食白面，辅以玉米面、大米、豆类。年人均消费肉类 20 千克，鲜蛋 22.5 千克。新式房屋 560 间，占全村总房屋的 85%。组合家具 82 套，大衣柜 360 件，写字台 310 件，电风扇 530 台，电视机 205 台（其中彩电 70 台），电冰箱 47 台，录像机 20 台，卡拉 OK 机 14 台，电子游戏机 32 台，组合音响 85 台，自行车 522 辆，摩托车 13 辆，汽车 11 辆。棉布、丝绸被褥 710 套。80% 的户使用暖气取暖，60% 的户使用液化气。每年自费外出到正定、白洋淀、北京、秦皇岛等地旅游观光者达 170 余人次。村内硬化路面

2 条，总长 560 米。责任田的耕、播、浇、收以及集资摊派等费用由村财政负担。家庭免费使用自来水。村内老干部、老党员 60 周岁退休，年供细粮 200 千克，月补生活费 18 ～ 30 元。独生子女月补 10 元，至 14 周岁。

药材种植经销专业户刘青林家生活情况 东河村刘青林，解放前以扛药包为生。1972 年，在自留地种 0.8 亩沙参，收入 2000 余元。之后每年种药材 1 亩左右，收入 2000 元左右。靠此收入将坯房翻盖成砖房，添置了小拉车、自行车、缝纫机。1980 年后，刘青林大面积种植药材，并带领全家搞起药材加工经销业。1985 年，刘在祁州药市建 4 幢楼房，分别由其子女以惠丰、惠瀛、惠盛、惠康字号加工经销药材。刘家居室壁纸贴墙，地毯铺地，华灯辉映，高档家具、家用电器盈室，并拥有轿车、卡车各 1 辆。

药材加工经销专业户王瑞全家生活情况 八五村王瑞全，自幼在药行学徒，成年后在医药单位工作，以每月几十元的收入养着全家老少 6 口人。其家原来仅有土墙框坯房 3 间。1984 年王退休后，发动全家从事药材加工经销业，自有资金从几千元增到几十万元。在药市街盖起 14 间新砖房，在祁州药市建药材营业楼 1 幢。

1983—1990 年安国县农民支出情况抽样调查表

表 5-14　　单位：元

项目 \ 金额 \ 年份	1983 (30 户)	1984 (30 户)	1985 (70 户)	1986 (70 户)	1987 (70 户)	1988 (70 户)	1989 (70 户)	1990 (70 户)
全年总支出	59010	62121	175240	189556	265271	277607	359519	312223
一、家庭经营费用支出	12702	13597	38559	54826	61522	91623	58478	96621
1. 农业生产支出	8653	9281	24660	27797	35791	42131	50954	48543
2. 林业生产支出	—	—	100	390	399	155	234	6770
3. 牧业生产支出	1818	2611	11993	13756	24387	48410	3646	25560
4. 渔业生产支出	—	—	—	—	—	—	—	—
5. 手工业生产支出	367	74	30	162	554	—	—	—
6. 工业生产支出	—	—	—	1000	46	—	506	—
7. 建筑业支出	—	—	5	4	—	—	391	4126
8. 运输业支出	—	—	350	5705	—	—	—	3862
9. 商业支出	—	—	—	—	—	237	370	500
10. 饮食业支出	—	—	182	—	—	690	—	5000
11. 服务业支出	—	—	654	6000	—	—	258	290
12. 其他经营支出	1864	1631	585	12	345	—	2119	1970
二、购置生产性固定资产支出	5818	1048	4809	8529	9275	16168	42772	16179
其中：1. 大中型铁木农具	—	—	—	—	—	—	200	1111
2. 农林牧副渔机械	1048	1048	3209	6279	9275	16168	41822	15068
3. 工业机械	—	—	1600	2250	—	—	750	—
三、缴纳税款	466	427	2037	2600	209	2202	2310	2362
四、上交集体承包任务	637	226	656	4230	2275	7132	8886	7097
五、生活消费支出	34223	43172	112332	111269	180247	149342	221212	168474

续表 5-14

项目 \ 金额 \ 年份	1983 (30 户)	1984 (30 户)	1985 (70 户)	1986 (70 户)	1987 (70 户)	1988 (70 户)	1989 (70 户)	1990 (70 户)
1. 食品	14764	19556	44380	54158	56945	72638	87662	85163
(1) 主食	11498	12953	25916	28290	29319	33081	39013	44849
(2) 副食	2758	5395	13866	18785	20003	28028	33040	26526
(3) 其他副食	471	1195	4171	4933	6168	10140	14942	13118
(4) 在外饮食	37	13	427	2150	1455	1389	667	670
2. 衣着	5470	6169	14565	13203	15288	19880	24995	19414
3. 住房	4204	5336	26486	18222	81484	20659	58587	25802
4. 燃料	2186	2186	5797	7840	6094	10801	17091	14502
5. 用品及其他	7599	9925	21104	17846	20436	25364	32877	23593
(1) 日用品	5061	7966	10021	11464	11630	16384	18965	11649
(2) 文化娱乐用品	1214	84	7230	1626	5934	3792	7088	4631
(3) 书报杂志	14	193	119	312	245	220	346	394
(4) 医药卫生用品	925	1252	2314	3042	2339	2099	3812	5176
(5) 其他	385	430	1420	1402	288	2869	2666	1743
六、非商品支出	639	866	3522	2247	4947	6877	11133	10484
1. 文化服务支出	290	696	1232	1308	1656	2659	4820	4653
2. 生活服务支出	349	170	2290	939	3291	4218	6313	5831
七、其他非生产性支出	4525	2785	13325	5905	6796	4263	14728	11006
全年固定资产折旧	632	761	5234	5487	6345	7318	9208	9312

第二节 职工生活

一、中华人民共和国成立前职工生活

安国解放前，城内从事药行的店员、学徒、切药工、搬运工最多。一般药店按三七或二八比例分红，其中七成或八成叫厚成，归东家；余由东家、掌柜、伙计分配，东家、掌柜最多，伙计最少。学徒三年无工资，逢年赏几个钱。切药工、搬运工、打药刀的打铁工，活脏苦累，劳作时间长，收入不稳。民国 20 年（1931），一个扛药包工人除吃饭外，年余百余元；装车工人每日可余 1.5 元左右；药行经手人年可余 400 元左右。

安国解放后，私营企业职工月收入小米最低 30 斤，最高 170 斤。学徒工 30 ～ 50 斤，一般工人 60 ～ 80 斤，技术工 80 ～ 170 斤，企业管吃不管穿。理发工人依照旧习，四、六分红，工人得 6 成，当天结算，学徒期间月发米 20 斤。杂货行的职工工资，如稻香村每年每人发米多者 8 石，少者 4 石，技术工人 12 石，年终结算赚钱再奖。公营企业职工工资，如城内铁工厂工人和门市部职员月津贴小米，学员 10 斤，经理、技师 50 斤，一般职工 30 ～ 40 斤，年终利润按四、六分红（工人得六），分红最多者达时币100余万元。实业公司14个工厂和6个门市部，420名工人，分轻、重工业两部分。重工业工资高者月米120斤，低者30斤，一般50～60斤。轻工业高者月米80斤，低者30斤。

二、中华人民共和国成立后职工生活

中华人民共和国成立后，废除学徒制，店员、学徒工收入增加。职工供给制与工资制并存，以粮、油、盐、煤、布等实物为工薪，加发菜金，保证职工生活必需品的供应。职工吃粮粗细结合，穿着为机制布、机制衣，大部分职工有自行车，生活略高于农民。1955年7月实行货币工资制后，粮、油、煤、布定量供应，价格稳定，职工生活明显提高。随着职工工资的多次调整与改革，收入不断增加。20世纪70年代中后期，职工吃细粮比例增大，副食品逐年增加。穿戴水平提高，四季时装齐备，成衣率增加。大衣柜、写字台家皆有之，自行车、手表，人所必备。80年代，职工吃粮以细粮为主，以豆类、小杂粮为调剂。蔬菜四季有鲜，鸡鸭鱼肉、干鲜果品消费量大增。一般职工家庭，各种沙发、组合柜和黑白电视机、洗衣机、电风扇等家用电器齐全，部分家庭添置彩色电视机、电冰箱、录相机、摩托车、席梦思床等高档生活用品。大部分职工家庭装有“土暖气”。做饭烧蜂窝煤，60%的户兼烧液化气。

职工住房，原靠租赁公房，居住紧张。1985年后，房管所新建4880平方米商品房，有些单位新建职工住房，尚有一些职工建了私房，住房紧张状况得到缓解。职工住房大都宽敞明亮，装饰漂亮。1985年，城镇居民人均住房最低2平方米，最高10平方米，1990年最低4平方米，最高达13平方米。

职工家家有现金，银行有存款。

1985—1990年安国县城镇居民家庭现金收支典型调查表

表5-15　　单位：元

项目 \ 金额 \ 年份	1985		1986		1987		1988		1989		1990	
	全年合计	月人均	全年合计	月人均	全年合计	月人均	全年合计	月人均	全年合计	月人均	全年合计	月人均
调查户数（户）	6	—	6	—	6	—	6	—	6	—	6	—
调查户人口数（人）	22	—	22	—	22	—	22	—	22	—	22	—
其中就业人数（人）	12	—	12	—	—	—	—	—	—	—	—	—
一、上年末手持现金	913	41.5	874	39.73	915	41.59	1125	51.4	1700	77.3	1400	63.64
二、本年货币收入合计	15837	59.99	18319	69.39	19696	74.6	25909	98.12	24900	94.3	16700	101.14
1. 工资性收入	12517	47.41	13689	51.86	14873	58.34	19632	74.36	18300	69.3	19600	74.24
其中各种奖金收入	1160	4.39	1450	5.49	1500	5.68	2200	8.33	1900	7.2	2200	8.33
2. 临时性收入	—	—	—	—	—	—	—	—	—	—	—	—
3. 其他收入	820	3.11	300	1.14	253	0.96	367	1.39	500	1.9	600	2.27
4. 提取储蓄	2500	9.47	3830	14.51	3970	15.04	5190	19.65	5400	20.5	5700	21.6
5. 借贷收入	—	—	500	1.89	600	2.27	720	2.72	7	2.7	8	3.03
三、本年货币支出合计	15876	60.14	13278	69.23	19486	73.81	25289	95.79	25200	95.5	26400	100
1. 购买商品支出	9403	35.62	9458	35.83	10460	39.62	14361	54.39	14000	53	14700	55.68
其中购买议价商品	—	—	—	—	—	—	—	—	—	—	—	—
购买市价商品	1237	4.69	1580	5.98	—	—	—	—	—	—	—	—

续表 5-15

项目 \ 金额 \ 年份	1985		1986		1987		1988		1989		1990	
	全年合计	月人均	全年合计	月人均	全年合计	月人均	全年合计	月人均	全年合计	月人均	全年合计	月人均
（1）买吃的	4830	18.30	5120	19.39	5996	22.71	7754	29.37	7100	26.9	7300	27.65
（2）买穿的	1480	5.61	1320	5	1385	5.25	1490	5.64	1700	6.4	1900	7.21
（3）买用的	1453	5.5	1535	5.81	1542	5.84	3047	11.54	2800	10.6	3000	11.36
（4）买烧的	820	3.11	851	3.22	860	3.26	972	3.68	13	4.9	14	5.3
（5）住房开支	590	3.23	367	1.39	376	1.42	683	2.59	6	2.2	6	2.27
（6）医药开支	230	0.87	265	1	301	1.14	415	1.57	5	1.89	5	1.85
2. 文化生活服务支出	450	1.7	840	2.42	1145	4.34	2443	9.29	2100	7.96	2100	7.95
3. 其他支出	853	3.23	880	22.27	5251	19.89	5317	20.14	2500	9.4	2300	8.71
4. 存入储蓄	5170	19.58	2100	7.95	2180	8.25	2768	10.48	5100	19.3	5800	21.97
5. 借贷支出	—	—	—	—	450	1.7	400	1.51	1500	5.68	1500	5.68
四、本年手持现金	874	29.73	915	41.59	1125	51.14	1745	79.31	1400	63.64	1700	77.27

1949—1990 年部分年份安国县全民所有制单位职工人均年工资统计表

表 5-16

年度	人均工资（元）	年度	人均工资（元）	年度	人均工资（元）
1949	81	1966	593	1982	687
1950	129	1970	511	1983	744
1952	307	1971	494	1984	792
1953	195	1975	546	1985	868
1957	529	1976	524	1986	1044
1958	274	1978	584	1989	1437
1962	444	1979	555	1990	1592
1963	520	1980	661		
1965	529	1981	666		

1952—1990 年安国县城镇居民储蓄统计表

表 5-17

年度	金额（万元）	城镇人口	人均额（元）	年度	金额（万元）	城镇人口	人均额（元）
1952	4	9965	4.014	1972	185	10805	171.21
1953	9	10020	8.98	1973	197	11239	175.28
1954	15	10100	14.85	1974	223	11665	191.17
1955	21	19113	10.98	1975	251	11871	211.43
1956	28	10245	27.33	1976	261	12198	213.96
1957	36	10350	34.78	1977	292	12378	235.9
1958	79	15170	52.07	1978	310	12753	243.03
1959	127	15233	83.37	1979	411	13337	308.16
1960	114	15054	75.72	1980	561	13803	406.43

续表 5-17

年度	金额（万元）	城镇人口	人均额（元）	年度	金额（万元）	城镇人口	人均额（元）
1961	64	11485	55.72	1981	762	14531	524.39
1962	48	7931	60.52	1982	1011	16065	629.31
1963	60	8413	71.31	1983	1356	16981	798.53
1964	83	9496	87.4	1984	1928	17763	1085.4
1965	99	9335	106	1985	2534	18856	1343.86
1966	89	10134	87.82	1986	4158	20337	2044.54
1967	105	10080	104.16	1987	6767	21344	3170.44
1968	114	10216	111.58	1988	7965	22038	3614.21
1969	124	10335	119.98	1989	14692	23592	6227.53
1970	148	9044	163.64	1990	20466	24858	8233.16
1971	172	9778	175.91				

第六编
农　业

第一章　种植业

第一节　种植品种

一、粮食作物

（一）小麦

小麦有春、冬两种。春小麦，1960年前有种植，后淘汰。1972年，引进“墨西哥春小麦”，各村有少量种植，1977年绝种。冬小麦，1949年以前因土肥条件和品种质量差，亩产60千克左右，种植面积很小。1949年，植麦3万亩，占粮食播种面积的7.89%，亩产52.5千克。翌年，大量种植冬小麦，播种面积15万亩，占粮食播种面积的39.47%，总产933.5万千克，占粮食总产的22.56%。1955年后，随着水利条件改善和化肥施用，产量提高，年播种面积增到20万亩左右，1973达到25万亩，亩产169千克。之后增施磷肥，产量再度提高，面积上升到30万亩左右。1983年后，由于增加药材种植，小麦面积稳定在29万亩。1984年，进行小麦模式化栽培示范，亩产上升到251千克。1990年，种植小麦30.4万亩（模式化栽培25万余亩），亩产达331千克。

（二）玉米

清朝中期引种玉米，时称玉蜀黍。民国年间广为种植，亩产4斗至1石。1949年，全县种植2.1万亩，亩产37.5千克。1950年后，种植面积增加，1966年达9.1万亩，总产占粮食总产的16.28%。1967—1976年，种植面积保持在12万亩左右。随着杂交玉米的推广，产量大幅度增长，1979年亩产达212千克。翌年，种植面积增至18.5万亩。1984年，调整农作物种植结构，压缩玉米4万亩。之后种植面积又有增加。1986年，推广玉米规范化栽培管理技术，亩产超300千克。1990年，玉米总产占粮食总产的32.56%。

（三）甘薯

民国2年（1913）《直隶省商品陈列所第一次实业调查》中记：“安国出产甘薯最多，人民赖以为食，是10余年前由一山东人传入。”1949年，全县种植7.4万亩，占粮食种植面积的19.58%。1950—1957年，保持在10万～12万亩，1958年达21.4万亩。1959—1979年，甘薯面积保持在11万亩左右。1972年，推广“甘薯下蛋”（将薯块下种），亩产达462千克（折成品粮）。1980年后，种植面积下降，至1990年保持在7万～8万亩。

（四）谷子

清光绪《祁州乡土志》载："粟脱壳曰小米，种最多，日用不可缺。"民国年间，谷子种植面积最大，年产1000万斤左右。1949年，全县谷子播种面积13.3万亩，占粮播面积的34.87%，亩产65千克。之后两年内，面积减少为9万亩左右。1952—1954年，种植面积有所回升，保持在14万亩以上，其中1953年面积最大，为17.4万亩。1955年后，播种面积起伏较大，在2万～8万亩之间，常年亩产75～100千克。1972年，亩产228.5千克，创县内单产历史最高纪录。由于谷子受旱、涝、虫等自然条件影响大，产量极不稳定，1978年后降至2万亩左右，1990年仅1.8万亩，亩产215千克。

（五）高粱

域内所种高粱有红、白之分，多种在低洼、沿河地带。民国21年（1932），高粱出穗之际遭水淹没，亩产仅2～3斗，正常年份亩产也仅5～6斗。民国25年（1936），全县高粱总产11万余石。1949年，全县种植4.7万亩，占粮播面积的12.42%，亩产32千克。之后，每年播种面积不一，1953年8.1万亩，为历史最高年份，最少的1956年仅有0.14万亩，且亩产只有16.5千克，是历史最低水平。1965年后，种植面积趋于稳定，到1973年均保持在2万亩左右。随着品种的更换，亩产有所增加，常年在100千克上下。1974年，播种3.7万亩，平均亩产277千克，总产10280吨，创单产和总产最高纪录。1975年后，种植面积逐年下降，1980年降至0.8万亩，之后在0.2万～0.5万亩之间徘徊，1990年0.28万亩，亩产266千克。

（六）稻子

明代有种植记载，后绝迹。1965年，复引种，水稻、旱稻间有，面积2107亩，其中水稻多分布在西伏落、南郭村等低洼地。之后，种植面积保持在1000亩左右。1971年，大力提倡种植水稻，全县稻谷种植7888亩，翌年增至9427亩，后又降至千亩以下。1980年829亩，零星分布在祁州镇、八五、西伏落、东河等公社，总产190吨。后因干旱，稻谷种植面积再度减少，1990年少见种植。

（七）豆类

清康熙《祁州志·土产》中载，"豆有数种，各异其色，壤土多沙宜于豆"。清乾隆《祁州志·物产》中载，豆类有"绿豆、豌豆、豇豆、白豆、黄豆、黑豆、乌豆、小豆、青豆、赤小豆"。民国年间，豆类乃域内大宗物产之一。民国20年（1931），豆类种植面积44860亩，民国22年（1933）黑豆亩产4～7斗，民国25年（1936）仅大小豇豆面积即占总耕地的9.8%，豆类总产近4万石。1949年，黄豆、黑豆播种面积4.72万亩，后历年种植有增减，多与棉花、玉米间作，平播者甚少。1971年，提倡棉地间作豌豆，1975年后减少。今豆类主要有黄豆、黑豆、绿豆、红小豆、豇豆和极少量的豌豆、蚕豆。

1949—1990 年安国县粮食面积、产量统计表

表 6-1

年份	粮食			夏粮			其中冬小麦		秋粮			其中							
												玉米		高粱		谷子		甘薯	
	面积（亩）	亩产（千克）	总产（万千克）	面积（亩）	亩产（千克）	总产（万千克）	面积（亩）	总产（万千克）	面积（亩）	亩产（千克）	总产（万千克）	面积（亩）	总产（万千克）	面积（亩）	总产（万千克）	面积（亩）	总产（万千克）	面积（亩）	总产（万千克）
1949	379300	58	2198.5	48500	49	237.5	30000	157.5	329767	59.5	1956	21000	79	47198	151	132513	861.5	74388	669
1950	379400	109	4137.5	169392	61	1032	152392	933.5	303079	102.5	3105.5	28259	202	59699	388	99799	853	102332	1583.5
1951	341761	135	4618.5	186225	66	14245	166225	1280	368354	86.5	3194	55292	110.5	71907	539.5	90586	679.5	126008	1764.5
1952	440440	120	5277.5	166710	76.5	1276	147132	1206	383928	104	4001.5	12658	55.5	69513	356.5	169127	1327	114137	2095.5
1953	440569	133.5	5888	135334	85	1149	115334	1049	437697	108	4739	22474	157.5	80504	439.5	173744	1449.5	118917	2287
1954	367572	56.5	2079.5	171624	74	1269.5	148572	1164.5	331226	24.5	810	20466	48	25823	64.5	141482	223	104802	425
1955	337283	138	4651	236757	63	1496.5	208017	1243	297071	106	3154.5	48796	312.5	20625	134	84466	676	100252	1746.5
1956	324789	111	3599.5	240039	99.5	2388	212095	2044.5	323289	37.5	1211.5	124790	183.5	1368	2	70836	158.5	120094	857
1957	365109	153	5579.5	269261	60.5	1635	224127	1531.5	337826	117	3944.5	78121	577.5	21296	162	64511	574.5	123496	2387
1958	363190	165	5993.5	214800	77	1656	176800	1376	353304	123	4337.5	63000	652	28800	201.5	28000	259	214200	3124.5
1959	322580	138	4454	232000	59	1366	223000	1281	289999	106.5	3088	77400	535	35400	239	33600	252.5	93800	1792.5
1960	320810	130	4176	214800	68.5	1467.5	204600	1381	299228	90.5	2708.5	117600	605.5	9600	62.5	16300	162	145000	1841.5
1961	322162	143	4607	216352	52.5	1141	195052	960	272844	127	3466	73818	512.5	19820	132.5	37326	281	111607	2349.5
1962	371606	124.5	4623.5	182876	57	1041.5	155320	869	347156	103	3582	73785	512.5	39140	209.5	58148	559	138035	2069
1963	310000	63.5	1975.5	175775	67.5	1188	153695	1006	302422	26	789.5	46077	86	31979	56	71629	165	119999	441.5
1964	310000	166.5	5115	222715	80	1785.5	205416	1639.5	295261	112.5	3329.5	58785	463	19151	62.5	48410	379.5	122022	2111.5
1965	321336	231	7428	185691	106	1988	175044	1841	293878	186	5460	83394	1245	25202	257.5	46124	681.5	108147	3023
1966	341489	302	10311.5	205677	146.5	3011.5	185752	2801.5	325279	224.5	7300	90685	1678.5	43317	436.5	40423	666	131532	4226
1967	365048	219	7993	243292	101	2453.5	230299	2284	340311	163	5039.5	115769	1573	22939	214	52282	659.5	121787	2840
1968	354269	209.5	7429	217511	93.5	2036.5	208881	1956	333802	161.5	5392.5	114964	1521	24539	233.5	54285	740.5	114750	2680.5
1969	361152	216.5	7826	214577	104	2236.5	205812	2131	337083	166	5589.5	113807	1389.5	22556	156.5	60425	846	115295	2955

续表 6-1

年份	粮食			夏粮					秋粮										
							其中冬小麦					其中							
												玉米		高粱		谷子		甘薯	
	面积（亩）	亩产（千克）	总产（万千克）	面积（亩）	亩产（千克）	总产（万千克）	面积（亩）	总产（万千克）	面积（亩）	亩产（千克）	总产（万千克）	面积（亩）	总产（万千克）	面积（亩）	总产（万千克）	面积（亩）	总产（万千克）	面积（亩）	总产（万千克）
1970	367249	253.5	9303.5	214402	103.5	2214	203097	2099.5	347014	204.5	7089.5	119184	1959.5	17366	193	60391	900	126557	3747.5
1971	349046	302	10537	225218	109	2450	213185	2294	329499	245.5	8087	127006	2655	11369	163.5	48514	802	109544	3982.5
1972	334765	414	13860	202887	183	3713.5	190150	3421	323377	314	10146.5	125895	3346.5	17611	386	37825	864	115045	5019.5
1973	340977	429.5	14648	279520	166.5	4650	249013	4213	317409	315	9998	127936	3117	15502	389	39183	806.5	115635	5342.5
1974	340080	453	15408.5	300611	200.5	6026.5	281000	5682	314570	298	9382	119434	2985.5	37087	1028	32611	599.5	114223	4575
1975	340796	428.5	14262	300020	200	5996	288963	5803	322068	256.5	8266	136665	2783	33000	704	33014	572	109858	4071.5
1976	341607	309.5	10581	317897	153.5	4872.5	306647	4723	322016	177.5	5708.5	132674	1939	26204	336	35232	349.5	114985	2961
1977	347880	289.5	10069.5	306883	106.5	3273	295087	3152.5	332733	204.5	6796.5	146313	2611	20561	349.5	34136	315.5	118669	3347.5
1978	335231	375	12571	309168	202	6242	296010	6105	322818	196	6329	159994	2716.5	18206	201	24175	231.5	109490	3042
1979	333115	406	13530	310355	219	6790.5	306717	6748.5	319579	211	6739.5	165605	3510	11715	180	22321	256	103284	2585.5
1980	337755	344.5	11629	308172	127.5	3933.5	307156	3922.5	323128	238	7695.5	184853	4463.5	8047	145.5	19625	269	93981	2634.5
1981	329905	346.5	11434	300796	172	5173.5	300605	5172	313439	199	6260.8	184444	3707.1	5080	83.01	19619	289..2	88862	2044.2
1982	321672	349.5	11240	295647	143	4223	295627	4223	305296	230	7016.8	177107	4193.9	2075	37.8	24063	391	88275	2750
1983	318509	401.5	12790	286838	202.5	5811.4	286838	5811.4	298962	233.5	6978.4	173438	4150.2	2130	34.6	24778	452.4	85781	2197.1
1984	272366	468	12741.5	288382	251	7236.9	288382	7236.9	229833	239.5	5504.8	128031	3106.1	1447	29.01	22052	415	6902 6	1825
1985	286365	483	13832	283359	262	7420.5	279713	7364.8	267360	240	6411.9	134951	3589.3	4599	88.2	25111	443.4	86321	2079.9
1986	313399	558.5	17499.5	288854	307	8873.7	288427	8865.9	296971	290.5	9625.6	169329	5233.8	4215	98.9	24148	491.3	86999	2626.1
1987	301655	580.5	17512.5	289835	310	8985.1	289735	8982.8	283504	301	8527.6	169729	5411.4	3129	87.9	25252	545.6	72574	2296.1
1988	299542	597	17875.3	292424	315	9207.7	292170	9204.4	277929	312	8667.6	169673	5631	3395	98.6	23242	494	72410	2307.9
1989	303219	622	18859.9	300930	331	9960.6	330750	9955.2	284329	313	8899.3	180359	6026.2	1682	43.2	22153	464.8	70416	2208.2
1990	305183	631	19250.4	303790	331	100695	303790	100695	289632	317	9180.9	187345	6266.7	2812	74.9	18235	392.5	71105	2275.6

二、经济作物

（一）棉花

明初，太祖朱元璋诏令天下，凡民田5亩至10亩者，植木棉（棉花）半亩，10亩以上者加倍，不种者，纳棉布一匹。域内遂发展植棉。清康熙《祁州志·时尚》载："八月……木棉（棉花）始登，妇纺绩。"乾隆《祁州志》载，域内种"棉花赤、白二种"。光绪《祁州乡土志》载："祁州东北两面地广而腴，多种吉贝花（棉花）。"民国初，棉花种植面积很大，民国12年（1923）后渐少。

1918—1936年部分年份安国县棉花面积产量表

表6-2

年份＼项目	面积（亩）	产量（斤）	年份＼项目	面积（亩）	产量（斤）
1918	153600	4800000	1929	15400	550000
1919	210000	7720000	1930	15300	348000
1920	211000	2200000	1931	15500	409800
1921	211000	6076000	1932	44160	1235900
1922	60000	900000	1933	14230	153800
1923	76000	3060000	1934	14110	829400
1927	13000	500000	1935	13350	638700
1928	12000	280000	1936	46516	1645000

说明：产量为籽棉

中华人民共和国成立后，国家非常重视棉花生产，1954年对棉农实行粮食补助政策，将棉花生产纳入指令性种植计划。至1956年，每年种植18万亩左右，亩产5～21千克（皮棉）。1957年后，大上粮食，棉花面积减少到12万亩左右，单产没有提高。1961年，实行奖售粮政策，由于产量低而不稳，生产队植棉积极性不高。1970年后，县、公社、大队每年召开专门会议，逐级落实植棉任务，年植棉8万亩左右，由于病虫害因素，亩产徘徊在6.5～32.5千克之间。1980年，全面推行家庭联产承包责任制，加之高效低毒农药的使用，棉花单产逐年上升。1984年，调整农作物种植结构，压缩棉花3万亩，1985年后保持在7万亩上下。1986年，亩产60千克，创历史最高纪录。1990年，全县植棉6.9万亩，亩产47千克。

（二）蔬菜

清康熙《祁州志·土产》中载，蔬菜类有："葱、蒜、韭、薤、芥、苋、芹、苏、白菜、莙荙、莴苣、茄、瓠、菠菜、金针、麻姑（蘑菇）、木耳、苦荬、蓼、瓜、葫芦、丝瓜、萝葡（萝卜）、腾蒿、胡荽（芫荽）、龙瓜、羊角、羊眼、藕。"乾隆《祁州志·物产》中载，蔬菜有："香椿、金针、玉环、萱、腾蒿、莙荙、蔓菁、莴苣、萝葡（萝卜，红、白二种）、茄、瓠、山药、土豆、黄芽菜、赤根菜、蘑菇、芫荽、扁豆、菜豆、芹、芥、葱、韭、蒜、薤、丝瓜。"该志还载"祁地所出蔬菜，较他处为多，而肥美甘脆独佳，土膏之性也。且各种曝干皆可久贮，以之佐餐"。民国时期，县城附近村庄多种蔬菜，以供县城，特别是药材庙会期间消费。民国末年，域内引种西红柿（番茄），1950年后渐多。伍仁桥大蒜为地方名产，以紫皮，四六瓣，汁浓味重，宜贮存，享誉京津。大白菜、大葱亦为县内主要产品，年产量分别在2.5万吨和1.2万吨左右。1980年，县内大量种植葱头、辣椒、豆角、包头菜以供外销。翌年，西韩村开始建塑料大棚生产蔬菜，以后渐多，四季有鲜菜上市。1982年，引种菜花，之后大量种植。1984年，县科委引进芦笋，在大文、明官店村试种400亩，1987年总产20吨，收入5万余元，随后大文村大量种植，1990年达450多亩，年产75吨，主要销往保定、石家庄罐头厂。今张乡、大户、流各庄、庞各庄、大李庄等村已形成蔬菜生产基地，品种有瓜类，包括冬瓜、北瓜、南瓜、黄瓜、丝瓜、瓠子、吊瓜、西葫芦；茄果类包括：番茄、茄子、青椒；叶菜类包括：大白菜、甘兰（洋白菜）、花椰菜（菜花）、菠菜、芹菜、韭菜、芫荽、茴香、莴苣、莙荙、蒜黄；豆类包括：芸豆、扁豆、菜豆；根茎菜类包括：萝卜（白、红、绿三种）、胡萝卜、芥菜、土豆、葱、蒜、葱头、芦笋等。

（三）油料作物

花生 俗称“长果”，域内主要油料作物之一，清末始有种植记载，因果熟蒂落，时称“落花生”。20世纪50年代引进不落蒂品种，称之为“拔茬”。原品种因收获时需筛土得果，称“筛茬”。1953年，实行计划种植，到1978年前，种植面积多在1万～2万亩之间，亩产100千克之内。1980年后，种植面积增加到2.5～5.3万亩，亩产逐年提高，1990年达192千克。

芝麻 域内有黑、白2种，黑者入药。民国后黑芝麻渐少。1949年，种植645亩，1963年上升到6895亩，创最高纪录，但因水灾，亩产仅6千克。至1979年，每年4000亩左右，多采用间作或套种形式，少平播。1980年后种植减少，每年2000亩左右。

（四）药材

安国药材种植历史久远，明末种植品种28个，到清乾隆二十年（1755年）发展到46个。民国年间域内经济作物除大宗种植棉花外，药材仅次之。1956年，药材种植纳入国家计划。“文化大革命”期间，强调“以粮为纲”，药材种植受到限制，只有自留地内少量种植。1980年后，药材市场逐步开放，植药面积大增，1984年达11万亩，创历史最高水平。之后，调整种植业结构，药材面积常年保持在4万～5万亩之间，种植品种230多个，全县农户几乎家家种药。（详见第七编药材种植章）

（五）其他

西瓜 清乾隆《祁州志·物产》中始有种植记载。中华人民共和国成立后，每年种植万亩左右。1981年，大面积推广地膜覆盖栽培技术，西瓜上市期提前2个月，亩产量由五六千斤提高到万斤以上。20世纪80年代多采用覆盖法种瓜，1990年种植2万亩左右。

烟叶 县内栽植较早，清雍正年间（1723—1735）即有“烟叶秦椒，皆堪远贩，牙客相招”的记载。光绪《祁州乡土志·实业》中载：“祁州西面濒沙河，多种淡巴菰（烟草）。”民国年间广为种植。1949年种植8000亩，1952年16255亩，之后栽植面积不定，1953年仅有29亩，到1979年间多数年份在2000～4000亩，1980年后降到千亩左右。多分布在南郭村、南娄底、伍仁桥、明官店、西崔章、焦庄等乡镇。

苘麻 明末有种植记载。民国9年（1920），麻作为县内重要物产之一被列入《直隶省重要物产一览》中。1949年，种植400亩，至1961年间一度绝迹。翌年，恢复种植595亩，1963年上升到1695亩，到1979年每年种植在1000～4400亩之间。1980年后仅于坑洼边角地带零星种植。

甘蔗 1978年，南流村退伍军人霍树军从四川省引进。1982年发展到200亩，集中在南流及附近村，亩产8500千克，绝大部分做为秧苗销往沧州、山东等地。由于域内无霜期短，所产甘蔗含糖量低，1986年后种植渐少。

1949—1990 年安国县主要经济作物面积产量统计表

表 6-3

年份	经济作物面积（亩）	棉花			油料作物									蔬菜面积（亩）	药材面积（亩）
								花生			芝麻				
		面积（亩）	亩产（千克）	总产（万千克）	面积（亩）	亩产（千克）	总产（万千克）	面积（亩）	亩产（千克）	总产（万千克）	面积（亩）	亩产（千克）	总产（万千克）		
1949	146355	105211	8.5	87.5	32744	98.5	323	32099	100	321	645	28	2	14000	1105
1950	179444	149924	17	258	18042	101.5	182	16972	106	178.5	1070	34	3.5	17000	
1951	239084	177208	16.5	295.5	49323	74.5	366.5	48206	75	361.5	1117	45	5	19500	1216
1952	213847	167537	22.5	382.5	30055	69	207.5	28275	71.5	201.5	1780	33.5	6	18500	
1953	121490	112714	11	123	7038	83	58.5	5875	89.5	52.5	1163	50	6	35145	1614
1954	203029	166496	5	86	30425	32.5	99	26588	37	98.5	3837	8.5	0.5	30500	1573
1955	221742	184165	21	383.5	28445	74.5	212	25631	80	205	2814	23.5	7	36833	
1956	220376	189551	6	114.5	26433	25	92	24707	36.5	91	1726	6.5	1	26050	3303
1957	162316	134496	22.5	302.5	17023	68.5	116.5	14381	76	109.5	2642	26	7	30156	4579
1958	151046	128500	17.5	225	18900	58.5	110.5	15000	68	102	3900	22	8.5	5000	4527
1959	156300	124500	21	263	14000	50	70	9000	67.5	61	5000	17.5	9	30000	10000
1960	151047	128300	13	167	8900	44	44	5400	60.5	37.5	3500	18	6.5	30000	9047
1961	146273	129733	9.5	121.5	11612	20	23.5	5212	31	16	6400	11	7.5	29838	3011
1962	102986	87595	9	79.5	8351	39.5	29	2556	45.5	11.5	5795	30	17.5	39358	3293
1963	144699	121317	2.5	37.5	9696	9.5	9	2801	17	5	6895	6	4	37932	6720
1964	152497	131049	11.5	153.5	12385	51	63	7403	72	53.5	4982	19	9.5	30858	3385
1965	152292	124018	22	276	15726	55.5	87.5	10474	69.5	73	5252	27.5	14.5	57869	7101
1966	110215	80332	26.5	214.5	14121	94	140	10462	123.5	129	3659	30	11	45276	9319
1967	105785	80166	21.5	172.5	13827	84	116.5	10015	102.5	102.5	3812	37.5	14	15248	6394
1968	106286	82712	20	167.5	13713	75.5	103.5	9570	86	82.5	4143	50.5	21	14587	4958
1969	106924	82512	20.5	169.5	14608	76	110.5	9445	90	85	5163	49.5	25.5	14257	5065
1970	102146	80455	31	249.5	12724	83	105.5	7859	108.5	85	4865	41.5	20.5	13307	5274

续表 6-3

年份	经济作物面积（亩）	棉花			油料作物									蔬菜面积（亩）	药材面积（亩）
		面积（亩）	亩产（千克）	总产（万千克）	面积（亩）	亩产（千克）	总产（万千克）	花生			芝麻				
								面积（亩）	亩产（千克）	总产（万千克）	面积（亩）	亩产（千克）	总产（万千克）		
1971	108021	80612	30.5	247	12426	81.5	101.5	8292	103.5	86	4134	37	15.5	25130	8457
1972	108190	73553	20	147.5	18193	56	102	14053	64	90	4140	29.5	12	34985	9621
1973	114977	81483	25.5	206.5	16784	59	99	12088	72.5	87.5	4696	29.5	11.5	46201	10432
1974	117043	82215	32.5	269	15996	57	91	11179	68.5	77	4817	29.5	14	45551	11054
1975	120769	84980	16	138.5	17646	57	100	12943	62.5	87.5	4473	28.5	12.5	49006	11280
1976	126537	88631	9.5	85，5	15502	41.5	64	11286	50.5	57	4202	16.5	7	38666	15380
1977	117826	86415	7	62	15516	65.5	101.5	11065	81.5	90.5	4008	27	11	39477	12235
1978	136493	103642	6.5	69.5	18436	82.5	152.5	14301	99.5	142.5	4045	25	10	34270	10445
1979	135151	99831	9	91.5	18169	105.5	191.5	13687	130.5	178.5	4451	29.5	13	35905	13944
1980	134647	94489	17	162	25532	129.5	331	21740	144.5	314.5	3792	44	16.5	34155	12478
1981	143344	99466	18	179.5	33395	122	407.5	30465	130.5	399	2930	29	8.5	30606	7716
1982	156818	108268	24	257.5	32952	118.5	390.5	30915	124	383.5	2637	35	7	28205	11376
1983	168962	105313	46.5	490.5	28247	125	352.5	26411	131	345.5	1836	37.5	7	27238	32720
1984	237554	96907	58.5	567	25076	138	346.5	23564	144	339	1512	49.5	7.5	26271	110000
1985	216241	71397	37.5	266.6	43399	138.5	600.5	41630	142.5	593.5	1769	42.5	7.5	29131	98800
1986	147993	51014	60	306	53149	180.5	959	51334	185	950	1815	49	9	40666	40200
1987	171827	73221	59	432.5	51544	185.5	957.5	49835	190.5	949	1709	49	8.5	31685	50000
1988	177860	70824	52	365.5	44525	171	763	42981	176	755	1544	47	7	30757	61500
1989	168046	69469	46	320.5	46127	180	831	44904	183	825	1223	49	6	41024	55300
1990	169753	69380	47	327.5	45995	190	873	45096	192	868	899	52	5	44427	55000

三、品种改良

（一）良种繁育与推广

民国18年（1929）3月，河北省立农场于太平山建立安国农事试验场，占地9亩，专事农作物引进品种试验和良种繁育。先后引进试种“脱利斯棉”“龙爪谷”“美国早白玉蜀黍”“核桃纹白菜”等品种。民国35年（1946），该场改为安国县太平山繁殖农场，专事优种繁育。民国37年（1948），改建为冀中第九专区农事试验场，专事良种繁育推广，并为农民提供技术服务。当年繁育推广811谷子良种，但因宣传不够，下发种子多被农民吃掉。1953年后，按照“就地繁殖，就地推广”“群众共留互换为主，国家贮备供应为辅”的原则，各生产队设种子田3～4亩，专人管理，单打单收，统一保管。1962年，社员互换籽种16.7吨，政府供应60吨，从外地调入8.25吨，并在大李庄、西关街、农民街等8个大队建起1000亩“北京6号”小麦种子田，在伍仁桥、焦庄等5个公社建起2000亩“早洋麦”种子田。1966年，建立安国县良种场，到1972年向全县提供良种400吨，其中小麦品种18个，175吨；高粱品种17个，100吨；玉米品种11个，85吨；谷子品种4个，10吨；棉花原种5吨，另有花生、豆类等其他品种。1976年，建立县、社、大队、生产队4级良种繁育体系，将良种选育、试验示范、繁殖推广、经营调剂连成整体，全县社社有良繁区，队队有种子田。1978年2月，建安国县棉花原种场，每年繁殖棉种15～39吨，并以伍仁桥、南娄底、南郭村、西崔章4个公社的1.1万多亩土地为棉花良繁区，原种场供给良繁区用种，回收棉花，向全县提供良种。1984年，全县分片设立粮食种子繁育区，由县种子公司统一收购经营，统一供种。1987年，以西安国城、张家营、焦庄、北河等村万亩小麦模式化栽培田为小麦良种繁育基地；以边三庄、齐村、门东、西伏落、明官店等村为玉米良繁区，面积达3000余亩。所产种子除满足县内需求外，还有部分外调。由于自繁良种难保纯度，加之产量低，不能充分利用地力，1988年后大部从外地良繁区和科研单位调入，不再自制。

1984年，县良种场工人郑俊杰等培育出甘薯新品种“红肉红”，1990年3月通过河北省农作物品种审定委员会审定，亩产比“徐薯18”高26.1%～33.4%，被鲁、豫、京、晋、皖5个省市引种。

1949年前，域内没有种子经营机构，民间只有少量种子串换。是年，安国县推进社从外地调入花生种子12吨，棉种11吨，以贷、卖、换方式向农民推销。1958年建立县种子站后，由其调剂社队种子和调出调入，1960年共调入6980吨，其中粮食籽种1550吨，棉花籽种1875吨，油料籽种255吨，种甘薯3300吨。1983年，县种子站改为种子公司，1985年经营良种600吨，增加了蔬菜、瓜果和药材种子经营。1986年后，乡级种子公司和代销点相继建立，随之出现个体经营户，销售假劣种子现象时有发生，给农民造成很大损失。1989年，开始控制经营，良种统归县种子公司及下属代销点经营。1990年，全县种子经营量4910吨。

（二）品种沿革

小麦　1949年前，主要种植当地红、白麦，产量低，抗灾能力差。后推广“定县72”“早洋麦”“碧码1号”，到1955年全县小麦“早洋”化。1960年后，相继引进推广“干407”“北京6号”“碧码4号”“农大183”等品种。1963年引进“阿夫麦”，由于耐寒力差，抗旱力弱，越冬死亡率高，1967年即被淘汰。之后仍以“早洋麦”“干407”“碧码4号”为主要品种，并配以“华北187”“石家庄24”等品种。1971年，推广“里选1号”“里选2号”，一般增产20%～30%。1972年后，根据水肥土质差异，分别推广了“泰山1号”“农大139”“文胜1号”“65-848”“12057”“东方红3号”等品种，其中以“泰山1

号”为主。1980年后，推广“辐射63”“京华1号”“济南13”“丰抗2号”品种，1984年以“幅射63”为主要过渡品种，配以“津丰1号”“郑麦2号”等品种，并试种“原冬3号”，增产显著，1986年在全县推广。1987年后，引进“冀麦23”“冀麦24”“215”“5201”4个品种。1990年，以“711-1”“冀麦24”“冀麦26”“原冬3号”为主要品种，重点引种推广“5418”“215”两个品种。

玉米 1955年以前，主要种植当地小黄玉米，产量低，品质差。1956年分别从东北和山东引进“白马牙”“金皇后”两个品种，产量较当地品种增产70%左右。1960年，从保定农研所引进“冀综1号”杂交种，首先在祁州公社试种70亩，收获带轴玉米25吨。随后相继引进“冀中1号”“白八趟”“山东黄”等。1967年，从河北省农研所引进“革造2号”，1970年大面积推广。之后，又相继引进推广了“革造3号”“混选1号”“反帝105”“白单4号”“冀综8号”等杂交品种，1973年上述品种占全县玉米播种面积的75%强。1975年后，引进推广“京早2号”“京早7号”“京黄113”新品种。到1982年，全县玉米实现以“京早7号”为主，“博单1号”“沈单3号”“掖单2号”为辅的优种化。1985年后，推广“烟单14”“冀单11”“掖单2号”等生长期短，利于种麦的杂交品种。1990年，以“烟单14”“丹育13”“忻黄丹62”“掖单2号”为主要品种。

甘薯 1949年以前，均为当地品种。1950年后，引进“胜利百号”，为主要品种，比当地品种增产50%以上。1960年后，引进推广“农林4号”“华北553”“石门红”“河北351”等品种，但“胜利百号”仍有大面积种植。1975年，后推广“冀薯1号”“一窝红”“河北872”等品种。1980年，普及“徐薯18”，增产显著，遂为县内主要品种。1987年，推广县原种场郑俊杰等培育出的高产新品种“红肉红”，春薯亩产最高达6吨，夏薯达4.5吨。1990年，“红肉红”为主要品种。

谷子 1950年以前，谷子品种有“老来松”“缰绳头”“大白谷”等，产量低而不稳。1951年，引进推广“华农4号”，1956年推广“摩粒谷”“石农1号”两个品种，较当地品种增产13%左右。1964年后，相继引进推广“铁头碰”“白把子”“齐头白”“独根红”等品种。1971年，引进“东风谷”“新673”“日本60日”（俗称“60日还家子”）等品种。1979年，从沧州地区农科所引进“青到老”“铁杆黄”杂交种，产量大幅度上升，且成熟早，利于种麦。1985年，又引进推广“燕谷1号”“豫谷1号”，1990年仍以“燕谷1号”“豫谷1号”“青到老”为主要品种，同时引进“宁谷1号”。

高粱 1956年前，县内主要种植当地品种“黑帽白”“歪脖红”等。1957年，从唐山引进多穗高粱，较当地品种增产107%左右。1960年，引进推广“大柳叶”品种。1970年，推广“晋杂5号”“原杂10号”等杂交品种，“晋杂5号”较当地“黑帽白”增产近2倍。1982年后，高粱种植面积大减，至1990年零星种植仍以“晋杂5号”为主，同时配有“晋杂3号”“辽杂1号”。

花生 域内传统品种有“大花生”“小花生”“立蔓一窝猴”。1960年，首次从山东引进伏花生新品种，在大文、北王买、景中、河西、常庄等村示范种植，果仁产量较一般品种高15%～55%，后在全县迅速推广，一直沿用至1979年。1980年，引种“海花1号”“徐州68-4”“冀油7号”新品种。1988年，推广“鲁花9号”“冀油4号”。

棉花 民国19年（1930）以前，域内多为中国棉，有白棉、紫棉两种，间有少量“美国长绒棉”。民国20年（1931），河北省实业厅推广美棉品种，到民国25年（1936），美棉种植面积达12615亩，1949年仍沿用“中棉”“美棉”两个品种。1951年，推广“斯字棉”，1957年改种“五爱棉”，较“斯字棉”增产8.9%左右。1959年，引进“岱字棉”，同时试种“徐州209”，产量均较“五爱棉”增加15%左右，遂普及该二品种。1971年，引进推广“徐州1818”，同时县良种场试种推广长绒棉。1981年，引种早熟棉品种“中棉10号”成功，继引进“鲁棉1号”“冀棉1号”“冀棉8号”“冀棉10号”新品种。

到1985年，由于上述品种不同程度的出现混杂，抗病虫能力减弱，除保留“冀棉8号”“冀棉10号”外，又引进“冀棉2号”。1988年，试种短果枝棉种“7402”，亩产皮棉150千克以上，不需整枝，省工省时，翌年推广。1990年，“7402”“冀棉13号”“冀棉14号”“中棉12号”为主要品种。

西瓜　1970年以前，多种当地品种，个大皮厚，瓤沙味甜，后引进“庆丰瓜”。1980年，引进“郑杂5号”，产量大增。之后，相继引进“新红宝”“新澄1号”等高产优质品种。1990年，以“新红宝”为主要品种，亦有种植“郑杂5号”“新澄1号”“特大新红宝”者。

白菜　域内主栽品种有“大包头”“小窝心”“高桩菜”“二桩菜”。1977年，引进“玉青”白菜，1980年后相继引进“丰抗70”“郑州2号”“太原4号”“天津青麻叶”等品种。

第二节　种植技艺

一、耕作制度

（一）熟制

安国传统耕作制度多为一年一熟轮作制。1950年后，逐步提倡间作套种和一年多熟制，1957年复种指数达142%。1958年，一年两熟面积达25万亩，有3万亩园田实行一年三熟轮作制。1960年后，60%～70%的土地实行一年两作和两年三作，1965年复种指数达155%。1970年后，推广三种三收、四种四收。由于没有适当搭配品种，超越了当时生产条件，复种面积虽达90%左右，但产量却无明显提高。1975年后，农作物品种不断更新，尤其是玉米杂交品种大面积推广，普遍实行两年三熟制，1982年复种指数达185%。1983年后，尽管粮食种植面积起伏较大，但两年三熟制充分利用了自然资源，粮食亩产和总产稳定增长，1990年复种指数达190%。

（二）间作套种

中华人民共和国成立前，县北部无间作习惯，南部虽有但面积很小。中华人民共和国成立后，提倡合理间作套种，初期主要是小麦与豌豆、谷子与高粱、甘薯与芝麻间作，1958年推行高低秆作物、深浅根作物间作，出现玉米、高粱与豆类、甘薯、绿肥等间作套种。1962年，薯粮、薯菜、粮药、粮豆间作套种面积占总播种面积的30%～50%。1972年，开始实行粮棉间作，各种形式的间作套种达6.87万亩，其中粮粮间作5.72万亩，粮棉间作4363亩，粮油间作4187亩，粮菜间作2291亩。1980年后，又扩增较大面积的粮药、菜药、粮果、果药等间作套种形式。

（三）密植

中华人民共和国成立前，农民种植玉米、高粱、棉花等作物习惯为“一步三棵苗”，小麦多为大垄种植，亩播种量5千克左右，玉米每亩2000株左右。1953年，提倡合理密植，翌年全县19.8万亩小麦密植率达51.87%，其中窄行密植7.43万亩。行距由过去的50～60厘米缩小到33厘米，亩播种量增至10千克左右，密植增产率达18.7%～44%。1958年，提倡“八字宪法”，产量提高。1960年后，小麦亩播量一般保持在9～12.5千克之间，多采取“大骑马、双套耧”播种法，行距多为20厘米，玉米亩株2200～2800棵，甘薯2400株左右。1970年后，小麦播种提倡“四密一稀”“三密一稀”和宽幅密植，亩播量为12.5～15千克。1975年，改四密、三密一稀为四、八寸大小行，并推广7.5尺一带的带田种植。1979年后，小麦耧播逐渐被机播取代，亩播量15～20千克。棉花亩播量5～6千克，玉米和甘薯每亩均在3000株和4000株左右。1987年后，县内先后推行小麦模式化栽培和玉米规范化栽培，小麦每亩基本苗控制在18～22万株，玉米控制在4000株左右。

（四）轮作

农作物种植传统为一年一熟轮作制。1953年后，随作物品种更换和农业生产条件改善，开始出现较为固定的轮作形式，主要有5、9、11年轮作制，其中棉区实行5年轮作制，方式为棉花—春薯—粮食作物—棉花—棉花。粮区则多为9年或11年轮作制，方式为小麦（或夏玉米）—小麦（或春薯）—春玉米（或高粱）—小麦（或夏玉米）—小麦（或休闲）—春粮—小麦（或夏薯）—春粮—小麦（或休闲）—小麦（或夏玉米）—小麦。1970年后，农作物轮作周期缩短，主要是粮、棉、薯、油料作物间的轮作倒茬。1979年后，农民种植自主权扩大，轮作形式趋于多样化，一般为棉花—小麦—玉米—棉花，小麦—玉米—棉花—小麦，小麦—药材—休闲—药材（或棉花）等形式。

二、作物栽培

（一）播种

“白露早，寒露迟，秋分种麦正当时”“谷雨前后，种瓜点豆”“枣芽发，耩棉花”等当地农谚，是域内劳动人民长期生产实践的经验总结，世代相沿。1949年后，随着农业科学技术的发展，逐步确定各种作物最佳播种期，棉花适播期为地下5厘米温度稳定在14℃时，一般年份在4月17—30日间；小麦适播期在9月25日至10月5日之间；夏玉米、谷子则抢时抢墒播种，宜早不宜迟。在播种方法上，玉米一直沿用人工点播法。小麦、谷子、高粱、棉花原为人力或畜力牵引耧播或开沟撒播，1980年后棉花、小麦多为机播。

（二）施肥

域民深信“种地不上粪，等于瞎胡混”的道理，历来重视施肥。肥料有以柴草、人畜粪便、豆饼等沤制的农家肥和化学肥料。1954年前，均为农家肥，后开始兼用化肥。1953年，县政府大力提倡养猪积肥，并发动农民、学生开展压绿肥活动。1955年，推广高温沤肥法，共挖坑2120个，积肥24万余车，亩施肥量由1952年的2.5吨增加到1956年的8.8吨。1958年“大跃进”运动中，县、社、队层层分配积肥任务，有的生产队提出“鏖战三昼夜，每人千车肥”。为实现积肥高指标，全县掀起拆老房、拆锅台、拆炕运动，全年共拆老房5万余间，将房山土、墙头土做肥料。1955年，域内始用硫酸铵、硫酸钾等化学肥料，全年供应625吨，多用于菜田，同时推广叶面喷肥。至1960年，年均施化肥2400吨。1961年，首次在观音堂大队试用氨水，后推广全县。1962年，供应化肥754吨，多用于追肥。1971年，大力推广施用磷肥，县、社、队建磷肥厂94座，年产磷肥6800吨，全部用于域内。是年，全县化肥施用量达4000吨左右。平均亩施8千克，并始将化肥用作底肥。之后，化肥施用量逐年增加，1978年全县亩均施化肥75千克。

由于大量施用化肥，土壤养分失衡，板结加重。1980年土壤普查后，提倡重施粗肥，按比例合理使用氮、磷、钾化肥，出现了复合肥、专用肥和微肥。1985年，全县亩均施氮肥75千克（以碳酸氢铵计，下同），磷肥60千克（以钙镁磷计），粗肥5立方米以上。粗肥、磷肥主要用作底肥，氮肥、复合肥底追兼用。棉花追肥重施花铃肥，小麦重施起身肥和灌浆肥，夏玉米追肥前重后轻，施用方法改撒施为开沟深施。1990年，推广配方施肥、微肥拌种等新技术，小麦配方施肥24万亩，微肥拌种6万亩。是年，全县亩均施氮肥90千克，磷肥75千克，化肥施用总量2.78万吨。

（三）除草

域内草害严重。1960—1962 年，每年都有 4 万亩根生草和 2 万亩再生草发生危害，多靠人工拔、锄。常因草生面积大，持续时间长造成粮食减产。1984 年，始引进化学除草新技术，到 1986 年全县推广使用“拉索”“阿特拉津”“除草醚”等化学除草剂 4.5 吨，除草有效率达 97% 以上。1988 年，对 3000 亩夏播玉米试行化学除草免耕覆盖法，效果显著。之后，化学除草向麦田、棉田推广，使用药剂主要有“2.4-D 丁酯”“二甲四氯”“草甘磷”等新型高效药剂，1990 年全县化学除草面积 30 余万亩。

（四）浇水

中华人民共和国成立前，域内农田大部分为旱地，民国 25 年（1936）水浇地仅 18 万余亩，农民多靠天吃饭。中华人民共和国成立后，大兴水利，旱地渐为水浇田。一般年份小麦浇 4 ～ 6 水，其中封冻水和返青水必浇。其他几次视降雨情况而定。春玉米生长期正处少雨季节，一般 10 ～ 20 天浇水一次。夏玉米生长期正处秋季雨量高峰期，一般年份浇 1 ～ 2 水或不浇。棉花一般于苗期、初花期和盛花期浇水 3 ～ 4 次。

（五）中耕

域内农民历来讲究精耕细作，有“棉花锄八遍，桃子结成串”“谷耪八遍饿死狗（不出喂狗的谷秕子）”的农谚。玉米、高粱、谷子等，中耕集中在 5—6 月，封垄后停止；小麦于初春时锄划，以保墒、增温、促分蘖；棉花中耕于苗期至封垄前进行，1960 年后提倡“锄梦花”，即在苗前中耕，旨在增温促苗早发；甘薯中耕多与培埂、掀蔓相结合；蔬菜中耕次数较多，尤其白菜，一般浇 1 水中耕 1 次，直至圆棵。随化学除草技术应用，大田作物中耕次数减少，但农民“涝浇园、旱耪田”的习惯未变。

（六）地膜覆盖

县内较大面积使用地膜覆盖农作物始于 1978 年，主要用于菜地和棉田育苗，1981 年推广地膜覆盖西瓜。1984 年，地膜覆盖棉田 1200 余亩。翌年，县农业技术站对晚茬小麦进行地膜覆盖试验示范，冬盖春揭，能使小麦返青期、成熟期提前，避开干热风危害，1986 年推广 2000 亩，后因投资大而止。1990 年，重点推广棉田覆盖技术，盖膜方法由人工改为压塑机操作，面积 3 万亩。是年，地膜覆盖西瓜 2 万余亩。

三、病虫害防治

（一）棉花病虫害防治

病害防治　域内棉田病害主要有立枯病、炭疽病、枯黄萎病、红腐病。其中以立枯病、炭疽病、枯黄萎病为害最大。对立枯病、炭疽病主要通过中耕防治。1963 年，全县 12 万亩棉苗普遍发生立枯病和炭疽病，病株率达 50% 以上，经 2 次以上中耕，病害得到控制。枯黄萎病在 1970 年前有点片发生，通过更换抗病品种和轮作倒茬，一度得到控制。1977 年又有回升，且面积逐年增加，1981 年发生 5366.3 亩，涉及 10 个公社的 37 个大队，到 1987 年蔓延到 20 个乡的 173 个大队，面积达 22292 亩，占棉田总面积的 30%。经过采取拔除零星病株，加强种子检疫，控制带病籽种传播，轮作倒茬，更换抗病品种等措施，加之温汤浸种和多菌灵、托布津等药剂拌种，病害有所控制，终未能根治。

虫害防治　棉花害虫主要有棉蚜、红蜘蛛、棉铃虫、红铃虫、棉蓟马、造桥虫等，其中棉蚜、红蜘蛛、棉铃虫发生普遍，危害甚烈。20 世纪 50 年代前，主要靠人工捕杀和手撒扬土、白面浆糊喷洒等土法防治。1954 年后，陆续使用“六六六粉”“1605”“1059”“3911”“DDT”“DDV”等农药，采取喷雾和涂茎防治。1976年，县农研所试用“引瓢治蚜”生物防治法，1979年又推广“黄板诱蚜法”，对消灭蚜虫，保护天敌和生态环境起到一定作用。1980年，首次引进高效低毒农药溴氰菊酯，之后广泛使用。1987年，县农业技术推广中心推广使用“氧化乐果”“久效磷”“甲胺磷”等农药，进行“高浓度内吸性农药点滴棉苗顶心防治棉蚜”，灭虫效果显著。棉铃虫每年都有发生，最严重的1973年每平方米有虫69头，且龄期不齐，世代重迭，采用杨柳枝把和灯光诱蛾与药剂喷雾、涂茎等方法防治。

（二）小麦病虫害防治

病害防治　小麦病害主要有锈病（黄疸）、丛矮病、白粉病、黑穗病。1970年前，小麦锈病危害很大，1959年、1960年和1964年发生面积均在10万亩以上，多采取摘病叶，拔病株，更换抗病品种和药剂喷雾法防治。1960年，为防治锈病，河北省政府派出安二型（AH-2）飞机1架，并调拨特效药“对氨基苯磺酸”3吨助治。1964年，17万亩小麦发生锈病，县委抽调246名干部，组织劳力5.8万余人，喷雾器1900多架，昼夜喷治，控制了病害发展。之后，随着抗病品种不断更新和粉锈宁、代森锌等药剂广泛使用，小麦锈病没有大面积发生。丛矮病和白粉病，1977年始有较大面积发生，常年发生面积2万亩左右。1989年，白粉病发生面积占小麦面积的30%，主要采用多菌灵、粉锈宁、托布津等杀菌剂药雾喷治。对丛矮病采取控制传毒媒介，喷洒“1605”“氧化乐果”药物保护带等方法防治。1990年，病情预测预报及时，丛矮病、白粉病虽有发生，但能控制危害。

虫害防治　小麦主要害虫有蚜虫、红蜘蛛、麦叶蜂、吸浆虫等。其中蚜虫和红蜘蛛发生最为普遍，防治方法采用药剂防治、生物防治等一系列综合防治措施。由于长期使用单一农药，害虫抗药性增强。1985年后，采取菊酯类与有机磷农药混合使用，防效甚佳。麦叶蜂大面积发生始见于1964年，危害面积6万亩，全县7.2万多名农民、学生突击除治3天，得到控制。1984年后，又有回升，1989年发生面积占小麦总面积的10.3%，虫口密度35～60头/平方米。通过人工捕杀和甲胺磷、速灭杀丁等新型农药喷雾防治，虫情得到控制。小麦吸浆虫在20世纪50年代前常发生，60年代后大量使用农药防治得到控制，80年代中后期回升。1987年，发生18.6万亩，通过采取对重灾区药剂除治，保护无虫区等措施，控制了虫害发展，1988年推广麦田综合防治措施后，其危害已被控制。

（三）玉米病虫害防治

病害防治　玉米病害主要有大小斑病、黑粉病、黑穗病，其中大小斑病为常发性病害。以更换抗病品种为主要防治措施，常年虽有发生，但未成灾。

虫害防治　玉米害虫主要有钻心虫（粟灰螟、玉米螟、高粱条螟），历年都有不同程度发生。1960年，危害面积43057亩，虫株率20%～50%，采取“六六六粉”撒在雌雄穗上和通过挖封锁沟、撒封锁药带防止蔓延，以后提倡秸秆处理（烧、沤、铡、封）、田间采卵等方法，消灭虫源，降低种群数量。1963年，在西徐村进行颗粒药剂灌心除治示范，并在全县推广普及。1980年后，随着虫情测报广泛开展和有机磷农药、高效低毒农药大量使用，有效地防治了虫害。

（四）杂粮病虫害防治

病害防治　杂粮病害主要有谷子白发病、黑穗病，甘薯黑斑病、软腐病、干腐病，豆类褐斑病、霜霉病等，其中以谷子白发病、甘薯黑斑病发生面积最大，危害最重。谷子白发病历年皆有，20世纪50—60年代最为严重，一般病株率30%左右。以拔除病株，更换品种，倒茬轮作方法防治。60年代中期，推广药剂拌种，效果较好，80年代后被控制。甘薯黑斑病是一种历史性病害，危害颇巨。60年代开始推广温汤浸种和高温控制法对种薯灭菌。1971年，推广“代森胺”“401”“402”抗菌剂种薯处理法，发病率大大降低。1978年后，在药剂防治的同时，推广抗病新品种，均取得较好效果。

虫害防治 杂粮害虫主要有黏虫、甘薯天蛾、豆夹螟、豆天蛾、大豆卷叶螟等，其中以谷子黏虫为害最大，年有发生。1949年，117个村受灾，面积45162亩，每方丈黏虫达30～80头，50%的谷叶被吃光。县政府动员群众组成除虫互助组，进行人工捕杀。1958年，大面积谷地发生黏虫，全县投入劳力10万余人，使用农药200余吨除治。1975年后，有机磷农药、菊酯类农药相继推广使用，加之掌握了黏虫的发生规律，危害得以控制。

（五）药材病虫害防治

病害防治 药材病害主要有菊花叶枯病、黄芪白粉病、生地轮纹斑病、板蓝根霜霉病、白术黑斑病等，主要使用“五氯硝基苯”“甲基托布津”“多菌灵”“双效灵”“粉锈宁”等药剂喷雾防治。

虫害防治 药材主要害虫有祁菊瘿蚊、甘草叶岬、沙参钻心虫、黄芪杆蝇、山药叶蜂和蒙古明蚜、东亚接骨木蚜、附子蚜、生地蚜等多种蚜虫，其中以祁菊瘿蚊、甘草叶岬、沙参钻心虫、黄芪杆蝇、山药叶蜂最为普遍。多采取人工诱杀法兼用高效低毒农药除治，并严格控制用药时间，收获临近期禁止用药。

（六）蔬菜病虫害防治

病害防治 蔬菜主要病害有白菜霜霉病、软腐病、病毒病，番茄早疫病、晚疫病、生理裂果病，辣椒白粉病、炭疽病、软腐病、病毒病，黄瓜白粉病、霜霉病、灰霉病、蔓枯病、枯萎病、细菌性角斑病，瓜类炭疽病，茄子褐纹病，菜豆炭疽病，葱锈病、紫斑病，菠菜病毒病，芹菜病毒病，西葫芦病毒病等。除选用抗病品种，加强栽培管理，轮作倒茬和拔（摘）除病株（叶）等方法外，对霜霉、软腐、白粉、锈病、炭疽、枯萎、早疫、晚疫等病害，多使用“乙磷铝”“瑞毒霉”“百菌清”“多菌灵”“托布津”“炭疽福美”“粉锈宁”等药剂喷雾防治。对西葫芦、菠菜、芹菜、辣椒、白菜等病毒病，多用“乐果”“马拉硫磷”“溴氰菊酯”“速灭杀丁”等药剂防治。

虫害防治 蔬菜害虫主要有：菜青虫、甘蓝夜蛾、小菜蛾、黄条跳甲、烟青虫、温室白粉虱（大棚蔬菜较重）、茄子红蜘蛛、马铃薯瓢虫等。多采取人工捕杀兼药剂喷雾除治。

（七）地下害虫防治

域内地下害虫主要有蝼蛄、蛴螬、金针虫、地老虎、拟地甲、金龟子等，其中以蝼蛄、蛴螬、地老虎危害最普遍。1953年前，主要依靠人工捕治，后随“六六六粉”“1605”“1059”等农药的使用，始用药剂除治。主要采用基肥掺药、撒施毒饵等方法诱杀。1962年，始用“1605”拌棉种，翌年推广到谷子、玉米、小麦等农作物。1970年后，推广有机磷农药拌种、浸种防治地下害虫。1980年后，大量使用“呋喃丹”“甲拌磷”等杀虫剂与杀菌剂混合拌种。1989年，推广玉米包衣种子，对控制和消灭地下害虫效果显著。

（八）蝗虫发生及防治

安国是老蝗区，中华人民共和国成立前记载的大发生有7次，其中以康熙三十九年（1700）最为严重，飞蝗遮天蔽日，庄稼被啮食殆尽。民国18年（1929），石佛、章凝、西伯章等村发生蝗蝻，高粱、玉米、谷子被害达15%～30%。中华人民共和国成立后，较大面积发生有4次，分别为1951、1960、1964、1966年，其中1951年虫口密度300～500头/方丈，其他几年虫口密度均在每方丈百头左右。1953年前，主要以人工扑打，挖封锁沟控制蔓延。之后，使用“六六六粉”“1605”“1059”“DDT”“DDV”等农药除治。1966年后，在药剂防治的同时，贯彻农业部“改治并举”的治蝗方针，改造蝗虫适生环境，虫发面积锐减，种群数量在防治指标以下，控制了蝗虫危害。

第三节　农田建设

一、土地平整

安国地貌平缓，1955 年具备小园田基础面积 33.6 万亩。但沙丘、岗地、二坡地、洼地分布全县，且户与户之间土地高低错落，相连地块起伏不平。1956 年农业生产合作化后，小块连成大片，开始大面积平整土地，当年建畦田 32.5 万亩。翌年冬，县委发动平整、深翻土地运动，投入劳力 15 万余人，在田间搭起 7000 多个“战斗棚”，县、乡、村干部社员食宿在田间，昼夜苦战，平整深翻土地 40 多万亩。1958 年冬，县组织 12 万余人、拖拉机 47 台，又一次展开大规模平整深翻土地运动。县委要求各社队“十到田间”(指挥战斗、食宿、托儿所、技术传授、鸣放辩论、修配厂、物资供应、大字报、医疗、学习书报)，强调“村内无闲人，夜间无灯火，村内无炊烟”，所有人全部到田间。各社队纷纷组成“青年尖刀连”“壮年飞虎连”“老年英雄连”“妇女花木兰连”“红领巾突击队”“佘太君战斗队”等，对全县 90% 的耕地深翻平整，水浇地面积由 1957 年的 42.75 万亩增至 50.18 万亩，机井浇地由日 20 亩提高到 40 亩左右，看护垄沟劳力减少 80%，砖井浇地效率提高 30% 左右。1959 年春，在基本完成土地平整基础上，全县开始建设园田化方田。县委要求伍仁桥、祁州镇、郑章等有多年整地习惯的公社，做到块块调埂做畦，畦畦地平土细；要求没有整地习惯的淤村、庞各庄等公社拉绳划线，畦畦相等。经一个多月细致整地，建成 32 个埂直地平、畦畦相等的大面积丰产方，达到“小水能稳浇，大水能均灌”。1964 年冬，县委组织 9 万多名劳力大搞高标准园田化建设，大起大垫坑岗地 3 万多亩，小平小整 13 万亩。到 1966 年底，又有 6 万多亩台田、条田基本实现以排为主的园田化。1970 年后，“农业学大寨”掀起高潮，1971—1973 年冬春农闲季节，县革委会多次组织干部、工人、学生和农村社员大搞平沙丘、土窑、高岗等运动，共平整土地 14 万亩，基本实现高垄沟（高 1 米左右）改地平垄沟。1975 年冬，投入劳力 9 万多人，改河填沟 31 条，平废砖窑 39 个，结合丧葬改革，平旧坟地 52 块，扩大耕地 3227 亩，大平大整土地 2.2 万亩。1980 年后，承包沙滩荒地的农民，多雇用推土机平整土地。至 1990 年，全县耕地基本实现大面积平整化。

二、沙荒改造

域内沙荒地主要分布于唐河故道及沙河沿岸，1951 年为 47312 亩，涉及 19 个乡的 82 个村。1952 年，县政府发出改造沙荒地的指示，有关乡村全民动员，采取沙土换草肥，客土盖沙，对漏地掺土改沙，营造防风林固沙等措施，开垦了部分沙荒地。1958 年后，强调粮食种植，不宜种粮的闲散荒地增加。1961 年，县委、县人委为恢复生产，改善人民生活，提出凡是生产队不种的闲散荒地，谁种谁收，并对全县沙荒地统一规划，宜林则林，宜种则种。到 1966 年，沙滩植树 3 万余亩，建成梯田、池田 4000 多亩，扩浇沙荒地 2400 余亩。1971—1975 年，县革委会组织劳力 9 万余人，摊平八五、观音堂、姬庄沙带，搬走沙丘 47 个，改造沙荒地 7000 多亩，在淤村、齐村、河西、八五等沙荒地建成大面积果园。到 1982 年，沙荒地开发利用达 3.69 万亩，其中建果园林场 75 个，面积 2.35 万亩，营造用材林 1.34 万亩。随着农业联产承包责任制的实行，县政府制定谁开发沙荒谁受益，承包沙荒 30 年不变，允许继承和转让等优惠政策，鼓励农民开发利用沙荒地。1986年，沙河、潴龙河两岸8个乡在5141亩沙滩地上试种沙打旺、红豆草等优质牧草取得成功，同时对唐河故道沙荒地，采取统一规划，集体打井办电，公开招标承包，分户经营种植的方法，进行水、电、林、滩、路综合治理。瓦子里村3年开发沙荒2076亩，栽种果树6.75万株。到1990年，全县沙荒地多数已开发利用。

三、碱地改良

安国旧有“北大跑”“石佛洼”“南郭村洼”等低洼盐碱地，当地百姓流传有“春天白茫茫，秋天水汪汪，十年九不收，百姓饿肚肠”的民谣。中华人民共和国成立后，对低洼盐碱地开始治理改造。1956年，在大搞农田建设中，采取深水洗碱、沙土压碱及当地农民沿用的刮碱、扫碱等方法，对低洼盐碱地进行初步改造。翌年，较重盐碱地面积尚有7万亩。1958年冬，县委组成“洼碱改造指挥部”，组织劳力8万余人，拖拉机百余辆，采取翻、灌、盖等方法，昼夜鏖战，对5万多亩盐碱地普遍深翻33厘米以上，多草地深达66厘米以上，每亩平均盖沙10吨。但“大跃进”运动中，对农田基本建设缺乏总体规划，片面强调以蓄水为主，大面积兴建平原水库，地下水位升高，土地返碱严重。到1959年底，盐碱地增加近4万亩，1961年底达10.9万亩，占全县总耕地20%，分布于14个公社的63个大队。其中，大面积者5处：（1）孝义河南北两侧，以马庄、郭北庄、西伯章、西伏落村为中心的“北大跑”，面积33991亩。（2）小清河、小唐河之间，以郑村、南张村、海市、行堂村为中心的低洼地，面积10940亩。（3）潴龙河北堤以北，以石佛、东王玉巷、西王玉巷、流各庄村一带为中心的“石佛洼”，面积19080亩。（4）磁河下游南侧，以宋固、南郭村为中心的“南郭村洼”，面积13416亩。（5）沙河、磁河之间，以八方、固城村为中心的低洼地，面积4928亩。1962年，县委、县人委制定“防治并重，因地制宜，统一规划，综合治理”的方针，开始分类改造。是年冬，对“北大跑”、南郭村等盐碱地，采取机井灌溉压碱洗碱，晚耙、粗耙保存坷垃和耕潮不耙潮，耩潮不轧潮等办法；对八方、崔章、石佛、流各庄一带盐碱地，采取拉沙盖碱、刮碱、扫碱、栽种耐碱抗涝作物等办法；对郑村、大五女一带高低不平的盐碱地，以深翻、刨草、拉沙盖碱为重点，同时起高垫低、平整土地等办法，进行综合治理。到1964年，完成10万亩盐碱地第一期改造工程。1965年秋后，县委、县人委又制定“适应与改良相结合，改良与根治相结合，农业措施与水利措施相结合”的治碱方针，对“北大跑”，磁、沙河两岸，“石佛洼”“南郭村洼”6万多亩盐碱地进一步改造。县、社、队干部和群众一起，携带被褥、工具吃住在工地，采取每隔80米挖一条1.5米深的条田沟，修建台田、条田等措施，动土138万立方米。1971—1973年，每年冬闲季节，县革委会都组织大批干部群众大搞农田建设，在改造后的碱地内打机井482眼，挖大小排灌渠道410余条，条田沟4000余道。经多年综合治理和地下水位自然下降，至1980年低洼盐碱地全部变为良田。“北大跑”“石佛洼”“南郭村洼”等严重盐碱地带，已成为重要的粮、棉、油、药、菜产区。

第四节 生产效益

解放前，农民种地效益很低，“种一葫芦打一瓢”现象年有发生。1949年后，农业生产发展迅速。粮食产量逐渐增加，但投入大、农产品价格偏低，效益低的问题普遍存在，一度形成高产穷县状况。1968年，每斤粮食生产费用为0.028元，1978年上升到0.0578元。每投资1元创造的纯收入，1968年为 3.09 元，1978 年下降到 1.55 元。

1978 年后，实行联产承包责任制，农民开始注重经济效益。但因农用生产资料价格涨幅过大，农机具重复购置等，效益低的状况仍未扭转。1985 年，据小麦调查点核算，每亩生产成本 82.34 元，获利润 53.59 元，每元投资利润仅 0.61 元。翌年调查，小麦平均每亩成本 78.9 元，获利润 54.99 元，每元投资利润 0.6514 元。部分农民认为种麦投资大、效益低，重经济作物轻粮食作物，对小麦等粮食作物投入减少。1987 年调查，每亩麦田投入人工费用 27.65 元，比上年减少 5.54 元；物资费用 67.01 元，比上年有所增加，主要是购买良种费用增加和化肥、农药等生产资料涨价所至，仅化肥费用就比上年增加 7.09 元。1988 年后，政府采取向农业倾斜政策，多渠道增加农业投入，农民生产用工量和物资投入量增加，粮食生产形成较高投入较高产出局面。

1981—1990 年安国县定点调查小麦成本、效益统计表

项目 \ 数量 \ 年度		1981	1982	1983	1984	1985	1986	1987	1988	1989	1990
核算户平均亩产（千克）		314.5	238.7	261	288.5	295.5	341.5	353	325.12	359	335.2
亩物资费用（元）		44.96	60.64	34.34	48.56	47.78	56.1	67.01	83.46	114.46	103.16
其中	种子	5.1	6.96	5.45	8.28	8.33	10	10.12	10.45	14.5	14.5
	肥料	30.14	45.76	19.21	26.24	28.68	32.1	39.19	43.4	63.71	57.69
	机械作业	1.2	2.55	2.27	3.32	3.98	4.9	7.38	11.84	12.54	18.39
	排灌作业	8.4	5	4.87	6.63	5.57	5	5.	7.76	7.52	7.33
人工费用（元）		36.3	13.8	26	23.04	34.56	33.19	27.65	45.36	49.53	48.07
产品总成本（元）		72.26	60.13	60.46	82.24	82.34	78.9	94.66	128.82	163.99	151.23
50 千克主产品成本（元）		11.49	12.61	11.7	14.4	12.93	11.6	11.49	17.49	20.5	20.69
亩利润（元）		30.37	20.37	33.84	50.59	53.59	54.99	13.54	54.46	61.46	34.62

说明：表中数字是明官店、东伏落、西北马、西安国城、东各堡村 5 个小麦固定调查点平均数

第五节　机构队伍

一、管理机构

自西汉建县后，劝励农桑事，皆由县令、知州（县）负责，无专门农业管理机构。民国 3 年（1914），设实业局，民国 8 年（1919）改设劝业所，民国 17 年（1928）设建设局，主管农、工、商事项。翌年 3 月，设安国县农事试验场，后于县内设劝农场、农事问答所各 1 处。民国 36 年（1947），县民主政府设实业科，各区设实业助理员 1 人。1949 年 10 月，改设农建科，编制 5 人。1955 年 2 月，设农建局。1958 年 10 月，水利科并入农建局，称农林水利局，1959 年 10 月分设，称农林局。1966 年 5 月改称农业局。1969 年 10 月，撤销农业局，设生产指挥部管理农业等经济工作，翌年 11 月改称生产指

挥处，内设农业科。1975 年 4 月，复建农林局，1983 年 12 月分设农业局和林业局。1990 年，农业局内设办公室、生产股、农经股、财务股、农教股。

二、农技单位与队伍

（一）农业技术推广中心

1949 年，建县农业技术推广站，编制 23 人，其中驻县 8 人，驻区 15 人。到 1958 年累计推广各种农业新技术 122 项。1961 年，发展到 41 人，1962 年精简机构，保留 18 人。1963 年，充实农业技术推广站，设技术、植保、土肥 3 站，重点推广病虫害防治、科学施肥、农田管理等新技术，并为农村培训技术骨干。1984 年，3 站合并，称农业技术推广中心，有技术干部 49 人，职工 9 人。1990 年 2 月，3 站复分，单独管理，仍总称农业技术推广中心，有技术干部 57 人，其中高级农艺师 2 人、农艺师 14 人、助理农艺师 38 人，余为技术员。

（二）植保公司

成立于 1982 年，时有干部职工 3 人，事业单位，企业管理。1988 年，建县植物医院，与植保公司一套人马两个牌子。宗旨是向农民提供技术咨询，开方卖药，诊查病虫草害等多形式服务。该公司常年销售农药 20 ～ 30 吨，化肥 300 ～ 500 吨，年利润 2 万～ 3 万元。1990 年，有干部职工 13 人，其中高级农艺师 1 人、助理农艺师 3 人、技术员 7 人。

（三）种子公司

原名种子站，1958 年建立，时有职工 6 人。1962 年精简机构，并入农业技术推广站，1963 年复设。主要任务是组织发动生产队选留籽种，负责良种收购、保贮、调运、经营等。1980 年，改建为种子公司，增至 13 人，实行企业管理。常年种子销售量 750 吨左右。1990 年，有干部职工 28 人，其中农艺师 5 人，助理农艺师 3 人，职工 20 人。设有粮食籽种业务室、蔬菜瓜果业务室、种子检疫室、销售门市部，与河北省药材公司联营药材种子站，在西安国城、郑章、伍仁桥、西伏落等乡镇设有分销点，年经营小麦、玉米、棉花、药材、蔬菜瓜果等种子 800 吨。

（四）棉花原种场

1978 年 2 月，于西伏落建场，时有耕地 300 亩，是年 9 月迁伍仁桥良种场旧址，有耕地 400 亩，干部职工 40 人，每年繁育棉花原种 15 ～ 30 吨。1983 年，设 2 个育种队，5 个特约队，有轧花、榨油两个车间，年加工籽棉 1500 ～ 2500 吨，每年向全县提供棉种 250 ～ 300 吨。1988 年后，场统管耕地 200 亩繁育棉种，年产原种 30 ～ 35 吨，其余土地承包给职工经营。1990 年，全场有干部职工 51 人，其中技术干部 5 人。

（五）良种场

1966 年，于伍仁桥建场，有耕地 450 亩，至 1972 年干部职工发展到 25 人，培训农业技术人员 210 人，向全县提供小麦、玉米等良种 400 吨。1978 年 9 月，场址迁至西伏落公社，耕地增加到 1070 亩，干部职工 33 人，专事玉米制种和小麦繁种，年提供良种 200 ～ 250 吨。1985 年开始，除场属实验站 30 亩耕地外，其余土地承包给职工个人经营。1990 年，全场耕地 910 亩，拥有拖拉机 3 辆、中型联合收割机 1 台、机井 11 眼，干部职工 94 人。

第二章　林　业

第一节　林木品种及分布

清康熙《祁州志》载，域内木材树有“松、柏、桑、榆、柳、椿、槐、杨、楸、杜、樗（臭椿）”，果树有“杏、李、桃、梨、枣、榴（石榴）、柰、樱桃、葡萄、核桃、沙果、羊枣、虎喇槟、无花果、甜果、苹果”。清乾隆《祁州志》中木材树增梧桐、紫荆、花椒，果树增文官果。民国及以前，枣、梨、桃、杏、柳、榆树栽植较多，且多植于宅旁院内，逢灾荒，以其果、叶充饥；坟旁多植柏树；沙河、磁河、唐河沿岸多植柳；茂山卫一带盛产杞柳，民国时期是省内杞柳集散地，柳荆编业发达。中华人民共和国成立后，开始大面积人工造林，先后引进刺槐、加拿大杨、唐柳、意大利“214”杨、沙兰杨、山海关杨、新疆杨、银白杨、箭杆杨、泡桐、法国梧桐、杜仲、桧柏、雪松、龙柏、黄柏、银杏、连翘等乔灌木 20 余种；引进丁香、木槿、腊梅、夹竹桃、牡丹、月季、黄杨、紫薇等花灌木数十种；引进苹果、雪花梨、晚三吉梨、雪桃、山楂、新疆核桃、大樱桃、李子、葡萄等果树新品种近 50 种。

据 1987 年林业普查统计，域内树木品种有 26 科，40 属，151 种。其分布情况是：沿县城南北两条沙带以小叶杨、白毛杨、刺槐、加拿大杨、椿树、旱柳为主，间种紫穗槐、杞柳等灌木；梨、杏、枣、苹果、桃等果树主要分布在常庄、郑章、东河、南仕庄、北段村、淤村、门东、石佛等乡沿沙带村庄。

新安村是毛白杨集中产地，沙河两岸及堤防以旱柳、毛白杨、刺槐、榆、加拿大杨等乔灌木为主，间有少量杞柳、紫穗槐等灌木。

1948—1988 年部分年份安国县引进主要树木品种一览表

表 6-5

品种	引进时间	引进地点	生长状况	现存面积（亩）	株数（万株）	栽植范围
加拿大杨	1948 年	北京清河	良好	1100	3	全　县
刺　槐	1950 年	河北农科院	良	3000	5	全　县
苹　果	1951 年	北戴河	良	5	0.011	常　庄
桧　柏	1958 年	北戴河	良	—	0.06	城　关
核　桃	1958 年	新疆、河北卢龙县	良	—	0.24	常庄、门东
唐　柳	1960 年	易县林科所	良	50	0.1	公路两侧
柿　树	1960 年	易　县	良	10	0.03	阎村、王奇庄
杜　仲	1961 年	北　京	良	—	0.1	东山药材场
雪花梨	1964 年	赵　县	良	1000	2	全县果园
泡　桐	1965 年	河南兰考县	良	600	0.7	全县庭院
北京杨	1971 年	定　兴	一般	500	1.5	全　县
大官杨	1973 年	清　苑	良	1000	2.5	方田路

续表 6-5

品种	引进时间	引进地点	生长状况	现存面积（亩）	株数（万株）	栽植范围
法国梧桐	1974 年	河北广平县	良	—	0.1	城 关
黄 杨	1974 年	河 南	良	—	0.3	府前大街
沙兰杨	1978 年	河北林研所	良好	600	1.5	沙河两岸
山海关杨	1980 年	北戴河林场	良好	400	1	城北沙带
红富士苹果	1984 年	河北农业大学	良	1000	2	王买、郑各庄
新红星苹果	1985 年	山东烟台	一般	800	3.2	八五、西伏落
樱 桃	1986 年	山东烟台	良	5	0.01	八 五
新红星苹果	1988 年	辽宁兴城	良	600	2.6	阎村、门东、东柴
玫瑰红苹果	1988 年	山东泰安	良	200	0.5	庞各庄、明官店

1990 年安国县树木品种一览表

表 6-6

科名	属 名	种 名
杨柳科	杨 属	毛白杨、加拿大杨、北京杨、沙兰杨、意大利 214 杨、大官杨、小叶杨、新疆杨、箭杆杨、山海关杨
	柳 属	旱柳、垂柳、馒头柳、龙爪柳、杞柳
榆 科	榆 属	白榆、黑榆
蝶形花科	槐 属	国槐、龙爪槐
	紫穗槐属	紫穗槐
	刺槐属	刺槐（洋槐）、毛槐（紫花毛槐）
苦木科	臭椿属	臭椿、苦楝树
楝 科	香椿属	香椿
鼠李科	枣 属	婆枣、金丝小枣、酸枣、大果子枣、零枣、酥枣
桑 科	桑 属	白桑、黑桑、大叶桑、胡桑
	榕 属	无花果
	构树属	构树
芸香科	花椒属	花椒
葡萄科	葡萄属	玫瑰香、牛奶、龙眼、巨丰、红富士、龙宝、黑臭杯、先锋
豆 科	合欢属	合欢树（马缨花树）、皂荚
悬铃科	悬铃木属	法国梧桐
槭树科	槭树属	复叶槭、五角枫
锦葵科	木槿属	白花木槿、紫花木槿
柿树科	柿树属	柿子、黑枣
石榴科	石榴属	甜石榴、酸石榴、小青石榴（盆栽）、小紫石榴（盆栽）
茄 科	枸杞属	枸杞
夹竹桃科	夹竹桃属	夹竹桃
玄参科	泡桐属	紫花泡桐、白花泡桐、蓝花泡桐

续表 6-6

科名	属名	种名
松　科	雪松属	雪松
	松　属	油松、白皮松
	云松属	云杉
柏　科	侧柏属	侧柏、扫地柏、金柏
	园柏属	桧柏
木樨科	白腊属	白腊杆树、小叶白腊、绒毛白腊
	丁香属	紫花丁香、白花丁香、连翘
银杏科	银杏属	银杏树（白果树）
胡桃科	核桃属	麻核桃、新疆核桃
黄杨科	黄杨属	大叶黄杨、瓜子黄杨、雀舌黄杨
杜仲科	杜仲属	杜仲树
蔷薇科	苹果属	红元帅、黄元帅、白龙、大国光、小国光、红玉、鸡冠、倭锦、红星、新红星、胜利、红富士、印度短枝、阳光、金矮生、美夏、红冠、黄冠、玫瑰红、陆奥、王林、四红、烟青、长富 12 号、红津轻、蔡子、海棠果、秀水国光
	梨　属	鸭梨、雪花梨、巴梨、秋香梨、早酥梨、伏梨、烂酸梨、杜梨、三吉梨
	杏　属	土杏、关东红杏、麦芒杏、水白杏、香白杏、山杏
	山楂属	山渣、红果、大金星、黑红
	李　属	紫色李子、黄色李子
	樱　属	山桃、毛桃、蟠桃、五月鲜、大久保、深州蜜桃、六月白、岗山白、岗山 500 号、雪桃、大樱桃
	蔷薇属	黄刺梅、月季花、玫瑰花

附：花卉

清康熙《祁州志》载，花卉有“海棠、牡丹、芍药、木槿、迎春、石榴、月桂、荷花、鸡冠、玉簪、菊花、玫瑰、丁香、水仙、蔷薇、山丹、石竹、金雀、金盏、刺梅、蜀葵、马英、剪春萝、凤仙、萱草、望江南、金银鹭、卷丹、水红、缠枝莲、十样锦、打碗、夜合、紫荆”。清乾隆《祁州志》中对花卉的记载又增加“长春、茉莉、月季、百日红、芙蓉、绣球、藤萝、夹竹桃、雁来红、牵牛”10 种。清末《祁州乡土志》载：“野花有马号兰、转枝莲、水莶花与众草伍，其群芳由他乡而移植者，类甚伙，非地产也。”民国时，花卉品种又有增多。

中华人民共和国成立后，人民精神面貌焕然一新，养花种草者日多，花卉品种大量增加，尤其南方花卉引进更多。“文化大革命”时期，把养花种草视为追求资产阶级生活而批判，花草多被铲除。1978 年后，在建设社会主义精神文明和物质文明中，大力提倡养花种草，美化环境。养花爱好者多养君子兰、米兰、茶花、茉莉、海棠、虎头山影等多种名贵花卉。机关、企事业单位亦多以花木点缀环境。常庄、韩村、西徐、流托、流昌等村部分农民把养花作为家庭副业，年收入千元、万元不等。北娄村一户农民种草皮 3.2 亩，年收入 2.4 万元。常庄村农民王杏乔靠养花走上致富路，1986 年被中国花卉协会吸收为会员。1984 年后，大李庄、观音堂、北娄、西伏落、伍仁桥等村都曾办花卉苗木场，由于管理问题，今只有北娄村尚有大面积花卉种植，其他均衰消。今东山烈士陵园、县医院、县养貂公司等单位建有以经营为目的的花卉场。据不完全统计，1990 年，域内主要花卉有 50 科，82 属，102 种。

第二节　植树造林

一、育　苗

明及以前，民间植树多自行繁育秧苗。清乾隆十年（1745），知州李钟俾在州署西隅辟苗圃5亩，育桑苗2万株，分发四乡栽植。后历代均设苗圃，所育多为柳、杨、榆、槐、桃、杏、李等。民国18年（1929），县农事试验场内设苗圃，年产树苗数万株，用于官方造林。民国20年（1931）河北省政府明令各县在10年内至少增加苗圃5亩，并将育苗造林成效作为考核县长的主要内容，育苗数量增加。民国34年（1945），县民主政府规定“苗圃无论土地及收益均不纳负担”，调动了群众育苗积极性。1957年，有造林任务的农业社，按照造林需要和“因地制宜、合理使用土地”的原则，实行包工办法，辟建苗圃。县人委规定，非耕地建苗圃免税，耕地改苗圃按粮作价三成折谷纳税。1958年，各社队农场均设茌圃，1959年育苗面积达400亩。1964年，县人委要求林场建大苗圃，生产队、机关、学校都要建苗匿，公路、堤防亦都辟苗圃，全年育苗增至1000亩，计100多万株。1970年，育苗面积达1266亩，计78万株。1979年，扩大泡桐、紫穗槐育苗面积，提倡国家、集体、个人三级育苗。至1990年，全县三级育苗2847亩，其中苗圃1947亩，当年新增400亩，培植各类树苗共135.51万株。

附：育苗重点村——北娄

1970年，该村于大队林场建苹果、梨等果树苗圃5亩。1971年后，在“农、林、牧、副、渔齐发展”的号召下，各地纷纷建果园，果苗走俏，该村社员乘机在自留地广育苗木，亩收入达4000元左右。1975年，又增加木材树苗、花灌木苗，品种达40余个。1980年，出现大面积个人苗圃，90%的户从事苗木培育。至1990年，全村累计育苗2300多亩，培育各种苗木3500万株。所育苗木大部分销往北京、天津、山西、河南、山东等省市及河北省各市县。1990年，全村苗木收入95万元，占全村总收入的45%。

二、沙荒造林

历代官民重视沙荒植树造林。沿唐河故道的伏村、东长仕、西长仕、杨翟、常庄、东桄、西桄等村及沙、磁河冲积沙带的茂山卫、南程各庄等地历代所造果、木园林至今遗迹尚存。清乾隆十年（1745），知州李钟俾著《种桑子法》《蚕政》二书遍发乡里，劝导州人植桑，并教授植桑养蚕之法，随之辟荒建桑园者日众。民国政府提倡植风景林、保安林、经济林，域内多于沙荒地植果、木林。至民国25年（1936），林地发展到6123亩，计有枣、梨、杨、柳等树15万株。民国27年（1938），日军侵占安国后，强行毁伐大片林木，用以修筑炮楼，林地锐减。解放后，县民主政府组织群众采取杨柳压枝、插橛，果树移栽等方法进行沙荒造林。民国37年（1948），县长刘振亚带领霍庄村265户农民在村北沙滩植树31916株，造林610亩。1951年，县委号召合作造林，提倡造客家林、合作林、互助林，在门东、观音堂村沙荒地植造防护林1490亩，植树12.61万株。1952—1955年，重点营造沙河沿岸防护林3223亩，使4.5万亩耕地免遭风沙侵袭。1956年春，县委、县人委、团县委组织4.3万人在淤村、南段村、中照、新安、常庄、东河、南仕庄、中阳村沙荒植造防护林3961亩，木材林6720亩，特种经济林1264

亩。是年水灾，大部幼林涝死。冬又补造幼林650亩，植树16.25万株。1958—1961年，全县掀起更大规模的造林热潮，县委提出“一年绿化，一年扫尾，五年沙荒变果园”的号召，调用全县劳力在沙河两岸沙滩造林1.7万亩，其中木材林6000亩，果园1万亩，桑园1000亩。由于忽视造林质量，成活率极低。

1962年，开始贯彻林业十八条政策，林木权属得以明确，调动了群众造林积极性。1963—1966年，于西起固城村，东至南程各庄村的沙河沿岸和西起瓦子里村，东至阎村的沙带植造防护林带40千米，并建焦庄国营林场1个，齐村、阎村、南程各庄、茂山卫等队办林场30个。“文化大革命”前期，造林活动一度停止。1972年全国林业工作会议后，全县开展了以“上纲要”为目标的植树造林高潮，每年春秋两季在南北两条沙带补植。1979年，县委、县革委会组织机关干部、职工、师生等2000余人，在瓦子里、中照等村沙荒造林450亩，植树1.7万株。1984年，县政府为鼓励开发沙荒，制定“谁开发，谁受益，承包沙荒15～20年不变”的政策，有沙荒地的村，纷纷作规划，搞承包，开展造林。1987年，东柴村投资5万元，开发沙荒885亩，栽植果树1万多株，打机井12眼，分别承包给119户村民。在管理好果树的前提下，间作粮、棉、油、药等作物，当年收入13.2万元。县政府召开现场会，推广其经验。翌年，东桃、杨翟、常庄等村借鉴该法，营建果园2400亩。1987年，县政府决定改造20世纪50—60年代营造的低效益用材林（俗称“老头树”）和经济林，至1989年，全县共投资625万元，增打机井180眼，增施化肥670吨。至1990年，三荒绿化面积3.9万亩，占宜林三荒地的98%。

附：国营焦庄林场

建于1962年，将沙河沿岸15个村的10030亩沙荒地划归该场经营。时有干部职工18人，隶属河北省林业厅。至1965年，共培植小叶杨、刺槐、柳树等7500亩。1970—1975年，县委为向沙荒要粮，先后毁林开荒3000余亩。1985年，林场下放归县。1986年汛期前，清除林场位于沙河的林障2200亩。之后，林场将存余2000余亩林地承包给沿沙河各村经营。

三、“四旁”植树

明嘉靖二年（1523），有大树6112株，中树2919株，小树4829株。嘉靖年间（1522—1566），知州萧文清征夫“伐柳植堤岸，久成合抱，堤不复坏，人号为木城”。天启六年（1626）二月，知州郭应响布告百姓：“蒲柳易生，利民甚。普浓荫，可以消炎暑，丛林可以蔽风雨，盘根可以护堤土，枝可为薪，条可编器，芽可代茶，叶可果饥民之腹”。并捐俸银二万文，购树苗6660株，分发各村栽植。清及民国时期，县民多以桑、柏、榆、柳、枣等树植于田埂、地界路旁、井旁、坟地、堤岸、沟旁及宅旁院内。民国初至20年（1931），于沟、路、宅、街旁及空隙地植树18656株，其中杨树6738株，柳树7280株，榆树380株，其他树4258株。1951年，县农建科发动群众在定（州）河（间）公路安国段和保（定）衡（水）公路安国北段进行第一次绿化。1954年，雇工于定（州）河（间）公路安国段植洋槐6640株，在千里堤植树1.36万株，潴龙河左堤植树2100株，成活率达90%。1955年，又于定（州）河（间）公路安国段补植洋槐2574株。1956年，团县委、农林局、交通局组织青年在保（定）衡（水）路、安（国）束（鹿）路等县内段栽植柳树1.29万株。翌年，在千里堤、潴龙河北堤、小唐河北堤及定（州）河（间）公路植柳6.1万株。1958年，大搞植树造林运动，采取包栽、包管，收益归社的办法，组织全县青年、学生、教师、干部、工人绿化公路85千米，机耕路57.53千米。1959年，平调农村坟地中柏树14148株栽于主要公路两侧，无一存活，域内柏树濒临灭绝。1962年，林木权属确定后，将死柏变卖，以作退赔，植树积极性调动了起来，四旁植树发展迅速。1963年，在千里堤、孝义河两岸及公路两旁植树18万株。1972年，全国林业工作会议后，县委、县革委会提出“一路两沟四行树，一米见方四棵树”，至1975年域内方田林网基本形成，村旁植树147万株，河旁131万株，路旁293万株。由于重栽轻管，一些地方出现“年年植树不见树”。1990年，全县四旁植树268.9万株。

附：植树节

民国17年（1928），民国政府为纪念孙中山先生，规定每年3月12日为植树节。河北省为适应气候条件，将植树节改为“清明”日。每逢“清明”，县内政府官员、学校师生在城内街道、护城河沿岸及县城附近隙地开展植树活动。

1979年，全国人民代表大会第五届常委会第六次会议规定3月12日为中华人民共和国植树节。县委、县革委会决定，植树节这天，每个成年人要植3株树，共青团造“五四林”“青年林”，小学生造“少年林”，妇会造“三八林”，民兵搞“战备林”。从此，每年植树节，县五大机构领导均带领县直机关干部，发动农民、学生、工人，在河渠堤岸、公路两旁、荒滩沙地义务植树。到1990年，全县累计义务植树682万株。

第三节　果　林

民国20年（1931），域内有梨、杏、枣、桃、葡萄等果树235亩，计9870株，果品总产33.97万斤。民国27年（1938年）日军入侵安国后，民无宁日，果园荒芜，面积减少。日军修筑炮楼，竟将河西村一带果园全部伐毁。解放后，县民主政府号召发展果林生产，果园面积逐年增加，至1952年发展到1763亩，是年果品总产63.5吨。1956—1962年，果林业无大发展。1963年，林木确权发证后，集体果园发展很快。1964年，齐村、阎村、茂山卫、南程各庄果园从北京引进“红星”“红元帅”“黄元帅”“倭锦”“白龙”等苹果新品种苗木3.7万株。翌年，一些社队又从山东引进“巴梨”“莱阳梨”，从赵县引进“雪花梨”。先后在南北两条沙带上新建果园13个，栽培面积增至1.25万亩。1971年，在县革委会“农、林、牧、副、渔齐发展”的号召下，有些村纷纷建果园，不惜以土质良好的耕地大面积栽植果树，后还田。1975年后，新栽幼树逐渐进入结果期，果品产量逐年增加。1977年，果品总产首次突破2000吨。1978年后，果园先后由集体或个人承包。东桃、西桃、阎村、茂山卫等村先后建起果品窖，年贮存能力7000吨，增值750万元。1986年，县政府制定鼓励林业科技人员到第一线开展技术服务的优惠政策，19名技术干部对18个果园3003亩果树实行技术承包。承包一年，由原总产不足1000吨，跃至1530吨。1987—1989年，投资359万元，对2.35万余亩低产果林增施肥料，增加水利设施和老树更新，产量提高。1987年，果品总产6016吨，是1977年的3倍。1990年，全县果园98个2.75万亩，其中苹果1.3万亩，梨0.9万亩，桃0.4万亩，其他杂果0.15万亩；果品总产6650吨，其中苹果2750吨，梨3000吨，其他900吨。域内所产鸭梨个大皮薄，肉质细腻汁多，含糖量高，多经天津出口国外。

1949—1990年部分年份安国县干鲜果品产量统计表

表6-7　　单位：吨

年度	鲜果产量	干果产量	年度	鲜果产量	干果产量
1949	80	—	1971	605	55
1950	130	—	1972	1000	75
1951	175	—	1973	845	125
1952	530	110	1974	1140	80
1953	100	—	1975	925	95
1956	540	—	1976	1550	65
1957	80	40	1977	2150	25
1958	105	10	1978	2535	50
1959	130	15	1979	2000	85
1960	125	—	1980	2410	60
1961	125	10	1981	2761	10
1962	175	85	1982	3441	8
1963	200	110	1983	3169.7	3
1964	50	75	1984	3608.6	0.65
1965	205	160	1985	4071.6	0.85
1966	1080	170	1986	4429	0.25
1967	475	125	1987	6016	0.05
1968	430	135	1988	5344.9	—
1969	455	110	1989	5050	—
1970	555	55	1990	6650	—

附：主要果园简介

西枕果园　位于村北部唐河故道，是域内最早果园之一。1949年，有梨、杏、枣等果树1047亩，1990年发展到1127亩，有各种果树5800株，果品总产810吨。其中，苹果80亩1000株，年产50吨；鸭梨1027亩4500株，年产750吨；杏20亩300株，年产10吨。

东枕果园　位于村东部和北部唐河故道，西与西枕果园接壤，是域内最早果园之一。1949年，有梨、杏、枣等树684亩，后有增加。1990年，总面积794亩，果树8200株，果品总产800吨。其中，苹果110亩1200株，年产100吨；鸭梨684亩7000株，年产700吨。

阎村果园　位于村东南唐河故道，建于1963年春，面积491亩，各种果树9714株。其中，苹果288亩4400株；梨155亩4470株；桃48亩844株。1990年，果品总产600吨，其中苹果250吨，梨250吨，桃100吨。

齐村果园　位于村东部唐河故道，建于1964年春，面积593亩，各种果树10276株。其中，苹果130亩3380株；梨333亩4980株；桃81亩1230株；杏49亩686株。1990年，果品总产650吨，其中苹果150吨，梨325吨，桃75吨，杏100吨。

常庄果园　位于村南部唐河故道，为域内最早果园之一。1949年，有梨、杏、枣等树1105亩，后增植苹果树。1990年，总面积1238亩，各种果树13295株，果品总产1160吨。其中，梨812亩6795株，年产1000吨；苹果133亩2300株，年产125吨；杏87亩1700株，年产25吨；枣206亩2500株，年产10吨。

茂山卫果园　位于村东部，建于1963年春。面积373亩，有果树4818株。其中，苹果131亩1920株；鸭梨154亩1098株；桃12亩500株；杏54亩700株；枣22亩600株。1990年，果品总产400吨。其中，苹果150吨，鸭梨200吨，其他果品50吨。

第四节　病虫害防治

一、病虫害种类

（一）虫害

域内林果害虫，按为害部位分为4种。食芽象鼻虫、蝼蛄、蛴螬、小地老虎、金龟子等主要为害幼芽；蟋蟀、尺蠖、天杜蛾、天幕毛虫、舟形毛虫、榆兰金花虫、刺蛾、红蜂蛛、卷叶蛾等为害树叶；白杨透羽蛾、天牛、吉丁虫、孚尘子、梨茎蜂、蝉类为害树干；桃小食心虫、梨瘤蛾、梨腥毛虫、梨小食心虫、黄蜂为害果实。

（二）病害

域内林果病害主要有；泡桐丛枝病、杨树溃疡病、苗木立枯病、苹果碳疽病、轮纹病、葡萄白粉病等。

二、防　治

1949年前，除治病虫害采取的方法是：冬刮树皮，树干涂白灰，草把诱杀虫蛾，人工灭虫等。20世纪50年代起，相继施用“DDT”“DDV”“1605”“1059”“3911”“六六六粉”“氧化乐果”等农药除治虫害。1962年，梨瘤蛾和梨腥毛虫灭绝。除治果树病害多喷施波尔多液。70年代，改用“甲胺磷”类药物除治，并施用“多菌灵”“托布津”等杀菌剂防治病害，效果颇佳。80年代始，除虫主要以“氧化乐果”“溴氰菊脂”“马拉硫磷”“杀虫脒”“呋喃丹”等高效低毒农药为主。1983年，县林业局技术干部韩光弟、姜爱红等创造了于榆树根部埋施“呋喃丹”、树干少量去皮涂“氧化乐果”除治榆兰金花虫新方法，获保定地区科技成果奖。县内推广后，控制了榆兰金花虫危害。病害防治药物增加了“粉锈宁”“甲基托布津”等10余种。1988年，县林业局设 2个林果综合服务站，经销农药30余种，设2名专职检疫员，专事进出苗木及果品检疫工作。

附：安国县政府焚毁带疫山楂苗引起的诉讼案

1986年4月初，安国县药都花木公司与辽宁省凤城县东方经济开发服务公司签订了联建山楂苗木场的协议书。分3次从凤城县运进安国山楂苗71.6万株，分别栽植于南仕庄乡、淤村乡的5个村庄，占地88.7亩。河北省林业厅森检站、保定地区林业局发现这批山楂苗系从“美国白蛾”疫区引进（美国白蛾是国际检疫对象，其危害特点是发展蔓延快，可对绿色植物构成毁灭性灾害。辽宁省的凤城等县被林业部列为“美国白蛾”疫区，严禁苗木外运），经检疫山楂苗带有根瘤癌。河北省森检站根据国务院、林业部有关防止“美国白蛾”扩散的规定，于1986年6月21—25日，指定在安国就地将这批山楂苗全部焚毁。为此，凤城县东方经济开发服务公司，向丹东市中级法院起诉，丹东中级人民法院受理此案，认定安国县政府为被告第三人，负连带责任，于1988年1月24日强行判决。判定由被告赔偿苗木损失费602374.95元，和原告垫付的诉讼费4200元，计606574.95元。为维护安国县合法权益，县政府组成专门应诉班子依法上诉，终使丹东市中级法院于1988年1月29日撤销原判。其间，安国县人民法院依法判处有欺诈行为和损害公共利益的联营合同无效，并判定由安国县药都花木公司、辽宁省凤城县东方经济开发公司赔偿安国县栽植此苗木村、户经济损失。

第五节　林木管理

一、林木管护

明代前，域内唐、沙、磁河堤岸树木由护堤人员兼护。明天启六年（1626）二月，知州郭应响在捐钱买柳发乡间栽植时布告百姓："要使伟木相望，风气茂密，歇荫有资，鸣镝无虞。本州既不惜十千钱，尔民何惜一杯水？如灌溉不时，致柳株枯瘁者，限补栽外，仍重责不贷"。民国25年（1936），县政府制定的《汽车路保护规则》中规定："偷盗护路树株者，罚洋1元～10元。"民国34年（1945），县民主政府要求各村加强树木管理，一些村庄随之制定护林办法，建立护林组织。1957年，县人委规定河堤、公路植树，各乡按所护堤、路段，包栽、包管。1958年后的三四年间，除大量采伐树木外，又缺乏管理措施，栽多活少。至1961年，潴龙河、孟良河、沙河、孝义河沿岸护堤树木被采伐一空，宅旁、院内、坟地中的成材树木亦多被砍伐。1962年，县委在落实林业政策，确定林木权属的同时，明确管理范围。国有河堤、公路树木，分别由巡堤员、护路员与业堤生产大队、业路生产大队结合起来管理。社、队、个人所有树木由所有者管理。1971年，南郭村公社发生私砍国有柳树杆案件，县革委会做了严肃处理。1973年9—10月，南郭村、流各庄两公社又连续发生3次私砍457根柳杆案件。县革委会对公社干部严厉批评并令作案者退赔。是年12月1日，颁发《关于大搞植树造林加强林木管护的布告》，规定儿童毁林，家长负责，猪羊毁林，畜主负责。不准在林地放牧，严禁乱砍滥伐。毁坏1株树，罚款2元，保栽保活3株。之后，各大队相继建立护林专业队（组），强化林木管理。1980年，土地承包到户，护林组织大部分解散，一度出现乱砍乱伐林木现象。是年11月，焦庄公社新刘庄大队几名社员哄抢、盗伐焦庄国营林场杨树上百株。翌年春，仅据11个大队调查统计，盗伐树木1171株。同年8月，西安国城大队毁伐方田路、机耕路、水渠堤岸长达9千米的树木4480株。为此，县革委会发出《关于庞各庄公社西安国城大队毁林事件的通报》。10月14日和15日，祁州镇公社东大街三、四生产队毁伐未成材北京杨173株。11月17日，县革委会发出《关于制止乱砍、滥伐树木的紧急通知》。1982年12月9日，县政府又颁发《关于坚决制止乱砍滥伐林木的紧急布告》。1980—1982年，全县共发生毁林案件11起，毁伐树木48746株。针对这种有禁不止的情况，1983年8月20日县政府发布《关于进一步落实1982年12月9日〈关于坚决制止乱砍滥伐林木的紧急布告〉的通告》，通告规定：凡采伐国家集体的林木，必须经县林业管理部门批准。经批准采伐者，每株交育林押金5元。未批准而私伐者，胸径70厘米以上，每厘米罚款1元；70厘米以下，每厘米罚款2元。对偷盗林木者，依上述标准，加倍罚款。木货场经营新木材，需经工商行政管理部门批准，购新木者每立方米交10元育林金。凡毁树致死者，按胸径每厘米罚款2元；损伤树皮每平方寸罚款1元；挖沟断根致树歪斜者，每厘米罚款1元；截干扒枝者，每千克罚款2元。随即全县健全了乡村两级护林专业队伍，加之林业政策逐步落实，毁林事件渐少。1990年，乡镇、村两级专业护林队192个，老干部、老党员、老护林人员组成的专业护林队伍1200余人。174个村制定了护林公约。段村乡规定，栽树不浇水，罚款100元，毁坏树木罚款200元。

西安国城乡规定责任田内毁树 1 株，罚承包人 20 元，并补栽保活 3 ～ 10 株树；专业护林人员所护新植树木，成活率达 60%、70%、80%、90%、100%，分别奖 600 元、700 元、800 元、900 元、1000 元；成活率 60% 以下，每低 10%，从工资中分别扣罚 50 元、100 元、150 元，直至扣完。

二、林业政策

民国 20 年（1931），县内执行《河北省荒山荒地造林暂行条例》，鼓励县民植树造林。民国 34 年（1945），县民主政府制定《发展保护与奖励农业生产的七项办法》第四项规定：凡于不能耕种的沙、碱荒地中种树造林者一律免征负担；于公有耕地植树造林者，免纳负担；于私有耕地植树造林者，3 年内减纳原产量二分之一的负担，3 年后至收益前全免负担。果木林按当年收入之半为基数征收负担。苗圃及收益均不纳负担。1958 年，平调滥伐树木，挫伤了农民植树造林积极性。1962 年，县人委根据《中共中央关于改变农村人民公社基本核算单位问题的指示》精神，确定了林木权属，颁发林木所有证，并对 1958 年平调树木作了退赔，重新调动了干部群众植树造林积极性。1974 年 11 月 8 日，焦庄公社召开全社群众大会，提出“大战沙河，搞 21 个方田，开两条干线路”。此次活动共毁林 470 亩（其中苗圃 20 余亩），刨树 15 万余株，破坏了生态平衡。1982 年，林木确权发证，实行“谁造谁有”，全县林业建设步伐逐年加快。1987 年，河北省林业厅代表国家林业部检查验收安国县绿化达标工作，全县森林覆盖率达 18%；农田林网控制面积 44 万亩，占应控制面积的 88% ；三荒绿化面积 3.9 万亩，占宜林三荒地的 98%；村庄绿化面积 3.6 万亩，占村庄总面积的 45%。4 项指标均超过部颁标准，被林业部命名为“林业达标县”。

三、管理机构

清代及以前，县内无专门管理林业的机构。民国 3—26 年（1914—1937），分别由实业局、劝业所、建设局管理林业。民国 36 年（1947），县民主政府设实业科，1949 年设农业建设科，1955 年改局，均管理林业生产。1958 年，建农林水利局，设林业股，时有林业技术员 3 名，翌年设农林局。1962 年，精简机构时撤销林业股，1964 年复设。1969 年，县革委生产组兼管林业。1971 年，设农业科兼管林业，下设林业技术站。1975 年，复建农林局，5 人专管林业，翌年析建林业局，1976 年复又合并为农林局，下设林业站。1984 年，再建林业局，配备技术干部 15 名，1987 年增至 25 名。1990 年，分别在淤村、门东、北段村、常庄、伍仁桥建立基层林业工作站，配有技术干部 25 名。

第三章　畜牧业

县民饲养畜禽历史悠久，种类繁多。清康熙《祁州志》载，域内主要饲养品种有牛、马、驴、骡、猪、鸡、羊，兼养狗、猫、兔、鸭、鹅、蜂、蚕、鸽等。1990 年，除蚕少见外，其他依旧，且又增貂、貉等珍贵皮毛动物。

第一节　畜禽品种

一、牛

（一）役牛

中华人民共和国成立前，养役之牛均为当地黄牛。1953 年，县政府提倡役牛品种改良，积极引进外地优良品种，杂交改良本地牛。1958 年，引进蒙古“草原红”牛 112 头，1964—1975 年先后引进秦川种牛 9 头、南阳种牛 16 头，与当地黄牛杂交。杂交后代躯体比当地牛高大，成熟早，抗病力强，性情温顺。其毛色分黄、黑和草黄色，使役能力均优于当地黄牛。经多年杂交改良，至 1990 年全县有杂交改良牛 815 头，占牛存栏总数的 82%。

（二）奶牛

1958 年，县畜牧场引进德国黑白花奶牛 18 头，因缺乏饲养管理经验，产奶量低，鲜奶销路不畅，存栏逐年减少，1975 年仅剩 5 头。1980 年后，随着人们生活水平的提高，奶品需求量增长，北各堡轧花厂和观音堂、东安国城、东张庄等村的一些单位和个人先后从外地引进北京黑白花奶牛 45 头，其中种公牛 5 头，母牛 40 头。1990 年，存栏 47 头。

二、马

解放前，以蒙古马为主要品种，兼有少量杂交马。民国 37 年（1948），县民主政府动员和组织群众，以个人和合作购买的方法，先后 3 次从内蒙古、张家口购进俄罗斯马 19 匹，张北马 53 匹。20 世纪 50 年代初，群众自行引进一批四川马，后因个体小，使役性能差而淘汰。1956 年后，供销社多次从新疆、内蒙古、青海引进伊犁马、俄罗斯改良马、蒙古马和三河马。1974 年，从北京大兴县“中苏友好畜牧场”一次引进苏重马 300 匹。1980 年后，外血种公马多衰老和病损，域内马匹以含有“蒙古马”“张北马”血统的杂交种类居多。据 1982 年畜牧资源普查，全县有杂交种马 1310 头，占马存栏总数的 60%。

三、驴

驴是普通农户的主要生产役畜。1950年前，以当地驴为主要饲养品种，毛有黑、栗、灰等各色。1951年后，专营种畜者从沧州等地购入“渤海”种公驴，同当地母驴交配，其杂交后代各方面均优于当地驴。1956年，县人委大力提倡“马生骡”“驴生骡”的繁育方法，驴骡发展很快。1964—1980年，县生产资料公司和部分生产队先后引进“关中”种公驴，主要用以配马繁殖马骡，而驴的改良效果甚微。1982年后，农户养驴增多，购入驴多为体型较大的杂交类品种，约占驴存栏的85%左右。

四、骡

1950年前，骡多为当地驴与蒙古马的杂交后代。之后，随着配种优种的推广，骡的品质及使役价值有很大提高。1990年，有骡1600头。

五、猪

传统品种为“当地猪”，俗称“笨猪”，头长额窄，嘴长大，耳大下垂，背稍凹，四肢粗壮，通体黑色，鬃毛较多。属于肉脂兼用型，具有耐粗饲，母性好，适应性强，产仔率高等优点。一般饲养10～12个月龄出栏，体重110千克左右，最大可达170千克。

20世纪50年代末，大力发展养猪业，相继引进“定县猪”“深县猪”“涿县猪”“乌克兰白猪”。经长期饲养繁殖，“定县猪”和“深县猪”适应性较强，发展很快。60年代初，县供销社从外地引进“巴克夏”“金华猪”。1975年，大力发展集体养猪事业，各社队通过不同渠道引进“陆川猪”“约克夏”“长白”“北京黑”等优良种猪。引进品种虽多，但缺乏科学的繁育改良，盲目杂交和近亲繁殖，导致后代性状分离，生产能力下降。1982年，猪只存栏中，主要有7个品种，所占比率分别为：定县杂交猪21%，深县杂交猪40%，陆川杂交猪12%，金华杂交猪13%，“长白”“巴克夏”、本地猪3个杂交品种14%。1984年，按照“母猪当地化、公猪外来优种化”的杂交繁育办法，县畜牧局和养猪专业户先后引进“杜洛克”“长白”“约克夏”“定县黑”“北京黑”等瘦肉型种猪。除“杜洛克”不具备省畜牧区划要求被淘汰外，其他均为今主要种猪。1990年，种公猪中，“长白猪”占10%，“约克夏”占65%，“北京黑”占4%，“定县黑”占21%。

六、羊

（一）山羊

历来为土种山羊，属皮肉兼用型，通体以白色居多，有少量黑色、褐色、青色，一般体重30～40千克。今褐色、青色山羊少见。1990年底，存栏7843只。

（二）奶山羊

传入年代不详。20世纪60年代初，引进瑞士萨能奶山羊的驯化种。其个体大，生长快，平均日产鲜奶2.9千克。1990年底，存栏420只。

（三）绵羊

县内饲养绵羊历史悠久，1958 年前均为蒙古大尾寒羊和小尾寒羊，其中以小尾寒羊为佳，属肉、皮、毛兼用型，毛多白色，少数黑白相间，四肢较长，脂尾短，成羊体重 50 千克左右，每只年产毛 2～2.5 千克，具有耐粗饲、易管理、成熟早、繁殖力强等优点，饲养量较大。1958 年，引进少量新疆细毛羊，因不适应当地条件被淘汰。1964 年，从阜平县购进细毛改良羊 450 余只。1971 年后，又从张家口地区和内蒙购进半细毛及细毛杂交种羊 1800 余只，均适应当地条件。1990 年底，绵羊存栏 1.88 万只，其中小尾寒羊占 65%，细毛改良羊和半细毛杂交种羊占 27%，大尾寒羊占 8%。

七、兔

1950 年前，少有饲养者，均系当地品种，俗称“菜兔”，具有易饲养、繁殖快、抗病力强等优点，但个体较小，一般成兔重 1.5～2 千克，以白、灰、黑三色较多。1952 年，引进一批棕色“荷兰兔”。1961 年，县供销社大量收购活兔，激发了农户养兔热情，大量引进“青紫兰”兔（俗称京兔）和少量德系毛用兔。是年，兔存栏由 1958 年的 1 万余只上升为 3.6 万只。1963 年停止收购后，家兔饲养量徘徊在 6000 只左右。1980 年后，外贸部门为出口需要，在县内设点大量收购活兔，家兔饲养量迅速回升。畜牧部门和养兔户相继购入“日本大耳白”“比利时”“加利福尼亚”“丹麦白”“法比”等优良兔品种 1500 只。1987 年，大李庄乡新路养兔场从上海购进德系长毛种兔 1000 只，建起种兔繁殖场，因缺乏总体规划，仓促开办，翌年即停业。1990 年兔群品种混杂，以“青紫兰”“大耳白”“比利时”为主要血缘的杂交兔为主，占家兔总数的 72%。

八、貂

1981 年，县供销社引进苏联型种貂 2000 只，有黑、灰、白色 3 种，以黑色居多，分户喂养。因缺乏饲养技术，死亡率甚高，至 1982 年底，仅剩 190 余只，损失 14.7 万元。1983 年，县畜牧水产局引进养貂技术，并探索适合当地条件的养殖方法，向养貂户提供技术服务，促进了发展。1985 年后，全县相继购入皮毛质量好、抗病力强、产仔率高的美国型和英国型水貂新品种，1987 年存栏达 6 万余只。1988 年，由于饲料价格上涨，貂皮价格下跌，养貂业蒙受重大损失，1990 年饲养量仅有 50 只。

九、貉

1987 年，开始引进，翌年掀起养貉热，先后从哈尔滨、张家口等地引进乌苏里种貉 3260 只。1988 年，国家对毛皮实行限价收购，养貉经济效益偏低，加之饲养不善，疾病传播，饲养量锐减，1990 年绝迹。

十、狐

1987 年，从辽宁省大连市引进蓝狐 30 余只。经精心饲养，翌年繁殖仔狐 120 只，因毛皮价格下跌，后全部售出。

十一、鹿

1958年，东山药材试验场引进雄性梅花鹿2只，马鹿雄2只、雌1只。1970年后，奉伯、马固、南王买等村亦有饲养。1990年，全县仅有4只。

十二、熊

1985年，伍仁村一农民从陕西购回1只黑色雌性仔熊，体重1.7千克，后用铁链拴养，饲喂杂食，12月龄体重达61.2千克，1987年3月售出。

十三、鸡

当地柴鸡是传统品种，毛色分红、黑、白、杂花等，成年母鸡体重1.5～2千克，公鸡体重2.5～3千克，一只鸡年产蛋100～120枚左右，每枚蛋重35克左右。该鸡种体型小，成熟早，抱窝性强，肉质鲜嫩，域内著名的“卤煮鸡”即以此为原料制作。

1958年，县畜牧场及少数农户引进意大利“来杭鸡”，经多年饲养观察，其生长率、产蛋率、抗病力等均优于当地鸡，发展速度较快。1960年后，先后引进“红玉”“落岛红”“澳州黑”“芦花白”“九斤黄”等新品种，但均未长期保持纯种。1980年后，集体、个体养鸡场相继引进“288”“尼克”“京白Ⅱ系”“京白Ⅲ系”“星杂579”“罗斯”等肉蛋种鸡。1990年，存栏80.7万只，其中优种鸡达90%。

十四、火　鸡

1986年3月，流托村赵庆聚从北京大兴县引进美国青铜火鸡300多只，当年孵化雏鸡1600余只。1987年，全县千只种鸡以上的火鸡养殖场4个，饲养量5200余只，年育雏3.6万余只，雏鸡大部销往外地。1989年后，饲养量减少，1990年底存栏1360只。

十五、鸭

1965年前，沿河村庄饲养较多，以麻鸭为主要品种，兼有少量北京鸭。毛色有黑、灰、白、褐和麻雀色，每只年产蛋60～100枚，每枚蛋重65克左右。1964年，鸭饲养量4500余只。1976年后，由于河流干涸，水源减少，饲养量下降。1985年，明官店村农民从北京购进“康贝尔”旱鸭2000只，建起养鸭场。1990年底，存栏13457只。

十六、鹅

1960年前，县内有白鹅和灰鹅两种，1990年主要饲养品种为中国白鹅。成年公鹅体重4.5～5.5千克。母鹅3.5～4千克，年产蛋50～80枚，每枚蛋重200克左右。域内农民养鹅，一为产蛋，二为看家。1990年底，存栏9424只。

十七、鸽

域内多瓦灰、黑、白、棕、杂花等颜色的观赏鸽。1986年，西吴庄村一农民引进2000只“美国落地王”肉鸽，建立饲养场，遂在全县推广发展。

附：蜂

民国17年（1928），全县饲养10箱中华蜂，年产蜂蜜120斤。之后，发展很快，民国20年（1931）达4406箱，其中中华蜂256箱，意大利蜂4150箱，年产蜂蜜64000斤，蜂腊1280斤。1957年后，发展集体养蜂事业，因域内蜜源减少，流动放养受交通运输限制，饲养量一直徘徊在400～500箱之间。1981年，出现个体养蜂专业户，7月发展到24户，养蜂1280箱，年产蜂蜜21吨。翌年，达到38户，养蜂1723箱。1985年后，由于养蜂经济效益低，养蜂量逐年减少，1990年底仅有160箱。

第二节　畜禽饲养

一、饲养体制

（一）耕畜

解放前，富裕户饲养骡、马，一般户饲养牛、驴，贫穷户无力养畜，多临时雇用。民国25年（1936年），全县有马350匹，骡8441匹，牛18820头。民国36年（1947年）土改后，贫穷户分到了土地、耕畜，养畜积极性很高，1952年耕畜存栏3.5万头，比1949年增长36.8%。

1955年初级农业合作化后，耕畜仍属农户所有，出工分红，由户饲养。也有部分农业社为便于统一使役，将耕畜集中到社由专人喂养。由于管理精心，体况普遍良好。1957年转高级农业合作社后，私有耕畜作价归集体，由于所有权与使用权不统一，普遍存在重使役，轻保护倾向，加之1956年自然灾害，饲草饲料严重不足，耕畜瘦弱，死亡现象时有发生。是年底，耕畜存栏比1953年下降18.7%。12月，县人委制定《耕畜公有私养管理办法》，根据耕畜体况，给饲养户增记工分，耕畜膘情回升很快。1958年大跃进时，耕畜再度收归集体饲养管理，重役使、轻保护现象再次出现。特别是1960—1962年，饲料严重不足，耕畜死亡严重。仅1961年，死亡2545头（含博野县数字），年末存栏比1959年下降34%。1962年，大部分生产队将耕畜分散到户喂养，实行“使喂合一”“使喂结合”的办法，耕畜膘情再次好转。1964年，耕畜全部集中到生产队由专职饲养员饲养。为保证耕畜健壮和提高繁殖率，各生产队制定了不同的奖惩办法，县、公社、大队经常召开耕畜“亮膘会”，开展评选模范饲养员等活动，促进了耕畜发展，尤其是马、骡的发展更快。1975年末，马存栏4300匹，骡2300匹，分别比1965年增长67%和65%。

农村家庭联产承包责任制后，集体耕畜卖予农户养役。因动力机械逐步取代役畜，存栏逐年下降，1990年存栏8900头（匹）。

（二）家畜家禽

民国25年（1936），全县养猪17014头、羊2142只。1955年前，家畜家禽全部属私人喂养。1956

年后，除猪的饲养形式有较大变化外，其他小家畜和家禽以私养为主。

1956年初，淤村、伍仁桥、祁州3个农业合作社的7个作业组试办集体养猪场。是年，集体养猪场发展到83个。1958年，把户养猪集中起来饲养，大办“万猪场”，全县建起5个存栏千头以上的大猪场，几头或几十头的猪场205个（含博野县）。因仓促上马，圈舍简陋，缺乏群饲管理经验，死亡严重，饲养量由1958年的6.16万头下降到1961年的3.98万头。1962年后，发展养猪的方针由“集体饲养为主”调整为“公养私养并举，以私养为主”，调动了社员积极性。为搞好集体养猪业，生产队对饲养员实行奖惩制度，饲养量有所上升，但出栏很少。

1972年，县革委会发出“一人一猪，一亩一猪”的号召，再次掀起养猪热。逐级建立养猪办公室，层层下达任务，大办集体养猪场。1975年，达到高潮，1872个生产队中，有1764个建了不同规模的养猪场。饲养几十头的猪场年出栏仅3～5头，1979年全部停办。

1982年，庞各庄村农民与供销社联营办起养鸡场，随后个体和联合体兴办养鸡场、养猪场、养貂场、养兔场者增多，牧羊专业户也随之出现。1985年，在调整农村产业结构中，县政府确定了“以养殖业为突破口”的方针，制定了向养殖大户供应平价饲料，提供技术，产品销售服务的具体规定，养殖业迅速发展。农民过去那种“养猪留过年”“养鸡下蛋换油盐”的小农经济思想逐步改变。1987年，饲养50头以上的猪场5个，20头以上的15个；饲养千只鸡以上的专业户18个，500只以上的7个；羊存栏30只以上的户28个。

二、饲养技术

中华人民共和国成立后，随着科学技术的发展，猪、鸡、兔等家畜家禽饲养方法日趋科学化。1985年后，兔实行笼养、鸭实行圈养。猪、鸡饲养技术变化较快。其它家畜家禽饲养多沿用传统方法。

（一）耕畜饲养技术

农户历来重视耕畜饲养，并视其为家庭主要财产，有“一头牲口半个家”之说。饲养耕畜以“棚养槽饲”为主，在青草旺盛季节兼以牵牧或拴牧。农忙季节注重草、料合理搭配，根据耕畜的劳役程度，酌量增减精料。春季耕畜瘦弱，多喂青草、高粱叶、豆叶等适口性较好的软性草。冬季则以豆秸、花生蔓、红薯蔓等热性草为主，增强其抗寒力。农忙时主要以谷草、麦糠辅以精料。农民在长期实践中，总结出春防风，夏防热，秋防雨，冬防寒和棚舍清洁，畜身卫生，合理使役以及对孕期母畜偏草、偏料、偏照顾等一整套经验。1958年后，较多生产队分别设立骡马棚、驴牛棚、老弱复壮棚，实行分类饲养。1964年，开展“二定”（定时、定量）“三勤”（勤添草、勤清圈、勤清槽）“四净”（水净、草净、料净、畜身净）竞赛活动。之后，大力提倡科学饲养耕畜，传统技术与科学方法有机地结合在一起。

（二）猪饲养技术

农户习惯于深圈养猪，普遍采用“吊架子”饲养方法。兴办集体养猪场后，较多采用圈群养方式。1958年至今，养猪方法实行了3项改革：一是熟料改生料。农户传统喂猪以熟料为主。1958年县畜牧部门在大章、伏村等养猪场推广生料喂猪，由于传统观念影响，未能推开。1983年，县畜牧局设点示范，经试验对比，喂生食比熟食增重快，生食喂猪始被农民接受。1990年，普及生料喂猪；二是改吊架子猪饲养法为一条龙饲养法。1976年前，集体猪场和农户均实行架子猪分段饲养，即把育肥猪分为仔猪期、架子期和育肥期三个阶段，饲养周期长，周转慢，效益低。1977年，路景大队建立集约型机械养猪场，1982年承包后采用一条龙育肥法，即按肉猪生长需要投料，比旧法出栏时间快1～2个月。

1986 年此法普及全县，1990 年肉猪平均出栏率从 1978 年的 71.6% 提高到 82.5%；三是改单一饲料为混合饲料。1984 年始，各养猪场均采用混合料喂猪。伍仁桥村宋树申猪场，采取混合饲料喂养法，仔猪饲养 182 天，平均体重 96.7 千克，每千克增重节粮 0.12 ～ 0.54 千克。1990 年，多数农户采用混合饲料喂猪。

（三）鸡饲养技术

传统习惯散养，兼有圈养。1980 年，部分农户按照河北省供销社办《农家乐》报纸推广的“王福秋养鸡法”，冬季将鸡养于密闭式塑料暖棚，延长产蛋期。夏季则于通风采光好的棚架内饲养。1987 年后，八五、娄营、淤村、西关等村规模较大的鸡场采用阶梯式封闭饲养。饲料亦由配合饲料改为全价饲料，年产蛋率由 1980 年前的 68.2% 提高到 1990 年的 78.2%。

1949—1990 年安国县畜禽饲养量统计表

表 6-8

种类/数量/年度	猪（头）		牛（头）	马（匹）	驴（头）	骡（匹）	羊		鸡（只）	兔（只）	蜂（箱）
	合计	其中母猪					合计（只）	其中绵羊（只）			
1949	55000	—	4200	900	14700	2300	2000	1100	—	—	—
1950	58500	—	4300	1100	16300	2200	2100	1300	—	—	—
1951	65000	—	5100	1300	18000	2700	4400	2400	—	—	—
1952	70200	—	6500	1600	23300	3500	8600	3300	—	—	—
1953	35100	—	3800	1200	17100	2200	2200	1700	—	—	—
1954	35600	—	5900	1100	16200	2100	2400	1800	—	—	—
1955	33800	—	5300	800	15000	1900	1900	1500	—	—	—
1956	33900	—	5900	1200	11400	1500	2400	1500	—	—	—
1957	51700	—	6100	1200	10000	2000	10200	4100	—	—	—
1958	61600	—	5600	1300	8400	1000	9500	3200	—	—	—
1959	44000	—	4800	900	8400	900	34100	14600	—	—	—
1960	41500	—	4600	900	5500	1000	30500	10200	—	—	—
1961	39800	—	3900	1200	4100	700	43400	10500	—	—	—
1962	50500	5200	3700	1400	3400	800	42000	8100	—	—	—
1963	47800	5300	3900	1400	3000	800	25300	5500	—	—	—
1964	49300	4900	4600	1400	2600	800	12000	3600	—	—	—
1965	72600	5600	5200	1600	2500	800	7100	3000	—	—	—
1966	98300	10500	6300	1800	2700	900	6000	3000	—	—	—
1967	62300	5500	5900	1800	2900	1000	10300	5000	—	—	—
1968	53000	4700	5800	3000	3200	1100	11500	6500	—	—	—
1969	50200	4800	5500	2500	3200	1500	12100	7100	—	—	—
1970	64600	9100	5300	2900	3800	1400	17800	8700	—	—	—
1971	102500	7700	4900	3100	4000	1800	13600	6600	—	—	—
1972	81200	6300	4300	3300	4000	1900	8900	4000	—	—	—

续表 6-8

种类/数量/年度	猪 合计（头）	猪 其中母猪（头）	牛（头）	马（匹）	驴（头）	骡（匹）	羊 合计（只）	羊 其中绵羊（只）	鸡（只）	兔（只）	蜂（箱）
1973	66500	4300	3900	3862	3700	2100	4500	2200	—	—	—
1974	83100	6306	3295	3862	3439	2354	5204	2760	—	—	—
1975	85600	7500	2942	4301	3287	2331	5600	3000	—	—	—
1976	77353	5295	2437	4393	2840	2408	8224	4278	—	—	—
1977	77400	4200	2000	4200	2600	2500	9000	4900	—	—	—
1978	76635	3537	1603	4171	2150	2567	8682	4600	—	—	—
1979	84571	4703	1441	3991	1968	2532	9530	4855	335700	3500	430
1980	79627	4022	1252	3611	2474	2411	10827	6213	265000	1200	820
1981	79815	3886	939	1824	2930	2132	12714	8653	380300	11900	590
1982	80725	4811	670	2241	2946	2061	16347	11636	557300	12100	1000
1983	87400	3600	700	2300	4200	2300	14200	9100	488300	10100	740
1984	94694	3565	751	2342	4812	2448	13080	8483	485736	7234	864
1985	150420	7374	1157	1961	5165	2327	16597	10643	707330	15010	746
1986	155583	5637	1340	1885	5559	2339	19323	12940	775480	13156	851
1987	159487	6013	1322	1662	6054	2140	23923	15547	755834	197032	895
1988	179100	6870	1220	1584	5798	1913	27370	17925	758014	26654	706
1989	167572	6039	1113	1376	5340	1707	27209	17777	773313	18743	357
1990	164000	5800	1000	1400	4900	1600	27000	18800	820000	—	160

三、繁　殖

自古至今，除耕畜和猪、鸡外，其他小家畜、家禽多为自然繁殖。

（一）耕畜繁殖

民国 34 年（1945）前，域内耕畜品种单一，种畜管理粗放，畜群质量较低。民国 35 年（1946），县民主政府对专营种畜者，免除其全年勤务，经济收入免税，饲养种畜者增多。到 1951 年，私营种畜 23 头（匹），其中马 3 匹、驴 11 头、牛 9 头。1955 年，县人委制定种畜奖励办法，种马年准胎 40 匹以上，驴年准胎 70 头以上，牛准胎 100 头以上均发给奖金 50 元。1957 年，县畜牧部门在常庄村进行马、驴“人工授精”试点成功。1958 年，县人委发出大力繁殖耕畜号召，兴建国营、队营配种站 13 个，专用种畜和兼作种畜 83 头（包括博野县），其中马 15 匹、驴 39 头、牛 29 头，全面推广“人工授精”。因沿用传统经验观察母畜发情，准胎率很低。1962 年，队营配种站相继下马，仅保留了县畜牧场和伍仁桥林场 2 个配种站。大部分生产队依靠自养兼用种公畜配种繁殖。1968 年，县生产资料公司建立配种站，开始采用直肠检查技术“人工授精”，准胎率达 80% 以上，被地区革委会授予“人工授精先进单位”。1971 年后，茂山卫、韩村、中照、庞各庄等大队建立队营配种站。1979 年，县畜牧局建立国营家畜改良站，定期对种畜做健康检查和准胎鉴定，颁发种畜合格证。之后，耕畜饲养量逐年下降，种公畜随之减少，1990 年仅有种公畜 5 头（匹）。

（二）猪只繁殖

传统猪只繁殖多为一次性交配自然繁殖。1964年，推广重复交配法。明官店养猪场11头母猪重复交配，受胎率达100%，平均每胎产仔14.2头。1979年，县家畜改良站采用人工授精新技术，准胎率达70%以上。1985年，该站采取采精低温保存，巡回人工授精办法，并改一次授精为多次授精，准胎率达96%。

（三）鸡只繁殖

传统孵鸡主要为母鸡抱窝孵化。1956年，西崔章、固城村建火坑孵鸡场（俗称暖房）。1958年，县畜牧场建孵化室4间，年孵化雏鸡3万余只。1977年，县食品公司建孵化室9间，年孵化雏鸡13.4万只。1972年后，农村出现用煤油灯、暖水孵化者。1983年，县兽医站购进1台电孵箱，年孵鸡5万只。之后，八五、庞各庄、娄营等养鸡场先后购进电孵箱，年孵化雏鸡45万只左右。

附：八五养鸡场

由八五村4个农民集资1.5万元于1986年5月建成投产。场址坐落在八五村南，占地14亩。建场时，利用原大队农场8间旧房作鸡舍，从石家庄购进“尼克”雏鸡1500只散养。翌年3月，扩建新鸡舍900平方米，购进电动孵化机1台。至1987年底，共孵化雏鸡2.1万只，种鸡饲养量达到5000只。1988年，又建鸡舍900平方米，购进鸡笼70组，由散养改笼养，饲养品种改为“星杂579”，又购电动孵化机2台。1989年，投资13万元，新建2层楼鸡舍1000平方米和平房鸡舍300平方米，种鸡饲养量达1.2万只，又增电动孵化机2台。是年，孵化雏鸡13万只，固定资产40余万元。1990年，该场由过去的联户经营分户为个体经营，每户饲养海塞克斯种鸡5000只，产蛋率由过去的75%上升到80%。

第三节　饲草饲料

一、饲　草

据1988年土地资源普查，全县共有闲散地面积6.83万亩，每年产鲜草7.71万吨，全年载畜量3.86万个羊单位。其中，河滩地3.79万亩，主要分布在流各庄、西安国城、大李庄、西崔章、明官店等乡。牧草以白茅、苍耳、小藜最多，其次是芦草和沙蓬草等，产量较低，一般年产3.98万吨左右。沙荒草地1.08万亩，以北段村、南娄底、淤村等乡面积较大，主产白茅、沙蓬、蒺藜、狗尾草等，产草量略高于河滩地，年产1.56万吨左右。闲散荒草地0.36万亩，多分布在祁州镇和南娄底、北段村乡，饲草资源丰富，有草樨、狗尾草、稗草、牻牛儿苗、画眉草、金色狗尾节、米口袋、车前、马齿苋等10余种优质牧草，产量较高，年产0.84万吨左右。河坡、堤坡、渠坝占地1.28万亩，主要分布在沙河、磁河、沙河灌渠沿岸，适宜小群放牧，以芦草、狗尾草、车前、牻牛儿苗较多，年产0.73万吨左右。其它未利用闲散地0.32万亩，年产鲜草0.6万吨左右，可放牧。

县内牧草长期处于自然生长状态。1956年，人工种植苜蓿1500亩，1958年发展到4180亩。由于长期对饲草资源缺乏保护建设和合理利用，滥垦、滥牧，优质草种减少，单位面积产量下降。1986年县畜牧局引进适应性较强的沙打旺、红豆草、苜蓿等优质牧草种，在明官店、大李庄、门东、北段村等乡人工种植。1990年，种植面积达2500余亩。

县内以禾本科和豆科为主的各种农作物秸秆及叶为家畜主要饲草。据1982年饲草饲料资源普查，正常年份，每年可产玉米、小麦、谷子、高粱等农作物秸秆2062万吨，用于饲喂家畜285.3万吨，利用率为13.8%。

1980年安国县农作物秸秆利用情况表

表6-9

科　属	禾本科	禾本科	禾本科	豆　科	豆　科	旋花科	禾本科
名　称	玉米秸	谷　草	高粱叶	花生蔓	豆　秸	红薯蔓	麦　秸
产　量（吨）	7371	574	121	469	158	2313	11428
饲喂量（吨）	624	574	121	469	110	2313	813
利用率（%）	8.57	100	100	100	68.7	100	7.11

为提高农作物秸秆利用率和营养价值，增强适口性，1956年在齐村进行玉米秸青贮试点，挖池33个，贮量130.2吨。1957年，在大李庄试点青贮红薯蔓53坑，贮量125吨。1958年秋，掀起青贮饲料高潮，贮量约27600吨。但因经验不足，成功率较低。1985年后，县畜牧局重点加强技术指导，农作物秸秆青贮量逐年增长。1988年，青贮玉米秸、花生蔓、萝卜缨共计530万吨，青贮质量达到规定标准。1989年，获河北省“青贮饲料达标县”称号。

二、饲　料

（一）饲料粮

1953年实行粮食统购统销后，对集体饲养耕畜、猪只执行统一标准留料政策。1960—1962年，由于粮食紧张，普遍不能兑现。1963年后，随着粮食产量增长，留料政策逐步落实，并实行交售肥猪奖粮政策，但与实耗标准有很大差距。据1982年调查统计，每年集体养猪每头留料标准127.6千克（公、母、育肥猪平均数），实用369.3千克；牛、驴每头留料标准180千克，实用410千克；骡马留料标准250千克，实用504千克。不足部分，生产队将集体储备粮和以集体积累资金购粮作饲料，维持养役。

社员家庭养猪，据1980年调查，平均每出栏一头育肥猪（体重100千克）实耗粮324千克，交售国家后得奖励粮65千克。

1983年耕畜下放户饲养后，饲料粮由饲养户自备。1985年，实行粮食合同定购政策，畜禽饲料全部由农户自己支配。据1990年匡算，全县畜牧业用粮7.2万吨，比1980年增长31.2%，占粮食总产的37.4%。

（二）农副产品

粮棉油加工后的副产品用作补充饲料，谷糠、麦麸、豆腐渣、粉渣用量较大。据1980年调查，全县麦麸产量1095吨，全部用作饲料；酒糟产量7720吨，用作饲料3680吨；饼类部分用作饲料。

（三）混合饲料

1980年，县粮食局饲料公司建县内第一座饲料加工厂，年加工260吨。1985年，引进饲料加工机组，年加工能力提高到1940吨。至1990年底，全县先后建起3个饲料加工厂，101个养殖专业户自备小型饲料粉碎机31台，是年全县加工混合饲料1804吨。

第四节 畜禽防疫灭病

一、疫病防治

域内发现的畜禽疫病有炭疽、鼻疽、马传贫、马脑炎、口蹄疫、猪流感、猪副伤寒、猪气喘、猪脑炎、猪瘟、猪肺疫、猪丹毒、羊痘、鸡新城疫、禽霍乱、鸡白痢、犬瘟热、狂犬病、兔瘟等，其中以鸡新城疫、鸡霍乱、猪瘟、猪副伤寒、兔瘟、仔猪白痢、马力克流行时间较长，面积较大，畜禽死亡较多。1949 年前，畜禽疫病预防很少，诊治主要依靠民间土方草药，一旦发病，很难控制。之后，随着防治机构的建立和防治队伍的加强，采用生物药品防治疫病，各种疫病得到控制或消灭。

（一）马鼻疽

1964 年，北都大队从内蒙古购回 20 匹马，经兽医站检疫，患有阴性鼻疽病。为防治病源扩散，在翟营大队建立鼻疽马隔离使役管理区。此后，凡发现此种病畜即收入该区。同时，对开放性马鼻疽坚持一律捕杀的原则，控制了该病的发生和流行。1979 年疫病普查，仅张家营第五生产队发现一例鼻疽病马，后未发生此病。

（二）马传贫（马传染性贫血）

1974 年，县生产资料公司从内蒙古购回一批马，经查有 4 匹属阳性马传贫。自此，陆续发生马传贫疫病。1975 年，县革委会发出《关于马属牲畜 4 号病（马传贫）普查的通知》，对无病牲畜发给检疫证。1979 年，9 个公社的 10 个大队发现病畜 11 头。1983 年，应用补体结合反应和琼脂扩散诊断方法，开展净化检疫，采取疫区封锁，消毒、病畜隔离、处死等综合防治措施，并普遍注射马传贫疫苗，1985 年后此病未再发生。

（三）口蹄疫

县内多年未大面积发生此病，牛、羊无发病历史。1978 年，明官店、祁州镇、石佛等公社的 11 个大队 135 头猪感染此病。1979 年 1 月 3 日，全县发现口蹄疫病猪 28 头，其中 16 头为外县购入。1979 年 11 月，路景大队养猪场从北京房山养猪场购入北京黑猪 35 头，其中隐性口蹄疫病猪 5 头。为防止此病蔓延，1980 年开始进行口蹄疫疫苗注射，严格控制病猪上市，对外地引进猪只严格检疫。1987 年后，此病未现。

（四）猪瘟

俗称“传猪”。该病发病史较长，患猪多死亡。1950 年，西伏落、淤村、子娄等养猪较多的村庄暴发此病，很快蔓延全县，发病猪达 1731 头，死亡 1427 头。1953 年，保定专署兽医站组织全专兽医分片联合注射猪瘟结晶紫疫苗。县民政局组织 20 人的猪瘟防疫队，参加了安国、定县、博野、望都等县的联合防疫，控制了猪瘟流行。1958 年，大量外购猪只，由于检疫措施不力，以致猪瘟又大面积发生，全年死亡 4500 余头。1961 年，县畜牧部门自制猪瘟弱毒苗，给全县猪只注射。1962 年，又改用猪瘟冻干苗注射，效果显著。1964 年 1 月，在伍仁桥、祁州镇、石佛、大五女、张家营 5 个集市进行常年猪瘟疫苗注射。针对发病规律，从 1979 年开始每年坚持春、秋两次猪瘟防疫注射。1986 年，改革免疫程序，由春、秋两次注射改为全年注射，对饲养母猪户登记造册，仔猪 40 ～ 45 日龄即注射疫苗。控制了猪瘟流行。

（五）鸡新城疫

俗称鸡瘟、传鸡，流行历史较长。1950 年前，群众于春秋季节喂以大蒜预防，但不普遍，死亡严重。1951年，开始使用鸡新城疫Ⅰ系疫苗刺鸡翅膀预防该疫，免疫期6个月。1960年，推广鸡新城疫Ⅱ系疫苗，春、秋两次注射。1976年，由于防疫密度低和疫苗质量差，13个公社的39个大队流行此疫，发病3350只，死亡3105只。1978年后，实行雏鸡Ⅱ系疫苗点鼻2次，成年鸡Ⅰ系疫苗每年注射1次的新免疫程序，控制了该疫流行。

（六）犬瘟热

1987年5—7月间，县养貂公司、焦庄乡经联社和部分乡盲目购进带有犬瘟热病毒的种貉，造成病毒蔓延，大量死亡。其中，焦庄乡经联社从哈尔滨野生动物饲养场引进未检疫亦无防疫注射的947只种貉。种貉运回第8天，犬瘟热疫病暴发，死亡935只。为防止疫病扩散，县政府发布封锁令，严禁焦庄村貂、貉等犬科动物进出。随后，县畜牧部门从哈尔滨生物药厂购入犬瘟热疫苗8万余头份，对全县饲养的貂、貉等易感动物全部进行防疫注射，同时购进消毒药品对笼舍消毒，疫病得到控制。此后此疫未发生。

（七）狂犬病

俗称“疯狗病”。历史上偶有发生，未有大面积流行记载。1980年后，养犬者渐多，为防止狂犬病传染，1983年县畜牧部门对全县养犬进行登记、注射、挂牌。1985年后，养犬风盛行，由于部分犬主对防疫注射认识不足，致使防疫密度很低，狂犬病时有发生。1985—1989年，全县被犬咬伤染狂犬病者11人，全部死亡。

二、畜禽检疫

1957年，县畜牧兽医站主要对耕畜进行传染病检疫，至1963年先后查出病畜218头，对其中危害较大的3种传染病74头病畜全部就地捕杀、深埋。1964年，公社兽医站开始对国家收购和集市贸易的猪及耕畜实行检疫，无疫者方能收购或交易。1987年，国务院颁布《家畜家禽防疫条例》后，全县检疫工作步入正轨。1988年，建立“安国县动物检疫站”，设专职兽医检疫员7人，乡站兽医检疫员17人，对畜禽收购、畜产品加工及肉类销售等制定严格检疫制度，合格者予以检疫证明。1989年，在东关汽车站十字路口设动物检疫站，对载运畜禽及毛、皮、骨等畜产品车辆进行严格检查。至1990年，共检疫肉类15860吨，毛类954吨，皮类365万张。

三、常见病防治

1954年前，兽医对畜禽常见病均以中医疗法治疗。此后，中西医结合，治愈率不断提高。据县兽医院统计，家畜常见病中，内科病为61% ，外科病23%，寄生虫病6%，产科病10%。

（一）内科病

家畜内科病中，消化系统疾病发病率较高，约占内科病的65%左右。每年7—12月，95%以上的便秘症（俗称结症）病畜是吃麦糠、花生秧、红薯蔓所致。1972年前，均采用投服泻剂、直肠按压、捶结、掏结等法治疗，治愈率70%左右。1973年开始，对严重结症病畜施行剖腹取结术，治愈率达95%。县兽医院兽医师尤秀兰（女），在多年实践中摸索出对消化不良有较高疗效的中药方剂“白术调味汤”，1982—1990年用该方治疗364例病畜，其中内服1剂痊愈31例，2～3剂痊愈233例。

（二）外科病

1957 年前，兽医仅能对一些家畜进行手术阉割，对常见的外伤、蹄病等，敷药治疗。此后，县兽医院及伍仁桥、流各庄、大五女、门东、石佛等乡镇兽医站施行剖腹取胎、剖腹取结和马属动物舌断裂缝合等手术，治愈率 80%。同时，开展了关节炎、挫伤药物和固定矫正缝合治疗。1974 年，对临床常见的仔猪脐疝开始手术治疗，治愈率 97%。1982 年，县兽医院采用灸法攻克疑难病症“家畜关节黄肿病”。

（三）寄生虫病

家畜家禽寄生虫病中，蛔虫病占 90%，是历史常见病；螨虫病占 5%，胃蝇病占 2%，其他占 3%。1959 年以前，对各种寄生虫病多以中药治疗。此后，多用敌百虫、驱虫净、四氯化碳、灭绦灵、驱蛔灵等高效杀虫西药，寄生虫病逐年减少。

（四）中毒

1980—1990 年，县兽医院医治因食用霉玉米、霉秸秆、烂菜叶、棉籽饼及粘有农药的饲草和拌药籽种等引起中毒畜禽 48 例，治愈 31 例。

四、兽医队伍

民国及以前，兽医散布民间。民国 37 年（1948），有民间兽医 20 余人。1956 年，河北省中兽医师资训练班建于安国，县人委选拔 32 人分 3 期参加培训。1957 年，县农建局配备 8 名专职兽医技术干部，其中大专学历 3 人，负责畜禽防疫、技术培训、兽医组织建设等工作。1963 年，根据保定地区劳动、农林、粮食三局联合下发的《为社队培养人才，举办兽医训练班的通知》精神，招收 20 名初中毕业生，举办兽医训练班，学期 6 个月，毕业后全部分到各公社兽医站，成为基层兽医的骨干力量。1964—1966 年，县农林局先后举办 4 期农村兽医防疫员培训班，培训 1560 人次。1979 年后，国家分配的大、中专毕业的畜牧兽医技术人员不断增加。至 1990 年，共有大、中专学历的畜牧兽医干部 48 人，其中畜牧兽医师 19 人，助理兽医师 24 人，技术员 5 人，乡镇专职兽医 56 人，村防疫员 208 人。

第五节　管理机构

民国前，县内无专门畜牧管理机构。民国 3 年（1914），建实业局后，畜牧工作由实业部门管理。1949 年，县人民政府设农建科管理畜牧。翌年，县民政局投资 300 斤小米，组织 3 名民间兽医建立安国县利民兽医站。1955 年 11 月，建城关、伍仁桥、庞各庄、淤村、郑章 5 个兽医联诊所。1957 年，建安国县畜牧生产委员会。1959 年 7 月，建安国县畜牧水产局，下设秘书、生产、兽医、饲养管理 4 个股。1960 年，5 个兽医联诊所解体。1961 年，畜牧水产局合并于农林局，下设畜牧兽医工作站。1964 年 7 月，建城镇联合兽医院，翌年其他 19 个公社全部建起畜牧兽医站。1975 年，复建县畜牧局，公社畜牧兽医站恢复正常工作。1979 年，建家畜改良站。1983 年，畜牧局更名为畜牧水产局，并建水貂养殖技术服务公司，翌年建牧工商联合公司。1988 年，建动物检疫站和畜牧技术站。1990 年，水貂养殖服务公司改建为县饲草饲料站。是年，县畜牧水产局下设办公室、兽医站、动物检疫站、畜牧技术站、饲草饲料站。乡镇畜牧兽医站除东河、北段村、西伏落 3 个站正常工作外，其他乡镇站多处半瘫痪状态，各站兽医多转为个体行医。

第四章　农业机具

民国前，县内农民一直沿用传统的生产工具从事劳作，费力且效低。中华人民共和国成立后，中国共产党和人民政府非常重视农业机具的发展。1958 年，河北省政府确定安国为“发展农业机械化重点县”，动力机械和新型配套农机具大量增加，机械化作业水平不断提高。1962—1963 年，县抽调技术人员和机械设备支援保定地区 10 个县的农业机械化建设，先后派出 1186 台次拖拉机帮助 9 个友邻县进行农曰耕作、低洼地改造和麦场作业。1964 年，河北省政府授予县拖拉机站为“五虎上将站”荣誉称号。1971 年，县农业机械局在全国第一次农业机械化会议上介绍了农业机械化建设经验，省、地农机管理部门多次在安国召开管理经验、技术改造、系列化作业现场会。1978 年以后，个体和联合体农机发展迅速。1990 年底，全县动力机械 1.89 万余台，共计 235420 千瓦。

第一节　农田机具

一、耕整机具

县内传统的翻土耕地农具为铁锨、镐和畜力牵引的耠子、犁杖等。耠子、犁杖每天耕地 2 亩左右，耕深 15 ～ 18 厘米。1952 年，引进畜力牵引七寸步犁和双轮双铧犁，每天可耕地 4 ～ 4.5 亩，耕深 20 厘米，渐替代耠子、犁杖等。1957 年，有双轮双铧犁 958 部，1961 年有七寸步犁 1726 架，因双轮双铧犁需 2 头以上耕畜牵引，1960 年以后渐淘汰，七寸步犁今有少量使用。1955 年，随着拖拉机调入，开始使用机引铧式犁，耕深 28 厘米。1961 年，有各种铧式犁 128 部，机耕面积 70%。1971 年，引进机械液压控制犁，1974 年后普遍使用，机耕面积 88.6%。1974 年，常庄机站驾驶员庞永青研制成功具有“中耕、浅串、碎土、筑埂”多种功能的“万能机架”，在县内外推广。1976 年，引进一次可完成耕耙作业的旋耕犁 17 部。1982 年后，农民大量购置小型拖拉机，随即大量使用小型液压控制犁。1990 年底，有多种型号机引犁 4437 部，机耕面积 93%。

传统的整地农具有畜力牵引的盖擦、木耙，每天擦耙地 15 ～ 20 亩。今亦有用小型拖拉机牵引者，工效提高 3 ～ 4 倍。1958 年，国家调入安国一批由拖拉机牵引的整地机械，有丁齿耙，21 片、24 片、41 片圆盘耙，20 片缺口重型圆盘耙，V 型镇压器等。1960 年，全县有整地机械 182 台（件）。1980 年后，大量增加的旋耕犁具有整地功能，铧式犁配备了合墒器，遂取代圆盘耙和镇压器。1990 年，机耕地均由机械整压。

二、播种机具

传统播种农具有小镐，用于条播开沟，大面积播种使用耧，人力或畜力牵引。单腿耧俗称“独脚耧”，用于玉米、棉花、高粱等作物条播，每天播种 3 ～ 4 亩；双腿耧，主要用于小麦行播，播后人拉石砘压墒，每天播种 8 ～ 10 亩。民国 37 年（1948 年）6 月 16 日《冀中导报》报道：“安国庙会展览场展出的安国推进社制造的点豆机，每坑 4 ～ 5 粒，节省人力。该社还创造新式播种机，能播 6 个垄，不用砘压。每日播 30 亩。”1956 年，始用动力机械牵引的播种机，时有国产 24 行、德国产 28 行谷物播种机和国产 4 行棉花播种机。1958 年，调入波兰产“人工点种器”“畜力播种机”。1960 年，有播种机 164 台，除 4 行棉花播种机大面积使用外，其他播种机使用范围不广。1974 年，淤村拖拉机站把棉花播种机改装成“玉米点播机”，可一机两用。1976 年，县农机厂研制成功 12 行谷物播种机与小型拖拉机配套使用。1977 年后，逐步引进石家庄、山东、北京产的小型谷物播种机。1990 年，全县有播种机 1098 台，小麦机播面积 92%。

三、中耕机具

传统中耕农具有大锄和薅锄。1958 年，调入 34 台波兰产马拉中耕机、6 台机引中耕机、115 台机引悬挂锄，对棉花、玉米、高粱、甘薯等农作物中耕。后因作业质量低，调头对秧苗损害多而淘汰。是年，县农机厂试制生产的中耕器和耘锄在全县推广。至 1978 年，畜拉耘锄和机引灭茬机为生产队广泛使用。之后，因土地承包耕作地块划小而使用渐少。1990 年，传统的大锄和薅锄仍为中耕主要农具。

四、排灌机具

传统排灌机具有辘轳、挑杆、链斗水车等。民国 14 年（1925），南阳村铁匠姚洛容对传统链斗水车缩小卧轮，加大盖轮，提高功效 25%，在县内广泛推广。1953 年，开始引进管链式水车。1957 年，全县有水车 17373 架。1958 年，大炼钢铁运动中，砸毁链斗水车 14045 架。1954 年，始用 3 寸、4 寸离心式水泵提取地下水灌溉农田，1957 年后逐步更用 5 寸以上离心式水泵。1980 年后，由于地下水位大幅度下降，普遍实行机井下卧提高扬程。后离心式水泵被潜水泵和多级深井泵替代。1990 年，有配套水泵 6071 台，农田灌溉全部机械化。

五、植保机具

民国前，农作物病虫害防治主要靠人工捕捉和手撒药粉、手涂药液。民国 23 年（1934），县农事试验场开始使用单管喷雾器防治病虫害。民国 37 年（1948），县农业推进社制造 108 架木制鸡毛喷粉车，因性能差未能推开。1958 年，调入一批苏联、波兰产机动悬挂喷雾车和牵引喷粉车，因不适合当地生产条件被弃置。1960 年后，广泛使用筒式压缩喷雾器和手摇式喷粉器，使用长达 20 余年。1974 年，引进以汽油机为动力的“背负式弥雾喷粉器”，每小时作业 25 亩左右。1980 年，全县喷雾机具达 6547 台，其中机动喷雾机 16 台；喷粉器 3654 台，其中机动喷粉机 27 台。1980 年，引进背负式压缩喷雾器，1983 年后普及，使用至 1990 年。1990 年有植保机械 8672 台（部）。

六、收获机具

传统收获农具主要有：镰刀（用于秸秆作物收割）、大镐（用于刨翻块根或地下果实作物）、碌碡（用于碾压作物秸秆或穗轴以脱粒）、扇车和簸箕（用于扬场净粒）、杈子（用于麦场作业传送作物秸秆）、木耙子（聚拢和疏散柴草及谷物）等。1956年，县内始用小麦收割机。至1960年，有波兰产马拉摇臂收割机29台，机引割捆机67台，苏联产割晒机2台，罗马尼亚产联合收割机42台。后因收割质量低，将27台联合收割机调往内蒙古、河北省农场，其余渐淘汰。1972年，引进180型割晒机，1975年改用114型割晒机。1980年后，相继购入185型割晒机和北京东风牌联合收割机。1990年，有小麦收割机991台，其中联合收割机21台。

1956年，调入能同时脱粒、选种、铡秸秆、堆垛等多项作业的匈牙利产大型小麦脱粒机1台。1957年后，相继调入波兰产AC-40型脱粒机和国产自动喂入脱粒机，至1965年已有大中型脱粒机24台。1973年后，广泛使用县五金厂生产的简易450型脱粒机和扬场机。1982年后，相继购入使用安全方便，清选干净的450型和40-A型脱粒机。1990年底，有脱粒机8549台，小麦脱粒全部实现机械化。

20世纪70年代初，县农机具研究所研制成甘薯收刨机、花生收刨机，均因效果不佳未推广。甘薯、花生、玉米等农作物收获仍以人工为主。

1955—1990年安国县农用机具统计表

表6-10　　单位：台（部）

名称 数量 年度	耕整机具			收获机具				排灌机具		播种机
	机引犁	机引耙	旋耕机	收割机	脱粒机 大中型	脱粒机 小型	扬场机	农用水泵	农用水车	
1955	11	—	—	—	—	—	—	12	15846	—
1956	41	20	—	3	—	1	—	31	15885	6
1957	27	26	—	3	1	1	—	176	17373	8
1958	35	34	—	42	3	16	—	254	15061	12
1959	104	48	—	37	3	15	—	291	3378	26
1960	148	180	—	40	18	15	—	472	3047	31
1961	123	180	—	108	18	16	—	936	2300	34
1962	82	180	—	2	18	18	—	1856	2538	34
1963	58	76	—	2	18	18	—	1277	2610	34
1964	58	44	—	—	18	85	—	1286	2072	25
1965	55	44	—	—	18	117	—	1430	1680	16
1966	55	44	—	—	18	422	—	1839	1255	16
1967	55	43	—	—	18	479	—	1854	1236	16
1968	55	41	—	—	18	556	—	1912	732	16
1969	55	27	—	—	18	608	—	1866	738	16
1970	57	18	—	—	18	817	—	2109	666	16
1971	60	18	—	—	5	979	1	2218	608	17

续表 6-10

名称 数量 年度	耕整机具			收获机具				排灌机具		播种机
	机引犁	机引耙	旋耕机	收割机	脱粒机		扬场机	农用水泵	农用水车	
					大中型	小型				
1972	126	20	—	—	9	1094	10	2641	577	34
1973	178	22	—	1	9	1494	151	3069	580	49
1974	234	22	—	3	9	1520	572	3383	459	57
1975	326	24	—	4	9	1961	891	3912	381	98
1976	444	24	—	7	9	2028	974	4039	207	118
1977	453	24	—	10	9	2593	1009	4149	—	169
1978	462	24	—	2	9	2546	1220	4636	—	194
1979	491	24	—	7	43	2705	1354	4664	—	244
1980	507	24	—	5	185	3025	1466	4640	—	310
1981	521	25	8	102	104	3031	1476	4799	—	346
1982	585	42	19	63	374	3048	1493	5121	—	345
1983	850	35	22	65	792	3664	1280	5938	—	313
1984	1609	32	24	92	1020	4023	1398	6555	—	394
1985	1991	24	14	133	804	4318	1305	6591	—	496
1986	2382	26	18	289	1241	4703	972	6155	—	520
1987	3478	21	16	557	2010	5919	94	5859	—	775
1988	3615	20	34	694	2212	6010	680	5907	—	947
1989	3919	18	41	826	2468	6007	612	6013	—	1032
1990	4437	13	52	991	2704	5845	540	6071	—	1098

第二节　农副产品加工机具

1960年前，粮食加工以石碾、石磨为主；食油加工依靠人力用榨油槽榨取；原棉加工有手剥棉籽、刀刮棉籽和使用脚踏轧车轧棉，棉弓弹棉。1961年，引进钢磨用于面粉加工。1965年后，广泛使用对辊式磨面机、玉米粉碎机、卧式螺旋铁辊碾米机、手动液压榨油机等。1977年，各类农副产品加工机械1469台。1980年后，面粉加工机械逐步更换为大、中型面粉加工机组。榨油机械更换为螺旋榨油机、机动液压榨油机，并新增磨浆机、粉丝机、轧面机、豆芽机、和面机、馒头加工机等。1990年，有农副产品加工机械2279台。

1960—1990 年安国县农副产品加工机械统计表

表 6-11　　　　　　　　　　　　　　　　　　　　　　　　　　　　单位：台

名称 数量 年度	碾米机	磨面机	轧花机	弹花机	榨油机	铡草机	粉碎机
1960	10	300	20	17	—	132	—
1961	10	340	30	24	—	129	—
1962	10	343	34	27	—	78	—
1963	10	335	31	28	6	54	—
1964	51	568	97	69	21	61	82
1965	88	600	178	158	42	91	67
1966	117	551	469	442	59	111	61
1967	202	405	400	436	42	130	92
1968	244	404	413	424	46	171	127
1969	274	386	446	413	53	168	169
1970	323	460	482	451	63	201	213
1971	384	583	497	456	71	255	307
1972	434	628	470	462	62	376	382
1973	450	693	443	438	56	526	414
1974	480	739	459	440	60	788	521
1975	443	669	398	449	62	732	554
1976	454	729	364	391	85	503	524
1977	471	680	339	385	81	663	612
1978	490	660	339	354	83	787	681
1979	383	661	305	295	93	1074	774
1980	373	642	308	291	110	1117	791
1981	362	613	274	285	113	1150	872
1982	343	536	235	211	116	961	869
1983	301	535	178	169	85	649	813
1984	333	529	174	169	101	506	758
1985	326	524	157	155	84	504	723
1986	317	482	185	169	109	487	646
1987	308	436	176	168	81	407	632
1988	301	382	182	177	65	328	647
1989	303	395	189	179	70	302	619
1990	296	424	176	166	82	301	607

第三节　动力机械

民国17年（1928），霍庄村霍洛爵投资400银圆，从天津购入煤油动力机1台，欲带动水泵灌溉农田，但因水泵配件不全，未能投入使用，后被侵华日军掠走。1954年，县内购入2台5马力立式锅驼机用于农田排灌。1955年，引进拖拉机，1957年引进煤气机。1958年后，逐步引进柴油机、汽油机和电动机。1961年，全县有农用动力机械1954台，15518马力。其中，柴油机105台、电动机347台。1962年后，锅驼机、煤气机均被淘汰。农用动力机械以拖拉机、柴油机、电动机为主。1990年，全县农用内燃机总动力为32.03万马力，电动机总功率5.5万千瓦。

一、拖拉机

1955年9月15日，调入4台波兰产“乌尔苏斯”拖拉机，在流村（今八五村）首次农田耕作，成千上万群众涌向田头观看，耕地不用牛的愿望变为现实。此后，相继调入安国的拖拉机，有罗马尼亚产“尤特兹”、保加利亚产“克特”、捷克产“热特”、苏联产“德特”、匈牙利产“地特”，1956年达41台。1957年，从安国调出2个机耕队，14台拖拉机，支援徐水县建立拖拉机站。1960年1月14日，6台国产“东方红-4”履带式拖拉机开进安国，结束了县内一直使用进口拖拉机的历史。同年8月，又调入14台轮式国产“铁牛-40型”拖拉机。1962—1963年，先后从安国调出184名驾驶员和92台拖拉机支援定县、蠡县、博野、曲阳、完县、易县、涞水、满城、新城9个县的农业机械化建设。1970年后，县内大批购进国产拖拉机。进口拖拉机至1978年全部淘汰。1972年，开始引进小型四轮拖拉机。1977年，八五、曲堤、东长仕等村购置小型手扶拖拉机17台。1980年，全县有大中型拖拉机310台，小型拖拉机739台，总动力2.39万马力。实行家庭联产承包责任制后，大面积机耕、机播作业减少，大中型拖拉机拥有量下降，手扶拖拉机因转向操作费力，渐被淘汰，小型四轮拖拉机剧增。1990年底，有大中型拖拉机134台、小型拖拉机5042台，其中私有5030台。

二、柴油机

1957年3月，从保定购入2台10马力双缸立式柴油机，至1959年柴油机增加到7种型号83台，840马力。除1台25马力柴油机用于动力发电外，余均用于农田排灌。1972年后，由于电力供应不足，大部分生产队相继购买柴油机，用于农田灌溉和农副产品加工。1975年，柴油机达4179台。1983年后，柴油机成为农业生产的主要动力机械，购买量迅速增加，主要机型是S-12马力卧式柴油机。

三、电动机

1958年县发电厂建成后，距县城较近的6个大队先后购买14台电动机作为农业机械动力。是年12月，国务院总理周恩来视察安国后，为鼓励安国人民发展农业生产，尽快实现电气化，于1959年1月8日从北京发来3台电动机赠给祁州人民公社。1960年后，县内电力事业迅速发展，由于电动机使用方便，成本低（据 1961 年农业机械成本调查，锅驼机浇地 1 亩，一次投资 1.32 元，电动机只需 0.41 元），生产队大量购置。1965 年，有电动机 1542 台，1975 年增加到 2946 台。1980 年后，农村电力供应不正常，农民多以柴油机为农田机械动力。1990 年，有农用电动机 8316 台。

1954—1990 年安国县农用动力机械统计表

表 6-12

名称/数量/年度	拖拉机		柴油机		电动机	锅驼机		煤气机	
	大中型	小型	台	马力	台	台	马力	台	马力
1954	11	—	—	—	—	2	18	—	—
1955	41	—	—	—	—	4	14	—	—
1956	27	—	—	—	—	31	262	—	—
1957	35	—	15	68	—	185	743	16	108
1958	104	—	22	169	31	470	3934	431	300
1959	154	—	103	907	57	552	4660	668	565
1960	154	—	80	684	122	496	4707	137	102
1961	82	—	45	348	396	345	3045	226	490
1962	58	—	34	288	1098	407	3741	73	50
1963	58	—	47	437	1268	96	942		
1964	55	—	28	224	1302	—	—	—	—
1965	55	—	—	—	1542	—	—	—	—
1966	55	—	2	10	1671	—	—	—	—
1967	55	—	11	96	1666	—	—	—	—
1968	55	—	10	84	1698	—	—	—	—
1969	55	—	22	174	1732	—	—	—	—
1970	57	3	46	384	1827	—	—	—	—
1971	60	12	185	786	1980	—	—	—	—
1972	126	27	1066	8258	2324	—	—	—	—
1973	133	45	2360	18880	2569	—	—	—	—
1974	185	49	2750	22008	2887	—	—	—	—
1975	248	78	4719	33432	2946	—	—	—	—
1976	341	130	4347	34276	2990	—	—	—	—
1977	416	237	4443	35544	3013	—	—	—	—
1978	205	467	4887	39096	3288	—	—	—	—
1979	267	617	4734	37872	3461	—	—	—	—
1980	310	739	4994	41865	3638	—	—	—	—
1981	347	1177	5491	63795	4747	—	—	—	—
1982	356	1392	5708	67324	5039	—	—	—	—
1983	371	2123	3756	88086	5913	—	—	—	—
1984	317	3179	8583	102567	6525	—	—	—	—

续表 6-12

年度 \ 数量 \ 名称	拖拉机		柴油机		电动机	锅驼机		煤气机	
	大中型	小型	台	马力	台	台	马力	台	马力
1985	213	3917	10172	122726	7301	—	—	—	—
1986	202	4166	10141	121690	7624	—	—	—	—
1987	174	4391	12236	146590	8429	—	—	—	—
1988	144	4351	13437	157256	8276	—	—	—	—
1989	130	4518	13711	162368	8538	—	—	—	—
1990	134	5042	13612	163344	8316	—	—	—	—

第四节　农机管理

一、管理机构

（一）县级管理机构

1955 年 10 月 1 日，在流村（今八五村）建立安国县国营拖拉机站，始有农机管理机构。1958 年 7 月，建立安国县农业机械管理局，内设办公室、技术室、供应室、会计室，下设国营拖拉机站。同年 8 月，农机局与电力局合并成立机电部，下设农机管理供应站。1959 年 2 月，撤销机电部，恢复农业机械管理局。同年 4 月，县人委设农业机械办公室，农机修造厂划归农机局管理。1962 年，设祁州镇、伍仁桥、庞各庄、郑章、淤村、石佛 6 个拖拉机分站。1970 年 7 月，撤销国营拖拉机站，将人员机具下放到 20 个公社机站。1972 年 2 月，建立安国县农机具研究所，专事农机具研制工作。1974 年，复建国营拖拉机站。1982 年，增设农机监理站。1983 年 12 月，农业机械管理局改称农机服务总公司。1985 年，农机修造厂归工业局管理。1986 年 6 月，改农机局研究所为农业机械化技术推广服务站。1987 年，农机服务总公司复名农业机械管理局。1990 年，农机局下设农业机械供应公司、农田排灌机械配套公司、农机技术推广站、国营机站。

（二）乡镇管理机构

1973 年 12 月，20 个公社相继建立农机管理站，设正、副站长和专职农机助理员，负责本社范围内农机管理工作。1987 年，农机管理站改名为农机管理服务站，开展技术培训、代耕、代运、新型机具推广、油料及零配件供应等工作。

附：农机协会

1980 年后，联户和个体农机购买量迅速增加。1983 年，联户、个体拥有农机 2123 台，利用率很低。1984 年，流霜村有农机户创办了第一个“农机协会”，向无农机户提供有偿作业服务，解决了无农机户生产困难，为有农机户增加了收入。1985 年，有 168 个村建起农机协会。农牧渔业部将安国的经验向全国推广后，北京、甘肃、贵州、湖南等省、市、自治区的 23 个县、市相继到安国参观学习。1990 年，有农机协会 171 个。机耕、机播、机收作业面积分别比 1983 年提高 11%、31% 和 551%。

二、农机队伍

1955年，国家调到安国县农机管理干部和技术人员11人。1956年，采取“办班培训”“以师带徒”的方法，进行农机操作培训。同时，聘请农机专家多次授课现场指导。河北省农林厅于1957年5月、1959年7月两次聘请波兰农机专家在安国县举办农业机械技术训练班。河北省农机局、北京农机技术学院也在安国县多次开办专业技术培训班。1959年，县农机局配备7名专职教师，常年进行技术培训。到1962年，农机专业人员发展到452人。1964年后，培训方法采取“农闲集中训”“农忙老带新”和“以修带训”等办法。到1966年，共培训农村驾驶员182人，农机手267人。1975年，县建立农机培训学校，学员均为农村的农机手和在乡青壮年。学校采取集中办班培训、分散定点授课的办学形式和理论与实践相结合的教学方法，到1990年底共举办拖拉机驾驶员和各种农机使用维修技术培训班239期，培训47827人次。

三、农机经营

（一）国家经营

农机发展初期，人员、机具均由国家统一调配。1956年，县拖拉机站拥有拖拉机41台，技术人员78人，分编为6个机耕队，实行计划性作业。作业收费采取预算拨款、差额补贴的办法，耕地每亩收费1元。1957年，实行单车成本管理，每亩收费提高到1.2元。1962年，6个拖拉机分站按照“三个八”（亩耗油0.8千克，亩成本投资0.8元，亩收费0.8元）的标准，实行保本经营。1970年7月，将全部机具、人员划归公社集体经营管理。1974年5月，国家投资购置8台拖拉机，从社营机站抽调26名机务人员，重建国营机站，定为事业单位。该站在经营上坚持“不赔少赚，略有盈余”的原则，专事农机服务。1980年后，该站改为企业，国家不再拨付经费，实行自负盈亏，拖拉机减少到5台，同时购置东风牌汽车2辆和解放牌汽车1辆，农忙进行农田作业，农闲从事运输。

（二）集体经营

1958年7月，根据河北省农林厅对农业机械实行“国有国营、国有社营、社有社营、国社合营”四种经营方式的精神，从国营机站抽调35台机车，83名机务人员分别在淤村、伍仁桥、庞各庄、郑章、城镇5个公社建立社营机站。各站根据成本，自定收费标准，略高于国营。1961年3月，河北省委组织调查组到伍仁桥公社调查国社两种机站的经营情况后，于11月社营机站被纳入国营，恢复过去的收费办法。1970年，为贯彻发展农业机械化以集体经济为主的方针，实现“耕者有其机”。7月，20个公社均建立社营拖拉机站，每站有拖拉机4～15台，人员16～38人不等。部分机手来自生产队，发工资，吃“社摊粮”，向生产队交款记工。实行农业联产承包责任制后，社营拖拉机逐年减少，由1978年的116台减少到1990年11台，由个体或联户承包。

1971年后，生产大队纷纷购置拖拉机，并建立机务队。1983年，集体有机村120个，拥有大、中、小型拖拉机226台。1985年后急剧减少，到1990年村营拖拉机仅有36台。

（三）个体和联户经营

1980年，出现个体、联户购置拖拉机，以后逐年增多。除少部分从事专业性运输和季节性运输外，大部从事农田作业。1990年，个体和联户经营大中型拖拉机87台，小型拖拉机5031台，收割、播种、脱粒等机械10695台。

四、农机供应

农机供应，除供销社系统供应部分农机配件和配套机具外，大部由农机部门供应。

（一）农机供应公司

1958年，县农机局设供应室，有干部、职工9人，专事农机供应，1964年扩建为独立核算的农业机械供应站。1974年，更名为农业机械供应公司，地址在农机局院内，占地面积2640平方米，建筑面积960平方米，固定资产总值10万元。1990年，有干部职工39人，供应品种主要有大、中、小型拖拉机、机引机具及零部件。1974—1990年，商品销售总额4932.69万元，实现利润79.11万元。

（二）农田排灌机械配套公司

前身为1959年电力局建立的物资供应站，时有干部、职工11人。1972年，改为安国县机井配套公司，隶属县农业科，1973年划归农机局，更名农田排灌机械配套公司。1987年5月，迁到东环城路桥南路西，占地面积5264平方米，建筑面积1923平方米，固定资产总值26.9万元，有干部职工41人。主要供应农田排灌机械和零部件，1987年后扩大供应范围，有不同型号的小型拖拉机、脱谷机等配套机具。1974—1990年底，商品销售总额3658.8万元，实现利润57.6万元。

五、农机监理

1982年1月，建立安国县农机安全监理站，时有专职农机安全监理员6人，每乡设兼职农机检查员1～2人。1987年，配备监理车1辆和电子测功仪1台。1990年，专职监理员增至9人，兼职农机检查员20人，兼职安全员218人。至是年底，共核发农用拖拉机驾驶证3506个，拖拉机牌照4548块，处理事故28起，排除事故隐患1318起。

第七编
药　业

第一章　药材贸易

第一节　起源与发展

安国药业源远流长，宋前已无考。据传，北宋太平兴国年间（976—984）太宗弟秦王赵廷美患疡疾，病入膏肓，诸医莫疗。宋廷遍贴皇榜，寻医治病。一自称祁州南门外人氏的医生揭榜进宫，献数粒丸药便扬长而去。秦王用药不久病愈，遣人至祁州酬谢献药人。医生误为秦王服药后发生不测而追捕于他，吓得自缢身亡。宋廷找不到治病人，便假托祁州南门外皮场庙神显灵治愈秦王的病，并广为宣扬，重建庙宇，皮场庙香火日盛，遂形成香火会。之后，历代帝王对祁州皮场庙神封典有加，北宋建中靖国元年（1101），封为灵贶侯，后改封公；南宋咸淳六年（1270）加封明灵昭惠显佑王。自此，祁州皮场庙神名冠药王，声名更震。国家凡有灾疫，必遣使祷之，并誉其“肇迹东京，显灵河北”“医之所难疗者，神能疗之，显济一方，厥贶甚大”。药王灵异远播，“四方之进香祈祷治病者驰奔祠下，殆无虚日”，“至节时清明，轮蹄辐辏，尤其或辇金钱或输诸币，金鼓导迎，远近如响”。各地业药者为获利计，亦迎合民众心理，携本地药物到安国交易，香火会逐渐演变为药材交易庙会。

南宋及金元时期，战乱频仍，药材交易范围仅限于本县及邻近州县。

明初，社会逐渐安定，医药学相应发展。永乐年间（1403—1424），成祖朱棣敕修药王庙。成化年间（1465—1487）“宪宗（朱见深）违和，梦神手治，觉即痊愈”，遂遣御马太监吴进寺等到药王庙为药王树碑彰功。两代帝王修庙立碑，药王影响愈增，官宦大户、豪商巨贾争加颂扬。成化二十年（1484），祁州知事童潮题诗：“刀圭遗宋主，庙食岁应深。异迹归王爵，灵氛起昼阴。古今医国手，生死活人心。礼祷纷如蚁，常闻箫鼓音。”药王庙声望日隆，始有“药不经祁州无药味”之说。药材交易规模日大。万历三十六年（1608），“至清明寒食，四方货物云集，贡牲帛金钱告虔者，肩磨而毂击”。到明末清初，药市规模不断扩大，药材交易范围向全国发展，庙会由每年一次发展为春、秋两次。清雍正七年（1729）己酉科进士刁显祖所作《祁阳赋》记：“年年两会，冬初春季，百货辐辏，商贾云集，药材极山海之产，……”庙会已扩大到全国。清中叶，逐渐形成全国各地药商组成的“十三帮”和本地药商及药市服务行业组成的“五大会”，同时建立了招待客商、管理市场的机构安客堂。药业进入鼎盛时期。光绪三十二年（1906）和民国元年（1912）京汉、津浦两条铁路先后通车，参加交易者除国内各地外，俄国、印度、日本、越南、朝鲜等国的药商也不远万里到此贸易。药材贸易的兴盛，带动了药材加工业、种植业的发展。明万历年间（1573—1620），药材加工炮制工艺已趋完善。药材切制已掌握闷润、浸泡、切片、镑片、剁劈技术；炮制已有炒、煨、焙、煅、蒸、煮、淬等技艺；中成药生产也有相当进步，丸、散、膏、丹、水、露、酒达500多种。药材种植业也得到发展，据明崇祯本《祁州志》载，种植药材已有28种。药业体系的形成，使安国赢得药都、药州、天下第一药市之称。

安国药业的鼎盛期持续百年，到民国10年（1921）始有所衰。是年，直隶省长曹锐下令在安国设牙纪局，抽取牙纪税，外来药商不堪重负，向他地转移。尽管如此，安国药市仍发挥着全国药材集散中心的作用，至民国16年（1927）“十三帮”商户尚有2218家13281人，资金11270万元；本地商户450家5100人，资金1575万元。

民国27年（1938）日军侵占安国后，药商、药工纷纷迁往天津等地，繁荣的药市转瞬凋零。

解放后，县民主政府制定发展工商举措，外迁药业商户回返。到民国37年（1948）药商增到495户，销售额激增到592万元。中华人民共和国成立后，国营药材商业扩大，私营则发展缓慢。1956年1月，全行业实行公私合营，200多户私营药商合并成一个公私合营药材批发部，40多户成药生产厂家分别成立公私合营制药厂和成药生产合作社。是年春，安国开始组织全国性的药材交流大会，以后每年举行两次，至1966年“文化大革命”中断。

1978年中共十一届三中全会以后，安国药业再现生机。1980年，恢复全国性药材交流会，开放药材市场，药材种植大面积增加，形成了“经销、加工、种植、医疗、保健一条龙，科研、教学、信息、服务相配套”的发展新格局。1985年开始，建成占地400亩，有6条大街，420座楼房，9000多平方米交易大厅的祁州药市。全国各地和当地500多家药厂、药商在此设栈贸易，5000多家摊位经营千余品种，交易人员多达5万人以上，年购销总额12亿元。驯化、引种和培育地产药材200多个品种，常年种植7万～11万亩，总产3万余吨。1987年春季药交会期间，举办了“安国中华药材节”，以药搭桥，广交朋友，推进经济、技术、贸易合作。1990年，全县药业纯收入9810万元，人均289.9元，占农村人均纯收入的46.53%；全年上缴工商税收510万元，占全县工商税收的33.8%。

第二节　药　市

药材商业活动的兴起，使安国出现药材交流活动的专业市场——药市。自宋至1990年历经千年，药材交易场所几经变迁，逐步发展，以“南关药市”历史最久，维持时间最长，以“祁州药市”规模最大，设置最完备。

一、南关药市

位于县城南关，距南城门0.5千米。宋代，药市初起，交易市场仅限于药王庙前，随着对药王崇拜者的增多和药材贸易的兴盛，药市不断扩大。到明代，药市成为“大江以北发兑药材之总汇”，药市以药王庙为中心向四周拓展，形成大药市、小药市专门药材交易市场。大药市四周均为药材商号，中间有2500余平方米的交易场地；小药市位于药王庙以北，大药市以南，小药市内街巷纵横交错，除少数居民住宅，多为外地和本地药材商号门店。至清康熙年间（1662—1722），药市范围发展到东大街一带。乾隆以后各地药商陆续组成帮口，号称“十三帮”“五大会”，药市建立管理组织安客堂，南关药市成为全国著名的中药材集散地。清末民初，药市范围进一步扩大，清光绪《祁州乡土志》载：“南关药市独甲直省，东购辽沈，西接川陕，南交云贵，北来塞外，云屯物集，以通有无而广懋迁。”除南关药市为药行集中区外，城内大街、东关、西关、小西南关均有药材经营门店铺户。仅南关药市即有本地瑞兴永、德兴永、永和堂、颐和堂、万盛魁、荣庆和等药材商号500余家；有“十三帮”的杜盛兴、永盛魁、卫聚泰、公顺成、怡寿店、广仁堂、万寿堂、德玉沛等客户1600余家。

光绪三十二年（1906）后，先后筑成的京汉、津浦两条铁路为药市发展提供了交通之便。参加药材交易的范围不但遍及全国，俄国、印度、日本、越南、朝鲜等国的药商也不远万里，前来购销。药市为适应药材交流的需要，相继发展起大小钱庄、银号100余家，为药市服务的行栈、下处、运输、饮食、娱乐等行业也兴盛起来。每届庙会，药市上的药行商人及经纪、工人、服务人员达四五万人。

辛亥革命后，曹锟督直隶，欲将药市迁往保定。经数次磋商，药商拒迁。曹锟怒令禁止安国药材庙会。安国药商为保住药市，民国7年（1918）将药市暂迁定县车站，维持业务。

民国10年（1921），任丘人薛菊田贿通直隶省长曹锐，在安国药市设立牙纪局。是年，牙纪局按交易额的2%收取出境税达40万两白银。牙纪局设立后，于城内各街口设岗立卡、对出入县境药材牙税情况严加验查，药商多遭苛罚。

民国17年（1928），北伐革命成功后，安国人群起反对牙纪局，迭向河北省政府、北平政治分会吁请取消，并公推卜文朴等人赴京请愿，然皆无效。其后，药市罢市。民国18年（1929），工商各界人士数千人多次集会游行示威，酿成捣毁牙纪局的风潮。迫于无奈，河北省政府有条件地裁撤牙纪局，命安国商会每年筹缴3.6万元，以为牙税抵补，此款项全部由药市经纪人摊付。牙纪局虽取消，安国药市却遭受严重打击。外地药商不堪其扰，比较贵重的药材多不运安国销售，而另辟销路。

民国25年（1936），国立北平研究院生理学研究所研究员、中国著名生药学家赵燏黄到安国进行药业调查后，写出专著《祁州药志》。赵燏黄称当时的安国药市“为从来南北药材集散地之一大市场，而尤以河北、山西、陕西、甘肃、西藏、四川之松潘，以及满蒙产品最为完备。其产品之出于四川及长江流域各省者，则由平汉及津浦两路而达，出于闽、广、滇、黔等省者，则由水路经天津而达，故祁州之药市，实可称全国药材总汇之地，药商辐辏之区也……祁州之南关，药市喧阗，药气熏天，熙来攘往，热闹非凡”，可谓繁盛。

据安国县工商联民国37年（1948）1月《安国药行商店统计》资料，民国26年（1937）以前共有外地、本地商户4480户，其中药行4013户（详见表7-1）。每年仅人参、黄芪、木通、地骨皮、当归、朱砂、雄黄、茯苓、大黄、麝香、鹿茸等13种药材成交即达6.5亿余斤，总值1858万余元。

1937年安国药行、商店统计表

表7-1

帮会 / 商户数	京通卫帮	古北口帮	关东帮	怀帮	彰武帮	山东帮	山西帮	陕西帮	江西帮	亳州帮	宁波帮	西北口帮	广帮	南大会	北大会	杂货会	估衣会	本地行会及黄芪研究社	钱庄银号	总计
坐　商	50	10	15	30	30	15	14	5	28	10	10	20	30	—	167	210	—	—	40	684
行　商	300	200	320	100	350	300	300	130	300	40	10	200	300	100	—	—	110	440	—	3500
摊　贩	—	—	—	—	—	—	—	—	—	—	—	—	—	—	183	113	—	—	—	296
合　计	350	210	335	130	380	315	314	135	328	50	20	220	330	100	350	323	110	440	40	4480

民国 25 年（1936），县政府《安国县地方实际情况调查报告》中述：“本县南关为药材荟萃之区，先为全国唯一药市，每年春冬两会，药货麇集，全国药商齐集此处，市面颇为繁盛，药行贸易有控制全国之声势。近因交通不便，各处分立药市，市面繁荣乃一落千丈。”七七事变后，安国药市连遭国民军溃兵、日伪军抢掠，商户大部分迁往天津，部分迁回原籍或搬往北京、汉口、广州、营口、亳州、樟树等地营业。首先迁往天津的有安国的大有恒、通济元、同合公和彰德帮的双合义等大商号，随后行栈、刀房和生、熟药行商号亦相继迁走。民国 28 年（1939），安国药市仅剩生药行 21 户、熟药行 15 户，从业人员 123 人。

民国 26—28 年（1937—1939）较大药行商户迁津者 70 余家，见表 7-2。

1937—1939 年安国药行商户迁津统计表

表 7-2

原字号	迁津后字号	经　理
通济元	通济元	陈剑秋
义盛合	义盛合	张剑秋
裕亨源	裕亨源	刘文秉
福聚昌	福聚昌	王文波
宝善长	宝善长	王福增
王兆祥蜜店	公诚裕药行	王发泰
公记报关行	公记药行	陈广彬
万昌和	德昌源	宋元凯 张育德
亨生合 农济堂	信诚药行	王家祯
聚兴和 隆顺祥	福义隆	苗世增 金秀山
万盛魁	振丰药行	刘锡铎
福　记	福祥药行	刘锡铎 陈俊令
东庆恒	庆生东	张洪彬 张浩如
天和玉	大昌药行	高建良
李老荣	农昌药行	李博五
惠通祥 福　记	德昌隆	邵庆余 宋清浦
瑞复恒	瑞复恒	王福顺 杜荣年
双和义	松茂堂	—
华盛兴	华盛兴	赵福彬
东河阿胶厂	建新胶厂	刘玉春
聚兴和	苏连荣胶厂	苏连荣
永顺昌	永顺昌	赵英魁 赵继芳
长盛长	长盛公	张金生
志诚瑞	恒昌药庄	曹跃亭
瑞盛永	瑞盛永	王志铭
同泰兴	同泰兴	李绍华
同仁泰	同仁泰	李绍华
通泰生	通泰生	张洪生
永和盛	永和盛	董桂祥 宋建刚
复兴昌	复兴昌	王　金
恒昌兴	恒昌兴	张晓杰
元茂兴	众诚药庄	赵质齐 段慰臣
善德恒	瑞芝堂	刘步莹 刘金海
杜盛兴	卫生堂	刘XX
协盛全	宝心堂	孔XX
天泰昌	隆顺榕	刘华圃
德盛公	万年青	李XX
—	复聚货栈	刘化南 田岚亭
—	瑞盛恒	张世勋
张鑫记	张记药行	张泽民
高宪章	广兴昌 成药厂	高　杰
许源长	伟迪氏 制药厂	许子素 许　钊

续表 7-2

原字号	迁津后字号	经　理	原字号	迁津后字号	经　理
东庆恒	东庆恒	刘壁山 刘晓山	金钟药房	金钟药房	陈国荣
			惠通祥	农源泰	陈振清
乾　记	乾记药庄	李振川 李运昌	聚兴和	同合公	王玉章 刘化南
杨成记	杨成记	杨家麟	—	福记药庄	刘恕安 刘秀生
—	庆生药庄	宋星伯 杨达三	—	万隆祥	姬印章 姬寇文
—	新联药行	刘海龙 梁宝海	—	—	—
—	宝龙药行	梁宝森 裴桂复	—	天顺药行	傅德新 杨万春
—	农源栈	张绍卿 赵春宣	—	泰记黄芪庄	卜　浩
—	—	—	达仁堂	达仁堂	乐启基
宏仁堂	宏仁堂	—	惠通祥	惠通祥	侯子龄
广升聚	广升远	郭秉令	聚兴和	聚兴和	高志诚
永春原	永春原	曹 X X	万金堂	万金堂	—
—	崔绍康药庄	崔绍康	荣庆合	—	—
—	德茂恒	王金凯	福盛炉	忠福盛 药刀炉	王云龙
大有恒	天德祥	韩志东	广升裕	广升誉	刘 X X
瑞生堂	—	—	广福正	广福正	—
同丰永	—	—	乐仁堂	乐仁堂	—
—	天昌药行	刘广林 赵恒志	同合公	同合公	田玉章 田玉亭
—	联华药行	党华斌	颐椿堂	—	—
—	德昌祥	李风同 丁培元	亨吉泰	—	—
—	联兴药庄	王涣彬 张世增	广生远	广生远	时 X X

这 70 余家药行迁居津门，对天津的医药事业发展产生了很大影响。当时，天津的大小伙巷、针市街、估衣街、西关弯子、河北关上、北门里一带药材店铺多为安国人经营，时称“祁州药市街”。由于安国许多经营药业多年的老字号、经纪人迁津，全国各地药商也竞奔天津投资开业，采办药物，使天津的中药业异军突起，空前繁荣起来。薛愚著《中国药学史料》中谓：“天津中药业的一些行规行法，也多遵循祁州药市的传统。例如中药业经纪人的信誉问题，一直遵守商业信条，有约必行，无论在议价、商定和成交等各个环节，经纪人一直负责到底。这条习惯性的行规，一直执行甚久。”

民国 29 年（1940），日军为进一步掠夺中国药物资源，日伪华北政务当局在提出建设“东亚新秩序”之际，打着“复兴中国药业”的旗号，把恢复安国药市作为“当前之急务”，确定于是年农历十一月十四日至十二月十五日举办秋季药材庙会。日伪统治者为此专门设立了由伪政府牵头联合业药者组成的“复兴药业委员会”。新民会次长木村钱一为名誉会长，县商会会长卜继荣为委员长，下设常务委员21人。另外，还公布一些“安抚”措施：一曰“实行优惠”，为笼络参加庙会的药商，在保定、定县设置招待所，一切费用减收；大会设诊所，免费为客商治病；凡各地运往安国的药材，庙期内豁免牙税，减低正税；庙期街市及铺户安装电灯；二曰“方便汇兑”，伪河北省银行恢复安国支行，“复兴”期间可直接向“满州国”等地通汇；三曰“整修药王庙”，由伪省署拨款万元。日伪当局在“复兴”期间强迫药商开业，欺骗河南、山东、东北地区的药商到安国药市进行交易，勒令一些迁津药商回本籍营业。会前，伪河北省主席吴赞周陪同日本华北派遣军总司令冈村宁次，到药王庙祭奉药王，以示重视。这次庙会七拼八凑聚集了不到300家药商。日伪在“复兴”药市期间，加强了驻守兵力，公路沿途严布警网，还在各村镇设置联络搜索讨伐网。全县抗日军民与爱国商人在中共冀中党组织的领导下，对日军的经济掠夺坚决抵制，昼伏夜出破公路、割电线，搞得日伪军日夜不宁，使庙会未达成大宗交易。后“复兴”药市的庙会虽每年一次，但伴随“复兴”而来的日军暴行，特别是五一大“扫荡”，外地药商无人敢到安国交易，出入县域药材活动也因日伪当局所告“兵灾火险，概不负责”而停止。县内长盛公、瑞发昌、南伊盛、聚宝号等药庄，或被日伪军、汉奸敲诈抢掠而倒闭或以“私通八路”被查封，勉强开业的药商相继关门停业，药业不但没有“复兴”，反而被摧残得奄奄一息。民国33年（1944），工商户仅有79户，其中药业商户27户，仅以抓方配药维持生计。

解放后，一些旧的购销路线得以恢复，新的路线相继开辟。到民国35年（1946）5月，到安国进行药材贸易的有天津、冀南、河南、陕西、绥远、关外、山西五台、浑源、山东德州等地药商。翌年，冀中平原与冀西解放区连成一片，冀西药商赶着毛驴驮山货进行交易。民国37年（1948），进一步打通济南、上海、香港等城市的销路，大宗药材源源到市，南关药市恢复了昔日繁荣。1958年，药材经营基本归国营单位，药材市场取消，药材交易在每年两次的药交会上进行。

二、西关药市

1978年后，安国传统的药业迅速发展。1980年，群众自发在县城东后街南河沿兴起了药材自由市场，四乡农民和远近药商在此交流药材籽种秧苗和少量药材。1984年，实行“对外开放，对内搞活”的经济政策，药材种植面积达到11万亩，总产2.5万吨。农村涌现出药材种植专业村和数千个专业户。多种经营形式的药材贸易货栈、公司、加工厂蜂拥而起。原来狭小的南河沿药材市场远不能适应新的发展形势。1984年7月，县政府决定将药材市场迁至长达1.5千米的西关街。后在街南侧建起占地15亩的交易中心，内设2500平方米的钢架玻璃钢瓦结构交易大棚，容纳4700多个摊位，1.5万人。大棚内对上市药材按类划区，分10个交易区。每逢农历一、六集日，进入市场交易的药材品种达200余种，上市量100余吨，一般成交量占上市量的38%左右，人流量达三四万人。参加药材交易活动的当地和邻县药农、药贩约占80%，其余20%则是来自全国20多个省、市、自治区的医药单位和个体商贩。据1984年7—12月的36个集日统计，上市药材1.8万吨，销售量4500吨。药业发展迅速，药市已显狭小，1985年10月药材市场迁往城北新建祁州药市。

三、祁州药市

1984年，河北省委、省政府领导多次到安国视察，提出要振兴“药都”，发挥药业优势，尽快把安国建成独具风格，面向全省、全国、全世界的药材县。河北省政府 1985 年工作指导纲要中提出："中药生产发挥安国中药材基地的优势，搞好药材加工，把安国办成我国北方药材生产和集散中心。" 1985 年 3 月，县委、县政府决定：为发挥安国药业优势，适应国家医药管理体制的改革，促进中药材交流，在北环路北建一座全新的大型药材专业市场。县政府成立了筹建领导小组。采取"场地靠联营、建设靠集资"的办法，筹集资金 273 万元。5 月 1 日破土动工，到 10 月 15 日用 5 个月时间建成全国第一个大型中药材专业市场——祁州药市。新药市占地近 100 亩，建筑面积 2.4 万平方米，由两条东西大街、两条东西小街，两条南北小街和一个街心交易大厅，两个停车场组成。东西大街各长 524 米、宽 18 米；南北小街各长 112 米、宽 8 米；两条东西小街各宽 8 米。交易大厅位于药市中心，建有 3 个钢架石棉瓦结构的交易棚，总面积为 5400 平方米，能容纳 5000 个摊位。新药市除建有各种经营门店外，还有与之配套的旅店、饭馆、包装、运输、小百货等服务单位。卫生部部长崔月犁为"祁州药市"题额。西广场正中矗立着明代伟大医药学家李时珍的大理石雕像。药市内共有国营、集体、个体药材经营商户 176 户，其中本地药材经营户 159 户，外地药材经营户 17 户；各种服务单位 28 户。

为加强药市管理，1985 年 11 月建立了药市管理委员会（科级），同时设置工商行政管理所、药政药检所、税务所、司法所、法庭、金融服务所和爱国卫生分会等服务管理机构。

祁州药市交付使用后，日益繁荣，一年四季，药山人海，车水马龙，各类药材销售摊位达 5000 之多，日吞吐量最高达 200 吨。1986 年，祁州药市全年药材经销额 3100 万元，占全县药材经销总额的 53.4%。

随着药材经销业发展，药市规模渐不能满足交流需要，1987 年 11 月县委、县政府决定在原药市基础上向北扩展。此次扩建工程吸引了县内外国营、集体单位和个体户，投资者达 326 户，投资额 1200 万元，其中县外 16 户。投资最多的单位是中国工商联合会，达 50 万元。在扩建的药市中心建一座 4000 平方米的交易大厅。东西四条大街沟通了安（国）望（都）、保（定）安（国）公路，交通极为方便。扩建工程总体设计由天津建筑设计院承担。全部工程于 1988 年 10 月竣工交付使用。至此，全药市占地共 400 亩，建筑面积 15 万平方米，617 个建筑单元。县内外常驻药市药材公司、货栈、药行、收购站、加工厂 700 多户。

祁州药市不论是平日还是集日，来自全国各地的药材商贩摩肩接踵，熙熙攘攘。招呼声、询问声、议价声，此起彼落，南腔北调，大厅鼎沸。据 1988 年县工商局统计，集日药材上市量 135 吨，成交量 40 吨，成交额 50 余万元；人流量平日 5000 余人，集日 2.5 万余人。上市药材千余种，大都是经过初加工的全国各地的地道药材，也有籽种秧苗。

1986—1990 年，祁州药市每年向日本、泰国、德意志、英国、法国、加拿大等国家和中国香港、澳门地区出口和销售中药材上千吨。先后有日本、美国、法国、新加坡、冈比亚、瑞典、瑞士、捷克斯洛伐克、新西兰、联邦德国、澳大利亚、印度尼西亚、马来西亚等 23 个国家和中国香港、台湾、澳门地区的 60 多个团体及新闻单位到药市考察、旅游、采访和洽谈贸易。美国《纽约时报》、墨西哥《至上报》和日本《中日新闻》《东京新闻》、NHK 电视台等以报纸和广播电视形式宣传报道药市盛况，谓安国药市不愧为"天下第一药市"和"药都"。

自 1985 年始，祁州药市成为每年春秋全国中药材交流大会的主会场。每逢会期，药市周围，招商广告满街满墙；药市区内各地药商摩肩接踵；交易厅摊点满布，来自全国的中药材、中成药和医疗器具应有尽有，被赞为"华夏珍药荟萃之区，举步走遍九州之地"。

第三节　药　会

一、药王庙会

药王庙会是由药王香火会演变而来。据明万历年间（1573—1620）药王庙内碑文记载，每年（清明寒食）举办一次药材庙会，清雍正年间（1723—1735）已“年年两会”，药材庙会有“春五秋七”之说，即春庙5个月，秋庙7个月，经年不断。春庙的正期是农历四月二十八日，传说为药王生日，因此这一天是春庙最盛的一天。药商云集，善男信女顶礼膜拜者，人如潮涌。冬庙以农历十月十五日为正期，盛况同春庙。

药王庙会有其独特的酬神形式和参拜礼仪。酬神：富裕者，演戏3天或5天，甚至半月；敬4抬或8抬大供；献鼎、树伞、塑金身、挂匾、献袍、捐香火地。贫困者叩头，患者或家人一步一叩至殿前止；劳役，到庙内扫地一天或数日。礼仪：一般百姓和药商团体拜谒，行四叩礼，另供面食、三牲祭品。自清至民国，凡本县长官，每月初一、十五临庙祭祀，行三跪九叩礼，七七事变后此礼方废。平时每月初一、十五日开药王庙旁门，任百姓参拜；春庙四月二十八日，冬庙十月十五日开启正门，俗称“正日子”，供各界人士参拜。参拜者自备供品行一跪四叩礼。“十三帮”药商团体参拜，鸣放鞭炮，吹奏鼓乐，以示富有和对药王的虔诚。

庙会期间，有丰富多彩的游艺活动。庙会由“十三帮”轮流主持，每帮三天。主持者为显示本帮实力，往往同时雇请三四个戏班，在药王庙戏楼和南关大、小药市献戏，昼夜不停。每帮第一天演戏时，于殿前摆供、上香，献戏日不作生意。最后一天，在戏台前聚餐，谓之“乐宴”。演戏日，各帮均大事铺张，药王庙前，南关大、小药市悬灯结彩、挂旗张幔，争奇斗胜。历届以京通卫帮最为豪华富丽，北京同仁堂乐家父子备有京剧行头，每年必粉墨登场，亲酬药王。此外，耍猴子卖艺、跑马戏、演魔术、说鼓书、拉洋片的遍布庙会各个角落。

民国以前，“每逢庙期，国内各地药商各携珍贵药品麇至，虽远在南洋、日本、朝鲜等国之药商，亦必弗辞跋涉，远道前来参与”。宣统二年（1910），庙会上市药材达1000余种，多从云、广、川、浙、闽等省输入。民国16年（1927），庙期参加交易的药商共计2096家，包括“十三帮”商户1610家7395人，本地药行486家5342人。外来载药的大小车辆络绎于途，绵延数里，大街小巷药积如山，盈庭满院。药材输入输出总额数千万元以上。民国20年（1931），国立中央研究院社会科学研究所郑合成到安国调查后记道：“以一个普通的农村社会，商业竟能有如此巨额的贸易（药材以外的商务活动，尚未计算在内），地方经济上当然显得特殊。”“安国现在有此巨大的贸易额，可是它在过去的贸易额却更大。”民国23年（1934），《河北月刊》二卷十二期《各县调查》一文载：“境内安国药业市场极为发达，为中国北部著名药市，每年四月二十八日，药王庙会甚盛，冬季为买卖药材之期，商贾云集，交易额称畅旺。”民国29年（1940），伪河北省公署情报处《安国县药王庙事迹》所列七七事变前安国庙会部分省年均输出输入药材情况可见一斑。

七七事变前安国庙会期间药材出入情况统计表

表 7-3

省别	输入		输出		备注
	斤数（斤）	金额（元）	斤数（斤）	金额（元）	
广 东	4073150	12074500	7763500	5161050	外有输入蛤蚧 500 把，输出鹿茸 100 架（款在内）
安 徽	27300	62800	310030	1023500	—
山 东	1237000	701800	2822000	1607200	—
山 西	8588500	3207700	6403600	4642200	外有输出蜈蚣 70000 把，蛤蚧 2000 把（款在内）
蒙 疆	1805200	920000	4910020	2210000	—
满 洲	748350	1180000	6093820	4054176	外有输入鹿茸 90 架，虎骨 10 架，输出龟头 10000 个，蛤蚧 200000 个（款在内）
河 南	9992300	7828000	2052320	2643000	外有输入蜈蚣 200000 包（款在内）
浙 江	4930000	1889000	479130	1129300	外有输出鹿茸 50 架（款在内）
四 川	4810000	3628000	1194300	1239000	外有输出鹿茸 30 架（款在内）
合 计	36457500	31491800	32028720	23709426	—

民国 28 年（1939），日军侵占安国县，每年两次的药材庙会中断。

民国 34 年（1945）9 月，县民主政府报请冀中七公署批准，恢复药材庙会。11 月 10 日，县召开各行业代表会议，组成繁荣庙会委员会，设委员 11 人，与县商会合署办公。随即召开经纪人联席会，并通过《冀中导报》宣传恢复药材庙会的消息。还制定四条措施，鼓励商人赴会交易：一是取消日伪时期限制，自由买卖；二是庙会期间，本地货物减价 20%；三是发动安国老商号挂牌营业，并与国民党统治区有关系的商号联系，请他们到安国贸易；四是支持各商户大量生产产品，在庙会期间出售。到 11 月 19 日（农历十月十五日）药王庙会正日，冀西、冀南、山东等地客商纷纷莅会。此次庙会上市的药材品种 100 余个。民国 37 年（1948）10 月，安国市政府组织举办冬季庙会，天津、北平、保定、邯郸、临清等地很多商人参加，安国迁津的 40 余户药商也到会参加药材交易。总交易额达 53 亿元，其中生药行成交 24 亿元，西药行成交 1.8 亿元，占总交易额的 48.8%。

1952 年春季，县人民政府在庙会期间组织了物资交流大会，因属地方性交流，没有全国各地药商参加，至 1955 年每届成交额不大。1952 年，春庙物资交流总额 191.21 万元，药材交流总额不足百万元，翌年春庙交流总额 76.67 万元，其中药材成交额三四十万元。1954 年，春庙成交总额 57.76 万元，其中药材成交额 57.67 万元，占总交易额的 99.8%。

二、药材交流会

中华人民共和国成立后，党和国家非常重视医药事业发展。1955 年春，中共中央主席毛泽东在中央常委会上对中医药工作指示说："河北不是有个祁州吗？那是中药的集散地，商业部门必须加以研究。"翌年春，安国开始举办首次全国性中药材交流大会。到会者有 20 多个省、市、自治区药材经营单位的代表，交易额从 1955 年的几十万元猛增到 300 万元。在这次会上，正式命名为"安国药材交流大会"。至此，安国县中药材交流大会虽是过去庙会的继承和发展，但已非七七事变前的安国庙会。首先，药材交流会一改过去自发性质的药材交易市场，而为社会主义的商业经济。组织者和主持者不再是过去那些有名望、地位、资本雄厚的绅士、商户，而是在中央和地方各级党委和人民政府的直接领导下，由工商联、药材公司等国家行政管理机构和国营商业单位组织进行。参加交流会的人员也不是过去外地和本地的私商、经手以及为药商服务的个体行业，而变为全国各省、市、自治区和地、县级的国营药材商业单位的代表以及国家行政机构的工作人员。第二，药材交流大会的宗旨和目的，是严格遵循党的方针、政策办事，调剂余缺，互通有无，相互支援，扩大贸易，促进各地中药材、中成药发展，确保人民身心健康。第三，参加药材交流大会地域范围、交流的类别及成交的款额，大大超过以前的药材市场，特别是中成药、西药和制药工具的交易有了突飞猛进的增长。第四，药材交流大会采取双方订立合同的成交形式，由各地在会后直接组织交货运输，不再经安国转运，减少了运输上的浪费。

1957 年，冬会成交额 356 万元。1958 年，由于各地积压药材较多，春会上经营单位间只作少量调济，成交额降为 107.82 万元。冬会成交现货合同 355 份，金额 113.78 万元；期货合同 455 份，金额 1741.32 万元，总计 1855.1 万元。其中中药材 615.73 万元，成药 1239.38 万元，比上年冬会成交额高 4 倍，因交易计划性加强，会上期货交易额占总交易额的绝大部分。另外，制药能力加强，中成药销售额猛增，占销售总额的 67%。

1963 年，春会与会代表 825 人，来自河南、山东、江苏、湖北、安徽、浙江、福建、江西、湖南、广东、四川、贵州、陕西、甘肃、辽宁、吉林、黑龙江、河北、内蒙古、宁夏、广西和天津、北京、上海 24 个省、市、自治区，145 个专区，197 个县的 486 个单位。共签订合同 6232 份，成交总额 1124.53 万元。成交中药材 266.7 吨，639 个品种；中成药 320.26 万盒，367 种；西药 80.63 万盒，236 种。

1956—1966 年，共举办 22 次不同类型的药材交流大会，对调剂市场余缺、促进药业发展发挥了一定作用。1966 年 10 月，“文化大革命”已开始，为开好全国性的药交会，经县委研究请示地委同意，药交会在保定招待处举办，到会代表 700 多人，成交亦甚活跃。之后，因“文化大革命”，药交会中断 14 年。其间，全国性药交会虽然停止，但作为全国药材基地之一的安国，每年通过上交收购任务等方式，仍为全国各级医药部门源源不断地提供各类药材。据统计，1966—1979 年共给国家提供 18 种药材计 2.46 万余吨，总值 4258 万余元。

1980 年，恢复每年春秋两次安国药交会。3 月 10—19 日，国家医药管理总局和中国药材公司在安国召开全国药材系统参加的中药材计划均衡会，成交额 11865 万元，其中药材 6083 万元，中成药 5782 万元。6 月 3—12 日，举办全国性药交会，27 个省、市、自治区 400 多个医药单位的 1900 名代表参加，签订合同 7388 份，成交额 6600 万元，中药材上市 6345 吨，中成药 2028 万盒。北京、天津、上海、河南、湖南、保定等 30 多个单位组织了大型中成药商品展览会，展出产品 2000 多种，其中很多是国内外畅销的名牌特效产品。有 200 余个单位贴出可供商品广告，不少短缺商品，如人参、黄连、朱砂、麝香等得到调济。同时，还广泛交流了各地中药材生产、中成药开发、质量、包装和剂型改革等方面的经验。10 月 22—28 日举办秋季药交会，共签订合同 3500 份，成交总额 3900 万元。其中，中药材成交 733 万元；中成药成交 1219 万盒；西药成交 3904 万盒。

1981 年，国家医药管理总局下达《关于控制召开医药交流会议的通知》，规定河北安国、河南百泉、江西樟树并列为全国三大药材交流会址，每年举办一次全国性中药材交流会。实际安国仍每年举办两次。

1984 年 3 月 20—29 日，举办春季药交会。27 个省、市、自治区的 3000 余名代表到会。大会期间签订合同 7714 份，成交总额 41294 万元。会间，县委、县政府提出，希望全国各地与安国建立经济伙伴关系，欢迎到安国建立药材生产基地，也可签订代购、代销或直接的产销合同；欢迎与安国联办药材加工厂，或设立展销门市部；欢迎外贸部门到安国加工订货；欢迎引进先进技术、设备和资金。此会，除购销活动外，许多外地药材经销单位与安国药材种植重点村建立了长期供销关系。云南省第一药材公司、浙江省杭州市医药采购站分别与郑章、焦庄建立长期业务关系。广东省肇庆地区药材部门与安国县中药材管理局、中药材工农联合总公司，达成安国地道药材北沙参、白芷、菊花、桔梗等10个品种的长期供货协议。

1980—1990年，安国县举办20届全国中药材交流会，累计参加代表近7万人次，成交总额达50余亿元。新华社、《人民日报》、中央电台、中央电视台、《光明日报》《农民日报》《健康报》《药学通报》《中级医刊》《中国医药报》《中国商品信息报》《全国信息汇编》《中国旅游报》《河北日报》、河北电视台、《河北经济日报》、河北科技电影制片厂、保定电台、保定电视台等新闻单位，多次派人员采访报道安国中药材交流大会盛况，提高了安国在国内外的知名度，美国、法国、联邦德国、日本、韩国、马来西亚、澳大利亚、泰国等20多个国家以及中国港澳台地区的商团代表到大会考察和洽谈贸易。1986年春会期间，日本NHK电视台派3名记者，采拍《中国药城安国》电视片，播出后引起轰动，译成德、英、意大利三种文版发行。同年11月，美国《纽约时报》记者到安国采访，并在11月8日《纽约时报》上发表《传统医药和资本主义是中国农村经济发展的兴奋剂》文章，11月19日中国《参考消息》报以《美记者安国药市采访见闻》为题，摘要登载此文。

1980—1990年部分年份安国中药材交流会统计表

表7-4

年度	会别	会期	代表范围	代表数（人）	签订合同份数	成交总额（万元）
1980	春	6月3—12日	27个省市自治区400多个单位	1900	7388	6600
	秋	10月22—28日	全国148个一、二级站	750	3500	3900
1981	春	5月11—16日	全国二级站	3000	931	8600
1983	春	5月11—20日	27个省市自治区 485个二、三级站	3627	32945	18000
	秋	9月10—15日	全国155个单位	3000	1689	4995
1984	春	3月20—29日	27个省市自治区	3000	7714	41294
	秋	10月21—30日	27个省市自治区	3500	—	10000
1985	春	5月29日至6月12日	29个省市自治区1300个国营、集体单位和个体	4500	—	44000
	秋	10月21—30日	—	2400	—	11000
1986	春	5月10—20日	—	5000	—	40000
	秋	9月21—30日	—	2300	—	29000
1987	春	5月7—14日	—	5500	—	52000
	秋	9月21—30日	—	3000	—	25000
1988	春	5月18—28日	—	6000	—	63000
	秋	9月20—30日	—	4000	—	32000
1989	春	5月15—25日	—	5000	—	45000
	秋	9月21—30日	—	2500	10000	—
1990	春	5月18—28日	—	5100	—	60000
	秋	9月21—30日	—	2700	—	24000

说明：1984年秋会中药材购销价格开放，实行议购议销。之后，均未统计合同数；1985年春会至1990年秋会代表范围为全国各级国营、集体医药单位及个体药材经营户

三、中华药材节

为发展对外中药贸易，县委、县政府决定每年春季药交会期间，举办安国“中华药材节”，并报请地区和省批复。1987 年 1 月 25 日，中共河北省委常委会议定，要扩大安国药材市场在国外的影响，使安国不仅是药材交流的集散市场，而且成为对外发展友好关系的窗口，支持办好该节。1987 年 5 月 7—14 日，由河北省医药总公司、中国医药保健品进出口公司河北省分公司、河北省贸促会、河北省外事办公室、河北省旅游局、河北省归国华侨联合会和安国县政府联合举办“1987 年春季安国药材交流暨庆祝‘安国中华药材节’大会”。7 日上午，在祁州药市举行了隆重的开幕仪式。国家旅游总局、卫生部、国家医药管理总局、药材总公司和河北省委、省政府、保定地委、行署等单位的领导出席了开幕式。来宾中有联邦德国电视一台驻京记者处、日本广播协会驻京分局、日本广播电视网公司及《人民日报》《中国日报》《医药信息报》《河北日报》、河北电台、河北电视台、保定电台、保定电视台等 18 家新闻单位和联邦德国、澳大利亚、日本等国家和地区，以及中国香港地区的朋友 60 多人。省、地、县领导为大会剪彩。

举行以传统的中国药材为主要内容的国际节日活动，在中国还是第一次。为抓拍开幕式的盛大场面，日本广播协会的记者智片健二不顾劝阻，扛着机器爬上楼顶拍摄。联邦德国电视一台记者贝尔特拉姆夫妇，抢拍了摇头摆尾、腾挪翻滚的五彩狮子舞和药市交易盛况。他们兴奋地说：“能拍这样的场面，太幸运了。”

这次药材交流会暨中华药材节盛况空前，有来自全国 27 个省、市、自治区的 1400 多个国营、集体单位和个体的 5500 名代表参加。参加大会交易的中草药、中成药、西药、医疗器械、中药加工机械、卫生材料等 3000 余种，总交易额 5.2 亿元。各类珍药荟萃，应有尽有，琳琅满目。外国朋友观后，赞羡不已。

第四节　经　营

一、解放前药材经营

（一）经营形式

自宋迄今，安国药市历经千年，形成了自己独特的经营形式。

1. 生药行

生药行是药市主行，由帮商、拆货棚、片子棚组成。

帮商　各地药商在往来经营中，为贸易之便，逐渐按地区或经营种类，形成帮会组织。药王庙中清乾隆五十六年（1791）立《重修药王庙碑记》载，乾隆四十四年（1779），一些怀庆河内县（今河南省沁阳市）商人鉴于“庙颓墙倾”，集资对药王庙进行修葺。从碑文记载看，当时“怀帮”尚未成立，但已集结起来共同活动。嘉庆年间所立碑文，出现“山西帮”和北京通州药商组成的“京通行”，山东药商组成的“山东厂”，专营某种药材的药商组成“黄芪行”“甘草厂”。可见帮的前身是“行”“厂”。“古北口帮”此时连“行”“厂”都未形成，故碑文只称“古北口众商”，本地药商则署“南药街众商”“华邑街众商”。

清道光九年（1829），众药商集资立药王庙山门外铁旗杆1对，旗杆底座铸有捐资者姓名，其中正式称帮者已有关东帮、陕西帮、山东帮、山西帮、古北口帮、黄芪帮、京通卫帮7个帮口。正式提到“十三帮”则见清同治四年（1865）《河南彰德府武安县合帮新立碑》，“凡客商载药来售者，各分以省，省自为帮，各省共得十三帮，而河南彰德府之武安帮独阙”，“咸丰辛酉（1861）冬，季公久青其同行孔公广能、胡公连之、梁公玉堂倡仪兴立，一时义举，乐输者三百余家，则皆由于季公等一言之倡也。自辛酉迄癸亥（1861—1863）共捐资若干，复得彰德解囊相助，共成义举，于是张灯悬彩演剧酬神，自是武安帮遂因以成立”。碑文说明了武安帮成立的过程，又说明截至同治四年，除形成关东帮、京通卫帮、山东帮、山西帮、西北口帮、古北口帮、陕西帮、怀帮、黄芪帮、亳州帮、川帮、宁波帮、江西帮十三个药商帮口外，又新增武安帮。后帮数又有增加，但仍习称“十三帮”，民国时期各帮情况如下：

关东帮　居“十三帮”首位，包括东北及朝鲜的药商，总计不下四五百户，著名字号有世益堂、宝和、万玉、永德号等。主要到货有黄芪、老山人参、虎骨、黄柏、木通、细辛、胆草、木贼、党参、防风等，数量很大。去货多为南货，有川贝、川芎、白术、浙贝、赤芍、元胡、桂皮等。平汉铁路建成前，每次赴庙会的镖车，络绎不绝，延续数里，当地居民称之为关东大军，后由北宁转平汉路至定县，再用大车运至安国。

京通卫帮　包括北京、通州、天津一带的药商。有一段时间宁波帮曾附属京帮。每届庙会到安国商户310户左右。著名字号北京的有同仁堂、千芝堂、同济堂、协盛仁、庆仁堂、永盛合等；天津有隆顺榕、聚兴合、松茂堂、万年青、乾坤一堂、卫生堂、宝心堂、万全堂、瑞芝堂；通州有宝兴公号。北京的来货主要是同仁堂、同济堂的丸、散、膏、丹。去货有当归、大黄、木香、砂仁、党参等。天津的主要到货有川芎、槟榔、洋红花及香港运来的广货，有木香、犀角、丁香、山甲等。去货有甘草、赤芍、大黄、大青叶、龙甲、知母、紫菀、黄芪、桃仁等。这些货大部分经天津转运香港销售。通州帮较小，只有几户成药铺，来药很少，庙会期间主要是到安国买生药。运货以平汉路至定县，再至安国。

山东帮　即山东一带药商。庙期到安国者120户左右。以济南为集中地，著名字号有德成公、益利公、德兴堂、公顺成、金成利、万盛公、美成公、恒兴堂、六合泰、广德堂、源隆号、天成德、福成德等。到货主要是银花、清半夏、阿胶、瓜蒌、全虫等。去货主要是甘草、黄芪片、五味子、知母、黄芪等。运货路线，由津浦路至泊头镇，再以大车运至安国。

山西帮　包括山西药商和部分陕西药商。（山西帮中卖广药者为广帮）。庙期到安国140户左右。以太谷、西安为集中地，著名字号有永春远、广茂远、广财远、聚升庆、永和堂等。主要到货是羚羊角、枸杞、冬花、小茴香、枳子等。去货有人参、山楂、川黄连、木香等。来路由榆次至定县转安国。

西北口帮　包括张家口、呼和浩特、包头一带药商。以包头为集中地。著名字号有中和李、春和裕、永和正、太和堂、颐寿堂等。庙期到安国30户左右。主要到货为当归、凉州大黄、库伦黄芪、防风、羚羊角、麝香等。去货主要有甲片、青木香、人参、细辛等。来路由平绥转定县至安国。

古北口帮　包括河北东北部即承德、八沟（平泉）一带药商，以营口为集中地。著名字号有长春堂、广德堂、锦泰堂、福元堂、增寿堂等。庙期到安国130户左右。到货主要有赤芍、黄芪、防风、猪苓、桔梗等。去货与西北口帮同。

陕西帮　包括陕西、甘肃、宁夏一带药商。以汉中为集中地，著名字号有永隆全、福寿昌等。庙期到安国者有10多户。长驻者三四户。到货主要有：当归、宁大黄、西麝香、甘大芸、枸杞等。去货有关东人参、细辛、广犀角、木香、砂仁、山甲等。来路由丰镇搭平绥转平汉至定县再至安国。

怀帮　包括河南怀庆府一带药商，以怀庆、郑州为集中地。著名字号有杜盛兴、永盛魁、永泰恒、永兴德等。庙期到安国80余户。常驻安国10余户，如常胜、魁盛等。到货有怀庆地产的生地、熟地、麝香、山药粉等。去货以人参、黄芪及其他北方货为主。

彰武帮　彰德、武安一带药商，以彰德为集中地，著名字号有大有恒、双和义、积盛合、德义沛、义盛德、德聚成等。庙期到安国190多户。到货以菖蒲、白芷、桃仁、杏仁、花粉为主。去货主要为槟榔片、广角、木香、枳实等。来路由平汉至定县转安国。

亳州帮　包括安徽亳州一带药商。著名字号有东庆恒、魁兴长等。庙期到安国90多户，常驻14户。到货主要有亳菊花、白芍、亳故子、芦巴子等，去货多为东北货及山东货。来路由安徽亳州大车至开封，经陇海转平汉至定县转安国。

川帮　包括四川省药商，以成都为集中地。著名字号有五洲药庄。主要到货是川贝、川寸冬、川郁金、川云皮、冬虫草、麝香等。

宁波帮　包括浙江宁波一带药商，以上海为集中地，著名字号有昌记号、亨吉泰、鼎亨号、和泰号、源润号等。庙会到安国160户左右，常驻者六七户。到货主要有白术、元参、元胡、寸冬、栀子、大茱萸等。去货为黄芪、大芸、枸杞、冬花、银花等。该帮主要以南药换北药，并大量出口，远销中国香港，以及南洋、日本等地。来路由海道至津，经北宁转平汉至定县转安国。

江西帮　包括江西、云南、贵州等地药商，庙期到安国者20多户，以昆明为集中地。著名字号有聂振茂、志诚信、德厚昌、恒义泰、济春堂、荣茂号等，常驻安国四五户。到货主要是泽泻、朱砂、黄连、川羌、陈皮等。去货多为东北、山东货。来路由江西水运至汉口转平汉路至定县达安国。

禹州帮　包括禹州一带药商。禹州帮将川、云、贵的药材运到汉口或禹州，再转运安国销售，又从安国买货运回。著名的字号有新福兴药庄。禹州帮的到货以当归、大黄、川芎、黄连、白芷等为主。去货多为关东货、北方货，常驻安国十几户。

广帮　包括广东、广西、南洋一带药商。虽名为广帮，但药商多是山西人。著名字号有广全聚、广升远等。广帮运销的大部分是进口货，有大西洋的龙涎香，非洲的犀牛角，美国的花旗参，日本的西药，泰国的暹罗角，印度的木香、乳香、没药、番泻叶、芦荟、丁香，越南的砂仁、豆蔻、肉桂等。去货以熟芪、鹿茸、人参为主。庙会到安国30多家，常驻10余家。

黄芪帮　该帮多是安国本地人，有300多家，著名字号有人和堂、新德昌、太和春、敦生堂、永和堂、西天锡、德兴庆、德和公、三合堂、通生堂、三盛德等。专搞黄芪加工，货源主要来自关外、山西等地。

帮商户多人众，资金雄厚。清末民初，各帮商有1600多户，资金多者达10万余元，少者五六万元，平均7万元左右，各帮资金总额达亿元以上。帮商运到安国销售的药材统称为“帮货”。“帮货”出自各药材产地，品种地道齐全，国内外一些名贵药材多通过各帮运到安国销售，这是安国药材市场持续繁荣的一个重要原因。“帮货”都是整包整捆运到，只做批发，不做零售生意，也不做饮片加工。帮商有在安国租有固定门市的，有只于庙期赶来交易的。各帮均有其独特产品，买卖公道，最讲信誉，货物推销由经纪人办理，成交后经纪人抽取双方佣金各2%。为保持信誉，“帮货”货真价实，里外一致，因此“帮商”的买卖一直很兴隆，每届庙会成交均在3000万元以上，占总成交额的60%。黄芪最高销售量达150余万斤，当归达160余万斤，祁大黄、草决明、麻黄等倾销日本。每年“十三帮”输入药材总量4800余万斤，金额3200万元；输出药材总量3200余万斤，金额2300余万元。除帮商外，药市上还有以本地人组成的南大会、北大会。南大会为南药市（小药市）本地坐商组成，繁盛时商户多达五六百家。著名字号有亨吉泰、万盛魁、荣庆和、庆泰昌等；北大会为北药市（大药市）本地坐商组成，著名字号有瑞兴永、德兴成、德兴南栈、德兴北栈等。

拆货棚 因最初在市场上搭棚经营，故称“拆货棚”，后一直延用。拆货棚既买卖个子货，也买卖切片。是介于“帮商”与药铺之间的中间环节。拆货棚经营者多为本地人，以批发形式在“帮商”处买入生药，将其中需切片的加工成饮片，再批发或零售给药铺。清光绪二十六年（1900）前，购此货者都是各地药铺。此后，拆货棚开始派员到各地推销和购进货物，称“下路”。“下路”人也在拆货棚担任重要角色，负责了解药材行情和各地药铺需要的药材品种与数量。后来有的商号实行“敛单送货”，即先到各地药铺，由“下路”人把所需药材的品种、数量、规格写在单子上，然后按质按量包装送货上门。他们买卖灵活、服务周到，既方便了顾客，又扩大了业务。因此，拆货棚450多家，资金多者10万元以上，中等户5万元左右，少的万元左右，平均每户3.5万元，计1500万元以上。著名字号有万盛魁、志诚瑞、恒昌兴、通恒公、隆庆合等。

片子棚 因每逢庙会，临时在市上搭棚设点切片加工而得名。经营者多是县城附近农民，规模很小。一个人或雇请几个人，弄几把药刀，凑在一起做生意。他们通过经纪人或直接从拆货棚购进个子货，经炮制切片后售给较小商贩和药铺，从中赚取加工费，也有的代拆货棚加工，收取加工费。片子棚也有常年开设的。

2. 熟药行

主要指药材的炮制加工和成药生产商户。安国出现成药生产约在明代。熟药行的店铺多是前店后厂，有的不但卖药，还聘有医师，坐堂诊病。所谓熟药，即指成药，经营熟药者有的专卖古方成药，有的专卖家传秘方成药，有同德堂的膏药、永春堂的眼药、厚德堂的花柳药等。清初，已有丸散膏丹500余种。由于在药物配制和操作技术、保管、禁忌等方面经验丰富，产品质量好，很受患者和商家欢迎，凡标有“祁”字商标的成药畅销全国，有的销往中国香港地区及东南亚各国。著名熟药行字号有永和堂、益寿堂、体延堂、千芝堂、通仁堂、伟迪氏、复华、同济堂等。

3. 贩运商

到药材产地直接采购贩运的客商。贩进的货品国内外皆有，有生药也有熟药。贩运商信息灵通，熟悉各地市场需求情况，使产、供、销联系起来，各得其所。贩运商在出售商品前，大都在加工整装上下番功夫，根据买主地区习惯，对同一货品按质分档，以形制装，做工仔细，价钱合理，出售的货品在市场颇受欢迎。民国时期，安国从事贩运的商户有近百家。在贩运商中，还分批发商和零售商。

批发商 是成批购销的药商，货品多源于贩运商和帮商，也有的是产地直销。批发商的生意带有很大冒险性，有的商户看药市行情购货，认为趋涨的药品，便提前购入，当地人称“压货”。分析不准或市场行情发生突变，便大亏其本。清末，博野县李某家资百万，在安国药市坐庄收购黄芪，想买空居奇，待机而售。不料，市场上黄芪却越收越多，结果因此破产。束鹿县一富商想买绝黄连控制市场，结果黄连没买绝，购进的抛不出去，折了本钱。

零售商 是直接与客商做生意的小本药商。货物主要取自批发商或帮商、贩运商。买进整件商品，加工后零星出售，还有的不在市场设门店，平时或庙期买进药材转卖，从中赚取差价，当地人称“搬堆”。零售商买卖灵活，有的还代为包装、办理托运。

（二）商号的内部管理

药市上药行商号内一般由东家、掌柜、伙计、学徒4种人组成。

东家 投资者称东家。一般东家只出资本，不负责管理业务，多聘请有经验者担任掌柜。集资经营和自东自掌者只有少数字号。帮商的东家中，以商业资本家居多。在本地药商中有的是商业资本家兼地主。民国时期广帮中还有官僚资本家。

掌柜 也称经理，为资方代理人。掌柜多为在店工作时间长，业务精熟，深得资方信任的人担任，商号一切经营业务均由掌柜管理。较大商号，有设副手（副经理）的。铺内没有民主，掌柜实行家长式管理，役使伙计、学徒如仆役。在待遇上，一般掌柜的都吃“人身股”，另开“月钱”。药行一般3年或5年结1次账，叫做一个“账期”。每个账期开始由东家与掌柜签定契约，规定账期结束时，如有盈余，按二、八或三、七分成。其中的七成或八成叫作“厚成股”，一般说作为积累资金，实际归东家所有。所余二或三成由东家、掌柜和部分“大伙计”(工作时间长，有一定业务水平的）分得，小伙计无份。民国年间，一般掌柜“月钱”为30余元，另可分5厘“人身股”。

伙计 多是学徒期满后提升。待遇比学徒稍高。工薪各号不一，有的商号为诱使伙计付出更大劳动，可领工资又吃“人身股”，有的只拿工资。

学徒 按一般商号规定，学徒期三年，不给工资，只管吃、住，逢过年掌柜的随便给几个钱。学徒除担任店内一切劳务外，还须侍奉掌柜、客人，乃至掌柜老婆、孩子。餐饮时为人盛饭、倒水，夜12点后方许睡觉，早6点起床替东家、掌柜打洗脸水、倒夜壶。学切片的，规矩较少，但干的是力气活，很苦。

（三）经营规制

银色 指货币的标准。药市使用的货币标准分4种：白银、毛银、元银、银圆。大钱、京钱等不包括在内。白银、毛银、元银、银圆的价值不同，以白银为最贵。各帮运往安国各种药材，均有其惯用的银色。例如，同是川货，川连使用元银，川贝使用毛银，麝香使用白银；同一种货，因质量不同，使用银色也不同，如熊胆去把用白银，带把则用元银计算。

开盘 每次庙会的药材价格，须由帮商中有代表性的商号开价，称“开盘”。其他药商随价买卖，谓之“随盘”。清代和民初，因北京同仁堂历久资深，驰名全国，麝香、牛黄、珍珠、朱砂等珍贵药材价格多由同仁堂“开盘”。安国通济元货栈资力雄厚，名望较高，庙期北京乐家各号到安国购药，向来依靠通济元货栈，应届庙会“开盘”多以通济元和同仁堂为主，估计庙会到货多少和销量多少议定价格。一般通济元议价时，也照顾到大小客商，不使其过高过低，买卖双方各有相当利润。当同仁堂未到之前，各商尽管交易，俟开盘后付款。一般草药，不待开盘。

秤制规皮 药市的用秤，根据各帮货品种类不同，用秤亦有区别。有16两、18两、20两、24两4种。16两秤谓小秤，18两、20两、24两秤谓大秤。川广货及一般细货，如川黄连、川贝、川芎、广桂、广角、犀角、人参、麝香等均用小秤；口货、山货，如甘草、大芸、黄芪、辽细辛等用大秤。规皮有“川三、广二、篓皮四、麻袋皮一斤”的规定，即一般按川货去皮3斤，广货去皮2斤，篓皮去4斤，麻袋去皮1斤计算。如有违反常规者，客商提出，必须照改。还有“子不过母”惯例，“子”指实际皮重，“母”指规皮。

结账 安国庙会有特殊的交易结算方式。药商参加庙会药材交易可不带现款，通过经手直接到钱庄、银号贷借。买卖成交后，如系现款须在本庙会期结清，期款下庙期结清。春庙结账期在农历五月十七至十九日，冬庙在十二月十七至十九日。两庙结账期最迟不能超过3天。款项的拨付均由药市经手负责。由于庙期长，药商为便于资金周转，一般不带现款，多买期款货，待将货品售出后结算，有的药商利用期款之便，一笔资金在一个庙期内周转几次，成为无本生意。这种结算方式既为药商提供了很大方便，又对活跃市场起到积极推动作用。

（四）著名字号

大有恒药材庄 原字号为大兴店，由彰德帮郝亨初建于清道光年间（1821—1850），店址在安国南关药市东大街。大兴店初建时，郝亨初连东带掌，聘韩国钧为副掌柜，另有账房先生、学徒3人。清末，亨初子滋亭接管大兴店，买卖日盛，遂更名大有恒药材庄。到民国元年（1912），经营规模和范围扩大。在湖北汉口、河南彰德、禹州、陕西西安、四川成都设立大有恒分号。经销的药材品种不但有国产，且有进口，具体品种：国产黄芪、人参、虎骨、麝香、豹骨、黄柏、木通、党参、当归、防风、川芎、槟榔、银花、半夏、瓜蒌、全虫、甘草、五味子、知母、黄连、大黄、淡大芸、枸杞、细辛；进口犀角、广角、麝香、砂仁、乳香、没药、丁香、甲片、燕窝、羚羊角等。后扩大业务，与党作舟合伙，在甘肃岷县设立专营当归的济源号。济源号的当归能控制整个安国药市，收入颇丰。同时，大有恒还另设同仁泰号，专营黄芪买卖。各地分号均由安国大有恒号总摄。大有恒药材号的当归不但畅销国内，并由香港转销东南亚各国。加工的黄芪产品有库伦芪、奎芪、红蓝芪等。大有恒同仁泰对加工黄芪一丝不苟，从不掺假。常年雇有加工师傅，忙时雇用临时工100多人，当时著名黄芪加工师傅祁九雪、张占元、张新舫多出自大有恒门下。加工的炮台芪、红芪因质高价廉畅销市场。无论内销还是出口，只要有大有恒内签，买主从不验货。民国26年（1937）前，大有恒号业务基金有50多万银圆，在安国药市属一流商户。七七事变后，日军炸毁大有恒药材庄进口药材砂头王、广木香、砂仁、甲片、玉果、乳香、没药等300余件，损失5万银圆，大有恒仍照旧周转营业。七七事变后第二年，大有恒总号迁汉口，改名恒记，重庆、禹州、天津仍有分号。1952年，大有恒药材号全部停业。

许源长药材庄 安国县西桃村许姓经营，建于清初。该号经济实力雄厚，为药市权威字号。民国元年（1912），东家许泽普当选直隶省议会议员，提倡“科学救国”“实业救国”，又与同乡集资在宣化下花园开办宣南煤矿，在天津开设天一堂药店。后因军阀战争频繁煤矿倒闭，回津以简单的生产工具制作中成药和西药。在阿斯匹林配方基础上，研制出“三鱼牌”正痛丸。民国19年（1930），许泽普改许源长药材庄为伟迪氏制药厂（伟迪是泽普的号）。利用许氏在药业中的声望，大力推销正痛丸。并开展原料药品生产的研究，成功地提取出薄荷脑，还生产出儿童药品娃娃宁。产品质优价廉，深受缺医少药的农村患者欢迎，畅销华北广大农村，许氏先后在晋、冀、鲁、豫等地建立2000多个推销点，并在河南禹县设立分店。民国21年（1932），伟迪氏制药厂迁回安国，正痛丸改制片剂，在津设立办事处，逐步打开城市销路，所产正痛片、娃娃宁渐成为城市居民的常备药。七七事变后，安国药市遭日伪破坏，伟迪氏制药厂再度迁津，伟迪之子子素接手经营。民国31年（1942）底，制药厂进一步扩大。产品畅销安徽、新疆、甘肃、陕西、青海、河南、江西等省，并向延安和陕甘宁边区输送了大批药品。全国解放后，伟迪氏制药厂成为天津乃至全国较有影响的生产厂家之一。

卜家药行 乾隆年间（1736—1795），卜家到安国落户，经营药材，渐为药界首富，多年担任安客堂和商会主管。在安国开有药材商号永德裕、永和堂、熙椿堂、全记等；在沈阳分设宝和堂、万育堂、广生堂；在保定分设广生堂；附近各县设分号数十家，均以门市为主。卜家商号除做批零业务外，专做黄芪出口生意兼营人参，多年居于黄芪帮领袖地位，其黄芪加工产品广销东南亚获免检待遇，在东北收购大宗人参，动辄几千包。

崔家药行 崔家与卜家在安国并称崔卜两大户。多年担任安客堂主管，善解各地药商纠纷，声誉很高。所营商号有瑞盛永（经理赵允斋，曾任北大会会首多年）、德兴永、德兴南、北栈等。除经营药材外，兼营包装和行栈。崔家字号常到各药材产地收购药材，如连翘、小茴香、防风、柴胡等，数量很大，有时包山净地动辄几十万元。在涿县、固安、雄县等处设有分号。

万盛魁 舍二村张家经营。该号资本雄厚，历史悠久，是拆货棚著名字号。民国初张洛恩掌东，雇用掌柜、掌盘、掌作、下路、学徒等40多人，切片工120多人，万盛魁只与较大药铺发生联系，这些药铺批发万盛魁的饮片后再分售各地小药铺。万盛魁的业务范围包括保定、唐县、易县、深县、武强、饶阳、博野、蠡县及山东、山西等省的大药铺。每年货品销售量达百万余斤，获利三四十万元。

荣庆和药庄 东家系河北行唐县店头村贾家，清乾隆年间（1736—1795）即在南关药市设有铺号，资本3万两白银。经营的药材有牛黄、麝香、鹿茸、广角等珍贵细药，也有南北各种中草药，在天津、禹州有分号。民国26年（1937），天津、禹州、安国三柜买卖一年盈利24400佘银圆。

协盛全药栈 河南人李延川经营，是外地药商中佼佼者，专营河南名药地黄等“怀货”。协盛全建店历史长，资金多，较有实力，在武汉、南昌、禹州等地开有分号，以其店规严格，经营认真，信誉至上著称，年盈利达几十万元。

三大行栈 张家下处义盛合、刘家下处裕亨源、宋陈家的通济元，在药界久负盛名，并称“三大行栈”。江西帮、宁波帮、关东帮庙期到客多住义盛合药栈并委其购买推销。山东帮、怀帮、禹州帮及江西、宁波帮部分客商多住裕亨源药栈，有的不能到会，则凭信代办购销。两大行栈每年推销药物有南货桂枝、肉桂、厚朴、广角、犀角、元胡、白术、川连、川贝、川芎、枳实、枳壳等；北货有人参、鹿茸等珍贵品种和一般草药黄芪、党参、防风、甘草、细辛、五味子等。通济元药栈代京通卫帮乐家同仁堂、达仁堂等办理买卖业务。庙期，无论乐家到与不到，乐号的大批中成药推销及珍贵细药如牛黄、犀角、广角、羚羊角、麝香、珍珠等购进，均由通济元全权办理。“三大行栈”同客商互相信任的关系，代代相传。

二、解放后经营体制

安国解放后，在药材经营体制上实行公、私营并存，公营扶助私营的政策。中华人民共和国成立后，国营药材经营逐步发展。1958年，关闭自由市场，药材经营统一于国营医药公司。1978年中共十一届三中全会后，国家医药体制不断改革，特别是1984年中共中央1号文件下达后，县内国家、集体、个体药材经营企业如雨后春笋，遍布县城。外地药材经营单位也纷纷到安国设点开业。传统的药材集散优势得以恢复和发挥。这些多种形式的药材经营单位经营灵活，服务热情，随时收购，随时出售，及时满足客户购销需求，形成药市天天开业、常年经营的繁荣局面。到1990年底，全县个体、集体、国营药材经销单位700余个，还有十多个省、市、自治区的医药单位和个体户在安国设立了药材经销、加工厂（栈）和办事机构。

（一）个体

民国34年（1945）9月，县民主政府明令废除日伪时期的各种苛捐杂税，统一实行合理的工商业税。翌年10月，冀中行署颁布了《工商业征税简易办法》，规定工商户征税按各户收入多少负担，而“专门之制药”户可以减征税收的三分之二，药铺减征三分之一，大大减轻了药商负担。当时，北平、天津征收商业直接税，高达全部收入的70%以上。平津国民党统治区的药商纷纷迁回安国。是年，冀中分行颁布《工商业贷款暂行办法》，支持工商业发展，在安国发放长期贷款（期限10个月，月息1分2

厘）1200 万元（边币）；安国支行发放 3500 万元（边币）短期贷款（期限 10 ～ 15 天，月息 1 分 8 厘）。两项贷款 80% 用于私营药行。在银行贷款扶植下，70% 的药商复业。体延堂在安国营业 135 年，因日伪勒索奇重无法维持而歇业，银行贷给 10 万元，恢复经营。裕兴昌药庄，因缺资金无法周转，向银行贷款 40 万元买货下路，一趟净盈 20 余万元。

民国 37 年（1948）冀中首次工业会议后，明确药业为重点，银行重点扶持私营药商。7 月，药行与安国支行建立往来透支户增至 281 户，流水达边币 1000 亿元。

县民主政府在执行保护、发展工商业政策过程中，纠正了在土地平分、征收工商税中出现的个别侵犯药商利益的做法。复兴昌药庄全年获纯利 7086 万元，征收其工商税 3092 万元，占 43.6%，超出政策规定的 25%，发现后立即如数退还。在宽松政策感召下药行商户纷纷开业。到民国 38 年（1949）6 月，私营药商达 541 户，主要商号有茂记、恒达、隆昌、协成、恒源、永瑞、聚德、光明、裕成、复兴昌、恒长兴、公益成、德盛元、德信永、益兴成、仁德兴、永合昌、乾泰山、广盛元、复兴永、义生元、四永、新生、义和公、荣祥玉、同庆东、双合盛、义发祥等药庄、药店。又呈现全国各地药材络绎不绝汇集安国药材市场的繁荣景象。1949 年，私营药业销售额 609.4 万元，比民国 35 年（1946）增加 4 倍多。

1945 年至 1949 年 6 月安国县私营药材商户发展情况一览表

表 7-5

年 / 月 / 行别与户数	1945		1946					1947					1948		1949
	8	10	2	4	6	7	12	3	5	7	10	12	3	7	6
生药行（户）	21	40	51	76	19	237	228	257	257	260	267	287	300	495	541
熟药行（户）	17	20	18	21	23	27	27	32	31	29	30	29	40	60	—
西药行（户）	—	—	7	12	19	19	19	14	14	15	14	15	15	15	—
年总成交额（万元）	—		110					256					529		609.4

说明：表内成交额为人民币

中华人民共和国成立后，各地交通陆续恢复，全国药材差价缩小，同时将以“富力点”的评议纳税办法改为根据商户账面营业额，按 2.5% 计征的税收办法。一些私商感到无利可图，纷纷抽资歇业。民国 38 年（1949）上半年开业药商 541 户，到 1949 年 12 月还剩 171 户。

1950 年，国家调整工商税收，不少合股经营的私商化整为零，改成分股独立经营，私营户由 1949 年的 171 户上升到 250 余户，资金总额 4.16 万元，较 1949 年底未有增加。1952 年，私商资金上升到 10.09 万元。直到 1956 年公私合营前，私商资金额比较稳定，营业额则因供销范围缩小而下降。

1956 年 1 月，实行公私合营时，共有药材私商 203 户，从业 341 人，流动资金 143911 元，固定资产 43924 元。将 203 户私商并成一个公私合营的药材批发部，全部职工调整为 58 人，其余 280 余人国家全部录用，大部分调出支援外地药业发展。公私合营批发部直接受国营药材公司领导，纳入国家计划。1958 年 9 月，公私合营药材批发部合并于国营药材公司。中药材经营统一于国营药材公司，从根本上改变了传统经营体制和经营形式。

1956—1980 年，药材经营一直执行国家统购统销政策。药材市场被取消，由于生产队每年都有药材种植计划，社员自留地也有少量种植，仍有药材籽种秧苗自由市场。

1980年后，随着医药管理体制改革，安国药材经销业发生极大变化。1983年，成立有县委书记、县长参加的中药业领导小组，各公社、大队1名副主任、大队长专门负责药业发展。1984年春，随着政策放宽，县政府作出“鼓励农民进城务工经商”的决定，大批农民进入药材流通领域。1985年，个体、联合体持证经销企业238个，1987年292个，1988年525个，1989年553个，1990年达617个。资金少者三五千元，多者几十万元乃至数百万元，成为安国药市的重要组成部分。

1985—1990年，个体经销户共经销药材28.97万吨，占全县总经销量的70%多，其中经销地产药材5.64万吨，外地药材23.33万吨，年均纯收入4000余万元。

公私合营前安国县资金500元以上药行商户统计表

表7-6

商号名称	经理姓名	股东数（个）	籍贯	资本额（元）		从业人数（人）	营业证号	营业地址
				流动资金	固定资金			
中和药栈	刘锦堂	2	安国县章令村	700	150	2	—	药市街
吉　祥	刘焕章	1	安国县孟家庄	1300	—	1	481	药市街
永发昌	王永昌	1	安国县东河村	705	10	1	449	药市街36号
泰　昌	田茂才	1	蠡县曹庄	1900	200	1	383	药市街43号
中昌药庄	伊占英	2	安国县西枕村	1000	1900	3	—	药市街51号
荣　记	朱福祥	1	安国县西伯章村	1900	420	3	311	药市街
仁义药栈	李子玉	3	安国县韩村	1530	370	4	343	药市街69号
恒益药庄	陈书田	5	安国县郑章村	1032	1768	4	422	药市街40号
新聚成	周介民	1	安国县齐村	7000	540	8	323	药市街65号
泉　昌	崔庆昌	3	安国县流昌村	1650	350	3	312	药市街9号
裕太昌	梁东昌	1	安国县南大街	4330	3270	5	328	药市街1号
恒发祥	吕清江	3	安国县西枕村	1800	540	2	—	药市街32号
义发昌	孟祥魁	1	安国县高业村	800	100	1	415	药市街43号
永　孚	周清臣	1	安国县齐村	1400	50	1	367	—
振　兴	尹振平	1	安国县西枕村	560	100	2	352	大药市20号
正　泰	王绍武	3	安国县东各堡村	900	150	2	446	药市街
永元成	彭永年	1	深泽县大堡村	1048	151	1	443	药市街
兴茂源	赵怀璧	1	定县赵庄	500	400	1	408	药市街
恒　信	吴润全	1	安国县东王奇村	3568	60	4	421	—
泰康药庄	张　杰	7	安国县舍二村	1724	275	6	327	药市街43号
张永琪	张永琪	1	安国县南大街	1200	—	—	—	—
鸿　兴	张润田	2	安国县农民街	730	30	3	444	药市街63号
永顺祥	梁斌如	1	安平县满子里村	1500	200	2	454	药市街11号
洽　生	李保林	1	安国县章令村	1213	180	2	359	—
韩文斌	韩文斌	1	定县韩家庄	2500	2100	2	321	—
匙俊生	匙俊生	2	安国县西仕庄	830	70	2	315	药市街63号

续表7-6

商号名称	经理姓名	股东数（个）	籍贯	资本额（元）		从业人数	营业证号	营业地址
				流动资金	固定资金			
永　昌	周国昌	3	安国县西王奇村	1730	70	3	319	药市街7号
庆和成	三朝斌	4	安国县中照村	2300	150	4	322	东大街75号
庆顺昌	张广英	1	安国县流村	530	60	1	350	东大街77号
德和恒	吕荣轩	4	安国县东柴里村	980	670	4	—	东大街10号
晋生元	乍朝贵	1	安国县河西村	690	30	1	—	北大街18号
同聚货栈	郭宪章	4	安国县南段村	1360	90	4	494	东大街109号
寿安药庄	杜洁臣	4	深泽县马铺村	7200	200	7	424	花园街12号
永增祥	王申怀	2	安国县伍仁村	2800	100	4	483	东大街
同和林记	党玉林	1	安国县南大街	1825	50	3	—	东大街73号
永信药庄	吴润芝	2	安国县东王奇村	2115	185	3	451	东大街11号
元祥药庄	王家祥	3	定县小五女村	5243	757	6	314	药市街8号
茂成兴	程茂盛	2	博野县沙窝村	600	50	2	489	东聚福1号
三昌药庄	贺松茂	2	深泽县小直要村	1690	100	3	414	东大街107号
正大药庄	刘恒昌	2	安国县固城村	1670	330	4	445	东大街7号
春和药庄	吕永春	3	安国县新安村	1187	130	3	371	东大街13号
瑞增祥	臧清海	1	安国县边三庄村	550	350	2	373	东大街12号
裕民药庄	王耀宗	2	安国县郭北庄村	840	80	4	482	中和胡同89号
福春永	吕照福	2	安国县西枕村	7500	500	5	413	东大街650号
均康药庄	许文斌	2	安国县东大街	940	120	4	417	东大街17号
建　华	刘俊杰	2	安国县西仕庄村	650	150	2	354	人和胡同122号
裕　兴	许成柱	2	井陉县南张村	605	70	2	353	东大街116号
王翰儒	王翰儒	1	安国县东河村	595	105	3	418	东大街东聚福11号
振兴隆	刘玉明	3	安国县康庄村	632	218	5	438	东大街6号
同泰和	张长庚	1	安国县齐村	1000	100	2	387	药市街
顺兴昌	王其顺	2	安国县南王买村	681	355	2	476	药市街54号
永德春	陈文郁	2	安国县明官店村	1500	400	2	317	药市街
德　昌	王春山	2	安国县固城村	859	250	2	456	药市街4号
德聚昌	程俊章	1	博野县沙窝村	918	232	1	472	东大街105号
复和昌	刘学富	1	博野县大西章村	630	70	1	473	东大街110号
司盛药庄	董学卿	2	安国县西伯章村	1592	200	4	368	药市街55号
鼎立生	孙俊英	3	安国县东枕村	700	30	3	341	永德胡同51号
王泰亨	王泰亨	1	安国县米家庄村	630	50	1	426	药市街
司昌药庄	许清臣	5	定县内堡村	2800	300	9	337	东大街109号
永昌货栈	朱雅斋	1	博野县北颜村	1474	327	4	491	药市街42号
永盛昌	张殿卿	4	安平县院西村	1489	11	4	420	东大街11号

续表7-6

商号名称	经理姓名	股东数（个）	籍　贯	资本额（元）		从业人数	营业证号	营业地址
				流动资金	固定资金			
三聚成	李捷三	3	安国县东张庄村	719	80	3	599	东大街69号
裕昌药庄	高鉴晋	4	安国县流霜村	2100	150	8	452	东大街218号

1990年安国县祁州药市个体药材商户一览表

表7-7

商号名称	负责人	营业地址
延年药行	王登榜	祁州药市西一街1号
协和药材站	单兆丰	祁州药市西一街1号
展华药行	展振华	祁州药市西一街3号
国昌中药材货栈	李福昌	祁州药市西一街5号
兰群药材加工厂	宋兰群	祁州药市西一街7号
富华药材商行	王富有	祁州药市西一街7号
京南药行	王占英	祁州药市西一街9号
祁都药材货栈	陈占锋	祁州药市西一街11号
跃民药材货栈	李跃民	祁州药市西一街15号
东祥药材货栈	史国增	祁州药市西一街17号
青年中药材经销部	唐新民	祁州药市西一街21号
参茸药材栈	刘彦果	祁州药市西一街23号
德发药庄	谢德发	祁州药市西一街25号
永广货栈	梅永杰	祁州药市西一街2号
大昌药材站	肖国欣	祁州药市西一街2号
宏兴药材行	宋兰欣	祁州药市西一街4号
鑫海药材站	肖子廉	祁州药市西一街4号
利华药行	张　信	祁州药市西一街6号
永泰药材站	宋路群	祁州药市西一街8号
燕兴药行	赵彦昌	祁州药市西一街10号
益康药材站	许　九	祁州药市西一街12号
利兴药行	井锡宝	祁州药市西一街12号
振东中药材货栈	王造堂	祁州药市西一街14号
振安药材站	刘金斗	祁州药市西一街14号
华润中药材加工厂	冯广录	祁州药市西一街16号
华谊药栈	冯跃军	祁州药市西一街16号
占仙药材站	徐占仙	祁州药市西一街18号
宏云药材站	王永利	祁州药市西一街20号
亚东中药材站	郭占川	祁州药市西一街20号
松茂药行	田银全	祁州药市西一街22号

续表 7-7

商号名称	负责人	营业地址
宏源药行	赵春恒	祁州药市西一街 22 号
荣光货栈	王礼光	祁州药市东一街 27 号
吉龙药材站	赵龙仁	祁州药市东一街 27 号
万春堂	梁国民	祁州药市东一街 29 号
光荣药材行	代国申	祁州药市东一街 37 号
永兴中药材加工厂	刁振兴	祁州药市东一街 39 号
东海药庄	杨朋影	祁州药市东一街 41 号
国忠中药材店	牛国忠	祁州药市东一街 43 号
城北中药材站	张彦东	祁州药市东一街 45 号
建刚药材站	党建刚	祁州药市东一街 47 号
进义货栈	冯进义	祁州药市东一街 47 号
同兴中药材加工厂	刘跃辉	祁州药市东一街 49 号
忠诚药行	焦金学	祁州药市东一街 49 号
祁源药材站	陶新月	祁州药市东一街 28 号
祁庆药行	邢树欣	祁州药市东一街 28 号
东华药行	刘建云	祁州药市东一街 28 号
光明中药材货栈	马国彦	祁州药市东一街 32 号
益丰药材站	肖庚子	祁州药市东一街 36 号
永贸药材站	王礼庆	祁州药市东一街 36 号
天元恒药庄	李丙正	祁州药市东一街 38 号
荣声药材加工厂	王双喜	祁州药市东一街 38 号
康义药材购销站	崔站杰	祁州药市东一街 42 号
永义药行	王振海	祁州药市东一街 44 号
洪仁货栈	赵小胜	祁州药市东一街 46 号
荣庆堂	焦青长	祁州药市东一街 48 号
长春堂	—	祁州药市中心广场 50 号
东河药材站	郭　军	祁州药市中心广场 60 号
安国黄芪庄	翟栓良	祁州药市中心广场 62 号
富荣药行	马富祥	祁州药市中心广场 64 号
长江中药材加工厂	周占卫	祁州药市西一横街
祁兴药材栈	王殿刚	祁州药市西口　114 号
义超中药行	杨木欣	祁州药市西口　124 号
海发药栈	王洪彬	祁州药市西口　124 号
元泰药行	段素欣	祁州药市东一南小街 1 号
川东药行	肖绪清	祁州药市东一南小街 2 号
利东经销部	马利顺	祁州药市西二街 53 号
康乐药材加工厂	寇同兴	祁州药市西二街 55 号
古州药材站	黄更起	祁州药市西二街 57 号

续表 7-7

商号名称	负责人	营业地址
华祁药行	黄顺波	祁州药市西二街 57 号
世佳药行	许士其	祁州药市西二街 59 号
康裕药材栈	张英秋	祁州药市西二街 59 号
华安药行	王瑞全	祁州药市西二街 61 号
联华药材站	王荣军	祁州药市西二街 63 号
新民药材站	郭新民	祁州药市西二街 63 号
聚义药材加工厂	刘占军	祁州药市西二街 65 号
永泉药材行	冯亚军	祁州药市西二街 65 号
怀仁药材行	霍泽卿	祁州药市西二街 69 号
好义药材站	安好义	祁州药市西二街 69 号
晋中药材加工厂	霍军义	祁州药市西二街 73 号
春光药材加工厂	徐会兴	祁州药市西二街 73 号
连成药材站	薛连成	祁州药市西二街 77 号
英胜药行	郝英芬	祁州药市西二街 68 号
惠胜药材站	沈石强	祁州药市西二街 68 号
郑义药材加工厂	王洪彬	祁州药市西二街 70 号
安州药材站	郭增林	祁州药市西二街 72 号
新政药材行	郭俊英	祁州药市西二街 72 号
秦风药行	黄志谦	祁州药市西二街 74 号
春辉药材站	霍增辉	祁州药市西二街 76 号
怀安药材站	崔建彬	祁州药市西二街 78 号
惠丰药材站	刘志水	祁州药市西二街 80 号
自力药材站	未木香	祁州药市西二街 80 号
建民中药材加工厂	陈建立	祁州药市西二街 82 号
华中药材加工厂	刘发恒	祁州药市西二街 86 号
瑞安药材站	牛瑞亭	祁州药市西二北小街 1 号
天兴药行	安国田	祁州药市西二北小街 10 号
祁宏药材站	李三江	祁州药市西二北小街 12 号
茂华药材站	任荣庆	祁州药市西二北小街 13 号
通利货栈	刁振聚	祁州药市东二街 90 号
祁春药材站	王　根	祁州药市东二街 94 号
祁惠药材站	陈会珍	祁州药市东二街 94 号
华茂药材站	王彩惠	祁州药市东二街 102 号
华龙药材站	王丙振	祁州药市东二街 102 号
南大药材站	靳志强	祁州药市东二街 104 号
药都饮片加工厂	魏　强	祁州药市东二街 110 号
义远药材行	陈东来	祁州药市东二街 81 号
长青中药材行	霍海路	祁州药市东二街 89 号

续表 7-7

商号名称	负责人	营业地址
隆祥药材站	王志刚	祁州药市东二街 93 号
集合中药材贸易货栈	徐小刚	祁州药市东二街 95 号
国光药材货栈	刘国珍	祁州药市东二街 97 号
安顺药行	陈潮路	祁州药市东二街 101 号
东利药行	李勇杰	祁州药市东二街 101 号
大发药材站	徐红玉	祁州药市东广场 107 号
永德药店	卜小三	祁州药市东广场 113 号
祁佳药材站	郭栓庆	祁州药市东广场 115 号
观音药材栈	李同欣	祁州药市西三街 317 号
信达药站	宋润田	祁州药市西三街 323 号
西光药栈	许慧来	祁州药市西三街 333 号
昌乐药材行	冯同乐	祁州药市西三街 310 号
西李药行	李建英	祁州药市西四街 401 号
小光药站	刘小光	祁州药市西四街 411 号
永春药材站	卜永明	祁州药市西四街 419 号
民兴和药行	王社民	祁州药市西四街 421 号
荣欣药站	张亚欣	祁州药市西四街 423 号
胜达药栈	赵士进	祁州药市西四街 447 号
欣盛药站	吴小群	祁州药市西四街 471 号
国增药材站	党增尔	祁州药市西四街 477 号
利安药行	李兵乐	祁州药市西四街 479 号
华宇药站	张中秋	祁州药市西四街 410 号
青龙兴旺药站	沈吉福	祁州药市西四街 432 号
康保药材站	张　勤	祁州药市西四街 434 号
德胜隆药材行	陈双路	祁州药市西四街 438 号
东枕药站	李志敏	祁州药市西四街 442 号
康达药材站	良战民	祁州药市西五街 505 号
万源药材栈	陈东升	祁州药市西五街 513 号
万享药材栈	霍英锡	祁州药市西五街 515 号
本草药材栈	张　雷	祁州药市西五街 517 号
同达药材站	王志良	祁州药市西五街 519 号
昌平药材加工厂	吴爱昌	祁州药市西五街 523 号
京源药材站	贾增欣	祁州药市西五街 525 号
华联参茸药材站	张志发	祁州药市西五街 531 号
红星药材站	陈跃军	祁州药市西五街 537 号
永生药材站	王国兴	祁州药市西五街 541 号
祁盛药材站	杜兵来	祁州药市西五街 545 号
玉兴中药材加工厂	徐玉兴	祁州药市西五街 547 号

续表 7-7

商号名称	负责人	营业地址
传统药材站	段跃坤	祁州药市西五街 555 号
宏大药材站	孙国京	祁州药市西五街 571 号
安药药材站	薛亚民	祁州药市西五街 575 号
广交货栈	刘增军	祁州药市西五街 506 号
新潮药材站	张小五	祁州药市西五街 516 号
敬华药材站	宋铁练	祁州药市西五街 520 号
振清药材站	徐国庆	祁州药市西五街 524 号
中州药材站	王志欣	祁州药市西五街 532 号
英杰药材站	李英杰	祁州药市西五街 538 号
永兴中药材行	李练刚	祁州药市西五街 542 号
晨辉药材站	魏新泽	祁州药市西五街 546 号
兴安药材加工厂	刘树川	祁州药市西五街 574 号
德惠药站	宋长在	祁州药市西五街 576 号
灵草药材站	王金成	祁州药市西五街 578 号
华通药材加工厂	王家辉	祁州药市西五街 580 号
迎春药材站	伊俊花	祁州药市东五街 601 号
祁辉药材栈	霍利军	祁州药市东五街 609 号
忠华药材行	匙会英	祁州药市东五街 611 号
振兴药材站	王彦波	祁州药市东五街 621 号
永志药材站	何永志	祁州药市西五街 544 号
富华药栈	杜顺增	祁州药市东五街 623 号
西关贸易货栈	纪育现	祁州药市东五街 627 号
元兴中药材经销部	杜凤跃	祁州药市东五街 629 号
友谊药材栈	邢义杰	祁州药市东五街 631 号
健康药材栈	康大理	祁州药市东五街 633 号
同仁药材站	李银斗	祁州药市东五街 635 号
仁丰药材站	赵立波	祁州药市东五街 639 号
顺风中药材加工厂	李俊龄	祁州药市东五街 661 号
建华中药加工厂	于振东	祁州药市东五街 602 号
华昌药材站	李振生	祁州药市东五街 604 号
西枕药材站	许振川	祁州药市东五街 614 号
新秀药材行	吕秀杰	祁州药市东五街 616 号
福利药站	董汉路	祁州药市东五街 622 号
祁联药材站	张银生	祁州药市东五街 626 号
长胜中药材货栈	刘树生	祁州药市东五街 634 号
长青药材站	李　春	祁州药市东五街 638 号
平安药材站	邢平安	祁州药市东五街 640 号
东风药材购销站	冯占常	祁州药市东五街 642 号

续表 7-7

商号名称	负责人	营业地址
东枕经销站	孙志永	祁州药市东五街 650 号
荣华中药材购销站	王战军	祁州药市东五街 656 号
永德药店	卜德明	祁州药市东五街 660 号
中祁药材站	王彦青	祁州药市东五街 812 号
新顺药材站	杨福永	祁州药市东五街 944 号
新振药材行	赵新武	煤建楼 4 号
金忠药材站	马士柱	二轻局门口
康仁药行	郝志欣	商业局家属院
荣盛药行	李彦增	商业局家属院
振华药材站	张文杰	商业局家属院
华盛兴药材站	薛建立	服务公司
宏文药站	贺宏文	服务公司
建春堂药行	刘计刚	二轻局家属院
红星中药行	李金来	邮电局
东关药材行	张平锁	邮电局
中山药材站	贺小贵	邮电局
祁鄂药材站	赵明欣	祁州药市东五街 628 号
豫申药材站	贾虎彪	邮电局
津祁药站	齐建路	药都饭店
明光中药材采购供应站	李五士	东关街 35 号
顺通药材站	刘志学	东关街 37 号
中祁药材站	靳保安	东关新街 11 号
礼义药行	平路军	东关新街付 16 号
祁争药站	邢满争	东关新街 16 号
崔章药材站	焦建波	东关新街 15 号
中联药材加工厂	刘新桥	喇叭厂
顺安药站	李会民	煤建公司北楼
桥联药材站	王胜魁	煤建公司北楼 2 号
永康药行	刁建路	关王庙胡同 32 号
东河药材购销站	梁喜东	招待所东
新光药材站	王振清	招待所东
城华药行	霍文海	招待所平房
大兴药行	刘起录	环卫所对过
亨利药行	王运通	防疫站西门

(二)集体

集体药材经销企业是 1984 年后，随着医药体制改革和政策开放出现的。1985 年，有集体经营企业 20 个，到 1990 年发展到 51 个。这些企业隶属商业、供销社和学校、街道、乡镇，都实行经济承包责任制，除照章纳税外，所得利润一部分上缴隶属单位，一部分作为公积金用于扩大再生产，一部分用于分红或为工资、奖金、福利。

1990年安国县集体药材经营企业一览表

表7-8

商号名称	负责人	营业地址
东河中学药材加工厂	任国彦	祁州药市西一街3号
焦庄学区中药材加工厂	马　昌	祁州药市西一街17号
仁和药材栈	徐乱军	祁州药市西一街25号
新市药材购销站	王兆恒	祁州药市东一街41号
八五中药材货栈	张书艺	祁州药市东一街51号
中药材公司	王建军	祁州药市中心广场北
中药材供销公司	焦占军	祁州药市中心广场展厅东
阎村药材加工厂	李成仁	祁州药市中心广场展厅东
云飞药材站	刘建平	祁州药市西一横街
祁旺药材经销部	平满屯	祁州药市西口 116号
北大中药材加工厂	张树清	祁州药市东一南小街
大李庄供销社药材站	徐洪亮	祁州药市西二街74号
南关药材站	靳国来	祁州药市东二街92号
乡镇企业贸易公司	何三成	祁州药市东二街96号
南仕庄药材货栈	李建贞	祁州药市东二街85号
中药材公司二门市部	宋孟起	祁州药市东二街95号
君安药材站	尹跃军	祁州药市东广场103号
祁州药行	刘造兴	祁州药市东二北小街2号
常兴中药加工厂	王建祥	祁州药市东二北小街—331号
祁州药材站市场购销处	王军英	祁州药市东二北小街337号
大五女供销社药站	赵文彬	祁州药市西四街409号
明光店药材站	张占路	祁州药市西四街415号
国兴药站	杨国杰	祁州药市西四街463号
明光店供销社药材站	于里顺	祁州药市西四街424号
郑章医院批发部	阎　谦	祁州药市西四街426号
大五女供销社药材站	唐新元	祁州药市西五街501号
水利药材货栈	王战军	祁州药市西五街514号
县社药材公司加工厂	赵跃军	祁州药市东五街655号
郑章供销社中药材货栈	张顺双	祁州药市东五街620号
祁州药材公司	邢景跃	祁州药市东五街644号
南郭村供销社药材站	魏英春	煤建楼3号
物昌药材站	封计友	商业局家属院
中药材购销站	冯起发	药都饭店

续表 7-8

商号名称	负责人	营业地址
商业局饮片门市部	陈永增	药都饭店
药都饭店药材站	李进才	药都饭店
药都药材公司	王晓翠	药都饭店
京药经营公司	王志平	东关新街 9 号
祁州饮片经销部	刘建奈	祁州镇喇叭厂
师范饮片门市部	刘吉祥	祁州镇喇叭厂 2 号
冀祥中药材货栈	陈士彬	北环路 25 号
安国学联中药材经销部	王少明	府前街 153 号
物昌药站	刘福泉	民主街 1 号
生资药站	田彦宏	物资局门市部
安中药行	张建成	祁州药市东北小街 331 号
光大药材站	刘　光	物资局门市部
中药材经销处	张建立	企业局门市部
祁州药材公司	张国良	招待所东
灌区中药材购销部	秦光福	祁州药市西口北
药材种子站经销部	邢占刚	北环路
华赢国药行	陶洪力	招待所平房
祁州药材种子站	高秋富	北环路

（三）国有企业

民国 29 年（1940），日军对抗日根据地实行严密经济封锁，军火、药品更甚。为解决边区军民缺医少药困难，是年按照晋察冀边区政府指示，安国县抗日政府贸易局在西崔章村设置药材部，专门从事对解放区药物供应。经营虽时断时续，但仍为前方军队和解放区军民提供了大量中草药和中西成药，为抗日战争做出重要贡献。

解放后，为供应军需民用药材，冀南、冀中区党政军机关纷纷在安国设置中药材经营机构。公营中药材机构不以营利为目的，主要为解放战争服务，既经营中药材，也经办各种军用物资、染料和皮货等，有的则以经营中药材为名，实则为接收从国民党统治区偷运到解放区的医药物资，专供军用。1945—1949 年，先后有晋察冀土产公司天德总店开设的华盛药行、冀中七分区卫生部的大众药店、冀中军区卫生部的光华药厂推销部、冀中七分区的大中华栈、县委组织部的华通货栈、冀中区党委的康宁药店、县供销社的药材供销部、县委城工部的信昌药庄、县财政科的兴盛药庄、冀中军区的旗帜药厂、定县地委和安国县委共同开办的裕华药社 11 个公营企业。1949 年前，这些单位的销售额占安国药材总销售的 30%。数量虽小，但在同不正当私商斗争、组织出入口、支持小商、发展药材经营、活跃市场方面发挥了很大作用。仅华盛、旗帜药厂两个单位，民国 37 年（1948）用以扶助私商的资金就达 557 万元。这些公营企业，锻炼和培养了大批药业管理干部和人才，为全省乃至全国建立国营中药企业，积累了经验，打下了基础。旗帜药厂大部分人员调保定组建省医药公司。

1950 年后，调整公营药材单位，裕华、康宁、义民等合并于土产公司，大中、旗帜改为医药公司，信昌合并于县联社，机关生产经营单位全部改为国营企业。1952 年，土产公司与县供销社合并，全县经营中药的国营单位只有医药公司和县联社。1954 年，医药公司和县联社合并，改为保定专署合作社药材股，1956 年经营管理权下放，建县联社中西药经理部。药行公私合营后，中西药分开，成立药材公司专营中药材。1958 年 9 月，公私合营批发部合并于药材公司，建医药药材公司，统管中药材经营，国营企业全部掌握了药材的收购和销售。

1946—1957 年公营（国营）单位药材销售统计表

表 7-9

年度	全县药材总销售额（万元）	公营销售额（万元）	占总销售额比重（%）	备注
1946	118.4	8.4	7	公营销售额中不包括公私合营销售额
1947	338.44	82.4	24	
1948	778.93	186.9	24	
1949	874.6	264.6	30	
1950	180	82	45.5	
1951	229.2	117.8	51	
1952	258.2	95.4	37	
1953	282.8	104.6	37	
1954	189.7	98.4	52	
1956	165.7	122	73	
1957	199.9	144.5	72	

1958 年，中药材自由市场关闭，医药公司除为制药厂外采部分中药材，还按国家计划收购与外销安国县药农生产的中药材。1960—1981 年，共收购中药材近 3 万吨，总值 5294.5 万元。

1960—1981 年安国县药材收购统计表

表 7-10

年度	总收购量（吨）	收购总值（万元）	年度	总收购量（吨）	收购总值（万元）
1960	554.5	69.8	1971	1745.5	275.3
1961	296.5	39.2	1972	1744.5	251.1
1962	296.5	47.4	1973	1643	282.7
1963	271.5	99.4	1974	2323	409.4
1964	323	47.4	1975	2725	483.3
1965	1077.5	120	1976	3301	664.6
1966	1286.5	139.4	1977	2050	455.5
1967	2109.5	269	1978	1486	289.8
1968	903	150	1979	1795	352.2
1969	537	134.2	1980	1210	297.6
1970	977	212.7	1981	786.5	204.5

1980年3月，成立安国县药材交易所，始打破中药材由医药公司单一经营局面。交易所承担为各地客户代购、代销、代贮、代运、代加工等项业务。1981年，交易所与北京市药材公司、河北省药材公司结成贸易伙伴，更名北方中药材贸易货栈。后又相继出现县联社药材贸易公司、县经济委员会药材经销公司、医药保健品贸易公司等国合药材经营企业。到1990年底，国有药材经销企业25家，自有资金360余万元，每年向国家缴纳税利70余万元。

1990年安国县国有药材经营企业一览表

表7-11

企业名称	负责人	营业地址
县药材公司药材经理部	崔志功	祁州药市西一街13号
二药加工厂	李计民	祁州药市西一街24号
国营药材加工厂	张新保	祁州药市东一街43号
医药药材公司门市部	刘洪柱	祁州药市东一街46号
县药材公司中药供应部	赵建欣	祁州药市东一街54号
县药材公司饮片门市部	李进才	祁州药市中心广场展厅西
兴中药材加工厂	刘汝尧	祁州药市西二街75号
县药材公司供销部	石福来	祁州药市西二街71号
连营药材公司	史国顺	祁州药市西二街66号
北方货栈市场处	常跃杰	祁州药市西二街88号
国营药材饮片厂	李杏芬	祁州药市东二街104号
国营药材公司	石建军	祁州药市东二街106号
县医药公司市场办事处	吴红军	祁州药市东二街83号
国营商业贸易公司	焦滑洪	祁州药市东广场109号
药厂购销部	贾老虎	祁州药市西三街325号
北方货栈经营处	王跃军	祁州药市西三街333号
县供销社药材公司	刘建春	祁州药市西四街403号
果品公司药材公司	王　涛	祁州药市西四街407号
县医药公司加工厂	史志安	祁州药市西四街441号
县医药公司经销部	曹占吉	祁州药市西四街448号
安国县医药药材公司中药饮片厂	李绍仙	祁州药市西五街533号
医药公司药材经理部	李跃生	药都饭店
服务公司中药材贸易货栈	杨进山	商业服务楼

（四）外地驻安国商户

1984—1987年，县委、县政府先后制定《欢迎外地药材经营单位到安国设点开业》《关于对开放引进实行优惠的若干规定》等一系列开放政策和措施，提出凡到安国创办企业的单位和个人，均可在城市建设规划范围内挑选场址，优先办理征地手续，土地占用费从低，并在资金、税收等方面给予照顾。到1988年底，先后有中国医药保健品进出口公司、全国工商联、国家劳动服务总公司、北京市药材公司、中国药材公司郑州贸易中心等十几个省、市、自治区的59个医药部门和药厂到安国设点，开展经营和办理业务，具体形式分为 3 种：

店　堂　外地医药部门和制药厂在安国市场开办门市业务，推销本单位产品，或为本单位采购生产原料，有辽宁阜新中药厂驻安国经营部等 2 家。

办事处　代表本企业在安国市场联系或组织业务，收集信息行情，一般不独自开展业务，受企业统一领导、统一管理。山西、天津、安徽、新疆、河南、河北等省、市、自治区医药部门、制药厂在安国设立的办事处 21 个。

经营单位（包括联合企业）　受本企业的领导，在安国市场设立分公司或经营处，独立经营，财务独立核算，直接办理批发、调拨等业务。有的与安国有关企业联合经营。此类商户在市场所占比重较大，有北京、山西、安徽、广西、辽宁、吉林、海南、河北等省、市、自治区 36 家医药部门、制药厂设有分公司、购销站、经营处或贸易货栈。规模较大的有京药经营公司（北京市药材公司设，自有资金 160 万元）、金安中药联营公司（中国工商联经济开发公司业务部与安国工商联合办）、兴中药材公司（中国现代中医免疫临床研究所与安国县物资局联营，1987 年营业额达 400 万元，上缴税利 20 万元）、北京市海淀区中医技术开发公司安国分公司、安济连药店（安国和山东济南制药厂、大连制药厂联合经营）等。

1990 年外地驻安国药材经营单位一览表

表 7-12

单位名称	负责人	营业地址
安平中药材收购加工站	任同庆	祁州药市西一街 5 号
博野中药材公司	张礼民	祁州药市中心广场 58 号
蠡县药材公司	刘宝生	祁州药市中心广场 58 号
满城药材公司驻安国办事处	何敏才	祁州药市西一横街
兰州市药材公司驻安国办事处	林君浦	祁州药市西口 120 号
广东高州中南贸易公司	张汉浦	祁州药市西口 122 号
亳州驻安国中药经营处	张德龙	祁州药市西口 126 号
博野中药批发部	宋万林	祁州药市西二街 71 号
定州市药材公司驻安国办事处	杨销占	祁州药市西二街 84 号
内蒙突泉县药材公司	—	祁州药市西二北小街 9 号
广西平南大妙林场	伟家浦	祁州药市西二北小街 8 号
清苑县医药公司驻安国办事处	郭振永	祁州药市东二街 87 号
佳木斯中药厂驻安国办事处	—	祁州药市西三街 305 号
大连中药厂驻安国经销部	刘长顺	祁州药市西三街 313 号
丰宁县社药材批发站	周俊娥	祁州药市西三街 312 号
保定药材站采购站驻安国办事处	李瑞香	祁州药市西三街 349 号
黑龙江安宁药厂驻安国办事处	张玉清	祁州药市西三街 314 号
满城县药材公司驻安国经营处	李士英	祁州药市西三街 316 号
海拉尔市驻安国经销处	高会军	祁州药市西三街 322 号
解放军三利药材加工厂驻安国办事处	王国义	祁州药市西三街 324 号
完县医药公司驻安国办事处	孔令学	祁州药市西三街 326 号

续表 7-12

商号名称	负责人	营业地址
阿克苏地区医药公司驻安国供应处	张庆发	祁州药市西三街 330 号
河南前台县驻安国办事处	何同岭	祁州药市西三街 332 号
京安药材货站	陈德力	祁州药市西三街 334 号
河北医科院安国研究技术开发公司	张玉肖	祁州药市西三街 338 号
吉林通化制药厂驻安国办事处	王　伟	祁州药市西四街 407 号
安深药材站	段会英	祁州药市西四街 414 号
新市中药厂驻安国办事处	李树昌	祁州药市西四街 446 号
安平县公司驻安国办事处	李金来	祁州药市西四街 452 号
保定地区乡镇企业第一门市部	王计成	祁州药市西五街 502 号
黑龙江兰中药厂驻安国经销部	王洪栓	祁州药市西五街 553 号
中国传统医药开发公司安国分公司	赵　梅	祁州药市西五街 510 号
辽宁省锦州药材站驻安国经营处	古亚平	祁州药市西五街 528 号
保定医院驻安国办事处	—	祁州药市东五街 607 号
京二药材加工厂门市部	李彦贞	祁州药市东五街 613 号
新疆塔城地区外贸公司驻安国经销部	武吉安	祁州药市东五街 617 号
清苑县医药公司驻安国办事处	吕志强	祁州药市东五街 610 号
安平西长堤中药材加工厂	王增友	祁州药市东五街 624 号
齐齐哈尔市中药材公司饮片厂驻安国办事处	张道贤	祁州药市东五街 630 号
安平县医药公司	—	祁州药市西六街北环 836 号
深泽县中药材采购供应站	马兰芬	煤建楼 1 号
安平县药材经销公司驻安国办事处	王志平	邮电局
安平医药药材公司驻安国办事处	王　纪	东关新街 12 号
长白山野生植物加工厂驻安国办事处	刘凤俭	东关新街 15 号
紫微山制药厂驻安国办事处	王振兴	东关新街 8 号
保定地区卫生系统医药公司	张培古	县医院
河北省中医院联合饮片加工厂安国供应处	吕志欣	北环路
新疆吉木萨尔县公司驻安国办事处	—	北环路
保定红十字会饮片加工厂	宫树增	北环路
蒙安药材栈	唐增山	祁州药市东五街 63 号
安济联中成药展销部	—	府前街
北方垦商贸集团驻安国办事处	冯志军	府前街

附：安国县部分药材经营企业简介

昌乐药材行　经理冯同乐。1984 年，开办天顺药庄，1988 年改称昌乐药材行。有营业室、办公楼、仓库、车库等设施建筑面积 600 余平方米的 3 层楼房 1 座，固定职工 10 人，经营中药材 300 余种，年经营额百万元以上。该行经营范围广泛，每年仅向黑龙江佳木斯中药厂提供中药材 40 吨以上。1984—1990 年，累计纳税 15 万余元，为安国城镇建设、改善办学条件、修公路等社会捐资 3 万余元。

华安药行 建于1984年，经理王瑞全。营业室、加工车间、仓库建筑面积300多平方米，固定职工10人，切药机3台，打包机1台。该行以经销饮片为主，加工300余个品种，产品畅销全国，国内药业同行及美国、日本、英国等国外朋友经常到此学习参观，年纳税3万余元。多次被评为文明经营单位。1990年，被保定地区工商局授予“重合同守信用单位”称号。

八五中药材货栈 建于1984年，经理张书艺。办公楼、加工车间、仓库等建筑千余平方米，固定职工30人，有切药机、炒药机、打包机和货运汽车等设备。经营品种有菊花、当归、牛膝、瓜蒌、黄芪、桔梗等350余种，年销货量百吨以上。被评为药市文明经营单位，年纳税4 万元。

光明药材行 1984年，安徽涡阳县人刘振法与祁州镇光明街人马国彦合办，主要从事饮片加工。1990年，有业务人员24人，设备有切药机、炒药机、升降机等，营业室、加工场地、库房800多平方米。经营中药饮片580余种。1990年，经理刘振法被评选为县政协委员。

东河药材站 乡集体企业，1984年建立，经理郭军。办公楼、营业室、加工车间、库房等建筑面积600余平方米，固定职工12人。经营羚羊角、黄芪、生地、红花、牛膝、山药、桔梗等360余种中药材，年经营额百万元以上。年纳税5万余元，连续5年被评为文明经营单位。

观音药材栈 建于1984年，经理李同欣。有营业室、办公楼、仓库等建筑面积600多平方米的3层楼房1座，固定职工10人，经营中药材及饮片300余种，主要有羚羊角、黄芪、沙参、党参、桔梗、生地等，业务范围涉及全国，年业务额百万元以上。年纳税3万余元，连续5年被评为文明经营单位。1990年，保定地区工商局授予“重合同守信用单位”称号。李同欣1990年被评选为县政协委员。

传统药材行 1984年建立，经理段跃坤、孙继国。营业室、库房、加工车间等建筑面积800余平方米，固定职工16人。有切药机、炒药机及饮片煅制等设备，以经销饮片为主，品种达200多个。业务范围涉及全国，年业务额突破百万元。年纳税3万余元，连续5年被评为文明经营单位。

惠丰药行 经理刘清林，1984年带领儿女、女婿创办，发展迅速。两个女儿相继成立了惠胜药行、惠康药行，长子与大连中药厂联办“大连中药厂安国经销部”，自立门户经营。惠丰药行有营业室、仓库、车库等建筑500多平方米，从业10人，经营中药材200余种，年纳税3万余元。连续5年被评为文明经营单位。

千金药行 1984年建立，经理肖会章。办公楼、营业室、仓库等建筑面积200余平方米，业务人员5人，经营中药材120余种，主要有牛黄、羚羊角、全虫、人参、黄芪等，业务范围涉及全国各地。连续多次被评为药市文明经营单位。

永兴中药材行 1984年建立，经理李练刚。业务室、库房等建筑面积500多平方米，聘有老药工3人。加工中药材饮片300余种，年营业额50万元以上。

第五节 药材外贸

清代，出现帮商后，广帮、宁波帮、京通卫帮等大药帮携“洋药”到安国药市求售，并换回部分中药材出口，以获高利。民国初，安国药商成立黄芪研究社，社内黄芪庄和郝家大有恒药材庄加工的黄芪，每年出口300余箱。民国20年（1931），卫帮（天津一带药商）到安国出售的日本产药材有皮苓、神羔、根朴、洋丹、洋枳实、洋枳壳、砂仁、决明子等33种；印度产的大腹子、大枫子2种。山西帮和广帮运至销售的有南洋产的没药、乳香、肉蔻、公母丁香、荜拨、草果、益智等，印度产的檀香、牛黄、珍珠、犀角、甲片等，新加坡、泰国产的犀角、槟榔、紫蔻等，还有柬埔寨的苦果，美国的花旗参。河北宣化的同义成号和五台的天兴恒号每年收购大量蛇床子、大苏、远志、麻黄、甘草销往日本及西欧市场。《保定地区对外经济贸易志》载，民国年间，易县真武庙村卢慎之，每年在安国药市采购大量柴胡、五灵脂、黄芩等中药材，通过香港外销。

据薛愚主编的《中国药学史料》记载，七七事变后，由于安国药商迁津，极大推动了天津市的中药材出口贸易，当时“搞国药出口、黄芪出口的大都是祁州人”。专门加工黄芪的“黄芪帮”迁津后，著名字号通泰兴、华记黄芪庄、崔少康黄芪庄和太记黄芪庄加工的炮台芪、冲正芪、三皮芪等产品直销香港，远销东南亚及西欧，在海外享有盛誉。

民国29年（1940），日军为掠夺中国药材资源，在天津成立了“华北生药协会”，强行控制垄断中国的药材产销。是年10月，日伪华北政务当局打着“复兴中国药业”的旗号，作为“当务之急”恢复安国药材庙会，以控制安国药市，每年通过安国药材市场，廉价运走大宗黄芪、麻黄、甘草、远志等中药材，直到安国解放前的民国33年（1944），日本仍通过其伪合作社＝收购一些药材，有祁大黄、薄荷、青木香、薏米、蜂蜜等输入日本。

中华人民共和国成立后，安国县药材出口列入国家计划，每年都通过保定地区外贸部门收购安国的地产药材出口。1959年，县商业局专设外贸科。据保定地区外贸局资料记载，1959—1980年保定地区出口的菊花、天花粉、紫菀、青木香、毛知母、山药、白芷、南星、阿胶、槐米、蜂蜜、香菜子12种中药材总计1494吨，安国产占50%以上，其中青木香、紫菀达400吨。1962—1975年，每年通过天津口岸出口生地、天花粉、菊花、紫菀、牛膝等地产药材30余吨。

1980年后，国家逐步改革外贸体制，中药材经营落实“对内搞活，对外开放”政策，安国的外贸经销发生深刻变化。1980年，保定地区规定药材内贸归药材公司经营（槐米除外）。药材外贸加工归县药材交易所经营。1985年，出现多渠道、多层次、多形式的药材外贸经营体制，有个体、集体、国营外贸经销单位6个。到1990年发展到10余个，有北方中药材贸易货栈、中州药材站、祁州药材站、晨辉、经委药材加工厂、康华、康保等企业。这些单位均以出口地产药材为主，有黄芪、知母、紫菀、生地、木香、白芷、菊花、沙参、草决明、芥穗、山药、槐米、天花粉、牛膝等16种，兼营出口的外地产品有防风、柴胡、黄芩、茜草、甘草等20余种。1985—1990年，总出口量2740吨，总值2480万元。药材外贸经销单位以北方中药材贸易货栈时间最长，出口量最大，品种最多。加工的黄芪产品炮台芪、黑芪片被外商视为高档商品，1980年分别获外经贸部优质产品证书；毛知母被列为免验商品直接出口；光条山药在国内产品中名列前茅，畅销东南亚。1980—1990年，共出口中药材黄芪、黄芩、光条山药、花粉等32个品种，1360吨，总值948.94万元。

1980—1990年北方中药材贸易货栈药材出口统计表

表7-13

年度	出口量（吨）	出口总值（万元）	占全县出口总值（%）	出口品种
1980	16.14	9.46	100	黄芪、韭菜子、全虫、白芍、槐米
1981	21.08	17.85	100	黄芪、毛条山药、桃仁
1982	139.84	81	100	黄芪、光条山药、独活、蒌仁
1983	587.06	261.74	100	黄芪、柴胡、黄芩、鳖甲、地骨皮、全虫、小茴香、木香、光条山药、桃仁、黄连、当归

续表 7-13

年度	出口量（吨）	出口总值（万元）	占全县出口总值（%）	出口品种
1984	269.86	252.94	100	黄芪、蒺藜、黄芩、光条山药、细辛、防风
1985	63.58	42.18	21	黄芪
1986	22.74	13.78	4	黄芪、桃仁、芥穗、花粉、韭菜子、菟丝子
1987	121.51	87.06	19	黄芪、光条山药、花粉、柴胡、知母肉、冬花、麻黄、升麻
1988	73.34	80	15	黄芪、柴胡、黄芩
1989	0.77	0.59	0.1	五加皮、花粉、知母肉、黑故子、苏子、桃仁、远志肉、枣仁
1990	44.9	102.34	20	黄芪、光条山药

附：河北省医药保健品进出口公司驻安国药材加工厂

1985年开始筹建，1988年交付使用，占地面积5万平方米，建筑面积2万平方米，年加工能力1000吨，仓储能力3000吨，固定资产800万元。

加工的药材品种有甘草、黄芪、柴胡、山药、赤芍、白芍、防风、桔梗等200个。主要通过天津、广州等口岸出口美国、加拿大、日本、南朝鲜、德国、法国、澳大利亚、马来西亚、新加坡、泰国、意大利、伊拉克、沙特阿拉伯等30多个国家和销往中国香港、澳门、台湾地区。每年出口甘草、黄芪、黄芩、五味子、枸杞、大枣、枣仁、防风、红花、远志、猪苓、桔梗、石竹、柴胡、生地等300余个品种4000余吨。

第二章　药材加工

第一节　加工业概况

宋、元时期，安国药材加工已有简单的拣选去杂，去粗存精。明初，安国人已掌握蟾酥的采集加工方法，并作为贡品进献朝廷。永乐年间（1403—1424）开始出现切片和炮制加工，并迅速发展起来。同时，枣强人王某在安国经营的药刀坊福盛炉远近闻名，人称药刀王。他制作丸药用的药准子、药球子、药罐子、药鼓子等工具畅销各地。

到明中期，安国药材集散市场日盛，各路药商纷集，加工技术得到广泛交流，药材加工随之发展到一个新阶段。药市上经营饮片和成药的“片子棚”“熟药铺”到处可见。切制的饮片种类有1000余个。中成药制造亦发展很快，出现许多制作成药的店坊，著名的有三槐堂、体延堂等字号。剂型有丸、散、膏、丹、酒、露、酊、胶等10余类，500余种。到清末民初，南关大药市、小药市、东大街专营饮片的商号比比皆是，有万盛魁、同恒公、荣庆和、志诚瑞、亨吉泰、万合昌、善德恒、聚金号、东生元、广升泰、德发昌、元吉东、恒昌兴、同德裕、万众聚、杨和兴、裕泰昌、长盛公等字号500余家，雇用切片工人9000余人。另有不少四乡农民从事家庭切片副业，赖以维持生计。为满足切片需要，打制药刀的福盛炉也由一个发展为两个，一谓南福盛，一谓北福盛，打制的“药刀王”牌药刀供不应求。清光绪二十六年（1900），本地人吕永仁、吕永恩兄弟开办的明德堂和永德堂，许家的伟迪氏，高安两家合开的健全堂，焦家的永瑞堂，靳家的同德堂，梁家的万春堂，陶家的体延堂，卢家的瑞生堂，卜家的永和堂等，不但经营饮片坐堂看病，且兼制成药，所制镇痛丸、娃娃宁、虎骨酒、百花膏等深受欢迎，名噪全国。民国16年（1927），通泰兴经理张洛恩、全记经理卜继全等组织的黄芪庄常年加工黄芪，将黄芪掐头去尾，弄直绑捆，分别制成炮台芪、红、黑、蓝芪和冲正芪，畅销国内外，年加工量千余吨，价值百万银圆。

药材加工业和中成药制造业的发展，推动了经营方法的改进。民国期间，经营饮片、中成药的店堂铺号不但坐地收购加工，还派出许多下路人员，分路深入外地药厂、药店、医院推销产品，有的还在外地分设庄、号。他们的经营宗旨以信誉为上，售出的产品质量不达标准即包赔损失。客户没现款可赊销，对订货户保证如期供货，从不贻误。安国的饮片及中成药质量、信誉蜚声海内外。民国20年（1931）国立药物研究所郑合成在《安国药市调查》中记道：“同一药材，因其形状不同，所用钱币标准亦有区异：如当归原片（产地切片）用毛银，自切片（安国切片）用白银。”说明安国饮片受社会欢迎。

七七事变后，药材加工和成药生产一落千丈，城关仅剩十几户切片商户和小药铺，濒临绝迹。

安国解放后，中共安国县委和民主政府实行一系列优惠政策，药材加工业逐步恢复。一些迁津的老商户纷纷迁回。到1949年，药材加工字号较大的有泰保恒丸药庄、体延堂熟药铺、惠安堂（丸药）、合庆堂、健全堂、顺兴堂、中华、伟中、安民、国华、瑞泰生薄荷冰厂、永瑞、聚德、恒长兴、裕成、延寿星、复兴昌、乾泰山、复兴永、新生同、复聚成、同庆东等。公营制药字号有华盛兴的鑫记黄芪庄、旗帜药厂、康宁药店、光华药厂、大众药店等。私营字号惠安堂制售的成药有眼药、防疫丹、牛黄解毒丸、痔疮丸、杀虫散；合庆堂的化痛丸、白带丸；瑞泰生薄荷冰厂的薄荷冰；旗帜药厂生产的土的年、樟脑水、吗啡等10多种注射液和鑫记黄芪庄加工的黄芪产品都是当时的名品，畅销冀晋、冀南、山东等地。

1952年，通过“五反”运动，清除危害人民健康的伪、劣药，打击不法奸商，中成药生产步入正规。据1953年统计，成药生产商户44户，资金总额12万余元。其中最大的是通仁堂、复华、伟中氏和惠康4家，共7个资方，资金6万元，占全部成药户资金额的50%。

1955年，通仁堂、伟中氏合并为建华联营制药厂。1956年公私合营时，惠康、复华与建华合并为公私合营建华制药厂，共有职工48人，年产值70余万元。是年，开始使用机器切片，每天切500千克，比人工提高工效30倍。合作化高潮时，30多个较小成药生产户组成成药生产合作社。1957年，建华制药厂有职工104人，年产值160万元。

1958年10月20日，成药生产合作社与公私合营建华制药厂合并，命名安国制药厂。建厂初期，有干部职工420人，生产设备比较简陋，生产成药40多个品种。另有药材公司的饮片加工厂、薄荷冰厂和阿胶厂，生产各有特色。

1959年，安国制药厂生产91个品种，总产值910万元，比1955年提高16倍多，全员劳动生产率达1.8万元。1960年后，先后改革设备70多台件，完成革新项目30多项，自制了密丸涂腊机、联合装片机、润药机、洗药机、干燥机、炒药机和提油设备等。革新的提炼封闭煎煮室外出渣和研制的多能提取罐，使出汁自流、过滤沉淀形成新工艺。1970年，研制成功人工合成牛黄，年产0.5吨。1973年，开始制作冰片，并生产山豆根、竹沥油等原料药，为中药材精深加工创造了条件。1977年，生产的成药主要有蜜丸、水丸、片剂三大类120余个品种，年产值327万元。

1980年后，药材经销业和种植业的极大发展，使传统的、独特的药材加工业优势进一步发挥。中成药制作有了突破性发展。安国制药厂的产品有丸散膏丹300余个品种，许多产品，如安宫牛黄丸、人参再造丸、益智安神片、清火片、血见愁片深受患者欢迎。其中，血见愁片、清火片为国内首创；年产40万盒的速效牛黄丸被评为河北省优质产品，被国家医药总局定为优质出口产品。在中药材加工上，逐步形成了县、乡、村、户多层次，国家、集体、联合体、个体多种成分的经营体系。到1990年，全县有国营药材加工单位7个，集体（包括县直单位、乡镇、村办）53个，农民集资合办75个（分布在祁州镇、东河、门东、焦庄、淤村、大五女等十几个乡镇），药材加工专业村18个，专业户7500多个，从业3.8万多人，年加工量达万吨，纯收入500万元。每年仅加工出口的黄芪、光条山药两项，即达四五百吨。同时，安国酒厂酿制的药酒亦批量生产，一系列药物保健食品研制成功，并通过省级鉴定。1990年12月，在河北省举办的首届名、优、特、新、高产品展销会上，安国选送的50种传统药材加工产品，有23种荣获“振兴河北经济奖”。是年，全行业生产总值19750万元，实现利润600多万元，分别是1949年、1965年、1978年的433%、262%、137%。

第二节　加工技艺

自明初兴起的安国药材加工业，经过数百年生产实践，从选料、配方到工艺流程等各个环节，积累了丰富经验，有许多独到之处。经过加工的药材形、色、味、性明显变化，药效显著，精湛的加工技术赢得“药不经祁州没药味”的美誉。

安国的中药材加工，主要包括药材的产后加工、切制、炮制、成药制造。

一、产后加工

安国的中药材种植历史悠久，药农不仅精于栽培管理且精通产后加工。药材采刨后，需进行加工的品种有六七十种。有的要去芦头、须根、茎叶，如苍术、木香、白术、赤芍等；有的要去皮以减毒性，如南星、沙参、桔梗、白芍、天花粉等。有些加工工艺比较复杂，如白芍，采刨后首先切除芽头，去净泥土，按粗细等级分别用沸水煮烫。一次煮烫不宜过多，以水淹没芍根为度。煮烫火候以芍根无白心为适度，火大分量减轻，火小则乍心切不成片。煮烫后要用磁片或竹片刮去外皮晾晒。在晾晒中，晒半天用麻袋或席子盖半天，俗称“发汗”。不经“发汗”的白芍内湿外干、抽沟、粗糙、色泽不鲜艳，影响质量。地黄采刨后，一般都加工成干生地或熟地，先将鲜地黄置火炕上，用文火烘焙，温度60℃左右（火大易起泡），以里面变黑，外皮变硬为度，即为干生地；干生地加黄酒（以酒淹没为度）隔水炖至酒被生地吸收，捞出晒干即为熟地。一些中药材产后必须加工才能上市，药材加工后价值可成倍或数倍增长，山药刨下鲜卖每千克仅1元左右，制成毛山药增值一倍以上。选出粗大、条直的，经过闷、润、淋、晾、搓等工艺加工成光条山药，每千克增值15倍以上。20世纪80年代以来，光条山药加工技艺已被广大药农掌握，每年西桄、北徐辛庄、瓦子里、杨翟、南流罗、明官店等村的药农，利用冬闲春初投入光条山药加工制作，年收入加工费100余万元。安国种药品种多，谚语“春刮桔梗夏打靛，秋摘菊花剥沙参，闲不住的冬三月”，即指药农一年无闲。

二、切制加工

中药材切制加工为安国的一项传统工艺，可根据饮片配制需要，切制成咀、片、丝、段、块等各种规格。安国药工能切制植物、动物类药材800余种，切片刀法有直片、圆片、斜片、丝片、刨片、镑片等，技术非常讲究。安国数百年的加工实践，形成独特技艺。切制的标准咀片完整、均匀、美观、鲜艳，不卷曲、不变形，且药效提高。切制的程序和方法有闷润、浸泡、切片、镑片、剁劈等。闷润，将药物用清水浸湿或喷淋清水，置适宜容器内，让水分慢慢渗入药物组织内部，使其软化便于切制。如甘草、黄芪、桑皮、沙参、牛膝、秦艽、板蓝根等。有的药物质地坚硬、块根较大、不易切片，如祁大黄、三棱等。安国药工采用水洗浸后装入罐中，罐口向下，以麻袋片塞口控去水分切制。浸泡，有些药物为使其柔润软化或去毒性而进行浸泡，浸泡时根据药物的大、小、粗细、软硬分类处理，如乌药、槟榔等。安国药工“百刀槟榔”刀法驰名中外。一个大如枣坚似石的槟榔，经浸泡润制后，可切出100多片，片薄如纸，可随风飘扬。有些药材须浸泡去掉毒性，如半夏、南星等。安国药工切制的清半夏，切前取净半夏置水池中浸泡7天（可根据季节不同而掌握浸泡时间），经3次换水，泡至半夏无白心，口尝稍有麻辣感时捞出每千克加白矾200克再水煮2～3小时，捞出润透切片。不但毒性减小，而且切出的片子薄如蝉翼，轻若羽毛，放在手心一吹，可飘然升空，被医药界称为“蝉翼清夏”。有的动物类药材要经浸泡使骨肉分离方能入药。如鳖甲、龟板、虎骨等。对芳香性草本药材有“紧洗不泡”的经验，久泡则药气、药味皆无。镑片，用特制工具将坚硬的药材刨成薄片，如鹿茸、犀角、羚羊角等。安国镑制的鹿茸片、犀角片久负盛名，因刀法独特，被冠以“云片鹿茸”“刨花犀角”。“云片鹿茸”，将鹿茸加热润透切成的片子，状若云片，薄不见边，放在舌尖，顷刻溶化；“刨花犀角”，系用特制的钢锉排刀，把坚硬如铁的犀牛角镑成片子，形似薄薄的木刨花，剔透照人。剁劈，用刀斧利器将药材切成饮片或剁劈成碎块、木丁，如沉香、降香等。安国药工在长期实践中，总结出了很多切制饮片的经验，久成俗语，诸如“切木通，十刀九通”“槟榔不见边，木通飞满天”“小皮草子烂当归，要命的桑皮（指桑皮难切）”和“桂枝常山乌药灵仙，切在夏天”等。

安国切制饮片工具主要是刀，有片刀、刨刀、药刀之分。安国“福盛炉”生产的药刀由刀片、刀条、刀鼻三个部件组成，锋利耐用，切药省力，“药刀王”名牌历500余年不衰。中华人民共和国成立后，县五金制品厂出产的药刀成为安国药材交流会上的畅销品。1956年后，切制工艺除传统保留项目外，由机械代替。

三、炮制加工

药材的炮制加工也是安国最具传统特色的工艺。在药材炮制上，安国历来最讲究药物疗效，药材要求地道，炮制要求得法。药工把炮制药材的质量同治病救人紧密相连。药材炮制作坊都贴有“修合无人见，存心有天知”“人命至重，贵于千金”“法效雷公、术遵岐伯”的警语，以自我监督，这种习惯代代流传。安国的炮制加工主要遵从水、火和水火共制法，有炒、煨、焙、煅、蒸、煮和法制等之分。其功用各不相同，有的可使药性改变，有的可使质地软脆，有的可减低毒性。如炒制，有单料单炒和加辅料合炒。清炒有炒黄、炒焦、炒炭法；辅料合炒有土炒、麦麸炒、砂炒、盐炒、姜炒、蛤粉炒、滑石炒、酒炒、醋炒等法。安国药工根据多年积累经验，将中药炮制理论编成歌诀，代代相传，“酒制升提而散寒，姜制和中而去痰，醋制入肝易收敛，盐制走肾而软坚，麸炒健脾咨鼓气，土炒守中助脾官，米泔水制去燥性，蜜制甘缓补益元，砂烫炮鼓打松脆，滑石烫制吸油干”。对炒制的程度有“炒黑入血炭止血，炒焦消化开胃宽，清炒数粒爆香味，炒炭存性最关健”。安国制药以做工精细，应用辅料一丝不苟而闻名。制作的槟榔，不但切制美观，且炮制过程颇为讲究。有炒槟榔、焦槟榔、蜜槟榔、槟榔炭之法。炒槟榔，用文火炒至微黄；焦槟榔炒至焦黄；蜜槟榔置热锅内加炼蜜、沸水，用武火炒至焦黄；槟榔炭，用武火炒至内呈黑褐色，及时喷淋清水而得，清炒、炒焦增强消导作用，蜜制以增药力，制炭可治血痢。蜜制甘草、黄芪，炒制杜仲、薏米、柴胡等均有其独到之处。过去炮制“九转胆南星”工艺繁杂，需炮制很久方能入药。1989年，安国中药开发药材加工厂研制出胆南星加工新工艺，大大缩短炮制时间，并经省药检所鉴定，符合国家药典规定标准，1990年荣获“振兴河北经济”奖。

四、中成药

安国成药制造，古有盛名。明初已能制作多种成药，万历年间（1573—1620）制作的丸、散、膏、丹、水、露、酊等不同剂型的成药达500余种。明末，中成药制造业有10余家，较著名的有三槐堂、体延堂、瑞生堂等。清末民初，中成药制作有了新发展，制药店坊数十家，主要产品有畅悦丹、红棉散、止喘丹、止漱片、赴宴散、胃活灵、得腾散、牛黄清心丸、牛黄正惊丸、牛黄抱龙丸，活络丹、苏合丸、青果丸、宝腊丸、回春丹、益母丸、补心丹、十全大补丸、六味地黄丸、羚壳丸、水泻散、四消丸、开脑丸、百效膏、竹力膏、平胃散、五香丸、十香丸、头痛粉、烂积丸、乐康灵、虎骨酒、附子理中丸、舒肝丸、镇痛丸、娃娃宁、百花膏、地榆槐角丸、狗皮膏、驴皮阿胶、防疫丹、杀虫散、白带丸、吗啡针、健体灵、士的年、樟脑水、保婴散、咳痛宁、避暑丹、代代珠、定喘丸、女金丹、清瘟丸、逍遥丸、安宫牛黄丸等。瑞生堂生产的益母草膏、百花膏，体延堂的小儿回春丹、虎骨酒，永和堂的清宁丸，太和堂的狗皮膏，泰发恒的川贝精，世一堂的驴皮阿胶等，均属名噪全国的畅销产品。中华人民共和国成立前，安国成药业配方多为古籍医方，有的采用独有的祖传秘方，凭经验制作，不外泄。1958 年，为充分挖掘县内中成药制造潜力，县委、人委鼓励发动老药工、老中医献方，挖掘整理散存民间验方、秘方 1000 余条，进一步推动传统成药制造。到 1990 年，安国在继承开发传统古方成药方面，取得巨大成就。主要品种，蜜丸有牛黄清心、参桂再造、安宫牛黄、速效牛黄、人参再造、羚翘解毒、牛黄清胃、牛黄上清、清温解毒、藿香正气、六味地黄、金匮肾气、益肾、止嗽青果、女金丹、补中益气、通宣理肺、艾附暖宫、十全大补、牛黄至宝、八珍益母、附子理中、麻仁滋脾、大山楂、人参归脾、清眩、二母宁嗽、人参养荣、桔红化痰、柏子养心、舒肝和胃、搜风顺气、小儿回春、牛黄抱龙、琥珀抱龙、木香顺气、黄连上清、槟榔四消、越菊保和、九气拈疼、沉香化滞、香砂养胃、参苏理肺、七珍化积、五福化毒丸等。片剂有人参归脾、人参养荣、天王补心、养血安神、益智安神、补肾强身、舒筋活血、健胃止痛、芎菊上清、黄连上清、牛黄上清、牛黄解毒、羚羊感冒、藿香正气、清瘟解毒、银翘解毒、木香顺气、首乌、肝复，风温、血见愁、清火竹沥、止血、定喘、龙胆草、小活络片等。

附：著名中成药生产厂家

三槐堂　明嘉靖年间（1522—1566），籍人吕学严创办。以制造中成药为主，兼开药铺，聘有坐堂先生（医生）和制药工。吕学严医术很高，他研制的“地榆槐角丸”专治痔漏、便血，疗效很高，驰名药界。吕学严死后，其后代十余世经营三槐堂，直到民国 27 年（1938 年），日军侵占安国才被迫停业。

体延堂　籍人张某开办于明万历年间（1573—1620 年）。除中成药制造外，兼营生熟药材，能制造中成药 300 余种，生产的虎骨酒、小儿回春丹为著名成药，畅销多年，历久不衰。

瑞生堂　清乾隆年间（1736—1795 年）开办。原为安国富户卜家家族自用药铺，后改对外，兼作成药，逐渐扩大。素以制药选料精细，配料讲究，操作认真著称。生产品种较多，著名的有“清宁丸”，该产品主要原料为大黄等药材，制作工艺复杂，经九蒸、九晒，蜜炼成丸，最适宜老人和久病体弱者及便秘病人，药效极佳，颇受青睐。

伟迪氏制药厂　原字号为许源长药庄，建于清初，安国县西枕村许姓经营。该号经济实力雄厚，是药市权威字号。民国元年（1912），东家许泽普当选直隶省议会议员，提倡“科学救国，实业救国”，在天津创办天一堂药店，以简单的生产工具制作中成药和西药，研制出“三鱼牌”镇痛丸。民国 19 年（1930），许泽普改许源长药庄为伟迪氏制药厂（伟迪乃泽普之号）。他利用许氏在药业中的声望，大力推销正痛丸。并开展原料药品生产的研究，从植物中提取薄荷脑，还生产出儿童药品娃娃宁。产品质优价廉，深受缺医少药的农村欢迎，畅销华北广大农村，先后在晋、冀、鲁、豫等地建立 2000 多个代销点，并在河南禹县设立分店。民国 21 年（1932），为进一步扩大经营，伟迪氏制药厂以安国为生产经营中心，雇用职工 30 多人，就地产销。后正痛丸改制片剂，又在天津设立办事处，逐步打开城市销路，成为城市居民的常备药。七七事变后，安国药市遭日伪破坏，伟迪氏制药厂迁津，伟迪之子子素接手经营。民国 31 年（1942）底，伟迪氏制药厂进一步扩大。产品畅销安徽、新疆、甘肃、陕西、青海、河南、江西等省，并向延安和陕甘宁边区输送了大批药品。全国解放后，伟迪氏制药厂成为天津乃至全国较有影响的生产厂家之一。

五、药物保健品

悠久的药业，使安国人民早就懂得了药物养生和药食同源的道理。古有“山药蘸蜜糖，吃了寿命长”之说和家家水缸泡贯众以防瘟疫之举。皆因山药性甘平、补脾胃、益肺肾，贯众解毒之故。清代，已能制造虎骨酒和枣酒。1980年后，在恢复传统保健药酒御春酒、固春酒、黄酒、松醪酒和阿胶生产的同时，医药工作者研制出的小儿保健食品有紫苏糖、消食补血饼干、参杞健身饼干和老少皆宜的山药粉、菊花茶、黄芪茶、山药罐头等饮料和食品。北方中药材贸易货栈开办的药苑酒家餐厅和县招待所开设药膳食谱达50多种。菜谱有糖醋山药鱼、杞果银丝、西瓜酿鸡、虫草扒肘、川贝炖梨、萸肉丸子、莲子三丁、黄芪茶蛋、白玉罩雪、山药拔丝、鸡丝拌梨膏、古月汆丸子、五香丸子、甜拌杏仁等；主食有薏米甜饭、茯苓包子、山药馄饨、沙参烧饼、茯苓烙饼、山药炸酱面条、绿豆杂面等；汤食有莲子羹、银耳羹、十全大补汤等；佐餐药酒有松醪酒、长生酒、黄酒、菊花液、红花露、茵陈绿、晚霞红、陈皮酊、血杞饮、黄芪益寿酒等10余种。安国药膳集百药之精，聚自然灵秀，汇烹调长技，常食可滋补血气，强壮身体，奏延年益寿之功。南仕庄三新药枕厂生产的药王牌清火明目安神枕、主治高血压的降压枕、儿童明目健脑枕等，1986年5月投放市场后，颇受欢迎，在全国十几个省市建立了经销点。已有新西兰、冈比亚、日本等10多个国家的友人享用药王牌药枕。

第三章　中药材种植

安国中药材种植业的产生与发展，与全国性中药材集散地的形成有着极为密切的关系。明代，药王庙会逐渐形成大江南北的药材集散中心，多种药材籽种秧苗和种植技术传入安国，药材的高价刺激，使部分人尝试药材的引种，由于当地气候、土壤、水肥条件适宜，种植面积越来越大，并逐渐形成自已的特点。明末，安国药材种植初具规模，清至民国200余年中，安国药材栽培颇称兴盛。大规模种植则在中华人民共和国成立后。安国药材种植业不仅历史久远，而且所产药材地道、药性纯正、药效较高，面积和产量在全国名列前茅，被列为全国重点药材种植基地之一。中药材已成为农村的主要经济作物，家家种药，人人识药，夏秋季节药花飘香，被誉为中药材之乡。

第一节　分　布

域内土壤适宜多种药用植物生长。清光绪《祁州乡土志》载："东北面地广而腴，多种吉贝花（棉花）；西面濒临沙河，多种淡巴菰（烟草）；南面种紫苏、薏苡、大黄之属；沙河以南，磁水（磁河）之侧多种蓼蓝作靛，此近日农家之大略也。"1990年，20个乡镇都有中药材种植。据1986年药材资源普查小组调查，全县种药户占总农户的95%以上。面积大、品种多、产量高的有东河、常庄、伍仁桥、郑章、大五女、门东、南仕庄、淤村8个乡镇，种有全草、块茎、种子类药材达百种以上。

安国县主要地产药材品种种植一览表

表7-14

品名	药用部位	生长环境	分布地区	产量（吨）
黄　芪	根	沙质壤土	20个乡镇均有种植，东河、北段村、淤村、门东、大李庄、大五女、明官店乡镇为多	1000
荆　芥	全草、花序	黑土、黄土、沙质壤土	20个乡镇均有	40
紫　苏	茎、叶、籽	中性、微碱性土壤	以东河、北段村、淤村、石佛、流各庄乡镇为多	37
薏　苡	仁	黑土、黄土、沙黄土壤	20个乡镇均有	5
黄　芩	根	沙质壤土	常庄、大五女、大李庄、郑章、东河、明官店、南仕庄、门东、淤村、北段村、祁州镇、焦庄、西崔章等乡镇	15
蓝　靛	茎叶	沙质壤土	伍仁桥、明官店、南郭村、东河、焦庄、西崔章等乡镇	200
薄　荷	茎叶	沙质、黏质壤土	东河、伍仁桥、明官店、淤村等乡镇及药材场	5
半　夏	球茎	沙质壤土	淤村、常庄、西崔章、东河、郑章、大李庄、大五女等乡镇及药材场	10
防　风	根	沙质壤土	焦庄、东河、常庄等乡及药材场	10

续表 7-14

品名	药用部位	生长环境	分布地区	产量（吨）
瞿　麦	全草	沙质、黏质壤土	全县均有	13
桔　梗	根	沙质壤土	全县均有	60
丹　参	根	沙质壤土	全县均有，淤村、门东、焦庄、西崔章等乡为多	150
板兰根	根、叶	沙质壤土	东河、常庄、焦庄、明官店、西崔章、大五女、郑章、淤村等乡镇	30
白　芷	根	沙质壤土	大五女、大李庄、郑章、常庄、东河、焦庄、门东、南仕庄、明官店、南郭村、淤村等乡镇	400
北沙参	根	沙质壤土	全县均有，以常庄、东河、焦庄、大李庄、大五女、郑章、淤村等乡镇为多	1000
生　地	根	沙质壤土	全县均有	400
栝　楼	根、果	沙质壤土	全县均有，以东河、焦庄、西崔章、明官店、南仕庄、常庄等乡镇为多	105
山　药	根	沙质壤土	全县均有，以常庄、郑章、东河、伍仁桥、明官店、焦庄等乡镇为多	1000
菊　花	花	沙质壤土	全县均有	400
牛　膝	根	沙质壤土	全县均有	500
白　术	根	沙质壤土	全县均有	200
木　香	根	沙质壤土	全县均有，常庄、焦庄乡为多	40
白　芍	根	沙质壤土	伍仁桥、西崔章、郑章、大五女、淤村、东河、常庄等乡镇及药材场	40

第二节　品　种

据明崇祯《祁州志·土产》载，当时安国产药材28种。因志书字迹不清，只能认出22种：枸杞、牵牛、紫苏、菟丝子、瞿麦、桑白皮、益母、茵陈、小茴香、薏苡仁、薄荷、车前子、酸枣仁、杏仁、菖蒲、槐角子、苍耳、百合、艾、赤芍药、白芍药、金银花。此外，在花类、草类、蔬菜类、果类、货类中也有不少是药材品种。如货类中的靛、蜂蜜；草类中蒿、芦、蓝（有三种）、蓼、马兰；花类中的木槿、石榴、鸡冠、玉簪、丁香、蔷薇、石竹、金盏、蜀葵、萱草、望江南、十样锦、打碗、紫荆；果类中的无花果、地栗、枣；蔬菜类中的莴苣等27种，加在一起计55种。除去野生者，种植品种有枸杞、牵牛、紫苏、瞿麦、益母、小茴香、薏苡、薄荷、杏仁、菖蒲、槐角子、百合、祁艾、赤芍药、白芍药、金银花、蓝靛、鸡冠、金簪、凤仙、望江南、丁香、金盏、萱草、紫荆25种（不包括字迹不清的6种药材）。

清代，安国药材种植有了较大发展，乾隆《祁州志·物产药属》载，所产药材有枸杞、黑白丑、紫苏、菟丝子、瞿麦、桑白皮、益母草、茵陈、豨莶草、莨菪子、马鞭草、白花菜子、紫花地丁、蓖麻仁、远志、香附、小茴香、祁薄荷、车前子、红花、旋复花、芦根、大戟草、杏仁、荆芥、蝉蜕、槐花、苍耳、蛇床子、蒲公英、如意草、谷精草、王不留行等35种。此外，同书谷属中有薏苡仁、赤小豆；草属中有靛、艾、蒿、蓟、老鹳草、蒺藜、马兰；蔬菜属中有金针、萱、莴苣、山药、丝瓜、白扁豆；花属中有荷、菊、牡丹、芍药、石榴、鸡冠、凤仙、玉簪、丁香、石竹、金盏、蜀葵、百日红、芙蓉、紫荆、百合、金银花、木槿等药材33种，共计68种。除去野生植物，种植品种有枸杞、紫苏、黑白丑、瞿麦、桑白皮、益母草、白花菜子、蓖麻、远志、香附、小茴香、祁薄荷、红花、杏仁、荆芥、槐花、谷精草、薏苡、赤小豆、靛、祁艾、马兰、金针、莴苣、山药、丝瓜、白扁豆、荷、菊、牡丹、芍药、石榴、百合、金银花、百日红等46种。

民国20年（1931），北京社会科学院中央研究所郑合成到安国调查药业时，药材种植品种达54种，有祁艾、祁薄荷、祁大黄、祁薏苡、紫苏、白头翁、苦参、白扁豆、石榴、春花、茺玉子、青黛、祁紫菀、鸡冠花、翻白草、黑白丑、蓖麻、玉簪、凤仙、桑白皮、乌桕木、千金子、樗根白皮、皂角刺、生菜子、祁山药、罂粟壳、柏子仁、栝楼、芙蓉、槐花、苦楝、侧柏、丝瓜、绿甘草、透骨草、侧兰、大青叶、益智蒿、马兰花、洋金花、谷精草、凤眼草、苦丁香、紫草、锦灯笼、红花、火麻子、天麻子、祁木香、枸杞、蒲黄、升麻、鸡血藤。

民国25年（1936），所产中药材已达123种。七七事变后，大部分药田荒芜。到民国33年（1944），仅有日军通过伪“合作社”强令农民种植的祁大黄、薄荷、木香、薏苡等几种。

解放后，党和政府非常重视中药材种植，药材生产得到长足发展。1956年，药材种植纳入国家计划。县农场改为中药材种植试验场，积极引进栽培新品种，驯化野生品种，药材品种迅速增加，1958年增到70余个，1966年达160余个。1975年，安国试种毛知母602亩，创亩产400千克高产，而且质地优良，试销香港颇受欢迎，1977年7月被定为毛知母生产基地。1983年，在全国出口商品生产基地、专场建设成果展览会上，安国的毛知母、知母肉获国家对外经济贸易部优质产品荣誉证书。到1990年，药材种植达230余种，以地道家种老品种而闻名的有祁白芷、祁薄荷、祁艾、祁紫菀、祁薏米、祁木香、牛膝、山药、生地、栝楼、南星、紫苏、荆芥、洋金花、板兰根、黑白二丑、枸杞、故子、白花子、黑芝麻、白扁豆、锦灯、草决明、瞿麦、靛、祁菊花、祁香薷、鸡冠花、祁大黄、白芥子、地丁等60多种。引种的60多个品种中以黄芪、甘草、元胡、冬花、杜仲、牛子、云木香、穿心莲、郁金香、川芎、白术、防风、知母、丹参、沙参、桔梗、毛地黄、沙苑子、萸肉、附子、党参等最为成功。在增加品种，扩大面积的同时，药农特别注意药材的性、味和药效，淘汰了质量低劣、药性不纯和药效不高的品种，注意了药材籽种和秧苗的选择、提纯复壮。有些药材因地道、性味纯正，历史上被冠以“祁”字，如祁薏米、祁薄荷、祁菊花、祁紫菀、祁木香、祁白芷、祁大黄、祁艾等。祁菊花被国家医药总局列为全国三大著名产地之一（杭菊、祁菊、亳菊）。祁大黄、祁木香、祁白芷、祁紫菀、祁州漏芦、板兰根、香附等被分别编入国家《中药大辞典》《中药志》《全国中草药汇编》《河北药材》等专著中。

第三节　面积与产量

清代以前安国药材种植面积和产量无考。清雍正乙酉（1729）科进士刁显祖作《祁阳赋》中记道：“薏米胜雕菰之饭，土豆冠环薞之肴，蟾酥记于简册，胶枣制以薰烧，红花蓝靛，烟叶秦椒，皆堪远贩，牙客相招。”其中提到“薏米”“红花”“蓝靛”三种药材“皆堪远贩”。清光绪《祁州乡土志》载，安国“岁进薏苡，有差种者，紫苏、大黄亦然”。光绪三十三年（1907），北洋官报局刊印的《直隶工艺志初稿》报告类卷上载，祁州土产薏苡、大黄、苏叶、蓝靛、山药等药材岁出约10万斤。又称：“境内薏米、大黄为著名出产，出产薏米用以进贡，大黄能染绸布，人工以炮制药材为大宗。”民国4年（1915）《直隶风土录》载，安国种植大黄颇多。民国23年（1934）《河北月刊》第2卷第12期载，“安国年产大黄5万斤，薏米1万斤，苏叶3万斤，他项药材称是”。

七七事变前，域内种植药材的农户很多，原因是种药材比种其他作物收入多。当时种一亩小麦收入16吊钱，1亩谷子收入9吊，种1亩紫苏连茎带叶可收300斤，卖60吊，一亩木香可卖40吊，1亩薏米可卖十几吊到40吊钱。北徐辛庄、大南流、西固、韩村、新安、西徐、齐村等村有大部分农民种药材。北徐辛庄当时共有耕地2440多亩，其中种药材达六七百亩。该村刘云山家有地50亩，种药材3亩多，有七八个品种。西固村崔老洛家有地24亩，种药材五六亩。

解放后到1990年，药材种植业出现过3次高潮。

第一次高潮是民国36年（1947）土地改革之后，分得了土地的农民欢天喜地，生产积极性空前高涨。党和政府对广大农民极为关切，采取国家贷款、预购、预付定金等措施，大力扶持农民恢复药材生产，激发了农民种药积极性。至1951年，每年种药材都在1000亩以上。

1953年第一个五年计划开始，药材市场繁荣，中药材需求量增大，供不应求，促使安国药材种植出现第二次高潮。到1957年，种药材达4579亩，总产871.9吨。种植收入达62.78万元。1958年，中共中央主席毛泽东和刘少奇、周恩来、李先念等党和国家领导人先后到安国视察，对安国药材生产的发展作了重要指示。是年11月6日，国务院发布《关于中药材生产问题的指示》，安国药材生产进入一个新阶段。1959年，种药材1万亩，比1949年增加9倍多，总产值达250万元。中药种植业的发展，不仅保证了全县医药供应，而且大力支援了外地医药需求，仅白芷一种，1959年先后调往云南、贵州、新疆、福建等省、区1.5万余千克。

“文化大革命”时期，忽视经济作物发展，把种药材看作“资本主义倾向”加以批判。有些农民在自留地里种药材也被拔掉，抑制了群众种药积极性。1967—1972年，全县和药材亩数徘徊在5000—9000亩之间。但是，由于农民有种药材习惯和种药材效益高，有不少人仍冲破限制，继续种药材。小营村在沙滩地上开辟一个小药园，栽种板兰根、白术、沙参、黄芪等8种药材，年收益2万多元，平均亩收入320元，相当种粮收入的3倍多。

1978年以后，尤其是“对外开放，对内搞活”政策的实行，药材种植业有了突飞猛进的发展，是为第三次高潮。1979年，药材生产纳入农业生产计划，县制定“以粮为纲，全面发展，因地制宜，适当集中”的药材生产发展原则。生产队与基层供销社、基层供销社与县药材公司逐级签定产销合同。全县计划种药材0.9万亩，实种1.39万亩，种植品种有生地、菊花、白芷、山药、紫菀、沙参、元参、蓝靛、板兰根等35个品种，其中菊花、板兰根、紫菀、沙参等大宗品种种植达千亩以上。1983年种药材3.27万亩，总产2595吨；1984年达11万亩，占总耕地面积的22%，总产达2.5万吨。1985—1990年，平均每年种植药材6万亩以上，年均向国家提供商品药材10491吨，年均总值3690万元。

1949—1990年部分年份安国县药材种植情况统计表

表7-15

项目 年度	面积（亩）	产量（吨）	产值（万元）	占种植业总产值%	药材种植人均纯收入（元）	占农村人均纯收入（%）
1949	1105	—	—	—	—	—
1951	1216	—	—	—	—	—
1953	1614	20.2	—	—	—	—
1954	1573	—	—	—	—	—

续表 7-15

年度＼项目	面积（亩）	产量（吨）	产值（万元）	占种植业总产值（%）	药材种植人均纯收入（元）	占农村人均纯收入（%）
1956	3303	626.8	35.42	2.37	—	—
1957	4579	871.9	62.78	2.79	—	—
1958	4527	594.4	43.62	1.78	—	—
1959	10000	632.8	250	11.05	—	—
1960	9047	554.3	69.83	4.08	—	—
1961	3011	296.6	39.19	2.17	1.6	—
1962	3293	296.6	47.41	2.74	1.8	—
1963	6720	272.1	99.41	14.18	3.8	—
1964	3385	646.5	47.44	2.33	1.9	—
1965	7101	1077.5	119.99	5.2	4.8	10.4
1966	9319	1286.6	139.41	5	5.5	10.6
1967	6394	2109.4	268.92	12.6	10.6	18.3
1968	4958	903.2	149.8	7.4	5.8	10.9
1969	5065	537.6	134.25	6.4	5.1	9.1
1970	5274	976.8	212.67	8.7	7.8	13
1971	8457	1745.6	275.28	7.5	9.9	18
1972	9621	1710	251.06	6	9	17
1973	10432	1642.8	282.7	6.1	9.98	17.9
1974	11054	2322.8	409.44	7.6	143	22
1975	11280	2724.4	483.3	10.4	16.7	31.5
1976	15380	3301.3	644.5	17.2	22.15	41
1977	12235	2049	455.52	12.7	15.33	9.29
1978	10445	1486.4	289.84	6.5	9.65	16
1979	13944	1793.1	352.22	7.3	11.6	15.7
1980	12478	1209.6	315.19	9.93	10.14	9.94
1981	7716	786.3	250.7	—	8.1	—
1982	11375	1604.8	434.52	7.3	13.5	—
1983	32720	2595	1400	17.58	41.19	14.9
1984	110000	25000	4700	40.9	147.2	36.8
1985	98800	15700	3145	30.2	58.8	12.7
1986	40200	5145	882	8.2	16.39	3.09
1987	50000	10475	4190	37.6	90.32	16.3
1988	61500	11130	4627	36.05	106.08	17.36
1989	55300	10500	4300	35.8	117.31	19.01
1990	55000	10000	5000	42	142.13	22.8

第四节　栽培管理技术

安国药农经过长期生产实践，在中药材栽培管理上积累了一套完整、独特的经验。根据中草药的特性，因地制宜种植。甘草、黄芪是深根性的多年生植物，适宜在土层深厚的黄土地种植；白芷、牛膝等多种植在肥沃的沙质土壤中；沙参、防风等宜生长在砾沙壤土；人参、贝母等宜在排水良好、富含腐殖质呈微酸性或中性的壤土种植；而泽泻适合生长在黏性潮湿的土地。在土壤的耕作上，精耕细作，根据日照情况作畦打埂。有“耕地深一寸，顶上一茬粪”“深耕细耙，旱涝不怕”等农谚，说明了药农在种药上的讲究。在药材籽种的贮藏、处理与繁殖上，安国药农亦有其独特办法。如：白芍、细辛、北沙参等种子采购后，如不立即播种，必须作沙藏处理，来年才会保发苗；毛地黄、穿心莲等种前必须用水浸泡。中草药的繁殖对保证药材特性和药效有很重要的关系，有性繁殖培育的药材易驯化，便于推广，缺点是异花授粉易生变异，有的生长年限长，影响发展。无性繁殖能保证药材特性，缺点是繁殖系数低。安国药材种植无性繁殖有分株法，如南星、白艾、冬花、贝母、丹皮、枸杞等；有扦插法，如连翘、金银花、菊花等；还有压条法和嫁接法。

1956 年，安国药农试验成功栝楼有性繁殖新技术，改变以往用块根栽植的传统种法，使栝楼开始了大面积种植，花粉产量大幅度增加。县药材公司职工崔景芬，研究中药材种植多年，1982 年在自留地和庭院搞栽培试验，每年栽种五六十种，有大路品种、稀有品种，亦有滞销的保留品种。1985 年，崔景芬培育成功“短脖一号”栝楼新品种。该品种具有蔓短，不闹秧，不搭架，通风好，挂果早，坐果多，个头大，色泽好，药性足，产量高和适合麦地间作，大面积栽种的优点。1986 年，河北电台、《河北科技报》《中药事业报》《经济信息报》发表了他的《栝楼栽培技术》。到 1988 年，为河北、山东、河南、湖北等 27 个省的农民提供栽培技术资料 4850 份，瓜蒌籽、块根达二三万千克，被当地和外地农民誉为群众的“小财神”。流昌村农民农艺师、河北省中药材协会会员、河北省劳模崔大虎，1985 年试验成功冬季塑料大棚育苗，春季移栽白术栽培法，将白术两年生缩短为一年生，而且块根肥大，药性不变。同时改传统的白术栽植南北畦为东西畦，解决了怕高温遮阴问题，使白术根腐病和死亡率大大降低。安国有句农谚“三分种，七分管，十分收成准保险”，说明中药材的田间管理非常重要。药农针对各种药材品种的不同和药用部位的不同，总结出了特殊栽培管理技术。种附子、白芍时除须根，玄参、牛膝打顶尖；地黄、北沙参、南星、半夏等摘花去势；人参、三七要遮阴；栝楼、白扁豆、牵牛花要搭架等。此外，在药材的浇水、施肥、中耕、除草等田间管理和病虫害防治方面都有其独特技术。

安国中药材种植栽培管理技术，引起各级医药管理部门和专家学者的高度重视，1956 年国家确定安国为全国中药材种植基地。1959 年、1978 年、1987 年，河北人民出版社、河北科技出版社分别出版了《河北药材》《北方中药材栽培》《祁州中药志》等总结安国药材种植技术的专著。安国高超的种药技术被各地药农和有关科研单位公认，每年都有很多外地人员到安国学习种植、栽培、管理技术。1989 年，日本津村顺天堂与河北省外贸医药保健品进出口公司联营的北村中药有限公司在安国征地 80 亩，建立中药材种植试验场。

附 1：安国地道药材种植管理方法选录

祁白芷

白芷是常用中药材，《神农本草经》列为上品，《本草纲目》列入草部芳草类。安国种植白芷有上百年历史，不但享誉国内，而且畅销东南亚国家及港澳地区。

选地与整地　白芷是深根植物，适宜疏松肥沃、排水良好的沙质壤土。施足底肥，以圈肥为主，深耕细耙，整成宽畦。

播种　秋播于处暑至白露节，播种前 3 ~ 5 天洇地，松土整平，按行距 20 ~ 25 厘米，划 1 厘米左右浅沟，将当年产种子匀播于沟内，复土掩盖耧平浇水即可，15 天左右出全苗，亩用种量 1.5 ~ 2 千克。

田间管理　苗出齐后，结合中耕松土、锄草，上冻前浇一次冻水，并盖一层圈肥。翌春将粪块压碎耧平，苗高 10 厘米时按株距 10 ~ 12 厘米定苗，随着植株生长和根部需肥量增加，在苗高 15 ~ 20 厘米时，在行间用独角耧开沟，每亩施入混有一定数量磷钾肥的饼肥 100 千克左右，并适当浇水。以控茎叶窜长，影响根部发育。

病虫害防治　（1）伏天叶片易生黑斑病，将病叶摘除烧毁或用波尔多液喷洒 1 ~ 2 次。（2）虫害有蚜虫、红蜘蛛，可用 6% 可湿性“六六六”加水 200 倍或“乐果”加水 2000 倍浇根部除治。收获前 1 个月禁用。

收获　收获适宜季节在处暑前后，白芷茎叶枯黄时采挖，割去上茎叶，挖出块根，除净残茎、须及泥土（勿用水洗），晒干或用微火烘干，放置阴凉干燥处保存。

祁紫菀

别名小辫。据《中药志》载，紫菀主产于河北安国、安徽亳州。安国县常庄、东河、南仕庄、淤村等乡栽培历史最久，产量大，产品根粗长、棕紫色、质柔韧，质地纯正，药效良好，畅销全国各地，被誉为“祁紫菀”。

生长习性　喜温暖湿润气候、耐寒、怕干旱，以疏松肥沃的沙质壤土栽培为宜。

栽培方法　用根茎芽芦（引条根）繁殖，春秋两季均可栽培。秋栽于上冻前，春栽于清明至谷雨间，选地施足基肥，深翻整平，按行距 30 ~ 35 厘米，开 5 ~ 6 厘米深沟。将秧截成 5 厘米左右的段，每段 2 ~ 3 个芽。然后将种秧按株距 30 厘米左右放于穴内，埋严浇水。过 3 ~ 4 天，按 3 ~ 5 行留埂耧平做畦，以利保墒。也可按以上同样行距穴栽，气温在 20℃时，半月可出苗。

田间管理　苗出齐后适当浇水，以利根系生长。幼苗期须中耕松土，保持土壤疏松，幼苗长到盖严地皮时，停止松土，加强水肥管理。结合浇水，可施入部分氮肥。如天旱，可适当增加浇水次数，发现抽苔植株及时去苔。

病虫害防治　病害有叶斑病，但很少发生，可用波尔多液喷洒防治。

收获　药用根及根状茎。生长一年后，于秋末叶片枯萎时或第二年春初发芽前刨收。如土地干旱，刨收前可浇一次水，3 ~ 4 天后收刨。去掉芦头及泥土，将横生根茎芽节摘下做种秧。根须晾到半干时去净泥土辫成辫子，晒干。

祁菊花

生长习性　耐寒，能在田间越冬，适宜在干燥向阳、排涝方便、土壤疏松的地方种植，怕干旱，忌重茬。

栽培方法　多采用分株繁殖，也可扦插繁殖。分株繁殖又可分春栽和夏栽。春栽于春分前，施足基肥，整地作畦，畦内交错挖穴，行、穴距 35 ~ 45 厘米，每穴放种秧 1 ~ 2 株，复土埋实，浇水即可；夏栽于麦熟时按上述方法栽植。扦插繁殖，截取母株 10 ~ 12 厘米为插条，按 8 厘米株距插入沟中（沟距 15 厘米，深 6 厘米），使条露出土面 3 厘米左右，复土压紧，在苗床上铺一层稻草以保湿度。20 天后生根，苗壮后即可移植大田，育苗以四五月份为宜。

田间管理　（1）“平顶”。苗高 30 厘米左右时，择晴朗天气打顶，随后追肥，亩施粗肥 250 千克，混合硫酸铵 10 千克或炕土 100 千克。后适当增加浇水次数，保持土壤湿润。（2）“攻花”。即使蕾多而肥大。在白露节前后一个月内，追肥两次，每次亩施硫酸铵10千克、过磷酸钙10千克，追肥后勤浇水。据当地药农实践经验，栽种菊花按月份掌握“三栽，四平头，五六分枝头，七八多追肥，九月看花头”的要领，即可确保丰收。

收获　寒露至霜降节，菊花全部开放后即可采收，晾晒至八成干时，用硫黄薰（每百千克用硫黄1千克），既防虫蛀又花色鲜白。为防止硫黄污染，安国县有关单位开始研究烘干法。

附2：药材种植试验场

药材种植试验场，坐落在县城东南1.5千米处。占地360亩，种植药材250亩，工作人员52人，其中技术人员6人，房屋（包括库房）100间，保留药材品种270余个，为中国三大药材种植试验基地之一。

药材种植试验场的前身是冀中九专区开办的良种场，主要任务是培植、试验和推广粮食作物的优良品种。1951年，良种场移交安国县。改为粮药试验场。1953年始，专门培育优良药材品种。1956年，更名为神农药材场，专为药农提供秧苗、籽种和技术服务。

1958年，国务院副总理李先念到场视察，并作了发展药材生产的重要指示。是年，县人委对药材种植场进行扩建，占地面积1000亩。试验范围发展为药用植物、动物和昆虫类综合种植饲养试验基地。时养金钱豹、梅花鹿、熊、狍子、猴子等30多种动物和数十种昆虫。药用植物增到44个品种。

1962年，根据形势的变化和需要，改变综合经营，恢复了植物药材种植试验。1986年，试验场改隶河北省卫生厅。

安国药材种植试验场建场30多年中，总结出了一套丰富的中药材栽培经验。为安国中药材种植业做出很大贡献。

第一，保留了药材品种。只要在安国能够生长，又有药用价值的，不管市场价格高低，一律适当种植，保留籽种秧苗。

第二，培育和发展了药材品种。在适当保留品种的同时，安国药材试验场还精心培育，积极繁育驯化新品种，使安国的中药材品种由中华人民共和国成立初期的十几种发展到270种。从山东引进的杜仲树苗已长成大树，开始割皮入药，原产东北的防风，四川的川地龙、天麻、黄连，浙江的山萸肉、补骨脂均在安国安家落户。其他如甘草、冬花、牛子、穿心连、川芎、白术、藿香等普遍推广。野生黄芩、毛知母、菊花、桔梗等经过反复试种和栽培，已成为优良品种。由人工培植的灵芝草、白芍和嫁接的牡丹等品种试验取得圆满成功。药材场种植的270个品种中，有130个是引种品种。安国药材种植试验场一年四季药花飘香，被誉为“百花园”“药材标本园”。每年都有国内外从事中药材研究的学者、药农到此学习、参观、考察和采集标本。

第三，传授技术，培训人才。药材试验场的良好条件，繁多的品种，先进的技术以及热情的服务，引起了全国各地中药材种植者和经营单位的瞩目，纷纷到此学习技术。

药材种植试验场每年接待来自全国各地数以千计的农业、中药和中医院校的实习人员，成了教学、实习和科研的基地。经常到这里教学、实习、科研的单位，有河北农业大学、保定农业专科学校、河北省中医学院、河北职工医学院以及北京的药材学校等。

1990年，安国药材种植试验场药材品种：

艾、冬花、苦荬菜、翠菊、水飞蓟、紫菀、木香、苍术、万寿菊、金盏菊、牛蒡子、豨莶草、旋复花、萵苣、茵陈、大丽花、鬼针草、蒲公英、土三七、白英、天仙子、颠茄、锦灯笼、枸杞、百合、麦冬、知母、玉竹、黄精、天门冬、山蒜、皂角、苦参、黄芪、甘草、沙苑子、胡芦巴、补骨脂、葛根、白扁豆、小丁香、草决明、望江南、薄荷、泽兰、板蓝根、紫苏、丹参、益母草、半枝莲、罗勒、夏枯草、大戟、荆芥、续随子、猫眼草、一叶秋、血见愁、白芍、赤芍、牡丹、升麻、何首乌、虎杖、川芎、蓼兰、沙参、柴胡、白芷、独活、王不留、银柴胡、石竹、蝇子草、肥皂草、桔梗、地榆、刺玫瑰、南沙参、山楂、地米菜、仙鹤草、葶苈子、紫丁香、糖芥、连翘、毛地黄、金银花、生地、木槿、马蔺、元胡、射干、冬葵、地丁、黄秋葵、丝瓜络、白屈菜、栝楼、天南星、赤芭黄柏、芸香、石榴、午时花、蔓荆子、柽柳、马鞭草、郁金、梓树、姜、川地龙、白敛、怀山药、杜仲、桑、远志、酸枣、核桃、山茱萸、仙人掌、马兜铃、五加皮、防己、商陆、卷柏、白花菜、草茉莉、亚麻、三白草、凤仙花、黑芝麻、怀牛膝、鸭跖草、苦楝子、五味子、白茅、白薇、泽泻、川朴、黄芩、洋金花、红花、玉簪花、白花菜、茜草、草芙蓉、萱草、藿香、白术、石万柏、狼毒、菊花、紫荆、蓖麻、萹蓄、赤小豆、白头翁、肺心草、国槐、威灵仙、朝天椒、香薷、金不换、防风、当归、梧桐、瞿麦、紫薇、党参、千屈菜、北沙参、楮实子、山桃、白果、接骨木、三棵叶、玄参、贯众、百部、美人蕉、蜀葵花、罂粟、土贝、柏子仁、白藓、白附子、青黛、樟脑草、祁州漏芦、齿瓣元胡、欧州车前、车前子、地肤子、掌叶半夏、杏叶沙参、白鸡冠花、景天、三七、硬壳苡米、波叶大黄、软壳苡米、四叶沙参、无刺蔓陀萝、唐松草、莱菔子、西洋白花菜、红鸡冠花、药用大黄、羊蹄大黄、白花丁香、紫花蔓陀罗、重瓣蔓陀罗、白花蔓陀罗。

第四章　药市服务

安国药材集散市场形成后，直接或间接为药市服务的行业应运而生。1949年以前，有银钱业、行栈业、车行、脚行、旅店饮食业、包装业等。1949年后，特别是中共十一届三中全会后，安国药业飞速发展，服务行业更为齐全完备，逐步形成金融、信息、劳务、运输、生活及法律、公安、文化娱乐等服务体系。

第一节　金融服务

安国药市最早的金融机构为钱庄、银号。清道光年间（1821—1850）山西人经营的“兴盛”银号已影响很大。民国初，安国有钱庄、银号52家。钱庄、银号为各地药商调剂资金、贸易货物提供了方便。很多的药材交易主要靠银号大量银钱码子周转。民国16年（1927），在52家银号中，资本四五万元至20万元的较大银号有32家，总金额达428万元。因有钱庄、银号做保证，各地药商均可在药材庙会期做无本生意，连同客商的吃住及采买货物所需费用，只要有安国经纪人担保，银号即预付款；款项的存贷手续简便，随时可办；药商汇票，用拨码结账，极为方便。民国20年（1931），银号减至39家，分别为：公集诚、兴盛号、通盛号、东来号、大德元、志成信、德全昌、德盛号、复盛号、恒庆公、同德号、万源号、振丰号、协兴号、汇源堂、志成福、广元堂、恒源益、广运昌、本生源、复亨公、德积和、德裕丰、德和号、德瑞合、恒义生、协昌合、利民号、永吉昌、协合祥、庆丰裕、以恕堂、育荣堂、万丰合、立本元、恒兴高、瑞聚祥、永德昌、德信公。其中一些大银号在北京、天津、沈阳、上海、香港等地设有联号。七七事变后，银号或倒闭，或迁他地，仅存两家。

民国35年（1946）3月，为恢复经济，晋察冀边区银行在安国设立第九支行。同时安国县政府根据《晋察冀边区银钱业组织与管理暂行办法》扶持复盛公、公兴、同裕三家私营银号复业，并建立了农民、汇丰、裕生（冀中兴华公司在安国设立的分支机构）3家公营银号。各银号在积极扶植药业、调剂金融和活跃药材市场上起了很大作用。随着解放区日益扩大，到安国药市购买药材的客户不断增多，药材供不应求。特别是川广药材，由于资金短缺，药材经营商户无力购进。银行对药材经营商户实行“往来透支”和“往来抵押透支”的变通办法。民国36年（1947），银行与小部分药庄行号保持透支往来。翌年3月，冀中首次工业会议后，明确安国药业为重点，银行便重点扶植药商。7月，建立往来透支的药材商户281户，透支流水1000多亿元（边币），解除了资金周转困扰。实行往来抵押透支，是因每进入六月后药材便滞销，加上国民党对解放区实行经济封锁，市面上药材堆积如山占用着资金无法经营。据此，安国支行抵押放款，即药商将所存药材依成色按市价50%～70%抵押给银行，折成现款，得以出入解放区内外经营。药商杜干如、杜玉影的药材被国民党军队没收，无力维持，即将旧货抵押给银行，得款2500万元，买1200斤黄芪运销天津，又买回600斤川广药材，除归还银行本息还得净利1400万元。据民国37年（1948）1个月统计，安国支行共办抵押土产药材1.8万余斤，价值3亿余元，贷出1.8亿元，扩大了药业行栈的经营，活跃了药材市场。由于国民党的经济封锁，市场上土产药材多而贱，进口药材货少价高，时常出现争购，造成这一现象的另一原因是入超严重，药商外汇短缺，只好不进货。为此，民国 36 年（1947）银行和外汇交易所拿出外汇 100 亿元解决药材贸易外汇短缺问题，川广药材得以大量进入安国市场。

民国 37 年（1948）初，各银号与工商户建立往来关系，最多时公兴 441 户，同裕 379 户，复盛公 517 户，裕生 309 户，农民 317 户，汇丰 369 户，约占安国工商户的 70% ，其中大部分是药行商户。通过存放款业务帮助药商扩大经营，在安国药业的恢复发展中起到一定作用。

全国解放后，随着所有制的改变，药市私营银号全部由国家金融机构代替。到 1986 年，“祁州药市”区域内有工商银行的金融服务所、药市储蓄所，农业银行的祁州镇营业所、药市储蓄所、药市信用分社，建设银行的药市储蓄所 6 个金融服务单位，存放款业务非常方便。据 1988 年 7 月底统计，全县各专业银行及信用社贷款额为 18668 万元，其中用于药业的贷款占总贷款额的 75%。

第二节　交易服务

随着药市的发展，市场上出现一支庞大的交易队伍。安国药市过去称交易人员为“经纪”或“经手”，也叫“跑合的”，这些人专门为买卖双方牵线搭桥，为市场引缺泄余。

民国 20 年（1931），药市经纪人达 2000 余人，年成交额数千万元。经纪人知行情、识真伪，是药材行业的行家里手。他们通过手摸、眼看、口尝、鼻闻，就能确定药材的真伪优劣。他们有约必行，成交公正，一直被各地药商所称道。

药市的经纪人必由安国人充当，这是因为凡通过经纪人成交的买卖，钱庄、银号都记经纪人的账，由经纪人承担货款，如果买方到期不能付款，经纪人包赔。每届庙会的经纪人必须首先到安客堂登记，并找连环铺保两家，方可领取经纪执照。经纪人的收入，是抽取买卖双方的手续费，称佣金，数额是买卖双方各出交易金额的 2%。有经验的经纪人每届庙会多者可得六七百元，少者一二百元。有的只挣个吃喝钱。个别经纪人因账目拖累，或因代商还债，导致破产。

安国药行的经纪人以信用而赢得各地药商赞誉。他们不欺生、不做假、不吃价、不吃秤，如有违犯，安客堂轻者罚款，重者开除其经纪人资格。相沿日久，客商与经纪人之间建立了深情厚谊，于是便出现了信托式的药材交易，有时客商无需到安国，同样可以达到买卖的目的，卖主只要将药包打好托运到安国，交付给可靠的经纪人，言明包内药材质量、最低价格，经纪人便忠实地按其要求出售。经纪人扣除佣金，将货款如数寄给卖主。买主也可将所购买药材的成色、规格、数量及最高价钱，信函告知可靠的经纪人，委托代购，均能达到满意的效果。

经纪人之间虽然也互相竞争，但有些客商都有固定的经纪人，如替北京同仁堂承办买卖的经纪人连续多年未更换。还有的客商与某经纪人相交多年，这个经纪人年老之后，帮客念其往日情谊，虽经他人能说成的交易，也非要原经纪人参加不可，以便使之得到一份佣金。郑合成在《安国药市调查》中道：“这都是经纪人素常诚实可靠所致。据说安国药市之所以如此发达，而且历久不衰，其重要原因在此，由此可见安国药市经纪人的重要地位。”直到民国 36 年（1947），药市还有经纪人 107 人。1950 年后，大部分经纪人被国家录用为职工。1956 年，有经纪 30 人，1958 年自由市场取消，经纪人员随之改业。

1984 年，药材经销进一步放开搞活，经销铺号和加工网点大量涌现，新一代药材经销员（经纪人）

开始在药市出现。他们帮助购销双方成交，起居间介绍的作用。经销员一般都是城内居民和附近农民充当，以女性居多。亦有极少数机关、工厂职工利用业余时间充当者。这些人具有一定业务能力，商品知识丰富，人际关系广阔，信息灵通，大都不直接经营药材，只为买卖双方牵线搭桥，收取买卖双方货款的 1% 为服务费。他们开展中介活动的主要形式有四种：一是撮合型，当买卖双方在药材的质量、价格等方面有争议时，经销员从中撮合促其成交。二是提供信息型，当供求双方找不到合适购销目标时，经销员为双方提供信息介绍“对象”。三是代购代销型，购销双方把所购所销的药材质量、数量、规格、价格，告诉经销员，经销员为其代购代销。四是搬堆压货型，经销员认为有利可图，收购暂时不能出售的小量货物，待机出售。

为加强经销员管理，1986 年 5 月成立祁州药市经销员协会，设主任 1 人（由药市管委会副主任兼任）、副主任 1 人、秘书长 1 人。主要职责是加强经销员职业道德教育，进行业务培训，对合格经销员签发证件，取缔无证人员；监督经销员的工作，解决客户间纠纷。第一批经培训和考核合格发证者 154 人。1987 年 7 月，整顿经销员队伍，持证人增至 255 人。同时，药市经销员协会与安国县个体劳动者协会合署办公，在药市设立祁州药市个体劳动者协会分会，分会设正副主任各 1 人。

第三节　法律服务

清代，药市凡出现纠纷，均由安客堂处理，后由商会处理。民国 20 年（1931）郑合成《安国药市调查》载：“凡是商家的纠纷，经由商会调处而未能解决者，遂送交行政机关，亦多按商会指示的方案解决，而且商家或经手人破产，亦均由商会执行宣告。所以名义上安国县商会只是一个排解纠纷的机关，实际上确实有排解纠纷以上的权柄。不但县内各行政机关多附合商会，就是当时上至高等法院，亦多因商会的强主，而不能不与商会的拟议一致。”当时的商会实际上代替了法律机构。

1985 年 11 月祁州药市管委会成立后，即在药市设立了司法所，职责是对药商进行法制宣传和教育，调解经济纠纷，稳定市场秩序。1987 年 10 月，祁州药市设立经济合同仲裁庭，实行“横向仲裁”与“纵向仲裁”相结合的立体交叉仲裁法。“横向仲裁”以司法调解和法庭调解为主体，体现职能部门的作用；“纵向仲裁”以市场管理、企业登记、经济监督为主体，体现管理机构分工协作关系。1988—1990 年，仲裁纠纷 540 起，其中横向仲裁 60 起，纵向仲裁 210 起，仲裁庭裁决 270 起。

第四节　信息服务

中华人民共和国成立前，药市没有信息机构。各种药材行情，一是通过商户、帮商之间业务往来了解；二是根据某种药材的上市量揣测药价升降，看到某种药材价格要涨，则大批收买，待机销售赚钱，看到某种药材上市量大价格要降，便将存货极力抛出，以免亏赔，具有很大的盲目性和投机性。

1984 年 7 月西关药市建立后，市场交易管理所为搞好引缺泄余，服务于药商药农，定期刻印药材价目表，及时通报药材信息。1985 年 4 月，县中药材管理局在祁州药市设立了中药材信息站，与全国较大药材市场和省级药材公司建立了长期信息交换关系，并在县内聘请骨干企业经销员、药市经销员为信息骨干，研究分析药材市场动态。除印发《安国信息行情》外，还不定期发布当地与全国药材市场价格信息。

1986年，祁州药市先后出现两家个体信息服务单位。一是农民李平分办的祁州药市信息服务部，每月出版《药材购销行情》3期、《药都信息》2期，主要介绍药材行情及加工、种植技术，除西藏外，全国各省、市都有订户，发行量5000份。信息服务部还根据季节为药农提供各种药材籽种、秧苗。二是药市东二街李士铭主办的北方信息服务部，以印售《药材信息行情》为主，1988年出版20期，计5000余份。

第五节　劳务服务

中华人民共和国成立前，为药市服务的工人很多。有打包工，分专班、散班、成班。专班一般三五人一组，专门为几家固定商号服务；散班一般七八人，专做零活没有固定主顾。用散班打包的多为拆货棚、批发商号；成班人数较多，一般十几个人为一班。成班工人对拆货、药材的品种、销路、分量、装潢及如何拼凑成包等技术非常熟练。专班、散班、成班均为计件取酬，成班工费较高。另外，还有搬运工、车行和脚行工。

1985年祁州药市建成后，每天平均有800多人，百余辆大车、拖拉机、汽车在药市为商户提供装卸、轧包和短途运输等服务。为保证药材及时运往全国各地，药市先后建立5个火车、汽车联运、转运服务站，日均运输量百吨以上。

第六节　文化　生活服务

1949年以前，安国城内，特别是南关大、小药市和药市街，有为客商服务的杂货店、茶饭店、旅店、浴池等，待客热情周到。著名字号有张家下处、刘家下处、翠风轩饭庄、晏宾园、德丰厚茶社、三合盛杂货铺、复兴昌点心铺、许家卫生池、福润澡堂等。安国常年药商云集，城内有半数居民出赁房屋，租价由主客商定，公平合理。在文化娱乐方面，每逢庙期，有专人邀请外地名剧团演唱各种剧目，几台大戏同时上演，还有大鼓书、拉洋片、马戏、杂耍，热闹非凡。

1985年后，药业出现繁荣景况，为给经营人员提供文化、生活服务，药市区内建有20多个具有较高水准的旅馆、饭店，烧饼、馃子、卤煮鸡、饸饹等地方小吃摊点遍布街头。县招待所、药都饭店、药交会办事处大楼、饮食服务楼、迎宾楼等旅店、饭店能同时接待2万名顾客的食宿。在文化娱乐方面，新建有电影院、剧场、电视录像放映厅、舞厅等。

除以上服务行业外，祁州药市还有专门为药材经营者提供的保安服务、电讯联络、药材鉴别等项服务。

第五章　药业管理

第一节　管理机构

清代药业管理机构安客堂建于道光年间（1821—1850），堂址在南关药王庙北院。安客堂为药商办理一切事宜，诸如帮助外来客商找房子、作保贷款、管理经手等。遇有商人间各种纠纷，均由安客堂调处排解。安客堂有一条多年坚持不变的规则：本地药商与外地客商发生纠纷，无论本地人有无道理，必先向客商赔礼道歉，以示对客商尊敬保护。安客堂设有标准秤，专门解决因秤量而发生的争执。宣统三年（1911），奉命将安客堂改组为保定府商务分会。民国3年（1914），商务分会又改组为安国县商会。其间，药业归商务分会、商会主管。民国21年（1932），安国工商界建立10个商人公会、团体，其中药业公会家数最多，实力最大。民国22年（1933），药业公会有会员300家。

安客堂、商务分会、商会均由安国资望兼备的富绅豪贾组成，在药市有很高的权威，甚至官府都要受其操纵，“威风凛凛，睥睨一切”“官属机关均仰其鼻息”。历代主持、总揽安客堂、商会会务的首脑人物，多由崔、卜两家担任。

民国27—34年（1938—1945），商会曾组建药行同业公会。名为商人组织实受日军操纵，对药材经营商户强行抓差派款，成为日军压榨药商的工具。

解放后，城内工商界打起“摧毁伪商会建立新组织！”的标语，举行集会游行。民国34年（1945）9月，在县民主政府领导下组建工商联合会。县供销联社设药材股，土产公司负责药材经营。翌年4月冀中商业联合总会成立后，县委派4名国家干部参加工商联工作。民国37年（1948）5月华北工商会议后，安国工商界建立了7个行业分会，专设药业分会管理药业事宜。

1949年后，管理机构不断完善。

医药药材公司　1950年，由大中、旗帜两个公营药材经营单位合并建成。1954年，医药公司与县供销联社药材股合并，归保定专署合作社药材股。1956年，药材经管权下放，县供销联社设中西药经理部。1958年，复建医药药材公司，负责中药材种植计划的安排落实、技术指导、引种试种和收购工作。1983年，药材市场全部放开，医药药材公司成为经营单位。

中药材管理局　1984年1月，经保定行署批准建立，是全国唯一的县级中药材管理局。中药材管理局的职能是：指导中药材的生产加工和经销业务；监督检查个体、集体、国营药材生产加工和经销企业执行国家有关政策和上级医药主管部门制定的有关规定、办法情况；制定医药行业发展规划、技术经济政策、技术质量标准；负责医药生产、经营的行业管理，组织对开办医药生产、经营企业的审查，合理确定布点；编制医药行业技术开发、资金技术引进和人才培训、开发方案；开展医药技术协作和信息交流；加强医药市场管理，发挥国营医药商业的主渠道作用，确保国家计划的实现和人民用药安全有效；组织传统的全国性、地区性医药药材交流会。局下设办公室、企业管理股、质检股、信息股、药交会办事处。1990年，全局有工作人员33人。

祁州药市管理委员会　1985年11月建立，是县内副科级机构，对祁州药市和县城内集体、个体药业单位行使管理权。祁州药市1986—1990年分别被河北省、保定地区和国家工商行政管理局命名为文明市场。

第二节　药业企业登记管理

1949—1950 年，由工商管理部门对私营药户进行全面普查和登记，生、熟药行共有药业经营户 125 户。1951 年，调整工商税收，不少合股经营的私商分股经营，时有私营商户 257 户。1954 年，实行换证登记，到 1956 年公私合营前，对私营药商、摊贩普查审核，取缔无证经营，持证经营者 203 户。1986 年，县政府经请示河北省政府批准，允许个人和集体从事国家规定范围内的中药材购销和饮片加工活动，从业人员必须持有三证（合格证、许可证、营业执照）。后每年复核证照。1990 年，全县登记发证的各类药业企业 782 个。

第三节　交易管理

一、药交会交易管理

民国 34 年（1945）前，药材庙会由商民团体组织管理，官方不管商户采用什么手段经营，只收取一定的牙税。解放后，庙会由县政府组织举办。1956 年起，改药材庙会为药材交流会，药交会在保定专署、河北省或中央的直接参与支持下举办。药材交易实行合同定购。1984 年后，药交会的筹备由县委、县政府主管领导人负责。会期，由河北省医药总公司、河北省中药材公司、安国县党、政负责人和各省、市、自治区一级站或二级站及河南百泉、江西樟树的代表组成大会委员会。下设大会秘书处，秘书处设办公室、财务、住房、业务、生活、交通、安全保卫 7 个组（室），具体负责大会事务。大会规定，参加药交会的单位坚持文明经商，不许出售伪劣药品，不买空卖空、哄抬物价、投机倒把，不搞不正之风。大会活动经费的收取，1985 年前按购销合同的 2‰提取，1985 年改为收取到会代表会务费。为杜绝大会交易中出现的回扣、送钱搭物和伪劣药品上市，1985 年大会设立药品监察办公室，行使端正会风的职责。

二、药市交易管理

中华人民共和国成立初期，药市交易管理主要由工商行政管理部门检查商品质量、衡器及服务态度，纠正旧市场买空卖空、欺行霸市、抬价压价等不良风气。1956 年，国家开放自由市场，来往安国行商增加，私市药价奇高，如白芷，牌价每千克 0.8 元，私市高达 16 元。严重影响到国家购销任务的完成。1957 年后，严格按照中央颁布的药材市场管理办法，规定人参、当归、川芎、生地、黄连、白术、大黄、甘草、白芍、茯苓、党参、寸冬、黄芪、贝母、枸杞、泽泻、山药、枣仁、附子、银花、牛黄、麝香、鹿茸、白芷、沙参、三七、萸肉、全虫、枳壳、槟榔、红花、菊花、牛膝、郁金、木香、君子仁、元胡、元参 38 种药材不许私自买卖，限制了投机倒把和黑市成交活动。1980 年后，药材市场的管理工作逐步走上正轨。为沟通交流、调剂余缺、活跃购销、繁荣祖国医药事业，药市管理部门积极开展各项服务、提供政策、法律咨询，发展横向经济联系，促使药材市场贸易更为活跃。同时，为维护消费者利益和保证人民身体健康，严禁出售假冒伪劣药材和制售不合格药品。1987 年，破获“假人工牛黄案”，到 1990 年共查获伪劣药材案件 864 起，伪劣中成药、西药 624 种，没收、销毁假冒、伪劣药品 65 吨、18.2 万片（丸、支），总值 44.2 万元。

附：

安国县人民政府
关于加强药业管理的暂行规定

第一章　总　则

第一条　为加强管理，保证我县药业在开放、搞活中健康发展，根据《中华人民共和国药品管理法》《国家医药管理局医药行业质量管理若干规定》等有关法律、法规，结合我县实际情况，特制定本规定。

第二条　本规定适于我县和外地在我县从事药材种植、加工、购销业务的所有单位和个人。

第三条　发展药业要在坚持四项基本原则的前提下，认真贯彻改革、开放的方针。以提高产品质量为中心，努力开发新产品、新品种，扩大搞活经销业务，实行国家、集体、个人一齐上，种植、加二、经销齐发展，努力把我县药业建设为质量好、信誉好、门类广、效益大的崭新经济行业。

第四条　县中药材管理局、工商行政管理局、卫生局、农业局、公安局、物价局等部门，按照各自的职责范围行使对药业的管理职能，监督本规定执行。

第二章　企业登记管理

第五条　开办药材加工、经营企业，必须由开办单位申请，经主管部门或所在乡镇（外地的经所在地区、县以上医药主管部门和工商行政管理部门）审查同意后，报县中药材管理局、卫生局审核批准，并分别发给药品企业合格证、药品经营企业许可证（以下简称合格证、许可证）。工商行政管理局凭合格证、许可证办理营业执照后到税务局办理税务登记。

第六条　开办药品经营企业的条件：（1）必须具有与所经营药品相适应的药学技术人员。经营中药的企业和兼营商品的企业，没有药学技术人员的，要配备熟悉所经营药品的性理并经县级以上卫生行政部门审查登记的药工人员。（2）具有与所经营药品相适应的营业场所、设备、仓储设施和卫生环境。

第七条　开办中药材加工企业的条件：（1）具有熟悉药性并经县级以上卫生行政部门审查登记的药工人员。（2）具有与所加工药材相适应的厂房、设施和卫生环境。

第八条　发证机关对中药材加工经营企业的“三证”（合格证、许可证、营业执照）要定期进行审查和随时抽查，对不符合开办条件的企业，要限期达到条件，限期达不到吊销“三证”。

第九条　根据省政府的批示，允许个人从事国家规定范围内的饮片加工和中药材购销活动。从业人员要持县卫生局核发的“个体加工、购销人员许可证”，到乡镇人民政府登记后到工商行政管理局办理临时营业执照（不含自产自销）。从业人员必须能够鉴别真伪，具有相适应的加工知识和技能。

第三章　生产管理

第十条　农民可根据国家计划和市场需求，自主种植、养殖、采集各种中药材。不准种植国家禁种的毒品和伪品如：罂粟、当归等；不准使用剧毒和高残毒农药。

第十一条　中成药生产企业要按照国家规定，建立健全全面质量管理制度，完善质量监测手段，严格按照工艺规程组织生产。产品包装要注明品名厂名、注册商标、批准文号、生产批号、出厂日期、用法用量、主治功能等有关内容，不合格产品不能出厂。

第十二条　中药材加工要依照《河北省中药饮片加工、炮制分级管理试行办法》和县卫生局核发的《个体加工人员许可证》规定的范围进行，各个品种的工艺规程和质量标准，不准偷工减料、掺杂使假。

第十三条　县级和县政府有关部门、县级医院、县级中药生产经营企业都要建立中药研究机构，制定科研计划，放活科研人员、专业队伍和发动群众相结合，积极支持和鼓励民办科研，开展群众治理的科研活动，要把科研重点放在中药材提纯复壮，引种试种和精深加工，综合利用，新产品开发上。科研成果实行专利管理。

第十四条　各级、各有关部门要积极支持和鼓励药品生产企业和个人，通过各种渠道和形式开发引进新品种、新产品。从县外引进的药材籽种、秧苗，经有关部门检疫、鉴定合格后，方能种植和出售。引进研制的中成药新产品，按国家规定的审批程序逐级报请批准机关审查批准后，方能投入生产。

第四章　购销管理

第十五条　各药材加工、经营企业和个人，要实行品种注册登记制度，根据自身加工、经营能力，确定品种，表报县卫生局审批。未经注册审批的品种不准加工和经营。

第十六条　除县医药药材公司和其委托单位外，任何单位和个人，不准经营西药、中成药；不准经营国家实行统一管理的麝香、甘草、厚朴和珍珠、红参等中药材；不准经营水银、砒霜、米壳等毒麻药品。

第十七条　收购、调入医药、药材商品（含原料、辅料）必须经本单位质检员或药检部门严格进行质量检验。确认合格并填写县卫生局统一印制的质检卡片后，方能收购、调入。

第十八条　对投入销售、加工、使用的药品，也要按上述方法进行严格的质量检查，不合格的，不准销售、加工、使用。

第十九条　购进或销售牛黄（含人工合成牛黄）、虎骨、琥珀、蛤蚧、犀角、广角、羚羊角、鹿茸、鸡内金、血竭、三七、天麻、八角茴香、山楂、乌梅、冬虫夏草、田鸡油、山萸肉、豹骨、穿山甲等二十种中药材，必须经过县药检所检验合格后，方可购、销。

第二十条　工商、药材、卫生、公安、司法、税务、物价等部门，要切实加强对药材市场的管理。提倡文明经商，保护正当交易，维护市场秩序，认真查处伪劣药品，严厉打击欺行霸市，哄抬药价，偷税漏税等不法行为。

第二十一条　工商行政管理部门要切实加强对市场经纪员的管理。药材经纪员必须具备思想进步、品行端正、精通药性、能识别真伪、有良好的职业道德等条件，并由两个专业业务单位为其担保，经工商行政管理部门考核批准，发给经纪员证书，在进行交易活动中要出示证件，佩戴统一印制的标志。

第五章　储运管理

第二十二条　药品仓库必须制定和执行药品保管制度，根据各种药品性能采取必要的冷藏、防潮、防虫、防鼠等措施，以防霉烂变质，虫吃鼠咬。药品出入库必须执行检查制度，严防伪劣、失效变质、包装不良和不符合法规要求的商品进出仓库。

第二十三条　任何单位和个人，承揽外运药品业务时，要认真检查有无质检卡片，凡企业质检员或药检部门没有签发质检卡片的一律不准外运。

第六章 质量管理机构及职责

第二十四条 卫生局是县政府药品质量管理的行政主管部门，对全县药品质量管理工作全面负责。

第二十五条 卫生局所属药政股和药品检验所，要配有与其职能和任务相适应的人员和设备，具体负责全县药政、药检工作。

第二十六条 各药品生产、加工、经营企业及其主管部门要建立健全质量管理、监督、检验机构，或配备专职（兼职）质检员，具体负责本企业、本部门的质量管理工作。

个体加工、购销人员较多的村，也要加强质量管理和监督工作。

第二十七条 各单位的质量管理、监督、检验人员，必须由敢于坚持原则，作风正派，有一定工作能力和具有与其工作职责相适应的业务技术人员担任，并报县卫生局审核同意。

第七章 奖 罚

第二十八条 对在生产、经营活动中，坚持四项基本原则，认真贯彻执行党的方针、政策和国家法令，在两个文明建设中做出显著成绩的单位和个人，给予荣誉或物质奖励。

第二十九条 对一贯重视药品质量，连续两年以上未发生质量事故的企业，予以通报表扬，并授以“质量信得过企业”荣誉称号。

第三十条 对工作一贯认真负责，照章办事，遵法执法，为保证产品质量、防止质量事故，积极查处伪劣药品做出显著成绩的集体和个人，根据贡献大小，给予表扬或物质奖励，并做为评选先进和晋级的依据之一。

第三十一条 对因官僚主义，玩忽职守或违章作业造成质量事故的企业和个人，要查明原因，弄清责任，根据情节，分别给予批评，撤销“质量信得过企业”荣誉称号，经济制裁，直至追究企业负责人员直接责任者的法律责任。

第三十二条 对生产、销售伪劣药品的单位和个人，除没收其全部伪劣药品和非法所得外，对生产、销售假药的单位和个人，还要处以相当冒充真药价值三至五倍罚款，对直接责任者处以二千元以下的罚款；对生产、销售劣药的单位和个人处以相当劣药价值一至三倍的罚款，对直接责任者处以一千元以下的罚款；并根据情节责令该单位停产、停业整顿，或者吊销所有证件执照，对危害人民健康的直接责任者，依照刑法第一百六十四条的规定追究刑事责任。

第三十三条 对违犯本规定有关条款的单位和个人，各职能部门可根据本部门职权范围，酌情予以惩处。

第八章 附 则

第三十四条 工商行政管理局、卫生局、中药材管理局可根据本规定和实际制定实施细则，并根据各自的职责范围，负责解释本《规定》。

第三十五条 本《规定》自发布之日起执行。

一九八八年一月十日

第八编
工商业

域内商业向称繁荣。明代，形成“四方货物云集”的商品集散地。至清中期，安国“百货辐辏，商贾云集”“布帛尽东南之美，皮服来岛夷而贩口西，名驹竭秦晋而空冀北”。工业发展缓慢，除药材加工外，仅有织染、木铁器加工、轧花榨油、抄纸等手工作坊。民国初期近代工业萌芽。日军入侵后，工商业遭受摧残，极度萧条。

解放后，党和政府实行一系列优惠政策，鼓励和扶持发展工商业。1949 年，工业产值达 263 万元，社会商品零售总额 640 万元。1953 年，实行粮食统购统销，粮食商业首先步入计划经济轨道，使人民基本生活得到保障。1956 年完成工商业和手工业社会主义改造后，国营、集体工业发展很快，国合商业成为流通主渠道，个体手工业和商贩只是工商业的补充。1958 年，建工业企业和摊点 6000 余个，至年底停办 4000 余个，1959 年仅剩 60 余个。国民经济调整后，工业逐步形成规模较大的制酒厂、制药厂、化肥厂、棉纺厂、造纸厂、机械厂等全民性质企业和针织厂、印刷厂、木业社、鞋帽厂等一批集体性质企业，社队工业亦有发展。“文化大革命”中，批判资本主义，个体工商业几绝，全民、集体工商业亦处于徘徊不前状态。中共十一届三中全会后，全民、集体、私营、个体工商业一齐发展，特别是乡镇企业和个体、私营企业异军突起，粮食、生产资料等市场逐步放开，形成门类较全的工业体系和多形式、多层次、多成分的流通体制。1990 年，全县工业总产值 23490 万元，社会商品零售总额 17335 万元，分别比 1949 年增长 88 倍和 26 倍。

第一章　工　业

第一节　私营工业

清及以前，域内工业多系为生活、生产服务的私营手工业。清光绪《祁州乡土志》载：“祁州在金、元之世，民册有匠户，盖斫、染、陶、冶铸耳，而纺织则妇女任之，不以工名也……今一切工人共有 1671 名”。民国时期，私营工业主要有中药材加工、成药制造、制陶、纺织、轧花、砖瓦烧制、造纸、烘炉、木材加工、黑白铁加工、条编、缝纫、制鞋、首饰、糕点、皮麻加工等 20 余业。尤以药材加工、土布纺织为盛。仅药市常年从事药材加工者即达 300 余人；土布纺织除一些作坊专营外，有 50% 以上的农户兼营。民国 17 年（1928），河北省政府号召各县大办地方工业，并颁布《河北省工厂组织大纲》，域内先后开办了“同丰”面粉公司（资金4000元）、振商织布工厂、伟迪氏制药厂及西伯章村恒昌号轧花厂等一些使用机器、规模较大的工厂。到民国20年（1931），全县有织布业297家、轧花业39家（资本4200元，工人230人）、制药业15家（工人90人）、造纸业4家（资本450元）、针织业3家（工人20人）、染坊16家、柳编业15家，另有首饰、糕点、粉坊、糖坊、豆腐坊、车辆加工制造厂坊等120余家，工人400余人。民国27年（1938）日军侵占安国后，大部分工业企业、手工业户歇业，甚为萧条。解放初，县民主政府采取多种措施和办法，鼓励、扶助私营工业发展，使之逐渐恢复。到1953年，小型私营工业企业发展到86户，从业355人；个体手工业751户，从业2568人，年产值2263796万元（旧人民币）。另有农忙务农，农闲做工的农民兼营手工业者。实行社会主义改造后，工业、手工业者按“自愿互利”的原则，陆续组建合作社（组）。到1956年，全县共组建公私合营工业企业1个，手工业生产社（组）42个，计865人。兼营手工业的农民多弃工务农。此后，除张罗、钉掌、补锅及农村木工等少数游动手工业者外，私营工业、手工业消失。

1979年后，实行“改革开放”政策，私营工业再度兴起，有户办、联户办等形式。至1990年，全县共有私营工业、手工业13938家，从业26469人。

第二节　集体工业

一、县属集体工业

民国31年（1942），县委组织北章令刘银长等4人，建立织袜小作坊，开展“地下生产”。民国34年（1945），县民主政府拨给其1吨花生油、10吨小米作为扩大生产资金，先后购置毛巾机20余台，工人发展到30多人，命名源丰工厂，为第一家县属集体工业企业。

1955—1956年，按照“统筹兼顾，统一安排，积极领导，稳步前进”的方针，在自愿互利的基础上对个体手工业实行社会主义改造，先后成立42个集体性质的手工业社（组）。1957年，集体企业有棉电厂、调料厂、成药社、铸造社、针织社、木业社等厂社44个，产值383万元。1958年，部分手工业合作社（组）过渡为全民性质，39个下放到公社管理，县属集体企业只剩5个。手工业产品仅剩680余种，比1957年减少250余种，常用小家具、小农具生产及维修点全部撤销。1959年，按照“边恢复，边整顿，先急需，后一般”的原则，实施手工业归队，恢复手工业厂（社）23个，职工655人。原50多个行业，恢复35个。1962年，博野县析出，县属集体企业减少为18个。“三年调整”时期，实行“双压”（压缩职工、压缩非农业人口），县属集体工业企业共下放196人，占当时工人总数的40.5%。同时，停办洗染组、刻字组、煤球组、伍仁桥缝纫组，将五金厂、木业社、被服厂、制鞋厂、印刷厂5个全民所有制企业调整为集体所有制。1965年，县属集体工业企业16个，职工329人。“文化大革命”期间，先后将伍仁桥、郑章、石佛机铁修配合作社下放所在公社管理，撤销或合并了白铁、气焊、笼罗、修缮4个合作社。1970年，新建水泥厂和砖厂。至1977年，有县属集体工业企业11个，职工1499人。1984年，供销社系统的棉油加工厂、食品厂转为集体性质。1990年，有县属集体工业企业16家，职工2944人，产值4741万元，利润331万元。

二、乡村集体工业

1958年，原属县手工业联社领导的伍仁桥烘炉社、理发组、缝纫组、麻绳组，大五女烘炉社、缝纫组、麻绳组，石佛烘炉社、缝纫组、修车组，段村烘炉社，西伯章缝纫组等，下放所在社队管理，为域内首批乡村集体工业企业，同年在“宁愿不吃饭，工业也要办”的口号下，乡村集体企业一哄而上，到8月底新建、扩建机械、土化肥、土农药、制药、制酒、棉织等社队集体工业企业（摊点）5679个。至年底就减为2037个。1959年，多数企业停产下马，仅剩农具制造维修、农副产品加工和生产传统产品的企业21个。1961年，减为10个，职工338人，主要为铁、木加工和缝纫三种行业。1963年水灾后，按照“三就地”（就地取材、就地加工、就地销售）的原则，社队工业有所恢复。1970年后，大办“五小”工业，各社队建立一批农机修配、磷肥生产、农副产品加工等集体工业企业。职工一般采取工分加补贴的办法从生产队抽调。农村实行联产承包责任制后，多数企业停产下马。1984年起，县委、县政府把发展乡村企业作为振兴农村经济的一条重要途径，带领乡村干部多次到山东、江苏等地参观学习，乡村企业迅速发展，多数企业实行了生产经营责任制。1990年，乡村集体工业企业556个，职工9885人，产值6018万元，利润1377万元，产值百万元以上的企业13个。县内乡村集体工业企业中，以中药材加工、建筑、建材、机件制造为骨干行业，另有纺织、化工、造纸、农副产品加工等17个行业。出现了石佛镇水泵生产，常庄、郑章、淤村等乡和河西、北徐辛庄等村中药材加工，曲堤村生铁铸造，东长仕村汽拖配件加工，北张各庄村铁编等专业乡、村。

第三节　国营工业

民国35年（1946），冀中九专区在安国县建立冀中民丰烧锅（酒厂），县建永利铁厂（前身为县大队修械所），是域内首批国营工业企业。1953年，定县专署在安国县建砖厂，国营企业增至3个。1958年，将原属手工业局的针织社、建筑社、修车社、木业社、鞋业社、麻绳社等37个手工业社（组）过渡为国营企业，原供销社所属棉电厂、公私合营建华制药厂同时转为国营，属工业局领导。同时，大上全民工业，实行工农商学兵齐办厂，采取“鸡下蛋”的办法（即厂建厂），新建棉纺厂（针织厂建）、电机厂（农机厂与安中合建）、面粉厂（酒厂建）、砖厂（看守所建）、化肥厂（药厂建）、炼铁厂等一批企业。到8月底，共投资135.86万元，新建、扩建国营工业企业137个，但多数企业夭折或不能生产，年底仅剩铁厂、制药厂、酒厂、棉电厂、面粉厂、造纸厂、针织厂、砖厂、被服厂、修配厂、木器厂、印刷厂、制鞋厂、水泥厂、炼铁厂等19个企业，职工2871人。1959年，整顿县社工业，实行定点、定型、定员和手工业归队，19个厂归队职工249人，其中被服厂80人，修车厂56人全部划归集体性质的手工业管理。国营企业减到17个，职工2799人。三年调整中，贯彻中央“调整、巩固、充实、提高”方针，先后关停冶炼厂、水泥厂、砖瓦厂、煤矿等一批企业，并将部分企业转为集体性质。1962年底，国营工业企业只剩制药厂（由500人减为200人）、制酒厂、机械厂（由500人减至86人）。1964年，棉纺织厂、化肥厂再次投产，部分企业相继复工，国营工业企业增至9个，有制药厂、制酒厂、机械厂、棉纺厂、化肥厂、造纸厂、棉油加工厂、食品厂、面粉厂，职工855人。1970年后，大办“五小”工业，到1972年先后办起磷肥厂、灵山煤矿、玻璃厂，国营企业发展到12个，职工1951人。所建新厂，由于多种因素，全部亏损。全年共亏 32.7 万元，其中磷肥厂亏 19.3 万元。

1978 年起，贯彻“调整、改革、充实、提高”的方针，对亏损企业实行“关、停、并、转”和内部整顿。1979 年，灵山煤矿停产下马（投资 70.5 万元，8 年共亏 79.5 万元）。1983 年，长期亏损的玻璃厂、磷肥厂转产药材和地毯加工，更名为安国药材加工厂和安国县地毯厂。1984 年，实行招标聘任厂长的办法，以农机厂铸造车间为基础，建立安国县汽车制修厂。是年，县供销社所属的轧花厂、食品厂转为集体性质。1990 年底，全县国营工业企业共 13 个，有经委所属的棉纺厂、制酒厂、制药厂、通用机械厂、化工厂、造纸厂、地毯厂、药材加工厂、汽车制修厂和粮食局所属的面粉厂等，职工 3804 人。固定资产总值 3414 万元，产值 7178 万元，利润 104 万元。

第四节　门类与生产

中华人民共和国成立前，域内药材加工业较发达，其他门类很少。中华人民共和国成立后，工业生产迅速发展，至 1990 年已形成药材加工、纺织、五金、机械、建材、化工、造纸、印刷、食品、酿造、服装鞋帽、木器加工等门类，其中以药材加工为最。药业编中详记药材加工，本节不再赘述。

一、纺　织

唐、宋时，安国土纺土织已很发达。清《祁州乡土志》有“唐、宋贡花纻”的记载。元、明时，域内桑麻遍地，野蚕成茧，推广植棉，纺织愈盛。多数妇女以织布为务，到清代已成传统，纺织多、快、好者倍受推崇。光绪三十二年（1906）六月，建官办工艺局，设织染科，始用机器织布。主要产品为直纹、斜纹、椒眼、棋子、鱼鳞、柳条等各种各色花素布匹。民国 2 年（1913），卜继彬筹资 500 银圆，于县城南关开设劝业有限公司，有织机 50 余架。日产提花、方格、条纹等布 10 ～ 20 匹。“乡间一向以织棉线粗布者最多，其精致不及外洋，而坚固耐久则过之”。民国 14 年（1925）前后，多购洋布木机以织土布，年产约 6.3 万匹。民国 18 年（1929），开办振商织布工厂、协合工厂等企业。产品有线、丝、带、练、绸、提花等布。至民国 20 年（1931），纺织业计有 300 家，拥有资本 2.05 万元，年产布 12.84 万匹，针织品 3220 打，另有染坊 16 家。日军侵占安国后，大部分企业破产。民国 31 年（1942），县委组织地下织袜小作坊，民国 33 年（1944）后形势好转，生产公开，定名源丰工厂。

安国解放初，纺织业有所发展。民国 37 年（1948），全县有织布机 10360 架，专营纺织业作坊 47 家，但大部分规模较小。1956 年，组建棉织生产合作社，后改针织厂。1961 年，安国棉纺厂 5000 纱锭投产，因原料不足，技术不过关，开业 13 个月即停产。1965 年，该厂复产，增织机 200 台。是年，棉纺织企业 2 家，产值 270 万元，职工 450 人。至 1978 年，全县纺织业基本保持原有规模。进入 20 世纪 80 年代后，县地毯厂、裕民棉纺织厂、八五毛纺厂等企业先后建成投产；1986 年，安国棉纺厂投资 307 万元，新建厂房 9450 平方米，扩增 5000 纱锭及配套设备。1990 年，全县有县属纺织工业企业 3 家，职工 1844 人，产值 4714 万元，利润 360 万元，固定资产 1978.7 万元（其中机器设备 1231 万元）。乡镇纺织企业 2 家，主要产品有棉纱、棉布、浴巾、毛巾、地毯、挂毯等 10 余种。

二、五金　机械

据清《祁州乡土志》记载，金、元时即有铸造金属器的匠户、烘炉，其规模不详。明代，随着药材加工业的兴起，金属制造业有所发展，出现了专门生产药具的烘炉、作坊，较著名的有南福盛、北福盛等字号。打制的药刀以钢纯火正，好使耐用而远近驰名。另有生产成药用的药准子、药球子、药罐子、药鼓子、药碾子及医疗用银针等产品，畅销全国。至清代，县内工匠已掌握较高的铸造技艺。南关药王庙前两根高达24米盘龙飞凤的铁制旗杆，有县内工匠参与于道光年间所铸。民国20年（1931），县城铁作铺14家，从业85人，手工制作药刀、首饰及锨、镐、锄、镰等生产生活用具。抗日战争期间铁业很少，解放后逐渐恢复。民国35年（1946），县民主政府建立永利铁厂，有手摇车床等一些简单工具，以制造水车及农具为主（后改平原推进社铁厂，设铸造部和制造部）。至37年（1948年），相继建立实业公司铁厂、安大铁厂、复兴工厂、恒利工厂、裕丰工厂等铁器制造工厂，另有文兴泰、万金成、南裕兴、北裕兴、鸿记号、万利成、义生、增盛炉、复生炉、成泰等铁作铺。1955年，有五金机械制造业123家，从业408人，产值13万元。其中地方国营铁厂1家，手工业生产合作社及合作组9家，个体手工业59家，农民及农业合作社兼营54家。1956年，通过工商业社会主义改造，全县私营烘炉、铸造、白铁、修车等金属手工业户合并组成8个生产合作社，计有社员226人。主要产品有马拉割草机、切片机及金属制品。1958年，建冶炼厂（有6.5米高炉4个），城关的金星铸造厂、联盟烘炉社、先进白铁社等合并成安国县五金农机具厂，民主烘炉社并入机械厂，同时各公社相继办起一批农机具修配和简单制造的铁厂。是年，县营的五金、机械工业企业有机械厂、五金厂、冶炼厂3家，职工1558人。1960年，主要产品产量：生铁367吨，电动机182台，土机床5台，轴承67065套，柴油机22台。国民经济调整期间，冶炼厂下马。“文化大革命”前期，一些工厂停止生产计划产品而造枪枝、手榴弹等武器供武斗使用。1971年后，有17个公社72个大队建起农机具修造厂（站、组），并相继新建伍仁桥公社精密铸造厂，大五女公社纺织配件厂，石佛公社水泵铸件厂，曲堤、八五、齐村、门东等大队铸造厂和19个大队轴承翻新厂等一批社队五金机械工业企业。至1978年，全行业共83家1483人，产值242万元。主要产品有55马力柴油机缸体、脱粒机、扬场机、水泵、药丸机、切药机等。1984年后，五金机械工业又有新发展。新产品有12马力四轮拖拉机，130汽车底盘等。县通用机械厂铸造车间改建汽车厂后，因技术、市场等原因，不久下马。新建企业有伍仁桥汽车修理厂、齐村纺织配件厂。1990年，有五金机械工业企业93家（其中地方国营1家，县属集体2家），职工1773人，固定资产986万元，产值375万元，分别比1949年、1956年、1978年增长85.1%、63.4%、35.5%。主要产品有脱粒机、扬场机、水泵、播种机、收割机、汽拖配件、铁制农具、匠作工具、电焊条、生活用具、药刀等。

三、建　材

主要有砖瓦烧制、水泥及其制品。

砖瓦业历史悠久。1986年，东伏落村出土的汉代井砖说明，域内汉代即有砖瓦烧制。自汉至中华人民共和国成立的漫长岁月中，广大人民生活水平低下，该业发展缓慢，微量的砖瓦生产，专用于供应少数富户及官衙、寺庙等，并一直沿用手工制坯、土窑柴草烧制的传统工艺。中华人民共和国成立后，该业得到发展。1956年，全县有小土窑43个，从业354人，年产青砖400万块，瓦50万片。翌年，保定专区工业局于安国建砖瓦厂，生产青砖，公社化时多数砖窑停业。1962年，砖瓦厂停产下马。三年调整后，一些大队或生产队陆续建窑或自产或出租，燃料以煤为主。1970年，县砖厂建成县内第一座多洞式大型转盘窑，年产红砖2000万块。部分农民采用挖坑装坯（俗称旱窑、红窑）闷烧红砖自用。1975—1978年，西伏落、明官店、大李庄等砖厂建成投产。全县转盘窑达4座，年产砖3200万块，其中红砖3000万块。

1980年后，随着生活水平不断提高和各项建设规模扩大，红砖生产成倍增长。子娄、郑章、河西、东伏落、翟营、王奇庄、崔章、北堡、南章等砖厂相继建成投产。至此，人工制坯被机器制坯所代替，手工青砖被淘汰，“马蹄窑”（土窑）多数废止，屋顶结构的变化，使瓦片生产无几。1989年，县内第一家沙灰砖厂——杨翟沙灰砖厂建成，年产沙灰砖780万块。1990年底，共有砖厂10个，砖窑15座，拥有制坯机12台；年产砖1亿块，分别比1956年和1978年增长180%和68%；年产值156万元，纯收入100万元，分别比1956年和1978年增长156%和92%。

1969年前，制砖靠人工和泥、扣坯、土窑烧制，停火后用水由窑顶向下慢慢浸洇，砖成青灰色，劳动强度颇大，生产受季节影响。1970年，县砖厂始生产红砖，虽制坯如前，但实现了连续作业，出砖时间大大缩短，提高了劳动生产率。由于窑与地面平，装出由人背改为车拉，劳动强度降低。1975年，始用机械制坯，1980年已普遍应用。近年，多数砖厂生产制坯掺煤的内燃砖，砖的强硬度提高，质量达部颁标准。

水泥生产始于1958年，是年县水泥厂投产。但因技术、原材料等原因，生产的水泥质次价高，1961年停办。1970年，重建县水泥制品厂，时有职工60人，生产水泥和水泥井管，1973年产水泥2140吨。是年，药市街办起县内第一家混凝土檩条厂。之后，部分社队办起水泥预制件厂，主要生产水泥檩条。1978年，甄庄大队首办石棉瓦厂，年产水泥石棉瓦40万块。1980年后，乡村集体、个体、联户水泥预制构件厂纷纷建立。1984年，县水泥制品厂因连年亏损转产。1990年底，全县共有水泥预制件厂37个，从业700余人，产值500多万元。其中，空心板厂12个，磨石板厂3个，石棉瓦厂1个。产品主要有：空心板、檩、梁、磨石板、石棉瓦等。

四、化　工

民国34年（1945）前，县内仅有少量火药生产，多系农民兼营。之后出现肥皂生产，民国37年（1948），有肥皂厂4家。1954年产肥皂5吨。1955年，林丰补胎厂和永兴补胎厂合并组建轮胎合作社（今橡胶厂），承揽轮胎翻新及生产橡胶制品，职工23人。1958年大办工业高潮中，县玻璃厂投产，生产各种玻璃瓶。同时，社队土化肥、土农药厂蜂拥而起，次年全部停办，肥皂厂亦停止生产。1961年9月，县化肥厂竣工投产，日产氨510千克，职工164人，1962年4月停产，1964年复产，经扩建改造，生产能力提高到年产2000吨合成氨，职工265人。1972年大办“五小”工业期间，建县磷肥厂，生产磷肥和硫酸，职工57人，年产硫酸800余吨，磷肥2000吨，当年亏损17.3万元。之后，20个公社74个大队相继开办磷肥厂，生产磷肥6800吨。由于质次成本高，除西伏落磷肥厂外，其他相继倒闭。1975年后，祁州镇、西伏落、大五女、常庄、里河等社队相继建起塑料制品、油漆生产等企业。生产塑料绳、塑料管、油漆等。1978年，有化工企业7家，从业1180人，产值160万元。

1980年后，化工行业发展较快，西秋元橡胶厂、安国县复混肥厂、舍二村白炭黑厂、伍仁桥油腻厂、东长仕岩棉厂等一批较具规模的企业相继建成投产，县化肥厂于1985年转产沥青、糠醛。1990年，化工企业 14 家，职工 2269 人；产值 336 万元，利税 113 万元，固定资产 527 万元，分别比 1978 年增长 52%、65%、48%；产品品种有橡胶、塑料、油漆、涂料、复混肥、白炭黑、糠醛等。

五、造纸　印刷

（一）造纸业

县内造纸业起于何时，无史料可查。清代中、晚期，药材包装、商标用纸需求猛增，造纸业随之发展。河北主、庞各庄、南流等村庄皆有农户兼营造纸，主要生产毛头纸、包装纸等。河北庄村多数农户从事此业，因而得名“抄纸庄”。民国时期，由于引进机制纸，该业日趋衰落。民国 20 年（1931 年）前后，造纸作坊仅剩 4 家（工人 31 名）及庞各庄村兼营土纸生产的几户人家，年产土纸 26.5 万刀，后逐年减少，至抗日战争期间全部歇业。1954 年，有造纸作坊 5 家，年产纸 3 吨。1958 年，建县造纸厂，时有职工 61 人，年产 118 吨手抄纸和草板纸，主要设备仅有石碾两台，仍采用民间手工抄纸。1960 年，始引进半机械化设备，年产包装纸 125 吨。1962 年精减人员，仅剩 6 人维持生产。1970 年，增加职工 30 人。1977 年，观音堂、大营大队建村办半机械化造纸厂。以麦秸、棉花秸等为原料，年产瓦楞纸、草纸 8 吨。1980 年后，明官店、北段村、郑章等一批较具规模的乡办造纸企业相继建立。1985 年，县造纸厂扩建改造，购置国际先进设备 TMO-288 型两用造纸机，生产妇女卫生巾、婴儿尿片、手术敷料等产品。

（二）印刷业

明清时期，采用木刻版手工印刷。除刻版专营外，印刷工艺简单，易于操作，一般自用自印（如成药、糕点等包装标记、商标等）。纸张文具店则手工印制账簿、信笺等出售。另有部分专营印刷者承印一些书刊、年画等较为复杂的印刷品，但数量很少。民国 18 年（1929）2 月，县政府用公益捐 30 万元，购置铅、石印机、铡刀等设备，创办印刷厂（名为安国县第一工厂），时有厂房 5 间，职工 5 人，为域内机械印刷之始。民国 22 年（1933）3 月，绅士卜巨川、天主教神甫雷鸣远分别创办《安国启民报》和《安国教区公教进行月刊》，皆设印刷厂。除印刷本部报刊外，还承揽课本、图册表格、商标装潢等业务。民国 27 年（1938）日军侵占安国后，各印刷厂被迫关闭。解放后，该业复兴，大兴印刷局、志新印刷局、吕还平石印局、王振堂印刷局等相继出现。1956 年，各局联合组建“建华印刷生产合作社”，社员 24 人，有石印机 6 台、圆盘铅印机 2 台，1958 年易名“安国县印刷厂”，并更新设备，印刷能力与质量提高。之后 20 年中，一直为独家经营。1979 年后，门东、大李庄等乡办印刷企业建立，并先后出现一批个体印刷厂，仅门东一村就有 3 家。1990 年，门东乡印刷厂引进彩印机，可印刷多种彩色图片。

1990 年底，共有造纸、印刷企业 45 家，职工 332 人。其中，造纸业 15 家，年产纸 1329.52 吨，年产值 975 万元，利税 31.2 万元，固定资产 300.5 万元；印刷企业 30 家，产值 450 万元，利税 29.3 万元。

六、食品　酿造

清中期，域内制作的糕点已较为精美，来此经营药业的外地药商争相购买，作为回籍馈赠亲友之佳品。清末，较著名的糕点字号，县城有石顺昌、誉荣昌、福兴昌、义永昌、裕茂隆、义合永；伍仁桥有广茂斋、德合斋、福兴斋；西伯章有宝兴斋、兰芳斋等。多为前店后坊式经营，以吊炉、印模、刀案等器具手工操作。民国20年（1931），全县糕点作坊22家，工人92人；糖坊4家，工人19人。年产糕点3.2万斤，糖1.7万斤。主要品种有大八件、小八件、蛋糕、白皮、方酥、江米条、姜糖、薄荷糖、糖球等20余种，每逢上元、中秋节还制作元宵、月饼。日军侵占安国后，糕点作坊纷纷倒闭，仅稻香村一家维持门面。解放后原有作坊复业。1955年，稻香村、义合永、福兴昌、裕茂隆、同益等六家合营为安国县食品加工厂，职工20人。之后，全县食品业只此一家，1958年，引进、自制枣泥机、和面机、饼干机、制糖机、打蛋机等机械，年产糕点5万千克。改革开放后，一些农民兼营手工糕点，以伍仁桥、西伏落一带为多。南大街、韩村、子娄、流各庄等村及县粮局相继办起了水果糖厂、糕点厂、罐头厂等，产品销往20多个市县。1989年，祁州药市、光明街等地又新办一批个体食品加工厂，并开展来料加工业务，深受群众欢迎。1990年，全县产糕点45万千克，水果糖41万千克，产值344万元。除传统产品外，新产品有面包、生日蛋糕、西点、膨化食品等。

民国初，酿造业仅有小桃园、万丰合两家作坊，生产酱油、醋、面酱、咸菜等调味品。工人不满20人。民国35年（1946），冀中民丰烧锅从南马迁入安国县城，在此基础上成立安国制酒厂。1955年，小桃园、万丰合合营为安国县调料厂（1971年并入县食品加工厂）。1958年，伍仁桥、石佛等公社建起酒厂，不久全部下马。之后，县制酒厂几经扩建、改造，产量品种不断增加。调料加工亦有新发展，“文化大革命”前大部分供销社有调料厂。1980年后，西伏落、明官店、北大街等乡、村先后办起调料加工厂13个，县食品厂酱油车间工艺更新为锅炉水暖发酵，所产酱油各项指标均符合国家规定。1990年，全县产白酒2528.5吨，黄酒1.5吨，药酒2吨，酱油693吨，醋576吨，酿造业产值1307万元。

七、服装鞋帽

清代，域内服装鞋帽业已具规模。道光年间（1821—1850），该业曾组成皮货估衣会（包括出售旧衣者），设专人管理，对价格、质量要求颇严。民国20年（1931）前后，全县有大小鞋铺14家，著名的有中华鞋铺、隆记鞋店、志远鞋铺等，其中中华鞋铺有工人20余人。裁缝铺26家，分成衣局和服装店，成衣局以加工老式服装（长袍、马褂等）为主，服装店加工新式服装为主，如列宁服、中山服等。较著名的有振华成衣局、进良成衣局、国华服装店、马庆奎服装店等。日军侵占安国后，多数制衣店歇业，解放后始得恢复。1954年，县城内服装加工店17家，普遍使用缝纫机，年产服装6.5万套，鞋3.5万双，帽15680顶。翌年，通过社会主义改造，组建红星缝纫社（职工22人，缝纫机17台），企新鞋业社（职工16人），伍仁桥、大五女、石佛、西伯章缝纫组等，6个手工业生产合作社（组）1958年改厂。1960年，鞋厂研制使用沿口机、切底机、断帮机、木制电锤等7种新式工具。是年，产皮鞋7014双，布鞋6.1万双，服装5.9万件。三年调整时期，伍仁桥、大五女、石佛、西伯章等社办缝纫组下马。“文化大革命”期间，服装业仅有二轻系统所属的被服厂和鞋帽厂。

1980年后，县皮革厂转产皮鞋，易名安国县皮鞋厂。北段村、门东、大李庄、大五女等乡办服装厂、制鞋厂相继建立，但不久即全部下马。同时，个体服装加工摊点大量涌现，生意兴隆，应接不暇。1990年，服装鞋帽生产企业2家，职工184人，年产值92万元；个体加工摊点4395个，从业10987人。

八、木器加工

域内木器加工起源较早。金、元之时，工科中就列有斫（砍、削）业。清末，城关著名的有德隆木行、同德箱铺、德聚木场、鹏和车铺、德兴木场、瑞丰木场等。民国 20 年（1931 年），全县木工业 240 家，资金 30 万元，年产值 2.57 万元。日军侵占安国期间，多数木器作坊倒闭。37 年（1948 年），恢复木厂 29 家，其中大车铺 7 家，小车铺 1 家。1954 年，城关木器作坊组建大众木业生产合作社（37 人）和手工业供销生产组（19 人）。是年，木作场（铺）123 家，从业近 600 人，其中合作社（组）2 个，农业合作社兼营 62 个，个体手工业 31 户，农民兼营 28 户，全行业产值 8.65 万元，年产木制农具 7681 件、木制家具 9614 件。边三庄制作的风箱风大耐久，不崩不裂，远近驰名。1958 年，大众木业合作社与供销生产组合并为安国县木器厂。其他或并入工业或转向农业，该业渐衰。1980 年后，部分乡、村及个人相继戎立家具厂、木器厂、柜板厂等，电锯、电刨、电钻等木工机械取代了传统工具。主要生产家具、门窗、织布机件等。1990 年，县属木器加工企业 1 家，职工 50 人，固定资产 18 万元，产值 58 万元，利税 2 万元。

1949—1990 年部分年份安国县工业企业主要产品产量表

表 8-1

产品名称	单位	1949	1958	1965	1973	1980	1985	1990
食　油	吨	—	150	211	260	334	152	459
面　粉	吨	—	—	—	3187	5538	5600	442
糕　点	吨	—	—	—	230	149	161	180
饮　料	吨	0	0	0	336	437	204	274
酱　油	吨	—	—	—	—	405	435	463
醋	吨	—	—	—	—	—	351	384
面　酱	吨	—	—	—	—	—	4	6
饲　料	吨	0	0	0	636	439	534	1374
白　酒	吨	129	954	524	806	1507	2686	2530
黄　酒	吨	0	0	0	30	31.2	32.1	1.5
丸　药	吨	—	—	—	170	125.2	156	227
片　剂	吨	0	102	81	410.4	108.3	201	258
中成药	吨	—	—	—	6.5	234	203	158
肥　皂	吨	0	0	0	44.2	2.2	179	183
服　装	万件	—	—	—	3.7	4.4	3.1	2.4
布　鞋	万双	—	—	—	3.1	9.3	6.9	3.4
皮　鞋	万双	0	0	0	1.4	1.8	1.9	2.1
针织折纱	件	0	0	0	543	806	123	96

续表 8-1

产品名称	单位	1949	1958	1965	1973	1980	1985	1990
婴儿尿布	万片	0	0	0	0	0	0	444
妇女卫生巾	万片	0	0	0	0	0	0	328
毛　巾	万条	—	—	—	—	—	1.2	102.4
线手套	万副	0	0	0	0	0	0	12.5
地　毯	米	0	0	0	0	0	0	1295
浴　巾	万条	0	0	0	0	40.3	54.5	59
方　巾	万条	0	0	0	0	4.3	31.9	110
短　绒	吨	0	0	0	159	276	170	376
产　垫	万条	0	0	0	0	0	0	10.7
毛枕巾	千条	0	410	260	1752	582	1173	3275
袜　子	千双	—	120	140	332	4140	2446	1000
棉　纱	件	0	0	1393	2952	8011	6598	3463
棉　布	万米	0	0	0	5430	267	320	258
原　煤	吨	0	0	3685	4222	0	0	0
合成氨	吨	0	0	147	2320	3399	3302	0
碳　铵	吨	0	0	464	9127	13296	11982	0
硫　酸	吨	0	0	0	1765	0	0	0
氮　肥	吨	0	0	0	7436	2261	9754	0
磷　肥	吨	0	0	0	5234	1787	1500	0
机制纸	吨	0	0	38	235	385	394	527
日用玻璃	吨	0	0	0	395	318	364	371
皮　棉	吨	114	2055	1806	1629	1688	711	2344
橡胶制品	万件	0	0	0	1.7	10	51.7	60
红　砖	万块	0	790	837	1538	1990	2196	2435
水　泥	吨	0	0	0	605	873	2182	3100
机井管	节	0	0	0	51000	17610	15380	21307
木制农具	件	0	11000	1168	569	260	1947	5267
轮胎翻新	条	0	0	0	657	1246	2026	2673
拖内配件	件	0	5200	15039	79493	8900	1267	9837
水　泵	台	0	15	42	1500	437	349	58
脱粒机	台	0	0	0	1505	1010	200	55
机制锹	万张	0	0	0	1.6	2.1	2.4	5.8
扬场机	台	0	0	0	1500	531	3862	3345
药　刀	把	0	0	3355	2291	637	721	875
车马挽具	万件	0	—	—	13.3	6.6	3.8	7.6

续表 8-1

产品名称	单位	1949	1958	1965	1973	1980	1985	1990
铁制农具	件	—	—	110160	17846	16349	23049	58000
小车下脚	辆	0	110	68	699	82	103	179
药材加工	吨	—	—	—	175	113	156	227
棉浆板	吨	0	0	0	158	948	280	527
锯材加工	米	—	—	—	1373	1578	1638	1916
木制家具	件	—	—	—	1357	4305	1308	5261
产品胶	吨	0	0	0	4.5	7.4	18.9	16.5
弓形拉手	万个	0	0	0	2.1	68.3	43	19.2
电焊条	吨	0	0	0	0	0	0	182
播种机	台	0	0	0	0	0	0	200
收割机	台	0	0	0	0	0	0	80
拖斗	台	0	0	0	0	0	0	10

1984—1990 年安国县名优产品统计表

表 8-2

产品名称	生产单位	鉴定获奖级别
祁州陈酿	安国县制酒厂	1985 年省优产品
黄　酒	安国县制酒厂	1985 年省优产品
陈　窖	安国县制酒厂	1988 年地优产品
松醪酒	安国县制酒厂	1988 年地优产品
三杯醉	安国县制酒厂	1986 年地优产品
三益酒	安国县制酒厂	1986 年地优产品
祁州大曲	安国县制酒厂	1987 年地优产品
速效牛黄丸	安国县制药厂	1982、1985 年省部优产品
大活络丹	安国县制药厂	1985 年地优产品
牛黄清心丸	安国县制药厂	1985 年地优产品
泌感灵	安国县制药厂	1985 年地优产品
拉　手	安国县五金制品厂	1984 年省优产品
镶金鞋	安国县制鞋厂	1987 年省优产品
轮胎翻新	安国县橡胶厂	1988 年省优产品
轮　胎	安国县橡胶厂	1989 年达省标产品
电焊条	安国县焊条厂	1989 年省优产品
彩条“83-6”毛巾	安国县针棉织厂	1985 年省优产品
妇女卫生巾	安国县造纸厂	1988 年地优产品
婴儿尿片	安国县造纸厂	1988 年地优产品

续表 8-2

产品名称	生产单位	鉴定获奖级别
棉短绒	安国县棉油加工厂	1984 年达地标
裁纸机	安国县修车厂	1988 年通过地区鉴定
折纸机	安国县修车厂	1988 年通过地区鉴定
花生酱机	安国县修车厂	1988 年通过地区鉴定
无堵工业泵	安国县修车厂	1988 年通过地区鉴定
菊花茶	北方货栈	1990 年获振兴河北经济奖
黄芪茶	北方货栈	1990 年获振兴河北经济奖
安神药枕	京祁三新药枕厂	1990 年获振兴河北经济奖
降压药枕	京祁三新药枕厂	1990 年获振兴河北经济奖
水煮猪鬃	八方猪鬃厂	1990 年省优产品
专用复混肥	复混肥厂	1990 年省优产品
IS80-65-160 水泵	安国县水泵厂	1990 年省优产品
透明白炭黑	红星化工厂	1989 年地优产品
水果罐头	子娄罐头厂	1986 年地优产品

附：县属重点工业企业选介

制药厂　县经济委员会所属全民所有制企业，是 20 世纪 70 年代前全国 56 个重点中药厂之一，1958 年由公私合营建华制药厂与中成药生产合作社合并而成。位于县城南环路南侧。占地 45253 平方米，建筑面积 39452 平方米。有职工 425 人，固定资产原值 370 万元。建厂初期，仅生产 40 个丸、膏品种，搓丸、煮提、出渣等靠手工操作。1958 年 12 月 24 日，国务院总理周恩来到厂视察，留下“敢想、敢说、敢干，苦干、实干、巧干”的题词。1974—1975 年，投资 149 万元，进行 63 项系统技术改造，新建提取生产线，实现了提送、熬炼、出汁、浓缩、出渣管道自动化连续作业，生产效率提高一倍。并新增保温干燥箱 6 个，生产设备 9 台。1983 年，投资 160 万元，新建综合制剂车间（3780 平方米），增添设备 34 台（套），12 个主要工序（选料、粉碎、切药、提取、压片、糖衣、片装、搓丸、丸装、蜡壳等）实现工艺流程连续化作业。主要设备（搓丸机、蘸蜡机、洗药机、润药机、干燥机、炒药机、洗瓶机及提取、制剂设备等）150 多台（件），机械化、半机械化水平达到 85%。1980 年后，先后研制并生产了“速效牛黄丸”“痔疮丸”“小儿腹泻外敷散”“宁金冲剂”“泌感灵”“茵莲益肝口服液”等一批新名优产品。特别是“速效牛黄丸”以其配方合理，制作精良，疗效显著打入国际市场，连续 10 年畅销不衰，1982 年、1985 年分获省、部优产品。传统产品“牛黄清心丸”“大活络丹”“安宫牛黄丸”等也相继进入名优。1990 年，产品有蜜丸、水丸、冲剂、胶剂、糖衣片、口服液、散剂、膏、丹等剂型，120 多个品种。年生产能力蜜丸 280 万盒（袋），水丸 15 万袋，糖衣片 4.5 亿片，口服液、冲剂等 25 吨。1990 年，实现产值 575.5 万元，利税 28.7 万元。

第一药材加工厂　县经济委员会所属全民所有制企业，前身是安国县玻璃厂，以生产酒瓶、药瓶为主，1983 年转产药材加工，更名为安国县第一药材加工厂。占地 11874 平方米，建筑面积 2670 平方米，固定资产原值 37 万元，有职工 99 人。转产初期以刀、剪等工具进行手工粗加工。1984 年后，先后自制和购进切药机、炒药机等。加工技艺有炒、炙、煅、浓缩提炼、炮制、蒸、人工挑选等 20 余种，加工 400 余种中药材。产品远销美国、加拿大、日本、新加坡、东南亚等十几个国家和中国港澳地区。年创汇 50 余万美元，为河北省外贸出口加工中药材的定点厂家之一。

棉纺织厂　全县工业中规模最大的全民所有制企业，隶属县经济委员会。1958 年筹建，1960 年 5 月投产，时称安国县针棉织厂，职工 240 人，5000 纱锭，主要生产 21 支棉纱，年产能力 400 吨。全厂占地 6.4 万平方米，建筑面积 2.5 万平方米。1961 年 6 月停产，1964 年复产，同时增加织机 200 台，成为纺纱、织布综合生产企业，改称安国县棉纺织厂，当年创产值 240 万元。1968—1969 年停产“闹革命”，连续亏损达 56.1 万元。1971 年后，生产逐步回升，增加灯心线、粗平布、绒布、氰纶等新产品。1975 年，扩增 5000 纱锭，工人增至 510 人，试产 10 支纱成功。1985 年，开发生产垫布出口联邦德国，年创汇 12 万美元。1986 年，投资 307 万元，扩增 1.5 万纱锭，年产棉纱 4670 吨，棉布 290 万米，产值 734 万元。1990 年，职工 1500 人，主要生产设备有 2.5 万纱锭、织机 120 台，固定资产原值 1850 万元，主要产品有 32 支、21 支、12 支、10 支棉纱，出口联邦德国垫布，出口意大利 23 支棉纱、32 支棉纱等。

制酒厂　县经济委员会所属全民所有制企业。民国 36 年（1947），由冀中民丰烧锅改建而成，时有职工 60 余人，甑桶 2 口，年产薯干酒 5 吨。1955 年，实行先进烧煤法，1959 年研制成功“甘薯加工综合利用”，产量增至 1400 余吨。1965 年后，增置甑桶 2 口，并由单纯生产普通散装薯干酒发展为瓶装红粮酒、枣酒和薯干酒。1975 年，研制投产“祁州陈酿”，1979 年投资 73 万元建年产 720 吨的大曲酒车间，1980 年由甑桶烧煤法，改进为蒸气烧酒。之后，不断扩大“祁州陈酿”酒生产规模，1985 年产量达 2686 吨，产品供不应求。是年，在省轻工系统举行的第九届酒类大赛中“祁州陈酿”“祁州黄酒”被评为省优质酒，并被省政府命名为省优产品。为体现药都特点，又相继研制出“神农补酒”“长生酒”“松醪酒”等一批滋补药酒。1990 年，全厂占地 124156 平方米，建筑面积 22149 平方米。有酒精车间 1 座，蒸馏塔 1 个，固体车间 5 座，甑桶 10 口，发酵池 650 个，天车 2 架，粉碎设备 5 套，酒库 3 座。固定资产 369 万余元，干部职工 314 人，为白酒、黄酒、药酒、饮料四大系列综合生产厂家。年产能力万吨，其中白酒 2530 吨，产品有祁州陈酿、低度祁州陈酿、祁州大曲、特制祁州大曲、陈窖、三益、三杯醉、神农补酒、长生酒、松醪酒等 30 种。年产值 397.1 万元，利润 192 万元。

通用机械厂　县经济委员会所属全民所有制企业。1949 年，由原县大队修械所 12 名工人组建而成，时称“永利铁厂”。靠一座砖砌烘炉、几把大锤和钳子生产水车帮子。1956 年金星铸造社并入，工人增至百余名。1958 年，经扩建改造，初步形成机、钳、锻、铸较为齐全的机械加工企业，主要生产大车珠粒、轴承及小型农机具，并更名安国机械厂。1964 年，改名安国农机修造厂，以修理 C45 拖拉机为主。1972 年，开始向配套加工方向转化，相继建成“东方红 75”和“4115”拖拉机汽缸体两条加工生产线，新置曲轴磨床、摆头磨床等设备，生产水泵、铡草机、脱粒机、扬场机、粉碎机及其他农机配件。1982 年后，逐步转为组装小拖拉机及生产配件、拖斗等。1984 年更名为安国县通用机械厂。年末，在该厂铸造车间建安国县汽车制修厂，组装 130 汽车底盘。翌年，两厂联合经营，1987 年终止联营，各自独立。后研制出“花生酱成套设备”“防盗盖封扣机”“无堵塞水泵”“水果去核破碎机”“切药机”等新产品。1990 年，与汽车修理厂合并。全厂占地 3.43 万平方米，建筑面积 9659 平方米。职工 236 人，主要设备有刨床 4 台、磨床 6 台、铣床 4 台、镗床 2 台、空气锤 2 台、冲床 4 台、液压机 2 台、滚齿机 1 台、插齿机 1 台、各种车床 30 台、磨擦压力机 1 台、油泵试验机 1 台、各种钻床 20 台。固定资产值 201 万元，产值 35 万元。

造纸厂　县经济委员会所属全民所有制企业。全厂占地 2207 平方米，建筑面积 2180 平方米。1958 年始建时，设备简陋，只有锅驼机、大锅、小石电碾，787 抄纸机等，年产包装纸 125 吨。1962 年停产，1970 年重新投产，并增置锅炉、蒸煮池、打浆机、浓缩机等设备，年产瓦楞纸 400 ~ 500 吨。1985 年，引进国际先进技术设备 TMC-288 型妇女卫生巾、婴儿尿片两用机，生产卫生巾、婴儿尿片、产垫、手术敷料、棉浆板等，首开保定地区纪录。1990 年，有职工 70 人，固定资产原值 104 万元，年产机制纸 527 吨，妇女卫生巾、婴儿尿片 600 万片，产值 512 万元，实现利税 12.6 万元，为保定地区先进企业。

针棉织厂 县二轻工业管理局所属集体所有制企业。厂址在县城南关，占地1.6万平方米，建筑面积4961平方米。前身是1955年组建的针棉织生产合作社，1975年更名为安国县针棉织厂。有职工282人，主要生产设备有毛巾机62台，织袜机14台，槽筒机3台，卷维机3台，整型机6台。固定资产原值94万元，产品主要有出口方巾、毛枕巾、棉线袜等。1990年，生产出口方巾110.24万条，棉枕巾102.39万条，棉线袜10万双，产值182万元。方巾远销美国、意大利、日本等国家和中国香港地区。是县二轻系统唯一创汇企业。

农机具厂 县二轻工业管理局所属集体所有制企业。1958年，在手工业生产合作社的基础上组建而成，1972年扩建，全厂占地20010平方米，建筑面积5336平方米。有职工216人，主要设备有车床50台，300吨磨切压力机和龙门刨等。固定资产原值78万元，以生产小麦脱粒机、玉米脱粒机、花生剥皮机、玉米粉碎机、中药材加工机及传统药刀、常用铁制农具为主。1990年，生产各种机具3000台（件），产值110万元。

橡胶厂 县二轻工业管理局所属集体所有制企业。创建于1959年，时称安国县轮胎翻修生产合作社。1975年，改为安国轮胎翻修厂，1983年更名为安国橡胶厂。厂址在县城西关大街，占地3600平方米，建筑面积1600平方米，有职工103人，固定资产原值45.4万元。主要设备有：轮胎翻新机15台，18吋、16吋、14吋、13吋压胶机各1台，18吋破碎机1台，大、小磨胎机各1台，打浆机、压胎机各1台。以轮胎翻新及生产再生胶、塑料制品为主。1987年，再生胶生产线投入运行，生产能力提高1倍。1990年，翻新各种轮胎12673条，生产再生胶165吨，产值129万元。

印刷厂 原名安国县印刷合作社。创建于1955年，1975年更名为安国印刷厂。系二轻工业管理局所属集体所有制企业。厂址位于县城西关，占地5190平方米，建筑面积840平方米，有职工64人。主要生产设备有4开8页印刷机4台，16页印刷机1台，烫金机、圆盘机各1台，装订机、对开切纸机各2台、铸字机3台。固定资产原值30万元。1990年，产值49万元，实现利税4万元。

面粉厂 原为县工业局所属全民所有制企业，1966年转属县粮食局，仍为全民性质。建于1958年8月，是时固定资产32万元，有美制、苏制、德制面粉机各1台，日产面粉5吨，供应全县非农业人口。1959年，增加兑换业务。1985年，建5层制粉楼1座，建筑面积1163平方米，引进石家庄MY-6液压型面粉机6部和高房平筛、擦麦机、打麦机、去石机等辅机20台，固定资产达93万元，日产面粉13.5吨，能同时生产标准粉、上白粉、特制粉。全厂占地1万平方米，建筑面积2718.2平方米。1990年，职工68人，产值200 万元。

1990年安国县县属工业企业统计表

表8-3

企业名称	隶属部门	企业性质	职工人数	固定资产原值（万元）	主要产品
安国制酒厂	县经委	全民	314	369	白酒、黄酒、滋补酒
安国棉纺织厂	县经委	全民	1500	1850	垫布、23支棉纱、32支棉纱、21 x 21白布、棉布
安国制药厂	县经委	全民	425	370	速效牛黄丸、大活络丹、泌感灵、牛黄清心丸
安国县第一药材加工厂	县经委	全民	99	37	中药材加工
安国县通用机械厂	县经委	全民	236	201	切药机、水果去核破碎机、防盗盖、封扣机
安国造纸厂	县经委	全民	70	104	妇女卫生巾、婴儿尿片、机制纸、产垫、棉浆板
安国化工厂	县经委	全民	269	70	合成氨、沥青、糠醛
安国地毯厂	县经委	全民	134	47	“风船牌”地毯

续表 8-3

企业名称	隶属部门	企业性质	职工人数	固定资产原值（万元）	主要产品
安国面粉厂	县粮食局	全民	68	93	标准粉、上白粉、特制粉
安国棉油加工厂	县供销社	集体	178	220	棉短绒、棉籽油
安国食品厂	县供销社	集体	86	60	糕点、调料
安国县农机具制造厂	县二轻局	集体	216	78	小麦脱粒机、玉米脱粒机、玉米粉碎机、中药材加工机、药刀、铁制农具
安国县五金制品厂	县二轻局	集体	85	10	拉手、合页、插销
安国县针棉织厂	县二轻局	集体	310	120	彩条 83-6 毛巾、毛枕巾、棉线袜
安国橡胶厂	县二轻局	集体	103	40	轮胎翻新、再生胶、产品胶
安国印刷厂	县二轻局	集体	60	45	铅印、胶印产品
安国砖厂	县二轻局	集体	47	23	红砖
安国县联合制砖厂	县二轻局	集体	7	14	红砖
安国服装厂	县二轻局	集体	140	5.7	各式服装
安国鞋厂	县二轻局	集体	63	4.7	镶金鞋、27 号鞋

第五节　管理机构

民国前，县内无工业管理机构。民国时期由实业科管理工业。民国 34 年（1945），县民主政府设工商科，负责管理私营企业和个体手工业。1952 年，县供销合作社增设生产科，组织与扶持手工业恢复发展，推行合作化。1954 年，成立县手工业生产合作社联合社，民主选举董事会和监事会，负责领导全县合作和私营手工业。铁厂、酒厂、砖厂等全民企业隶属于保定专区实业公司。1958 年，“大上”工业，县委组建工业生产办公室，同时成立安国县地方工业局，撤销手工业联社。1959 年，手工业“归队”，建安国县手工业管理局。1960 年 8 月，成立安国县轻工业局，与公社工业局、手工业管理局合署办公。1961 年，撤销轻工业局和公社工业局，恢复手工业联合社，与手工业局“一套人马”，两个牌子，配有干部 19 人。在全县 6 个工委设手工业办事处，有干部 22 人。1962 年，撤销工商局，建立工交科，化肥厂、制酒厂、制药厂、棉纺织厂、机械厂 5 个全民所有制工业企业归保定专区管理。1967 年，上述 5 厂下放县管，县设工业科，同时撤销手工业联社和手工业管理局，其工作划归工业科。1975 年，撤销生产指挥处，分建工业局和二轻局。1981 年，组建县经济委员会，翌年撤销工业局和二轻局，工业管理由经委负责。1983 年，再次恢复手工业联社，与经委合署办公。1985 年，县属集体工业企业的管理由经委划出，建立安国县二轻局，负责管理集体企业，并与县手工业联社合署办公，挂两个牌子。自此，县经济委员会只负责国营工业企业管理。1990 年，县经济委员会设秘书科、财务科、生产经营科、企管科、政教科、科技科。二轻工业局设办公室、生产科、财务科、政工科。

粮食、供销、水利、交通、文教等部门的工业企业，均由本系统负责领导和管理。农村工业由乡镇企业局管理。

1971—1990年安国县工业企业情况统计表

表8-4

年度	企业个数（个）					职工人数（人）					工业总产值（万元）										
	合计	全民	县属集体	乡村集体	个体	合计	全民	县属集体	乡村集体	个体	合计	全民		县属集体		乡村集体		个体	
												产值	占%	产值	占%	产值	占%	产值	占%
1971	44	11	13	20	—	3020	2017	859	144	—	1884	1520	80.7	304	16.1	60	3.2	—	—
1972	37	12	10	15	—	3051	2051	875	125	—	1830	1419	77.5	340	18.6	71	3.9	—	—
1973	27	12	10	5	—	3157	2023	803	331	—	2073	1600	77.2	405	19.5	68	3.3	—	—
1974	27	12	10	5	—	3235	2239	586	410	—	2269	1695	86.7	453	19.9	121	5.4	—	—
1975	27	12	10	5	—	3206	1844	882	480	—	2593	1967	75.8	493	19.1	133	5.1	—	—
1976	47	13	12	22	—	3224	1816	996	412	—	2192	1392.5	63.5	486.9	22.2	312.6	14.3	—	—
1977	46	13	11	22	—	3773	1854	1499	420	—	2671.8	1678.1	62.7	567.4	21.3	426.3	16	—	—
1978	49	14	13	22	—	3727	1802	1451	474	—	3166.5	1945.1	61.4	686.2	21.7	535.2	16.9	—	—
1979	48	13	13	22	—	3774	1789	1479	506	—	3211	1920	59.7	653	20.3	638	20	—	—
1980	406	13	13	380	—	9418	2557	1486	5375	—	3320	2040	61.4	325	9.8	955	28.8	—	—
1981	501	16	13	472	—	9306	2336	1272	5698	—	4041.6	2327.6	57.6	557	13.8	1157	28.5	—	—
1982	478	11	12	455	—	9704	2634	1377	5693	—	3629.4	2292.3	63.2	501.1	13.8	836	23	—	—
1983	351	12	12	327	—	9181	2700	1231	5250	—	4085	2682	65.5	469	11.5	934	22.9	—	—
1984	447	12	14	421	—	9163	2507	1396	5260	—	12564	7996	63.6	2084	16.6	2484	19.8	—	—
1985	23271	13	15	462	22781	46785	2570	1469	6992	35754	16995	3406	20.0	833	4.9	5740	33.8	7016	41.3
1986	21708	14	25	428	21241	46472	2619	1789	7998	34066	15155	2491	16.4	1491	9.8	7682	50.7	3491	23.1
1987	20602	14	19	460	20109	45580	2703	1850	9059	31968	23194	2682	11.6	1554	6.7	14065	60.6	4893	21.1
1988	20594	13	21	438	20122	46598	3089	1641	9059	32809	26948	2988	11.1	2952	10.9	15469	57.4	5539	20.6
1989	17101	13	23	314	16751	47317	3154	1937	10925	31301	22221	3483	15.7	3353	15.1	9341	42	6044	27.2
1990	14523	13	16	556	13938	43102	3804	2944	9885	26469	24755	7178	28.9	4741	19.1	6018	24.3	6818	27.7

续表 8-4

项目 数目 年度	利润（万元）					固定资产（万元）					全员劳动生产率（元／人）				
	合计	全民	县属集体	乡村集体	个体	合计	全民	县属集体	乡村集体	个体	合计	全民	县属集体	乡村集体	个体
1971	66.6	45	18.6	3	—	797	608	117	73	—	6238	7535	3538	4167	—
1972	44	21	14	9	—	857	618	189	50	—	5998	6919	3886	5680	—
1973	-15.5	-59.7	18.2	26	—	856	592	180	84	—	6566	7909	5944	2054	—
1974	52.3	-12	48	16.3	—	1363.8	1207	126	30.8	—	7014	7570	7730	2951	—
1975	111	58	34	19	—	1273	1088	137	48	—	8088	10667	5590	3244	—
1976	-118.7	-153.5	21.2	13.6	—	1695.1	1490.9	168.2	36	—	6799	7670	4890	7609	—
1977	153.9	112	22.4	19.5	—	1751.8	1533.6	177.4	40.8	—	7083	9051	3785	10162	—
1978	68.5	21.6	26.9	20	—	1945.5	1620.2	185.3	140	—	8496	10794	4730	11291	—
1979	43.1	-14.2	28.3	29	—	3782	1506	2037	239	—	8508	10732	4415	12609	—
1980	486	22	30	434	—	2054	1500	205	349	—	3526	7978	2187	1777	—
1981	426.7	6.8	80.9	339	—	2541.5	1609.4	554.1	378	—	—	9964	4379	2031	—
1982	630	-16	84	562	—	2653	1610	556	487	—	—	8703	3639	1468	—
1983	823.8	164.5	30	629.3	—	2910	1913	558	439	—	—	9933	3310	1779	—
1984	886.2	155.7	52.2	678.3	—	2834	1650	561	623	—	—	31805	14928	472.2	—
1985	7669.8	307.8	3510	883	2969	2936.2	1198.7	410.5	898	429	—	12302	5670	8209	1962
1986	6020	195	448	2026	3351	3396	1369	591	987	449	—	3744	7425	9727	1026
1987	2862.6	244.4	128.2	806	1684	4222	2069	665	918	570	—	9611	8511	15526	1531
1988	3588.1	276.5	291.6	1004	2016	5511.5	1548.5	733	1992	1238	—	9269	8435	17076	1689
1989	4395.5	556.5	415	1079	2345	10084	7176	881	855	1172	—	11043	17310	8550	—
1990	4784	104	331	1377	2972	8012.4	3414	798.4	2500	1300	—	18869	16105	6088	—

第二章 商 业

第一节 私营个体商业

隋唐时期，域内有少量经营酒、肉、糕点、果品、杂货等小店铺和摊点。宋中期后，随着药材集散地的形成，商业渐趋繁荣。除本地商户外，全国各地不少客商亦于此开店设点。清中后期，形成许多商业性质的帮会，较著名的有经营药材的“十三帮”和“五大会”。其中南大会、北大会为小药市和大药市的药商组织；皮货估衣会包括各省及域内皮货服装商户、摊点；杂货会为经营生产、生活日用杂货的商号和摊贩组织；银钱号会为药市的银号、钱庄组织，包括大小银钱业 50 多家。行业有药材行、布线行、皮货行、估衣行、山货行、绳席行、食店行、木货行、铁货行、杂货行、糕点行、瓷器行。著名的商号（药业除外）有全顺成、永兴元、福庆长、源盛杂货店、复合杂货店、德泰杂货店、丰和斋、同兴斋、人和瓷店、永裕书店、顺兴馆、三合馆、聚元馆、复泰鱼店、德和栈等。民国时继有发展，民国 16 年（1927），全县有私营个体商户 3668 户，从业 18381 人。民国 25 年（1936），全县商户计有药行 3547 家，洋布行 20 家，广货行 20 家，杂货行 50 家，绳席行 20 家，木货行 30 家，铁器行 20 家，酒行 8 家，油饼店 16 家，煤油行 5 家，煤场 7 家，酱园 13 家，瓷器行 4 家，茶叶行 3 家，画铺 3 家，饭馆 100 家，书籍文具店 6 家，皮麻店 6 家，棉花店 6 家，理发业 16 家，首饰店 8 家，澡堂 4 家，小摊贩 296 家，资本最多者五六十万元，少者数百元。民国 27 年（1938）日军侵占安国后，强征暴敛，捐税横生，店铺纷纷倒闭、停业或迁移，各行商户仅剩 78 家 232 人，勉强支撑门面。

民国 34 年（1945），县民主政府实行保护发展私商政策，翌年发放贷款 4568 万元，扶植发展私营个体商业。至民国 37 年（1948），县城及伍仁桥、大五女、石佛、张家营 4 个集镇商户增至 1149 家，从业 3879 人，形成药行、百货、杂货、布衣、五金、食品调料、饮食、烟酒、绳席等行业。1954 年底，全县私营个体商户、摊点增至 3438 家，从业 4819 人。

1954 年安国县私营商业统计表

表 8-5

项目／数量／行业	户数（户）	从业人数（人）	资本额（万元）
食品行业	136	250	456
纺织品行业	11	17	111
文教艺术品行业	5	9	61
日用百货行业	101	205	694
建筑器材行业	2	10	87
五金机械行业	11	19	86

续表 8-5

行业＼数量＼项目	户数（户）	从业人数（人）	资本额（万元）
交通电器行业	1	1	38
化工原料行业	4	14	36
医药用品行业	342	653	2770
药材行业	254	507	2292
代理商	15	43	137
杂　商	18	28	56
行　商	212	217	879
摊　贩	2326	2846	992
总　计	3438	4819	8695

1955 年，按照“利用、限制、改造”政策，通过公私合营、组织合作、为合作社代销等形式，对私营商业进行社会主义改造。到 1956 年，有 248 人带 8.5 万元资本过渡为国营商业；103 户 143 人带 4.49 万元资本实行公私合营；61 户 81 人带 4700 元资本组建合作商店；对部分摊贩分别安排了代销或转农，私营商业比重锐减。1958 年，取缔私营商业。三年调整中，根据中央《商业工作 40 条》精神，恢复发展了一些个体商贩，1964 年全县个体商贩达 3468 户。“文化大革命”开始后，个体商业又被当作“资本主义尾巴”割掉。

1978 年中共十一届三中全会后，贯彻“改革、开放、搞活”发展经济总方针，实行“多种经济成分，多种经营方式，多条流通渠道，减少经营环节”的商业体制，个体商业迅速发展。到 1990 年底，全县私营商店、摊贩达 8744 家，总资本 20993 万元。除 1986 年股份合建的祁州商场规模较大外，多为个体经营，亦有部分雇用少数帮工者。资金多者几十万元，少者几千元。

第二节　集体商业

一、供销合作商业

民国 30 年（1941），建县合作社，主要任务是为平汉铁路线以西的八路军采购土布、食盐等，后被战争摧垮。民国 35 年（1946），成立县生产推进社，设业务部、生产部、火硝部等。民国 37 年（1948），建立城关、伍仁桥、大五女、石佛、西伯章区社，生产推进社改为县供销合作社，设供应科、推销科等。是年，收购土布 30 余万尺，药材 160 万斤。1951 年，建立西伯章、齐村、张家营、姬庄、北段村、新安、大五女、郑章、海市、郑家庄、霍庄、西崔章、伍仁桥、固城、南马、宋固、张乡、明官店、石佛、流各庄、庞各庄、南堡、立家庄、北流罗、南仕庄 25 个联村社。其他村庄设代销店，成为农村供和销的主要商业渠道。1953 年，建县棉麻经理部。1957 年，推销科改为土产杂品经理部，供应科分为生产部和生活资料经理部。翌年，供销合作社并入商业局，划为全民性质，基层仅设 8 个中心商店。1961 年，恢复县供销合作社联合社，定为集体性质企业。下辖 5 个公司，按照以社（公社）建社

（供销社）的原则，建立20个基层供销社，同时恢复、组建各村分销店或代购代销点。1971年，供销社再次改为全民性质，1978年又恢复集体性质。

1990年，县供销社系统有农业生产资料公司、土产公司、棉麻公司、副食品公司、回收公司、贸易公司、药材公司、日用杂品公司、外贸公司、蔬菜果品公司、棉油和食品加工厂，20个基层供销社，154个分销店和191个代购代销点。共有干部职工1468人，入股社员52713户，占全县总户数的60%，股金49.4万元。

附：县供销合作社部分企业简介

生产资料公司 始建于民国35年（1946），时称生产部，仅2人。后改为生产资料经理部。1971年与县五金公司合并，1973年分开，称生产资料公司。地址在县城光明东后街，共有房屋118间。主要经营化肥、农药、中小农具、农机具配件、耕畜、车马挽具、农药器械、苇席、塑料薄膜等近千种商品，以向全县基层社批发为主，兼少量零售。1990年，有干部职工82人，自有流动资金83万元，销售额1388万元，实现利润25万元。

棉麻公司 1953年建立，时称棉麻经理部，1958年改为安国县农产品采购局，1961年称安国县棉麻公司。地址在县城东南隅，占地2.04万平方米，设棉油加工厂。以棉花收购、加工、调拨及经营麻、烟为主。1990年有干部职工66人，实现利润43万元。

土产杂品公司 1957年，在推销科的基础上建立土产杂品经理部，1962年改名为土产杂品公司。原址在县城光明东后街，主要经营农副土特产品、日用杂品等2000余种商品，批零兼营及收购废品。1985—1988年，该公司分为土产、回收、日用杂品、外贸、贸易5个公司。土产、回收、外贸3个公司地址在县城北。1990年，5个公司共有干部职工140人，经营额804万元。

副食品公司 1954年，建安国县副食品经理部，1958年并入县食品经营处，1962年划出称副食品公司，1971年复并入食品公司，1978年再次划出，1983年将所辖食品、调料加工厂划出建县食品厂。副食品公司迁光明东后街。经营食盐、茶叶、干鲜果品、调味品、糕点、蔬菜及糖、烟、酒批发、零售业务。1987年，析出蔬菜果品公司。1990年有干部职工48人，经营额256万元，实现利润2.6万元。

1966—1990年部分年份安国县供销合作社经营情况统计表

表8-6

年度＼金额＼项目	总购进（万元）	总销售（万元）	库存（万元）	资金周转天数（天）	利税（万元）
1966	735	981	383	—	—
1967	743	919	484	—	—
1968	460	578	480	—	—
1969	728	1451	876	—	—
1970	1142	1855	1063	—	—
1977	1035	2036	876	—	—
1978	975	2205	915	136	35.5
1979	1039	2235	1016	135	81.7
1980	1471	2707	1184	108	82.3
1981	1460	2667	1074	95	89.4

续表 8-6

年度＼金额＼项目	总购进（万元）	总销售（万元）	库存（万元）	资金周转天数（天）	利税（万元）
1982	2145	2609	1388	144	80
1983	3021	2729	1895	91	115.6
1984	2721	2531	2290	102	115.9
1985	2081	2562	1550	271	89.8
1986	3913	4346	1784	294	49.2
1987	4397	2833	1985	152	105.4
1988	4558	2642	3527	204	89.3
1989	4859	2844	2700	265	89
1990	3907	2917	2597	182	58.2

二、其他集体商业

1956 年基本完成社会主义改造后，61 户计 91 个小商小贩组成合作商店（小组），为集体所有制商业。1958 年，集体商业过渡为国营商业。1961 年，按照“退人退股”的办法，恢复合作商店（小组）。1963 年，组建南瓜果、北瓜果、南关饮食、北关饮食以及蔬菜、茶馆、理发、照相、烧鸡集体合作商店（小组）。“文化大革命”开始后，集体性质的商业再度被取消，91 人中 2 人转国营，65 人做退职处理，22 人实行劳保，2 人遣送回原籍。

中共十一届三中全会后，恢复集体商业，对原合作商店做退职处理的职工复职或招收其子女接班。同时，从国营商业中清出 73 名集体固定工，建立独立核算自负盈亏的集体商业企业。至 1984 年，共建争佳（大众）、争荣、永兴、兴华、知青、红星等集体商店 12 个。之后，随经济体制改革的深入，各乡、村、城镇街道、工厂、学校及其他单位相继办起集体性质的商店。1990 年，全县共有集体商店 81 家，从业 507 人。零售额总计 2122 万元，占全县社会商品零售总额的 12%。

第三节　国营商业

民国 33 年（1944），华丰粮店、建合商店等分别在伍仁桥成立，为域内首批国（公）营商业企业。民国 37 年（1948），国（公）营商业 23 家，其中规模较大的有元兴总店、实业公司、万盛兴商店、平原推进社、旗帜大药社等，均设有分店，尤以元兴总店较多，计有元兴铁货门市部、元兴拍卖物资门市部、元兴兴华文具书店、元兴粮店、元兴油店等。1950 年，调整原国（公）营商业组织和经营范围，将元兴总店划分为花纱布、粮食、油脂、中盐公司安国经销组，均系独立核算单位。是年 5 月，中国百货公司安国县支公司成立，辖无极、蠡县、博野、安平、饶阳、肃宁等 7 处批发点。至 1954 年，五金公司、医药公司、食品公司、煤建分销处、专卖事业管理处等相继建立。同时，撤销外县批发点，粮食、油脂划归粮食局。此后，迭经分合变更，不断发展。1978 年后，商业局系统相继建立综合商场、人民商场。物资系统由单一经营计划统配物资转为向社会放开经营。1990 年，全县共有国营商业企业 84 个，计有商业局系统的百货公司、五金公司、食品公司、烟酒专卖公司、综合商场、人民商场、饮食服务公司；物资系统的燃料公司、建材公司、机电公司、金属公司、木材公司、化轻公司、生产资料公司；农机系统的农机、农排公司及其他系统的石油公司、医药公司、经销公司等，共有干部职工1335人，完成商品纯销售7596万元，占全县销售额的47%。

1978—1990年部分年度安国县国营商业经营情况统计表

表8-7　　　　单位：万元

项目 金额 年度	购进	销售	库存	利税
1978	1857	3830	1861	—
1980	2633	4568	2231	—
1982	3974	4758	2804	—
1983	5058	5040	3407	—
1984	5034	5460	3570	—
1985	5253	5589	2701	439
1986	6434	7139	3397	310
1987	7686	7489	3968	613
1988	5423	6274	4232	307
1989	8673	7021	5396	518
1990	8734	7596	5458	451

附：商业局系统部分企业简介

百货公司　建于1950年5月，时称中国百货公司河北省定县分公司安国县支公司。主要经营棉布、百货、针织品、五金交电、糖、煤油等1500余种商品。1953年，改称中国百货公司河北省安国县批发商店。1956年，更名中国百货公司安国县公司。翌年，文化用品划归该公司经营，同时下设伍仁桥、石佛两个中心商店。1958年，该公司与五金、针织品公司并为日用工业品经理部，1961年复设为批零兼营综合性商业公司，1963年将烟、酒、糖、食品批发业务移交食品经营处，1966年杂货商店并入。公司占地1.33万平方米。1989年投资161.8万元，将原17间707平方米门市拆除，改建为三层营业楼，总建筑面积4369.5平方米。其中营业面积3640平方米，库房723.5平方米。经营商品分为糖、烟、酒、食品、百货、五金、交电、化工、针纺织品、服装鞋帽、文体用品等10余类，8000多个品种。1990年有干部职工144人，销售总值242万元。

五金公司　始建于1952年，1958年与纺织品公司、百货公司合并为日用工业品经理部，1961年析出，名安国县五交化公司，1971年并入生产资料公司，1973年再度分设。内设会计室、批发室，辖桥南、桥北零售门市部。全公司占地1万平方米，建筑面积2295平方米，库房面积1263平方米，主要经营五金、交电、化工等5大类3000多种商品，批零兼营。1990年，有干部职工74人，销售总额463万元。

食品公司　1954年建立，占地1.65万平方米，建筑面积3578平方米。1957年，专卖处并入，1965年建立祁州镇、伍仁桥、大五女、北段村食品购销站，1978年增设明官店、淤村、西伏落购销站。主要业务为生猪、鲜蛋收购、调拨、销售及糖、烟、酒、茶、糕点、果品、调味品、蔬菜等批发零售。1982年，析建糖烟酒公司。食品公司以猪、蛋、牛羊、家禽、水产品收购、加工、外调为主要业务。1990年，有干部职工280人，下设肉食加工厂、门市部、活猪库、50吨冷库及伍仁桥、明官店、郑章、北段村、淤村、西伏落、石佛、祁州镇食品购销站。

综合商场　1978年建，占地800平方米，建筑面积700平方米，其中营业面积523平方米。为综合性商品零售单位，主要经营糖、烟、酒、糕点、纺织品、针棉织品、百货、文化用品、五金、交电、化工、药品等。1990年，有干部职工47人，销售总值180万元。

人民商场　1984年始建，1986年8月建成营业。营业面积720平方米。以经营烟、酒、糖、茶、百货、食品、文化用品、针棉织品、五金交电等商品零售业务为主。1990年，有干部职工32人，完成销售35万元。

饮食服务公司　前身是公私合营饮食业服务商店。1967年，取消公私合营，称饮食服务公司，主要管理饭店、旅店、理发、照相等服务业。1970年后，公司相继建立东关食堂、东关旅馆、桥北回民包子馆、药材货栈。1990年，下辖饭店4个，旅馆、药材货栈、副食杂品店、钟表眼镜店及集体性质的理发馆、浴池等，干部职工73人，完成营业额56万元，利润5.3万元。

第四节　商业网点

一、商　店

商业店铺多集中在县城及伍仁桥、石佛、大五女、张家营（1937年前在西伯章）集镇。七七事变前，商业繁盛时，县城有店铺4000余家，伍仁桥210家，其他3镇各二三十家。计有药行、粮行、银钱业、杂货行、绳席行、木货、铁货、布线、饮食等行业。县城店铺主要分布在南关，以大、小药市最为集中。店铺多为两三间门面，较大规模的药店有五六间，四镇商店多是规模较小的连家铺。

民国27年（1938）日军入侵后，日伪政府敲诈勒索，杂税繁多，致使商业萧条，市场萎缩，城内仅剩六七十户小本经营的夫妻店或连家铺。

解放后，民主政府在扶植发展私商的同时组建国（公）营商店，至民国37年（1948）县城内共有商店875家，伍仁桥80余家。中华人民共和国成立后，国营、供销合作、集体、个体商店增多。后经对私商社会主义改造，特别是1958年将公私合营的合作商店全部撤销或并入国营商店，并抽调大批商业职工“大办工业”，商业网点锐减。三年调整后，实行多种经济成分并存的商业体制，网点始有增加。“文化大革命”开始后，国营商业独家经营，其他经济成分被取消，网点减少且集中，店大架子大，营业时间缩短，服务态度和服务质量下降。1970年，全县有商店51个，其中县城有14个。1978年中共十一届三中全会后，各种经济成分和多种经营方式的商业企业相继涌现。工厂、机关、学校、城镇居民、乡村农户纷纷布摊设点开办商店，且规模越来越大。至1990年，有商店3866个（包括小卖部和货场），其中县城约占30%，分布在各大小街道，尤以祁州药市、光明街和南大街较集中，街道两旁各种商店鳞次栉比，是县内商业最繁华区。此外，有5217家无固定位置的摊商，赶集上店，流动性销售。

解放前，农村除一些游动货郎走村串巷销售小商品外，商店极少，农民购买生产、生活用品或出售产品，只能跑远路到县城、四镇或“赶集”买卖。解放后，推行供销合作制度，到1965年，全县各村相继建起供销社、分社或代购代销店。1978年后，农村商店逐渐增多。1990年，伍仁桥、大五女、石佛、张家营四大集镇商店数均在四五家至十几家不等。这些商店多为规模较小的连家铺（称小铺或小卖部），村民购买日用品不出村。

二、集　市

明崇祯《祁州志》载，域内有城内、三关、安国城、伍仁桥、段村、西五女、中阳、东路景、大户、崔章、娄家营、西伯章12处集市。清乾隆时增设门东、霍家庄、阎村3处。集市上市商品主要是当地土产，城内集以药材交易繁盛著称，为集市之首。光绪末年，南马、中照、石佛、立家庄相继设集，全域集市达19处。逢农历一、六为集日的有城内、三关、南马；二、七为集的有门东、路景、大五女、立家庄；三、八集有崔章、中照；四、九集有伍仁桥、中阳、段村、大户、西伯章；逢五、十为集的有安国城、霍家庄、阎村、石佛。

民国时期，随着交通、人口等条件的变化，三关、门东、路景、崔章、中照、大户等集市自然淘汰，另增张家营（三、八）、大营（二、七）、张乡（三、八）、西王奇（四、九）、庞各庄（三、八）、西河（四、九）、南娄底（四、九）集市，全县达20处。上市以牲畜、粮食、棉花、蔬菜及日用杂品为主。伍仁桥南临磁河与天津卫通，为域内最大的“浦头落载之所”，南北官道必经之处，水陆交通极为便利。唐山的煤，天津的工业品、食盐，白洋淀的苇席及其他水产品等，常舶来于此分销各地。当地及定县、深泽、安平、深县、饶阳、枣强、武邑、束鹿、晋县等地的大量粮食、棉花、烟叶、土布土线及其他土产品多于该集市交易。其贸易繁荣，经久不衰，为域内仅次于县城的第二大集市。

解放后，集市广布，相继增设海市、郑章、大李庄、明官店、南娄底、北流罗、宋固、流霜、韩村、东寇、流各庄、北都、甄庄、郑各庄14处。1954年，集市达34个。伍仁桥集的布线、大蒜，大五女集的大牲畜，张家营集的木材，石佛集的粮食，安国城集的棉花等上市量之大，方圆百里闻名。“大跃进”期间，集贸陷于停顿，1964年恢复集贸。“文化大革命”期间，仅剩城关、伍仁桥、石佛、大五女、张家营集市，集日均定为逢农历一、六，且大部分商品不允许上市成交，集市贸易极为单调。多数交易不得不暗地进行（时称黑市），一经发现，轻则没收，重则游斗批判。

1978年后，政府鼓励发展集市贸易，允许各乡村自设集市，自定集期，数量不限。同时，分批对城关的药市、针百市、农贸市，伍仁桥的布匹市等进行改扩建工程，共建楼房617座，建筑面积15万平方米，建交易棚17760平方米，能容纳4300个摊位。至1990年共有集市27个。

除集市之外，另有城关、伍仁桥、石佛、大五女、西娄底、北段村、杨翟、瓦子里、东长仕等10处庙会，会期一般为5～8天，规模远比集市为大。其中城关庙会为各会之首。明代一年一次，至清中期发展到春秋两次，庙期“春五秋七，经年不断”，每至庙期，全国各路商贾云集，“东购辽沈，西接川陕，南交云贵，北来塞外，云屯雾集，互通有无”。解放后，工商管理部门每年组织物资交流大会，1990年举办2次，总成交额2000万元。

1990年安国县集市情况一览表

表8-8

集市名称	集日（逢农历）	摊位（个）	人流量（人）	集市名称	集日（逢农历）	摊位（个）	人流量（个）
祁州镇	一、六	32000	50000	北　都	三、八	250	2500
门　东	四、九	500	2500	西伯章	四、九	200	2000
齐　村	三、八	300	2000	大　营	二、七	180	2000

续表 8-8

集市名称	集日（逢农历）	摊位（个）	人流量（人）	集市名称	集日（逢农历）	摊位（个）	人流量（人）
阎　村	五、十	450	3500	石　佛	五、十	180	2000
伍仁桥	四、九	4500	15000	西安国城	五、十	650	8000
西崔章	三、八	1200	4000	郑各庄	四、九	250	3000
北张各庄	五、十	250	2000	东安国城	三、八	350	4000
军　诜	五、十	250	2100	大五女	二、七	700	8500
寺　下	二、七	200	1800	大李庄	四、九	300	4500
南　马	一、六	500	3000	明官店	二、七	550	6500
郑　章	三、八	800	10000	张　乡	三、八	500	6000
新　安	二、七	250	3200	霍　庄	五、十	450	5000
张家营	一、六	3500	12000	焦　庄	三、八	350	4500
北段村	四、九	500	4500				

第五节　商品购销

一、购　进

（一）农副产品收购

以粮食、棉花、油料、药材、果品、蔬菜、生猪、鲜蛋等为大宗。历史上，均由私家收购远销外地。民国 20 年（1931），主要农副产品收购运销，计有棉花 150 万斤，花生 9 万斤，土布 1.7 万尺，药材 400 万斤，杂粮 180 万斤。解放后至中华人民共和国成立初，由国营、集体、个体多渠道经营。

1953 年后，根据国家政策，对一些关系国计民生的主要农副产品分别实行统购和派购。

棉花统购　1954 年，国家将棉花列为一类物资，实行统购，由供销社代购、加工、调运，禁止自由贸易。1956 年后，棉花由生产队集体种植，所产棉花除每人留 0.75 千克皮棉外，其余全部由国家收购。为鼓励棉花生产，相继实行奖售紧俏商品、发放预购定金、提价、超购加价等办法，收购量逐年增加，1954 年 796.5 吨，1984 年增至 5465.1 吨。1985 年，棉花收购由“统购”改为合同定购。种植前由供销社同农民签定合同，收获后按合同收购。1990 年，全县定购棉花 6300 吨。

生猪、鲜蛋、蔬菜派购　1954 年前，由供销社经营。凡外地区收购者，无论国营、集体和个人，必须通过供销社联购。是年，国营食品公司建立后归口经营，供销社为其代购。1955 年，按国家规定，对生猪实行派购，落实到户，限期育肥交售，一年一定。社队集体饲养的派购 70%，社员个人派购 50%；鲜蛋收购执行以鸡定蛋，落实到户，限期限量交售，社队饲养派购总产的 60%，个人饲养按全年每只鸡 0.5 ～ 0.75 千克派购。完成派购任务剩余部分鼓励交售给国家，亦可自由上市。1965 年，取消蔬菜派购，实行自由购销。为鼓励交售，1961 年，开始采取奖售办法。1984 年，取消生猪、鲜蛋派购。

其他农副产品收购　主要品种有果品、烟叶、皮毛、麻类、蜂蜜、草柳编等。1956 年前，多为私商经营。社会主义改造完成后，以供销合作社收购为主。1961 年，对兽皮毛、麻类、烤烟等按产量的

50%～60%分配定购任务。后因产量小取消该办法。1963年后，收购网点增加，各基层供销社、分社和代购代销店均兼有收购业务，收购逐级上交或提供外贸出口。1980年后，打破供销社独家经营体制，实行多渠道购销，出现生产、销售两旺的新局面。

1952—1990年商业、供销系统主要农副产品收购一览表

表8-9　　单位：吨

年份＼数量＼品种	生猪（头）	鲜蛋	棉花	麻	蔬菜	苹果	梨	蜂蜜
1952	—	—	2462.8	—	—	—	—	—
1953	—	—	1893.65	—	—	—	—	—
1954	—	—	796.5	—	—	—	—	—
1955	—	—	2509.7	—	—	—	—	—
1956	—	—	1179.35	—	—	—	—	—
1957	—	—	2744.2	0.65	—	—	—	—
1958	12554	54.65	1502.85	17.4	—	—	5	2.5
1959	20269	74	3260.45	3.75	240.5	—	25	2
1960	—	—	1810.4	0.9	490.1	—	—	2.5
1961	3057	15.35	1058.45	4.95	815.5	—	5	0.4
1962	—	—	760.2	—	80.5	—	—	—
1963	5449	12.15	280	0.3	65.5	5	—	0.4
1964	4622	26.35	1446.25	0.6	85.5	5	5	—
1965	8187	17.95	2590.2	13.9	—	5	5.	0.5
1966	16357	24.57	1974.2	2.3	—	5	225	1
1967	—	—	1682.1	5.1	—	5	350	0.35
1968	—	—	1554.3	0.9	115.5	15	250	1.5
1969	—	—	1453.4	—	—	20	550	5
1970	7441	93.4	2085.5	2.05	72	30	50	1.5
1971	13025	58.85	1500	—	—	25	200	5
1972	20806	58.7	1117.6	0.05	87.5	5	985	15
1973	23073	90.7	1568.1	—	122	60	55	5
1974	15926	102.65	2485.25	—	87	120	505	2.5
1975	19992	125.1	3167.5	—	—	110	800	10
1976	17217	—	343.5	—	—	—	500	15
1977	13424	—	596.9	—	160	130	440	5
1978	17106	165.5	582.9	33.8	135	285	1130	10
1979	14780	198.4	745.15	—	90	140	120	5
1980	17026	372.65	1521.45	23.9	100	255	515	10
1981	24492	325.15	1758.8	—	120	25	75	10
1982	26730	227.9	3785.35	15.1	215	185	780	5

续表 8-9

品种 数量 年份	生猪（头）	鲜蛋	棉花	麻	蔬菜	苹果	梨	蜂蜜
1983	21251	243.05	4946.6	2.5	160	325	365	10
1984	28654	114.3	5465，1	—	20	165	310	20
1985	35128	16.1	3513.9	—	35	100	75	10
1986	19903	32.4	2453.45	—	105	20	20	21.5
1987	33336	—	4290.7	—	—	10	—	25.2
1988	41639	—	3216	—	40	60	40	37.95
1989	29905	—	7120	—	455	—	—	—
1990	20625	—	6300	—	175	—	—	—

（二）工业品采购

解放前，工业品购进多由私商从天津、保定等自由采购，车拉畜驮或水路运到域内销售。民国时期，每年购进商品主要有：高阳布约5000余尺，毛巾约3000余打，鞋万余双，铜铁器4万余件，纸张万余领，笔墨3万余件，煤炭百万余斤，面粉万余袋，糖及制品3万余斤，酒万余斤，木器5万余件，“洋布”万余尺，煤油万余箱，呢绒3000余尺，瓷器万余件，钟表3000余件，“洋线”3000余块，“洋灰”百余筒，“洋色”500余匣，“洋胰”万余盒等。

解放后至中华人民共和国成立初，商品多渠道购进。1953年，对棉纱棉布实行统购统销，进货由上级按计划调拨，不得自行采购，其他工业品仍可自由采购。1959年，根据“统一计划，分级管理”的原则，将商业部门经营的全部商品划分为三类，对一、二类商品实行计划管理，按行政层次逐级分配品种和数量，组织调运，不准跨区采购。对三类商品也要按行政层次向上级公司购进，必须跨区采购时，由上级公司批准，按计划向跨供单位签定合同采购。造成进货渠道阻塞，品种单调，不论质量。1964年，改革按行政层次组织商品流通体制，实行按经济区域组织商品流通，保定以南的安国、定县、曲阳、阜平、博野5县联合组织百货、五金、生产资料、土产等商品批发站（在定县），负责5县国营商业和供销社一、二、三类商品供应，对三类商品允许跨区采购。1969年，撤销联合批发站，恢复按行政层次组织流通的单一购货体制。

1980年后，根据“改革、开放、搞活”方针，实行多成分、多形式、多渠道、少环节的商品流通体制，打破过去单一进货渠道，除少数重要商品实行计划分配外，均实行自由、择优购进。各商业单位不论国营、集体和个人，均可从全国各地商业部门进货，亦可到生产厂家直接购进，购进渠道及方法灵活多样。同时，通过五员（采购员、营业员、保管员、会计员、统计员）联系会制度，了解市场，编制要货计划，以求做到采购品种齐全，适销对路，不积压不脱销。1990年，全县商品购进总值10075万元。

（三）废品收购

民国时期，域内废品回收仅有破布、旧棉、废铜铁等几种，多为“摇大鼓”者以货换货方式回收。1950年，供销合作社始开展废品回收业务，品种有废钢铁、废铜、废铝、废铅、破布、旧棉、旧鞋、兽骨、烂麻等。1955年，废品收购额9万元。

1958年“大炼钢铁”运动中，突击收购钢铁，各户分配交纳数量，甚至发动学生挨门逐户强行将门、柜锅扣、铜锁等起下，锅及铁制日用品砸烂当废铁交售，除生产工具之外，户不见铁。是年收购

“废钢铁”3400余吨，全县水车减少近1.5万架。1960年后，废品交售恢复自愿，各供销社均兼有收购业务。此后，随生产发展，回收品种及数量逐步增加。1990年，回收品种达14种。个体从事废品回收户增加，出现了明官店、曲堤等废品回收较集中的村。是年，全县废品回收摊点21个，从业人员（下乡流动收购的个体小贩未作统计）24人，收购各种废品875吨，收购金额48.7万元。

二、销　售

（一）计划销售

中华人民共和国成立前，除食盐实行公卖，每年核定数额控制销售外，其他商品均自由购销。1952年，棉纱实行按计划统一销售。1959年后，计划销售商品逐渐增多，有粮食部门经营的粮食、油脂；供销部门经营的化肥、农药、大牲畜、农具；物资部门经营的钢材、木材、玻璃、水泥、机电设备、酸、碱、胶带、轮胎、汽车、煤炭；农机部门经营的柴油机、拖拉机；石油公司经营的汽油、柴油、煤油、润滑油等。由计划部门分配指标，按计划供应。农业生产资料按耕地亩数及其他特殊情况计划供应；工业生产按生产产品耗材计划供应；建设项目按批准的建设投资及其材料计划供应。1978年后，随着生产的发展，多数计划内商品实行敞开供应。至1986年，按计划供应的商品仅有钢材、木材、玻璃、煤炭、石油、铅丝、纯碱等，且数量很少。同时，这些商品允许议购议销。1990年，销售计划内石油4000吨，煤炭2.1万吨，钢材459吨，木材131立方米。此外，销售计划外石油5000吨，煤炭1.5万吨，钢材1814吨，木材970立方米，玻璃3581平方米。

（二）凭票证供应

1953年，粮食、食油等关系国计民生的重要商品始实行统购统销，以人定量，凭票证供应。1954年，民用棉布亦实行凭票销售，干部职工每人年48尺（家属36尺），农业人口 22尺（含针织品）。之后由于化纤织物的增加，棉布供应量逐年减少。三年困难时期，暂时压缩棉布定量，非农业人口年供3.6尺，农业人口只供半尺做鞋布，后增至9尺。1968年后，无论农业人口或非农业人口，一律定为每人年17.3尺（不含针织品）。1983年，布票停止使用，棉布供应放开。

1958年后，生活日用品供应紧张。为保证人民生活基本需要，稳定物价，合理分配商品，1960年食盐、火柴、苏打、碱面、食糖、酒、肥皂、洗衣粉、煤油、合股线、胶鞋、雨衣、自行车、手表、卷烟等实行凭票证定量供应。干部职工凭本人购货本，城镇居民和农村社员凭本户购货证或户口本购买规定的商品品种和数量。随生产恢复发展，1965年除粮食及其制品、棉布及其制品、针织、煤炭、自行车、手表继续实行凭票证供应外，其他商品均敞开销售。“文化大革命”开始后，多数工厂、商店“停工停产闹革命”，造成市场商品单调，品种减少，商品供应再度紧张，多数商品重新恢复凭票证供应。

1979年后，国营、集体、个体商业竞相发展，购进渠道增多，方法灵活，商品品种繁多，物资丰实，市场日趋活跃。1990年，凭票证供应的仅有非农业人口按月定量供应的粮油及计划内的石油、煤炭（计划外粮、油、煤敞开供应）。

（三）奖售

1961年始，对农民向国家交售粮食、油料、棉花、生猪、鲜蛋、蔬菜、中药材等农副产品，奖售给一定数量紧俏工业品。

1965年后，交售粮食、油料、棉花只奖售化肥。随供需矛盾缓和，对交售生猪、鲜蛋、中药材、蔬菜奖售工业品的品种逐步减少。到1981年，取消对中药材、蔬菜的奖售。1984年后，除交售粮食、油料、棉花给一定数量的平价化肥、柴油外，其他奖售一律取消。

（四）敞开销售

域内历史上商品销售，除食盐外，均实行敞开售给，自由选购，但因生产落后，一些紧缺商品经常脱销，物价极不稳定。1953年后，对少数关系国计民生较重要商品实行管理，控制销售，多数商品仍敞开销售。1954年，对自行车、收音机、纸张、火柴、幻灯、留声机、唱片、照相器材以及不能长期保存的部分商品，实行短期赊销或一次取货，分期付款等办法销售。“大跃进”中，商品品种和数量大幅度减少，供不应求。之后，为稳定市场，保证基本需要，将全部商品划分为三类，其中一、二类实行计划管理，控制销售，仅三类商品实行敞开销售。1962年，对自行车、缝纫机、手表、食糖、糕点、瓶装白酒、毛巾、汗衫等15种控销商品实行高价敞开销售。到1964年，生产恢复，供求矛盾缓和，敞开销售的商品增多，商业部门采取带货下乡，送货上门等办法增加销售量。“文化大革命”期间，商品供应再度紧张，一些商品又恢复凭证供应。1978年后，生产发展，物资丰厚，多数计划管理商品敞开供应。根据不同商品，分别采取售后服务，降价处理，让利销售，多购优惠，有奖销售，降低批发起点，样品展销等办法增加销售量。1990年，全县商品纯销售16085万元。

三、对外贸易

民国初，安国黄芪研究社附属的黄芪庄和郝家大有恒药庄加工的黄芪首先打入国际市场，年出口达300余箱。之后，出口的药材品种有所增加，货品均由私商运抵天津口岸装船外运。解放初，仍以药材出口为主。1959年，首次出口粮食56.5万千克，油料21万千克。1960年，伍仁桥被河北省确定为大蒜出口基地，并划1000亩耕地专门为出口生产。此后，出口的农副产品有香菜籽、槐米、家兔、蜂蜜、草帽辫、草柳编、皮张、鸭梨等，年出口额20余万美元，名列保定地区前茅。其中香菜籽、家兔、蜂蜜等，“文化大革命”开始即停出口，草帽辫于1972年停止出口。1973年，针织厂生产的小方巾首次出口日本，为域内工业品出口之始。1976年和1977年，流罗景泰蓝厂、八方猪鬃厂分别建成，代加工景泰蓝、水煮猪鬃等以供出口。1985年后，出口商品增多。1990年，出口品种有中药材（36种）、中成药（3种）、水煮猪鬃、马毛、景泰蓝（代加工）、方巾、垫布、卫生巾、卫生纸、草柳编、地毯、挂毯、貂皮、槐米等320余种，仅中药材出口总值即达511万元。其中，县内加工的毛知母、光条山药、炮台芪等被列为出口免验商品。

中华人民共和国成立至1980年，外贸出口实行计划管理，任务按行政层次逐级下达，县内由药材公司和县社、外贸公司按任务组织货源，逐级上交，无直接出口权，其他部门均不得经营出口业务。1980年后，逐步打破按行政层次组织出口的独家经营体制，实行多渠道、多层次、多形式的外贸经营体制。允许与全国各地外贸部门联营，自由联系口岸，亦可与外商直接签定合同。至1990年，有北方中药贸易货栈、中州药材站、经委中药材加工厂、晨辉、康华、县制药厂、八方鬃毛厂、棉纺厂、针织厂、地毯厂、造纸厂、外贸公司、养貂公司等个体、集体、国营外贸经营单位22个，出口品种和数量逐步增长。1985—1990年，仅传统出口商品——中药材即达2740余吨，品种40多个。出口国家有美国、加拿大、法国、德国、日本、韩国、意大利、伊拉克、沙特、澳大利亚、马来西亚、新加坡、泰国等30余个国家，并销到中国港、澳、台地区。

第六节　饮食　服务

一、饮食业

历史上因药业发达，饮食业相应兴盛，均为私人经营，多设于县城、集镇及主要交通路口，偏僻较小集市亦有集日临时经营者。七七事变前，仅县城饮食业即有108家，著名的有宾晏楼、晏宾园、复顺昌、同心合、大顺馆等，日军侵占后仅剩6家。民国37年（1948）恢复93家。1953年，粮食实行统购统销后，私营饮食业减少，之后供销合作社开始经营饮食业。完成社会主义改造后，私营饮食业所剩无几。三年困难时期，饮食业减少，城关仅剩3家国营饭店，以出售红薯面和混合面食品为主。1964年后，国营、个体饮食得到恢复。“文化大革命”期间，个体饮食业被取消，全县只保留几家国营饭店，凭粮票供餐，每逢集日进餐需排队长时等候。

1978年后，打破只许国营独家经营局面，饮食业发展较快。至1990年，全县饭店、熟食店、小吃店及摊点达450家。其中国营8家，从业87人；集体3家，从业7人；个体439 家，从业千余人。饭店主要经营水饺、面条、炒饼、烩饼、饼、烧麦、米饭等主食，海味类、山货类、各种肉类及素菜类等炒菜，白酒、啤酒、饮料等。饮食摊点多设于街头、路边或流动经营，经营品种有烙饼、油条、烧饼、老豆腐、馄饨、饸饹、冰糕、汽水等。

二、旅馆业

历史上，域内旅馆称客栈、栈房、大车店、起火店等，均属私人经营。清中期后，药材交易繁盛，全国商贾云集，旅店颇多。主要开设在县城、集镇及交通大道所经村庄。到民国20年（1931），仅城关一般旅店即达40家。除住宿、存车还兼营简单饭菜，多为土炕通铺，设备简陋。七七事变后，该业萧条。

解放后，旅店增多。“文化大革命”期间，取消个人经营。县城仅有国营旅馆2家和县招待所，其他集镇有供销合作社办的七八家。客人凭介绍信住宿。1980年后，一些部门、乡、镇、村、个人纷纷开办旅馆、招待所，规模扩大，条件规格提高。房间有大有小，分1人间、2人间、3人间等，不少旅馆、招待所设有“高级间”，内配卫生间、彩电、沙发、空调、电话、衣柜等。1990年，全县共有旅馆（招待所）85家。其中国营6家，从业88人；集体4家，从业99人；个体75家，从业500余人。全年营业额483万元。

三、理发业

历史上，县城、集镇有少量剃头铺，剃头匠挑担沿街经营或赶集摆摊为多。民国25年（1936），县城有剃头铺（馆）16家，日军侵占后多数停业。解放后，城关恢复6家。1956年，多改造为国营或集体性质。“文化大革命”期间，取消个人经营，县城仅有国营理发馆2家，一些机关、单位和家庭多备置理发工具。1980年，出现个体理发馆，之后发展很快，并增加了烫发、染发、吹风等美发业务。1990年，有集体、个体理发摊点62个，从业191人。

四、浴池　照相

解放初，仅县城有 1 座浴池，经营时断时续。1964 年，一些工厂开设内部浴池，供本厂职工洗浴。1985 年后，一些机关、事业单位建有内部浴池。到 1990 年，营业性浴池只有 2 家。

民国 31 年（1942），冀县李元素到安国开设第一家照相馆，后继有增加。到 1953 年，县城经营照相者 5 家，皆为黑白照。社会主义改造后，合为建新照相修表合作社。1970 年后，部分公社相继开办照相馆，不久全部停业。1980 年后，该业发展较快，黑白照、彩色照兼营。1990 年，全县有证照相馆 15 家，从业 28 人。

五、修理业

民国时期，修理业主要有修理钟表、自行车，锔盆、锅、碗等。民国 35 年（1946），有修理门店 14 家。补锅以串村经营为主。1956 年后，从事此业者减少。1980 年后，随家用电器普及，该业不断扩大，电视机、收录机、电风扇、洗衣机、钟（手）表等维修网点遍布城乡，修自行车、钉鞋、电充气者在街旁、路边随处可见。

第七节　管理机构

清道光年间（1821—1850），药材庙会组织安客堂，为域内商业管理机构雏形。宣统三年（1911），安客堂改建为安国县商务分会。民国 3 年（1914）组建安国县商会，设常务委员、执行委员、检查委员 20 余人，皆由富商出任。商户每月交纳 5 角商会费。商会有权派捐摊款，并建有维持市场治安的武装商巡队，权势极高。

解放后，商会被取缔，县民主政府设贸易局管理商业。民国 37 年（1948），组建县生产推进社，指导管理供销合作事业的建立和发展。1949 年后，私营商业由工商科管理，公（国）营商业则由上级负责管理。1951 年，成立安国县供销合作社联合社，负责对供销合作商业的管理和发展，内设办公室、业务部、会计部、组织部，并选举产生第一届董事会、监事会。1953 年，县联社内设秘书科、计统科、生产科、储运科、供应科、财务科、物价科、组导科。1957 年，国营商业下放到地方，县人委设商业局对其管理。内设秘书股、业务股、计财股。1958 年 4 月，县联社并入商业局，所属企业亦相应合并，局内设干部科、财务科、市场物价科、畜牧生产科、计划科、办公室。1961 年 10 月，县供销联社从商业局划出，仍各自管理原属企业。1971 年，商业局与县供销联社再度合并，建安国县生产指挥处商业科，1975 年改为商业局。1978 年 7 月，商业、供销再度分设。1990 年，商业局内设办公室、业务、会计、统计、审计、集体、人事等 8 股室，全系统共有干部职工 640 人。县供销联社内设办公室、业务、财务、生产、政工、统计、审计、监察、保卫等 10 个股室，全系统有干部职工 1468 人。另有物资局、农机局等归口管理所属商业企业。

1952—1990年部分年度安国县主要商品销售情况统计表

表 8-10

品种＼销售量＼年度	1952	1954	1956	1957	1958	1960	1962	1964	1966	1968	1971	1973	1975	1976	1978	1980	1983	1985	1988	1990
化肥（吨）	17	251	1066	1180	4042	1953	754	1078	4541	2504	5481	12397	12942	4000	13262	30058	28488	21256	21256	29847
农药（吨）	7	12	140	135	293	321	41	466	609	124	1093	904	1100	1000	1816	691	353	360	222	—
药械（架）	2164	31	175	257	2600	982	70	1738	2138	221	2217	1291	1800	2600	3377	3149	7868	2025	4604	—
中小农具（万件）	0.41	1.42	2.23	2.7	3	5.7	8.7	8.5	13	5	11	14	8	4	8	5	3	3	5	—
机具（台）	—	—	13	194	475	328	60	37	938	590	2865	2479	2556	2900	2531	1499	2812	1343	1344	—
耕畜（头）	—	509	190	459	2063	500	954	614	1228	294	491	505	650		408	—	—	—	—	—
食盐（吨）	813	1552	1738	1574	1679	2559	1635	1830	—	—	1997	2324	—	—	2142	1666	900	4880	2596	186
食糖（吨）	169	152	120	141	78	50	45	75	—	—	163	121	—	—	167	239	609	458	389	192
卷烟（箱）	310	1259	1593	2180	2070	2025	453	800	—	—	519	654	—	—	803	2235	3158	3007	5773	1764
酒（吨）	98	103	141	201	181	408	121	156	—	—	149	154	—	—	194	238	330	655	970	347
棉布（百米）	4880	13580	17820	3060	14850	19400	6280	6520	—	—	206	28292	—	—	15814	20819	16036	7380	6779	653
化纤布（百米）	—	—	—	—	—	—	—	—	—	—	1372	2170	—	—	1980	3232	3035	2576	1612	895
呢绒（百米）	—	—	—	—	—	17	1	42	—	—	2	88	—	—	75	277	55	180	13	101
绸缎（百米）	—	—	—	—	—	37	178	51	—	—	569	550	—	—	205	1048	417	637	220	60
汗衫背心（百件）	54	55	172	145	695	1924	1765	1514	—	—	865	754	—	—	956	1322	1099	543	323	—
棉毛衫裤（百件）	5	11	17	17	100	165	125	274	—	—	130	130	—	—	266	640	218	288	117	269
毛线（千克）	150	300	617	387	401	663	391	995	—	—	2197	2208	—	—	2077	3504	58	70	28	31
服装（百件）	—	—	—	—	—	—	—	4.77	—	—	1.8	5.4	—	—	—	—	—	—	113	900
袜子（百双）	1388.5	51435	1624	1657	2900	6175	3192	523.8	—	—	667.5	727.2	—	—	—	—	—	—	—	—
毛巾（百件）	572	908	1028	1119	2682	4308	983	460	—	—	973.4	11961	—	—	—	1613	—	—	—	—
布鞋（百双）	—	—	—	—	—	1645	57	10	—	—	14	31	—	—	—	—	—	—	—	—

续表 8-10

品种 \ 销售量 \ 年度	1952	1954	1956	1957	1958	1960	1962	1964	1966	1968	1971	1973	1975	1976	1978	1980	1983	1985	1988	1990
皮鞋（百双）	—	—	—	—	—	—	—	—	—	—	—	—	—	—	—	67	76	87	112	163
肥皂（箱）	—	—	—	—	—	6186	—	1910	—	—	2725	2295	—	—	3915	3933	57	56	23	466
香皂（十块）	—	—	—	—	—	18866	—	4440	—	—	11061	11223	—	—	—	—	—	—	—	—
洗衣粉（吨）	—	—	—	—	—	—	2	—	—	—	11	26	—	—	59	84	215	249	184	50
缝纫机（架）	—	46	35	32	146	352	235	280	—	—	585	614	—	—	1370	1478	2428	1796	1114	1013
自行车（百辆）	0.14	1.65	3.47	1.96	4.4	10.27	7.24	3.98	—	—	7.85	11.24	—	—	22.48	19.17	32.38	39.19	31.01	19.02
手表（百只）	—	—	—	—	—	—	1	1	—	—	2	3	—	—	821	1162	56	35	10	13
收音机（台）	—	—	—	25	150	408	422	147	—	—	133	—	—	—	4065	5729	4697	1834	2178	749
录音机（台）	—	—	—	—	—	—	—	—	—	—	—	—	—	—	4	10	85	316	—	403
电扇（台）	—	—	—	—	—	—	—	—	—	—	—	—	—	—	21	81	200	1502	6232	7870
洗衣机（台）	—	—	—	—	—	—	—	—	—	—	—	—	—	—	—	—	78	978	2112	1092
电视机（台）	—	—	—	—	—	—	—	—	—	—	—	—	—	—	17	169	431	1060	172	1208
其中彩电（台）	—	—	—	—	—	—	—	—	—	—	—	—	—	—	—	—	—	—	172	257
电冰箱（台）	—	—	—	—	—	—	—	—	—	—	—	—	—	—	—	—	—	27	140	254

第三章　粮油经营

第一节　粮油贸易

一、自由购销

历史上，因域内药材商业发达，暂住人口多，粮食贸易极为繁荣。

（一）粮油店铺

明清时期，兼营粮油的杂货铺很多。这些店铺从保定、天津、东北等地购进成品粮，丰储歉抛，价格涨落不定。民国初县城兼营粮油店铺10余家，较大的有德丰厚、瑞隆、三合盛、世顺昌等。销售的面粉有"富""牡丹""绿兵船""天官""红鱼""绿鱼"等牌号。民国19年（1930）10月，同丰面粉公司成立，为域内首家专营粮油的机构。该公司以购入原粮加工成品粮销售为主。至民国26年（1937），专营粮食的面粉公司（时称火磨公司）发展到3家，均为前店后坊式经营。七七事变后，商户逃离，粮食输入锐减，日伪县政府实行粮食限量配给制，粮价飞涨。民国33年（1944）6月，抗日民主政府在伍仁桥建立国营华丰粮店，开展粮食购销业务，打击不法私商，平抑粮价。翌年8月，华丰粮店迁入县城。1953年，国家实行粮食统购、统销后，私营粮油店铺停业。1988年后，粮油市场逐步开放，西关退伍军人王兰锁率先开办粮油店。至1990年底，县城内有个体办粮油店铺3家。

（二）粮油集市

1953年前，农村粮油主要通过集市购销。农户、商贩自由上市买卖。明、清时期，县内12个集市有粮油市场，其中城关、伍仁桥、大五女、路景、西伯章最大。上市粮食品种主要有小麦、谷子、高粱及杂粮；油料有棉籽、花生、芝麻等。民国26年（1937），粮油市场达到17个，大都被粮商、粮贩控制，每逢秋收季节，商贩压价购进屯积居奇，春荒时高价出售，牟取暴利。民国36年（1947）12月，县民主政府在各集市组建粮油交易所，掌握粮价，打击不法商贩，粮价始趋平稳。1949年12月，安国县粮食公司成立后，委托供销社代购代销粮食，实行公平交易。1953年粮油统购统销后，粮油自由市场关闭。1955年，农民完成粮油征购任务后，可到指定的15个集市出售，调剂余缺。"文化大革命"期间，买卖粮食被视为"资本主义"，市场一度关闭，农民调剂余缺，只能在"黑市"交易，一经发现即行没收。1979年后，取消买卖粮油的种种限制，粮食市场全面开放，全县24个集市，均有粮油上市。

油脂购销一般由加工者推车挑担沿街叫卖，或以料换油。

（三）议购议销

1964年，根据国家政策，县粮食局始开展粮油议购议销业务。在农民自愿的基础上，按市价收购农民完成国家征购、超购任务后的粮油。是年，议购粮食75吨，议销175吨。"文化大革命"中取消粮油议购议销。1978年后，实行粮油多渠道经营，为调剂县内品种，活跃市场，县粮局始组织有计划的粮油议购议销业务。议购的地产小麦、玉米、花生、杂粮等品种多销往天津、四川、湖南、广东等省市。同时，每年到安徽、湖北、河南、四川、天津等省市议价购进大米、糯米等，销于县内。1979—1990年，通过内购内销、外购内销、内购外销、外购外销等形式，共议购粮食 4.65 万吨，油脂 1675 吨，议销粮食 3.81 万吨，油脂 1630 吨。

二、统购统销

中华人民共和国成立初，粮食缺乏，多数居民吃粮困难。国家实行粮食统购统销政策后，对余粮按计划统一收购，缺粮的按计划统一供应。到 1990 年，统购统销为保证广大人民的基本生活需要，解决“温饱”，发展国民经济发挥了巨大作用。1953—1985 年，全县共统购粮食 606040 吨，占实际产量的 19.4%，农村统销粮食 112205 吨，占统购的 18.4%，为保定地区统购比例高的县份。

（一）统购

1953 年 11 月，开始实行粮油统购。农民生产的粮油除留足口粮、籽种、饲料外，剩余部分由国家按照一定价格统一收购，严禁私商经营。根据各户亩产情况，实行自报，群众公议，评议委员会评定的办法，逐户确定征购指标。是年，全县统购粮食 6820 吨。

1955 年 8 月，根据国务院《农村粮食统购统销暂行办法》规定，对粮食统购实行两定到户，三年不变政策。

定产　根据各户土地的土质、地力、自然条件等情况，采取民主评议，村户协商的办法，确定正常年景下单位面积产量。

定购　在各户产量既定基础上，按“三留一扣”(留籽种，每亩 15 千克；留口粮，每人每天 0.5 千克；留饲料，骡马每头每年 250 千克，驴牛 180 千克，猪 100 千克；扣农业税）计算，有余粮的户按剩余粮食的 90% 为统购任务。对不余不缺的自足户，不统购统销，对缺粮户只销不购。1955 年秋，对油料实行“多产多得，增产多留”政策。合作化后，土地归集体所有，粮油统购改为“三定”到社，分为余粮社、自足社和缺粮社。“大跃进”期间，征购过头，留粮偏低，口粮不足，实行“瓜菜代”。经三年调整，粮食购销逐步正常。

1965 年，按照河北省为解决粮食自给问题所实行的确定粮食征购基数一定三年不变政策，完成基数后部分作为超购，按 30% 加价奖励的办法，核定全县征购基数 8750 吨。至 1970 年的 6 年中，有 4 年超额完成任务。余粮队的社员口粮亦由 180 千克增至 210 千克；口油由 1 千克增至 1.54 千克。1971 年，实行征购基数一定五年不变，征购基数上调至 1 万吨。1972 年，交征购 25140 吨，比 1971 年增长 111%。不少农民到邻县购买薯干度日。是年，贯彻《河北省油脂超购加价奖励办法》，核定全县油脂统购基数 300 吨。

1979 年，国家调整粮食价格，统购价提高 20%，超购部分在此基础上加价 50%，每超交 50 千克粮食，奖售化肥 15 千克；超交油脂 0.5 千克，奖售化肥 1 千克。

1982 年，实行粮食收购、销售、调拨包干，一定三年不变，年度之间可以丰补歉进行调剂。全县粮食包购每年 22525 吨，油脂 350 吨。以核发“粮食征购卡片”的形式，将包干任务分解落实到户。1984 年，根据国家统购粮食品种规定，安国县只统购小麦、玉米两个品种，其他品种实行市场调节，自由购销。

1985 年 4 月，根据国家政策，县内粮油统购改为指令性合同定购。在粮油作物播种前，国家同农民签定粮油定购合同，农民根据合同安排种植，收获后国家按合同收购。小麦按“倒二五、七五”比例计价（25% 按原统购价，75% 按原超购价，每千克达 0.46 元），玉米按“倒三七、六三”比例计价（每千克 0.32 元），油料按“倒四六”，油脂按“正四六”比例计价。定购以外的粮油，可卖给国家，亦可自由上市。是年全县签订粮食定购合同 22500 吨，完成 22950 吨；油料 540 吨，完成 483.85 吨。

1987 年，实行粮油定购与化肥、柴油、预购定金“三挂购”政策。定购 50 千克小麦、玉米供应平价标准化肥 12 千克，柴油 6 千克；50 千克花生果供应标准化肥 30 千克，分麦、秋两季兑现，农民凭“粮油合同定购证”购买。是年，兑现挂购化肥 2914.35 吨，柴油 1249.8 吨。1988 年后，改为一次兑现。1989 年，由 50 千克小麦奖购 12 千克化肥提高到 20 千克。粮食统购每年分夏、秋两季进行，夏季预征，秋季结算。1953—1990 年，全县共统购粮食 713870 吨，其中 1983 年统购 39380 吨，为最高年份；1963 年统购 2410 吨，为最低年份。

（二）统销

农村口粮统销 1953 年 11 月实行粮油统购后，同时实行粮油统销。统销对象主要是农村常年缺粮户、灾区缺粮人口和棉农。采取民主协商，张榜公布，评议修正，政府批准的办法，确定统销对象及数量，填发购粮证按计划分期供应。是年，全县统销粮食 7075 吨。1955 年，实行“三定”政策，定销到户，根据产量，达不到留粮标准的，国家通过统销补齐，一年一定。另对夏丰秋歉购过头粮的，按规定口粮标准予以统销。油脂统销以户为单位计算余缺，年不足 1.5 千克食油者，国家统销补定差额。

1956 年以前，安国为缺粮县。1952—1956 年国家共拨统销粮 5.09 万吨。1956 年水灾后，国家除供应口粮外，还供应籽种 875 吨以恢复生产。1958 年，由于购了过头粮，压缩口粮消费指标，由人月均 17.5 ～ 22.5 千克降至 14 ～ 15 千克。1959 年，又大搞“节粮运动”，全县应供 1.67 万吨，实供 8125 吨，群众用野菜、树叶、玉米轴等代食品充饥。1961 和 1962 年，国家退还所征过头粮 1.65 万吨，油脂 85 吨。

1963 年 8 月，遭特大水灾，秋粮几乎绝收。灾后国家拨给平价粮 1.85 万吨，代食品 6530 吨，议价粮 360 吨。全县 20.59 万人买到了统销粮，占总人口的 81.4%。1964 年，第一季度人均每天吃粮标准为 0.275 ～ 0.325 千克，二季度全部达到 0.4 千克以上。1965 年后，随着农业生产发展，粮食统销逐年减少，1979 年实现只购不销。

奖售饲料粮 1955 年，始执行交售生猪奖售饲料粮政策，奖售品种以玉米为主，奖售数量按斤猪斤粮计算。1978 年，改为以交售单口生猪 65 千克奖售粮食 30 千克为基点，每超 1 千克增加奖售粮 1 千克。另外按不同的标准补助育肥粮。1981 年，取消育肥粮补助。1983 年 7 月，又实行收购生猪奖售粮 100 千克封顶的政策。1984 年 5 月，猪肉价格放开后，取消交售生猪奖售粮。

棉花奖售粮 1954 年，对棉农实行粮食补助供应政策。植棉 1 亩供应大米 1.5 千克、八五面粉 1.75 千克、经济面粉 1.375 千克。交售 50 千克皮棉增补粮食 5 千克。1961 年，实行棉花奖售粮政策，交售 50 千克皮棉，按统销价奖售粮食 17.5 千克。1964 年，供售棉奖粮 1260 吨。1981 年，实行棉粮挂钩奖售政策，完成定购基数后，超购 0.5 千克皮棉，奖售 1 千克粮食。无定购基数的单位和个人，按全额交售 0.5 千克皮棉奖售 1 千克粮食。奖售粮由统销价改为统购价售给棉农。1984 年，取消棉奖粮。

非农业人口粮油供应 1953 年 11 月以前，非农业人口粮食通过市场或私营粮店自由购买。此后，非农业人口用粮由国家统销，但没有统一标准。1956 年，根据国务院颁发的《关于市镇粮食定量供应暂行办法》和是年 9 月河北省人民委员会发布的《市镇粮食定量供应暂行办法》，县内从 10 月份起，对非农业人口用粮按行业工种实行不同标准的定量供应。1956 年，供应细粮 50%，油脂月人均 0.25 千克。三年困难时期，核实压缩非农业人口，供应品种每月每人细粮 1.5 千克，食油 0.1 千克，其余为粗粮。定量降至每人每月 13.5 千克、12.5 千克，另调供 1 千克议价粮，后转为平价。体力劳动者月供粮 15.5～24 千克，脑力劳动者 14.5 千克，成年市民 13.5 千克，此定量一直执行至 1990 年。1959 年，细粮供应比例增至 50%，同时实行储粮自愿，取粮自由，节约归已的储粮办法。1979 年 6 月，降至 40%，1984 年又增至 70%，食油每月增至 0.25 千克，每逢国庆、元旦、春节等节日，适当调供大米、精粉、食油等。1990 年，非农业人口 24756 人，月供粮食 371.34 吨，食油 6.189 吨。

行业用粮供应　粮食实行统购统销后，行业用粮纳入国家计划。县内行业用粮主要为饮食糕点业、酿造业及工业用粮。工业及酿造业所需专用粮，用粮单位按生产需要编报用粮计划，报地区粮食管理部门批准，县粮食部门供应，专粮专用。1952—1983 年，共供专用粮 2.51 万吨。饮食、糕点、副食品等用粮供应由粮食、商业、供销部门协商，联合下达用粮指标。1984 年后，行业用粮全部改为议价供应。

附：粮油票证

解放战争时期，各村凭晋察冀边区发放粮票（20 斤、100 斤、500 斤、1000 斤），向解放军供应粮食。1955 年后，域内除流通中华人民共和国通用粮票和河北省地方粮票外，县内印制使用的购粮票证主要有：

1. 城填居民粮油供应证　1956 年实行定量供应时制发，是城镇居民购买粮油的凭证。此证根据居民不同年龄、职业、工种填写供应品种、数量，按月供应，每年 3—4 月份换发新证。

2. 居民储备粮证　1965 年制发使用，居民每年换发购粮证时，旧证上未购买的粮油填入此证。居民凭证可随时购买储备粮油。

3. 农村统销粮证　1953 年统购统销后制发使用，为农村缺粮户购买粮食凭证，1979 年取消。

4. 县内购粮凭单　1962 年制发，供农业人口在县城的学生、临时工人、合同工人使用。按一定粗细粮比例，将粮食交给当地粮站，开具此单，在县城购买粮食，1971 年取消。

5. 饲料供应票证　1963 年制发，为城内各企、事业单位大牲畜购买饲料粮专用，后取消。

6. 食品票　1988 年制发，县城内流通。居民凭粮油供应证在粮站支取，凭票购买粮食部门各食品摊点生产的熟食品。票面分 1 市斤、2 市斤两种。

7. 军用购粮票证　计有“军用粮定额支票”“军用供给粮票”“军用价购粮票”“军用食用油票”“军用粮、油、豆供应证”等。“军用供给粮票”的票面分粗粮、面粉、大米、马料 4 种，为有价证券；“军用价购粮票”的票面不分品种，为无价证券。1953 年开始实行，供应对象主要是县武装部、公安中队、国防线管理部队。供应比例为：面粉 60%，大米 30%，小米 10%。

第二节　粮油储运

一、储　存

（一）仓储

自汉建县至解放前，历代均设置不同名目的粮仓，以“调节粮价，备荒赈恤”。该粮由官吏和乡绅控制。明代，于衙署仪门外设州仓，每年存粮 1200 石。嘉靖四年（1525 年）又建预备仓 28 间。清代有常平仓 46 间，义仓 5 处，分设于中羊村、伍仁桥村、长史村、五女村、羊翟村，各有瓦房 3 间。民国时有常平仓 46 间，存粮 1.8 万石，另有预备仓、兴济仓、社仓各一处及义仓 5 处。

抗日战争时期，县抗日民主政府实行藏粮于民，坚壁清野的保粮办法。全县人民同日军进行了艰苦卓绝的斗争。

中华人民共和国成立后，各级储粮机构相继建立，储量渐增。1954年，县内只有1所粮库，仓容量855吨，另租借民房4间。1955年，北段村、庞各庄、明官店、西崔章、西伏落粮站成立，新建仓房容量2195吨，其中简易仓容量1575吨，全县仓容量达3050吨。1957年，有1个直属粮库，4个中心粮站，16个购销站，共有仓房237间，容量4110吨。1965年后，集中建设了一批简易仓，到1970年共有仓房316间，容量1.04万吨。1974年，建焦庄、流各庄、南娄底、南郭村、南仕庄、常庄、大李庄7个粮站，全县仓房达467间，容量达1.96万吨。1980年后，根据省、地“仓库建设主要集中大库，不再发展中小库站”的指示精神，县粮局直属粮库先后建造连续砖拱仓、连续砖拱机械通风仓各一座，建筑面积分别为982平方米、1000平方米，容量分别为2500吨和3500吨；伍仁桥粮站建成连续砖拱机械通风仓1座，建筑面积980平方米，容量2500吨；淤村粮站建成葵花立筒仓1座，建筑面积380平方米，容量2500吨；北段村粮站新建仓房10间，建筑面积407平方米，容量750吨。到1988年，全县仓库建筑面积2.02万平方米，仓容量3.66万吨，至1990年无新建。

附：简易粮仓

1.土圆仓 主要用草、泥建筑而成。20世纪70年代初开始推广，到1975年共建成土圆仓377个，容量1.11万吨。该仓型投资少，占地小，速度快，对当时缓和仓容不足，减少露天存粮起了很大作用。但因夏季潮湿多雨，不断倒塌，1979年土圆仓完好数仅为99个。到1990年，除淤村、南仕庄、常庄3个粮站有10余个能使用外，其他报废。

2.小格仓 生产队针对粮食数量少，品种多的情况，把仓库隔成若干小格。1969—1978年，先后在20个公社，473个生产队的797间仓房内建防潮小格仓1997个，容量达2515吨。农村实行联产承包责任制后，小格仓全部报废。

（二）民代国储

1984年，实行民代国储。农民交售给国家的粮食暂不入库，各自保存。国家预付给农民80%粮款，待粮食入库后结算。国家与农民签订合同，规定代储品种、数量和入库时间。是年，民代国储小麦1360吨，秋粮1000余吨，解决了粮多仓少问题。

（三）油脂储存

1970年前，储油较少，一般使用容量为150千克的油桶储油。1971年，县直属粮库建地下储油罐3个，容量50吨。1986年，又建地上储油罐4个，容量200吨。

二、保　管

（一）粮仓“四防”（防霉、虫、鼠、雀）

中华人民共和国成立前，仓库设备简陋，无防保设施，仅以人工晾晒防潮。中华人民共和国成立初，采用仓底垫1尺厚的麦秸踏实，仓壁贴秫秸把、挂苇席或码通风垛、人工翻倒等方法防潮防霉。1953年，推广余杭县经验，仓内进行掏、刮、堵、添补隙来灭虫和编网防雀等简易措施。1960年后，执行“以防为主，防治并举”的保粮方针。防潮防霉采用仓底沥清粘砖，仓墙热帖油毡；防虫采用氯化苦、二氧化乙烯、溴甲烷等药剂熏蒸。1970年后，先后试验推广了麦糠、异粮、干沙压顶，塑料薄膜封闭脱氧，微生物辅助降氧等方法，使粮食处于低氧、密闭状态。1978年，推广简易太阳能杀虫法，造价低效果好。1978年，科学保粮1.36万吨，占库存粮的85%，虫粮发生率37%，平均万斤保粮费9.95元，比1971年降低74%。1980年后，实行低氧低药保管，在塑料薄膜和干沙罩面密闭的基础上，采用低剂量磷化铝片防治虫霉，药剂费比常规熏蒸低10～50倍。1986年，推广使用仓内机械通风降温降水技术。1990年，共有通风机46台，建固定通风道480米，移动风道3500米，存气箱30个，机械通风储粮1.35万吨，未发生霉变。

（二）常规检测

1. 粮油水分检测

1957年前，一直沿用感官测定粮油水份（眼看、手摸、牙咬、鼻嗅等）。1957年后，开始使用德林克式水分测定仪、电烘箱等仪器测定粮油水分。1961年，购进测定速度较快的“隧道式”水分测定仪。1970年以后，粮油入库采用指针式、数字显示式快速测定仪，常规测试仍以电烘箱、隧道式测定仪为主。

2. 粮油温度检测

1953年，由手触摸测温改用铁杆采温计（俗称探子）测温，每一测温区设5个点，每一点设上、中、下3根，测量速度慢。1973年，使用热敏电阻导线指针式测温计。1984年，率先在保定地区使用上海产插杆数字显示式电子测温仪，全县电子测温率达95%以上。翌年，直属粮库将计算机运用于电子测温中，实现了测温自动化。

（三）保管制度

中华人民共和国成立前，县仓粮油保管无严格制度，加之技术落后，仓库简陋，常有霉变、虫蛀、被盗事故发生。1955年，县粮局设保管股，基层粮管所设保管组，并制定“以防为主，防治并举”的安全保卫制度和防范措施。确定粮食测温5天1次，1个月全面化验1次，仓库卫生清扫7天1次，做到“仓内面面光，仓外三不留（杂草、垃圾、污水）”，昼夜有人值班，并设固定岗和流动岗。1964年，实行仓垛保管责任到人，规定奖惩。1970年后，各站库配齐专用消防器材，成立安全防火组织。1987年，仓储工作获全区第一名。到1990年，安国县连续16年被评“粮仓四无”先进县和仓储工作先进单位。

附：“四无”粮仓

粮仓“四无”，即“无虫、无霉、无鼠雀、无事故”，是衡量粮食保管工作的重要标志。1955年，伍仁桥粮站第一个在全县达到“四无”标准。翌年，全县达到“四无”标准的仓房89间，容量1905吨，占仓房总数的37.6%；伍仁桥、小营、大五女中心站、明官店购销站的所有仓房均达“四无”标准。1958年，开展国库“七无”（四无加无浪费、无异味、无变色）粮仓活动和社队“四无”粮仓活动。1965年，“七无”标准又改为“四无”标准，并开展“四无一化”（存粮格仓化）活动。1967年，全县粮库达“四无”标准的仓房168间，容量6245吨，占58.1%。1978年后，“四无”粮库不断增加，年年被省、地授予“四无粮仓县”。1989年，“四无”库站达到100%。

三、调　运

明代，只有田赋折征上解，年起运粮食2257石。清、民国时期仍沿旧制，数量增减不定。1953年，实行统一计划调拨，数量、品种、目的地都由上级下达调拨令，执行国家调运计划。1956年前，安国为缺粮县，以调入为主，1957年后成为余粮县，转为调出为主。调入粮食主要有大米、杂豆等县内所缺品种，数量很小。1958年，夏粮丰收，县人委组织100余辆双套马车，载小麦150吨，运送保定。翌年，又组织马车700余辆，载小麦1050吨，马车列队长达10余里，敲锣打鼓，燃花放炮，送往保定。县内调运一般只限于面粉加工，成品粮供应，油料加工等。1952—1988年，全县纯调出粮食42.6万吨，调入8.9万吨；油脂自1961年后，只有调出，共调出5035吨。

中华人民共和国成立前，粮油运输以人推畜拉为主，部分通过潴龙河运往天津等地。中华人民共和国成立后，随着交通运输事业的发展，人、畜力运输粮油逐渐被机械运输所代替。1976年前，雇用运输部门的汽车、拖拉机运送粮油。到1978年，保定地区粮局先后拨给安国县粮油运输汽车2辆，县粮局自购小拖拉机2辆，装载吨位11吨。自此，县粮局汽车队成立。1981年，该车队有车5辆，装载吨位21吨，主要负责县内运输。大批粮油外调，仍雇用运输部门汽车。为避免重复运输，县城南片的粮油运送县城，供应居民；城西运往阜平、曲阳等县；城东、城北片运往保定，一直延续至1990年。粮油调运，多年以时间短、速度快，无事故在保定地区著称，并获地区粮油调运流动红旗。

第三节　粮油加工

一、粮食加工

民国前，粮食加工以石磨、石碾为主，人推畜拉，效率极低。民国19年（1930）10月，同丰面粉公司建立，以蒸汽机为动力加工粮食，俗称“火磨”，年加工小麦300石。农村仍以人推畜拉为主。

1958年，县面粉厂建立，有美制、苏制、德制面粉机各1部，日产面粉50吨，主要供应城镇非农业人口用粮，后增加兑换业务。1986年，该厂改建扩建，淘汰原设备，新置先进的UY-6液压型面粉机6部，年生产能力2.5万吨，并能同时生产标准粉、上白粉、特制粉，为域内最大的面粉加工企业。1960年，农村粮食加工开始使用以电为动力的小钢磨、万能磨、碾米机、对滚式面粉机等。1970年后，大部分生产队和大队都购置了粮食加工机械，为社员加工粮食，收取一定的加工费。自此，石碾、石磨被淘汰，粮食加工能力提高一大步，但由于电力不足和加工能力低，社员加工粮食要等很长时间，且加工精度差。1980年后，具有先进设备的乡、村集体和个体粮食加工企业相继建立，全县粮食加工能力及精度大幅度提高。加工企业多以兑换业务为主，兑换者可随到随取。1990年，全县共有大、中型面粉加工厂72个，固定资产300多万元，从业200多人，年加工能力超3万吨。

二、油脂加工

1957年前，油脂加工以油碾粉碎，油锤加压的土法榨油，产量低劳动强度大。县城、伍仁桥等各集镇及较大村庄，均有私营油坊。1958年，县棉油加工厂引进榨油机，为县内机器榨油之始。到1965年，农村油坊普遍使用榨油机榨油，农民可用油料换油脂（花生5千克换油脂1.5千克，棉籽5千克换油脂0.5千克），亦可购买。1974年，县粮局直属库自建榨油车间，有95型榨油机1台，石磨3台，加工的花生油、芝麻油主要供应城镇居民。1980年后，油脂加工业发展迅速，到1989年较大的企业有县棉油加工厂，常庄、前李、北流罗、东河、北各堡等乡、村办油脂加工厂。1985年后，加工的油脂不仅满足全县城乡人民生活需要，每年都有大批油脂售输外地。

芝麻油加工仍采用石磨粉碎，人工提油的传统工艺，俗称“小磨香油”，以味香质纯著称。

第四节　管理机构

民国29年（1940），县抗日民主政府设粮食局，民国31年（1942）与财政科合并，称财粮科。民国33年（1944年），在伍仁桥建国营华丰粮店，翌年安国解放，华丰粮店迁入县城。民国36年（1947），华丰粮店并入元兴总店。1949年12月，元兴总店分解为粮食、油脂等8个公司。1951年，粮食公司设业务股、储运股、会计股和办公室。1953年，粮食公司与定县专区驻安国粮库合并成立安国县人民政府粮食管理局，设业务股、会计股、办公室和直属粮库。同时，建立了城关、伍仁桥、石佛、小营、大五女粮食管理所，并将霍庄、流各庄、周村（今属安平县）等供销社粮食代销点归属粮食管理局。1955年，更名为安国县粮食局。同年，建北段村、庞各庄、明官店、西崔章、西伏落粮站。翌年，粮管所改为中心粮站。1957年，油脂公司并入粮食局。1958年，8个大公社（含博野并入安国部分）相继设立粮食科，管理粮食征购工作，下设伍仁桥、明官店、西崔章、霍庄、庞各庄、石佛、北段村、西伏落、淤村、新安、郑章、大程委、同连、南小旺、庄火头、小店、城东、沙窝、南邑、东桃等粮站。1962年，取消大公社，公社粮食科随之撤销。1971年，安国县粮食局改为粮食科，取消股室。1975年，恢复粮食局，新建粮食局机械厂（1983年改挂面厂）及焦庄、流各庄、南娄底、南郭村、南仕庄、常庄、大李庄粮油购销站，是年取消中心粮站。1976年，建饲料公司。1984年，增设议购议销公司。1988年，于祁州药市设议价粮站，其他站平议兼营。1990年，局内有业务、生活、人保、秘书、财会、议价、保管、科技、审计、监察、法律顾问11个股室，辖20个粮站（库）及面粉加工厂、食品加工厂、饲料公司，共有干部职工479人。

1952—1990 年安国县粮食征购、销售情况一览表

表 8-11　　单位：吨

项目/数量/年份	包干基数	征购情况		销售情况								购销差
		全年任务	粮食征购	合计	农村销售	居民供应	工业酿造	食品业	专用饲料	事业供应	其他	
1952	—	—	660	11355	6810	1910	825	1050	325	—	435	-10695
1953	—	—	6820	11990	7075	2205	830	1290	215	150	225	-5170
1954	—	—	4540	21490	14055	2205	1770	1685	920	75	780	-16950
1955	—	—	6455	17145	9415	2155	1950	1725	685	340	875	-10690
1956	—	—	5260	20735	13295	2385	1130	1585	1025	495	820	-15475
1957	—	—	16750	11925	4425	2455	1960	.675	440	180	1790	+4825
1958	—	—	29135	16015	2990	3130	2545	1095	605	1110	4540	+13120
1959	—	—	38520	18015	5260	3790	3065	830	880	3290	900	+20505
1960	—	—	27055	11500	5035	3245	580	255	555	95	1735	+15555
1961	—	—	15515	4905	1975	2025	225	155	250	10	265	+10610
1962	10450	—	10490	4830	2515	1785	85	50	235	60	100	+5660
1963	9500	—	2410	14255	10775	1715	155	15	95	5	1495	-11845
1964	9500	—	8715	12685	8685	1605	80	10	85	—	2220	-3970
1965	8750	—	8300	7925	2485	1705	225	15	125	5	3365	+375
1966	8750	—	13570	4335	655	1890	225	25	110	—	1430	+9235
1967	8750	12600	10450	3720	60	1965	65	145	125	10	1350	+6730
1968	8750	—	4145	3255	130	1710	85	205	135		990	+890
1969	8750	—	11135	4600	630	2275	395	360	155	20	765	+6535

续表 8-11

项目 数量 年份	包干基数	征购情况		销售情况								购销差
		全年任务	粮食征购	合计	农村销售	居民供应	工业酿造	食品业	专用饲料	事业供应	其他	
1970	8750		13495	4660	40	1970	505	395	210	45	1495	+8835
1971	10000	13000	13085	5070	1840	1935	720	365	180	30	0	+8015
1972	10000	25000	25140	4755	1345	2215	375	520	280	20	0	+20385
1973	10000	27500	27725	5755	1825	2180	1000	475	225	50	0	+21965
1974	10000	28250	28500	4475	1020	2285	505	490	170	5	0	+24025
1975	10000	27000	27200	4560	1325	2520	90	390	225	10	0	+22650
1976	10000	15500	15500	4910	1090	2530	670	445	145	30	0	+10590
1977	10000	21500	21705	5635	1725	2420	720	520	190	60	0	+16070
1978	10000	23780	23930	5575	2415	2325	375	300	130	30	0	+18355
1979	—	24500	25100	4475	1345	2405	415	160	125	25	0	+20625
1980	—	22500	18340	5365	1930	2610	490	165	110	60	0	+12975
1981	—	23500	25640	7470	2530	3185	1400	235	75	45	0	+18170
1982	—	22525	25260	6315	2035	3180	690	335	45	30	0	+18945
1983	9350	22525	39380	6545	1445	3670	980	415	15	20	0	+32835
1984	9350	22525	33825	9385	590	4430	380	2010	5	25	1945	+24440
1985	—	22500	22950	4370	245	3740	70	305	-10	20	0	+18580
1986	—	23500	22925	6050	95	5280	75	505	15	20	60	+16875
1987	—	20830	21040	5395	500	4185	100	580	—	15	15	+15.645
1988	—	20830	21440	5690	—	4490	85	1025	10	10	70	+15750
1989	—	20830	21175	5370	—	4325	105	925	2	8	5	+15805
1990	—	21250	21250	5875	—	4580	130	1135	15	12	3	+15375

1952—1990年安国县油脂购销情况一览表

表8-12　　　　单位：吨

项目 数量 年份	征购	销售						购销差
		合计	非农业人口供应	农业人口供应	食品业	工业	其他	
1952	46.95	65.6	18.35	—	44.1	—	3.15	-18.65
1953	160.46	77.06	14.06	—	43.7	—	19.3	+83.4
1954	169.65	234.7	42.25	104.2	83.45	—	4.8	-65.05
1955	981.5	510.9	59.4	353	63.6	2.8	32.1	+470.6
1956	317.55	632.05	36.1	409.2	61.6	4.25	120.9	-314.5
1957	511.95	412.65	27.1	332.65	22.05	3.35	27.5	+99.3
1958	239.25	352	93.3	113.65	103.3	8.4	33.35	-112.75
1959	461.95	90.7	34.2	18.25	18.45	10	9.8	+371.25
1960	32.45	215.9	43.7	108.95	15.95	9	38.3	-183.45
1961	244.45	199.3	27.85	60.6	15.6	2.35	92.9	+45.15
1962	154.9	101.2	18.35	0.85	2.65	0.2	79.15	+53.7
1963	39.1	67.85	15.85	8.95	2.1	0.75	40.2	-28.75
1964	179	53.75	21.2	1.45	2.45	1	27.65	+125.25
1965	412	90.55	25.55	1.6	2.15	1.8	59.45	+312.45
1966	427.6	61.35	28.8	0.2	1.6	2.25	28.5	+366.25
1967	124.7	95.05	63.2	0.3	9.65	2.45	19.45	+29.65
1968	109.25	52.65	40.15	0.4	6.35	1.8	3.95	+56.6
1969	251.7	82.1	41.8	0.3	27.4	1.9	10.7	+169.6
1970	394.75	90.9	43.65	0.5	31.05	3.3	12.4	+303.85
1971	330.05	107.95	48.9	9.2	31.7	4	14.15	+222.1
1972	205.65	110.95	59.9	27.2	17.6	2.75	3.5	+94.7
1973	238	89.9	43.8	0.2	25.85	1.75	18.3	+148.1
1974	327.1	96.4	44	3.65	34.6	2.55	11.6	+230.7
1975	200.2	127.4	48.45	0.25	42.4	2.55	33.75	+72.8
1976	59.55	103.4	56.05	0.15	28.4	1.25	17.55	-43.85
1977	112.65	57.85	26.6	0.1	17.2	1.1	12.85	+54.8
1978	123.3	61.85	28	6.05	12.85	1.05	19.9	+61.45
1979	125.7	77.2	32.1	—	10.55	1.05	33.5	+48.5
1980	155.65	51.6	38.6	—	5.4	0.65	6.95	+104.05
1981	106.95	83.45	63.45	—	12.85	0.8	6.35	+23.5
1982	217.05	137	114.6	—	17.25	0.5	4.65	+80.05
1983	331.5	131.5	94.45	—	33.6	0.15	3.3	+200
1984	500.1	266.55	146	—	116.55	0.3	3.7	+233.55
1985	483.85	150.5	108.3	—	40.95	—	1.25	+333.35
1986	517	220	164	—	51	—	5	+297

续表 8-12

项目/数量/年份	征购	销售						购销差
		合计	非农业人口供应	农业人口供应	食品业	工业	其他	
1987	500.1	217	169	—	45	—	3	+283.1
1988	633	304	230	—	69	—	5	+329
1989	634	224	157	—	62	—	5	+410
1990	658	279	185	—	88	—	6	+379

第四章 乡镇企业

乡镇企业泛指农村乡、镇、村及个体、联合体办企业，1984年前称农村社队企业，即农村人民公社、大队办的工副业。

解放初期，党和政府为改善农民生活，发展农村经济，扶持和鼓励农民大办副业生产。有不少农民联合起来开办了砖窑业、织染业、运输业等。中华人民共和国成立初，县内工副业生产具有相当规模。农业合作化运动中，组织手工业入社，一些行业改组成集体小企业，一些行业组成合作组。1957年，全县农村副业、手工业计有铁木、皮麻、缝纫、农副产品加工、荆柳编、建筑、运输、造纸、切药、砖瓦、修理等20余种，从业3万余人，总收入262.5万元。1958年公社化运动中，个体工商业和手工业有的改组升级为地方国营企业，有的转为社队工副业，个体工副业消失。同时，在“大跃进”影响下，新建社队工业企业大量涌现。由于脱离实际，盲目上马，到1960年社队企业大部分下马。1963年，通过贯彻“以副养农，全面发展”的方针和弥补由于严重水灾造成的损失，全县恢复社队工副业256个，从业1120人，个体手工业者246人，全年农村工副业总收入118万元。“文化大革命”中把一些正当的工副业生产视为“地下黑包工”“地下黑工厂”“投机倒把”“资本主义势力”而严加限制，片面强调“以粮为纲”“一切劳力归田”。其间，八五大队的“八大企业”被当做资本主义典型长期批判，使社队企业发展受到严重影响。1971年，贯彻“农林牧副渔”齐发展方针，县革委会号召大办“五小企业”，社队工副业一度得到恢复和发展，但多系一些操作简单，作坊式的“三就地”加工小企业。由于大锅饭影响，缺乏人才和管理经验以及责任不落实等，企业时建时散，一般维持两三年即倒闭。至1975年，全县农村工副业总收入仍在一二百万元之间徘徊。

实行家庭联产承包责任制后，激发了农民生产积极性，县内本就人多地少，出现大批剩余劳力，加之经济开放搞活，为乡镇企业的发展提供了良好的客观条件。人们越来越懂“无工不富，无商不活”的道理。基此，县委、县政府把发展乡镇企业作为发展农村经济的重点来抓。制定出发展乡镇企业的若干规定，从各方清障、撤卡，大开绿灯，多次组织乡村领导到乡镇企业发达地区考察学习，实行乡镇办、村办、个体办、联户办一齐上的发展方针，并从人才、技术、资金、项目等方面提供帮助和服务，乡镇企业迅猛发展。同时，由过去的作坊式简单加工向大规模密集型、现代化方向发展。到1987年，形成以工业为主体，建筑业、交通运输业、商业、饮食服务业齐发展的乡镇企业新体系。并涌现出石佛水泵，东长仕机件加工，明官店、焦庄建筑，南仕庄建材，淤村、常庄药材加工，南娄底铁编等一批区域性专业化乡村。1990年，全县共有乡镇企业摊点16411个，其中乡镇办142个，村办182个，联户办2149个，个体办13938个，从业50127人，总产值36530万元，占工农业总产值的45.7%，实现利润6204万元，上缴税金610万元，占全县工商税的50.9%。

乡镇企业的发展，为农村剩余劳力就业找到了出路，促进了产业结构合理调整，成为农村致富的重要途径。广大农民摆脱单纯“土里刨食”传统经济束缚，开工厂、办商店，向现代化经济迈进，为提高农民物质文化生活，缩小城乡差别，发挥了重要作用。

第一节　主体行业

一、工　业

1956年，县内工副业有粉坊、油坊、米面加工坊、轧坊、抄纸、小农具修造、熬硝、制鞋、肥皂、牙粉、缝纫、制酒、荆柳编、织土布、砖瓦盆窑、切药、生活用具制造等20余种。1958年，在大办工业高潮中，各社队一度办起土法炼焦、炼铁、化肥、酿酒、农机修造等大小工厂5987个，投资74.84万元，多于一二年内倒闭。1963年，恢复队办手工业256个，从业1120人。其中，烘炉17个，142人；木业48个，201人；编织业21个，54人；白铁业17个，20人；砖瓦盆窑48个，492人；皮革、缝纫、修车、麻绳、土布、笼罗等75个，211人。另有个体手工业者246人。年产各种生产、生活用具12万件。1964年后，社队工业在经营范围、生产原料、产品品种等方面受到严格控制，不准与国营企业争原料、争市场，只准就地取材，就地加工，就地销售，一批社、队企业发展受到限制。1976年后，不少社队办起电料、机件、畜产品、地毯、榨油等加工和铸造、制镜、橡胶制品、制糖、制漆、柳编、塑料制品等工业企业，1978年工业产值达1248万元，占乡镇企业总产值的68%。之后，社队办药材加工、景泰蓝、服装、食品、混合饲料、水泥预制件、皮革、面粉加工和造纸、机制砖、铁编、精密铸造、水泵、铸造及化工生产等，工业企业迅速发展。1990年，全县乡镇、村、联合体、个体工业企业及加工摊点3038家，从业1.2万人，固定资产总值33332万元，总收入15685万元，利润2448万元，缴纳税金164万元。北流罗北京华艺景泰蓝分厂、八方鬃毛加工厂、东崔章马毛加工厂、郑章造纸厂等96家工业企业的产品打入国际市场，远销美国、日本、加拿大、意大利、西德、菲律宾、韩国、苏联、新加坡等10多个国家和中国香港地区，1990年创汇3200万美元。

二、建筑业

域内木瓦工匠较多，有经常结帮营造宇舍的传统，外出建筑是一些工匠的谋生方式。合作化时期，淤村、刘庄、西河、固城等村有10～20人的私营建筑队，施工范围多在县内。1958年，淤村、刘庄、舍二村建筑队合并到县建筑工程队，其余建筑队解散。1963年水灾，全县房屋倒塌18万余间，各生产队组织建筑队自救。1964年，舍二村农民张礼分等组建起50名工人的建筑木工队，先后承包了县房产管理所、工商联、礼堂、县供销社、城关供销社、新华书店等7个单位的基建木工工程，后被加以“封建把头势力复辟”的罪名，于是年8月被迫解散。1969年，明官店、西王奇、焦庄、东长仕等村农民自发组织零散木瓦工匠到山西省昔阳、大同等地从事建筑业。后各村均有人员外出，施工范围扩展到东北、内蒙古等地，当时被称为“地下黑包工”。1972年，县革委会、军事管制委员会联合下达《关于坚决打击投机倒把、地下黑包工队的通知》，强调“劳力归田”。到1974年，被责令强行归队的外出施工人员达6000余人。1975年后，对外出施工人员管理由强行禁止转为向生产队交款记工，外出从事建筑业人员逐年增多，到1979年全县施工队70个，从业3091人，年收入236.8万元。1984年，县科委、乡镇企业局对农村建筑队实行资质审查，评出三级企业2个，四级企业11个，乙级队3个，丙级队2个，助理工程师48人，技术员265人。1987年，县乡镇企业管理局组建安国县第一建筑工程公司，经省建委审查批准为二级企业，该公司辖17个建筑工程队，3000名建筑工人。1990年，全县有建筑公司18个，建筑队281个，工人16312人，大、中型机械设备1200台（件），固定资产净值1600多万元，有二级企业1个，三级企业8个，四级企业5个，工程技术人员843人。施工范围达东北、西北、华北等十几个省、市、自治区。1990年，承建面积30万平方米，总收入3282万元。

安国县农村建筑工程队优质工程一览表

表8-13

单位	代表人	时间（年）	获奖工程名称	结构	面积（平方米）	奖级	施工地点
流　霜	张新庄	1985	《中国大百科全书》编译楼	框架	13000	公司级	北京西城区
伍仁桥	李小波	1986	国家机械科学院老干部活动站	砖混	2400	公司级	北京
西章令	李占波	1986	北京军区司令部后勤部营房	砖混	3000	公司级	北京
固　城	刘奎英	1987	抚顺大酒店	框架	18000	市级	抚顺
流　霜	张新庄	1987	北京舞蹈学院楼	框架	13300	市级	北京
阎　村	赵清君	1987	河北省外贸药材加工厂车间	框架	4278	市级	安国
流　昌	杜庆仕	1988	天津新港毛纺织厂车间	框架	8400	市级	天津
伍仁桥	宋万贞	1988	天津市丰年村中学教学楼	混合	4800	市级	天津
固　城	刘奎英	1988	抚顺乐园大厦	框架	18000	市级	抚顺
明官店	刘振虎	1988	宣化钢厂	框架	2540	市级	宣化
阎　村	赵清君	1988.4	大港石油管理局综合办公楼	框架	4800	市级	天津
大李庄	李树普	1988	长春市电力技校教学楼	框架	7000	市级	长春
北　店	李　君	1989	北京三院解剖楼	框架	17000	市级	北京
伍仁桥	李小波	1989	北京外贸大学高知楼（22层）	框架	11000	公司级	北京
张　乡	田洪发	1990	水电部中心大楼	框架	11000	市级	北京
流　霜	安纪上	1990	北京北国饭店	框架	13000	市级	北京

三、商业饮食业

1953年前，农村商业饮食业为私营。之后，有少数农业合作社开办此项副业。1958年，该业部分合并于国营商业和供销社，其余砍掉。1978年后，市场开放，农村商业饮食业发展较快。1981年，社队办饮食业企业54个，商店5个，从业224人，总收入36.3万元。1984年，县工商行政管理局颁发《支持商品生产的若干规定》，鼓励农民进城务工经商，乡镇、村、联户、个体商业饮食企业和摊点如雨后春笋发展起来。1986年，商业饮食企业、摊点增至6856个，从业1.04万人，总收入1953.5万元，其中饮食企业摊点879个，从业2169人，总收入806.2万元。特别是经营药材的商业企业和个人从无到有，迅速发展壮大。1990年，全县商业饮食企业、摊点9520个，从业17010人，总收入8985.1万元，占乡镇企业总收入的27.4%。

四、服务业

1980年前，从事服务业的人数极少，仅有一些零散的理发、修理人员和社队经营的大车店。1980年后，各集镇从事理发、烫发、家电修理、机动车辆修理、照相、旅馆等服务性企业、摊点逐年增加。1983年，社队经营服务业企业30家，从业297人，总收入53.1万元。1984年，进一步放宽政策，农村服务业发展很快，到1987年农村服务业企业、摊点增至933家，从业1965人，总收入861.2万元。1990年，农村服务业企业、摊点469家，从业1178人，总收入1080万元。其中乡、村办5家24人；联户办59家376人；个体办405家778人。

第二节　重点企业与乡村龙头产业

一、重点企业

（一）郑章乡中药材供销公司

乡办集体企业，位于郑章村东，建于1984年11月，占地2100平方米，建筑面积700平方米，晾晒台1100平方米。有职工23人，固定资产41万元，流动资金80万元。主要设备有切药机3台，炒药机2台，发电机1台，汽车3辆。该公司采用传统技术与现代科学相结合的办法，加工生产各种饮片、制剂等400多个产品，500余种规格，年加工经销量1000吨左右，主要销往北京各医院、药店。1989年，被河北省定为星火计划示范点，1990年产值310万元，利润31万元。

（二）郑章乡造纸厂

乡办集体企业，建于1986年10月，1987年5月试车投产。位于谢庄村南，占地4800平方米，建筑面积1400平方米，职工82人。主要设备有“102”造纸机1台，120千瓦发电机组1套，锅炉1台。固定资产55万元，流动资金45万元。主要产品为塔牌和金鱼牌150克卫生纸，年产量400吨，主要销往东南亚各国，部分销广州。1990年产值160万元，利润38万元。

（三）常庄乡油脂加工厂

乡办集体企业，位于常庄村北，1976年建，建筑面积600平方米，职工63人，固定资产15万元，流动资金5万元。主要为全县各粮站加工花生油和豆油，年加工量1600吨，1990年实现利润20万元。

（四）安国县八方猪鬃厂

八方村办集体企业，位于该村东，建于1977年，时有职工15人。1980年后，厂长程玉深锐意改革，大胆投资购置先进设备，健全责任制度，改进管理，企业规模不断扩大，产品质量、产量逐年提高。产品畅销北京、天津、上海、唐山、广州、深圳等地。1985年，该厂生产的水煮鬃始销新加坡、日本、美国、英国及东南亚等地。1990年，该厂升入省二级企业，职工发展到500余人，厂房100间，固定资产220万元，流动资金400万元，年产水煮鬃1万箱，比建厂初期提高50倍，产值达1480万元，利润120万元，1985—1990年为国家创汇250万美元。

（五）北京华艺景泰蓝厂北流罗分厂

村办集体企业，位于北流罗村东，建于1976年，时称北流罗珐琅厂，主要生产出口景泰蓝特种工艺品。1987年，被北京华艺景泰蓝厂定为分厂，厂区占地6600平方米，建筑面积800平方米，有职工120人，流动资金20万元。该厂为来料加工型企业，生产任务由北京华艺景泰蓝厂下达，负责原料和产品供销。1990年，实现产值45万元，利润18万元。

（六）西秋元橡胶厂

村办集体企业，建于1975年，位于该村东部，厂区占地1400平方米，建筑面积400平方米。职工53人，固定资产30万元，流动资金18万元。主要生产汽车、洗衣机用80余种规格的橡胶零件，为北京白兰洗衣机厂、北京洗衣机总厂、北京民用电器厂、北京航天部699厂、北京汽车制造厂等单位的定点生产厂。1990年，实现产值50万元，利润12万元。

（七）北各堡棉油加工厂

村办集体企业，建于1984年，位于北各堡村东部。厂区占地3.5万平方米，建筑面积2万平方米，为轧花、榨油、织布、饲养奶牛、制做牛奶冰棍的综合型企业。有榨油、轧花机、织布机、打包机等设备11台，固定资产120万元。1990年，职工220人，年加工原棉6000吨，产油200吨，产值8221.5万元，利润87.5万元，税20万元。

（八）安国县前进无纺布厂

村办集体企业，建于1985年，位于南王买村内，厂区占地1600平方米，有厂房30间，固定资产26万元，流动资金27万元，职工55人。原产无纺布，因销路不畅，1987年转产滤芯纸，1990年生产滤芯纸120吨，产值132万元，利润24万元。产品经北京轻工研究所检测，达到北京特种产品标准。

（九）西安国城乡棉油加工厂

乡办集体企业，建于1988年11月，位于北流罗村西部。厂区占地2000平方米，职工18人，固定资产25万元，流动资金18.5万元，采用国内先进榨油机械，加工棉籽、花生、黄豆等。年加工能力2000吨，产油300吨。与辛集市第一、第二、第三榨油厂，深县良种厂，深县木佐轧花厂，饶阳五金轧花厂，安国县棉油厂7个厂家建有加工业务关系。先后在邯郸、郑州、太原、临汾等地设置销售网点和信息站。1990年，产值200万元，利润40万元。

（十）安国县红星化工厂

村办集体企业，位于舍二村西端。厂区占地2600平方米，建筑面积1000平方米，职工52人，固定资产50万元，流动资金25万元。主要产品为透明白炭黑，年产能力200吨。原料由石家庄化工厂、天津泛碱厂、保定硫酸厂、获鹿硫酸厂固定供应，产品销北京橡胶五厂、高碑店橡胶厂、燕京橡胶厂。该厂与天津科学技术咨询公司签有咨询协议，4名工程师负责技术指导。产品经化工部北京橡胶研究设计院测定，达到国际先进水平。1990年，产值120万元，利润40万元。

（十一）安国县第一建筑工程公司

1987年建立，为全县乡村建筑工程队统领企业，隶属县乡镇企业局，是年被河北省建设委员会审定为二级建筑企业，公司下设9个施工工区，3个驻外办事处，有各种机械设备606台（件），流动资金210万元，固定资产净值806.4万元，干部职工5396人，公司内设科研、试验、设计等股。主要在北京、天津、沈阳、长春、太原、张家口、石家庄、邢台等大、中城市及县内施工，年竣工能力16万平方米，能独立承揽国防、科研、工业、民用等22层以下大跨度工程和室外装修工程。1987—1990年，先后完成了中国银行大楼、中国友谊宾馆、抚顺大酒店等国家重点建设工程，享有“速度快、质量好、信守合同、文明施工”声誉。

二、乡村龙头产业

（一）石佛镇水泵业

该镇水泵行业是1984年发展起来的，原仅生产少量铝制配件，1990年全镇村村有该业或为该业服务的行业，较大企业有18个，主要集中在石佛、南章、路景等村，有车床、钻床等大、中型机械设备43台（件）。主要产品有成型DA、PE等180多个工业水泵品种，320多个规格的工业水泵配件，产品畅销河北、河南、山西、辽宁、吉林、黑龙江、北京、天津、上海等12个省市。1990年，仅镇办“安国县水泵厂”产值即达200万元，利润25万元。

（二）明官店乡建筑业

1972年起步，逐渐发展壮大。1990年，有建筑公司2个，施工队48个，从业4200人，占全乡劳力总数的66%。其中，工程师和助理工程师16人，技术员1340人。共有固定资产320万元。施工地点遍及北京、天津、河北、河南、山东、吉林、黑龙江、辽宁、山西、内蒙古等16个省、市、自治区，并参加了北京亚运村、北京电报大楼等国家重点建设项目。1990年，产值3000万元，利润450万元，占全乡纯收入的46%。

（三）淤村药材加工业

该村药材加工历史久远，主要以切制饮片为主。1990年，全村劳力人人切药或经营饮片。全村有药刀612把，切药机47台。是年，药材加工收入102万元，人均443.7元。

（四）东长仕汽拖配件业

1972年，部分生产队始生产拖拉机零件“万向节盘”，后逐渐扩大。1978年后，大部分户从事此业，产品发展到67种，销往全国，现已形成汽拖配件专业市场。1990年，全村有生产经营汽拖配件的企业、摊点212个，从业260户982人，其中业务员120人。有冲床、车床、钻床、压力机、高炉等机械设备120多台（件），固定资产总值24.5万元。产值390万元，利润55万元，占全村总收入的41%。

（五）北张各庄铁编业

该村地处3区（保定、衡水、石家庄）、4县（安国、深泽、安平、定州）交界，旧有编筛子传统。1978年后，该项传统行业发展迅速，并引进现代技术。1990年，全村547户1100余人从事铁编生产，分别占总户数的86.7%和总人数的44.2%，有拔丝机162台，织纱机141台，固定资产总值400万元，是年收入800万元，占工农业总收入的75%。

（六）曲堤村铸造业

1964年，曲堤大队创办翻砂厂，1966年停办，1972年复建。1978年后，联户、个体办厂渐多，并带动起为之服务的废铁收购业。1990年，翻砂厂达13家，从事铸造、毛坯加工、废铁收购者150户275人，分别占全村总户数的45%和劳力总数的38%。有铸造及加工机械 92台（件），固定资产45万元。主要产品有多种机件及其他生产和生活用具。1990年，产值91万元，纯收入39万元，分别占全村工农业总产值的40%和纯收入的63%。

（七）大文村粉条加工业

该村旧有用石磨加工甘薯、手工生产粉条的传统。1978年后，实现机械化生产。1986年，从事粉条加工者320户1200人，年加工甘薯4000吨，粉条产量480吨，总产值57.6万元，纯收入28万元。1988年后，随着甘薯种植减少，加工量逐年下降，部分农民从定州、清苑等市县贩回粉条出售，1990

年，从事粉条贩运者 40 户 92 人，购入粉条 200 吨，纯收入 10 万元。

（八）郑章村黄芪加工业

郑章村黄芪加工业是 1980 年逐渐发展起来的，1983 年形成域内最大的黄芪交易市场。1990 年，全村 530 户 1500 余人从事该业，分别占总户数的 56% 和总劳力的 81%，有切药机 250 台，全年加工黄芪 2000 吨，总收入 100 万元，占全村总收入的 40%。

（九）西桃村山药加工业

西桃村加工毛条山药及光条山药有悠久历史。1980 年后，该业发展很快，全村 90% 的户，无论男女老幼，冬三月均从事该业，年加工量 200 吨，产品经外贸部门转销香港、新加坡等地。1990 年，加工收入 56 万元，占全村总收入的 36%。20 世纪 80 年代末，该业已向附近村庄扩展。

1978—1990 年安国县乡镇企业情况统计表

表 8-13

年度	企业（摊点）个数（个）					从业人数（人）					总产值（万元）	利润（万元）	税金（万元）
	合计	乡镇办	村办	联户	个体	合计	乡镇办	村办	联户	个体			
1978	1278	175	304	799		9608	—	—	—	—	1835.3	746.1	38.4
1979	1508	112	287	1109		20610	—	—	—	—	—	870.9	47.2
1980	1199	113	267	819		10418	2251	7167	1000	—	1729.9	881.9	82.8
1981	905	98	374	433		9145	1702	6443	1000	—	1156.9	339.9	64.3
1982	805	106	349	350		9958	1766	6192	2000	—	1023	611.9	205.6
1983	1050	70	257	723		5250	130	3950	1170	—	984	738.5	220.3
1984	19103	138	283	3512	15170	55558	1696	3564	15591	34707	2484.2	1768.2	205.6
1985	25616	162	300	2373	22781	58617	2737	3255	16750	35875	3093.2	2330	220.8
1986	23851	176	252	2182	21241	60009	4339	3559	18045	34066	15723.7	2762.8	309.8
1987	23887	179	281	3318	20109	62388	5064	3995	21361	31968	10354	3664	458.5
1988	23900	180	286	3320	20114	62811	5071	3998	21388	32354	3006.5	4418	649.2
1989	20054	165	273	2865	16751	62676	6076	4847	20452	31301	27248.4	5019.1	552.9
1990	16411	142	182	2149	13938	50127	6109	3773	13776	26469	36530	6204	610

第三节　乡镇企业管理

一、管理机构

民国 37 年（1948），县民主政府组织成立推进社（供销社前身），指导扶持农村工副业发展。1958 年，按照经营项目分别由工业部、供销社、商业局、手工业局归口管农村工副业。1970 年 5 月 20 日，成立安国县革命委员会副业生产办公室，1974 年更名为安国县革命委员会生产指挥处副业办公室，1975 年 11 月 27 日又更名为河北省安国县革命委员会工副业生产办公室。办公室成员由计委、工业局、商业局、二轻局、机械局、供销社、财政局、税务局、交通局等单位各抽 1 名干部组成。同时，各公社亦设工副业办公室。1978 年 12 月底，成立安国县革命委员会社队企业管理局，下设秘书股、计财股、业务股、发展指导股，共 17 人。1983 年，改为经济实体，称农村工副业服务公司，1984 年 8 月改称乡镇企业管理局，复为行政管理机构。1990 年，共有干部 22 人，辖 20 个乡镇企业管理站。

二、经营管理

1980 年前，乡镇企业多为社、队办的集体性质的企业。一般设厂长（经理）、业务员、会计等，均由同级行政部门委任，职工从本行政区域内招收，多系干部亲友，职工待遇“一视同仁”，一律按一等劳力，采取工分加补贴的办法，干多干少一个样，企业实行“亏损同担（本行政区域内），利益均沾”，经营者缺乏应有的责任感。对企业行政干预过多，经营机制僵化。与国营企业所不同的是财务管理较为松驰，有少部分资金可用于请客送礼。由于单一计划经济体制的限制，原材料供应及产品销售均由国家计划控制，而多数乡镇企业未列入计划，只能靠拉关系、走后门套购部分原料和进行产品推销，使乡镇企业处于夹缝中求生存的境地，一直发展缓慢。

随着改革开放的不断深入和各项政策的放宽，通过入股、以资带劳联营等形式，一大批个体、联合体企业建成投产。同时，集体性质的企业普遍实行承包责任制，除每年上交乡镇、村一定数额利润外，由企业自主经营。无论集体、个体、联合体均为自负盈亏，使企业经营与经营者自身利益直接相联。经营者积极性得到充分发挥，既是厂长（经理），又是业务员、采购员和推销员，招收职工无论本地外地，一律通过考试、考核等办法，按条件录用。职工数量根据生产任务随时增减，并打破八小时工作制限制，职工报酬按工种和工作性质不同，分别实行计件、计时、浮动、定额、奖励等多种工资制度，与企业经济效益直接挂钩。同时，通过高薪聘请、入股、利润分成与大专院校、科研单位联姻，靠挂大、中企业等办法，引进资金、挖掘技术和管理人才。购销上，除部分企业通过找关系、请客、送礼、回扣、试销、变价等多种办法采购原料和推销产品外，还发动社会力量广泛购销；对企业内部职工和企业外人员采购原料、推销产品，或按紧缺、难易程度和数额分别给予一定的奖励和“好处费”，或按一定差价额给予购销者。经营项目自由选择，经营形式多种多样（如自产自销独立经营、依靠大企业之名的联营、来料加工、代销代购等）。经营机制比国营企业具有相当的灵活性。

1990 年安国县 30 万元以上产值乡镇企业名录

表 8-14

企业名称	性质	建厂时间（年．月）	厂址	职工人数（人）	主要产品	销地	产量	产值（万元）	利润（万元）
八方猪鬃厂	村办	1977	八方村	380	水煮猪鬃	日、美、英、新加坡	1 万箱	1480	120
韩村制糖厂	村办	1971.6	韩村	70	水果糖	保定市及地区各县	150 吨	33	11.6
西伏落磷肥厂	乡办	1972	西伏落村	17	磷肥	西伏落乡及附近乡村	1000 吨	200	11
常青塑料厂	乡村	1973	西伏落村	31	塑料管	河北、天津、内蒙古等地	150 吨	30	4.5
西秋元橡胶厂	村办	1975	西秋元村	51	汽车、洗衣机橡胶件	北京	—	50	12
东各堡玻璃厂	村办	1979.6	东各堡村	147	药瓶、酒瓶	吉林、辽宁等地	170 万个	35	6
明官店乡造纸厂	乡办	1984.1	明官店村	52	瓦楞纸	保定及衡水地区	600 吨	45	11
安国县水泵厂	石佛镇办	1984.5	石佛村	67	水泵及配件	全国各地	—	200	25
郑章乡砖厂	乡办	1985.3	小王买村	180	机制砖	县内	1700 万块	50	10
郑章乡中药材供销公司	乡办	1984.11	郑章村	23	饮片、制剂	北京	1000 吨	310	31
常庄乡油脂加工厂	乡办	1976.1	常庄村北	63	植物油	县及邻县	15000 吨	加工收入 35	20
西伏落乡砖厂	乡办	1985	安望公路西侧	50	机制砖	县内	1000 万块	70	8
建华砖厂	村办	1985.7	西王奇村	120	机制砖	县内	1200 万块	85	10
联合砖厂	县村联办	1984.11	子娄村	75	机制砖	县内	1500 万块	100	15
东固罐头厂	联户办	1985.8	东固村	55	水果罐头	县内及邻县	35 万瓶	50	15
东伏落砖厂	村办	1985	东伏落村	60	机制砖	县内	700 万块	48	12
北京华艺景泰蓝厂北流罗分厂	村办	1979	北流罗村	110	景泰蓝	北京市	—	—	19.8
郑章乡造纸厂	乡办	1957	谢庄村	82	150 克卫生纸	北京、广州等地	600 吨	160	38
义兴造纸厂	乡办	1986.5	北段村	82	炮纸、再生牛皮纸	河北、天津	1000 吨	85	12
门东乡印刷厂	乡办	1980	门东村	23	票据、商标	本县及相邻地区	—	100	15
复混肥厂	县村联办	1986	观音堂村	50	复合肥	县内	881 吨	73	-1.5
裕民棉纺厂	村办	1988.4	八五村北	153	棉纱	河北省	210 吨	168	20

续表 8-14

企业名称	性质	建厂时间（年．月）	厂址	职工人数（人）	主要产品	销地	产量	产值（万元）	利润（万元）
西安国城乡棉油加工厂	乡办	1988.1	西安国城村	25	植物油	河北、河南、山西等地	300 吨	200	20
前进无纺布厂	乡办	1985.10	南王买村	50	无纺布、滤芯纸	华北各省市	120 吨	132	24
利华制革厂	村办	1988.2	东安国城村	22	革布	天津市	2 万张	408	20
北各堡棉油加工厂	村办	1984	北各堡村	210	皮棉、卫生油	河北省	皮棉 3000 吨	821.5	87.5
伍仁桥镇汽车修配厂	镇办	1985	伍仁桥	14	—	—	—	—	4
利民食品罐头厂	村办	1990	韩村	60	水果罐头	张家口	270 吨	160	16
东康纸箱厂	联办	1990	安定公路北侧	40	纸箱	县内及邻县	40 万个	100	10
固显包装印刷厂	村办	1990	固显村	20	食品包装盒	县内及邻县		30	4
兴华海绵厂	村办	1988	阎村	40	海绵	县内及邻县	500 万米	100	20
通达玛钢厂	乡办	1990	淤村	26	水暖件	国内	120 吨	30	4.6
社会福利景泰蓝厂	乡办	1989	伍仁桥村	25	景泰蓝	河北省外贸	8 万个	40	6
郑章乡造纸厂	乡办	1990	郑章村	30	过滤纸	县内及安平等地	80 吨	90	12
爱民节能制砖厂	乡办	1989	南仕庄村	24	沙灰砖	县内	—	—	—
红星化工厂	村办	1987	舍二村	55	白炭黑	国内	500 吨	200	20
祁州镇电声电器厂	镇办	1974	祁州镇	40	扬声器	国内	8 万只	30	5
祁州包装厂	镇办	1989	祁州镇	70	纸包装箱	本县及相邻地区	50 万个	170	2
果脯糖厂	乡办	1987	张家营村	35	玉米糖	邻县	600 吨	40	6
汽缸盖厂	村办	1989	东长仕村	45	SI95 汽缸盖	全国	1.7 万个	50	10
通用水泵配件厂	个体	1986	石佛村	35	水泵配件	全国	—	50	10
路根纺织配件厂	村办	1990	路根村	40	纺织配件	全国	—	80	8
南仕庄乡塑料厂	乡办	1989	南仕庄村	24	防渗管	本县及邻县	4.5 万米	30	4

1955—1990年安国县乡镇企业总收入统计表

年度	总收入（万元）	年度	总收入（万元）	年度	总收入（万元）	年度	总收入（万元）
1955	59.2	1964	118.03	1973	157	1982	2272.2
1956	41.72	1965	129	1974	196	1983	1489.3
1957	36.74	1966	129	1975	266.6	1984	2430.4
1958	262.5	1967	164	1976	368.5	1985	3003
1959	54.16	1968	164	1977	519.6	1986	17324.2
1960	109.73	1969	211	1978	1848.7	1987	22951
1961	109.7	1970	197	1979	2114.5	1989	32381.3
1962	118	1971	168	1980	2437.9	1990	36152
1963	65	1972	144	1981	1815		

第九编
财税　金融

第一章　财　政

第一节　财政机构

明初，财税合一，衙署内设“户房”专理财政与田赋征收，清沿明制。

民国 17 年（1928），由财务局司理县财政，民国 22 年（1933）改为财政局。民国 25 年（1936）裁局设科，县府共设 3 科，财政由第二科管理。

民国 27 年（1938），县抗日民主政府设财政科，民国 37 年（1948）与粮食局合并，设财粮科，旋又分置，复设财政科。1957 年，改为财政局。1969 年撤科局，由县革委会生产指挥组管理财政。1970 年立科室，财政、税务、银行合建为财税银科。1975 年，财、税、银分设，成立县财政局。1984 年，建立 20 个乡镇财政所，管理乡镇级财政收支及预决算。1990 年，财政系统共有干部职工 83 人。其中县局 21 人，设预算、企业、监察、综合、农财、事业、办公室。

第二节　财政体制

明清时期，实行中央高度集权，地丁折银除按规制额留存少部分作为地方支用外，其余悉数上解。民国初，军阀割据，省自为政，苛捐杂税名目繁多，县财政仅起聚敛作用。民国 21 年（1932 年），正式确立中央、省、县三级财政管理体制，并划分县财政收支范围。田赋等正项收入全部解省，县财政仍赖附加、杂捐、杂税维持。

民国 27 年（1938）日军侵占安国后，日伪县政府无正规财政体制，催粮派款，随意征收。抗日民主政府则根据需要与承受能力适度筹借粮、款、物料，供应人民抗日武装。

解放后，废除地方性苛捐杂税，在“统一领导，分级管理”原则下，建立县级财政管理体制。其间迭经变革，财政管理逐步走上正规。

1949—1952 年，按照中央政府统一规定，实行统收统支高度集中的财政管理体制。即收入全部上缴，支出统一下拨，一切收支项目、办法、程序、范围、标准等均由中央统一制定，县财政只是上级财政的报账单位。

1953 年，扩大地方财政，县为一级财政单位，纳入省级预算，实行“统一预算，分级管理，收支挂钩，收入分类分成，结余留用”的财政管理体制。地方收入分为固定收入、固定比例分成收入、调剂收入3种。支出执行“归口包干、结余留用”体制。1959—1970年，改为“核定收支，总额分成，一年一变”体制。收入不再划分固定收入、固定比例分成收入和调剂收入，统归地方收入，县财政收大于支部分上解，入不敷出则由上级补助。

1971年，实行“定收定支，收支包干，保证上缴，结余留用，一年一定”体制。超收和结余归县使用，短收和超支，由县自行平衡。1973年，改为“固定比例留成”体制，收支脱钩，收入全部上缴，支出由上级保障，1976年恢复1959年的体制。1979年，实行“定收定支，收支挂钩，总额分成”。在首先核定收支基数的基础上，确定上解和留成比例，超收多分成，短收减支出，结余留用，自保平衡。财政收入总额30%上解，70%留县。

1980年，改革财政体制，实行“划分收支，分级包干”的新体制。明确划分中央和地方财政收支范围。县财政固定收入包括企业收入、工商所得税、农业税、盐税及其他收入，工商税作为中央和县的调剂收入。支出包括地方自筹基建投资、企业流动资金、挖潜改造资金、新产品试制费、支援农村人民公社支出及其他经费和固定的正常支出等。以1979年县财政收支实际执行数为基础，经地区调整，核定县财政收入包干基数、支出包干基数和上缴基数，超过收入包干基数部分按比例留成。同时，县财政对文教、科技、卫生和行政机关经费也试行了“预算包干”办法，核定支出包干指标，超支不补，结余转下年使用。

1983年，又实行“收入按固定比例总额分成”的财政体制。以1982年县财政收支预算执行数为基础，调增调减各种政策性减收或增收、增支或减支因素，适当确定固定的分成比例。地区核定安国县财政收入总额7%上解地区，超收部分20%上解，80%留县。

1985年，随着国营企业利改税的实行，财政实行“划分税种、核定收支、分级包干”体制，进一步划分了中央与地方财政的收支范围，将工商税全部划分为中央财政的固定收入。由于工商税占财政收入的比例大，安国县成为定额补贴县。因影响地方财政积极性，仅试行一年，又将工商税下放。

1986年起，保定地区对安国县实行“财政收入增长分档分成”的管理体制。即以上年决算收入数为基数全部留县，比上年增长10%以内部分，地、县三、七分成，增长超过10%部分留县，超支不补，一定四年不变。

1988年后，保定地区对安国县实行“自收自支”的管理体制。即“收入全留，支出自负，专项上解，单独结算”办法。同时，将一部分由上级拨款的支出项目划归县级安排，共下划51.52万元。

第三节　财政收支

一、财政收入

民国以前，县财政收入以田赋为主，定额征收。原征粮、绢等实物，明代“一条鞭法”后改征银两。崇祯年间（1628—1644），每年额征银23430两，其中地征银19746两，丁征银3684两。另征商税银40两，盐课440引（每引8钱7分）。

清代实行地丁合一，将丁银摊入地粮银内一并征收，同时新增丁匠银一项，均摊入地粮银中征收。乾隆二十年（1755），额征地粮银20098两，均摊丁匠银4159两，征丁银 3760两，共征银28017两。

盐课4000引，商税及其他杂税无定额，尽收尽解。自雍正年起实行“新增人丁永不加赋”，直至清末，岁入银无大变。

民国初，县内财政收入沿清制，征收地丁银。民国17年（1928），划分省、县收入范围，正税收入大部分解省，县财政收入主要靠附加及苛捐杂税（粮捐、粮租、差徭等）维持。是年，田赋正税额55481元，附加25410元，其他捐税无定额。民国24年（1935），省收入废除差徭，县废除麸草捐、义务布捐、苇席捐、屠宰肉捐、鱼捐等5种。翌年，河北省主席宋哲元又下令裁减地方性苛捐杂税38项。民国25年（1936），安国县省款收入106671元（来源为田赋、牲畜税、屠宰税、牙税、契税等）。收入项目除裁者尚达27种。

安国解放后，废除苛捐杂税，县财政收入以农业税、工商税和其他收入为主要来源。1958年，全民所有制企业的所得利润，始交县财政。财政收入范围包括企业收入、工商税收入、农业税收入及其他收入，同时将银行收入纳入县财政收入范围。1962年，商业系统的企业收入由上缴县财政改为直接上缴商业部。1965年，制药厂、棉纺厂、制酒厂、机械厂等国营工厂划归地区管理，企业收入上缴地区，加之严重的自然灾害，县财政收入锐减。“文化大革命”初期，企业停产“闹革命”，财政收入受到严重影响，1968年财政收入仅完成147万元。1970年，国营工商企业重新归县管理，企业收入列入县财政。1980年，企业收入、所得税、农业税和其他收入是县财政固定收入，工商税是调剂收入，大部分上缴中央。翌年，工商税再度列为县财政固定收入。1985年，实行利改税，企业上缴的利润改为按一定比例上缴所得税和调节税。财政收入以工商税、农业税及其他收入为主。1990年，财政收入1820万元，其中工商各税1511.3万元，占83%；农业税194.3万元，占10.7%；企业收入 65.7万元，占3.63% ；其他收入48.7万元，占2.67%。

1952—1990年，全县累计完成财政收入22857.7万元，其中工商各税15157万元，占66.32%；企业收入3556.24万元，占15.55%；农业税3648万元，占15.96%；其他收入496.47万元，占 2.17%。

二、财政支出

清代，收入大部上解，部分留存，用做支销。据乾隆《祁州志》载，州年留银3126两，有闰年增加214两。其中各项支出分别为驿递工料及草料银1187两，吏员俸银392两，马快、门子、禁卒、马轿夫、更夫、伙夫等杂役工食银947两，新科进士、举人牌坊及花红旗匾银78两，祭祀香火银121两，孤贫月粮银221两，其他180两。其后常因人员、项目变化，数额不等。道光十九年（1839），裁去州判及雄县民壮工食银，留支2001两。同治三年（1864），撤铺兵工食银。光绪八年（1882）存留银1888两，至光绪末年又增至2318两，其中增加养廉银1031两5钱。

民国初，财政开支分级定额，由省拨给，不足部分靠派捐补充。民国4年（1915），安国为三等县，省每年拨款1.14万元，自筹部分无定额。民国17年（1928），始划分县级收支范围，但因地方性苛捐杂税，由各地自定征收，财政支出仍不能节制。翌年，岁出8.86万元，多用于行政、教育、自治、治安等。民国23年（1934），省款留支2.12万元，留支用于行政费开支1.07万元，司法经费开支5630元，征解费1846元，契税办公并纸价注册办公929元，杂税办公并烟赌提成2125元。地方款支出9.69万元，其中党务费3411元，行政经费1.66万元，教育经费2.36万元，警团费4.67万元，建筑修补及电话材料费3045元，孤贫口粮288元，临时费1587元，其他1715元。

解放后，财政支出逐步纳入正轨，根除了过去支出无节制现象。本着“取之于民，用之于民”和

“量入为出，有效使用，保证重点”的原则，实行预算管理。

中华人民共和国成立初，实行统收统支，县支出标准由上级核定，凭单据按月向上级结算报销。1953年后，县为一级财政单位，支出标准由县根据收入情况确定。年初根据各项事业发展计划及上年支出情况，按月、季编造支出计划，实行预算管理。必须办理而又未列入预算的开支，由承办单位临时向财政部门申请追加预算，坚持无预算不拨款，无预算不报销。随着财政收入的不断增长和各项事业的发展，财政支出逐年增加。1952年，支出106.7万元，1990年支出2308.6万元。1952—1990年，支出累计20685.84万元，其中用于工交支出1159.76万元，占总支出的5.6%；支援农业支出2748.28万元，占13.28%；文教卫生事业支出8716.66万元，占42.14%；抚恤救济支出1857.93万元，占8.98%；行政管理支出4412.78万元，占21.33%。

20世纪80年代末，由于机构、人员增加及待遇增长，工资所占比重不断上升。为保障工资，事业经费普遍不足，各项建设事业受到不同程度的影响。

1952—1990年安国县财政收支统计表

表 9-1　　单位：元

年度	收入				支出							
	企业收入	各税收入	其他收入	合计	基建投资	企业挖潜改造投资	支农投资	文教科卫事业费	民政事业费	行政支出	其他支出	支出合计
1952	—	1361119	34500	1395619	—	—	11314	654500	100000	300000	1500	1067314
1953	—	2092669	50949	2143618	—	—	11637	650489	97501	316780	2772	1079179
1954	—	2133157	23076	2156233	—	—	21947	589075	112320	347487	—	1070829
1955	—	26.16521	37343	2653864	—	—	36430	566780	203810	369136	1036	1177192
1956	—	2760678	99682	2860360	—	—	66999	901364	173209	484992	5484	1632048
1957	—	3249258	138611	3387869	20208	—	60543	783937	194965	444042	33585	1537280
1958	1203639	3503731	188672	4896042	699872	—	146065	917309	115067	564897	70767	2513977
1959	3207504	4025507	281701	7514712	734728	—	777269	887511	138446	499845	477100	3514899
1960	4267475	4280687	104101	8652263	2211268	—	1647784	931078	188557	523131	151885	5653703
1961	1780944	2395073	371805	4547822	33000	—	1845171	832512	203559	513013	339905	3767160
1962	407199	3167958	151491	3726648	—	—	111443	681842	219369	481891	141431	1635976
1963	75350	2027207	33695	2136252	—	—	597251	726280	802670	511811	56033	2694045
1964	1420509	2286321	34061	3740891	—	—	1135570	780872	207689	539947	90943	2755021
1965	527431	2614456	88708	3230595	—	—	524733	761923	418401	548139	88604	2341800
1966	897162	2616942	29724	3543828	10000	—	234334	824743	363767	513636	49532	1996012
1967	856426	2547259	12306	3415991	—	—	124195	816448	309470	510689	55597	1816399
1968	441689	737553	290758	1470000	—	—	173592		239145	539470	80416	1032623
1969	754531	2205410	149674	3109615	—	—	167581	880926	274873	623428	111221	2058029
1970	—520887	3387223	31535	2897871	—	—	209643	815037	290674	652069	249925	2217348
1971	993484	3070211	18520	4082215	—	—	586888	1030171	275704	763050	419717	3075530
1972	1911822	3235963	19866	5167651	—	—	436863	1261907	380437	657413	166513	2903133
1973	1096240	3405912	33704	4535856	—	—	362008	1375211	399881	619693	164660	2921453
1974	1528843	3904886	20436	5454165	—	—	939735	1551637	472337	839302	280472	4083483
1975	1166406	4409694	23383	5599483	—	—	875875	1589960	512658	736860	532048	4247401

续表 9-1

年度	收入				支出							
	企业收入	各税收入	其他收入	合计	基建投资	企业挖潜改造投资	支农投资	文教科卫事业费	民政事业费	行政支出	其他支出	支出合计
1976	384110	3966464	30831	4381405	—	—	66332	1629011	559534	743977	131447	3130321
1977	1563	4746637	23382	4771582	—	—	1311644	1762277	562405	745113	670985	5052424
1978	1225000	5102000	71000	6398000	—	—	1428000	2118000	569000	933000	311000	5359000
1979	1656000	4501000	46000	6203000	100000	—	843000	2408000	571000	989000	843000	5754000
1980	1242000	4386000	24000	5652000	—	189000	924000	2679000	544000	1044000	169000	5549000
1981	660000	4768000	31000	5459000	—	1000	588000	2835000	670000	982000	188000	5264000
1982	1281000	4680000	329000	6290000	—	40000	799000	3496000	690000	1202000	297000	6524000
1983	1208000	5167000	70000	6445000	—	310000	519000	4098000	727000	1498000	471000	7623000
1984	1562000	5845000	62000	7469000	—	5000	766000	4271000	816000	1990000	551000	8399000
1985	404000	9336000	113000	9853000	666000	463000	511000	4033000	1065000	2076000	2112000	10926000
1986	413000	9932000	175000	10520000	202000	300000	1230000	5052000	1222000	2774000	2980000	13760000
1987	861000	11188000	154000	12203000	—	20000	881000	5928000	1295000	2724000	2577000	13425000
1988	1078000	13777000	698000	15553000	—	200000	2603000	7665000	1803000	4336000	2218000	18825000
1989	914000	15563000	673000	17150000	—	450000	1995000	8136000	1620000	4030000	3187000	19418000
1990	657000	17056000	487000	18200000	—	200000	1913000	10245000	2704000	5140000	2884000	23086000

第四节　收支监理

一、企业利润监交

1984年前，国营工商企业将利润作为国家收入上缴县财政，初由税务部门监督交纳，后由财政部门监交。企业上缴利润指标，由县政府根据各种情况研究确定，财政部门负责具体执行。1958年后，县级供销社由上缴所得税改为上缴利润，纳入监交范围。缴纳方法分全额上缴和部分上缴。1985年实行第二步利改税后，国营工商企业及县级供销社均由上缴利润改为缴纳所得税和调节税，仍由财政部门负责收交。1958—1990年，企业上缴利润（包括所得税和调节税）累计3555.45万元。

二、生产发展资金管理

（一）企业流动资金管理

1980年前，国营企业流动资金全部由财政无偿拨付，不准挪作他用。1980年后，根据企业使用流动资金及经营情况，按照一定比例，实行部分无偿拨付和部分有偿贷款制。1985年第二步利改税后，企业流动资金全部改为有偿借贷制，由人民银行管理。

（二）固定资产投资及技术改造资金管理

1970年前，新建固定资产或技术改造项目，由政府确定，财政拨款。1971—1975年，经财政部门批准后，首先使用企业自有折旧费及主管部门提留的统筹折旧费，不足部分财政拨付。1976年，又改由财政全部拨付。利改税后，新建固定资产及技术改造项目，由企业编造计划，报财政部门批准（较大型的经政府批准），拨给周转金，收取一定的占用费，企业用新增利润归还。亦可由企业或主管部门自筹资金进行。

（三）支农资金管理

1958年人民公社化后，始有此项开支。初由国家财政和县财政无偿投放，大部用于农田基本建设、兴修水利、农机发展及其他农业生产。1960年后，逐步缩小投放范围，除对一些抗灾性、公益性、实验性和国家鼓励发展以及带有指导性、推广性价值的项目，仍实行无偿支持外，其余支农资金改为有偿无息贷款。每年财政将支农资金指标分到有关部门，由部门负责使用及具体管理。1978年农业联产承包责任制后，逐步缩小无偿资金投放数额，对原由财政无偿支持的项目，实行民办公助的办法，以民办为主，财政无偿补助一部分，或以有偿无息、有偿低息贷款解决。并开始注重使用效果，由过去企业主管部门主管，改为主管部门管指标，财政局管资金，并监督检查使用情况。

（四）亏损企业补贴资金管理

1978年前，对国营企业实行统收统支，亏损多少完全由财政补贴。1978年后，为调动企业生产积极性，扭亏为盈，由全额补贴改为部分补贴。根据各亏损企业不同情况，分别实行“补贴基数包干，超支自负、剩余分成”和“补贴递减包干，剩余留用或分成”等形式。据不完全统计，到1985年财政仅对化肥厂、煤矿、磷肥厂弥补亏损即达1600余万元（3厂关停）。实行利改税后，取消亏损补贴，亏损完全由企业自负。

三、行政事业费管理

1949—1952年，实行定员定额管理办法，执行政务院统一规定的供给制标准，经费由县政府统一决算，按月向地区报销。1953年，安国县成为一级财政单位，建立行政事业单位预算制度，统一开支标准，经费实报实销。1959年，实行收支预算包干管理，根据各单位不同性质，分为全额预算包干和差额补助包干。1960年，改为包干报销办法，按照一定标准，核定各项定额费用，包干使用。实际开支如有节余，年度内可继续使用，年终节余上缴财政。“文化大革命”期间取消包干，仍实行实报实销。1979年，实行部分经费包干，1981年后改为全额包干，结余留用，超支不补。

四、公费医疗管理

1981年前，公费医疗采用凭证医疗，医院记账，财政与医院结算办法。之后几经改革，1986年根据工龄、健康状况等条件分别确定医疗费开支标准。实际开支在标准之内，实报实销，超过标准部分，个人按规定比例负担（特殊情况除外）。

另外，对于不便包到单位的公用重点经费，则由财政部门统一管理，严格控制。

五、预算外资金管理

财政预算外资金由县政府统一管理，收入支出实行计划控制、计划外支出由财政部门提出意见，报县政府批准后执行，单位预算外资金由各单位自行管理。1978年后，对单位预算外资金实行由财政局统一代管，本单位动用，需报经财政部门批准，按计划执行。

六、财经纪律检查

中华人民共和国成立后，为严肃财经纪律，县政府每年组织财政、税务等有关部门，对全县各企业、行政事业单位及各乡镇财经纪律执行情况进行检查，对偷漏税款、截留利润、乱摊成本费用、乱搞计划外基建、乱列营业外支出、乱发奖金实物或扩大劳保福利发放范围、挪用专项资金、贪污受贿、请客送礼、私人占用公款、擅自购买专控商品、截留挤占上缴税金、私设小金库及各种违犯财经纪律问题严肃处理。1980—1990年，查出各种违纪资金累计1000余万元。

第五节　债　券

一、公　债

民国时期，滥发公债现象较为严重，次数、名目繁多，且兑现无期。民国25年（1936）《河北月刊》所载“关于公债事项”可略见一斑：“案查本省应偿八厘公债改抵临时借款，第八次原本，战区各县第

七、八两次原本，永定河工借款第六次本息，战区各县第五、六两次本息以及二十一年十二月应还原续各案；军队挪借地方款，粮租借款，均因库款支绌，历经由厅呈准推展至本年六月底偿还，通令遵办各在案。现在展期又将届满，本应继续偿还，以维定案。惟本省财政艰窘如昔，仍无余力偿还各项债款，迫不得已，拟将递展至本年六月底应还八厘公债改抵临时借款，第八期原本，战区各县第七、八两次原本，永定河工借款第六次本息，战区各县第五、六两次本息，以及军队挪借地方款，粮租借款，均再推展一期，至二十五年十二月底再行偿还，以后各次，即照此递推，藉纾财力，提经省委会第六七零次委员会议议决‘准展’，并通令各县遵照”。

1950 年，为医治战争创伤，恢复经济，中华人民共和国发行人民胜利折实公债。以粮、油、布等实物的时价为计算标准，年息 5 厘，5 年还本付息。县内发行数额无考。

1954—1958 年，连续 5 年发行国家经济建设公债，在自愿量力的原则下，采用一次认购，一次交款或分期交款的办法，每年均完成认购任务，1955 年认购 8.7 万元，占任务的 123.3%。年息均为 4 厘，每期自翌年起分 10 次偿付。县内至 1976 年全部偿还。

二、国库券

1981 年，始发行中华人民共和国国库券。发行对象为国营企业、集体企业、政府机关、团体、部队、事业单位，翌年扩大到农村富裕社队、个体工商户。利息自当年 7 月 1 日始计，1981—1984 年公购月息 4 厘，个人认购月息 8 厘，1985 年公购提高到 5 厘，个人提高到 9 厘，1986 年后公购为 6 厘，个人 10 厘。1984 年前发行的国库券，从发行的第六年始，通过抽签办法分 5 年还本付息，平均每年偿还 20%。1985 年后，国库券的偿还期为 5 年，并由原来分 5 年分别还本付息改为一次性还本付息。国库券的推销根据单位、个人经济状况，实行合理分配与自愿认购结合。至 1990 年，全县累计购买国库券 736.5 万元，其中公购 87 万元，个人购 649.5 万元。

第二章 税 务

第一节 赋税征收

一、农业税

古时，农业税为地、丁两赋。唐行“租、庸、调”法，“安史之乱”后，改行“两税法”，照丁、产定户等，将“租、庸、调”及其他附加并入户税，夏秋两次征收，历代沿用。据明万历《保定府志》载：（安国）旧志官民田地123170亩3分3厘，夏税小麦1759石1斗7升1合；秋粮粟米4710石9斗7升5合；棉花5224两6钱；人丁丝8546两，桑丝1294两；马草86022束12斤8两8钱。新册官民田地597158亩7分5厘，夏季征麦928石5斗3合；秋季征粮2527石6斗5升7合，马草45227束。“一条鞭法”后，由实物税改为货币税，折征丁银和地银。明末，全县征粮地337182亩9分3厘7毫，其中优免地42155亩6分7厘，免除杂办银；亩征正供银3分6厘3毫9丝4忽7微9纤4沙，加津旅兵饷胖衣马价芝棉科场物料银，共银3分8厘8毫6丝1忽8沙5尘4埃，共征银1638两2钱9分1厘8毫5丝2忽5微9纤9沙4尘2埃；行差地295027亩2分6厘7毫，亩征正供银3分6厘3毫9丝4忽7微9纤4沙、杂办银1分7厘7毫6丝6忽2微1纤4沙5尘4埃，共银5分6厘6毫5丝5忽3微1纤8沙5尘4埃，共征银16715两4钱1厘8毫7丝2忽5微5纤4沙9尘9埃，人丁32285丁，每丁征银1钱。

清顺治十四年（1657），废除优免，一律照民额行差。康熙五十年（1711），增至36255丁，共征丁税银3625两5钱。是年将该数作为常额，以后增加人丁，不再加征丁银，即所谓“盛世滋生人丁，永不加赋”。雍正二年（1724），实行摊丁入亩，丁银完全摊入地粮银内征收。每地赋一两摊入丁银2钱7厘余。清乾隆五年（1740），实有纳赋地335854亩3分8厘5丝，共征地丁银22966两余。光绪末，有闰年征收24806两，无闰年征收23942两。

民国初循清制，民国4年（1915）变更币制，地丁银每两折征银圆2.3元，将屯粮、屯租、官租、学租、旗产钱粮等杂项，归并为地租。时正项有地丁、漕粮、租课。民国8年（1919），3项合并，总称田赋，县内税额55481.390元（银圆，下同）。另征税额10.9%的省附加，地方附加无定额。征收办法分每正税1元附加若干和每亩附加若干两种。政府如有特别捐时，每亩征收达7～8元。常年田赋附加及用粮地派摊超过正税。民国21年（1932），仅警费、保卫团费及区公所、财务局、度量衡检定所、电话等费，每正税1元即附加6角7分3厘，用粮地派摊达17768元，全年实征地丁税（正税）77771.29元。民国25年（1936），田赋正贡及省附加额征61536.93元；地方附加有随粮带征警款12644.257元，随粮带征团款12718.538元，随粮带征区公所款8480.483元，摊派团款18974.813元，官产地租99.2元，差徭554.38元等。

日军侵占时期（1938—1945），税不定额，随时催粮派款，强行征收。日伪政府制定以“元”为单位差费交纳法，“1元”为1份差，包括米、面、款各若干。民国28年（1939）仅款一项，即强征

15.73 万元。

安国解放后，废除旧税制，将田赋改称农业税，亦称公粮，并推行合理负担。农业税按统一累进税率征收，即各户土地按照人尽其能，地尽其力，六成年景为标准确定产量。各种作物均折谷计算，以年产 12 市斗为 1 标准亩，自营地 1 个标准亩折合 1 个富力，出租地 1.5 个标准亩折合 1 个富力，佃耕地 2 标准亩折合一个富力。第一富力为第一税等，每一富力缴纳 0.1 标准亩的产量；第二富力为第二税等，每一富力税率为 0.11 亩产量；第三至第五富力为第三税等，每一富力税率为 0.12 亩产量。税等之间以 0.01 为累进率，至第七等则停止累进，最高率为 0.16 亩产量（第六至十一富力为四税等，十二至十九为五税等，二十至二十九为六税等，三十以上为七税等），以粮、柴、款、物四种形式征收。民国 37 年（1948 年），根据土地平分情况，将统一累进税改为有免征点的单一比例税制，即以产量为单位，凡常年应产谷十市斗之土地，作为一个标准亩，每人扣除一个标准亩作为免征点，其余标准亩为缴纳负担的“负担亩”，每一负担亩年征收小米 12.5 千克，分夏秋两季征收。同时每负担亩征 2 斤村粮，为县统筹部分，用于地方建设。1950 年，按照《华北区农业税暂行条例》，每负担亩改征小米 10.5 千克。翌年，对各户土地面积，常年应产量进行查对评订（即查田订产），并编造登记册。1955 年，全县农业税任务为 616 万千克。省附加按税额的 5% 计征，另征代耕粮 2%。

1958 年，执行《中华人民共和国农业税条例》，改行比例税制。根据主客观条件确定地亩常年应产量，按产量比例计征，实行依率计征，依法减免，统以生产队为单位缴纳公粮，由粮食部门分夏秋两季收购后折款上缴财政。1962 年，全县按常年亩产 81.6 千克，总产 3934.5 万千克，税率为 8.5%，征收农业税 334.5 万千克（小米），省附加征收正税的 10%，乡附加征收正税的 5%，并贯彻“稳定负担，增产不增税”政策。1979 年，农业税实行有起征点的办法征收，对起征点以下的（人均口粮 150 千克以下，收入水平 40 元以下）缺粮队，免征农业税，一定三年不变；全年口粮 164 千克以下，收入 50 元以下的酌情照顾，一定一年。1985 年，农业税由征收实物改为按米价（每千克 0.434 元）折征代金，即 30% 按原统购价，70% 按超购价。1989 年，开征农林特产税，税目、税率为苹果、梨、红果、葡萄、桃 15%；枣、杏、西瓜 10%；原木 5%；药材、苗木 5%；淡水养殖 10%。1990 年，全县征收农林特产税 21.5 万元。

中华人民共和国成立后，农业税征收向以小米为统一计算标准。1958 年，实行比例税制，征收计算公式为：征收额（元）= 纳税土地（亩）× 常年产量（县内平均亩常产为 81.6 千克米）× 税率（县内为 8.5%）× 米价 - 减免额（元）。米价，1968—1978 年为 0.28 元 / 千克，1979—1984 年为 0.33 元 / 千克，1985—1986 年为 0.434 元 / 千克，1987 年为 0.46 元 / 千克，1988 年为 0.464 元 / 千克，1989—1990 年为 0.4967 元 / 千克。农业税是按常年产量计征，不代表实际负担水平。评定常产时一般比实际产量低，随着实际产量不断提高，而计税产量未作调整，农业税实际负担水平逐年降低。

1955—1990 年安国县农业税征收额及实际负担率一览表

表 9-2

年份	税额（元）	实际负担率（%）	年份	税额（元）	实际负担率（%）
1955	714528	3.6	1973	925650	1.99
1956	836247	5.6	1974	925000	1.71
1957	701232	3.1	1975	926600	2
1958	1439000	5.86	1976	650000	1.68

续表 9-2

年份	税额（元）	实际负担率（%）	年份	税额（元）	实际负担率（%）
1959	1504813	6.65	1977	866000	2.41
1960	1328614	7.75	1978	846000	1.88
1961	761584	4.2	1979	843000	1.74
1962	732392	4.23	1980	741000	2.33
1963	74100	1.05	1981	881000	1.55
1964	694522	3.4	1982	916000	1.43
1965	791574	3.42	1983	1033000	1.18
1966	867891	3.1	1984	1043000	0.9
1967	969467	4.5	1985	1437000	1.16
1968	170000	0.83	1986	1457000	1
1969	1280354	6.13	1987	1426000	0.95
1970	1219275	4.96	1988	1441000	0.68
1971	1006852	2.76	1989	1544000	0.69
1972	886000	2.13	1990	1587000	0.68

二、工商税

（一）明清时期的工商税

盐课 即盐税。安国向不产盐，只征收销售税。实行“引”法后，年派给官盐227引（每引200千克），后定为500引。

明天启五年（1625）减至440引。盐商首先向官府买引（经营食盐的凭证，引价包括食盐价格和一定比例的税金），凭引运销。同时，每年定额上缴捕私盐30引，变价银14两4钱。清代盐税加重，除征正项外，另有附加。清乾隆年间（1736—1795），域内盐额400引，每引征收正课4钱6分6厘4毫2丝，加课4分6厘6毫4丝2忽，杂课3钱5分6厘6毫，连征解费每引共征银8钱2分。至光绪末，年销食盐3285引（每引285千克），征课银2253两4钱2厘。

商税 唐代“两税法”后，流动商户由所在地征收1/3的税。固定工商户则与农户一样按户等分两季缴税。明初，银差商税并酒、油、课、房地赁契本工墨、油榨、树株等项共4904贯；岁办羊皮9张、狐皮9张、貂皮18张、獾皮14张、獐皮11张、鹅雁翎7881根。明万历年间（1573—1620），按军、民杂役寄壮户数征税钞9812文4分。明末，年额征商税50两。清初沿明制。乾隆《祁州志》商税项下仅载“当铺每座税银5两”。光绪二十六年（1900）前，域内有当铺4座，年征税银20两，至光绪末皆歇业。另有牛驴税、花税、布税、油税等，数额无考。

房地契税 对典、买田宅征收的捐税，典、买时由新业主执白契向官府输钱投税，加盖官印，明末买契征收3%，典契不征。清顺治四年（1647），典买田宅增征税尾（一种收税凭证），每两增征银3分。雍正七年（1729），于额征外每两加征1分。至清末，年额征房地税契银71两5钱1分。

牙帖税 专向牙行、牙商征收。明清时期，从事牙行需经官府批准，领取牙帖。牙帖定期换领，官府收取牙帖税，各时期数额不同。至清末，额征牙帖税6两5钱8分。

厘金　清咸丰四年（1854）域内开征。凡运销之货物，皆征1%（1%为1厘，故称厘金），包括出境税、入境税、落地税、坐厘、货厘、产销税、统税、统捐等。征收数额无考。

（二）民国时期的商税

1. 国税

盐税　民国初，盐税征收沿袭清制，安国所用之盐，皆长芦产。民国3年（1914），盐税100斤征收2.5元，后增至2.75元。多与盐价一并就产地征收，不在县税收之列。民国7年（1918）修正盐税条例，规定每盐100斤课税3元，分区实行。除正税外，尚有种种附加，如产捐、销捐、整顿捐等，民国17年（1928）归并为芦盐食户捐，百斤捐1.7元，为省收入。按清末销售量计算，仅正税一项即达51490余元，加附加则为83320余元。

烟酒税　包括烟酒税、牌照税和公卖税3种。

（1）烟酒税：为一种出产税，域内不产酒，只征烟草税。民国初，百斤烟草统征洋2.2元。民国19年（1930）增至2.5元。

（2）烟酒营业牌照税：对烟酒商征收，高者年征40元，最低者4元。民国15年（1926），批发增至60元，甲种零售年征24元，最低者6元。民国18年（1929）税率复增，按季征收。烟类整卖者季纳20～100元；零售者季纳2～12元。酒类整卖季征16～32元，零售季征2～8元。

（3）烟酒公卖费：民国4年（1915年）开征。按价值额20%征收。民国19年（1930）征率改为百斤2元。

以上烟酒税，皆由烟酒公卖局以招商包办之法征收。民国15年（1926），以烟酒税为基数，附征60%的军事特捐。民国17年（1928）改为赈款，减半附征，为省收入。至民国19年（1930）停征。

印花税　对因商事、产权等行为所书立或使用的凭证贴印花税票的办法收税。民国2年（1913）开征，征收数额由省派定。民国8年（1919），全县征收260余元，民国12年（1923）增至1139元。民国16年（1927）8月，民国政府颁布《印花税暂行条例》，规定须贴印花的各种单据、票据、字据、契约、执照（包括护照）、证书、商标、行贴、证券、凭证等共74种。其税额不等，域内最高额4元，最低1分。民国17年（1928）后，该税由印花税局征收，安国属定县分局管辖。民国25年（1936），全年征额达5670余元。

营业税　民国20年（1931），废除厘金，颁布营业税法，开征此税。根据工商户营业额，按固定比例征收。初年征额25848元。民国21年（1932），实际征收363496元。

2. 省税

契税　民国初沿清制。民国3年（1914），实行契税新条例，规定买契征9%，典契征6%，另征附加费、验契注册费、契纸费、中用费等。翌年，买卖税率降为6%，典契税率降为3%。契税附加为地方收入，无定额，有时超过正税。民国22年（1933），修正、改订契税办法，正税仍为买6%、典3%；附加以正税半数为原则；契纸费每张5角，典买一律；契价30元以上者收验契费1元，注册费1角，以下者收验费5角。翌年，全县征收契税25954元，契纸费1519元，验契注册费303.8元，契税附加7736.43元，田房买典中用解省部分7723元。田房买典中用，向为民间性，官府从不过问，光绪三十年（1904）始定由官牙收取。民国初，买契中用为价额的6%，卖主付2.4%，买方付3.6%，其中解省1%。

牙税　向牙行或牙商征收。包括贴费和营业性的常年税。民国4年（1915），牙纪分6等，第一等年缴牙帖捐60元，牙税160元；第6等缴牙帖捐16元、牙税20元。牙帖费不分等级，每帖均缴费1.2元，一定5年。域内药行牙税为大宗，有药牙近2000名，年征药牙税16万元。民国14年（1925），废除分等缴纳捐税法，改由投标包办，按所投标额缴纳。民国18年（1929），牙税按物价3%征收（其中药行按成交额4%）不再收取牙用，牙纪提所收正款的5%为征收费。各行牙税仍实行招商包办。民国19年（1930）牙税包额71560元，民国21年（1932）实收1701078元，其中药行牙税一项即达1066666元。

牲畜税 对贸易之骡、马、牛、驴、猪、羊、骆驼等征收。税率为价格的3%，多由买方于交易场所缴纳（牙税多由卖方负担）。县内主要在城内、张家营、伍仁桥、大五女、石佛等牲畜市场招标包税，设摊征收。包额内全部上缴，提取5%的承包人征收费，超过部分按比例分成。民国20年（1931年），安国县该税包额为7000元，民国21年（1932）实收达 765918元。

屠宰税 向屠宰猪、羊、牛、马、驴等牲畜者征收。民国5年（1916）开征。初仅猪、羊2种，后增加牛、马、驴等。税额每头猪4角、羊3角、牛2元、马8角、驴6角，无论年节婚丧一律缴纳。屠宰时，屠户先向征收所纳税，领取许可证，方可宰杀。如私宰，查出后处以税额20倍罚款（奖告发者一半）。征收分猪、牛羊、马驴3项，每项包予一人，后改分区域招包。民国18年（1929），规定马驴不准宰杀，并提高税率，猪羊1元、牛5元。民国21年（1932），全县该税包认额7000元，实收428257元。

3. 县地方捐派

民国时期，国税、省税等收入大部上解，县地方开支主要靠各种捐派，每举办一事则立一名目。工商业捐派主要有：契税附加捐，无定额，一般以正税之半为原则征收，特殊时加征，民国23年（1934）征7736.43元。牙捐，按牙税三分之一征收，后改为按交易额1%～3%征收，据不完全统计是年仅牲畜牙行、棉花牙行、油饼牙行、斗行牙行、杂秤牙行等几个小行业即征收牙捐14283.6元。牲畜税附加，按交易额3%征收；牲畜商捐按价百中抽一；牲畜税补助学款年定额2400元。屠宰税附加，征收率不超过正税为原则，后减半征收，是年全县征屠宰税附加3115元；屠宰肉捐年征6000元。保卫商捐缴纳营业额的1%；商铺捐，分等征收；药材捐，征收交易额4%；药牙公益捐，年定额5000元；商摊团款8868元；商捐警款2685元。

（三）安国解放后工商税收

安国解放后，废除旧政权各种苛捐杂税，执行晋察冀边区税务条例，主要税种有货物税、营业税、所得税、契税、印花税、集市交易税、屠宰税。1950年1月，政务院颁布《全国税政实施要则》，统一全国税收，建立新税制，实行多税种，多次征的复税制，以适应公营、私营等多种经济成分并存的形势。规定征收14个税种：货物税、工商业税、盐税、关税、薪金报酬所得税、存款利息所得税、印花税、遗产税、交易税、屠宰税、房产税、地产税、特种行为消费税、车船使用牌照税。后将房产税和地产税合并为城市房地产税。除薪金报酬所得税和遗产税暂不开征外，其他均公布了税法。是年，县内开征货物税、工商业税、印花税、交易税、屠宰税、存款利息所得税6种。1953年1月，修正税制，试行商品流通税，取消特种消费行为税，改征文化娱乐税。将集市交易中的棉花交易税和1951年增加的棉纱统销税并入商品流通税，集市交易中的土布、粮食交易税并入货物税，交易税中只征牲畜税。修正后的税种有：商品流通税、货物税、工商业税、印花税、盐税、关税、牲畜交易税、屠宰税、城市房地产税、文化娱乐税、车船使用牌照税、利息所得税12种。县内只开征商品流通税、货物税、工商业税、印花税、利息所得税、牲畜交易税、屠宰税、文化娱乐税8种。1956年，征收工商业税93.06万元，印花税2.15万元，利息所得税0.11万元，屠宰税4.7万元，牲畜交易税2.08万元，文化娱乐税0.09万元。

1958年，私营工商业改造完成后，以社会主义公有经济为主导，实行高度集中的计划经济，废除复税制，向单一税种转变。9月，国务院颁布《中华人民共和国工商统一税条例（草案）》，将商品流通税、货物税、印花税、工商业税中的营业税，合并为工商统一税；工商业税中的所得税成为一个独立税种，称工商所得税。连续生产企业的中间产品一般不予征税。1959年，停征利息所得税。1962年，开征集市交易税。1966年，停征文化娱乐税。经合并调整，全国统一为9个税种，县内实际征收的有工商统一税、工商所得税、牲畜交易税、集市交易税、屠宰税、车辆使用牌照税6种。1973年，根据《中华人民共和国工商税条例（草案）》合并税种，简化税目，将原工商统一税、盐税、屠宰税、城市房地产税、车船使用牌照税合并为工商税。此后，对国营企业只征工商税，对集体企业征收工商税和工商所得税，形成单一税种。税目由108个减为44个，税率由141个减为82个，在82个税率中不同的仅16种，多数企业只按一个税率纳税。

1979年后，单一税制逐步向复税制过渡。1983—1984年利改税后，将国营企业原来上缴国家的利润改为缴纳所得税和调节税；将原来的工商税按照纳税对象，划分为产品税、增值税、营业税和盐税。之后，相继增加城市维护建设税、房产税、奖金税，车船使用牌照税改为车船使用税。原工商所得税改为集体企业所得税，增加城乡个体工商业户所得税和个人收入调节税。

1990年，开征产品税、增值税、营业税、所得税、调节税、奖金税、建筑税、印花税、屠宰税、牲畜交易税、车船使用税、城市维护建设税、房产税、契税共14种。

货物税　1950年，废除旧的货物税制，按流转额向产制人或购运人一次征收。采用分类比例税率，共分10类，1136个品目，税率最高120%，最低3%。已税货物行销全国不再重征。1953年，征收15.9万元，1956年征22.58万元，1957年征7万元。1958年，停征货物税改征工商统一税。

商品流通税　1953年，对卷烟、酒、麦粉、钢材、棉纱等22种商品原征收的货物税、营业税、印花税和营业税附加合并，按其流转额征收商品流通税。采用有差别的比例税率，从价计征，最高66%，最低5%。已税商品行销全国不再征税。县内主要有烟、酒、纸、原木、皮毛、药材6种，是年征收89.1万元，1956年征收67.6万元，1957年征收34.85万元。1958年，改征工商统一税。

工商统一税　1958年，由货物税、商品流通税、营业税、印花税合并而成，对工业品生产、农产品采购、商业零售、交通运输和服务性业务的单位或个人，按其流转额和提供的劳务收入比例计征。共108个税目，141个税率。1972年底，该税停征，是年征收196.54万元，是征收工商统一税最多的一年。

工商税　1972年，把工商统一税、城市地产税、车船使用牌照税、盐税、屠宰税合并为工商税（对国营企业只征工商税；对集体企业征收工商税和所得税；城市房地产税、车船使用牌照税和屠宰税只对个人征收）。按行业或产品划分为44个税目，按82种税率对工业产品销售收入和加工业务收入，交通邮电业务收入，农产品收购金额、外贸进口商品总值、商业零售收入、服务性业务收入等，按比例计征，最高66%，最低3%。1984年，此税分解为产品税、增值税、营业税和盐税4种。1983年，征收353.4万元。

产品税　1984年，从原工商税中划出，成为一个独立税种，对从事工业品生产、农产品采购、外贸进出口的单位和个人，以其产品销售收入或购进商品支付金额，按比例税率征收，有270个税目，335种税率，其中最高66%（甲、乙级卷烟），最低3%（农药、食用生猪）。1984—1990年，征收1411.44万元。

增值税　1983年，根据财政部《增值税暂行办法》对机器、机械及其零配件、汽车、轴承、农业机具及其零配件等产品开征增值税。依产品增值额（销售额扣除成本）比例计征，机器、机械及零配件、汽车、轴承为14%，农业机具及零配件为6%。征收增值税的产品不再征收产品税。1983—1990年，征收583.32万元。

营业税 1984年，从工商税中划出，独立征收，以营业收入额为征税依据，对商品按进销差价收入额计征。该税分商品零售、商品批发、交通运输、建筑安装、金融保险、邮政电讯、出版事业、公用事业、娱乐业、服务业及临时经营税目，25个税率，最高15%，最低3%。县内最高税率10%。1984—1990年，征收2691.1万元。

国营企业所得税 1983年第一步利改税后，国营企业由原来上缴利润改为缴纳所得税，大中型企业按比例税率征收，税率为55%。小型企业及国营饮食、服务、饭馆、宾馆、招待所等，以8级超额累进税率计征，最高全年所得款20万元以上者税率为55%，最低年所得1000元以下者，税率为10%。1983—1990年，征收524.58万元。

集体企业所得税 为工商业税中的一部分。1950年，按14级全额累进税率征收，税率5%～30%，起点为100万元（旧币）。是年12月，改为21级全额累进，税率5%～34%。1957年，供销社改按5级税率征收，税率30%～80%。1958年，所得税成为一个单独税种。1960年，社办企业和下放的手工业合作工厂、合作商店，由全额累进税率改为按25%的固定比例税率计征，按季缴纳。1961年，交通运输合作社、供销合作社亦改为按比例税率征收，税率分别为20%和39%。1963年，手工业合作社、交通运输合作社，实行8级超额累进税征收，起征点为全年所得额300元，税率7%～55%。合作商店按9级超额累进税计征。1967年，对社、队企业所得税按比例税率征收，起征点3000元。超过 3000元部分按20%计征。1982年后，一律改按8级超额累进税率征收。1985年，取消工商所得税，改为集体企业所得税，并改按新8级超累进税制征收，最低一级为全年所得1000元以下者，按10%征收，最高一级为全年所得20万元以上者，按55%征收。1985—1990年，征收784.8万元。

城乡个体工商业户所得税 1963年，对个体经济征收所得税。按14级全额累进税率征收，最低一级为全年所得120元以下者，税率7%；最高一级为全年所得1320元以上者，税率62%。1980年，改按8级超额累进税率征收。1986年，该税成为独立税种，采用10级超额累进税率与加征办法计征所得税，最低一级为全年所得1000元以下者，税率7%；最高一级为全年所得3万元以上者，税率62%，对5万～6万元部分，按规定缴纳所得税后，再加征10%，6万～7万元加征20%，7万～8万元加征30%，8万元以上加征40%。1986—1990年，征收49.8万元。

房产税 1986年始征。县城及建置镇已构成固定建筑的房产，除国家机关、人民团体、军队自用的房产，国家财政拨付事业经费单位自用房产、宗教寺庙、名胜古迹及个人所有非营业用房产外，其余均由产权所有人、经营管理人、承典人、代管人或使用人缴纳房产税。分别于每年3月和9月交纳，依照房产原值一次减除30%后的余值比例计征，税率为1.2%，房产出租的，以租金收入比例计征，税率为12%。1986—1990年，征收90.2万元。

车船使用税 1958年，开征车辆使用牌照税。除党政军机关、人民团体、财政部门拨付行政事业经费单位的公有车辆及生产队用于农业的人、畜力车免征外，其他一切机动和非机动车辆，无论公有或个人，均交纳车辆使用牌照税。按车种固定税额征收，最高为37人座客车，年税款75元，最低为人力车，年征2元（自行车年征2.4元）。1973年，企业车辆使用牌照税并入工商税，征收范围缩小。1978年，停止私人自行车使用牌照税，1986年重设，并改称车船使用税。除原免征范围继续执行外，对个人自行车及非营业用的非机动车辆亦免征。51人以上座位的客车每辆年征180元，货车载重每吨位年征

42 元。1987—1990 年，征收 31.8 万元。

屠宰税　原按实际重量扣除自食部分（每人 1.5 千克，春节 3 千克）从价计征，税率 10%。后改为按头定额征收。1985 年，猪由每头 2 元增至 4 元，羊由 5 角调为 8 角，牛及其他大牲畜由每头 3 元增至 6 元。

牲畜交易税　民国 35 年（1946），县民主政府根据冀中区《牲畜税暂行办法》，对骡、马、驴、牛、猪、羊等交易开征交易税，按成交额 3% 计征，由买方交纳。翌年，税率提至 5%。1953 年，停止猪羊交易税。1981 年，根据河北省政府规定降为 3%，1983 年又增至 5%。1983—1990 年，征收 9.85 万元。

印花税　民国 37 年（1948），废除旧印花税制，按照《华北区印花税暂行条例》，只对因商事、产权行为所书立或使用的凭证征收。税目由民国的 74 目减为 18 目。采用比例税率和按件定额办法计征，比例税率 3‰和 5‰；定额税额分 100 元、200 元、500 元（旧人民币，下同）。1950 年，执行全国统一税法，税目增至 25 目，将 5‰的比例税率改为 1‰和 3‰两种，定额税额改为 200 元、500 元、2000 元和 5000 元。1953 年，部分税目并入商品流通税、货物税、工商业税及屠宰税中征收，税目减为 16 个。1958 年，并入工商统一税，该税停征。1988 年，恢复该税种，独立征收，至 1990 年征收 30.6 万元。

建筑税　1983 年，对国营企业、事业单位、机关团体、地方政府及所属城镇集体企业的自筹基本建设投资和更新改进措施项目中的建筑工程投资开征建筑税，税率为投资额的 10%。1983—1990 年，征收 248.13 万元。

城市维护建设税　1985 年开征。凡交纳产品税、增值税、营业税的单位和个人为征税对象。税率依三税总额，在县城者为 5%，乡村为 1%。

奖金税　1986 年开征。国营、集体企业、事业单位发放各种奖金超过标准者，其超过部分按超额累进税率计征奖金税。企业全年发放奖金总额不超 4 个月标准工资者免纳奖金税；4 ～ 5 个月部分税率为 20%，5 ～ 6 个月部分为 50% ；6 ～ 7 个月部分为 100% ；7 个月以上 200%。1986—1990 年，征收 3.1 万元。

个人收入调节税　1987 年开征。对工资、薪金、承包、转租、财产租赁和劳务报酬等月收入 400 元以上部分，以超倍累进税率按月计征，最高 60%，最低 20%。对投稿、翻译、专利权转让及实施和非专利技术的提供、转租等取得的收入，每次不超过 4000 元的扣除 800 元费用，4000 元以上的扣除 20%，其余额及利息、股息、红利等收入按 20% 的比例税率计征。1987—1990 年，征收 47.8 万元。

国营企业调节税　1984 年 9 月，国务院颁布《国营企业调节税征收办法》，规定对国营大中型企业凡税后利润超过合理留利水平者，应征调节税。其税率以 1983 年留利为基数，用公式表示为：

$$\frac{\text{基期利润} \times (1-55\%) - 1983\text{年合理留利}}{\text{基期利润}} \times 100\%$$

一个企业一种税率。至 1990 年底，县内尚无应纳此税之企业。

国家能源交通重点建设基金　根据国务院《国家能源交通重点建设基金征集办法》，于 1984 年向国营企业、事业单位、机关团体、部队和地方政府各项预算外资金，以及这些单位所管的城镇集体企业缴纳所得税后利润，开征国家能源交通重点建设基金。按当年收入 10% 的税率计征。至 1990 年，征收 40.48 万元。

契税　1950 年，政务院颁布《契税暂行条例》，对土地房屋买卖、典当、赠送或交换征收契税。买契税按买价征 6%，典契征 3%，赠送按现值价格征 6%，由承买（承典）人于契约成立 3 个月内交纳房屋交易所。1955年后，仅限于房屋买卖。1950—1990年，征收1200万元。

耕地占用税 1987年4月，对占用耕地建房或从事其他非农业生产建设的单位和个人，始征耕地占用税。按每平方米5元一次征收，农户建房所占耕地减半征收。对征收耕地占用税后的耕地，相应核减农业税。耕地占用税由土地管理部门代征，纳税人必须在批准占用耕地之日起30日内缴纳，否则加征5%的滞纳金或取消耕地占用权。至1990年，征收38.9万元。

三、杂税杂捐

清初杂税杂捐繁多，后有所削减。鸦片战争（1840）后，各项费用骤增，既要分摊赔偿，又要照例上解税银。时域内杂税杂捐主要有过境税、落地税、村捐、车船捐、房铺捐、屠户捐等。光绪二十七年（1901），在杂税杂捐中，仅向教会赔款一项全县征收达11.2万余缗。

民国时期，正税悉数上解，可自行征收自治税，于是以自治为由，随时增税派捐。有随各项正税带征的各种附加，也有按行业或户为单位的摊派。域内先后开征数十种，其数额超过各项正税总和。主要有：省府指令的药材出境税（按价值额2%征收）、救国捐、劳军捐、讨赤捐、军事善后捐、伤兵抚恤捐等。县地方征收的花生木植捐，按其价值3%为税率；牲畜花附捐，亦按3%征收；村捐为临时摊派；年包收的麸草捐2500元；义务布捐2万元；屠宰肉捐6万元；鱼捐2000元；苇席捐500元；妓捐1905元；窑捐683元；戏捐790元；以及车捐、房捐、铺捐、药行捐、皮货捐、杂货行捐、铁货捐、棚行捐、亩捐、户口捐、门牌捐、筵席捐、呈状纸捐、口粉捐、鸟落叶捐等等，不一而足。除此之外，还有随各项正税附加的各项事业经费、杂费。民国25年（1936），仅明令裁撤的地方附加各费即达38项。乡、保各级更是巧立名目，任意征收。

解放后，废除民国时期的各项苛捐杂税，实行合理负担。中华人民共和国成立后，兴办各项事业均由国家或集体统筹资金。1980年后，一些乡村采取不同形式的集资兴办公益事业，造成农民负担过重，县政府多次派出调查组调查负担问题，要求各乡村公开账目，量力办事，减少开支，减轻农民负担。

第二节　税收减免

一、农业税减免

明清时期，遇特大自然灾害致农业无收则减免田赋。民国时少有减免，却频频超征。民国21年（1932），田赋正税额55481.39元，实征则达77771.51元。

中华人民共和国成立后，为鼓励发展生产，照顾困难，平衡负担，规定了农业税减免政策，主要分灾歉减免、社会减免、鼓励性减免。

灾歉减免 对因遭受水、旱、风、雹、虫及其他自然灾害而歉收者，按歉收程度予以减免。1953年，减免25万千克公粮。1955年规定：歉收6成以上的全部免征；歉收5成以上不足6成的，提高2成减征（即按歉收7.5成计算）；4成以上不到5成的提高1成减征；2成以上不到4成的按实际受灾成数减征。1963年，遭受特大水灾，减免农业税120万元，占应征税额的94%。

社会减免 对烈士家属、革命军人家属、荣誉军人、老弱孤寡、残疾、常年患病者和连年受灾、意外灾害者、新立农户及其他特殊情况所致生产生活有困难的，给予适当照顾。1953 年，社会减免 15 万千克公粮，1955 年达 24.5 万千克公粮。此后每年都有不同数额的社会减免。

鼓励性减免 对依法开垦荒地，从有收入之年起，免税 1～3 年；因勤耕作，兴修水利或以其他方法改良土地，实施新技术及其他方法而增加产量的，其增产部分 5 年内不征税。1972 年，对社员自留地和开荒地、苗圃占地、良种繁殖、从事农业科研占地、未满奖励年限的开荒地和改良地实行免征农业税。

1970—1990 年部分年份安国县农业税减免数额表

表 9-3 单位：万元

年份	减免数额	年份	减免数额	年份	减免数额	年份	减免数额
1970	4.68	1975	0.94	1982	27.885	1987	10
1971	1	1977	7	1983	7	1988	10
1972	5	1979	26.07	1984	5	1989	10
1973	1	1980	36.3	1985	10	1990	6
1974	1.1	1981	27.885	1986	12		

二、工商税减免

乡镇企业减免 1985 年，国家财政部《关于对农村乡镇企业和农民个人免征产品税、增值税和营业税的通知》规定，新开办企业，从投产之日起免征产品税、增值税 1 年，所得税 2 年；生产小农具、车马挽具、砖瓦、井管及农村四坊免征产品税和营业税；打井收入、农机修理、修配收入、农副产品加工收入免征营业税；乡镇企业征收所得税，起征点由 2400 元提高到 3000 元，起征点以下者免征。1985—1990 年，全县减免 89 万元。

国营企业减免 1985 年，根据财政部《关于产品税几个征税问题的通知》等文件规定：对开发的新产品，经地区以上科委确认免征产品税、增值税 3 年；对投资大、利润低、社会效益好的技改项目，纳税有困难的减免产品税、增值税；生产麦粉、食用植物油、皮棉、絮棉等免征增值税；平价销售粮油，批发调拨肉、禽、蛋、水产品、蔬菜及饲料经营免征营业税；农技系统销售化肥、农药、农膜，农机公司销售农机产品及配件，农机管理站销售柴油免纳营业税。1985—1990 年，全县减免 13 万元。

县级集体企业减免 1984 年，根据国家税务总局规定：对新办城镇集体工业企业，免征所得税 1 年；安置待业知识青年而新办的城镇集体企业免征营业税 2 年，并减征或免征所得税；城镇集体工业企业用银行贷款进行扩建、改建和技术改造项目，新增利润税前还贷，企业用自用资金进行的技术改造项目，免征所得税 2 年；集体举办的社会福利单位免征所得税，残疾人占 50% 以上免征产品税、增值税；校办企业生产为教学、教研服务的产品或劳务免纳产品税、增值税、营业税；供销社系统销售化肥、农药、农膜、中小农具、柴油和调拨棉麻收入免纳营业税。1984—1990 年，全县减免 143 万元。

第三节 税务管理

一、管理机构

明清时期，税务由户房管理。民国初，县自治事务所管理税务，民国 9 年（1920），撤自治事务所，成立县财政所，民国 17 年（1928）改设财务局，税收由其管理。同时，河北省于县内相继设置烟酒牌照税稽征所（原名烟酒公卖局，伍仁桥有设）、特种货物产销税局，营业税稽征专员署等。负责烟酒营业等国税征收。民国 22 年（1933），财务局改为财政局，民国 25 年（1936）裁局设科，税务由第二科管理。

民国 35 年（1946），县民主政府始建税务局。1949 年，局内设办公室、税政股、会计股、监察股和专管组（负责县城工商业税的稽征管理）。下辖城关、伍仁桥、大五女、石佛、张家营税务所。1955 年，全局共有 53 人。1957 年，该局并入财政局，设税政股，仍辖 5 所。1958 年，博野县并入，税务所增至 9 个。1962 年，博野县析出，同时财、税分设复建税务局，内设秘书室、税政股、会计股和专管组，仍辖 5 所。1970 年，财政、税务、银行合并为财税银科，取消税务所，建公社财金组。1975 年，财、税、银分设，税务局内设办公室、税政股、会计股、稽征股，并重建 5 所（其中张家营所改为淤村税务所）。1985 年，增设桥南、西伏落、郑章、明官店、药市税务所。1987 年，局内增设政工股和稽查队，为打击偷漏税等不法行为，检察院和税务局联合成立税检室，1989 年稽征股改为县直税务所。1990 年，全县税务系统有干部职工 144 人，其中县局 38 人，内设办公室、税政股、会计股、政工股、征管股、稽查队、检察室。

二、征收管理

明代以前，工商税极微，税征以田赋为主，并收实物。依据地亩，派定数额，官收民解，县署验讫，由各户自送粮道。“一条鞭法”后，改实物税为货币税，并实行官收官解，各户应征之税由册书征收，收齐之后向上解交。清顺治十六年（1659）设征收柜，各户直接到柜缴纳，以免册书克扣。雍正三年（1725），使用四联票据。

民国初，除国税、省税有专门机构管理外，地方各捐税多由各机关自行征收。民国 5 年（1916），始由财务部门统一筹划征收。除田赋等少数税种外，多采用招标包税之法，或一种税包予一人，或一区域之税包与一人，包税者需两三户殷富之家作保，首先缴纳所包税额的一半，另一半分期缴纳；包税人在规定的征收范围及税率内征收，提取包额的 5% 为征收劳务费，亏征自负，超征限额内归已，限额外比例分成。

民国 35 年（1946），县民主政府贯彻冀中《工商业征税简易办法》，实行合理负担，各工商户所纳负担额通过民主评议确定。1950 年，根据政务院《工商业税暂行条例》，对全县工商业进行全面普查登记。登记后的工商业照章纳税。征收上实行行业专管制度，配备专营员负责税收征管。同时，对账目及会计制度健全的采取查账征收；不健全通过自报公议、民主评定征收；较小而无建账能力的实行定期包额征收。1958 年，已无私营（个体）工商业，国营、集体企业一律实行“三自”纳税，即在税收专管员审核监督下，自行计算税额、自行填写交款书和自行向银行缴纳税款，对税利大户一般派专人进驻征收，至今尚普遍实行；对不固定经营的市场税收，采取委托市场管理委员会代征与派人到市场随时查收相结合，代征者之税款定期限额解缴，并从中提取5%为代征手续费。

1982年后，凡从事工业生产、商业经营、交通运输、建筑安装、金融信托、服务性业务及其他有经营收入的单位和个人，分别于开业前或停业前30天内，向税务机关申报，办理税务登记；变更名称，改变生产经营范围、迁移、转业、合并、分设、联营等，于15天之内报告税务机关，重新登记。登记的单位或个人按期送纳税报表，开据完税凭证，并实行统一发货票制度。凡单位和个人使用的发票，均由税务部门统一监制（较大企业经税务部门批准可自行配制），使用者到税务部门购买，经济往来持统一发货票方为有效。

1984年，私营企业和个体工商户迅猛发展，根据行业规模等情况，采取不同的征税方式，对账目较全、可信的，按账核实征收；对一些不便账目管理的，根椐不同时期的经营情况，定额征收，一季（或年）一调整；对一些有账，但可信度较低的，根据实际情况，实行账与定额相结合征收；对运输行业的税收由运管部门代征；个体商贩和部分商业企业由批发部门代扣代缴零售环节工商税。

大量的现金交易，给税收管理造成一定困难。一些个体工商户采取逃避登记、造假账、少报经营额、行贿等手段偷税漏税。个别税收人员也乘机索贿、受贿、损公肥私。近几年，通过税法宣传教育，完善制度，加强管理和监督检查以及奖励举报等措施，问题逐步减少。

三、税收检查

中华人民共和国成立后，县内每年组织由财政、税务、银行、企业主管部门等单位参加的税收大检查。检查对象为纳税国营、集体、个体私营企业和个体工商户。

1983—1990年税收检查情况统计表

年度	检查单位个数（个）	查出偷漏税金额（万元）	补缴额（万元）	处罚额（万元）	年度	检查单位个数（个）	查出偷漏税金额（万元）	补缴额（万元）	处罚额（万元）
1983	78	24.5	24.5	—	1987	168	40.1	40.1	3
1984	89	25.1	25.1	—	1988	267	98	98	4
1985	101	30.2	30.2	2	1989	191	43.2	43.2	6
1986	167	41.3	41.3	3	1990	212	63	63	7

第三章 金 融

第一节 金融机构

一、当 铺

域内典当业始自何时无考。清乾隆《祁州志》有“当铺4座，每座税银50两”的记载。清末民初，伍仁桥先后开设两座当铺（称南当铺、北当铺），均为富户独资或合伙经营。一般内设掌柜、账房、管包、写票、卷包等。其业务以收取衣物、首饰、用具等动产实物质押放款为主，利率为月息2分上下。当期一般为6～18个月不等，到期凭当票赎回，过期不赎，当物归当铺所有，自行处理。质押放款额一般在抵压品价值的五成以下。七七事变后，典当业消失。

二、钱庄 银号

钱庄、银号是域内早期金融机构。因药业悠久繁荣，钱庄、银号远比他地兴盛。最早见于记载者为清乾隆年间（1736—1795）山西人开设的兴盛银号。光绪三十三年（1907）钱业经营者19家，资本20万元，店员120人，年营业额60万元，获利5.5万元。至民国初，随京汉、津浦铁路的开通，药市极盛，经营银钱者猛增，最多时达100余家。其后，由于连年军阀混战，加之牙纪局强征暴敛，部分经营者迁移外地，银钱业渐落。至民国20年（1931），尚有钱庄、银号52家，其中药市40家。不少钱庄、银号在天津、北平（今北京）、沈阳、张家口、郑州、汉口等城市设有联号或代办处，与香港亦有融通关系，办理各地客商汇兑极为便利。资本最多者达30万～40万元，最少者亦有4万～5万元。是时，全县银钱业总资本达300万～400万元，庙期全部流通于药市，他时则分散于附近县、镇及乡村或输向别地。银号大部为集股成立，由股东大会选举常务董事1～3人处理号内主要事务。经理总管号内一切业务（域内银号多由山西人经营），下设司账、跑外、伙计、学徒等。较小银号，经理之下只设司账及学徒三四人。银号一般3年为一账期，照章分配红利，两账期后方可增、退股份，集股银号均以30年为期，期满后股东大会议决存废，另行组织。七七事变后，多数银号歇业或迁移，仅剩卜家复盛公银号。

解放后，为恢复经济，县民主政府根据《晋察冀边区银钱业组织与管理暂行办法》扶持公兴、同裕等私营银号开业。民国36年（1947）4月，冀中九分区兴华公司在域内设立裕生银号，资本1亿元（边币，下同），以公营为主，另吸收私人股份，5万元1股，为记名式股票，3个月为一账期，纯利的70%用于股东分红。由股东大会选举3～5人组成董事会负责管理，实行经理聘任制，内设会计、出纳、营业、事务等职员10人。之后，汇丰（外汇为主）、农民及设于伍仁桥的协成（1947年6月设置，资金4000万元。安国汇丰、裕生，河间同益，大尹村聚恒银号分别入股1000万元，职员14人）等公营银号相继建立。是时，共有银号7家，其中公营4家，私营3家。翌年初，公营银号并入晋察冀银行九分区安国办事处。1949年，根据上级指示，清理私营银号使之并入银行，或转他业。自此，银号消失。

三、银　行

民国22年（1933）8月，民国河北省银行安国支行建立，办理存、放款业务，民国26年（1937）撤走。

民国34年（1945），恢复晋察冀边区银行冀中分行建置，12月设立安国支行和安国营业所。安国支行辖安国、深泽、蠡县、高阳、定县、清苑、无极、正定等县营业所。翌年，冀中分行调整机构，安国支行改为第九分区安国办事处，辖区扩大到肃宁、饶阳、安平、安国、定县、博野、蠡县、高阳、清苑、安新县。原安国县营业所改为市办事处，与九分区办事处合署办公。同时银行业务由发行、兑换边币为主转向扶持生产的存、放款为主。翌年建伍仁桥营业所。民国37年（1948），九分区安国办事处改为晋察冀边区银行第九支行，后改华北银行第九支行。中国人民银行成立后，第九支行随之更名为中国人民银行第九支行。

民国38年（1949）9月，第九支行迁至定县，原安国市办事处和伍仁桥营业所合并，成立中国人民银行安国县支行。之后，随经济建设发展，银行机构不断增加，到1990年底有中国人民银行、中国农业银行、中国工商银行、中国建设银行，辖分支机构65个。

中国人民银行安国县支行　民国38年（1949）9月由安国市办事处与伍仁桥营业所合并而成，设秘书、业务、会计、出纳、农金等6股。1951年，建城关、伍仁桥、庞各庄营业所。1956年，相继设立淤村、郑章营业所及城内储蓄所。1964年，基层营业所划归农业银行，1966年后复辖5个基层营业所。1971年9月，撤销银行，与财政局、税务局、信用社合并成立财税银科，翌年下半年恢复县支行建置。1979年，5个基层营业所复归农行。1983年底，基层机构有城内储蓄所、南关储蓄所、药王庙储蓄所和中国人民银行安国县支行营业所。翌年，中国工商银行安国县支行成立，与人民银行合署办公。1986年7月，工商银行分设，人民银行的基层机构划归工商银行。自此，人民银行成为领导和管理全县金融市场的专门机构，不再直接办理存贷业务。1990年底，行内设人秘、会计、计划、稽核、发行股，干部职工35人。

中国农业银行安国县支行　1954年，县人民银行农金股与人民银行分离成立县农业银行，1957年底复入人民银行，1964年再次与人行分设，翌年底又并入，1979年再度分设，正式成立中国农业银行安国县支行，辖城关、伍仁桥、庞各庄、郑章、淤村5个基层营业所。业务主要为管理支农资金，办理农村信贷，城乡结算及现金管理等。1987年，增设张家营、大五女、石佛、明官店4个营业所。1990年底，辖9个营业所，15个储蓄所；支行设人秘、监察、审计稽核、存款、农业信贷、工商信贷、会计、计划、信用合作股；全系统有干部职工202人，年存款余额8789万元，贷款余额17237万元。

中国工商银行安国县支行　始建于1984年1月1日，初与人行合署办公，1986年7月1日独立营业，统一管理国营企业流动资金，发放工商业贷款，办理结算。1990年，工商银行辖19个储蓄机构。其中，储蓄所3个、联办所4个、代办所10个、储蓄专柜2个。支行设人秘、计划、信贷、会计、出纳、储蓄、稽核、保卫股，干部职工75人。年发放工商业贷款4286万元，储蓄余额10450万元，拥有信贷基金160.1万元，存款余额988万元。

中国人民建设银行安国县支行　原由财政局办理基本建设预算拨款业务。1979年4月，成立中国人民建设银行安国支行，办理基建拨款、贷款和结算等。1990年，有干部职工30人，年底贷款余额658万元，存款余额988万元。

四、信用合作社

民国11年（1922），中国华洋义赈救灾总会首议倡办信用合作社，试图抵制高利盘剥，互助应急，救民于水火。翌年8月，特设合作委员会，专事指导督办合作事宜。至民国19年（1930）9月，建立西张家庄、流昌、宋固、东长仕、西固、东固6个雷发巽氏无限责任农村信用合作社。资本主要为社员股金，业务以贷款赈灾为主，兼营供给运销。其后，继有发展，至民国24年（1935），有合作社26个，详情见下表：

1932—1935年安国县信用合作社一览表

表9-5

年度	1932	1933	1934	1935
个数（个）	10	10	12	26
入股社员（人）	373	373	407	646
股本（银圆）	923	923	1035	1725

入股社员均系贫穷之家，资金寥寥，加之天灾人祸频仍，杯水车薪，作用甚微。七七事变后全部解散。

中华人民共和国成立后，为集中财力，方便群众搞经济建设，县政府号召组建农村信用合作社。1951年，第一个社会主义性质的信用合作社在西安国城村成立，社员入股分为现款和实物两种，入股金额2025万元（旧人民币），实物折米1400千克。5名工作人员均由群众推荐、金融部门审批录用。盈利按股分红，亏损国家补贴。当年累计放款3835万元（旧人民币），实物折米1265千克，涉及120户。

1953年，北都村成立第二个信用合作社。翌年，贯彻中共中央转发的《关于发展农村信用合作组织问题的报告》，县内农村信用合作社逐步普及，当年建社55个，至1955年发展到74个，分布在17个乡镇，业务活动涉及186个自然村。1956年，根据“调整、巩固”精神，把原有74个信用社合并为29个，入股农户43934户，股金13.65万元，吸收存款579.7万元，较1955年吸收存款总额增加3.3倍；发放贷款74.48万元，较1955年发放总额增加2.98万元。翌年，全县信用社调整为35个，有专职干部77人，理事干部307人，监事干部144人，入股4.7万多户，社员10.5万人，股金14.66万元，全年共发放各种贷款52.62万元，存款余额236.95万元。

1958年，人民公社成立后，已有一定基础的合作性质的信用社被撤销，建立公社信用股。1963年，恢复农村信用合作社，同时各大队相继建立信用站。是年，有信用社23个，信用站36个，股金214万元，社员存款263万元。

“文化大革命”中，信用社的个人股份收归国有，取消分红，信用社由集体所有制合作组织改为公办机构。在资金运用和业务经营上没有自主权，社员贷款受到束缚和限制，资金短缺，运转不灵，民间借贷作用大大消弱。1966—1976年，全县信用社仅吸收存款2355万元，发放贷款585万元。

1984年底，改革信用社管理体制，恢复其合作性、群众性和民主性；核实旧有股金，落实股权，换发新股金证，兑现股息；实行入股自愿，退股自由，3元1股，多入不限。在领导体制上，由社员代表（每50户选一名代表）大会选举理、监事会为常设执行和监察机构，与农业银行脱钩，建立县信用合作联合社，工作人员经社员代表大会通过，县联社批准，劳动部门备案后录用。信用社定期向社员代表大会汇报工作，公布账目，接受群众监督。1990 年底，有 22 个信用社，220 个信用站，入股社员 45368 户，占农业户数的 60%，拥有股金 398 万元，存款余额 23838 万元，贷款余额 15085 万元，全系统共有工作人员 423 人。

第二节　货　币

一、货币演变

经考古发现，域内流通的货币，春秋战国时期主要为铜铸铲形布币、刀形刀币、环形圆钱等。秦时为圆形方孔、枚重半两的铜铸“秦半两”。汉后为圆形方孔、钱重五铢（24 铢为 1 两）的“五铢钱”。唐后为外圆方孔，10 枚重 1 两，基本单位为“文”(1000 文为 1 贯或吊、缗）的“通宝”铜钱，以后至清皆沿用“通宝”。明清两代“通宝”按本朝定制官炉铸造，故又称“制钱”。光绪二十六年（1900）后改为圆形无孔，正面有“光绪元宝”字样，背面为蟠龙纹，面额有当制钱 20 文、10 文、2 文、1 文的圆形无孔铜元。宣统年间（1909—1911），正面改铸“大清铜币”，北洋时期，各省滥铸，铜元贬值。域内制钱于民国 9 年（1920），铜元、银圆于民国 24 年（1935）停止流通。

金银作为一种秤量货币始自汉代，其后历代域内间有流通，至明清广为盛行。多由银炉（亦称炉房，清有官营和私设之别）熔铸成锭，经公估局鉴定。域内流通的主要有元宝（重 50 两，作马蹄形）、中锭（重 10 两，有秤锤或马蹄形两种）、锞子（或称颗子、小锭、小锞，重一二两至三五两不等，状如馒头）、福珠（又称滴珠，即散碎银两，如珠粒，重量不等，多在 1 两以下）4 种。清宣统二年（1910），颁行《币制则例》，规定银圆为本位币，银两流通渐少，至民国 22 年（1933）废两改元后，银两流通渐停。

明万历年间（1573—1620），银圆（又称“大洋”“洋钱”等）流入中国，光绪十四年至十五年（1888—1889）间，于广东首设银圆局，开铸“龙洋”，域内随之亦有流通。宣统二年（1910），实行银本位制，银两、银圆、制钱、铜元并行。

清末民初，币制紊乱，各省不一。安国为全国药材集散地，各地之货币，皆能于域内市场见到或流通。仅银币就有许多种，单药市流通的就有白银、毛银、元银、银圆等，且各有其兑换比例（如毛银 1 两等于白银 0.7812 两，元银 1 两等于白银 0.93 两）。因药材来源去向不同，各种药材使用的货币不一。

民国时期，域内流通较多的银圆有龙洋、大清银币、鹰洋、站人头、孙中山纪念币、袁大头（袁世凯）币、船洋等。此外，还有制钱、铜元（民国 9—18 年，一枚银圆兑换铜元数为最高 286 枚，最低 273 枚）及银号发行的纸币和钱帖子流通。

1912—1920 年安国钱业发行纸币数额表

表 9-6　　单位：元

年份	1912	1913	1914	1915	1916	1917	1918	1919	1920
数额	29200	12800	10900	3834	8000	8400	4500	3500	1000

民国24年（1935），民国政府废除银本位制，禁止金属币流通，实行纸币制度，以中央银行、中国银行、交通银行、农民银行发行的纸币为法定通用货币，时称“法币”。同时，域内还流通河北省银行发行的1元、5元、10元大洋券，1角、2角辅币券及10枚、20枚、40枚、60枚、百枚铜元票等。民国27年（1938）日军侵占安国后，以流通由“华北伪满临时政府中国联合准备银行”发行的兑换券（俗称“准备票”）为主，其发行量随意增长，造成恶性通货膨胀。在农村抗日游击区，间有边币、冀南币等流通。

安国解放后，废除准备票，主要流通晋察冀边区银行发行的1元、2元、5元、10元、50元、百元、千元、伍千元的纸币（简称边币）。另有冀南币、北海币，晋冀鲁豫票等各解放区的纸币流通。

民国37年（1948）12月1日，华北人民银行、西北农民银行、北海银行合并成立中国人民银行，开始发行第一套人民币（现称旧人民币），以元为单位，有50元、20元、10元3种券别。安国是首批人民币流通使用区（流通范围在华北、山东、西北三大解放区），原各解放区发行的地方性货币陆续收回，禁止金银及其他货币流通，人民币成为唯一的合法流通货币。民国38年（1949）1月发行100元、5元、1元券3种。到1953年12月，人民币发行券分别有1元、5元、10元、20元、50元、100元、200元、500元、1000元、5000元、10000元、50000元共12 种。

1955年2月21日，国务院发布《关于发行新的人民币收回旧人民币的命令》，是年3月1日发行第二套人民币，面额为10元、5元、3元、2元、1元5种，辅币为5角、2角、1角、5分、2分、1分6种。新币1元折合旧人民币1万元。自新币发行之日起，凡机关、团体、企事业单位和个人一切货币交换的计价、契约、合同单据、凭证、账簿的记载均以新人民币为计算单位，所有债权债务（包括国家公债在内）一律按规定比例折合新币计算和结算，旧币于3月底停止流通，4月底停止兑换。县内从2月份开始宣传，到3月底兑换旧币2003599万元。4月底兑换2357175万元。1957年12月1日，又发行面额为5分、2分、1 分3种铝质硬币。1964年4月14日始，10元、5元、3元3种苏版人民币票券只收不付，其后停止流通。1962年4月20日至1980年4月5日，19年间发行1角至10元30种版别的第三套人民币。1987年4月27日，发行100元、50元及新版10元、5元、2元、1元、5角、2角、1角9种面额的第四套人民币。

二、货币流通

解放前，钱业多控制在私人手中，除官方发行货币外，私人亦可发行，多种币制并行，随意投放，流通混乱，通货膨胀严重。民国34年（1945）6月，华北伪满临时政府联合准备银行仅发行投放500元面额伪钞（纸币）一次即达60吨，该钞大量流入域内，物价上涨10倍以上。

中华人民共和国成立后，人民币成为唯一流通货币，货币流通实行有计划投放和回笼。投放渠道主要包括：工资奖金支出、农副产品收购支出、农村财政信用支出、行政管理费及其他支出。回笼主要包括：商品销售收入、服务事业收入、财政收入、信用收入及其他。

1957—1990年，全县货币总收入313042万元，总支出254875万元，共投放货币60409万元，回笼货币2242万元，净投放58167万元。其中，1957—1973年因“大跃进”“文化大革命”及自然灾害影响，经济发展缓慢，物资供应紧张，商品短缺，以货币回笼为主。通过冻结存款和工资，减少农副产品收购，高价出售商品等办法回笼货币，1962年回笼535万元，是回笼最多的一年。1974—1990年，特别是改革开放以后，商品经济不断发展，物资丰富，域内药材市场日益活跃，农副产品收购量及工资增加，转为货币投放为主。17 年中，全县纯投放 59919 万元，年均投放 3524.85 万元。1988 年，全县纯投放 17803 万元，创投放最高纪录。1990 年末，市场货币总量 5916 万元。

1957—1990 年部分年份安国县货币流通统计表

表 9-7　　　　单位：万元

项目 数额 年份	收入	支出	收支相抵		年末市场货币总量	人均持币量（元）	
			投放	回笼		农村	城镇
1957	1586	1743	157	—	—	—	—
1958	1653	1588	—	65	—	—	—
1959	2814	2817	3	—	—	—	—
1960	2606	2869	263	—	—	—	—
1961	2366	2204	—	162	—	—	—
1962	1701	1166	—	535	—	—	—
1963	1499	1063	—	436	—	—	—
1964	1523	1146	—	377	—	—	—
1965	1394	1277	—	117	—	—	—
1966	1520	1440	—	80	—	—	—
1967	1517	1493	—	24	—	—	—
1968	1107	1112	5		—	—	—
1969	1888	1774	—	114	—	—	—
1970	1642	1614	—	28	—	—	—
1971	1821	1883	62	—	—	—	—
1972	2575	2410	—	165	—	—	—
1973	2581	2442	—	139	—	—	—
1974	2164	2257	93	—	—	—	—
1975	2243	2397	154	—	—	—	—
1976	2040	2511	471	—	—	—	—
1978	2069	2417	348	—	—	—	—
1979	2676	2862	186	—	—	—	—
1980	3858	4161	303	—	557	13.03	17.69
1981	6035	6141	106	—	722	21.31	11.74
1982	7406	8126	720	—	1006	29.36	16.25
1983	7530	10246	2716	—	1796	52.37	24.14
1984	8672	13221	4549	—	2013	56.91	42.79
1985	8056	12324	4268	—	2425	61.24	49.41
1986	12812	16605	3793	—	2836	76.64	53.11
1987	26083	33849	7766	—	3807	99.32	59.28
1988	45181	62984	17803	—	6414	159.63	83.3
1989	41783	46856	5073	4717	110	74.30	—
1990	42449	53492	11043	—	5916	139	83.2

三、货币管理

民国及以前，仅对铸币的成色、重量等进行鉴定，规定各币种间折合率。

中华人民共和国成立后，为稳定币值，调节流通，节约现金使用，加强了对货币的管理。1950年，政务院颁布《货币管理实施办法》，现金管理逐步趋于完善。凡国家机关、企业、事业单位、人民团体、合作社等，均须在银行开立账户，按规定向银行报送现金收支计划，由银行核定库存现金数额，各单位现金收入除按规定限额留存备用外，其余当日存入银行，并注明来源。除工资、福利、各种社会保障和社会救济支付、个人劳务报酬、向个人收购农副产品及其他物资、差旅费、结算起点以下的零星支出等写明用途支取现金外，单位之间的经济往来通过银行转账（30元以下准用现金），外埠采购由银行划拨，必须带现金应申请批准，建立现金账目，日清月结，不准开空头支票、互相拖欠、借用和用白条顶替库存现金。1984年后，根据改革开放精神和商品经济日益发达的新形势，现金管理逐步放宽。

县人民银行是域内金银收兑专门机构，其他单位或个人不准经营。其收兑牌价为：黄金每克38元；银圆每枚20元。1984年后，出现私自倒卖金银的非法活动。

第三节 储　蓄

民国时期，域内储蓄（时称存银子）多为商户存款周转，个人储蓄较少，蓄种单一，无定期活期之分。利息计算方法分两种：一种是按百分率计算，一般在八厘以下；另一种是通过银圆与白银折合计算，银号根据银根情况确定折合率。

1930年银圆与白银折合计算表

表9-8

月份	正月	二月	三月	四月	五月初	五月廿日（结算期）	六月	七月	八月	九月	十月	十一月	十二月初	十二月廿日（结算期）
每元折合白银（钱）	7.15	7.1	7	6.88	6.82	6.8（定盘银）	7.5	7.4	7.4	7.3	7.1	7	6.9	6.28（定盘银）

从上表看出如三月存于银号100元（银圆），依当时7钱的折合率账上计为存入白银70两，五月二十日（结算时）支取，按当时6.8钱折合1元计算，应支102.94元，2.94元即为存款利息。如此时未支，过后支取仍按结算时的6.8钱计算，与以后的折合率无涉。民国22年（1933）“废两改元”后，此法废除，存款利息皆按存款百分率计算。

中华人民共和国成立后，随着国民经济不断发展和蓄种增多，储户和储数逐年上升。1950年，针对货币价值不稳定状况，县内采取“保本保值折实”办法，举办整存整取定期、零存整取定期、存本付息定期和活期等形式的折实储蓄，折实标准以小米计。1953年后，随着农村信用合作的巩固和发展，储蓄不断增加，1955年达67万元。同时在征购期间举办优待储蓄，存期1个月以上不满4个月者月息1分2厘，4～6个月者月息1分5厘，统购结束即停办。1957年，在机关、企事业单位设立储蓄代办所或协储小组，是年建立储蓄代办所13个，协储组3个，聘请代办员、协储员350余人。1960—1962年经济困难时期，储蓄下降。1964年，曾实行有奖储蓄。“文化大革命”开始后对有奖储蓄视为资本主义被取消，仅剩定期和活期两种。

1978年后，通过有计划地增设网点，增加储种，提高利率，实行各种形式的有奖储蓄，以及对各种储蓄实行保值（根据物价上涨幅度，进行贴补）等办法，广泛吸收社会闲散资金，同时普遍推行储蓄责任制，延长工作时间，方便群众存款。1990年，全县储蓄网点456个，其中储蓄所28个，代办所176个，储蓄专柜2个，营业所9个，信用社（分社）21个，信用站220个。储蓄种类达6种，储蓄余额44261万元。

县内储蓄种类主要有：

整存整取定期储蓄 10元起存，多存不限，一次存入，约定存期，分半年、1年、3年、5 年、8年，到期凭存单一次支取本息。

零存整取定期储蓄 1元起存，多存不限，按储户约定存额每月存入一次，存期分1年、3年、5年、8年，到期一次支付本息。

存本付息定期储蓄 即一次存入本金，分次支取利息。1元起存，存期分三个月、半年、1年、3年、5年、8年6种，由储户约定存期和支取利息的期次，凭存单分期支取利息（允许延期取息），到期一次支取本金。

定期定额有奖储蓄 起存额及存期均由银行确定，储户购买带号码存单，多买不限。一组（确定若干元为一组）售完后当众摇奖，所摇号码即为中奖号码，凭存单领取奖金或实物，到期均凭存单支取本金。

定期定额实物摸奖储蓄 一组内设一、二、三等奖，其余均为纪念奖。各种奖励号码或标记公布于众，储户购买存单后，按中奖类别，当场兑现奖励实物。到期储户凭存单支取本金。

保值储蓄 根据中国人民银行总行规定，对3年以上的定期存款，除分别按应付利率计息外，再按照利率与国家公布的周期物价上涨指数的差额予以补贴。其补贴分别为：1988年7.28%；1989年1月16.13%、4月12.59%、7月13.64%、10月8.36%；1990年1月0.9%、2 月1.46%、4月1.42%、5月1.38%。

1951—1990年安国县储蓄存款余额统计表

表9-9

年份	储蓄余额合计（万元）	城镇储蓄（万元）	农村储蓄（万元）	人均储蓄（元）
1951	7	—	7	0.3
1952	15	4	11	0.62
1953	14	9	5	0.57
1954	20	15	5	0.8
1955	67	21	46	2.64
1956	141	28	113	5.56
1957	147	36	111	5.83
1958	482	79	403	19.66
1959	277	127	150	11.12

续表 9-9

年份	储蓄余额合计（万元）	城镇储蓄（万元）	农村储蓄（万元）	人均储蓄（元）
1960	276	114	162	11.3
1961	129	64	65	5.23
1962	90	48	42	3.62
1963	110	60	50	4.35
1964	145	83	62	5.65
1965	180	99	81	6.91
1966	193	89	104	7.26
1967	243	105	138	9.04
1968	266	114	152	9.74
1969	289	124	165	10.35
1970	370	148	222	13.02
1971	409	172	237	14.18
1972	449	186	263	15.42
1973	382	197	185	12.97
1974	678	223	455	22.73
1975	744	251	493	14.75
1976	813	261	552	26.64
1977	998	292	706	32.24
1978	1062	310	752	33.9
1979	1330	411	919	42.13
1980	1900	561	1339	59.45
1981	1833	762	1071	56.44
1982	3992	1011	2981	121.25
1983	6058	1356	4702	182.13
1984	7528	1928	5600	223.37
1985	9246	2534	6712	272.12
1986	13114	4158	8956	382.32
1987	18651	6767	11884	538.92
1988	13690	1965	11725	577.19
1989	32633	14692	17941	916.57
1990	48761	20446	28315	1218.95

第四节 信 贷

一、农业信贷

民国 19 年（1930），域内建立农村信用合作社，以贷款赈灾。但因资金短缺，多数农民生活困难，于事无补，农民需款仍贷诸富有之家，受“高利贷”盘剥，利息为 2% ～ 3%，借期 1 年，不能如期归还则加息 1 倍，利上加利（俗称“驴打滚”），另有借期 1 月或 1 集的“月拨子”“集利儿”等。

民国 34 年（1945），边区银行安国办事处成立后，开办农业贷款。民国 36 年（1947），安平县遭旱灾，安国办事处发放 1 亿元（边币）救灾贷款，期限 3 个月，月息 3 分。同时，发放棉花（收回布匹）、种子等实物支持生产。民国 37 年（1948），政府发放 20 余万元贷款支持农民的生产生活，汇丰、复盛公银号发放 10 万元用于 18 个村农民打、修水井，购买水车、肥料等。中华人民共和国成立初，农业贷款以牲畜、肥料、种子、农具等实物为主。1950 年，贷出肥料、花生饼等 6063 千克。1953 年，发放贷款 42 万元，扶持农民打井 51 眼、修井 111 眼、修水车 236 架，买牲畜 1437 头、大车 158 辆，同时发放肥料、种子和其他周期性贷款 39.5 万元。其后，农业贷款主要分救灾贷款、生产设备贷款（用于购买犁、水车等农具）、临时周转性生产费用贷款等，坚持“有借有还、到期归还”的贷款原则。1955 年，为解决农业社贫农社员当年平摊生产垫本及折价归社的主要生产资料价款两方面困难，增加贫农合作基金贷款，期限 5 年，月息 4 厘，是年发放该项贷款 180009 元。翌年，首次发放支持农村信用合作社贷款 22 万元，副业贷款 18 万元。1957 年后，贷款对象以农业社为主，月息 5 厘，对互助组和一般户则按 7 厘计算。1958 年，农业贷款 114 万元，比上年增长 955.5%，多数贷款不能收回。1962 年后，按照“当年平衡，略有回笼”的原则，严格实行贷前调查、贷中审查、贷后检查的“三查”制度，防止挪用。用于农田水利建设的贷款实行贴息。

“文化大革命”期间，贷款多用于培植“学大寨”典型和县主要领导蹲点社队。20 世纪 70 年代初，乡镇企业（社队工副业）设备贷款和生产费用贷款增加。1973 年，全县发放该项贷款 229 万元。1978 年后，实行按需而贷，农业贷款步入正轨。同时为支持发展生产，鼓励科技进步，增设农业专项无息或低息贷款，重点用于科技试验、示范、应用、推广项目和受益面大、时间长的项目，以及沙荒改造、低产果园改造、养殖大户等。积极支持发展商品生产，扶持多种经营和家庭副业，农业贷款逐年增长。改变了过去单一的信用贷款形式，实行信用贷款、担保贷款、抵押贷款相结合，以提高使用效果，提高按期收回率。1990 年，农业贷款余额 17134 万元，其中集体贷款 3220 万元，农户贷款 13092 万元，乡镇企业贷款 822 万元。

二、工商信贷

域内工商业贷款历史较久。明中后期，随药市的不断扩大和商户增多，商业性贷款已较为普遍，均为私款私贷，贷款一般必须有殷实富户作保或以财产抵押。市面借贷普通年息 6 厘，月息 8 厘。民国 22 年（1933），河北银行于安国县城设驻庄，开办放款业务，是域内官方放贷之始，但其数额颇微，贷款仍以私款为主。

抗日战争胜利后，为支持生产，恢复经济，安国县支行开设工商业贷款。民国36年（1947）2月，首次发放1.2亿元（边币）贷款用于支持工业、手工业生产，但工商信贷仍以银号为主。翌年，在银号开户的工商业户达2332户，其中复盛公银号（私营）517户，公兴（私营）441户，同裕（私营）379户，汇丰（公营）369户，农民（公营）317户，裕生（公营）309户。

1947年各银号资金周转情况统计表

表9-10　　单位：元（边币）

银号名称	收	付	银号名称	收	付
公　兴	13632500052	13626056630	同　裕	13567462518	13543172212
复盛公	20866182956	20807239740	农　民	7663000000	7640392850
汇　丰	1260000000	17721067914	裕　生	2306209300	23697957700

中华人民共和国成立初，工商业贷款以人民银行为主，并按照“先公后私”的原则，重点支持国（公）营企业，对私营工商业给予适当贷款。1953年，对私营工商业贷款放宽，并将折实贷款改为质押和信用贷款。此后，为配合社会主义改造，重点支持私营手工业、资本主义工商业的合作、联营和公私合营企业。1958年，取消私营工商业贷款。同时，受“大跃进”的影响，工商业贷款管理放松，单位用款由主管部门审查，造成资金使用无计划，滥用混用。三年调整中，实行“计划性、保证性和到期归还性”的工商业贷款原则，对不合理占用银行贷款进行清查，贷款管理加强。1964年，工商业贷款额比1959年下降281万元。“文化大革命”期间，工商业贷款单一，除有少部分集体企业贷款外，对国营工商企业实行“统收统支”，企业用款由国家无偿拨付，或亏或盈，均“一视同仁”。

1978年后，工商信贷体制逐步改革，对国营企业无偿拨付的资金渐减，之后改为贷款。1979年，在清产核资基础上，对企业年需流动资金核定数额，促使企业加强资金管理。1981年，开设中短期设备贷款，以支持企业进行技术改造、更新设备。1984年，采取担保或质押等形式，恢复私营工商业贷款，并预扣5%违约金。第二步利改税后，企业所需资金完全改为贷款，明确企业流动资金、固定资金、专项资金等管理权，各项资金必须分别使用。同时，按照“区别对待、择优扶植”“以销定购，以销定贷”的工商业贷款原则，对各企业分类排队，扶优限劣，重点支持效益好的一、二类企业和出口创汇产品及名优产品生产，对效益差的企业贷款实行限制。1987年，发放的5848万元国营、集体工商企业贷款中，一类企业占64%，二类企业占32.5%，三类企业占3.5%。1990年，工商业贷款管理进一步加强和完善，年末全县工商业贷款余额达4452万元，其中国营企业4209万元，占94.5%，集体企业243万元，占5.5%。贷款种类主要有：流动资金贷款、技改贷款、小额设备贷款、商品周转贷款、商业技改网点设施贷款及临时性贷款等。

1949—1990年部分年份安国县银行贷款余额统计表

表9-11　　单位：万元

年度	贷款合计	其中		
		工业贷款	商业贷款	农业贷款
1949	3	—	—	
1952	45	—	8	37

续表 9-11

年度	贷款合计	其中		
		工业贷款	商业贷款	农业贷款
1953	53	—	11	42
1954	218	7	156	55
1955	308	7	242	59
1956	609	69	304	236
1957	849	39	599	211
1958	3505	322	2939	244
1959	4596	673	3606	317
1960	4324	687	3356	281
1961	3524	529	2649	346
1962	2441	286	1751	404
1963	2176	183	1442	551
1964	1949	137	1322	490
1965	1928	47	1427	454
1966	1869	28	1352	489
1967	2129	38	1613	478
1968	2137	96	1574	467
1969	2386	125	1819	442
1970	2371	84	1875	412
1971	1154	179	885	90
1972	1702	209	1339	154
1973	1760	219	1393	148
1974	2072	261	1648	163
1975	2295	264	1761	270
1976	649	276	11	362
1977	1747	273	1135	339
1978	2069	245	1472	352
1979	2349	276	1659	414
1980	2120	301	1433	386
1981	2029	263	1419	347
1982	2538	379	1845	314
1983	3879	593	2984	302
1984	3271	620	1972	679
1985	6761	956	5168	637
1986	7435	1574	5030	831
1987	8378	1700	5387	1291
1988	9468	1790	6766	912

续表 9-11

年度	贷款合计	其中		
		工业贷款	商业贷款	农业贷款
1989	9014	2172	5762	1080
1990	10342	2715	6297	1330

三、基建拨款与贷款

中华人民共和国成立后，基本建设投资以财政预算拨款为主，银行对基建资金实行分期限额拨付的管理办法，企事业单位的自筹基建资金亦由银行统一管理。1981 年，县属企业的挖潜、改造项目投资由无偿使用改为有偿贷款。其后，基建投资由拨款为主改为信贷为主，对自筹资金的建设项目，按照“先存后批”“先存后用”的原则管理，以控制基建规模和提高效益。

贷款范围和种类主要有基本建设贷款、更新改造贷款、建筑材料生产贷款、施工企业流动资金贷款、商品房贷款、财政和部门委托贷款及临时周转性贷款等。1990 年，贷款余额 658 万元，收付自筹建设资金 148 万元。

第五节　结　算

一、同城结算

域内历史上普通交易一般采取现金结算方式，唯药市结算较为独特，与外地不同。本地药行均在银号开立户头，外地客商到此买卖者，亦将现金存入银号。买卖作成后，不用现款，而由经纪人将价款告知银号，银号即登记某户出款若干，某户入款若干，由银号划拨（名曰拨银子）。待庙会结束后（春庙最迟农历五月二十三日，冬庙最迟十二月二十三日）各商户与银号清结，余者支取，亏者付出，此法沿至七七事变。

中华人民共和国成立后，机关、团体、企业、事业单位间的经济往来，以通过银行非现金结算为主。至 1990 年实行的同城结算主要有：

（一）支票结算

支票是银行的存款人签发给收款人办理结算或委托开户银行将款项支付给收款人的票据。支票分为现金支票和转账支票，现金支票可以转账，转账支票不能支取现金，单位、个体户和个人在同城或票据交换地区的商品交易和劳务报酬及其他款项的结算均可使用支票。县内 1953 年开始实行，到 1990 年单位、企业之间多以支票结算。

（二）同城委托银行收款

委托收款人委托银行向付款人收取款项的结算方式。在银行或其他金融机构开立账户的单位和个体经济户的商品交易，劳务款项以及其他应收款项的结算，均可用此结算方法。委托收款不仅在同城使用，异地也可办理，不受金额起点限制。

委托收款分邮寄和电报划回两种，由收款人选用。

二、异地结算

（一）汇兑

付款人不直接输送现金，而委托收款人所在地的第三者，对收款人支付一定金额，以结算两地间的债权债务。一般通过银行（号）或邮局进行，即付款人将款交于当地的银行或邮电局，由收款行、局委托收款人所在地的银行或邮电局，付给指定收款人款项。

域内与外地资金来往频次量大，汇兑业务开展较早。民国 20 年（1931），安国与全国各大城市已均能直接汇兑，定县等附近州县亦通过安国中转与全国通汇。由付款人委托的银号签发汇票，汇款人将汇票寄交收款人，凭票向指定银号取款。

民国 36 年（1947），县成立外汇交易所，以管理和经营汇兑业务。中华人民共和国成立后，单位及个人大额汇款由银行办理，私人小额汇款由邮电局办理。汇款由票汇改为汇款条（汇款人填写有收款人姓名、地址和汇款金额的票据，由汇款人所在地的行、局寄交收款人所在地的行、局，并由收票行、局通知收款人取款）方式进行。同时增加信汇、电汇等。

（二）异地托收承付结算

销货单位根据交易合同发货后，委托银行向购货单位收款。购货单位认为货物与合同相符，承认付款后，由银行办理划拨转账手续（此方式同城亦可使用），县内 1978 年开始办理此项业务。

第十编
经济综合管理

第一章　工商行政管理

第一节　管理机构

清中期创建的安客堂，兼有工商行政管理职能。宣统三年（1911），在安客堂基础上建商务分会，民国3年（1914）改建为商会，兼行工商行政管理职能，后改由实业科负责。民国36年（1947），县民主政府设立工商科，专事工商业的行政管理。1949年10月，撤销工商科，由县委财贸工作部负责。1951年，复建工商科，1956年改科为局。1958年，撤销工商局，设县市场物价管理委员会管理市场，各公社亦相继建立市场管理委员会，县办工商企业的行政管理则由计委及主管部门兼管。1966年，撤销市场物价管理委员会，成立打击投机倒把办公室，集市贸易由商业局兼管。1975年4月，建县工商管理委员会，1978年改称工商行政管理局。此后，工商行政管理机构不断加强，先后建桥南、桥北、伍仁桥、石佛、大五女、张家营、明官店、药市工商管理所。1990年，局内设企业管理股、经济合同管理股、个体经济管理股、市场管理股、经济监督检查股、办公室，全系统干部职工（不包括雇用人员）93人。

第二节　企业登记管理

清末，域内始对一些商人、手工业匠人进行准许开业的户籍性登记。民国18年（1929）《中华民国民法典》颁布后，强制企业依法注册。民国20年（1931），全县登记注册商业、工业手工业、金融业等367户。民国23年（1934）12月，县政府公布实施《烟酒营业牌照税暂行章程》，规定凡制造及出售烟酒者，均向政府登记，领取执照后方能营业。营业牌照分烟类、酒类、洋酒类。烟类又分整卖（批发）与零售。

解放初，只对工商企业的开业、歇业实行临时性简单登记。1950年，根据国家《私营企业暂行条例》，新建企业须报经主管机关核准发给营业证，并对企业名称、所在地、资本额、经营者姓名等进行登记。同时，企业变更营业范围、添设分支机构、迁移、转业、停业、复业、歇业及解散等，均经申请核准后，分别登记，并实行强制性调控各行业发展比例。1955年，登记私营工商户1004户，核发公司登记证、私营企业登记证、行商登记证、摊贩营业证、流动摊贩营业证、临时营业证6种证照。1957年10月，私营企业的社会主义改造基本完成后，对尚未改造的私营企业普查登记，共有私营工商业965

户，从业1201人，流动资金85925元。这些工商户多从事百货业、饮食业、生药业等，是年10月5日更换营业执照。“大跃进”时期，私营企业被取消，所有企业实行按行业归口统一管理。企业登记管理停顿。

1962年，根据国务院《工商企业登记管理试行办法》，对国营、集体、个体工业、手工业和交通运输业、建筑业、商业、饮食业、服务业的生产经营单位首次全面登记管理。登记事项为企业名称、地址、经济性质、负责人姓名、开业日期、主管部门、生产或经营范围、经营方式、资金数额、职工或从业人数等，对企业的开业、歇业、变动分别办理登记，未经核准登记或与登记事项不符不准营业。是年，登记工商企业763户，资金13.2万元，从业1529人。“文化大革命”开始后，企业登记管理陷于停顿。1974年，县工商管理委员会按照企业经营是否符合社会主义方向，是否坚持“三就地”“两不争”（就地取材、就地加工、就地销售；不与国家争原料、争市场）原则，对全县社队、街道、机关、学校、单位等所办集体性质的五小工业、手工业进行全面调查登记，对符合经营原则的528家企业重新登记，换发营业执照，取缔97家不符合上述原则的企业。

1978年后，工商企业的登记管理逐步加强。登记范围由原来的7类增加为10类，登记起点由开业改为筹建。1981年，河北省人民政府发出对全省工商业进行普查登记的通知，县内从4月26日至6月15日，以工商局为主，有关部门配合对全县企业全面普查登记，共登记国营、地方国营和供销合作社性质的工商企业255个，乡村、街道所属集体所有制企业58个，农工商联合企业36个，农林牧场所办工商企业12个，团体、学校、部队、科研及其他事业单位设立的对外营业的工商企业54个，工业物资部门或生产单位设立的自销、试销、展销门市部17个，外地派驻的推销、采购机构63个，个体经营摊点318个，经审查核发或换发了营业执照。此后，对各行业凡有营业性生产、经营和服务活动的单位，均纳入登记管理范围，取缔无证经营。同时，实行不定期验证和重点检查，实行企业年检报告和公司年检注册制度，监督企业执行国家政策、法令和按照核定的登记事项从事生产经营活动。1990年底，登记工商企业4032户，从业35936人，注册资金24784.2万元。其中，全民企业191户，注册资金5181万元，从业5095人；集体企业486户，注册资金8247.2万元，从业24694人；联营企业9户，注册资金448万元，从业128人；个体企业3346户，注册资金10908万元，从业6019人。

第三节　商标管理

民国36年（1947），域内首批经冀中行政公署注册的商标有伍仁桥织布厂生产的“桥牌”“地球牌”“光明牌”土布等。1950年国家颁布《企业商标注册暂行条例》后，县工商部门开始对商标进行检查清理，取消不合要求劣质商标。1957年，根据国家工商行政管理局《商标全面注册的通知》，域内仅注册几种中成药商标。“文化大革命”期间，商标管理中断。1979年，商标重新注册。1983年《中华人民共和国商标法》颁布实施后，企业使用商标申报国家商标局审定公告。商标一经注册即取得专用权，任何单位和个人不得使用和侵犯。自此，商标管理趋于完善。1979—1990年，经国家工商行政管理局核准注册商标21件，确定域内6个印刷点为商标印制单位。1990年，县工商行政管理局查处假冒商标、侵犯注册商标专用权等违法行为2起。

1979—1990年安国县商标注册一览表

表10-1

生产单位	商标名称	产品名称	注册日期	注册证号
安国县阿胶厂	安	阿胶	1979.10.30	118708
安国县针棉织厂	跃进	袜子	1981.5.1	118565
安国县制药厂	安药	中成药	1981.5.1	118697
安国县制酒厂	祁州	白酒	1982.2.1	153968
安国县流昌抛光粉厂	宝石	抛光粉	1983.2.15	171500
安国县北方中药材贸易货栈	祁	中药材	1985.2.27	220707
安国县西伏落食品加工厂	丰	油炸花生米罐头	1985.2.27	220753
安国县药材加工厂	安	中药材	1985.3.30	222470
安国县阿胶厂	祁州	阿胶	1986.6.15	253160
安国县兴民罐头厂	紫楼	罐头	1986.9.20	263508
安国县北方化工厂	祁州	硝酸钠	1986.9.20	263374
安国县明月罐头果脯厂	冬鼓	罐头	1987.3.10	280411
安国县造纸厂	佳美	卫生巾	1988.9.6	310548
安国县天星电子医用仪器厂	星	全自动胃肠减压器	1989.1.20	336601
安国县卫群烟叶加工厂	卫群	袋碎烟	1989.10.30	502357
安国县福利电子玩具厂	京国	电子玩具	1989.10.30	502703
安国县八方鬃毛加工厂	八方	鬃毛	1990.3.10	509444
党校电焊条厂	祁力	电焊条	1990.3.10	513996
安国县祁州电声电器厂	祁	高音扬声器	1990.3.20	514898
安国县水泵厂	祁工	水泵	1990.6.30	522850
安国县庆丰糖果厂	庆利	糖果	1990.11.10	533353

第四节　市场管理

民国时期，仅由商会组织的“商巡”维持市场秩序。解放后，县民主政府开始对市场进行管理。初期，重点打击囤积居奇、哄抬物价、使用伪钞及敌特奸商的破坏活动。对解放区内部实行贸易自由，并给予鼓励，对到蒋管区购销者，根据品种分别采取奖励和禁止措施。粮食、棉布、食盐等必需品严禁运往蒋管区，奢侈及非必需品禁止或限量入口。同时，各集建立集市管理委员会，组织培训牙纪员，按行业编成组，配戴袖标，参与交易，掌握物价，监查商贩的经营活动。1949年，县政府推广伍仁桥建立行业交易所的经验，各大集市相继建起粮食、食盐、布线、外汇等交易所，各所配备记账员、交易员。对各种交易及经营者进行登记，稽查奸商走私。

中华人民共和国成立初，市场实行集中交易，禁止市外交易和买空卖空、抬价压价。1953年，国家实行粮、棉、油统购统销后，禁止粮、棉、油等物资自由买卖和贩运，并清理整顿粮、棉、油经营行业，查处套购、骗购、倒卖统购物资等投机倒把活动。1954年下半年，全县建立20个“新粮食市场”，实行凭证出售和凭证（采购证和品种交换证）定市定量购粮。10月，取消棉花、油料自由市场。同时，加强牲畜市场与烤烟、晒烟市场管理，限制长途贩运。1955年3月后，放宽各种贸易限制，允许农民自产自销，市场日渐活跃。1958年，限制农村家庭副业生产，取消自由市场，建立12个“社会主义新型市场”，农副产品和地方工业品多数由国营商业和供销合作社统购包销，市场上少数允许交换的三类物资也大为减少，出现商品缺乏、供应紧张局面。翌年，中央出台十项小自由政策，规定一、二类物资在完成定购任务后，可持证明到市场出售，调剂余缺，三类物资自由购销，协商议价。恢复牲畜和仔猪市场。实行商品划行分布，集市交易员包干、包段，一包到底。对临时商贩实行上市登记、中间检查、下市清理销号的管理办法，集市贸易活跃而有秩序。1960—1962年经济困难时期，商品缺乏，倒买倒卖等违法活动抬头。1964年，政策进一步放宽，生产发展，市场繁荣。翌年，18个集市年上市总值2070万元，成交总额937.8万元，占社会商品零售总额的60%。

“文化大革命”开始后，多数集市被取消，只保留5个较大集市，县革委会规定多种农副产品不准上市交易，严禁长途贩运，连必要的正常交易也被当作“资本主义尾巴”和“投机倒把”严加限制。

中共十一届三中全会后，实行开放政策，取消种种限制，市场管理日趋正规，并向为经济建设服务的方向转变。1984年，县政府发布《关于支持商品生产的若干规定》，鼓励增设集市，发展贸易，除国家规定者外，允许各种商品上市交易和长途贩运；允许农民进城入镇务工经商，从事多种行业。1986年底，对药市经纪员培训整顿，颁发“中药材经纪员证”，取缔非法经纪，并对商户实行信誉卡制度，工商行政管理部门坚持市场管理与服务相结合，以联系销路、代储商品、信息交流、政策咨询等多种形式为上市交易的县内外群众服务。同时，对迷信品、假冒商品、荒诞淫秽书刊和录音、录像带，腐烂变质和有毒食物等禁止上市。集中打击囤积居奇、哄抬物价、短尺少斤、掺杂使假、以次充好、制造假冒伪劣品以及倒卖和套购重要生产资料、紧俏耐用消费品、金银、重要中药材、文物等违法活动。1988—1990年，全县共查处各类经济违法案件153起，其中千元以上大案105起，罚款14.3万元，查处伪劣中药材8.07万千克。其中，1987年查获的特大假人工牛黄案，涉案11人，首犯被处极刑。

第五节　经济合同管理

域内药业发达，经济往来频繁。中华人民共和国成立前，私下签订契约或口头协议较多，因无制度和机构管理，多凭信誉交易。一旦发生纠纷，虽有安客堂、商会调解，但无章可循，难能使双方心服口服。

中华人民共和国成立后，使用经济合同逐年增多。1956年后，每年举办春秋两届全国性药材交流会，会间采用合同形式交易，药交会盖章为证明。此外，工商之间也签订加工、产销合同。是时，经济合同不受法律约束，管理制度极不完善。1974年6月，县工商管理委员会开始对社队、街道办企业的产供销合同签证，交通、邮电、金融等部门根据签证合同办理邮运及托收承付手续。

1978年后，商品生产发展，经济合同增多。1981年，《中华人民共和国经济合同法》实施，合同管理始入正规。1984年3月，县工商行政管理局增设合同管理股，主要管理内容为根据合同双方的财产、资金、技术设备、生产能力、生产经营合法性及产销规律、价格变化趋势等，审查合同的合法性、真实性、可靠性等，依法签证。至1990年，共签证合同3.3万份，金额215.7万元。同时，监督检查经济合同，到1990年共检查合同1.13万份，查处无效和违法合同19份，金额75.4万元；并监督经济合同执行情况，命名重合同、守信用企业40家。1984年，成立县经济合同仲裁委员会和祁州镇、药市、石佛、张家营、伍仁桥仲裁庭。至1990年，调解合同纠纷668起。

第二章　价格管理

第一节　管理机构

安国解放前，县内无专门物价管理机构，集贸价格多由经纪人掌握，县城物价则受一些较大商行控制。民国36年（1947）12月，县民主政府组织建立粮油交易所，掌握粮价，打击不法商贩。中华人民共和国成立初，由工商科兼管物价。1958年，县市场物价管理委员会成立，专事物价工作。1960年，物价管理工作划归县财贸办公室。“文化大革命”开始后，撤销市场物价管理委员会，集市物价由商业局兼管，1969年归入县计划委员会。1981年7月，成立县物价委员会，由县计委、财政、经委、商业、工商管理、供销社、物资及农业、林业等部门主要领导组成。1984年1月，建立安国县物价管理局，负责部分商品价格制定及物价监督检查工作。11月，增设物价检查所和农产品成本调查队。此后，县商业局、供销社、粮食局等部门相继设立物价科，监督物价执行情况。至1990年底，全县专职物价管理人员24人，其中县物价局20人。

第二节　物价管理体制

汉代以后，官府多设常平仓，丰年收进，歉年售出，试图调节粮价、备荒赈恤，历代多沿袭。民国时期，为控制物价，对食盐、火柴、烟、酒等部分商品实行专卖。

中华人民共和国成立初，除少数商品由国家、省制定价格外，多数商品仍实行随行就市的自由价格。1952年后，物价统一管理范围逐渐扩大，到1958年商品价格均由国家、省、县各级物价管理部门制定（集市价格除外），取消私自定价，重要物资不准上市自由买卖。定价办法按照“统一领导，分级管理”的原则，凡关系国计民生的一、二类物资（如钢材、木材、重要化工产品、机电产品、粮食、棉花、油料、火柴、食盐等）和大宗的三类物资多由国家定价，部分由省或地区定价。县内生产的工业品和手工业品价格经县物价管理部门审核后按审批权限确定，企业不允许私自定价，县物价管理部门对价格执行情况进行监督，对商品流通中的购销差价、地区差价、批零差价规定限额，不能随意更改。部分小工业手工业品（服装、布鞋、毛巾、袜子、木制家具、木制农具、药刀、药碾子、药罐子、切药机、搓丸机、秤、铁锨、起粪叉、铁耙、菜刀、水桶、斧子、印刷品、镀锌、轮胎翻新等）价格，旅店、饭馆、理发、照相、浴池、修理、洗染、服装来料加工等的收费标准及戏剧电影等票价，均由县物价管理部门审批确定。1979年后，价格管理体制逐步改革。1982年，对日用工业品和化肥、农药、半机械化农具的零售价格按照商品经营分工，以国合主营公司的零售牌价为标准，实行归口管理。所有兼营单位都必须执行国家零售牌价，不得擅自提价或降价，并接受归口公司和所在地基层供销社的监督检查。翌年，逐步放开三类农副产品和完成统、派购任务后的一、二类农副产品价格（粮油放开17种小杂粮、小油料后，又把大青豆、蓖麻籽、芸豆等7种降为三类放开价格。水产品中，除国务院和省政府管的二类水产品外，其他海淡产品都放为三类）。随着议购议销范围扩大，取消了议价幅度的控制，允许“高进高出”和“平议结合”作价。对冷背、滞销、大宗积压、过时的日用工业品价格，允许商业内部环节之间，工商企业之间实行互惠价格，基层供销社可对花布、色布、服装、鞋帽、日用搪瓷制品、暖水瓶等挑选性强的日用工业品，实行浮动价格和季节差价。饮食业除分类毛利率由县物价部门掌握外，具体品种由企业自订。1983年，根据国家规定，分两批对食品、百货、针棉织品、日用杂品、文化用品、五金交电、药品7大类602种小商品放开价格，实行工商企业定价。翌年，工商协商定价的三类小工业品增加到21种（类），实行浮动价格的日用工业品达90种（类）。定价权放到生产和经营企业后，企业可以按照不同商品生产成本、供求变化等，灵活掌握价格，改变了过去价格管理过于集中的状况，上市品种增加，市场活跃。1985年，县建立烟草专卖局，对各类卷烟的批发价格，实行统一管理。同时，对重要生产资料（化肥、柴油等）实行国家定价（计划内）和市场价“双轨制”，部分人员趁机拉关系，以各种名义套购平价物资，高价售出从中渔利。1988年8月，国家又放开13种名烟和13种名酒价格，对化肥、农药、柴油、彩色电视机等实行专营。至此，形成国家牌价、指导价和市场调节价等多种价格并存的局面。物价工作重点转向监督管理。

第三节　物价水平及调整

解放前，商品价格随市场供求变化自由涨落。巨商大贾往往囤积居奇，哄抬物价，垄断市场，灾荒年尤甚。清宣统二年（1910），县内洋布每尺100余文，绸缎每尺100～1000余文不等；中药材粗货每斤二三十文至七八十文，细货每两数百文至七八千文。民国2年（1913），谷子每石14千（京钱，以文为单位），玉米15千，高粱15千，小麦14千，荞麦11千，黄豆14千，黑豆14千；薏仁300～400文，马铃薯10文，棉花600～700文，蓝靛300～400文。20年（1931年），棉花每斤0.18元，土布每匹2.12元，小麦每石11.5元。地产各种水果、蔬菜每斤价格为：梨0.06元，杏0.07元，枣0.05元，桃0.16元，葡萄0.08元，白菜0.01元，大葱0.02元，蒜0.04元。田产买卖常随年景好坏起伏变化。民国21年（1932），水田每亩83元，旱地每亩59元，与周围各县比较，地价偏高。翌年，农用生产资料价格昂贵，犁价达八九元之多，豆饼（肥料）每石价亦多达五六元，农民无力购买，粮食产量锐减，外地米面等成品粮乘机源源输入，地产农产品价格下跌，棉花每担8～14元，小麦每斗1～1.2元，白高粱每斗0.9～1元，红高粱每斗0.6～0.7元；蔬菜亦较前低落。日军侵占安国后，物价上涨甚剧，民国33年（1944年）每斗小麦高达2.4元，玉米1.16元，土线每两达0.14元，人民生活困苦不堪。解放后，县民主政府组织农民发展生产，提高产量，同时从东北等地调入大批物资供应市场，保持物价基本稳定。

中华人民共和国成立后，物价实行统一管理，根据生产状况和供求关系有计划地调整价格。

一、农副产品销售价格调整

1953年，粮食、油脂、油料执行国家统一制定的统购统销价。1955年，统销价提高0.9%。1961年暂时经济困难时期，国家将小麦、大麦、豆类等20种粮食统购价上调21.11%，油料平均上调27.45%，生猪上调26%，鲜蛋上调32.8%，中药材平均上调84.8%，但集市贸易价格与国家定价仍差额较大。

1962 年安国县主要农副产品集市价格与国家牌价对照表

表 10-2　　单位：元 /0.5 千克

品类	粮食					油脂油料				肉禽蛋类			蔬菜类			
	小麦	小米	玉米	薯干	毛豆	花生	芝麻	棉籽油	豆油	猪肉	羊肉	鸡蛋	白菜	萝卜	大蒜	葱
集市价格	1.12	0.87	0.63	0.3	0.69	1.55	1.64	3.37	3.77	1.7	1.22	2.52	0.031	0.03	0.51	0.25
国家牌价	0.117	0.105	0.086	0.068	0.112	0.187	0.319	0.56	0.755	0.79	0.63	0.85	0.035	0.036	0.42	0.05
差额（%）	+857	+729	+633	+341	+516	+729	+414	+502	+399	+115	+94	+196	−11	−17	+21	+400

1971 年，国家以高于牌价 30% 的价格收购统购数量外的粮食。1979 年，统购粮价提高 20%，超购部分在此基础上加价 50%。统销粮价未作相应调整，出现购销倒挂，国家对粮食经销部门实行补贴。同时，提高肉、蛋、菜类等副食品销售价格，对干部职工每月补贴 5 元。1984 年 5 月，国家取消北方棉 5% 的价外补贴，改为按比例加价法收购，70% 加价，30% 按原牌价，使棉花实际收购价格提高 23%。1985 年 4 月，粮油统购改为合同定购，超购加价改为按比例加价，小麦按“倒二五、七五”比例计价（即 25% 按原统购价，75% 按原超购价）；玉米按“倒三七、六三”比例计价；花生按“倒四六”比例计价。1985 年后，国家逐步放开粮油、生猪、鲜蛋、蔬菜收购价格，实行有指导的议购，产销地区之间可以直接挂钩，协商定价。国家对干部、职工每月增加副食补贴 3 元，未就业非农业人口 1 元。

1950—1990 年部分年份安国县农副产品收购价格表

表 10-3　　单位：元 /50 千克

品类 \ 价格 \ 年份		1950	1953	1957	1961	1974	1979	1985	1990
粮食	小麦	11	11.65	6.19	12.8	15	17.4	23.79	26.9
	玉米	7.6	7.95	5.81	9	12	12.3	16.2	18.2
	谷子	8.5	9.7	5.87	8.9	12.2	12.4	16.3	18.3
	高粱	6.55	6.9	5.46	8.2.	10.5	11	14.5	16.6
棉花	棉花	28.5	30	31.59	120	120	145.8	176.42	130
油料	花生果	23.5	70	12.14	90	85	34.3	44.6	55
	芝麻	63	21	22.3	24	73	94	94.3	94.3
蔬菜	大蒜	8	11	13.86	22	22.5	30	50	180
	白菜	2	1.5	2.23	3	4	3	3.5	12
	萝卜	1	1.5	2.43	2	1	2	5	12
副食品	生猪	44	49	49	49	49	49	65	170
	鲜蛋	35	40	40	40	63	65	90	210
中药材	瓜蒌	235	250	280	300	300	350	370	350
	白芷	158	170	185	190	190	200	23	200
其他	烤烟	33	35	41.03	300	150	190	200	200

1955—1990 年部分年份安国县主要农副产品统销价格表

表 10-4　　单位：元 /50 千克

品名 \ 价格 \ 年份	1955	1961	1963	1979	1985	1990
面　粉	17.3	18.3	18.3	18.3	18.3	18.3
玉米面	8.51	11.3	11.3	11.3	11.3	11.3
卫生油	58	68.5	79	79	79	79
小　米	10.38	14	14	14	14	14
猪　肉	49.5	49.5	49.5	49.5	65	170
鲜　蛋	40	40	40	65	90	210

1950—1990 年部分年份安国县农副产品集市交易价格表

表 10-5　　单位：元 /0.5 千克

品名 \ 价格 \ 年份	1950	1959	1963	1975	1985	1988	1990
小　麦（中等）	0.088	0.118	0.52	0.33	0.26	0.68	0.4
小　米	0.086	0.105	0.51	0.36	0.26	0.7	0.55
玉　米	0.06	0.0794	0.38	0.25	0.16	0.4	0.27
花生果	0.1	0.117	0.8	0.48	0.52	1.4	1
芝　麻	0.7	0.85	1	1.09	0.95	1.7	2.5
棉籽油	0.4	0.49	1.5	1.8	2.1	2.6	2.8
猪肉（带骨）	0.5	0.58	0.9	0.9	1.4	2.5	2.4
鸡　蛋	0.412	0.7	1.8	1	1.8	2.5	2.5
白　菜	0.016	0.025	0.02	0.03	0.03	0.21	0.12
萝　卜	0.015	0.2	0.22	0.25	0.53	0.26	0.12
大　蒜	0.08	0.15	0.25	0.28	0.65	0.70	0.5
葱	0.02	0.03	0.1	0.15	0.18	0.23	0.25
薯　干	0.075	0.076	0.2	0.23	0.26	0.24	0.2

二、工业品销售价格调整

中华人民共和国成立后，工业品价格调整是在全局稳定的前提下，对不合理部分分期分批慎重进行的。1957 年，国家在对工业品实行冻结价格的同时，对不合理的工业品价格进行了调整，县内上调 24 种，上调幅度最高 16.7%，最低 0.2%；下调 12 种，下调幅度最高 33.8%，最低 0.8%。并对砖瓦、柳编等手工业品价格作了新的规定（如青砖价格：钢砖单块 2.05 ～ 2.5 千克的每千块 28 元，1.5 ～ 2 千克的 27 元；焦砖：2.05 ～ 2.5 千克的 26 元，1.5 ～ 2 千克的 25 元；面砖 2.05 ～ 2.5 千克的 24 元，1.5 ～ 2 千克的 23 元）。1958 年，工业品牌价、市价严重脱节，国家对牌价进行了调整，县内文化用品下调 110 种，下调幅度 1% ～ 2.96%，小百货下调 160 种，下调幅度 4% ～ 13%，棉布下调 150 种，下调幅度 1.5%～2.5%，五金、交电、化工商品上调 82 种，平均上调 12%。1962 年，对钟表（手表提高 1.84 倍，怀表提高 2 倍，座挂钟平均提高 1.5 倍）、自行车、缝纫机、白酒 15 种商品实行高价销售，增加货币回笼。1964 年，经济好转，取消高价，恢复牌价供应。

1976 年，执行国家规定的工业品销售价格，在 15 千米以内与进货地执行同价，15.5 ～ 25 千米内加 0.5%，25.5 ～ 40 千米以内加 1%，40.5 千米以上最多不超过 1.5%；省外产品，加 2.5% 的经营费，保定地区再加 1.5% 的运杂费；省内产品加 1.5% 的经营费，再加 0.5% 的运杂费。

1983 年，国家降低国产黑白电视机、半导体收音机价格之后，价格逐步放开，工业品价格上涨幅度增大，其中彩色电视机平均上涨 4%，且市场销售价远高于国家牌价。其他工业品价格都有不同程度的上涨。

1950—1990年部分年份安国县部分物价指数表

表 10-6

类别及品名	计量单位	代表品规格等级牌号	零售价格（元）								物价指数							
			1950年	1957年	1966年	1976年	1978年	1980年	1984年	1990年	1950年	1957年	1966年	1976年	1978年	1980年	1984年	1990年
食　盐	千克	精　盐	0.243	0.29	0.29	0.29	0.29	0.29	0.29	0.236	100	123.93	123.93	123.93	123.93	123.93	123.93	117.7
五香粉	袋	—	1.1	0.12	0.08	0.08	0.09	0.09	0.15	0.25	100	120	80	80	90	90	150	200
白　糖	千克	白沙糖	1.56	1.56	1.84	1.84	1.82	1.82	1.82	1.73	100	100	117.95	117.95	116.67	116.67	116.67	110.9
蛋　糕	千克	—	1.76	1.76	2.64	1.72	1.72	1.72	2.16	2	100	100	150	97.73	97.73	97.73	122.73	113.64
白细布	米	—	0.305	0.31	0.31	0.31	0.31	0.31	0.41	2.1	100	101.64	101.64	101.64	101.64	101.64	134.43	638.52
床单布	米	—	0.56	0.58	0.58	0.58	0.58	0.58	0.67	3.4	100	103.57	103.57	103.57	103.57	103.57	119.34	607.14
涤棉细布	米	—	0.45	0.5	0.5	0.5	0.51	0.51	0.43	4.2	100	111.11	111.11	111.11	113.33	113.33	95.56	933.33
纯毛花达呢	米	—	28	28.5	28.5	28.5	28.5	28.5	28.5	59	100	101.79	101.79	101.79	101.79	101.79	101.79	210.71
背　心	件	—	1.57	1.58	1.58	1.24	1.24	1.24	1.4	2	100	100.64	100.64	78.98	78.98	78.98	89.17	127.39
男牛皮鞋	双	—	17.5	18.7	18.7	18.7	18.7	16.5	19.7	50	100	106.86	106.86	106.86	106.86	94.29	112.57	285.71
软缎被面	条	—	14.95	15.01	15.01	15.01	15.01	15.01	18	36	100	100.4	100.4	100.4	100.4	100.4	120.4	240.8
纯毛线	千克	—	17.5	17.8	17.8	17.8	17.8	17.8	17.8	72	100	101.71	101.71	101.71	101.71	101.71	101.71	411.43
搪瓷面盆	个	花　盆	3.7	3.72	3.68	2.55	2.55	2.55	3.43	11.9	100	100.54	99.46	68.92	68.92	68.92	92.7	321.62
铝　锅	个	32厘米	13	9.05	9.64	9.64	9.64	9.64	11.5	32	100	69.62	74.15	74.15	74.15	74.15	38.46	246.15
牙　膏	袋	两面针	0.43	0.43	0.53	0.48	0.48	0.48	0.48	0.93	100	100	123.26	111.63	111.63	111.63	111.63	232.56
肥　皂	块	灯塔牌	0.42	0.43	0.44	0.44	0.44	0.44	0.44	0.84	100	102.38	104.76	104.76	104.76	104.76	104.76	200
洗衣粉	袋	北海牌	0.45	0.56	0.56	0.56	0.56	0.56	0.56	1.95	100	124.44	124.44	124.44	124.44	124.44	124.44	433.33
缝纫机	架	上海牌	145	150	167.4	167.4	167.4	167.4	167.4	280	100	103.45	115.45	115.45	115.45	115.45	115.45	193.1
自行车	辆	津产28飞鸽	164.2	163.5	171	171	171	171	171	210	100	99.57	104.14	104.14	104.14	104.14	104.14	127.89

续表 10-6

类别及品名	计量单位	代表品规格等级牌号	零售价格（元）								物价指数							
			1950年	1957年	1966年	1976年	1978年	1980年	1984年	1990年	1950年	1957年	1966年	1976年	1978年	1980年	1984年	1990年
铁　锅	口	八　印	3.65	3.65	3.69	3.69	3.69	3.67	4.64	23	100	100	101.10	101.1	101.1	101.55	127.12	630.14
墨　水	瓶	驼　鸟	0.18	0.18	0.18	0.18	0.18	0.18	0.18	0.6	100	100	100	100	100	100	100	333.33
彩色电视机	台	牡丹 14″	—	—	—	1200	1200	1360	1380	1360	100	100	100	104.35	104.35	118.26	120	118.26
黑白电视机	台	飞跃 14″	368	385	393	400	400	458	455	420	100	104.62	106.79	108.7	108.7	124.46	123.64	114.13
青霉素针剂	支	80 万单位	1.74	1.12	0.42	0.18	0.18	0.18	0.16	0.38	100	64.37	24.14	10.34	10.34	10.34	10.34	21.84
牛黄清心丸	盒	遵化产	4	3.46	18.9	15	15	15	14.35	15.7	100	86.5	472.5	375	375	375	358.75	392.5
煤　块	吨	阳泉产	36.6	35.4	52.5	51.3	51.3	51.3	51.3	72.6	100	96.72	143.44	133.8	133.8	133.8	133.8	133.8
煤　球	吨	中等平价	24	29.8	33.2	23.6	28.6	28.6	28.6	60.8	100	124.17	138.44	119.17	119.17	119.17	119.17	119.17
铁　锨	个	农民锨	1.6	2.2	2.2	2.2	2.2	2.2	2.8	4.5	100	137.5	137.5	137.5	137.5	137.5	175	281.25
竹扫帚	个	—	0.45	0.54	0.65	1.09	1.09	1.14	1.45	2	100	120	144.44	242.22	242.22	253.33	322.22	444.44
尿　素	袋	（日本产）50kg	66	66	60	45	45	45	56	30	100	100	91	68	68	68	85	45.45
农　膜	0.5千克	聚乙烯	0.8	1.35	2	2	2	2	2.00	3.5	100	168.75	250	250	250	250	250	437.5
乙级房间	平方米	每间 15m²	0.1	0.1	0.10	0.1	0.1	0.1	0.1	0.4	100	100	100	100	100	100	100	400
电　费	度	生活照明	0.148	0.148	0.17	0.17	0.17	0.17	0.17	0.264	100	100	114.93	114.93	114.93	114.93	114.93	178.51
邮资费	克	普通件 20 克为一计量单位	0.004	0.01	0.01	0.01	0.01	0.01	0.01	0.01	100	250	250	250	250	250	250	250
汽车票价	千米/人	安国—石家庄 102 千米 4.5 元	0.024	0.024	0.024	0.024	0.024	0.024	0.024	0.044	100	100	100	100	100	100	100	183.33

第四节　物价监督检查

解放前，物价处于无政府状态，哄抬物价时有发生。解放后，各大集市设立市场物价管理委员会，监督检查当地物价，打击抬价压价行为。

1978年后，价格逐步放开，物价监督管理加强。1979年，8种副食品调价后，出现乱涨价、滥涨价现象，县革委会组织工商、税务、商业、供销等有关部门，邀请县人大代表、县政协委员及工、青、妇等群众组织组成物价监督检查小组，对各大集市及城关市场进行物价检查，对违反物价政策者严肃处理，刹住了涨价风。1982年，祁州镇、伍仁桥、大五女、石佛、张家营集贸市场分别建立物价检查站，打击哄抬物价与缺尺短两等变相涨价的不法行为。1986年8月，成立棉纺厂、制酒厂、物资局、橡胶厂物价监督检查站。除平常不定时抽查或定期普查外，每年春节、元旦、国庆等节日前后，都组织全县范围的物价大检查。检查的重点为自由定价、擅自涨价、变相涨价、错价、混价和迟调、漏调商品价格等违反物价政策、法规的情况。1983年五一劳动节前后，县物价管理委员会组织力量对县制酒厂、橡胶厂、百货公司、服务公司等8家工商企业和50余户个体摊点检查，共检查商品414种，发现错调、漏调价格的6种，错定价格的11种、压级压价的1种，擅自定价的10种，分别没收非法收入或罚款处理。1986年后，对火柴、食盐等25种必保商品和农药、农膜等农用生产资料及柴油、汽油价格实行定价申报制度；对放开的商品实行差价控制；对理发、旅馆等服务行业收费实行最高价限制；要求各商业单位、个体摊贩一律明码标价售货。1987年，上海等地流行甲型肝炎，药市的中药材板兰根涨价至每千克20多元。对此，县政府提出“不发国难财”，组织工商、物价、中药材管理等部门组成板兰根价格检查组，将价格控制在6元左右。之后，县政府强化物价政策教育，在全县工商企业、个体户中广泛开展合理定价，公平交易活动，至1990年全县共评出物价信得过单位10个。

第三章　标准计量管理

第一节　计量演变

一、长　度

域内沿用市制长度单位，基本单位为尺。因行业、用途不同尺的长短各异，较为通行的有家庭及成衣局用的裁尺（1 尺合标准市尺 1.048 尺），土布交易用下机尺（1 尺合标准市尺 1.821 尺），绸缎商用的布尺（1 尺合标准市尺 1.0318 尺）和木货行及木匠用的木径尺（1 尺合标准市尺 0.984 尺），另有专门测量地亩用的“行量弓”，亦有以步测量者，1 步或 1 弓相当于标准市尺 5 尺，等等。清代开始使用营造工程的营造尺，并规定以此尺为标准尺（1 营造尺合 0.32 米）。民国 17 年（1928），国民政府公布《中华民国权度标准方案》，实行营造尺与公制并行，确定以米为标准，但未通行。此后，又陆续公布多种计量法规，试图统一度制。至中华人民共和国成立前，民间仍沿用各种旧度制器具。

中华人民共和国成立后，推行以公制为基础，结合民间习惯的市制，规定 3 市尺为 1 米。1959 年，国务院颁布《关于统一计量制度的命令》，确立以公制为度量标准，同时仍保留市制。此后，域内除木径尺、土布尺间有使用外，其他行业均统一为市尺或公尺。1984 年，国务院颁布《关于在我国实行法定计量单位的命令》后，长度单位逐步统一为毫米、厘米、米、千米。到 1990 年底全部使用法定计量单位，民间剪裁仍以尺、寸计量。

解放前的旧度器仅有木尺、三尺、五尺、丈杆、弓等几种，且多以木、竹自制而成，精确度差。中华人民共和国成立后，随着科学技术进步和生产发展，度器品种增多，精确度提高。20 世纪 60 年代，县农机厂先后引进使用游标卡尺、千分尺、万能角度尺等精密度器。另外，折叠尺、皮尺、钢尺、盒尺等先后普遍使用。

二、重　量

民国及以前域内衡制较为混杂，标准不一，虽都以“斤”为基本单位，但各行业之间的斤与斤各不相同。杂货行所用广秤（16 两），1 斤合市制 1.2936 斤；药行收货秤 1 斤合市制 1.5254 斤；药行出货秤 1 斤合市制 1.245 斤；棉线交易所用线秤，1 斤合市制 1.246 斤；烟草交易所用烟秤（16 两），1 斤合市制 1.7156 斤；药铺所用戥子（18 两），1 斤合市制 1.256 斤。药材交易所用出货秤又分为 16 两 1 斤（0.5714 千克）的平秤、18 两 1 斤（0.6943 千克）的中秤和 24 两 1 斤（0.9479 千克）的节半秤。甚至同一种秤亦大小不一，有的一家常备大小不同两杆秤，入货用大秤，出货用小秤。民国 18 年（1929），民国政府《度量衡法》公布后，统一衡制，推行 10 两 1 斤。至民国 23 年（1934），县内除杂货、棉花、盐茶等行业换用新制外，其他行业及农村仍使用旧制，全县出现新旧制（10 两 1 斤与 16 两 1 斤）并行局面。为便于 10 两与 16 两的换算，人们编成“斤秤流法”口诀歌：一是零六二五，二是一二五，三是一八七五，四是二五，五是三一二五，六是三七五，七是四三七五，八是五，九是五六二五，十是六二五，十一是六八七五，十二是七五，十三是八一二五，十四是八七五，十五是九三七五，十六是一。两里求斤流法流，斤里求两身加流。

中华人民共和国成立后，废除节半秤等，统一秤制。1959 年，国家确立国际公制为基本计量制度，同时改 16 两 1 斤为 10 两 1 斤，实行公制、市制并存。此后，域内除中药店用戥秤及民间线秤仍用旧制外，其他各秤均采用 10 两 1 市斤或公斤制（1 公斤 =2 市斤）。20 世纪 70 年代后期，线秤消失。1977 年，县内中医处方及药戥子改钱为克（其换算为：10 两 1 市斤的 1 钱 =5 克，16 两 1 市斤的 1 钱 =3.125 克）。1984 年，贯彻国务院《关于在我国实行法定计量单位的命令》，至 1986 年 10 月底，全县农贸市场、摊点、个体工商业户及个人使用的秤，一律换为法定计量单位（公制）衡具，台磅、案磅、地磅等全部换成法定计量单位尺卡，重量均以克、千克（公斤）、吨计。旧衡器多为木质杆秤，分一毫、二毫、三毫三类，以麻毫为提纲，精确度极差。1949 年后，改麻毫刀秤，精度提高。1965 年，杆秤实行三刀两面制。之后，弹簧秤、台磅、案磅、地磅、天平普遍使用。1978 年后，衡器向高精度发展，县制药厂先后引用 751 分光光度计和 WZ-800 紫外可见分光光度计，测量中成药中各种化学成份含量，粮食、石油系统使用自动售油机售油。1985 年，县邮电局首次使用电子秤。

三、容　量

中华人民共和国成立前，粮食计量以升、斗为量具，5 斗为 1 官斛，10 斗 1 石。域内有大斗小斗之分，每大斗小米约 25 市斤，小斗 16 市斤。1953 年统购统销后，粮食购销均用衡制，斗、升渐停用。

酒、醋、煤油等液体交易多用铜、铁或竹木制吊提计量。分 1 两、2 两、半斤、1 斤、2 斤等数种，1959 年吊提均改 10 两制。使用量筒或量杯计量，单位为毫升、升等。

四、其他类计量

中华人民共和国成立前，仅有计时钟、温度计、血压表等几种。中华人民共和国成立后，计量范围和种类日趋增多，多种精密仪表相继使用。医用仪器有 500 毫安 X 光机、心电图机、脑电图机、血球计数器、B 超等；电磁计量器具有电流电压互感器、电阻电容箱、各种电流表、电度表、电压表、功率表、检流计、电位差计、电阻测量仪等；无线电计量器具有微伏表、毫伏表、微波功率计、晶体管特性图示仪、晶体管综合参数测试仪等；还有其他行业用的压力表、流量表、酸度表、比色计、水表等。

附：计量器具生产

域内度量衡器生产历史久远。清末，城关及乡下集镇均有秤铺与升斗作坊分布。民国初，城关大药市内有史仁和、郭杆和两个秤店。乡村有 10 余家秤店，尚有一些游乡串村的修秤匠。

解放初，城内有马顺山秤铺，1954 年公私合营归入县黑白铁小五金生产合作社。1960 年，该社星秤车间有 7 人，年生产杆秤（10 两的新制秤）1000 余杆。同时，还指导个体星秤户生产新秤，指导个体铸造户生产标准秤砣和法码。1983 年，星秤车间关闭。翌年，县计量所设星秤门市部。1988 年，该部开始生产国家法定公制秤。

此外，还有计量和工商部门批准从事生产、修理杆秤、吊提等简易计量器具的个体户，1960 年有 5 户，1980 年后增多，1990 年为 12 户。

第二节 计量管理

明代以前，计量器具无统一标准，大小不一，欺伪殊甚。为除此弊，崇祯六年（1633），知州郭应响令制裹铁新斗统一标准，由州衙校验，烙印使用，并布告“有敢用前小斗欺民者，重责枷示”。清廷规定以库平为衡制标准（库平 1 两等于 37.301 克），域内较通行的秤 1 斤比库平标准小 1 两。民国初，商会设置多种标准砝码，裁决计量纠纷，查出“吃秤”者，酌情罚其请班唱戏若干天，以示警戒。

民国 23 年（1934），县度量衡检定分所在督换新制计量器具时，每月检验一次度量衡器。1 月，共检定度器 500 件，衡器 8 件，其中 1 件不合格。翌年 9 月，共检定衡器 975 件，其中 9 件不合格。

解放后，贸易计量管理侧重查处集市交易中的“吃秤”“吃尺”行为，保障新制度量衡的实行。1963 年，县计量所购置 5 千克天平，配备国家三级标准砝码，检定全县衡器。各村设立计量协管员，配合县计量管理部门检查集市衡器（主要为杆秤）。1976 年，开始定期检定度量衡器，时间分一年、半年、三个月不等。使用单位或个人按时到规定地点送检。制造、修理计量器具，需经计量部门批准，其产品逐件送检，加盖合格印方可出厂。严禁私自或雇用私人修理。至 1978 年，共检定计量器具 1.2 万件，其中杆秤 8000 件；淘汰不合格计量器具 8000 余件；处理计量纠纷 365 起。1980 年，根据《全国厂矿企业计量管理实施办法》，县内部分企业相继设立“计量科”，配备专兼职计量管理人员，加强计量管理。1985 年，制药厂获县内第一个国家三级计量合格单位，晋升为国家三级计量企业。1986 年 7 月，《中华人民共和国计量法》颁布实施，计量管理工作纳入法制管理轨道。配备分析天平、精密血压表、压力表校验台、汽车里程表校验仪、直尺校验仪、量体校验仪等标准检测仪器。管理范围从单一贸易计量器具检定发展到安全防护、医疗卫生、环境监测等行业 50 余种计量器具的检定管理。到 1990 年，获国家三级计量合格证书的企业有制药厂、制酒厂、造纸厂、棉纺厂；获国家三级单项计量合格证书的企业有地毯厂、第一药材加工厂、阿胶厂、复混肥厂、八方猪鬃厂、石佛水泵厂、石佛水泵配件厂、红星化工厂等。

第三节 标准化管理

20 世纪 80 年代初县标准计量管理局成立后，始开展标准化管理工作。根据资金、技术、设备、规模等情况，对企业或产品分别制定不同标准，使企业按各自的标准进行生产或经营，达到有章可循。在全县企业中，执行国家标准的 15 个，执行专业标准（部颁标准）的 22 个，执行地方标准的 73 个，执行企业标准的 133 个。县标准计量局通过定期检查或不定期抽查，对标准化和产品质量实行监督，不合标准的产品禁止出售。1990 年，通过检查，执行国家标准合格者占 56%，执行专业标准合格者占 73%，执行地方标准合格者占 82%。同时，为 23 家企业颁发全国工业产品生产许可证，形成从产品设计、原材料消耗、工艺流程到产品包装、验收等环节的系列化标准管理。

第四节 管理机构

清以前，域内无专门计量管理机构，官府只设公平斗、公平秤等，以裁决计量纠纷。清道光后，安客堂设公平砝码，裁决药材交易中的计量纠纷。清末，商会兼管计量纠纷。民国19年（1930年），县内始设度量衡检定分所，为计量管理专门机构，负责推行新制和度量衡器检查鉴定。中华人民共和国成立初，计量工作由县工商科代管。1955年，原白铁社衡器组具体办理全县度量衡器检定。1963年，县计委组建计量管理站，配备2名专职人员，开始统管全县计量工作。1978年，改为县计量管理所。1988年5月，成立县标准计量管理局，下设计量测试所、产品质量监督检验所，配备专职干部、职工20人。

第四章　计　划

第一节　计划编制

民国时期，县政府会计室每年仅编制岁出岁入计划（财政收支年度计划），各行业的生产活动基本上处于放任自流状况。

中华人民共和国成立后，逐步完善计划管理体制。1953年，实行粮棉油指令性计划购销。翌年，始编制全县国民经济和社会发展计划。因当时私有经济比重较大，计划多为指导性。社会主义改造基本完成后，随着公有制为基础的计划经济体制确立，计划管理范围逐步扩展，项目增多，且多为指令性。1957年，编制的计划有基建、交通运输、邮电、财务等7类。工业计划主要包括工业产值和主要产品产量；农业计划包括种植品种、面积、预定产量及畜牧、林业、水利发展指标；商业计划包括商品购进、销售额，主要商品销售量，工农业生产资料供应，粮、棉、油、猪、蛋、药材等大宗农副产品征购等。部门根据计划安排组织生产、流通、分配及各项事业的发展，不得随意更改。

“大跃进”期间，计划编制脱离实际，指标过高，为完成或超过计划指标，各级各部门盲目发展，随意虚报，造成国民经济比例失调，效益下降。至1962年，工农业总产值年均递减5%。

1963年，贯彻中央“调整、巩固、充实、提高”的方针，按“农、轻、重”的发展顺序调整，计划管理步入正轨。至1965年，工农业总产值以年均8.6%的速度递增。其后，国民经济和社会发展计划性加强，计划管理范围涉及生产流通、交通运输、基本建设、科学研究、劳动就业、人口、文教卫生等各个领域。除年度计划外，另有长期的十年规划和中期的五年计划。各种计划的编制，按照国家各个时期规定的国民经济和社会发展计划，在调查研究的基础上，结合实际情况，由县计划委员会编制计划草案，经县委、县政府审查同意，上报地区计划委员会综合平衡后下达计划指标，再编制计划草案，提交县人民代表大会或人大常务委员会审议批准，下达部门执行。

1979年后，改革单一的计划经济体制，实行计划经济与商品经济相结合的有计划的商品经济体制，逐步缩小指令性计划管理范围，扩大指导性计划。计划管理由过去单一的制定指标、分物资、批项目转向研究经济发展战略、产品政策和宏观经济技术政策，对全县经济总量和结构进行管理和调节。计划编制由过去上分下派，分物分数，以上为主，改为计划前广泛调查研究、分析情况，计划中上下结合，以下为主。

1990年，指令性计划主要有：粮、棉、油定购，基本建设规模及投资、计划生育等；农业生产计划、工业生产计划、商业计划、乡镇企业发展计划等，由企业根据市场情况安排生产，直接参与竞争。

1954年，成立县计划委员会，负责编制国民经济和社会发展计划。1958年，各公社设立公社经济计划委员会，各大队均配备专职或兼职计划统计人员。1970年12月，县计划委员会改称计划科，受县革委会生产指挥处领导。1975年5月，恢复县计划委员会。1990年，县计划委员会内设秘书科、基建物资科、综合科，工作人员13人，正副主任各1人。

第二节 计划实施

国民经济和社会发展计划的实施由县人民政府授权县计划委员会监督、检查。通过检查，分析经济形势，预测经济动态，定期向县委、县政府汇报。在实施过程中，县政府除运用行政命令手段外，并通过物资分配、银行贷款、优惠政策、人员调配等手段调控，以保证计划实施。同时每年由县计划委员会向县人民代表大会报告国民经济和社会发展计划执行情况。

第五章　统　计

第一节　统计机构

民国及以前，县内无专门统计机构，统计数字及调查情况，由主管部门或临时组织人员办理。

解放后，县民主政府设专人负责统计工作。1953 年 4 月，建县统计科，各区设统计员，各行政村建 4 ～ 9 个统计小组。1957 年，整顿基层统计组织，29 个乡、175 个合作社均建立统计小组。1966 年，统计科并入县计划委员会。1980 年，统计工作自计委析出，成立安国县统计局。1984 年，成立县农经调查队，与统计局合署办公。至 1990 年，建立 20 个乡镇统计站。各行政村由村会计与片会计（一村分几片，一片设一会计）负责统计。县商业局、供销社、经委、粮食局、人民银行、工商银行、农业银行等 13 个部门设立统计科、股，企事业单位均设专兼职统计员，全县统计人员达 339 人，其中统计师 4 人，助理统计师 8 人，统计员 327 人。县统计局工作人员 16 人。

第二节　统计工作

安国解放初，统计仅为配合中心工作进行，如“市场物价”“人民生活”“租佃关系”等专项调查。中华人民共和国成立初，统计工作仍很薄弱，内容单一，仅统计工农业总产值、商业零售额和劳动就业情况。第一个五年计划时期，随着计划经济的确立，统计制度逐步健全，统计内容渐增，到 1957 年农业、工业、基本建设、运输和邮电、物资、商业、劳动工资、文教卫生等统计都已自成体系。其中，农业统计报表包括人口、耕地、牲畜、夏播、秋收预测、灾情总结、棉花产量预计、生产组织、果类产量、秋收实测、小麦种植面积、合作社收益分配等项，采用“就地登记、就地审查、就地纠正”的方法，以达各种统计资料“查实、登实、报实”。

1958 年，各种统计报表猛增，主要统计内容即达 13 项 44 种，加上其他报表共达 188 种 2256 个指标，仅中央、省制定的农业统计报表就达 30 余份，比 1957 年增加 1 倍，同时增加工业日进度和农业隔日进度报表，各级统计人员难以应付，出现估报虚数，造成统计资料失实。1959 年，为加强报表管理，国家统计系统实行系统垂直领导，报表、人员统一管理，负责人归系统统一调配的“一垂三统”制，各系统的统计报表由统计部门签署后方可下达，否则基层有权拒绝填报。1 年后，“一垂三统”制取消，又出现统计报表过多现象。1963 年下半年，省、专、县发到公社的报表就达 102 种，5000 多个指标，另有 25 个调查提纲，又包括 2000 多个指标，出现估报支应现象。1964 年，按照“可要可不要的坚决不要，能搞典型调查的不搞全面调查，月季报表可以解决问题的不搞旬、日报或电讯报”的原则，对统计报表进行清理，废止一些不必要的报表。“文化大革命”初期，统计机构被撤销，一部分珍贵的统计资料被毁坏，多数部门统计工作中断。1979 年 10 月，国务院发出《关于加强统计工作充实统计机构的决定》，县内统计工作步入正轨，各级各部门建立健全了历史资料台账、原始记录、计量、统计核算和数字质量检查等，提高了统计数字的准确程度。1981 年，增加了奖金统计，包括企业中的生产奖、节约奖、劳动竞赛奖及机关事业单位的增收节支奖 4 项内容。1983 年，增加国民收入、社会总产值、国民生产总值等项统计。翌年，《中华人民共和国统计法》颁布实施，统计数字成为法定数字。

随着改革深入和经济发展，统计制度、统计内容日益完善。统计方法亦由过去单纯的定期逐级上报汇总，转变为与抽样调查、定点调查、全面普查等相结合的方法。生产统计由过去只重视进度转向注重经济效益，增强了统计资料的真实性和有用性。1990 年，统计内容共 9 个专项，637 个指标。

1990 年安国县统计内容一览表

表 10-7

内容分类	详细内容
综合部分	工农业总产值；县内生产总值及各业增加值；社会总产值和国民收入；乡镇工农业总产值
基本情况	总户数、总人口；县城建设；气象资料；劳动力、耕地面积；农村劳动力使用情况；牧业生产、林业生产、干鲜果产量；农机作业、用电、化肥、水利情况；农业机械化
农业农经部分	农作物播种面积和产量；全社会粮食产量；棉、油、菜产量；秋季粮食作物品种；种植面积、产量；粮食、油料购销情况；灾情；农业总产值、净产值、商品产值；各乡镇农业总产值；农村固定资产结构；农村经济情况；现价农村社会总产值；农村住户基本情况；农村住户总收入和纯收入；农村住户总支出；农村住户现金收支；农村住户种植业、林业、饲养业生产情况；农村住户出售产品情况；农村住户粮食收支；农村住户购买商品情况；农村住户主要实物消费量和耐用物品拥有量
工业部分	分月工业总产值；全部工业总产值；主要工业产品产量，独立核算工业企业一览表；全民所有制独立核算工业企业净产值和主要财物成本、指标；集体所有制独立核算工业企业净产值和主要财务指标；独立核算乡办工业企业净产值和主要财务指标
基建物资部分	全民单位基本建设项目一览表；全民单位更新改造项目一览表；城镇集体单位固定资产投资一览表；全民所有制单位物资消费与库存；集体所有制单位物资消费与库存；物资供销机构购、销、存总值；生产用主要物资使用方向；产品销售与库存总值
交通邮电	交通运输情况；邮电基本情况
电力部分	电力情况
商业、物价部分	社会商品购、销、存总值；社会商品零售总额；社会商业商品购、销、存数量；社会主要消费品零售量；社会农副产品收购总额和收购量；国营商业、供销合作社经济效益、主要指标；商业机构和人员；商业零售机构和人员；饮食业、服务业机构、人员；全社会职工生活费用价格和零售物价分类指数；国营商业职工生活费用价格和零售物价分类指数；国营商业农民费用价格和农村零售物价分类指数；集市贸易价格指数；农副产品收购混合平均价格
对外贸易部分	外贸收购、销售情况
职工家庭生活、劳动工资部分	城市家庭住户基本情况；城市住户居住情况、全民所有制单位全部职工人数和工资；全民所有制单位全部职工人数和工资一览表；全民所有制单位全部职工工资总额构成情况；全民工业企业全部职工人数和工资；全民所有制单位固定职工和合同制职工增减情况；城镇集体所有制单位全部职工人数与工资；城镇集体所有制单位职工增减情况；乡办集体、个体劳动者人数和工资
财政、金融、保险部分	财政收支；人民银行现金收支；城乡储蓄存款；各银行的货币投放；银行各项存款、贷款；农村信用社各项存款、贷款；城市信用社各项存款、贷款；年末市场货币量分布；保险业务
广播、文教、卫生、体育部分	广播电视事业；文化工作情况；体育基本情况；小学基本情况；小学分课程专任教师情况；普通中学基本情况；普通中学教职工基本情况；普通中学分课程专任教师学历情况；农业中学基本情况；成人教育情况；幼儿园基本情况；电影事业基本情况；卫生事业；计划生育
民政部分	民政业务概况；民政事业费使用情况

第六章　土地管理

第一节　管理机构

1986年12月22日，县委、县政府联合成立土地管理领导小组，负责掌握土地管理工作的政策与违法裁决。1987年6月，成立安国县土地管理局。1988年，县土地管理局、公安局联合成立土地监督检查执法队。

第二节　管理状况

明代以前，域内地旷人稀，土地利用率很低，部分地方尚遗留原始植被。明代迁入大批移民后，大量开垦荒地，土地利用率提高。明崇祯《祁州志》载，耕地3371.82顷。至清乾隆年间，耕地增至3950.96顷，约占总面积的56%。明至清初，人均耕地徘徊在10亩左右。清中叶至民国，人口迅速增长，闲散土地被大量开垦。至清光绪末年，总耕地达50余万亩，人均耕地却已不足4亩。民国24年（1935）统计，实有耕地576860亩，人均耕地降至2.8亩。非农业占地除村庄、道路外，主要是坟场，大家族坟地多达数亩、数十亩。

土地自然破坏以洪水和风沙为剧，清乾隆三年（1738）三河涨发，水冲沙压田地1328亩；乾隆五年（1740）大水时，毁田4286.6亩。由于域内沙带较多，春冬多风季节，往往尘沙大起，侵蚀良田，使大片耕地沙化。

域内农民历代重视土地资源保护及开发利用。唐初，官府已于域内主要河道置防河卒。宋元间，先后在磁河、潴龙河筑堤拦水、植柳固堤，保护耕地。同时，注重沙滩及河淤地的垦殖。清乾隆《祁州志》载，清开国初16年中，开垦沙荒及河滩淤地6478.1亩。每次洪水后，县民均迅速垦殖返耕。为治理河流故道沙砾对农田的侵蚀，多于地边、沙地植树栽桑，防风固沙。清中叶，两条明显沙带已多植梨、杏、枣、槐等树木。民国县政府提倡栽植风景林、保安林、经济林，至民国25年（1936）营林面积达6000余亩，起到了防风固沙作用。解放后，县民主政府号召人民植树造林，改善生态环境，域内栽植大量防护林，初步改变了春冬季节沙尘飞扬，侵蚀耕地的状况。土改后，农民生产热情空前高涨，盐碱沙荒等不毛地迅速被开垦熟化，耕地面积由1949年的568956亩猛增至603256亩，占总面积的85%，达耕地数量最高峰。1956年，土地由私人所有改为集体和国家所有，由于管理不严，出现滥占耕地现象。至1962年，用于宅基和公共建筑的耕地达5万余亩。是年，根据这一严峻情况，县委、县人委落实耕地、自留地、荒地、宅院及其他闲散地的权属，滥占耕地现象有敛。随人口日增，住房日渐紧张，60年代末部分村出现抢占耕地建房现象。1969年11月29日，县革委会下达《关于社员占用宅基地问题的通知》，强调执行宅基发放须经个人申请、社员讨论、大队申报、公社核实、县革委会批准的严格审批手续，每户宅基不超过3分地，尽量不占用或少占用耕地。1976年5月28日，县委、县革委会颁发《关于农村宅基问题的处理意见》，规定过去由户经营的空场、空宅院等非耕地统归集体经营，旨在以此项闲散地调节宅基，减少耕地占用。1977年，城乡兴起建房热，出现抢占耕地建房现象。仅1978年3月份，县委接待室即受理抢占耕地案65起，160余人次，抢占耕地1351.14亩。是年7月13日，县委发出《关于严格征用土地工作的通知》，对土地征用范围及征地限量、违法征用耕地的处罚等作了明确规定。1983年11月20日，县政府颁发《安国县村镇建房用地管理实施细则（试行）》，再次限定民宅用地数额为2.5～3分地，对宅基发放的条件、范围均作了详细规定，并对抢占、超占土地罚款规定了数额。鉴于农村抢占、超占耕地建房有禁不止的情况，1985年3月9日县政府再次发出《关于坚决制止农村乱放、抢占、宅基地的紧急通知》，抢占耕地建房之风被刹。1987年，清理乱抢、乱占耕地建房问题，进行恢复地貌、罚款等处理，并丈量全县宅基地，由县政府向户颁发“宅基地使用证”。

1988年，查处各类违法占地案件3986起，收回耕地8400余亩。同时，在全县开展“但存方寸地，留给子孙耕”的教育。是年，土地局对全县耕地普查，土地资源总量为727336.2亩。其中，耕地517775.7亩，占71.2%（统计数据是50.2万亩）；果园46594.4亩，占6.4%；林地14602.9亩，占2%；居民点及厂矿用地93879亩，占12.9%；交通用地12458.3亩，占1.7%；水域26094.6亩，占3.6%；未利用土地15931.3亩，占2.2%。

第七章　审　计

第一节　审计机构

1983年11月，建县审计局。此后，经委、县社、农行、工商行、粮食局、商业局、棉纺厂、制酒厂等部门或单位，相继设立内部审计组织（或专人）。1988年，建县审计事务所，承揽机关、团体、企事业单位和个人委托的社会性审计。

第二节　审计工作

1984—1990年底，在内部审计基础上，县审计局对全县党政机关、企事业单位的财务收支情况、经济效益（包括生产经营成果、基本建设投资效果、行政事业单位资金使用是否经济有效等）、财经纪律及企业承包前资金、财产、计划、项目评估等情况进行审计。通过审查凭证、复核账目、核实数据、盘点实物、分析比较，实行定期、非定期或专项审计。

1984—1990年安国县审计财务情况统计表

表10-8

年度	审计项目（个）	审计单位（个）	违纪资金（万元）	应上交财政（万元）	实上交财政（万元）
1984	7	27	146	60.36	48.5
1985	17	46	94.94	15.71	5.33
1986	33	13	37	9.3	8.1
1987	45	52	81.3	23.6	23.6
1988	33	223（个次）	122.2	25.4	13.8
1989	23	66	159.5	74.1	17.4
1990	73	41	73.1	5.7	5.7

第十一编
政　党

第一章　中国共产党安国县地方组织

第一节　创建与发展

20世纪初，残酷的阶级压迫、沉重的赋税和连年军阀混战，使县内广大民众人权受到严重侵犯，激起了人民强烈反抗。穷苦人自发地组织起来毁掉地主的青苗、抢秋、抢麦、吃大户，甚至将富豪们的不义之财付之一炬。庞各庄、大五女、南章、马庄等一些乡村的贫穷户团结在一起，向村中地主势力夺权、反摊派，阶级斗争日益激化。从五四运动开始，全国反帝、反封建、反压迫的革命斗争风起云涌，特别是中国共产党成立后，对安国影响颇大。一些进步青年教师和在外求学的青年学生积极投身于以民主和科学为旗帜的新文化运动。其中一批先进知识分子，如李兆能、宋鑫泉、李树仁、吴金波、张俊卿、安竞吾、靳青润（女）和唐朴农等，利用教师或学生的合法身份，在课堂、街头、田间宣传新思想，倡导新文化，评论时局，揭露时弊，寻求救国、救民和自救的真理。新思想、新文化的广泛传播，使县内劳苦大众日渐觉醒，为共产党组织的建立和发展奠定了基础。

民国11年（1922）2月，在保定育德中学读书的大五女村青年学生唐朴农由杨其刚、安志成介绍加入社会主义青年团。民国12年（1923）7月，唐朴农中学毕业后回原籍安国县大五女村，先后发展大五女村解凤岐、王廷玺，西秋元村王国栋、王季直，滩头村刘玉藻，郑村魏志荣，南龙王店村李金普7人加入社会主义青年团。民国13年（1924）夏，唐朴农受社会主义青年团保定地方执行委员会派遣，回乡建立社会主义青年团大五女特别支部，同年更名为中国共产主义青年团大五女青年团支部。民国14年（1925）3月，唐朴农在郑州京汉铁路工会经王中秀介绍加入中国共产党，是域内第一位中共党员。同年7月，唐朴农回安国县发展党的组织，经中共保定地方委员会批准，大五女团支部6名团员集体转党，建立起安国县第一个中共党支部。唐朴农任支部书记，王国栋任组织委员，刘玉藻任宣传委员。民国16年（1927）夏，大五女支部发展到10名党员。是年蒋介石发动“四一二”反革命政变，奉系军阀亦在北方大肆捕杀共产党人，中共保定地委组织遭到破坏，大五女支部在失去上级领导的情况下，仍坚持斗争。他们利用国民党在县内统治尚不牢固的时机，在大五女一带组织农民协会，开办农民夜校、识字班，秘密从事党的宣传工作，传播马列主义、共产主义思想。民国18年（1929），国民党安国县党部内发生权力之争，大五女党支部利用两派矛盾，联合其中“农村派”农民协会（国民党办）组织，展开“反捐税”“减田租”“斗豪绅”的农民运动，打击顽固的城关派势力。是年7月间，大五女支部以农民协会组织为掩护，组织发动周围村庄贫民进城发起反贪官污吏、反苛政暴敛示威游行，并大闹国民党县政府。张乡、伍仁桥、东固一带农民亦进城砸毁了县党部。年底，农民运动被镇压。此次农运虽遭失败，党的组织却得到发展，大五女支部党员发展到15人。民国19年（1930），大王女支部受博蠡中心县委领导，后转定县中心县委领导。

民国20—26年（1931—1937），县内共产党组织在周围县党组织秘密渗透中，不断发展壮大。民国20年（1931），博野县南白沙村共产党员徐云圃、刘锅台介绍安国县南章村刘鸣琴、刘青山入党。是年秋，南章村在安新县同口中学加入共产党的青年学生刘云峰、刘希颜、刘云田等，因参加学潮被校方开除回家，后同博野县党组织接上关系，建立南章村党支部。刘云峰任支部书记，刘青山任组织委员，刘迪刚任宣传委员。支部隶属博野县委领导。民国21年（1932）春，在高阳县织布厂做工的郑章村共产党员陈凤思，因参加“高蠡暴动”被通缉，遂潜回家乡秘密建党，先后介绍陈亚言、陈儒锡入党，建立郑章村党支部，受中共高阳县委领导。是年4月，在深泽县小堡村加入共产党的南马村人郑修理，先后介绍周洛奔、郑朝元等入党，建立南马村党支部，受中共深泽县委领导。民国26年（1937）初，石庄村、米庄村党支部相继建立，分别受中共博野、安平县委领导。时域内共有党支部6个，党员74人。7年间，在中共博野、高阳、定县、深泽等县委的领导下，安国县各党支部领导群众同国民党政权进行英勇不屈的斗争。民国20—22年（1931—1933），大五女支部领导发动了“抵制日货”运动、“乡师学潮”“扫盐土反官盐”斗争；南章村支部派员参加了著名的“高蠡暴动”，领导了石佛、张乡学潮和明官店村的“反割头税”斗争；南马、石庄、米庄党支部组织当地贫民进行了抢秋、吃大户活动。民国22年（1933）夏，定县中心县委巡视员郭凤歧、王俊岭先后叛变，大五女党支部遭破坏，4名党员被捕。8月，南马、南章、郑章等支部亦被国民党军警破坏，大批中共党员、革命群众被捕。民国23年（1934）冬至翌年春，各支部在中共定县、博野、深泽等县委的组织下，相继恢复活动。

七七事变后，国民党县政府随溃军南逃。民国26年（1937）10月23日，吕正操率抗日人民自卫军进驻安国建政。11月初，保南特委宣传部长师容之到安国筹建河北游击总队第三路军。翌年1月，适逢冀中省委书记鲁贲、抗日人民自卫军司令员吕正操到安国视察，鲁、吕代表冀中省委任命师容之为冀中工委特派员和安国县抗日民主政府县长，同时指示师容之筹建中共安国县委。师容之同大五女、南章、南马村党组织和零星分布于县内的地下党员取得联系。2月，经中共保南特委批准建立安国县委，属中共保南特委领导，全县时有党员100余人。

中共安国县委成立后，以宣传党的抗日主张，建立抗日团体和地方抗日武装为中心，相继成立县人民武装抗日委员会、抗日联合会、农民抗日救国会、工人抗日救国会、青年抗日救国会、妇女抗日救国会、回民抗日救国会等组织。民国27年（1938）4月，县委以农会为掩护，在文庙举办数期教师、农民训练班，培训抗日积极分子。同时，为培训抗日干部在南关高小创建“时代中学”，县委领导亲自讲课，在学员中吸收一批思想进步的知识分子加入党组织。夏秋间，组建5个区委、区政府、区小队，186个行政村普遍建立抗日政权，党的发展深入农村、学校和工厂。

民国28年（1939）至30年（1941）上半年，为安国抗日工作的“黄金时代”。县区武装和各抗日团体非常活跃，党的力量进一步壮大。民国28年（1939）初，县委在龙王店召开县区干部会议，纠正干部、群众中存在的“亡国论”“速胜论”思想。4月，根据抗日形势，整顿县区干部队伍，加强党的基层建设。8月，县委在八方村召开临时代表大会，制定出对根据地、游击区、敌占区的斗争方略。翌年5月，按照冀中七地委“关于层层召开党代会”的指示精神，县、区、村各级召开党代会，选举产生各级组织机构。8月，开展民主宪政运动，建立“三三制”抗日民主政权。在县委领导下，抗日民主统一战线进一步巩固扩大，推动了全县抗日斗争。

民国31—32年（1942—1943）是安国抗日斗争异常困难时期。民国31年（1942）5月，日军发动五一大“扫荡”，实施惨绝人寰的烧光、杀光、抢光政策。6—11月，各级党组织、政权机构、群众团体和抗日武装均遭程度不同的破坏。“扫荡”过后，日军推行“强化治安”“村镇分割”，村村建立“保甲制”，域内碉堡林立，壕沟纵横，公路如网。日伪政权为消灭抗日力量，不时到农村“围剿”“扫荡”。在艰难困苦的环境中，县委不屈不挠坚持和发展敌后抗战。民国31年（1942）下半年，县委根据上级“隐蔽精干、保存力量、以待时机”的指示精神，制定抗战措施：机关团体、县大队武装化整为零坚持斗争；派可靠人员打入日伪组织，建立情报网；对叛徒特务实行“单打一”锄奸，对人民群众进行民族气节教育，动员群众挖地道、修夹壁墙，广泛建立“堡垒户”，坚持人民战争。其间，党组织虽遭严重破坏，但经过考验更为坚强。

民国33年（1944）初，抗日形势好转，局部反攻开始。春季，各级党组织、政权机构、抗日团体逐步恢复壮大，县区武装在冀中区武装配合下，连克娄营、西照、北堡、南马、焦庄等日伪碉点17座。夏季，又克庞各庄、茂山卫、西河、王买等日伪碉点8座。至年底，根据地连成一片，全县194个自然村，除35个两面负担村和11个日伪控制村外，148个村庄建立了共产党领导的抗日政权。

民国34年（1945）春，县委做出“扩大解放区，缩小敌占区，向城关挺进”的决定。6月，县委根据上级党委统一布署，对县城日伪守军展开强大的政治攻势。7月，县人民武装力量在地区45区队配合下，发起武装攻击，消灭南关日伪守军。8月28日，光复县城，全县境解放。8年抗战，中共安国县地方组织坚持全民团结对敌，创建与巩固了县、区、村抗日民主政权和人民抗日武装，壮大了共产党的队伍。整个抗战时期，全县有972名革命志士为国捐躯，无数抗日群众流血牺牲。

抗日战争胜利后，县委领导人民一方面积极支援全国解放战争，另一方面加强党政建设和恢复发展生产，党组织得到巩固和发展。

民国34年（1945）9月初，县委、县政府及各抗日团体迁回县城办公。翌年春，县委领导全县人民开展“减租减息”“清匪反霸”“反黑地”“反国特”运动。3月，县委召开组织工作会议，要求紧紧围绕“反黑地”“反国特”斗争，进一步壮大党的组织，1—3月全县发展新党员1758人。民国36年（1947）10月，安国被定为冀中九地委土改试点县，地委派干部组成县土改委员会，行使县委职权。随之各村普建贫民团领导土改，农村基层党组织停止活动，对200余名农村基层干部集中审查（亦称搬石头）。11月，在地委主持下，召开安国县党员代表大会，选举产生中共安国县委员会。年底，党的基层组织和党员在社会上公开。民国37年（1948）2月，县委在北都村召开县、区、村三级干部扩大会议，通过进一步学习土改政策，纠正了土改工作中错误倾向和做法，为一部分老党员、老干部恢复名誉。会后，农村基层支部陆续恢复活动。4月，完成土改，实现“耕者有其田”，几千年的封建剥削制度被彻底推翻。是月，开展整党工作，清洗出一批蜕化变质分子，吸收一批土改中骨干分子入党，党组织更加纯洁，战斗力增强。

民国36年（1947）春至翌年12月，为支援全国解放战争，县委组织4批5300余人的支前民工队、担架队、运输队，参加了“保南”“保北”“清风店”“平津”战役。广大民工随军转战千里，出色地完成了任务，被部队授予“钢铁民工团”“模范担架队”等光荣称号。同时，在“扩兵”工作中，动员1300余名青年应征入伍，参加了保卫解放区、解放全中国的战斗。

民国37年（1948）5月，中共冀中区九地委决定于县城设置安国市（县级市），建中共安国市委员会。是年冬，全县整党。翌年2月，撤销安国市。6月，进行民主建政选举，改革农村行政组织形式。6月中旬，县委召开全县党员大会，传达贯彻中共中央七届二中全会精神。会后，县委着力领导全县大办互助组、合作社，恢复农业生产和城镇建设，同时大力恢复发展城镇工商业，并制定药业发展总体规划。

中华人民共和国成立后，党的工作重心由长期的武装斗争、夺取政权转为经济建设，到1966年5月“文化大革命”开始的17年间，中共安国县地方组织，保证了本县社会主义改造与社会主义建设的进行，创造了许多新经验。同时，由于“左”的影响，亦使党的工作受到一定损害，在艰难曲折的发展中积累了经验教训。

1950—1956年，农村、机关、团体、学校、企事业单位的党组织，通过整顿与加强，组织生活制度更加完善，党员在经济、政治建设中发挥了先锋模范作用，党在人民群众中享有崇高威望。其间，县内党组织成功地领导了全县民主改革、国民经济恢复和抗美援朝、镇压反革命、三反、五反及互助合作运动，完成了生产资料私有制的社会主义改造。1957年，在全县进行整风运动的同时，开展反对资产阶级右派分子向党进攻的斗争。斗争中出现扩大化，302名干部、教师被错划为资产阶级“右派分子”。是年冬，开始农业生产“大跃进”，1958年掀起人民公社化运动。由于对经济建设急于求成，在“大跃进”、人民公社化运动中出现严重的高指标、浮夸风，给县内政治思想、党群关系、经济生活等方面带来不良后果。1960年，开始贯彻中共中央对国民经济实行“调整、巩固、充实、提高”的八字方针和纠正“五风”错误。1962年，按照中共中央扩大工作会议精神，为“反右倾”运动中受错误处理的党员干部和群众甄别平反，为部分“右派分子”摘帽，党的民主集中制和“三大作风”得以恢复与发扬，农村生产关系和管理体制得以理顺。1963年春至1966年5月，按照中共中央八届十中全会精神，普遍开展了社会主义教育运动（亦称“四清”运动），党员队伍在政治上、思想上、经济上、组织上进一步纯洁，但由于强调“以阶级斗争为纲”，使部分党员干部受到伤害。

1966年6月“文化大革命”运动开始，翌年1月后，“踢开党委闹革命”遍及城乡，各级党政领导被打成“走资本主义道路的当权派”“牛鬼蛇神”“黑帮”而遭揪斗，造反组织夺了各级领导权，党组织陷于瘫痪，党员组织生活停止。1971年1月，重建中共安国县委，并分期分批整党。整党中以“阶级斗争”“路线觉悟”为标准大搞吐故纳新，大批“造反派”被吸收入党，许多抵制或对“文化大革命”持怀疑态度的党员被“劝退”或“挂起来”，不让参加组织生活，甚至有的被开除党籍。1973年至1976年10月，先后开展“批陈整风”“批林批孔”“评法批儒”“批邓反击右倾翻案风”等运动，很多单位“突击提干”“突击入党”。

1976年10月，党中央粉碎“江青反革命集团”，“文化大革命”结束。中共安国地方组织在政治、思想、组织建设上开始进入新的历史时期。

1976年11月，中共中央、国务院、中央军委发布解决保定问题的“一一·九”布告，中国人民解放军派出宣传队进驻安国传达落实布告精神，收缴两派组织流散的武器弹药，安定社会秩序。随之，中共河北省委、驻保部队某部组成联合工作组到安国指导工作，揭发批判“江青反革命集团”罪行，清查“江青反革命集团”帮派体系。1977年5月，省委任命安国县委7人常委班子，局势渐趋稳定。1978年中共十一届三中全会后，全县各项工作出现历史性转折。县委按照十一届三中全会的路线、方针、政策，摈弃长期“以阶级斗争为纲”的指导思想，把工作中心转移到社会主义现代化建设轨道。同时，开始纠正“文化大革命”中的错误，从组织路线和组织建设方面拨乱反正。通过在各级党组织中深入开展“实践是检验真理的唯一标准”的大讨论和彻底否定“文化大革命”的教育，党的组织生活步入正轨。1980年4月，中共安国县五届十四次全会，选举产生县委纪律检查委员会。1981年，县委的工作机构及其职能有了较大的调整和改进，新增设政法委员会、统战部、老干部局等机构。至年底，全县平反冤假错案576起，结合落实政策，清理“文化大革命”中造反起家的人、帮派思想严重的人和打砸抢分子，调整和整顿基层领导班子，纯洁党的组织。1983年12月，进行初步机构改革，在组织路线和干部政策上，县委立足任人唯贤，尊重知识、尊重人才，提拔一批年富力强的中青年干部到各级领导岗位，并注重发展知识分子入党。1984年5月，公社党委改成乡、镇党委。1986年底，开始分批整党，按照“统一思想，整顿作风，加强纪律，纯洁组织”的要求，进一步否定“文化大革命”，纠正党内不正之风，并对全部党员重新登记。1987年10月，中共十三大召开以后，县委认真贯彻十三大会议精神，坚持“四项基本原则”，坚持改革开放方针，以经济工作为中心，带领全县人民建设具有中国特色的社会主义。

第二节 组织机构

一、县 委

民国27年（1938）2月，中共安国县委成立。时设组织部、宣传部、军事部。夏秋时，建城关、伍仁桥、石佛、大五女、西伯章5个区委，县委机关设在舍二村张家大院。12月，日军侵占县城，县委机关撤到农村开展工作。民国29—34年（1940—1945），县委工作机构增设社会部、民运部、敌工部、武装交通部、城工部。其间，县委先后隶属二地委、四地委、九地委领导。

民国34年（1945）8月，县委机关进驻县城，设秘书室、组织部、宣传部、经济部、城工部、敌工部、社会部（县公安局），辖城南关、庞各庄、小营、郑章、伍仁桥、城厢区6个区委，11月撤销城厢区委。民国36年（1947）11月，由冀中九地委主持召开安国县党员代表大会，选举产生中共安国县委员会。12月，由原来的5个区委改建为伍仁桥、西王奇、庞各庄、东张庄、小营、中照、西桄、行堂8个区委。民国37年（1948）5月，建中共安国市委，直属九地委领导。市委设书记、副书记各1人，工作机构有组织部、宣传部，各设部长1人。翌年2月，撤销安国市委。民国38年（1949）7月，安国县委改属河北省定县地委领导。1953年，县委增设纪律监察委员会。翌年，安国县委改属中共保定地委领导，并增设统一战线工作部（简称统战部）。1955年，县委设书记1人，副书记2人，常委3人。是年，建立县委党校，增设农村工作部、财贸工作部。12月，增设文化教育工作部、工业交通部。1958年10月，县委设书记处，有第一书记1人，书记6人。翌年7月，县委秘书室改称县委办公室。1962年，县委机构有办公室、组织部、宣传部、纪律监察委员会、农工部、财贸部、统战部、工业交通部、文教部、党校。同年7月，书记处撤销，县委领导改设书记、副书记。1964年10月，县委主要领导带402名干部到新城县参加“四清”运动，建中共安国县临时常务委员会主持县内工作，设代理书记1人。1967年1月后，县委被“造反派”夺权，各级党组织瘫痪。1969年9月19日，行使党政职权“一元化”领导的“革命委员会”成立，设办事组、政工组、生产指挥组、保卫组。翌年11月，撤销4组，成立1室3处17科。1971年，召开安国县第五次党员代表大会，选举产生中共安国县第五届委员会。县委与县革委会合署办公。1979年，党政分设。县委所辖工作机构有办公室、组织部、宣传部、党校、县直机关党委和20个人民公社党委。1980年8月，重设纪律检查委员会。1981年底，县委机构进行调整，增设政法工作委员会、党史资料征集办公室、老干部局，恢复统战部、农工部。1984年5月，撤销人民公社党委，改设19个乡、1个镇党委。1987年7月，县委增设政策研究室。1990年底，县委设书记1人，副书记3人，常委9人，委员25人，侯补委员5人，办事机构有办公室、政策研究室、机要室、组织部、宣传部、统战部、农工部、政法委员会、老干部局、党史办、党校；跨属县委、县政府的部门有编制委员会办公室、廉政办公室、信访办公室、精神文明办公室。

1938—1950 年中共安国县委、安国市委领导人更迭表

表 11-1

机构名称	职　务	姓　名	籍　贯	任期（年．月—年．月）
安国县委	书　记	马建民	河北省深泽县	1938.2—1938.6
		张逢时	河北省深泽县	1938.7—1938.11 1939.4—1940.4
		刘云生	安国县马固村	1938.11—1939.4 1940.4—1942.11
		彭志申	河北省安平县彭家营村	1942.11—1946.1
		赵士珍	安国县龙王店村	1946.1—1947.10
		范文兴	河北省深泽县高庙村	1947.10—1948.8
		力　矢	河北省定县	1948.8—1949 秋
		李　健	河北省饶阳县张保村	1949 秋—1950.11
	副书记	曹　平	河北省无极县	1940.11—1943.9
		张　克	安国县高业村	1944.1—1944.11
		赵士珍	安国县龙王店村	1945.8—1946.1
		范文兴	河北省深泽县高庙村	1946.1—1947.10
		陈　克	安国县齐村	1948.8—1950.11
安国市委	书　记	刘　勃	—	1948.5—1949.2
	副书记	齐景林	—	1948.5—1948.冬

1950—1990 年中共安国县委领导人更迭表

表 11-2

届　次	职　务	姓　名	性别	民族	家庭出身	文化程度	参加工作时间	籍　贯	任期（年．月—年．月）
第一届委员会 一九五〇·十一至一九五六·三	书记	李　健	男	汉	—	高小	—	河北省饶阳县张保	1950.11—1951.4
		张　毅	男	汉	—	初中	—	河北省无极县祁村	1951.5—1952.10
		李存仁	男	汉	—	—	—	—	1952.11—1955.1
		刘振宗	男	汉	富农	初中	1945.1	河北省定县子位村	1955.2—1956.3
	副书记	陈　克	男	汉	—	—	—	安国县齐村	1950.11—1951.12
		刘振宗	男	汉	富农	初中	1945.1	河北省定县子位村	1953.4—1955.2
		焦家驹	男	汉	贫农	高小	1945.8	安国县焦庄村	1953.4—1956.3
		王春立	男	汉	贫农	初中	1941.4	河北省深泽县南营村	1954.7—1955.1
		吴合法	男	—	—	—	—	—	1955.4—1956.3
		袁硕儒	男	汉	贫农	初中	1944.4	安国县袁庄村	1955.4—1956.3

续表 11-2

届　次	职　务	姓　名	性别	民族	家庭出身	文化程度	参加工作时间	籍　贯	任期（年．月—年．月）
第二届委员会 一九五六·三至一九六〇·三	书　记	刘振宗	男	汉	富农	初中	1945.1	河北省定县子位村	1956.3—1957.5
	副书记	焦家驹	男	汉	贫农	高小	1945.3	安国县焦庄村	1956.3—1957.5
		张登云	男	汉	中农	高小	1945.6	安国县行唐村	1956.3—1957.3
		谷　杰	女	汉	中农	初中	1945.6	河北省无极县大户村	1956.3—1957.7
		张振江	男	汉	中农	高小	1945.8	安国县寺下村	1956.3—1957.7
	第一书记	刘振宗	男	汉	富农	初中	1945.1	河北省定县子位村	1957.5—1958.10
	第二书记	孙东川	男	汉	—	—	—	—	1957.5—1958.10
	第三书记	焦家驹	男	汉	贫农	高小	1945.8	安国县焦庄村	1957.5— 1958.10
	副书记	袁硕儒	男	汉	贫农	初中	1944.4	安国县袁庄村	1957.5—1958.10
		田　博	男	汉	中农	初中	1944	河北省徐水县	1958.9—1958.10
		刘玉楼	男	汉	贫农	高小	1944.4	河北省深县朱家庄	1958.9—1958.10
		江　舟	男	汉	贫农	初中	1944.9	安国县固显村	1958.9—1958.10
		吴士甲	男	汉	贫农	高小	1938.10	安国县西吴庄	1958.9—1958.10
	书记处 第一书记	刘振宗	男	汉	富农	初中	1945.1	河北省定县子位村	1958.10—1960.3
	书记处 书记	焦家驹	男	汉	贫农	高小	1945.8	安国县焦家庄	1958.10—1960.3
		袁硕儒	男	汉	贫农	初中	1944.4	安国县袁庄村	1958.10—1960.3
		田　博	男	汉	中农	初中	1944	河北省徐水县	1958.10—1960.3
		刘玉楼	男	汉	贫农	高小	1944.4	河北省深县朱家庄	1958.10—1959.2
		江　舟	男	汉	贫农	初中	1944.9	安国县固显村	1958.10—1960.3
		吴士甲	男	汉	贫农	高小	1938.10	安国县西吴庄	1958.10—1960.3
		宋　涛	男	汉	—	—	—	—	1958.12—1959.10
		吕克仁	男	汉	—	—	—	—	1958.12—1959.1
		赵亚光	男	汉	中农	初中	1937.10	河北省献县小坦村	1958.12—1960.3
		张志华	男	汉	—	—	—		1958.12—1959.10
第三届委员会 一九六〇·三至一九六四·二	书记处 第一书记	刘振宗	男	汉	富农	初中	1945.1	河北省定县子位村	1960.3—1961.5
		臧振国	男	汉	—	—	—	河北省清苑县	1961.5—1962.7
	书记处 书记	焦家驹	男	汉	贫农	高小	1945.8	安国县焦庄村	1960.3—1961.5 1962.2—1962.7
		袁硕儒	男	汉	贫农	初中	1944.4	安国县袁庄村	1960.3—1961.5
		赵亚光	男	汉	中农	初中	1937.10	河北省献县小坦村	1960.3—1962.7
		田　博	男	汉	中农	初中	1944	河北省徐水县	1960.3—1961.5
		江　舟	男	汉	贫农	初中	1944.9	安国县固显村	1960.3—1962.7
		佟玉书	男	汉	中农	初中	1947.7	河北省雄县魏庄村	1960.3—1962.2
		肖　志	男	汉	—	—	—	—	1960.9—1961.3
		王玉轩	男	汉	—	—	—	—	1961.2—1962.1
		张　柳	男	汉	—	—	—	河北省高阳县	1961.5—1962.7
		刘　珍	男	汉	—	—	—	河北省定县西王路	1961.5—1962.7

续表 11-2

届次	职务	姓名	性别	民族	家庭出身	文化程度	参加工作时间	籍贯	任期（年．月—年．月）
第三届委员会 一九六〇·三至一九六四·二	书记处书记	吴士甲	男	汉	贫农	高小	1938.10	安国县西吴庄	1961.5—1962.7
		肖　杰	男	汉	—	—	—	—	1961.5—1961.12
	书记	臧振国	男	汉	—	—	—	河北省清苑县	1962.7—1964.2
	副书记	焦家驹	男	汉	贫农	高小	1945.8	安国县焦庄村	1962.7—1964.2
		张　柳	男	汉	—	—	—	河北省高阳县	1962.7—1964.2
		袁硕儒	男	汉	贫农	初中	1944.4	安国县袁庄村	1962.7—1964.2
第四届委员会 一九六四·二至一九六七·一	书　记	臧振国	男	汉	—	—	—	河北省清苑县	1964.2—1967.1
	副书记	张　柳	男	汉	—	—	—	河北省高阳县	1964.2—1964.2
		焦家驹	男	汉	贫农	高小	1945.8	安国县焦庄村	1964.2—1964.10
		袁硕儒	男	汉	贫农	初中	1944.4	安国县袁庄	1964.2—1964.10
	代理书记	袁硕儒	男	汉	贫农	初中	1944.4	安国县袁庄	1964.10—1965.8
		郭立庄	男	汉	贫农	初中	1940	河北省束鹿县	1965.8—1967.1
	副书记	王会民	男	汉	贫农	初中	1941.2	河北省清苑县	1965.3—1967.1
		马士云	男	汉	下中农	初中	1945.6	河北省完县	1965.1—1967.1
		王　维	男	汉	中农	初中	1944.8	河北省安新县端村	1966.4—1967.1
		王建国	男	汉	—	—	—	河北省定县	1966.4—1967.1
第五届委员会 一九七一·一至一九八二·一	书　记	刘振宗	男	汉	富农	初中	1945.1	河北省定县子位村	1971.2—1977.5
		王士芳	男	汉	中农	初中	1945.4	河北省曲阳县	1977.5—1982.1
	副书记	张　儒	男	汉	小地主	初中	1947.12	黑龙江省双城县	1971.2—1974.10
		焦家驹	男	汉	贫农	初中	1945.11	安国县焦庄村	1972.5—1974.4
		李桂君	男	汉	下中农	初中	1948.12	河北省涞水县	1972.5—1975.5
		孟　林	男	汉	贫农	高中	—	安国县孟庄	1975.4—1977.5
		马士云	男	汉	下中农	初中	1945.6	河北省完县	1975.5—1981.11
		解文昌	男	汉	中农	初中	1951.8	河北省完县	1977.5—1981.11
		王建国	男	汉	—	—	—	河北省定县	1977.10—1978.3
		张士栋	男	汉	上中农	高中	1948.9	河北省清苑县	1977.10—1982.1
		吴富然	男	汉	—	—	—	河北省秦皇岛	1978.2—1981.5
		王少平	男	汉	贫农	初中	1945.5	河北省曲阳县	1981.8—1982.1
第六届委员会 一九八二·一至一九八五·十一	书　记	王士芳	男	汉	中农	初中	1945.4	河北省曲阳县	1982.1—1982.8
		李兆贵	男	汉	—	—	—	河北省蠡县	1982.8—1983.7
		杨廷芳	男	汉	—	—	—	河北省阜平县	1983.7—1985.11
	副书记	张士栋	男	汉	上中农	高中	1948.9	河北省清苑县	1982.1—1983.7
		王会民	男	汉	贫农	初中	1941.2	河北省清苑县	1982.1—1982.10
		王少平	男	汉	贫农	初中	1945.5	河北省曲阳县	1982.1—1983.7
		张彦兴	男	汉	中农	初中	1952.5	河北省高阳县	1982.1—1983.7
		陈海水	男	汉	—	—	—	河北省曲阳县	1983.7—1984.7

续表 11-2

届　次	职　务	姓　名	性别	民族	家庭出身	文化程度	参加工作时间	籍　贯	任期（年．月—年．月）
第六届委员会 一九八二·一至一九八五·十一	副书记	李文志	男	汉	—	高中	1950.8	河北省蠡县	1983.7—1985.11
		刘中莹	男	汉	贫农	大专	1956.11	河北省定县	1983.7—1985.11
		杨建瑞	男	汉	—	大学	1958.8	河北省蠡县	1984.9—1985.11
第七届委员会 一九八五·十一至一九八九·十一	书　记	杨廷芳	男	汉	—	—	—	河北省阜平县	1985.11—1989.11
	副书记	杨建瑞	男	汉	—	大学	1958.8	河北省蠡县	1985.11—1987.5
		李文志	男	汉	—	高中	1950.8	河北省蠡县	1985.11—1989.11
		李振忠	男	汉	—	初中	1956.9	河北省定州市	1987.5—1989.11
		刘中莹	男	汉	贫农	大专	1956.11	河北省定州市	1985.11—1989.11
第八届委员会 一九八九·十一至一九九〇·十二	书　记	李文志	男	汉	—	高中	1950.8	河北省蠡县	1989.11—1990.12
	副书记	李振忠	男	汉	—	初中	1956.9	河北省定州市	1989.11—1990.12
		刘中莹	男	汉	贫农	大专	1956.11	河北定州市	1989.11—1990.12
		袁志超	男	汉	—	中专	1961.8	安国县贾村	1989.11—1990.12

二、基层组织

（一）区、乡（公社、镇）村级党组织

安国县农村党的基层组织在革命斗争中从无到有，不断发展壮大。民国 14 年（1925）7 月，大五女村共产主义青年团支部集体转为中国共产党大五女特别支部，是安国县第一个党支部，时有党员 7 人，设书记、组织委员、宣传委员各 1 人。到民国 26 年（1937）7 月，党支部发展到 6 个。

抗日战争爆发后，共产党积极抗日，活动非常活跃，域内县、区、村党的组织逐步健全。民国 27 年（1938）2 月中共安国县委成立后，设城关、大五女、石佛、西伯章、伍仁桥 5 个行政区，每区分设区党委。翌年 8 月，为适应战时需要，区党委由 5 个增至 7 个，每区设 2 ～ 3 个中心支部，直接领导各支部抗日斗争。民国 29 年（1940），全县有 178 个村支部，民国 31 年（1942）初增至 188 个。是年 5 月，日军发动五一大“扫荡”，105 个区村党组织惨遭破坏。在残酷环境中，区村党组织转入地下，坚持

抗日。至民国34年（1945）8月抗日战争结束，全县有5个区党委，181个村党支部。

民国34年（1945）8月28日，安国解放。9月，增设城厢区党委。时有6个区党委，181个村党支部，15个分支部。民国36年（1947）12月，调整行政区划，设8个区党委，各设正、副书记1人，组织、宣传委员1人。是年，土地改革运动全面展开，各村党支部按照县委指示组建贫民团领导土改，党支部停止活动。翌年2月，恢复村党支部。1949年底，农村支部195个。中华人民共和国成立后，重划行政区，设5个区委。各区设区机关党支部。1953年5月，全县完成划乡建政工作，设立1个镇总支，69个乡总支，辖185个村党支部。1956年6月，区、镇党委撤销，将69个乡总支合建为29个乡党委，各设书记1人，副书记1～2人。1958年，博野县10个乡，望都县1个乡，共137个村划归安国，8月全县实现人民公社化，建立8个人民公社党委，辖82个总支部，828个支部。公社党委设常务委员会，设第一、二、三书记，党委设办公室、组织部、宣传部、监察委员会具体负责党内事务。大队总支、支部设正、副书记各1人。1960年6月，设城市人民公社委员会，翌年撤销。1961年2月，调整社队规模，在县委与公社党委之间增设祁州、伍仁桥、淤村、郑章、博野、程委6个工作委员会（简称工委），各设书记1人，副书记1～2人。大队建支部委员会，设委员3～7人，书记1人，副书记1～2人。公社、大队均设监察委员会。1962年1月后，博野、望都县原划归安国的乡村先后析出，安国组建祁州、西伏落、北段村、淤村、门东、石佛、南仕庄、东河、大五女、郑章、庞各庄、流各庄、大李庄、明官店、焦庄、西崔章、常庄、伍仁桥、南郭村、南娄底20个人民公社党委，辖大队总支部22个，大队支部246个，生产队支部174个，是年撤销6个工委。

1967年1月后，各公社党委和多数大队支部被“造反派”夺权，基层党组织陷于混乱。1969年9月，各公社、大队相继成立革命委员会。1970年10月，20个人民公社，196个生产大队重建党委、党支部。党委设书记1人，副书记2～3人；大队党支部设书记1人，副书记1～2人。

1984年5月，人民公社建置撤销，原公社党委、大队党支部改称乡镇党委和村党支部。乡镇党委一般由5～7人组成，设书记1人，副书记1～2人，组织、宣传、纪检委员各1人，乡镇长和武装部长兼任乡镇党委委员；村支部一般由3～5人组成，设书记1人，副书记1～2人，组织、宣传委员各1人。时有19个乡党委、1个镇党委，196个村支部。1989—1990年，伍仁桥、大五女、石佛乡改为镇建置。到1990年底，共有16个乡党委，4个镇党委，198个村党支部，12个乡镇直属企业党支部。

（二）机关、企事业单位党组织

解放后，县委陆续在行政、企事业单位及群团组织中建立党的组织。1949年10月前，党政机关、工矿企业有总支部、党支部43个，其中党政机关支部6个，工矿支部13个，学校支部24个。县人民武装部设党委。中华人民共和国成立后，行政、企事业单位党的组织加强，凡3名党员以上的单位均建党支部，党员数量多而又分散的系统和单位建党总支部，总支部辖若干支部。1950年，县政府始设党组，设书记、副书记各1人，党组成员2～5人。1955年，随着机构增加，县内党组增多，县政府建立总党组，下设农林水利、财经、政法、文教卫生4个分党组；县供销社、兵役局、工会单设党组。1957年，政法分党组从政府总党组中析出单建。1961年，县供销社、工会党组撤销。1962年，机关、企事业单位有总党组1个、党组2个、分党组5个；总支部2个，支部123个。其中，财贸系统总支部2个，支部43个；工交系统支部15个，文教卫生系统支部35个，机关支部27个，其他支部2个。1964年5月，政府总党组和下设分党组撤销，政府和政法、财贸、工交等系统建有8个党组，2个党委，2个总支，辖党支部80个。

“文化大革命”初，各级党组织瘫痪。1971年，县委机构恢复，机关、企事业单位建立42个党支部。翌年，县直机关增设党委。到1977年，机关、企事业单位设县直党委1个，总支5个，支部138个。1979年5月至1980年1月，恢复和建立县革委会党组和政法党组，工业、交通、商业、农机等系统建立基层党委会。1982年1月，增设县人大常委会、县政协、县公安局、人民法院、检察院5个党组，同时撤销政法党组。1986年，增设司法局党组。到1990年，县内党政机关、企事业单位共设党组7个，党委33个，总支15个，支部551个。

1949—1990年部分年份中国共产党安国县地方组织统计表

表11-3　　　　单位：个

年份	组织名称	合计	分布					
			工交	农林牧	财贸	科教文卫	机关	其他
1949	支部	238	13	195	—	24	6	—
	总支	3	—	—	—	—	—	3
	党组	—	—	—	—	—	—	—
	党委	6	—	5	—	—	1	—
1950	支部	265	12	207	—	27	13	6
	总支	15	—	10	—	—	—	5
	党组	1	—	—	—	—	1	—
	党委	6	—	5	—	—	1	—
1951	支部	254	12	215	—	17	10	—
	总支	—	—	—	—	—	—	—
	党组	1	—	—	—	—	1	—
	党委	6	—	5	—	—	1	—
1952	支部	268	8	215	—	27	12	6
	总支	—	—	—	—	—	—	—
	党组	1	—	—	—	—	1	—
	党委	6	—	5	—	—	1	—
1953	支部	240	9	198	—	9	10	14
	总支	71	—	70	—	—	—	1
	党组	1	—	—	—	—	1	—
	党委	7	—	6	—	—	1	—
1954	支部	241	6	194	6	13	10	12
	总支	69	—	69	—	—	—	—
	党组	1	—	—	—	—	1	—
	党委	7	—	6	—	—	1	—
1955	支部	260	13	197	6	20	11	13
	总支	69	—	69	—	—	—	—
	党组	8	—	—	—	—	8	—
	党委	7	—	6	—	—	1	—

续表 11-3

年份	组织名称	合计	分布					
			工交	农林牧	财贸	科教文卫	机关	其他
1956	支部	271	5	184	20	26	28	8
	总支	1	—	1	—	—	—	—
	党组	8	—	—	—	—	8	—
	党委	30	—	29	—	—	1	—
1957	支部	282	17	174	22	34	35	—
	总支	1	—	1	—	—	—	—
	党组	8	—	—	—	—	8	—
	党委	30	—	29	—	—	1	—
1958	支部	885	17	828	17	3	19	1
	总支	82	—	79	—	1	2	—
	党组	8	—	—	—	—	8	—
	党委	9	—	8	—	—	1	—
1962	支部	518	15	395	43	36	27	2
	总支	24	—	22	2	—	—	—
	党组	8	—	—	—	—	8	—
	党委	22	—	20	—	—	2	—
1963	支部	330	14	207	43	35	28	3
	总支	4	1	1	2	—	—	—
	党组	8	—	—	—	—	8	—
	党委	22	—	20	—	—	2	—
1964	支部	322	13	202	36	33	30	8
	总支	3	1	1	1	—	—	—
	党组	8	—	—	—	—	8	—
	党委	22	—	20	—	—	2	—
1965	支部	327	16	202	40	33	29	7
	总支	3	1	1	1	—	—	—
	党组	8	—	—	—	—	8	—
	党委	23	—	20	1	—	2	—
1966	支部	320	17	202	41	33	21	6
	总支	3	1	1	1	—	—	—
	党组	8	—	—	—	—	8	—
	党委	23	—	20	1	—	2	—
1971	支部	311	23	202	35	32	19	
	总支	—	—	—	—	—	—	—
	党组	—	—	—	—	—	—	—
	党委	20	—	20	—	—	—	—

续表 11-3

年份	组织名称	合计	分布					
			工交	农林牧	财贸	科教文卫	机关	其他
1972	支部	325	27	202	35	35	24	2
	总支	—	—	—	—	—	—	—
	党组	—	—	—	—	—	—	—
	党委	22	—	20	—	—	2	—
1973	支部	337	28	207	40	35	25	2
	总支	—	—	—	—	—	—	—
	党组	—	—	—	—	—	—	—
	党委	22	—	20	—	—	2	—
1974	支部	353	34	214	46	33	24	2
	总支	—	—	—	—	—	—	—
	党组	—	—	—	—	—	—	—
	党委	22	—	20	—	—	2	—
1975	支部	357	38	213	47	34	23	2
	总支	—	—	—	—	—	—	—
	党组	—	—	—	—	—	—	—
	党委	22	—	20	—	—	2	—
1976	支部	354	36	214	44	35	23	2
	总支	—	—	—	—	—	—	—
	党组	—	—	—	—	—	—	—
	党委	22	—	20	—	—	2	—
1977	支部	352	35	214	41	36	24	2
	总支	—	—	—	—	—	—	—
	党组	—	—	—	—	—	—	—
	党委	22	—	20	—	—	2	—
1978	支部	366	41	210	51	33	28	3
	总支	—	—	—	—	—	—	—
	党组	—	—	—	—	—	—	—
	党委	22	—	20	1	—	1	—
1979	支部	392	35	217	47	41	50	2
	总支	5	1	2	2	—	—	—
	党组	1	—	—	—	—	1	—
	党委	26	2	22	1	—	1	—
1980	支部	403	32	219	57	41	52	2
	总支	5	—	—	2	2	—	1
	党组	2	—	—	—	—	2	—
	党委	26	2	22	1	—	1	—

续表 11-3

年份	组织名称	合计	分布					
			工交	农林牧	财贸	科教文卫	机关	其他
1981	支部	412	31	223	57	44	54	3
	总支	5	1	—	2	2	—	—
	党组	2	—	—	—	—	2	—
	党委	27	2	22	1	1	1	—
1982	支部	413	30	224	47	54	55	3
	总支	6	2	—	2	2	—	—
	党组	6	—	—	—	—	6	—
	党委	28	1	21	2	2	1	1
1983	支部	399	29	198	61	50	59	2
	总支	4	1	—	1	2	—	—
	党组	6	—	—	—	—	6	—
	党委	29	1	21	2	2	2	1
1984	支部	431	33	213	57	55	71	2
	总支	6	1	2	2	1	—	—
	党组	6	—	—	—	—	6	—
	党委	28	1	21	2	2	1	1
1985	支部	476	29	216	53	75	92	11
	总支	19	4	2	1	11	1	—
	党组	6	—	—	—	—	6	—
	党委	28	1	21	2	2	1	1
1986	支部	491	32	209	67	69	88	26
	总支	20	4	2	1	8	4	1
	党组	7	—	—	—	—	7	—
	党委	31	2	21	2	3	1	2
1987	支部	506	40	208	65	79	88	26
	总支	16	3	1	1	6	4	1
	党组	7	—	—	—	—	7	—
	党委	31	2	21	2	3	1	2
1988	支部	522	44	209	68	81	94	26
	总支	17	3	1	1	6	5	1
	党组	7	—	—	—	—	7	—
	党委	33	2	21	2	3	1	4
1989	支部	520	44	210	68	81	90	27
	总支	16	3	1	1	5	5	1
	党组	7	—	—	—	—	7	—
	党委	32	2	21	2	3	1	3

续表 11-3

年份	组织名称	合计	分布					
			工交	农林牧	财贸	科教文卫	机关	其他
1990	支部	551	42	210	68	75	118	38
	总支	15	3	1	1	2	7	1
	党组	7	—	—	—	—	7	—
	党委	33	2	22	2	3	1	3

第三节 党　员

民国 14 年（1925），唐朴农成为域内第一个中共党员。是年 7 月，秘密发展党员 6 人。到民国 24 年（1935），南章、南马、郑章支部相继建立，党员发展到 24 人。民国 26 年（1937），已有党员 74 人。民国 27 年（1938）2 月，中共安国县委建立后，广泛动员群众抗日，赢得民心，党组织发展很快，到年底发展到 946 人。此前，入党手续尚未健全，一度出现盲目发展态势，南流村部分群众为一农户打墙时，经 1 人提倡，70 多人一起入党。由于把关不严，造成个别基层支部党员成份较复杂。

民国 28 年（1939），严格入党手续，始填写入党志愿书。民国 31 年（1942），日军调集重兵疯狂“扫荡”，党组织遭到严重破坏，很多党员被杀害，83 名县、区级党员干部被捕、牺牲，997 人叛变自首。到民国 32 年（1943）8 月，全县党员由 2000 多人减少到 843 人。其间，不少党员在日军淫威面前坚贞不屈，东伏落村党支部书记赵国峰房子被拆，妻子被杀，其毅然参加区武工队。共产党员、五区区长张晓湖被捕后双腿被日军锯掉，宁死不屈，壮烈殉国。县委书记刘云生被日军包围，腿部负伤，毅然命令警卫员：“我掩护，你突围”，与敌人战斗到流尽最后一滴血。在残酷环境中，仍有不少人入党，广大共产党员置生死于度外，坚持抗日斗争。至民国 34 年（1945）8 月安国解放时，全县党员达 3564 人。抗战 8 年，209 名党员壮烈牺牲。

解放后，党员数量增长较快。在发展互助生产、支援前线、反黑地斗争和土地改革运动中，共产党员处处带头，使党的各项工作顺利开展。庞各庄村张福恒一次献地 500 多亩。刘家庄王洛合大办互助组成为冀中区的典型，全县掀起于致祥（王洛合化名）运动，王被接纳入党。西章令村李济林支前立功，火线入党。到 1949 年底，全县党员发展到 7090 人。

1945—1948 年反黑地和土地改革时期党员发展情况统计表

表 11-4　　　　单位：人

类别 / 时间	发展总数	其中妇女	成分					出身							年龄		
			工人	雇农	贫农	中农	富农	工人	农民	军人	学生	商人	职员	店员	青年	壮年	老年
反黑地斗争（1945.11—1946.2）	4147	1186	16	92	2453	1586	—	426	3226	5	431	5	6	48	2184	1748	215
土改运动（1947.10—1948.4）	1239	378	6	2	397	832	2	109	989	2	105	12	—	22	584	549	106

中华人民共和国成立初，重点在工人、农民、知识分子中发展党员，以适应经济建设需要。在恢复经济、发展生产中，共产党员的先锋模范作用非常突出。农业合作化高潮中，党员带头入社，到1954年秋，全县90%的党员入了社，66%的社长是中共党员。1955年，小营区评选的487名模范社员中，党员达341人。1958年，中送大队打木管机井无木料，党支部书记邢振刚带头，5名支委各献柳树1棵，全村43名党员，共献柳树46棵。翌年，党的组织建设贯彻“宁可减少数量，也要保证质量”的精神，重点在党员较薄弱的地方发展农民、老工人、技术人员、教师、主治医生、少数民族人员等入党。是年，发展党员900多人。1963年洪灾中，共产党员舍己救人、带头生产自救的事迹到处传颂。群众把入党作为政治生命，积极向党组织靠拢。根据老龄党员多，青年党员少的状况，县委按照“有计划、有步骤、有控制地在阶级斗争、生产斗争、科学实验第一线吸收新党员”的精神发展党员。1964年，全县培养入党积极分子1659人，发展新党员117人。“文化大革命”期间，党员发展以“阶级斗争”“路线觉悟”为标准“吐故纳新”。据1982年统计，15676名党员中，“文化大革命”中入党的5202人，占党员总数的33.3%。多数党员保持革命传统，在各项事业中做出贡献，流托大队共产党员70多岁的生产队长赵保祥带领全队社员发展农副业生产，连年全队人均口粮达300多千克，工值8角左右，为县内高水平。1978年中共十一届三中全会后，党的发展恢复正常，各条战线涌现出大批入党积极分子，党员队伍迅速扩大，为人民服务的优良传统得以发扬。1981年，全县党员总数15626人。当时全县开展向革命工作几十年如一日的优秀共产党员、县生产资料公司经理周英学习活动，县委号召共产党员“为党增光，为民谋利”，出现很多优秀党员。之后，注重发展在商品生产中成绩突出的“两户一体”和有作为的知识分子入党。到1987年10月，341名知识分子入党。1989年，党政机关、企事业单位在开展民主评论党员活动中，评出优秀党员546人，合格党员4377人，基本合格党员55人，基本不合格党员12人，不合格党员6人，分别占党员总数的10.9%、87.6%、1.1%、0.24%、0.12%。据1990年统计，共产党员为群众义务办好事708件，义务植树3万多株，修路60千米，302人被评为县以上模范党员。

1949—1990年安国县中共党员基本情况统计表

表11 5　　　　单位：人

项目/年度	总数	性别		民族		年龄					文化程度							党员分布						入党时间					
		男	女	汉	少数民族	25周岁以下	26～35周岁	36～45周岁	46～50周岁	56周岁以上	大学	中专	高中	初中	高小	初小	文盲	工交	农业	财贸	科文教卫	机关	其他	1927.8—1937.7	1937.7—1945.9	1945.9—1949.9	1949.10—1966.4	1966.5—1976.10	1976.11后
1949	7090	5104	1986	7069	21	1802	4108		1180		1	—	3	156	789	1920	4221	245	6040	—	291	274	240	10	2332	3042	1706	—	—
1950	12889	9554	3335	—	—	3299	7394		2196		1	—	5	261	1009	2844	8769	289	11630	—	321	383	266	—	—	—	—	—	—
1951	12539	9541	2998	—	—	2151	7956		2432		1	6	6	235	941	3931	7419	218	11711	—	187	381	42	11	7387	4692	449	—	—
1952	12054	9161	2893	—	—	1751	7923		2380		2	—	11	303	970	4368	6400	262	10460	—	203	448	681	18	7240	4490	306	—	—
1953	12334	9446	2888	—	—	1730	7897		2707		2	—	7	420	1172	4100	6633	312	10311	—	168	557	986	23	6651	4893	767	—	—
1954	12314	9450	2864	12240	74	1600	8036		2678		—	—	17	428	1234	3675	6960	—	—	—	—	—	—	—	—	—	—	—	—
1955	12156	9238	2918	12082	74	1964	7496		2696		4	—	25	511	1445	3565	6606	276	10210	—	286	537	847	—	—	—	—	—	—
1956	11787	9148	2639	11718	69	1597	7107		3083		—	—	27	668	1706	3510	5876	—	—	—	—	—	—	14	5568	4091	2114	—	—
1957	11728	9269	2459	11655	73	1477	7054		2809	388	11	—	56	608	1818	3470	5765	300	9983	510	415	512	8	—	—	—	—	—	—
1958	15269	12444	2825	15198	71	1570	1988	7451	3666	594	13	—	83	976	2823	4430	6944	455	13218	556	436	589	15	197	5632	4839	4601	—	—
1959	16985	13553	3432	16911	74	1596	1994	7470	4683	1242	17	—	98	1089	3158	5104	7519	595	14484	591	545	684	86	—	—	—	—	—	—
1960	17128	13593	3535	17056	72	1625	2102	7529	4921	951	17	—	125	1194	3204	5134	7454	500	14444	594	667	757	166	—	—	—	—	—	—
1961	17199	13665	3534	17135	64	1600	2117	7529	4933	1020	17	—	124	1266	3367	5234	7191	599	14516	600	675	756	53	—	—	—	—	—	—
1962	11964	9644	2320	11889	75	818	1629	5136	3524	857	24	—	132	870	2154	3552	5232	299	10155	551	401	472	86	14	4842	3515	3593	—	—
1963	12029	9716	2313	11951	78	714	1702	5202	3590	821	20	—	100	930	2243	3684	5052	297	10146	611	403	471	101	—	—	—	—	—	—
1964	11952	9681	2271	11876	76	515	1702	5102	3705	928	21	—	121	920	2323	3779	4788	309	10130	495	443	449	126	13	4951	3357	3631	—	—
1965	12123	9812	2311	12092	31	616	1752	5125	3802	828	28	—	121	1127	2402	3468	4977	426	10272	561	426	407	31	13	4951	3357	3802	—	—
1966	12316	10011	2305	12235	81	696	1863	5134	3796	827	31	—	196	1255	2501	3472	4861	443	10331	589	423	458	72	—	—	—	—	—	—
1967	12531	10208	2323	12453	78	689	1863	5128	3789	1062	30	—	205	1271	2526	3465	5034	465	10387	600	458	464	157	—	—	—	—	—	—
1968	12704	10302	2402	12619	85	812	2122	7558		2212	41	—	286	1408	2804	3513	4652	474	10525	611	469	456	169	—	—	—	—	—	—
1969	12853	10415	2438	12769	84	810	2205	6689		3149	42	—	295	1586	—	6417	4513	465	10767	553	487	451	130	—	—	—	—	—	—
1970	13495	10959	2536	13403	92	926	2690	6730		3149	42	—	341	1921	—	7206	3985	619	11102	648	581	442	103	—	—	—	—	—	—

续表 11-5

项目 / 年度	总数	性别		民族		年龄					文化程度							党员分布						入党时间					
		男	女	汉	少数民族	25周岁以下	26～35周岁	36～45周岁	46～50周岁	56周岁以上	大学	中专	高中	初中	高小	初小	文盲	工交	农业	财贸	科文教卫	机关	其他	1927.8—1937.7	1937.7—1945.9	1945.9—1949.9	1949.10—1966.4	1966.5—1976.10	1976.11后
1971	13558	11014	2544	13468	90	955	2708	6755		3140	43	—	347	2069	—	7269	3830	626	11106	658	633	445	90	9	4594	3069	3589	2297	—
1972	13910	11247	2663	13817	93	—	3619	6969		3322	59	—	345	2228	—	7439	3839	719	11300	696	622	462	111	—	—	—	—	—	—
1973	14515	11855	2660	14412	103	882	3128	7065		3440	68	—	414	2592	—	11441	—	721	11783	728	675	494	114	—	—	—	—	—	—
1974	14758	12051	2707	14653	105	878	3234	7084		3562	—	—	—	—	—	6401	—	777	11975	755	617	512	122	—	—	—	—	—	—
1975	15110	12364	2746	15002	108	841	3468	7005		3796	—	—	—	—	—	—	—	898	12120	739	657	581	115	7	4303	2729	3551	4520	—
1976	14987	12272	2715	14879	108	722	3562	7038		3665	96	—	792	3623	—	6352	4124	948	11793	789	678	624	155	—	—	—	—	—	—
1977	15409	12693	2716	15300	109	575	3648	7158		4028	—	—	—	—	—	—	—	951	12203	785	700	664	106	7	3999	2719	3522	5162	—
1978	15472	12779	2693	15358	114	328	3642	7337		4165	104	—	808	4121	—	6401	4038	1068	11959	965	684	703	93	—	—	—	—	—	—
1979	15417	12706	2711	15305	112	221	3513	7351		4332	105	—	746	4331	—	6464	3771	947	11948	772	708	949	93	—	—	—	—	—	—
1980	15536	12917	2619	15424	112	307	3438	3777	5026	2988	91	236	551	4201	—	6803	3654	916	11961	674	716	927	342	—	—	—	—	—	—
1981	15626	13052	2574	15516	110	356	3403	3753	5138	2976	102	255	646	4171	—	6797	3655	744	12294	773	748	926	141	—	—	—	—	—	—
1982	15676	13142	2534	15567	109	271	3355	3828	5230	2992	121	294	689	4377	—	6566	3629	703	12405	771	712	937	148	7	3545	2496	3743	5210	675
1983	15731	13236	2495	15623	108	224	3282	3284	3485	5456	147	307	720	4473	—	6611	3473	703	12500	714	751	866	197	6	3298	2440	3868	5198	921
1984	16031	13464	2567	15917	114	262	3456	3327	3503	5483	170	388	827	4692	—	6547	3407	700	12455	761	801	1115	199	5	3174	2383	3890	5212	1367
1985	16451	13825	2626	16325	126	380	2947	3746	4141	5237	239	672	1020	4751	—	6394	3375	577	12524	639	948	1511	252	5	3067	2274	3829	5264	2012
1986	16760	14146	2614	16631	129	421	3068	3882	4059	5330	274	727	1197	4948	—	6396	3218	597	12423	733	907	1598	502	5	2907	2258	3644	5359	2587
1987	17042	14451	2591	16913	129	501	2374	4435	3612	6120	318	788	1303	4804	—	6402	3427	761	12108	731	1088	1512	842	5	3014	1966	3493	5423	3141
1988	17141	14533	2608	17014	127	456	2199	4483	3715	6288	348	843	1384	4903	—	6341	3322	758	12035	764	1116	1610	858	5	2907	1923	3471	5420	3415
1989	17420	14779	2641	17285	135	475	2096	4619	3779	6451	383	912	1493	5104	—	6302	3226	769	12088	820	1153	1659	931	5	2832	1859	3461	5423	3840
1990	17600	14941	2659	17458	142	615	2308	4755	3796	6126	448	985	1729	5148	—	6215	3075	741	12167	781	1096	1704	1111	5	2700	1789	3431	5439	4236

第四节 党员代表大会

中华人民共和国成立前，安国县召开过3次党员代表大会。民国27年（1938年）2月，在县城文庙内秘密召开首次党员代表大会，参加会议的有师容之、马建民、张孟旭、张雪峰、张平之、王晓楼、杨沫（女）、何朗明、王丕中9人，师容之主持会议。大会采取主席提名，代表举手表决的方法，选举马建民、张孟旭、张雪峰、王晓楼组成中共安国县委，马建民任书记，张孟旭任组织部部长，张雪峰任宣传部部长，杨沫为秘书。第二次党员代表大会，是在宪政运动中，按照冀中七地委指示，区、村召开党员代表大会选举区村党的领导机构后，于民国29年（1940）6月召开的。会议选举刘云生为县委书记。第三次党员代表大会在36年（1947年）11月召开，由冀中九地委主持。会议选举产生中共安国县委员会。中华人民共和国成立后，历次党员代表大会按届排列，到1990年共召开8届。

一、第一届党员代表大会

1950年11月28日至12月4日在南关完小召开。出席代表263人，其中妇女代表30人。会议主要议题：审查、通过县委工作报告；讨论、通过1950年冬季生产计划和农村整党决议；选举产生中共安国县首届委员会，常委11人，书记、副书记各1人。

此次会议是共产党公开活动后的首次。参会代表思想解放，畅所欲言，提出很多建设性意见，指出县委存在的官僚主义、命令主义、办事效率低等弊病，对加强安国的党组织建设起了重要作用。

二、第二届党员代表大会

1956年3月26—30日召开。出席代表301人，列席代表28人。其中，妇女代表33人。在3天大会讨论中，县委领导深刻地开展了批评和自我批评，代表们均以满腔热忱、严肃、慎重的态度，联系本地区、本部门的实际发表意见。会议审议通过县委《1955年工作总结》《1956、1957年两年工作纲要》《关于加强、整顿、巩固二十九个农业合作社的决议》《关于加强党的组织建设和思想建设的决议》。大会选举产生中共安国县第二届委员会委员27人。在二届一次全体委员会议上，选举产生县委常委8人，书记、第二书记各1人；出席省党代会代表4人。

三、第三届党员代表大会

1960年3月17—19日在南关人民礼堂召开。出席大会代表448人，侯补代表40人。大会讨论通过上届《县委工作总结》《提案审查结果报告》《1960年国民经济建设规划》。会议以无记名投票方式选出第三届中共安国县委员会委员45人，侯补委员6人。在三届一次全体委员会议上，选举产生县委常务委员15人，书记处第一书记1人，书记6人。同时，选出出席中共保定市委第一届党代会代表48人，侯补代表9人。此次代表大会，是在各业持续“大跃进”的形势下召开的。大会肯定了“大跃进”的“成绩”，提出了1960年各业继续“飞跃”的规划。

四、第四届党员代表大会

1964年1月6—9日在安国饭店（舍二村）召开。出席大会代表307人，侯补代表30人。大会回顾了1960—1962年的严重困难，苏联和帝国主义经济封锁对安国县的影响，1963年特大洪水造成的灾难和全县人民在共产党领导下抗灾救灾所取得的成绩。会议通过了上届县委《关于几年来工作总结和今后任务向第四届党员代表大会的报告》《1960—1963年底党费管理情况向第四届党员代表大会的报告》《中共安国县第四届党员代表大会提案及审查处理结果的报告》。选举产生第四届中共安国县委员会委员27人，侯补委员5人。在四届一次全体委员会议上，选举产生县委常委9人，书记1人，副书记3人。

五、第五届党员代表大会

1971年1月15—18日在南关礼堂召开，出席会议代表532人。大会由驻县军代表致开幕词，三十八军党委、保定军分区斗批改领导小组、4891部队党委代表到会分别讲话；县斗批改领导小组的驻县军代表向大会作工作报告。大会选举产生第五届中共安国县委员会委员29人，侯补委员6人。在五届一次全体委员会议上，选举产生县委常委7人，正、副书记各1人。此次代表大会是在“文化大革命”中党内生活不正常的情况下召开的，出席会议的代表中，“文化大革命”前任职的党员干部人数比重较小，新党员作为“新生力量”的代表比重较大，各条战线上的先进人物名额部分被“造反派”取代。会议选出的7名常委中，地方干部4人，军队“支左”人员3人。

六、第六届党员代表大会

1982年1月14—16日在县政府招待所召开。出席大会代表346人，其中妇女代表47人。此次代表大会的指导思想是：认真贯彻落实中共中央十一届三中全会精神，拨乱反正，加强党的建设，改善党的领导，健全党的组织制度和民主生活，提高党在新时期的战斗力，充分发挥县委在四个现代化建设中的核心作用。会议听取、审议、通过上届县委会《加强党的建设，振奋革命精神，为建设富强文明的安国而奋斗》的报告和《党费收支使用情况报告》及纪律检查委员会《关于纪律检查工作报告》。大会实行差额选举，以无记名投票方式选出第六届中共安国县委员会委员26人，侯补委员6人。1月17日举行第一次全体委员会议，选出县委常委11人，书记1人，副书记4人；县纪律检查委员会委员11人，书记1人，副书记3人。

七、第七届党员代表大会

1985年11月30日至12月2日在县招待所召开。出席大会代表341人，列席39人。会前，大会预备会通过了主席团、秘书长和代表资格审查委员会名单及大会议程。大会主席团第一次会议，推选了大会主席团常务委员。大会代表资格审查委员会举行会议，听取大会组织组《关于代表资格初步审查情况的报告》，进行了代表资格正式审查，讨论并修改了《中国共产党安国县第七届代表大会关于代表资格的审查报告》。大会开始后，听取、审议、通过了上届县委《认真贯彻党的全国代表会议精神，为建设社会主义现代化的安国而奋斗》和县纪检委《全党动员，为开创安国县端正党风的新局面而奋斗》的报告及县委组织部《关于党费收缴管理和使用情况的报告》。大会选举出第七届中共安国县委员会委员28人，侯补委员5人。在七届一次全体委员会议上，选举产生县委常委9人，书记1人，副书记3人；县纪检委委员15人，常委7人，书记1人，副书记2人。

会议回顾了1982—1985年的变化，认为全县出现了安定团结的政治局面，工作重点转移到以经济建设为中心的轨道上来了；改革初见成效，精神文明建设出现可喜成果，党风和社会风气有了明显好转；调整和整顿了各级领导班子，党组织的战斗力进一步增强。会议提出今后工作任务，要用党的全国代表会议精神，统一全党的思想，指导工作；积极推进改革，促进经济持续、稳定、协调发展；加强思想政治工作，把精神文明建设提高到一个新水平；发扬社会主义民主，发动全社会力量为两个文明建设做贡献；切实加强党的领导，不断提高党的战斗力。同时，对严厉打击经济领域里的犯罪活动，加强党风建设和来信来访工作作了布署。

八、第八届党员代表大会

1989年11月21—23日在县招待所召开。出席大会代表157人，列席75人。会议听取并审议上届县委《全党动员，团结奋进，努力夺取我县两个文明建设的更大胜利》的工作报告；听取并审议上届县纪检委《严肃党的纪律，保证党的路线、方针、政策在我县全面贯彻落实的报告》和县委组织部《党费管理使用情况的报告》。选举产生中国共产党安国县第八届委员会委员25人，侯补委员5人，纪检委员13人。在八届一次全体委员会议上，选举产生常委9人，书记1人，副书记3人；纪检委常委7人，书记1人，副书记2人。

第五节　组织建设

一、党员教育

安国建党初期，党组织处于秘密活动中，党员教育多为个别、分散秘密进行，教育内容主要有马克思主义理论，反帝、反封建、救国救民的道理，以及保守党的秘密等，要求对党的秘密“上不传父母，下不传妻子儿女”。中共安国县委建立初，以广泛建立抗日民族统一战线、社会发展史为主要内容，举办两期党员培训班。民国29年（1940），大部分村建立党组织。通过支部对党员进行党的基本知识、遵纲守纪、政策和策略、抗日救国教育。同时，县委开办“毛泽东小学”，轮训各级党员干部，主要学习《辩证唯物主义》《历史唯物主义》《政治经济学》《新民主主义论》等。31年（1942年），县委针对一些革命意志薄弱的党员退党、叛党、自首等问题，通过发宣传品、个别谈话、召开小型会议等办法，进行党的气节教育，并通过县委办的《战旗》《黎明》《人民报》等报刊大力宣传革命烈士和被捕党员与敌斗争的英雄事迹，弘扬正气，坚定全党抗战必胜的信心。民国33年（1944）8月，结合组织整顿，各支部制定教育和学习制度，《冀中导报》报道了娄营村党支部开展党员教育的经验。民国36年（1947）党组织公开后，各级党组织结合党的中心工作，组织党员学文化、学理论、利用各种会议以会代训。是年，县委举办不同类型的土改培训班3期，培训党员686人。

1949年冬，针对部分党员干部“革命成功，躺倒不干”的思想，在党员中开展社会主义远景及前途教育，批判“半截革命论”，用生动事例教育党员，集训党小组长以上干部1800余人，普训一般党员85%以上。翌年，全县普遍开展党员教育，县、区设兼职教员53人，全县设支部教育传授站36处，共有教员131人，学习内容为县委编印的《支部党员宣传教育提纲》《共产党员》课本，党员定期到传授站听课。1951年春，开展反对命令主义，增强群众观点教育。中共中央《关于互助合作决议（草案）》发布后，结合互助合作教材，开展了党员标准八项条件的教育，批判农村党员中雇工、放高利贷、组织个人小银号等行为。1953年11月，以乡总支和县城街道支部为单位，用7天时间，组织全体党员学习第一个五年计划文件和七届四中、六中全会决议，教育全体党员在政治、生产运动中起模范带头作用。农业合作化运动中，县委开办学习《中国共产党章程》和合作化文件培训班6次，培训党员和群众积极分子1.5万人。1955年县委党校建立后，每年按计划培训党员干部，训期一般7～30天。是年，各乡总支设指导员，担负党员学习讲课任务。1959年，按管理区建立党校66处。同年，县委在舍二村饭店开办党员干部训练班，学习中共八届六中全会《关于人民公社若干问题的决议》。至1960年，安国县向省、地党校、文化干校和各种专业技术学校输送63名党员干部深造。1960—1962年困难时期，党组织加强对党员教育，要求党员与群众共患难，不多吃多占。多数党员严格遵守党的纪律，骑自行车下乡饿晕在路旁的党员干部时有所见。1963年1月，以中共中央《关于农村人民公社当前政策问题的紧急指示信》(简称“十二条”）和《农村人民公社工作条例（草案）》(简称“农业六十条”）为内容，以公社为单位进行为期15天的党员普训，普训农村党员8794人，占农村党员总数的85.3%。5月，县委组织党员学习新党章规定的党员“十项标准”“二十条纪律”。9月，水灾过后，各支部组织党员学习县委《关于加强生产救灾中政治思想工作的决定》，对党员进行战胜灾害、重建家园教育，并通过开展“五好支部”(支部领导好，互助互济、生产自救开展得好，贯彻执行党的政策好，党的模范带头好，依靠贫下中农的阶级路线走得好）和“十好党员”(无产阶级立场好，执行政策完成任务好，参加集体劳动好，生产自救、勤俭办社好，模范带头好，群众观点好，批评与自我批评、团结互助开展得好，维护集体利益好，遵守纪律好，学习好）的竞赛评比，促进灾后集体生产、群众生活安排和自救度荒等项工作的开展。1964年，全县普遍建立健全“三会一课”(党支部大会、支委会、党小组生活会，党课）制度。定期学习马克思、列宁、毛泽东著作，报刊发表的重要文章，党的方针政策，开展批评与自我批评。党支部大会每3个月一次，支委会每月一次，党小组生活会每周一次。另外，每周两个半天上党课。党员教育以学习毛主席著作为主。1964年至1966年上半年，党内先后开展了学习雷锋、焦裕禄、范德富、吕玉兰、杨风鸣等英模人物，争做人民公仆教育。1966年6月“文化大革命”开始后，正常的党员教育制度遭冲击，大搞“急用先学，立杆见影”和背语录、表忠心等形式主义，县委党校改为“毛泽东思想学习班”，以“无产阶级专政下继续革命”的理论取代正规教育，党内政治思想混乱。1978年后，党员教育恢复正常，县委首先对党员进行坚持四项基本原则（坚持社会主义道路，坚持人民民主专政，坚持中国共产党的领导，坚持马克思列宁主义、毛泽东思想）教育，开展“实践是检验真理的唯一标准”大讨论，批判“两个凡是”(凡是毛主席作出的决策，我们坚决拥护；凡是毛主席的指示，我们都始终不渝地遵循）的错误意识，肃清“左”的思想在党员中的影响。其间，县委党校举办多期党员培训班，开展各种不同形式的学习，党员受教育面达100%。中共十二届六中全会召开后，县委组织党员认真学习《中共中央关于建国以来党的若干历史问题的决议》，进行彻底否定“文化大革命”的教育，并号召全县党员成为宣传党的路线、方针、政策的带头人和自觉帮困济贫、发展商品经济的带头人。1983年，县委党校开办学习班系统学习中共十二大报告及《中国共产党章程》《邓小平文选》《陈云文选》等，对党员干部进行政治理论教育。1986 年，县委以 20 个乡镇党校按层次集训农村党支部成员和普训一般党员，进行党的宗旨、理想、纪律和基本路线教育，开展“学党章，忆誓词，比贡献，为党的形象添光彩”“牢记党的宗旨，不忘党员义务”的年度主题教育。翌年，县委宣传部总结海市村党支部“进一言，献一策，办一实事”的自觉性教育方法，向全县推广。保定地委宣传部、河北省委宣传部亦在全区和全省推广海市村党支部的做法。1989 年，县委对党员进行社会主义、爱国主义教育，同资产阶级自由化思潮作斗争。同年，历时 5 年的党政理论学习班结束，670 余名党员取得干部理论教育正规化结业证书，学业达大学公共政治课水平。是年，县委以县内正反两方面的典型，对党员进行廉洁勤政意识教育。1990 年，县委再次对党员进行学习雷锋、焦裕禄教育。

二、组织整顿

中共安国县委建立后，将早期建立的党组织纳入组织序列，形成完整的组织体系。之后，随形势发展不断进行组织整顿。民国 29 年（1940），针对盲目发展党员，组织不纯状况，开展了清洗不良分子的整顿，但由于战争环境，清洗范围和数量不大，以致日军五一大“扫荡”时，安国县党员自首叛变与损失干部之多甚于他地。民国 32 年（1943），在坚持“青纱帐”战斗的同时，开展了组织恢复和整顿工作，除围城十几里以内村庄外，其余村庄都恢复了组织。整顿中，处理和清洗内奸 7 人，投敌叛变分子 125 人，投机分子 21 人，逃跑者 24 人，阶级异己分子 23 人；撤掉支部委员 209 人（其中支部书记 63 人），提拔支部委员 247 人。翌年，把农村分成巩固区、游击区（隐蔽根据地）、黑村（敌占区）三类，进行组织整顿。在游击区和隐蔽根据地恢复建立党组织，补充干部；在黑村恢复旧关系，发展党员。重点整顿的是巩固区（三、四区），通过整顿进行了支部选举，健全各种制度，并对部分党员存有闹宗派、官僚主义、脱离群众、谄上骄下、出风头、动私情等问题给予教育和处分。这次整顿，撤销支委 9 人，小组长 10 人；提拔支委 36 人，小组长 68 人。民国 34 年（1945）4 月，调整村级组织，村组织形式改由党支部一元化领导，吸收各部门够党员干部条件的主要负责人进入支部，并强调贫农、佃农成份的支委达到 2/3。民国 35 年（1946）2 月，支部团结，各项工作搞得好的村 25 个；干部之间有意见，但工作能开展的 115 个；干部之间意见大，工作处于停顿的村 40 个。县、区委针对不同情况，通过批评、教育、调整等办法对村支部进行整顿，保证了各项工作正常开展。翌年，县委针对部分党员在土改运动中脱离群众、贪图享受、阶级立场不稳等倾向开展整党，将一批蜕化变质分子清除出党。这次整顿，教育了犯错误的党员，提高了党在群众中的威信，推动了土改工作，大批积极分子要求入党。土改结束后，发展新党员 1239 人。

中华人民共和国成立后，一些党员出现居功自傲、官僚主义、自由主义和贪污腐化等问题。1951 年 7 月，县委按照中共中央整党要求和上级党委统一部署，结合“三反”运动，分期分批对党组织进行全面整顿。这次整顿，着重进行做合格党员教育，清除混进党内的坏分子。到 1955 年 8 月，共整顿基层支部 157 个；党员中开除党籍 261 人，劝退和自由退党 415 人。发展新党员 618 人。1957 年初，县委结合整社抽调 108 名党员干部深入机关、农村，整顿落后支部。通过整顿组织，12 名党员分别受到开除党籍、警告、留党察看处分；189 名优秀党员被提拔到领导岗位。5 月，根据中共中央决定，全县开展以克服官僚主义、宗派主义、主观主义为主的党内整风运动，对犯错误的党员干部进行处理。到 1958 年 1 月，据 62 个党支部统计，开除、劝退和自退出党 78 人，给予留党察看、警告处分 104 人，取消预备党员资格 11 人。1959 年底，进行落后支部整顿工作。到 1960 年，307 个农村支部，按中共河北省委颁布的“支部类型标准”衡量，一类支部由152个上升到193个，二类支部由118个减少到107个，三类支部由37个降为7个。1963年，按照新党章规定的党员“十项标准”，对12029名党员考察，符合标准的占49%，基本符合标准的占34.4%，不符合标准的占16.6%。为提高党员政治思想水平，1964年结合社会主义教育运动，进行基层组织整顿，同时培养选拔了一批青年党员充实基层组织领导班子。至1966年，全县选拔培养接班人920人，其中115人进入支部领导班子。农村196个大队支部中，有139个支部配备了30岁以下的支部副书记和支部委员。1971年“清理阶级队伍”，继之开展多种名目的“整风”，有428名党员受到审查，在县、社党员干部中，52人被处分，82人被下放当社员或入“五七”农场“劳动改造”，75名领导干部被“挂起来”不安排工作，大批党员不予登记或暂缓登记。1978年后，县委按照中共中央十一届三中全会精神，全面纠正“文化大革命”中的“左”倾错误，清理撤换了一批不合格党员干部，启用了一批“文化大革命”中被错误处理的老干部。1983年机构改革中，县委按照任人唯贤、尊重知识、尊重人才的原则，将一批中青年干部充实到各级党组织的领导岗位。1985年4月至1986年底，分批全面整党。按照“统一思想，整顿作风，加强纪律，纯洁组织”的要求，进一步否定“文化大革命”，纠正党内不正之风。县直2269名党员（含预备党员52人）予以登记2218人；立案审查33人；开除党籍4人；免于登记4人；缓期登记2人；其他党纪处分6人；取消2人预备党员资格。20个乡镇党委、9个总支、134个基层支部通过整党，退赔吃喝、白拿公款1441.8元，粮票271斤，处理以权谋私问题516件。县内党风明显好转。1989年，为加强农村干部队伍“四化”建设，针对基层组织成员年龄老化、文化偏低的状况，开始并加强“三梯队”建设。196个农村党支部选拔年富力强，文化基础好的752名（男687名，女65名）党员，培养为后备干部。是年，县委采取目标管理，量才使用，严明纪律等措施，使15个农村后进支部转化升级，其中6个支部被评为先进支部。

第六节　宣传工作

民国14年（1925）中共大五女支部建立后，经常开展反封建、反压迫的宣传活动。吴金波、解凤翔利用教师身份，经常向学生灌输共产党的主张，其他党员也利用多种场合揭露封建社会的黑暗，秘密宣传共产主义思想。民国35年（1946）县委组织部整理的中共安国县党史中记道：“共产党在安国县建立组织初期，宣传工作有很多方式，如某村正在演戏时，几个党员有计划地混入人群，一个同志抱起另一个同志高呼：‘共产党是劳苦大众无产阶级的先锋队！’‘共产党万岁！’群众鼎沸，警察及其走卒到处搜查，党员趁乱离开现场。”该党史中还记载：“一次，安国城内、简易师范校内和大街上发现了很多传单，内容大致是：共产党是无产阶级革命的先锋队，是民族解放的先锋队，反动势力如何摧残革命力量等。这许多宣传都受到广大群众的欢迎，并使一般人都钦佩、羡慕、惊讶共产党员的神妙及英勇牺牲的精神。”通过秘密、广泛的政治宣传，共产党的主张日益深入人心，广大群众在共产党领导下同剥削阶级和统治政权进行了不屈不挠的革命斗争。民国21年（1932）春，大五女党支部组织大五女、伍仁桥、张乡等高小全体师生进县城示威游行，在国民党县党部门前张贴“反对日本帝国主义侵略中国”“反对不抵抗主义”“劳工万岁”等大字标语。群众抗日热情非常高涨，各学校、店铺连日罢课、罢市、罢工，游行示威，声讨日本侵略者，抵制日货。

七七事变后，国民党县政府随国民党军队南逃，域内共产党组织即开展了坚决抗战、反对逃跑的宣传。民国26年（1937年）11月，共产党人马建民、杨沫以安国县抗日动员会名义出版《人民报》，宣传抗日。翌年中共安国县委成立后，设宣传部，利用集市演讲会、工作队下乡宣传等形式，号召人民增强民族气节，建立抗日武装，打败侵略者，建立新中国。中国共产党的主张得到人民拥护，各村书写“抗战到底”“一手拿锄，一手拿枪”“加紧生产、支援前方”“实行劳武结合”等口号，鼓舞群众参军参战，努力生产。民国29年（1940），县内党的各级组织按照中共中央晋察冀中央局颁布的《施政纲领》，积极宣传民主宪政，发动群众行使民主权利，选举产生了各级政权。青、妇、武、儿童团利用各种场合广泛传唱宪政歌：“我们需要宪政，我们需要宪政。宪政是建国的基础，宪政是胜利的保证。全中国人民，快快起来斗争，全国人民需要民主，赶快结束一党专政。抗战需要宪政，建国需要宪政，我们要为宪政而斗争。”抗日战争前期，县委为粉碎日军“强化治安”，提出“提高革命警惕，克服麻痹思想，粉碎敌人强化治安”等口号，宣传群众“坚壁清野”“空室清野”“不让敌人抢走一粒粮食”和广泛利用“青纱帐”、地洞、地窖，坚持对敌斗争。同时，还利用各种集会形式，揭露国民党反共罪行和破坏抗日民族统一战线的阴谋，广泛宣传毛泽东发表的“坚持抗战，反对投降；坚持团结，反对分裂；坚持进步，反对倒退”的宣言和“团结一切抗日力量，反对反共顽固派”的口号，并将此用醒目大字在各村大量书写。其间，共产党领导下的县、区、村抗日政权和群众团体组织比较健全，宣传工作都按组织系统进行，一有宣传工作，召之即来。各学校建有歌咏队、秧歌队，经常配合党的政治工作搞文艺宣传。民国31年（1942）日军五一大“扫荡”开始后，党对群众的宣传，按照毛泽东《论持久战》的观点，着重指出这是黎明前的黑暗，人民必胜，敌人必败。为宣传群众，县委创办了《战旗》《黎明》等刊物。是年秋至翌年冬，环境最残酷的五区党组织通过晚上贴传单、深夜高房喊话等形式，把“一年打败希特勒，两年打败小日本”作为中心题目宣传，以鼓舞群众，坚定抗日信念。民国33年（1944），抗日形势好转，党的宣传工作更加活跃。各区、村召开军民联欢会，报告形势，演出打败德、意、日法西斯的活报剧和鼓励生产、启发阶级觉悟的歌剧等。翌年春节，县委在西伯章村召开全县京、津、保返乡过节工商人员大会，宣传日本侵略者必然灭亡的趋势和共产党的政策，以及如何配合大反攻，把党的政治影响扩大到敌占区。在抗日战争中，党组织始终重视对敌宣传，广泛书写上级党委和“日本反战同盟支部”拟定的日文标语口号，或将传单、信件邮寄日军，策动反战。对伪军宣传的口号主要有“中国人不打中国人”“欢迎伪军反正”“誓死不当亡国奴”等，并通过亲友传信等办法，教育了大批伪军反正。

解放后，党的宣传工作重点转向发展生产，支援前线，减租增资，反黑地，反奸复仇上，提出的口号是“保卫胜利果实”“清算汉奸恶霸血债”“成立互助组，开展大生产”等。为配合宣传，各级剧社编演了很多群众喜闻乐见的剧目，到农村巡回演出。《白毛女》《王秀鸾》等剧每至一地演出，观者如潮，群情激奋，推动了各项工作开展。民国36年（1947），全县开展《中国土地法大纲》宣传，宣传形式多为组织学生上街喊口号、书写标语，组织农民翻身报告会、地多户主动献田大会等，提出的主要口号有“耕者有其田”“依靠贫雇农，联合中农，消灭封建制度”等，有力地推动了土地改革运动。同时，开展了声势浩大的支前宣传，在“支援大反攻，参加解放军，打倒蒋介石，拔掉老祸根”的口号鼓舞下，翻身农民踊跃参军支前。

中华人民共和国成立后，党加强宣传工作。1950年抗美援朝和镇压反革命运动中，县委宣传部组织宣传队包区、包村，向全县人民进行爱国主义、国际主义和提高革命警惕的宣传。翌年春，遵照中共中央关于在全党建立人民群众宣传网的决定，各级党组织普设报告员，并建立36个传播站，设宣传员2870人，形成全县宣传网。至1953年，建起歌舞队451个，快报队、壁报广播组273个，读报组268个，幻灯组21个，剧团59个，共4300余人的宣传队伍。广泛开展了反封建、破迷信、开展爱国增产和勤俭建国、勤俭办社的宣传活动。1954 年合作化高潮中，全县建立 1580 个宣传小组，通过读报、黑板报、大小型动员会，以“团结起来力量大”“大河有水小河满”等道理，宣传动员群众加入合作社。翌年，围绕工商业社会主义改造开展宣传工作，很快建起了各种手工业合作社和供销合作社。之后，广泛开展“爱厂如家”“爱社如家”的宣传，城乡出现了“政治空气好，劳动热情高，群众思想觉悟高”的局面。

1957 年末至 1958 年，县委利用报告会、座谈会、报纸、广播、电影、幻灯等形式，广泛宣传中共中央《农业发展纲要四十条》和中共八届二中全会提出的“鼓足干劲，力争上游，多快好省地建设社会主义”的总路线，掀起以工农业生产为中心的“大跃进”高潮。配合建立人民公社，全县广泛开展“人民公社好”和“一大二公”的宣传，三年困难时期，党组织把宣传工作的重点放在“勒紧腰带偿还苏联外债”和引导群众度荒上。

1963 年 8 月遭受严重水灾后，县委组织县、社 181 名报告员组成政治思想工作组分赴灾区，针对部分干部群众悲观失望、坐等救济的思想，进行生产自救、重建家园的宣传。县委及宣传部先后下发了关于加强生产救灾中政治思想工作的指示和意见，开展“讲、算、忆、表、访、看、帮”活动，即按省、地委宣传提纲和县委宣传部编写的教材，县、社领导及报告员包村包队宣讲；和群众一起算收入、国家负担和节约支出等账；干部忆党的培养，比为革命的贡献，群众忆阶级苦，比今日甜；树立旗帜，表扬先进；组织城镇职工及轻灾社队访重灾区，开展团结友爱，互相支援活动；组织畏难情绪大的干部群众到生产自救成绩突出的社队参观；登门拜访重灾户，帮助研究救灾措施，解决实际困难。同时，全县农村 8429 名宣传员，利用黑板报、街头诗、高房广播宣传好人好事和“生产无穷，救灾有限”的道理，涌现出救灾模范 404 人。是年，县委向全县人民提出“学习雷锋精神，树立远大革命理想，培养为人民服务的思想，做雷锋式的好公民”的要求。至 1966 年上半年，各级党团组织结合宣传雷锋事迹向全县人民进行阶级教育和革命传统教育的宣传，城乡老幼学雷锋做好事蔚成风气。1965 年，掀起学习毛主席著作热潮，各公社建辅导站，各村、企事业单位建核心小组，生产队、车间班组建学习小组，辅导员达 5694 人。翌年，全县 6 万多人分期分批参加毛主席著作及政治学习，评选出学习毛主席著作积极分子 6400 人。

1966 年“文化大革命”开始后，政治宣传强调“以阶级斗争为纲”“坚持无产阶级专政下继续革命”的理论。

1978 年中共十一届三中全会后，党的宣传工作主要是彻底否定“文化大革命”、拨乱反正、把工作重点转移到经济建设上来。1979 年，全县大张旗鼓地宣传农村经济体制改革。组织县、社、队万人宣传队进行法制宣传，保证了社会安定。1982 年 3 月，开展以端正党风为重点，以“五讲四美三热爱”（讲文明、讲礼貌、讲道德、讲卫生、讲秩序；心灵美、语言美、行为美、环境美；爱国家、爱集体、爱社会主义）为核心的“全民文明礼貌月”宣传活动。1984 年第三个“全民文明礼貌月”，县委召开电视广播大会进行宣传发动，宣传部组织宣讲团深入乡村广泛宣传，全县办黑板报 2735 期，放映幻灯 146 场，编演文艺节目 1657 个，开展了大规模治理脏、乱、差活动。是年，全县开展加强社会主义物质文明和精神文明建设，坚持“四项基本原则”宣传。翌年，为推动农村第二步改革和城市经济体制改革，通过电视讲话等形式，大力宣传“改革、开放、搞活”政策，鼓励农民进城务工经商，发展商品生产和发挥安国药业优势的优惠办法。1988 年，县委成立形势教育办公室，培训 220 名干部作为报告员，下乡下厂开展党的基本路线教育。同时，举办“热点问题”答辩会 49 次，开展领导与群众对话活动 976 次，举办“十年改革成果展览”371 场次。县委宣传部与广播电视局先后录制《创业的人——安庆昌》《改革的勇士——吕德水》《前进中的淤村乡集体企业》《郑章乡十年巨变》等电视片通过县电视台多次播放。是年，开展职业道德教育，各行各业广泛宣传职业道德规范，社会风气有所好转。1989 年 1 月始，全县开展治理经济环境，整顿经济秩序，深化各项改革的宣传。是年，召开形势报告会 3 次，印发宣讲材料 450 余份，组织电视讲座 5 次，578 名县、乡干部经培训后组成 29 个基层宣讲队下乡、下厂宣讲，群众受教育面达 70%。是年 6 月，县委组织全县人民学习中共十三届四中全会文件，并以座谈会、讲演会、报告会等形式，统一全县人民的认识；发动大学生家长给子女写信晓之以理；在中学生中开展“理想、人生和我与祖国”的大讨论，增强了广大群众热爱共产党，热爱社会主义，热爱祖国的意识。1990 年，东欧一些社会主义国家剧变，苏联解体后，县委多次举办国际形势报告会，进行坚持走具有中国特色的社会主义道路的宣传教育。同时，大力提倡雷锋精神，开展学雷锋、送温暖活动。

第七节 统一战线

域内早期共产党组织成立后，分别在附近村庄组织农民协会，团结进步人士，共同进行革命活动。民国 20 年（1931），在外地读书的一些安国籍学生，接受中国共产党的主张，于假期回县在教育界发展共产党的外围组织“反帝大同盟”盟员，建立“反帝大同盟安国总支部”。翌年，中共大五女支部发动进步师生，团结进步商人，在全县掀起抵制日货的爱国运动。

民国 26 年（1937）10 月吕正操率部进驻安国后，根据中国共产党“发展进步势力，争取中间势力，孤立打击顽固势力”的抗日民族统一战线方针，广泛发动群众和城乡开明绅士，议选出县抗日临时政府。随之，发动工人、农民、学生、商人积极投入抗日斗争，成立有各界群众参加的“安国县抗日救国会”。11 月，中共平汉线省委委员肖悌、河北游击军司令孟庆山委派韩印堂、陈沐新到安国筹建河北游击总队第三路军。抗日政府动员各界群众“有钱出钱，有人出人，有枪出枪”，7 天征集现洋 7000 多元，枪支 600 条，征兵 1000 余人。党组织在发展进步势力的同时，积极动员、联络和团结一切可以团结的力量，形成广泛的抗日民族统一战线，地主武装保卫团中的爱国分子亦携带武器加入抗日义勇军第八支队。民国 28 年（1939），县委根据中共中央在抗战时期解决农民土地问题的基本政策，做出“减租减息，合理负担，优待抗属”的决定。全县实行“二五减租”，既减轻了农民负担，又保证了地主人、财、地权，缓和了农民与地主间的矛盾，一些开明绅士主动站到人民一边积极投身抗日。翌年 8 月，开展民主宪政运动，建立起共产党员、党外进步分子、中间分子各占三分之一的“三三制”抗日民主政权，扩大了统一战线。在争取、教育和改造中间势力的同时，坚决镇压坚持与人民为敌的汉奸、特务，震慑了日伪军，使部分敌伪人员愿为抗日出力，先后有 60 多名伪军政人员向抗日军民投诚。

解放战争中，县委紧密团结各界人民，结成人民民主统一战线。民国 35 年（1946）开展的“减租增资”“查租减息”“反黑地”斗争，打击消弱了农村封建势力，各界人民团结一心，发展生产，支援前线。一些地主、富农在共产党的政策感召下，主动献田。仅张乡、庞各庄两村 5 户即献田 1800 余亩。

中华人民共和国成立后，为进一步加强党同各界人民的联系，1951 年 4 月县委建立统一战线工作部。1949—1953 年，召开的历次各界人民代表会议，均吸收各界爱国民主人士参加，鼓励他们参政议政。1954 年实行人民代表大会制度后，历届人民代表中各界爱国民主人士都占一定比例。人民政府委员或人民委员会委员中，均有一定比例的爱国民主人士，并配有非党员副县长。历届政协会议，党外人士名额不断增加，一至三届政协委员中，民主人士占总数的 30% 以上，四届后达 50% ～ 60%。1954—1956

年农业合作化和工商业社会主义改造中，县委加强对各界人士的宣传教育，鼓励他们走社会主义道路，402户少数民族积极入社，606户私营工商业户通过和平方式完成社会主义改造，并从他们中间提拔了一批干部。1957年“反右”运动出现扩大化，波及一部分民主人士。1960年底，县委分期分批举办各界人士社会主义教育培训班，405人参加培训，以达“自我教育，自我改造，提高觉悟，增强爱国热情”之目的。到1964年，私方工商业者中29人加入中国共产党，161人加入工会，分别占私方人员总数的9.67%和53.7%。“文化大革命”中，统战机构瘫痪。1977年8月，县委统战部恢复工作。翌年12月后，逐步落实统战政策，恢复了爱国宗教组织活动，解决了教产问题，对以前错误处理的人员给予平反。

1981年，对社会主义改造时定性为资产阶级的工商业者改称为劳动者。1982年8月，县委成立“对台（湾）工作领导小组”，积极宣传“实施‘一国两制’，和平统一祖国”的方针、政策。翌年11月17日，中华人民共和国成立前夕去台（湾）人员郑章村陈德漠第一个回故乡探亲。统战干部按照“以诚相见，主动接触，宣传政策”的原则，登门看望。据不完全统计，中华人民共和国成立前夕去台湾的有51户65人。到1990年，有83名去台湾人员及其子女回县探亲，9人去台湾探亲。1986年，落实工商统战政策，恢复县工商联合会组织，为20世纪60年代初下放到农村的5名工商业者解决了生活困难补助等问题，按政策赔偿了“文化大革命”中被查抄财物的9名统战对象的经济损失。同时，根据“爱国一家，既往不咎”“一视同仁，量才使用，妥善安置”的原则，为原国民党35名投诚起义人员落实政策。1987年4月，县十届人民代表大会选出人大代表中，党外人士56人，占总数的32.4%；常委中党外人士 3人，占总数的21.3%；主任、副主任中党外人士1人，占总数的14.3%。第七届政协会议选出委员中党外人士 63人，占总数的 61.2%；常委中党外人士14人，占总数的66.7%；主席、副主席中党外人士4人，占总数57.1%。此届政协委员中还增加了“三胞”（台湾同胞、港澳同胞、海外侨胞）亲属、个体户和妇女、少数民族、宗教界委员数量。

第八节　纪律检查

一、机构沿革

1950年，县委配备纪律检查人员，负责检查处理党员、干部违反党章、党纪和国家法律、法令的案件。1953年3月，始建中共安国县委纪律检查委员会（简称纪检委），设书记、副书记各1人，委员3人。区设纪检书记1人。1956年1月，撤纪检委，建监察委员会，设书记、副书记各1人，委员3人。乡级党委、总支、支部一名副书记兼管监察工作。“文化大革命”开始后，监察机构瘫痪。1972年，县委组织部设审干组，负责监察工作。1979年9月，建县委纪检筹备小组，县委1名副书记兼组长。翌年8月，撤销筹备组复建县委纪检委员会，设书记1人，副书记3人，专职委员4人，兼职委员2人。1982年，县第六届党代会选举产生中共安国县第一届纪律检查委员会，当选专职委员11人，兼职委员2人，书记1人，副书记3人。是年，20个公社党委，13个县直党委、总支和305个党支部设专职或兼职纪检委员。1983年底，党政机关进行体制改革，充实调整后的纪检委领导班子由7名常委组成。书记暂缺，设副书记3人。同时，设立办公室、信访组、纪律检查组、案件审理组。翌年底，改组为科，同时县直7个党委均建纪检组，各乡镇党委设纪检委，配有书记1人，专职委员1人，兼职委员2～3人。1985年11月，县第七届党代会选举产生县第二届纪律检查委员会，当选专职委员9人，兼职委员6人，常委7人，书记1人，副书记2人。1987年，该委内部增设经济检查科。翌年改科为室，并设教育研究室。1990年底，该委有干部18人，设办公室、纪律检查室、审理室、教育研究室、控告申诉室。

中共安国县委纪律检查（监察）委员会书记更迭表

表11-6

机构名称	姓　名	性　别	籍　贯	任期（年．月—年．月）	备　注
纪律检查委员会	刘振宗	男	定县子位村	1953.3—1955.1	县委副书记兼职
	张振江	男	安国县寺下村	1955.1—1956.1	专　职
监察委员会	张振江	男	安国县寺下村	1956.1—1957.7	县委副书记兼职
	张登云	男	安国县行堂村	1961.7—1965.5	专　职
纪律检查委员会	王会民	男	清苑县郝王力村	1980.8—1982.1	县委副书记兼职
	王少平	男	曲阳县	1982.2—1983.7	县委副书记兼职
	王友波	男	安国县曲堤村	1985.12—1990.12	专　职

说明：任期栏中，年月断线处为书记暂缺

二、纪律检查工作

1953年，县委纪检委查出和受理来信来访案件2885件，经调查核实，结案2783件，对犯有官僚主义、强迫命令、违法乱纪、蜕化失职错误的35名党员干部分别给予开除党籍、撤职、留党察看、党内警告处分。1954年，查处党员违反政策、丧失立场、违犯纪律、贪污、报复、命令主义等案件162起，涉及173人。其中，脱产党员干部52件，60人；农村党员干部110件，113人。1955年2—12月，分四批审干，处理了53名有违纪问题的党员干部。1956—1957年，县委监察委员会重点检查处理农业合作社内贪污盗窃、瞒产私分、压制民主、腐化堕落、挪用公款等违反国家政策和党风党纪案件557件，处分党员283人，其中开除党籍54人。“大跃进”运动和1960年整风整社运动中，监委共受理党员违纪案件1534起，结案1519起，有1295名党员受到开除党籍、留党察看和撤销党内外职务处分。1961年9月，县监委根据中央指示精神，复查1957—1960年受处理党员干部，大部分给予甄别平反。“文化大革命”期间，纪检工作不能正常开展。1980年复建纪检委后，重点抓了党风党纪教育，查处以权谋私、弄虚作假、挥霍公款等违纪案件35起，并根据中共十一届三中全会以后的路线、方针、政策，对“反右”“大跃进”“反右倾”“文化大革命”等运动中错误处理的党员予以平反。到1982年，共复查225人，其中全错全平的145人，部分错部分纠的65人，不错不纠的15人。是年，在重点打击经济领域犯罪的活动中，立案41件，结案31件，追缴赃物、赃款14万余元。同时，对1973年以后积压的中央要求反馈的3起重大案件结案上报。翌年，对“文化大革命”中的“三种人”（造反起家、帮派思想严重、打砸抢分子）进行查处，立案审查8人，清除出党1人，留党察看2人。1985年，查处党政机关滥发奖金、实物和党员干部长期拖欠公款等不正之风案件382件，各类违纪款项50.9万元，给予16人党纪处分。1987—1988年，县纪检委先后下发了《关于加强党的作风建设的意见》《加强党的作风建设，严肃党纪的意见》，指导全县党的建设。并多次召开全县端正党风动员大会，组织力量清查用公车办婚事、党政机关和机关干部经商办企业等不正之风。抓住影响大、性质严重的案例召开公开处理大会，促进全县党风好转。1989年，对干部职工建私房、职称评聘中弄虚作假、干部大吃大喝等问题进行集中清理，查出1982年以来干部职工违纪建私房的889户，收缴各种税费和罚款80余万元；处理了职称评聘中的问题336件；对6个党政机关所办的公司进行脱钩整顿。是年统计，各单位用公款吃喝开支比1988年减少40%。1984—1990年，纪检部门充分利用信访抓党风，发挥群众的监督作用，共受理群众来信来访750件，查出违纪案件240件，处分134名违纪党员。

第九节　共产党的领导方法

解放后，县委为各项工作及各级组织团体的领导核心，凡上级党政方针政策的贯彻实施，生产、政治运动的开展，主要干部的任免，重大经济建设及社会事业发展的规划及决策，皆由县委讨论决定。“文化大革命”期间，实行革委会“一元化”领导体制，县革委会主任仍兼任党的核心小组组长。1971年1月，恢复县委。1982年1月，革委会撤销，恢复人民政府机构。此后，逐步实行党政职能分开。县委的工作重点转为政治领导，负责贯彻执行中共中央、国务院的各项方针政策及上级党委的各项指示、决定，保证党的方针政策顺利实施；对全县的重大问题进行决策；向政权机关推荐主要干部；协调县内各类组织关系，加强党的自身建设等。

一、工作制度

（一）　会议制度

县委全体委员会议　1953年前，县委全体委员会议（以下简称全会）不定期召开。是年，县委制定《关于县区领导工作中几项制度的规定》，定为每月底召开一次全会，听取审议书记所作的县委一月工作情况报告，研究讨论下月工作计划和重大问题，最后作出决议，会期不超过3天。1958年，全会改为每季末召开一次。1959年，为加强集体领导，依旧例月开一次。1961年，县委制定《各种例会制度及其职权范围的规定》，全会再次改为季开一次。同时，会后增加了县委委员生活会，座谈领导问题和开展批评与自我批评。“文化大革命”开始后，县委机构瘫痪，全会随之停止。1971年1月重建县委后，不定期召开全会。1977年，县委制定《增强党性，加强革命团结的十条守则》，规定半年召开一次全会，至1990年未变，并扩大至县人大、政府、政协、纪检委不是县委委员的领导和各乡镇党委书记、县直各党委、总支书记。会前，县委书记与常委交换意见，提出全会内容，再经常委会讨论决定。会前5日通知出席会议者。

县委常务委员会议　1953年，县委常务委员会议（以下简称常委会）10天召开一次，会期两天，有关人员列席。会议主要内容是讨论研究全县政策性、原则性的大事和重要的工作指示及部门涉及到广大人民群众的工作计划；研究县人民团体正副主任、委员，政府正副科长，区委正副书记、委员，正副区长，区人民团体正副主任、团书等范围的干部任免和企业主管部门提名的正副厂长、经理、主任的任免。1955年，常委会改为7天一次，1959年改为每月一次，后改半月一次。1961年，恢复按月召开制度。同时规定常委生活会一月一次。1977年，各项工作渐趋正规，县委规定常委会每10天召开一次，并恢复一月一次的常委生活会。1986年，常委会改为半月一次。一般情况下，县委顾问、人大主任、政协主席、纪检委书记、团县委书记和与议题有关单位的领导列席常委会。1988年，为保证决策的民主化、科学化，提高议事效率，县委制定《常委会议事规则》，沿用至1990年。

附：中共安国县委常委会议事规则

为贯彻落实十三大精神，健全县委常委会议制度，更好地坚持民主集中制，加强和改善党委集体领导，发挥集体决策作用，保证决策的民主化、科学化，提高议事效率，按照党政职能分开的原则，制定如下议事规则：

一、会议的召开

1. 常委会半月召集一次，如有需常委研究决定的紧急问题，可临时召集，必要时也可召开一定范围的扩大会议。

2. 会议由书记召集并主持，书记不在，委托一名副书记主持。

3. 县委常委除遇特殊情况外（如外出开会，有病等）都要按时参加会议。出席常委必须有三分之二以上。一般情况下县委顾问、人大主任、政协主席、团县委书记和县委办公室主任列席会议。必要时吸收有关方面负责同志列席。

二、议事内容

1. 认真研究讨论党中央和上级党委的各项方针、政策、指示、工作部署，结合本县实际，制定实施方案。

2. 研究制定加强党的思想、组织、作风、制度、纪律建设的措施，讨论精神文明建设的长远规划和年度计划。

3. 研究决定县委所管干部的任免，向人大推荐政府各直属部门的主要干部；向地委推荐县级领导干部；决定党政机构的撤销、增设和合并等设置问题。

4. 按照党章规定和县级干部管理权限，研究决定对犯错误的副局级以上党员干部的处理意见，提出对重大案件查处的指导性意见，研究分析重要社情动态，制定相应措施。

5. 讨论县政府提请研究的重大问题，定期听取人大、政协、纪委、武装部、法院、检察院、县委各部门、人民团体的汇报，并提出指导和建设性意见，研究人大、政协、纪委和县委、政府各部门、各人民团体中需要协调解决的重要问题。

6. 审议、决定全县经济发展战略和关系全局性的政治、经济、社会发展及国计民生的重大问题。

7. 审议财政预算、决算及重要经济项目的立项。

8. 研究决定加速全县各项改革，加快经济发展的阶段性指导思想和改革实施方案。

9. 商议讨论上级党委交办需县委常委讨论的问题，以及需要向省、地委请示、报告的其他重要问题。

10. 讨论研究县委认为应由常委会讨论研究的其他问题。

11. 凡属主管书记、常委或县人大、政府、政协、纪委及县直各部门职权范围内的工作，不提交县委常委会讨论。

三、议题准备

1. 各部门、各单位要将提交常委会研究的问题和初拟意见填好“议题卡片”，征得主管书记、常委同意后交办公室主任汇总，而后提交县委主要领导审定。

2. 提交常委会审议的议案，各有关单位或部门应搞好调查研究，拟出初步意见，凡涉及几个部门的重大问题。在提案上交前，要与有关部门会商，力争取得一致意见。如意见难以统一，要把几个意见同时上报常委会，以便权衡比较、审定，凡涉及全县性政治、经济和社会发展方面的重大问题决策之前，县委要组织力量反复调查研究，进行可行性论证，必要时同人大、政协、群团沟通情况，征求意见。

3. 办公室负责要把与议案相关的各项规定和必要资料事先准备好，便于会上审议参考，防止出现议定事项前后矛盾，互不衔接。

4. 会前，办公室将会议提案、程序、时间、地点及出、列席人员名单连同有关文件，提前通知送达各书记、常委，并通知有关部门做好准备。

四、讨论、决策和催办落实

1. 常委会讨论议题，要精力集中，发言扼要，注重实效。书记要当好“班长”，坚持集体领导。对某些问题出现不同意见时，引导大家集思广益，各抒己见，能统一的问题则统一起来，难以当即统一决断的，不是特别紧急的事可在会后进一步酝酿，不仓促决定。

2. 紧急和重大问题的决策，在充分酝酿基础上按照委员之间每人一票的原则，书记可根据常委的表态，按多数同志意见做出决定，必要时采取举手或投票表决的方法，决策已定，每个常委都必须坚决执行。如有不同意见可以保留或向上级党委反映。在上级或县委未改变决定前，行动上要绝对服从常委会决议。

3. 与会人员要严守保密纪律，对讨论审议时的不同意见和未决事宜，不许外泄，对已决定的重大问题（人事变动、干部处理）在未公布前要守口如瓶，对泄密造成恶劣影响者，视其情节严重程度，给予党纪处分。

4. 会后，根据需要及时整理会议纪要，发有关领导和部门；需有关部门办理的事项，由办公室催办；常委会议定的工作部署，由各主管书记、常委分头组织落实。

一九八八年四月二日

书记处会议和书记碰头会　1958 年，县委规定书记处会议 10 天召开一次，会期不超两天。主要内容是：讨论上级指示及县委全会、常委会决议贯彻执行办法和听取执行情况的报告；解决工作中的重大问题和部门提交的问题；研讨指导中心工作开展的具体意见。休会期间所遇重大问题，召开临时书记会议讨论解决，未超半数决定办理的事项，事后提交例会追认。1961 年，县委规定每周五、六两日召开书记处会议。1962 年 7 月撤销书记处后，县委实行书记碰头会制度，对重大问题县委正副书记碰头协商后提交常委会决定。1987 年，《中共安国县委常委会议的几项制度》中规定：“凡涉及机密性较强的重要问题的决策和人事任免等，需要主要领导之间事先沟通情况，统一思想，可不定期召开书记碰头会。”此制度至 1990 年未变。

五大机构联席会　五大机构（县委、人大、政府、政协、纪检委）联席会始于 1987 年。凡涉及全局性的重大事项或开展全县性大规模活动，需五大班子领导沟通情况，明确任务时，召开五大机构联席会。县委规定该会按季举行例会，遇重大问题临时召集。

（二）请示报告制度

县委建立后，凡举行重大活动、处理重大事务前，均向地委书面请示（战时亦有口头请示），经批准后方行动，事后报告结果。一般情况下，季末、半年、年终县委向地委书面报告工作，亦不定期报告专项工作情况。

基层党组织和工作部门向县委的请示报告制度亦从县委建立后执行。文字规定始于 1953 年《县委有关请示报告制度》：凡是请示县委解决的问题，都要写书面请示。同时规定工作报告制度，区级政府、团委、妇联会、武装部等部门每月 14 日和 30 日向直属上级书面报告；县政府、区委和县团委、妇联会、公安局、武装部每月 1 日和 15 日向县委书面报告；县委组织部、宣传部、纪检委、统战部和经企部门每月底向县委书面报告。

1961 年，县建工业、农业、财贸、宣传、文教、政法 6 个战线领导小组，各部委党组需请示县委处理的事务首先经有关战线领导小组研究处理，重大事项和涉及全局者请示县委解决。翌年，县委重新制定请示报告制度，规定各部门送交县委的请示报告，部门负责同志审阅签字后报县委；人委各分党组向县委的请示报告，人委总党组讨论或主要负责同志审批后报县委。并规定各公社党委、各部委党组每季末月中旬向县委写一次工作总结报告，工作中的主要经验教训随时报告；各级各部门向县委选报各自印发的通报、简报、资料等。1977年，县委规定，县委各部局委办、公社党委按月向县委报告工作执行情况，部门召开较大型会议，要请示县委批准后方可召开。该制度至1990年未变。

（三）文件审阅签发制度

1953年，县委规定凡以县委名义发出的指示必须经常委会讨论决定；凡在县委既定方针原则下，以县委名义发出的简报、专题报道、经验通报等，由主管常委签发；以县委名义所发的通知和批示由书记批准，主管常委签发；各部门在县委批准的范围内所发的临时指示、通报等由系县委委员的部门负责人签发，如部门负责人无县委委员，则由兼管该部门工作的县委委员审核签发。1960年后，凡以县委名义发出的文件统由办公室主任审核。重要文件主任审核后交书记传阅，并商定签发；县委未加批示的简报、通报、经验材料、情况介绍、调查报告等文件，由主任审核后，交主管书记签发。1990年，县委制定《关于行文和召开会议的几项规定》，规定凡县委常委通过或基本通过的文件，一般由县委办公室主任签发；根据常委会决定事项起草的文件或主管常委职权范围内有关工作的文件，由主管常委或书记审定后，交办公室主任签发；重要或涉及面广的文件，由县委主要领导审定后，办公室主任签发；部门代县委起草的文件，先由部门负责人审核签字后，由县委办公室主任或分管主任协助县委领导把关，再按规定送审；党政机关联合发文，属政府主管的工作，先由政府办和政府领导审核签字后，再送县委办公室按规定送审。

（四）分工负责制度

县委建立后，县委领导即实行分工合作制度。1953年，县委委员实行分包5个区和财政、政法、纪检、工会、青年团、妇联会、互助合作、统一战线8个方面工作的具体分工。1955年，县委确定书记负责全面工作，各常委分别负责兵役、党群、工业生产、财经、农田水利、政法、文教卫生等工作。1958年，划分钢铁、农业、水利、群众生活、基本建设、思想文化6条工作战线，每条战线有一名书记处书记和4至6名县委委员负责。1961年，县委书记处会议对书记重新分工，第一书记抓全面兼管兵役工作，其他书记分管人委、农业生产、党群、政法、民兵、整风整社、工业、人民生活、财贸等工作。之后，各届县委书记常委都有明确分工。至1990年，县委分工情况为：书记抓全面，1名副书记和1名常委负责县政府工作，1名副书记负责人大、政协、统战等工作，1名副书记负责人事、政法、文教卫生等工作，4名常委分别负责组织、宣传、武装、办公室工作。

（五）干部参加劳动制度

1957年，按照中共中央《关于各级领导人员参加体力劳动的指示》，各机关干部每周六到附近社、队参加劳动。1960年，为改变穷队落后面貌，县委抽调100名干部，组成改造穷队专业队，分驻33个穷队，其余脱产干部80%的亦到农村与群众“四同”（同吃、同住、同劳动、同商量）。1962年，机关事务性工作增多，干部参加劳动制度坚持较差。翌年6月，县委下发《关于农村基层干部参加集体劳动的指示》，并批转县委组织部《关于国家干部参加体力劳动的意见》，实行县直机关干部到生产队当队员，企业主管部门和企事业单位中会（计）统（计）以上干部，到本行业基层单位或本单位车间班组参加体力劳动。规定干部参加劳动实行适当集中和零散参加相结合的办法，每人每年要有半月至20天的时间连续参加劳动，并规定一年中县直单位干部至少无偿参加体力劳动1个月；公社干部60天；生产大队干部150天至200天；生产队干部不低于本队同等劳力的出工天数。国家干部参加劳动，由记工员、考勤员记工签字。生产大队干部固定到生产队，同社员一起评工记分。要求干部在劳动中遵守劳动制度，起模范带头作用，并随时随地向社员、工人宣传党的方针、政策，倾听群众意见，通过劳动发现问题、反映问题、解决问题。同时，要求各级党组织按月对干部参加劳动情况认真检查，检查结果县直单位报县委组织部，公社报县委农村工作部，社直单位报所在地公社党委。在开展干部“三八”（一切从实际出发，正确执行党的政策，实行民主集中制，同劳动，同食堂，待人和气，办事公道，买卖公平，如实反映情况，提高政治水平，没有调查研究就没有发言权）作风评比时，把干部参加劳动作为重要内容，表扬模范，树立旗帜。“文化大革命”开始后，干部参加劳动制度中断。

1975年，县委按照中共中央有关干部参加劳动的指示精神，制定干部参加劳动“一、二、三”制度（每年参加劳动，县级干部100天，公社干部200天，大队干部300天）。要求县、社下乡干部人手一张锨，与社员同劳动。并实行劳动手册记工制，季检查，年点评。1977年，县委规定下乡、下厂干部参加队、厂劳动，其他干部定期（每周一次）到本部门所包的大队、工厂参加劳动。1989年，县委《关于加强自身思想作风建设的决定》中规定实行县委委员参加劳动制度，每年每人保证15天以上到农村或工商企业参加劳动。

二、工作方法

（一）召开会议

县内各级领导机构宣传、贯彻党的方针、政策和开展各项工作的主要方法之一是召开不同形式的会议。县人俗以“国民党税多，共产党会多”来概括两党的不同。解放前，多以小规模的集会宣传群众。解放后，多以村为单位召开规模较大的会议，推动“减租减息”“土地改革”等运动的开展。中华人民共和国成立初，百废待举，工作多，会议多。会议类型有动员会、报告会、工作部署会、总结会、表彰会、庆祝会、座谈会等，群众听会热情高，效果好，部署的各项工作多能顺利执行。1958年“大跃进”开始后，各种形式的会议更多，为使各路“元帅”升帐，多种“卫星”上天，现场会、汇报会不断，电话会随时召开，发动、鼓舞群众进行了大规模的基本建设，但也促使了浮夸，助长了“五风”（官僚主义、强迫命令、瞎指挥、浮夸风、共产风）。1962年后，会议有减，大型会议一般一年召开一二次，三级干部（县、公社、大队）或四级干部（三级干部加生产队干部）会议，多为总结上阶段工作，部署下阶段任务，各种具体工作多为层层开会部署。“文化大革命”中正常的工作方法被打乱。1978年拨乱反正后，全县大型会议多以广播大会的形式召开，一般县设主会场，各乡镇设分会场。集中到县的村以上干部会议一般一年召开一次。但随机构增多，分工细化，部门会议增多，出现事无巨细，贯彻多，落实少的现象。1984年后，县委多次发文要求精减会议、注重落实。县委及其部门有时以电话会、电视讲话的形式向下部署工作。

（二）制发文件

民国36年（1947）前，县内中共党组织未公开活动期间，县委秘密下发文件。之后公开活动，即公开下发文件，主要内容为传达贯彻上级党指示及县委的决议、决定、意见、指示等。中华人民共和国成立初，县委文件有《中共安国县委员会文件》《情况简报》等，县委各部门也有文件下发。下发原则是先基层党委，后支部；先党内，后党外。20世纪50年代初，县委始启用固定红字头文件，遇有党政合办事项，以县委红字头文件与县政府联合行文。“文化大革命”中党政合一，所有文件均以县革命委员会名义下达，1971年恢复使用县委文件。县委文件一般发至基层党委、总支和党组，部署大规模工作发至支部。1980年后，县委各部门文件增多，为“削文山”，1983年县委规定必须印发的文件要提高文字质量，防止长、空、套、散等不良文风。1990年，县委及其部门下发《中共安国县委员会文件》28期，

《中共安国县委员会（通知）》（纪要、报告）等41期；《中共安国县委员会办公室文件》34期，《中共安国县委纪律检查委员会文件》5期；县委办公室办《情况简报》23期，《快报》70期。

（三）搞试点　树样板

安国解放后，凡是开展大规模的群众运动，县委多采取先试点，取得经验后再向全县推开的办法，或在工作中发现好的典型树为样板，全县学习，推动工作开展。土地改革运动中的庞各庄试点，互助生产中的于致祥运动等，都起到很好的典型示范作用。1953年，县委以“吸收经验，指导一般”的工作方法，确定一区为重点领导区，明官店为重点领导乡。县委每月对重点区、乡的工作研究一次，掌握基层工作经验，指导全县。1955年，定五区为重点区，南娄底为重点乡，南娄底集体社、甄庄先锋社、常庄光辉社为重点社。县委领导包点或派工作组驻点，与点上干部共同制定工作办法、步骤，加强具体领导。县委常委每季对重点单位工作进行研究。1960年，县、社、管区三级领导按照县委《关于改进领导作风的十项规定》，坚持到生产中心点蹲点制度。是年，48名县、社党委正副书记和46名管区正副书记分别到先进村和落后村蹲点，抓两头带中间。各级领导每次蹲点半月至20天，期间总结的重要经验以现场会推广，时间性强的以电话会推广，一般情况领导之间通报，交流做法。1964年，在领导农业生产中，采取“抓重点，带一般，蹲落后，促先进”的领导方法，层层有试点，事事有样板。是年，各级干部搞出各种样板田541块，5058亩。先后在县级样板田召开大型现场会5次，总结推广19项增产措施。1983年，县委常委按各自分工，均建立基层联系点。之后，在发展商品生产、经济体制改革、精神文明建设等工作中，树立了一批乡、村、厂、个人等各类典型，通过会议、简报、电视报道和专题片广泛宣传。

（四）调查研究

县委建立后，即把调查研究作为决策依据，除日常掌握基本情况外，凡开展重大活动之前，都进行摸底码、分类排队等调查研究活动，尤重典型调查。民国35年（1946）9月，县委分别对南马、大章村从政治、经济、信仰、民间纠纷、地理环境等方面进行详细调查，写出专题报告。在减租增资、反黑地、土地改革等运动中，都进行全面或典型调查。中华人民共和国成立后，围绕各个时期的中心工作，采取领导蹲点调查和抽调干部组成调查组等办法，广泛收集各方面意见和反映，及时发现、总结、反馈新情况、新经验和新动向。20世纪60年代，大兴调查研究之风，各级领导干部改变作风，深入基层蹲点。县委代理第一书记郭立庄深入基层6个月，写出《上级政策的贯彻落实》《改进基层领导方法》《对当前工作的检查》《生产队的生产情况》等调查报告，县委分别批转全县。20世纪80年代初，为推动经济体制改革深入发展，县委要求各级领导干部深入基层调查研究，并围绕各条战线的工作，确定调研专题。1983年，县委规定每个常委每年抽出四分之一的时间调查研究。是年8月，围绕“发展商品生产，搞活经济”等专题，县委、县政府组织80多名干部分成5个调查组，深入15个公社的48个大队、23个工厂、26个财贸企业和23个社队工副业摊点，从产、供、销各环节纵深调查，研究发展商品生产的路子。通过综合分析，除确定发挥独特的药业优势外，农业上筛选出29个优势产品和项目，工业上筛选出14种优势产品，农村社队工业筛选出17个重点产品，制定出发挥药业优势，农工商综合经营的发展方略。1986年，县委要求常委每年深入基层的调查时间不少于三分之一。部局和乡镇主要领导1年内至少写出1～2份有指导意义的调查报告和经验材料，调研之风日浓。是年，按照县委提出的调研提纲，县、乡干部写出调查报告45篇。1987年，县委制定《关于加强党的作风建设的意见》，要求县、乡干部在基层建联络点，面向千家万户调查研究，并要求各级党委建立干部调研档案。是年，县委建政策研究室，主要负责县委重大决策前后的调查研究工作。近年，调研内容增加了农民负担、农业服务、劳动就业、社会主义信念等。

自 1984 年始，县委办公室每年向地、省委报送信息 300 多篇（条），年均被采用 130 多篇（条）。1987—1990 年，连获保定地区党委系统信息工作第一名。

（五）检查落实

1953 年，县委规定每月检查 1 ～ 3 个部门工作，特殊情况临时检查。查前 5 日通知被查单位，以书面材料向县委报告。之后，每年都抽调干部组成检查组，到区、乡检查工作。1958 年人民公社成立后，多针对某项生产，组织公社党委书记全县大检查，发现问题就地召开现场会。1960 年，县委《改进领导作风的十项规定》中要求对各级党组织和领导干部的工作每季检查评比 1 次。1980 年后，对改革开放政策的落实情况检查增多。一般检查多自下而上，先单位自查，后乡镇系统内互查，最后全县统一联查。为提高工作效率，克服“会议多、部署多、落实差”的通病，1990 年县委制定《关于加强督促检查工作的试行规定》，其程序分立项、转办、查办、办结、反馈、归档 6 个过程。督查范围为党中央、国务院及上级党委、政府制定的方针、政策和重要工作部署的执行情况；上级交办的督查事项及地区以上新闻单位建议核实的事项；上级党委和同级党委重要会议决议和重大决策及重要工作部署的执行情况；带有全局性、政策性、倾向性问题的检查等。有 1 名县委副书记分管督查工作，其他县级领导按分工组织并参与所分包（管）乡镇、系统、行业的督查。县委办公室设督查组，负责督查工作的催办、协调以及有关情况的综合、反馈；各乡镇党委、县直各部门分别由 1 名领导和工作人员负责督查工作。并建立督查责任制及定期检查总结、领导审验把关、办结后跟踪问效等项制度。

（六）总结表彰

年度或阶段性工作终结，各级党组织均回顾总结。县、乡镇党委及县委部门多制成文字。一般分月、季、半年和年终总结。在半年、年终及重大活动完成后总结的同时，县、乡镇党委多召开表彰会，对先进单位、先进个人给予大张旗鼓地表扬和奖励。1965 年 8 月 20—24 日，县委、县人委召开农业战线先进单位和积极分子表彰大会，表彰了 205 个先进单位和 881 名积极分子，树起 74 面红旗，56 名标兵，之后掀起“一带一、一片红”“一面红旗带一片，百面红旗带全县”的比、学、赶、帮热潮。1982 年后，县委、县政府每年表彰一批在社会主义物质文明和精神文明建设中涌现出的文明村、文明单位、文明户和先进个人。1986 年后，各级党组织分别制定任期目标管理责任制。每年年终以单位和个人年初确定的责任书与完成情况相对照，自查总结，并写出述职报告。县考评办公室对部门及领导目标管理岗位责任制执行情况进行全面考核、评比，按照《责任制执行情况评分细则》，民主评议，联合打分，奖优罚劣。

第二章　中国国民党安国县地方组织

第一节　机构沿革

民国17年（1928）初，在博野县四存中学读书时加入中国国民党的安国县人刘继福、崔励昆、张雪如、侯里瑞参加了中国国民党河北省党部在天津举办的第一期党员培训班，后崔敬武、王汝川、王丙合、宋亘荣分别参加了第二期和第三期培训班。每期一个月。结束后，省党部派组织干事崔石卿（又名崔健）到安国县帮助组建党部。7月5日，在县城文庙由崔石卿主持召开中国国民党安国县指导委员会（县党部）成立大会，根据省党部指令，推选崔石卿为主任委员，张雪如为宣传部长，刘继福为组织部长，崔励昆为秘书处主任。10月，在城关、石佛、伍仁桥、大五女、西伯章区建立区分部，各设常委1人，委员2人。民国19年（1930）5月，县内国民党宗派争斗激烈，县指导委员会主任委员王大伟被迫辞职，省党部派萧丙恒接任。民国24年（1935）底，根据丧权辱国的《何梅协定》中“停止华北党务活动”规定，民国政府取消河北省党务机关，国民党安国县指导委员会停止公开活动。民国31年（1942），国民党河北省党部委派贾济川、崔子信到定县秘密建立国民党安国县党部，委任赵少华为党部书记长，刘盈科为秘书，陈桂芬负责组织，刘家秀负责宣传，郑继江、孟德兴、赵军文负责社会调查，田润普（安国县日伪警备队大队长）负责武装。党部成立后，在安国秘密活动。民国33年（1944）8月，驻守安国的日本宪兵队将国民党地下工作人员刘盈科、王欣铭、刘家秀、党木等人逮捕，刘等供出国民党的秘密组织，赵少华、郑继江逃往北平，县党部消亡。

民国34年（1945）8月，日军投降后，国民政府将安国划属二十六督导区管辖。督导区指导员贾济川指令赵少华等原县党部流散成员在定县（国民党占领区）组建国民党安国县党部，11月初建成，部址设在定县城内塔西胡同一号，公开挂牌：中国国民党河北省安国县执行委员会。赵少华任书记，陈桂芬负责组织培训，刘盈科任秘书，田润普负责武装，石磊负责宣传，芦子珍管理总务。民国36年（1947）定县解放，国民党安国县党部部分成员被俘，秘书刘盈科带3人逃到保定，租1间客房作为安国县党部临时办公处，留1人看门，余人躲在北平，该组织名存实亡。是年10月，国民党河北省党部重新组建流亡的安国县党部，派赵振民任安国县党部书记长，赵敬忠为秘书，殷兆峰负责组织，孟德兴负责宣传，执行委员5人，部址设在保定城内北大街省政府人事处。翌年10月，赵振民请示省党部，将安国县党部迁天津市甘肃路114号。同时，根据省党部压缩人员的指示，迁津后只留赵振民1人应付差事。年底，天津解放，安国县党部消亡。

第二节　主要活动

国民党安国县党部成立后，积极宣传国民党的主张。民国17年（1928）七八月间，县党部派员先后在县城和侯村、北七公、东长仕、东固等村，组织小学教员、学生、部分民众利用书写标语、游行、讲演等方式进行宣传活动，随后扩至全县。8月间，县党部在政府礼堂（旧衙门内）召开公职人员大会，要求政府公职人员加入国民党组织，当场发给每人一张河北省党部印制的国民党党员登记表，立时填写上交，报省党部批准，即为党员。同时在乡村发展了一批小学教员、中学生和商人入党。是年，共发展国民党党员132人，其中女9人。是年10月，县党部为整饬社会治安，建议县政府撤换武装部长、警察局长和保卫团团总，命警察局逮捕了一些民愤极大的恶霸游街示众，社会治安一度好转。11月，县党部把工作重点转向农村，组建各乡农民协会，县党部和各区分部各增设一名专职负责农民协会工作的常委。随后，组织农民整修了县城通往大五女、石佛、西伯章、伍仁桥的大路。民国18年（1929），县党部发生宗派争斗，形成城关派和乡村派两个山头。城关派操纵县城的富户商贾，乡村派指挥一些农民协会成员，围绕城乡负担等问题，争斗愈演愈烈。民国19年（1930）7月，东固村农民协会70多名会员闯进县党部，大骂城关派代表、县党部主任委员王大伟，砸烂县党部的牌子，将王大伟和一名县党部委员按倒在地灌粪汤。王大伟辞职，乡村派暂占上风。

民国24年（1935）12月，国民党在县内停止公开活动，党部成员大多去外地谋生。民国31年（1942年），国民党河北省党部派赵少华以教员身份秘密活动于安国、定县之间，赵指示安国县国民党党员安席珍、郑继江等人潜伏安国，刺探共产党抗日政府、军民活动情况和搜集日伪情报，定期到定县向赵少华汇报。到民国34年（1945），在县内秘密发展国民党党员21人。是年8月15日日军宣布投降后，潜伏在安国县的几个国民党员和汉奸挂起国民党安国县党部牌子，组建国民党和三青团组织，图谋接收安国。8月28日，共产党抗日武装攻克县城，该组织成员逃往定县城东八里庄炮楼。11月，流亡县党部于定县成立，在安国解放时逃往定县的伪军、汉奸中发展国民党党员51人，成立“还乡团”。一些国民党员在定县城内以开“卷子房”为掩护，经常到安国县刺探解放区情报，搞骚扰破坏活动。民国35年（1946）2月，流亡县党部下令杀害了安国县民主政府的采购员刘结巴。是年，流亡党部还组建了流亡县政府、保警队、商会、教育会等。民国31—35年（1942—1946），流亡党部共发展国民党党员230人。

民国37年（1948）初，驻保定的安国县流亡党部奉省党部指示，办理国民党、三青团合并登记手续，国民党员无人登记，仅有三青团博野分团（辖安国、博野、蠡县、高阳县）的38名团员登记，在团证上盖党团合并章。

第十二编

政权 政协

第一章 旧政权

第一节 县（州）衙

自西汉置安国县，设县令、县丞、县尉各1人。县令掌政令，县丞掌文书，县尉掌缉捕。宋置祁州，设剌史。元设达鲁花赤（蒙古语官名，有监临官、总辖官之意）、知州、同知各1人。知州掌一州政令，蒙古族人担任的达鲁花赤行监督权，同知佐理州政。

明代，州衙设吏目署、州判署、学正署、训导署、太仆寺、粮衙、捕衙、行捕衙、僧正司、察院等机构。吏员有知州、学正、州判、同知、僧正、典术、巡察各1人，训导3人。并设民壮35人，马快10人，巡官捕盗马快2人。

清始，沿袭明制。顺治十六年（1659）奉裁训导，康熙四年（1665）复设。雍正十二年（1734），祁州不再辖县，设知州，裁州同、阴阳学、医学、僧正等官，增设管河通判。乾隆十年（1745），建管河州同新署，设州同1人。嘉庆十六年（1811），撤州判署、管河通判署、管河州同署。至同治年间（1862—1874），州署内机构有吏目署、学正署、训导署，设吏、户、礼、兵、刑、工6房。官吏设知州、吏目、学正、训导各1人，另设皂隶14人，马快8人，其他如民壮、禁卒、仵作等51人。清末，设科房、典吏、巡检、吏目，另有捕班、快班。科房分为东西两科房，东科房掌兵、刑、工事，西科房掌吏、户、礼事。具体分工是兵管军事防卫，刑管司法，工管河道水利及工程，吏管官员罢免任用，户管粮租契税，礼管祭祀及文化教育。典吏主管监狱、缉捕。巡检驻州镇管弹压地面。吏目在科房以上专管书吏。光绪二十六年（1900）后，设巡警局，专管巡捕缉盗。

宋朝至清朝祁州主要职官表

表 12-1

<table>
<tr><th>朝代</th><th>姓名</th><th>职务</th><th>籍贯</th><th>出身</th><th>任职年代</th></tr>
<tr><td rowspan="9">宋　代</td><td>张　晖</td><td rowspan="9">刺　史</td><td>河北大城</td><td>—</td><td rowspan="9">宋</td></tr>
<tr><td>侯仁矩</td><td>山西平遥</td><td>—</td></tr>
<tr><td>芦　政</td><td>太原文水</td><td>—</td></tr>
<tr><td>侯延广</td><td>山西平遥</td><td>进　士</td></tr>
<tr><td>贺惟忠</td><td>忻州定襄</td><td>—</td></tr>
<tr><td>安　焘</td><td>—</td><td>—</td></tr>
<tr><td>牛思进</td><td>祁　州</td><td>—</td></tr>
<tr><td>徐　兴</td><td>青　州</td><td>—</td></tr>
<tr><td>王　能</td><td>广济定陶</td><td>—</td></tr>
<tr><td rowspan="9">金　代</td><td>孟　浩</td><td rowspan="9">刺　史</td><td>滦　州</td><td>进　士</td><td rowspan="9">金</td></tr>
<tr><td>刘仲洙</td><td>宛　平</td><td>进　士</td></tr>
<tr><td>完颜守道</td><td>—</td><td>—</td></tr>
<tr><td>泰　中</td><td>—</td><td>—</td></tr>
<tr><td>阿土古</td><td>—</td><td>—</td></tr>
<tr><td>段增顺</td><td>—</td><td>—</td></tr>
<tr><td>丁𬀩仁</td><td>—</td><td>进　士</td></tr>
<tr><td>纳合六哥</td><td>—</td><td>—</td></tr>
<tr><td>赵　元</td><td>范　阳</td><td>—</td></tr>
<tr><td rowspan="8">元　代</td><td>忽都不花</td><td>达鲁花赤</td><td>—</td><td>—</td><td rowspan="8">元</td></tr>
<tr><td>成克敬</td><td rowspan="7">知　州</td><td>济　阳</td><td>—</td></tr>
<tr><td>刘志仁</td><td>—</td><td>—</td></tr>
<tr><td>三保奴</td><td>—</td><td>—</td></tr>
<tr><td>搭　海</td><td>—</td><td>—</td></tr>
<tr><td>斜　哥</td><td>—</td><td>—</td></tr>
<tr><td>蒲速越</td><td>—</td><td>—</td></tr>
<tr><td>左　泌</td><td>—</td><td>—</td></tr>
<tr><td rowspan="12">明　代</td><td>田　崇</td><td rowspan="12">知　州</td><td>浙　江</td><td>—</td><td>洪　武</td></tr>
<tr><td>王　著</td><td>蠡　县</td><td>—</td><td rowspan="2">永　乐</td></tr>
<tr><td>林　和</td><td>合　肥</td><td>—</td></tr>
<tr><td>余　徽</td><td>新　安</td><td>举　人</td><td rowspan="4">正　统</td></tr>
<tr><td>郑思贤</td><td>黄　冈</td><td>—</td></tr>
<tr><td>王　壬</td><td>龙　溪</td><td>—</td></tr>
<tr><td>李　玉</td><td>屯　留</td><td>—</td></tr>
<tr><td>范　晖</td><td>浙江山阴</td><td>—</td><td>景　泰</td></tr>
<tr><td>杨　禧</td><td>四川眉州</td><td>—</td><td rowspan="2">天　顺</td></tr>
<tr><td>骆　骥</td><td>吴　县</td><td>—</td></tr>
<tr><td>贾　贞</td><td>山东莒州</td><td>—</td><td>成　化</td></tr>
</table>

续表 12-1

朝代	姓名	职务	籍贯	出身	任职年代
明代	武尚文	知州	山西清源	—	成化
	张　干		山东武城	—	
	童　潮		浙江慈溪	进　士	
	邢　干		浙江慈溪	—	
	张　义		山西寿阳	举　人	弘治
	张安甫		昆　山	进　士	
	魏廷相		华　容	举　人	
	王　良		山西泽州	—	
	郭　绥		河　南	—	
	李　盛		滋　州	举　人	正德
	徐　爱		浙江余姚	进　士	
	李　贯		河　渠	举　人	
	韩士奇		山西洪洞	进　士	
	严　谨		蔚　州	进　士	
	龙大有		湖广茶陵	进　士	
	赵　宗		山西交城	—	
	陈则清		福建闽县	进　士	嘉靖
	潘　恩		上　海	进　士	
	伊伯熊		上　元	举　人	
	赵善鸣		广东顺德	—	
	黄　敖		江西崇仁	举　人	
	孔天胤		山西汾州	进　士	
	戴时弁		浙江临海	举　人	
	宋继先		山西阳城	举　人	
	吴孟棋		山东宁阳	进　士	
	吕仲昶		浙江新昌	荫　生	
	王　儒		山西汾州	进　士	
	赵　勅		四川内江	举　人	
	刘　贤		山东曹县	举　人	
	陈叔美		陕西泾阳	举　人	
	任　淮		江　西	举　人	
	贾希周		河南安阳	举　人	
	萧文清		江西卢陵	举　人	
	雷凌霄		山西汾州	举　人	
	刘自修		河南扶沟	—	
	张　星		直隶华亭	举　人	
	孔承祀		陕西西安	举　人	
	周济用		山东金乡	举　人	隆庆

续表 12-1

朝代	姓名	职务	籍贯	出身	任职年代
明代	傅延耆	知州	山东历城	岁贡	隆庆
	赵可化		山西榆次	举人	万历
	李际观		河南颖川	举人	
	王同赞		福建晋江	进士	
	卢文勋		直隶无锡	进士	
	刘应科		山西洪洞	举人	
	胡子田		河南商丘	举人	
	顾应龙		福建晋江	举人	
	王昌期		陕西咸宁	举人	
	张应征		四川南充	举人	
	黄道亨		陕西咸宁	进士	
	冯曜		直隶宣城	举人	
	张光祚		陕西泾阳	举人	
	赵会祯		浙江慈溪	进士	
	宋应蛟		陕西乾州	举人	
	崔廷言		河南夏邑	选贡	
	张邃养		陕西邠州	选贡	天启
	阳起震		山东新城	举人	
	沈肇联		浙江归安	举人	
	郭应响		福建福清	解元	
	马炯		山西稷山	举人	崇祯
	袁国绶		江西丰城	举人	
	韩芳		四川阮陵	举人	
	涂应召		辽东	贡士	
	危思谦		湖广光化	贡监	
清代	张宏发	知州	陕西	举人	顺治
	孙率礼		山西绛州	—	
	徐永祯		辽东	贡士	
	田时茂		山西蒲州	副榜	
	丁成名		杏山	贡士	
	李兴元		满州	贡士	
	高向极		辽东	贡士	
	殷铉		陕西乾州	举人	
	郭尧京		陕西高陵	举人	
	徐万全		辽东	荫生	康熙
	熊仲龙		湖广汉阳	拔贡	
	苏昌臣		辽东辽阳	荫生	
	刘芳标		辽东沈阳	荫生	

续表 12-1

朝代	姓名	职务	籍贯	出身	任职年代
清　代	梅朗中	知　州	湖广广济	拔　贡	康　熙
	张祖训		三　韩	—	
	赵世德		正红旗	—	
	李肇宗		铁　岭	—	
	鲍　錞		旗　人	—	
	萧良玉		—	—	雍　正
	李士楷		陕西泾阳	举　人	
	李敏德		旗　人	—	
	岳冠华		陕　西	举　人	
	吴宝芝		浙江石门	贡　士	
	王德阶		浙江会稽	贡　士	
	严宗嘉		分　宜	举　人	
	李五惇		福　建	—	乾　隆
	徐石麟		旗　人	—	
	范清旷		山西介休	—	
	汪文昂		湖广汉阳	—	
	杨永吉		山东济阳	—	
	熊绎祖		湖　北	拔　贡	
	李钟俾		福建安溪	进　士	
	李　竦		广　东	举　人	
	黄正缘		浙江仁和	举　人	
	罗以桂		江西宁都	举　人	
	王述献		江南大仓	—	
	鲁式如		—	—	嘉　庆
	林安祖		—	—	道　光
	常荣锦		—	—	
	沈旺生		—	—	
	倪承弼		—	—	
	凌志名		—	—	
	黎极新		—	—	
	蔚音芳		—	—	
	熊光禧		—	—	
	陈毓棠		—	—	
	吴增嘉		浙江归安县	进　士	
	陶源昭		—	—	
	沈　第		江苏花亭县	进　士	
	汤振畿		—	—	
	冯德峋		—	—	

续表 12-1

朝代	姓名	职务	籍贯	出身	任职年代
清代	沈如潮	知州	浙江桐乡	解元	道光
	宋复新		河地林县	举人	
	何沛		浙江山阴	—	
	瑞清		正黄旗	举人	咸丰
	王荣绂		江苏甘泉	举人	
	郭宝勋		四川	举人	
	刘锡谷		山东安丘县	举人	
	丁永衍		江苏武进县	—	
	姜瀚文		安徽怀宁	—	同治
	胡源		浙江会稽县	—	
	锡桂		正蓝旗	—	
	丁崇雅		云南楚雄	—	光绪
	刘尹卿		山西洪洞	—	
	沈枚		福建闽县	—	
	赵秉恒		江西南丰	—	
	陆时言		—	—	
	昆嘉		旗人	—	
	朱闰保		浙江湖州	—	
	张鹏翥		—	进士	
	叶常芳		—	—	
	郭会昌		河南武陟	举人	
	饶裕		—	—	
	刘盛琼		—	—	
	朱干臣		浙江长兴	附贡	
	恽秀孙		江苏阳湖	附贡	
	程博万		—	进士	
	胡恩溥		—	—	
	赵执诒		江苏阳湖	举人	
	祥荫		旗人	—	
	潘江		婺源	进士	
	商作霖		河南祥符	附贡	
	朱赞廷		奉天锦县	进士	
	张祖咏		浙江山阴	监生	光绪二十九年至三十四年
	陈实铭		河南商丘	拔贡	光绪三十四年

第二节　民国县政府

中华民国建立后即废州复县，民国2年（1913），奉令改组县公署，称行政公署，设知事统管县政。下设内务、财务、教育、实业4科，每科设科长1人，科员2人，书记若干（无定额）。后增设审验所，并设帮审员专理民事、刑事、诉讼、审判事宜。

民国17年（1928），行政公署改称县政府，知事改称县长。民国23年（1934），县政府下设第一科、第二科和公安、财务、教育、建设4局。翌年简政，裁局设科，除县长和秘书外，置第一科、第二科、第三科，分掌行政、财政、教育、建设、警卫等事宜。各科设科长、主任各1人，科员、办事员、书记员2～5人。第一科附设经征处，有主任、书记16人，事务员、稽查员4人。另设承审处审理民事案件。

七七事变后，县长张仰文率部分职员和自卫团、保安队随军南逃，县政府流散。

安国县民国县公署（政府）知事（县长）更迭表

表12-2

姓　名	职　务	籍　贯	任　期	备　注
仵　墉	知　事	陕　西	民国元年至5年12月	进　士
梁成哲	知　事	山西徐沟县	民国5年12月到任	—
魏金宽	知　事	—	民国17年2月到任	—
曾广麟	县　长	—	民国17年5—10月	—
苏　莘	县　长	—	民国17年10—11月	—
张德尧	县　长	—	民国17年11月至18年2月	—
朱光耀	县　长	—	民国18年2月至19年10月	—
庞作祯	县　长	—	民国19年11月至20年9月	—
宋殿选	县　长	吉林省德惠县五台乡狼洞村大德勇屯	民国20年9月至21年10月	—
赵凤冈	县　长	—	民国21年10月至22年10月	—
王汝楷	县　长	—	民国22年10月至24年2月	—
张仰文	县　长	河北迁安县	民国24年2月至26年9月	—

说明：民国6—16年资料散失

附1：日伪县政府

民国27年（1938）12月，日军侵占安国县城，翌年1月，成立日伪县政府，设县长、日本顾问各1 人。下设秘书室、财政科、民政科、建设科、教育科、宣传室、情报室、承审处。另有警察所、警备队。

民国31年（1942）1月，域内188个村被日军侵占94个，并在侵占村建临时维持会。五一大“扫荡”过后，被侵占村增至130多个。6月，日伪政府推行“强化治安”，组织“新民会”“妇女反共协会”“农民反共协会”等团体组织；开办乡政人员训练班、保甲训练班、青年训练所；建立伪学校，强迫少年儿童学日语；利用落后会道门，发展特务组织，瓦解抗日组织；强迫各村建立村公所，设正副村长，大村设联保主任；实行联村大乡制，建乡、镇公所，设正副乡镇长、总务、会计、乡丁等；各村实行保甲制，10户1甲，10甲1保，称“联坐联保”，共355

保，3344甲。

民国34年（1945）8月，日本投降，日伪政府随之垮台。

安国县日伪县政府知事、县长、日本顾问更迭表

表12-3

姓　名	职　务	籍　贯	任　期	历任日本顾问	备　注
刘国学	知　事	—	民国28年1—8月	—	—
赵鹤年	知　事	河北大兴	民国28年8月至30年2月	官田中	—
佟明礼	知　事	河北滦县	民国30年2月至31年2月	—	—
王永言	知　事	辽宁省新滨县	民国31年2—12月	太田齐吉	1953年王永言被人民政府枪决
张正藩	知　事	江苏如皋	民国31年12月至33年5月	太田齐吉、鲛岛	—
王臣赞	知　事	河北宁晋	民国33年5—11月	鲛　岛	1955年王臣赞被人民政府枪决
焦锦亭	知　事	河北保定	民国33年11月至34年4月	奥　金	—
李国柱	县　长	河北永清	民国34年4—8月	—	—

附2：日伪新民会

民国31年（1942）2月，日伪政府成立新民会安国县总会。会址在今县供销社土产门市部处。新民会设会长（县长兼）、次长（日本人担任）、事务部长。下设总务科、教化科、厚生科、工作队、青年训练所，共有职员10余人。民国32年（1943），总会改设两科，第一科有科长、科员、人事文书、宣传、庶务、出纳计13人。第二科有科长、情报员、训练员、武装队长、司务长6人。

新民会是日本进行文化侵略兼搜集政治、军事、经济情报而组织的伪特务组织。名誉上县长兼总会长，实际一切会务由日本次长控制。新民会用控制纸张、食盐、煤油、火柴等生活用品等手段，强迫各村递交情报。开办“兴亚”训练所，使青年人接受其精神教育和术科教育后编入警备队。新民会工作队队员从警备队队员中选拔，常保持20人左右。

第三节　县参议会

民国29年（1940）春，中共安国县委为动员与团结广大民众抗击日本侵略者，根据晋察冀边区行政委员会指示，开展民主宪政运动，自下而上直接选举村、区代表、县议员。投票方法为：会写字者自写选票，不会写字者由他人代写或投黄豆粒替代。是年8月，在南马村召开安国县县议员会议，选举刘守璞（女）为参议会议长，刘谦为边区参议员，庞志民为国大代表，曹刚为县抗日民主政府县长。县议会行使监察、弹劾县级行政、司法人员，监督、监察县政府对县议会决议案的执行及参与县政决议的权力。县参议会广泛团结了各阶层抗日力量，扩大抗日民主统一战线。民国31年（1942），县参议会结束。

第二章　人民权力机关

第一节　各界人民代表会议

中华人民共和国成立初，安国县各界人民代表会议代行人民代表会议职权。1949 年 11 月，举行安国县第一次各界人民代表会议，至 1954 年 7 月各界人民代表会议共召开 7 次。后建立人民代表大会制度，各界人民代表会议结束历史使命。

各界人民代表会议代表，由各界推选的代表和政府邀请的先进模范、荣退军人、爱国民主人士、少数民族代表组成。

安国县各界人民代表会议情况表

表 12-4

届次	举行时间	地点	参加代表数	主要议题	选举结果
一届	1949 年 11 月 11—15 日	县城	1130	贯彻落实粮食征购政策，安排冬季生产，讨论调整巩固与加强人民民主专政等问题	选出常务委员 9 人
二届	1950 年 2 月 1—5 日	县城	240	听取 1949 年政府工作报告，通过 1950 年农业生产计划，解答代表提案	（1）选出常务委员 15 人，李健为主席，安松轩、宋毅为副主席。（2）选出人民政府委员、常务委员和正副县长。（3）选出出席省各界人民代表会议代表
四届	1952 年 6 月 5 日	县城	—	听取和通过在全县开展爱国增产运动和继续支持抗美援朝的报告及审议通过安国县与邯郸专区的大名县、定县专区的定县、深泽、无极、博野县开展生产友谊竞赛协议书	—
五届	1952 年 9 月 23—27 日	县城	214	讨论、审查、通过全县普遍开展小麦增产竞赛，整理村级财政，加强优抚代耕和搞好冬季生产等项工作的安排、决议	选出出席省各界人民代表会议代表 3 人
六届	1953 年 3 月 4—8 日	县城	194	听取、审查、通过县政府 1952 年工作报告，1953 年农业生产计划（草案）和搞好代耕，贯彻婚姻法，开展爱国卫生运动等工作报告	—
七届	1953 年 11 月 29 日至 12 月 2 日	县城	213	传达贯彻中央关于过渡时期的总路线和总任务及粮食实行统购统销政策，通过县政府关于新粮食政策的实行方案，确定粮食收购任务为 6732 吨	—

说明：1951 年第三次各界人民代表会议资料散失

第二节 人民代表大会

1954 年 7 月，县、乡镇两级始实行人民代表大会（以下简称人代会）制度。根据《中华人民共和国宪法》规定，县人民代表大会为县内国家权力机关，保证宪法、法律、行政法规在本县的遵守和执行，审查和批准本县国民经济和社会发展计划、预算及其执行情况的报告，有权改变或撤销县人民政府不适当的决定，有权选举、罢免县长、副县长、人民法院院长、人民检察院检察长。选出或罢免县人民检察院检察长须报上级人民检察院检察长提请该级人大常委会批准。县内自第八届人民代表大会始设常务委员会。县人民代表大会闭会期间，由县人大常务委员会主持日常工作。县人民代表大会选举并有权罢免常务委员会组成人员。县人民代表大会初为不定期召开，1982 年始实行 3 年一届制度。

一、人大代表

1954 年实行人民代表大会制度后，代表的产生按《中华人民共和国人民代表大会及地方各级人民代表大会选举法》规定，由人民群众直接选举。每次换届选举均成立县、乡镇选举委员会。县选举委员会设主席 1 人，委员 10 ～ 20 人；乡镇选举委员会设主席 1 人，委员 4 ～ 6 人。各级选举委员会的工作人员由选举委员会任命。选举委员会按照《中华人民共和国全国人民代表大会和地方各级人民代表大会选举法》规定，组织选民选出县、乡镇人民代表大会的代表。县级人大代表的选举第一届至第六届采用间接选举办法，首先由选民选出乡镇人民代表大会的代表，再由乡镇人大代表中选举产生县人大代表。自 1982 年第八届人民代表大会起，县、乡镇人大代表的产生由各选区选民直接选举，并规定一定差额，充分体现民主。

县人大代表具有广泛的代表性。代表中，工、农、兵、知识分子、民主人士、少数民族和妇女均占一定比例。

安国县八至十一届人民代表大会代表情况一览表

表 12-5

届次	参选率(%)	代表名额		性别				政治面目						代表阶层				代表阶层										民族			
		应选(人)	选出(人)	男(人)	占%	女(人)	占%	党员		团员		群众		干部		工人		农民		知识分子		军人		无党派人士		居民		汉族		少数民族	
								人数(人)	占%	人数(人)	占%	人数	占%	人数(人)	占%	人数(人)	占%	人数(人)	占%	人数(人)	占%	人数(人)	占%	人数(人)	占%	人数(人)	占%	人数(人)	占%	人数(人)	占%
八届	98	271	266	212	79.7	54	20.3	150	56.4	—	—	116	43.6	187	70.3	5	0.19	66	24.8	7	0.26	1	0.4	—	—	—	—	262	98.5	4	1.5
九届	98	271	271	213	78.6	58	21.4	132	48.7	5	1.9	134	49.4	64	23.5	7	2.5	183	67.5	12	4.4	2	0.7	1	0.4	2	0.7	267	98.5	4	1.5
十届	97	173	173	143	82.7	30	17.3	56	32.5	2	1	115	66.5	69	39.9	3	1.7	97	56.1	—	—	1	0.05	1	0.05	2	1.2	169	98	4	2
十一届	96.8	220	219	174	79	45	21	151	69	—	—	68	31	70	32	5	2.3	132	60.3	7	3.2	—	—	1	0.4	4	1.8	216	98.6	3	1.4

二、历届会议

1954 年 7 月 6—11 日，安国县召开首届人民代表大会，至 1966 年共召开 6 届。“文化大革命”开始后，人民代表大会制度被“一元化”的“革委会”取代。1982 年，恢复县人民代表大会制度，并增设人大常务委员会。1954—1990 年，安国县人民代表大会召开 11 届，人大常务委员会会议共召开 63 次。

安国县历届人民代表大会情况一览表

表 12-6

届次	会议名称	召开时间	召开地点	出席代表	列席人员	主要议题	选举结果	备注
一	首届人代会第一次会议	1954 年 7 月 6—11 日	县城	216 人	—	讨论发展农业生产，进一步促进农业、手工业、私人资本主义工商业的社会主义改造。听取政府工作报告，通过拥护《中华人民共和国宪法（草案）》的决定，学习讨论《党在过渡时期的总路线》	选举王光为县长，安松轩、安愈为副县长，选出出席省人大代表 4 人	首届人代会共召开 4 次会议
二	第二届人代会第一次会议	1956 年 12 月 26—30 日	县城	168 人	—	听取通过县人委 1956 年工作报告和县财政预算执行情况及兵役、法院工作报告	选举县人委委员 16 人，县长 1 人，副县长 4 人，县人民法院院长 1 人	此届人代会共召开 3 次会议
三	第三届人代会第一次会议	1958 年 6 月 13—15 日	县城	205 人	—	听取审议县人委和县法院工作报告及县财政预决算报告	选举县人委委员 19 人，县长 1 人，副县长 3 人，法院院长 1 人，选出出席省第二届人大代表 3 人	此届人代会共召开 3 次会议
四	第四届人代会第一次会议	1962 年 8 月	县城	205 人	—	听取县人委工作报告和县法院工作报告。号召全县各阶层人士加强团结，活跃民主生活，迅速恢复和发展生产	选举县人委委员 20 人，县长 1 人，副县长 4 人	此届人代会共召开 3 次会议
五	第五届人代会第一次会议	1963 年 10 月 20—23 日	县电影院	295 人	—	听取审议县人委、法院工作报告	选举县人委委员 20 人，县长 1 人，副县长 4 人（其中民主人士 1 人），法院院长 1 人，选出出席省第三届人大代表 3 人	此届人代会共召开 3 次会议
六	第六届人代会第一次会议	1966 年 1 月 1—4 日	—	269 人	53 人	听取审议县人委工作报告、法院工作报告	选举县人委委员 20 人，县长 1 人，副县长 4 人，法院院长 1 人	此届人代会只召开 1 次会议
七	第七届人代会第一次会议（代）	—	—	—	—	—	—	河北省选举委员会规定“安国县革命委员会”作为第七届人代会
八	第八届人代会第一次会议	1982 年 1 月 7—11 日	南关礼堂	261 人	—	听取审议县革委会、法院、检察院工作报告及财政预决算报告	选举第八届人大常委会主任 1 人，副主任 6 人，县政府县长 1 人，副县长 6 人，检察院检察长 1 人	此届共召开人代会议 2 次，常委会议 18 次
九	第九届人代会第一次会议	1984 年 9 月 13—17 日	县招待所	271 人	133 人	审议通过县政府工作报告、财政预决算报告、县人大常委会、县法院、检察院工作报告	选举第九届人大常委会主任 1 人，副主任 5 人，委员 7 人，县政府县长 1 人，副县长 4 人，法院院长、检察院检察长各 1 人	此届共召开人代会议 3 次，常委会 19 次
十	第十届人代会第一次会议	1987 年 5 月 14—17 日	县招待所	166 人	100 人	审议通过县政府工作报告，国民经济和社会发展计划报告，财政预决算工作报告，县人大常委会、县法院、检察院工作报告	选举第十届人大常委会正副主任 5 人，委员 8 人，县政府正副县长 5 人，法院院长、检察院检察长各 1 人	此届共召开人代会议 3 次，常委会会议 20 次
十一	第十一届人代会第一次会议	1990 年 2 月 28 日至 3 月 3 日	县招待所	219 人	189 人	审议通过县政府工作报告，国民经济和社会发展计划的报告，《一九八九年财政决算和一九九０年财政预算的报告（草案）》，县人大常委会工作报告，县法院、县检察院工作报告	选举第十一届人大常委会正副主任 7 人，委员 8 人，县政府正副县长 5 人，县法院院长、检察院检察长各 1 人	此届到 1990 年底召开 1 次人代会，6 次常委会

第三节　人民代表大会常务委员会

一、机　构

县人民代表大会常务委员会，是县人民代表大会的常设机关，对县人民代表大会负责并报告工作，讨论、决定县内政治、经济、科学、教育、文化、卫生、民政、民族工作的重大事项，监督“一府两院”（县政府、法院、检察院）的工作，依照法律规定任免国家机关工作人员。安国县人大常委会于1982年1月经县八届人大一次会议选举产生，3月正式办公。常委会设办公室。1984年3月，增设经济科、政法科、教科文卫科。1985年1月，增设代表联络科。1990年底，有工作人员27人。

二、主要活动

（一）监督

工作监督　县人大常委会每两月举行一次常委会例会，听取和审议“一府两院”及政府部门的工作报告，讨论决定本行政区域内的重大事项，交由政府、法院和检察院办理、执行。1982—1990年底，人大常委会主要听取和审议“一府两院”工作报告122项。九届人大常委会依照《中华人民共和国宪法》第104条规定，撤销县政府（85）46号文件《关于按学生入学人数筹集教育资金的决定》。十届人大期间做出有关农业发展、药业管理、土地管理和开发、社会治安、修筑乡间公路、电力建设、中小学教育、计划生育、国家机关廉政建设、财政预算变更等重大决议13项。

法律监督　人大常委会定期听取法院、检察院关于整顿社会治安、打击刑事犯罪和经济犯罪活动的报告，支持执法部门依法办事，加强执法检查，提高办案效率、办案质量，社会治安明显好转。1984年以来，先后检查了《中华人民共和国地方各级人民代表大会和地方各级人民政府组织法》《中华人民共和国刑法》《中华人民共和国刑事诉讼法》《中华人民共和国民法通则》《中华人民共和国民事诉讼法（试行）》《中华人民共和国治安管理处罚条例》《中华人民共和国经济合同法》《中华人民共和国食品卫生法》《中华人民共和国土地管理法》《中华人民共和国义务教育法》《河北省财务监督试行条例》《中华人民共和国药品管理法》等法律法规的贯彻执行情况。通过执法检查，听取有关部门的汇报，组织调查组、邀请代表和各界人士座谈，保证了法律法规的贯彻实施。积极参与全国人大和省人大的立法建议工作，邀请代表和各界人士召开有关立法座谈会12次，提出意见和建议73条。

（二）人事任免

人事任免是人大常委会的重要职权之一。根据《中华人民共和国地方各级人民代表大会和地方各级人民政府组织法》规定，在人民代表大会闭会期间，决定副县长的个别任免；在县长、法院院长、检察院检察长因故不能担任职务时，从副职中决定代理人选；根据县长提名，决定本级人民政府的科局级正职的任免；根据法院院长提名，任免法院副院长、庭长、副庭长、审判委员会委员、审判员；根据检察院检察长提名，任免检察院副检察长、检察委员会委员、检察员。人大常委会建立以来，依照法律共任免上述人员327人。为使被任命干部不负众望，做好工作，任命前，人大常委会要求被任命干部写出《任职设想》，严把任命关，保证干部素质；任命后，实行述职报告制度，进行工作评议，肯定成绩，指出不足，提出要求和希望，较好地处理了监督与管理问题，保证了被任命干部的公仆意识和工作上的尽职尽责。

（三）调查视察

围绕经济工作重点和人民群众关注的“热点”问题进行调查视察，是人大常委会强化监督职能的重要方法。1982 年 3 月，文明礼貌月活动中，视察了 3 条街、32 个单位，作出了以城镇为重点，治理脏乱差的决定。1984 年，分别对农村产业结构调整、县办工业企业生产、中药材种植加工和经销、乡镇企业发展、《中华人民共和国义务教育法》《河北省普及义务教育实施办法》《中华人民共和国药品管理法》的贯彻实施情况等进行深入调查研究，写出一些有情况、有分析、有建议的调查报告，引起县委、县政府重视，促进了工作开展。1987 年，实行代表持证视察办法。县人大代表可随时持证到县内各级机关、企事业单位、个体摊点调查视察。

（四）联系代表

1984 年，人大常委会为加强同代表的联系，在全县划分 22 个代表组，人大常委会驻会人员固定联系到组，1984—1987 年，参加各代表组召开的会议 60 余次，邀请代表列席人大常委会会议 5 次，组织代表进行两次大规模视察，向代表通报全县各方面工作动态和常委会工作情况 35 次，印发常委会《会刊》15 期，《人大工作通讯》8 期，《内部资料》4 期。在密切与代表联系的同时，加强与广大群众及外省市的联系工作。接待群众来访 110 人次，受理来信 130 余件。先后接待了来访的广东省、天津市、吉林省等人大常委会领导人，交流了工作经验。1988 年 4 月，20 个乡镇建立代表联络组，配备专兼职组长。到 1990 年，共组织代表学习、调查、视察 120 余次。

（五）办理代表议案

历届人代会的代表议案、批评、建议和意见均由大会议案审查委员会、人大常委会审查后，交有关部门研究办理。从 1982 年 1 月至 1990 年 3 月，八至十一届人代会共收到代表议案、批评建议和意见 786 件，均在下次会议召开之前办理完结，做到了件件有答复。城镇增建厕所、南关增建卜家街粮站、药王庙古柏保护、药王庙街翻修等诸多事项均属代表提案，政府认真办理得以全部落实。

安国县历届人大常委会领导更迭表

表 12-7

届　次	姓　名	职　务	籍　贯	任职时间（年．月—年．月）
八　届	王惠民	主　任	清苑县郝王力村	1982.1—1982.12
	王　荣	副主任	安国县西伯章村	1982.1—1984.9
	刘玉坤	副主任	安国县刘庄村	1982.1—1984.9
	郭瑞图	副主任	博野县迁家庄村	1982.1—1984.9
	李发家	副主任	安国县寺下村	1982.1—1983.10
	王素敏（女）	副主任	天津市	1982.1—1984.9
	王伟中	副主任	安国县中照村	1982.1—1984.3
	刘志明	副主任	安国县南章村	1983.12—1984.9
	刘云芳（女）	副主任	安国县西王奇村	1983.12—1984.9
九　届	刘志明	主　任	安国县南章村	1984.9—1987.5
	刘玉坤	副主任	安国县刘庄村	1984.9—1987.12
	郭瑞图	副主任	博野县迁家庄村	1984.9—1987.12

续表 12-7

届次	姓名	职务	籍贯	任职时间（年．月—年．月）
九　届	刘云芳（女）	副主任	安国县西王奇村	1984.9—1987.12
	王素敏（女）	副主任	天津市	1984.9—1985.10
	郝玉亭	副主任	巨鹿县王六村	1984.9—1987.5
十　届	刘志明	主　任	安国县南章村	1987.5—1990.3
	石荫良	副主任	安国县流霜村	1987.5—1990.3
	郝玉亭	副主任	巨鹿县王六村	1987.5—1990.3
	赵国英	副主任	博野县庄头村	1987.5—1990.3
	平章鸿	副主任	安国县北徐辛庄	1987.5—1990.3
十一届	刘志明	主　任	安国县南章村	1990.3—1990.12
	袁德根	副主任	安国县谢庄村	1990.3—1990.12
	郝玉亭	副主任	巨鹿县王六村	1990.3—1990.12
	赵国英	副主任	博野县庄头村	1990.3—1990.12
	平章鸿	副主任	安国县北徐辛庄	1990.3—1990.12
	徐敬武	副主任	河北省唐山市	1990.3—1990.12
	张聪秀	副主任	安国县北张各庄	1990.3—1990.12

说明：王荣于 1983 年 10 月至 1984 年 9 月为代理主任

安国县出席全国、省人民代表大会代表一览表

表 12-8

产生时间及会议	姓　名	出席会议名称
1958 年 6 月 13—15 日，县三届一次人代会议	马素荣（女）　安松轩　马盈庭	河北省第二届人民代表大会
1963 年 10 月 20—23 日，县五届一次人代会议	安松轩　何玉文（女）　梁东昌	河北省第三届人民代表大会
1982 年 1 月 7—11 日，县八届一次人代会议	刘　泽　张青山　邢洛海　刘喜玲（女）	河北省第五届人民代表大会
1982 年 1 月 7—11 日，县八届一次人代会议	张青山	第五届全国人民代表大会
1983 年 3 月 20—22 日，县八届二次人代会议	王素敏（女）　刘喜玲（女）　肖　光　张　荣　郝玉亭　赵振甲	河北省第六届人民代表大会
1985 年 8 月 28—30 日，县九届二次人代会议	张青山	第六届全国人民代表大会
1988 年 3 月 11 日，县十届二次人代会议	马跃章　李振忠　陈治平　郝玉亭　赵振甲	河北省第七届人民代表大会

第三章　人民政府

第一节　县级行政机构

民国26年（1937）10月，吕正操率人民自卫军进驻安国。随即召开全县群众及开明绅士大会，推举北徐辛庄开明绅士王希尧（王焕章）为安国县长，任命中共党员邸明祥为县政府指导员。同时组建抗日民主政府办事机构，设秘书、民政、财政、教育、实业、司法6科。

民国27年（1938）1月，经中共冀中委员会批准，以吕正操司令员名义任命中共保南特委宣传部长师容之为安国县抗日民主政府县长，5月，组建城关、石佛、伍仁桥、大五女、西伯章5个区公所。12月，县城沦陷，政府机关及各抗日组织转入农村。民国28年（1939），县、区政权进行改造，撤换政府部分旧职员，职务由中共党员担任。

民国29年（1940），开展民主建政运动，建立“三三”制（抗日政权中，中共党员、左派进步分子、中间分子各占三分之一）抗日民主政府，设县长1人，下设秘书、民政、教育、财政、实业、粮食、司法、公安8个科局及6个区公所。

民国34年（1945）8月，抗日民主政府改称民主政府，设正、副县长各1人，下设秘书处、财政科、实业科、工商科、教育科、粮食局、民法科、公安局，辖8个区公所。

1949年10月，县民主政府改称县人民政府，隶属河北省人民政府定县专员公署。设秘书科、民政科、财政科、农建科、文教科、税务局、工商科、公安局，县政府辖5个区公所。1950年，县政府设正、副县长各1人，工作机构有秘书室、民政科、财政科、农建科、文教科、工商科、公安局、税务局、粮库、监察委员会、检察署，并在人民法庭的基础上建立人民法院。到1954年，先后增设手工业联合社、计划统计科、扫盲办公室，农建科改为农建局。是年6月，县政府改属保定专员公署，县政府设正、副县长各1人。

1955年1月，根据《中华人民共和国宪法》关于县设人民委员会的规定，县人民政府改称县人民委员会（简称人委）。人委是人民代表大会的执行机关，是地方国家行政机关。同时，县人委由县政府的行政首长制改为委员制。机构增设交通局、水利局、农机站，检察署改称检察院，撤销监察机构，行政纪律惩戒由人委会办公室兼管。1956年，增设农产品采购局、宗教科、人事科，改农机站为农机局，工商科为工商局，计划、统计科分设，撤销5个区公所和1个镇公所，建立29个乡政府。1958年，与博野、望都、蠡县部分村社合并，增设科学技术委员会、财贸委员会、交通建设委员会、物资局、工业局、县人民联社，全县成立8个人民公社管理委员会。1960年后，原划归到安国县的博野、望都、蠡县部分村庄相继析出。1966年，县人委工作机构设办公室、民政局、教育局、农林局、水利局、市场管理委员会、财政局、卫生科、人事检察科、统计科、工交科、计划委员会、农机局、商业局、二轻工业局、税务局、粮食局、畜牧水产局、计划生育办公室、公安局、供销合作社、物资局、电力局、邮电局、人民银行安国支行。时设县长1人，副县长4人。

1967年1月后，“造反派”组织夺权。5月，中国人民解放军驻保定部队某部进驻安国县，进行

“三支两军”（支左、支农、支工，军管、军训），对公安局、法院、检察院实行军管。1969年9月，经省、地革命委员会批准，组成“三结合”（群众造反组织代表、军队支左干部、原革命干部）的县革命委员会（以下简称县革委会），县革委会实行“一元化”领导，下设办事组、政工组、生产指挥组、保卫组。县革委会设主任1人，副主任14人。1970年底，县革委会设办公室（下设秘书科、行政科）、政治处（下设组织科、宣传科、群工、文教科、五七干校）、生产指挥处（下设工业科、农业科、粮棉油科、财税银科、民卫科、计划科、商业科、交通科、邮政科）。1975年5月，撤销生产指挥处，建立农林局、工业局、交通局、公安局、财政局、税务局、商业局、粮食局、文化教育局、卫生局、物资局、民政局、工商行政管理局、计划委员会、计划生育办公室、科学技术委员会、电力局、农业机械局和气象站。10月，增设水利局、畜牧局、二轻局、社队企业局、体育运动委员会。1979年，党政机关分设。到1981年，撤销工业局，建立经济委员会，恢复县供销合作社，增设司法局、爱卫会、统计局、财贸办公室。县革委会时有主任1人，副主任15人。

1982年，县革委会改为县人民政府，下设办公室、民政局、文化教育局、农林局、水利局、畜牧水产局、工商行政管理局、财政局、财贸办公室、卫生局、计划生育办公室、劳动人事局、交通局、农机局、统计局、经济委员会、爱国卫生运动委员会、商业局、计划委员会、税务局、二轻局、司法局、社队企业局、体育运动委员会、科学技术委员会、粮食局、物价委员会、档案局、公安局、电力局、邮电局、物资局、气象站等工作机构。时有县长1人，副县长6人。

1983年12月机构改革后，县政府行政机构有25个：办公室、民政局、司法局、公安局、劳动人事局、统计局、物价局、工商行政管理局、财政局、税务局、商业局、审计局、交通局、文教局、卫生局、农业局、林业局、水利局、畜牧水产局、中药材管理局、计划委员会、经济委员会、科学技术委员会、体育运动委员会、计划生育委员会。行政性公司（同时保留局名称）有粮食公司、农村工副业服务公司、物资公司。事业性机构有农机服务总公司。企业性机构有县供销合作社联合社、电力服务公司。到1990年，除税务局上划地区管辖外，县政府行政机构增为34个：办公室、民政局、司法局、公安局、劳动人事局、统计局、物价局、工商行政管理局、财政局、商业局、审计局、交通局、文化局、卫生局、农业局、林业局、水利局、畜牧水产局、中药材管理局、土地管理局、城乡建设局、监察局、标准计量局、计划委员会、经济委员会、科学技术委员会、体育运动委员会、计划生育委员会、教育委员会、爱国卫生运动委员会办公室、经济体制改革委员会办公室、民族事务委员会和宗教事务局（一个班子，两块牌子）、外事办公室、侨务办公室和旅游局（一个班子，三块牌子）。事业机构增为6个：农业机械管理局、广播电视局、地方志编纂委员会办公室、档案局（馆）、农业开发办公室、残疾人联合会。行政性公司增为4个：粮食局、乡镇企业管理局、物资局、二轻工业局。企业性机构仍为县供销合作社联合社、电力局。县内气象站、中国人民银行安国县支行、保险公司、外贸局、邮电局、石油公司、税务局、交通局为地区管理单位。

安国县人民政府历届领导人更迭表

表 12-9

机构名称	姓　名	职　务	籍　贯	任期（年．月—年．月）	备　注
抗日民主政府	王希尧	县　长	安国县北徐辛庄村	1937.10—1938.1	—
	师容之	县　长	河北省深县	1938.1—1938.3	—
	王晓楼	县　长	河北省深泽县西关	1938.4—1938.6	—
	田子进	县　长	河北省束鹿县	1938.6— 1938.7	—
	李子寿	县　长	河北省安平县	1938.7—1938.8	—
	刘国光	县　长	河北省蠡县	1938.8— 1939.3	—
	范灵霄	县　长	河北省定县西城村	1939.3—1939.12	—
	赵　介	县　长	河北省深泽县西马营	1939.12—1940.6	—
	曹　刚	县　长	河北省深泽县	1940.6—1942.3	—
	林　彤	县　长	河北省安平县	1942.3—1944.3	—
	刘　钊	县　长	安国县固城村	1944.3—1944.11	—
	张　克	县　长	安国县高业村	1944.11—1945.6	—
民主政府	张　亮	县　长	河北省安平县	1945.8—1946.3	兼
	吕泽光	县　长	安国县北都村	1946.3—1947.5	—
	李子君	县　长	安国县卓头村	1947.5—1947.12	—
	刘振亚	县　长	安国县南娄村	1947.12—1948.4	—
	王　志	县　长	安国县海市村	1948.4—1948.10	—
	王　诚	县　长	河北省饶阳县	1948.10—1949.10	—
	吕泽光	副县长	安国县北都村	1945.8—1946.3	—
	王　诚	副县长	河北省饶阳县	1947.3—1948.10	—
	王兴中	副县长	安国县东北马村	1948.10—1948.11	—
人民政府	张　毅	县　长	河北省无极县祁村	1950.2— 1952.9	—
	吴玉春	县　长	安国县西崔章村	1952.9—1953.1	—
	王　光	县　长	河北省安平县黄成村	1953.4—1954.7	—
	孙敬平	副县长	河北省定县	1951.7—1953.5	女
	安松轩	副县长	安国县北流罗村	1952.1—1954.7	—
	安　愈	副县长	安国县北流罗村	1952.9—1954.7	—
人民委员会	王　光	县　长	河北省安平县黄成村	1954.7—1956.3	—
	焦家驹	县　长	安国县焦庄村	1956.5—1961.5	—
	佟玉书	县　长	河北省雄县	1961.5—1962.1	—
	焦家驹	县　长	安国县焦庄村	1962.1—1966.1	—
	马士云	县　长	河北省完县	1966.1—1967 春	—
	安　愈	副县长	安国县北流罗村	1954.7—1958.6	—
	安松轩	副县长	安国县北流罗村	1954.7—1967 春	—
	袁占魁	副县长	安国县张乡村	1956.12—1962.6	—
	罗秉正	副县长	河北省完县	1956.12—1958.6	—

续表 12-9

机构名称	姓　名	职　务	籍　贯	任　期（年．月—年．月）	备注
人民委员会	谷　杰	副县长	河北省无极县	1957.7—1962.8	女
	魏顺科	副县长	安国县奉伯村	1957.8—1960.6	—
	刘玉楼	副县长	河北省安平县	1958.7—1958.9	—
	张良左	副县长	河北省博野县小店村	1958.7—1962.8	—
	牛泽民	副县长	安国县河西村	1959.4—1962.4	—
	王春立	副县长	深泽县南营村	1959.4—1962.6	—
	陈国荣	副县长	河北省清苑县	1961.4—1962.1	女
	江　舟	副县长	安国县固显村	1962.3—1966.1	—
	吴士甲	副县长	安国县西吴庄村	1962.8—1967.1	—
	安　愈	副县长	安国县北流罗村	1962.8—1967 春	—
	李桂君	副县长	河北省涞源县	1965.3—1967 春	—
	尚建民	副县长	河北省深县	1964.10—1966.1	—
革命委员会	贾玉明	主　任	山西省	1969.9—1971.1	支左军队干部
	刘振宗	主　任	河北省定县子位村	1971.2—1977.4	—
	王士芳	主　任	河北省曲阳县	1977.5—1979.12	—
	马士云	主　任	河北省完县	1979.12—1981.11	—
	张士栋	主　任	河北省清苑县	1981.11 — 1982.1	—
	张　儒	副主任	哈尔滨市	1969.9—1971.2	支左军队干部
	马士云	副主任	河北省完县	1969.9—1979.12	—
	李桂君	副主任	河北省涞源县	1969.9 — 1977.6	—
	孟　林	副主任	安国县孟庄村	1969.9—1976.9	农民
	钟海楼	副主任	安国县张家营村	1969.9—1981.11	农民
	焦家驹	副主任	安国县焦庄村	1971.3—1974.4	—
	张　玺	副主任	内蒙古	1972.10—1973.10	支左军队干部
	张　杰	副主任	—	1973.10—1974.2	支左军队干部
	李跃荣	副主任	安国县寺下村	1973.10—1975.3	—
	王建国	副主任	河北省定县	1975.4—1979.8	—
	张士栋	副丰任	河北省清苑县	1975.4—1981.11	—
	刘志明	副主任	安国县南章村	1975.4—1982.1	—
	刘福增	副主任	安国县康庄村	1973.10—1977.7	—
	王惠民	副主任	河北省清苑县	1978.5—1979.9	—
	李龙吉	副主任	河北省曲阳县	1978.5—1982.1	—
	李发家	副主任	安国县寺下村	1978.6—1981.11	—
	王汉慎	副主任	山西省清徐县	1978.10—1981.11	—
	张彦兴	副主任	河北省高阳县	1979.2— 1981.11	—
	郭瑞图	副主任	河北省博野县迁家庄	1979.12—1981.11	—
	解文昌	副主任	河北省完县	1979.10—1982.1	—
	王少平	副主任	河北省曲阳县	1981.8—1981.11	—

续表 12-9

机构名称	姓　名	职　务	籍　贯	任　期（年．月—年．月）	备注
人民政府	张士栋	县　长	河北省清苑县	1982.1—1983.8	—
	陈海水	县　长	河北省曲阳县	1983.8—1984.9	—
	杨建瑞	县　长	河北省蠡县	1984.9— 1987.5	—
	李振忠	县　长	河北省定县	1987.5— 1990 底	—
	刘志明	副县长	安国县南章村	1982.1— 1983.12	—
	刘云芳	副县长	安国县西王奇村	1982.3—1983.12	女
	刘　泽	副县长	安国县西长仕村	1982.11—1987.3	—
	李龙吉	副县长	河北省曲阳县	1982.1— 1983.12	—
	郝玉亭	副县长	河北省巨鹿县王六村	1982.1— 1983.12	—
	解文昌	副县长	河北省完县	1982.1— 1983.4	—
	刘伯臣	副县长	河北省定县	1983.10—1986.10	—
	吴健伟	副县长	河北省博野县	1983.3—1990 底	—
	党泽普	副县长	安国县郑章村	1983.3—1983.12	—
	袁德根	副县长	安国县谢庄村	1984.7—1989.9	—
	刘玉芝	副县长	河北省唐县	1987.4—1990 底	女
	刘　飞	副县长	河北省定县	1987.4— 1989.9	—
	刘彦华	副县长	河北省容城县	1989.9—1990 底	—
	党泽普	副县长	安国县郑章村	1989.9—1990 底	—

第二节　基层政权设置

隋朝，县下设乡。乡下设族、闾、保，5 户 1 保，5 保为闾，4 闾为族，皆设正。隋开皇十五年（595）取消乡官。

唐初设乡、里，每 100 户 1 里，5 里 1 乡。乡、里各设乡正、里正 1 人。

金立社，社主管缉暴。

元设里社，每 50 户 1 社，社长主管教督农桑。

明代，袭元里社之制，社有社首、社正、社副各 1 人。社下分乡、甲，土著居民以社分里、甲，迁民以屯分里、甲，县城设坊。里、坊设正，甲设甲首。

清初废除屯制，祁州下设 4 乡，18 社。各社设社书 4 人，专司粮册、清查丁粮地亩，取消社长缉暴、劝农事务。康熙时，旧制更改。设牌、甲，10 家为牌，10 牌为甲，牌统于甲，甲统于社。光绪二十一年（1905）冬，分州境为 4 乡 14 镇 12 区，分别设乡、镇、区长。

民国初。县下行政设置沿袭清制，时设 4 乡 4 镇。民国 23 年（1934），设区、乡编制。翌年，实行地方自治，设区、乡、保、邻，另设镇。时有 4 区 4 镇，169 乡，1501 保，7416 邻，分别设区、乡、保、邻长。

民国 27 年（1938）5 月，县抗日政府成立后，全县设 5 个区，每区设正副区长各 1 人。村设正副村长。日伪时期，部分村设双重政权，不少伪联保主任是抗日政府的秘密工作人员。

民国 34 年（1945）8 月，全安国解放，县下设区，并增设城厢区。区设正副区长各 1 人，财粮、教育、公安、民政助理各 1 人，村设村长、副村长、粮秣、民政、治安委员。民国 36 年（1947），调整基层政权，区公所增至 8 个，各区设正、副区长，下设民政、财政、治安、文教干部。村设正副村长，下设财粮、治安、民调、文教干部。民国 38 年（1949）6 月，改革农村行政组织形式，实行民主建政，各村通过选举产生代表委员会，设正、副主席，下设秘书、生活、教育、财政、民政、公安委员。中华人民共和国成立后，较繁荣的区设工商助理员。1954 年 8 月，区公所改为县政府派出机构。1956 年 6 月，撤区并乡，建乡人民委员会，每乡设乡长 1 人，副乡长 1 ～ 3 人，下设财经、文教卫生、民事调解、治安保卫、武装 5 个委员会，各委员会设主任 1 人，由乡人民委员会委员担任。另设民兵队部，负责民兵工作，设队长 1 人，指导员 1 人。财经委员会负责农业及工商税收、统购统销、乡财政管理工作；文教卫生委员会负责小学教育、业余教育、扫盲、文化教育、卫生保健等工作；民调委员会负责优抚、代耕、社会救济、复退军人安置、婚姻登记、民事纠纷等工作；治安委员会负责社会治安、生产保卫、户口管理及反革命分子管制；武装委员会负责乡武装、兵役和国防教育工作。1958 年 8 月，建立 8 个“政社合一”的人民公社管理委员会，公社管委会设社长 1 人，副社长 2 ～ 3 人，下设 1 室 6 部：办公室、工业交通部、农林水利部、财贸部、生活福利部、文教卫生部、公安武装部，各设正副部长（主任）1 ～ 3 人。祁州公社增设建设部，设助理员 1 人。8 个公社管委会下设 46 个管理区为派出机构，管理区设主任、副主任和秘书，共计 5 ～ 9 人。村改称生产大队，设正副大队长、治保委员、调解委员、会计、统计。

1961 年，公社规模划小，撤销管理区。全县有 29 个人民公社。生产大队设置未变。1962 年 1 月，博野县析出，全县调整为 20 个人民公社，仍设正副社长。

“文化大革命”开始后，基层政权相继瘫痪。1969 年，各公社陆续成立革委会，设主任 1 人，副主任若干人。生产大队亦建革委会，设正副主任。公社革委会增设民政助理员、公安员、计划生育助理员。1982 年 1 月，公社、大队革委会改称管理委员会，分别设正副主任。

1984 年，改革“政社合一”体制，政社分建，重设乡镇人民政府，村建村民管理委员会，实行换届选举制，设乡镇长 1 人，副乡镇长若干人。同时设财政、民政、文教、公安、武装、计划生育委员。为发展农村商品生产，1984 年各乡镇建经济联合社，设主任 1 人，副主任若干人。

附：安国市

民国 37 年（1948）5 月，冀中九地委决定，将安国城关建置改为安国市（县级市），设市委、市政府。市委书记刘勃、市委副书记齐景林，市委常务委员由 11 人组成。下设组织部、宣传部。市长由市委书记刘勃兼任。是年 11 月，市委书记、市长分设，薛志任市长。市政府下设秘书室、民政科、财政科、税务局、公安科、工商科。安国市群众团体组织有工人联合会、青年联合会、妇女联合会、工商联合会等。

安国市在九地委、九专署的领导下，完成了城关 9 个街道、3 个村庄的土地改革任务。按照华北工商会议精神，在积极恢复安国传统药市、发展工商业方面做出很大贡献。民国 38 年（1949）2 月，撤销安国市。

第四章 政治协商会议

第一节 机 构

1953年9月16日，安国县成立政治协商会议常委会。李存仁任主席，杨仁甫任副主席。1955年1月17日，中国人民政治协商会议安国县委员会（以下简称县政协）成立，由党派、团体、工、农、商及文化教育等各界人士组成。设常务委员会办理日常工作，常务委员会设主席、副主席、秘书长各1人。1967年2月，受“文化大革命”影响，县政协工作中断。

1979年4月，县政协机关恢复工作。1982年设办公室。翌年3月，设置文教卫生、农林、工交和对台4个专业工作组，12月，调整政协领导班子，设正、副主席6人，其中党外人士2人，平均年龄为57.1岁。1985年11月，增设学习委员会和文史资料委员会，提案工作小组改为提案委员会。1987年6月，设办公室、学习委员会、提案委员会、文史资料委员会和工交、财贸、科教文、卫生、农业、祖国统一、振兴药业、民族宗教组。1990年，县政协机关有工作人员12人。

第二节 历届政协会议

县政协自成立到1990年，共召开8届17次会议。

一、政协安国县第一届委员会

该届共召开3次会议。1955年1月17—20日，召开首届一次会议，出席委员29人。会议主要学习了《中国人民政治协商会议章程》，听取和通过县政协1955年工作计划及各项工作制度，选举产生首届委员会常务委员9人，主席、副主席、秘书长各1人。第三次会议于1956年5月18—20日召开，增补副主席1人，常务委员6人。

二、政协安国县第二届委员会

该届只召开1次会议。1957年6月6—12日，在工会礼堂召开，出席委员75人，列席72人，会议传达学习毛泽东主席关于《正确处理人民内部矛盾的问题》，贯彻中共中央关于“百花齐放、百家争鸣”“长期共存、互相监督”的方针，听取并通过第一届政协常委会工作报告，选举产生第二届常务委员会主席1人，副主席2人，常委19人。

三、政协安国县第三届委员会

该届只召开1次会议。1961年5月5—10日召开，出席委员85人，会议选举主席1人，副主席2人，常委23人。

四、政协安国县第四届委员会

1966年1月1—4日，召开政协四届一次会议，出席委员85人。其中，中共党员22人，占27%；非党人士 63人，占73%。委员界别16个。会议听取《安国县人民委员会工作报告》《安国县人民法院工作报告》，选举主席1人，副主席2人，常务委员23人。其中，中共党员8人，占34.8%；非党人士15人，占65.2%。

1980年12月，召开四届二次会议，部分委员参加了会议，会期1天。中心议题是恢复政协工作，发挥政协作用。翌年12月，县政协召开常委会议，协商研究召开五届一次会议事项和五届委员会委员名单。

五、政协安国县第五届委员会

届内共召开3次会议。1982年1月5—11日，县政协五届一次会议在县招待所召开，出席委员93人，会议听取并审议了《政协安国县第四届委员会工作报告》，选举产生主席1人，副主席5人，其中非党人士 2人。常务委员25人，其中非党人士13人。

1983年3月18—23日，县政协五届二次会议在县招待所召开，出席委员93人，学习了《中华人民共和国宪法》《中国人民政治协商会议章程》，听取并审议通过《政协安国县第五届二次常委会工作报告》《五届委员会一次会议以来提案处理情况的报告》，增选政协五届委员会常委和副主席。

六、政协安国县第六届委员会

1984年9月11—18日，县政协六届一次会议在县招待所召开，出席委员94人。会议听取并审议通过《政协安国县第五届委员会工作报告》《政协安国县第五届委员会关于提案处理情况的报告》。为充分发挥政协组织的民主监督作用，与会委员列席了县人民代表大会九届一次会议。选举产生县政协第六届委员会常务委员23人，主席1人，副主席6人。

1985年8月26—30日，县政协六届二次会议在县招待所召开。会议听取并审议了《政协安国县六届常委会工作报告》《政协六届委员会第一次会议以来提案处理情况报告》，通过了政协第六届二次会议的各项决议。1986年7月11—15日，县政协六届三次会议在县招待所召开。学习了全国地方政协工作座谈会和省政协五届四次会议文件，听取并审议了《政协安国县六届常委会工作报告》《六届委员会第二次会议以来提案处理情况的报告》，通过了政协六届三次会议各项决议。

七、政协安国县第七届委员会

1987年5月13—17日，县政协七届一次会议在县招待所召开，95名委员出席会议。会议听取并审议了《政协第六届常委会工作报告》《六届委员会第三次会议以来提案办理情况报告》，协商选举政协七届委员会常务委员21人，主席1人，副主席4人。该届委员会增加了非党外人士、先进个体、联合体、宗教界和三胞（台湾同胞、港澳同胞、海外侨胞）委员名额，涉及界别18个，全县达到乡乡有政协委员。该届全会共召开3次。

八、政协安国县第八届委员会

1990年2月28日至3月3日，政协安国县第八届委员会第一次会议在县招待所召开，91名委员出席会议。各乡镇统战政协联络组负责人，县统战部、侨务办公室、民政局、工商联、广播电视局负责人及七届委员会退下来的主席应邀列席会议。会议传达学习了中共中央《关于坚持和完善中国共产党的多党合作和政治协商制度的意见》等文件，审议通过了县政协第七届常委会的工作报告和提案办理情况报告，选举产生政协安国县第八届委员会主席1人，副主席6人，常务委员21人。与会委员列席安国县第十一届人民代表大会第一次会议，协商酝酿了第十一届人大、政府、法院、检察院领导成员侯选人建议名单。该界政协委员共104人，其中党员41人，占39.42 %；党外人士 63人，占60.58%。涉及干部、文教、医药、科技、财贸、团体、民族宗教、两户一联（专业户、重点户、联合体)、三胞亲属和社会知名人士等18个界别。委员中，大专以上文化程度的22人，中专高中以上文化程度的23人，初中以下文化程度的49人。委员平均年龄54.84岁。

历届政协安国县委员会领导人更迭表

表12-10

届次	姓 名	职 务	籍 贯	任 期（年.月—年.月）	备 注
一届	刘振宗	主 席	定县子位村	1955.1—1957.6	县委书记
	杨仁甫	副主席	安国县淤村	1955.1—1957.6	驻 会
二届	刘振宗	主 席	定县子位村	1957.6—1961.5	县委书记
	杨仁甫	副主席	安国县淤村	1957.6—1961.5	驻 会
	宋彦民	副主席	安国县	1957.6—1961.5	统战部长
三届	臧振国	主 席	清苑县臧村	1961.5— 1966.1	县委书记
	杨仁甫	副主席	安国县淤村	1961.5—1966.1	驻 会
	钮克力	副主席	定县钮庄村	1961.5—1966.1	宣传部长
四届	臧振国	主 席	清苑县臧村	1966.1—	—
	杨仁甫	副主席	安国县淤村	1966.1—	—
	王春立	副主席	深泽县南营村	1966.1—	—

续表 12-10

届次	姓　名	职　务	籍　贯	任　期（年．月—年．月）	备　注
五届	王少平	主　席	曲阳县	1982.1—1984.9	县委副书记
	谢　亭	副主席	安国县谢庄村	1982.1—1984.9	统战部长
	王汉慎	副主席	山西省清徐县	1982.1—1984.9	驻　会
	李建农	副主席	安国县南张村	1982.1—1984.9	商业局副局长
	王志秋	副主席	安国县奉伯村	1982.1—1984.9	驻　会
	李瑞亭	副主席	安国县西章令村	1983.1—1984.9	学站教导主任
六届	谢　亭	主　席	安国县谢庄村	1984.9—1987.5	驻　会
	王汉慎	副主席	山西省清徐县	1984.9—1987.5	驻　会
	席锦珂	副主席	交河县	1984.9—1987.5	驻　会
	王志秋	副主席	安国县奉伯村	1984.9—1987.5	驻　会
	么西生	副主席	定县东亭村	1984.9—1987.5	安中副校长
	陈庭林	副主席	安国县齐村	1984.9—1987.5	交通局副局长
	贾梅雪	副主席	安国县中阳村	1984.9—1987.5	中阳小学教师
七届	谢　亭	主　席	安国县谢庄村	1987.5—1990.2	驻　会
	王汉慎	副主席	山西省清徐县	1987.5—1990.2	驻　会
	王志秋	副主席	安国县奉伯村	1987.5—1990.2	驻　会
	史　朴	副主席	束鹿县	1987.5—1990.2	驻　会
	贾梅雪	副主席	安国县中阳村	1987.5—1990.2	中阳小学教师
八届	刘中莹	主　席	定州市楼底村	1990.2—1990.12	县委副书记
	杨佩荣	副主席	安国县张家营村	1990.2—1990.12	驻　会
	王志秋	副主席	安国县奉伯村	1990.2—1990.12	驻　会
	解文昌	副主席	完县	1990.2—1990.12	驻　会
	石芳科	副主席	安国县大户村	1990.2—1990.12	县中医院
	杨文博	副主席	安新县安新镇	1990.2—1990.12	县农业技术站
	赵振甲	副主席	北京市	1990.2—1990.12	驻　会

第三节　主要活动

县政协成立以来，紧紧团结在共产党周围，按照协商于决策之前，监督于执行之中的原则，通过举行全委会、常委会、主席会和视察等形式，集中委员、群众的意见，在民主建设、经济发展及为巩固和扩大爱国统一战线等工作上提出政见，或直接与党政部门协商对话，充分发挥了政协组织的作用。1982—1990 年，县政协共受理重大提案 448 件，涉及农业、工业、文教卫生、社会治安、宗教等多方面，其中关于改善办学条件，南关设门诊部等提案大部分被县委、县政府和有关部门采纳。

1956 年，与县委、县人委密切配合，组织县内各界人士学习贯彻中国共产党关于对资本主义工商业进行社会主义改造的方针政策，使 606 户私营工商业通过和平方式，顺利纳入公私合营、国家计划轨道。是年，通过召开政协委员、少数民族、宗教界人士座谈会和深入调查研究，与县委、县人委及有关部门协商等形式，正确处理了清真寺土地耕种、基督教房产、天主教房屋修缮和复义制药厂的劳资关系等矛盾。是年，还发动全县人民掀起“反对使用原子弹，争取世界和平签名运动”，签名者达21万人，占全县总人口的85%。

1983年，开始文史资料的抢救、搜集、整理工作。使许多历史资料、重要文献得以保存，受到各级领导重视和各界人士支持。到1990年底，共搜集整理文史资料40多万字，编辑印刷《安国文史资料》1期、《活页文史刊》5期，上报40余篇史料，其中22篇被河北省政协文史资料编辑办公室采用。

1983年，县政协会同县委统战部走访县内去台湾人员亲属，宣传中共中央关于早日实现祖国和平统一的有关文件精神，支持与去台湾亲人联络，并表示尽力提供方便，牵线搭桥。到1990年，全县251户台属中，与去台湾亲属通信联系的185户，通汇34户，金额达1.4万美元，83名去台湾人员及子女回家探亲。

1984—1985年，县政协组织政协委员对涉及全县国民经济发展和精神、物质两个文明建设等11个专题进行调查，向县委、县政府提出关于切实加强对农业生产的领导，加强对农民信息的传递，减少种植上的盲目性，做好农业生产资料的供应和服务，发挥安国药业优势等意见和建议40多条。提交有关医疗卫生、农业、水利、文教事业发展的调查报告20多篇。

1986年，县政协、县委统战部联合举办“第一次国共合作图片展览”，参观者达数万人次。

1988年，县政协组织部分委员视察药市，对外来伪劣中药材影响消费者身体健康等问题，及时与中药材管理局、市场管理和药检部门对口协商，并提出加强中药材市场管理的意见，受到县政府及有关部门重视，对杜绝伪劣中药材流入安国市场采取了有效措施。

第十三编
政　务

第一章　政府施政方式

第一节　旧政权施政方式

明清时期，州政实施多凭长官意志，其施政方式大致有以下几点：一是宾幕制。知州赴任前即组建宾幕班子，宾幕多系知州亲朋故旧，他们不仅为知州出谋划策，解难释疑，还对科班房属吏进行稽查监督，以确保政令畅行。二是推行政令多采用公文形式，有请示公文和布告。遇钱粮蠲免，修堤浚河等重大事情，知州呈报上司批复方可施行。一般政令则由知州颁布告示，晓喻乡民执行。三是体察民情，知州决断重大政令前，微服私访民间，听取乡民意见，而后决策。亦有地方官为便于统治一方百姓，上任伊始，首先拜访四乡缙绅。这样即可笼络人心，又可在州政实施中左右逢源。

民国时期，宾幕制废除，实行参议会制度，县政实施办法与清代无大区别。

第二节　人民政府施政方式

中华人民共和国成立后，国家政权由统治奴役人民的工具变为为人民服务的机构。县人民政府在中共安匡县委的直接领导下实行集体领导和分工负责相结合的制度，形成新的施政方式。

一、会　议

1949年，县人民政府有府务会议。府务会议由县长、副县长或指定人员召集，每月1次。出席人有正、副县长，各科、局长，列席人员由县长临时指定。会议内容：检查上月工作执行情况；研究通过各科局工作计划，明确工作中心及具体要求；对一般干部的调配奖惩和对科、局长、区长的任免意见；预决算的编造审核及其他重大事情。

1952年，县政府会议增至3个，政府委员会、行政会议和全府人员大会。政府委员会原则上每月一次，由县长召集，会议必须有半数以上政府委员参加。主要听取各科、院、局的工作报告及计划；根据上级指示及人民代表大会决议决定政府工作。行政会议，由县长召集，参加人有正、副县长和各科、院、局负责人，其他必须参加人员列席，每月逢5召开。主要内容是检查工作执行情况及存在问题，总结经验教训，制定工作计划。全府人员大会，每月初召开1次，由正、副县长主持，届时除因公外出、病事假人员外，政府人员全部参加。主要内容是，总结全县上月工作情况，安排布置下月工作。是年，县人民政府加强集体领导，认真贯彻民主集中制原则，对一切重大工作、计划及有关方针政策性的问题均经政府委员会议、行政会议认真研究讨论后，作出决议。翌年，增加联合办公会议，参加人有县委、县政府主要领导人和各科局负责人，会议主要是协调各部门工作，解决工作中的实际问题，每月召开3次，该会议制度1956年取消。

1955年，县政府会议制度有行政会、县长办公会、县人民委员会全体会议。县人民委员全体会议于1956年改为政府全体会议，此会议制度一直延续到“文化大革命”开始。“文化大革命”初，各种会议制度均不能正常进行，革委会建立后，实行革委会主任办公会制度。至1982年，县政府重新建立政府政务会、县长办公会制度，同时增加县长生活会、学习会。

1986年12月，县政府按《中华人民共和国地方各级人民代表大会和地方各级人民政府组织法》规定，执行县政府常务会议、政府全体会议制度。政府工作中的重大事项，须经政府常务会议讨论决定，县政府常务会议有县长、副县长组成，由县长或委托副县长主持，并视会议内容通知有关部门领导列席。会议主要内容：研究贯彻党中央、国务院和上级党政机关及县委的指示、决定、决议；研究贯彻县人民代表大会的决议、决定和通过提请县人民代表大会审定的议案；讨论决策政府全局性的工作，研究县长、副县长分管工作中较重大事宜；决定各部门和乡镇人民政府请示的重大事项和准备县人民政府全体会议的议题及研究规定需要县政府常务会议议决的其他事项。

县政府全体会议由县长、副县长和政府所属各部门的正职组成，必要时吸收各部门副职及乡镇长列席。会议主要内容：传达贯彻和执行上级党政机关及县委的指示、决定；听取和审查政府工作报告，讨论县政府工作部署；通报全县形势，协调部门工作；分发、研究、处理县人民代表提案，主管部门报告主管业务情况和意见；讨论通过需要县政府全体会议决定的其它事项。

二、公　文

按规定县政府制发的公文有9类15种：（1）命令、令、指令；（2）决定、决议；（3）指示；（4）布告、公告、通告；（5）通知；（6）通报；（7）报告、请示；（8）批复；（9）函。20世纪80年代，县政府除制发以上公文外，又增加转发、批转、纪要、印发、公报、意见、简报、快报等。

三、县长分工负责制

中华人民共和国成立初，政府机关按照“加强集体领导，密切联系，分工负责”的原则，县长、副县长对县内工作实行分工负责制。一般情况下，县长负责全面工作，副县长分管文教卫生、农林水利、工业交通等系统工作。对于各部门请示的问题，凡已有原则规定的，分管副县长根据情况自行处理。如涉及其他副县长分管工作，与有关副县长协商决定。如遇关于全县重大问题，分管副县长提交县政府委员会行政会或县长办公会议决。1962年后，领导职权不断增多，分工越来越细。县长负责全面工作，常务副县长除协助县长抓全面工作外，另侧重一方面工作，其他副县长各有分管工作。遇有政府工作中的重大问题，须经政府常务会议或全体会议讨论决定。

四、调查研究

县政府除利用会议、公文方式研究、部署、检查、总结、指导各项工作外，尤重领导深入基层调查研究。调查研究的方式主要有蹲点、视察、检查和现场办公等。通过深入实际调查研究解决具体问题，密切干群关系，掌握县情，便于决策实施。

附：安国县人民政府1987年第12次常务会议纪要

安国县人民政府常务会议纪要

【第十二次】

安国县人民政府办公室　　　　一九八七年十月二十四日

时间：一九八七年十月二十三日晚

地点：县政府四楼会议室

出席：李振忠　刘飞　袁德根　刘玉芝

列席：徐广仁等

主持人：李振忠

议定事项

一、讨论了政府办起草的县政府向省政府关于加强药业窗口建设促进对外交流的请示

议定：随着改革、开放、搞活方针的深入贯彻，我县药业在国际上的知名度日见提高，来我县参观、旅游、采访、考察的外宾越来越多，而且已从单纯的旅游观光向增进贸易、技术合作等实质性方面发展。为适应涉外工作的新形势，使今后的对外友好交往和对外贸易活动有所遵循，及时向上级提出自己的设想、建议，并请示领导支持，是十分必要的。同时，还就请示中的一些问题，议定：1. 继续办好“安国中华药材节”。根据省政府领导意见，以及国外一些国家把节日固定下来，以便组团的要求，“安国中华药材节”的时间初步定为每年农历四月二十八日（待请示县委、人大，并经省政府同意后，最后确定）。为更好地取得各方面对药材节的支持，提请省政府申报国务院批准，并以省政府名义或以省外办、外贸部门名义主办及对外邀请，我县负责某些具体事宜的组织。为使节日气氛热烈，拟春季药交会、传统庙会（物资交流会）和药材节同时举办，分三个筹备班子，各班子分工合作。2. 为不使药材节、药交会互为影响，大会期间药市交易迁往药市东口的东环路一带。药市东口一带的土路面，由工商局、药市出资建成油路面或铺设路沿砖。

二、讨论了改药市为日日集

议定：我县药市建成以来，发挥了很大的吸辐作用，在国内外影响越来越大，为进一步发挥市场调节作用，鼓励农民和中药界加工、经销积极性，方便各地药商购销，改传统的一、六大集，三、八小集为日日集。这项工作，责成工商局、药市管委会组织实施，逐步完善，扩大日交易规模。

三、讨论了成立祁州药市扩建领导小组

议定：为加快药市扩建速度，并协调有关方面关系，成立祁州药市扩建领导小组（任务完成后自行撤销）。组长由刘飞副县长担任，工商局长刘荣才、药市管委会主任冯海泉、工商局副局长郝顺章为副组长，土地管理局副局长刘振刚、城建办副主任陈喜波、祁州镇副镇长王占军为成员。

四、讨论了赴新乐县参观学习

议定：我县与新乐县已结为竞赛对子县。新乐县工业、乡镇企业、农业等方面的许多宝贵经验，值得我县学习。为了取长补短，最近组织乡镇、有关部门及单位的负责同志赴新乐县参观学习。

五、讨论了民主街占用商业局城内食堂旧址问题

议定：商业局城内食堂在落实县城规划时拆除后，为照顾民主街的经济发展，县政府决定将此旧址由民主街建商业楼。但相应地减少了国营商业网点。为此，商业局提出在扩建的药市外，由民主街划拨一部分土地建一商业网点。县政府认为：商业局提出的要求是合理的，由政府办约祁州镇政府和商业局磋商之后，由祁州镇政府负责与民主街村委会商议落实。

六、讨论了植树实现绿化达标

议定：为实现我县绿化达标，林业局要切实抓好各乡镇村的植树规划，实行以点带面。各乡镇村要按达标计划、品种规格要求和技术措施，积极组织植树活动，要一条路一条路的搞，确保完成任务。特别是西城至流各庄、县城至焦庄两条新油路的植树，要切实搞好。责成林业局组织有关乡，做好统一规划，限期完成。

七、讨论了整修乡间道路

议定：我县乡间道路多年失修，坎坷不平，影响着商品经济的发展。要求上冻前，各乡镇、村要发动和组织群众采取出义务工的办法，对乡、村道路普遍进行一次整修，达到路平、路实、道边齐。

八、讨论了县招待所建家属宿舍

议定：不征地，可在招待所前院西边临街建三层以上家属宿舍楼。

第二章　人事管理

第一节　干部队伍

一、干部来源

清代以前，地方官吏来源于科举考试及第者、地方举荐者、捐纳者和勋臣后代。

民国时期，县政府的县长和县长助理通过省考铨处考试遴选。一般佐员则由县长委派域内资望兼全者担任。

民国26年（1937）底，抗日民主政府成立，其干部来源有三：一为上级派来部分领导干部；二为从工农商学各界群众中选举产生部分干部；三为吸收部分旧政权中同情民众支持抗战的积极分子。翌年，全县共有干部百余人。民国34年（1945）初，县委通过培训，招收200余名农村干部，充实到县、区领导机关，时有干部500余人。民国38年（1949 ）9月，干部队伍发展到601人。

中华人民共和国成立后，党政干部来源除中华人民共和国成立前参加革命工作的老干部及外地调入者，主要有三个渠道：

（一）招收录用

中华人民共和国成立初，原有干部不敷需要，从不脱产的小区干部、村级干部中和社会上招收194名阶级立场坚定，思想进步，作风正派，能联系群众，身体健康，有一定工作能力及文化水平较高的优秀分子，充实干部队伍。1949年底，脱产干部达795人。之后，多从经企单位和文教部门选调干部。1950年，补充脱产干部20人，1952年补充65人，1953年补充48人，1954年补充71人，1955年补充47人，1956年撤区乡，提拔补充脱产干部101人。1964年，开展农村社会主义教育运动，从农村借调贫下中农出身的知识青年200余人参加“四清”工作团，这些借调青年曾作为干部安置工作，“文化大革命”开始后动员回乡，后有26名“四清”借调青年被录用。“文化大革命”期间，停止干部录用，缺额采取“以工代干”形式。1984年，按照上级规定，对“以工代干”人员进行清理，1979年以前参加工作的代干人员，按国家规定条件转为正式干部，其余人员仍回工人岗位。1985—1990年，通过统一考试从社会招聘、录用税务、工商管理、财政助理、农经管理、妇联和乡团干部167人。

（二）大、中专毕业生分配

1954年，开始接收大中专毕业生，数额较少。1960年前，大中专毕业生多分配机关行政事业单位。1960—1965年，提倡知识分子到生产第一线，多分配到学校、工厂、医院等基层单位。“文化大革命”期间，教育事业遭到严重破坏，1966—1977年大中专毕业生很少。1978年后，大中专毕业生增多。分配原则为专业对口，面向基层，学用一致。1980—1990年，接收大中专毕业生2452人（不含技工学校毕业生）。

（三）军队转业干部安置

战争年代和中华人民共和国成立初，有少量军队干部转业到县、区工作，多数担任领导。1954年，接收军队转业干部54人，1956年50人，1957年、1958年各37人。1976年后，军转干部增多，接收安置的原则是面向基层和生产单位，团职多分配在部、局、委、办任科级领导职务，营级以下分配到公社和企事业单位，一般不安排职务。1979—1990年，共接收军转干部223人。

1990年底，县内共有干部4387人，其中行政机关1471人，事业单位652人，企业单位277人，中、小学校（包括教师）干部1987人。全县干部中专业技术人员2973人。

二、干部状况

唐至清代，取仕实行科举制度，委任官吏最重出身、学识。域内刺史、知州、同知等官多为进士、举人出身，州判、学正、训导等官多为贡生（恩贡、拔贡、副贡、岁贡、优贡，称五贡）、例贡（指捐贡）和监生（举监、贡监、生监、恩监、优监等）。清乾隆前，科举制度尚严，后仅存虚名，时有“未登科而欲取仕者，必先捐生”之说。

民国时期，北洋政府县知事人选亦重出身、资历、学识。民国初的安国县知事仵墉乃清朝进士出身。民国17—26年（1928—1937），国民政府提倡科学救国、实业救国，县政府历任县长均具大学或中等学校学历。科局级与区级吏员不分年龄大小和文化程度高低，多由名门望族或富豪强梁担任。县内吏员无女性。

民国27年（1938），中国共产党在域内建立抗日民主政权，干部结构发生深刻变化。干部以工农成分为主，并有女性，民国28年（1939）出现第一个女科长——县教育科科长李洁新。翌年，开展民主建政，凡年满18岁成人，不分阶级、民族、男女、党派、文化程度，赞成抗日的均有选举权和被选举权。

安国解放后，党政干部结构的特点为：年龄普遍较轻，多在18～45周岁之间；文化偏低，多为初小文化程度；女性干部增加；工农干部占绝大多数。民国37年（1948），县政府机关共有县级、科级、科员级干部50人。其中，25周岁以下8人，26～35周岁29人，36～45周岁12人，45周岁以上1人；中学以上（包括中学）2人，小学47人（高小13人，初小34人），文盲1人；男45人，女5人；工人出身占10%，农民出身占50%，商人出身占6%，学生出身占30%，店员出身占4%。

中华人民共和国成立初，干部数量不断增多，文化水平和政治素质不断提高。1957年，全县干部总数707人，其中男657人，占93%，女50人，占7%；25周岁以下128人，占18%，26～35周岁155人，占22%，36～45周岁141人，占20%，46～55周岁220人，占31%，56周岁以上63人，占9%；大专11人，占1.6%，高中26人，占3.7%，初中470人，占66.5%，高小170人，占24%，小学30人，占4.2%；中共党员475人，占67.2%，共青团员74人，占10.5%，民主党派2人，占0.2%，无党派156人，占22.1%。1957年后，干部文化程度逐年提高，1964年高中以上者556人，占干部总数的69%，初中230人，占29%。“文化大革命”冲击了正常的干部提拔制度，干部文化、政治水平降低，年龄普遍老化。

1979年后，随着经济建设迅速发展的形势，党和国家非常重视干部“革命化、年轻化、知识化、专业化”建设，干部队伍结构发生新的变化。1990年，全县干部中，高中以上文化程度占84.2%，比1981年增加28.4%；45周岁以下干部占72.1%，比1981年增加9.5%，60周岁以上干部仅有2人，比1981年减少100人。

1948—1990 年部分年份安国县干部基本情况一览表

表 13-1　　　　单位：人

年度	干部总数	性别		民族		年龄（周岁）						文化程度							政治情况				参加工作时间（年．月—年．月）							
		男	女	汉	回	25以下	26～35	36～45	45～55	56～60	60以上	高等院校	中等专业学校	高中	初中	高小	初小	文盲	共产党	共青团	民主党派	无党派	1928—1937.5	1937.6—1945.8	1945.9—1949.9	1949.10—1952.11	1953.1—1957.12	1958.1—1966.4	1966.5—1976.10	1976.10以后
1948	50	45	5	—	—	8	29	12	1	—	—	—	—	—	2	13	34	1	—	—	—	—	—	24	26	—	—	—	—	—
1952	115	104	11	115	—	24	69	19	3	—	—	—	—	—	5	25	84	1	115	—	—	—	—	—	—	—	—	—	—	—
1954	596	553	43	591	5	170	262	119	45	—	—	4	—	14	285	220	68	5	395	79	2	120	—	—	—	—	—	—	—	—
1955	592	561	31	587	5	112	299	149	32	—	—	2	—	14	240	300	34	2	393	77	2	120	1	110	244	209	28	—	—	—
1956	536	508	28	531	5	118	231	134	13	36	4	2	—	16	303	178	37	—	329	54	2	151	1	85	244	180	26	—	—	—
1957	707	657	50	701	6	128	155	141	220	55	8	11	—	26	470	170	30	—	475	74	2	156	5	95	243	208	156	—	—	—
1958	858	800	58	852	6	156	230	192	189	49	42	14	48	479	284	31	—	—	497	92	2	267	5	118	260	285	159	31	—	—
1959	971	898	73	965	6	166	311	210	199	45	40	17	73	494	354	33	—	—	578	141	2	250	—	—	—	—	—	—	—	—
1960	899	817	82	893	6	150	301	135	209	55	49	16	93	464	305	21	—	—	536	120	2	241	—	—	—	—	—	—	—	—
1961	958	876	82	952	6	156	289	181	215	65	52	44	125	513	256	20	—	—	602	134	2	220	5	136	229	307	169	112	—	—
1962	919	849	70	913	6	125	251	215	225	71	32	19	159	432	289	20	—	—	583	94	2	240	3	104	251	304	147	110	—	—
1963	909	812	97	902	7	104	271	295	168	53	18	26	172	386	284	41	—	—	573	111	2	223	—	129	238	278	138	126	—	—
1964	806	724	82	799	7	140	217	254	150	34	11	31	185	340	230	20	—	—	528	81	3	194	—	129	229	262	100	86	—	—
1974	2181	1659	522	2162	19	101	594	873	519	64	30	—	—	—	—	—	—	—	1258	187	—	736	—	—	—	—	—	—	—	—
1981	2883	2106	777	2862	21	397	504	903	504	473	102	325	774	511	1012	261	—	—	1323	486	—	1074	—	186	316	436	297	672	466	510
1982	3417	2482	935	3385	32	445	692	975	891	269	145	407	1421	187	1151	25	—	—	1591	552	—	1274	—	—	—	—	—	—	—	—
1983	3555	2565	990	3524	31	437	758	1037	979	208	136	470	1459	242	1384	—	—	—	1576	650	—	1329	—	—	—	—	—	—	—	—
1984	3703	2737	966	3673	30	458	1125	978	602	69	471	1528	360	1344	—	—	—	—	1679	604	—	1420	—	—	—	—	—	—	—	—
1985	4011	2901	1110	3979	32	588	1270	996	552	59	546	1779	487	1197	—	—	—	—	1926	692	—	1393	—	—	—	—	—	—	—	—
1986	4107	3011	1096	4064	43	638	1181	1047	580	73	588	1781	493	1245	—	—	—	—	2016	691	—	1400	—	—	—	—	—	—	—	—
1988	4373	3092	1281	4332	41	748	1197	1039	667	72	650	2063	657	1003	—	—	—	—	2183	713	—	1477	—	—	—	—	—	—	—	—
1989	4334	3122	1212	4300	34	748	1097	1098	522	11	858	2069	674	733	—	—	—	—	1964	792	—	1578	—	—	—	—	—	—	—	—
1990	4387	2947	1440	4337	50	505	1159	1163	711	2	847	2252	596	692	—	—	—	—	2163	802	—	1422	—	—	—	—	—	—	—	—

说明："文化大革命"中干部情况无资料；1982 年后统计报表取消"参加工作时间"

三、干部管理

（一）任免调配

民国时期，县长由省政府主席委任。佐员、区长、秘书、科长等，依照《公务员任用法》规定，由县长遴选，呈专员公署核请省政府民政厅委任。科员、事务员等由县长决定，县民政科委任，雇员则由县长直接委派。

抗日战争和解放战争时期，县委和抗日民主政府干部由上级党委决定调配和任免，民国27—36年（1938—1947），干部管理为秘密方式，后陆续公开。

中华人民共和国成立初，正副县级和县政府委员由省委、省政府批准任免，科、局、区级干部经县委常委会讨论通过后，报请地委、专署任命。县政府人事工作由民政科兼管。1961年后，干部管理权限相对集中，正副县级、科局级（包括人民公社主任、书记）干部分别由省、地直接管理。一般干部，党委部门归组织部管理，行政部门由县政府人事科管理。“文化大革命”期间，除县革委会正副主任由省、地任命外，其余干部任免调配均由县革委会政治部统管。

1978—1984年，根据党管干部的原则实行分级管理。一、县委协助省、地委管理的干部：1. 县委书记、副书记、常委、委员、顾问，县纪委书记、副书记，县委各部局委办的正职。2. 县人大常委会主任、副主任、常委。3. 县人民政府县长、副县长、顾问。4. 县政协主席、副主席、常委。5. 县公安局长、检察院检察长、法院院长、司法局长。二、县委管理的干部：1. 县委各部局委办的副职、县纪委常委、委员、县委党校正副职，人民团体正副职，人大办公室及各科正副职，政协办公室正副职，信访科、档案科正副职。2. 乡镇党委书记、副书记，正副乡镇长、乡镇联社主任。3. 县政府各部局委办任经济实体的正副职。4. 检察院和法院的副职。5. 县直各单位党组、党委书记、副书记。三、组织部代县委管理的干部：1. 县纪委和县委各部局委办的干部，县委组织员。2. 人大、政协的一般干部。3. 人民团体的常委、委员及一般干部。4. 检察院的正副科长、检察员、一般干部，法院的正副庭长、审判员及一般干部。5. 乡镇联社副主任。6. 县直各单位党委委员，总支书记、副书记。四、乡镇党委代县委管理的干部：1. 村党支部书记、副书记、村民委员会正副主任。2. 乡镇直属党支部书记、副书记。3. 在本乡范围内一般干部的职务调整。五、县直各党委（总支）负责管理所属党支部的书记、副书记及委员。

1984年后，随着各级人事制度改革，干部的分级管理权限为：一、省管干部：县委书记，经县党代会选举，报省委批准。二、地管干部：县委副书记、常委、纪检委书记，经县党代会选举，报地委批准。县长、副县长、人大正副主任，法院院长、检察院检察长，经县人代会选举报上级备案。政协正副主席，由全体政协委员选举产生，报上级备案。人武部长、政委，县委顾问，由地委任命。三、县管干部：党政机关各部门和群团的正副职及县级国营企业的正副职（后改归主管部门管理）。四、各部局委办所属的正副股级干部，由各部门考核、调配，报人事部门备案。五、党群、乡镇、人大、政协、法院、检察院的一般干部由组织部管理。政府系统的一般干部由人事局管理。六、所属上级业务部门领导的县邮电局、银行、石油公司等单位，干部管理权限由保定地区主管部门负责。

干部任免工作的基本程序为：一、任免对象的提名。二、组织考察。三、党委审批，并严格履行有关的法律程序。属地委管理的干部需要任免调动的由县委集体研究提出名单，组织部办理呈报手续。属县委管理的干部需要任免调动的，由县委组织部在调查考核的基础上提出名单，报请县委常委会研究审批。县党群工作部门的正副科级及一般干部，县政府各部门的正副科级干部，人大、政协、法院、检察院及各乡镇干部的组织调动，由组织部办理调转手续。政府系统的正副科级以下干部的组织调动，由人事局办理调转手续。

（二）干部培训

抗日战争时期，主要是形势教育、革命理论和军事方面的培训，因受环境和条件的限制，培训人数较少、时间较短。民国 27 年（1938），在南关东大街路西青塔书店，秘密开办县级干部短训班，学习政治理论，进行形势教育。民国 33 年（1944）下半年至翌年上半年，县组织村干部和党员 200 余人集中培训，结束后一部分充实县区机关，一部分输送东北开辟工作。民国 34 年（1945）9 月，结合反黑地、反国特斗争，县委在东关医院举办区以上干部训练班，学期 3 个月。解放后，培训重点主要是业务、文化培训。民国 37 年（1948），县委举办干训班，培训整党骨干 131 人。1954 年，县委选派 33 名干部参加省地委党校文化理论学习。1955 年 2 月，县建党校，每年通过轮训、进修、短期培训等多种形式，负责党政在职干部的文化、政治理论教育。学期 1 ～ 3 个月不等，最短时间一周。

20 世纪 50 年代末至 60 年代初，随业务机构逐渐增多，每年均选送大批干部到省、地、县党校、文化干校和专业学校培训进修。

1959 年 12 月干部进修、培训情况表

表 13-2　　　　单位：人

项目 / 数量 / 级别	进修、培训学校					进修人职别		
	党校	政治学校	文化干校	各类专业学校	小计	科局长	一般干部	小计
省以上	2	2	3	10	17	6	11	17
市级	6	4	8	17	35	5	30	35
县级	4	2	1	5	12	—	12	12
总计	12	8	12	32	64	11	53	64

中共十一届三中全会后，为使干部队伍适应现代化建设的需要，党对干部培训工作尤为重视。1979 年，设电视大学培训干部，至 1990 年电大学员经国家统考有 122 人取得大专学历，其中在职干部占 95%。1984 年，县成立干部教育工作领导小组，组长由县委 1 名副书记兼任，副组长由组织部长兼任，宣传部、教委、计委、经委、科委、财政局、人事局、科协、党校等单位主要领导为成员，下设办公室。同时，各乡镇亦成立干部培训工作领导小组。是年，县委颁发《关于加强党政干部培训工作的规定》。要求党政机关、企事业单位 45 周岁以下的国家干部，到 1990 年必须达到中专（或高中）文化水平；中层领导干部，要有 80% 达到大专文化水平。并规定 45 岁以下未达到中专（或高中）文化程度的，没有突出政绩的一般不予提升。为保证干部培训工作的落实，165 名文化未达标干部与干部教育办公室签订学习合同书。1985 年，县举办干部初中、高中文化补习班，至 1990 年 309 人毕业。1986 年，县党校设干部中专班，学制 2 年，结业合格者发给毕业证书，承认学历。同时，还有很多干部通过函授、自学参加大专统考。

（三）考核奖惩

宋、元、明、清时，县均设巡检，掌管考察官吏。

民国时期，民国县政府设人事管理员，负责督查吏员。

民国27年（1938），域内共产党建政后，即有干部奖惩制度，但不够完善，重惩轻奖。1949年以后，干部考核奖惩制度不断完备，督查机构有监委会、人事检查科等。对干部的处分有警告、严重警告、记过、降职、降薪、开除公职等；奖励有口头、通报表扬和授予荣誉称号等。1953年，经考核，处分干部39人，其中开除公职8人。1955年2月12日，对全县列入审查范围的1032名干部，分四批全面审查，给予53名干部程度不同的处分，其中依法惩办11人，开除公职1人，行政撤职、记过12人。1957年，执行国务院《关于国家行政机关工作人员的奖惩暂行规定》，奖励有：记功、记大功、授予奖品或奖金、升级、升职、通令嘉奖6种；纪律处分有：警告、记过、记大过、降级、降职、撤职、开除留用察看、开除8种。1960年，在全体干部中进行考核评比，评出干部标兵143人，先进工作者417人。当时，由449名“反革命分子”“坏分子”“右派分子”受到审查和处理，其中253人被开除公职，84人撤销职务监督劳动，58人留用察看，27人分别受降职、降薪处分，后大部分平反。

“文化大革命”期间，处理干部多注重政治历史问题，动辄以“对抗无产阶级文化大革命”论罪。奖励主要通过评选先进工作者和活学活用毛主席著作积极分子，以参加劳模、先进会颁发奖旗、奖状形式给予表彰。1982年，贯彻落实国务院《国家行政机关工作人员升级奖励试行办法》，干部奖惩制度进一步完善。1985年，国家机关和事业单位实行以职务工资为主要内容的结构工资制，对其工作人员实行升级、升职奖励，降级、撤职和开除留用察看处分。党员干部如违反党纪国法除受党纪处分，亦受政纪处分。1988年2月，县政府设监察局，各部门、乡镇设监察主任，均由1名副职兼任，专司对行政干部的监察考核奖惩。1985—1990年，有318名干部受到记功、升级等各种奖励；42名干部受记过、降级、降职等处分。

第二节　编制管理

古代，县内行政设置和吏员配备，视户数多少与政务繁简而定。唐前无考。唐代属中等县，设县令1人，正7品上；丞1人，从8品下；主簿1人，从9品上；尉1人，从9品下；录事3人，史3人；司户佐3人，吏5人；帐吏1人；司法佐2人，吏6人，仓督1人，典狱8人，问事4人；白直8人，博士 1人，助教1人，共计50人。

五代行政设置、人员配备承唐制。

宋代，祁州设刺史、知军、团练使、参军、都巡检、牙职等，刺史、知军、团练使皆从5品。诸曹官沿旧制。县设令、丞、主簿、尉等；人员总数无考。

金，州刺史1人，正5品；同知1人，正7品；通判1人，从8品；司军1人，从9品；知法1人，从9品；军辖兼巡捕使1人，从9品；司侯1人，正9品；司判1人，从9品；军辖掌同都军兼巡捕与司侯同管城壁1人。县设令1人，从7品；丞、主簿、尉各1人，俱正9品。

元代，州为上州。祁州设达噜噶齐（达鲁花赤）、州尹各1人，从4品；同知1人，正6品；判官1人，从7品；知事提控案牍各1人（县设达噜喀齐、县尹各1人，从6品；丞、簿、尉各1人；典史1人）。

明，祁州为直隶州，设知州1人，从5品；判官无定员，从7品；吏目1人，从9品；学正1人，训导3人。

清朝，祁州知州1人，学正、训导、吏目各1人，管河州同1人，通判1人。

民国初，知州改称县知事，继改县长。民国22年（1933）安国系二等县，县政府设第一科、第二科及公安、财务、教育、建设4局。各科局公务人员共计46人，警官警士114人。民国24年（1935），依照《河北省裁局设科后暂行办法通则》规定，设县长1人，秘书1人。下设3科，分管行政、财政、教育、建设、警卫等事宜。第一科，科长1人，主任1人，科员2人，办事员4人，书记5人，计13人。第二科，科长1人，主任1人，科员4人，办事员4人，检定员1人，电话生3人，书记3人，计17人。第三科，科长1人，主任1人，科员3人，督察长1人，督察员1人，训练员1人，侦辑员1人，书记2人，自治指导员4人，自治助理员4人，计19人。另于第一科设经征处，主任1人，事物员4人，书记15人，稽查员4人，计24人。县政府共计职员73人，另有直辖于县政府的警卫队52人。

民国26年（1937）10月至民国34年（1945）8月，县抗日民主政府设县长1人，机构编制有秘书科、教育科、民政科、实业科、财政科、司法科、粮食局、公安局，各科设正副科长1人。民国34年（1945）8月至民国38年（1949）9月，县民主政府设正副县长各1人。机构编制增设工商科、商业科、税务局、贸易局，各科局设正副科局长1人。

民国36年（1947），县民主政府编制设2局4科1处，人员74人。

1947年安国县民主政府人员编制表

表13-3

议长	县长	秘书处						民法科	财政科	实业科	教育科	粮食局	公安局	合计
		秘书	科员	文书	庶务	交通服务员	炊事员							
1	1	1	1	1	1	8	3	5	5	5	3	9	30	74

1949年12月17日，河北省人民政府颁发县、区政府机构人员编制新规定，原编制作废。根据人口和经济状况，安国被定为乙等县，1950年4月落实新编制，见表13-4。

1950年安国县机构人员编制表

表13-4　　　　单位：人

序列	县级领导	机构编制	领导配备	人数	股室配备	人数	干部配备	人数	勤杂人员	人数	小计
县政府	县长1人	秘书室					秘书	1	炊事员	3	15
							科员	2			
							管理员	1	交通服务员	5	
							文印收发	1			
							电话员	1			
		民政科	科长	1			科员	4			5
		财政科	科长	1			科员	8			9
		农建科	科长	1	水利	3	科员	8			9
					交通	1					
					农业	3					
		文教科	科长	1			科员	5			6
		工商科	科长	1			科员	3			4
		公安局	局长	1	秘书室	3			服务员	2	81
					治安股	5					
					侦察股	7					
					审讯股	3			炊事员	2	
					看守所	3					
					派出所与武警	54					
		法院									12
		检察院									2
		监委会									2
		税局									18
		粮库									10
县委会	书记1人，副书记1人	秘书处					秘书	1	炊事员	2	11
							会计	1			
							管理员	1	交通服务员	5	
							刻写员	1			
		办公室	主任	1			干事	2			3
		纪检委									1
		组织部	部长	1			干事	3			4
		宣传部	部长	1			干事	3			4
群众团体		工会							交通服务员	1	1
		农会									3
		青年团							炊事员	1	4
		妇联会									2
		武装部									4
区公所、区委会		区公所（农村）	区长	2			秘书、文书各1，财政、民政、文教、建设助理员各1，公安、民政助理员各2，勤杂人员3				14
		城关区公所	区长	2			秘书、文书各1，民政、财政、建设、教育、卫生、劳动工商助理员各1，事务员、通讯员各1，公安助理员2				15
		区委	书记	2			组织委员、宣传委员				6
总计											334

说明：1. 区公所、区委共用勤杂人员；2. 各级装备：县政府自行车15辆（包括公安局3辆、法院2辆、税局3辆），电话机6部（公安局、税局各1部）。县委会自行车7辆（包括群团），电话机3部，收音机1台。每区自行车1辆，电话机1部（党、政、民合用）。3. 时全县分6区（包括城关区）。4. 工商科兼管劳动事项，民政科兼管人事工作

1952年，根据政务院《关于调整机构紧缩编制的决定（草案）》精神，进行整编，县政权序列定编208人，党派人民团体定编93人，全县共301人。同时县设编制委员会，专司国家机关、事业单位和企业单位的机构设置，人员配备，定员定额等工作。到1954年，定编数430人，实有814人，超编384人。1954—1957年，裁减编余人员186人。1962年，干部精简，由1961年末的670人，裁减到366人。1965年，有行政人员454人，其中县委81人，人委113人，群团15人，公检法52人，公社193人。“文化大革命”期间，机关行政人员逐年增多。到1981年，行政人员823人，其中县委67人，政府283人，群团23人，公检法144人，公社306人。

1983年机构改革，县编委列为常设机构。县级领导干部职数设置为：县委设书记1人，副书记3人（县长兼职1人）；人大常委会主任1人，副主任6人；县政府县长1人，副县长4人；政协主席1人，副主席6人（含非驻会主席2人）。是年，县、乡级党政群机关（含政法部门）人员总额为1046人。其中，乡级党政机关332人。1984年12月，重新核定县党政群机关人员编制为548人（不含政法部门），实有585人；乡镇党政群人员273人，实有296人。1985年4月，保定地委组织部、行署编委、财政局联合行文，核定县政法部门编制220人，实有285人。1988年2月，重新核定乡镇党政机关编制，定编402人。后随机构设置增加，工作职能变化及大量军队转业干部增多，人员编制不断调整。到1990年，县、乡党政群行政机关（含政法部门）、事业单位、行政性公司和行政性企业机构共有2136人。其中县党政群机关（含政法部门）定编889人（其中县自定编制21人）；人武部、交通局、财政局、工商局、司法局、科委、档案局、县委党校、党史办、广播电视局、农机局等配置事业编制234人；行政性公司粮食局、物资局机关66人；企业机构电力局、县社机关79人；农业局、教委、药材局、林业局、水利局、卫生局、爱卫办、计生委等借用基层事业人员75人；土地局、二轻局、企业局、城建局、经委管理费开支人员49人。乡镇党政群机关定编402人，实有428人，县有关行政事业机构派驻乡镇工作人员382人。1990年，县级正副领导24人，正、副科级167人，乡镇正副科级212人（含相当正副科级）。

1990年12月底安国县党政群机关机构人员编制一览表

表13-5　　单位：人

编制情况＼机关名称	总计	县委														县政府																
		小计	县委办	研究室	机要室	组织部	宣传部	统战部	农工部	政法委	老干局	机关党委	信访办	编委办	文明办	小计	政府办	计委	经委	体改办	科委	财政局	劳人局	城建局	民宗委	民政局	监察局	审计局	物价局	工商局	计量局	土地局
编制 行政	882	143	31	—	—	18	14	7	9	—	8	4	5	3	5	389	45	10	17	5	9	20	22	12	5	13	18	17	7	20	5	12
编制 事业	65	2	—	—	—	—	—	—	—	—	—	—	—	—	—	58	—	—	—	—	1	18	—	—	—	—	—	—	—	—	—	—
实有人数 行政	868	116	33	2	5	19	11	6	7	5	9	8	6	2	3	389	40	12	20	2	14	16	26	17	4	14	18	16	13	20	4	11
实有人数 事业	255	—	—	—	—	—	—	—	—	—	—	—	—	—	—	125	—	—	—	—	1	5	—	—	—	—	—	—	—	73	—	—
在职人数 小计 行政	840	111	31	2	5	17	11	6	7	4	9	8	6	2	3	381	39	12	20	2	14	16	20	17	4	14	18	16	13	20	4	11
在职人数 小计 事业	130	—	—	—	—	—	—	—	—	—	—	—	—	—	—	125	—	—	—	—	1	5	—	—	—	—	—	—	—	73	—	—
在职人数 县级职数 正	3	1	1	—	—	—	—	—	—	—	—	—	—	—	—	1	1	—	—	—	—	—	—	—	—	—	—	—	—	—	—	—
在职人数 县级职数 副	16	2	2	—	—	—	—	—	—	—	—	—	—	—	—	4	4	—	—	—	—	—	—	—	—	—	—	—	—	—	—	—
在职人数 部门职数 正	53	12	1	—	—	1	1	1	1	—	1	1	1	—	1	29	1	1	1	1	1	1	1	1	—	1	1	1	1	1	1	1
在职人数 部门职数 副	111	23	2	2	—	3	3	1	2	1	2	2	1	1	1	64	3	1	3	—	2	2	1	2	1	3	2	2	2	3	2	2
在职人数 股室职数	136	—	—	—	—	—	—	—	—	—	—	—	—	—	—	78	6	2	6	—	—	5	7	4	—	5	5	3	—	6	—	4
在职人数 科办员	513	93	15	—	5	12	6	4	4	3	4	5	4	1	1	185	12	7	10	1	10	7	11	10	3	5	8	9	10	9	1	4
在职人数 工勤人员	60	18	10	—	—	1	1	—	—	—	2	—	—	—	—	20	12	1	—	—	1	1	—	—	—	—	2	1	—	1	—	—
非在职人数 小计	14	5	2	—	—	—	2	—	—	—	1	—	—	—	—	8	1	—	—	—	—	—	6	—	—	—	—	—	—	—	—	—
非在职人数 病休	2	2	2	—	—	—	—	—	—	—	—	—	—	—	—	—	—	—	—	—	—	—	—	—	—	—	—	—	—	—	—	—
非在职人数 停薪	3	—	—	—	—	—	—	—	—	—	—	—	—	—	—	2	1	—	—	—	—	—	—	—	—	—	—	—	—	—	—	—
非在职人数 上学	1	1	—	—	—	—	—	—	—	—	1	—	—	—	—	—	—	—	—	—	—	—	—	—	—	—	—	—	—	—	—	—
非在职人数 待分配	8	2	—	—	—	—	2	—	—	—	—	—	—	—	—	6	—	—	—	—	—	—	6	—	—	—	—	—	—	—	—	—

续表 13-5

县政府																			人大						政协	人民团体							公检法司				
交通局	商业局	农业局	林业局	畜牧局	水利局	中药局	文化局	教委	卫生局	体委	计生委	爱卫办	外旅侨办	档案局	企业局	二轻局	药市党委	统计局	小计	办公室	政法科	经济科	教科文卫	代联科	办公室	小计	总工会	团县委	妇联会	科协	文联	工商联	小计	检察院	法院	司法局	公安局
5	13	13	6	7	12	15	5	11	9	10	3	8	3	3	10	5	—	14	33	—	—	—	—	—	12	33	7	7	7	7	2	3	272	39	56	36	141
33	—	—	—	—	—	—	—	—	—	—	—	—	—	6	—	—	—	—	—	—	—	—	—	—	—	—	—	—	—	—	—	—	5	—	—	5	—
7	13	6	6	7	13	12	4	5	11	8	3	11	1	3	13	3	3	13	28	18	2	3	3	2	14	33	5	7	6	10	3	2	288	41	55	40	152
42	—	—	—	—	—	—	—	—	—	—	—	—	—	4	—	—	—	—	—	—	—	—	—	—	—	—	—	—	—	—	—	—	5	—	—	5	—
7	13	6	6	7	13	11	4	5	11	8	3	11	1	3	13	3	3	13	28	18	2	3	3	2	14	33	5	7	6	10	3	2	287	41	55	40	151
42	—	—	—	—	—	—	—	—	—	—	—	—	—	4	—	—	—	—	—	—	—	—	—	—	—	—	—	—	—	—	—	—	5	—	—	5	—
—	—	—	—	—	—	—	—	—	—	—	—	—	—	—	—	—	—	—	1	1	—	—	—	—	—	—	—	—	—	—	—	—	—	—	—	—	—
—	—	—	—	—	—	—	—	—	—	—	—	—	—	—	—	—	—	—	6	6	—	—	—	—	4	—	—	—	—	—	—	—	—	—	—	—	—
1	1	1	1	1	1	1	1	—	1	1	—	1	—	—	1	1	—	1	2	—	—	1	—	1	1	4	1	1	1	1	—	—	5	1	1	1	2
3	1	1	3	1	3	2	1	2	2	1	1	3	1	2	3	1	1	1	5	1	1	1	1	1	1	8	2	1	1	2	1	1	10	3	2	3	2
—	4	—	—	—	3	5	—	3	3	—	—	4	—	—	3	—	—	—	—	—	—	—	—	—	—	—	—	—	—	—	—	—	58	12	14	5	27
3	7	4	2	5	5	3	2	—	5	6	2	3	—	1	6	1	2	11	10	6	1	1	2	—	5	20	2	5	4	6	2	1	200	21	35	29	115
—	—	—	—	—	1	—	—	—	—	—	—	—	—	—	—	—	—	—	4	4	—	—	—	—	3	1	—	—	—	1	—	—	14	4	3	2	5
—	—	—	—	—	—	1	—	—	—	—	—	—	—	—	—	—	—	—	—	—	—	—	—	—	—	—	—	—	—	—	—	—	1	—	—	—	1
—	—	—	—	—	—	—	—	—	—	—	—	—	—	—	—	—	—	—	—	—	—	—	—	—	—	—	—	—	—	—	—	—	—	—	—	—	—
—	—	—	—	—	—	1	—	—	—	—	—	—	—	—	—	—	—	—	—	—	—	—	—	—	—	—	—	—	—	—	—	—	1	—	—	—	1
—	—	—	—	—	—	—	—	—	—	—	—	—	—	—	—	—	—	—	—	—	—	—	—	—	—	—	—	—	—	—	—	—	—	—	—	—	—
—	—	—	—	—	—	—	—	—	—	—	—	—	—	—	—	—	—	—	—	—	—	—	—	—	—	—	—	—	—	—	—	—	—	—	—	—	—

说明：1. 县级领导职数统入办公室栏。2. 政法委列公安编制 3～4 人；公安局、司法局、法院含驻乡所、庭人员。3. 统计局编制上划，不计入县编制及实有人数。4. 各部门实有人数中不含借用及其他费用开支人员

1990年底安国县科级事业、企业、行政性公司机构编制一览表

表 13-6　　单位：人

编制情况 \ 人数 \ 单位名称 \ 单位性质		事业								行政性公司			企业		
		总计	合计	党校	党史办	农机局	电视局	方志办	农开办	残联	合计	粮食局	物资局	合计	电力局	县社
编制人数		115	115	22	7	27	37	10	7	5	—	—	—	—	—	—
在职人数		180	102	20	4	27	38	6	3	4	65	47	18	13	6	7
行政费		8	8	—	3	—	—	—	3	2	—	—	—	—	—	—
企事费		171	93	20	—	27	38	6	—	2	65	47	18	13	6	7
领导职数	正	7	3	—	—	1	1	—	—	1	2	1	1	2	1	1
	副	25	10	—	1	2	2	2	3	—	5	2	3	8	4	4
书记		6	3	—	1	1	1	—	—	—	1	—	1	2	1	1
纪检		1	—	—	—	—	—	—	—	—	—	—	—	1	—	1
股室职数		29	10	4	—	6	—	—	—	—	19	16	3	—	—	—
科办员		101	69	11	1	16	34	4	—	3	32	25	7	—	—	—
工勤人员		10	4	3	—	1	—	—	—	—	6	3	3	—	—	—
上学		1	1	—	1	—	—	—	—	—	—	—	—	—	—	—
病休		—	—	—	—	—	—	—	—	—	—	—	—	—	—	—
停薪		—	—	—	—	—	—	—	—	—	—	—	—	—	—	—

说明：残联为副科级机构；企业只统计领导职数；档案局（馆）、企业局、二轻局占部分行政编制列入政府机构栏

1990年底安国县乡镇党政群机关人员编制一览表

表 13-7　　单位：人

乡镇名称	编制数	在职数	党委							人大主席	政府									经联社			人民团体			
			书记	副书记	组织	宣传	纪检	调研员	武装		乡长	副乡长	科技副乡长	秘书	民政	计生	统计员	财政员	土地员	主任	副主任	办事员	团委	妇联	科协	待分配
合计	402	429	20	21	21	18	19	2	15	13	20	48	3	19	17	19	20	64	8	4	15	2	20	19	17	5
祁州镇	22	24	1	1	1	1	1	—	2	1	1	4	—	1	—	1	1	4	1	1	—	—	1	1	—	—
伍仁桥	22	21	1	1	1	1	1	—	—	1	1	3	—	1	1	—	1	3	—	—	1	1	1	1	1	—
焦庄	19	23	1	1	1	1	1	—	1	1	1	2	—	1	1	1	1	3	—	—	2	—	1	1	2	—
明官店	19	21	1	1	1	1	1	—	1	1	1	2	1	1	1	1	1	3	—	—	—	—	1	1	—	—
南娄底	22	23	1	1	1	1	1	—	1	1	1	3	—	—	1	—	1	3	—	—	1	1	1	1	1	2
南郭村	18	18	1	1	1	1	1	1	—	—	1	2	—	1	1	1	1	3	—	—	—	—	1	1	—	—
西崔章	18	18	1	1	1	1	1	—	—	1	1	2	—	1	1	1	1	2	—	—	—	—	1	1	1	—
南仕庄	19	22	1	1	1	1	1	—	1	1	1	2	—	1	1	1	1	3	1	—	1	—	1	1	1	—
东河	20	22	1	1	1	1	1	—	1	1	1	2	—	1	1	1	1	4	1	—	—	—	1	1	1	—
西安国城	22	21	1	2	1	—	1	—	—	—	1	3	1	1	1	1	1	3	—	—	1	—	1	1	1	—
石佛	20	19	1	1	1	1	1	—	1	—	1	2	—	—	1	1	1	3	1	—	—	—	1	1	1	—

续表 13-7

乡镇名称	编制数	在职数	党委							人大主席	政府									经联社			人民团体			待分配
			书记	副书记	组织	宣传	纪检	调研员	武装		乡长	副乡长	科技副乡长	秘书	民政	计生	统计员	财政员	土地员	主任	副主任	办事员	团委	妇联	科协	
流各庄	19	19	1	1	1	1	1	—	1	—	1	2	—	1		1	1	3	—	—	1	—	1	1	1	—
门　东	20	25	1	1	1	1	1	—	1	1	1	3	—	1	1	1	1	4	1	—	2	—	1	1	1	—
淤　村	22	23	1	1	1	1	1	—	—	1	1	2	—	2	1	1	1	4	—	—	2	—	1	1	1	—
北段村	22	24	1	1	1	1	1	—	1	1	1	3	1	1		1	1	4	—	—	—	—	1	1	1	2
西伏落	19	19	1	1	1	1	1	—	—	—	1	2	—	1	1	2	1	3	—	—	1	—	1	—	1	—
郑　章	19	22	1	1	1	1	1	—	1	1	1	2	—	1	1	1	1	3	1	1	1	—	1	1	—	—
常　庄	22	22	1	1	1	1	—	—	1	1	1	3	—	1	1	1	1	3	—	1	1	—	1	1	1	—
大五女	19	21	1	1	1	—	1	1	1	—	1	2	—	1	1	1	1	3	1	—	—	—	1	1	1	1
大李庄	19	22	1	1	2	1	1	—	1	—	1	2	—	1	1	1	1	3	1	1	—	—	1	1	1	—

说明：1.各乡镇1名炊事员（临时工）未计入上表中。2.县级有关部门派驻各乡镇人员不占乡镇编制，不计入上表在职数

1990年底安国县派驻乡（镇）人员一览表

表 13-8　　　　单位：人

乡镇名称	合计	事业										计生		半脱产农技员	企业		
		公安自聘	司法自聘	文化员	广播员	业教	农经员	农技员	畜牧员	农机员	环卫	四术员	统计员		电话员	电管站	副办室
合　计	382	33	36	17	19	20	11	17	11	24	1	40	20	19	14	43	57
祁州镇	8	—	—	1	1	—	—	1	—	—	1	2	1	—	—	—	1
伍仁桥	23	2	3	1	1	1	—	1	—	4	—	2	1	1	—	2	4
焦　庄	20	2	2	1	1	1	—	1	1	2	—	2	1	1	1	1	3
明官店	19	1	1	1	1	1	1	1	—	—	—	2	1	2	1	3	3
南娄底	19	2	2	1	1	1	1	1	1	—	—	2	1	—	1	2	3
南郭村	19	2	2	1	1	1	—	—	—	2	—	2	1	2	1	2	2
西崔章	15	2	—	1	1	1	—	1	—	—	—	2	1	—	1	2	3
南仕庄	26	2	4	1	1	1	1	1	1	3	—	2	1	1	1	3	3
东　河	21	1	2	1	1	2	1	1	1	1	—	2	1	1	1	2	3
西安国城	23	1	2	1	1	1	1	1	1	2	—	2	1	2	1	3	3
石　佛	17	2	2	—	1	1	—	1	—	—	—	2	1	1	1	2	3
流各庄	16	2	1	—	1	1	—	1	—	1	—	2	1	1	—	2	3
门　东	16	1	2	1	—	1	1	1	1	—	—	2	1	1	1	1	2
淤　村	19	1	3	1	1	1	1	—	1	—	—	2	1	—	—	5	2
北段村	23	2	2	1	1	1	1	1	1	1	—	2	1	2	—	3	4

续表 13-8

乡镇名称	合计	事业													企业		
		公安自聘	司法自聘	文化员	广播员	业教	农经员	农技员	畜牧员	农机员	环卫	计生		半脱产农技员	电话员	电管站	副办室
												四术员	统计员				
西伏落	12	2	2	—	1	1	1	1	—	—	—	2	1	—	—	—	1
郑　章	24	2	2	1	1	1	1	1	1	1	—	2	1	2	—	3	5
常　庄	24	2	1	1	1	1	1	1	—	4	—	2	1	1	1	3	4
大五女	21	2	3	1	1	1	—	—	1	2	—	2	1	1	2	2	2
大李庄	17	2	—	1	1	1	—	1	1	1	—	2	1	—	1	2	3

第三章　来信来访

第一节　信访机构

1951 年 6 月，根据政务院《关于处理人民来信和接见人民来访工作的决定》，县政府成立问事处，负责处理县委、县政府的人民来信来访工作。1953 年 3 月，主要机关和各区设兼职问事干部 21 人。1969 年 9 月，县革委会办公室设信访组。1976 年 10 月，县革委会成立信访科，编制 7 人，科长 1 人；各公社 1 名副书记或副主任、村民调解委员会兼管信访工作。1982 年，县革委会撤销，信访科受县委、县政府双重领导。1983 年，信访科列为科级单位，设科长 1 人，副科长 2 人。1985 年，除专职信访部门外，县、乡两级建立信访领导小组，县委、县人大常委会、县政府都设信访接待人员。1990 年，县信访科改称县信访办公室。

第二节　信访工作

1951 年，受理反映党员、干部的官僚主义、命令主义、违法乱纪和婚姻、土地、家务纠纷等信访案件 9703 件，有 8712 件得到妥善处理。1955 年，县改变来信来访转交区、乡检查处理接待的做法，由县信访部门抽专人组成工作组，深入来信来访多的区、乡解决问题，使一些久拖不决，群众意见大的问题得到及时处理。1963 年，信访工作列入县委、县人委重要议事日程，县委常委会和县长办公会每季研究一次信访工作，并在祁州镇建立群众接待站，每逢农历一、六大集，书记、县长亲自接待群众来访。是年，书记、县长共接待群众来访 165 人次。翌年，信访工作认真贯彻“县级多办少转，公社级只办不转”的原则，县级受理信访 11793 件次，公社级接待处理信访 1140 件次。是年，县组成信访案件巡回检查小组，带卷下乡核查处理疑难积压案 1416 件。1966 年至 1969 年 8 月，信访接待工作停止。1969 年 9 月，恢复信访工作。1978—1983 年，受理来信 3323 件、来访 3231 人次，平反、纠正一批“文化大革命”中的冤假错案和中华人民共和国成立以来的历史错案。1985 年，对人民来信来访逐步建立了登记、交办、结案、归档制度，使来信来访件件有着落，事事有交代。由于各级党政组织认真处理人民来信来访，得到广大干部群众的信任和拥戴，人民愿向各级党政组织和领导人反映情况、申诉意愿、陈述要求、咨询政策和检举揭发各种问题。1986 年后，信访数量减少。至 1990 年，年均来信来访 300 余件次。信访部门对来信来访基本做到了随接收随查处，无积案，安国县信访工作连续 5 年受到保定地区表扬。

1953—1990 年安国县部分年份人民来信来访统计表

表 13-9

年份 \ 项目	来信来访			解决与处理（件数）	结案率（%）
	总数（件次）	来信（件）	来访（人次）		
1953	9703	—	—	8712	90
1955	1972	—	—	1957	99.2
1956	14887	—	—	9992	67.1
1958	10178	6024	4154	9999	98.2
1963	1094	193	901	1032	94.3
1964	11793	3469	8324	11522	97.7
1965	10417	3614	6803	10281	98.7
1966	6478	2122	4356	6425	99.2
1970	1548	1032	516	1515	98
1971	1603	1268	335	1560	97
1972	1552	412	1140	1501	97
1973	1633	651	982	1503	92
1974	1221	485	736	1120	92
1975	1330	506	824	1210	91
1976	755	301	454	720	95
1977	997	461	536	925	93
1978	1373	722	651	1310	95
1979	1876	970	906	1801	96
1980	790	383	407	647	82
1981	845	401	444	771	91
1982	806	396	410	790	98
1983	814	401	413	714	88
1984	605	211	394	585	97
1985	451	203	248	425	94
1986	304	125	179	304	100
1987	305	105	200	305	100
1988	245	105	140	233	95
1989	233	110	123	233	100
1990	381	101	280	378	99

说明：1976 年以前为县委、县政府各部门管理信访综合数字，后为县信访办公室（科）受理数字

第四章　政事辑要

第一节　旧政权政事辑要

在漫长的封建社会里，历代州县政权多以课敛聚财、审理词讼、弹压地面为要务，经政则重教化而轻经济，加之封建制度的羁绊和连年争战、水旱为虐，域内生产条件长期得不到改善，人民生活终难脱困境。然而，历史上也不乏一些躬践务实，守土安民，为官一任，造福一方的官员，他们忧国思民，励精图治，做出了一番令百姓敬仰的事业。为保存资料，启迪来者，特辑旧政权政事数则于后。

一、扩修学宫

祁州学宫草创于元初（约1280—1294），至明成化年间（1465—1487）仅有大成殿、讲堂、斋舍、戟门、棂星门等，且多为颓垣断壁。成化八年（1472）三月，知州贾贞向富户募集银钱，重修学宫，并拓其规模。先建明伦堂5间，又在明伦堂左右建“诚意斋”“正心斋”“修道斋”“习举堂”各3间。明伦堂正南建中门、联门，四周建20间生员宿舍。中门之南依次建穿堂、外门。明伦堂之东筑8尺高台，上建大成殿5间，未及完工，贾贞母丧，解职返乡守制。张干继任知州，工程继续。又于大成殿两侧建脍馔堂、射圃亭、厨房等，并建两庑（祀域内先儒）、戟门、棂星门、宰牲厨、祭器库等。大成殿内塑诸圣贤像，置祭器。该工程历时3年，于成化十一年（1475）秋竣工。

二、赈灾兴废

明成化十四年（1478）6月，域内沥涝，磁、沙、唐河决口，平地水深数尺，民多栖息无所。灾后严重粮荒，百姓以树皮草根为食。知州童潮百般措置，赈济灾民。他捐薪俸设粥棚；动员属县深泽、束鹿富户出粮米济荒；率民夫堵塞决口，加固定州西柴里至域内西河、张乡等处堤段数十里；并于磁河上架桥1座。翌年春，时疫流行，童潮急令惠民药局配制“圣散”免费发放民间。成化十六年（1480）收成较好，童潮以火耗余银创修社稷、山川、州厉3坛，并重修庙学，绘塑圣像，置礼器，建董珪、李齐二状元祠。每有闲暇即为生员讲经解难，并刻版刊印《声律发蒙》等书为社学教材。后连年丰收，民力恢复。于是，童潮组织修葺城垣，城墙内外以砖包筑，外高4.8丈，内包砖1.6丈，四角各建巡警楼3间，东、西、南3门砖砌门洞，铁皮裹门。北无城门，于城墙之上建楼1座，并将护城河浚深至1.6丈，拓宽为2.4丈，河岸植柳。童潮知祁州八载，民心安定。

三、革马政之弊

明代，官马畜养于民间，草料、工时全由百姓负担。马匹定期上解，死伤由养主赔偿。明初，规定域内养官马600匹，其中儿马120匹，骒马480匹。民有丁田50亩责畜儿马1匹，有丁田百亩责畜骒马1匹。畜马户称“马头”。畜骒马者每2年纳驹1匹。每年解太仆寺成马108匹，缺额由“马头”买补，“马头”常有因此倾家荡产者。万历六年（1578），在推行条鞭折就法的同时，将马价折银摊入地亩，买、解马仍由“马头”负责。然而，马价无常，加之解途费用、马匹死伤，每解1匹，往往赔折白银数十两。有财势的“马头”则勾结地保、衙役，借摊派解马费用之机苛敛于民，民怨沸腾。天启二年（1622），知州张邃养废除“马头”解马之弊，改为官买官解。按本色五分马54匹折银1620两，折色五分马54匹折银1296两，脚价银10两3钱6分8厘计，总折入地丁摊派。遇本色马派少，则将余银贮库，备派多时补用。

四、革递马之弊

明代域内无递驿，明初仅畜递马14匹，骡6匹，设轿夫20人，以备束鹿驿、清苑驿路过役使。后裁6骡，添马2匹。原定征收驿传工料银3211.4两，闰月加征345.7两，扣除轿夫、递马工料银，余解府协济清苑、定兴等处递运所。后数量渐增，至天启三年（1623）征银达4616两余，人民负担日重。时递马定户饲养，轮流当差。清苑、束鹿驿卒于域内换乘，对马户横加勒索，稍不如意即残害递马，或鞭击马目，或刺破马背，或重包以压，或疾驰以疲，而使递马受伤、倒毙，递马死亡由马户赔补，马户时有因此倾家荡产者。亦因马畜于民，养户克扣草料，致马多瘦弱，不堪役使。天启六年（1626），知州郭应响为除递马弊端，呈文报保定府、屯马院、按院、抚院，拟改递马民养为官养。拟以官库积谷购马16匹，烙“祁”字印，于州衙东侧盖马房8间，责在城马夫就内喂养，草料定额，每日查验。每月初一、十五日操练乡兵时，驭马临场驰骋，使熟悉鼓炮旗号，以备临阵。此议得到知府肯定，但抚院就递马倒毙何以充补着令复议。郭应响具体拟定两条：一、裁减马夫。原马夫16人，裁其中老弱者，另募壮健补充，减至12人。二、补充倒毙之马。祁州城至清苑120里，至束鹿130里，递马一差兼两站之程，倒毙尤多。裁4名马夫工食银存库，递马倒毙以此款购补。并将一马一夫的包马制度改为人、马轮流应差。同时，建议知府明禁驿卒作践递马。是年秋，域内递马喂养承差施行新法，弊端遂革。

五、保境安民

明天启六年（1626）郭应响到任后，鉴于行政管理弊端颇多，先后制定了一系列地方法规，主要有：

保甲法　一、10家1甲，设甲长1人，5甲为1总甲，设总甲长1人。总甲设户籍册，填写成丁及幼丁人数、职业。甲长门首设小木牌1块，黄旗1面，上写某村第几甲，另设铜锣1面。每成丁备兵器1件，定期查验，兵器不锋利光亮者罚。每村推举练达公正的约正、约副各1人，推精明勤政，品行端正的1人为保长，通晓文字的1人为木铎。每月约正、约副、木铎和保长、总甲分别于初一和十五将地方情况呈州衙，对村内品行端正勤于务农者开报有赏；对不尽孝道，游手好闲者开报有罚。对来历不明的投宿人、游方僧道、白莲教徒随时上报。对证据确凿的违法者准许村人扭送至州。每村单立零甲、贼甲，对不法者入零甲，限令3月内改过自新，若不思悔改，保、约、总、甲联名举报重惩，入于贼甲。对开场赌博，私宰耕牛者严令保、约随时举报，姑息者一同从重治罪。二、每村口轮设5人把守，备黄旗1面，上写祁州某村巡路。1人执铜锣，1人执响铳，3人执兵械，遇有劫掠，小股则鸣锣，大股放铳为号，众人持械擒拿，一家有事全村齐救，一村有事附近村庄齐救。如坐视不救，重治巡路人。三、保甲花名册一式3份，州衙用印后，一付刑房，一付知州内衙，一付乡约所，随时查照。

乡约法　各村设约讲、约赞2人，宣讲《圣谕条》。以秉直知礼兼通文理之人担任。东、西、南、北四乡各设讲所4处，讲所择寺庙宽敞处，小村附大村就近听讲。州城内设讲所1处，知州每月亲讲两次。四乡委粮衙、捕衙及州学三斋派员赴讲所协同约讲、约赞共同讲解，其后知州亲临讲解。知州午饭付费，随从自带口粮，约所仅供一茶，约保不得借口供饭食，科敛于民。

纳吏法　旧例看守监狱、粮库须农民充任吏、典（出差役）时，先由地方官吏举（随意指派）数十人，被举者为免于当差，大行贿赂，官吏从中取利，致家家受害。郭应响革除旧例，变举报法为拈签法。需农民充役时，在18社中拈出某社，又在社中拈出某甲，最后在该甲中选田产多且年轻力壮者传至州衙，当堂验实，适合当差者再拈签，拈着者即上役当差，任何人不得更改。如有衙役人等再行借举之名诈骗钱财，准许受害者据实告发，重者治罪。

雇夫法　州设轿夫20人，遇上司过往或至州公干不敷使用，需雇用民夫。旧规由三门三关守卒派各村出夫。守卒借以勒索，保、约有贿则常年无差，无贿则出差频繁。州衙雇夫计里给钱，保、约反借口雇夫科敛百姓，每差敛钱多至百余，中饱私囊。郭应响委兵房造册，大村限额15名，中村10名，小村5名，轮流当差，并将各路差遣布告全域。每派夫，兵房出票令巡路丁壮领钱，赴应派夫村庄给钱雇夫，如丁壮克扣官钱，地方私加科敛，则严惩不贷。应当差之夫若抗不受雇，亦予严责。

平量法　鉴于粮牙以小斗欺民，百姓深受其害的情况，郭应响布告域内，勒令各集市米牙另制新斗，裹以铁皮，送州衙校验，均平后烙印方可使用。若仍以小斗欺民，一经检举，枷示不贷。

革供薪之累　旧例每冬令各村交纳柴草供州衙取暖，交纳枣刺供州衙覆墙防盗，负担均加于百姓身上。郭应响将供柴草枣刺制度革除，改为州衙出钱委地方购买，并晓谕百姓凡有衙役及地方持票索取柴薪者均系假冒，准据实告发。

革供毡之累　旧例州衙所用官毡，由各社无偿供应，每年每社两条，共36条。郭应响鉴于一毡可用多年，年年供毡徒增赋敛，且地方科敛牌甲，用十敛百，中饱私囊。遂布告州民，将供毡旧例革除。毡用后着库吏收管，传流交接，不使遗失。如需添置，州衙自买。并将正堂4名灯夫裁减1名，其7两工食银入库，备购毡之用。

六、浚河补堤

明万历三十年（1602）后，久旱河涸，沙河沿岸百姓垦种河退滩地，致河道宽不及两丈，深不及2尺。天启六年（1626）七月八日大雨，八方村一带河路壅塞，造成上游周家庄大水毁堤，泛滥20余里。焦家庄、里河、杨家庄、南流、张家村、流托、流昌、景中、郑章、行堂、郑村、大五女、龙王店等14村皆被淹，屋宇倒塌，庄稼尽毁。大水过后，知州郭应响亲勘河道，制定治河方案。将周家庄至固城河道扩宽为6丈，深7尺，所挖河土加固河堤。夫役由受淹14村按地每5亩出1人，分班轮换。八方村王大川等3户原垦河滩地5亩，久已行差，革除钱粮，浚为河道。工程自七月动工，初秋完成。

是年七月九日夜，唐河于定州五女店决口130余丈，祁州中南部、博野、蠡县一片汪洋。五女店堤防系祁州、博野、蠡县所修。堤决后，郭应响函呈保定府批准，与博野、蠡县协同修堤。郭应响率员踏勘河道，查明决堤原因系下游泥沙壅塞，河床抬高，水流不畅所致。遂采取依次疏河、堵口方案，先于七月二十二日派槽船4艘，每船民夫50人，将河床内淤泥清除。然后，分工堵塞决口，中间50丈，最深，由祁州负责，西、东各40丈分别由博野、蠡县负责，各委官吏督工。3州县议定，倘日后再有溃决，即着原筑民夫重修。为消除以往筑堤有田者受益，无田者充役之弊，祁州民夫由西部受害最重的11村，按地每5亩出夫1人，共征1641人上役。为拦土御浪，堤基每丈栽3根木桩。施工中祁州知州会同博、蠡知县亲往巡视，工程数日而竣。

七、推广桑蚕

清乾隆十年（1745）春，凤翔别驾张节崖过祁州，拜访知州李钟俾。当谈到治理州县劝农耕织时，张建议李推广植桑养蚕，并赠《种桑子法》一书。是年夏桑葚上市后，李钟俾多方购买，用水滤出桑子，在州衙西鄙择园地数亩，以草木灰拌桑子播下种。至秋，数万棵桑苗长到3尺多高，冬天将枝条割掉，用粪草覆盖。次年春一棵苗分蘖为数棵，六、七月间，分种四乡。连续推广3年，植桑面积大增，向因无桑而不能养蚕者，无桑之忧顿解。为传播植桑养蚕技术，李钟俾将《种桑子法》《蚕政》两书刊行，并于每乡挑选一二名通晓养蚕技术者，充当官役，专事桑蚕技术指导。李钟俾亲养蚕数屋，得丝做衣自穿，以示倡导。不数年，域内“力蚕者颇多，各安生业”。

八、协修堤防

清初，定州近祁州境有唐河险堤1728.8丈，汛期屡屡决口，水淹中照等11村及下游博野、蠡县等地。该险段向由祁、博、蠡协修，称“十里公堤”。堤在定州界内，祁、博、蠡之民辗转奔波，而定州面河所居之民袖手旁观。行洪出险时，往来传呼民工，人未至而堤已决。康熙末年，又因博、蠡2县距工段远，修堤之务悉归祁州之中照等11村，民不堪命。乾隆七年（1742），清河河道亲临踏勘，定州东旺等村傍河而居，田庐坟墓与水患密切相关，理应修堤防汛以自卫。复经定、祁2州会勘，定州实有修堤之责。然而，定州百般推诿，十余年未解决。乾隆十八年（1753）四月，管河州同徐国轸与知州黄正缘联合呈文保定府及总督河道，要求批准定州与祁州协修该河段。五月二十五日，总督河道衙门批复，着令定州协修，承揽工程十分之四，计636.8丈。工段确定后，在分界处立碑为记，各负其责。由是，责利相连，两州各负其责，水患大减。

九、教案争端

清光绪二十六年（1900），域内义和团大起。拳民于各村设坛讲道，习艺练武，打出“扶清灭洋”旗帜，专与殖民者及外国教会作对。域内天主教教民依仗殖民者势力，飞扬跋扈，横行乡里。义和团决定除暴安良严惩不法教民。教民闻讯，纷纷躲进长仕大教堂，企图以教堂的深沟高垒和外国人的精良火器抵抗义和团。是年四月某日，义和团包围长仕教堂，双方激战，相持数日。各村少林会纷纷派人助战，教民不敌，教堂被攻克，义和团焚毁教堂。是役教民死70余人。十月，清政府与西方列强达成休战协议，并借助外国力量，围剿义和团。祁州知州潘江率乡勇镇压域内义和团，大师兄殉难，大批拳民惨遭杀戮。光绪二十七年（1901）二月至五月，法国军队4次过境，官府屈膝奉迎，胁迫百姓夹道迎送，供给“丰沃”。长仕教堂被毁，引起“教案争端”。潘江与赋闲在家的朝臣中书崔谨出面与外国人谈判，潘江与崔谨向英国人妥协，赔偿教会铜钱11.2万缗。

十、兴新学

清光绪三十年（1904），知州张祖咏奏定章程，创立新学。首批将贞文书院改为祁州高等小学堂，13所义学改为初等小学堂，高等小学堂教员由省师范学堂选派，初等小学多沿用旧儒。儒生授新课，多因教材生疏，教法呆板，笑柄百出，致新学毫无吸引力，学校生源无法保障。光绪三十一年（1905）春招生，虽经多方动员，报名应考者仅20余人。面对严峻的形势，张祖咏与热心改革的绅士反复探讨，认为提高教师教学水平是增强学校吸引力的关键，决定派员赴省师范学堂选聘学业优良、授课干练之人到祁任教。经师范学堂数十人推荐，聘定盐山县举人出身的毕业生王伦正。王到任后，面对学校惨淡经营的形势，同知州共同探讨、制定学校规章，以自己渊博的知识、精辟的授课深受学生拥戴，新学被绅民所认识和接受。至当年八月，生源大增，一次录取90余人，落榜者亦纷纷要求入学。为培养师资，于高等小学堂内开办初级师范班，招品学兼优的文童40人入学专习教育学。同时申明，此后无师范毕业证书，不得任教。师范班的开设，促进了新学发展，至光绪三十一年（1905）冬，新学发展至96处，教学质量亦大有提高。

十一、拆庙兴学

清末虽新学兴起迅速，但校舍多占用村内公产或借用民房，屋宇低矮阴暗，破败不堪，且多无活动场所，不具学校标准。民国元年（1912）春，仵墉调任安国知县，目睹私塾反胜新学的状况，决计拆寺庙建校舍。为实现“拆庙兴学”之举，他召集热心教育的士绅，沟通思想，取得支持后，遂布告全县，下令没收庙产改建学校。布告发出，受到守旧势力的反对，一些把持村政的顽固地主挟持不明真相的群众，向县府请愿，提出“学校可建，庙不可拆”。经多方解释、劝导，竟至无效。为使拆庙兴学得以进行，仵墉组织县府及劝学所工作人员，下乡催办，责令各乡巡警局积极配合，严惩滋事者。局面逐渐打开，各村普遍行动起来。对寺庙宏敞，屋宇完好的，拆除神像改为教室，以僧房或礼器库作教员宿舍和办公室；对寺庙破败，面积狭小的，拆除辟址重建。至民国3年（1914），全县改庙为校近百所。翌年，初小学生增多，开始规划建立高等小学。先在县城东北角辟址建安国县第一高等小学校；拆除城隍庙，建女子高等小学校。后于北段村、大五女、伍仁桥、石佛各建高等小学校1所，依次命名为安国县第二、三、四、五高等小学校。仵墉对高等小学校董、教员的委任，亲自过问；每至一村督导公务必亲临学校听课，考察教师的业务能力；每年两次的全县会考及各类文化知识竞赛，必亲自参加阅卷，主持发奖。为推动女学发展，仵墉让夫人在女子高小任针黹课，不取报酬。民国4年（1915），全县高小学生达622人，初小学生7065人，分别比清光绪三十一年（1905）增512人和3184人。

十二、剪辫放足

民国初，国民政府明令男剪辫，女放足。域内剪辫至民国5年（1916）始普遍推行。是年夏，县政府责成巡警局专司其事，设在县城及四镇的巡警分局组成剪辫队，人手一把剪刀，分赴辖区各村挨门挨户剪除男性发辫。县人视发辫如命，闻剪辫队进村，东躲西藏。历时月余，收获甚微。县政府改变策略，知会各村村正、村副及执事人等先剪掉发辫，以为民倡。同时向人们广泛宣传，指出发辫是封建余孽，必须剪除。一些思想开通者自动剪掉辫子。对依然拒绝剪辫者，县政府采取强制措施，剪辫队常出其不意，包围会场、演剧场，强行剪辫。经半年多努力，男子长辫尽除。

妇女放足于民国初提倡，但一直未能推开。至民国17年（1928）国民革命军北伐战争胜利后，始全面展开放足劝导工作。县政府通令严禁为女童缠足，10～18周岁少女必须将脚放开。同时，组织由学校女教师、妇女会和官员夫人参加的“天足会”，劝导、监督妇女放足。“天足会”经常组织女高学生入村“查脚”，宣传天足的好处。经两三年努力，收到一定效果，但尚有不少妇女拒绝放足。民国20年（1931）初冬，县长宋殿选为推行放足，指令在县城南关搭台唱戏，然后派警察包围戏场，勒令缠足妇女当场放足，个别封建观念至深的妇女竟跳井自杀。至民国24年（1935），女童缠足方基本杜绝。

第二节　人民政权政事辑要

共产党在安国建政后，县委、县政府领导全县人民抗击日本侵略者，打击国民党右派势力，斗地主，分田地，迎来全国解放。中华人民共和国成立后，历届县委、县政府廉洁奉公，艰苦奋斗，兴利除弊，革旧布新，取得巨大成就，使安国农业长足发展，工贸持续繁荣，社会秩序稳定，人民安居乐业。仅将县委、县政府对一些重大问题的处理情况实录于后。

一、接管县城

民国34年（1945）8月27日晚，县抗日武装逼退盘踞县城的日伪武装，28日清晨中共安国县委、县民主政府进驻县城。当日上午，县民主政府布告安民，号召伪军及其家属主动登记，上交日伪隐藏的物品，并通过高房喊话等形式广泛宣传。同时，下令查封原日伪机关。针对刚进城秩序较乱的情况，县委、县政府决定将正在西伯章村开反国特会议的县、区干部调进县城，与城工部、敌工部、公安局及县、区武装干部一起，负责接管各项工作。

8月29日，县委、县政府召开县、区及各部门负责人联席会议，通报进城后情况，宣布县委、县政府的决定：（1）各部门领导要起模范带头作用，并教育干部战士严格遵守纪律，对违纪者严肃处理；除担任警戒等任务者外，县、区武装人员集中学习，严禁私自上街。（2）成立物资保管委员会，下设纠查队、运输队、保卫清点股、纠查清理股、通信联络股。一切战利品全部由保管委员会负责保管和发放。（3）按事先安排，建立中共城厢区委、区公所，将城关划为东关、西关、南关、西南关、城内5个行政村，围城11个村庄归属城厢区，安排区、村党政群团组织干部，立即投入工作。（4）对抗日家属、贫困户摸底登记，准备放粮救济。（5）严格掌握政策，感召外逃伪军投诚。

会后，各级、各部门即按县委、县政府决定立即开展工作。二、四、五、六区小队，县大队等单位分别严肃处理了私分缴获物资，向伪军家属逼要物品、狎妓、破坏物品、乱放手榴弹等违纪人员，将带领战士向本单位偷运大米的县大队特务长等人关了禁闭。物资保管委员会两三日内将查获和伪军家属主动交出的枪支弹药、服装、机器、粮食、食盐等48种（4287件523269斤）战利品清点入册。是月30日，由城厢区和各村开始向抗属及贫困户发放粮食，仅城关5个村4天共向84户抗属、356户贫困户分别发放粮食（折合小米）23410斤和24259斤。对留在城内的伪军及其家属以不抓不捕为原则，号召到政府登记，3天就有200多人主动登记，一些伪军家属叫回逃到定县的20多名伪军投诚。

仅五六天时间，城内工作基本理顺，秩序井然，一些在日伪统治时期躲避到乡下的居民陆续迁回，工商店铺重新营业。

二、恢复工商业

解放初，县民主政府从恢复工商业入手，医治日军侵占造成的创伤。民国 34 年（1945）9 月，县民主政府组织工商科、贸易局、商业科等部门，对工商业的历史及现状进行调查，当时存在的主要问题，一是一些工商业者对共产党和民主政府的工商业政策不了解；二是许多工商业户长期被日伪盘剥，无力复业；三是一些工商业者怕战乱未息，复而无利。

对此，县民主政府作出 5 条决定：（1）大力宣传共产党和民主政府支持保护工商业的政策；（2）解散伪商会，建立由工商业者参加的工商业联合会；（3）废除日伪政府的各种苛捐杂税，实行公平合理的累进工商税；（4）扶持银号复业，解决资金融通问题；（5）恢复以药材交流为主的传统庙会。

是年 11 月 10 日，县民主政府邀请工商界各业代表运筹举办秋季庙会。通过选举，产生由各行业代表共 11 人组成的繁荣庙会委员会。随即召开经纪人联席会，并通过《冀中导报》宣传恢复安国庙会的消息，公布县民主政府关于恢复庙会和工商业的主要措施：一是取消日伪时期对商贸活动的限制，实行自由买卖；二是庙会期间本地货物减价 20%；三是鼓励安国老商号挂牌营业，允许与国民党统治区有关系的商号联系，欢迎他们到安国来；四是支持工商户大量生产产品，在庙会期间出售。吸引了冀西、冀南、山东等地客商赴会，上市药材 100 多个品种以及大批农具、木材、百货等。之后，停业药商纷纷开张，迁津药商陆续搬回安国。但随着市场的复苏，也出现了营业房屋紧张、与外地汇兑困难、市价不稳等问题。

民国 35 年（1946）2 月 7 日，县长吕泽光召开工商界人士座谈会，共商对策，帮助解决困难。先后做通一些临街住户工作，将一批房屋出租给商户，解决了店铺紧张的问题。在扶持复盛公、公兴、同裕 3 家私营银号开张后，又建立了农民、汇丰、裕生 3 家公营银号。仅 1 个月，就发放长期贷款 1200 万元（边币，下同），短期贷款 36575 万元，同时建立外汇交易所，沟通了内外汇兑渠道。为稳定物价和发展公营企业，建立公营商店和工厂 14 个，同时县民主政府对部分商品规定了保护价。年底，全县私营工商业发展到 579 户，其中药行 274 户。

在土改工作中，由于掌握政策不准，发生了侵害工商户利益的偏差，有 35 户被查封、定高成分、没收货物，工商业者出现思想不稳，有些人停业观望或暂离安国。民国 37 年（1948）4 月，根据晋察冀边区行政委员会《关于土改中保护工商业问题的指示》，县民主政府及时纠偏工作，作出 6 项决定：（1）工商户成份不能加上工商业财产而定，错定的要纠正；（2）没收的货物要退赔，战备转移出去的财产，县出具证明要回；（3）没收地主或征收富农的多余房屋，如是工商户租赁的，可继续租用营业，允许并鼓励工商户建房营业；（4）减轻工商户负担，专门制药户减征三分之二税收，药铺减征三分之一。工商户除纳工商税、供给商会经费、负担战勤米外，其他如村款、优抚粮、募集款等一律不再摊派，并且不出车马勤务；（5）改善劳资关系，鼓励劳方入股；（6）通过宣传政策，号召外出的工商业者回县经营。这些措施，激发了工商业发展，特别是迁至天津等地国统区的工商户，不堪负重，大批回县营业，据是年 7 月份统计，全县工商业发展到 827 户，其中生药行 331 户，初步再现繁荣景象。

三、抢险护堤

1954年6月中、下旬连降大雨，各河水位上涨，汛期比常年提前1个月。县政府领导及防汛人员全部进入防汛现场，组织干部群众紧急运送防洪物料，上堤防洪。

7月11日又降大雨，上游通知：雨大水猛，注意防范。正在潴龙河千里堤指挥防汛的县长王光，副县长安愈等立即召开紧急会议，部署防洪，严令各河防负责人和沿河区公所严加防守，加固堤防。是日9时许，四区告急：小清河滩头段南北两堤水平，危在旦夕！王光命令：增加人力，培土固堤，做好抢险准备。遂骑马直奔滩头。行至行唐，与勘查险情的民政科长陈平（安新县人，水性极佳）、四区区长等人会合，王光听了简要汇报后，确定两个方案：（1）滩头段河南地势较低，堤溃将毁万亩良田，必须奋力保护。（2）万一滩头堤溃，要全力保住郑村、谢庄及下游行唐、里河堤段，控制灾情发展。同时决定，抽调沿河村庄民兵，征集木桩、门板、木板、麻袋等抢险物料，火速送至险段。王光与定县互通汛情后，昼夜在堤段巡视，指挥抗洪保堤。

雨不停地下，水不停地涨，堤不停地加高，第二天夜2时许，又一次洪峰顺势而下，滩头南堤被冲开4米多长一道口子。群众顿失保堤信心，纷纷后撤。紧急关头，王光大声命令："各村党支部书记、村长、民兵连长，快把人带上来，堵住决口！"民政科长、共产党员陈平大喊一声："会水的跟我来！"第一个跳入水中。村干部和群众纷纷向决口处跳下，组成一道道人墙。堤上群众立即将草、麻袋向水中投去。经过一个多小时拼死搏斗，终于堵住了决口，在场的干部、群众喜笑颜开。王光刚刚舒了一口气，又接到报告：磁河、沙河、小清河三河洪水齐下，危及千里堤。王光与安愈电话磋商保堤措施后，连夜赶到北流罗千里堤上。

翌日黎明，王光赶到军诜千里堤，沙河水位已至警戒线，王光等人勘查险情后，鼓励干部群众连续作战，坚决保住南岸千里堤和北岸大堤。傍晚，上游曲阳县传来最大洪峰和磁河、小清河上游洪峰将于当夜0时至翌日1时同时到达三汊口，汇入潴龙河的紧急汛情。王光立即召开防汛干部紧急会议，决定：（1）冒死保堤，在千里堤顶加筑底宽2米、顶宽1米、高1米的夯实接堤；（2）如果千里堤出险，在北岸南程各庄堤段分洪，保千里堤。0时开始，水位急剧上升，1时许，洪水达接堤堤顶，几处堤段发出危险信号，在这紧要时刻，王光手按电话，随时准备发出分洪命令。这时下游博野段决堤，洪水骤降。经防汛大军奋力拼搏，确保了千里堤安国段和北岸大堤的安全。

四、国民经济调整

"大跃进"运动造成国民经济比例失调。1961年初，按照中共八届九中全会提出的"调整、巩固、充实、提高"八字方针，结合整风整社运动，县委、县人委对农业生产、人民生活、工业状况、市场流通等方面的情况调查研究，随后按照加强农业、削减工业、精简机构、压缩非农业人口，搞好流通的原则，进行了调整。

调整农村生产关系，发展农业生产。1961年6月18日，县委作出《关于在二三年内恢复一九五七年生产水平的规划（草案）》。对照1957年粮、棉、油产量、主要生产条件和粮食消费水平，在1960年基础上，作出1961年、1962年和1963年的发展规划，计划3年内恢复到1957年的水平。采取的措施：（1）鼓励发展生产。对耕畜实行使喂合一，耕畜变壮、繁殖，奖励使喂人员现金和粮食；奖励小片开荒，1962年春在西河大队试点，推广荒地谁开、谁种、谁收，不计产量、征购、口粮；划分自留地；发展养猪，公私并举，奖励繁殖和育肥；按人按猪定积肥，按质论价，超额奖粮。（2）结合整风整社，退赔“大跃进”运动中平调的财物。（3）调整社队规模。公社由5个调整为20个，大队由183个调整为196个，生产队由1241个调整为1896个，停止“供给制”，关闭集体食堂。（4）落实生产责任制，实行包工到组到人，改“三包一奖”分配办法为交足征购、大队提留，余者由生产队分配。（5）各行各业支援农业。有计划地兴办水利，购置生产农具和农业机械，1961—1963年对农业投入资金843.8万多元。（6）整顿改造困难队、落后队。1962年7月至年底，县委组织工作组，分两批对县内69个落后大队调整，加强了领导班子，落实了“三包一奖”的生产责任制。经过调整，农业经济逐步恢复，电力灌溉、机耕机播面积较前大有增长，1963年因洪灾减产，1964年粮食亩产高于1957年水平。

精简机构，关、停、并、转一批企业，压缩非农业人口。1961年6月2日，县建压缩城市人口领导小组，下设办公室。是月中旬至28日，县委制定压缩工业和基建战线、精简职工及城镇人口方案，在中层领导干部参加的压缩机构会议上部署。29日会议结束后，各级党委以先党内后党外，先干部后职工、群众、学生的原则，召开一系列会议，传达有关指示精神，大造支援农业生产光荣的声势，随后掀起回乡支农申请报名热潮，同时结合政治思想工作，动员非农业人口回乡支援农业生产。给批准回乡人员戴光荣花，发光荣证，单位欢送，农村欢迎，激励他人效仿。精简下放重点是1958年以后参加工作的干部职工，通过做思想工作，思想通一个走一个，通一批走一批。

1962年5月，县委建精简委员会，下设办公室，加强对机构精简和非农业人员压缩工作，县委撤销了工业、财贸、文教3个部门和设在四片的4个工作委员会，人员由101人减为42人。21个国营工业企业，通过关闭、停办、转变所有制性质等方法，仅剩3个；手工业合作社停办4个企业；充实和加强了电力工业。公社办工业企业下放到生产队，伍仁桥、郑章、庞各庄3个修配厂转为县办集体性质的手工业小组。文教停办了中医、农技、二中、师范、聋哑5处学校，动员回乡学生3276人，其他行业和单位也进行了精简压缩。1962年底，非农业人口由1960年底的15054人降为8931人，减少40.7%；基本建设投资由380.5万元减为15.6万元，减少95.9%。

恢复手工业、供销合作社和集贸市场。1958年，手工业合作社、供销合作社企业全部过渡为国营企业，关闭了城乡集贸市场。1959年恢复手工业联社，1961年恢复供销合作社，重新转为合作集体性质。1961—1964年，恢复各处城乡集贸市场，除国家重点管理的物资外，允许群众自由贸易。同时，全县开展了增产节约运动，清仓核资，挖掘物资潜力，把多年积压的物资用于最需要的地方。1964年，全县社会商品零售总额达到1787.4万元，比1957年增长32.9%。

五、抗洪救灾

1963年8月3日18时10分，下起了毛毛雨。正在南关礼堂参加以抗旱为中心内容的三级干部大会的干部们，久旱逢雨，欣喜若狂，大会停会10分钟后继续进行。4日，又降63毫米阵雨。早在6月份就已建立的县防汛指挥部派员至11个分指挥部，勘察水情，检查防汛工作。大雨使人们庆幸旱情解除，然而这场雨连降7天，造成罕见的特大洪涝灾害。县委、县人委领导全县人民展开了惊心动魄的抗洪救灾斗争。

8月5日早3时，保定地委召开紧急电话会议，通报雨情、水情。县委、县人委当即作出安排：（1）加强小唐、小清两河防守，社、队干部上堤；（2）检查堤防和抢险物料准备，检查国家、集体、群众的房屋、财产，特别是对“五保户”“四属户”逐户检查安排；（3）检查疏浚排水系统；（4）动员全县人民解除麻痹思想，做好防大汛准备。会后，副县长吴士甲连夜冒雨赴小唐河、小清河指挥抢险，水利科派人赴“北跑”洼地排水，参加县委全会的沿河公社党委书记马上回社指挥抢险。

县防汛指挥部急电通知：大河上的抢险队全部上堤，各社队、各部门做好抢险救人和灾民安置准备。早晨，沿河社队组成3支力量：一支上堤，一支排水，一支检查房屋，其他社队也都组织了护村救人抢险队。11时，定县、望都、深泽等上游地区洪水向安国倾泻，小唐河、小清河漫溢，洼地积水，房屋开始倒塌，各社队纷纷告急！自10时后，县防汛指挥部连续组织3批122名干部，上堤、赴洼地抗洪排涝。

8月6日，各河水位继续上涨，小唐河、小清河堤埝多处漫溢，潴龙河、磁河水位猛涨，形成孝义河流域、郑章一带、千里堤南、庞各庄一带和焦庄、大五女、大李庄3个公社5个大积水区，深者达1.5米，一些村中断联系。正在召开的县委全会立即休会，县委领导全部进入防汛第一线。县长、防汛总指挥焦家驹坐镇指挥，县委、县人委其他领导分片包段，指挥抢险。参加县团代会试点的团地委书记史全禄亦赴小唐河、小清河险堤协助指挥。小唐河、小清河沿岸5000多名干部群众冒雨抢堵谢庄、小南流、北徐辛庄、西章令等30余处决口。明官店、东河等防守段在大雨中加高堤埝50厘米。河套区和“北跑”洼地有133名县、社干部，3231名队干部，带领、指挥万余群众排水搬家，安置灾民。

8月7日灾情向严重发展，大河出险多处，水位上升。滹沱河杨各庄段决口，水入安国境，南娄底、南郭村两公社一片汪洋。全县36个村进水，69个村被水围困。县委副书记张柳在千里堤指挥抢险，与水利工作者、群众一起，挂柳、抛砖、打桩、沉囤，保住了千里堤。定县沥水东泻安国，被1958年建平原水库时在西河村西所筑拦水坝所阻，水位高于河床水位40厘米以上，平地水深2米，郑章一带连连告急。17时，专区电话通知：雨情恶化，要有洪峰到来，准备抢险救人。县防汛指挥部决定，以防洪救人为主，准备船只筏子；大河抢险队增加2200人，工交、商业部门送麻袋、草袋、绳子、灯油等物资上堤，扒开北张村唐河北堤，泄西部之水，并命令县水利科、西河大队在洪峰到来之前扒开西河拦水坝。同时通知有关社队筑埝护村，转移群众。20时，西河村护村埝筑成后，扒开拦水坝，缓解了西部压力。

8月8日，全县平均降雨185.5毫米，西部200毫米以上，积水连成一片，平地水深1米，深处2米以上，全县178个村进水或被水围困，大部民房倒塌。地委指示：要依靠组织，党团员带头，发动群众，有领导地抢救，灾民无论到哪儿都要管饭吃。特别指出安国的重点是保住千里堤。县委、县人委随即召开紧急会议，通知抢险抢救，保人保畜，并成立县、社、大队抗洪救灾组织。县派出运输队涉水将1.94万条麻袋、面袋，10大桶灯油分送伍仁桥、明官店、张村等处堤埝上，群众冒雨拼死补堤，“北跑”扒开保安公路向东泄水，全县青壮年全力以赴抢救人员和物资。

8月9日零时，潴龙河水位缓降。1时，专区通知，为迎接更大洪峰，保住天津，决定在潴龙河北堤安国南程各庄段分洪。县防汛救灾指挥部立即通知东部地区社队做好抢救准备，派出常委孙瑞等人到指定地点扒堤分洪。6时，分洪完成，为减少损失，各地火速抢救。全县共安置灾民20097户85838人。县委、县人委及县直机关腾出2000多间房，安置2000多户灾民。是日下午至8月11日，中央、河北省相继派出飞机13架次，在城镇、西崔章、大营、北段村、南徐辛庄、里河、大五女、南张村、大文、西伯章等地投放救生工具、食品和慰问信。安平、博野等县先后派技术员和民工，帮助安国复堤筑坝。

险情、灾情停止发展后，县委于8月11日下午召开常委会议，研究救灾和生产自救。13日，县委、县人委发出《关于动员全党全民立即做好防汛救灾工作的紧急指示》，要求全县人民，坚决把防汛进行到底；保人、保畜、抢救物资；迅速恢复与组织集体生产。14日，县委组织由县、社两级党政干部184人，医生69人，供销社、信用社干部职工83人组成的6个慰问团，带救济款、食品、药品、苇席、火柴、食盐、碱面、煤油等生活必需品，涉水或乘船分赴各社队慰问，向群众宣读省委、县委慰问信。之后，中共中央、华北局、省委、地委相继派慰问团、医疗队到安国，全国20多个省、市、自治区分别寄来款、物和慰问信，民政部门多次发放救济款物，帮助群众生产自救，重建家园。8月下旬，县、社干部全部下乡领导救灾。到10月底，共修缮房屋13万间，抢种4.6万亩蔬菜，打捞4.2万亩残秋，按时完成17万亩种麦任务。

六、改造低洼盐碱沙荒地

1965年，为增产粮食，县委、县人委决定改造“一跑三洼两沙带”，分两步进行。第一步改造位于北部淤村、北段村、西伏落公社一带的脱沼泽低洼盐碱地，俗称“北跑”；第二步改造县城南北两条沙带和石佛、南郭村、大五女3块洼地。

是年8月上旬，县委代理书记郭立庄带领水利、农林、农机等部门负责人和技术人员，实地勘查“北跑”后，制定出改造规划。8月10日，县委作出《关于彻底改造“北跑地”的决定》，成立由郭立庄任总指挥，淤村、北段村、西伏落公社社队干部参加的改造“跑地”指挥部，按照规划，采取5条主要改造措施：（1）大搞沟洫畦田，建设畦田排泄网，根除沥涝。（2）机井建设，提水压碱实现灌溉水利化。（3）狠抓积肥，增加土壤有机质。（4）深翻土地，清除菅草。（5）利用低洼地势，有计划地种植水稻。12日，县指挥部设在大营村北，各公社分部指挥棚搭在工地。县委、县人委要求当地社队劳力全部投入改造工程，并调集门东、常庄、东河、南仕庄等10个公社和县直机关、企事业单位干部职工及一中、二中、农技校的师生计5000人，100余辆大车、拖拉机和10个打井队协助支援。13日，县委、县人委在指挥部前召开数万人参加的改造“北跑”誓师动员大会，首先在1.5万亩待播麦地挖泄水沟和深翻、平整土地的改造。施工中，地下1米以下遇到大面积僵石层和15厘米以下的犁底层，影响施工进度。15日，指挥部在大营召开现场会，推广复耕技术，即深耕两犁，翻开犁底层；要求挖沟和用锨翻地者带镐作业，加快进度。种麦前，共挖沟231条，全长8万米，动土4.5万立方米，翻地深25厘米以上，新打机井36眼，就地积青、黄（杂草、玉米秸、麦秸）肥达每亩7车左右。1.5万亩全部种上了适时麦。此后，地处“北跑”的社队按照县委《关于今冬明春继续大战“北跑”的计划》，以沟洫畦地化、园田水利化、田间道路绿化的标准，又改造2.5万多亩“跑地”，消灭了大片菅草地。

1966年春，开始实施第二步改造计划。县委、县人委领导人分工：郭立庄负责沙荒改造；县长马士云负责“北跑”改造；副县长安愈等人负责“三洼”改造。2月22—27日，患有心脏病的郭立庄带领技术人员徒步50多千米勘测两条沙带。27日晚，县委第5次常委会议责成农林等部门根据沙带中沙岗、沙丘、河套、平滩等不同地情，制定出种植果林、木材林和粮食的具体规划。3月20日，县委发出《关于彻底改造四万多亩沙荒的决定》，要求沿沙荒的16个公社71个大队“政治挂帅，大战沙荒，向沙荒进军，向沙荒要粮，变沙荒为绿洲，变沙荒为粮仓”。这些社队集中4万名干部社员，县直单位出动2000人，顶风踏雪，突击月余，植树339.5万株，扩种粮食20264亩，其中建梯田、池田4450亩，扩大浇灌面积2428亩。

“三洼”改造也在是年春动工。是年，县、社、队领导和技术人员在“一跑三洼”蹲点建成“三结合”样板田26674亩，达到150～200亩地1眼机井，从安新县聘技术员在“北跑”指导种植水稻2000亩。

七、拨乱反正

1978年5月开始，针对“两个凡是”（凡是毛主席做出的决策，我们都坚决拥护；凡是毛主席的指示，我们都始终不渝地遵循），全国开展“实践是检验真理的唯一标准”大讨论。县委通过办培训班、演讲会、讨论专栏等不同形式，使真理标准的讨论步步深入，全县人民冲破了长期形成的思想束缚。同时，县委成立落实政策办公室、信访办公室，按照中共中央“实事求是，有错必纠”的原则，平反“文化大革命”中制造的冤、假、错案和落实干部、知识分子政策。至1978年8月底，县委多次召开常委会，研究部署纠正“文化大革命”中错误和落实政策问题。先后发出《关于为“文化大革命”初期被罢官、开除党籍的同志平反的决定》《为所谓安国“地下黑班子”平反的决定》《为所谓“砍红旗问题”平反的决定》，对“文化大革命”中造成的冤、假、错案平反。另外，对“文化大革命”中20多名使用不妥的老干部给予适当安排；为52名知识分子落实政策，72名用非所学技术人员调整工作岗位。

1978年12月后，县委认真传达、贯彻、落实中共中央十一届三中全会精神，组织各单位清除“以阶级斗争为纲”“坚持无产阶级专政下继续革命”等理论造成的思想混乱，结合实际，从政治上、思想上、组织上拨乱反正，进而全面否定“文化大革命”，工作重点转移到经济建设上来。1981年6月，县委传达贯彻中共中央《关于建国以来党的若干历史问题的决议》，开展进一步否定“文化大革命”的教育，使全县广大干部群众对“文化大革命”发生的根源，造成的后果，认识更为深刻。是年9月，县委加强落实政策办公室力量，抓紧处理“文化大革命”遗留的冤、假、错案。10月，县委作出一系列决定，彻底否定“文化大革命”，为“文化大革命”中发生的“黑帮大院”“清查‘5·16’反革命分子”“清查‘1·10’反江青案”“反革命偷听敌台案”“赵宝金、安贵泽错判错杀案”等冤、假、错案和事件平反昭雪；对“文化大革命”中“清理阶级队伍”“吐故纳新”“批陈整风”“批林批孔”“斗批改”“反击右倾翻案风”、1977年进行的“三讲一评”和1978年初“一批三打”等运动中错斗、错整、错批的干部群众给予平反、恢复名誉，所形成的材料一律销毁；对“文化大革命”中县委、县革委会及一些群团组织所颁发文件、材料进行清理，凡属伤及干部群众的不实之词，均予以否定。与此同时，中国共产党的宗教、民族、侨务、原国民党起义投诚人员政策亦得到落实，共平反冤、假、错案和处理遗留问题756件，为596人落实了政策，出现安定团结、致力四化建设的局面。

1984年，县委为进一步清除“文化大革命”极“左”思潮和派性影响，结合搞好机关、企业整顿，推进改革开放，对“三种人”（造反起家的人、帮派思想严重的人和打砸抢分子）进行清理，对“文化大革命”中8名犯有严重错误的人和打砸抢分子分别给予党、政纪处分。至此，“文化大革命”在思想、政治、文化、组织等各方面造成的混乱，基本澄清。

八、开放市场　发展药业

解放前，安国药业为自由经营。中华人民共和国成立后，经过社会主义改造，全国各级建立医药公司，安国药业随之变为独家经营，实行计划种植，统一购销，失去了发展的活力。中共十一届三中全会后，县委、县政府贯彻开放搞活政策，为发挥传统药业优势，解放思想，大胆行动，闯出了一条宽阔的路子。

1979年冬，县委常委会根据“计划调节为主，市场调节为辅”的原则，在北京、天津等医药公司支持下，决定筹建安国县中药材交易所，由县革委会副主任刘志明和商业局长陈式英等负责筹建具体事宜。他们抽调了有中药材专业知识的县制药厂原秘书安庆昌为交易所主任，从县药材公司借调3名职工和5000元现金，借东关旅馆2间平房和办公用具，于1980年4月1日开张营业。在3个月中购销计划外沙参、菊花、牛膝等地产药材120多吨。县药材公司不同意交易所购销二类药材，双方时常发生争执。经刘志明协调，决定不管是几类地产药材，凡药材公司不收或收不完的，交易所可放开收购，当年收购量达500多吨，将县内农民和一些供销社积压的药材全部销出。从此，在安国出现了中药材两家经营，这在全国尚属先例。

1980年6月3—12日，为满足各地医药公司的要求，县革委会积极筹办了“文化大革命”后的第一次全国性中药材交流会。各地代表到会十分踊跃，很快住满了县招待所和两个旅馆。随后又陆续到来几百人，没有住处！主持办会的刘志明、陈士英（政府办副主任）、陈式英、安庆昌等紧急请示县委领导批准，立即向保定地区招待所租赁棉被1000条，腾出县委小礼堂、党政机关和部分企事业单位的办公室、宿舍及机关食堂，用于接待代表。又协调定县、博野县招待所帮助接待部分代表，安国用18辆大客车早晚接送。此会实到27个省、市、自治区400多个单位1900多名代表，签订合同7338份，成交总额6600万元。

1981年，为扩大影响，提高安国药业知名度，增加群众药业收入，县革委会研究决定，将中药材交易所更名为安国县北方中药材贸易货栈。1982年初，县政府把大街对面的9亩多机关菜地划给货栈建营业和招待楼，1983年春交会前该楼竣工交付使用。

随着药材交流会的举办和市场贸易的开放，县内农民种植、加工药材积极性大增。1983年秋，县政府决定放开中药材经营，在西关建立了中药材专业市场。1984年1月，为适应药业迅速发展的的形势，县委批准建立县中药材管理局，管理全县中药业。1984年6月16日，县长陈海水、副县长袁德根带中药材管理局局长刘瑞田等人到国家医药局汇报安国药业发展情况，申述了安国建立中药材管理局的理由和经过，国家医药局负责人认为成立中药材管理局上不着天，下不着地，手续不全，并强调药材要统一经营。7月，陈海水又带人南下广州、深圳，疏通销售渠道，宣传安国药业。8月4日，省委常委、秘书长白石到安国考察工作，提出安国药业这个优势要发挥，这样的县不多。县委得到启发。8月18日，县政府发布《关于支持和鼓励农民进城务工经商的通告》，并明确副县长袁德根以主要精力抓药业，以加强领导。12月6日，省长张曙光到安国视察药业，指示对农民种药和经营要放开，恢复历史上的大药市、小药市，面向全国，面向世界。后来他自荐当安国药业发展总顾问，保定行署专员张润身自荐为副总顾问。省委、省政府领导的支持，极大地鼓舞了安国县委，促使进一步解放思想。县委、县政府认真贯彻落实上级有关指示，对药业进一步放开搞活，制定了药材“经营、加工、种植一条龙，国家、集体、个人一齐上”的发展方针。1984年，全县药业总收入4700万元，人均147.8元，占全县人均纯收入的37%。

鉴于西关药市狭小拥挤，1985年春创建百亩大的祁州药市，10月20日投入使用。随即建立药市管理委员会，健全组织，完善设施，建立规章制度，实现有序运营。

九、发展商品经济

随着改革开放和工作重点转移，为彻底打破传统农业和自然经济旧格局，1983年5月县委、县政府发出“大力发展商品生产，全面振兴安国经济”的号召，要求各级党政、企业领导把思想转变到发展商品经济，提高经济效益轨道上来。8月初，成立安国县商品经济调查小组，抽调80多名干部对全县商品经济现状和发展前景进行调查，总结出农业在不放松粮食生产的同时，走优质高效路子；工业发展纺织、酿酒、制药、机械修造和建材、工艺品、中药材加工等骨干行业。县委、县政府据此制订出优势商品发展规划和放宽政策、用好人才、开发信息、搞活流通、筹措资金等具体措施。

1984年5月4日，县政府作出《关于放宽政策搞活工业的几项规定》，将人、财、物、产、供、销权力全部下放给企业。5月29日，县政府发出《改革财政管理工作意见》，从资金使用、管理等方面为企业下放财权，并决定从农业税灾情减免照顾款中拿出18万元作为扶持“两户一体”发展商品生产的周转金。6月，县政府又相继发布《关于支持发展商品生产的若干规定》《关于对乡镇企业和个体工商户减免税的规定》《信贷工作改革办法》，对营业项目、范围及有关品种和信贷办法进一步放宽政策。规定对新营业个体户、个体联营者和新办乡镇企业给予减免税照顾，对国营、集体、个体工商企业信贷分别给予优惠，恢复传统集日，鼓励新辟市场。8月9日，县委、县政府召开乡镇、县直机关负责人会议，强调各级要把发展商品经济工作摆在重要位置，积极引导农民广开致富门路，要求每个部门联系2～3个专业户或经济联合体，帮助搞好管理，排忧解难。8月13日，县政府发布《关于支持和鼓励农民进城务工经商的通告》，从场地、资金、信息、技术、税收等方面，为进城务工经商的农民提供方便，给予优惠。9月20日，县政府又转发河北省人民政府《关于扶持和保护专业户的若干规定》，进一步推动了全县商品经济发展。至1985年底，新辟专业市场7个，“两户一体”发展到万余个，数百户农民进入县城及大中城市务工经商，工商企业纷纷与外地建立技术、信息、贸易协作关系，形成贸、工、农发展商品经济新格局。

十、实施“4115”工程

1984年7月，县政府着手制定《祁州镇总体规划》，为改造和拓建布局混乱、道路狭窄、居住紧张、供排水困难的旧县城——祁州镇描绘蓝图。9月20日，县政府颁发《关于加快小城镇建设的若干规定》，允许农村集体或个人、机关、企事业单位到县城建影剧院、学校、医院（诊所）、旅馆等公共服务设施，在一定时间内减免税收；允许农村、外地经济组织和个人进城兴建居民住宅楼、商业楼，可自用、出租和出售；允许国营、集体和城镇居民与房管部门合资建住宅楼，谁投资谁居住。1985年1月，县政府组织有关人员到辛集、南宫、怀柔、涿县等地参观城区建设工作，开阔了眼界，解放了思想，更加坚定了搞好县城建设的决心。2月，《祁州镇总体规划》经县人大常委会审议通过，报河北省城市建设环境保护厅审查批准。规划第一期工程命名为“4115”工程（改造4段街，开辟1个药材市场，兴建15座楼），计划两年完成。

工程实施前，县政府领导与有关部门负责人多次议论工程的资金，拆迁单位和居民安置事宜，分管城建工作的常务副县长刘泽提出“谁的娃娃谁抱走”“有条件的上，无条件的让”的意见，即国家、集体单位自拆自建，无力建设者无偿让地给有钱单位建；公产房住户由房管所安排住房，个人所有房产分别由祁州镇各村和城建局安排宅基地自建，新房未建成前，安排临时住房；拆迁的商店由县政府安排临时营业点。基础设施投资和建设，如供排水、街面、照明、通信等分别由城建、交通、电力、邮电等部门负责。2月27日县政府第四次县长办公会通过该提议。会上，城建局提出拆迁府前街尚差10万元拆迁费没落实，县长杨建瑞当即拍板，暂借汽车厂10万元，保证拆迁按时动工。会上还议定，决定的事项不再讨论，碰到问题不争论，事前不结论，谁管的事情谁处理，看准的事情不动摇。

鉴于此工程规模宏大，涉及面广，是年3月1日成立由县委书记任总指挥，县委、县人大、县政府、县政协有关领导任副总指挥，城建、交通、电力、邮电、公安、祁州镇政府等有关单位负责人任指挥的安国县城镇建设指挥部，副总指挥刘泽主持日常工作。同日，县政府发布《关于实施祁州镇总体规划的布告》，晓喻城内单位和个人一切建筑和拆迁事宜必须按规划和县政府的统一安排进行。是月14日，指挥部召开有城内各单位、拆迁户代表参加的县城建设动员大会，发出实施一期工程的动员令。

翌日，从拓宽府前街县医院至橡胶厂段开始，至3月底除4户农户外，拆迁工作按期完成。对4个“钉子户”，县、镇、村多次派人做工作无效。4月30日、5月23日，县政府两次发出限期拆迁的指令，有的支应，有的不动，县政府诉诸县法院。6月20日，法院强制拆迁，对一影响公务者拘留15天。其后，这4户联合上访，县政府派员3次赴省、进京汇报，后省又派7个部门的17人联合调查组到安国调查，认为县政府、县法院执行公务合法，支持安国的城建工作。拆迁工作首战告捷，随后其他3段街的拓宽进展顺利。

祁州药市一期工程，在县城北侧占用民主街土地100亩。经县、镇、村多次协商，于4月中旬达成租地协议。建房户每亩每年向民主街交小麦750千克。县政府随即动员西关药市药材营业户按规划迁建，鼓励县内外的国家、集体、单位和个人到新药市建房。4月25日，建房号被一抢而空，5月1日全部动工，10月竣工。

因府前街拆迁和两侧建设，该街供排水管道、街面铺设等工程延缓至8月初尚未动工，为保证在秋季药材交流会前街道基础设施完工，8月7日县政府第11次县长办公会专题进行讨论。街道建设款需58万元，地区已拨给5万元，不足部分有关部门向上请示尚未落实。县长杨建瑞拍板：他与刘泽一起赴省请求拨款，如落空，5个县长每人借10万元，县财政拨8万元。经多次请示，省、地足额拨款。8月下旬，街道基础设施建设动工，县政府要求各项工程必须于9月底完工。于是，采取先地下、后地上、再空中（埋杆架线）的施工顺序，并从时间上做出具体安排，保证了按期竣工。

1985年动工的临街16座楼房，当年竣工6座，翌年竣工10座，又有8座开工，超计划完成“4115”工程。

十一、兴建110千伏变电站

为改变全县工、农业用电严重不足的状况，1985年6月26日县政府第8次县长办公会议研究决定，由副县长吴健伟、并请人大副主任郝玉亭负责，着手筹建110千伏安变电站。11月16日，第16次县长办公会议对电力局关于工程投资、设计、站址选定的意见研究后提出，根据国家制定的“自筹资金为主，国家补助为辅”的办电方针，在县财政无力筹款的情况下，采取两条腿走路的办法：一是广辟资金来源，调动和发挥各有利因素，多争取国家补助资金，尽量减轻人民负担；二是此工程作为县内工农业的一项重要基本建设，要本着“谁用电、谁集资”的原则，确定标准统一集资。12月初，县政府分别向省、地主管部门呈报《关于建设110kV输变电工程的立项报告》《资金补助申请报告》。按国家规定建变电站每千伏安补35元，线路每千米补2万元的标准，整个工程可得到国家补助150万元，仅占总投资的33%。为更多争取国家补助，吴健伟、郝玉亭和电力局局长王会彬、副局长杨宝琛先后到国家水电部、华北电管河北省电力工业局、保定地区供电局汇报申请，争取到补助、专项拨款、低息贷款300余万元（1986年度预算拨付），基本满足全部工程投资。不料，1986年初国家压基建项目，取消对地方的办电补助，原定补助资金全部落空。7月5日，河北省电力工业局批复安国110千伏输变电工程立项。7月13日县委第17次常委会议决定：建设110千伏安变电站迫在眉睫，争取不到国家补助，集资也要办。是年8月至年底，常务副县长刘泽，县委常委、宣传部部长袁志超等先后到上级有关部门求助资金。经多次申请，水电部农电司拨付70万元，河北省电力工业局拨付技术改造款50万元。1987年1月，县政府制定筹资与施工同步进行的方案，与负责承建的保定供电局签定工程协议书。为尽快落实差额资金，5月12日县政府召开有财政、电力、物资、计委等部门和祁州镇、东河乡负责人参加的110千伏安变电站筹建专题会议，研究决定：（1）按照谁用电，谁集资的原则，每度电加价2分钱；（2）财政、物资、计委、电力等部门要走出去，多争取计划内建筑用材；（3）东河乡要在麦收前把征地工作办好。至1988年5月，共落实资金193万元（其中电价加价集资53万元，县财政挤出20万元），占工程总投资的37%。为落实工程资金，县政府有关领导又从省电力工业局申请到技改款80万元，资金仍相差很多，为不误工程，经与保定供电局协商，不足款项保定供电局先予垫付，工程于8月26日破土动工。工程开工后，由于物价上涨，预计投资额被突破。10月，县政府与县人大共同研究制定了“用电单位按照变压器每千伏安集资110.5元的集资办法”筹集资金。保定供电局为支持该工程，将用电加价集资款53万元，存入银行，用存款利息支付各项非生产性开支。至1990年9月13日，110千伏安输变电站竣工交付使用，工程总投资735万元。安国工农业用电紧张状况得到缓解。

第三节　中华人民共和国成立后历次运动

一、抗美援朝

1950年9月25日，美国纠集16国军队武装侵略朝鲜，对中国安全构成很大威胁。10月25日，中国人民志愿军跨过鸭绿江作战。县委、县政府发动全县人民掀起轰轰烈烈的抗美援朝运动。1951年4月5日，县委发出《建立抗美援朝，保家卫国宣传网》的指示，机关、团体、工厂、学校、农村支部普遍选配宣传员，设立宣传网点。宣传形式有街头演说、高房广播、文艺演出、图片展览、过街吊挂和搭“抗美援朝保家卫国”牌坊等。至6月17日，县、区、村普遍成立抗美援朝委员会，具体负责抗美援朝运动有关事宜。是月，全县掀起轰轰烈烈的“捐献飞机大炮”运动。县委号召：工农业战线努力开展增产节约活动，将增产部分作为捐献，干部、职工、学生等视个人财力捐献，齐心合力，集少成多，买“安国号”飞机1架支援朝鲜战争。同时还号召以个人、团体名义捐献大炮、坦克。至10月4日，县内各界捐资达3亿元。1952年初，为反对美国在朝鲜战场实施细菌战，全县发起和平签名运动，村村设签名站，90%以上公民签名。抗美援朝战争期间，县内1000余人参军，338人赴朝作战，86人负伤、94人牺牲。

二、镇压反革命

中华人民共和国成立前后，社会上残余的国民党溃散武装、特务分子、反动党团骨干及土匪恶霸等反动势力不甘失败，不断伺机破坏，制造事端。仅民国38年（1949）7—9月即发生纵火、抢劫、投毒、盗窃等案件307起，占全年发案率的78.6%。特别是1950年6月朝鲜战争爆发后，反革命分子认为蒋介石反攻大陆时机已到，气焰更为嚣张，公然进行各种破坏活动。至1950年10月，共发生各类刑事案件216起，严重扰乱了社会秩序。其中投毒案11起；纵火案32起；毁坏农作物案多起，计470余亩；地富分子反攻倒算、杀害翻身农民等阶级报复案件22起。越狱潜逃盗匪赵良珍勾结安平县惯匪王树起等6人，在县内及蠡县、安平、博野等县合伙作案41起，盗窃物资价值870余万元（旧人民币）。一贯道、白女会、混元门、荣华富贵党、三富荣华会、圣母军等反动会道门亦活动猖獗，到处谣言惑众，破坏生产，攻击新生政权。北段村匪特王计增联络清苑、博野一些贯匪，在张家营五县交界处明抢暗劫，袭扰民众，闹得人心不宁。

1950年8月，按照政务院和最高人民法院《关于镇压反革命》的指示精神，县公安局开始对反攻倒算地主、国民党特务和反动党团骨干、反动会道门首领、土匪、恶霸进行镇压。初，公安机关根据侦查审讯材料及日伪档案等资料，通过摸底调查，整理出顽伪、匪特、汉奸、恶霸等411人，从中确定镇压对象。继而逮捕187人，实行管制134人。其间，一、二、五区又连续发生纵火、破坏电话线、偷盗牲口等案件，反革命分子气焰十分嚣张。1950年10月10日，中共中央发出《关于纠正镇压反革命活动的右倾偏向的指示》。是月，中共河北省委、定县地委亦发出关于认真执行中共中央和省委有关镇反的指示。11月19日，县委发出《关于进一步开展镇压反革命分子的指示》，成立县、区、村镇反组织。在县委领导下，镇反运动轰轰烈烈、大张旗鼓地开展起来。

1951年2月21日，中央人民政府颁布《中华人民共和国惩治反革命条例》，县委组织县区级报告员22人，分四片宣讲动员。组织党员7967人，团员5560人，教师257人，学生6991人，社会宣传员560人，宣传党的方针政策，受教育面占总人口的82%。同时，还采用文艺演出、连环画、高房广播、图片与实物展览等形式揭露反革命分子罪行，教育动员群众。广大群众纷纷控告、揭发、检举反革命分子。查出化名“朝村”在奉伯村以做小买卖为掩护的昌黎县血债累累的反革命杀人犯王喜宠。全县有12名干部、群众将有罪行的亲属送交公安机关；在党的政策感召和威慑下，许多犯有严重罪行的犯人主动投案自首。保定圣母军首领王刚羲投案后，将其组织活动、人员情况全部揭露。一贯道首孟景文将安国县一贯道组织揭发后，到集市上揭露该道骗取钱财和进行反革命活动的事实真象。到3月，全县检举、揭发反革命案件769起，逮捕土匪11人，恶霸50人，国民党、日伪特务29人，反动会道门首领41人。9月9日，经县人民代表会议讨论，上级批准，将杀害抗日干部、暗杀共产党员的汉奸特务王平、王党尔、唐德全、赵德臣、王黑乱等7名反革命分子，分押西伯章、大五女、石佛、北段村等作恶地点执行枪决。在石佛村公判唐德全、王黑乱时，愤怒的人们带刀子参加大会，要求活剥罪犯。运动自始至终贯彻“首恶必办，胁从不问；坦白从宽，抗拒从严，立功受奖”的政策，并依据《中华人民共和国惩治反革命条例》，注重证据，查清事实，组织群众代表民主审案、议案，保证不错杀枉杀，分化瓦解了敌对势力，争取和教育了一些受蒙蔽的人。1951年2月至1953年10月，共逮捕反革命分子187人，其中土匪23人，恶霸、汉奸99人，特务17人，反动会道门头子48人。杀掉罪大恶极者37人；关判91人；管制134人；有3人因自首获释；有88人撤销原管制，其中53人因改造较好撤销管制，35人因错管解除管制。同时破获286起刑事案件，澄清了许多人的政治历史问题。

历经3年多的镇压反革命运动，基本消灭了县内残余的反革命势力，人民政权进一步得到巩固，保证了城乡社会秩序稳定，人民群众安居乐业。

三、“三反”

1951年12月至1952年，为抵制资产阶级对革命队伍的侵蚀，清除党和国家机关中的腐败分子，加强执政党和国家机关建设，树立廉洁奉公的社会风尚，中共中央发动了全国性“反对贪污，反对浪费，反对官僚主义”（简称“三反”又称“打老虎”）运动。

1952年1月，安国开始“三反”运动。是月7日，县委第15次委员会议审议通过《在县区级开展反贪污，反浪费，反官僚主义运动的指示》，明确规定运动分三个阶段进行：第一阶段，组织学习中共中央《关于实行精兵简政，增产节约，反对贪污、反对浪费、反对官僚主义的决定》和《关于反贪污斗争，必须大张旗鼓地去进行的指示》，联系实际进行讨论和思想检查；第二阶段，坦白交代检举揭发问题与追赃退赃；第三阶段，定案，民主补课，交代关系与运动总结，制定各项规章制度。会后，县成立节约检查委员会，设4个节约分会，各单位建立节约委员会。直接参加运动的有33个部门和单位，参加人员达3021人，其中党员1037人，团员407人，群众1577人。

运动开始后，发动充分，声势浩大，各单位成立“打老虎队”，口号是“要当景阳岗上打虎的武松，不当华容道上放走曹操的关公”“不除恶务尽，就是祸国殃民”。第一阶段中，坦白交代和检举揭发出贪污、挪用公款、吃请受贿、占小便宜等各种错误1595件，涉及523人，款数14376.163万元（旧人民币，下同）。

1952年2月中旬，进入第二阶段。2月13日《河北日报》发表《把县级围剿大贪污犯的斗争普遍开展起来》的社论，县委制定了《对贪污分子包打、包剿、包看、包管责任制决定》，集中力量“打老虎”（1000万元以上者）。参加运动者按部门化组，集体吃住，采取小会攻心，大会斗争的方法，促使“三反”目标交代问题。3月中旬进入查赃对证阶段，4月初进入高潮，在贪污分子中展开“退赃洗污”活动。是月8日，县委召开“坦白退赃宽严大会”，当场对2名贪污分子给予刑事处分，对6名认识较好退赃积极者免予处分。会上有44名贪污分子上台清赃洗污，交出现金和金、银、药品、皮衣等物折款12340.21万元，有51人赶写了坦白书和退赃计划。至4月26日，经审查定案，全县有贪污行为者327人，贪污总值294684.1779万元。追回赃款、物计152771.336万元，占贪污总额的51.8%。其中，亿元以上者6人，款额79562.87万元，退赔30.8%；5000万以上至亿元者8人，款额47959.7万元，退赔36.2%；1000万元以上至5000万元者87人，款额142104.447万元，退赔61.8%；100万元以上至1000万元者57人，款额21076.55万元，退赔75%；100万元以下者169人，款额3980.6万元，退赔87%。运动中，对违法违纪干部进行了处理，逮捕2人，撤职4人，开除党籍6人。

5月中旬，在“三反”运动查赃定案基础上，进入交代关系、民主补课和干部鉴定阶段。6月9日，县委发出《为使“三反”运动建设阶段的工作全面推向民主改革，树立制度的指示》，各部门、各单位针对“三反”揭露出来的错误，在结合学习中共中央七届二中全会决议等文件的基础上，民主制定了各种会议制度、领导分工负责制度、请示报告制度、生活管理制度及福利管理制度等。至6月底，全县“三反”运动结束。

四、“五反”

1952年1月26日，中共中央发出《关于在城市中限期开展大规模的坚决彻底的“五反”斗争的指示》。2月初，安国县结合“三反”运动，在工商业中开始“反行贿、反偷税漏税、反盗骗国家财产、反偷工减料、反盗窃国家经济情报”的“五反”（亦称反“五毒”）运动。全县516户工商企业、个体商户投入运动。揭发检举出行贿受贿、盗骗国家财产、偷税漏税、牟取私利等案件185件，违法商户96户。5月，结合“三反”查赃定案处理违法工商业者。“五反”运动于6月底结束。

五、肃　反

中华人民共和国成立初开展的镇压反革命运动，肃清了大批公开暴露的反革命分子，但仍有一些混入革命队伍的暗藏残余分子尚待清查。1955 年 7 月，县委根据中共中央《关于开展斗争，肃清暗藏的反革命分子的指示》，肃清暗藏的反革命分子（简称肃反）运动开始在党政机关、人民团体、各民主党派、企事业单位分批展开。县委成立具体指导肃反工作的领导机构“五人小组”。下设办公室和清理工作大队，共有专职肃反骨干 240 人。各乡、县直各系统分别建立肃反领导小组。运动中，县“五人小组”办公室组织 8 支工作队，深入基层，领导肃反运动。7 月 23 日，肃反运动首先在县办工厂、县直财贸系统及中等学校等 21 个单位展开。在广泛宣传“坦白从宽，抗拒从严，立功赎罪，立大功受奖”“一个不杀，大部不捕”等肃反政策的同时，按照群众路线和专门工作相结合的方针，采取按政治情况分类排队，群众揭发、主动交代、查阅档案等方法，确定清查重点。而后通过内查外调，在充分掌握可靠材料的基础上，定性定案。县委先后组织召开两次宽严大会，一是逮捕郑向荣等 4 名不肯改造，拒不交代问题，罪大恶极的反革命分子；二是对主动自首，彻底交代问题的特务曹庆海等免予处分，使肃反运动进入高潮。至年底共清查出反革命分子 33 人，其中逮捕 12 人，给予党政纪处分 4 人，免予处分 4 人，候审 13 人。其间，个别单位出现斗争面过宽，搞刑讯逼供、错捕好人等“左”的偏向。根据中共中央《〈关于反、坏分子的解释及处理的政策界限的暂行规定〉的补充解释》和“不冤枉一个好人”“有反必肃，有错必纠”的方针，对原重点人进行全面复查，逐个评议所有案卷，经再三甄别，最后确定反革命分子和其他坏分子 20 人。其中逮捕 2 人（原为 12 人），给予党政纪处分 7 人，候审 8 人，免予处分 3 人。整个肃反运动共分 5 批进行，全县 15 个系统，457 个单位，15911 人参加了运动，至 1957 年 8 月底结束。运动中有 2410 人交代了问题，收到群众揭发材料 8324 件，张贴大字报 101736 张，外出调查 5950 人次。经反复甄别定案，查出反革命分子 161 人，其他坏分子 36 人，共计 197 人。其中，特务间谍 27 人，反动党团骨干 5 人，反动会道门头子 1 人，汉奸 59 人，国民党军政警宪人员中的反革命分子 47 人，敌对阶级中的反革命分子 5 人，普通反革命分子划为右派按反革命处理的 17 人，叛变分子 13 人，流氓分子 16 人，其他坏分子 7 人。这些反、坏分子中，有血债的 92 人；钻入共产党、共青团内部的 19 人，有 9 名反革命分子在党政机关内部窃踞了领导职务。处理结果为：逮捕判刑 34 人，管制教养 63 人，社会管制 15 人，管制留用 17 人，开除公职劳动教养 17 人，开除公职 27 人，免予处分留用改造 23 人，自杀死亡 1 人。

这次运动，肃清了县内暗藏的反动势力，纯洁了组织，人民民主政权得到进一步巩固。同时，为 1659 人查清了政治历史问题，卸除了他们长期背负的政治历史不清包袱。

六、整风反右

1957 的 5 月，遵照中共中央《关于整风运动的指示》，县委组成以县委第一书记为组长的 7 人整风指导小组，下设办公室、基层党组织整风领导小组，开展以反对官僚主义、宗派主义、主观主义为内容的整风运动。

首批整风在县直机关的 36 个单位中开展，划分财经、工业、文卫、党群、统战 5 个指导口。学习文件后，即大鸣大放，启发党内外人士向党提意见。人们以大字报、口述等形式，共提意见 3938 条。

其中，多为善意的批评意见，亦有少数人借机诬蔑和攻击社会主义制度。县委遵照上级指示，随即开展了反对资产阶级右派进攻的斗争。

9月，县委制定整风中《关于开展反右派斗争的计划》，中心内容是：贯彻大鸣大放政策，对暴露出来的右派分子具体分析，实事求是地排队鉴别；允许右派分子讲话，申诉他们的观点，防止发生意外。10月9—14日，县直各机关共召开座谈会300多次，干部群众鸣放热情甚高，共贴出大字报8047张，向党和政府提出批评意见16192条。12月，整风转为反击右派斗争。斗争中出现了扩大化，把一些诚心诚意帮助党整风，敢讲真话的人打成“右派分子”。国家机关、企事业单位共定右派分子87人。

第二批整风从1957年9月至1958年1月在农村展开。历经发动群众、大鸣大放和全民性大辩论，据21个乡的62个村统计，有78名党员被开除出党、劝退和退党，分别给予104名党员留党察看、警告等处分，取消了11名预备党员资格。

第三批整风自1958年1月底在教育系统开展。892名中小学教职员工集中到县，历时4个月，鸣放大字报72404张，小组意见62513条。215人被定为右派分子。

1958年3月，反右派斗争转入以反浪费、反保守为中心内容的深入整改阶段。群众揭发干部在生活、工作上的浪费现象3000余条，能计算出金额的浪费值达10万元之多。同时，在机关中开展反“五气”（官气、阔气、暮气、骄气、娇气）运动，呼应“跃进竞赛”。

整风反右运动历经15个月，到1958年8月结束。全县共划定右派分子302人，其中国家机关、企事业单位87人，教职员工215人；判刑、死亡、劳教44人；开除公职下放农村劳动115人；机关留用143人（撤销职务留机关监督劳动43人，留用察看58人，撤职9人，降薪降职27人，免予处分6人）。

遵照1959年9月16日《中共中央、国务院关于确实改好了的右派分子的处理问题的决定》，自9月下旬始，县内分5批为207名“右派分子”摘掉了帽子。

1978年，按照实事求是，有错必纠的原则，县委组织专门班子对未摘帽“右派分子”重新调查，至1979年为95名“右派分子”、3名“反社会主义分子”全部摘帽。政府为其中73名有工作能力者安排了适当工作，16名年老体弱者退职、退休。同时，开始了对错划右派分子的改正工作，经复查，原划302名右派分子中，维持原结论者5人，其余均属错划，一律改正。

七、“大跃进”

社会主义改造基本完成后，全县人民大干社会主义的热情很高。1956年，县委、县人委提出实现粮食亩产“千斤县”（为便于记述、比较，本目用市斤）目标，因农业生产条件落后和发生水灾未能实现。翌年，县委、县人委围绕发展农业生产，多方调查规划，于春冬两季动员全县人民开展了以平整土地和打井筑坝等水利工程为中心的农田基本建设，使水浇地面积比上年增加近20万亩，粮食亩产达306斤，创历史最高水平。

1957年11月，讨论《全国农业发展纲要四十条》，县委号召全县狠批“右倾保守思想”，在生产战线上来一个“大跃进”。12月，县委提出1958年要实现亩产“万斤薯，百斤（皮）棉，千斤粮，乡乡大跃进，全县过长江”的口号。1958年1月，中共中央南宁会议批判了1956年的反冒进，县委随之将1958年农业生产计划提高为亩产粮食1050斤，争取1500斤；皮棉100斤，争取120斤；花生争取1000斤。为保证计划实现，2月25日县委、县人委召开3万多人参加的生产大跃进誓师大会，提出从2月到10月为“革命的八个月，战斗的十六节”。全县上下一齐行动，深翻土地，兴办水利，大搞积肥，建立试验田，“大跃进”运动轰轰烈烈地开展起来。3月3日，中共河北省委向全省批转安国县委《关于社社建立试验田的情况报告》。3月18—23日，农业部和河北省联合组织的8省（冀、鲁、晋、豫、陕、甘、皖、苏）40多个县麦田管理促进会在安国召开，《人民日报》发表《麦田管理两头抓，安国经验传八省》的报道。之后，《人民日报》《河北日报》又多次报道安国县的“跃进”规划、深翻土地、小麦管理等。安国一时成为闻名全国的典型。是年小麦长势良好，6月1日中共保定地委在安国县召开全区小麦现场促进会，14日安国县召开15万人参加的“庆丰收大会”，地委、专署领导和18个县市的代表列席会议。会上，流昌农业社13队、谢庄农业社分别上报丰产地块小麦亩产1165斤和1800斤，受到了表扬。随后，县与县、乡与乡之间比着报高产，刮起了浮夸风。焦庄乡上报一块地亩产4871斤。南娄底乡上报卓头村一块地亩产5103斤，6月30日《河北日报》以《小麦上天梯，亩产五千一》为题报道卓头小麦创全国“高产记录”，随后《人民日报》也予以报道。县委上报全县小麦亩产491斤，是实产156斤的3倍多。是年夏收粮食总产3312万斤，比上年增长1.3%，征购2485万斤，比上年增长99.3%。

1958年5月，中共八届二中全会提出“鼓足干劲，力争上游，多快好省地建设社会主义”的总路线。31日，县委召开全县广播大会贯彻总路线精神。会后，组织33840名干部、职工、农民、学生上街游行，并以讲话、报告会等形式，广泛宣传总路线，要求各行各业齐“跃进”。6月30日，县委召开5万人参加的“保旗夺旗”大会，县委书记作题为《保住农业红旗，夺取工作红旗》的动员报告，提出“立冲天志，壮英雄胆，决战二十日，大干一百天，为实现双千斤粮，双万斤薯，二百斤棉，建厂四千而奋斗”的口号和目标。随后，省、地分别制定工农业“元帅”“卫星”标准，为夺“元帅”县，县委将粮食亩产定为3000斤，皮棉250斤，分别高出地区“元帅县”标准1000斤和50斤。在轰轰烈烈的“大跃进”形势中，各行业都提出了“跃进”指标：年内建厂1.4万个，文艺写作300万件，培养270头千斤以上的“卫星猪”，扫除文盲11.8万人，1960年普及高等教育，彻底消灭各种刑事犯罪，两年内根绝鼠雀，等等。为实现高指标，各级采取了不少强硬措施。县委要求深翻全部麦田3尺，丰产田5～6尺，试验田1.1丈；开展“三拆”（拆老房、土炕、锅台）、“三挖”（挖坑泥、沤肥坑、家禽窝）、“三翻”（翻厕所、猪圈、牲畜棚底）、“三普及”（普及颗粒化肥、土制化肥、熏肥）积肥运动。全县共拆房5万间，以拆房土作肥料，拆房木作燃料烧土块制熏肥。7月，各村办起集体食堂，各户砸锅化铁，粮食上交，食堂里有什么吃什么，什么好吃什么，节约计划性极差。8月5日，中共中央主席毛泽东视察安国县，全县人民深受鼓舞。随后，涞源县向安国提出挑战，县委、县人委发出《应战涞源向全专兄弟县开展各项作物管理竞赛的倡议》，再次将农业生产指标提高为亩产粮食4500斤，皮棉400斤，争取450斤，并提出抓思想，不信就算，怀疑就看，不通就辩；抓组织，实行大兵团作战，以乡为单位建混合战斗团，按片建连队；抓技术，抓协作，经常开展大规模的检查评比。是月25日，县委、县人委按上级指示，召开2200多人参加的三级干部扩大会，决定建立人民公社。是日，2.5万余人敲锣打鼓，高举“向共产主义迈进”的标语和加入人民公社的申请书在城关游行。翌日，252个农业社过渡为8个人民公社。9月1日，县委在安国中学操场召开8万人参加的庆祝人民公社诞生和保红旗誓师大会，整个会场红旗招展，鼓乐齐鸣，群众举着喜字匾、决心牌、规划图、前景图、高产作物模型等，口号声、歌声响成一片，一直持续到晚8点。人民公社成立后，县委、县人委针对新的经济体制，要求各级加强生产领导，有的社队出现强迫命令、体罚社员现象。继毛泽东视察安国后，刘少奇、周恩来、陈毅、贺龙、李富春等中央党、政、军领导人先后到安国视察，国内外到安国参观者络绎不绝。

为响应“以钢为纲”“全民大炼钢铁”的号召，1958年8月至年底全县先后有8万余人赴曲阳县上山炼钢，县内亦搜敛家家户户的金属器具，砸碎回炉，另有一批劳动力进山修水库。其间正是秋收作物管理和收获季节，农业劳动力出现严重不足，县委要求男女老幼都进田，各社队强调“村内无闲人、无炊烟，夜间无灯火”。昼夜鏖战，社员们体力难支，便以夜间地两头摆灯，轮流打更等办法应付。尽管如此，还是赢得秋粮亩产246斤的好收成，比大丰收的1957年增长5.1%。但有的社队上报产量却浮夸几倍、几十倍。县委按照上级领导意图，为超过藁城县产量，在藁城上报全年粮食亩产3350斤后，安国即上报3600斤，比实产330斤浮夸10倍多。另因秋收时劳动力不足，许多生产队将甘薯埋在地里，把棉花抛在路边，造成丰产不丰收，严重“丢烂糟”。

1958年，全县粮食总产11987万斤，分别比1957年和1956年增长7.4%和66.5%，征购5827万斤，分别比1957年和1956年多征73.9%和453.1%。由于高征购，不少社队粮食不够吃。县委担心向上反映，保不住“红旗”，便召开四级干部会，统一思想，以下边上报的“典型地块”和“典型产量”为据否定缺粮。1959年，跃进势头不减。2月15日，县委、县人委联合召开4万人参加的1959年跃进誓师大会，继续以大轰大嗡办法推动各项工作，并在反右倾运动中批判了一批敢于说真话的干部群众，在全年粮食总产比上年减少25.7%的情况下，征购却增加32.2%。1960年虽少征3000万斤，但也征了过头粮。

“大跃进”中，安国人民付出了艰苦劳动，1957—1959年大面积平整土地，机井由1956年的8眼增加到1959年的889眼，同时为发展农业机械和兴办工业奠定了一定基础。但冒进、浮夸、瞎指挥等，给经济、政治诸方面造成很大的负效应，加之1960年严重旱、风、雹灾和国家还外债，从1959年到1961年人民生活出现严重困难。为应对缺粮困难，县委要求社队计划、节约用粮，并发动群众翻地拾甘薯，采集树叶、野菜，大搞代食品。期间，县委成立代食品办公室，县人委成立人民生活办公室，县派人民生活检查团赴病弱人多的“危险村”巡回检查。公社建立生活情报组，大队设生活情报员，及时向上反映群众吃、住、穿、取暖及病弱发展情况。在这艰难时期，各级干部坚决执行“低指标”政策，与群众共度粮荒，下乡工作人员饿昏路旁者常有所见，许多人患了浮肿病。

1960年冬，中共中央开始纠“左”，县委深刻检查“大跃进”中的错误，采取一系列措施，各项工作逐步恢复正常。

八、反右倾

1959年8月至1960年2月，按照中共中央八届八中全会《关于为保卫党的总路线，反对右倾机会主义而斗争的决议》《中共中央关于反对右倾思想的指示》及省、地委的统一安排，县内在党员干部中开展了反对右倾机会主义（简称反右倾）运动。

1959年8月12日，县委下发《关于深入宣传总路线，大搞群众运动，确保秋季大丰收的宣传计划》，做出了反右整风安排。8月14日，县委书记、常委开始包公社、包系统，组织干部学习贯彻中央决议、指示和毛泽东主席关于反右倾情绪，励行增产节约的指示及8月6日《人民日报》《克服右倾情绪，励行增产节约》社论。9月8日，县委再次发出《关于进一步深入学习党的八届八中全会文件的通知》，掀起第二次学习高潮。9月19—23日，县委召开二届十六次全会扩大会议，作出《关于反右倾，鼓干劲，深入开展增产节约运动的决议》，以反右倾、反浪费，开展增产节约为突破口，自上而下，层层发动，通过“上交（向党交心）下烧（烧火，喻发动群众），乱箭齐发（向党和政府提意见）”，掀起鸣放高潮。10月28日，县委召开四级干部扩大会议，启发干部提意见，经过6天的鸣放，共提出有关“大跃进”、人民公社、党的领导、群众运动、粮食、人民生活等方面的意见9.7万条，张贴大字报3.5

万张。11月3日，该会扩大为4409人参加的五级干部扩大会议，县委在会上作《由鸣放转入辩论的动员报告》。随后，对“交心”“鸣放”出来的意见分类排队，确定有右倾错误的重点41人，其中中层以上领导干部10人，一般干部31人，分组对他们辩论、批判。11月25日，县委成立整风领导小组指导运动开展，下设机关整风和农村整风整社两个办公室掌握具体情况，将右倾言论扩大到全县辩论、批判。12月19日，县委召开全体委员扩大会议，将运动转向集中批判、辩论右倾重点人，深挖他们的“错误”，查对材料，在各级干部大、中、小型会议及小组会上反复批判。同时，成立专案组，通过内查外调，查历史，算老账，至1960年2月确定41名重点人中有严重右倾错误的31人，右倾机会主义分子4人，资产阶级个人主义分子及其他错误的3人，阶级异己分子、蜕化变质及其他坏分子3人。至此，反右倾运动结束。

反右倾运动，使“五风”错误继续发展。1961年1—12月，在省、市委驻安国整风工作队帮助下，纠正了反右倾运动的错误，为41名重点人平反。

九、整风　整社

1960年11月3日，中共中央下发《关于农村人民公社当前政策的紧急指示信》(简称“十二条”)，整风整社在全国展开。安国县因“大跃进”运动中“五风”(共产风、命令风、浮夸风、特殊化风、瞎指挥风）问题严重，被河北省列为整风整社重点，经过学习、检查、退赔、甄别等阶段工作，至1962年初结束。

1960年11月中、下旬，全县学习“十二条”。中共保定市委确定安国县博野公社为全区整风整社试点。20日组成300多人的工作队进驻博野公社，其他公社亦派干部参加，学习经验。12月，河北省委、保定市委整风工作队进驻安国，首先在县级开展整风。12月底至翌年1月15日，召开全县四级干部会议，发动干部揭摆安国的“五风”问题，县委和县级领导干部在会上分别作了“五风”问题的检查，对反映突出的“一平二调”问题采取有物退物，无物合理作价赔款的方法，退回平调生产队土地2710亩和树木、房屋、机器等。会后，县即成立有省、市委工作队成员参加的整风整社办公室，定“五风”问题较严重的祁州、伍仁桥、郑章3公社为整风整社重点。1月中、下旬，全县8个公社同时召开社员代表大会，揭摆社级“五风”问题，公社党委和主要领导干部检查“五风”问题，共退赔平调生产队的劳力、物资折款131429元，铁锨510张，较大木料320根，小胶轮车280辆。各公社社员代表大会期间，各大队在会外开展了揭摆社、队“五风”问题和反坏人的活动。根据各大队揭摆出的问题轻重和多少，划为一、二、三类队，随后以省、市、县工作人员1205人组成的若干工作队进驻各村。工作队依靠党、团员和贫下中农，在186个生产大队建起贫下中农委员会，随之发动群众，揭发鸣放“五风”问题。

整风整社中，县委配合省、市驻安国整风工作队采取书记包片，统一领导，“吃一看二”，以点带面的办法指导工作分步开展。第一步，从抓人民生活入手，贯彻中央“低指标、瓜菜代”方针，大搞群众性的代食品和改造“三类食堂”运动，撤换了一批“三类队”干部和“三类食堂”管理人员。第二步，初步落实“六下放”(把土地、劳力、耕畜、农具、经营管理权、干部下放到生产队)、“四固定”(固定土地、劳力、耕畜、农具到小队）政策，制定耕畜喂养、使役及工具保管等制度，划分社员自留地和食堂菜地，改大队核算单位为生产队基本核算单位。第三步，以反“共产风”为重点，揭发批判“五风”错误。各级成立“处理平调委员会”小组，对平调大队、小队、社员的东西统计梳理，逐一退赔。据统计，全县共平调财物总值3609.73万元，到1961年6月退赔1098.9万元，余者到翌年初大部分退赔。

第四步，整顿干部作风，揭发贪污浪费，暴露坏人坏事，开展查思想、查行动、查立场、查“四同”的干部“四查”活动。对“五风”错误严重的干部，开展背靠背、面对面的批判，从思想上彻底纠正“五风”问题。

县直机关整风与农村整风整社同时开展。由于前期抽调大批机关干部下乡整风整社，1961年9月23日县委召开县直单位干部大会，重新动员，继续深入开展县直整风，成立县直整风办公室。按财贸、公检法、工业、人委、党群系统划分5个整风战线，千余名干部参加整风。整风中，采取边学习讨论，边鸣放揭发，边查对处理的方针，先后出现4次大的鸣放高潮，共揭发鸣放出“五风”方面的问题24306条，其中属于县委的3641条，县委个别领导的2984条，中层领导干部的7036条，其他方面的10645条。揭出的主要问题是弄虚作假、浮夸假报、强迫命令、瞎指挥、违法乱纪以及用人不当和历史问题。对揭发出的问题，有关人员作了检查，对重大问题进行了处理。整风中，县直机关整风办公室编印《县直机关整风简报》8期。

整风整社中，县委曾提出一些过急、过死的要求，强调依靠食堂安排生活，把公共食堂说成是“社会主义阵地”“阶级斗争的尖锐所在”，并规定党员不入食堂一律开除党籍。揭批“五风”过程中，对基层组织不纯，民主革命不彻底，封建势力复辟和“五类分子”（地主、富农、反革命、坏分子、右派分子）掌权的情况估计过分，把那些“五风”问题严重、农业减产、没办好食堂、生活困难、浮肿病人多的地方统统定为“三类队”。强调追坏人、追坏根，对部分干部采取“逼、供、信”手段，还采用重划阶级、定成分等做法，使一批县、社、村干部和社员蒙受批斗。整风整社历经一年时间，共揭发出有“五风”和其他错误者513人，其中县直机关69人。到1962年初运动结束，结案416人。

1961年9月，遵照中央“对于最近几年来，受过批判和处分的干部和党员，实事求是地加以甄别”的指示，县成立甄别工作领导小组，下设甄别处理办公室。首先在县粮局试点，然后推广到面，逐人甄别复议。至1962年初，对1957年以来批判、处理的11784人进行甄别。其中，脱产干部1083人（含整风、整社中的82人），涉及处分的541人；农村干部1865人（含整风整社中的262人），涉及处分的1070人；农村党员群众8836人，处理的2098人。甄别结果为：脱产干部甄别清的1007人，其中维持原结论的55人，部分纠正的412人，完全纠正的540人；农村干部甄别清的1806人，其中维持原结论的135人，部分纠正的934人，完全纠正的737人；农村党员群众全部甄别，维持原结论的1175人，部分纠正的3532人，完全纠正的4129人。同时，对“大跃进”运动中，36名受到撤职以上处分的脱产干部中35人恢复原职，199名农村干部中156人恢复原职。对整风整社工作中，改变成分的83户，纠正45户。

十、“四清”运动

1963年春至1965年春，在贯彻落实中共中央八届十中全会精神和《农村人民公社工作条例（草案）》（即“六十条”），普遍开展社会主义教育的同时，县内开展了三次粗线条“四清”（前两次是清账目、清仓库、清工分、清财务；后一次是清政治、清经济、清思想、清组织）运动，亦称社会主义教育运动，简称社教。

1963年2月8日，县委召开公社党委书记和整风整社工作组长会议，传达中共保定地委关于进一步搞好社会主义教育，开展“四清”运动的指示。会后，县委将全县农村划为49个片，每片1个试点，县、社、县直部门的领导干部分别进点总结经验，而后全面展开。该运动以党团员、贫下中农为骨干，通过串连，启发勇气，揭发大、小队干部的“四不清”错误，并采取边揭发、边处理、边兑现和落实分配的办法，鼓舞群众积极性。此次“四清”至是年4月5日结束，被确定有贪污盗窃行为的大、小队干部157人，多为大、小队会计和主管副业者，清出贪污款19495元，粮4115.5千克，布票467尺，棉花186.5千克，树木75棵，砖11000块，油料100千克。同时，对1962年分配时“四不清”问题进行了清理，落实社员分配粮食159979.5千克，现款15223元，布票9394尺，照顾“四属户”和困难户2790户。

第二次“四清”于1963年9月开始，县委首先在门东大队试点，11月又在奉伯大队试点，是月召开全县贫下中农代表大会，布置“四清”工作任务，全县农村普遍开展检查救灾款、物发放情况，进行“四清”工作宣传。县直单位开展了粗线条“五反”（反贪污盗窃、投机倒把、铺张浪费、分散主义、官僚主义）中的前“三反”。翌年1月，从县、社两级抽调345名脱产干部，确定200多人为宣讲员分赴各社队，首先培训骨干6860人，然后辅导社员学习《中共中央关于目前农村中若干问题的决定（草案）》（简称“前十条”）和《关于农村社会主义教育运动中一些具体政策的规定（草案）》（简称“后十条”）以及中共中央批转的《中共保定地委关于开展社会主义教育进行“四清”工作向省委的报告》等文件，发动群众忆苦思甜，建立贫下中农协会。春节期间，县委又组织380多名县、社干部，组成“四清”工作队，进驻各社队。首先，在公社干部中开展“四清”，让社干部“洗手洗澡”（即交代问题），114名公社干部退出多吃多占粮食1577.5千克，款1978元，布和布票1287尺。2月下旬，运动转向大、小队干部“洗手洗澡”和群众帮助提意见，公布账目和清查账物，确定有问题的大、小队干部4945人，清出多吃多占集体粮食和粮票33541.5千克，款47849元，劳动日29462个，布和布票9268尺。运动后期，对清出的问题进行了处理和退赔，并开展了公物还家活动。据182个大队统计，交回各种农具16210件，各种家具8654件。运动中，还有28名“四类分子”交出“变天账”、旧房地契、中央票等899件。5月上旬，运动结束。运动中出现斗争过火，1人自杀。1964年10月，在安国抽调402名干部、教师，到新城县（后转涿县、雄县）搞“四清”运动。“文化大革命”开始后撤回。

1964年12月下旬，按照中央“双十条”精神和省、地委安排，县内开展第三次“四清”。翌年1月，中央全国工作会议制定《农村社会主义教育运动中目前提出的一些问题》（以下简称“二十三条”），规定城乡社会主义教育运动，今后一律简称四清，即清政治、清经济、清组织、清思想。按照“二十三”条精神，县内连续召开县、社两级贫下中农代表大会，抽出120多名干部深入社、队，抓重点，全面指挥，揭“四不清”盖子，干部放包袱、退赔。到3月上旬运动结束，处理了前两次“四清”中的退赔尾欠，确定县、社、大队、生产队干部中政治上“四不清”的754人；经济上“四不清”的6973人；除减、缓、免退者外，退赔粮食37332千克，款151459元，布票11267尺，工分338110个；思想上“四不清”的3253人；组织上“四不清”的426人。运动中还整顿了基层组织，落实了1964年分配，下乡干部与群众同吃、同住、同劳动，树立了较好的形象，但也发生一些偏颇，2人自杀。

1966年春，保定地委在全区推广“桃园”经验，抽调易县等3县二三百名干部组成的“四清”工作队到安国县开展细线条“四清”，运动伊始即逢“文化大革命”。6月，“四清”工作队全部撤离，“四清”运动亦告结束。

十一、“文化大革命”

1966年5月下旬，县委召开扩大会议，传达贯彻中共中央“五一六”通知，“文化大革命”首先在教育界展开。6月初全县中等学校全部“停课闹革命”，县委派出工作组进驻学校组建起文化革命委员会（以下简称革委会），指导学校的革命运动。学生分组学习各大报纸联载的姚文元、王力、关锋、戚本禹的批判文章，联系实际，揭摆修正主义路线在学校的反映，把斗争矛头指向教师。6月上旬，大鸣大放在各校轰轰烈烈展开，揭发批判教师的大字报铺天盖地，许多教师被揪斗。《人民日报》发表《横扫一切牛鬼蛇神》社论后，学生的革命热情进一步升温，对教师的批斗步步升级，跪板凳、摇煤球、刑讯逼供、游街示众，无所不用。同时，学生们走上社会，走家串户搜查，凡属古代图书、古装字画、照片、古式用具、艺术品和一些雕饰家具、建筑物上的装饰、图案等，统统作为"四日"捣毁或焚烧，大批文物被破坏。县图书馆2.5万余册藏书被焚和丢失，古建筑群药王庙殿顶上的吻兽、铁旗杆上的铁龙、庙内外石雕、枣木透花墓碑等被砸烂或毁坏，整个庙宇面目全非。8月5日，中共中央主席毛泽东发出《炮打司令部——我的一张大字报》，8日中共中央发出《关于无产阶级文化大革命的决定》(简称"十六条")。翌日，县委召开第24次常委会议，作出《领导干部带头学习贯彻"十六条"的决定》，要求各级领导干部"敢字当头，站在"文化大革命"运动的前列，带头闹革命"，成立文化大革命办公室。8月14日，县委发出《关于农村建立文化革命组织有关事项的通知》，全县各级各单位纷纷建立"文化大革命"领导小组，批判各级领导的大字报贴满街院墙壁。8月下旬，安国中学部分学生进京接受毛泽东主席接见。回县后，向全县各界汇报主席接见的场面。9月5日，中共中央、国务院发出《关于组织外地革命师生来北京参观革命运动的通知》，全县中学生纷纷进京，后又到全国各地串联。是月，安国县委书记臧振国以"砍安国红旗"的罪名，第一个被批斗。随后，县内各级各单位普遍以批斗会、戴纸糊高帽子和挂牌、游街等形式，揪斗"走资派"(即所谓走资本主义道路的当权派)。其间，安国中学成立"红色造反兵团"和"安国纵队"两个对立的造反组织。12月初，中共中央发出《关于抓革命、促生产的十条规定（草案）》《关于农村无产阶级文化大革命的指示（草案）》，安国县"炮打司令部""彻底批判资产阶级反动路线""打倒一切"之风刮遍城乡。12月28日，安国中学部分学生到县委、县人委夺权未达目的，12名学生在县委门口绝食。一时间，各个领域各种名称的"战斗队""造反团"蜂拥而起，面对铺天盖地的大字报和造反组织间的大辩论，一些单位不知所措，请示县委如何办。县委强调"要依靠群众"。

1967年元旦，《人民日报》《红旗》杂志发表《把无产阶级文化大革命进行到底》的社论，上海掀起夺权的"一月风暴"。县内以"彻底粉碎封、资、修政权"为行动口号，斗争矛头直指各级党政机关。1月25日，安国纵队联合部分工人、农民夺了县委、县人委的权，县、社各级党政机关瘫痪，党员停止正常的组织生活，550名县、社领导干部被当成"走资派""反党、反人民、反革命修正主义分子""反党黑帮""牛鬼蛇神"轮番揪斗，大部分领导干部被造反组织隔离审查、游斗、批判，甚至体罚，随便宣布"罢官""开除党籍"。随之，县公、检、法被封。县内生产、工作、社会秩序失控，专政机关失去作用，打、砸、抢、抄、抓事件接连发生。

中共中央、国务院、中央军委、中央文化革命小组发出《关于人民解放军坚决支持革命左派群众的决定》后，县人民武装部奉命介入地方文化大革命，组建"三结合"(造反派、军队干部、党政干部）的县革命委员会，同时组建红卫兵代表委员会、贫下中农代表委员会、职工代表委员会。安国中学"红色造反兵团"指责县革委会不是"三结合"，而是"三凑合"。县武装部解散"红色造反兵团"，取缔"八一抗暴司令部"，抓捕其部分成员。被解散的学生组织又成立了"尖刀""飞鸣镝""鲁迅班"等造反队，进一步提出踢开"三凑合"的口号。城乡造反派组织分别向两派挂钩，形成保"三结合"的"保"派和踢"三凑合"的"踢"派两大派。3月19日，中央军委作出《关于集中力量执行支左、支农、支工、军管、军训任务的决定》(即"三支两军")。5月，中国人民解放军野战军驻保定4894部队进驻安国县“三支两军”。6月，对公安局、检察院、法院实行军事管制，表态支持“踢”派，建立由地方干部、军队代表、造反派组成的“安国县革委会筹备小组”。两派对立组织分别建立本派的社、队“革委会”或“筹备小组”，各自标榜自己的正确。

6月30日，两派群众组织在河北省科委驻安国办事处发生首次以棍棒、砖瓦相击的武斗，至9月21日，又连续在安国中学校园、制酒厂发生武斗，双方伤多人，死1人，校园门窗玻璃多被砸毁，制酒厂停工20多天，损失酒3吨。之后，两派造反组织分别在安国、博野等县武装部抢到枪支弹药，武斗升级为枪械相击。12月24日，两派于县面粉厂发生首次较大规模的枪械武斗。1968年初，中共中央在保定举办学习班，县内两派群众组织分别派代表参加，达成实现联合，制止武斗的“三一六”协议，但未落实，武斗更剧。

1967—1968年，两派发生多次武斗，死亡数十人，人心惶惶，社会混乱，工农业生产受到严重损失。其间大多数工人、农民没有离开生产岗位。

1969年7月，上级派飞机在域内散发中共中央关于两派联合的“七二三布告”。8月16日，经省、地革委会批准，两派组织以对等原则组成安国县革命委员会。9月16—17日，县革委会召开首次全委会，着重讨论加强团结，决定开展赛革命、赛进步、赛团结活动。19日，召开10万人参加的庆祝县革委会成立大会，会后举行了盛大游行。全县各机关、学校、企事业单位、人民公社、生产大队相继建立革委会。革委会实行“一元化”领导，行使党、政职权。10月初，县革委会针对组织已联合，思想未到位的情况，举办县直、社、队革委会正、副主任700余人参加的“毛泽东思想学习班”，消除派性。12月，原县委、县人委干部大部分去清苑林水中学参加地委举办的“毛泽东思想学习班”，一批干部被错整。

1970年1月初，开始清理阶级队伍，对一些干部、职工早已结案的政治历史、家庭出身、社会关系等问题重新审查，178名干部职工被遣送、遣散回原籍，家属受株连随迁。1971年1月县委建立，各公社、生产大队分期分批在“支左”解放军帮助下整党建党，以“路线觉悟”为标准，大批老党员、老干部被监控、遭受打击，一批“造反派”被纳新入党。2月7日，开展“一打三反”(打击反革命破坏活动，反对贪污盗窃、偷机倒把、铺张浪费）运动，出现抄家、抓人、打人现象。之后开展的“批陈整风”“批林整风”“批林批孔”“评《水浒》”“批邓、反击右倾翻案风”等运动，都是以人划线，上挂下连，在县内找“代理人”进行批判。各级党委恢复后，全县审查干部428人，受到各种处分的县、社两级干部52人，7名所谓站错队的干部被下放农村插队落户，11名干部下放到县“五七”农场劳动，75名干部放到公社“挂起来”不予安排工作。

1976年10月，随着中央宣布“文化大革命”结束，县内秩序逐步恢复正常。

十二、“农业学大寨”

安国县“农业学大寨”运动是1964年中共中央主席毛泽东发出“农业学大寨”号召后开始的。全县掀起比、学、赶、帮、超社会主义劳动竞赛，进行了改造低洼沙荒地等活动。“文化大革命”开始后，“农业学大寨”运动未能实际开展。

1970年8月，国务院召开的北方地区农业会议再次提出开展农业学大寨运动。是年10月，县内召开有960人参加的首次“农业学大寨”会议，县革委会提出“高举毛泽东思想伟大红旗，以阶级斗争和两条路线斗争为纲，学大寨、赶昔阳，三年建成大寨县，粮食亩产过长江”的口号。会后，以大批判开路，全面推开以农田基本建设为重点的“农业学大寨”运动。确定伍仁桥、八五、东河3个公社和八五、伍仁桥、中送、东李王庄、西河5个大队为学大寨重点，要求机关、企事业单位与之挂钩，从人、财、物等多方面支持。1970—1971年，县革委会组织干部、职工、学生多次参加支援八五大队平沙滩、栽小麦和支援“北跑”平整土地、栽植水稻活动。

1972年1月中旬，县委在三级干部会议上提出与正定县竞赛，向千斤县进军的运动中打先锋、创奇迹口号，还提出“外学大寨，内学八五”的口号，要求是年全县粮、棉、油、林、猪五超纲要（指《全国农业发展纲要》指标）。会后，县委组织社队干部到正定、开滦、昔阳参观学习，进一步制定了农、林、牧、副、渔各业发展的规划。全县掀起平整土地、打井修渠、植树造林、兴办社队副业高潮。同时，有些社队为达五业齐发展，不从实际出发，良田改果园，井水灌鱼塘，社队副业一哄而上，造成一定损失。

1973—1974年，贯彻“以粮为纲”方针，县委要求各级党组织一、二把手亲自抓农业，抽调机关、企事业单位干部职工1000余人组成工作组派驻各社队与贫下中农实行“三同”(同吃、同住、同劳动)，加强“农业学大寨”运动的领导。全县农村各种形式的生产突击运动常年不断，“三夏”“三秋”期间，各种形式的“会战”、竞赛高潮迭起，公社、大队将指挥棚搭在田间，干部吃住田间指挥生产。田野里到处是红旗，遍地是人群，各种油印“战报”在田间传递，鼓舞干劲。学大寨运动中大搞以阶级斗争、路线斗争为纲，村头、田间、指挥棚前大批判专栏比比皆是。在“堵死资本主义的路”“迈开社会主义的步”的口号下，大割“资本主义尾巴”。要求生产队社员专事农业生产，禁搞家庭副业、外出打工、从事商贩活动。1975年，全国“农业学大寨”会议后，县委召开全县农业学大寨会议，要求“全党动手，全民动员，大办农业，苦战一年，为把安国建成大寨县而奋斗”，并制定了平坟、填沟、起高垫低、造地扩种等具体规划。会后，抽调县、社干部539人，组成4个工作队，县委常委带队，分赴40个大村和后进队，采取以点带面方法，掀起大搞农田基本建设高潮。是年，搬沙丘、平坟场、填坑壕264处，投入劳力9.2万人，大车1800余辆，小车2万余辆，动土464万立方米，改沙造地7465亩，大平大整土地2.1万亩，园田化程度提高，但自然排水系统亦遭严重破坏。1977年，全国第二次“农业学大寨”会议后，县委召开1500余人参加的干部大会传达中央精神，总结推广伍仁桥、庞各庄、大李庄等10个公社，石佛、东安国城、陈庄等9个大队坚持抓革命促生产的经验。要求全县开展以抗旱夺丰收为中心的学大寨劳动竞赛。1978年后推行联产承包责任制，“农业学大寨”运动结束。

第十四编

公安　司法

第一章　旧政权司法

第一节　治　安

一、治安机构

（一）明清时期治安机构

明代祁州设捕衙，天启年间（1621—1627）有巡捕官1人，马快10人，其中捕盗马快2人，专司刑事缉捕。清康熙年间（1662—1722）设马快8人，仵作3人。光绪三十二年（1906）二月建巡警局，设伍仁桥、西伯章、石佛、大五女4个巡警分所，时有巡官巡警443人。

（二）民国时期警察机构

民国4年（1915），民国县政府建警察所，内设4个承办股和1个勤务督察处，下设警备队、保安警察马队和伍仁桥、石佛、西伯章、城关、大五女5个分驻所，全县划为31个巡逻区，时有巡警官9人，巡长19人，巡警139人。民国7年（1918），增设保安警察队、消防队、侦察队和25个派出所，巡警增至149人。民国17年（1928），改警察所为公安局，内设总务、治安、审讯3课，原警察分驻所改为公安分局，撤销25个派出所，设4个分驻所，时有警察12人，警长11人，警士77人，役夫3人，马22匹，枪19支，子弹911发。民国22年（1933）9月，改局为科，改课为股。民国25年（1936）3月，整顿警务，公安科长改称警官。5月，改科复局，局长仍称警官，分局长改称巡官。局内设书记兼会计1人，司书1人，下设巡官6人，警士役夫110人。翌年，局内增设办公室、督察长和3个警察班，每班10人。

附：日伪警察所

民国27年（1938）12月日军侵占安国后，日伪联合办理警务。民国29年（1940），建伪警察所，设所长、督察长和警法系、特务系、保安系、留置场（看守所）、警察中队、自卫团中队和3个警察分队，每分队3个警察班，每班7人，另设1个特别班。下设5个分所，城关为第一分所，辖东门、西门、南门、南卫门4个派出所；安国城为第二分所，辖北流罗分驻所，分驻所辖石佛、庞各庄2个派出所；伍仁桥为第三分所，辖明官店分驻所，分驻所辖茂山卫、南马、崔章、宋固4个派出所；郑章为第四分所，辖郑村分驻所，分驻所辖大李庄、新安2个派出所。南段村为第五分所，辖西伯章分驻所、北都派出所。每分所编制10～12人，分驻所4～8人，派出所5～7人，伪警察所共计300余人。

二、户口管理

明天启五年（1625），域内推行保甲法，10家为1甲，立甲长，甲内设1木牌，人丁注于牌上，按顺序轮换出丁守护村庄。5甲为1总甲，立甲总。总甲内造开明册1本，总甲人丁注于册内，以便举善抑恶和抽丁纳捐。每村为1保，立保长约正和正铎，除负责摊征丁银外，对村内开赌场、私宰耕牛、窝藏盗贼者，保长、约正、甲总可联名申报州衙，给予处罚。如不申报，一经查出，一同治罪。清顺治三年（1646）推行牌甲法，10户为1牌，立牌长；10牌为1甲，立甲长；10甲为1保，立保长。每户发给印牌，书其姓名丁口（凡民男曰丁，女曰口，男满16岁即为丁，不满则为口），出则注所往，入则稽所来。乾隆二十二年（1757），知州对户口严加管理，要求各村迁移户口随时申报，客店立簿登记住客姓名及行李物品，以便稽查。民国初，仍实行保甲制，乡公所为户口登记管理机关。民国24年（1935）实行地方自治。村立村长，下设保、邻、闾，100家为1保，50家为1邻，25家为1闾，以村为单位登记户口。翌年，县公署整顿户口管理，令村、保长逐户查编。同时，户口划归治安机构管理。县警察局设户籍警2人，对县城内户口登记管理，4个分驻所各设户籍警1人。日军侵占安国后，农村户口由村公所管理，日伪政权按户口派粮、课税、抽劳役，多数村以少报人口应付。民国29年（1940），日军逐村按户口统一核发“良民证”，对过往行人严加盘查。

三、禁　毒

清末至民国时期，域内吸毒恶习遍染。清光绪初，鸦片、海洛因等毒品遍及城乡，很多人因吸毒成瘾，或倾家荡产，饿死街头，或沦为盗贼，为害乡里。郑各庄村赵洛介，家有良田50余亩，染此恶习后，几年间典卖殆尽。郑各庄村赵洛五家有土地百余亩，于清光绪三年（1876）开始吸毒，仅3年时间，即将家产卖尽。西伯章村董某为吸毒将妻卖掉。民国17年（1928），县政府成立“戒烟所”，8月31日公布《禁烟暂行条例》，但效果不佳。伍仁桥巡警所巡官杨玉林与毒贩勾结，从中取利，并公开吸毒。民国19年（1930），仅县城内和南关日销“海洛因”总值近3000元。吸毒危害日重，禁毒呼声日高。民国23年（1934）7月1日至翌年10月，县政府查获县内贩毒吸毒案件400余起890人，发案总数在河北省各县居首。翌年统计，全县吸毒者800余人，其中吸鸦片者100余人；毒品耗资57600元，其中鸦片耗资7200元。是年，县长张仰文厉禁毒患，告示全县，凡吸毒者自动到县政府登记，限期禁绝，如有违犯，轻者重罚，重者枪决。至是年12月底，戒除837人，将贩毒者西王奇村刘金、大五女村吴东海，屡教不改的吸毒者刘庄村孙宗生枪决。翌年3月，又将贩毒者望都县建南村牟吉保、安国县城内李小操，吸毒者门东村刘金榜、刘洪臣枪决。贩毒、吸毒一时得禁。民国27年（1938）日军侵占安国后，吸毒风又起，县城内公然开设大烟馆，有的集镇乡村设烟摊，推销毒品。

四、禁　妓

民国以前，政府对娼妓放任，甚至以其为财源，抽捐以入，严重危害社会。民国14年（1925）始，县政府采取“包商投标承包”办法，每年加征妓女捐，民国20年（1931）张洛济以1616.6元标额中标。每年春秋两次的祁州庙会期间，县内和邻县一些卖娼妇女以赶庙为由从事暗娼活动，无极、深泽、定县等地的妓女和保定、天津、北京一些妓院亦齐集安国赁房营业。据19年（民国1930）官方统计，非庙会期间县内有公开妓院3家，妓女50余人；春季庙会期间公开妓院11家，妓女132人；秋季庙会期间公开妓院14家，妓女161人。常到祁州赶庙的妓院有葵花班、天津班、大香玉班、莲秀班、四妮子班等。庙会中还有暗娼70余家，200余人。妓女按等级居住，药王庙正西永吉路一带为一等；南关、西南关和孟庄一带多为二等；南关门外偏东靠城墙“东大地”全部为三等。民国20年（1931）7月，东北军骑兵一旅驻扎安国，对妓女百般凌辱，2人含恨自杀。此后，随着战事增多和药业萧条，公开妓院逐年减少，民国23年（1934）仅剩下1家。翌年，县长张仰文下令取缔公开妓院并严惩暗娼。农历四月初六，将居住在城内西街，经常冶容招摇的大李庄村妓女王某抓入县府训斥，令其吃下胭脂以示惩戒。此后，明妓虽无，暗娼仍存。

五、人犯监押

明天启以前，域内羁押犯人，重者入狱，轻者入仓。天启五年（1625），建狱房10余间，仓房2间。翌年，知州郭应响鉴于一般民事案件当事人入仓受刑事案犯欺凌，于衙前照壁两侧各辟铺房1间，暂押侯审民事案件当事人。同时，整修年久失修仓房，新建仓房3间。狱、仓、铺统由典吏掌管，设禁卒5人，清乾隆三十三年（1768）增至8人。监犯自备饭菜，强制劳动。民国元年（1912）取消仓、铺，设监狱，由县公署掌管，监房定额40人，因社会治安状况较差，在押犯常超额逾倍。人犯多从事磨面、轧花、切药等劳动。民国22年（1933），公安局设看守所，主要羁押未决人犯，所址与监狱同院。重犯和已决犯交县公署监狱关押，时有监房13间，监房管理人员5人，其中女看守1人。看守所拘禁房7间，看管人员3人。民国29年（1940），日伪政府将监狱和看守所一并迁到伪警察所院内，称看守所，设看守5人。原公安局看守所改为警察所留置场。有监房3间，看守4人，其中女看守1人。

六、消　防

清代及以前，无专职消防组织，城乡设更夫巡逻守夜，提醒居民防火、防盗，遇火情鸣锣呼喊召人扑救。民国7年（1918）始建消防队，消防工作较前正规，然设备简陋，仅备消防钩、桶、锨等简易灭火工具。民国17年（1928），购置2台手揿式水泵和水龙带、水枪。

第二节　审　判

一、审判机构

明清时期，案件均由州衙刑房审理，知州执掌审判。民国初，司法事务仍由县知事兼理。民国3年（1914），县政府建审验所，专理一般刑事、民事案件，重大案件移县知事审理。民国17年（1928），县政府建承审处，设承审员2人，书记员2人，检验吏1人，承发吏2人。

二、案件审理

明清时期，审理案件，除向诉讼人收取诉讼费外，原、被告还需交纳站堂、取保、传证等多种费用。加之有的官富勾结，贪赃枉法，致使百姓倍受欺凌。域内有民谣“衙门口朝南开，有理无钱别进来”。清末，郑家庄郑氏两家为斗气打了13年官司，家财被贪官榨尽（详见附）。民国3年（1914），实行承审制，各类案件进行公开审理。但司法大权仍由县知事（县长）独揽，存在有法不依现象。有钱、有势的人行贿打点，重罪轻判，或有罪不判。西伯章村王印奎财产继承一案，从县公署打到最高法院，历12载未得结果。

附：两郑家打官司

清咸丰年间（1851—1861），郑家庄首富郑连璧与自耕农郑锡荣两家为一件民事纠纷，引起讼争。官府榨财，两家俱损。

郑连璧自幼习武，于道光二十四年（1844）中武举。祖上以出租土地和放贷发迹。至其时，家有良田5000余亩，房屋120余间。因家业丰厚，乡人称“大郑家”。

郑锡荣，以农为业，承祖上7亩薄地和10余间房屋，膝下6子，个个心灵体壮。家境一般，乡人称“小郑家”。

当时，郑家庄村北3000余亩地均为大郑家所有，而道旁有小郑家1块1亩多祖坟地。清咸丰七年（1857）三月一天清晨，郑连璧带家人沿道溜鸟，行至小郑家坟地时，发现一地鼠，命家人捕作鸟食，地鼠钻入坟穴，家人挖洞捕鼠，巧被小郑家人看见。郑锡荣闻讯赶到，指责大郑家挖其祖坟，破了风水。郑连璧冷言相对，两郑大吵一场。郑锡荣为求公断，当日上州衙状告大郑家挖其祖坟。官司未审，又生事端。事发后第四天早，小郑家长子郑连生扛轳辘架下地浇园，行至村边恰碰郑连璧溜鸟，二人怒目相视。忽然，郑连璧的鸟飞落在郑连生轳辘架上，郑连生正怒火中烧，伸手将鸟抓住摔死。郑连璧暴怒，狠狠打了郑连生几个耳光，道：“我郑某人活了这么大岁数，还没人敢和我过不去，你郑锡荣不是告我的状吗，我郑连璧奉陪到底！”翌日，郑连璧带银赶到州衙，打通上下关节。小郑家连告不下不断告，大郑家屡送银钱气更粗。郑连璧为显示财势和打官司方便，花银买下从南徐辛庄村西口至西长仕村北口大道一条，经常坐轿子车携钱财进城拜会知州。知州对此案故拖不决，直至同治二年（1863）仍未决断。此时，郑锡荣的外甥孙洛清在保定府当差，为帮舅父打赢官司，几经疏通，将此案提府审理。小郑家对打赢官司抱很大希望，变卖全部家产，到府诉讼。大郑家亦未敢怠慢，郑连璧先以武举身份拜会知府，私贿纹银1500两，后又购买名人字画、珍品送于知府。知府亦采取拖延手段，银两不断进入腰包。郑连璧见结案无期，便在保定南城门外购地400余亩，房30余间，准备久战。孙洛清见此案久拖难决，对小郑家十分不利，便串通差友拦郑连璧进府之路，迫其出银买路，差人们轮换到大郑家讹财，郑连璧不敢得罪。眼看家财耗尽，官司未了，郑连璧有苦难言，只好变卖田产硬撑。小郑家10余年官司，全部家产荡空，已无揭锅之力。郑连生看透官场黑暗，想尽快结束官司，挽救全家。他脱去上衣，双手托菜刀跪于母前，恳求母亲在其背上砍了三刀，带伤到府，声言知府不明断此案，就与郑连璧以命相拼。知府怕出人命，令差人将其拿下，于同治八年（1869）十月以“蓄谋杀人”“扰乱公堂”罪，将郑连生发配新疆。郑锡荣见状卧床不起，不久命毙。其次子郑习生、三子郑旺生为照顾发配新疆的兄长，前去追赶，一去未回。郑连璧在这场长达13年的官司中，也耗尽万贯家财，悔恨交加，不久亦命归黄泉。

第二章　人民公安

第一节　机　构

一、县及派出机构

民国 29 年（1940）1 月，中共安国县委在南马村建社会部，设部长、干事各 1 人，主理公安工作。是年 12 月 8 日，在西北马村成立安国县公安局，设秘书室、联络股、侦查股、社会股、教育股、特务队、警卫室、看守所。全县设 7 个区，每区设 12 名治安员。民国 32 年（1943）2 月，改局为科，下设干事 5 人，特务队（手枪队）10 人，全县划 5 个区，每区设 1 ～ 2 名情报联络员（后改称公安员），编制 25 人。民国 34 年（1945）9 月，改科复局，设秘书股、侦查股、审讯股、治安股、行政股、警卫队，编制 35 人。是年 10 月，增设祁州镇、伍仁桥 2 个派出所，全县重新划为 7 个区，每区设公安员 1 ～ 2 人，编制 40 人。民国 37 年（1948）5 月，建安国市公安局，直辖祁州镇派出所，设秘书室、政保股、治安股、预审股、看守所，编制 20 余人。民国 38 年（1949）2 月，撤销安国市，市公安局并入安国县公安局。1958 年，各公社设 1 名公安特派员。1962 年 7 月，公安局秘书室改为办公室，增设政治教导员。同时，建立城关、伍仁桥、石佛、郑章、淤村 5 个派出所。1968 年 7 月，公安机关实行军管，建安国县公安机关军事管制小组，设办公室、侦破组、治安组、看守所，5 个派出所未变。1972 年 6 月，恢复公安局和原下设机构。1978 年 6 月，增设刑警队。1979 年，建消防股，1983 年 3 月划归武警保定消防支队领导。是年，局政治教导员改为政治委员。1985 年 1 月，建立政治工作办公室和行政拘留所。是年 7 月，各乡建派出所。1986 年 3 月，增设祁州药市派出所。4 月，公安局接管交通局监理站，建公安交通警察大队。8 月，撤销县城以外乡镇派出所，改建为伍仁桥、淤村、郑章、庞各庄（后改西安国城）4 个中心派出所，其他乡各设驻乡民警 1 人。1988 年 7 月，增建通讯股。1990 年 9 月，建法制股和桥北派出所，撤销 4 个中心派出所，恢复乡镇派出所，原祁州镇派出所改为祁州镇桥南派出所。

二、村治安组织

1950 年 4 月，200 户以下的村设公安员 1 ～ 2 人，200 户以上的村建公安委员会，设主任 1 人，干事 2 人。1954 年，232 个高级农业合作社中均设保卫股，122 个初级社中均设保卫员。1958 年 8 月，各大队建立治安委员会，机关、学校、厂矿建治安保卫组。翌年 8 月，大队治安委员会更名治安保卫委员会，生产队设治安保卫小组，开展治安联防工作。1986 年，祁州药市建治保会 8 个。1990 年底，全县共有治安保卫委员会 204 个，治保人员 862 人。

第二节　社会治安

一、禁毒　禁妓　禁赌

抗日战争期间，县人民公安机关与其他抗日武装力量相配合，严厉打击贩毒、吸毒者。民国30年（1941），处决了西伯章村吸毒成瘾、屡教不改的田振欧。中华人民共和国成立后，又对个别隐蔽吸毒者深挖重处。县木材公司职工冯某（旧军人），从1957年起骗取麻醉品注射，仅1960年1—8月共打吗啡针164次，吃吗啡片137片，被逮捕法办。1961年根绝毒患。

解放后，县民主政府严禁卖淫嫖娼。民国37年（1948）4月，县公安、民政、妇联等部门联合组成调查清理娼妓小组，对3名有家可归者送其回家，8名无家可归者帮其成家。1980年后，已绝迹的卖淫嫖娼活动又死灰复燃。1984年，县公安局先后查获卖淫活动21起。1987年，县公安局与基层治保组织密切配合。在车站、旅馆、客栈等23个易发案处设置监督人员查禁。1989年，根据公安部《严厉打击卖淫嫖娼活动的通知》精神，举报与侦查相结合先后查获卖淫嫖娼活动29起，其中团伙11个，卖淫妇女41人，嫖客199人，捣毁窝点5个。此后，卖淫嫖娼活动大减。

抗日战争时期，县人民公安机关在加强对敌斗争的同时，把打击赌博作为维护社会治安的重要内容查处。民国31年（1942），西伯章村聚赌成风，社会治安非常混乱。区治安员刘侠和区委干部马耀章，乔装打进赌场，将贯赌分子全部抓获，没收赌资、赌具，经教育具结画押后释放，刹住了该村赌风。民国37年（1948）4—6月，县公安局对赌风较重地区进行治理，先后破获大赌案21起，逮捕大赌棍47人，没收赌资6712.1万元（边币），依法判处11人有期徒刑。中华人民共和国成立后，县委、县政府将宣传教育和严厉打击结合在一起，长期开展禁赌工作。1950年3月，县公安局发动群众议赌情，揭赌窝、赌头、赌棍，组织治保组织和民兵查赌，在南段村、边庄、大营、张乡等65个村破获197个赌场、赌窝，681名赌徒受警告教育。1958年2月，开展大规模禁赌活动，收缴赌具9990副。之后，赌博案明显减少，1960年破获赌案7起，占各种案件发案总数的8.6%。1969年，破获赌案3起，占各种案件发案总数的1.8%，为历史最低水平。之后，赌风复起，一些赌徒合谋在路旁用扑克牌、硬币、象棋等作赌具骗赌，一次赌额少则几元，多则上百元。公安部门对此严厉打击，至80年代后期减少。1982年，玩麻将风行全县，以此为赌者遍及城乡。公安部门每年于春节、冬闲等季节开展大规模抓赌活动。1986年，查获赌博案件500起，抓获参赌分子2131人，其中赌头、赌棍56人，“局家子”111人，惯赌分子731人，一般赌徒1233人。逮捕6名情节严重者，行政拘留50名屡教不改者，其余教育罚款，赌风有刹。1987—1990年，县公安局、武装部、共青团、文化局、司法局、妇联等部门利用各种形式进行法制宣传教育，经常开展禁赌活动。1990年春节间，查获赌博案件121起，参赌608人，收缴赌具128副。

二、打击刑事犯罪

抗日战争时期，县人民公安机关对趁机抢劫、盗窃、强奸和严重扰乱社会治安的犯罪分子严厉打击。民国29年（1940）4月，结合锄奸运动，先后镇压7名惯偷和4名拦路抢劫、强奸犯。民国37年（1948）6月5日，县公安局破获一起伪造部队机关印章、武装走私巨额诈财案，主犯马金池仅在安国边区银行九支行一次骗取边币1500万元，被依法枪决。中华人民共和国成立初，为保卫人民新生政权和胜利果实，公安机关侧重打击带有政治性的暗杀、抢劫、破坏、纵火、盗窃、投毒等罪犯。1951—1954年，破获各类刑事案件631起，其中盗窃、凶杀、纵火、抢劫等重点刑事案件517起，占侦破案件总数的81.9%。1955年，根据《全国农业发展纲要（草案）》第四、五条款，清查搜捕刑事犯罪分子。7月4日至11月23日，两次集中搜捕犯罪分子189人。是年，发生各类刑事案件203起，侦破153起。1957年，发生刑事案件58起，破获49起。1958—1960年，因受“大跃进”影响，办案出现扩大化，1958年抓捕173人，21人或因一两句不满言论或因偷集体几个玉米，即被抓捕定罪。20世纪60年代初，因经济困难和自然灾害影响，一般盗窃案件有所上升。县公安机关与基层治保组织密切配合，坚持法律制裁和群众处理两手并用原则，1962—1963年破获盗窃案264起，其中重大案件43起。1963年，外地灾民1396人流入域内，以伍仁桥、城镇、郑章、石佛4个公社为多。为保证社会治安，在政府妥善安置灾民的同时，公安机关及时进行守法宣传教育。“文化大革命”中，社会混乱，1967年公安机关在砸烂“公检法”的口号声中失去职能，打、砸、抢事件不断发生，刑事案件增多。1977年后，拨乱反正逐步治理，至1980年年均发案87起。1981年后，凶杀、抢劫、强奸、盗窃等恶性案件频频发生，一些社会渣滓形成明火执仗的犯罪集团，严重干扰社会治安。1981—1983年上半年，发案365起。1983年7月，根据中共中央提出的“三年为期，三个战役”“从重从快，严厉打击”的方针，从7月25日夜至9月30日，共搜捕案犯222人。此后，公（安）检（察）法（院）司（法）联合办案，深入发动群众揭发检举，至1985年7月进行3个“战役”，破获各类刑事案件684起，缴获赃款赃物12.3万余元，抓捕各种刑事犯罪分子398人，破获犯罪团伙29个，成员132人。1986年，发生各种刑事案件60起，比1983年下降42.9%。1987年初，按照“以防为主，打防结合”的原则，开展以“打击流氓犯罪活动”为重点的专项斗争，至7月先后挖出昼散夜聚，群奸群宿的4个流氓犯罪团伙，共54人，其中女9人；年龄大者25岁，小者17岁。按照《社会治安条例》进行了严肃处理。1988年，在“集中打击刑事犯罪活动”中，县公安部门集中力量先后破获扒车盗窃案20起，拘捕罪犯34人，其中团伙3个，缴获赃物折款2.3万元。1990年，深入开展以“打击现行，破大案，追逃犯，挖流窜”为主攻方向的严打斗争，实行专人专案岗位责任制，重点突破大案、要案，全年破获各种刑事案件73起，抓捕罪犯121人，缴获赃款及赃物计10.7万元。

三、取缔反动会道门

县内反动、落后会道门种类较多，派系庞杂。据1949年统计，影响较大的有：一贯道、大混元门、老师道、圣贤道、九宫道、先天道、后天道、清门道、黄天道、如意道、大佛教、正字普济会、茶叶道、小混元门、金丹道等16种。这些会道门大肆宣扬封建迷信，骗取群众钱财，有的制造散布谣言，煽动群众攻击共产党的方针政策。民国38年（1949）8月，县公安局对各种反动落后会道门立案侦查，查出道徒2165人，大道首80人，中小道首186人，涉及160个村，占全县村数的89%。是年9月和1950年2月先后对217名道首集中教育。对入道群众实行教育挽救方针，有1642人坦白登记退道，并揭发控诉了道内各种犯罪活动。11名一贯道徒分别在伍仁桥、张乡、西崔章等集市上揭露该道骗取钱财、奸污妇女、散布谣言以及装神弄鬼欺骗群众等罪行。至1950年底，各种反动会道门全部被取缔。对少数罪恶大、思想顽固分子，处极刑3人、有期徒刑33人，依法管制97人。

1953年镇反运动结束后，一些会道门又蠢蠢欲动，暗中串连，秘密集会。翌年，一贯道、正字普济会、大混元门等5种会道门公开集会和进行封建迷信活动，大肆发展道徒。11月，逮捕活动猖狂的正字普济会道首，强迫其他4名道首和112名道徒退道。1956年，九宫道首王洛闷、王孝林、甄大兴组织50余名道徒秘密集会，伺机武装暴动，并扬言“立朝换代”。公安局逮捕了首犯，依法制裁。1963年初，西河村老师道道首马小黑，明目张胆地开设“总场”。下设5个分道场，各有当家人，发展道徒50余人，涉及14个村。他们以封建迷信欺骗群众，扰乱社会秩序。县公安局立案侦查，对首犯依法惩处，对受骗入道群众教育遣散。1972年，对反动会道门重新登记。之后，未发现其反动活动。

四、“四类分子”教育改造

民国36年（1947）土地改革结束时，全县有地主864人，富农3309人。中华人民共和国成立初，通过镇反运动，查出143名历史反革命分子和258名现行反革命分子及一些其他坏分子。除对少数罪行严重的反革命分子和其他刑事犯罪分子依法惩处外，对绝大多数“四类分子”（地主、富农、反革命、坏分子），依靠人民群众，就地监督管制，劳动改造。1955年底，共有“四类分子”4578人。为把“四类分子”改造成为自食其力的劳动者，根据《全国农业发展纲要》规定，对“四类分子”分批规划入社，对老实守法，确有悔改表现的评为正式社员。经群众评审，4209人被吸收加入农业生产合作社，269人被评为候补社员，其余继续监督劳动，对100名有违法活动者依法管制。对“四类分子”政治上区别对待，经济上同工同酬。此后，每年对“四类分子”评审，作出升降处理，表现好者，由依法管制升为候补社员或正式社员；反之，则由正式社员降为候补社员或依法管制。1957年后，各村建立监督小组，对“四类分子”实行“三包”（包教育改造、监督劳动、防止破坏），“四类分子”上交守法改造保证书。同时，建立“月考、季评、年升降”制度。1958年，对“四类分子”进行大改造，实行“两包干”，一是政法部门干部对全县分5片包干负责。乡干部分村包干，主要任务是上政治课，检查和领导基层组织对“四类分子”的改造工作。二是村治保委员及党团员骨干当“三包人”（包管制、教育、改造）。公安局统一印制鉴定手册，“三包人”对“四类分子”一天一鉴定，一周一评审，一月一总结（当时又称一天一试体温，七天一会诊，一月一动手术）。是年4月6日至5月9日，公安局先后两次对依法管制的444名“四类分子”集训和集审，各乡对1468名一般“四类分子”集训。1964年“四清”运动中，“四类分子”评审分类，全县时有“四类分子”3085人，其中地主715人，富农2030人，反革命分子199人、坏分子141人。经过评审，表现较好的1813人，一般的933人，不好的339人。“文化大革命”期间，又将原来摘掉帽子的大部分“四类分子”重新戴帽，监督劳动，普遍受到批判斗争。1979年，根据中共中央5号文件精神，对“四类分子”全面评审摘帽，除少数抗拒改造者，大部分都摘掉帽子，改变了成分。至1983年底，全部摘除“四类分子”帽子。

附1：破获“10·4”蒙面入室抢劫案

1988年10月4日夜，西崔章乡八方村在外承包建筑工程的翟金水家闯入一伙蒙面持刀歹徒，家中只有翟妻和两个未成年的儿子。歹徒自称石家庄人，威胁翟妻说：“我们当钱输了，听说你家有钱，拿出来给点儿”。翟妻推称无钱，歹徒便用刀将翟妻肩、腿部砍刺成重伤，将其次子捆绑，持刀逼其长子找钱。他们撬开皮箱，将箱内1490元现金、15元国库券、150千克面粉兑换票拿到手后，又将其长子捆绑，锁上房门逃走。

县公安人员获悉赶赴现场勘查、听取被害人陈述，提取了4个不同足迹和1块蒙面布。经现场分析确定作案系4人所为，并认定是熟悉被害人的当地人。刑侦人员以西崔章乡、大李庄乡、焦庄乡为排查重点。经深入调查，大量证据表明八方村刘N和固城村刘M有重大嫌疑，侦破组决定将该二人列为重点调查对象。通过耳目暗中监视和走访群众，掌握了刘N大量罪证。侦查人员迅速正面接触刘N妻，掌握了刘N出逃线索。县公安局决定兵分三路追捕逃犯，一路往定州汽车站，一路到无极县，一路在当地。9日夜11时，副局长马法亮带领2名干警在无极县搜捕时，驱车去县旅馆中，忽然发现一辆三轮车带两人急驰。当警车快速接近时，二人跳车逃跑。马法亮从警车上一跃而下，擒获1人；另1人窜入附近民宅，藏在厕所顶上，也被擒拿归案。其二人就是此案案犯八方村刘N和孙某。罪犯交代，同案犯还有固城村刘M和焦庄村郑某。11日郑犯见事情败露，投案自首。唯有刘M在逃，侦破组分析可能逃往贵州其岳父家。经局领导决定，立即将刘妻收审控制，防止通风报信。16日，刑警队3名干警南下贵州，在当地公安部门配合下，以查户口为名，至其岳父家将其缉捕归案。

附2：侦破西河盗窃团伙案

1989年秋至1990年10月，祁州镇、伍仁桥、郑章、南仕庄、常庄、北段村等11个乡镇的34个村相继发生入室盗窃案，闹得人心慌慌，严重扰乱了正常的生产、生活秩序。为捕获犯罪分子，各发案地派出所积极侦查，并与村、街治保组织一起巡逻防范。但犯罪分子十分狡猾，每次作案后，都伪造现场，破坏证物。县公安局召开5次局务会，研究侦破方案。1990年12月，抽调20名经验丰富的干警，组成专案组，走访群众，调查取证，20多天走访34个发案地的5000余名干部、群众。根据线索筛选，专案组分组进驻4个重点村。西河村群众反映，有几个年轻人游手好闲，经常结伙外出，经济收入反常。办案人员抓住这一线索，突击调查。大量证据表明，这些人系犯罪团伙。县局决定，立即收审。1991年元月5日夜，分成A、B两组拘捕。A组于11时许至邵E家扑空，干警们佯装撤离，埋伏在院落四周。凌晨2点多钟，邵回家被擒。B组于零时直扑王某卧室，王妻神色紧张，说王已离家出走。干警们估计王就藏在家中，正准备搜查时，王猛然从大衣柜内跳出，抡起手中铁棍向干警们打来，一干警纵身将王拦腰抱住擒获。之后，B组又奔向案犯张某住宅，刚进屋，张从床下窜出，手持板斧乱砍。张全家也赤膊助阵，干警们置个人安危于不顾，巧妙周旋，将其捕获。2点多钟，B组又奔向邵F住处，入院前发现院内散落着几根裸铝线，干警们为防触电，立即切断邵家电源，邵F在睡梦中被抓获。后查实，院内裸铝线是邵布下的电网。是年4月，罪犯全部落网。审讯开始，他们都存有侥幸心理，拒不认罪。为突破全案，专案组决定先从邵E身上突破。通过作邵犯家属工作，掌握了邵与其他罪犯盗窃拖拉机、电视机、收录机等罪行。经开展政策攻心，各罪犯先后交代了罪行。

这一盗窃团伙，是1989年秋纠集在一起的，主犯崔某、王某先后招募8名青年，集结在西河村，崔、王二人为头目，邵E被推为“军师”。团伙成员共立盟言：谁露了马脚，或揭露同伙，诛家灭族。他们昼伏夜出，行动诡谲，选择目标准确，盗窃物品种类多、数量大。1990年5月，在深泽县城关食品批发门市部一次盗走2吨食用白糖。作案时，他们或自备运输工具，或就地盗窃运输工具。有时还将所窃运输工具送回原地周围，以转移视线。销赃时，隐蔽而嚣张。1990年6月，王某从定州市李亲古区农机配件门市部盗窃18条“850”汽车轮胎价值1万多元，他竟送到安国县人民法院，作债务抵押。有时还把所盗日用品摆在自家开的小卖部出售。案犯邵E揭发王某等人盗窃电视机，而王拒不承认。公安干警先后赴保定、衡水、石家庄、沧州、定州等地调查，终于证实此案于1990年3月发生于沧州市。一天夜里案犯崔、王等5人窜到沧州市华侨门市部，用压剪剪断门锁，入店将价值2万多元的9台华日牌18寸彩电和2台收录机盗出，连夜租一辆个体汽车载赃物逃回安国。1990年3月17日夜，案犯崔某等4人，流窜到保定市农机公司，盗走2台石家庄产小拖拉机。案发后，该公司认为是2名门卫监守自盗，责令赔偿全部经济损失，蒙冤数月。沧州、安平、定州、深泽、保定等被盗单位有10人被嫌蒙冤。破获该团伙后，蒙冤群众有的投书新闻单位，有的赴安国县公安局致谢。

专案组历时130天，破获这一重大盗窃团伙54起案件，追回价值25万余元的赃物，为人民除一大害。河北省公安厅为专案组荣记集体二等功。

第三节　户籍管理

民国 32 年（1943），抗日民主政府为防汉奸、特务在解放区进行破坏，实行“通行证”制度，交通要道由民兵把守查询，一般路口由儿童团和妇女联合会组织人员盘查。民国 36 年（1947），建立村人民政权，户口登记上报。1952 年 4 月，县公安局结合镇反运动，进行两种人普查：一是客籍，解放后迁入者；二是本籍，解放前一直在外，时已回籍者。查 172 人，6 人有政治历史问题。1953 年全国第一次人口普查后，农村建立户口登记簿，统一按户登记。城镇居民统一编订门牌号码。户口由居委会登记管理。1954 年，城镇居民门牌由木质更换为铁质，旅馆、客栈实行住宿登记制度。1957 年，县公安局建立重点人口登记管理制度（主要登记“四类分子”）。县内人员外出，须开村以上证明。1962 年，城镇居民户口转由城关派出所管理，一户一册户口簿，农村户口迁移由公社统一管理。1972 年，对城镇农户颁发户口簿。1982 年，第 3 次县城住户更换门牌，由铁质换为铝质烤漆门牌。1988 年 7 月，城镇居民户口改由桥南、桥北两个派出所分界管理。1990 年，农村户口由乡镇政府管理改为驻乡镇派出所管理。对农民到县城祁州药市长期营业者，准予办理临时户口。1990 年，全县户口管理分类为城镇居民户口、农村户口、集体户口和暂住人口。

第四节　监所管理

民国 37 年（1948 年）5 月，安国市公安局在石板胡同北（旧电影院内）设看守所，时有房 14 间，看守 3 人。1949 年 12 月，市、县公安局合并，两所由县公安局管理，已判犯改为在所内劳动改造，主要为米面加工、轧花等劳动。对犯人改造，坚持以思想教育为主，劳动改造为辅方针，生活军事化，经济待遇按劳取酬，每月每人发给 3 ～ 6 元生活费，并从劳动收入中购买一些副食品改善伙食。1951 年始，每月对犯人进行一次政策、法制和前途教育。1954 年 2 月 17 日至 3 月 13 日，对在押的 248 名案犯进行“服从管教、主动交代、检举揭发、立功赎罪、重作新人”为内容的集训，坦白交代，检举揭发各种犯罪线索 117 件。1958 年 12 月，在犯人中开展社会主义和共产主义教育，组织 178 人参观农业展览，邀请 21 名案犯亲属到所作犯人思想工作，使犯人提高思想认识，有 18 名原来不服管制的案犯决心痛改前非。至翌年 1 月，积极接受教育改造者由 40% 上升到 55%，落后者由 10% 下降到 7%。1958 年，看守所迁址，建房 48 间，看守 4 人，新增烧窑、铸造、榨油、粉碎药材等项目。1960 年，增加切药、修配、缝纫、运输等生产项目。同时，在犯人中开展学技术、比生产、比进度、比质量等活动。翌年初，县看守所改为只关押判刑 5 年以下犯人，5 年以上者送外地监押劳改，生产规模逐渐缩小。1982 年后，看守所生产又有发展，主要为药材、鬃毛加工，有时组织修路、挖渠等监督性劳动。各监号办有学习园地和黑板报，每周更换一次内容，看守所医生每月巡诊两次。1983 年，严厉打击刑事犯罪期间，一些流窜犯被捕，将传染性疥疮带入监内，短时间传染到 50 余人。普通药物治疗无效，所医搜集民间验方治疗，根除该病并将验方传给外地看守所。1990 年，投资 50 余万元，翻建看守所，建筑面积 1444 平方米，设 28 个房间，装有电灯、暖气、双层窗等设施。此时，看守所以关押未判犯为主，同时也关押部分刑期较短的已判犯。本着“改造第一，生产第二”的方针和“惩办与宽大相结合”“劳动改造与政治教育相结合”的方法，看守所经常对在押犯进行政治思想改造以及文化和生产技能教育。

第五节　特种行业管理

解放初，县公安局为整顿社会治安，于民国 34 年（1945）11 月 7 日发布《社会治安暂行办法》，其中第三条规定：“各旅店、大车店从即日起一律实行旅客住宿登记制度，住宿者要出具身份证明，无证明者须到县公安机关或驻军单位进行登记”。是年 12 月至翌年元月，在车、旅店中先后查获伪装成商人的国民党军情刺探者 1 人和预谋暗杀、投毒者 2 人，均交上级军事机关依法处理。1950 年镇反运动开始后，县公安机关和地方治保组织，对住客进行盘查。1951 年 2—6 月，在城镇、伍仁桥、大五女等地收审外地嫌疑人员 17 人，将有重大历史问题的 5 人押送其原籍司法机关。1960 年后，实行特种行业开业审批制度。是年 7 月，县印刷厂、国营旅馆和县招待所等单位相继建立安全保卫组织。在公安机关指导下，各单位安全防范工作不断加强，1961—1975 年查获投机倒把案 67 起。1983 年后，随着商品经济发展，特别是安国药业恢复，客流量激增，集体、个体旅店业发展迅速，县城内旅店由 1980 年的 4 个，发展到 1986 年的 76 个。药材交流会期间，每日接待旅客 2000 ～ 4000 人。有的旅店为增加经济收入，对住宿人员不验证，不登记，给一些不法分子留下可乘之机，各种案件时有发生。仅 1986 年上半年，在旅店业中就发生刑事案件 13 起，治安案件 69 起。为维护社会治安，公安机关通过调查，征求意见，本着“群众化、社会化”的原则，于 1986 年 8 月组建“安国县祁州镇旅店业服务协会”。会长和委员由各旅店从业人员民主选举产生。1987 年，服务协会自查出各种不安全因素 34 条，调解矛盾 39 件，会同公安机关对问题较多的 4 家旅店进行整顿，取缔 19 个非法黑店。自协会成立至 1989 年，发动工作人员提供案件线索 66 条，协助公安机关破获各种刑事案 9 件，抓获流窜犯 37 人，打击其他非法活动 28 人次。

第六节　消　防

1950 年，防火安全工作由县公安局治安股管理。1957 年 5 月，县人委发出《关于开展农村消防工作的意见》，至翌年 6 月建 8 个消防指挥部，69 个防火安全委员会，458 个义务消防队，时有义务消防队员 7272 人。同时，贯彻“预防为主，消防结合”的方针，发动群众制定安全防火公约。1958 年，仅发生火灾事故 9 起。1959 年夏收间，各生产队建立安全防护小组，轮流在麦田、麦场值班。1960 年，改造易引起火灾的旧式连炕灶烟囱 11360 个。1962 年春节间，县人委抽调 26 名干部组成 5 个安全检查组，对县直各单位和基层供销社、信用社、生产队仓库、牲口棚等 4052 个要害场所进行防火、防盗安全大检查。是年，发生火灾 7 起。1964 年夏收间，县组织人员对 1843 个麦场先后进行 5 次检查。1979 年 1 月，县公安局建立消防股，设消防干警 4 人，配备解放牌消防车 1 辆。1984 年 3 月 13—16 日，举办重点单位 40 人参加的消防训练班。1986 年，县公安局将消防工作纳入承包内容，实行分级管理，县直一、二类重点消防单位由消防股管理，三类单位包括乡镇企业及城镇、农村的消防工作由派出所管理。县轧花厂、棉纺厂、棉麻公司、石油公司等 6 个单位设置专职防火员。制药厂、制酒厂、县直属粮库、医药公司、县医院等 7 个单位设兼职防火员。全县一、二类重点消防单位建义务消防队 27 个，义务消防员 1613 人，购置各种消防泵 37 台，轻型消防车 4 台。全县 350 辆汽车配备高效灭火器 700 个。1987 年，县城消防工作纳入建设规划，各主要街道布设给水网管40381米，府前街设消防栓4座。1989—1990年，先后对造纸行业、商业、石油化工行业进行消防安全专项治理，实行化学危险品凭证经营制度。

1984—1990年安国县火灾情况统计表

表14-1

年度	起数（起）	死（人）	伤（人）	经济损失（元）
1984	8	—	—	8145
1985	14	1	6	19290
1986	7	1	—	8345
1987	1	1	2	310
1988	7	—	—	735949
1989	5	—	—	20815
1990	8	—	—	46785.22

附：火灾事故选例

1954年1月13日晚，县马车队由取暖炉引起工棚失火，损失1200元。

1961年9月15日晚，县木器厂木工车间对火源管理不严，烧毁5间厂房和部分设备，损失1.1万元。5月，北章令第一生产队饲养员吸烟引起火灾，烧毁房屋7间，烧死牲畜8头。

1963年1月23日，东吴庄第4生产队4间牲畜房因燃放鞭炮起火，烧死牲畜6头。6月11日，北河村用拖拉机轧麦，因防火帽脱落，30亩麦子被烧毁。

1968年6月23日，两派武斗，引起棉纺厂失火，烧毁皮棉850吨，损失761472.39元。8月29日上午，两派再次武斗，县制药厂被击起火，损失23675.57元。

1972年5月29日22时，南张村第一生产队电工在粮食加工房内划火柴照明，引起火灾，烧毁房屋4间，粮食1吨，棉籽750千克和电动机、轧车、钢磨等加工设备。6月17日11时，黄台大队第一生产队打麦因柴油机未装防火帽，喷火星引起火灾，烧毁小麦1吨多、80亩地的麦秸和大车1辆、柴油机1台。

1975年6月17日，南章大队第7生产队用未装防火帽的柴油机作动力扬场，引起火灾，烧毁小麦6吨。8月3日凌晨，县化肥厂合成车间因事故起火，烧毁厂房15间和部分设备、物资，损失4.6万元。

1977年11月11日，县土产公司北库失火，11间库房及物资被烧，损失4.78万元。

1985年5月19日，县造纸厂发生火灾，停产7天，损失6000余元。

1986年6月18日，南仕庄村因风刮断电线造成短路引起麦垛失火，烧毁小麦3.5吨。

1988年5月18日，郑章乡中药材供销公司有人纵火烧毁库房3000平方米，中药材饮片50余吨，直接经济损失50余万元。22日，县橡胶厂压胶车间因设备发生电火花引起火灾，烧毁价值20万元的厂房及设备。

1989年4月8日6时，县化工厂工人丢弃烟头，引燃糠醛原料。火场面积达1.48万平方米。县委、县政府、县公安局领导赶赴现场指挥灭火，除调动县内消防力量外，先后调来保定、定州、任丘等地消防队，经2个小时将火扑灭，损失1.8万元。

第三章 人民检察

第一节 机 构

1951年，建县检察署，设专职检察长1人，受上级检察署垂直领导，翌年改为受上级检察署和县政府双重领导。1954年4月，建立安国县人民检察院，下设一般检察和民事检察组、刑事案件和劳改检察组。1968年，对公、检、法军管。1970年5月，撤销检察机构。1978年10月，复建县检察院，下设刑事检察科、法纪检察科、经济检察科和办公室。1981年，增设监所检察科。1987年4月，增设控告申诉检察科。1990年12月，将原刑事检察科分为刑事检察一科和刑事检察二科。

第二节 刑事检察

1955年前，刑事案件一般由公安机关侦查后直接批捕并向法院起诉。1955年6月1日，县人民检察院开始审查侦查机关提请批准逮捕和移送起诉的案件，并以国家公诉人身份将案犯向人民法院提起公诉和出庭支持公诉，检察侦查机关和审判机关的活动是否合法，履行法律监督职责。是年9月14日，审查逮捕西长仕村“反革命杀人犯”郭某一案，经查证据不能成立，立即释放。1956年3月21日，审查张某套购贩卖粮食一案时，从其反省书中发现该犯还有强奸、溺婴嫌疑，批复补充侦查。经侦查属实，依法重处。1956年，受理公安机关提请逮捕人犯113件131人，审查批准逮捕103件113人，不批准逮捕10件18人；受理公安机关移送起诉104件138人，经审查起诉95件117人，免诉2人，抗诉1人获释。同时，县人民检察院坚持讯问与调查相结合的方针，加强侦查工作。1957年8月25日，伍仁桥村18岁女学生尹某去沙头村走亲途中被人拦截强奸未遂。次日，尹某在街上看到男青年张某，便一口咬定张是罪犯，群众当即扭送张到乡政府，要求将其逮捕。检察机关派员赶赴该乡调查询问、核实，排除张某犯罪嫌疑。通过侦查，仅4个小时即把真正罪犯逮捕归案。是年9月15日，大文村徐某把1605农药粉投放村西坑塘捕鱼出售，致22人中毒、3人死亡。公安机关勘验后，认为徐某不负刑事责任。仅将徐某拘留24小时。检察机关立案侦查，认定徐某应负刑事责任，向法院起诉，依法判处其有期徒刑3年。1958年，开展稳、准、狠、细打击刑事犯罪活动，审批案件采取个人审查与集体研究相结合，领导审核与党委研究批示相结合的方法，年内受理、起诉50个案件，一般刑事案件从受理到起诉仅用3天时间。1961年，在进一步加快办案速度的同时，严格办案质量，审查案件坚持“四个是否”(抓主犯是否确实、抓证据是否确凿、抓案件是否正确、抓犯罪责任是否清楚)，全年起诉45人，起诉前全部提询。全年还受理公安机关提请逮捕人犯95件，自侦21件，批捕94件，受理公安机关移送起诉128件，自侦16件，向法院起诉130件。1963—1965年，检察机关在办案中坚持与公安、法院分工负责，互相制约，互相配合的原则，3年受理公安机关提请逮捕人犯133件142人；自侦15件19人；批准逮捕125件138人，补充侦查4件5人，不批准逮捕11件15人；受理公安机关移送起诉138件151人，向法院起诉124件135人，免于起诉4件4人。1978

年10月恢复检察工作后，检察机关采取集中力量，专人负责的办案方法，适时开展侦查监督和审判监督。1981年，县法院办理一起防碍公务欧打法警刑事案。此案本应由公安部门侦查起诉，而法院却自办，违反法律程序。检察院向法院提出意见，并及时接收这一案件，按法律程序进行了处理。1983年，开始刑场临场监督。是年8月9日上午9时，第一次派员在流罗大桥西侧刑场对杀人犯高金乱执行死刑后验明确已死亡。为加强社会治安综合治理，加强对免诉人员帮教，1984年实行免诉人员建档建卡制度，免诉者填写卡片，存留照片、指纹，书写认罪诲过书，同时将免诉者所在地治保会和帮教小组代表填写的保证书一并存档。在严厉打击刑事犯罪活动中，坚持与公、法、司密切配合，参与重大恶性案件现场勘查和预审，力争从快批捕、起诉，认真执法，严格区分罪与非罪界限。1985年，在审查张某故意杀人案时，发现其妹夫刘某有同案犯罪行为，公安机关未将刘列为被告人，检察人员及时建议公安机关报捕后，一并起诉至法院，作有罪判决。在严厉打击刑事犯罪活动中，受理公安机关提请逮捕案犯187件358人，批准逮捕177件334人，不批准逮捕12人，追加逮捕3件3人；受理公安机关移送起诉183件349人，经审查起诉至法院154件295人，免于起诉43人，追诉2件2人。1987—1990年，受理公安机关提请逮捕各类刑事案犯137件207人，批捕127件151人，不批准逮捕1件8人；受理公安机关移送起诉119件175人，起诉93件132人；报送分院起诉7件7人；免诉2件38人，不诉2人；受理本院自侦案件移送审查批捕4件6人，逮捕3人；受理起诉7件9人，起诉4件5人；受理免诉6件15人；出庭支持公诉498件，发表公诉词498篇。

第三节　控告申诉

1956年，开始接待来信来访检察立案工作，至1960年受理来信来访565件次，经立案查证，情况基本属实508件，其中一般民事401件，违法违纪86件，刑事犯罪21件。1956年，在山西省寿阳县供销社工作的吕某，控诉其子（北都村人）虐待尊长。调查属实后，4次对其子进行教育，使其改正，将结果函告控诉人。1961年，县检察院将信访作为重要工作来抓，坚持午来午办，夜来夜见，并在人口集中区增设检举箱，全年受理来信33件，来访43件，上级及有关部门转来10件。1964年，西徐村田某对1958年以投机倒把罪被判刑1年提出申诉，检察机关会同法院复查，查明田当时任村党支部副书记，建议支委会研究同意，倒卖耕畜3匹，所得利润全交集体。此举虽属违反政策，但未构成犯罪，法院撤销其刑事处分。“文化大革命”后平反冤假错案，检察院非常重视信访工作。1979—1981年，受理来信345件，来访50件，上级转来107件；转有关部门处理339件，自查结案56件。1981年，确定办公室2名工作人员主办信访工作，每月对信访案件分类排队，分清急缓，及时处理。1982年，规定每星期一为检察长接待日，翌年3月改农历逢一、六大集为接待日。1987年，设控告申诉检查科专司控告申诉案件工作。翌年2月，在伍仁桥建立信访接待站，印制《人民检察院案件管辖范围规定》300余份，张贴在伍仁桥附近村庄。为配合打击经济犯罪活动，8月建立举报中心，于祁州药市设举报站，至翌年5月23日受理举报线索17件，其中经济案件16件，立案侦查2件，查否4件，挽回经济损失5万元，追缴赃款11万元。1983—1990年，受理信访398件，自查75件，转有关部门查处258件，重访和直接答复65件。

第四节　经济检察

1981年，县人民检察院设经济检察科，受理侦查贪污、行贿、受贿、偷税、抗税、挪用公款和假冒商品等案件，查处22起农村会计贪污案，逮捕、起诉2人，转有关部门处理3起，做其他处理11起，追缴赃款3940元，挽回经济损失1.4万元。翌年，按照《全国人大常委会关于严惩严重破坏经济的罪犯的决定》《中共中央、国务院关于打击经济领域中严重犯罪活动的决定》，县人民检察院把此项工作作为重点。至1983年底，先后受理经济案41件，逮捕起诉犯罪严重的6件6人，挽回经济损失54554元。1984年，经济检察以粮食、商业、信贷、税务等部门为重点，以保护“两户一体”合法利益为主要目标，严厉打击经济犯罪活动。是年7月3—27日，先后走访专业户、重点户26个，经济联合体12个，查出贪污、勒索等犯罪线索7条。为严厉打击经济犯罪，县人民检察院采取科（室）包系统，办案人员包案件的办法，1984—1986年受理经济案件64件，立案侦查22件，逮捕19人，转其他部门处理27件，追缴赃款7.6万余元，挽回经济损失24万元。1986年9月，根据最高人民检察院和财政部《关于进一步搞好查处偷税抗税案件工作的联合通知》精神，县人民检察院与县税务局联合组建税检办公室，查处偷、抗税。1987年3—7月，查出偷税户93个，补交税款32.5万元。至1988年9月20日，共受理偷税案件113起，其中万元以上大案14起，立案4件，追缴税款和罚没75.2万元。1988年，县检察院出席河北省检察院在唐山市召开的打击偷、抗税经验交流会，介绍经验。翌年8月《最高人民法院、最高人民检察院关于贪污、受贿、投机倒把等犯罪分子必须在限期内自首坦白的通告》发布后，县检察院利用电视、广播广泛宣传，截至通告规定的最后期限10月31日，7人投案自首，退出现金12.6万元。1987—1990年，县人民检察院共受理各类经济案件101件，立案侦查32件，逮捕14人，免诉17件19人，追缴赃款29.22万元，挽回经济损失271.7万元，其中补缴税款175万元。

第五节　法纪检察

1979年前，法纪检察案件均属刑事检察范畴。根据是年12月25日最高人民法院、最高人民检察院、公安部《关于执行刑事诉讼法规定的案件管辖范围的通知》规定，自1980年2月始县人民检察院开始受理法纪案件。1982年，大户大队发生群众性盗伐200余株集体树木案，县检察院派员深入该村，广泛宣传有关法令、政策，号召知情人大胆揭发，几天时间即查获盗伐树木112棵，追缴赔款2710元，依法逮捕报复揭发人的佟某，撤销包庇犯罪的大队治保主任职务。1980—1986年，受理法纪案件87件，立案侦查34件，逮捕起诉9件9人，免予起诉27件31人。1987年，加强对三类案件检察，三类案件检察数量比上年增加5倍。同时，法纪检察与其他检察工作密切配合，从其他案件中查寻违纪线索。8月，审理唐某、王某诈骗大李庄供销社货款20万元案件中，发现大李庄供销社主要领导及经办人犯有玩忽职守罪，即立案查处，起诉法院，判有期徒刑。1987—1990年，先后受理徇私舞弊、隐匿邮件、玩忽职守、非法拘禁、重大责任事故、重婚等法纪案件59件，立案侦查14件，逮捕7人，起诉7件10人，免诉3件6人。

第六节 监所检察

1955年，开始监所检察工作。7月，派员审查公安机关近期拘捕的17名人犯卷宗发现有4件证据不足，定性不准，建议公安局释放，补充侦查。1956年，审查起诉人员兼管监所检察工作，每月一次检察，每周与监管人员开一次分析会，发现问题及时解决。1958年，鉴于监所内老犯欺新犯、绝食哄闹、抗拒管教、认亲攀友、互通案情等情况，建议公安机关健全看守制度，加强管教。1960年，检察人员进驻监所与管教人员同吃、同住、同工作，认真贯彻“惩罚管制与思想改造相结合，劳动生产与政治教育相结合”政策，对在押犯分类建档。其间，对12名抗拒改造和重新犯罪分子加罪判刑提诉法院，对82名积极劳动改造者减刑或奖励。1963年5月，检察61名在押犯，查出因证据不足已捕未诉4人，建议公安机关下大力取证，及时作了处理。1980年1月监所检察科建立后，积极协助公安机关认真遵守《看守所工作条例》，贯彻落实“教育、感化、挽救”方针，严格执行宽严政策。翌年，对在押犯吕某唆使煽动新犯闹监一事，起诉法院，加刑2年。拘役犯刘某发现在押犯崔某外逃，立即报告捕回，对刘提前3个月释放。1986年，监所检察由“配合型”转为“监督型”，监所检察科制备在押犯登记表、诉讼环节一览表、“两劳”(劳教、劳改）人员逐年刑满释放时间摸底表。1987年，协助公安机关对劳改、劳教刑满释放人员接茬安置，全年妥善安置31人，占应安置总数的85%。翌年，根据第二次全国监所工作会议精神，恢复检察人员驻所检察制度。1982—1990年，共查出监所不安全因素73条，违禁物品101件，发催办案通知书5份，口头催办116次，发纠正看守人员违法通知书1份，打击牢头狱霸8人15次，考查回访“免诉”及“五种人”142人次。考查安国籍外地服刑者27人，及时解决了其中8人提出的家庭困难。

第四章 人民法院

第一节 机 构

民国27年（1938），县抗日民主政府建司法科，设审判员2人。民国34年（1945），改科为处，设审判官、书记官、录事、执达员各1人。民国37年（1948）8月，在司法处基础上建立安国县人民法庭，主要审理民事案件。是年10月，刑事案件由过去公安机关审理转为人民法庭审理，设专职副庭长1人，审判员、书记员各2人，法警3人。1950年2月，建安国县人民法院。1952年2月，法院组织巡回法庭，到乡村巡回办案。1954年10月，成立伍仁桥人民法庭。1967年，县人民法院及伍仁桥人民法庭的工作被中止，“公、检、法军事管制委员会”司理审判。1973年3月，复建安国县人民法院和伍仁桥人民法庭。法院内部增设刑事审判庭和民事审判庭。是年，先后建立北段村人民法庭、石佛人民法庭和郑章人民法庭。后撤销北段村、石佛法庭，改设淤村人民法庭和庞各庄人民法庭。1980年1月，增设祁州镇人民法庭。1982年8月，法院增设经济审判庭。1987年，增设行政审判庭，新设祁州药市人民法庭。1989年，法院增设执行庭和行政审判庭。1990年4月，撤销庞各庄人民法庭，改设南仕庄人民法庭。

第二节 刑事审判

解放后，刑事审判围绕土地改革、清匪反霸、清查奸特和打击刑事犯罪开展工作。民国35年（1946）至1949年，共审结各类刑事案件671件。中华人民共和国成立初，根据《中华人民共和国惩治反革命条例》，按照“首恶必办，协从不问”“坦白从宽，抗拒从严”“立功折罪，立大功受奖”的政策，1950—1953年，审理刑事案件1267起，判处死刑41人，无期徒刑3人，有期徒刑1223人。1954年，着重审理破坏粮棉统购统销政策和破坏农业生产等案件，至1957年审结此类案件60件，占刑事案件的37.1%。1958年后，依然将刑事案犯作为重点打击。至1964年，依法判处杀人、盗窃、强奸、破坏等案件78人。“文化大革命”期间，社会主义法制横遭践踏，代之以所谓“群众专政”，制造了不少冤假错案。1978年后，刑事审判工作恢复正常。1980年1月1日，开始执行《中华人民共和国刑法》《中华人民共和国刑事诉讼法》，至1982年底共审结盗窃和破坏集体财产等刑事案件111件，占审理总数的27%。1983年始，县人民法院严厉惩处了一批严重危害社会治安的犯罪分子，至1985年依法审结各类刑事案件107件，其中强奸案27件62人，抢劫案11件32人，流氓案11件33人，其他刑事案58件，判处罪犯182人。严厉打击刑事犯罪活动中，分别在祁州镇、伍仁桥、石佛、县第二中学召开宣判大会，对社会危害极大的一些犯罪团伙和作案手段恶劣及屡教不改的犯罪分子公开审判，判处死刑9人，死缓9人，无期徒刑9人，有期徒刑51人，免于刑事处分4人。1986—1990年，在先后开展“严厉打击拐卖妇女、儿童”“集中打击刑事犯罪分子”“打击流氓犯罪”活动中，审结各类刑事案174件，其中凶杀占17.8%，盗窃占16%，强奸占20%，抢劫占1.7%，违法乱纪占1.4%，其他占53.1%。判处死刑9人，死缓1人，有期徒刑164人。

第三节　民事审判

安国解放后，县人民法庭力避历代重刑事轻民事的偏向，积极贯彻“依靠群众，调查研究，就地解决，调解为主”的方针。民国35—38年（1946—1949）9月，审理民事案件1213件，其中婚姻案占38%，土地及房产纠纷案占24.6%。1950年，在宣传贯彻新婚姻法中，受包办、买卖、童养媳和一夫多妻等封建婚姻枷锁束缚的妇女为争取婚姻自由，要求人民法院为她们撑腰做主，离婚案有所上升。是年，审结离婚案491件，占审结民事案件的44.8%。1953年和1954年《民事诉讼法（试行）》《民法通则》相继实施，人民法院审理民事案件，由过去主要依靠经验转到依据法律上来。随着人民群众法制观念的提高，逐步懂得了用法律保护自己的合法权益，民事案件渐呈上升趋势。案件种类由过去的婚姻、土地等几种发展到债务、继承、赡养、宅基、赔偿等10余种。1953—1955年，审结民事案2661件，其中婚姻案占49.7%，债务纠纷占4.3%，土地纠纷占3.6%，宅基纠纷占8%，财产继承占6.4%，赡养、赔偿等占28%。1956年后，随各级调解组织建立，大量民事纠纷解决在基层。到1964年，法院审结民事案件2025件，年均225件，比中华人民共和国成立初年均942.5件下降76.2%。1966—1973年，审结民事案件457件，年均67.8件。1978年后，由于社会主义法制不断完善，民事纠纷逐年减少，离婚案件日趋下降。1981年，在审结的191件民事案件中，离婚案仅占6%。人民法院对民事案件的审理，坚持调解为主，1982—1990年审理的2381件民事案件中，调解结案占67.8%，判结仅占11.4%，终止、移送、起诉占20.8%。

第四节　经济审判

1982年前，各类经济纠纷案件由县人民法院民事审判庭和基层人民法庭按民事案件审理。随商品经济发展，各类经济纠纷逐渐增多，1982年8月县人民法院建经济审判庭开始专项受理各类经济纠纷案件。审理程序遵循《民法通则》《民事诉讼法》，依据《中华人民共和国经济合同法》及有关经济法规进行。至1990年底，审理经济纠纷案834起，其中借贷合同纠纷占23%，建筑承包合同纠纷占6%，买卖合同纠纷占18%，其他占53%，解决争执款总额1862万元。自1987年始，县人民法院对重大经济纠纷案件派出专门合议庭重点调查、审理。1983—1988年，县供销社部分职工长期拖欠承包费和占用集体流动资金380万元，使企业发展受到严重影响。1989年，县法院合议庭进驻县社系统，巡回办案，就地审理，快速结案。至1990年底，收回拖欠、占用资金280万元。

第五节　行政审判

1989 年 7 月，县人民法院建立行政审判庭，开始受理行政案件。1990 年 10 月 1 日《中华人民共和国行政诉讼法》颁布后，使行政审判工作有法可依。至 1990 年底，共受理行政案件 9 件，审结 8 件，其中维护 2 件，作其他处理 6 件。

第六节　告诉　申诉

1987 年 3 月，县人民法院建立告诉申诉庭，处理告诉申诉案件本着“实事求是，有错必纠”的原则，至 1990 年底接待群众来访 1231 人次，处理信访 987 件。其间，还重点复查了中华人民共和国成立以后所判 317 件刑事案件，结果维持原判 173 件，改判 144 件，免于刑事处分 33 件，宣布无罪 81 件。

第五章　司法行政

第一节　机　构

解放后，司法行政工作一直由县法院负责。1981年，建立安国县司法局，设办公室、宣传股、基层工作管理股，辖公证处、律师事务所。1986年，分片建祁州镇、伍仁桥、淤村、西安国城、郑章和祁州药市司法所。翌年，各乡镇均建立司法所。

第二节　法制宣传

中华人民共和国成立后，县司法机关和宣传部门及工、青、妇等群团组织紧密配合，积极宣传各项新颁法律。1951年10月，利用各种形式，大力宣传中央人民政府和最高人民法院《关于镇压反革命活动的指示》，受教育者占全县总人数的82.9%。同时，宣传贯彻《中华人民共和国婚姻法》。1955—1965年，司法机关组织法制报告、讲演、讲课793次，典型公捕、公审、公判81次，放映幻灯2071场，印发宣传资料3.4万余份。“文化大革命”期间，法制宣传教育被迫停止。

1981年1月县司法局建立，法制宣传开始制度化、经常化。1983年，配合严厉打击刑事犯罪活动，掀起法制宣传热潮，至1985年6月召开不同形式的群众大会370次，书写标语、墙报9万余条（块），印发打击破坏电力设备、打击赌博活动、招降流窜犯等内容的通告1.3万张，召开公布罪状大会21次，公判大会67次，出动宣传车312辆次，举办展览10次，绘制幻灯13套，放映216场，办宣传栏317期，举办法制报告会134场。通过宣传、发动，群众揭发违法问题40件，检举线索1200余条，34名罪犯投案自首。1985年，县、乡镇、村相继建立普及法律常识领导小组，作出全县5年全民普及法律常识规划，在县棉纺厂和流昌村试点，总结经验。1986年春节前，针对早婚和包办婚姻现象，司法局出动宣传车宣传《中华人民共和国婚姻法》，并与民政、妇联等部门深入农村，组织群众深入学习《中华人民共和国婚姻法》，对已到结婚年龄未登记已同居的212对青年催办了登记手续，对不到结婚年龄同居的145对青年罚款并通报全县，对8起干涉寡妇改嫁的当事人进行法制教育。4月，从县直机关抽调448人，组成196个宣讲组到企业和农村开展法制宣传，培训农村法制宣传员1664人，实行包村、包片、包户办法，重点进行《中华人民共和国宪法》《中华人民共和国婚姻法》《中华人民共和国继承法》《中华人民共和国经济合同法》《中华人民共和国个人所得税法》《中华人民共和国企业所得税法》《中华人民共和国车船税法》《中华人民共和国税收征管法》《中华人民共和国刑法》《中华人民共和国民法通则》等法律宣传和辅导，受教育群众达27万余人。1989年3月，开始对干部和企业青工普法验收，全县671名干部参加考试，占干部总数的86%。11月，各单位对普法情况自检自查，县普法办公室重点抽查了县棉纺厂、针织厂、制酒厂和制药厂4个企业。1990年，进一步健全农村普法宣传网络，普法宣传员达8700余人。为增强中小学生法制观念，1985年始每周设1节法制课，校风、校纪明显好转。

第三节　公　证

中华人民共和国成立初，中央人民政府先后颁发了一些有关公证的条例，指定县人民法院办理公证业务。由于群众公证意识低，未能推开。1980年10月，建立安国县公证处，开始专项承办公证业务。初期，先后在祁州镇、石佛、伍仁桥、大五女、张家营等集镇开展法律公证宣传和法律咨询26次，宣传群众13.7万人次，并设5个公证工作试点。1982年4月，按照国务院《中华人民共和国公证暂行条例》，公证业务由过去的贷款、建筑承包和生产协作等5种发展到产品购销、财产租赁、企业承包、子女收养、房屋买卖、有奖储蓄及涉外公证等20余种，公证数量由1981年的12件上升到1984年的235件、1985年的312件。1986年7月，河北省司法厅在安国召开“公证工作经验交流会”，安国县公证处介绍了经验。1987年以后，对助学金、抚恤金、赡养费等项目公证实行减免费。1986—1988年，县公证处连续3年被评为保定地区先进单位。1989年初，乡镇司法所开展公证业务。县公证处和乡镇司法所对资金流动较大的企业跟踪定点服务，一次性收费，常年服务，并经常深入定点企业检查资金使用情况。1990年，安国县中药材购销公司与山东省潍坊市药材采购供应站发生一起110万元的经济纠纷，县公证处3次派员赴潍坊调查，公正解决纠纷。3月，针对县内药材经销者多，人员外出多的特点，开始办理“公证身份证明”，至1990年底发证2176个。

第四节　律师事务

1955年，设兼职律师出庭辩护，至1957年6月共接待群众法律咨询317起，代写法律文书103件，参与刑事辩护41件，民事代理94件。是年10月停止活动。1979年12月，县人民法院筹建司法科，设专职律师1人，主要参与刑事辩护。1981年1月，律师事务归县司法局管理。是年12月建立安国县律师事务所。翌年3月，增加律师3人。之后，全面开展各项律师业务。1983年10月，王某被指控犯有强奸等罪。被告委托县律师事务所律师为代理人，经深入调查，仔细阅卷，以充分的事实建议法庭对强奸罪重新审定。经核查，该犯与某女系勾搭成奸，将强奸罪改定流氓罪。1987年7月11日，焦庄乡经济联合社从哈尔滨特产研究所野生动物养殖试验场购回498对种貉，至第6天貉群暴发“犬瘟热”疫病大批死亡，至是月27日仅剩活貉18只。焦庄乡政府委托县律师事务所对哈尔滨特产研究所向安国县人民法院提出诉讼。经律师赴哈尔滨查明，该实验场违反国务院《家畜家禽防疫条例》，出售未防疫貉，造成“犬瘟热”疫病传播。同时查明该试验场无证经营，与焦庄乡经联社签订的购貉协议无效。后经法院进一步调查核实，依法判决研究所对此案负主要责任，负担给原告造成的经济损失37万余元。1988年，律师事务所派员担任县工商银行和信用社常年法律顾问，全年审查借贷合同45份，查出假章贷款合同1份，手续不全合同5份。1989年，县邮电局以新建邮电大楼工程质量差和延期等理由，向安国县人民法院起诉工程承包人，县法院判承包人付给县邮电局损失费7万元。承包人不服，委托县律师事务所律师为代理人上诉。承办律师先后走访工程设计及工程质量检查人员，又到保定建筑设计院聘请2名专家对工程勘验，同时对工程投资等情况逐一核查。经查，以前期工程估价不实，邮电局对工程拨款不足，配合不当等理由向保定地区中级人民法院提起上诉。经调查审理，中级法院否定一审判决，改判安国县邮电局付给东固建筑队损失费2万元。1980—1990年，县律师事务所共参加刑事辩护96件，其中无罪释放2例，从轻判处25例，减轻罪行11例；代理民事、经济、行政等诉讼案594件，办理非诉讼案件178件，书写诉状293份，解答法律询问447起，处理来信来访1124件。同时，对国家机关、企事业单位、社会团体和公民提供多方面法律帮助，避免和挽回经济损失417万余元。

第五节　民事调解

民事纠纷，历史上多由村中掌事者、族长、士绅调解。解放后，区设民政助理员负责民事调解，各村设民调干部。民国36年（1947），全县有民调干部192人。1953年，根据全国第二次司法工作会议精神，各村建民调委员会，时有民调人员614人。翌年，按照政务院新颁《人民调解委员会暂行组织通则》，使民调工作制度化，共调解各种民事纠纷1074起。1956年6月，各乡先后建民事调解委员会，使一般纠纷解决在乡村，民事案件逐年下降，1953年1187件，1957年391件。1958年，调解和治保组织合并，各公社建治保调解委员会，大队建治保调解小组。1960年，社队调解各类民事纠纷1406件，相当于县人民法院同期受理一审民事案件的11.7倍。“文化大革命”期间，调解组织瘫痪。1979年12月，复建各级民调组织。1981年，第一次全国人民调解工作会议后，县内逐步加强民调组织，到1983年建立调解组织205个，调解人员912人，其中村级调委会196个，企业调委会7个，街道居民调委会2个。1984年，县司法局组织调整民调组织37个，配备年富力强的民调干部32人，选拔调解员111人，撤换105人。同时，推广奉伯村调解委员会坚持“学习、纠纷登记、建档、回访、评比”五项制度经验，促进民调工作开展。是年，发生各种民事纠纷1558起，党政组织调解283起，民调组织调解处理1275起，成功率91%，有75个村未向司法机关上交民事纠纷，出现43个无案村，无民事纠纷积案村112个，无积案乡4个。1985年，为减轻农民负担，除民调主任外，其他成员均由村委会干部兼任。之后，在流昌、奉伯两村试点“联户调解员”制度，按自然片、段划块建组，每10户左右设调解员1人，均由本组群众无记名投票选举产生。至年底，全县80%的村建立调解网，城乡结合、厂街结合、区域结合的调解网络进一步完善。是年，县司法局基层工作管理股被河北省司法厅授予“先进集体”称号。翌年，全县共调处各种纠纷1730起，成功率达93%，防止可能发生的自杀、凶杀恶性案件11起。为提高基层调解人员政治水平和业务素质，1988年举办不同类型培训班32次，培训调解员2727人次，调解各类纠纷1065件，成功率上升到94%；帮教失足青年144人，防止矛盾激化17起，防止避免非正常死亡23人。在省召开的民调工作双先会上，卓头村调委会被评为先进集体，奉伯村调委会副主任江志多被授予“模范调解员”称号。1989年，村调委会组织成员2738人，调解员4591人。1990年，全县出现116个无刑事案件、无治安案件、无民事纠纷村。

第十五编

军　事

第一章　地方武装和驻军

第一节　旧政权地方武装和驻军

一、清以前地方武装和驻军

宋太平兴国元年（976），置蒲阴郡军。景德元年（1004），升蒲阴郡为团练，设团练使、团练副使，高阳关三路行营都部署押策先锋王能驻守祁州城。景德中（约1006），行营为驻泊总管，蒲阴团练军号永宁，马军骑射有威远、怀宁、保节军，为厢兵；步军有武卫、振武、宣殿、靖边驾手，为禁兵。同时，建有民军义勇地方武装，由县尉统领。庆历八年（1048），州部署设兵马总管、副总管。

金代，兵制沿宋，设蒲阴军。州设司候、军辖各1员，职从九品，掌都军兼巡捕事，下辖知城、知镇、知寨、知堡。金天会五年（1127），金将宗翰将祁州城居民全部遣出，建元帅府，设经略使，屯重兵。

元太祖十一年（1216），祁州设元帅府，隶中书省顺天军。

明初设卫所，有定州卫、茂山卫、腾骧卫。茂山卫隶右军都督府大宁都司，有官军681人；定州卫屯军893人。永乐初（1403左右），定州司拨真定卫，在域内设千户所守御，隶真定卫。永乐中（1413左右）隶大同中护卫，遂改定州卫。定州卫设掌印指挥使，下设屯局指挥、城操指挥、巡捕指挥、经历、镇抚各1员；腾骧卫乃禁卫亲军，数目无考。3卫有屯田5.61万亩。另总督军门有马兵26人，步兵52人；抚院有马兵7人，步兵12人。洪武初（1369左右），兵部在域内设专门传递军事情报的水马站（水路递站）和急递铺，每15里一铺，每铺设铺兵10人，有东固、楼底、娄家营、王家庄、城关5铺。中羊、辛安、子娄、张宁（今南章令）、北楼底、南马、娄家营7村沿官道设有墩堠（建筑时间无考）。至明中叶，废军屯，设民壮缉盗、守城。隆庆中（约1569），巡抚衙门标下马兵7名，步兵12名，听征马兵26名，步兵52名；兵备道团操快手18名；乡兵、民壮额千余人。民壮无粮饷多役使，怨声甚重。嘉靖间（1522—1566）民壮多裁汰，存额35人。嘉靖三十七年（1558），兵部议裁铺兵十分之四五，节钱粮以输边，每铺设铺司，要路铺兵10人，僻路四五人。天启年间（1621—1627），农民纷纷起义，社会动荡，统治者屡增民壮。天启五年（1625），有民壮112人。是年8月，知州郭应响大修武备，建教场、演武场，从各村庄1900名乡兵中选精壮者384人，编为前、后、左、右4营，每营设哨长、司旗各1人，司高照、掌号、先锋探马各2人，弩钩手4人，兵84人，守城防卫。每年春、秋、冬季逢朔、望日操练，端午操练1次。每次操练，对中、上等者奖银以励。天启六年（1626）正月，选1200名精壮乡兵为守城义勇，编成30个队，每队40人，设队长1人。武器装备有：铁甲18副，铁盔26顶，子母炮12座，虎尾炮198杆，勇珠炮8杆，佛郎机54杆，木枪706支，三角铁刺1350个，弩钩24条，镗52把，大刀44把，大棍56条，高照10竿，木骨垛43个，硬牌26面，各色大小旗55面，火药2380斤。

清初，裁卫设汛地，驻有督标绿旗营兵，隶于保定府城守营。汛地设把总1员，年关坐粮银36两，营书2人，年关银30两。有马兵8人、步兵10人，年关兵饷银368两。配有战马8匹，盔甲12副、撒带11副、腰刀12把、鸟枪7杆、月斧7把。同治间（1862—1874），汛地有马步兵14人，县、乡、村建有地方武装团练，由县丞统管。光绪三十一年（1905）知州张朗卿分州境为4乡12区，设巡兵344人。区设巡目1人，4乡各设巡长1人，州城3关各设巡官1人。翌年二月，建巡警局。

宋、金、元时期祁州、蒲阴郡部分军事职官表

表15-1

朝代	姓　名	职　务	籍　贯	任职年代	备　注
宋	徐　兴	知　军	山东青州	—	—
	贺惟忠	都巡检	忻州定襄	开宝三年（970）	祁州刺史兼定、祁等州都巡检
	杜惟序	团练使	定州安喜	—	《宋史·外戚列传》记
	牛思进	团练使	河北无极	太平兴国间（976—983）	《宋史·本传》记
	赵　振	团练使	雄州归信	景德中（约1006）	《宋史·本传》记
	卢　政	团练使	太原文水	熙宁中（约1073）	《宋史·本传》记
	黄　履	团练副使	邵　武	崇宁元年（1102）	—
	安　焘	团练副使	河南开封	崇宁二年（1103）	—
	吕惠卿	团练副使	晋　江	大观元年（1107）	—
金	段增顺	经略使	—	—	《金史·宣宗本纪》记
	纳合六哥	经略使	—	—	《畿辅通志》记
	宗　翰	元　帅	—	绍兴元年（1131）	—
元	贾　辅	左副元帅	安　国	太祖十一年（1216）	—
	贾文备	左副元帅	安　国	约至元九年（1272）	袭父贾辅职

二、民国时期地方武装和驻军

民国初，县无专门军事机构，仅有巡警局维持社会治安。民国13年（1924），第二次直奉战争开始，北洋政府派军驻安国。民国16年（1927），冯（玉祥）系陆钟麟部韩复榘师进驻安国筹饷，休整数月，开拔时留秘书张绍堂任安国牙纪局局长，征收赋税以继军饷。是年，冯玉祥联阎（锡山）反张（作霖），10月晋军刘香九部进驻安国，司令部设在南关兴盛银号。不久被奉军何柱国部击溃。民国18年（1929），民国县政府依国民政府《县保卫团法》建安国县保卫团，设团总1人，副团总2人，保卫团下设5个支队，分别驻防城关、石佛、伍仁桥、大五女、西伯章。民国20年（1931）1月，奉系部队驻防安国、定县、博野等县，白凤祥骑兵第六旅两个骑兵连进驻安国县城，翌年8月参加镇压“高蠡暴动”。民国24年（1935），张仰文接任安国县长后，重新整编保卫团，设队长1人（县长兼任），副队长2人，队员400余人。翌年，保卫团与公安局合并，设队长1人。保卫团有团丁120人，分编5个区队，各区队与邻村定期会哨。民国26年（1937）初，保卫团缩编为60余人。张荫梧为扩充实力，以支援抗日为名，令安国组建联乡自卫团，团址设在关岳庙（今师范附属小学）。自卫团设总团（县）、区团（区）和组团（村），由区、村自卫队员编成，约千人。自卫团粮饷由村筹，枪支不多，轮流训练，3个月一换班。是年七七事变后，日军大举进攻，国民党部队节节败退。农历八月十五，驻保定的国民党53军万福麟部南撤路经安国，张仰文焚毁所有文书档案，率保卫团、自卫团随军南逃，后至晋南山区，随张人员各自逃散。

附1：日伪驻军及土匪武装

民国27年（1938）12月，日军侵占安国，成立伪政府，实行“强化治安”。日伪军常驻部队最多达千余人，建中心据点5个，炮楼碉堡38个，另有特务队、警备队、教导队、宪兵队等军事组织。

（一）日军驻防部队和军事组织

日本长江部队　民国27年（1938）12月侵占安国，司令部设在县城孔庙内，队长中野，全队500余人。所属日本小队分驻县内各据点。长江部队向县伪军武装派遣顾问，兼对伪军和团丁进行政治和军事训练。民国31年（1942）五一“扫荡”后，陆续撤离，到民国33年（1944）8月只剩50余人，民国34年（1945）安国解放前全部撤至定县。

日本宪兵队　成立于民国27年（1938）12月。民国29年（1940）田中任队长，属下有日本宪兵40余名，另有中国人组成的便衣特务队。宪兵队经常抓人杀人，无恶不作，制造很多惨案，后任队长有永井、草雉、小林等。该队随日军投降消亡。

日本长江部队特务队　成立于民国28年（1939），驻城内关帝庙，直属日军领导，设2个分队和1个谍报班，约30多人，队长牛韵生，队员多为死心踏地为日军效命的汉奸。特务队配有日军翻译，武器配备齐全、精良。经常便衣活动，或化装成八路军、武工队诱捕抗日干部、村民，杀人放火，血债累累。12月，改称日本长江部队工作队。民国30年（1941）8月，复名日本长江部队特务队，后编入警备队。

日本1417部队村上队　民国33年（1944）4月侵驻安国，队址设在县城内文庙。辖加藤、草苹、岩赖等小队和中国人组成的1个情报班。9月，调防衡水。

（二）伪军军事机构和组织

安国县保安队　建于民国28年（1939）。伪县长兼队长，设3个中队，200余人。部队设军械、军需、文书、会计等办事机构。民国30年（1941），王永言兼任保安队长，副大队长王毓芝。民国31年（1942）春至翌年春，伪县长佟明礼兼保安队长，副大队长王毓芝、王一民，辖4个中队和1个骑兵小队，约300余人。民国34年（1945）初，改编为教导队。

安国县警察队　建于民国28年（1939）。有警官、警察200多人。在城关、伍仁桥、石佛、大五女、西伯章设警察分所。民国34年（1945）安国解放时消亡。

安国县警备队　原为驻保定警备队一大队三中队。民国29年（1940）6月调防安国，称安国县警备队。大队长由伪县长赵鹤年兼，副大队长吴户科，辖5个分队，每分队3班，共180人。民国31年（1942）扩编为8个中队，每中队设3个小队，每小队3个班，每班10～12人，另设侦谍班共有队员

840多人。分别驻防城关、西安国城、伍仁桥、郑章、南段村等据点和炮楼。警备队经常随日军“扫荡”，抢劫民财，抓捕抗日村民。民国34年（1945）7月13日，冀中七分区部队攻打安国县城时，副大队长段丙林率一中队50余人投诚。其余大部逃散，少数随伪县长李国柱逃亡定县。

安国县自卫团 成立于民国31年（1942）6月，团长白某，总监理高建勋，团员30余人，队址设在城内奶奶庙胡同。主要任务是训练农村青年，然后，充实县城及各岗楼伪警备队。民国34年（1945）8月，随县城解放消亡。

安国县挺进队 民国33年（1944）12月成立，受日本长江部队和警备队双重领导，队长萧兴亚，辖3个班，60余人。经常随日军外出讨伐“扫荡”，劫掠财物，同时为日军搜集军事情报。民国34年（1945），王汉英、董鸿儿分别任正、副队长。是年消亡。

李国柱教导队 队址设在县城崔家大院。建于民国34年（1945）4月，队长由伪县长李国柱兼，设3个中队，200余人。经常随日军或独自到围城村庄劫掠财物，搜捕抗日干部。7月，在八路军和县武装力量打击下，大批队员逃出县城投诚。8月27日夜，少数亲信随李国柱逃亡定县。

（三）土匪武装

七七事变后，国民党部队和民国县政府南逃，域内一片混乱，土匪四起。地痞流氓邸小旦、张书元、王乱儿等“拉杆子”立队伍，横征暴敛，鱼肉乡里。土匪武装以南关行武出身的高建勋为最，他以成立“抗日铁血救国军”为名，招兵买马，搜罗枪支，啸聚千余众，独霸一方，自称司令，奸淫抢掠，绑票行凶，无所不为。民国27年（1938）1月，吕正操率人民自卫军第四团剿灭小股土匪后，以进行野外军事演习的名义，突袭舍二村高建勋司令部，高建勋侥幸脱逃。后高匪残部被唐朴农率八路军二十三大队全歼，活捉高建勋。

附2：安国县日伪军据点、碉堡分布情况

民国27年（1938）12月至民国34年（1945）8月，日军侵占安国期间，先后建立中心据点5处，分别设在城关、南段村、郑章、西安国城、伍仁桥；炮楼38座，分别设在西伯章、北都、郭北庄、娄家营、西照、韩村、新安、门东、曲堤、侯村、西娄底、西河、大五女、小郑村、南王买、海市、东秋元、大李庄、明官店、刘家庄、焦庄、流托、伍仁村、固城、东崔章、南马、茂山卫、宋固、张乡、北流罗、郑各庄、子娄、流霜、北堡、庞各庄、石米马、南阳、石佛。

第二节 人民地方武装和驻军

一、抗日战争和解放战争时期地方武装和驻军

七七事变后，吕正操率人民自卫军进驻安国，组建抗日民主政府，建立县武装特务队。民国27年（1938）2月，中共安国县委成立，专设军事部领导人民开展抗日武装斗争，先后建立武委会、县游击大队和区、村武工队、游击队等武装组织。到民国34年（1945），武装力量发展到7000余人。

抗战期间，吕正操率领的人民自卫军，晋察冀抗日义勇军八支队，冀中军区十七、十八、二十六团和冀中专区后来改编的三十二、三十六、四十五区队频繁活动于安国一带，重创日伪军，立下不朽功绩。

（一）县、区武装

武委会　民国26年（1937）10月，吕正操部人民自卫军一团赵承金部，奉命组建安国县抗日救国自卫队总部（简称县总部），任命王清元为主任，队址设在城内女子学堂。翌年4月，冀中各部队统一编号后，县总部改称安国县抗日救国武装委员会（简称武委会）。民国34年（1945）8月，根据上级指示，撤销县武委会。

县武装特务队　建于民国26年（1937）11月。谷文凯任队长，赵宝贞任政委。全队30余人，20多条枪。是县内第一支人民抗日武装。

县大队　民国27年（1938）5月，县委、县政府根据冀中首届党代会精神，在县武装特务队基础上改建县基干自卫队，队长张锡峰，政委冯树祥，队址设在北七公村，队员50多人，大枪40余支。同年，按武装序列改称县大队，至民国30年（1941）底，发展到3个中队，约450人。翌年，抗日形势恶劣，县委精减武装，压缩到200人。五一“扫荡”后，恢复整顿，至民国33年（1944）恢复到3个中队。县大队经常配合正规军或单独对日伪军作战，参加大小战斗21次，击毙日伪军98人，生俘伪军26人，缴获大枪59支，子弹数万发，大车30余辆，攻克日伪点堡8座。民国35年（1946）春，根据冀中七地委指示，县大队武装人员全部复员。秋，全部归队。冬季，大部队员编入野战军，一小部分编入分区八十团。

区小队　民国27年（1938）5月，按5个行政区，成立5个区小队，隶属县大队领导。每小队二三十人，20多支枪。民国30年（1941）底，区小队配合正规军、县大队先后参加了攻打东桃、北流罗河口、西固、西伯章据点、智取曲堤炮楼等数次战斗。翌年，五一“扫荡”中区小队活动中断。之后，各区建立夜集昼散秘密武装小组，坚持武装斗争。民国33年（1944），各区小队恢复到30余人。翌年4月，为解放县城，县委对县区武装进行整顿，区小队发展到200人，解放后的第二年4月，为减轻人民负担，区小队人员全部复员。

保田大队　日本投降后，蒋介石发动内战。为保卫胜利果实，县委于民国35年（1946）6月组建保田大队。大队长周英，政委赵士珍。初建时100余人。翌年发展到300余人，编为刘通（周英化名）一连、刘通二连，民国37年（1948）编入冀中军分区正规军八十团。

（二）临时驻扎部队

人民自卫军　民国26年（1937）10月23日，人民自卫军司令员吕正操率部进驻安国县，队址设在城内女子小学堂。是夜，人民自卫军在女子小学堂召开群众大会，吕正操讲述了自卫军的宗旨，号召人民齐心协力，抗击日军。24日，吕正操在城内文庙召开由城乡绅士、乡民代表300余人参加的民主议选抗日政府县长大会，选举北徐辛庄开明绅士王希尧（又名王焕章）为县长。10月底，人民自卫军开赴高阳县。

晋察冀抗日义勇军八支队　民国26年（1937）11月17日在大五女镇成立，支队长唐朴农、政委马玉林，政治处主任马光斗，时仅50余人。之后，在人民自卫军援助下，发展到500余人，大枪二三百支，轻机枪2挺，重机枪2挺。翌年2月，八支队改编为人民自卫军第三团。5月，改编为八路军第三纵队第八支队第二十三大队，大队长唐朴农，副大队长徐梦纯，参谋长许拱之。设政治处、供给处等，辖3个营，特务、骑兵2个直属连，总兵力约2500人，有枪1000余支。民国28年（1939）9月，改编为二十二团。该部转战安国、定县、深泽、无极等地，在县内先后参加南阳、堼头、大五女等多次战斗，重创日军。

第二十四大队　由人民自卫军第七团编成，辖3个营，13个连，约1800人。大队长翟家骏，政委何元富，设政治处、管理处、供给处、卫生队等。民国28年（1939）2月，与二十三大队一起参加了埝头村伏击战。

十七团 民国28年（1939）3月，由二十二大队、二十四大队合编而成。团长杨书明，政委翟家骏，参谋长石瑞亭，下设政治处、宣传股、供给处、卫生队等，辖3个营，15个连，约3000人。抗日战争时期，活动在安国、博野、蠡县、定县一带，参加了三打郑章、攻打西伯章、小李庄等战斗。

二十二团 民国28年（1939）9月建立，系二十三大队前身。团长唐朴农，政委梁达立，辖3个营，2400余人。民国31年（1942），改编为基干团，左叶任团长，辖6个连，700多人。民国28年（1939）9月至31年（1942）底，活动在安国、定县、安平、深泽、无极一带，参加过南张庄、流昌等战斗。

八路军游击第七团 贺龙所部，官兵300余人。民国28年（1939）11月，在寺下一带活动。

胡洛三部 领导人胡洛三，160人，武器配备齐全。民国29年（1940）5月，在南章、固显一带活动。

第四十五区队 民国31年（1942）1月，以冀中军分区特务营为主编成，区队长刘进，辖4个连，约500人。设政治处、供给处、卫生队等。民国31—34年（1942—1945），经常活动在安国一带，参加过西安国城、北都等战斗，经常打击和袭扰小股出动修路、筑碉、挖沟、抢粮、抓夫日伪军。

第三十二区队 民国31年（1942）1月，由冀中军分区独立第一营编成，区队长杨生福，政委张以羲，辖4个连，约600人。翌年，重新组编，区队长谢洪恩，政委贺明，下设政治处、供给处、卫生队等，时有3个连，约400人，后发展到5个连，约600人。抗战期间，经常活动在安国、定县、无极一带。民国32年（1943）春，与安国县大队一起参加了田袁李战斗。

第三十六区队 民国31年（1942）11月建立，前身系分区独立第三营。队长谷恒瀛，政委谷文凯，辖4个连，约600人。经常在安国、定南、定北、之光（今清苑）、博野一带活动。拔据点、烧炮楼、袭县城，给日伪武装以沉重打击。

冀中十八团 民国31年（1942），活动在安国、博野一带，曾参加强攻明官店日伪军据点等多次战斗。

二、中华人民共和国成立后地方武装和驻军

武装部兵役局 民国36年（1947），根据晋察冀边区委员会指示，成立县人民武装部（以下简称县人武部）。隶属县委、县政府和中国人民解放军华北军区冀中第九分区领导。设部长1人，政治委员由县委书记兼任。设专职作战、政工、后勤等工作的参谋、干事18人。辖5个区人武部，185个村民兵队。民国38年（1949）8月，划归中国人民解放军河北省定县军分区，隶属中共安国县委和定县军分区双重领导。1951年11月，编入中国人民解放军河北省军区建制，设军事、政工、统计、保卫等专职干事各1人，辖城关、庞各庄、小营、郑章、伍仁桥5个区人武部。区人武部设部长1人。1952年12月，根据《中共中央关于建立各级人民武装委员会的决定》，建县人民武装委员会。1954年4月，定县军分区撤销，安国县人武部隶属中国人民解放军保定军分区领导。10月，中国人民解放军安国县人武部改称安国县兵役局，对外仍保留中国人民解放军安国县人民武装部名称。兵役局设局长1人、副局长2人，正、副政委各1人，县委书记兼第一政委。下设民兵科、兵役科，各科设科长1人，时有工作人员40人。1955年，改设为动员、民兵、统计、预备役军官、训练科，各科设科长、参谋或助理员，共43人。1958年，又改为动员、训练、政工科。1956年至1958年8月，各乡均设1名民兵队长负责人民武装工作。1958年6月，博野县建制撤销，原博野县10个乡人武部划归安国县兵役局领导。8月，成立

8 个人民公社人武部，各设部长 1 人。1962 年 1 月，博野县析出，原博野县武装组织划归博野县人武部领导，安国县设立 20 个人民公社人武部。1964 年 7 月，县兵役局撤销，恢复县人民武装部称谓，设部长、政委、副部长各 1 人，县委书记兼第一政委。下设训练、政工、动员科，有现役人员 34 人。1968 初，中共中央发出《关于人民解放军坚决支持革命左派群众的决定》，中央军委作出《关于集中力量支左、支农、支工，军管、军训任务的决定》，奉中国人民解放军河北省军区指示，安国县人武部介入地方“文化大革命”运动，进行“三支两军”工作。各公社人武部工作暂时陷于停顿。

1978 年冬，随军队体制改编，县人武部工作部门改设为军事、装备、政工科。是年，组建县直机关人武部。1984 年 7 月，各人民公社人武部随建置变化改称乡镇人武部。1986 年 4 月，根据《中共中央关于县（市）人民武装部改归地方建制有关问题的通知》，县人武部改为地方建制，名称、机构、工作性质不变，受县委、县政府和中国人民解放军保定军分区领导，全部人员改归地方编制。设部长、政委各 1 人，县委书记改兼县人武部党委书记。下设军事科、政工科和办公室。各科（室）设科长（主任）1 人，参谋、干事 1 ～ 3 人不等，另设打字员、炊事员、司机各 1 人，基地看管员 6 人，共计 20 人。辖 20 个乡镇人武部和 1 个县直人武部，各设部长 1 人。

县中队　1966 年 6 月，安国县人武部接管县公安警察中队，改称中国人民解放军安国县中队。1983 年移交县公安局，改称中国人民武装警察部队安国县中队。

中国人民解放军 4894 部队　1967 年 5 月，中国人民解放军 4894 部队进驻安国，执行“三支两军”（支左、支工、支农，军管、军训）任务，1975 年撤离。

1938—1990 年安国县人民武装机构主要领导人更迭表

表 15-2

机构名称	职　务	姓　名	任职时间（年．月—年．月）	籍　贯
武委会（1937.10—1945.8）	主　任	王清元	1938.1—1938.4	—
		陈志凯	1938 年冬—1940 年春	—
		江守真	1940 年夏—1941 年初	—
		徐同春	1941 年初—1942.6	—
县武装特务队，县大队，县基干队，县支队（1937.11—1947.6）	队　长	谷文凯	1937.10—1938.6	—
		张锡锋	1938.6—1940.3	—
		杨宗远	1941 年夏—1942.3	安国县
		王纪昌	1942.3—1943.5	—
		林　彤	1943 年夏—1944.3	—
		刘　钊	1944.3—1944.11	—
		张　克	1944.11—1945.6	安国县
		蒋兴华	1945.8—1946.3	博野县
		马文建	1946.3—1946.12	河南省
		蔡益伍	1946.12—1947.6	—
	政　委	赵宝贞	1937.12—1938.3	深泽县
		冯树祥	1938.3—1938.12	定　县
		刘云生	1940.4—1942.11	安国县

续表 15-2

机构名称	职　务	姓　名	任职时间（年．月—年．月）	籍　贯
县武装特务队，县大队，县基干队，县支队（1937.12—1947.6）	政　委	彭志深	1942.11—1945.12	安平县
		赵士珍	1945.12—1947.6	安国县
武装部（1947.7—1954.10）	部　长	王　志	1947.7—1948.4	安国县
		杜志才	1949.10—1950.3	定　县
		甄好修	1950.3—1954.10	无极县
	政　委	李存仁	1952.11—1953.9	—
		刘振宗	1953.9—1954.10	定　县
兵役局（1954.10—1964.7）	局　长	甄好修	1954.10—1962.2	无极县
		刘克成	1962.3—1963.1	高阳县
		沈宗秀	1963.2—1964.7	河间县
	第一政委	刘振宗	1954.10—1961.5	定　县
		臧振国	1961.5—1964.1	清苑县
	政　委	孙恩光	1955.11—1958.12	安新县
		孙　瑞	1958.12—1964.4	武强县
武装部（1964.7—1990.12）	部　长	沈宗秀	1964.7—1966.5	河间县
		陈同喜	1966.5—1969.10	徐水县
		贾玉明	1969.10—1971.1	山西省
		张　玺	1971.1—1975.5	内蒙古赤峰市
		刘德保	1975.5—1981.11	曲阳县
		李言和	1981.12—1983.5	山东省
		王连生	1983.—1986.3	山西省太原市
		崔胜军	1986.4—1990.12	安国县
	第一政委	袁硕儒	1964.10—1965.7	安国县
		郭立庄	1965.8—1967.1	束鹿县
		刘振宗	1971.2—1977.5	定　县
		王士芳	1977.6—1982.8	曲阳县
		李兆贵	1982.8—1983.7	蠡　县
	书　记	杨廷芳	1983.8—1989.11	阜平县
		李文志	1989.11—1990.12	蠡　县
	政　委	何建章	1964.8—1969.4	满城县
		吴梦杰	1969.4—1971.	江苏省
		曲德安	1971.—1975.12	吉林省
		陈国栋	1976.1—1981.4	徐水县
		王常全	1981.11—1983.4	山西省
		朱　瑞	1983.5—1986.3	天津蓟县
		王爱民	1986.4—1990.12	迁安县

第二章　兵　役

第一节　旧政府兵役

清以前，域内实行的兵制因朝代更异而有所不同，或府兵制，或世兵制，或募兵制，兵员征集详情无考。

民国初实行招募制，驻军在当地招募新兵，部队给投军者提前发3个月饷银（每月关饷五六元大洋）。兵员不足时，则将兵额强行分派到乡村。村出洋或出地雇人当兵，被雇人入伍后或逃或亡，村不负责，有无地无业贫民或无赖之徒专门受雇者，乡人谓之“兵油子”。

民国24年（1935年），国民政府实行征兵制度后，县设征兵官佐，分配征兵额到村，适龄壮丁抽签或按户轮流出丁。家资殷实者为逃征，或贿通官佐免征，或雇人顶替，亦有先应征再贿通带兵人半途逃走者。贫穷者无路可避，有人自残手足以逃征役。七七事变后，民国县政府以“保家卫国”为名，计划征常备壮丁400人组建民军，各村按家庭经济状况摊丁，先征首富，再征其次者。富户子弟惧战，仅征数十人。

附：日伪抓壮丁

抗日战争时期，日伪以抓兵补充兵员。民国31年（1942年）前，各据点驻防伪军均为外地兵，后屡遭抗日力量打击，兵员紧张，常在当地抓兵，有时过往旅客亦遭被抓之灾。翌年，日伪政权在县内抓捕青壮年300余人，随日伪军“扫荡”山区，但多数青壮年不甘充当炮灰，至定县城便逃散大半。南阳村杨明远、大柱子等3人花10元准备票贿通带兵人逃了出来。

第二节　人民政府兵役

七七事变后，中国共产党领导的抗日军队实行志愿兵役制，安国人民响应“有钱出钱，有枪出枪，有粮出粮，有力出力”“团结一致，共同抗日”的号召，积极支援抗战，扩大抗日武装力量，兵员征集由抗日群众团体联合召开大会，宣传动员男女青壮年自愿报名参军入伍。民国26年（1937）11月，1000余名青壮年自愿参加共产党员韩印堂、陈沐新组建的河北游击总队第三路军。是年，石佛村党员王玉珂带领70余名群众参加八路军。民国32年（1943），县内解放区政府对抗属实行优待优抚，包括发放粮食、布匹等生活用品，帮工代耕，年节慰问、贴对联，挂光荣匾等。群众把参加抗战作为无上荣誉，积极应征，主动入伍的事例举不胜举。至抗日战争胜利，全县有2640名青壮年参加共产党领导的抗日军队，其中972人为国捐躯。

抗日战争胜利后，蒋介石全面发动内战，安国县经过减租减息、土地改革，分得土地的农民踊跃参军，保卫解放区，保卫胜利果实。民国34年（1945）8月扩军工作中，3天就有千余名青年自愿报名入伍。8 月 28 日《冀中导报》报道："安国二区庞各庄村开展参军竞赛，青年农民和工人互相挑战，少年和老头亦争先恐后要求参军，连当过伪军的青年也主动要求参军，立功赎罪。全村有 80 多名群众报名，经耐心说服动员，批准 40 多名好男儿入伍。"翌年 12 月征集新兵时，县人民政府"果实分配"（土地平分运动），解决入伍新兵家庭困难，并实行"代耕"政策。党员、干部带头，工、农、商、学界青年争相报名。全县计划征兵 500 余名，实征 1100 名。此次扩兵，县教育科全体人员报名，视导员吴介成、青年教员宋展恩带头入伍，教育界 100 余名教员、学生投笔从戎。安国新兵组成了"青年营""保家新兵营""青年文化营"。民国 37 年（1948）4 月，一区结合归、扩军工作，召开有各村群众、民兵、学生、教员和军人家属参加的清风店战役功臣庆功大会，为参加清风店战役的安国籍战斗英雄李兴来（明官店村）、石小顺（章令村）、杜庆彬（流昌村）、徐子兴（茂山卫村）庆功。会上，功臣家属与功臣同上主席台，功臣讲立功经过。县政府各机关团体给英雄们送了"功绩卓著"光荣匾。会后很多青年自动报名，要求入伍上前线。是年，向人民解放军输送合格兵员 1000 人，涌现送子送夫上战场的"先进爹娘"30 余个，"光荣妻子"8 个。民国 34 年（1945）至 1949 年全国解放，全县共向中国人民解放军输送合格兵员 5100 人。

1950 年 12 月，县内掀起"抗美援朝，保家卫国"参军热潮，同时征集"抗美援朝补训团"和动员老战士归队，出现许多父母送儿子、妻子送丈夫、兄弟相争入伍的生动事迹。至 1952 年，输送到部队 338 人，94 人牺牲在朝鲜战场，86 人负伤。

1955 年实行义务兵役制后，适龄青年把参军视为应尽的义务和报效国家、学习锻炼的机会，踊跃参军入伍。征兵工作由兵役局（武装部）负责，一般每年冬或春征兵一次。征兵期间，县设征兵领导小组，下设征兵办公室，具体负责宣传、体检、政审、后勤等项工作。新兵数额分配到乡，乡建征兵站。乡站对各村报名青年进行初检（包括目测、体检、政审）后送县体检、政审，而后由征兵办公室和接兵部队共同定兵，颁发入伍通知书。1955 年，县内征兵多为陆军。1958 年，首次于在校中学生中招收飞行员，至 1990 年共招飞行员 6 次。1976 年，开始输送海军。1982 年农村实行联产承包责任制后，为解决入伍战士家庭劳力缺乏问题，村内每送一个兵，一般给予经济补贴 400 ～ 600 元。1955—1990 年，征兵 36 次，均圆满完成任务。1986—1989 年，连续 4 年被地区评为征兵先进县。

1981 年，根据国务院、中央军委指示，对 28 周岁以下复退军人和民兵进行预备役登记。

第三章　民　兵

域内历代均重视民兵建设。金代有贾辅率乡兵守城拒寇，功授蒲阴尉记载。明有知州郭应响“严保甲，练成守”“编民壮”，镇压苑三刚、刘北泉之农民起义，抗击“闯王”李自成义军之役。清有知州姜瀚文办团练，训乡勇，对抗张宗禹的捻军。封建官僚立民壮，建团练，训乡勇，名为“缉暴徒，安良善”，实为巩固封建统治。民国18—26年（1929—1937），域内先后组建保卫团、自卫团、民军等民兵性质的组织，成员多为乡绅富户子弟，旨在保护有产阶级。

七七事变后，民国县政府率官员和自卫团仓皇南逃，中国共产党唤起民众，发动人民战争，逐步发展民兵武装。这支亦兵亦农的武装力量，在抵抗外侮，保家卫国战争和社会主义建设中都发挥了极其重要作用。

第一节　组织建设

民国27年（1938）2月，县委发动群众建立地方抗日武装。各村成立武委会、青抗先、区小队等民兵武装组织。民兵组织的任务是侦察敌情、掩护群众、破坏交通、割电线，锄奸反特和配合八路军主力作战。

民国29年（1940），各区以村为单位成立游击小队或游击小组，受区小队领导。民国31年（1942）5月，日军进行疯狂“扫荡”，民兵组织遭受重大损失。翌年，抗日形势好转，县武装力量壮大，民兵组织得到发展。城北区北五村（西伯章、东伏落、西伏落、中伏落、张营）首先建立民兵组织。之后，马庄、齐村、流村、阎村、康庄、娄营、边三庄、中照、西照、小内、黄台、北都等村庄相继成立游击小队。到民国33年（1944），全县有148个村建立了民兵组织，每村有民兵20～30人。民兵大部分是贫雇农，年龄在18～45岁。县设民兵总队，区设民兵大队，村建民兵中队。村中队下设民兵游击小队或小组。全县武装民兵达2000余人。民国34年（1945），县委指示成立民兵保田大队，初时百余人，后发展到300多人。

民国37年（1948）11月，根据《冀中人民武装部关于编制四种任务队的解释》精神，各村在原游击小队基础上建民兵小队，担任作战任务和侦察、警戒、土工作业等。民兵小队下设组（3人），两组为1班，3班（步枪班、爆破班、通侦班）为一小队。村级武装建有担架队、运输队和后方勤务队。

1951年5月16日，中共中央、中央军委发出《关于加强民兵建设的指示》，1958年中共中央发出“大办民兵师，实行全民皆兵”的号召，除地、富、反、坏、右分子和残疾者外，16～50周岁的男女公民全部编入民兵组织，民兵组织以复退军人为骨干，16～30周岁的青年为基干民兵，余为普通民兵。县成立民兵师，兵役局局长任师长，县委书记任政委。8个大公社（包括原博野县部分）建立8个民兵团。工厂、企事业单位建立民兵营，生产大队建民兵连。1962年1月，博野县建置恢复，原博野县民兵组织同时划归博野县人武部领导。是年，按照中共中央主席毛泽东关于“民兵工作要做到组织落实、政治落实、军事落实”的指示，对民兵进行整顿，男民兵 16 ～ 45 周岁，基干民兵为 16 ～ 30 周岁；女民兵 16 ～ 35 周岁，基干民兵为 16 ～ 25 周岁。

1969 年，根据《国务院、中央军委关于县组建武装民兵独立团的命令》，建安国县民兵独立团，公社建民兵营，大队编民兵连。1981 年，根据《中共中央、中央军委关于调整民兵组织问题的指示》，本着“抓基础、打基础、实事求是”的精神和“减少数量，提高质量”的原则，对民兵组织再次调整，民兵组建范围缩小为镇、公社、生产大队及企业单位，年龄由 16 ～ 45 周岁，改为 18 ～ 35 周岁，基干民兵 18 ～ 28 周岁，重新组建县基干民兵独立团，实行民兵和预备役相结合，基干民兵为一类预备役，普通民兵为二类预备役。1985 年，县棉纺厂、制药厂、汽车厂、针织厂、北方中药材贸易货栈、县医院、制酒厂等 8 个单位建立基干民兵连。

1988 年 1 月，县政府批转县人武部《关于 1988 年度民兵整组工作实施方案》。整组中，重点为基干民兵和专业技术分队。实行县编团，乡镇和县直编营，行政村编民兵连；企事业单位根据人数多少编连或营的建制办法。民兵技术分队以装备编组，每套装备两套人马。

第二节　教育训练

民兵的政治教育，主要是结合各个时期党的中心工作，进行时事政策、民兵性质和任务、法律知识及国防教育。军事训练，不同时期方法和内容不同。抗日战争时期，利用农闲季节对民兵进行训练，要求民兵熟练使用手中武器，埋设地雷及如何利用地形和青纱帐开展游击活动。方法为各村抽调民兵干部及骨干民兵参加县大队、区小队集训，然后由参训人员训练其他民兵。解放战争时期，除进行投弹、射击、爆破等项目外，增加担架运输、护送伤员、战地救护训练。民国 36 年（1947）8 月，组织民兵 2200 人，担架 400 副，大车 400 余辆，进行出征前实战演习。

中华人民共和国成立后，逐渐建立民兵训练制度，采取小型分散的方法，每年冬春训练 1 次，内容包括列队、操枪、投弹、射击、刺杀、土工作业、战术等基础科目。民兵连长由县武装部负责训练；排长、基干民兵、普通民兵由镇、公社人武部负责训练。1959 年，全县参加军事训练的民兵达 2 万余人次。其中参加实弹射击的 1.6 万人次，及格率为 97.6%。1961 年《民兵工作条例》颁布后，县人武部按照《民兵训练大纲》《政治教育提纲》对民兵逐年执行正规化教育和轮训，重点是民兵干部和基干民兵，并增加特种兵训练，训练时间每期 15 ～ 20 天，军政比例为 8∶2。是年训练基干民兵 1.19 万人次，其中步兵 6778 人次，炮兵 2122 人次，特种兵（122 榴弹炮兵）3000 人次。1969 年，民兵以“三打”（打坦克、打飞机、打空降）、“三防”（防原子、防化学、防细菌）训练为主要内容，但由于受“文化大革命”影响，农村民兵训练难以进行，主要训练县直机关、企业的年轻干部、工人及在校师生。1972 年后，民兵训练恢复正常。1973 年，县人武部组织全县副连长以上民兵干部 268 人进行训练。1979 年，民兵训练增加通讯（有线电、无线电）、六〇迫击炮、四〇火箭筒、高射机枪科目。1981 年，根据总参《关于调整改革民兵军事训练的试行意见》，开始周期训练。1981—1984 年，有 4563 名民兵参加一、二周期训练，其中专业技术分队 270 人，军政比例 9∶1。1984 年，根据国务院、中央军委指示，县投资 40 万元，辟建占地 78 亩、建筑面积 1937 平方米、可容 300 人的民兵训练基地。自此，县人武部每年集中轮训民兵，军政比例为 7∶3。1985—1990 年，在基地集训民兵 1315 人次，专业技术分队 898 人次，民兵干部 474 人次，女民兵 224 人次。

第三节 主要活动

一、参 军

抗日战争时期，民兵和青年把打击日本侵略者作为义不容辞的任务，踊跃参军。民国 30 年（1941）5 月 4 日，在根据地五四青年节庆祝大会上，民兵和青年纷纷报名参军。5 天时间，500 名青年应征，编成“五四青年营”，奔赴抗日前线。民国 34 年（1945）初，东安国城村（回族村）130 户，有 110 名回民民兵青年入伍。石佛村刘洛希将快结婚的儿子送到部队，说：“让他去打小日本吧，媳妇先不娶了，要先保国家后为己！”日本投降后，青年民兵自愿报名入伍，参加保卫解放区、解放全中国的战斗。民国 34 年（1945）12 月，城关王增林等 29 人自愿报名参加野战部队。民国 36 年（1947）4 月扩军中，北都村 30 人，西伯章村 80 余人，南王买村 90 余人自动参军。张家营村以前征兵困难，是年征兵时，30 余名民兵带头入伍。在欢送会上，新兵代表说：“老蒋要夺我们的胜利果实，那不行！打不败老蒋不回家。”

全国解放后，安国县每年都有许多青年民兵应征入伍，保卫国家。

二、参 战

县内民兵除配合主力部队、县大队、区小队作战外，还采用地雷战、麻雀战、撩帘战、顶门战、单打一、掏窝战等多种战术单独作战，巧妙打击敌人。

民国 29 年（1940）春，东寇、西寇两村民兵，把手榴弹埋在路中央用线拉火炸死两名日军。此后，各县效仿，引发为冀中区著名的“爆炸行动”。为解决弹药不足，县内民兵开始造武器，尤以地雷杀伤力为最，有“张手雷”“落地雷”等。“张手雷”是在雄黄、焰箔中掺碎玻璃或碎犁铧片（生铁），用牛皮纸包紧缠麻，复用浆糊糊好即成。“落地雷”较“张手雷”大，可挂于门上，落地而炸。安国民兵郑瑞彦制雷、埋雷技术出众，日军三次进攻安国，他都担负埋雷任务，杀伤大量日军。民国 37 年（1948），郑瑞彦参加解放保定和新乐战斗，荣获“土造武器英雄”称号，12 月参加了冀中七分区召开的“土造武器英雄模范座谈会”。

民国 30 年（1941）2 月，民兵孙洪彬、刘照平、田家海，带领八路军侦察员混入石佛据点侦察敌情，顺利地将建成仅 28 天的据点端掉，消灭 50 余名日伪军。6 月初，曲堤村民兵游击组化装成当夫的，潜入该村炮楼，乘伪军吃喝之机，一枪未发，生俘伪军 10 余人，缴获大枪 10 余支，子弹数百发。6 月中旬，南七公村民兵游击组乔装潜入门东炮楼，活捉伪军 3 人。7 月，西伯章、西伏落等 5 村民兵攻入西伯章据点，毙伤伪军 20 余人，俘虏 33 人，缴获步枪 40 余支，子弹 500 余发，手榴弹 50 枚，自行车 5 辆。8 月，日军推行“新交通政策”和“强化治安”，县委、县政府先后两次发动民兵、群众万余人，开展大规模破路活动。西娄底青抗先队长李寿江，带领青抗先队员神出鬼没活动在县城至郑章公路上，破公路、砍电杆、割电线，搞得敌人昼夜不宁。他练就一手割电线绝技，割下电线后，就地一滚，电线便缠在身上，又快又利落，被称为“铁丝阎王”。中共冀中区委授予他“晋察冀民兵战斗英雄”称号，并在《冀中导报》刊登其事迹。是年，民兵配合主力部队作战和主动出击，参加大小战斗 20 余次，毙日伪军53人，俘获56人，缴获大批枪支弹药。民国33年（1944）8月，民兵连长周英带领安兆年、刘贵良、刘华福等5名民兵，在内线掩护下深入日伪心脏保定城，夺得枪6支，子弹数万发。翌年2月9日，子娄村民兵20余人，利用地道战，攻克子娄炮楼，俘伪军11人，缴获步枪9支，托盒手枪1把。民国33年（1944），安国进入局部反攻，到翌年上半年民兵配合县大队、区小队先后将城南、城北8里以外的炮楼全部攻克。民国34年（1945）8月，配合县区武装，对县城展开强有力的军事和政治攻势。迫日伪军于28日夜两点狼狈逃窜。三区民兵闻讯追击，至城西瓦子里村与逃敌接火。缴获步枪58支，冲锋枪1支，电话机4架，战刀1把，战马1匹，生俘伪军副官、督察长各1人，为军及家属17人。

民国37年（1948）10月，驻北平国民党傅作义部队骑兵一部袭扰西伏落和西照村，被民兵击退，该战毙敌1人，缴获战马1匹。

1951年2月，沧州驻军原1949年随董其武起义的一个武装骑兵连叛变西逃，至马庄村喘息时，县委副书记陈克带领民兵配合保定独立营围歼截击。经半天一夜战斗，打死打伤叛军17人，缴获战马23匹。其余逃兵被唐县人民武装消灭。截击叛军中马庄村民兵徐保忠、王志庆作战英勇，身负重伤，受到县政府嘉奖。

三、锄奸反特

抗日战争时期，民兵是域内锄奸反特的基础力量。民国31年（1942）初，马庄村维持会副会长封兆祥，引敌捕杀黄台村支部书记姜春云，将全村党员名单交给日军。4月某日夜，民兵组织将封兆祥处决。翌年冬，共产党员李小拴投敌叛变后建立西关情报站，使共产党组织遭到严重破坏。城北区民兵秘密小队奉区委指示将李小拴逮捕枪决，将处决布告压在其身上，震慑了汉奸。民国33年（1944）初夏，民兵武装城北区小队在西照村召开群众大会，处决曾带领日军捕杀共产党武工队员的日伪女特务王舍儿。到民国34年（1945）8月安国解放，民兵组织共处决汉奸、特务百余人。

四、执勤保卫

中华人民共和国成立后，民兵建立执勤制度，负责保卫公路、桥梁、通讯线路、机关厂矿、仓库等公共设施。春节及麦、秋收获季节，各民兵组织按照县人武部统一部署，组织基干民兵组成巡逻队，昼夜执勤。1983—1984年在“严厉打击刑事犯罪”活动中，县人武部印发法律宣传材料5万份，抽调20名人武干部，带领1800名民兵干部，巡回20个乡镇197个村庄宣传法律45场，受教育面达3.6万人次，协助公安部门破案7起，其中重大案件2起，抓获各类犯罪分子21人。1984年12月12日，南流罗村发生持枪杀人恶性案件。县人武部迅速组织庞各庄、祁州镇、南仕庄、明官店、伍仁桥、流各庄、东河、常庄8个乡镇的245名民兵，在县人武部部长王连生带领下奔赴现场。同公安干警、武装警察密切配合，围歼罪犯。在民兵的封锁包围下，罪犯被迫自毙。此次活动，10个民兵组织，14名基干民兵受到上级表彰。1990年亚运会期间，县人武部组织基干民兵522人，组成7个应急分队，昼夜执勤。1983—1990年，民兵协助公安机关破获偷盗、杀人、抢劫、纵火等各种案件42起，抓获各类犯罪分子152人。

五、抢险救灾

每遇自然灾害，民兵都带头抢险救灾。1960 年 8 月，域内农作物发生严重虫灾，2.6 万多名民兵投入灭虫。1963 年 8 月连降暴雨，水灾严重，2.97 万名民兵组成 196 个抢险队，8270 个抢险组，投入抗洪救灾。大五女公社郑村民兵连，抢救粮食 2.7 万千克，牲畜 20 头，农具 456 件，烈军属、五保户 357 户。在抢险救人、抢救物资过程中，有 26 个连，58 个排，256 名排以上干部及 373 名基干民兵受到县委、县人委表彰。1985 年 7 月，北段村、西伏落、淤村、门东 4 乡遭特大风雹袭击。3300 余名民兵组成 395 个扶贫帮困小组，帮助灾民抢种玉米、甘薯等农作物 3800 余亩，捐款 5000 余元、玉米种子 430 斤、甘薯秧苗 200 余万株。

六、生产建设

在经济建设中，广大民兵始终活跃在工农业生产第一线，尤以农田水利建设为著。1955—1965 年，数以万计的民兵参加了农田水利建设，累计动土 890 万立方米，打井 1125 眼。1958 年，万余名民兵组成打井专业队，一年打井 448 眼。是年冬，在改造“北跑”治理盐碱地活动中，全县投入民兵 8 万余人次，昼夜奋战，完成 37000 亩的改造工程。1958 年后，在治理海河工程中，安国民兵组成水库建设民兵团先后奔赴阜平、曲阳、满城、唐县、任丘、武邑、安新、河间、深泽、饶阳、天津、容城、雄县、高阳、青县等地参加 41 次水库建设及河道开挖、改造工程，累计出动 12.3 万人次，动土 5000 万立方米。西伯章村民兵齐福强，连续 22 年参加根治海河工程，被海河工地誉为“不知累的人”，1974—1977 年连续 4 年受到省委、省政府、省军区、省水利厅表彰，1977 年被选为第七届河北省政协委员。

1984 年农村实行联产承包责任制后，广大民兵认真学习科学文化知识，积极承包各类加工厂、摊点、果园、沙荒土地，发展工业、养殖业、种植业、运输业、建筑业、商业、服务业等，很多民兵成为农村致富的带头人。1984 年，郑村民兵魏树根看到村里不少农户盼富想富没门路，他东奔西跑贷款 6 万元，从北京光学仪器研究所引进真空镀膜技术，办起工艺美术厂，年收入达 65 万元。不但为本村 120 户剩余劳力找到出路，还增加了群众经济收入。1987 年，县人武部、民政局、科协培训 450 名退伍军人（基干民兵），使他们掌握了药材种植、切制和动物饲养技术，每人年均收入 2000 余元，成为推广致富技术的“二传手”。1987—1990 年，共推广种植、养殖和加工等新技术 23 项，有 110 余名民兵获农民技术员、助理工程师等技术职称。

第四章　支　前

在抗日战争和解放战争中，安国人民从人力、物力等方面全力支援前线，保证了前方作战部队的军需供应及伤病员转运、救护，为创建新中国立下不朽功绩。

第一节　抗日战争支前

民国 20 年（1931）日军发动九一八事变，激起全县人民义愤，大五女村唐朴农组织村民召开抗日救国集会，发动与会者当场募捐，支援抗日部队。

民国 21 年（1932）春，方振武率民众抗日同盟军北上抗日途经安国，在城内关帝庙民众大会上进行抗日演讲。其主张抗日救国之举深得民心，商会主动捐款 5 万银元资补军饷；学生们也上街募捐慰劳抗日将士。

民国 26 年（1937）10 月 6 日，吕正操率抗日人民自卫军进驻安国，广泛发动群众筹措粮款，扩大抗日武装。11 月，工商界筹洋 7000 元，献枪 600 余支支军。

民国 27 年（1938），抗日救国会、青救会、妇救会等抗日组织和抗日武装建立，参军、捐钱、献粮者很多，当时流行一首歌谣："奉劝同志们，大家总动员，有人出人，有枪出枪，有钱来出钱，不怕死的哥儿们哟跟着我走，打败那小日本保家园。"全县人民支前抗战热情极为高涨。

民国 28—33 年（1939—1944），日军对抗日根据地实行灭绝人寰的"三光"（烧光、杀光、抢光）政策，安国人民在中国共产党领导下，上前线、抬担架、背伤员、做军衣军鞋、筹款、交粮，倾其所有，支援抗战。民国 29 年（1940），县抗日民主政府在西崔章村设药材部，专门组织采购中药材和中、西成药，为前线部队和八路军医院提供急需药品，冀中军区卫生部卫生材料厂所需药材原料，主要靠安国药材部供给。民国 30 年（1941）8 月 2 日，八路军十七团在定县东马阜才村与日伪遭遇展开激战，大五女、郑村、西娄底等村民兵和群众主动参战，输送弹药、抢救伤员。战后，许多群众自动宰猪杀羊，炖鸡蒸馍慰劳子弟兵。

第二节　解放战争支前

民国 34 年（1945）8 月 28 日安国解放，出现参军和劳军热潮，城内群众送猪肉、鸡蛋、白面、干粉、毛巾等大批慰劳品。为粉碎蒋介石向解放区的进攻，翌年 9 月县委动员全县人民加强战前准备，全力支援前线。二区（庞各庄）一天募集军粮 5 万斤。11 月，开展大规模扩军支前运动，动员 5 个连的编制开赴前线，据《晋察冀日报》载："11 月 25 日至 12 月 10 日，庞各庄、流霜等 4 村妇女半月完成缝制棉军衣 1 万多套，袜子 6000 双"。

民国36年（1947）3月，县委书记赵士珍带领千余名民工奔赴前线。6月下旬，安国担架队随晋察冀野战军参加保北战役。据7月22日《冀中导报》载：“安国民工在保北战役中表现出三大优点：一是爱护伤员。逢雨天，担架队员脱下自己的衣服盖伤员。转运伤员路上，负伤战士常要水喝，伍仁桥、西北马村的民工用自己的钱买鸡蛋给伤员代水喝。大户村民工佟相逢用手给重伤员接大便，杜书本用鞋给伤员接小便，鞋湿不能穿，光脚抬担架60里，感动的伤员说：‘伤好后要重上战场来报答你们！’二是主动帮助驻地群众搞生产。共给三个区锄地273亩，拉粭子播种108亩，抹房15间，打场46次。三是开展节约支前活动。全县民工节柴草5000斤、米55斤，送交分区战委会支援前线。”

是年8—10月间，安国组织1200余人、400副担架、400辆大车（上级分配任务300副担架、300辆大车）参加保南和清风店战役。8月，全县妇女为部队抢做棉衣15万套。石佛村110名妇女10天缝制2400件，路景村徐焕文一人做了137件，徐洛爱之妻80多岁还戴上花镜争着做，13岁的小学生王素格、王灵姑、王灵弟等争做军衣58件。9月25日，随军大车队跟随某部辗转保北、保南，往返前线后方800余里，无一人一车掉队，胜利完成粮食、副食、弹药、军械器材和战利品的运输。跟随王家坪部担架队为使伤员少吃苦、少流血，提出“一切为了伤员”“有伤员有我，有我有伤员”“照护伤员好比亲兄弟”“轻抬轻放，抬走稳当”的口号，还提出为救护好伤员做到“三快”（动作快、转运快、吃饭快），“四不散”（飞机打不散、分散执行任务不散、不完成任务不散、有意外情况不散）。担架队员轻伤不下火线，雨天行军不掉队，在3天激战中，不分昼夜抢抬负伤战士，36里路每夜往返两次。对伤员爱护备至，担架队员用饭碗、脸盆给伤员接大、小便，用自己的被子、大袍给伤员御寒，用自己的菜金为伤员买鸡蛋、烧饼、香烟。伤员们说：“民工比老子娘还好哩！”战役结束后，东罗庄部为安国担架队庆功，有39名民工立小功，14名民工立大功，并奖给安国担架队毛毯15床、毛巾150条。同时，全县还发起募捐劳军活动，理发工会、切药工会及城内职工会捐款30余万元及鸡蛋、毛巾、药物等，派代表赴前线慰军。西伏落群众杀猪2口送往前方；女村长邢彦如带领20多名妇女两天两夜赶制袜套80双到兵站慰问伤员。11月1日，在舍二村参加解放石家庄战前会议的晋察冀军区司令员聂荣臻，为西章凝模范担架队员李济林（事迹见人物传）题写“支前功臣”匾。翌年2月4日，县委为立功的30多名民工举行庆功大会。

民国37年（1948）2—10月，支前民工担架团跟随第一野战军第三纵队第九旅，参加察南、热西、冀东战役。此次支前民工担架团是在自报公议基础上组成的。团部的组成是：团长杜志才，总支书记刘亚光，另设供给处。《冀中导报》社记者解力夫随行。民工团设7个连队，市和各区分别编连，大村设排，小村设班。各区武委会主任任连长，区委另委任指导员。全团总计1100余人，多数为中共党员和翻身农民骨干。2月15日，民工团在北都村会师后开赴前线。在古北口战斗中，敌人为封锁运送伤员的道路，白天用机枪扫射，飞机、大炮轰炸，夜间用照明弹配合飞机监视，给伤员转运造成极大困难。为及时抢救伤员，民工们四处侦察，在荒山上开辟出一条隐蔽的小路，因山陡路窄，原由4人抬的担架改为两人抬，有的地方担架不能上，民工就背着伤员往上爬，用手扒石块，揪酸枣棵，手掌汪着血，没一人抱怨。三纵九旅的战士们说，有这样的担架队跟着，打着仗也有劲。民工们除了抢救伤员外，还在战场上帮助战士挖工事、架云梯、运送弹药，仗打到哪里，民工就跟到哪里。4月6日后开始急行军，每天80里路程，没一人开小差。于洛奎、许介华和郑金中，因脚上打泡和腿上长疮，落在部队后边，失去联系。他们抱着一定找到队伍的信念，东奔西走，忍饥受冷，前后8天寻找25个村庄跋涉500里路，终于找到了部队。南口阻击战，敌人除用机枪封锁路口外，还动用飞机轰炸、扫射达36次。民工们临危不乱，抬着伤员时而隐蔽，时而匍匐前进，遇到紧急情况用自己身体掩护伤员，使负伤战士无一伤亡，而民工高顺芝却在火线抢救伤员时牺牲。进入5月，农忙临近，部队决定裁减4个连队回家收麦。民工纷纷自报留队，公议让年岁大的李贵林、郑济权回家，二人坚决请示留了下来。民工小法要办喜事被公议回家，他哭着找到指导员说：“完不成任务不结婚，立不了功，结婚也不高兴。”随军途中，民工团员们和解放军一样，不仅生活、训练上严格要求，还严格遵守群众纪律。一到驻地先帮群众扫院子，打水，什么活都抢着干。据统计，民工团出征6个月零13天，在56个村，帮助2542家做了7552个整工的活。民工团到达冀东，正值麦收季节。民工帮助当地群众割麦、打场、锄地。新区人民称他们是“不穿军装的人民解放军”。7月1日，民工团到达敌机轰炸制造的“无人区”——热河小石光、树沟村，他们目睹贫民无衣无食惨景，当即决定每人每天节约4两米，捐献给贫民。此间，全县民工共捐衣服49件、棉花套子132斤、杂粮66斤、麦子18斤、边币5万元，帮助贫民抬柴8142斤。

此次支前，历时8个月，远征范围北至赤城县北的独石口，东至玉田县，西达山西省浑源县。历经河北、山西、察哈尔、热河4省的40多个县份，行程万余里。期间参加了怀安、南口、古北口、石匣等几十次战斗。队员们冒着枪林弹雨，奋勇向前，没丢掉一个伤病员，98%的队员立了功。为表彰安国民工团的英雄业绩，野战军三纵队授予安国支前民工担架团“钢铁民工团”光荣称号，并赠“钢铁民工团”“支前先锋”“支前模范”“艰苦卓著”“伟绩可歌”锦旗5面和每人1副“跋山涉水，不辞劳苦”袖章，奖励民工团机枪1挺、手枪2支、步枪130支。

是年10月30日，接分区党委支援平津战役命令，全县发动7800余名民工和130匹骡马，抢修安磨、安博公路，3天完成40余里；5天时间完成50万斤支前碾米任务。11—12月间，县组织2000多名民工分两路支援平津战役。一路由副县长王诚带领，有民工1000名，大车200辆负责运送军资给养；一路由后勤部孟栋带领，有民工、民兵1960余名，担架240副，担任天津外围执勤和运送伤员任务。天津战役，有360名支前民工立了功，每个民工获“华北解放纪念章”1枚。

民国38年（1949）2月，中国人民解放军四野部队过境安国南下，县委、县政府及各区村广大干部群众，全力以赴解决部队吃住，圆满完成了几十万人马的供给任务。部队通过安国城关时，全城人民夹道欢迎，街道两旁摆满开水、糖果和点心，有的药店减价一半供应部队药品。

附1：解放战争时期安国支前民工团活动纪实

支前中的安国救护队

分区后勤司令部，前几天下了一道通令，嘉奖安国的支前卫生救护队，号召各地学习他们舍己为公的精神。

这个救护队是城关各公、私医院、药房和乡下的中、西医生，自报奋勇组成的。他们有精细的分工。民众医院院长陈海川担任队长；西医为第一队，负责伤、病民工的治疗；中医为第二队，专管安置护理民工伤员。

自去年以来，救护队里117名中、西医生，参加了保北、大清河北、清风店、石门、冬季保北战役，有12个医生立了功。每回战役，他们带的药品，多是自备的。不够了再由民众、夫妇医院，新新、森记等药房补助。保北战役一开始，陈队长膝盖上有病，拐着腿到乡下发动医生。济兴医院刘炳耀有夜盲症，也自报奋勇参加了。只保北战役的统计，治疗了轻重伤员就有609名。在治病的时候，他们了解民工的思想情况，带着做政治工作。打仗紧急了，他们又帮助部队救护伤员，光华药厂王全正同志，亲自给战士伤员烧水，买烧饼。在郑家庄，飞机把部队上的卫生员打伤了，他立刻前去抢救。统计着，他们医治了30多个战士伤员。

清风店战役，各位医生不怕艰苦，在250里的急行军中没有掉过队。他们每走到一个地方，还抽空给老乡们治病，在安新后亭子、马庄7个村里，给98个老乡看了病。刘家庄发生了流行病，陈队长、石大夫、王大夫马上前去救治，收效很大，影响很好。当地老乡们说：“他们为老百姓办事，到处治病不要钱。”

在平时，他们积极推行卫生建设，防止流行性传染病。5月里，张乡村4个老乡被飞机炸伤了，陈队长带着5个医生，前去救治。大章村的民兵，不小心把手榴弹弄响了，炸伤5个民兵。救护队的石大夫等，连夜赶到大章，治完了当夜又返回安国。纪念“八二八”的时候，各医院、药房捐出十滴水、避暑丹、仁丹、鸦片丸、鸦片丁等药品，进行服务治疗。他们还提出：凡治流行病不收药费。为预防天花，夫妇、东关、永康、新新等中、西药房，去年施种牛痘1318人。

安国救护队给民工、群众做了很多的事情，对支前贡献很大。

（民国37年3月《冀中导报》载，作者：力夫）

欢送担架上前线

冀中安国县西章凝的乡亲们，自从接到区上随军出征的命令后，就忙着收拾自己的行李。民兵木江把背包背上，打量了又打量，总觉得不对付，反来复去地弄了好几回。他今天特别高兴，昨天他还埋怨上级说：“光说叫抬担架，准备了十几天还没信哩。”今天早晨，早早地叫老婆给做了点饭吃，放下碗就找排长老项去了。

屡立战功的支前英雄李济林，没顾得吃早饭就把准备好的烟叶背出来给大家分，他笑着说：“出了门烟挺缺，从家里带着点，出去了少花钱。”吸烟的每人收拾了 1斤。

乡亲们挤满了大街，来给担架队送行。学生们敲着锣鼓在前头，小孩们好象一窝蜂。会开了，主席刘万春对大家说：“希望抬担架的同志们多立功，为咱们西章凝争光露脸，你们在前方打老蒋，俺们在后方挖蒋根（即搞土地改革），家里的情况有俺们照应着。”接着人们喊起口号来：“到前方抬担架是光荣的！”“欢迎出征民工立功回来！”“民工的家就是我们的家！”“保证民工家里没有困难！”“一切有我们照应！”

老功臣李济林嘱咐大家说：“这次出征时间长，道路远，大家要坚持下来，不怕苦，不怕累，部队打到哪里跟到哪里，发扬互助友爱，爱护伤员，争取大家都立功回来。全县、全村的人们都在等着欢迎你们，以后我还到前方看你们去哩！”

青年担架队员李增群和刘江慈，代表全体民工回答说：“老乡亲们热烈欢送我们，给我们解决困难，我们保证完成任务立功回来。嘱咐我们的话都记在心里啦，咱们的部队打到哪里，我们一定要跟到哪里，决不给西章凝丢脸！”接着响起了热烈的掌声。

队伍出发了，前边响着震天的锣鼓，中间是民工和担架，全村老乡们跟在后边。小学生唱着歌，妇女和老头们喊着口号，欢送的队伍把大街挤得满满的。64岁的军属李洛书、67岁的军属刘洛凤和李济林84岁的老叔叔，也都跟在后边欢送出征的担架队。刘凤和的母亲握着儿子的手说：“走吧孩子，心眼要放宽，出去了好好抬担架，别结记我。”刘凤和说：”娘！你也别结记俺，我一定为人民立功”。

担架队走了，乡亲们站在村口上，一直到人影也看不见了，才各自回家去。

（民国37年，力夫作于察南前线）

跨越“小西天”

——安国“钢铁民工团”北征记

荣获“钢铁民工团”的安国担架队，在8月18号早4点，随着部队向西进军。

这次要通过一座高山，山的名字叫“小西天”。山高路窄，天又下雨，河沟的水眼看涨了一尺多。为了克服困难，继续前进，大家互相鼓励着。有的讲红军怎么过雪山；有的念叨着怎样度过冀中的五一大“扫荡”；还有的唱着梆子、二簧或扭起了秧歌；炊事员同志们也挥动着饭铲耍把起来。袁大苍虽冻得嘴唇都发了紫，可是他举起担架杆子跳着说：“锻炼锻炼吧，越锻炼越坚强，咱们看看谁是英雄好汉。”

山越上越高，雨越下越大，困难更多了。大家都着急地要求走快些，忙到目的地去休息。可是前面的骡子不时陷进泥沟里，山路狭窄又不能两人并行，只好慢慢行进。民工们身上的背包，被雨淋得加重了一倍。天已过午，方才爬到山腰，人们的衣服湿透了。虽是初秋天气，但山风吹来冷得使人打颤。空气也有些稀薄了，再加上山水猛涨道路泥泞，不少同志变成了泥人。有的人鞋带断了，鞋子丢在泥里。二连王指导员冻得两腿迈不开步了，两眼红红的。通信员小永急忙把背包打开，拿出夹裤给他穿上，又让他吃了几口熟干粮，才慢慢缓过来。三连副指导员朱保祥同志猛一拔腿跌下了山坡，两手急急地揪住了枣枝，同志们忙把他救上来。身体弱的同志有些支持不住了。走了一天还没吃饭，雨还是越下越大。这时候，杜团长、徐政委号召大家："不分干部队员，要开展互助比赛，帮助体格弱和晕倒的同志过山，这正是立功的好机会。"队员们响亮地回答着："对！响应上级号召，开展互助呀！……"队员们三三五五地结成了互助小组，他们说："咱们要同生死共患难。"一连马志达，本来就有些病，冻得要晕过去，高老坡忙把自己的大衣给他穿上；三连刘保贞冻饿得不能再坚持，王儒贤忙把麻袋给他披上，还给他干粮吃；老胖被水冲倒，于福臣急忙把他扶起，并替他背东西；队伍里掀起了互助竞赛的热潮，病号郑洛犬、陈俊峰、刘大黑等同志，在王兴民、刘增禄、刘彦锡等同志的互助下，渡过了艰险的山路。

民工们不但做到了自己的互助，同时和部队的战士们也实行了互助。如模范民工连长王文汉同志，从山腰中背着一个冻晕的战士走；三连民工陈红海，背着冻晕的战士过河；二连民工李乙卯，把自己的夹袄脱下，给冻晕的战士赵福穿上；王大贵把冻晕的战士背到后山铺村，用火把自己的手烤热，给战士温了前心温后心。民工们也同样获得了战士的热情帮助，如二连民工袁瑞喜，当大家背他到后山铺村后，炮兵某连的同志们，忙让他躺在热炕头上。班长××还把自己的被子给他盖好，把熬好的稀粥给他吃，还说："战士民工一家人。"

他们在雨里，在寒冷的山上，一个跟着一个地爬向山顶。还不断地齐声呐喊着："我们是钢铁民工团，能够克服任何困难！同志们，努力前进吧！"

钢铁的民工们，就这样跨越了山高路险的"小西天"。当他们到达目的地的时候，天已快亮了。

（民国 37 年 11 月 18 日《冀中导报》载，作者：李亚光、杜志才）

附 2：抗日"堡垒"

抗日战争时期，安国一直是日军和八路军争夺激烈的县份之一。日军为确保冀中这块战略要地，在域内派驻重兵，大量修筑碉堡，挖沟修路，并凭借其军事优势，频繁"扫荡"，"围剿"蚕食。在险恶残酷的环境下，县委认真执行冀中区党委"把平原改为山区"的号召，大打人民战争，挑选政治上坚定可靠的贫苦农民和抗日积极分子家庭作为"堡垒户"，群众基础好的村作为"堡垒村"。利用隐蔽洞、地道等方式，保存抗日力量，打击日伪势力。民国 28—34 年（1939—1945），县内建堡垒户四五百家。这些堡垒户，在战争年代不顾抛头颅、洒热血，遵守党的纪律，保守党的机密，保护抗日干部，掩护八路军伤病员，军政、军民建立起血肉联系，筑起一条抗击日军的钢铁长城。抗日战争时期，县内流传着一首歌曲："军队和老百姓，咳哟！军队和老百姓，打鬼子保家乡，咱们是一家人，咱们是一家人哪，才能打得赢呀，咱们是一家人哪，打败那小日本呀！"即为当时军民关系的真实写照。抗日战争时期，"堡垒户"掩护了大批抗日干部、抗日部队伤病员。有不少"堡垒户"家庭成员因掩护抗日工作人员和保守党的机密惨遭杀害。可歌可泣事迹很多，谨志几例如下：

民国 28 年（1939）冬，县委书记张逢时和干部赵吉祥等 3 人冒雪到伍仁桥区开展工作，因昼夜奔波，工作劳累而病倒，住在"堡垒村"固城，群众得知后，主动请医、找药。为掩护好抗日干部，掌握敌情，雪夜中群众自动组织起来，不远设一警戒哨，一村传一村，控制了 20 多个村庄，直至他们安全转移。

民国 30 年（1941），大五女村"堡垒户"马双印被日军逮捕，迫其供游击队和枪藏在什么地方。马双印把日军领到自己家里，说枪就埋在堂屋地下，日军掘地 3 尺，只挖出一空大缸。日军气急败坏，把马双印头朝下摁进大缸活埋。

民国 31 年（1942）春，抗日干部张达久和林某到大章村“堡垒户”张明拴家不久，日伪军进村，张母迅速将他们带进地洞隐蔽。日军闯进张家，翻箱倒柜，到处搜索，发现抗日政府流通券，抓住张明拴暴打逼问，要其交出八路军。并将张明拴绑到炮楼，严刑拷打，张明拴始终不屈。后张明拴被地下抗日人员救出。

民国 29 年（1940），北徐辛庄平玉田积极支持儿子平法林参加抗日工作，家中经常掩护抗日工作人员。民国 31 年（1942），平法林被日军杀害，其妻刘小吉继承丈夫遗志，坚持抗日，至民国 33 年（1944）间，掩护县、区抗日干部 100 余人次。被称“坚强的抗日堡垒户”。

民国 29—31 年（1940—1942）间，中国人民抗日军事政治大学二分校第三团在冀中一带活动，经常进驻安国。民国 31 年（1942）4 月，该团 14 名负伤战士，住在明官店村 14 个堡垒户。该村是日军“爱护村”，建有炮楼。安国县城至伍仁桥公路从村中通过，日伪戒备森严，经常进村盘查、搜索，平时坐在院里能听到日伪军的喊叫声。为掩护好八路军伤员，堡垒户根据伤员的年龄、性别等排定辈分，以父（母）子、兄弟相称。在日军眼皮底下，直到伤员转移，从未出过一次差错。

民国 32 年（1943）4 月，宋抗、张红涛等 3 人，住在卓头村“堡垒户”宋怀清家进行抗日刊物《战旗》的刻印工作。为躲避日军搜捕，大部分时间隐蔽在地洞工作。一日三餐、大小便均有宋怀清之母接送。宋母经常在门口以做针线活作掩护，为洞内抗日工作人员站岗放哨，发现敌情便打狗喊鸡发送暗号，保证了《战旗》的刻印发行。

民国 32 年（1943）夏，县大队干部在大章村开展抗日工作，日军得到情报后将村庄包围。县大队干部分散隐蔽在“堡垒户”的地洞、地道和夹墙内。日军把村内群众集中到打麦场，拷打逼问谁家是“堡垒户”，谁家藏着八路军。惨绝人寰的日军，把人头部摁进水缸憋昏苏醒再逼问口供，还用事先备好的蛇往人嘴里钻，但无一人求饶告密。

抗日战争时期安国县城北区部分抗日堡垒户统计表

表 15-3

小区名称	村　名	姓　　名
北小区	张家营	张晓湖　钟会民　吴明带　宁士勋　宁树生
	北　都	吕金秀　吕老贯　吕老泽　吕德进
	西伏落	邢建章　赵建章　邢午桥　邢连生
	黄　台	墨青莲　许造奎　何风桐
	中伏落	王灌泉　李　涛　王增尔　王济民
	马　庄	朱老生　李春才　李春玉　李　洛
	东伏落	王福杰　赵月亭　张　华
	西伯章	朱山峰　于俊亭　马　强
东小区	淤　村	杨麦熟　曹佩林　曹义新　曹老恒　杨坤武　杨秀英
	齐　村	陈祥甫　李光清　陈大方
	阎　村	李醒之　朱洪栓　朱贵同　王新年
	流村（八五）	郝红玉　王　科
	曲　堤	路　达
	河　西	牛麦熟　牛泽民
	姬家庄	孙五保
	康　庄	庄明造　刘中路　刘香瑞　刘占英　刘小槐　李造田

续表 15-3

小区名称	村　名	姓　　　　名
东小区	娄　营	秦江尔　杨　光　娄丙琨　詹鹏杰
	大　营	周志通　齐金钟　韩德玉
	小　营	李德恒　殷同里
中小区	北　娄	郑群英　郑××　郑洛杰
	门　东	郑老犬　刘哲彬　刘建三
	北段村	张福祥　陈国勋　胡森水
	南段村	刘造起　郭孝尔　朱红顺　张保元
	边三庄	张跃州　张夺彪　刘老清
	郭北庄	郭灵芝　王文汉
	翟家营	于老伴　于继业
	北各堡	何海水
西小区	梨　园	姜布清　许　会　刘红×
	小　内	许风池　许凤玢　许穗子
	西　照	杨财库　杨德希　秦中健　秦士明　秦登科
	中　照	赵红海

说明：根据抗日时期老干部座谈会录音整理

第五章　战　事

第一节　民国及以前战事

东晋永和六年（350），王午占据安国称王，后被部将秦兴所杀，吕护复杀秦兴自称安国王。北魏孝昌四年（528）三月，幽州刺史刘灵助因庄帝被害，起兵讨伐尔朱氏，在安国与尔朱羽生、叱烈延庆等作战。刘灵助被定州刺史侯渊所杀。

唐中后期，域内战事较多。武后执政时，契丹攻陷冀、瀛2州，突厥默啜攻陷定、赵等州，唯义丰城屡攻不下。万岁通天二年（697），朝廷赐义丰县名为立节，以为褒扬。元和五年（810），王承宗反，幽州节度使刘济率兵7万人讨伐王承宗。四月，刘济、张茂昭与王承宗战于义丰西南木刀沟，王承宗大败。后韩愈荐布衣柏耆游说王承宗归唐。昭宗景福元年（892），李克用讨李存孝，王镕引骑10万夜渡磁水袭败晋军。晋军复攻王镕。李匡威来救，战于磁河，大败晋军。

宋代，安国地处边塞，宋辽、宋金连年征战。太平兴国四年（979），耿全斌随太宗征太原，于蒲阴遇契丹兵，耿追契丹兵至徐河，因占据水口要塞，契丹军逃脱。咸平三年（1000）契丹掠祁州。正月，郎山路都巡检使荆嗣在蒲阴战败契丹军，俘获甚众。景德元年（1004）十月甲午日，契丹主隆绪同其母萧氏挥军入境，遣统军顺国王萧达兰率兵攻陷祁州。宋帝亲征，李继隆射杀萧达兰，契丹惧退，与宋订“澶渊之盟”。高宗南渡后，金宗完颜望挥军南犯，中山、祁州、河间联合抵抗，战败退走，达兰克祁州永宁军。绍兴元年（1131）宗翰尽遣祁民，以其城为元帅府。时迁者众，只准带衣物，钱谷留为军用，百姓苦不堪言。

金贞祐二年（1214），红袄军起义，周元儿于九月攻祁、深2州。

贞祐三年（1215），元太祖成吉思汗攻金。八月，皇子拖雷为中军，取祁、深、蠡、冀等州。兴定元年（1217），金真定帅武仙攻祁州，与张柔大战，张柔胜，金祁州刺史贾辅降元。明正德六年（1511）刘六、刘七农民起义军攻克祁州。崇祯十一年（1638），“闯王”李自成遣义军数万人攻打祁州，知州危思谦和训导万人杰率万余人拼死顽抗。崇祯十七年（1644）初，李自成义军打到北京，遣将攻打祁州城未下，数日撤走。

清同治七年（1868）正月十五日，张宗禹率捻军攻破祁州，杀知州胡源、教谕于壮图全家及豪绅44人，练勇乡兵等2000余人。时，清廷派齐军王心安、湘军刘松山、皖军郭宝昌、淮军潘鼎新会兵攻打捻军。捻军在城内停留4日开往深州。后捻军又于二月二十四日和四月间两入祁州，沉重打击了清朝势力。

清光绪二十六年（1900），乡村纷纷建立义和团。四月，义和团集众攻打长史（今西长仕村）教堂，相持数日，烧毁教舍，杀教徒70余人。七月，八国联军攻打北京、天津，清廷乞和签订《辛丑条约》后，祁州向教会赔款11.2万缗。光绪二十七年（1901）三月四日，义和团攻入西伯章寨，杀乡绅赵受谦等5人。四月，法国军队侵入祁州，镇压义和团。

民国初，军阀混战，硝烟四起，时有军队过境，百姓受害，民不聊生。民国16年（1927）10月初，刘香九师六七千人进驻安国，堵截奉军南下。中旬，何柱国部开抵安国。双方交战，刘部失利撤退，何部追至县城南，在明官店、东固、西固、子娄、长仕一带激战1昼夜，刘部又败，四散逃窜。部分败兵逃到张乡村，与从晋县开来暂驻张乡的陈海峰土匪队伍相遇，陈以为官府派兵剿拿，展开巷战。溃军群龙无首，乱跑乱窜，被陈海峰消灭大部。战后，陈冒充河北督军李景林部开进县城，司令部设在南门回民饭馆，每天向支应局要枪要钱要食品，稍有迟误，即行毒打。当时安国流传有“军阀混战世道乱，国难当头谁来管，流氓土匪称司令，敲诈勒索暴征敛，皮鞭打着支应局，要钱要粮没有完。”民国17年（1928）1月6日，吴佩孚的第四师师长阎治堂率兵从保定开至安国，拂晓前包围县城，于城东北曲堤村炮击县城，天亮后阎部冲入城内，将陈海峰土匪武装大部分消灭，陈扮伙夫逃走，阎部占据安国后，留一个团驻守。是月，孙殿英所属张廷逊部从河南省开抵安国，在城东南二里许搭棚驻扎。2月，阎治堂部夜袭张廷逊部，张败走。民国16年（1927年）10月至民国17年（1928年）2月，军阀混战给安国造成重大损失，践踏庄稼、炸毁房屋不可胜记，仅张乡一村被兵匪敲诈款项达4000余银圆。

民国20年（1931）9月，国民军石友三率部与驻安国白凤祥部骑兵第六旅在县城西激战，白部诈败北撤。石部深夜偷袭误中埋伏，前敌总指挥孙光前被俘。石部略事休整，再次攻城，双方在西关和西南关激战，数小时后，石部失利败走。西撤时，将沿途百姓车马抢劫一空。

第二节　抗日战争时期主要战事

一、抗击日军第一战

民国27年（1938）4月1日拂晓，驻定县日伪军500余人进犯安国。驻安国的吕正操人民自卫军第4团和县特务队在西门外打响抗日第一仗。首次攻击，日伪军受创。后日伪军乱炮轰城，一股伪军从东门攻入，自卫军和县特务队遂掩护党政团体，机关干部撤出战斗，日伪军侵占县城。4日，人民自卫军重新集结力量，经激战，将日伪军赶出安国。此战，极大鼓舞了抗日热情，群众自动出枪、出钱、出粮劳军，各区村纷纷成立抗日组织。5月初，北平燕京大学、清华大学部分师生及部分外国留学生、美联社记者汉森长途跋涉步行到安国慰问和采访抗战情况。汉森在安国采访的80余篇幅新闻报道和照片，在中外很多报刊登载。

二、县城争夺战

民国27年（1938）上半年，安国人民抗日情绪高涨，抗日武装纷纷建立。定县日伪军妄图一周内消灭安国抗日武装，侵占安国。

6月15日夜，约1500多名日伪军，100辆大车，满载子弹给养，兵分两路突袭安国。一路由安（国）定（县）公路南侧行进。先头部队为冀东警防队第一区第二大队，负责搜索和侦察情况，后随驻守定安县吉田大队（步兵3个中队，重机枪1个中队）配有重机枪6挺、联队炮3门、大队炮及步兵炮5门、无线电报话机4台，企图进攻南关及西关。冀东警防队第一区队第一大队由安（国）定（县）公路北侧行进，企图进攻安国北面及东面。翌日晨7时许，日伪军出现在县城四周。人民自卫军对敌之进犯早已探知，将部队置于安国、定县之间，准备半路截击，城内未留守军。狡猾的日伪军绕开伏击部队，直插县城。此时，深泽县奉调配合行动的人民自卫军 1 个营到达南门，听到枪炮声立刻跑步占领城墙沉着固守。北面和南面的日军，5 次冲锋，均被击退，经一天激战，深泽自卫军因子弹、给养无法补充撤出战斗。城外设伏部队以为城关失守，未及时接应。17 日凌晨，日伪军侵占县城。

18 日，自卫军决定夜间发动进攻，夺回县城。9 时，部队摸到城下被日伪军发觉，以猛烈火力向自卫军扫射，自卫军伤亡 40 余人，拂晓前撤离。20 日夜 9 时，自卫军再度围攻县城，将炮火、轻机枪集中，主攻南面。21 日零时 20 分，突破东南角冲入城内，其他部队相继冲入。日伪军由西南方向仓皇逃走，沿途又遭抗日部队截击。此次战斗，击毙日伪军 100 余人，截获大车 53 辆，缴获步枪三四十支，民众拾获大车、骡马、子弹等物品甚多。自卫军伤亡百人左右。

三、反摩擦战斗

民国 27 年（1938）10 月间，博野县张荫梧之河北民军，打着抗日旗号不抗日，与共产党八路军搞摩擦制造事端，经常进入安国袭扰抗日武装。10 月底，河北民军将 4 名过路的共产党干部投入井中淹死。上级指令除掉隐患。一天雪夜，河北民军一部又至北各堡村一带骚扰，县基干自卫队火速奔去。在北各堡村外与民军相遇，经激战，击毙民军 10 余人，生俘 40 余人，缴获机枪 1 挺，步枪 50 余支。

四、埝头伏击战

民国 28 年（1939）2 月，冀中军区二十四大队获悉，驻安国日军指挥官小西少佐准备率日伪军进攻安平。埝头村为赴安平必经之路，南临潴龙河堤，村四周布满犬牙交错的壕沟，易守难攻。二十四大队决定在此设伏。

2 月 15 日早晨 8 时许，300 余名日军分三路开至埝头村南进入伏击圈。准备渡河时，二十四大队猛烈开火，日军受阻向西溃逃，当遭西面伏兵打击时，又转向北逃，占领埝头村西北的土窑固守。战斗进行到下午 4 时，日军在小炮掩护下，向埝头村内发起强攻。经过一场激战，日军攻占了村庄的大部。二十四大队从正东、正南两面反击日军，展开巷战，将日军压缩到村西北角。时近傍晚，为防日军逃脱，二十四大队一面攻打，一面抽出兵力在村北设伏。

翌日晨，双方又展开激战。唐朴农率冀中二十三大队赶至增援，驻安国县城日军也派兵增援被围之敌，形成南边围攻战，北面阻击战两个战场，日军派 3 架飞机投入战斗。南面战场上，围攻部队对日军发起强攻，突破日军工事与之展开肉搏战。大队特务连指导员赵社重与敌肉搏时牺牲，三营十二连副指导员王国库英勇奋战以身殉国，二营七连一个班与日军肉搏只剩 1 名战士，仍带七八条枪坚持战斗。北面二十三大队接连打退增援日军两次进攻。中午，日军飞机轮番轰炸，并给日军空投食品、弹药。为避免更大伤亡，二十三、二十四大队撤出战斗。此战，击毙日军 107 人，伤 100 余人，日军指挥官小西少佐受重伤，缴获其战马和战刀。

五、南阳伏击战

驻博野日军经常到安国石佛一带“扫荡”，所到之处，奸淫烧杀，无所不为。八路军第三纵队第二十三大队经反复侦察，摸准其活动规律后，决定在南阳村伏击敌人。民国 28 年（1939）1 月 3 日，二十三大队一营连等两天未遇敌。第三天傍晚，获准情报，敌将出动，连夜将地雷和炸药包埋在南阳村街道拐弯处，部队战士潜在临街高房之上。5日上午10时左右，驻博野日军60余人分乘4辆汽车，以1辆坦克为先导奔南阳而来，进入雷区，坦克被炸毁。二十三大队一营官兵猛烈开火，日军被突如其来的袭击打得晕头转向，掉头逃回博野。此次战斗，炸毁日军坦克1辆，烧毁汽车2辆，击毙日军20余人，缴获轻机枪1挺、步枪5支、子弹1500余发及一部分其他军用物资。

六、安博公路伏击战

民国28年（1939）9月9日清晨，县大队奉冀中军区命令，在县城东安（国）博（野）公路5千米处埋好地雷，隐蔽于公路两旁青纱帐里。下午，日军6辆汽车由博野开往安国，驶入雷区后，埋伏战士拉响地雷猛烈开火，日军仓皇逃跑。此战炸死押车日军4人，炸毁汽车1辆，缴获小炮1门、炮弹8发。

七、西伯章伏击战

民国29年（1940）1月16日，冀中军区野战军十八团某连获悉，西伯章据点的日伪军要将其抢掠的棉花送往县城，便在西伯章村南孝义河畔设下埋伏。日伪军进入伏击圈时，十八团战士跃入敌群，英勇刺杀。日伪军丢下两具死尸逃命。此次战斗，截获大车18辆、皮棉万余斤，缴获战马6匹、一部分枪支弹药。

八、南张村伏击战

民国29年（1940）6月初，驻安国县城日军80余人乘两辆汽车到大五女一带抢粮。在安国活动的冀中七分区二十二团获悉后，于安国至大五女之间的南张村设伏。一连潜伏在村南坟地里担任主攻。排长张守合带领战士在南张村桥头埋设地雷后，隐蔽桥下。三、四连分别埋伏于南张村东、西两侧负责打援。上午8点左右，日军汽车行到桥头被炸翻。潜伏部队集中火力对日军猛击。日军死伤大半，其余有的四散逃跑，有的往桥下钻。跑到桥下的日军全部被埋伏战士打死，整个战斗仅30分钟，击毙日军67人，炸毁汽车2部，缴获步枪70余支、子弹数百发。

九、三打郑章据点

民国28年（1939）7月，日军在县城西郑章村建立中心据点，并修建2层炮楼1座，日军1个小队驻守，威胁着周围几十个村庄。冀中军区十七团为拔除这个“钉子”，曾三打郑章据点。

一打郑章据点。民国28年（1939）10月，十七团根据郑章据点兵力集中，火力配备精良，不易强攻的情况，决定智取。兵力部署是从二营和侦察排挑选8名战士化装成给据点送粮、送柴和修筑工事的民夫，由打入据点的十七团侦察员陈景林带领进入据点，二营其余战士随后跟进接应。陈景林和日军混得很熟，进入据点后，他利用与日军岗哨摔跤之机，将其推下平房，自己也摔了下去，无意中喊了一声“不好”。此时，化装人员已进入院内，听到喊声，以为情况有变，迅速撤出，接应部队看到化装战士从据点中撤出也向村里撤去。一打未果。

二打郑章据点。民国30年（1941）6月，打入郑章村维持会的共产党员张思倍、阎建章送出日伪军外出抢粮的情报。十七团决定趁机拔掉据点。6月12日拂晓，日军小队长率20余名日军一出岗楼，埋伏在吊桥附近的战士迅猛攻击，很快占领炮楼底层，大部分日伪兵被俘，炮楼顶端仍有7名日军顽抗，十七团战士用干柴将炮楼点着，日军身处绝境，纷纷从炮楼上跳下，当即摔死5人，摔伤2人。外出日军被埋伏部队消灭。7时20分战斗结束。

三打郑章据点。郑章据点被拔掉不久，日军重新修建，并加强兵力、火力。民国30年（1941）7月，冀中军区为扩大冀中东部根据地，令十七团出击西部日伪军，牵制日军主力部队。十七团决定三打郑章，迫使驻县城日军增援，给予重击。十七团左叶副参谋长带一营1个连，配备1挺机枪和1门平射炮、两门迫击炮，佯攻郑章据点；一营其他连在县城至郑章公路西河村青纱帐内埋伏打援；二营埋伏在东桃村。战斗打响后，佯攻部队的机枪猛烈射击，迫击炮、平射炮一齐开火，表现出大部队进攻的态势。果然，县城派出100余名日伪军增援。行至西河一带，伏兵猛烈开火，毙伤日伪军三四十人，其余仓皇逃回县城。

十、流托护麦伏击战

民国29年（1940）6月15日拂晓，驻县城日伪军200余人到流托一带抢麦。冀中十八团一营在流托村北沙河南岸设伏，乘日伪军蹚水过河之际，发起攻击，打死打伤日伪军100余人，缴获步枪数十支。

十一、石佛据点强攻战

民国31年（1942），石佛镇据点驻日军1个小队和伪华北靖安军十四军一部共300余人。据点周围挖有深沟，沟沿架铁丝网，四周有岗楼。日伪军经常骚扰附近村庄，抢男霸女，抢劫掠夺，制造惨案。仅修据点、筑工事就拆毁百余户民房300余间，群众对据点日伪军恨之入骨。冀中九分区领导决定攻打石佛据点，并派冀中军区司令部参谋处长张学思参与指挥。

是年4月4日，十八团四连打垮外出抓夫的伪军一个排，毙敌10余人，俘1人。经审讯俘虏，掌握了据点兵力布署、火力配备情况。6日上午，团部召开连以上干部会，部署战斗任务。晚9时各连进入阵地。一营和县大队、区小队负责截击博野和安国县城援兵；二营四连南面主攻，六连主攻东面，五连西面佯攻。战斗打响后，日伪火力强猛，加之沟深墙高，拼死固守，进攻部队受挫，三次强攻均失败。团部改变攻击战术，决定使“诈败计”迷惑守敌，待其撤出工事，突然攻击。撤退时故意大声说话，吸烟打手电。日伪守军果然中计，除留哨兵外，都回房休息。7日凌晨2时10分，6个司号员一齐吹响冲锋号，轻重机枪一齐开火，封锁岗楼门口和枪眼，手榴弹一齐投向房顶，把日伪军打得晕头转向。在火力掩护下，战士们突破工事，抢占岗楼，不到1个小时结束战斗。此战击毙日伪军20余人，俘伪军250余人，缴获轻机枪1挺、步枪150余支、各种手枪50余支。47年后，程子华（原冀中区领导）在撰文回忆张学思时，称石佛镇战斗为冀中区一次漂亮的攻点（据点）战。

十二、流昌地雷战

民国31年（1942）5月29日，明官店据点日军外出“扫荡”。冀中军区七分区二十二团一营在县游击队配合下，于流昌村北布下地雷，设好埋伏，待敌人入“网”。黎明时分，“扫荡”日军踏响地雷，四散溃逃，被二十二团一营战士和游击队三面围击，全歼日军29人。

十三、固显突围

民国32年（1943）12月26日，县委书记彭志深带领县大队住进固显村，准备召开较大规模的县、区干部大会。日伪联络员邵歪嘴连夜告密，马庄、郑各庄、石佛、西安国城、庞各庄据点日伪军共200余人，将固显包围。翌日凌晨，日伪军在村西、南、北三面发起进攻。县大队分两路撤退。至村口围村沟，埋伏在村外的日伪军突然扫射。前有伏敌，后有追兵，部队伤亡严重。经奋力反击，彭志深率部分战士从东北方向突围，撤到博野县杨村。县大队特派员边宗辉、作战参谋李金波率部分战士撤到沙河南。这次战斗，县大队伤亡50余人，被俘10余人。

十四、田袁李反击战

民国32年（1943）春，县委在田袁李村召开县区干部会议。县大队和冀中三十二区队1个连240余人负责保卫工作。上午，侦察员报告，刘庄村岗楼10余名伪军出动。县大队决定由靳子平带领一个班伏击，一枪未发结束战斗，除一两名伪军逃跑外，全部被俘。12点以后，大李庄炮楼伪军窜至吴庄村朝田袁李开枪。县委和部队负责人决定，加强警戒，继续开会，晚上转移。下午2点左右，县城一批日伪军坐汽车抵大李庄，伍仁桥、固城等周围岗楼日伪军也同时开至，共200余人。县大队和三十二区队当即部署，区队阻击西面、西北、西南面日伪军，县大队阻击东面、东南面和东北面日伪军。大约两点多钟，日伪在小炮、机枪掩护下，向村里进攻。区队、县大队指战员奋力阻击，击退敌人多次进攻。3点左右，日伪军发起强攻，使用毒瓦斯。区队连长和机枪手牺牲。4点左右，与日伪军展开巷战。最后，县大队、区队和县区干部被压缩到村东北角。冲出村后，又遭伏击。此战，部队和县、区干部伤亡50余人，日伪军伤亡50余人。

十五、火烧明官店炮楼

民国33年（1944）6月11日夜，冀中区四十五区队和县大队、区小队奉命攻打明官店炮楼。四十五区队担任主攻，县大队埋伏于子娄村南阻击城内增援的日伪军，两个区小队及部分民兵潜伏在流托一带截击伍仁桥增援的日伪军。四十五区队首先对炮楼进行火力攻击，而后进行政治攻势，喊话促降。明官店炮楼高3层，四周有壕沟，靠吊桥出入。守炮楼的伪军吹嘘炮楼“固若金汤”，拒绝投降。于是，发起强攻。在四十五区队轻、重火力掩护下，县区干部组织民兵填壕沟，收集柴草准备火攻。爆破战士在“土坦克”（即在木车上盖上数层湿棉被）掩护下，将干柴、炸药运至炮楼底下，堆满四周，干柴点燃后，大火顿时将炮楼包围，伪军急用水泼，用手榴弹炸，岂知适得其反，火越炸越旺。在走投无路的情况下，伪军挂白旗投降。此战烧死伪军 1 人，俘 32 人，缴获步枪 30 余支。火烧明官店炮楼后，吓跑了海市炮楼守军。

十六、解放县城

民国 34 年（1945）5 月，县内除县城和安定、安博公路上 4 个碉堡据点仍被日伪军占据外，其余村庄全部解放，县委做出扫清城外据点，围困县城决定。

自 6 月 15 日始，展开政治攻势。县委首先召开围城村庄群众大会，随即召集伪军家属座谈，宣传国内外形势，揭露日伪阴谋。同时组织万名群众挖沟破路，切断城内外交通。20 日，一股日军冲出城关，企图与定县联系。行至新安，被县大队武装截击，定县开来一营伪军，亦被阻击撤回。夜晚，日军特务队偷逃定县。伪警察队、伪教导队每天有人逃出县城向人民投诚。到 7 月，城内仅剩日军几十人，伪宪警部队 500 余人。

7 月初，冀中七分区为牵制日伪军增援大清河战役，发动“安、博、蠡战役”。分区司令员于权申率二十六团进驻安国，在城西常庄伏击战中，歼敌 50 余人，缴枪 40 余支。连克安定公路韩村、侯村、新安炮楼，扫清了县城外围的日伪军。7 月 12 日夜 10 点，攻城战斗打响，二十六团 1 个连和县大队攻东门，两个连从内应打开的通道进城，各区小队和民兵在东、西、北三面围城。11 点，伪军大队长段炳林率伪军 58 人，带机枪 1 挺，步枪 46 支，手枪 10 余支反正。13 日拂晓前，接应段炳林出城。13 日晚 9 点再度攻城，战斗打响前，县委宣传部利用高房喊话，动员城内居民疏散，教育伪军投诚。14 日夜 2 点，用重火器向南关炮楼发起攻击，天没亮便攻克南门炮楼。早 7 点攻克孟庄炮楼，全歼伪军一个中队。南关大粪场炮楼守军李拐子拼死顽抗，拒不投降。县大队战士在“土坦克”掩护下，将干柴运至炮楼下，火烧炮楼。南关之战，歼灭伪军 100 余人，缴获大量枪支、弹药和物品。正当全线发起攻击时，定县赶至增援的 200 余名日伪军，在城西与警戒部队展开激战。为减少伤亡，攻城指挥部命令攻城部队南撤。定县增援日伪军进入城关，三天后撤走，城内仅存日伪军 300 余人。

8 月 9 日，中共中央主席毛泽东发表《对日寇的最后一战》声明，朱德总司令发布反攻命令。县委根据冀中区党委指示于 8 月 11 日向县城发动全面攻击。15 日，日本宣布无条件投降。县委向困守日伪军发出最后通牒，限期投降。8 月 27 日上午，伪县长李国柱派人与攻城部队谈判。夜 10 点，李国柱率亲信出逃。三区小队和民兵追击逃跑伪军缴获步枪 58 支、手枪 2 支、马 1 匹、电话机 1 部，生俘伪军 5 人、家属 14 人。

深夜，县、区攻城部队开进安国县城。至此，安国全县解放。

附：日伪军暴行录

自民国 27 年（1938）12 月 24 日安国沦陷至民国 34 年（1945）8 月 28 日全县解放，日军烧杀抢掠，制造数十起骇人听闻的惨案，罪行罄竹难书。据民国 35 年（1946）统计，全县被屠杀的无辜百姓 1618 人，伤残 5854 人；烧、拆毁房屋 14280 余间，抓去日本国 57 人，抢、杀耕畜万余头，掠夺的财物不计其数。取其主要暴行辑录如下：

一、日军的刑场和“万人坑”

日军侵占安国后，将屠杀抗日军民的刑场设在城北隅城墙下，日军司令部（原孔庙内）旁，随着日军杀人的增多，又在刑场西北掘一弃尸坑，人称“万人坑”。如今老年人，提起“万人坑”，无不毛骨悚然。日军在刑场惨杀数以千计的爱国同胞和无辜百姓，将尸体丢在“万人坑”里。

日军刑罚和杀人手段惨绝人寰，方式有十几种之多。刑罚有：坐老虎凳、灌辣椒水、压杠子、烙铁烫等；杀人手段有：打活靶子、刀砍活人、群犬分尸、烈火焚烧、电杀、毒杀、剖腹、剜心、摘肝、取胎等。

民国29年（1940）7月16日，日军“扫荡”齐村，把22名村干部和群众带回司令部。妇救会主任戴志民怀孕7个多月，日军扒光其衣服，用刺刀挑出腹内婴儿，余21人有20人被砍杀在“万人坑”里。是年9月，日军到乡村抓来男女老少千余人，关在黑屋里，很多人被饿死，有的遭受酷刑而死。日军把一个少女脱得精光，把两手反绑在柱子上，强迫其坐在烤火台上，少女被烧焦而死。还有一个少女被扒光衣服，强迫立在院子里，日军围着她，最后两名日本兵用铜丝绑住她的双手，倒吊在大树上，然后开膛破肚。民国30年（1941）秋，日军将南七公村干部马贵福抓进司令部，用尽酷刑后，割下人头，挂在南城门示众多日。日军在“万人坑”杀人大都亲自下手。一次，嗜杀成性的山行和田中进行杀人比赛，田中一气砍杀31人。据当年被日军抓到“万人坑”处理尸体的民夫回忆：每当走进“万人坑”，浑身就起鸡皮疙瘩，坑里到处是横躺竖卧、血肉模糊、缺腿少手的死人。

中华人民共和国成立后，为教育子孙后代，“万人坑”遗址被列为县级文物保护单位。

二、火烧南阳村

民国28年（1939）1月5日下午，驻安国、博野日军500人包围南阳，声言要血洗该村。先用大炮轰炸后，进村搜捕。因村民早已躲避，穷凶极恶的日军将没有出村的村民张旦用刺刀挑死。6日上午，日伪军二次“扫荡”南阳。日军进村见人就杀，张老美等3人躲在山药窖里，日军发现后，将燃烧的柴火掷向窖中。张老美等3人被熏出后，又被扔进熊熊烈火，活活烧死。日军点燃刘老维家的房子后，他急忙出来救火，被日军用刺刀挑死。残暴的日军在杀人的同时，放火烧村，整个南阳一片火海。日军两次“扫荡”南阳共杀死无辜村民6人，烧毁房屋800多间，烧毁的家具和烧死的家畜、家禽难以数计。

三、血洗东安国城、西安国城村

民国28年（1939）6月9日凌晨，驻安国日军纠集流罗、博野日伪军包围东安国城（回民村）、西安国城村。日伪军冲进村后，挨家挨户砸门抓人。几名日军闯进村民李老面（清代武举人，时年80岁）家，将李从炕上拖下来就打，李老面性情刚烈，为人豪爽仗义，八旬老人不受日军欺侮奋勇抵抗，被日军用刺刀挑破肚腹，血流满地而死。接着又将其妻刺死。在西安国城，日军抓住李保江，两把刺刀同时刺进其胸腹部，李保江张着嘴，瞪着眼，手捂着肚子滚出十几米才死去。

日伪军把被抓村民逼进马家祠堂，逼问谁是抗日干部，但无一人供认。日军怒极，在人群周围点燃熊熊烈火，并把燃烧的木柴扔进人群，有的被烧着头发，有的被烧着衣服。之后，从人群中把李素台、马兵海、刘汉臣、刘贺才、李文国、李老金等12人拉出来，拷打逼问。村民李素台临近分娩，被打得昏死过去，李文国被打得七窍流血，1人被当场用刺刀挑死。日军又在院内挖坑，将马进福等5人（其中回民3人）拉出逼问党员、村干部下落，仍无一人招认，均被推入坑中活埋。最后，穷凶极恶的日军在大门口架起机枪，对准人群疯狂扫射，马家祠堂躺满尸体，刘兵臣的肠子从腰部流出，刘明堂的头部被打碎。惨暴成性的日军大屠杀后，便将抢来的猪头、猪血、驴腿等扔进东安国城村的井里，倒在村民的锅里和粮食上。东安国城、西安国城惨案，日军共杀死村民18人，其中妇女2人，奸污妇女1人，伤10余人，抢走大批物资和粮食。

四、中阳惨案

民国28年（1939）8月13日深夜，日伪军500余人包围中阳村。凌晨3点多，部分伪军装成八路军战士进村，在街中心大喊：“老乡们！快拿铁锨铁镐到村北破路，扒电线。”听到喊声，村民孙洛田、胡洛乾、贾双喜等几个人被骗出来后，当即被绑，带往学堂毒打。伪军边打边狠狠地说：“看你们还破路，还扒电线，看你们还跟共产党、八路军跑！”随后赶到街上的村民听到打骂声后，知道上当，悄悄往村外跑，多数被村外日伪军截回来。黎明，日伪军开始逐户搜捕抓人，押到学堂，惨无人道的日军对抓来的100余名无辜村民，用棍棒打，用皮鞭抽，用刀枪戳，逼问村里谁是党员，谁是干部。村民个个坚贞不屈，誓死不供。胡洛乾被日军打得死去活来，苏醒后仍坚定地回答："我是老百姓，只知道种庄稼，知道日军杀人放火。"日军被气得暴跳如雷，向他连开4枪打死。杀人成性的日军又将贾双喜、贾生尔、葛喜儿、孙洛田当场枪杀。天过中午，日军伎俩使尽仍无所获，便将被捕群众押到县城，当天有22位村民遇难。

中阳惨案，日军共杀死无辜村民28人。有胡洛秋、胡贵秋、胡考儿、胡洛掌、胡小舍、胡秋水、于礼拴、于至诚、于生尔、李计泉、李小孜、李门楼、李跃昌、高洛库、高小孜、贾黑炭、贾小旦、张洛黑、张庚子、霍小生、邢小山、王洛实、高小姑、贾双喜、葛喜儿、贾生尔、孙洛田、胡洛乾。

五、日军掘堤放水

民国28年（1939）7月上旬，日军围剿冀中失败，乘阴雨连绵、河水暴涨之机，在滹沱河、沙河、潴龙河上掘堤放水，造成罕见水灾，县城以南房田全部被淹，30万亩庄稼绝收。水中漂流的难民又遭日军扫射，死人无数。

六、辛庄惨案

民国29年（1940）8月12日夜，驻县城日军纠集伍仁桥、明官店等据点日伪军700余人包围辛庄村，天亮后，将男女老幼赶至村学堂，四周架起机枪。日伪军首先用木棒将青年赶到人群前面，形成半环形，随后又将校舍的窗户用苇席遮住，在席上剪一四方小口，将霍小五、瞿长需、霍小坡、霍银生、刘最5个十几岁的孩子拉进屋，让他们从小口向外看，指认推是共产党员、村干部、青抗先队员。日军先把霍小五拉到窗前，让他认。霍小五回答："没有村干部、没有青抗先。"敌人百般诱骗并恫吓，他坚持说没有。日军恼羞成怒，一脚将其踢倒在地，抡起枪托向他头部砸去，顿时脑浆崩裂。又拉出瞿长需，瞿长需也坚定地说："没有村干部，没有青抗先！"日军又把瞿长需刺死，连同霍小五尸体抛向院内。然后又在屋内对霍小坡、霍银生、刘最3人残酷拷打，直打得乱哭乱叫、遍体鳞伤、血肉模糊。但霍小坡等3人仍说："不知道！"疯狂的日军咆哮着又要对3个孩子下毒手，为保住3个孩子，青年霍小欣从人群中站出来，大喊："我是青抗先！"日军把霍小欣绑起来，又从人群中拉出霍小旦，两把刺刀刺向其臂部。霍小旦的母亲从人群中冲出来用身体护住儿子，被日军用枪托打倒在地。中午，日军将40名青年捆绑起来，带回县城，除2人幸免外，其余38人全部被杀死在县城"万人坑"。此次惨案，日军共杀害村民41人。

七、齐村惨案

民国29年（1940）7月16日拂晓，驻西伯章和博野县日伪军1000余人，包围齐村。日伪军把600名村民押到陈家大院，四周架起机枪，强迫村民跪下，逼问党员干部下落。村长陈老发被打得皮开肉绽，昏死过去。长工马中照，被日伪军摁着往嘴里灌凉水，折磨得死去活来。在日伪军的酷刑之下，周道增、郝继仙供出本村陈三林、陈软旦、陈全友10名村干部。日伪军把村干部和群众共22人五花大绑押往县城。在日军司令部，5天不给吃喝，并用尽酷刑。最后除青年马中照趁日军行刑时越墙逃出外，其余全部被杀。

八、马固惨案

民国29年（1940）7月14日黎明，100名日伪军冲进马固村，见青壮年就抓。当闯进村长马老居家时，马老居抡起菜刀奋力抵抗，终因年迈力衰，寡不敌众，被日伪军刺倒。后又枪杀了马老居的妻子和双目失明的8岁儿子。屠户李老驴被伪军从家中拉至大街，日军小队长问他谁是村干部，李老驴刚说完"不知道"三个字，日军就拔枪将其杀死。

中午时分，日伪军将50余名男女青年押往县城。第二天上午，逐个毒打后，留下8名被叛徒出卖的农会、妇会和村干部，其余放回。下午，日伪军把村农会主任范金河拉出牢房，问："你是不是农会主任？是不是共产党员？"范金河说："是！"日军兽性大发，对他进行残酷折磨，先是压杠子，灌生米水，然后又过铁蒺藜筛子，被整得血肉模糊而死。其他被捕者视死如归，无一人告饶。7月16日，日军见酷刑不能征服百姓，便将他们带往刑场"万人坑"，妇女干部张荣姑和杜彩云均已怀孕，经几天折磨，已不能走路，日军拖她们时，张荣姑用手扒住门框，野蛮成性的日军举起战刀把她的胳膊砍了下来，接着过来一个日本兵，用刺刀把她的肚子挑开，围观日军哈哈大笑。其余7人被砍杀在“万人坑”旁。马固惨案有14名干部、群众被残杀。

九、北都惨案

民国29年（1940）7月13日，安国县委在北都村召开各区群众团体干部会议，散会后因天晚有部分干部留宿北都村。驻县城日军长江部队获情报后，纠集西伯章、杨村、薛庄、李村店4个据点的日伪军1000余人，于14日凌晨包围北都村。夜间到村北浇地村民吕培仁看到日军围村，急忙跳到井里，日军赶到井口，向井里连开数枪。正要下地的村民王洛资听到枪声，赶紧往回跑，大喊：“鬼子来了，乡亲们快跑啊！”至村口被几个日军用刺刀挑死。村农会主任吕德炎被日军从田间抓住后，他乘敌不备，纵身跳入学堂旁边的水井之中，日军又将其打捞上来，拖到学堂门前，扒光衣服，用火烧、用战刀锯脖子，鲜血顺着刀口往下流。吕德炎昏死过去。区武委会干部小梁子被搜捕日军堵在吕王氏家里，日伪军用带刺刀的枪指着小梁子问吕王氏他是谁，吕王氏回答是她儿子，当敌人问及年龄、属相时发现漏洞，当即用刺刀将60多岁的吕王氏刺死。几名日军抓住没来得及穿衣服的4名青年妇女，拖到院子里强行奸污，村自卫队队长曹士英，村民吕小蛋被日伪军拴在马尾巴上拖进村里，区助理员王佐舟、粮秣员史同居、村游击组员吕洛秋，都被日军五花大绑押到村里。

天明，日伪军将抓到的近千名群众赶到村学堂，在校舍周围架起机枪，强迫所有群众跪在院内，威胁说出党员、干部。在日伪军的多次恐吓下，无一人吱声。日军恼羞成怒，拉出多名群众毒打，当场挑死1人，仍无人招认。中午，区小队在村外鸣枪扰敌，日伪军带着被抓的干部群众和抢掠的财物撤出村庄。

此次惨案，全村500余户遭抢掠，被抢走大牲畜72头，畜禽上千只，财物无数。驻安国日军绑走抗日干部、村民54人，打伤致残21人，其余33人除1人逃出外，全部被惨杀在“万人坑”。被驻定县李村店据点日伪军抓走的7人，受到压杠子、灌辣椒水等酷刑折磨，后以每家出款100元取保释放。

十、营二里惨案

民国29年（1940）7月21日凌晨，侯村炮楼日伪军伙同县城日军包围营二里，搜捕抗日干部。日伪军将村民赶到孙梅菊家大院，周围架起机枪，威胁村民说出村干部。日军先将村民杨贵、杨志星拉出，暴打逼问，二人守口如瓶，坚贞不屈。在日军淫威下，杨木森屈膝投敌，指认杨青福、王跃乡、杨双儿、杨金洋、杨国贞、杨老星、李小眼、杜占池、蔡小才、崔素田、刘彩凤、唐小翠等13名抗日干部。青年杜小友恐被认出，欲翻墙逃走，被日军开枪打死。

日伪军将13名抗日干部押往县城，3天后，除崔素田、唐小翠、刘彩凤3人被营救，其余被活埋在“万人坑”里。

十一、西伯章惨案

民国29年（1940）8月17日深夜，西伯章据点的日军小队长井泽率日伪军将村党支部赵洛由、赵德荣、董风山、王虎森、王维新、聂保进、朱纪先、朱纪增、赵瑞祥9名成员全部抓捕。审讯中，对9人施用了吊水桶、压杠子、灌凉水等酷刑，无一人屈服。9月3日下午，日军在西伯章村北设置刑场，将9名共产党员活埋。

十二、寺下村“六月六”惨案

民国32年（1943）7月7日（农历六月六日）早晨，叛徒张庆和带领伍仁桥据点日伪军200人，把100余名抗日人员及家属分圈在5所大院内审讯，游击组副组长等4人当场被枪杀，20人被毒打致残。

十三、北马惨案

民国32年（1943）12月12日，伍仁桥据点日伪军包围北马（包括东北马、西北马），野蛮屠杀村民。侯根祥听到枪声，拖着两岁的儿子向村南跑，日军发现后向他射击，打穿孩子腹部，当即死去。日伪军将60多名群众带至西北马李叫唤家园子里毒打，之后，把侯根祥等11人带回伍仁桥炮楼。日伪军对被捕群众严刑拷问。把侯根祥绑在老虎凳上，往嘴里灌冷水，灌满肚后用脚踹，反复六七次；日本宪兵队小队长金村，用铁针刺被捕妇女的双乳；邢娄子被日军狼狗嘶咬而死；抗日村民宁死不屈的英雄气概，使日军惊恐万状。14 日，日军残暴地砍下李造为、李青深、孙叫唤、马英俊的头颅挂在伍仁桥南门楼示众。此次惨案，日军惨杀无辜村民 7 人。

十四、石佛惨案

民国 34 年（1945）4 月 20 日，驻安国、博野、蠡县三县日伪军分三路包围石佛村。由于群众毫无准备，只有少部分青壮年逃出村庄，没逃出的被日伪军一串串绑到十字街，后集中到天主教堂拷打，154 名青壮年被打得头破血流，马福增实在忍不住，挣脱绑绳跳了井，日军往井下扔砖砸他未死。杨小船破口大骂，指责日伪军暴行，被扒光衣服打烂皮肉。杨小兵等 3 名农民被当场活埋。这天，天主教堂里血雨腥风，惨不忍睹。

这次血案：石佛村死 27 人，有刘小顺、杨黑根、刘洛万、张肯堂、刘小喜、李双进、吴洛远、马久财、刘三贤、杨洛仓、杨小兵、刘洛芝、杨其相、刘香禄、刘士真、刘积善、杨洛槐、刘计兵、黄玉荣、杨阴槐、刘小豹、刘长增、范小属、刘小许、刘小六、刘小麦、吴彦果。

第十六编
社会团体

第一章　群众团体

第一节　工人团体

一、组织机构

（一）工人抗日救国会

民国27年（1938）冬，在中共安国县委领导下成立安国县第一个工人抗日救亡组织——工人抗日救国会（简称工救会），工救会发展对象为城镇工人、农村雇工和小手工业者中的抗日积极分子。县工救会设主任、秘书各1人，正副宣传、组织委员各2人，第一任县工救会主任由参加过“高蠡暴动”的共产党员陈风思担任。

民国28年（1939）后，相继成立区、村工救会组织，每区配备专（兼）职干部2～3人。时有5个区工救会，182个村工救会，会员5000余人。工救会工作异常活跃，经常组织会员破公路、割电线和掩护抗日干部。至民国30年（1941），工救会每年发动青年200余人参加抗日军队，并为抗日部队提供大量药品、粮食等物资。

民国31年（1942）五一大“扫荡”后，抗日环境残酷。7月，工救会主任魏凌宵壮烈牺牲。县工救会活动基本停止。年底，县工救会撤销，工人运动归县抗日联合会工人运动部领导。民国35年（1946）春，城关职工会成立，在工运部领导下，按行业建起切药、铁业、木业、搬运、被服、店员、理发等10个工会，各行业工会主任为职工会委员。

（二）工会联合会

民国36年（1947）10月，安国县抗日联合会撤销，建立安国县工会联合会（简称工会）。设工会主任1人，工作人员2人。工会的工作重点由农村转到城镇（县城关、伍仁桥镇），区、村工会组织撤销，时有职工1085人，工会会员365人。民国37年（1948）5月，安国城关改为市建置，县工会改称市工会。1949年2月，安国市撤销，复称县工会。

1950年9月，县工会联合会首届代表大会召开，选举主席1人、常委3人、委员13人，设驻会主任、组织委员、文教委员各1人。

20世纪60年代初，全县工会会员2639人，占职工总数的65%，基层工会组织60个。

1964年8月，第四次工会代表大会上正式定名为安国县总工会，设代理主席、副主席各1人，常务委员 5 人。“文化大革命”开始后，县总工会受到冲击，领导被批斗，印章被抢，财物丢失一空，各级工会组织失去职能作用。

1973 年 3 月，县委组成安国县总工会筹建小组，县（社）直单位工会组织陆续建立，恢复 1542 名老会员会籍，发展新会员 1546 人，6 月召开安国县总工会第五次代表大会。改工会领导主席为主任制，1979 年恢复主席制，设主席、副主席，组织、宣传、教育、生产、财务、生活、女工委员。

1983 年，县总工会辖基层工会 121 个，会员 7500 人，77 个基层单位建职工代表大会。1990 年，全县工会会员 8950 人，占职工总数的 86.4%，基层工会 142 个。县总工会有专职干部 6 人，基层工会各有专职干部 1 人。

二、主要活动

民国 36 年（1947），工会领导工人向资本家、企业主进行反虐待和提高工资的斗争，实行“以物计酬”工资制。在当时物价飞涨的情况下，保证了工人生活。11 月，职工会发动药业工会、理发工会等群众团体捐资 34 万元支援清风店战役。

1950 年，配合党的中心工作广泛开展对职工的思想、政治、文化教育和技术培训，发动工人迅速恢复生产，支援抗美援朝。179 所学校建起工会组织，在南关大药市建职工夜校 1 所，年培训职工 700 多人。1952 年成立工人俱乐部，开展文娱、体育活动，购置各种图书万余册。

1978 年后，工会工作进入一个新阶段。组织工人文化补习、学习业务技术，以适应“四化”建设需要，推进企业管理。1984 年，开展“职工之家”建设。翌年，在党政机关建立工会组织。到 1986 年底，验收合格“职工之家”87 个，建立党政机关工会 27 个，基层工会组织达到 141 个，工会小组 676 个，入会会员 8500 余人。1987 年，工交、财贸等 10 个系统 157 个单位开展“创文明班组，争做四有新人”活动，涌现出文明班组 13 个，“四有”（有理想、有道德、有文化、有纪律）职工 51 人。

1989 年，县总工会资助现金 1500 元，帮助女工多的棉纺厂建起幼儿园。

安国县历届工会会员代表大会一览表

表 16-1

会议名称		召开时间	地点	代表人数（人）	主要议题	选举结果（人）		备注
						常务委员数	委员数	
安国县工会联合会	第一届代表大会	1950 年 9 月 15—18 日	瓷器店小楼（今大众商场处）	60	听取县工会工作报告，讨论通过《安国县工会章程（草案）》，选举工会首届委员会	3	13	差额选举
	第二届代表大会	1952 年 10 月 25 日	大药市工会礼堂（大药市内）	70	听取并讨论上届委员会工作报告，选举第二届工会委员会	7	19	
	第三届代表大会	1956 年 2 月 27 日	大药市工会礼堂	51	听取讨论上届委员会工作报告，加强工农联盟，全面开展社会主义劳动竞赛，选举三届工会委员会	8	21	县农业劳动模范及有关部门领导列席会议
	第四届代表大会	1964 年 8 月 5—8 日	县招待所（舍二村）	60	听取讨论上届委员会工作报告，选举四届工会委员会	5	15	

续表 16-1

会议名称		召开时间	地点	代表人数（人）	主要议题	选举结果（人）		备注
						常务委员数	委员数	
安国县总工会	第五届代表大会	1973 年 6 月 2—5 日	南关礼堂	367	听取第五届工会代表会筹备工作的报告，选举安国县总工会第五届委员会	7	29	
	第六届代表大会	1979 年 9 月 26—29 日	南关礼堂	287	听取讨论上届委员会工作报告，动员职工坚持四项基本原则，消除“四人帮”在工会工作中的影响，选举第六届工会委员会	6	25	
	第七届代表大会	1983 年 1 月 28—30 日	南关礼堂	412	学习贯彻中共中央书记处关于工会在新时期的工作性质和任务，动员职工为“四化”做贡献，选举新的工会委员会	5	28	选出候补委员 3 人
	第八届代表大会	1987 年 1 月 7—9 日	县政府招待所	209	听取并讨论上届委员会工作报告及财务工作报告，号召工会会员适应新形势，树立新观念，在两个文明建设中发挥主力军作用，为“七五”计划建功立业，选举第八届工会委员会	7	21	选出候补委员 4 人

第二节　青少年团体

一、青年团体

（一）社会主义青年团

民国 12 年（1923），保定育德中学学生唐朴农（又名唐士奎，田正义）毕业后，受保定社会主义青年团组织委派回家乡进行反帝、反封建宣传，发展团组织。唐朴农先后发展大五女村解凤岐、王廷玺，西秋元村王国栋、王季直，滩头村刘玉藻，郑村魏志荣，南龙王店村李金普 7 人加入社会主义青年团，组成大五女地区社会主义青年团特别支部，是为安国县第一个进步青年组织。唐朴农任支部书记，王国栋任组织委员，刘玉藻任宣传委员。团支部隶属保定育德中学社会主义青年团支部领导。民国 13 年（1924），大五女地区社会主义青年团支部改为共产主义青年团特别支部，时有团员 8 人。翌年 7 月，青年团特别支部转为中共安国县大五女特别支部，全体团员集体转为中共党员。

民国 21 年（1932）5 月，大五女共青团特别支部重新建立，隶属定县中心县委沙河区委领导，支部负责人有吴长奇、解凤祥。民国 22 年（1933），因叛徒告密，团组织遭到破坏。

（二）青年抗日救国联合会

民国 27 年（1938），县抗日总动员会设青会委员负责青年、学生方面的抗日工作。9 月，成立青年抗日救国会（简称青救会），张少锋任主任，区、村均建青救会和青年抗日先锋队（简称青抗先）。在抗日战争时期，青救会和青抗先在组织发动青年参军、参战、支援前线等活动中发挥了重要作用。

（三）共产主义青年团

1949 年，在安国县青年联合会的基础上，建立中国新民主主义青年团安国县工作委员会（简称团县委），有书记、副书记各 1 人，设组织、宣传、少年儿童委员。各区设团委会，分别设书记、宣传委员各1人。

中华人民共和国成立后，各级团组织迅速发展。1951年全县有区团委5个，团支部130个，团员3619人，到1955年团支部增到283个，团员1.71万人。1956年撤区并乡后，由5个区团委改为29个乡团委。县团委增设生产技术、扫盲、文化娱乐、军事体育委员。

1957年7月，按照全国第三次团代会通过的决议，将中国新民主主义青年团改称中国共产主义青年团（简称共青团），时有团支部340个，团员1.09万人。1958年人民公社成立后，各公社设团委会，委员11～15人不等，常务委员一般5人，正、副书记3人，下设组织、宣传、学少、军体、技术、文卫等委员，计有专职团干部39人，村团支部书记230人。“文化大革命”开始后，各级团组织瘫痪。

1970年11月，县革委会政治处群工科代管共青团工作。1972年，恢复团县委机构，设书记、副书记各1人。各公社设专职书记。1990年，团县委设书记、副书记各1人，设办公室和组织、宣传、学少、青工委员。有基层团委38个，其中乡（镇）20个，县直单位9个，学校9个。团支部334个，其中农村198个，县直单位125个，乡村办企业11个，团员13057人。

青年团组织作为共产党领导下的青年群众性组织，在各项工作中发挥了模范带头作用。1953年，青年团员带头走集体化道路，有3684名团员参加互助组，34名团员参加农业生产合作社。1955年，在扫盲工作中，办民校169处，4950名团员入校学习，占团员总数的70%。是年，3562名团员带头参加农业合作社。1956年，团县委组织8950名团员和1.36万名青年及2.27万名少年参加植树造林活动，完成69千米长的公路植树。是年，各级团组织建立技术业校72处，发动青年入校学习，使1.71万名农村青年掌握了籽种处理、除虫、授粉等农业技术。1962年冬，团员积极参加社会主义教育运动，并结合“整风整社”进行整团。共检举、揭发贪污、盗窃、多吃多占、挥霍浪费等问题5870条，有150名团员干部主动检查错误。1963年2月，全县掀起学雷锋热潮，2.63万名团员通过座谈会、报告会、学习讨论会等形式学习宣传雷锋精神。崔章公社900名青年在学雷锋活动中，一年为集体和鳏寡孤独者、烈军属办好事1450件。1984年，团县委在青年中开展“修万里路，植万里树”活动，共整修乡间街道1820条，整修桥涵130座，植树267.18万棵，被团省委、省交通厅、团地委分别授予“双万里”活动先进单位。

1988年，团县委积极为农民寻求致富门路，在全县推广快速养猪新技术，共举办培训班325次，培训青年和群众1.7万余人次，印发《快速养猪》小册子及其他资料1.1万余份，使1万余户采用养猪新技术，提高了猪只出栏率。

二、少年儿童团体

（一）抗日儿童团

民国27年（1938）3月始，各村和抗日小学相继建立抗日儿童团（简称儿童团）。儿童团内设团长，较大的儿童团设中队或分队长。翌年，儿童团员发展到1.3万余人，儿童团员年龄7～15岁。儿童团成立后，除上学学习、参加生产外，还担负起站岗、放哨、传递情报和唱歌、演戏宣传抗日任务，并直接参加对敌斗争。民国28年（1939）秋，沙河水涨，日军过河不识深浅，崔章村儿童团员假装带路，将其引入深水地带，淹死日军十几人。

（二）少年先锋队

1949年12月，始建少年先锋队（简称少先队）15个，发展队员476人。1951年后，少先队组织发展较快。到1956年，134所中、小学校全部建立少先队，时有少先队员16418人，少先队辅导员300多人。1959年，县建少先队总队部，县第一、第二中学及公社建大队部，分别受县、公社团委领导。并委派500余名工人、农民、学生、优秀团员担任各学校少先队辅导员。1962年，全县少先队员2.14万人，占队龄儿童的72%。“文化大革命”期间，少先队组织被取消，各小学校建立红小兵组织。1975年，有红小兵29851人，占在校少年儿童的63%，有校内外专兼职辅导员898人。1978年11月，恢复少年先锋队组织。1982年，建立少先队辅导员协会。1990年，全县有少先大队178个，少先队员39810人，占队龄儿童的87.1%；辅导员199人。

自建少先队后，始终坚持德、智、体全面发展的方针。团组织与有关部门密切配合，经常组织少年儿童开展多种有益活动。1957年冬，2.27万名适龄儿童参加“绿化祖国活动”，为张家口坝上地区采集各种树籽70吨，在县内栽植少年林1200亩。是年，在扫盲运动中，少先队员组成扫盲识字班，在村头、道口建识字岗，发挥了“小先生”作用。1962年，团县委开展“小虎子”活动（《中国少年报》六七十年代辟有颇受少年儿童欢迎的“小虎子”漫画专栏），教育少年爱祖国、爱劳动、爱科学、爱公物，涌现“小虎子”式少先队员676人。1982年后，团县委组织全县少先队员开展“红领巾读书、读报”“人人争戴小红花”“采（树）种支甘（肃）”等活动，分别受到团中央、团省委的表彰。1987年，被授予“河北省优秀少先队辅导员”称号的育红小学教师李鹏芬，组织三（2）班开展“智力运动会”活动获《中国少年报》颁发的“创造杯”和共青团河北省委颁发的奖杯。是年，李鹏芬又组织少先队员参加团省委、省教委联合举办的“我为燕赵描新图”活动和团地委举办的“三八春苗杯”活动，分别获优秀奖和集体优胜奖。是年9月，育红小学少先队大队长，六（2）班学生赵亚辉给常务副县长刘飞写信反映学校教学楼楼板将要坍塌问题，引起县政府关注，责成县教委、祁州镇政府集资27100元修复。

历届共青团安国县代表会议情况表

表16-2

届次	召开时间	代表人数	主要议题	选举结果（人）		团支部数（个）	团员数（人）
				委员数	常务委员数		
一	1949年7月	—	—	—	—	—	—
二	1953年4月	300	—	—	—	207	6911
三	1955年6月14—17日	254	加强集体主义教育，青年要带头走合作化道路	15	5	283	11100
四	1957年9月10—13日	230	传达共青团中央代表大会文件，审议团县委两年来的工作报告，通过1957年下半年的工作计划	15	5	273	8950
五	1959年1月11—14日	298	传达贯彻团中央三届三中全会精神，听取并审查团县委1958年工作报告，讨论确定1959年团的工作任务，选举第五届团县委和出席省团代会代表	15	5	349	13291
六	1960年2月6—8日	360	通过了《团结广大青年，当好党的助手，为加速祖国建设，实现农业“四化”发挥青年突击带头作用及发挥学校团组织作用》的报告	15	5	504	13336
七	1962年1月	—	高举三面红旗，鼓足更大干劲，协助党实现一九六二年国民经济计划	15	5	270	8707
八	1972年12月7—10日	651	听取团县委《沿着毛主席无产阶级建团路线乘胜前进》的报告，选举第八届团县委	33	9	—	12914

续表 16-2

届次	召开时间	代表人数（人）	主要议题	选举结果（人）		团支部数（个）	团员数（人）
				委员数	常务委员数		
九	1979 年 1 月 13—16 日	663	动员全县青年，为社会主义现代化建设贡献青春，创造优秀团支部和争当新长征突击手	35	7	—	14000
十	1982 年 8 月 15—17 日	275	审议通过上届团县委工作报告和《关于深入持久地开展五讲四美活动的决议》，选举团县委十届委员会及出席省团代会代表	33	7	426	14300
十一	1986 年 10 月 25—26 日	290	审议通过上届团县委工作报告及团费收缴、管理、使用情况的报告，选举新的团县委及出席省团代会代表	33	7	368	12256
十二	1990 年 5 月 24—26 日	232	讨论通过团县委上届工作报告及团费收缴、管理和使用情况的报告，选举十二届团县委	37	7	535	13057

第三节　妇女团体

一、组织机构沿革

民国 27 年（1938）1 月，县抗日总动员会设妇女部，首任部长赵惠碧。7 月，晋察冀边区七分区女联络员王谢筹主持成立安国县妇女抗日救国会（简称妇救会），沈桂荷当选主任。后各区、村妇救会相继成立。

解放战争时期，妇救会改称民主妇女联合会。1949 年 10 月，召开首届妇女代表大会，选举产生安国县民主妇女联合会第一届委员会，设主任 1 人，组织委员、宣传委员各 1 人。各区、乡、村建妇联会，区设专职妇联主任，乡、村为兼职。

1957 年 12 月，民主妇女联合会改称妇女联合会（简称妇联会）。“文化大革命”期间，妇联组织全部瘫痪。1970 年 11 月，县革委会政治处群工科设专职妇女干部。1973 年 5 月，恢复县妇联会机构，设主任 1 人，副主任 1 人，秘书 1 人，干事 2 人。1990 年，县妇联设主任 1 人，副主任 1 人，专职干部 6 人；乡镇专职干部 20 人。村妇代会 197 个。

二、主要活动

中华人民共和国成立前，各级妇女组织大力宣传男女平等、妇女解放，广泛发动妇女参加抗日救亡、拥军支前，为打败日本侵略者和解放全中国而斗争，涌现出许多“巾帼英豪”和可歌可泣的事迹。县妇救会经常帮助受虐待妇女伸屈雪冤，提倡妇女放足，自由婚恋。当时，安国流传一首《妇女解放歌》：“一劝妇女要撒脚，又能走来又能跑，鬼子杀不了；二劝妇女要剪发，又省梳来又省刮，没有碎头发；三劝妇女要上学，又识字来又体操，慢慢向上熬；四劝妇女要自由，手拉手的找对头（对象），人人不害羞。”民国 28 年（1939），县委在茂山卫举办妇女队长训练班，参加训练者 180 余人，后大部分村建立妇女武装自卫队。小到十七八岁的姑娘，大到四五十岁的中年妇女踊跃参加自卫队，站岗放哨、送情报、抬担架、照顾伤员、扒电线、破敌交通，样样不落男儿后。民国 29 年（1940）宪政运动中，刘守璞、王又新等一批妇女参加县议员、议长竞选。刘守璞当选为安国县第一位女县议长，王又新当选为县议员，陈启荣、王志英被选为女区长。翌年春，中伏落村妇女自卫队长何玉文，带领北五村（西伏落、中伏落、东伏落、西伯章、张家营）100 余名队员，一夜间在日军主要交通线安定公路上横挖 10 条大沟。翌年，东伏落村妇救会委员邢更国送情报途中不幸被捕，敌人用金钱引诱不上钩，后被香头、烟头烧灼，直至割去双乳终不屈服，为保守党的秘密献出生命。县妇救会主任田振亚执行任务中被捕，在敌人严刑逼供下，坚贞不屈。她在狱中组织难友，巧妙对敌，坚持 112 天的狱中斗争，写下长达万言的《狱中日记》。

解放后，伍仁桥、明官店、八方等 37 个村妇女组织率先建起妇女生产互助组。伍仁桥村互助组的 137 名妇女，10 天时间帮助军、干、烈属种大麦 250 余亩，送粪 1500 余车，耕地 50 余亩。9 月，184 个自然村，村村成立妇女识字班。门东村妇女识字班，坚持 3 年学文化，70 余名妇女具备初小文化程度，《冀中导报》做了专题报道。解放战争期间，妇联会员带头为自己的丈夫、兄弟、儿子报名参军。西吴庄郧金玉大娘，大儿子牺牲在战场，又送老二、老三上前线。门东村郑新池，结婚刚十天，主动为新郎报名参军。民国 37 年（1948）平津战役中，安国妇女积极支前，20 天为前方将士做军衣 35550 件，军鞋、军袜 2200 双，被褥 100 套，口罩、碗袋、枪套等 6800 多个。

中华人民共和国成立后，各级妇联组织领导下的广大妇女发挥“半边天”作用，积极投入勤俭建国、勤俭持家及各项政治运动和社会主义物质、精神文明建设。1950 年婚姻法颁布后，县妇联配合县政府有关部门，利用漫画、黑板报、墙头诗和演剧等形式，大张旗鼓地宣传婚姻自主、婚事新办，新风盛行。1955 年，各级妇联通过调整，培养提拔妇女骨干 1123 人，有 6 人担任社长，84 人担任副社长，817 人担任队长，162 人担任股长。1957 年，在农田水利建设、农业技术改革、扫盲、妇幼卫生、养猪积肥等工作中，涌现妇女模范 3150 多人，104 人出席县生产积极分子大会，5 人出席省妇联召开的积极分子大会。1981 年，各级妇联组织广泛开展“五好家庭”（爱祖国、爱集体，遵纪守法好；努力生产、工作、学习，完成任务好；计划生育，教育子女，勤俭持家好；移风易俗，文明礼貌，清洁卫生好；尊老爱幼，家庭和睦，邻里团结好）和“双三八”（三八红旗手、三八红旗集体）活动。1982 年，评出“五好家庭”6620 户，“三八红旗集体”16 个，“三八红旗手”1126 人。被评为全省“三八红旗集体”1 个，“三八红旗手”4 人；全国“五好家庭”5 户。1983 年，开展“维护妇女儿童合法权益法制宣传月”活动，各级妇联同司法部门配合，解决侵权案件 123 起。

安国县历届妇女代表大会情况表

表 16-3　　　　单位：人

名　称	届次	召开时间	地　点	代表人数	选举结果	
					委员数	常务委员数
民主妇女联合会	一	1949 年 10 月	—	—	—	—
妇女联合会	二	1960 年 5 月 7—9 日	安国饭店（舍二村）	352	15	3
	三	1963 年 11 月 1—5 日	安国饭店	215	13	3
	四	1973 年 5 月 29—31 日	南关礼堂	517	37	5
	五	1979 年 1 月 8—11 日	南关礼堂	659	35	5
	六	1983 年 8 月 31 日至 9 月 1 日	南关礼堂	302	35	7
	七	1989 年 4 月 20—22 日	县政府招待所	215	35	9

第四节　农民团体

一、农民协会

民国 17 年（1928）6 月，大五女、郑村、龙王店、东固一带村庄受北伐国民军冯玉祥部队影响，纷纷建起农民协会。县西部东秋元、西秋元、张店、南张村、北张村、滩头等村农民协会相继建立。在此基础上，中共大五女特别支部组织召开各村农协代表会议，始建安国县大五女区农民协会，唐朴农、吴金波被选为主任、副主任。随之，伍仁桥区农民协会成立。大五女区农民协会成立后，办起农民识字班和夜校，宣传反对帝国主义列强，反对土豪劣绅的主张，鼓励劳苦农民组织起来，救国救民救自己，并组织农会会员和青年学生到县府请愿、罢课，组织会员和进步教员、学生 1000 多人进城游行示威，高喊“打倒封建买办资产阶级”“取消苛捐杂税”“实行硝盐公卖”等口号，砸毁了国民党县党部。农民协会的行动，极大地震撼了国民党政府和地主剥削阶级。民国 18 年（1929）12 月，奉系军队白凤祥部进驻安国后，伙同民国县政府武装镇压农民协会，农民协会骨干唐朴农、解国章、吴金波、解老同、胡振江、胡振泉 6 家大小树木被锯头、剥皮，青苗被毁光。翌年，农民协会骨干部分人遭逮捕，协会被迫解散。

二、农民抗日救国会、农会

民国 27 年（1938）3 月，中共安国县委和县抗日民主政府为组织发动农民进行抗日斗争，成立农民抗日救国会（简称农救会）。刘光路为第一任县农救会主任。会址设在县城南关东街张家大院。安国解放后，农救会改称县农民联合会（简称农会）。民国 36 年（1947）10 月，全县开展土地改革运动。各村成立贫民团，农会组织撤销。

农救会、农会组织吸收贫苦农民为会员，也吸收部分中农积极分子，在抗日战争、减租减息和清匪反霸斗争中发挥了重要作用。

三、贫下中农协会

1960 年初，在整风整社运动中，农村生产大队建立贫下中农委员会。运动结束，有 95 个大队保留组织，大部分流于形式。1963 年 11 月，粗线条“四清”运动开始，按照华北局《贫下中农协会组织条例（草案）》，县委在奉伯大队搞建立贫下中农协会组织试点。通过访贫问苦，审查阶级成分，选根定根（选土改时贫民团骨干为根），扎根串连，成立奉伯大队贫下中农协会筹委会。年底，196 个大队全部成立贫协委员会，分别设主任 1 人，副主任、委员若干人。各生产小队建立贫下中农代表小组。1964 年 10 月，县委召开贫下中农代表会议，选出县贫下中农协会委员会。“文化大革命”中，撤销贫协组织，成立贫下中农代表委员会（简称贫代会）。1974 年 6 月，恢复各级贫协组织，1982 年撤销。

贫下中农协会组织建立后，在贯彻执行各个时期共产党在农村的各项方针政策，团结中农，发展社会主义农村经济上起了积极作用。

第五节　工商团体

一、商　会

安国县因药业发达，商会建立较早。清代的安客堂，为商会前身。清宣统三年（1911），奉令成立保定府安国县商务分会，公举资望兼全者17人为会董，再公推1名熟悉商情者任总理。民国3年（1914），将商务分会改组为商会，设正、副会长各1人，会董30人。商会会长和会董2年为期，期满改选。民国20年（1931）3月，商会按民国18年（1929）国府颁布《工商同业工会法》，设主席1人、常务委员4人、执行委员15人、监察委员7人，并设文牍、庶务、会计、书记各1人。时有会员商户193户。民国25年（1936），商会辖药业、钱业、酒业、木器业、铁器业、转运业、洋货业、杂货业、绸布业、绳席业10个同业分会。民国27年（1938）11月，商会受日伪控制，设正、副会长各1人，时商会名为商人团体，实则成为压榨商户的工具，常强行派捐摊粮、拉夫抓差，商民恨之入骨。安国解放后，商会解散。

二、工商业联合会

民国34年（1945）底，中共安国县委、县民主政府根据商人要求，成立工商业联合会。翌年4月，冀中工商业联合总会成立，要求各县健全、加强工商联组织，县民主政府委派4名脱产干部到工商联任职。民国36年（1947）7月，工商联设主任、副主任、秘书、办事员若干人。翌年5月，华北工商会议后，将安国工商业中的15个行业分编为7个分会，各分会设主任、副主任、秘书、组织、宣传、调解委员等7～11人。商会设会长、副会长、秘书各1人。各分会主任为县工商业联合会委员，委员实行自下而上选举制。1950年，召开首届会员代表大会，至1966年共召开五届代表大会，每届产生委员13人，常委3人，时有会员532人。“文化大革命”开始后，工商联组织瘫痪，1970年撤销其组织机构。1986年，复建工商业联合会，并召开第六届工商业联合会员大会，选举委员13人，常务委员3人。1990年，工商联设主任1人，名誉主任1人，副主任3人，秘书1人，平时驻会2人，余为兼职。有会员569人。

安国解放后，工商联组织通过召开商人座谈会等形式，及时了解商界情况，协助政府贯彻党的方针政策，评议稽征工商税收，调解商人纠纷，对恢复发展县内工商业，特别是药业起了推动作用。1949年后，工商联组织工商业者学习、贯彻人民政府的政策、法令，在市场物价调节、打击投机倒把活动、完成税收、团结教育私营工商业者走社会主义道路等方面做出贡献。

三、个体劳动者协会

1982年6月，组建祁州镇、大五女、石佛、伍仁桥、张家营5个个体劳动者分会，从个体工商户中产生理事，并设正、副会长。9月，在分会的基础上成立安国县个体劳动者协会，召开首次代表大会，选举产生第一届个体协会理事9人，选出会长1人、副会长3人、秘书长1人，有工作人员4人。1986年，入会会员2250人。1989—1990年增设明官店、药市、郑章、桥南4个个体劳动者分会，会员发展到 10127 人。是年，召开个协第五届代表大会，选举出理事 13 人、会长 1 人、副会长 4 人、秘书长 1 人。

个体劳动者协会组织，遵从“三自”（自我教育、自我管理、自我服务）宗旨，在工商行政管理部门具体指导下，坚持对个体工商业者进行思想、法制和职业道德教育。自建会到 1990 年，配合有关部门组织遵纪守法和职业道德检查 50 次，20 户被授予“信得过”“五好”（遵章守法好，经营作风好，团结互助好，服务质量好，税费缴纳好）文明工商户，400 余名个体劳动者受到表彰。

第六节　其他团体

一、抗日总动员会

民国 27 年（1938）1 月，根据晋察冀边区指示，县成立抗日总动员会，任命县抗日民主政府指导员邸明祥为主任。4 月，各界抗日救亡团体纷纷建立，抗日总动员会撤销。

二、抗日救国联合会

民国 26 年（1937）11 月，吕正操部人民自卫军一团（赵承金部）奉命在安国组建安国县抗日救国联合会（简称抗联），设青年、工人、妇女部，任命开明绅士卜文普为抗联主任。民国 27 年（1938）后，抗日团体相继建立，县抗联成为各人民团体同县委、县抗日民主政府沟通情况的枢纽。抗联会主任改由共产党人担任。民国 36 年（1947）10 月，土改运动开始后县抗联撤销。

三、回民抗日建国会

民国 28 年（1939 年）6 月，定南县回民抗日建国会派员到安国发动回族群众开展抗日活动，并组建安国县回民抗日建国会。首任主任白云武。民国 32 年（1943 年）12 月，该会归属冀中抗日组织。

四、文化教育界抗日建国会

民国 28 年（1939）6 月，成立安国县文化教育界抗日建国会（简称县文建会），路达任主任。文建会负责组织发动文化教育界人士，投入抗日救国斗争，民国 31 年（1942），文建会组织撤销。

五、科学技术普及协会

1958 年 8 月，成立科学技术普及协会（简称科协），同县科学技术委员会合署办公，两块牌子，一套人马，设主席 1 人（由县委书记兼任），副主席 1 人，干事 10 余人。协会在县内聘请 79 人担任科学技术传授员，各乡建科普协会，时有乡科普协会 28 个，会员 53 人。1959 年，科协、科委组织农业技术人员对全县土壤性质、结构进行全面普查。1962 年 1 月，科协、科委并于县农林局。1982 年 9 月，重建县科协。11 月，召开安国县科学技术协会第一次代表大会，出席代表 287 人，讨论通过《科协工作报告》《安国县科学技术协会章程》，选举产生 35 人组成的科学技术协会第一届委员会，设主席 1 人，副主席 4 人，常务委员 9 人。1984—1986 年，县、乡科协组织配合有关部门，开办养貂、养兔、养鸡、林果栽培管理、农机修配、服装裁剪和中药材栽培、识别、管理、加工及家用电器修理、建筑技术、食用菌栽培等培训班 614 期，培训在乡中学生 2.9 万人次。1987 年 10 月 30—31 日，县科协召开第二次代表大会，出席代表 170 人，选举产生第二届委员会委员，同时选举产生常务委员会委员 9 人，主席 1 人、副主席 2 人。是年，县、乡科协组织开办回乡退伍军人养殖、种植、药材加工技术培训班 31 期，培训回乡退伍军人 870 人。1988 年 3 月，省科协、省民政厅、省军区政治部联合在安国县召开全省复退军人技术培训工作现场会。4 月，掌握一技之长的在乡初、高中毕业生和复退军人评定技术职称，评出各专业技术员、助理技师 750 人。8 月，在县科协组织下，县内建起由 120 名药农组成的全国第一家药农协会。到 1990 年底，全县组建各种专业学会、研究会 55 个，有会员 6800 人。

第二章 学术团体

第一节 学术研究会

一、中医学会

安国县中医学会成立于1988年11月，设理事长1人，副理事长3人，秘书长1人，理事11人，会员30余人。学会每半月举办一次学术研讨会，主要解决中医理论和临床的一些实际问题。两年中，会员撰写有价值的学术论文16篇，有10篇发表于省和国家级医学刊物上，2篇在1989年河北省召开的心脑血管病学术会议上宣读。该会致力于中医遗产的发掘整理，先后整理出《李鹤鸣针灸医案》《霍超群医案》《史云如医案》《李鹤鸣医案》等。1989—1990年，中医学会数次开办中医药培训班，系统讲授中医理论、中医临床、中药鉴别、中药炮制等知识，多次得到保定地区卫生局的奖励，1990年被保定地区科协评为先进中医学会。

二、中药材研究会

1986年9月成立中药材研究会，设会长、副会长各1人，理事9人，有会员110人（其中种植业会员45人，经销业43人，养殖业22人）。下设西洋参研究、人工养蝎研究、市场行情研究等6个分会。至1990年，开展了西洋参高产栽培、人工养蝎、人工养土元和中药材品种的提纯、复壮、选种、育种及新品种引进等领域的研究和探讨，取得多项成果。

三、林果学会

林果学会成立于1984年，设理事长、秘书长、常任理事各1人，有会员17人，其中12人到生产第一线，在承包果园技术的同时，承担课题研究。每年每位会员均能撰写有价值的学术论文1～2篇，其中3篇刊登在《河北林业》，4篇刊登在《保定林业》，石东良的《苹果树高截换头改换品种》一文刊登在《河北科技报》，得到林果专家高度重视。

四、畜牧水产学会

畜牧水产学会成立于1982年10月，设会长1人，副会长2人，秘书长1人，理事4人，会员18人。学会成立后，致力于猪、鸡的规模化饲养，貂、貉的引进与推广，猪的快速育肥，主要家畜（禽）的疫病防治等方面的探讨和研究，并取得多项成果。1990年，开展对猪、鸡浓缩饲料的研制与批量生产，投放市场后深受用户欢迎。会员于枝、尤秀兰等人均有论文在省级以上刊物发表。

此外尚有医学会、水利学会、农机学会、标准计量学会、电子学会、农学会及科技兴农协会、老药工协会、青少年辅导员协会等，均在不同方面发挥了一定作用。

第二节　文艺团体

一、群众文学艺术联合会

群众文学艺术联合会建于1958年，为域内文艺工作者的学术性组织，设会长1人，委员若干人，有会员100余人。除研究探讨文艺理论、整理发掘各种形式的民间文艺外，兼负责组织、指导群众性的文学艺术活动。会员经常深入厂矿、学校、农村，帮助基层文艺团体编演短小精悍、形式新颖活泼的文艺节目，成功地创造出一批小戏剧、小歌剧、活报剧、诗歌、曲艺作品，活跃了人民群众的文化生活。该会1960年撤销。

二、文学艺术界联合会

文学艺术界联合会建于1984年，隶属县委，设主席1人，副主席4人，秘书长1人，有会员247人，其中有省级会员21人，下设民间文艺、音乐舞蹈、戏剧、曲艺、书法、美术、摄影6个协会。

（一）民间文艺工作者协会

民间文艺工作者研究会和文学创作工作者协会的总称，设理事长1人，理事2人，有会员45人，其中省级会员5人。自1984年成立后，致力于文学创作和民间文学发掘及整理，采编《安国民间文学集成》1部，出版《关汉卿传奇》《药王史话》，发表文学作品40余篇，其中省级报刊发表20篇，获屈原文学奖1篇（中篇）、飞天文学奖1篇，地区级报刊发表28篇。

（二）曲艺工作者协会

曲艺工作者协会设名誉理事长1人，理事长1人，理事3人，有会员21人，其中省级会员3人。会员摒弃门户之见，互相切磋，取长补短。创作活动非常活跃，山东快书《泄密》、数来宝《打麻将》等9篇作品分获省、地级曲艺创作奖，14个段子获表演奖，该学会多次受省、地、县文化部门表彰。

（三）书法工作者协会

书法工作者协会设理事长1人，理事2人，有会员31人。会员致力于书法艺术继承与发展的研究探讨，在省级以上书法刊物发表论文2篇，6件书画作品在国家级书画展览中参展，4件作品被国家著名书画社收藏，8件软硬笔书法作品在地区书法赛中获奖。

（四）美术、摄影工作者协会

美术、摄影工作者协会设理事长1人，理事2人，有会员30人，其中省级会员5人。至1990年，会员作品有3帧参加全国美展，省地级报刊发表4帧，7帧选送日本作文化交流。

第三章　公益团体

第一节　中国国际红十字会安国县分会

1989年9月，中国国际红十字会安国县分会成立，由常务副市长党泽普任名誉会长，设会长1人，副会长2人，有会员950余人。红十字会对会员进行救死扶伤实行革命人道主义的教育，经常上街开展卫生常识的宣传与咨询活动，每逢9月的红十字日，上街义诊。

第二节　残疾人联合会

安国县残疾人联合会成立于1989年12月，聘县委副书记刘中莹为名誉主席，设主席1人，副主席2人，委员5人。下设安国县残疾人联合会执行理事会，在县民政局办公，属于半官半民性机构。1989年12月31日，召开第一届残疾人代表大会，出席代表54人，代表全县1.87万残疾人。会议通过了《安国县残疾人联合会章程》，讨论了残疾人的权力、义务及如何自食其力，造福社会等议题，联合会成立后，积极协调用人单位，安排残疾人就业；为残疾人个体工商业者协调税收减免等。并开办残疾人中药材加工厂和残疾人中药材饮片加工厂等，直接安排残疾人就业。

第三节　消费者协会

安国县消费者协会于1987年12月成立，设会长1人，副会长2人，秘书长1人，副秘书长3人，名誉会长和顾问各1人，共有理事40人，常务理事9人，机构设在县工商局。消费者协会以维护消费者利益、接受消费投诉、引导合理消费、开展消费教育为职责。在调解消费者投拆，监督商品质量及服务质量，发挥党和群众间联系的桥梁作用等方面作了大量工作。

第四章 帮 会

第一节 行 帮

解放前，私有经济及弱肉强食的社会现实决定了个体经济的脆弱性，域内各行当多以帮会的形式结成社会团体，以集体的力量面向残酷的经济竞争。手工业者、商人、流氓无产者组织起形形色色的帮会，以维护自身利益。较大行帮有药业帮会、杂货及服务业行会，手工业者的木、瓦、石匠行和打铁行、理发行、阉猪行，流氓无产者的丐帮、三皇会等。

一、商 帮

域内帮会主要是药业行会和其他商业行业的行会。药业帮会是药商为贸易方便按地域结成的松散型行帮。帮内推举较大栈口组成理事会，由理事会成员轮流担任帮首，并具体规定各成员的责任与义务，达成文字或口头承诺，主要内容涉及价格、利润、互通有无、对外关系等。清中叶，随药市鼎盛，同一地域药商业务联系增多，已露帮系端倪。至清道光九年（1829），祁州药市已有关东、陕西、山东、山西、古北口、西北口、京通卫等帮口，至清同治四年（1865）新增加怀帮、彰武帮、亳州帮、川帮、宁波帮、江西帮，合称十三帮。至清光绪初年，陆续有禹州帮、广帮出现。因帮货多系特产，故各帮均有俏销品，价格便于帮内控制，获利颇丰。祁州药市除外地药商帮口尚有本地药商及药业工人组成的行帮，著名的有南大会、北大会、黄芪帮等。南大会、北大会与黄芪帮分驻小药市和大药市，均设有会首，其组织形式与外地帮口无异。其他商业行会有杂货行的绳席会、皮货会、估衣会等，分别是经营药材包装所用绳席行业，皮毛制品行业及典当行业的帮会。

二、丐 帮

丐帮是乞丐的组织，自宋至民国存在于域内数百年，解放后随土地改革的实行自行消亡。丐帮内部组织极为严密，全国设总舵，东西南北设四方大长老，省设分舵，各个城市建分堂设香主，分堂之下划为若干地段，设棍子头，又称杆儿头。安国地段，专有杆儿头管辖。清末，杆儿头住药王庙，杆儿头之下以四镇为中心分设四方，每方设一小头目，俗称“坐方的”。“坐方的”有若干役使者，称“跑腿的”。凡帮中徒子徒孙行乞均严格划定区域，不许超越指定地段，否则被视为“吃剩米”，要受严厉惩罚。一方帮众受“坐方的”管辖，乞丐以行乞方式不同而分众多门派，上门行乞者分挎篮、挎袋、耍骨头、刺破头、打莲花落等，沿街乞讨分叫街与打砖叫街等。帮众所讨吃食可自己享用，讨得钱粮要向“坐方的”交纳“帮例”。“坐方的”“杆儿头”依次向上交纳“帮例”。

“坐方的”“跑腿的”除亲自讨要兼坐吃一方。“坐方的”多居住在庙堂或闲场屋，也为帮众聚散之所，逢雨雪天气或乞丐生病不能外出讨要，由“坐方的”管吃住。“坐方的”除负责处理帮众与地方上的纠纷外，多帮办婚丧，承揽地方上一些杂役。逢年过节在地方上挨户敛粮，烧柴则靠“扒大杆”，即在丐帮特制的三节杆头缚一铁钩，在所驻地段随意扒取树木枯枝作柴烧。民国年间，域内丐帮有大小执事人员20余人，帮众200余人。

三、三皇会

三皇会是算命盲人为谋生结成的社会团体，源于何时无考。清末及民国年间三皇会会址在城内南大寺。其涉及地域颇广，包括高阳、蠡县、博野、清苑、望都等县。会规极严，有不许欺师灭祖、奸淫、偷窃、行乞等十条，违犯会规必严惩。每年旧历3月8日为三皇会祖师寿诞，届期帮众吃会，吃会由帮众自助，摊米、面、油、菜，升供礼拜后聚餐。民国年间有帮众百余人，至20世纪60年代渐趋消亡，80年代中期该会又有活动。1989年吃会，参加者有高阳、蠡县、博野、清苑、安国等地帮众20余人。

第二节　会　道

东汉末年张角创立太平道，域内道徒颇众。后历代均有会道活动。清初有白莲教，清中末叶有安清帮、后天道、九宫道、大佛教等。民国时期又有一贯道出现，至1949年统计域内共有会道门55个，影响较大的有一贯道、安清帮、大浑元门、小浑元门、老师道、圣贤道、九宫道、先天道、后天道、清门道、黄天道、如意道、大佛教、正字普济会、茶叶道、金丹道、积善公会、万善公会、敬天道等。是年，县公安局对各种反动、落后会道门立案侦查，登记道徒2165人，大道首80人，中小道首186人。1950年，对阴谋颠覆新政权的反动会道全部取缔。20世纪50—70年代，一些反动会道门曾死灰复燃，县公安局予以取缔。

一、安清帮

安清帮又名青帮、家理，民国年间改称中华共进会。约于清同治年间（1862—1874）传入。宗旨为义气连合，借道交友，崇拜“天地君亲师”，其系统属佛教临清派。民国29年（1940），中华共进会安国分会设会长1人，副会长1人，下设总务、会务、联络、交际4组，汉奸崔义三任会长。抗战期间，该会为日军提供大量军事情报，配合日军“强化治安”。民国36年（1947），共进会被民主政府取缔。

二、万善公会

万善公会于光绪二十九年（1903）在县城南关外成立，宗旨为戒烟酒，行善事，崇拜圣宗佛，属道教分支。平时，会众在家焚香上供，每年集体摆斋3次，办斋由会众捐助。民国8年（1919），万善公会会址由南关外移至南关西后街，民国34年（1945）有会众130余人。解放后该会消亡。

三、积善公会

积善公会于清光绪十年（1884）成立，会址在城内东后街，崇拜圣宗佛，每年摆斋3次，经费由会众捐助。布道范围在县内。解放前夕，有会众100余人，解放后渐消亡。

四、一贯道

民国30年（1941）元月，定县一贯道前人杨守仁、史渭春到安国“开荒”办道，首批发展胡国勋等数人。是年5月，在县城南关中山街141号设坛，由胡等4人任坛主。至民国32年（1943）2月，道徒发展至48人。5月，胡等升任点传师，奉命秘密赴昆明、泸州“开荒”。县内道务由高建忠等3人接手，坛口逐渐增大。年底，发展到点传师9人，坛主11人，道徒100余人。抗日战争时期，一贯道鼓吹修心练性，利用封建迷信蛊惑群众，瓦解人民斗志。抗日战争结束后，一贯道转入秘密活动，策划“四四”联锁，即在道首高建忠控制之下，“四大前人”高建忠、许月亭、李惠吾、刘万忠各管一线，单线活动，谋求发展。分城关、西、南、北4线，统管域内及与望都、清苑接壤处的28坛。道首前人发展至40人，点传师69人，道徒537人。道首煽动道徒与人民政权对抗，民国36年（1947）散发“白阳注册”反动传单，利用封建迷信大肆造谣制造混乱，妄图颠覆人民政府。1951年，一贯道被人民政府取缔。

第十七编
教科文卫体

第一章　教　育

第一节　科举制教育

域内科举制教育，自宋建张子书院起始有记载。元代庙学与私塾并行，私塾属初级教育，以学生粗通文字为目的，庙学则属高一级教育，是学生能否学成“入仕”的关键所在。明代域内高级学府有庙学、书院，初级教育为社学与私塾并行。至清代庙学与书院本质上已无大差别，初级教育为义学、私塾并存。元、明、清代，域内初等教育均以私塾为主，以社学、义学为辅，培养了粗通文字的文化层；庙学时盛时衰，为历代封建王朝的官吏队伍培养了一批后备力量。

一、庙　学

宋代以前庙学属于县学，宋景德元年（1004）置州后，庙学改为州学，历金、元兵燹，庙学荡然无存，基址、规模均已无考。元朝定鼎，副元帅、邑人贾文备草创庙学于州城东北隅（今县政府大院处），经历代增修、扩建，至明中叶始完其规模。

明洪武初年，祁州学宫额定入学文童21人，武童18人，廪膳、增广生员各30人。每年二月由知州亲考生童入学肄业。州学内设学正、训导二署，管理学宫一切事务，聘致仕进士或学行素著的举人任教，称作教授。所设课程有十三经、历代诰制、奏章、诗、赋、礼、乐、书、数、天文、地理等。生员除习文外，还演练骑射，由知州亲主。

廪生生活费用由学宫津贴，明代津贴费在学田租银中支付。至明末祁州学宫共有学田1061.4亩，每年征银42.5两。清康熙年间（1662—1722），廪生生活津贴改从官府地方留支中支付，每年拨银96两。至雍正年间（1723—1735）留支拨银已无定例，改为遇饥荒由学宫开具穷困廪生名单，由官府临时赈济。

生童在学宫内就读，除听取教授每月二次例讲外，大部时间自己支配，用于读书、背书、吟诗、作应制文章等，经数年苦读，方能取得生员资格。资深生员贡于国子监，称贡生。贡生因进身途径不同分为例贡（岁贡）、优贡、拔贡、恩贡、副贡5种。自元至清末，见于记载的各类贡生438人。

二、书 院

（一）张子书院

宋仁宗时，著名理学家张载莅祁州任司法参军，在县城东北角辟馆讲学，“启群蒙于旭旦”，时人称为张子书院。张载离任，书馆旋废，书院改为张子祠。

（二）贞文书院

明嘉靖十四年（1535），知州孔天胤在张子书院旧址建贞文书院。基址6.04亩，内设大雅堂及斋舍等，后因年久倾颓。天启五年（1625），知州郭应响于张子祠东南隅重建讲堂，题名“祁阳讲堂”，为书院鼎盛时期，聘河南汝阳儒学巨子任淮主持，延揽省内外名师周良寅等7人讲学其中。时有域内生员77人，外州县求学者92人。清乾隆年间（1736—1795），书院渐衰。清光绪六年（1880），知州朱闰保再建书院于学宫西侧明伦堂旧址，分东西两院，东院为授课之所，西院为试院，系月考生员之所。邑绅卜应麟等督导其中，月例会讲两次，初二日讲授官课，初三日为斋课。

明末清初，贞文书院有学田59亩，以租金作为经费开支，清末知州朱闰保将修建贞文书院的余银交当商生息，为书院用度。

三、社 学

明洪武年间（1368—1398），域内陆续立社学12处，纳15岁以下男童入学，就读者多为贫寒之家子弟。社学除进行识字教育外，还设有大明律令及《御制大诰》等课程，兼习冠、婚、丧、祭诸礼，成绩优异者准补儒学生员。成化十二年（1476），社学增至18所。明中后期社学渐衰。

四、义 学

清康熙四十五年（1706），知州赵世德于州治前建义学1所，康熙五十四年（1715）建城内、石佛、中羊、安国城、军诜、大五女、段村各1所。乾隆十八年（1753），知州黄正缘建边家庄义学1所，拨地60亩、园地3.5亩作为学田。翌年，知州罗以桂建张家庄义学1所，拨无主僧田50亩；建崔章义学1所，拨田22亩。同治十二年（1873）赵秉恒、邑绅卜应昌捐建南关及关帝庙义学各1所。

义学专事启蒙教育，初学《三字经》《百家姓》《千字文》等，后学四书、五经，至一定程度加设唐诗、宋词及《古文观止》，教学方法以死记硬背为主。清光绪三十年（1904）义学改为初等小学堂。

五、私 塾

私塾作为一种办学形式，前后延续1000余年，是域内封建教育的主要支柱。私塾分初级和高级两个阶段。初级私塾又称蒙馆，其设立大体分3种情况：富有之家辟馆延师教读子弟；族人、乡邻摊钱设馆延师教读子弟；落榜生员自己设馆授徒。蒙馆教学方式呆板，前三年只让学生诵读，死记硬背，学生囫囵吞枣对课本内容并不理解。三年后开讲，先生方解释课文的含义。先生施教多伴用训斥、打板子、罚跪等严酷的体罚，对学生摧残严重。较高级的私塾兼有书院性质，多由地方名儒执教，从学者多为童生、秀才。清初，理学名儒刁克俊困顿场屋，绝仕念授生徒，求学者“接踵于门”，学有所成者多出其门下。清末，石佛举子刘洛柏精于制艺文章，开办私塾，弟子得功名者甚多，时人称其“秀才包袱”。

第二节　现代普通教育

一、幼儿教育

民国19年（1930），县立女子高小附设师范班开办一期幼儿启蒙班，招收5～7周岁幼儿30人，半年即撤。民国24年（1935），张乡完小附设幼稚班，班容40人，至民国26年（1937）停办。

1955年，在合作化运动中，为解放妇女劳动力，县委、县人委倡办幼儿教育（以下简称幼教），县妇联指定专人负责，焦庄、张庄等村首先办起托儿所、幼儿园。1957年幼儿园发展到19所，入园幼儿875人，幼师44人，被确定为保定专区幼教重点县。

1958年，大办幼教，全县办起幼儿园267所，托儿所330所，入园儿童1.73万人，入园率达90%，入托婴儿3499人，时有幼师566人，教养员898人，幼儿园课程设置为讲故事、做游戏、简单计算、学拼音和简单汉字，教材多由幼师自编。1959年后，幼教事业渐趋萎缩，1961年仅剩17所，在园幼儿不足千人，幼师仅剩40人。

1965年，随着国民经济好转，幼教事业复兴，全县有学前班143个，涌现出流昌、奉伯、流村、路景、南张庄、北大街等一批幼教先进单位，1966年初被确定为河北省幼教重点县。

“文化大革命”期间，幼教工作停顿。1977年恢复，在小学附设学前班。1979年，成立县托幼办公室，至1980年全县建幼儿园（班）184处、256个班，入园幼儿13048人，幼师262人。

1981年，开始执行部颁大纲，在幼儿园（班）开设生活习惯、体育活动、思想品德、语言、常识、计算、音乐、美术8科课程。1985年，撤销托幼办公室，幼教行政管理归属文教局。之后，县城除县幼儿园外，棉纺厂、北方中药材贸易货栈、制药厂、县委等单位办起幼儿园5所。1982年，县城出现第一个个体幼儿园，1985年增至4所。

1986年，先后有20余个县派员到常庄、流昌等村参观学习幼教工作。是年，美国两位电视台记者专程到常庄村幼儿园摄制《前进中的世界幼教事业》。1990年，全县幼儿园（班）244个，入园（班）幼儿9168人，幼师248人；有大型游艺设施41台，风琴10架，电子琴57架，各种玩具714件，自制玩、教具907件，幼儿读物4.3万册。

附：安国县幼儿园

1959年，安国县幼儿园建于舍二村，占地3400平方米，有教室3个，宿舍、食堂、隔离室、办公室、库房等35间，总建筑面积800平方米。设园长1人，保育员、教养员各4人，厨师、管理员、工勤人员等共14人。当年招收全托3～6周岁幼儿200人，幼儿食宿在园，免费保教。1962年，机关精简，保留园长1人，保育员、教养员各2人，厨师、管理员各1人，入托幼儿减至70余人。“文化大革命”开始后，幼儿园停止入托。1976年恢复工作，当年入托幼儿20余人。此后入托幼儿逐年增多，1980年达200余人，保教职工增至15人。是年，改善办园条件，购置滑梯、转椅、转马、荡船、攀登架等一批游艺设施和图书500余册。同时始执行收费制度，每月每人1～2元，1988年增为6～8元，至1990年未大变。

二、小学教育

清光绪三十年（1904）二月，遵清廷部颁《奏定学堂章程》，改贞文书院为祁州高等小学堂，改12所义学为初等小学堂，各乡村争相办学。至翌年底，共办初等小学堂96所。光绪三十三年（1907）十一月，在南关开办女子初级小学堂，当年招收学生30人。遵学部所颁《简易识字学塾章程》，开办半日制小学、夜校各4所。是时，有高小学生110人，女校学生60人，夜班学生92人，初小学生4881人。

民国元年（1912），县内推行《壬子癸丑学制》，初级小学生修业4年，高小修业3年。高小课程有国文、算术、历史、地理、自然、卫生、音乐、体育、图画，初小课程有国语、算术、常识、音乐、体育、图画等，女校加设针黹。是年，公立初等小学增加到100所。民国4年（1915），创立城内女子高等小学堂，南关私立高等小学堂和段村、大五女、伍仁桥、石佛等区办高等小学堂，高小学生达622人。初级小学发展到220所，其中女子小学5所，初小学生7065人。

民国6年（1917），洪灾毁高小4所、初小45所，一年多不能上课，失学者高小100余人，初小4000余人。伍仁桥高小直到民国13年（1924）方复课。民国14年（1925），创办张家营、张乡完全小学（简称完小），当年各招收学生50人，全县高级小学、完小增至9所。

民国25年（1936），创办义务短期学校36处，招收初小学生1459人。是年，全县有高小（含完小）10处，初小197处（含义务短期小学），共有学生11787人，占学龄儿童的50.3%，为此前历史最高水平。是年，小学教育改为“四、二”学制（初小4年，高小2年）。

民国26年（1937）8月，日军沿京广铁路南下，民国县政府闻风南逃，全县教育瘫痪。10月底，县抗日救国会组织爱国知识分子短训后，分赴各村恢复教育，至年底复课学校100余所，学生逾万人，创办20余所抗日高小，使高级小学发展到28所，学生3000余人。战争环境下，课程设置如战前，但课本无保障，教材靠教师自编自印。师生课余上街宣传抗日，还站岗、放哨、查路条，配合抗日做了大量工作。民国28年（1939）4月，日伪政府于城内开办男女合校的完小和南关完小各1所，时有学生104人。至民国31年（1942），日伪在据点村开设伪校32处，向各控制村分配名额强迫入学。是年，伪校在校学生3500余人，除开设国文、算术外，加设日语，进行奴化教育。5月，日军疯狂“扫荡”，140余所抗日小学采取野外授课、化整为零、培养小先生等方法坚持教学。抗战八年中，抗日高小为民族解放事业培养了数以千计的人才，直接为抗大、联大输送学生数百人。民国29年（1940），张家营完小一次即为抗日军政大学输送学生18人。

解放后，教育事业迅速发展。至民国35年（1946），高小达23所，初小145所，学生1.4万余人。民国37年（1948），遵照华北局小学教育会议精神，整顿小学教育，发动劳动人民子女入学。全县初小增至164所，学生总数1.99万人，入学率75%，其中高小学生2071人。

1950年，执行“整顿巩固、重点发展、提高质量、稳步前进”的教育方针，教学秩序渐趋稳定，随意体罚学生和任意停课现象得到改进，同时注重发挥少先队的模范带头作用。1953年，开始执行“两条腿走路”的办学方针，成立民办高小18处，招收2761人。是年，始执行华北教育局颁布的《小学生守则》，小学教育更趋规范化。1956年，学校达209所（其中民办高小33所），学生3.39万人。

1958年，大力普及小学教育，小学校增至216所，在校学生3.7万人，师资、校舍、经费等出现不足。1962年，调整小学教育，初小减少42所，在校学生减少2282人，高小增加5所，增招学生764

人，并适当调整了布局。1963 年，执行《河北省 1963—1967 年提高中小学教育质量的规划》，将小学分为 3 类。办学条件较差的学校划归民办，连同原有民办小学形成第一层次；办学条件较好的学校划为普通小学；另外将实验小学、伍仁桥完小等 25 所设备完善、师资力量较强的学校，定为重点小学。从整体上形成上小下大的塔形格局。是年 8 月，176 所小学受洪灾破坏严重，倒塌校舍 1000 余间。灾后抢修校舍的同时，采用巡回教学、分组教学或露天上课等形式复课。10 月底完成校舍修复，教学秩序恢复正常。1964 年，国家大力提倡普及小学教育，执行全日制与半耕半读、半工半读相结合的办学方针，开办半耕半读小学和简易小学，推广焦庄学区教师王彩娟“一条小炕闹革命”（教室中置一小炕，学生所带弟妹睡后可放其上）的经验，解决带弟妹上学儿童的实际困难，提高了入学率。1966 年，在校生 3.72 万人，普及率达 90%。

“文化大革命”开始后，小学生参加破“四旧”（旧思想、旧文化、旧传统、旧习惯）和批斗校领导、教师等活动，教学秩序混乱。武斗期间，城内 3 所小学断续停课 1 年多。1968 年，小学改“四、二”制为 5 年一贯制，成立贫下中农管校委员会，实行开门办学、校队挂钩，学生经常停课支农。1969 年 1 月，小学全部下放到队办，教师回本村任教改吃“队摊粮”。1970 年，抽调大批小学教师拔高教中学，民办教师补充缺额，师资水平严重下降。

1977 年，开始恢复正常的教学秩序，试行部颁教学大纲，试用全国统编教材。1978 年贯彻执行部颁《全日制小学工作条例》，教学质量受到国家及社会的普遍重视。1979 年，县委作出“三级书记抓教育”的决定，把工作重点放在小学教育的普及上。1982 年，县委提出 3 年内小学“三率”达“九九八”（入学率 90%，巩固率 90%，及格率 80%）的奋斗目标。1985 年初，县文教局统一部署，设立“四册一卡”（1 ～ 6 周岁校外儿童花名册，7 ～ 11 周岁校内学生花名册，留级学生花名册，流动学生花名册；成绩卡），建立儿童文化户口。5 月，经省、地检查验收，小学入学率 98.1%，巩固率 99.1%，毕业率 96.4%，普及率 99.4%，河北省政府向安国县颁发了小学普及证书。

1986 年，改 5 年一贯制为 6 年制，并将改善办学条件做为振兴教育的中心任务。1989 年，新建祁州镇南大寺育新小学。1990 年，县内最后一个无校村——杜庄村建成杜庄小学。至此，全县共有小学校 176 所，在校学生 48915 人。

附 1：育红小学

始建于民国 4 年（1915），系县商会所建私立高等小学，招收城内富户商贾及客居药商子弟，学生在校食宿，学制 3 年。民国 6 年（1917），招收两个初小复式班，始为完小。民国 10 年（1921），高小学制改为两年半，高小班在校学生发展到 300 人。民国 27 年（1938），日军侵占安国县城，学校停办。翌年 4 月，日伪政府于此建伪高小，当年招生 42 人。民国 34 年（1945 年）8 月县城解放后，恢复完小建置。

1958 年，发展到 12 个教学班，在校学生 600 余人。是年，进行电化教学及太阳能教学试验，吸引了大批参观者。1960 年，县文教局确定该校为五年一贯制试点学校安国县实验小学，直属文教局。在教改中多次推出优秀课、公开课，成为全县教改的一面旗帜。1982 年，被河北省评为体育田径项目传统学校。1983 年后，在国家和省级各类竞赛活动中获奖 11 次，其中国家级 6 次。1990 年，有教室 19 个，仪器室 2 间，电教室 1 间，教师宿舍 20 间，总建筑面积 1824 平方米，教学班 17 个，学生 1300 余人，教职工 56 人。

附 2：特种小学教育

1960 年，于城镇公社孟庄大队建立安国县盲聋哑学校，教职工 7 人。招收盲聋哑儿童 40 人，分设盲班和聋哑班。1961年7月，复招盲聋哑儿童10人，随班就读。12月，在教育压缩中，学校被裁撤。1990年，县教委选派两名教师分赴石家庄、邯郸参加特种教育培训班，学习盲文和特教方法，着手开办聋哑儿童班。

三、中学教育

民国27年（1938），安国县抗日救国会在南关完小创建时代中学，有教职员7人，招收学生50人，同时附设一高小班。是年6月，日军侵扰县城，突围中三名学生被害，学校解散高小班，中学班迁至城南西王奇村，坚持游击教学。是年底学校解散，学生大部参加抗日工作。

民国34年（1945）7月25日，晋察冀边区第七中学在西北马村建立，校址几经搬迁，民国37年（1948）底定址县城西关，翌年更名为冀中安国中学。

1951年在小营村建立安国县中学，翌年迁至县城，校址在今祁州百货大楼东侧。1955年暑期，县中与师范合校，称安国第二初级中学，时有17个教学班（含1个高中班），学生916人，教职工78人。同时改冀中安国中学为河北安国中学。

1956年，建小营、明官店、南王买、伍仁桥、庞各庄、石佛6所“加冠晋级中学”，招初中生1080人，其中伍仁桥、庞各庄两所为当年建校，占地分别为25.6亩和26.7亩，各建教室6个，教师宿舍2间，其余4所中学借占小学教室。是年，全县初中教学班47个，学生 2717人；高中班4个，学生209人；任课教师102人，职工90人。1957年，建民办中学22所，招新生28个班1956人。是年，全县中学达30所，教学班83个，学生5047人。

1958年，县委提出“一年突击，两年完成，普及初中教育”的口号，在校中学生增加到6828人。同时，组织中学生参加大炼钢铁和生产“大跃进”运动，打乱了正常的教学秩序。1960年，新增中照、大五女、西崔章、东柴4所国办中学，当年各招收新生2个班110人。

1960年，在教育整顿中，民办中学陆续撤销。1963年，安国县第二初级中学停办，时有国办中学11所，民办中学3所，在校学生3562人。是年，执行教育部颁发的《全日制普通中学暂行工作条例》，教学渐趋正规。1965年，推行“国办与民办相结合”的教育制度，中照、大五女、西崔章、石佛、明官店、东柴6所国办中学撤销，每公社办起1所民办中学。至1966年，民办中学学生达989人，占在校中学生的43.8%。

1966年“文化大革命”开始后，中学“停课闹革命”，学生建起形形色色的“红卫兵”造反组织，相互串联，揪斗学校领导和教师，张贴大字报，印发传单，参与武斗。10余名学生、教师在武斗中身亡，6所国办中学的3000余套桌凳、10万册藏书被砸抢焚烧一空，试验仪器、标本、药品及文体器材损失殆尽，校舍门窗大部分被毁，停课长达3年。1970年，初中“复课闹革命”，县成立“五七”中学。翌年，高中复课，学制改“三·三”为“二·二”(初高中各2年)，招生制度由考试改为推荐。是年，县内社社办高中，队队办初中，原6所国办中学均改为完全中学，全县时有中学87所，教师拔高使用，并通过推荐方式招用民办中学教师330名，占中学教师的40.6%。贫宣队、工宣队、军宣队进驻学校，时称“大老粗占领上层建筑领域”。1977年，普通中学达149所，在校学生2.51万人。学校虽多，教育质量低下，多数学生未达相应学历水平。

1978年，按照“实事求是，量力而行，注重质量，加强基础”的原则，整顿中学教育。翌年，恢复“三·三”学制和考试招生制度。1979年，试行教育部颁发的《全日制普通中学暂行工作条例》及《中学生守则》，学校管理加强。1981年，改安国县农业中学为安国县第二中学。是年，大力压缩调整中学结构，高中压缩为8所（均系国办，内含初中），社办初中定点19所。1983年，遵照河北省委关于农村中小学教育领导管理体制改革的指示精神，县委作出《关于改革中小学教育几个问题的决定》，确定安国中学、南王买中学、庞各庄中学为国办完全中学，明官店中学、小营中学、伍仁桥中学为国办初级中学，其他中学划归社办。1986年，村办初中全部取消，全县保留中学26所，其中国办6所，乡镇办20所。1990年，全县有初中班189个，在校学生1.04万人；高中班27个，在校学生1425人。

1959—1990年部分年份安国县升入大中专学生统计表

表17-1

年度＼人数＼项目	应考人数（人）	升大专（人）	升中专（人）	升学率（%）
1959	200	195	—	97.5
1960	100	99	—	99
1961	300	283	—	94
1962	150	115	—	77
1963	250	213	—	85.2
1964	200	172	—	86
1965	200	174	—	87
1977	3039	92	170	8.6
1978	1713	117	300	24.3
1979	3529	84	217	8.5
1980	1929	94	189	14.7
1981	2054	80	147	11
1982	1083	96	99	18
1983	1157	83	63	12.6
1984	949	162	63	23.7
1985	770	178	70	32.2
1986	1100	152	35	17
1987	1129	180	26	18.2
1988	1125	184	98	25.1
1989	887	196	83	31.5
1990	897	228	106	37.2

说明：1970—1976年实行推荐入学制度

附：河北安国中学

河北安国中学位于县城西关，系省、地、县三级重点学校，也是河北省首批办好的17所中学之一。

该校于民国34年（1945）7月25日创建于西北马村，时称晋察冀边区第七中学，当年招收5个中学队，1个高小校长训练队，3个干部队，计1040人，有教职员40余人。迫于战争环境，该校辗转于深泽、安平、博野等地游击教学。民国37年（1948）迁入今址。翌年3月，更名冀中安国中学。1949年 10月，改称河北省立安国中学，直属河北省教育厅。1955年，划归县属，名为河北安国中学。

该校于1956年成立高中部，始为完全中学。学校以管理规范、师资力量雄厚和教学质量优异闻名省内外。1959年，首届200名高中毕业生参加全国统一高考，升学率97.5%。1960年，因教学成绩突出，该校出席了全国文教战线群英大会。至1965年，共有1250名学生升入大专院校，平均升学率89.5%。1985年，举行建校40周年校庆，330多名毕业于该校的高级知识分子和担任重要领导职务者应邀返校参加校庆。

1990年，全校有高中班20个，在校学生1250人；初中班13个，在校生915人；教职工228人，其中特级教师1人，一级教师48人，二级教师72人。学校总面积127339平方米，建筑面积18570平方米，有容纳30个教学班的教学楼，设有礼堂、体育场、农场、校办工厂、物理试验室、生化试验室、电子计算机房等设施，图书馆藏书万余册。1977—1990年，向大中专院校输送学生1800余人，历年升学率均居保定地区前列。

第三节　职业教育

一、师范学校

清光绪三十二年（1906）八月，于县城内明伦堂创建祁州初级师范学堂，当年选拔秀才、童生46人入学，学制2年。光绪三十四年（1908），招收第二届学生50人。

民国元年（1912），改初级师范学堂为单级教员讲习所，教员增至8人，每期招收学生50人，学制1年，共办5期，民国5年（1916）奉裁。民国11年（1922），于讲习所旧址建师范传习所，学制1年，翌年改为师范讲习所，学制2年，招收2期。民国19年（1930）改讲习所为乡村师范学校，学制2年，当年招生60人。民国24年（1935），安国、博野、蠡县、高阳4县师范合并于博野北杨村四存中学，改称安博蠡高联立师范，学制2年，招生2期，至七七事变停办。

民国34年（1945）12月，晋察冀第七中学设一师范班，班容64人，由该校5个中学队中年龄较大、文化程度较高的学生组成，修业半年，专区统一分配。民国35年（1946）和民国37年（1948）分别招收1期高级师范班和初级师范班，高级师范班学习4个月便分配任教，初级师范班在安国县学习1年，1949年迁往定县省立师范。

民国36年（1947），在西王奇村成立安国县师范学校，学制3年，招收高小毕业生。当年招收1个班，学生60人，年底迁舍二村。翌年底，迁城内师范旧址，共招收6期学生。1952年，根据河北省教育工作会议“紧缩初级师范规模”精神，停止招生。1955年，最后一期学生毕业，学校停办，毕业生总数321人。此外，县师范分别于1950年、1951年招收2期短训师范班，毕业96人。

1958年，博野县并入安国县，在原博野县南邑村再次成立安国县师范学校，当年招生8个班480人，一年制、二年制各2个班，三年制4个班，每班学生60人。其中，一年制为幼儿师资班只限女生。翌年，该校迁安国县城内，当年招收初师2个班105人，中师4个班220人，学制均为3年。1960年，招收初师1个班50人，中师4个班220人，学制改为2年。至此，师范停止招生。1983年暑期，重又成立安国师范学校，校址设在职业中学院内，招生对象为教龄5年以上的民办教师，统一考试，择优录取，授中师课程。1986年，改与博野县联办。至1990年共招生8期，毕业学员6期，200余人。

二、农业中学

1956年，石佛村和东柴村先后办起农业中学，招生248人，聘请民办教师7人任教。除讲授初中课程外，加设作物栽培和植物保护等专业课。翌年，农业中学增至7所，在校学生735人，教师35人。至1960年，共招生78个班2400人。此后，逐渐压缩农业中学，1963年仅剩1所，在校学生65人，教师2人。1964年，改明官店中学为职业中学，翌年于东山创办安国县农业技术学校，学制1年，县拨地300亩作学校试验场地。之后，社办农业中学增多，至1966年发展到10所，在校生1329人。保定地区农业科学研究所与安国挂钩，派专人包校或巡回授课，专业课设作物栽培、植物保护、土壤、种子繁育等。1966年"文化大革命"开始后，农业中学全部停课。

1979年，遵照河北省委"改革农村中等教育结构，大办农业中学"的指示，创办安国县农业综合技术学校。当年招收2个农业技术高中班，开设农业、气象、土壤、肥料、作物栽培、植物保护、遗传育种7门专业课。1986年，分别在庞各庄、伍仁桥中学附设2个农技班，采取学生自愿报名，参加县统一考试，择优录取的方式招生，毕业后不包分配，可对口参加高考。

附：安国县职业中学

安国县职业中学前身是1979年创办的安国县农业技术学校。当年招4个高中班200人。翌年，增设初中部，招生2个班100人。高、初中均开设普通中学课程。1981年，改为安国县第二中学。1984年，复称安国县农业技术中学，高中增设作物栽培、遗传育种、植物及植物保护、农业气象、土壤肥料、生物学等农学专业课程，由保定农专派驻7名讲师授课。1985年和1986年，5名农业大学、农业专科学校毕业生分配到该校，始有专任教师。1986年，更名安国县职业中学。1987年，高中1～3年级分别设农业、家电、中药材栽培等专业课。

1990年，有教学班16个（高中7个，初中9个），学生860人，教职工123人，任课教师80人，其中特级教师2人，一级教师20人，二级教师48人，学校总面积72003平方米，建筑面积4500平方米，有教室18个，教师和学生宿舍68间，理、化仪器室各1个，能做一般演示试验。校办中药材加工厂、景泰蓝厂各1个，流动资金120万元，年创利税20余万元。办校11年中，培养具有各类专长的毕业生2300余人，以其所学服务社会，受到群众欢迎。同时，向对口院校输送学生数十人。

三、其他职业学校

（一）县立乙种工业学校

民国8年（1919），在北王买村建立县立乙种工业学校。单轨制，学制3年。当年招收1个班15人。此后，历届招生35人左右。课程设置为国文、算术、修身，另请技师讲授纺织知识。11年（1922年），学校设工厂1座，有线袜、毛巾、提花被面织机若干台，设技术指导教师1人。17年（1928年），加设地理、历史、自然、英语等科。七七事变后停办。

（二）安国中医学院

1959年，于太平山神农药材场建安国中医学院，从安国二中和齐村村民中选拔初中三年级学生102人（男53，女49），分别编为男、女生班，所学专业为中医药学，聘河北中医学院教师兼课，学制3年。10月，祁州镇又保送1个初中一年级班入校，为护士班，学制2年。学校实行半工半读制。1961

年裁撤。

（三）师大、工大、农大

三校成立于1958年9月，名为大学，实为高中。当年由安国中学应届毕业的6个初中班，直接转入三校，每校2个班，共有学生320人，其中师大100人、工大90人、农大130人，各有教师6人，除设置高中课程外，加部分专业课。学生参加生产劳动时间占学习时间的三分之一。毕业时，重新参加了普通高考。

（四）安国县中医药职业中等专业学校

前身是安国县卫生学校，始建于1974年。建校初，主要为县内培养农村赤脚医生。1988年4月，经河北省政府批准改为卫生职业中专学校，为省内各市、县培养医药人员，国家承认学历，不包分配。为突出安国中医药特色，国家中医药管理局建议，河北省政府批准，1989年10月改称中医药职业中等专业学校，学校性质及招生范围未变。该校占地14亩，建筑面积3300平方米，有教室4个，试验室、图书室、标本室各1个，学生宿舍40间。设校长1人，副校长2人，教导主任、总务主任各1人，专职教师16人，教工11人，学制3年。课程设置27门，文化课设政治、语文、化学，授高中内容；专业基础课有中医基础理论、中药、解剖、生理、方剂、诊断等9门；临床课设中医内科、中医外科、西医内科、西医外科、中医儿科、西医儿科等15门。1988—1990年招收两届学员，在校生140人，该校教学质量在河北省卫生教育系统一直居领先地位。

（五）安国县中药材技术学校

1988年1月，经河北省劳动人事厅与卫生厅批准建立安国县中药材技术学校。该校为技工学校，面向省内沧州、石家庄、衡水、邢台、邯郸、保定、张家口地区招生，毕业生由河北省劳动人事厅统一分配。校址设于东山药材种植试验场。县政府常务副县长党泽普兼校长，副校长3人，教导主任1人，教师16人。当年招收学生84人，学制3年。课程设置有高中数、理、化、语文、政治及中药材鉴别、炮制加工、中医基础、中药化学、分析化学、中成药等。1990年，安国县政府与中国海洋石油公司达成协议，每届为其代培学员8～10人，由中国海洋石油公司、安国县劳动人事局、中药材技术学校3方筹资，在祁州药市西三街辟建新校。新校占地7亩，建教学楼1座，建筑面积1300余平方米，内设教室、图书室、试验室、标本室等。至1990年，共毕业学生2届168人，全部分配到各地区所属县、市的卫生部门和制药厂家。

第四节　成人教育

北伐战争胜利后，当局试办民众学校，终因师资、经费无着，政局不稳和民生困顿而无成。解放后，党和政府为提高工农文化素质，开办多种形式的农民夜校、工人识字班，持续开展轰轰烈烈的扫盲运动。至1979年，县内男女成人全部脱盲，成为保定地区第一个无盲县。中共十一届三中全会后，成人教育向“文化型”“科技型”发展，各类文化补习班、技术培训班、综合学校遍及城乡，很多工人，农民达到初、高中文化水平，并具有一定专长。20世纪80年代中期，成人教育向高层次发展，干部、工人、农民踊跃参加电大、函大、刊大、业大学习或自学，有1300余人取得毕业、结业证书。

一、农民教育

民国19年（1930），县教育局试办民众学校，城关女子高小设立妇女识字班，各县立高小也均附设民众学校。翌年，民众学校发展到10余处。后因师资、经费无着，农民生活窘困无暇顾及文化学习而难以为继，一两年即相继解散。民国26年（1937）初，成立县教育改革促进会，负责筹建民众学校。是年春，城关民众学校成立，招生扫盲班、半文盲班、高小补习班，学生100余人。少数村庄亦成立农民夜校。七七事变后全部停办。

民国27年（1938）冬，县抗日民主政府于农村组织建立民校（多为夜校）扫盲。民国31年（1942）日伪五一“扫荡”后，环境异常残酷，民校一度中断。解放后，扫盲运动迅速高涨。齐村、门东、河西、奉伯等村率先恢复民校。民国34年（1945）冬，全县开展大规模冬学运动，村村办起民校。翌年2月24日，新华社播发“安国县各区民校已建立健全起来”的报道。民国37年（1948）8月14日，《冀中导报》消息“安国县门东村广大妇女自1945年9月成立识字班后，坚持三年，七十余名妇女文化提高了，此外还训练出一批妇女干部，使村里的工作很活跃。”

1951年秋，县政府发出大办冬学的指示，冬学增至185处，参加学习的男女中青年达21400人，其中常年民校165处。翌年10月，县委将扫盲工作列为冬季三大任务之一。同时，组建扫盲运动委员会，负责扫盲工作，推行祁建华速成识字法，大力开展速成扫盲识字运动。1956年，县建立“扫盲协会”，29个乡，186个村，67个学站相继建起扫盲协会，会员达21350人，56632人参加文化学习，占全县文盲总数的76.15%，其中高小班发展到1350人。6月撤区后，划分9个扫盲学区，各设专职总校长1人。同时县建扫盲视导研究组，村建扫盲教学研究会。是年，民校结业人员中有558人被选为农业社长，36人任农业社会计、记工员，738人任农业社技术员，5人参加省扫盲积级分子大会。

1960年，提倡“以民教民”“能者为师”，选送120名农民进县师范学习，培训民校教师。1962年，设立安国县业余教育委员会。农民业余教育从形式到内容均有很大发展，至1964年教学内容扩及文化、政治、农业技术等方面。1949—1966年，全县共办班2472个，脱盲2.28万人，其中小学结业1.72万人，初中结业1942人。

1966年后，农民业余教育陷于停顿。1971年，推广小靳庄办政治业校经验，全县组织7万名农民参加政治学习，内容多为派性宣传，并无学习文化知识之实。

1977年8月，复设安国县工农教育委员会。翌年，96%的村开展扫盲工作，1.7万余人参加学习。是年，各公社增设业校总校长1人。经过2年的不懈努力，扫盲工作取得较大进展，50周岁以下的男女文盲半文盲相继脱盲。1979年，经保定地区大规模抽样验收，安国县成为保定区第一个“无盲县”，也是河北省12个“无盲县”之一。是年，农民教育开始以提高为重点，开办农机、农技等训练班，由“文化型”向“科技型”发展。

1981年后，农民教育以开办业余小学、业余中学和科技班为主。1984年，成立安国县成人教育委员会，乡业教总校长改称成人教育总校长。各乡镇办起农民技术学校。其中，11个乡镇技校达到“六固定”(教室、教师、教材、桌凳、课时、学员)。祁州镇农技校被评为省先进集体，《河北成人教育》杂志刊载了该镇办学经验。同时，私人办学迅速发展。是年，有中药材种植、加工、养殖及农技、剪裁、林果管理、电器维修、钟表修理等学校25所。1986年，各乡镇农民技校改称农民综合学校，每校配备一名专职教师，坚持“实际、实用、实效”原则，举办各业培训班。1988年，南娄底、淤村、祁州等乡镇综合学校发展到31所，全年举办各类培训班1025期，学员达61545人次。

二、职工教育

（一）干部教育

民国34年（1945），中共安国县委在东关医院举办干部培训班，学期3个月，学员100余人。结业后输送到部队或县内各区开展反黑地、反国特斗争。同年，结合冬学运动对干部进行时事、政策、生产、卫生教育。民国37年（1948），县委开办区干部训练班，为整党培训骨干131人。

1950年，县委制定干部文化教育具体措施，在城内卜家祠堂成立安国县干部文化业余学校，当年招收3个班160名学员。翌年，县政府发出加强干部文化学习的指示，干校迁至大药市，开办初小、高小、初中文化学习班，招生5个班共285人。1955年，县委组织县、区干部在干校轮流学习文化，各区设专职辅导员1人，听课与课下辅导相结合，并定期统考，结业发证。1958年，开办干部2年制高中班，又从中选优办一中文专科班，开设文学概论、文学史、写作等课程。干校于1964年停办，结业者累计初中4754人、高中350人，占学历未达初中程度干部总数的90%。1977年恢复办班，由县工农教育委员会直接领导。1981年，《中共中央、国务院关于加强职工教育的决定》颁布后，干部教育进入新时期。1982年，建立安国县职工教育委员会，下设办公室，配3名专职干部。是年，全员培训全县行政、企事业单位干部。首批对未达初中水平的68名县乡级干部进行文化、业务知识双补课。1984年，撤销职工教育办公室，干部教育归成人教育委员会办公室管理。1985年，成立干部教育工作领导小组，同全县45岁以下未达中专或高中文化程度的干部签定文化学习限期达标合同书。县直干部文化补习班在东山党校建班开课，招收政治补习和文化补习各1班，学生120余人，补习高中课程，学期3年。同时，乡镇各自办班。是年，县党校开办中专文化补习班。县劳动人事局亦从是年始，每年开办1期军队转业干部上岗培训班。1989年，县科委举办一届中职参评人员外语培训班。至1990年，全县取得高中、中专结业证书的干部213人，培训军转干部600余人。

（二）工人教育

中华人民共和国成立初，为提高工人文化水平和业务素质，县委责成县工会和干校分别负责集体和国营企业工人的文化学习。至1952年，各国营企业相继建立职工业余学校，集体企业联合办校。共配备专职教师5人，聘任兼职教师100余人，要求工人文盲3年之内识1000字以上，具备阅读通俗书报的能力。至1953年，工人业余学校共办班14个，477人参加学习。1955年，企业工人教育归干校管理，经费由县政府统拨，收学员少量学费。学习内容由单纯识字转向初小、高小、初中综合文化教育。1958年，较大企业均设专职文化教员。1961年，对工人进行初中文化培训，由单位文化教员授课，干校巡回督导。1964年，全县统一考试，达初中程度者60余人。

1970年后，各企业组织工人学习中央文件、报刊文章、儒法斗争史等。1978年后，各企业开办不同形式的应知应会学习班，以理论、实践双考核的成绩作为晋级标准，1979年，对未达初中文化程度的职工进行初中文化补习，1981—1982年3次统一考试，结业者2530人。1985年后，工人教育以高中文化教育和初、中级技术培训为主。至1990年，80%的工人参加了短期技术培训，有20%达到中级技术水平，高中文化学习及格率41%。

附：电视大学

1979年，河北电视大学保定分校在安国成立电大工作站，设专职工作人员2名，校址设在教师进修学校。3月，招数学单科班40人，1981年招中文班37人，因设备不足，多人中途退学，仅8人结业。1982年，校址迁东山党校。至1990年，电大先后招生7届，有中文、党政、化学、机械、外语等专业。学员参加中央电大统考，毕业122人，其中全科82人，单科40人。安国电大现有教职工9人，教学设备有彩色电视接收机1台，收录机4台，发电机1台等。

第五节　教师队伍

一、基本状况

明清两代，学宫、书院教授多为进士、举人，私塾，蒙馆多由童生、秀才讲学。清光绪三十年（1904），兴办新学13所，从省立师范大学堂聘教员1人，其他教员仍以私塾先生为主。之后，在师范讲习所分期培训教员，至光绪三十四年（1908），新学教员达101人。民国年间，由于师范学校不断培养、输送师资，教师数量增多，民国17年（1928）新学教员达314人。

抗日战争爆发后，部分教师为避难而弃教。县抗日民主政府动员一批有文化的爱国者从教救亡。民国37年（1948），全县有小学教师265人，其中初小文化程度者233人，占教师总数的88%。为提高教师素质，弥补教师不足，在开办专业师范学校的同时，每年举办师范短训班。1950—1955年，县师范毕业生321人，除少数分配到博野县外，大部分在县任教。1957—1962年，国家分配到县任教的中师、高师、大学毕业生301人。1969年后，社队纷纷办中学，选用未经专业训练的民办教师补充教师缺额。1977年，在册民办教师达1679人，占教师总数的61%。1979年，改共产主义劳动大学为教师进修学校，对县内小学教师进行中师培训。1981年，执行国家关于教师任职资格规定，要求小学教师达中师水平，初中教师达专科水平，高中教师达本科水平，学历不合要求者限期达标。通过进修、自修等形式，到1990年，全县2697名任课教师中，学历达标者2332人，占任课教师总数的99%。

二、教师待遇

（一）经济待遇

明清两代，学正、书院山长月俸银80两，教授月俸银40两左右，私塾先生年聘金二三十两，略高于佣工。清末，高小教师月俸银25两，初小教师最高5两，一般4两。民国年间，高小教师月薪最高30元，最低20元，一般25元。初小教师最高18元，最低12元，一般15元。抗日战争初期，抗日民主政府实行教师供给制，年发24元服装费，月伙食费7元。民国35年（1946）初，实行以小米代工资的粮薪制，每月师范教师200斤，高小教师170斤，初小教师140～160斤。1951年7月，实行货币工资，师范教师月薪20元、高小教师17元、初小教师15元。1953年1月，教师工资改工分制，人均月工资折合人民币24元左右。1955年1月，调整小学教师工资，实调447人，月平均收入26元。翌年1月工资改革，831名中小学教职员纳入12级工资制系列。1960年，定级后第一次调整工资，升级面小学27%，中学29%，重点照顾中青年骨干教师工资偏低者。1963年，对部分工作成绩突出的教师晋升工资。1973 年，调整工龄较长工资偏低的教师工资，升级面为 30% ，其中晋升两级工资者 180 人。1978 年、1980 年两次分别以 40% 的升级面进行调整，1981 年教师普调工资。1985 年工资改革，执行班主任津贴，根据班容量每人每月津贴 5 ～ 7 元。翌年 10 月，所有教师工资上调 10%。1987 年 10 月，国办中小学教师工资纳入职称系列，教师工资总额上浮约 15%。1990 年，人均月工资 150 元左右。

1953 年，始有民办教师，多为办学单位自聘，工资从学杂费和勤工俭学积累中开支，每月 30 元左右。1969 年后，民办教师逐渐增多，实行工分加少量补贴的办法，补贴额每月小学教师 5 元，中学教师 7 元。1978 年后，民师津贴有所增长，每月小学 17 元，中学 20 元。为解决民师待遇偏低问题，1985 年，除国家补贴外，乡镇统一筹款提高民师工资，中学每月 43 元，小学每月 41 元。同时，参照国办教师固定奖金、教龄津贴、班主任津贴减半执行。1989 年，在编民师全部纳入职称系列，职称与工资挂钩。1990 年，民师人均月工资 80 ～ 90 元。

（二）政治待遇

域内有尊师重教的传统。民国及以前，教师在民间被尊称为“先生”。先生是学生崇拜的偶像，是家庭的座上客。但教书职业多为落第文人或生活拮据者为之，文人一摊上教书职业，便等于抛弃了“前程”，向不被达官贵人所看重。故域内久有“家有三升粮，不当孩子王”的俗语。

中国共产党和人民政府极为重视教育事业。民国 27 年（1938），县委即在教师中建立党组织，在艰苦的战争年代，对教师的政治思想和日常生活及工作极为关怀。中华人民共和国成立后，教师职业倍受尊重，教师被誉为“人民教师”“人类灵魂工程师”，历届政协会议、人民代表会议均有教师代表参加。1957 年的反右扩大化，134 名教师蒙冤。“文化大革命”中，教师被斥为“臭老九”，遭揪斗。1970 年“清理阶级队伍”运动中，43 名教师被遣回家。1978—1979 年，县委、县革委会为在“反右”和“文化大革命”中蒙冤的教师全部平反并妥为安置。1985 年 9 月 10 日，县委、县政府召开首次教师节庆祝大会，表彰了 180 名为教育事业做出贡献的教师，为 302 名执教 30 年以上的老教师颁发了荣誉证书。同时，县委、县政府确定每月 3 天时间为教师来访接待日，加强与教师联系，解决实际困难。1950 年后，先后有 5 名教师被评为国家级先进工作者，3 人被评为国家特级教师，3 人列入全国千名体育优秀教师，12 人被评为省级优秀教师、优秀班主任、“三八”红旗手、新长征突击手，80 名教师被河北省授予“优秀园丁”光荣称号。

三、教师进修

民国 37 年（1948），县民主政府教育科于秋假期间分 3 批轮训全县教师。1949 年秋开始，县师范先后开办在职教师短训班 3 期，培训教师 150 余名。1955 年，建立安国县小学教师业余进修学校，设专职教师 6 人，分片设 6 个辅导站，为小学文化程度的 650 名教师补习中学课程。1956 年 5 月，安国县小学教师业余进修学校改为河北定县师范学校函授部安国辅导站。至 1965 年，共培训教师 2192 人次，其中初中单科结业 1450 人次。1979 年，鉴于教师拔高使用和民办教师比重过大的问题，再次成立教师进修学校，招收中小学教师 220 人，进行中师培训，学制 4 年。1984 年，学员增至 260 人，至 1988 年毕业 240 人。1981 年 4 月 11 日，按照《幼儿教学大纲》要求培训幼师 4 期 216 人。1980—1982 年，选拔 72 名优秀民师分别输送到涿县和定县师范学校学习，期满后回县任教。1983 年，县师范学校招收民办教师脱职进修，至 1990 年招生 8 期，毕业 6 期 125 人。1986 年，县建立教师业务档案，制定进修规划，对学历未达标者限期进修达标。1984—1990 年，电大、刊大、函大及自学取得大、中专毕业、结业证书的教师达 1174 人。

1904—1990 年部分年份安国县教职工数量及教师学历结构统计表

表 17-2　　　　单位：人

项目/人数/年份	教职工总数						专任教师学历								
	总计	专任教师				职工数	中教与职教					小教与幼教			
		国办		民办			高校本科毕业及以上	高校专科毕业及本科肄业两年以上	高校本科肄业未满两年	中专高中毕业	中专高中肄业及以下	中师、高中毕业及以上	中师、高中肄业及初师初中毕业	初师、初中肄业及以下	其他
		中教	小教	中教	小教										
1904	15	—	15	—	—	—	—	—	—	—	—	1	—	—	14
1908	101	1	100	—	—	—	—	1	—	—	—	—	46	—	54
1911	103	—	103	—	—	—	—	—	—	—	—	—	103	—	
1912	105	3	102	—	—	—	—	1	—	—	—	—	96	—	8
1916	260	5	130	—	—	125	—	3	—	2	—	7	122	—	1
1928	314	3	16	—	—	145	—	1	—	2	—	13	153	—	—
1948	329	3	326	—	—	—	—	—	—	—	3	—	69	257	—
1949	308	3	305	—	—	—	—	—	—	3	—	—	29	276	—
1956	865	99	586	—	63	117	16	23	—	60	—	16	459	168	—
1963	987	124	863	—	—	—	38	40	—	46	—	282	527	54	—
1975	2265	517	484	378	777	109	—	—	—	—	—		—	—	—
1984	2469	514	744	123	737	351	56	107	18	397	59	1060	378	16	—
1985	2638	598	755	121	852	312	49	114	17	483	56	1135	421	51	27
1987	2855	610	767	119	955	404	57	157	2	444	69	1334	338	50	—
1988	3022	696	792	104	1018	412	50	218	5	474	53	1416	369	25	—
1989	3012	745	837	86	955	389	52	290	3	438	48	1491	271	30	—
1990	3159	750	902	76	969	462	67	345	3	383	28	1611	242	18	—

说明：小教与幼教栏中其他为童生、秀才等

第六节　教育投资

一、教育经费

明末，学宫有学田 1061.396 亩，年征银 42.5 两，支付办公费及廪膳生员生活津贴。学宫之学正、训导、杂役年薪，修葺学宫费用，贡生科试、举人会试盘费，新中进士、举人牌坊等均在州留支项下开销，年计银 150 余两。清康熙中（约 1680）废除学田，生员生活津贴改由地方留支中支付，年拨银 96 两。另外年拨银 10 两作学宫修缮费。至雍正年间（1723—1735），改为遇饥荒由学宫开具穷困廪生名单，官府从地方留支中拨银赈济。乾隆三十三年（1768），官府用于教育的投资为白银 250 余两。

民国年间，教育经费筹集办法有三：一为地方自筹，二为学生学杂费，三为官府筹措。开支项目有：教职员薪俸、丁役雇夫工资、操装油炭、实习实验、图书、修缮、文具、杂用等。一般年份官府筹款 2 万余元，民国 7 年（1918）为 3.5 万余元。

抗日战争初期，财政困难，县抗日民主政府每年用于教育的开支为 2 万多元边币，主要用于教员的生活津贴。

解放战争时期，县民主政府每年支出 70 余万斤小米，折边币 7 万多元，用于支付教员工资及必要的灯油、纸、笔等费用。

1951—1955 年，教学条件亟待改善，用于基建修缮和教员工资的款项增加，教育投资有较大幅度增长，每年支出 30 万元（人民币）左右。1956 年，教师工资增长幅度较大，且“加冠晋级中学”陆续上基建项目，教育支出达 78 万元。1972 年始，教育投资逾百万元，1976 年达 120 万元。1978 年后，教师工资逐年增长，办学条件不断改善，财政拨款、社会集资、个人捐助大量增加，教育投资以每年递增 10% 的速度增长。1986 年，财政拨款 349 万元，个人集资累计 460 万元。1990 年，县财政支出教育经费 722.5 万元，社会集资达 860 万元。

二、教学设备

（一）校舍

宋仁宗年间，著名理学家张载在县城东北隅辟馆讲学，后人称“张子书院。”元初，副元帅兼祁州刺史贾文备建占地 43 亩的学宫，几经增建，至明中后期，始成规模，有芹渚、泮池、月桥、棂星门、戟门、大成殿、启圣宫、讲堂、斋舍、先贤祠、先儒祠、神库等建筑设施。明嘉靖十四年（1535），知州孔天胤建占地 6.04 亩的贞文书院，内设大雅堂、斋舍等。天启五年（1625），知州郭应响于张子祠东南隅重建讲堂。清光绪二十六年（1900），知州朱闰保再建书院于学宫西侧。有大门 3 间，左右耳房各 1 间，内分东西两院，前后隔开，呈“田”字形。东前院北房 3 间为讲堂，东西配房各 3 间，为山长、教授休憩办公之所。东后院北房、东西配房各 3 间均为生员斋舍。西院形制如东院，为生员月考之所，称试院。清末，县立高等小学堂设于贞文书院。其他新学校舍多占用寺观或借用民房。民国初年拆庙兴学，搬走庙堂神像即为教室，新建者无几。其后采用“民办官助”方法，逐渐更新校舍，至民国 26 年（1937），全县有教室 200 余间，教师宿舍 200 余间，式样与民房无异，通风透光条件很差。

民国 34 年（1945）后，教育发展迅速，校舍严重不足，不少村庄学生不得不露天上课。民国 36 年

（1947）土改平分时，各村将没收的部分房产划归学校，但属民房格局，多不宜教学。1949年后，实行“民办公助”办法修建校舍，至1966年全县共改建、新建教室1953间，可容纳学生2.6万人。

1956年，分批筹建6所国办中学，建筑面积5700余平方米。1973年开始，陆续建起20所社办中学，大队小学附设初中班，校舍规模相应扩大。至1978年，全县校舍面积较1966年增加3.1万平方米。但多数因陋就简，危房多达922间。是年，县委强调三级书记抓教育，以改善办学条件为重点。但限于财力，进展缓慢，至1980年新建校舍面积不足1000平方米。1985年，贯彻《河北省委关于办好农村中小学的意见》，将农村中小学划归民办，由乡村集资办学，至1986年共改建、新建标准教室500余间34090平方米，总造价180余万元。是年，郑章村建起县内第一座砖混结构教学楼；安国中学投资73万元，建成30个教室的5层教学楼。至此，全县中小学占地2066亩，总建筑面积达148936平方米，实现了班班有教室。1988年，新建、翻新学校14处635间，其中新建教学楼4座。维修975间，百余所学校修建围墙、大门。135所学校达到“八配套”(大门、围墙、旗杆、水源、厕所、操场、教室、课桌凳)，总投资达201.74万元。当年，河北省联检验收，命名安国县为“教育八配套达标县”。1990年，社会集资860万元，新建校舍716间，改建449间，修葺567间，新建围墙856米，教室楼房化学校达29所。

1990安国县教学楼统计表

表17-3

单位	学校名称	建筑时间	建筑面积（平方米）	层数（层）	教室（个）	宿舍（间）	仪器室和试验室或其他用房（间）	投资额（万元）
县　办	安国中学	1985	4500	5	30	20	20	73
东河乡	东长仕小学	1989	720	2	6	—	2	15
	东固小学	1990	1008	2	8	1	3	10
	子娄小学	1989	676	2	7	—	5	13
焦庄乡	王庄小学	1990	736	2	7	4	9	11
祁州镇	育红小学	1915	220	2	4	—	—	2.5
	育新小学	1989.7	2337	2	1	11	7	42
县　办	师范附小	1990.8	2268.8	3	24		6	48
西崔章乡	西崔章乡中学	1990.8	560	2	6	1	5	13.5
南仕庄乡	南仕庄小学	1990.9	330	2	6	2	2	9
西安国城乡	马固小学	1986.4	242	2	6	2	2	12
	西安国城小学	1990.8	700	2	12	2	4	11.2
	北堡小学	1989	910	2	6	2	4	11
门东乡	阎村小学	1987.8	1260	2	12	13	5	26
	南娄小学	1989.8	464	2	6	2	6	9
淤村乡	八五小学	1989	1706	2	12	—	22	30
	观音堂小学	1989	1520	2	9	—	17	27
北段村乡	黄台小学	1986	500	2	8	1	—	8
郑章乡	海市小学	1989	720	2	6		4	16
	郑章小学	1984	912	2	6	4	—	8

续表 17-3

单位	学校名称	建筑时间	建筑面积（平方米）	层数（层）	教室（个）	宿舍（间）	仪器室和试验室或其他用房（间）	投资额（万元）
大五女镇	西秋元小学	1990	464	2	4	3	5	8
大李庄乡	大李庄小学	1987.8	1350	3	12	6	3	17
	西张庄小学	1990.6	912	2	8	2	15	—
	东秋元小学	1990.8	418	2	7	2	2	9
伍仁桥镇	中送小学	1988	510	2	6	1	2	6.4
	流昌小学	1990.3	1056	2	12	3	2	20
	流托小学	1990.6	640	2	8	—	—	17
石佛镇	路景小学	1989	854	2	7	6	9	21

（二）课桌凳

民国年间，小学桌凳为“民办官助”购置，高等小学由官府拨款置办。抗日战争时期，课桌凳大多毁于战火。安国解放后，恢复教育，桌凳紧缺，高年级学生多以条板搭成书案，低年级学生则多凭膝读写。民国 36 年（1947）土改时，各村多将没收的条案、长桌等家俱拨付学校权做课桌。1949 年后逐年添置，到 1966 年全县共有课桌凳 24053 套，60% 的学生有桌凳，初小低年级情况无大变。“文化大革命”中，中学桌凳被砸抢一空，小学桌凳亦大部分损坏。1970 年后，大部分学校用砖或土坯砌课桌，用水泥或纸浆抹桌面，“黑屋子、土台子、泥孩子”的情况很普遍。1977 年，全县中小学共有桌凳 49366 套，其中木制桌凳 14542 套，土台子占 71%。1985 年，“民办公助”改善办学条件，各学校大量购置木制桌凳达 43998 套。1990 年，全县新增木制桌凳 32884 套，普及了木、铁课桌凳。

（三）教学器材

民国年间，学校教学器材有理化实验仪器、图书、标本及文体器材等，年器材购置费 5000 元左右。县立第一高小图书室藏书近万册。民国 26 年（1937），县政府南撤，县城内学校亦人走校空，教学器材损失殆尽。中华人民共和国成立后，县人民政府每年拨专款购置教学器材。至 1966 年，9 所国办中学均建起藏书万册以上的图书室，中小学均购置了文体、理化等器材。安国中学拥有图书 4 万余册，理化试验室 2 个，显微镜 80 台，挂图、标本以及钢琴、哑铃、各种球类等文体器材总值 10 万余元，“文化大革命”中无存。1975 年，提倡直观教学，师生共同制作了大批教具，大多简陋，科学性差。1978 年，国办中学、师范学校建仪器室，20 所社办中学及部分小学配备了数量不等的教学仪器，中小学都办起了规模不等的图书室和图书角。

1982 年，县成立电教站，购置教学用监视器 2 台，收录机 4 台，反射投影幻灯机 2 台，录象机 2 台，发电设备一部，各科录相带、录音带 610 课时，总值 16 万元。安国中学、育红小学配备了电教室，设备总值 20 万元。1986 年，安国中学建成微机室，拥有电子计算机 27 台，价值 5.7 万元。1989 年，全县小学六年制义务教育达标，育红和常庄 2 所重点小学教学仪器配备达一类标准，18 所中心小学达二类标准，其他小学达三类标准。1990 年，中小学校购置图书 2.72 万册，文体器材 2093 件，教学仪器 1.82 万件，总值 156.6 万元。

第七节　教学研究

民国 14 年（1925），县公署教育局始设教研机构——安国县教育研究会，教研活动以组织观摩听课为主。

1950 年，教育科设视导员，主管教研工作，中心学区建教研组，中学设学科教研组。重点推广凯洛夫五课型教授法，教师每周半天时间集中到学站研讨、交流。1954 年，教育科设小学教育研究室，共 5 人。1956 年，中学增加，改称中小学教育教学研究室。同年确定南关完小为教研点，多次组织全县教师到该校观摩教学。1957 年，县人委制定《教研工作的意见》，规定中小学校教研工作的主攻方向，全面推广直观教学。1960 年，配合改制（六・三・三改五・三・二）进行试点研究，主攻方向为探讨解决时间与教学内容的矛盾。

“文化大革命”冲击了教研工作，复课后教研室改称“教育改革领导小组”，教研内容主要是教材教法改革，废“注入式”教学为“启发式”教学。1979 年，教育改革领导小组复称教育教学研究室，增至 11 人，设小学、中学、综合 3 个教研组。1980 年，开始探讨中西方各种成功的教育理论，推广赞可夫“以学生为主体，教师为主导”的教育理论，继而开展对“双基教学”（基础知识、基本技能）的研究，重点探索开发学生智力，培养学生能力。1983 年，组织中青年教师公开作课竞赛，评出的优秀作课手在全县巡回示范。1986 年，教研室编制扩至 23 人，同时聘请 92 名中小学骨干教师兼职教研员，在各校分别进行“整体改革”“六课型授课法”“八字教法”“阅读教学改革”“部件识字”“应用题早起步”“现代教学”等实验，并结合布鲁姆教育理论编写了 10 余套形成性自测题。

1980 年后，全方位探讨教育理论，撰写论文在教师队伍中渐成风气。至 1990 年，全县教师共撰写论文 2700 余篇，有 13 篇在省以上刊物发表。

第八节　勤工俭学

抗日战争时期，民教科发动学生勤工俭学，不少学校搞起长年性卷烟、制取灯（引火物）、柳编等勤工俭学项目，收入用于学习及学校的办公费用。

民国 36 年（1947），安国县师范学校在西王奇村创建，同时建小型纱厂。学生边工边读以生产收入支付学校经费开支。

20 世纪 50 年代，学校勤工俭学配合政治思想教育，注重培养学生劳动观点。据 1957 年统计，全县学生打草 810 吨，拾粮 2.075 吨，采集药材 355 千克，捡废品 541.5 吨。1958 年，学校普遍建立工厂、农（林、牧）场。安国中学提倡“一面读书、一面劳动”“既是工人、又是学生”，办起铁厂、木工厂、胶轮加工厂、化肥厂、缝纫厂等 40 余个校办工厂，学生一半以上的时间做工。1974 年“开门办学”，中小学大办“三厂（场）”（工厂、农场、畜牧场），以生产收入解决学生部分学杂费。

1984 年，按照《全国中小学暂行工作条例》规定，县文教局设立勤工俭学办公室，配备 5 名专职人员，各学区建立勤工俭学领导小组。是年，70% 的学校开展勤工俭学活动，纯收入 16.97 万元，学生人均 3.19 元。石佛学区北阳校办农场培育出优质多桃棉，出席了河北省勤工俭学会议。1985 年，参加勤工俭学劳动的学生达 2.88 万人，纯收入和人均收入均比 1984 年增长 1 倍，达教学大纲要求。1986 年，西崔章学站建鬃毛加工厂，产品全部出口，学生人均收入140元，为保定地区勤工俭学人均收入最高的学站。是年，坚持常年有勤工俭学活动的学校207所，常年性项目有中药材栽培、皮毛加工、印刷、粉笔制造、塑料加工、景泰蓝工艺品生产、地毯编织等，并为县糠醛厂收集玉米轴数万吨，全年勤工俭学收入46.24万元，学生人均8.75元，用于改善办学条件18万元，发展生产基金15.05万元，投资5万元在庞各庄建一景泰蓝厂，安置部分教师子女就业。1988年，5.3万人参加勤工俭学，项目达145个，总收入121万元，用于改善办学条件33万元。1990年勤工俭学活动中，拾麦207.3吨、玉米85吨、花生8吨、大豆5吨、药材2吨，总值20余万元，校办厂创利160余万元，学生勤工俭学人均突破30元。1986—1990年，保定地区连年授予安国县“勤工俭学先进县”称号。

第九节　管理机构

元代，祁州设学正署，有学正1人管理学宫。明洪武二年（1369）置训导署，设训导3人。清顺治十六年（1659），裁训导，康熙四年（1665）复设训导1人至清末。光绪三十一年（1905），废学正、训导2署，设劝学所，置总董1人，劝学员3人，分5个学区，学校设校董。民国10年（1921），改劝学所为教育局，设局长1人，督导二三人，教育委员三四人。学校设校长1人。

民国27年（1938），县抗日民主政府设民教科，民国29年（1940）析民教科设教育科，5个区各设文教助理员1人，各校设校长1人。1949年，县人民政府设文教科，科长1人，科员5人，各区保留文教助理员，并设总校长1人。每区按中心完小分若干片（称中心学站），设中心校长1人。1956年，撤学区，裁总校长和文教助理员，保留中心校长。1958年，县文教科改称文教局，全县（含博野县）8个公社各设文教部长1人。1962年，20个公社，各设1中心校长，大村设校长，小村设主任教师。1965年，县文教局复称教育科，1970年改称文教科，1975年又称文教局。1984年，全县划5个教学片，每片设总校长1人，干事4人。翌年，简政放权、撤片，同年文教局设办公室和人事、普教、计财、体卫4股。1987年，教育、文化管理机构分设，建县教育委员会。1990年，县教委设立督导办公室，设主任1人，办事员5人，各学区设督导员4人。教委下设办公室和人事、普教、计财、体卫4股及教研室、成人教育办公室、招生办公室、勤工俭学办公室、督导办公室等机构。

第二章 科学技术

清前域内无科技机构，亦无专职科技研究人员。科技活动限于各行业有一技之长的劳动者，多系钻研技术提高工效。清末受变法图强影响，光绪三十二年（1906）设祁州工艺局，聘织、染技师各1人。民国初倡导“科技救国”，科技活动领域拓宽，农事试验场的开辟，新式农具及化肥的引进，科学种田常识的宣讲，开阔了人们的眼界，改革传统农耕方式和生产工具的科技尝试活动渐多。

中华人民共和国成立后，县委、县政府注重科技研究和科学普及工作，相继建立健全了四级农科网、农业机械化研究所、农业技术推广站、植保站、种子站、气象站、工业技术革新委员会、科学普及协会、中西医研究学会、教研室等科研、科普机构，培养了一支过硬的科技队伍，对经济建设和社会发展起到了关键作用。1978年中共十一届三中全会后，科研科普工作十分活跃。科研课题涉及工业、农业、商业、文教、卫生等领域。科学普及活动在向人们宣传科学技术知识的同时，着眼于克服传统观念，树立一切按科学规律办事的思想。经多年努力，域内人民学科学、用科学的意识普遍增强。

第一节 科技队伍

清代以前，域内从事科技活动的能工巧匠主要分布在铁木加工、土木建筑、棉麻织染、皮革鞣制、榨油、轧花、造纸、医疗、中药炮制等行业。民国7年（1918），全县有科技人员241人，其中教师117人，中医师90人，农业及其他行业34人。

中华人民共和国成立后，始有国家分配的大中专毕业生，主要专业有农业、林业、水利、卫生、教育、畜牧、机械、化工、工程建筑等。20世纪50年代末，以专业技术人员为骨干建立自县至生产队和车间班、组的四级“农科网”“工科网”，科技队伍迅速扩大，至1959年全县专业技术人员达600余人，生产队和车间班组涌现出一批“田秀才”“土专家”。1961年，县委、县人委纠正大跃进中的大哄大嗡做法，把科技工作体制确立在三级“农科网”“工科网”基础上，公社农业技术站设技术员3～5人，生产大队、工厂设技术员2～3人，保持人员相对稳定，并使之不断提高技术水平。1963年，各公社相继成立农业技术中学，开设栽培、植保、土肥、林果等专业课程，学业优秀者充实公社及大队技术站。至70年代末，全县工农业科技队伍稳定在700人左右。1978年，县委、县革委会执行中共中央、国务院关于解决用非所学，科技人员归口的指示，农、林、牧、工、商、文教、卫生等行业的100余名专业人才归口。同时，为93名在历次政治运动中受冲击的科技人员落实政策，重新安排工作。1980年后，理、工、文等专业的大中专毕业生陆续分配到县，科技队伍迅速扩大。至1986年全县科学技术干部达3217人，其中毕业于各类专业技术学校者2081人。在大中专毕业生中，冶金、机械、化工、建筑、水利、电力、无线电、粮食保管等专业592人；作物栽培、植保、林果、畜牧、兽医等专业124人；中西医、护理、药剂、化验等专业374人；文科及其他专业991人。近年，各级各类专业技术学校的学生分配不断增加，平均每年以100～200人的速度增长。至1990年底，全县共有科技人员5616人，其中大专及以上学历534人，中专学历2007人。科技人员分布为：工业、交通、建筑、电力、统计、农机系统283人，农、林、牧、水系统212人，医疗系统618人，商业系统123人，粮食系统131人，教育2697人，其他专业1552人。

1987年始，科技人员纳入职称系列，至1990年域内专职技术人员4321人。其中高职55人；中职849人；助理级1321人（包括农民180人）；技术员2096人（包括农民580人）。

第二节　科学普及

一、科普宣传

清末民初，在县城、伍仁桥、石佛、西伯章、大五女设立宣讲所，县设宣讲员2～3人，巡回向农民宣讲科学种田常识，旨在改良传统耕作制度，推广作物新品种。因未能深入发动群众，收效甚微。中华人民共和国成立后，各种类型的科普宣传活动迅速增多。20世纪50年代初，配合生产运动的科学种田宣传，以改革传统耕作制度、改良作物品种、使用农药和化肥常识为主要内容。配合爱国卫生运动常识宣传，以改进环境卫生、把好病从口入关为主要内容。宣传形式有高房广播、壁报、幻灯、图片展览等。1958年，由安国县科学技术普及协会（简称科协），组织发展科学普及事业。该协会聘请79名科普宣传积极分子为科学普及宣传员。农业科普宣传以贯彻"八字宪法"（土、肥、水、种、密、保、管、工）为主要内容，工业科普宣传以贯彻操作规程、改革传统工艺和革新产品为主要内容。"文化大革命"初期，科普活动中止。1982年，再次组建县科协，同时利用有线广播、宣传车、放映科教电影和幻灯、电视科普讲座等形式广泛开展科普宣传。1984年，县科协将3月定为科普宣传月。届期，组织农、林、牧等13个部门联合进行科普宣传活动。农学会组织宣讲小分队，深入20个乡镇巡回宣讲，传授栽培新技术和植保常识。畜牧学会开展科学养殖宣传活动，编印貂、兔、羊和蜂养殖科普资料多种，并广泛开展技术咨询，促进了传统养殖方式的改变。1986年后，科学普及宣传活动注意从娃娃抓起，县科协联合县青少年辅导员协会，在青少年中开办生物工程、电子计算机、天文和地质等领域的知识讲座，组织各种类型的科技知识竞赛，激发了青少年学科学、用科学的浓厚兴趣。至1990年，县科协及各部门组织广播宣传500余次；影视宣传770场次，其中结合时令、气候、灾情举办上百场电视讲座；组织现场观摩示范130余次。同时，县科委、科协组织编印《科技日报》《安国科技》《科技资料》等期刊、专刊，编印种植、林果和畜牧等技术小丛书6种，无偿发给各乡、村，办起科技图书车13个，各种科技藏书200余种，4000余册。

二、技术培训

1956年冬闲季节，利用农民业校开办农业技术培训班，传授作物栽培及病虫害防治技术。其后，每年冬闲均组织全县范围的技术培训，内容涉及合理施肥、合理浇水、田间管理、果树管理、拖拉机驾驶和农机具使用与修理等。"文化大革命"期间，技术培训活动停止。1982年起，由县科协组织，对在乡中学生和复员退伍军人进行多行业技术培训，计有食用菌栽培、水果保鲜、缝纫、烹饪、畜禽鱼类养殖、中药材种植与加工、拖拉机驾驶与维修、农机具修造、家用电器和钟表维修等。1982—1990年，共举办培训班1200期，培训在乡中学生3200人，复退军人岗前培训800余人次。海市村在乡中学生王国昌，参加在乡中学生培训，掌握了机件加工技术，走上致富路，荣获河北省“学科学、比贡献标兵”称号。

三、科技推广

清乾隆年间（1736—1796），知州李钟俾推广水稻种植和植桑养蚕技术。光绪年末，祁州工艺局推行新法织染。民国初，域内普遍使用链斗水车（俗称大八卦）。民国14年（1925），改进传统水车，广泛推广链管水车。民国18年（1929）成立劝农所、农事试验场，开展作物新品种、新耕作制度等项新技术推广，同时设立农事问答所，开展常规生产技术咨询，但均未形成规模。中华人民共和国成立后，大力推行科学种田，20世纪50—60年代科技推广项目主要有化肥、农药、新式农机具、电器设备的使用技术、沼气开发、机井灌溉、农业八字宪法、工业规范化操作规程等。1965年、1967年，两次推广简易节柴灶，改进旧式连炕灶1万余个，热效率提高21%。1972年，全县推广小麦、高粱、谷子、棉花移栽技术。是年，推广间作套种新技术，当年棉粮、粮粮、粮油、粮菜间作套种6.9万亩。翌年，推广县五金厂生产的450型简易脱粒机和滚筒式扬场机，渐取代石滚、风车脱粒，实现脱粒机械化。1975年，大面积推广小麦、玉米杂交种，3年即全部淘汰传统品种。1977年，推广水泥防渗垄沟，建造总长度20余万米，是年推广小麦棉花机播。1980年，广泛使用小四轮拖拉机运肥、耕地、播种、收割。1984年，广泛引进185型谷物割晒机，小麦收割逐渐实现机械化。是年，开始进行小麦模式化栽培示范，向全县推广。1986年，推广玉米规范化栽培管理技术，大面积平均亩产超300千克。1988年，推广麦田、棉田化学药剂除草及免耕覆盖法，1990年化学除草面积30余万亩。1988年，推广早春作物地膜覆盖，1990年全县地膜覆盖西瓜2万亩、棉花3万余亩。是年，全县推广配方施肥和锌肥、铬合微肥拌种等新技术。

1984年，县成立科学普及咨询中心，有关部门相继成立咨询服务站，开展咨询服务活动。1984—1988年，农林口业务咨询8.9万人次，解答技术难题1.9万余条，发放咨询材料11.6万余份，推广农林新技术801项。1990年县农村工作会议期间，县科协组织农业科技咨询团向与会代表提供咨询服务，解答问题200条，散发技术资料2000余份，展出图片175张、实体标本4757件。

1986年，县建立实施“星火计划”领导小组，组织科技人员开发短、平、快技术。当年确定八方猪鬃厂、郑章中药材供销公司、郑章造纸厂、舍二村红星化工厂、祁州镇植化厂、淤村棉纺厂、复混肥厂为“星火”项目企业，经过5年努力初见成效，带起一批经济效益较好的企业。

第三节　科学研究

一、科研活动

自宋至清，中药加工遵古而不泥古，经历代技师潜心钻研，形成一套炒、炙、煨、煅、蒸、煮的系统药材加工工艺；在中成药配制方面，药剂师细敲配方，反复试验，严核剂量，研制出许多名牌中成药；在工程建筑方面，万寿桥的柏木桩、石灰、山炭基础，五孔联拱桥体结构，药王庙牌坊的木质斗拱结构，均很好地体现了力学、美学原理，起到抗震防腐且美观大方的效果。

民国18年（1929），县太平山农事试验场通过对域内水肥及气候因素分析，引种“脱利斯棉”“龙爪谷”“美国早白玉蜀黍”获得成功。同年，伟迪氏制药厂在阿斯匹林配方基础上研制成“三鱼牌”正痛丸。翌年，伟迪氏制药厂开展原料药品生产研究，提取薄荷脑成功。

1953年，太平山农事试验场改为优良药材品种引进试验场，致力于珍贵野生药材驯化和外地药材引种试验，成功引进品种100余个。20世纪50年代中期，根据连年沥涝、河流决口灾害频繁的情况，水利工程技术人员致力于沿河治水的专题研究，勘查河道，设计支水帘，抗洪中将抛砖挂柳应用于堤防抢险。农业技术人员在推广良种、农药及栽培植保技术的同时，探索治碱治沙的办法，总结出一套经验。自1957年始，科研活动更趋活跃，农业生产方面集中在农业八字宪法的试验推广上，开展了改水（深层水压碱）改土、引进优种、合理密植、田间管理、多熟制等可行性研究。工业生产重点放在工具革新及新产品开发等方面，层层成立攻关组，生产出不少工农业生产急需的新产品，一些科研项目达到当时国内先进水平。1960年初，县水利局技术干部杨云试制成功六用经络探测仪、烟麻水份测定仪，5月出席全国财贸系统技术革新、技术表演先进集体、先进个人代表大会，获技术革新能手称号。是年，县电影管理站赵树成研制成功轻便三镜头单光源幻灯机，参加全国轻工业产品展览，并向全国推广。1972年，县机械厂研制出260吨磨擦压力机，填补保定地区机械制造业一项空白；县农机研究所率先进行柴油机长腿（小拖拉机）研究，生产出小四轮拖拉机样机1台，在保定地区农机会议上定为定型产品。1974年，县农机厂研制出与小四轮拖拉机配套的180型小麦收割机。1980年后，科研活动呈多领域全方位态势，科技工作者深入生产第一线技术承包，结合实际自选课题，或按照省、地指定课题进行科学研究。在基础、应用、发展等科研领域均取得突破，新理论、新技术、新产品不断涌现。县农业局和县科委的合作研究项目《小麦叶龄指标促控法技术推广》获河北省发展研究项目一等获，县林业局韩光弟、江爱红的《榆蓝金花虫防治应用研究》获保定地区应用研究项目一等奖。农业、林业、教育、卫生等系统的科技工作者均有大量论文被国家和省级报刊发表。

1956年，始有气象测报。1958年，根据中央气象局“县县有站，社社有哨”的指示，开展群众性天气测报工作。气象观测项目有：云状、云量、风向、风速、冻土、蒸发、雪深、日照、降水、空气温度、湿度、地面温度和浅层地面下（0～20厘米）温度等。观测常规为每日4次，观测时间在2时、8时、14时、20时，将测得数据整理制表上报。是年，县始独立预报天气。1963年，采取“土洋结合”“图表、资料、群众经验相结合”的技术方针进行测报，并增加中、长期预报。翌年，为应用“土法”预测，县气象站通过饲养观察泥鳅，搜集气象谚语，结合气象资料分析、验证，预报天气。至1965年，探索出一些反映当地气象变化的规律，制作出基本符合当地情况的预报工具和图表，提高了长、中、短预报的准确性。1984年，开始实行模式（MOS）预报法。1986年，采用传真机收看中央气象台发布的欧亚气象云图，首次在气象预报中使用微机。

1977年，域内开始地震预测工作。当年7月，县地震办公室在焦庄林场召开地震监测布点会议。定地震办公室、安国中学、路景村、常庄林场、伍仁桥中学、焦庄林场、小营中学、西伏落社中8处为地震监测点，同时，配备地电流监测仪。安国中学与地震办公室还配备了地应力监测仪，主要观察记录动物异常现象和地下水水位、水温、颜色、气味、翻花冒泡、发浑作响等。3处中学及地震办公室监测点每5天将监测数据汇总上报保定地区地震局，每月参加一次地区地震局组织的观测会商会。1986年，县地震办公室撤销，监测工作中断。

二、科技成果

1973—1990 年，全县有 27 项科技成果通过技术鉴定，其中 4 项获省级奖，15 项获地区级奖。

速效牛黄丸：1973 年，经科研人员反复研究试验成功，经临床试验，有效率达 95% 以上。1975 年通过技术鉴定，1980 年 9 月始批量生产，除内销外，每年出口 10 万余丸。

菌莲益肝口服液：是治疗病毒性肝炎，特别是乙型肝炎的新药。1984 年 4 月开始研制，1987 年 6 月通过技术鉴定。经临床观察，乙型肝炎治愈率 50%，好转率 40%，总有效率 90%。

耶尔森氏菌“03”型的分离：该课题是安国县自选科研项目，1987 年 4 月通过河北省卫生防疫站技术鉴定。该项研究证实了河北省耶尔森氏菌的存在，并为临床诊断治疗和预防提供了确切的科学依据。

抗榆蓝叶蛐白榆新类型的选择：1984 年，科研人员从 4 个村选出抗害较强、生长快、树形好的白榆为母树进行有性或无性繁殖，1987 年选出抗榆蓝叶蛐而速生的实生家系和无性系。经技术鉴定，有较高的社会效益、生态效益和经济效益，在省内同类研究中达到先进水平。

泌感灵冲剂：1984 年 11 月始研制，1985 年 8 月通过技术鉴定。经河北省卫生厅批准在北京同仁等 7 所医院临床试用，共观察泌尿系感染病人 300 例，总有效率为 92%。

宁金冲剂：是治疗过敏性鼻炎及感冒的新药，1984 年 4 月开始研制，1985 年通过技术鉴定，该药治疗过敏性鼻炎达国内先进水平。

1973—1990 年安国县科技成果一览表

表 17-4

项目名称	项目类别	主研单位或个人	研制时间（年—年）	鉴定时间（年．月）	获奖时间（年．月）	获奖级别	等级
速效牛黄丸	应用研究	刘辅权　史振江	1973—1975	1979—198	1982 1983	地区 省	一 三
东纵凹陷地震勘探成果报告	应用研究	李占军	1987	1987.2	1982	物探局	三
ORS 治疗夏季和冬季小儿腹泻脱水的疗效观察的研究	应用研究	王素敏	1982.6—12	1983.9	1984	地区	三
小麦叶合指标促控法技术推广	发展研究	安国县农业局 安国县科委	1982—1983	1983	1983	省	一
榆兰金花虫的防治应用研究	应用研究	韩光弟　江爱红	1982—1983	1984	1984	地区	
紫苏糖、消食补血饼干、参芪健身饼干的研制	应用研究	王素敏　程俊果	1984.3	1984.9	—	—	
农业发展总体规划的研究	发展研究	李　敏	1984.4	1984.10	1985	地区	二
松醪酒的研制	应用研究	刘梦州　贾振文	1984	1985.4	1985	地区	

续表 17-4

项目名称	项目类别	主研单位或个人	研制时间（年—年）	鉴定时间（年．月）	获奖时间（年．月）	获奖级别	等级
130 型汽车三类底盘试制研究	应用研究	安国县汽车厂	1984	1985.6	—	—	
痔疮丸研制	应用研究	安国县制药厂	1982	1985	—	—	
宁金冲剂的研制	应用研究	平翠英　王敏玉	1984.4	1985	1988	地区	二
泌感灵冲剂的研制	应用研究	安国县制药厂 省职工医学院	1984.11	1985.8	1985	地区	
冀中-450 型脱粒机的研制	应用研究	李宏昌	1984.6	1986.1	—	—	
太阳能饮片干燥器利用研究	应用研究	安国县新能源办公室	1986	1986.8	—	—	
菌莲益肝口服液的研究	应用研究	韩树振　邢志庄	1984.4	1987.6	1988	地区	二
药业资源及发展调查研究	应用研究	赵德修　崔景芬	1982	1987.8	1987	地区	二
小儿腹泻外敷散	应用研究	温增录	1987	1987.6	—	—	
耶尔森氏菌“03”型的分离	基础研究	赵六章　赵王敏	1985.9	1987.4	1987.10	地区	二
白术黑斑病综合防治研究	应用研究	赵来顺　赵志民	1985	1988.1	1988.3 1989.12	地区 省	三 三
板兰根霜霉病综合防治研究	应用研究	李凤岭　王玉玲	1985	1988.1	1988.3 1989.12	地区 省	三 三
小麦模式化	应用研究	保定农专 安国县农业局	1987—1988	1988	1989	地区	一
WG 污水泵的研制	应用研究	李维民	1988	1989.9	—	—	
北沙参钻心虫防治研究	应用研究	省植保所	—	—	—	—	
北沙参蚜虫之发生规律与防治研究	应用研究	保定农专 安国县农业局	1986—1989	1989.6	1990	地区	一
白术根腐病病源、发病规律及综合防治研究	应用研究	保定农专 安国县农业局	1986—1989	1989.5	1990	地区	一
北沙参锈病病源发病规律及综合防治研究	应用研究	保定农专 安国县农业局	1986—1989	1990.12	—	—	

1967—1990 年安国县省级以上刊物发表论文一览表

表 17-5

论文名称	所载刊物	发表时间（年）及期刊	作者姓名
玉米特种田中期管理	农业技术	1967 第 5、6 期	郑俊杰
认真总结经验不断改进甘薯下蛋的种法	农作物研究资料	1972 第 2 期	郑俊杰
短小芽孢杆菌的遗传转化	遗传学报	1979 第 1 期	石焕计

续表 17-5

论文名称	所载刊物	发表时间（年）及期刊	作者姓名
棉田间种油菜防治棉蚜	中国昆虫学会第二次讨论会会刊	1980	梁培英
棉田间种油菜诱集带保护天敌	中国昆虫学会全代会暨学术讨论会会刊	1982	梁培英
C 型黄早 4 玉米不育系的育成	河北省种子协会学术讨论会论文集	1983. 1	梁培英
白内障、继发青光眼、小梁切除、合并白内障后路摘除术初步操作	眼科实践	1984	安振东、张玉琴等
仔猪脾脏先天性脱入脐囊	中国兽医科技	1985 增刊第 1 辑	尤秀兰　王双来
灸法治疗家畜关节黄肿	中国兽医科技	1985 增刊第 1 辑	尤秀兰
116 例小儿腹泻病原菌调查报告	河北卫生防疫	1986 第 3 期	赵六章　石焕计
“紫苏糖”预防小儿急性呼吸道感染的初步观察	中国农村医学	1986 第 1 期	段俊果
自发性子宫内膜症穿破浆膜误诊为上消化道穿孔 1 例	中国农医学	1987 第 9 期	王春兴
蛲虫性阑尾炎 1 例	河北医药	1987 第 3 期	王春兴
外语教学方法	河北教育	1987. 9	张育兴
培养兴趣	中学俄语教学	1987. 5	张育兴
农业机械化与发展粮食生产	河北省粮食上台阶学术讨论会论文选编	1987	许秀成
针刺蠡沟穴治疗小儿鞘膜积液	中医杂志	1986 第 22 期	杨树青
白术调味汤治疗慢草或不食 729 例的临床观察	河北畜牧报	1988 第 2 期	尤秀兰
膀胱按摩加压排尿法	中级医刊	1988 第 4 期	刘秉义
急诊室常见病抢救规程表	中国农村医学	1988　5～11 期 7 篇	刘秉义等
肢神经阻滞麻醉在大隐静脉剥离中的应用	中级医刊	1988 第 3 期	王春兴
空肠平滑肌瘤伴消化道出血	中级医刊	1988 第 6 期	张　昆
四香柿荣肠治疗心原性呃逆	天津中医	1988 第 1 期	钟　东
河北省农村小儿腹泻监测报告	中华流行病学杂志	1988	赵钦波　张玉先
流脑流行期健康人群带菌调查及药敏试验	中华预防医学杂志	1988 第 3 期	赵六章　石焕计
菊瘿蚊研究初报	中草药	1988 第 1 期	刘志芬　杨文博 程法曾
北沙参蚜虫综合防治研究	河北农业科技	1988 第 3 期	梁玉环　王淑芹 邓素君　张如英
大剂量千金散加减为主治疗破伤风 101 例疗效观察	河北畜牧兽医	1988 第 1 期	尤秀兰　张志业 阎计怀　陈振艮
山羊紫菀中毒 1 例	河北省畜牧兽医	1988 第 1 期	尤秀兰
肠系膜粘连的病因、病理、预防及防治	河北医药	1989 第 2 期	王春兴、王哲等
亚硝酸盐急性食物中毒抢救方法及探讨	河北急救医学	1989 第 1 期	刘秉义等
电脑中风预测仪的临床应用与评价	省四届检验会	1989 年	张俭等
由腹泻患者粪便中分离到小肠结肠炎耶尔森氏菌	中华预防医学杂志	1989 第 2 期	赵六章　石焕计

续表 17-5

论文名称	所载刊物	发表时间（年）及期刊	作者姓名
白术黑斑病研究	河北农业大学学报	1989 第 3 期	赵来顺　赵志民 杨彦杰　马耀辉
板兰根霜霉病综合防治研究	河北农业大学学报	1989 第 2 期	王秀英　李风岭 王玉玲
北方根结线虫中草药寄主初步调查	植物病理学报	1990 第 2 期	赵来顺　杨彦杰
巨大结核球误诊分析	中华医学论文集	1989	史会来
甲型肝炎暴发流行的调查报告	中华医学论文集	1989	王君臣
200 名儿童白喉免疫水平调查报告	中华医学论文集	1989	赵勤波
1983 年 7 ～ 18 岁中小学生生长发育调查报告	中华医学论文集	1989	谷汉志
1984 年安国县中小学生近视监测调查报告	中华医学论文集	1989	代杏敏
浅谈肉毒中毒	中华医学论文集	1989	邢庆发
次氯酸钠消毒液的质量监测及消毒效果观查	中华医学论文集	1989	赵六章
糖尿病、骨关节炎一例报告	中国骨科杂志	1990 第 2 期	张衡
眉凝症手术治疗	河北省论文汇编	1990 第	庞军良
“8”字一针关闭十二指肠端 100 例分析	中级医刊	1990 第 11 期	王春兴
手术治疗肩关节炎 30 例	中国肩周炎论文汇编	1990	庞军良
肺良性间叶瘤一例报告	临床放射	1990 第 6 期	庞春新　张　衡
白术根腐病研究	中草药	1990 第 6 期	刘英惠　赵来顺 赵志民　王平肖 杨文博
用圆形分布分析农村小儿腹泻病的发病高峰期	河北卫生防疫	1990 第 1 期	赵钦波　张玉先
学习研究探索	教育研究通讯	1990.2	刘永安
从探井人到玫瑰园里小姑娘	中国教育学之友	1990.12	王子茹
浅谈高考作文审题立意	中国语文	1990.12	王子茹
提高小学作文能力的指导	河北教育	1990.6	南娄底学站
随变化的水利形势作相适应的准备工作	海河水利	—	杨云

第四节　科技管理

一、管理机构

民国 34 年（1945），县民主政府设实业科，兼管科技事宜。1949 年，县人民政府设农建科，负责科技管理和推广。1958 年 10 月，成立县科学技术委员会，下设农业研究所、工业研究所和化验室，时有专职干部 10 人，技术人员 20 人。1962 年 6 月，科委撤销，1965 年重建未成，1966 年 9 月重建，仅设主任 1 人，未及配齐人员即于 1967 年 1 月裁汰。1974 年，再次组建，1978 年全国科技大会后健全机构，设办公室、科技干部股和业务股。1990 年，实有编制 14 人，其中工程师、农艺师各 4 人，畜牧兽医师 1 人，助理工程师、助理农艺师、助理会计师各 1 人，职工 2 人。

二、科研管理

科研分指令性与自选课题两种。指令性课题分别由省、地、县三级下达，由科委统一组织、管理。科委将课题委托给主办单位，由主办单位确定课题研究的主要责任人，建立攻关组，然后科委、主办单位、攻关组共同确定研究方案。科委、主办单位定期督促检查，协调协作单位间的关系，落实经费，做好后勤保障。自选课题由主管单位为研究人员提供资料、设备等便利。1984 年 4 月，保定地区下达“农业发展总体规划研究”项目，由农业区划办公室牵头，组织农业、水利、林业、统计、乡镇企业、计委、畜牧、药材管理等部门科技人员联合成立课题组进行项目攻关。半年时间写出 12 万字的《安国县农业发展总体规划》，并获地区科研成果二等奖。1986 年初，河北省科委下达“祁州药材商品生产基地重点技术开发”项目，为省科委“七五”重点科研项目之一，抽调省、地、县 13 个教学、科研、生产单位的 53 名科技人员协同攻关，要求 5 年出成果。县科委组织攻关人员系统分析安国县药材商品生产现状，选定直接影响商品生产的不利因素及具有广阔开发前景的经营行业作为研究重点，将整体研究分解为加工炮制、药膳、丰产栽培、病虫害防治、引种驯化 5 个课题组，具体制定 51 个子课题。针对此项科研课题多、范围广、时间长的实际情况，县政府抽出专门人员组成开发机构，为科研攻关服务。为搞好项目攻关，县科委奔走于大专院校、课题组和基层试验单位之间，使课题组走出研究室，深入到田间、工厂，同群众一同试验、分析、总结。县委、县政府主要领导亦多次组织老药工、老中医同研究人员座谈，药材加工课题组整理出 20 余万字的《祁州中药材加工炮制工艺技术》。5 年中完成研究课题 32 项，14 项通过省级鉴定。其中，《河北省药用植物病害名录》系统收录了中国北方药用植物病害，为科研、教学提供了可靠的参考依据。县科委在加强项目管理的同时，对重点课题在人员、经费等方面集中投入。

三、人员管理

1958 年后，专业科技队伍初具规模，县委、县人委制定保持科技人员相对稳定的政策，使科技人员在各自岗位上得以发挥专长；对做出贡献的科技人员进行表彰、奖励、提拔重用。“文化大革命”中，科技人员多受冲击，从事专业者很少。1978 年全国科技大会后，科技人员管理得到加强，各级、各单位普遍建立专业科技人员技术档案，严格控制科技人员外流。县委、县革委会本着尊重知识，尊重人才的精神，落实知识分子政策，为 15 人平反冤假错案，向 9 名被抄家的知识分子退赔，使 25 名被强迫离职的知识分子恢复工作，补发工资，为错划右派的 41 名知识分子彻底平反，为按工人对待的 2 名大专生调整为干部级别，为 1 名 1962 年精减下放的大学生重新安置工作。1982 年，县委、县政府作出一系列决定，努力改善科技人员工作和生活待遇，至 1987 年底先后为工作在农业、林业、畜牧、水利、农机等专业岗位的 72 名技术干部上浮一级工资，为全县科技人员调供粮油及副食品种；中级科技人员住房标准按副县级对待，为 67 名科技人员解决了住房问题；为中级知识分子和中小学教师调供自行车、缝纫机、双桶洗衣机等紧俏商品，同时解决部分科技人员夫妻分居问题。1981—1985 年，吸收 281 名知识分子加入中国共产党，占发展党员总数的 27%。将政治觉悟高、业务能力强的 89 名科技人员提拔到领导岗位，其中副县级以上 12 人、科局级 77 人。为解除科技干部后顾之忧，1983 年，将 96 名知识分子的家属 263 人转吃“商品粮”。1984 年 10 月，安国县人民政府颁发《关于对开发引进人才和开展为商品生产服务工作实行奖励的暂行规定》，扭转了对科技人员统得过多过死，束缚科技人员科研积极性的做法，科技人员纷纷走出办公室，到生产第一线施行技术承包，农、林、畜牧口的科技人员70%以上到生产第一线。1986年，科技战线开展“树新风，比贡献，学先进”活动，40名先进科技人员，10个先进集体成绩突出，受到县委、县政府表彰。同年，县政府发出《关于科技人员积极参加科学试验研究的通知》，要求技术员以上人员参照县科委编制的科研项目选择或自定课题进行科学研究。并规定技术员和助理级科技人员每人每年必报1～2个科研项目；中级以上的科研人员每人每年必报2～3个科研项目，年终向县科委递交述职报告。

四、经费管理

科研经费由县科委负责管理。1984年前，凡是专项科研经费除留足活动经费外，一次性拨给承担项目单位，一年一光，科研经费长期缺乏，许多生产急需项目无力支持，也助长了单位吃国家大锅饭的风气，甚至出现经费被挪用现象。1985年，县政府颁发《关于安国县科学技术发展基金管理办法（讨论稿）的实施细则》，采用科研经费有偿回收使用的办法，对开发性科研项目，根据收益大小，科委与承担项目单位签订合同书，明确拨款办法、回收比例和偿还期限，对有社会效益的项目不予回收。历年回收的科研经费，作为县科技开发基金，流动周转使用，使用前由课题组列出计划，经县科委审查后，按阶段拨款或凭单据到科委报销。自此，科研经费有的放矢，经费利用效益提高。

1963—1990年部分年份安国县科研经费使用情况一览表

表17-6

拨款单位	拨款年度	拨款金额（元）	经费用项
国家科委	1963	1631	装备化验室和农村科研活动室
国家科委	1971	1818	—
国家科委	1972	3098	—
国家科委	1973	2807	—
保定地区科委、财政局	1974	7560	太阳能利用
保定地区科委	1975	10495	沼气试点
保定地区科委、财政局	1976	7577	追加科技事业费
保定地区科委、财政局	1977	8695	追加科技事业费、科普费
保定地区科委、财政局	1978	10300 、4000	科学事业费、科学普及经费
保定地区科委	1979	11000、3000 、5000	沼气推广、科技三项费用、科支三项费用
保定地区科委	1980	14000	沼气推广经费
保定地区科委	1981	1000	大蒜栽培
保定地区科委	1982	7000	三项费用
安国县财政局	1982	10000	—
保定地区科委	1983	7000	三项费用
安国县财政局	1983	10000	—
保定地区科委	1984	2000	丰抗小麦示范试验

续表 17-6

拨款单位	拨款年度	拨款金额（元）	经费用项
河北省科委	1985 1985	50000 1000	中药材基地点建设、香椿丛植试验
保定地区科委	—	2000	泌感灵研制
河北省科委	1986	80000	中药材栽培、加工研究
保定地区科委	1986	1000	香椿丛植试验
河北省科委	1987	15000	药材商品基地技术开发
保定地区科委	1987	12000	自选科研项目
安国县财政局	1987	11000	科技事业费
河北省科委	—	14000	中药材综合研究、甘薯栽培研究
保定地区科委	1988	5000	科技推广费
安国县财政局	1988	11000	科技事业费
河北省科委	1988	15000	中药材综合研究、甘薯栽培研究
保定地区科委	1989	5000	农业研究
安国县财政局	1989	10000	科技事业费
河北省科委	1990	15000	中药材综合研究
保定地区科委	1990	16000	农业技术推广、中药材病虫防治推广、北段村乡吨粮田建设
安国县财政局	1990	10000	科技事业费

第三章 文 化

第一节 机构与设施

一、管理机构

清以前，域内无专门文化管理机构，遇祭祀、酬神、节日庆典等活动，多由州衙临时组织。清末民初，文化活动由劝学所、教育会组织管理。民国12年（1923），安国县劝学所改为教育局，文化事业由教育局兼管。民国27年（1938），抗日民主政府设民教科，文化事业由民教科统一管理。翌年，析建教育科，文化事业由教育科管理。全县5个行政区各设1名文教助理员，一切文化活动皆委文教助理员组织、管理。中华人民共和国成立初，沿用教育科、文教助理员组织管理文化工作制度。1953年，成立县文化科，设科长、副科长各1人，科员1人，群众文艺划归文化科管理，并继续沿用区文化助理员制度。1958年，文化科、教育科合并为文教局，1名副局长分管文化。1987年，成立文化局，管理文化事业，人员编制5人，设专职书记、局长、副局长各1人，科员2人。

二、文化事业单位

（一）文化馆

清光绪三十一年（1905）县城设宣讲所、阅报所各1处，为官立民众文化活动场所之始。民国元年（1912），阅报所报刊从建立初的3种增至7种。两所经费由药商所捐酬神款中抽取，民国12年（1923）改地方政府支拨。民国23年（1934），城内辟民众茶园2处，归民国县政府二科领导，评书鼓书艺人靠场说书，为大众化娱乐场所。民国37年（1948）10月，县委宣传部组织成立民众教育馆，设工作人员2人，馆址在南关大街路东，有旧房3间即县文化馆前身。民国38年（1949）5月，馆员增至5人，分为图书、宣传、文艺与社会服务4部，经费从市政府地方粮中支拨。1952年，馆址迁药王庙，更名安国县文化馆，隶属文教科，主要业务为书刊借阅、板报宣传、幻灯放映、辅导文艺骨干、发掘文化遗产、印发文艺演唱材料，并配合扫除文盲等。

1958年，馆内设美术组和辅导组，其后陆续增加文学、曲艺、戏剧、舞蹈、书画、摄影等专业人员。开展农业展览、书画摄影展览、橱窗设计及美术装潢、文艺会演、科技讲座等活动。1971年馆员增至12人。1984年，馆址迁北环城路，新建2层楼房，建筑面积500余平方米，设办公室、排练厅、展厅、暗室、音乐室、创作室等，配备民族乐器一部。1986年，购置电子琴、贝司、音箱等电声乐器，翌年确定编制22人。主要活动为组织各类科技讲座、歌手比赛、征文评奖、花会表演及文学、音乐、美术等艺术门类的培训等。1990年，该馆有高级职称者1人，中级职称者9人，初级职称者6人；河北省群众文艺学会会员1人，其他省级协会会员13人。

（二）档案馆（室）

清及以前档案情况无考。民国年间，公文处理悉委行政科，公文以抄件形式送达各承办机关，原件由行政科存档。民国24年（1935），民国县政府裁局并科，档案归一科保管。七七事变后，县长张仰文率僚属南逃，除将一部分重要文件带走外，余皆焚毁。

抗日战争和解放战争中，县民主政府的文书资料均由各科局分别保管，中华人民共和国成立初沿此制。1958年2月，成立安国县档案馆，隶属县委办公室，同时接收、整理各科局档案，至1959年春基本整理就序。其后，县委要求部局每5年移交一次档案。"文化大革命"开始后，保定二师学生至县冲击档案馆，为保全档案，馆员连夜将档案柜贴上毛泽东主席像，封死柜门，除10余卷档案被强行提走失落外，大部档案得以保全。1987年，县政府建档案局，档案馆从县委办公室析出与该局合署办公，设局长、副局长各1人，工作人员5人。1990年，共存档案49个全宗，9975卷，各类资料600余卷，报刊3000余本。其中，中华人民共和国成立前历史档案79卷；中华人民共和国成立后永久卷宗5506卷，长期卷宗3548卷，定期卷宗921卷。

（三）图书馆（室）

民国15年（1926），城内首建图书馆，民国县政府派员任馆长，之后每年均拨专款购置图书。民国24年（1935），图书馆并入县政府二科，馆长由二科委员兼任。七七事变后，民国县政府执事人员南逃，图书被弃置，馆员赵树青为保护图书选7000余册藏匿郑各庄村赵洛朋家。民国29年（1940），日军在北流罗村建据点，经常包围村庄，保存图书时刻有性命之虞，赵洛朋遂将所藏图书焚毁。

1949年，县民众教育馆建图书室，采用征集与购买相结合的办法丰富藏书，当年图书收藏达8000余册。1957年，撤销工人俱乐部时，将其1.2万余册图书移交图书室，该室藏书达2.5万余册。图书室建立后即向社会开放，借阅者多为干部、职工和学生，日常借阅人数五六十人，多时100余人。"文化大革命"中，图书室被砸，大部分图书散失。1971年，文化馆重购图书加残存藏书共5000册，对外借阅。1979年，在文化馆图书室基础上建图书馆，调入馆员5人，馆址设在药王庙名医殿及南碑房，当年藏书8000余册，1982年增至2万余册。同年，图书馆在红领巾读书奖章活动中成绩突出，受到团中央少年部、文化部、图书馆事业局等8个单位表彰。1984年，因修葺药王庙闭馆，2.3万册图书堆积在两间库房内，至1990年未开馆。

（四）书店

清光绪三十二年（1906），邮局老职工张琳退职，在南关开办县内第一所书店——"延益堂"，经销课本、图书及文具用品。民国年间，振华书局、宏文书局、安国书局、裕华书局、同仁书局、青塔书店、兴华图书文具店、大众书店相继在城内开业。其中，民国27年（1938）建立的青塔书店是冀中青塔书店的分店、中共组织的秘密交通站。兴华图书文具店规模最大，资本为5亿元边币。

民国37年（1948），城内设晋察冀边区新华书店安国分店，翌年更名为河北省新华书店安国分店，时有店员7人。1986年，建新华书店大楼，建筑面积700多平方米，投资11万元，当年投入营业。1990年，新华书店有2个门市部，23名工作人员，19个基层销书点（委托基层供销社代销），图书发售（含课本）225.55万册，收入139万元。

（五）电影发行放映公司

1958年，建县电影管理站，设站长1人，机修员2人，负责修理站属各队的放映机，租赁拷贝，调配影片。建站初，辖3队1院，1960年业务扩大，辖6队1院。1970—1974年，各公社相继建公社电影放映队，县电影队撤销，人员充实到管理站，电影拷贝流通数量由1965年的40余部增加到100部。

1980 年，改称安国县电影发行放映公司，设放管组、发行组、机修组、宣传组，有干部职工 18 人，负责全县放映单位的影片发行、机器维修、放映管理及扶持发展放映单位和业务指导。1981—1986 年，经济效益稳定增长，年总收入连续突破 10 万元。后受电视冲击，收入减少。1990 年，该公司负责 3 座影院、55 个放映队的发行与维修业务，发行拷贝 120 余部。

（六）文物保管所

中华人民共和国成立后至 1982 年，文物工作由文化馆代管。1983 年，成立文物保管所，所址设在药王庙北院，隶属文化局，设所长、副所长各 1 人，工作人员 4 人。

1957 年，第一次文物普查，重点调查 22 处，7 处被确定为县级文物保护单位。1978 年，第二次文物普查，重点调查 30 处，县级文物保护单位增至 8 处，贵妃桥列为省级文保单位。1986 年，第三次文物普查，调查 120 处，全部建立档案，县级重点文物保护单位增至 12 处。

文保所负责文物保护、管理、征集、贮藏、研究及文物法规的贯彻。1984 年，承办药王庙修复工作，同年组织重修杨翟村古迹金龙大王庙。1990 年，征集到自商至清系列古钱币 1001 枚，明代铜菩萨 1 尊，库藏文物 100 余件。

（七）文化站

清光绪三十二年（1906）正月，知州张祖咏在北镇西伯章设宣讲所 1 处，至宣统年间（1909—1911）先后增设大五女、伍仁桥 2 处。民国 14 年（1925），改宣讲所为民众讲演所，增至每区 1 处。

1954 年，伍仁桥镇成立第一个乡级文化站，负责组织、辅导群众文化活动。1958 年，6 个大公社均成立文化站，1960 年撤销。1982 年，20 个乡镇相继建立文化站，由党委宣传委员或乡政府秘书兼站长。按照“四有”（有人员、有经费、有阵地、有活动）标准，每站设 1 名专职文化辅导员，经费由县乡各筹一半。各站均设文化活动室，开展书画展览、书报阅览、文艺排练、技术讲座等活动。伍仁桥镇、常庄乡文化站设备齐全，活动经常。

（八）俱乐部

工人俱乐部 1952 年，县工会组建工人俱乐部，地址在南关大药市，内设图书室、舞厅等，藏书万余册。1957 年撤销，财产移交县文化馆。1964 年，复建工人俱乐部，迁石桥北路西今址，1984 年扩建为 3 层楼房，使用面积 800 余平方米，有阅览室、图书室、舞厅、球场等设施。常日参加娱乐活动 100 人左右。1985 年后，俱乐部先后开办工会干部培训班、高中文化补习班、气功班、缝纫技术学习班，参加学习者千余人。

农村俱乐部 1954 年冬，伍仁桥、南娄底、常庄、甄家庄 4 个村相继建立俱乐部。1955 年春，为加强群众文艺活动的统一管理，县人委、兵役局、妇联会联合发文，要求已实现农业合作化的村庄建农村文化俱乐部。是年，85 个村俱乐部成立。俱乐部设委员会，下设宣传、文娱、图书三股，分别负责政治学习、文娱活动、图书借阅。1956 年，村俱乐部增至 124 个。县文化馆干部下乡包片，集中训练业务骨干，在写作、表演、音乐、美术等方面重点指导，系统挖掘整理民间音乐、舞蹈、花会、地方戏剧。1958 年，农村俱乐部发展至 165 个。1962 年始，农村文化活动渐趋活跃，多数农村俱乐部成立文艺宣传队，农闲时串村互演。南张庄、西北马、东王玉巷、齐村、西伯章、边三庄等大队文艺宣传队经常在县、地和省组织的农村俱乐部文艺调演中获奖。“文化大革命”期间，俱乐部改为“毛泽东思想宣传队”。1981 年后，农村俱乐部改称“青年民兵之家”，办得较好的有常庄、明官店等村。

（九）剧团

安国县老调剧团 1952 年 7 月，正定老调丝弦剧团演员刘守谦、刘国恩等 12 人，回原籍安国县自筹资金办起老调丝弦剧团。是年9月，该团在安平县城首演成功，名声大振，10月由私营纳入公办，改称“安国县老调剧团”，时有演员55人，均系男性，1953年调入女演员2人。1960年，剧团进行整顿、补充，全团演职员80人，其中女演员20人。是年，剧团改为自负盈亏。1965年始，每年县拨固定经费。1967年春，更名“安国县文工团”，改唱京剧样板戏。1973年冬，恢复“安国县老调剧团”，移植样板戏和自编自演现代剧目，巡回演出于域内和邻近县份。1978年，恢复上演古装戏，第一剧目是“逼上梁山”。此后大量推出改编历史剧，频频赴外地演出，足迹遍及保定、衡水、石家庄等地区各市县。1979年，该团被河北省文化厅命名为“红旗剧团”，1981—1982年连获河北省“四好剧团”称号，导演、编剧、主要演员多次获省、地级奖励。1989年，剧团承包，实行基础工资加分红的工资制度，近年戏剧受影视冲击，演出活动处于低谷。

安国县评剧团 1958年，博野县并入安国后，在原博野县程委、东墟两个业余剧团基础上组建安国县评剧团，设团长1人，导演2人，演员40人。该团以演古装戏为主，兼演现代剧。1961年春，机构精减时裁撤，部分青年演员和全部服装道具调入、移交老调剧团。

安国县文工团 建立于1958年，设团长1人，导演1人，有演员40余人，实行国营工资制。演出的主要节目有：大歌舞《庆丰收》、歌剧《潴龙河边》，表演唱《安国人民喜洋洋》《四老汉唱祖国》等。节目多为自编自演，紧密配合了当时建庄、建社、生产跃进的形势，通俗、欢快的艺术风格很受群众欢迎。1960年，该团被裁撤。

安国县战斗剧社 民国29年（1940）10月，中共安国县委组织从冀中“新世纪剧社”受训回县的30余人组成“安国县战斗剧社”。社员多为十几岁的少男少女，抗日热情很高。剧社仅有1块幕布、2盏汽灯、一套锣鼓，三弦、二胡各2把，1杆大枪和几颗手榴弹。该社以歌剧、话剧、戏曲等文艺形式，先后排练了《白毛女》《刘胡兰》《模范公民》《参加八路军》《查路条》《拴不住》等几十个抗日节目，在游击区巡回演出。环境好时就大张旗鼓，观看者常达数千人，每逢演出结束后，马上有人要求参军入社。有时正在演出，突报敌警，即刻息鼓，连夜转移。民国31年（1942）五一大“扫荡”前夜，为对付日伪的残酷合围，化整为零，分赴冀中各地，成为抗日宣传的火种。

三、文化设施

（一）戏楼

城内旧有戏楼两座，一在南关路西与药王庙相对，一在旧县衙东侧老爷庙前，均为酬神唱戏而建，建筑年代无考。两座戏楼形制相仿，砖木结构，台高丈余，楼顶起脊，琉璃瓦复面。台前为空场，无棚无座。20世纪50年代中期，两戏楼相继倾圮。村镇神庙旁多筑土台作戏台。

（二）安国剧场

位于药王庙南侧，1953年用拆除东长仕太中山庙物料所建，时称安国礼堂，隶属县财政局。建筑面积800余平方米，设1424座，配有化妆室、发电机房、伙房、演员宿舍等附属设施。1970年，归属文教科，并入文化馆，1978年改称安国剧场，定为自负盈亏单位。1987年，隶属政府办公室，1989年归属文化局。县内大型会议多在此召开，也是县内演出戏剧、文艺节目的最大场所。

（三）南关影院

始建于1960年，址在药王庙北路西，系在安国饭店基础上扩建，建筑面积500余平方米，有木板长条凳座位1200个，1978年剧场更换座位时将靠背条椅移入影院，同时更换松花江牌座机1组。1980

年停映，1987 年拆除建成今电影发行放映公司门市部，向外租赁。

（四）安国县电影院

又称新影院，址在县法院南侧。1979 年动工兴建，1980 年 10 月 1 日交付使用，投资 42 万元，砖混结构，建筑面积 800 余平方米，内有座位 1314 个，配备天津产氙灯光源解放牌座机 1 组，卧式发电机一部。有干部职工 15 人，1980—1983 年上座率达 90% 以上。1984 年，购置录像设备 1 套。近年受电视冲击，上座率逐年下降，1986 年开始接待歌舞团兼演歌舞。

（五）伍仁桥礼堂

始建于 1958 年，起脊式砖木结构，隶属伍仁桥镇。经 1982 年第三次扩建，成今规模，总面积 1000 平方米。原摆圆木为座，1978 年，将南关影院木凳移入，始有简易座位近 1000 个。1980 年配备提包式放映机一组，放映电影，另辟有售书室、照相馆，统归伍仁桥镇文化站。

（六）石佛礼堂

1980 年，石佛大队投资 15 万元而建，安装联排座椅 1000 个，配备电影放映机一部，放映电影兼演戏，亦称石佛影剧院。

（七）齐村礼堂

1958 年“大跃进”时，齐村大队投资建成，时为齐村大食堂。食堂撤销后，即称为齐村礼堂。建筑面积 500 平方米，无座位，是该村集会、放映电影、演戏场所。

（八）老干部活动中心

1986 年，借用县政府招待所房产组建。1988 年，迁往南关剧场南侧，建仿古房屋 10 间，自成一院，环境幽雅。设会议室、阅览室、游艺室、健身室和两个休息室，设门球场地一处，备有图书 500 余册及《人民日报》《健康报》《半月谈》《中国老年》《老年世界》等报刊 10 余种，一部分健身器械，并备有麻将牌、扑克牌、象棋等娱乐工具。

第二节　民间艺术

一、戏　剧

早在元代，安国即为戏曲之乡，著名杂剧大师关汉卿早年就活跃在家乡的戏剧舞台上，杂剧的兴盛孕育了为中国戏剧事业做出突出贡献的作家群，如杨果、吴弘道等人，他们影响域内戏曲盛行数百年。安国人对戏剧的爱好经久不衰。

（一）昆曲

明中叶，昆曲流派弋阳腔（俗称高腔）在域内已颇流行。艺人从师学艺，艺成乃搭班演戏。至清嘉庆年间（1796—1820），始出现科班。东伏落村财主段包酷爱昆曲，买幼童 10 余名于家塾中培养，待粗通文字纳为优伶学戏，以本族段洛迈为领班，成立高昆科班。此班颇有功底，人才辈出，能上演《琴调》《思凡》《夜奔》《佳期》《蝴蝶梦》《送昭君》《刺虎》《弹词》《山门》《嫁妹》《别母》《藏舟》《刺梁》《芦花荡》等 110 多个剧目。足迹遍及直隶南北，至清末该班渐趋没落。昆曲对县人影响颇深，民国初年，农村、学校形成一股高昆热，习唱高昆蔚成风气，学校教师精通高昆被视为基本技能。民国 14 年（1925），段氏聘请 3 位教师，再度组班，县城南关白云生、白玉田，大文村教师田子恒也相继组成昆曲班，上演传统剧目，颇受欢迎。民国21年（1932），县人李聚五组织昆曲研究社搜集传统昆曲曲目240余出，请名艺人配合以简谱记录曲牌，辑成《怡志楼曲谱》6册。七七事变后，各昆曲班被迫解散，域内昆曲艺术渐衰，今已绝。

（二）丝弦

清同治年间（1862—1874），始有丝弦剧种。安国丝弦与任丘、河间一带丝弦剧种同出一脉，故称东路丝弦。清同治、光绪之世，域内丝弦是仅次于昆曲的第二大剧种。同治年间，东固村冯洛寿买童组班，自任班主，经常在县内和深（泽）无（极）饶（阳）安（平）一带及直隶省东南部演出。后该班渐与老调艺人搭班，两调同台演出，被称作“五腔班”。至光绪中后期，该团已发展为阵容整齐的农村艺术实体，著名演员有须生张金奎、武生张林生、青衣崔相云、小生张庆云、驰誉河北的“活猴”侯三，这些人多兼工丝弦老调，演出剧目有《崇祯晏驾》《凤凰山》《雁塔寺》《斩国太》《全忠寿》《飞天剑》《三角寺》《奇中义》等100余出。此班于民国27年（1938）日军侵占安国后解散。此外，清末至民国年间，较著名的丝弦班尚有流村、淤村、大李庄等10数家。中华人民共和国成立后，西伯章、边三庄、东固等村相继组班，其中东固、边三庄等村戏班一直延续至今。

（三）老调

又称老调梆子。清中后期，老调梆子是在域内流传小调“河西曲”基础上发展而来，光绪初年已具地方戏雏形，但尚未形成独立剧种，演唱艺人只能同丝弦班搭班，各行各调。清末民初，张金奎、张林山、崔相云等艺人都为丰富老调唱腔做出了贡献。民国初，南程各庄崔洛步组成第一个老调剧团。20世纪30—40年代，老调艺术有长足进步，板式、文武场逐渐完善，张乡、大章、西崔章老调团相继成立。中华人民共和国成立后，县老调剧团在演出实践中对传统板式不断加工、改革，60年代剧团琴师李法生经长期摸索，创作出女腔中低回婉转的“反调”，填补了女腔中哀婉不足的空白，同时改革了花脸唱腔。今乡村的老调剧团有焦街、杨横、北仕庄、东固、流霜、边庄、南章等10余个，保留传统剧目有《崇祯晏驾》《雁塔寺》《反徐州》《反云南》《呼延庆打擂》《杨家将》《薛刚反唐》《大明忠烈》《三下阴曹》《红衣仙子》《烈火扬州》《潘杨颂》等，现代剧目有《血泪仇》《血泪荡》《刘介梅》《苦菜花》《野火春风斗古城》《海防线上》《海岛女民兵》《赤道战鼓》《朝阳沟》等。老调成为中华人民共和国成立后域内第一大剧种。

（四）河北梆子

清末，河北梆子剧种传入域内。城内崔洛甫买童成立“永顺和”河北梆子班，演出于冀中南大部分地区，主要剧目有《杀狗劝夫》《汾河弯》《算卦》《唐英杀妻》《金水桥》《斩子》《游龟山》等。至民国初，河北梆子班渐多，涌现出须生赵友（艺名麻子红）、青衣甄小春（艺名玻璃翠）、武生孟相品（绰号活延庆）等一批名伶。至20世纪30—40年代，河北梆子达鼎盛时期。成立于抗日战争中的高业村孟翠英梆子团编演了《翻身记》《夫妻逃难》《巾帼英雄》《最后一颗子弹》等反映人民苦难和团结抗战的时代剧，宣传民众，慰问军队，鼓舞士气。民国27年（1938）底，孟翠英率团在南关戏楼为抗日劲旅回民支队演出《翻身记》《打渔杀家》，受到指战员热烈欢迎。战斗剧社（亦为河北梆子团），活动于域内游击区，自编自演《模范公民》《参加八路军》《查路条》《拴不住》等剧，极大地激发了人民抗日情绪。军诜、西安国城、南仕庄、门东、西伏落等村河北梆子团也上演了《夫妻逃难》《王秀鸾》《九一八》《白毛女》《放下你的鞭子》等大批时装剧目，起到了宣传人民、打击敌人的作用。解放后，众多的河北梆子业余剧团活动于城镇乡村，到1990年存者有东王奇、南仕庄、奉伯、焦庄、东巷、西伯章等村剧团。

（五）京剧

京剧域内俗称二簧，清末传入，流行不普遍。解放战争时期，规模较大的京剧团有成立于民国35

年（1946）的中阳京剧团和县城翻身剧团。翻身剧团40余人，阵容整齐，经常演出的剧目有《四姐妹夸丈夫》《支前》《抓俘虏》《夫妻识字》《比武从军》《蒋介石做官》，还有自编自演的十场京剧《穷人翻身》等。此团在宣传土地改革和慰问前方将士中屡建功勋，多次受奖。中华人民共和国成立后，京剧较活跃。“文化大革命”开始后，域内形成京剧热，大多数剧团改唱京剧样板戏《红灯记》《沙家浜》《智取威虎山》等，西北马京剧团至20世纪80年代初尚很活跃。至1990年，域内京剧团活动很少。

（六）评剧

民国年间，域内始有评剧剧种。20世纪40年代先后建评剧团的有北七公、南马、伍仁桥、沙头等村，中华人民共和国成立初石佛村亦建评剧团，1958年建县评剧团。主要剧目有《茶瓶记》《小女婿》《杏花林》《杨三姐告状》等。

（七）秧歌剧

俗称大秧歌。据传此剧种北宋时由定县传入，东伏落、南马等村秧歌团历史较久远。20世纪40—50年代，域内流行秧歌热，不分男女老幼皆喜哼唱。中华人民共和国成立后，此剧种绝。

（八）歌剧、话剧、舞剧

民国27年（1938），北张各庄村剧团，以歌剧、话剧等形式宣传抗日，民国31年（1942）日军五一“扫荡”时被迫解散。民国33年（1944），在原剧团基础上建立炜光剧团，上演的歌剧、话剧剧目有《王秀鸾》《血泪仇》《白毛女》《逃出阎王殿》《刘胡兰》《军民合作打老蒋》《两方便》《九一八之夜》《不要杀他》等。同时，战斗剧社、翻身剧社和东河、西崔章、石佛等村剧团也纷纷上演歌剧、话剧。中华人民共和国成立后，演出歌剧渐少。1964年，安国中学教师排演了话剧《年青的一代》。“文化大革命”开始后，祁州镇公社第一街道居民委员会、“五七”中学又排演了舞剧《白毛女》，1973—1974年安国中学师生同台排演了话剧《风华正茂》《年青的一代》。1990域内无歌剧、话剧团。

二、曲　艺

域内曲艺形式主要为鼓书，分为西河大鼓和木板大鼓。清同治年间，县城说书已相当活跃，皆为外籍人到安国赶庙会撂地说书。主要有被称为“四大明星”的朱大关、毛贲、路英贵和田三益。至20世纪初，始有唱西河大鼓的刘金寿、唱木板的赵洛安等域内第一代说书艺人。民国初，这一曲艺形式发展很快，形成了鼓书“四大家”，分属青、梅两门。青门有谢凤山、赵洛安、刘金寿，梅门有江凤合。四家在艺术上各有千秋，收徒很广，每逢县城庙会，纷纷撂地说书，至民国年间庙会说书发展为仅次于戏剧的一种文艺形式。同时，四大家的众多门徒把说书发展到广大农村，或说“丧盘”(丧事晚上说书）或说“趟子”(串村说书)。农闲及农历五月中旬至七月中旬的农忙间隙，是说书艺人说“趟子”的黄金季节。鼓书赢得了广泛的听众，传统书目有《隋唐传》《响马传》《呼家将》《杨家将》《薛家将》等。抗日战争爆发后，大多鼓书艺人积极投身到抗日救国的革命洪流中，自编自演节目宣传抗日，编演的节目有《送子参军》《好人才当兵》《送军粮》等。艺人王鸿彬被二区区委授予“宣传模范”光荣称号，刘志奎成绩显著，被吸收为中共党员。

中华人民共和国成立后，曲艺队伍不断壮大，广泛活动于城乡。曲艺种类除鼓书外，尚有评书、快板书、数来宝、京东大鼓、相声等，以风趣、幽默、诙谐、群众喜闻乐见的艺术形式有效地配合各时期中心工作。并多次参加省、地会演、调演。1989年，保定地区春节文艺汇演，马良驹表演的山东快书《泄秘》，甄红跃、刘占表表演的数来宝《打麻将》均获表演奖。曲艺创作也有发展，马良驹创作的山东快板剧《照相》，甄红跃创作的山东快书《买篮球》分别在《河北群众文艺》《河北工人报》上发表。1990年，半职业曲艺艺人40余人，常年活动在乡间，演出书目有《水浒传》《呼家将》《杨家将》《包公案》《平原枪声》等。

三、花 会

域内花会源于古代社火或祭祀。明清两代均有社日“作乐”记载，至清末社日活动渐衰，唯民间社火以花会形式保存下来，节日或其他喜庆活动以花会助兴，邻村相邀献艺，称出会，尤以元宵节最盛。1980年至今，县政府每年组织花会进城表演。

（一）吹歌

源于道教音乐，用于酬神、丧葬、婚嫁、庆典等。现存吹歌班多有100余年历史，传统曲牌达200余种，场合不同各奏其曲，曲牌有较严格规定。解放后，吹歌从乐器、曲牌、演奏技巧上均有改革。景中、里河、行唐、八方、固城、固西、刘庄、郑庄、杨横等村被誉为吹歌之乡。吹歌集吹奏、丝竹、击打乐器于一体，融传统技法与西洋技法于一炉，大量吸收新曲目。安国县为中央音乐学院、中央乐团及省地级音乐团体培养输送了数以百计的专门人才。至1990年，有吹歌会20余个，吹鼓乐手近千人。吹歌艺人除演奏传统曲牌外，还能演奏时代新歌，兼能吹奏戏曲，多能卡戏。1988年春节，中央电视台录制并播放了里河吹歌班演奏的《百鸟朝凤》等节目。

（二）架鼓

较大型喜庆活动，多以架鼓前导。大鼓架于车上，往往数人同敲，另有小鼓、钹、铙、镲等同奏，耍钹者十几人或几十人按鼓点随敲随舞，场面壮观、威武。架鼓会以杨翟、民主街、韩村、门东、东伏落、南马最为驰名。1980年和1984年，保定地区文化局分别为杨翟、民主街架鼓队录音。

（三）狮子

民国年间，狮子会有20余班，年节间出会频繁，以伍仁村、北堡、东伏落等村的狮子舞最出色。解放初，人们载歌载舞欢庆胜利，狮子会非常活跃，舞狮技艺有很大提高。主要动作有“翻筋斗”“缘桌腿”“跳桌子”“滚绣球”“跑圆场”等。近年狮子会渐少，较著名的有北流罗、伍仁村、焦庄、沙头等村，1988年北流罗村狮子舞参加保定地区文化艺术节，获特别奖。

（四）少林会

少林会即武术会，旧时为护庄、防身，青壮年多习武，少林会遍及域内。青年男子在会内习练长拳短打、格斗擒拿。武术器械以枪、刀、棍最常见。每逢花会，少林会列队操练。近年，元宵节期间随花会进城献艺者有奉伯、南王买、马庄等少林队。

（五）高跷

高跷历史久远，明清间，多于社日、新春出会，身着彩衣，足蹬高跷，载歌载舞。20世纪40年代中至50年代初，西王奇、韩村等高跷会经常于年节或喜庆集会时献艺。50年代末蹬高跷活动中止。1988年，韩村高跷会重整旗鼓，以老带新发展高跷手10余人，当年元宵节进城参加表演，会目为《西游记》，1990年前每年在城乡活动。

四、音 乐

域内传统音乐遗产蕴藏丰厚。文化馆建馆初即把发掘、整理、提高民间音乐作为群众文化工作的主要内容，配备专职音乐干部，组织辅导城乡歌手、乐手。至1990年，共辅导歌手1560人，乐手2800人，挖掘整理濒于失传的民歌122首，乐曲56首，其中24首民歌编入《中国民间歌曲集成保定地区卷》。

20世纪50—60年代，仅有民族唱法歌手和乐手，70—80年代先后传入美声、通俗唱法及西乐、电声乐。

（一）传统民歌

劳动号子 广为流传的是《打夯歌》《薅锄歌》《拉车歌》《搬抬歌》《上梁歌》等，多用于鼓舞士气，有领有合，铿锵有力，且简单易唱。如打夯歌："（领）大家一起来呀！（合）咳哟！（领）齐把那夯来打哟！（合）咳哟！（领）谁要是不使劲哟！（合）咳哟！（领）是一个大草包哟！（合）是一个大草包哟！咳哟！……"

数来宝 农民锄地歇息时，用拐棍敲着薅锄演唱各种内容的顺口溜，如："老天爷，你别恼，你长庄稼我锄草，锄了草，快长苗，草苗不分合不着。"乞丐亦以骨板击节，唱词讨要，如："我要饭，你修好，你家福多凶必少。我要饭你不给，你家今天必招贼。"

小调儿 俗称小曲儿，城乡世代流传，广为传唱。伍仁桥一代明清时就有演唱班社。流传的小调儿曲目主要有《画扇面》《五哥放羊》《探妹十二月》《绣荷包》《十出戏》《闹元宵》《绣兰衫》《小看戏》《探情楼》《反对花》《绣八仙》《劝丈夫》《四辈做活》《观花灯》《小寡妇上坟》《李方做活》《绣云肩》《山西五更》《要陪送》《小上庙》《杨门叹十声》《十二重楼》《探亲家》等。民国初，东崔章民歌艺人焦瑞增组班演唱民歌，经常活动在县南部及深泽、安平、定县东南部一带，抗日战争爆发后，走村串乡上演了许多抗日节目。

中华人民共和国成立后，音乐工作者对域内小调儿搜集整理多已记谱。1976年，向地区推荐11首民间歌曲载入《中国民间歌曲集成保定地区卷》。1978年，《继续长征打冲锋》《唱唱俺村老支书》《绣门帘》《反对花》等4首传统民歌由保定地区推荐到河北省民歌座谈会列为演唱传统曲目。

（二）引进民歌

抗日战争及解放战争时期，根据地民歌源源传入域内，民众广为传唱，主要有《东方红》《去当兵》《号房》《站岗歌》《翻身道情》《献花》《好八路》《反对老蒋遭殃军》《打老蒋》《劝夫去当兵》《绣金匾》等。中华人民共和国成立后，县内流传的民歌主要有《把反动势力连根拔》《咱们的领袖毛泽东》《妇女自由歌》《互助合作有奔头》《社会主义好》《大跃进的歌声震山河》《社员都是向阳花》《九九艳阳天》《浏阳河》等。

（三）歌曲创作

域内艺人和音乐工作者吸收传统民歌和引进民歌的风格，创作了许多歌曲。抗日战争和解放战争时期创作的民歌有《闹春耕》《宪政歌》《儿去当兵娘赞成》等几百首。民国33年（1944）抗日军民发动对日伪秋季攻势时，二区的妇女、儿童以县人创作的《哭情郎》民歌向日伪军发动政治攻势，感化了不少伪军。中华人民共和国成立后，县内歌曲创作更为繁荣，李振清创作的《毛主席视察过咱公社》被载入河北省群众艺术馆编辑的《革命歌曲选》，《放声歌唱新宪法》在河北省文艺汇演上获优秀节目奖。宋毅创作的《拉车歌》，李振清创作的《缝垫肩》，马长生、宋维照创作的《药都小唱》均在保定地区文艺会演上获奖。1985 年，县委宣传部、县文联、县药材管理局联合编印的《药州艺苑》中收录了 8 首县内专业、业余音乐工作者创作的歌曲。马长柱的《药州颂》选入中国音乐家协会、中央广播电台举办的“黄河口杯”全国行业歌曲评展。

（四）民间器乐

1. 民族器乐

吹打乐　吹打乐是文武两场合奏乐曲，是域内民间吹歌会主要演奏形式，俗称“武曲牌”。演奏时所需打击乐器有堂鼓、小镲、铛铛儿；管弦乐器有大管、唢呐若干支，笙不少于两全，龙头胡琴若干把。演奏形式有领奏、合奏、轮奏、文武场对奏等。可在舞台演奏，也可行进演奏。所演奏的主要曲目有《放驴》《脱谷山》《金字经五胜佛》《逗鹌鹑》等曲牌。

吹奏乐　一般在打击乐后演奏，俗称“文曲牌”。演奏的主要乐器是大管、唢呐、笙、龙头胡琴、笛子，形式有领奏、对奏、合奏等。演奏时，由一大管领衔，掌握曲子速度。演奏气势恢弘的乐曲时，一般有 4 支大管、8 支唢呐、4 全笙。演奏的曲目主要有《大二翻》《小二翻》《大绣鞋》《红绣鞋》《庆寿》《拆破街》等。

打击乐　民间主要为架鼓队，30 ～ 80 人以上演奏，乐器分两组，一组为领奏组，有小鼓、小镲、铛铛儿、堂锣，其作用类似歌曲演唱时的过门。一组为大鼓组，乐器有直径 1 ～ 2 米以上的大鼓，4 人敲击，大铙 35 付，大镲 35 付，对称起舞。打击乐乐目繁多，有《五凤朝阳》《单跺子》《双跺子)《老鼠克牙》《大闹天宫》《老头跺脚》等。多在年节、喜庆集会、办丧事时演奏。演奏时鼓乐手身着五彩服装，头裹白毛巾或红绿绸带，边击边舞，热烈欢腾，威武雄壮。

除民间吹歌会使用的民族乐器外，还有作京剧伴奏的京胡、月琴、京二胡；作河北梆子、评剧、老调、丝弦伴奏的板胡；作西河大鼓及歌舞伴奏的大三弦、小三弦、二胡、洋琴、木琴、中阮等民族乐器。

2. 西洋器乐

民国 24 年（1935），南关完小即置洋鼓、洋号。中华人民共和国成立初，河北省教育厅拨给河北安国中学旧钢琴 1 架，张乡小学、安国县中学等学校分别成立了铜号队。县文化馆、安国师范学校、南关完小等单位配备了手风琴、小提琴、脚踏风琴等西乐。县老调剧团乐队亦于 1962 年增加手风琴伴奏，1967 年演唱样板戏时，增加小提琴和圆号、长号、小号等铜管乐。1981 年，常庄村自筹资金办起农民铜管乐队，经常活动于乡间，每逢元宵节进城献艺。之后，县内西洋乐器渐多，县团委、文化馆、棉纺厂、制药厂、各国办中学、乡镇中学和一部分小学纷纷购买钢琴、电子琴、架子鼓、沙锤、电贝司等西洋乐器。至 1990 年，家庭购置小型电子琴者颇多。

五、舞　蹈

域内传统舞蹈有扭秧歌、打霸王鞭、花鼓落子和融汇于民间花会中的耍钹、舞狮子、二鬼摔跤、登高跷、跑旱船、跑驴子等舞蹈动作。中华人民共和国成立前，域内舞蹈未以独立的艺术形式出现于舞台。中华人民共和国成立后，文艺工作者挖掘、整理、创新、引进舞蹈艺术，使之成为群众喜闻乐见的艺术形式。花鼓落子是安国特有的舞蹈艺术，多次作为各级调演节目上演。

（一）花鼓落子

安国花鼓落子是一种古老的歌舞艺术形式。明代，乞丐乞讨时，挎小鼓登门唱小曲儿，因曲调婉转凄楚，且多即兴道出生活艰辛，深受人民喜爱。清初，乞讨小曲儿，发展为较广泛的民间传唱，至乾隆年间（1736—1795），形成了挎腰鼓击手锣边舞边唱的花鼓落子，流行百余年，民国初渐衰。中华人民共和国成立后，仅西秋元村花鼓落子艺人纪费力在世。1958 年，县文化馆群艺干部彭学英搜集整理了纪费力和北辛庄村（今属博野县，时并入安国）王洛先表演的花鼓落子，取两家之长，并通过艺术加工，将单人表演改为集体表演，同时增加了与男演员对等的女演员，排练《歌唱四化》花鼓落子舞蹈节目，登上文艺舞台。

艺术加工后的花鼓落子，表演时男女演员各二或各四，身着汉族彩服，男头裹白毛巾，女头梳长辫，腰挎彩绘龙凤花鼓，左手持小手锣，右手持长穗鼓锤，伴着婉转悠扬的民族乐曲，边敲、边唱、边舞。

1959 年，花鼓落子做为安国县传统节目参加保定地区文艺调演，引起广泛关注。是年，参加河北省文艺会演，被评为民间艺术优秀节目。1960 年，进京参加全国职工文艺会演，演出节目《总路线光芒万丈》获一致好评，被选送怀仁堂向中央首长汇报演出，受到国务院总理周恩来等领导人热情鼓励。1972 年，县文化馆再次对花鼓落子艺术加工，使其做为保留节目一直盛演不衰。1984 年，河北电视台对安国花鼓落子录像并播放。

（二）其他舞蹈

解放至中华人民共和国成立初，城乡盛行在街头、广场打霸王鞭、扭秧歌，庆祝胜利。学校、机关、工厂自编自演的歌舞节目亦渐兴盛。1955 年，安国二中音乐教师许玉林组织学生排练《荷花灯舞》及藏、蒙古、维吾尔等少数民族舞蹈。1958 年，中国文联派两位教师到安国辅导县文工团排练《小麦丰收舞》，同年，北京电影制片厂到安国拍摄小麦丰产纪录片时摄入该舞。1970 年，县文化馆排练的舞蹈《绣红旗》参加保定地区群众业余文艺会演，获优秀节目奖，被推荐参加河北省文艺会演。1972 年后，文化馆先后排练了《喜开镰》《海河女民工》等民间舞蹈和藏族舞蹈。1978 年后，全国各地歌舞团到县演出，迪斯科、太空舞、霹雳舞等传入县内，青少年争相模仿，新潮舞风盛行。至 1990 年，县内文艺舞台上民族舞、新潮舞并存。

六、美术　书法　摄影

（一）美术

绘画　域内绘画分为文人画与艺人画两大分支。文人画以国画为主，清以前作品无存，详情无考。清末，县人宋荫桐工国画，长于花鸟山水，在保定以南诸县颇有名气，有作品被故宫博物馆收藏。民国初，画风渐盛，诸家墨迹遗留较多，县人魏元雄的山水人物，赵广顺的山水，吕坤的鸡、竹，均有深厚造诣。艺人画内涵丰富，有庙堂画、照壁、屏风画、风筝画等，多系水彩画。庙堂画历史悠久，仅从药王庙明、清遗作看，体裁多为历史故事，画面布局严谨、人物鸟兽形态逼真，风格古朴。着色采取传统的“三矾九染”工艺，色彩艳丽。流霜村袁洛明、袁英父子继承传统彩绘艺术，熟练地掌握了各种寺庙、殿堂的绘画规制和各种神像造形，中华人民共和国成立后历次药王庙修葺工程中均承担油漆彩绘工艺，使药王庙保持了原有风貌。袁英多次应邀担任保定莲池，天津和平区清真寺、南开区天主教堂、基督教堂，北京大学修葺工程的美工设计，以精湛的绘画艺术赢得赞誉。风筝画多蝴蝶、金鱼、人物（孙悟空、猪八戒）等，构图活泼有趣，线条简洁，色彩艳丽。

中华人民共和国成立后，大众美术活动渐趋繁荣。1955 年，县文化馆开办第一期美术绘画培训班，

7名学员跟班习画。1959—1961年，连续开办美术培训班，培训绘画学员220人次。其间，群众性创作活动渐成规模，街头宣传画、壁画、漫画、舞台背景画、报纸刊头画、插图画大量涌现。20世纪60—70年代，齐国臣、周子文、宋辉英等一批长期从事绘画艺术的中青年画师渐趋成熟，县内楼堂馆所的装饰壁画多出自他们的手笔。齐国臣编绘的幻灯片《西伏落村史》曾在文艺界引起轰动，受地、省、华北局、国家文化部表彰。作品被文化部推荐与越南、阿尔巴尼亚等国家进行文化交流。安国中学美术教师石磊从事美术工作及教学40余年，发表过连环画、漫画、版画等。石磊在美术课之外，常年组织课余美术小组习画，培养了大批美术人才。1980年后，绘画领域进一步拓宽，油画、水粉画、版画、烫画等随之发展起来。李泽甫、杜丙申等人的国画，杨君立、李占良等人的版画多次在省和国家级报刊发表。青年画家张东伟得到知名画家邓锡良悉心传授，作品有大家风范，先后在《中国环境报》《中国产品报》《中国旅游报》《中国经济报》等十数家报刊发表作品，1989年7月在杭州西湖举办个人画展取得成功。

雕塑　域内雕塑艺术，以石雕历史较久。县文物保管所所藏出土石猫，造型原始，打磨精细，判断为商代作品，至迟殷商时期雕塑艺术已滥觞于域内。出土的北齐菩萨石雕、保存于药王庙的北宋陀罗尼经幢，雕刻均颇精细。明代雕塑艺术品遍布域内，桥梁、墓地、庙宇、民居，无处不见。庙宇前的石狮、鼍龙碑，庙堂里的神像，支柱上的攀龙，墓地的透龙碑、石坊；民居门前石狮，阶上石鼓，门楣木雕垂花等，镂刻精细，均为当地艺人杰作；伍仁桥石狮、石象，线条细腻，造型生动，千姿百态；药王庙门前的铁旗杆，盘龙飞凤，气势挺拔；太中山的神塑像比例匀称，着色自然，各具神态，均为域内雕塑艺术精品。传统的雕塑艺术代代相传，一直持续至民国时期。20世纪20年代初，县人李聚五于天津美术学院铜铸专业毕业后，创作了《伍子胥举鼎》铜雕，获巴拿马艺术博览会金奖。中华人民共和国成立后，土木工程中的雕塑艺术已不多见，仅限于砖雕装饰门楣、窗楣。

工艺美术　传统工艺美术分为织染、刺绣、装裱、剪纸、纸扎、编织等门类，多以造型、色泽见长，源无考。清初，土布织造构图已颇考究，图案以条、方格形居多，以红、黄、蓝、白、黑5彩线搭配，色泽鲜艳。同时，印染工艺成熟，图案多为蓝底白花，风格古朴、庄重。土布织染工艺湮没于20世纪70年代末。刺绣是一门古老艺术，清代最盛。巧手姑娘配以五彩丝线绣蓝衫、花裙、花鞋、枕头顶等。图案以花鸟鱼虫最多，不同服装绣饰各异，裙绣团花、龙凤，寿衣绣蝙蝠、八仙、寿字。今刺绣多以缝纫机代手工。装裱、剪纸多用于室内装饰，裱糊炕厢、顶棚，图案以云纹居多。纸扎多冥品，中华人民共和国成立前，多为车马、童男童女、阴阳宅、棺罩等，中华人民共和国成立后渐少，仅限于捏锡箔元宝，糊棺罩、车马等。近年丧葬糊纸扎之风又起。编织工艺历史悠久，草、柳编居多。草帽、筐篮造形别致，蝈蝈笼、鸟笼等小巧玲珑，用高粱穗秆（俗称梃秆）编插的苇连、浅子等器物别具特色。1978年，石佛村黄国志用高粱穗秆插编的“九梁十八柱宫殿”“走马灯”等作品堪为县内一绝。近年，多用合成纤维包装带编篮，既美观又实用。域内针织始于民国年间，富户闺秀以毛线织毛衣，多平针。中华人民共和国成立后发展很快，特别是1980年后，针织品花色繁多，巧手人利用不同针法可织出数十种不同图案。

（二）书法

书法多继承历代流派，善书者代不乏人。元代，县人董珪、李齐以三才得中状元，书法有很深造诣。明代贡生李凤“博雅善书”，受里人称道。清代，举人刘学海、李荣和以善书闻名。但数百载人世沧桑，诸家手迹无存。晚清后域内习书者增多，光绪二十年（1894）甲午科举人李纯青，工柳公权兼融赵孟頫，字迹端庄，结构严整，功力不凡，墨迹存有《重修报德祠记》。军诜村李荣锡兼融柳欧，字迹丰厚工整，手迹散见于碑文。张乡村肖汉亭书法具柳之骨力，颜之端庄，民国县政府公堂书联，出自其手，作品被药商带往全国各地。与其同村的王巍，其书浑厚隽秀，遗有张乡村《烈士碑记》。西伯章村王家壁兼写欧赵，字体结构严谨，挺拔俊秀，遗有《朱伯庐治家格言》手迹。

20世纪60年代中后期，习书者渐少。其间善书者有杨仁甫、周子文、齐国臣等人，域内标语、楼堂馆所的条幅均出其手。80年代初，书法艺术再受青睐，中老年书法爱好者重涉书坛，青少年临贴习字者日渐增多。齐国臣的楷书、行书均达一定造诣，新修药王庙木碑及铁旗杆上所补铁铸对联（下联）为其手迹。县工会职工马长柱兼攻软硬笔书法，作品刻求新意，结体奇纵，用笔奔放，章法自由，墨色丰富。1987年5月，其作品在四川省举办的“峨眉山杯全国迎春书画大赛”中获一等奖。至1990年，在省级国家级书法赛中，其作品前后19次获奖或被书画社收藏。文化馆干部张知人的书法以行楷见长，笔风简约雅淡，其作品入选1990年民族文化宫书画展览。县政协干部齐淑琴，习帖颇具功底，字迹刚柔相济，蓄神吐秀，是县内书界女性新秀，作品常见诸书展报刊。

居外安国籍人在书法上不乏卓有成就者。沙头村张荣庆以“二王”一路行草见长，风致简淡，潇散而存内蕴，1989年11月中国美术馆举办《张荣庆书法展览》，现任中国书法家协会编审，有《篆隶小史》《汉字与书法》等专著传世。南王买村王洪恩，幼年学书，在中国人民解放军成都军区某部离休后潜心书法，其隶书古朴苍劲，沉稳厚重，作品在1989年9月北京卿云诗书画联谊社组织的国庆四十周年全国书画大联展中获三等奖。居保定的马剑松（回族），原籍东安国城村人，7岁学书，攻张玉昭体，9岁参加全国第一届少数民族书画展，11岁在全国“双龙杯少年儿童书法大赛”中获金杯奖。1989年底，其作品在“炎黄子孙国际书赛”中获奖，选送美、法等国展出。1990年，13岁的马剑松被中国潇湘书画院吸收为助理院士。马鹤，马剑松胞姐，10岁学书，攻瘦金体，11岁被中国书画函授大学破格录取，1987年3月参加全国“峨眉山杯迎春书画展”获优秀奖。1990年，15岁的马鹤被吸收为中华毛笔书法协会会员、中国青少年书法协会会员。

（三）摄影

民国7年（1918），北京人王某租赁南关天顺钟表洋货店房屋，营业照相，为县城摄影艺术之始。民国12年（1923），崔某租赁药王庙北跨院房屋3间，开设金昌照相馆。七七事变后，照相馆大部歇业。民国32年（1943），冀县人李彦元在安国县城内开设照相馆（因经常为日特提供情报及革命者照片底版，1952年被处决）。民国34年（1945），定县陈文造父子于安国县城南关开设丽真照相馆，使用日本产三腿外拍机及玻璃底片、德国蔡司镜头，是年增设光明照相馆。此间，各馆以采自然光拍照为主，照片图像清晰。民国37年（1948），民众教育馆购置照相器材，多拍资料片与风景片，非营业性艺术照即滥觞于此。1950年，新生照相馆开业，照相馆发展至5家。翌年，照片底片由玻璃版改用美国产胶片，摄像室开始增加灯光设备。1957年，安国日报社配备摄影人员，为记载域内发展变迁及重大事件积累了珍贵资料。1958年，中共中央主席毛泽东、国务院总理周恩来、全国人大委员长刘少奇等领导人到县视察留下了许多珍贵照片。1961年，容新照相馆摄影师借鉴幻灯片绘制艺术为照片着色，效果与彩照相类，大受顾客青睐。20世纪80年代，照相机进入家庭，摄影爱好者日益增多，人们出差、旅游自带照相机，拍摄纪念照或风景照，自娱自乐。1988年，由宣传部、文化馆专业摄影人员许继兴、焦秋芹分别拍摄的《余热生辉》《药花》参加河北省摄影展览。1985—1990年，被省及国家级报刊采用62帧新闻、资料照片。

第三节　文学著述

工文有载者始于后汉，邑人刘祐官至宗正大司农，《后汉书》载其“文札强辨”，然所著无存。唐初，宰相张行成监修国史，著述颇丰。继有齐浣、齐抗皆为唐重臣，著书立说，文名颇盛。唐天宝（742—756）后，河北陷于藩镇，历五代至宋金，域内“戎马云屯，邻封日扰”，文坛消沉数百载。元时，邑人董珪、李齐状元及第，皆以文著称，开一代文风之先。李齐以太常博士参修《宋史》。复有关汉卿、吴弘道、杨果精于词曲，所遗杂剧脚本、散曲、套曲颇多。关汉卿为一代戏曲巨擘，艺术成就显赫。一生所著杂剧60余种，其代表剧作《窦娥冤》《蝴蝶梦》《单刀会》《救风尘》《望江亭》《绯衣梦》《哭存孝》等数百年畅演不衰，跻身于世界文化名人之列。吴弘道、杨果亦多有精彩剧作传世。明代，域内文风式微，鲜有著述传世，所遗仅文人墨客的题咏及酬唱诗词，或吟景、或抒怀、亦不乏佳作。至清代文风稍振。清初，举人刁包绝仕念发奋研读，倡导以宋人张载理学为宗，所著有《四书翊注》《易酌》《斯文正统》《用六集》等9种90余卷传世并收录《四库全书》。其后，继有刁再雍、赵鸿溥、王肃、赵耀甲、刁显祖等，皆以文学知名，多有著术传世。民国年间，以著述传世者有宋汝彬、魏元雄、魏元信、李聚五等人。

抗日战争时期，大众化的文学创作空前活跃，主要文学形式是诗歌。影响较大的有诗词《忆秦娥·反“扫荡”》《清平乐·曙光》；民歌《叫老乡快当兵》《儿当八路娘赞成》《抗战到底》《敌人包围寺下村》；儿歌《保卫祖国保卫家乡》《打日本儿》《儿童团》等。解放战争时期，大众文学创作体裁拓宽，戏剧脚本、说唱词、报告文学增多。有影响的剧本有歌颂县委书记刘云生英勇战斗，为国献身的《最后一颗子弹》，反映土地改革成果的十幕京剧《穷人翻身记》以及《模范公民》《参加八路军》《拴不住》等；民歌有《送军粮》《做军装》《闹春耕》等；报告文学有在《冀中导报》发表的《担架模范李济林》《随军大车队》等。中华人民共和国成立后，群众文学创作多以快板书、数来宝、鼓书、诗歌、街头剧、活报剧等形式配合抗美援朝、农业合作化、工商业社会主义改造的开展。1958年，掀起文化“大跃进”，层层定任务，搞创作。此间创作的诗歌很多，县文化馆、安国中学等单位印刷了数十期诗歌集，各公社、大队纷纷办墙报、宣传专栏，地头赛诗等活动。《安国日报》亦载不少县内抒发战天斗地豪情的诗歌、散文、曲艺词等，有诗歌《三看北跑》《七月歌声唱不完》《幸福理想定实现》《春天来到磁河岸》《群燕归来》及戏剧《翻三番》等。1966年，老调剧团副团长、编剧冯海泉创作的多幕剧《不忘阶级苦》在保定地区会演中获一等奖，并被河北梆子、京剧等剧种移植，16个县级剧团演出1000多场。1978年，冯海泉创作的老调《盖章》获保定地区现代戏调演剧本创作奖，收入河北省戏剧研究室编辑的《剧本选》。1984年，县文学艺术工作者联合会成立后，组织起17个文学社，创作队伍迅速壮大，作品质量日渐提高，诗歌、散文、小说、歌词、电视脚本等不同形式的作品大量涌现。1985—1990年，发表在各级报刊及广播电台的文学作品达100余篇。寇建彬中短篇小说创作初露头角，《村东有座小白楼》获湖北省首届屈原文学奖，并有多篇小说在《长城》《河北文学》等刊物发表。李振清的《药王史话》，张知人与人合撰的《关汉卿传奇》，周汶与徐国成合撰的《药都古今说》等书相继出版面世。一些居外安国籍专家、学者、文艺工作者的专著亦出版渐多。

1985—1990年安国县在省级以上刊物发表文学作品一览表

表17-7

作品名称	作　者	所载报刊或选用单位	发表时间	备　注
城市夜晚之贼	知　人	《长城》	1987年6期	短篇小说
窑场的故事	知　人	甘肃《飞天》	1990年3期	短篇小说，获飞天奖
怪　医	李　兴	《河北文学》	1990年6期	短篇小说
寓言和长篇小说	汪　雨	陕西《文学周报》	1985年2期	寓言
药王传奇	李振清 王继成	河北电影制片厂	1990年	八集电视连续剧本，尚未拍摄
烛　颂	郭振山	河北省文化艺术中心	1990年	电视剧本
村东有座小白楼	寇建彬	湖北电台连播	1985年1月	中篇小说，获屈原文学奖
回旋流动的河	寇建彬	《长城》	1986年6期	中篇小说
满　月	寇建彬	《河北文学》	1990年4期	中篇小说

安国县历代著述目录

表17-8

朝代	书　目	卷　数（卷）	作　者	出版年代	出版社	备　注
唐	永徽律	12	张行成	—	—	—
	式　本	4	张行成	—	—	—
	令	30	张行成	—	—	—
	格	7	张行成	—	—	—
	行　格	18	张行成	—	—	—
	三教珠英	1300	张昌宗	—	—	主持
	元　览	100	张昌宗	—	—	主持
宋	齐抗集	20	齐　抗	—	—	—
元	西庵集	—	杨　果	—	—	—
	五经要语	—	杨　果	—	—	—
	中州启札	4	吴弘道	—	—	—
	金缕新声	—	吴弘道	—	—	—
	曲海丛珠	—	吴弘道	—	—	—
	宋　史	496	李　齐	—	—	—
明	痘疹秘诀	2	张汝翼	—	—	—
	祁州图志	2	—	—	—	—
	祁州志	—	—	—	—	—
	祁州志	—	童　潮	1484年刻本	—	知州
	祁州志	6	潘　恩	1525年刻本	—	知州
清	祁州志	10	郭应响 梅朗中	1680年刻本	—	明知州郭修 清知州梅续
	祁州（旧）志	8	王　锴	1756年刻本	—	知州
	祁州续志	4	赵秉恒 朱闰保	1881年刻本	—	知州

续表 17-8

朝代	书目	卷数（卷）	作者	出版年代	出版社	备注
清	祁州乡土志	2	—	—	—	—
	祁州新志稿	3	宋荫桐	1906	—	—
	刁用六学案	—	刁　包	1955 年 3 月出版	中央文物供应社出版	—
	用六集	12	刁　包	1943 年刻本	—	—
	易酌	14	刁　包	1943 年刻本	—	—
	四书翊注	42	刁　包	1847 年刻本	—	—
	乡贤录	1	刁　包	—	—	—
	潜室劄记	2	刁　包	—	—	—
	辨道录	8	刁　包	抄本	—	—
	斯文正统	12	刁　包	1864 年刻本	—	—
	劝学箴	—	刁再雍	—	—	—
	尚书讲义	10	王　肃	—	—	—
	四书讲义	28	王　肃	—	—	—
	耕心录	—	刁显祖	—	—	—
	耕心余集	—	刁显祖	—	—	—
	广声调谱	2	李汝襄	1777 年	易简堂	—
	师竹堂诗稿	2	沈元凤	—	—	—
	澹心斋文稿	1	沈鸣珂	—	—	—
	澹心斋诗稿	1	沈鸣珂	—	—	—
	家庭箴	—	卜应麟	—	—	—
	子弟歌	—	卜应麟	—	—	—
	性理论	—	卜应麟	—	—	—
	通书注	—	卜应麟	—	—	—
	孝悌论	—	卜应麟	—	—	—
	同居说	—	卜应麟	—	—	—
	剑珍学社诗文稿	1	沈价成	—	—	—
	鸿泥赋草	—	李荣和	—	—	—
	鸿泥杂志咏	—	李荣和	—	—	—
中华民国	赵钖武医疗经验	—	赵钖武	—	—	—
	赵钖武医案	—	赵钖武	—	—	—
	赵钖武医话	—	赵钖武	—	—	—
	小学数学试题详解	—	魏元雄	—	—	—
	数学游戏	—	魏元雄	—	—	—
	高中立体几何	—	魏元雄	—	—	—
	怡志楼	6	李聚武	1933 年	裕华书局	—
	透视学	—	魏元信	1939 年	商务印书馆	—

续表 17-8

朝代	书目	卷数（卷）	作者	出版年代	出版社	备注
中华人民共和国	代数补充讲义	—	魏元雄	1952 年	商务印书馆	—
	中学数学手册	—	魏元雄	1981 年	陕西科技出版社	—
	排列与组合	—	魏元雄	1982 年	陕西科技出版社	—
	中国中学数学教育史	—	魏元雄	1987 年	中国教育出版社	—
	河北药材	—	李　爽	1960 年	河北人民出版社	—
	临证经验	—	郑毓林	1987 年	天津科学技术出版社	—
	郑毓林医案	—	郑毓林	—	—	—
	针灸集锦	—	郑魁山	1978 年 9 月	甘肃人民出版社	—
	子午流注与灵龟八法	—	郑魁山	1983 年 2 月	甘肃人民出版社	—
	点校针灸大全	—	郑魁山	1987 年 4 月	人民卫生出版社	—
	郑魁山针灸全集	5 册	郑魁山	1990 年	日本东洋学术出版社	—
	游击战争纲要	—	汪受田	1982 年	中国人民解放军战士出版社	参加编写
	战略学	—	汪受田	1987 年	军事科学出版社	参加编写
	论阿富汗战争	—	汪受田	1987 年	中国人民解放军国防大学出版社	参加编写
	中国老年传统医学文献精华	—	赵冠英等	1987 年	科学技术文献出版社	参加编写
	老年心脏病学	—	赵冠英等	1987 年	人民卫生出版社	合　著
	慢性胃炎	—	赵冠英等	1985 年	人民卫生出版社	合　著
	张灯结彩	—	宋英杰	1982 年	中国戏剧出版社	—
	前辈风范	—	张琪岩	—	—	副主编
	冀西民训处与冀西游击队	—	张琪岩	1989 年	河北人民出版社	合　著
	李大钊在河北	—	张琪岩	1989 年	河北人民出版社	主　编
	北方中药材栽培	—	安国县中药材种植试验场	1979 年	河北人民出版社	与省地卫生局合　编
	中国大百科全书	—	张荣庆	1993 年	中国大百科全书出版社	参加编纂
	退休生活百科全书	—	张荣庆	1984 年		参加编纂
	中国书法篆刻鉴赏辞典	—	张荣庆	1992 年	农村读物出版社	参加编纂
	篆隶小史	—	张荣庆	—	—	参加编纂
	汉字与书法	—	张荣庆	—	—	—
	药都安国	—	安庆昌等	1986 年	工商出版社	合　编
	信息记录材料	—	刁振刚	2003 年	化学工业出版社	合　编
	日本风土人情	—	贾惠萱	1987 年 6 月第一版	北京大学出版社	—
	中国民俗比较	—	贾惠萱	1989 年 7 月再版	—	—
	外国风俗事典	—	贾惠萱	1990 年出版	日本社会评论社	合著
	日本人物词典	—	贾惠萱	1989 年 9 月	四川辞书出版社	合著
	节能——企业的经营管理	—	贾惠萱	1988 年 6 月	商务印书馆	参与编写
	在悠久的长河中	—	贾惠萱	1986 年 7 月	知识出版社	合　译

续表 17-8

朝代	书目	卷数（卷）	作者	出版年代	出版社	备注
中华人民共和国	平山郁夫画家自传	—	贾惠萱	1988 年 7 月	中国文联出版公司	自　译
	世界与裁军	—	贾惠萱	1989 年 4 月	北京大学出版社	合　译
	立石电机的开拓精神	—	贾惠萱	1989 年 7 月	中国国际广播出版社	合　译
	敦煌——有我追求的艺术——平山郁夫艺术论	—	贾惠萱	1990 年 8 月	北京大学出版社	校　译
	祁州中药志	—	马兆民 赵　英 沈二强 焦德欣 韩　刚 李志英	1987 年	河北科技出版社	县长杨建瑞倡修、主编
	药王史话	—	李振清	1989 年	中国民间文艺出版社	—
	关汉卿的传说	—	知　人	1989 年	中国民间文艺出版社	合　作
	中国共产党河北省安国县组织史资料	—	党　史 办公室	1990 年	河北人民出版社	与宣传部、档案局合编
	古今药都说	—	周　汶 徐国成	1990 年付印	河北人民出版社	—
	歧路警言	—	赵彩东	1988 年	山西人民出版社	—
	这就是共产党员	—	赵彩东	1985 年	人民日报社	—
	阿诗玛	—	李士俊	—	—	世界语译作
	春天旦的秋天	—	李士俊	—	—	世界语译作
	王贵与李香香	—	李士俊	—	—	世界语译作
	论人民民主专政	—	李士俊	—	—	世界语译作
	实践论	—	李士俊	—	—	世界语译作
	在延安文艺座谈会上的讲话	—	李士俊	—	—	世界语译作
	中国文学作品选集	—	李士俊	—	—	合　译
	鲁迅小说集	—	李士俊	—	—	合　译
	世界语会话	—	李士俊	—	—	合　撰
	世界语自修课本	—	李士俊	—	—	合　撰
	世界语学习辅导	—	李士俊	—	—	合　撰
	世界语歌曲集	—	李士俊	—	—	合　编
	西藏冬小麦	—	刘东海	—	—	—
	西藏小麦	—	刘东海	—	—	—
	气功与保健医疗	—	张振海	—	—	—
	少林寺与少林拳阐宗	—	张振海	—	—	—
	妇女太极拳	—	张振海	—	—	—
	世界珍闻	—	吕志英	1989	甘肃少年儿童出版社	编　译
	兔子奴仆	—	吕志英	1988	甘肃出版社	合　译
	愿望升华与自我实现	—	吕志英	1989	甘肃出版社	—
	间谍争雄	—	吕志英	1990	甘肃出版社	—

宋元明清安国县金石目表

表 17-9

朝代	金石目	作　者	朝代	金石目	作　者
宋	陀罗尼经幢	—	明	重建万堂记	邵　式
元	建承恩馆记	安　镛	明	和敬轩记	徐　爱
明	贵妃石	—	明	静观堂记	潘　恩
明	修祁城记	童　潮	明	园库记	潘　恩
明	重修学记	邵　式	明	祁州题名记	叶维荣
明	重修庙学记	刘　吉	明	肖公生祠记	黄道亨
明	重修庙学记	徐　沂	明	黄公去思碑记	岳具仰
明	重修庙学记	廖道南	明	建修张公生相碑记	贾元善
明	贞文书院碑记	廖道南	明	明训导万人杰守城碑记	徐人豪
明	书庙学碑后	孔天胤	清	重修州署记	赵秉恒
明	贞文书院碑后	孔天胤	清	重修祁州西关涌泉桥记	赵秉恒
明	修庙学记	贾　衡	清	重修学宫碑记	张履祺
明	名贤祠记	潘　恩	清	报德碑	刘学海
明	祁阳讲堂碑记	许国士	清	重修关圣帝君庙碑记	苏昌印
明	重修州治记	刘　俊			

附：诗文选录

奉和圣制夏日游石淙山

【唐】张易之

六龙骧首晓駸駸，七圣陪轩集颍阴。
千丈松萝交翠幕，一丘山水当鸣琴。
青鸟白云王母使，垂藤断葛野人心。
山中日暮幽岩下，泠然杳吹落花深。

侍从过公主南宅侍宴探得风字应制

【唐】张易之

逐赏平阳第，鸣笳上苑东。
鸟吟千户竹，蝶舞百花丛。
时攀小山桂，共挹大王风。
坐客无劳起，秦箫曲未终。

出　塞

【唐】张易之

侠客重恩光，骏马饰金装。
瞥闻传羽檄，驰突救边荒。
转战磨笄地，横行戴斗乡。
将军战太白，小妇怨流黄。
騕褭青丝骑，娉婷红粉妆。
三春莺度曲，八月雁成行。
谁堪坐秋思，瘦袖拂空床。

泛舟侍宴应制

【唐】张易之

平明出御沟，解缆坐回舟。
绿水澄明月，红罗结绮楼。
弦歌争涌入，冠盖逐川流。
白鱼臣作伴，相对舞王舟。

奉和圣制夏日游石淙山

【唐】张昌宗

云车摇裔三珠树，帐殿交阴八桂丛。
涧险泉声疑度雨，川平桥势若晴虹。
叔夜弹琴歌白雪，孙登长啸韵清风。
即此陪欢游阆苑，无劳辛苦向崆峒。

少年行

【唐】张昌宗

少年不识事，落魄游韩魏。
珠轩流水车，玉勒浮云骑。
纵横意不一，然诺心不二。
白璧赠穰苴，黄金奉毛遂。
妙舞飘龙管，清歌吟凤吹。
三春小苑游，千日中山醉。
直言身可沉，谁论名与利？
依倚孟尝君，自知能市义。

太平公主山亭侍宴

【唐】张昌宗

淮南有小山，嬴女隐其间。
折桂芙蓉浦，吹箫明月湾。
扇掩将雏曲，钗承堕马鬟。
欢情本无限，莫掩洛城关。

长门怨

【唐】齐　浣

茕茕孤思逼，寂寂长门夜。
妾妒亦知非，君恩那不借。
携琴就玉阶，调悲声未谐。
将心寄明月，流影入君怀。

长门怨

【唐】齐　浣

宫殿沉沉月欲分，昭阳更漏不堪闻。
珊瑚枕上千行泪，半是思君半恨君。
（一作：不是思君是恨君）

【南吕】四块玉

别　情

【元】关汉卿

自送别，
心难舍，
一点相思几时绝？
凭栏袖拂扬花雪。
溪又斜，
山也遮，
人去也。

【南吕】四块玉

闲　适

【元】关汉卿

意马收，
心猿锁，
跳出红尘恶风波。
槐阴午梦谁惊破？
离了名利场，
钻入安乐窝，
闲快活！

【南吕】一枝花

不伏老

【元】关汉卿

子弟每是个茅草岗、沙土窝初生的兔羔儿，乍向围场上走。

我是个经笼罩、受索网、苍翎毛老野鸡，蹅踏的阵马儿熟。

经了些窝弓冷箭镴枪头，
不曾落人后。
恰不道人到中年万事休，
我怎肯虚度了春秋！

我是个蒸不烂、煮不熟、锤不扁、炒不爆、响当当一粒铜豌豆。

恁子弟每谁教你钻入他锄不断、斫不下、解不开、顿不脱。

慢腾腾千层锦套头。
我玩的是梁园月，
饮的是东京酒，
赏的是洛阳花，
攀的是章台柳。
我也会围棋、会蹴鞠、会打围、会插科、
会歌舞、会吹弹、会咽作、会吟诗、会双陆。

你便是落了我牙、歪了我嘴、
瘸了我腿、折了我手，
天赐与我这几般儿歹症候，
尚兀自不肯休。
则除是阎王亲自唤，
神鬼自来勾，
三魂归地府，
七魄丧冥幽。
天哪，
那其间才不向烟花路上走！

【双调】
沉醉东风
【元】关汉卿

咫尺的天南地北，
霎时间月缺花飞。
手执着饯行杯，
眼搁着别离泪。
刚道得声："保重将息"。
痛煞煞教人舍不得，
好去者，
望前程万里！
忧则忧鸾孤凤单，
愁则愁月缺花残。
为则为俏冤家，
害则害谁曾惯？
瘦则瘦不似今番，
恨则恨孤帏绣衾寒，
怕则怕黄昏到晚。

【双调】
碧玉箫
【元】关汉卿

一

盼断归期，
划损短金篦。
一搦腰围，
宽褪素罗衣。
知他是甚病疾？
好教人没理会。
拣口儿食，
陡恁的无滋味。
医，越恁的难调理。

二

膝上琴横，
哀愁动离情；
指下风生，
潇洒弄清声。
锁窗前月色明，
雕栏外夜气清。
指法轻，
助起骚人兴。
听，
正漏断人初静。

【越调】小桃红
采莲女（二首）
【元】杨　果

一

采莲人和采莲歌，
柳外兰舟过，
不管鸳鸯梦惊破。
夜如何，
有人独上江楼卧。
伤心莫唱，
南朝旧曲，
司马泪痕多。

二

碧湖湖上柳阴阴，人影澄波浸，
常记年时对花饮。
到如今，
西风吹断回文锦。
羡他一对，
鸳鸯飞去，
残梦蓼花深。

唐河落雁

【明】童　潮

群雁下寒汀，蒹葭露气清。
沙明争饮啄，月暗竞悲鸣。
暂息云霄志，还寻鸥鹭盟。
帛书犹未寄，矰缴莫相撄。

北埑晚眺

【明】童　潮

散步埑头路，遥林半落晖。
水光涵地轴，霞彩炫天机。
古道牛羊下，空林鸟雀归。
盘桓尽余兴，秋月吐微辉。

故城春霁

【明】童潮

灵雨过荒城，东风暖气生。
鸟声弦管碎，花艳绮罗明。
云自天边散，人从画里行。
司农出郭去，随地省春耕。

渡口夕阳

【明】屠　琛

唤渡声喧斗晚风，轻舟摇荡夕阳中。
千练柳色低垂碧，万点波光返照红。
饥鹭踏烟仍独立，归鸦选树自盘空。
青蓑篛笠谁无事，沙岸忘机一钓翁。

岳祠烟树

【明】陆　伸

行祠野水渍，古木起灵氛。
叶暗疑藏雨，林幽似带云。
微阴长不散，远势杳难分。
叶落西风外，离离漏夕曛。

鼓城夜月

【明】陆　伸

闻说鼓城地，鹅鞮旧有名。
一峰天拔秀，众皱地堆成。
宿雨岩飞瀑，春风鸟弄声。
几回临北望，佳气接瑶京。

邀友人游太平山

【明】万　经

试问公余否？东郊作胜游。
太平山眺望，知已友赓酬。
雨后多清兴，朋高少善柔。
恐赊鸡黍约，为典鹔鹴裘。
琴已携焦尾，钱须挂杖头。
敲棋翻旧谱，琢句引新秋。
暂脱嚣尘累，权消溽暑愁。
芝兰偿夙契，此味即封侯。

游太平山和刘东壁韵

【明】万　经

避暑东郊结胜游，如君才调足风流。
蝉声入耳成诗韵，棋子敲枰当酒筹。
妙论直将元度伍，丰标堪与李膺俦。
联吟已订明朝会，日暮烟昏重逗遛。

皮场王庙

【明】童　潮

刀圭遗宋主，庙食岁应深。
异迹归王爵，灵氛起昼阴。
古今医国手，生死活人心。
礼祷纷如蚁，常闻箫鼓音。

形　胜

【明】童　潮

千古祁阳地，变迁今几回？
沙埋漳水道，雨老鼓城苔。
疆域襟全赵，风云接上台。
分符膺重寄，保障愧非才。

磁　河

【明】傅　英

渺渺长河天际头，波光万倾雨初收。
绿罗映彩流红叶，翠簟堆琼卧白鸥。
晓日暖融金液泛，晚风细剪玉花浮。
何时却棹扁舟去，濯足沧浪把钓钩。

磁　河

【明】童　潮

雨歇磁河上，新添万倾波。
清涵双岸柳，暖浸半汀莎。
天外浮青练，风前漾绿罗。
观澜无垠趣，又听濯缨歌。

寅宾馆四箴

【明】郭应响

（一）

洁白皎于秋旻，慈祥蔼于春露，安静屹于乔松，剖决迅于倒峡，是谓仕途四征。君子务之。

（二）

负客气以凌人，惑肤受以动色，蔑公道以徇情，信在旁以骪法，是谓宦门四孽。子孙受之。

（三）

众饥而我粱肉，如茹荼毒；众寒而我重裘，如被荆棘；众吁而我丝竹，如闻喑咽；众颠连而我安闲，如处痌瘝；既云父母与赤子同甘苦，若痒疴不相闻　何以异于路人。

（四）

强者横行，弱者吞声；众者逞怒，孤者闭户；巧者多机，愚者受欺；铜臭者通情贿利，贫窭者丧气，乃知有司圆软宽柔。善良之忧天，若无雷霆霜雪，万物不荣不结。

咏思妇

【清】刁显祖

菱花镜里自无聊，愁蹙双眉意懒描。
芳草渐衰鱼信杳，啼痕新旧满鲛绡。

咏村妇

【清】刁显祖

肃然荆布自成妆，蓬户何知膏沐香。
也傍旧奁轻自点，出逢邻妪话蚕桑。

双塔连云

【清】宋阴桐

（一）

色色空空一浮沤，宝荅烟云蔓草秋。
闻道雷音楹五百，而今已筑耶稣楼。

（二）

大地如球西复东，兴衰弹指怪匆匆。
愁怀双管书难尽，倒插秋毫问太空。

第四节　民间传说

一、药王传说

县城南关的药王庙里，供奉着黄袍金面的药王，有关药王的种种传说，广为流传。

医公主敕封药王　很久以前，祁州南门外住着一位年轻的修鞋匠，他心灵手巧，兼学医道，常免费为人修鞋治病。

有一年，皇帝的女儿得了重病，太医久治不愈，危及性命。皇帝心急如焚，颁榜天下求医，圣谕：医好公主，年老者赐万金，年轻者招驸马。一纸皇榜赫然挂在祁州城门。

这天黄昏，修鞋匠路过城门，风吹皇榜入怀。守榜军卒见状，不由分说将其带入州衙，知州命星夜护送入宫。鞋匠为公主隔帐观病后，奉上一药丸，抽身出宫。公主服下丸药，胃中积物吐尽，病体渐安。皇帝践前言，欲招为驸马。诏书即下，快马追至祁州。修鞋匠以为公主用药发生不测惶急间自缢于南门外一棵枣树上。皇帝闻听深为惋惜，封之为“药王”，在他身缢处建墓亭，用那棵枣树雕成一幢透龙碑。

药王显灵医秦王　北宋年间，秦王得病，请了许多医生都没有治好。一天夜里，秦王梦见一白髯老者前来为他诊病，老者从背囊中取出丸药数枚，让其服下，秦王顿觉心神舒泰，沉疴全消，问及老人姓名，答：“祁州南门外人也”。秦王一觉醒来，体健如初，知老者为神，遂将此事奏明皇帝。皇帝下诏，在祁州南门外建庙祭祀。

二、药王庙的传说

药王庙对邑人有一种神秘感，这里的每一座建筑，每一尊雕像几乎都有一个美丽的传说。选录两则：

红马变白马　从前，药王庙大门过庭两侧塑有两匹枣红马。每天清晨，马身上总是湿淋淋的，这是药王经常夜间骑马出诊累出的汗水。有一年，一个车夫装了满满一大车药材，夜间起程要送到南方去，行至药王庙门前马猝死，车夫急得直哭。这时一白髯老者走来，对车夫说：“先用我的马去送货吧。”车夫顺老人手指方向看去，果然对面戏楼下拴着一匹枣红马。老人嘱咐道：“我的马只能喂，不能饮水。”车夫千恩万谢高兴地上路了。

车夫将药材送到目的地，屈指算来一月有余。他怕马光吃草不饮水弄出病来，便试着饮一饮，不料马特别能喝水，一气喝下两大桶。第二天一早，车夫去马棚牵马，却大吃一惊，哪有什么马，只有一滩烂泥，那高头大马的形状依稀可辨。车夫恍然大悟，匆匆赶回祁州药王庙，果然过庭里少了一匹马。他决意赔偿，请来能工巧匠在原地重塑，工匠粗心，误将马身着白色，从此药王庙的两匹红马变成一红一白了。

凤凰歪头　药王庙前两根铁旗杆顶部，各有一只展翅飞翔的镏金凤凰，但南边一只头向南歪着。据说，从前两只凤凰头是朝正西的。明朝末年，山西连年大旱，祁州药市上兴盛的山西药商也逐渐衰落。一年，一位山西方士云游至祁州，看见旗杆顶上的两只凤凰，暗忖：“原来是这只凤凰啄走了山西的灵气！”便掏出金弹，射歪了南边那只金凤的头。从此山西风调雨顺，山西帮又在祁州药市兴旺起来，金凤却至今歪着头。

三、太中山寺的传说

东长仕村北，有一处规模宏大，富丽堂皇的庙宇——太中山寺。相传庙宇建造时，鲁班显灵，帮助工匠解决了不少难题。

八角井运木　当年建造太中山寺工程浩大，砖瓦木料所需甚多，尤其木料多系各处募化，运输成了一大难题，工地常停工待料。一天晚上，一老者踱入工地，面对监造官说：“要想修庙顶，先掘八角井，木料水中行，省时又省工。”说完踱向西北，没走多远，便不见了。民工们议论纷纷，都说是鲁班显灵，就在老者隐身的地方，挖了一个八角井。在外地募化的木料就近扔进井里，就能从八角井里捞出来。寺修成后，这眼八角井便被当作圣迹保留下来。

粘结通天柱 太中山寺的三层大阁上有一根高达七丈七尺，两人合抱不交的八棱通天柱，相传是鲁班用碎木粘结而成。当时，工程正在紧张施工，木料多已齐备，唯独少一根七丈七尺高的通天柱。到哪里去找这样高大的树呢？人们一筹莫展。这时，一位老木匠慢吞吞地说："让我来试试粘根通天柱。"人们定睛一看，只见他衣衫褴褛，乱发蓬松，白花花的胡须上沾满了鼻涕、口水，人们脸上露出蔑视、讥笑的神情。老人不露声色，抹一把鼻涕甩在地上，随手捡起一根木棍在鼻涕中搅动，竟平地搅出一个大胶池。他捡起一块块木材下脚料，随蘸随粘，不一会粘接成一根粗大的木柱。粘就的木柱比自然长成的还坚硬，尺寸不大不小正好七丈七尺高。木匠们看得目瞪口呆，等回过神来，老木匠已不见踪影。

斧捶擀面杖 太中山寺竣工后，伙房犒工，想让人们吃顿打卤面条。工地上民夫不下千人，要二三十人一同擀面条才能供上，但到哪里去弄这么多擀面杖呢？伙夫们正发愁时，忽然传来"捶面杖"的吆喝声，一老木匠耳朵上夹一根炭棒，手拿一把斧头走了进来。人们叫住他，让他捶 20 根擀面杖。老木匠找来几根四五尺长的圆木，在它们的一端画上圆圈儿，然后，用斧头对准圆圈轻轻一捶，"突"的一声，一根擀面杖窜了出来，转眼间 20 根擀面杖捶好了，竟比旋的还圆。有了擀面杖，一千多人吃上了面条。人们都说，是鲁班祖师又一次帮的忙。

四、金龙大王的传说

杨翟村有座金龙大王庙，庙里供奉着"大王爷"。

相传明朝末年，杨翟村有一英俊后生，取名挡儿。他自幼在章凝外祖家住，常到大沙河里游泳，练就了一身好水性。一年盛夏，黄河上游连降暴雨，河南境内黄河决口，淹没了河南北部大片地方。水势汹涌，堵口无望，泛区扩大，河南道尹急得手足无措。一方士献计说："在下夜观天象，久谪河北祁州的金龙大王，俗名挡儿，合当归位，若能请得他来，堵口定能成功。"接着向道尹密授机宜。河南道尹派人前往祁州查访，天黄昏，差人行至杨翟村，忽听一个老婆婆呼唤："挡儿，吃饭来"。差人们循声望去，见一魁梧后生向家门走去，如狼似虎的差人一涌而上，将索链套在挡儿脖子上，扯了就走。

差人押解挡儿到河南后，道尹拱手相迎，并直道求助堵塞决口之意，把挡儿请上大堤。面对滔滔黄水，看到田庐尽成泽国，挡儿心急如焚，纵身跃入河中，只听一声霹雳，金光起处，挡儿化做一条金龙，昂首顺河道游去，肆虐的黄水紧跟其后，涌向东方。河南人民得救了，为感念他的恩德，沿黄河建起了"金龙挡王庙"。

后来，祁州一工匠在河南做工。夜梦金龙挡王相约一同回家。工匠请人制作挡王藤像，负在背上回到祁州，行至章凝，藤像突然变重难负，一打听方知其外祖家是该村。于是，章凝、杨翟相继为其立庙。章凝庙取名"金龙山"，杨翟庙取名"金龙挡王庙"，后改"金龙大王庙"。每逢天旱，人们便到"金龙大王庙"求雨，抬藤像夸官必过章凝。

五、刘秀、贾复的传说

西汉末年，刘秀争夺天下，灭王莽、平王郎，转战河北，在安国留下许多传说。

苦水中阳与大文村名的由来 中阳村井水多苦涩，相传是光武帝刘秀金口玉言封就的缘故。当年，刘秀从蓟州发兵，讨伐邯郸王王郎，途经中阳，在村内讨水饮马，恰值一老婆婆端了一盆泡过萝卜片的水出门倾倒，见刘秀招唤，便送他饮马。马嗅了嗅把头歪在一边，马童向刘秀禀报："水苦马不饮"。刘秀叹道："真乃穷乡僻壤，水都是苦的。"从此，中阳村的井水变的又苦又涩，被称作苦水中阳。

大队人马继续向西进发，望见前面有一村庄，将士们问刘秀前面是什么地方，刘秀随口答道："待问"，意思是到村再问，时"大"读 dài 音，将士们以为村名叫"大文"，就这样叫起来了，直延续至今。

流霜、马固村名的由来　刘秀与王郎大战，兵败经今流霜，正值北风大作，天降小雪，掩盖了人马行踪，刘秀得以摆脱追击。将士们庆幸天公作美，有人吟诗："风送战马去，独留一片霜。"后在此建村，便起名"留霜"。后演化为"流霜"。

向东行至今马固地方，跟随刘秀多年的战马累死，刘秀很伤心。他登基后，将战马病死的小村庄赐名"马故"永志纪念。后雅化为"马固"。

军诜、流昌、流托、寺下、北七公村名和碑楼坟的由来　刘秀、贾复率军由潴龙河三岔口渡河南行。王郎探得刘秀行踪，派大将高扈埋伏在三岔口磁河草桥下。贾复行至桥上，高扈率军从桥下跳上桥面，贾复措手不及，被高扈一枪刺中腹部。王郎率大队人马从四面八方包抄上来，贾复且战且走，来到一个小村旁，已是血透征衣。他跳下马来解开衣带查看伤口，只见肠子已脱出尺余。他将肠子塞回腹内，割下一片征袍将伤口紧紧勒住，翻身上马继续向西杀去。贾复杀透重围，已是精疲力尽，腹部疼如刀绞，头一阵阵晕眩，喊杀声使他猛地醒过来，他看到刘秀、邳彤等人仍被困在垓心，将牙一咬，左手托住伤口，右手绰刀，复又杀入重围。他如受伤猛虎，一阵猛杀，保护着刘秀冲出重围，贾复因伤势过重而死。将士们抬着贾复的尸体向沙河以北撤退，行约 30 里处，选一平地将其安葬，将士们一人一枪尖土，筑起一座高大土丘，俗称"碑楼坟"。人们为了纪念这位耿耿忠心，骁勇善战的将军，坟旁的村庄改名"齐供"(今称北七公)。高扈暗算贾复处的村庄改称"军渗"(渗，有埋伏等待的意思，今称军诜)，塞肠裹伤的地方称"流肠"(今流昌)，托伤复入重围的地方称流托，死的地方称死下（今寺下)。

怒斩赌徒　伍仁村西北有 5 个无头石人，相传是 5 个赌徒所化。早在新莽时期，刘秀与王郎战于河北。有一天，他行军路过这里的凤凰道，见有 5 人围坐赌钱，便上前问路，连问数声不见回答，刘秀怒喝道："难道你们是石头人吗？"随即从路边掰下一片高粱叶向赌徒砍去，意思是吓唬他们一下，不想高粱叶过处，人头落地，转眼化为石头，其中一人见状大惊，转身拔腿便跑，跑出一段路，也被刘秀杀死，变为石人。从那以后，高粱叶多生殷红的斑痕，那便是斩杀赌徒沾染的血迹。从那时起，这个小村庄便由东道里易名五人里了，后村庄渐大，便改称伍仁村。

六、韩村"五粮疙瘩"的传说

北宋年间，杨六郎镇守北边，与辽将韩昌对垒，营盘扎在今韩村一带。战事旷日持久，宋军面临断粮威胁。韩昌派使者去宋军营寨，名为下战书，实为刺探虚实。杨六郎深知其意，盛待来使。宴罢拉着使者遍游军营，使者看到军营布局有方，号带飘扬，将士们盔明甲亮，精神抖擞，暗自吃惊。转到后营，见 5 个大粮囤一字排开，囤顶上不时有米粒随风滑落。使者吃惊非小，匆匆回营。韩昌得报不敢贸然进军。迟延数日，北宋援军赶到，把韩昌打得落花流水。

5 个大粮囤是怎么回事？原来是前一天夜间杨六郎命士兵用土堆起来的，四周用芦席围住，上面撒上米粒，看上去就是 5 个大粮垛。当初人们称之"无粮疙瘩"，因正好是 5 个，后便演化为"五粮疙瘩"。这 5 个土丘至今仍存。

第五节　报刊　通讯

一、报　刊

民国22年（1933），县城南关卜巨川私人创办《启民报》，同年天主教安国教区创办《安国教区公教进行月刊》，是县内报刊之始。自20世纪30年代至今，所办较有影响的报刊主要有：

（一）报纸

《人民报》 县抗日救国动员会机关报。民国26年（1937）11月5日创刊。铅印，八开两版，不定期出版。内容多为全国抗日简讯、县内参军、减租减息等新闻，宣传抗日救国六大纲领。该报由杨沫（女，当代作家）协助编辑。民国27年（1938）6月停办，仅出版3期。

《抗日救国动员报》 民国27年（1938）6月，抗日救国会接收天主教印刷厂，将《人民报》改《抗日救国动员报》。铅印，八开两版，主要报道斗争形势，刊载中共中央对敌斗争指示等。主要编辑人员有郑绳武、解国璋等人。同年底停刊，出版期数不详。

《战斗报》 民国28年（1939）8月创办，是县委机关报，负责人一丁，报纸初为八开油印，两版，后改为石印。主要报道抗日工作开展情况、抗日英雄事迹和先进经验等。共出版162期。

《安国日报》 县委机关报。1956年4月1日创刊，初为《安国前进报》，石印，八开两版，周报（星期四出版）。报社编辑部由总编陈一民、副总编刘卓云等13人组成。至第十六期（1956年8月16日）改为铅印，增设两名摄影记者，10月2日改为周二刊（星期三、六出版）。1958年4月1日，改为周三刊（星期二、四、六出版），10月1日改为周六刊（星期日无报），同时易名《安国日报》，最大发行量2万余份，与河北省100余市县交流。1961年停刊，报社裁撤。

《药花》 县文艺工作者联合会机关报，总编张爱民。报纸八开四版，铅印，不定期。1985年5月创刊。主要刊登县内群众创作的民间文学、曲艺、音乐、书法、摄影等文学艺术作品。发行量2000份，至1990年底，共发行12期。

（二）期刊

《春野》 民国21年（1932），县简易师范学校邢树勋、宋明祥、刘卓云等9名学生创办。内容有鲁迅的小说、杂文，冰心的文章及根据形势撰写的述评等。杂志由天主堂印刷厂铅印，安国书局、裕华书局、同人书局包销，连出3期。

《战旗》 民国30年（1941）12月，县委创办的党内绝密刊物。油印64开小册子，半月刊，后改旬刊，版面八开两版。主要刊载宣传政策、支部建设经验和武装斗争开展情况等。《战旗》编印由县委宣传部长曹平主持，主要编辑人员有曹平、韩焕章、宋介之、苏文等。在残酷的战争环境中，坚持《战旗》不倒，编辑出版人员用扁担挑着设备，在林立的岗楼据点之间打游击，长年露宿野地。他们以苦为乐，编出一句顺口溜：“铺着地、盖着天，脑袋枕着半块砖，一心一意想出版。”民国31年（1942）5月停刊，共出11期，翌年2月复刊。民国34年（1945）8月又停刊，翌年9月1日复刊，第二年再次停刊未复。

《黎明》 县委机关刊物。创刊于民国31年（1942）末，由县委宣传部部长曹平主持，刊物不定期，油印32开本。封面设计为初升的太阳和报晓雄鸡，意为黑暗已过，胜利在望，激励人民斗争情绪，出版期数不详。

中华人民共和国成立前的刊物尚有《文化工作》出 3 期，《剧团工作》出 4 期，《照妖镜》出 8 期。

《安国文艺》 1970 年创刊，县文化馆主办，主要刊载各种形式的演唱材料，供城乡文艺队排演。封面铅印，内页油印，不定期发行，1980 年停办。

《安国文史资料》 县政协文史资料委员会编印，铅印 32 开本，不定期。1988 年 10 月出版第一辑，刊登《安国文史沿革》《军阀派系混战在安国》《周总理视察安国制药厂》《国画家魏元信先生传略》等资料 29 篇，7 万余字。

二、通　讯

抗日战争初期，干部、战士、教师、学生在转移和行军打仗间隙，挤时间为《人民报》《战斗报》《战旗》撰写文章，造就了一批通讯员。王兴中、宋红光、王光、张登云、谷峰、焦九儒、王素彦、李亚光等人在工作和战斗间隙采写了大量通讯、新闻稿件，成为《冀中导报》的通讯骨干。抗日民主政府县长吕泽光在纷繁的领导工作中挤时间撰稿，经常有大块文章见报。民国 37 年（1948）6—9 月间，县委提出“百日见报竞赛”倡议。百日之内《冀中导报》刊登安国新闻通讯 110 余篇。1956 年，《安国前进报》面世后，各阶层争相投稿，后改为《安国日报》，常年投稿者达 1000 余人，骨干通讯员 137 人。该报在河北省内颇具影响，大量消息和图片被《人民日报》《河北日报》转载。1970 年，县革委会成立报道组，各公社和生产大队分别设专、兼职报道员，报道员由报道组负责培训，各级报刊上稿率迅速增长，在《河北日报》《新保定报》年见报量分别达 50 篇和 200 篇以上。1978 年，报道组归属县委宣传部，设专职报道员 4 人，53 个基层党委、总支由宣传委员兼任报道员，村设宣传员，1990 年撰稿 1728 件，《保定日报》刊登 216 件，《河北日报》年均刊用 12 件。报道员焦新年年发表量 30 篇以上，1988 年被河北省人民广播电台评为优秀通讯员。1988 年，他发表在《河北日报》的《安国的乡长们向县委保证：六月份学校危房漏房全部修完》获河北省好新闻三等奖，《安国县郑章村推出服务卡实行预约服务》获河北省好新闻二等奖，《抓好后进支部的转变》获河北省优秀奖。县广播电视局报道员马文显在国家级及省级报刊年刊稿均达 12 篇以上，1987 年，发表《文明村里带头人》获河北省广播好新闻三等奖。

第六节　广播　电视　电影

一、广　播

民国 35 年（1946）始，各村借助传声筒进行高房广播，宣传中共各级党组织和民主政府、人民政府颁布的政策、法令。1951 年，建立广播收音网，县、区设收音站，接收中央及河北省人民广播电台新闻，抄发各村，由村以高房广播形式进行宣传。1953 年，收音站发展至每区 3 个。1956 年 6 月，成立安国县广播站，由 7 人组成，设站长 1 人，编辑 3 人，播音员 2 人，值机员 1 人。配备上海产 500 瓦立体式扩大机 1 台，金狮牌录音机 2 台，远程控制台 1 个，电唱机 1 部。全县按东、西、南、北 4 片，架设主线 4 条，90 杆千米，覆盖 14 个小乡 190 村，入户喇叭 8000 只。每天早、中、晚 3 次播音，共 4.5 小时，其中自办节目半小时。1958 年，安国与博野合县，县站增加至 14 人，扩大机增至 2 台，总功率

1000 瓦。分博野、城东、伍仁桥、大五女 4 片，分别建放大站，各站配放大员 1 人。广播专线延至 180 杆千米，喇叭 1 万只。1959 年，国民经济困难，广播停止，广播器材移交县文化馆，人员调离。1962 年 9 月，恢复广播站，编制 2 人，由 1 台 500 瓦扩大机带城关 7 个 25W 喇叭广播，全天播音 3.5 小时。以转播节目为主，自办节目仅 5 分钟。翌年增加站长 1 人，拨款 5500 元购入设备，原有两台扩音机启用，恢复线路 15 杆千米，覆盖东河、城关、常庄、南仕庄 4 个公社 40 个村，入户喇叭 3100 只。1964 年，县人委拨专款 7000 元，购置录音机 4 台，700 瓦扩大机 1 台，各公社建扩大站，各配 1 名放大员，线路延至 90 杆千米，覆盖 160 余村。翌年，县广播站增设服务部，承担广播器材维修。至此，村村通线路，入户喇叭 3 万只。“文化大革命”开始后，机器、设备遭严重破坏，广播事业停顿。1971 年恢复，县站由 7 人增至 13 人，县革委会拨款 1 万元修复线路及其他设备，每天播音 5 小时，自办节目增加“为听众服务”“政策问答”等专题。1976 年，县站人员增至 17 人，设站长、副站长各 1 人，下设编辑部、机线发电组、播音组、服务部等机构。9 月，购入白衣塑料线 35 万米，广播线路全部换成地下线，总长 130 千米，入户喇叭 2.5 万只。因地下线路质量差，常断路，1978 年更换为地上线。1980 年，县站增到 19 人，县年拨经费 5 万元，全天播音时间 6.5 小时，自办节目专题增至 9 个，骨干通讯员发展到 138 人。20 个公社放大站总装机 217 台，总容量 3255 瓦，入户喇叭 1.66 万只，高音喇叭 890 只。1985 年，撤销安国县广播站，成立安国县广播电视局，全局 37 人，全天分早、中、晚 3 次播音，共 7 小时，自办节目 4 小时，节目专题增加到 12 个。

1986 年，建安国县人民广播电台，11 月启用播音。电台设在广播局院内，和电视插转台合用一个铁塔。配备 TF-4550W 调频发射机 2 台，覆盖半径 15 ～ 20 千米。电台频率 103.3 兆赫，各乡镇和部分村庄备有调频接收机。调频广播每天早、中开机各 1 次，并经常为县委、县政府广播大会提供服务。

二、电　视

1970 年，县城内酒厂、机械厂购置 12 吋电子管黑白电视机各 1 台，是县内电视机之始。1974 年，城内居民李某购置 9 吋电子管黑白电视机，为家庭电视机之始。此后的五六年中，部分机关、工厂购置较大屏幕的电视机。1980 年后，人民生活普遍提高，家用电视机数量大幅度增加，至 1985 年全县电视机拥有量达 4.3 万台，其中彩色电视机 1.6 万台，出现了西桃等电视村。之后，电视机普及速度加快，1990 年全县电视机总数达 6 万台，占总户数的 75%，其中彩电达 2 万台，电视已成为家庭文化生活不可缺少的重要内容。

1980 年，建安国县电视插转台，自高式铁塔高 72 米，坐标为北纬 38°25′05″，东经 115°19′20″，配备胜利、日立牌电视监测机各 1 台，50 瓦信号发射机 2 台，5 月 1 日正式转播，接收中央电视台第一套节目，用 6 频道发射。插转台覆盖半径 1 ～ 20 千米，清晰度良好。1987 年元月，投资 8 万元建成卫星地面接收站。配有 DSB-600A 接收机 2 台，DSD-60 变频器 2 台，可直接收转太平洋卫星中央台一、二套电视节目，图象清晰，效果良好。

1987 年底，县广播电视局购置日本产 M5 摄相机、编辑机各 1 台，自办节目器材基本配套。县电视台每星期二、四、六自办节目，内容有安国新闻、电视专题报道、广告、电影、电视剧等。

三、电　影

民国36年（1947），县工商联购入1台手摇式旧放映机，在县城放映无声影片，不久即废。中华人民共和国成立初，中苏友协电影队、保定工会电影队经常到安国巡回放映。1955年5月，成立安国县电影总队。时有队长1人，放映员、发电员、会计各1人，有16毫米匈牙利产放映机1台，东德发电机1台，单镜头幻灯机1部。总队设在南关药王庙。县电影总队成立后一年中，下乡放映遍及各村。并以幻灯形式宣传党和国家方针、政策。幻灯解说形式有快板、鼓书、拉洋片、十不闲等。1956年，增设2个电影队，3个电影队按全省编码分别编为118、119、120队。是年，安国被河北省政府确定为全省两个电影事业重点县之一，118电影队参加了全国电影观摩会演，总队长赵树成受到中共中央副主席朱德接见。1958年，组建县电影管理站，电影队取消省编码，分别改为安国县第一、二、三电影放映队。是年，河北省电影普及现场会在安国召开，安国县电影管理站介绍经验。翌年，县电影管理站站长赵树成代表河北省文化系统应邀参加中华人民共和国成立十周年观礼。1960年，电影队发展至6个，电影院购入35毫米日本产罗拉座机1套。翌年，赵树成等人发明的小型轻便式单光源三镜头幻灯机，将幻灯画面由静变动，被称土电影。同时培养出技术娴熟的第三、第五两个重点电影队，赴保定、天津向地委、省委汇报表演。之后，相继在保定地区各县及河北省各地区巡回放映幻灯，推广经验。1963年，第五电影队赴东北三省各大中城市放映幻灯表演，历时3个多月，放映100余场，受到普遍欢迎。1964年，庆祝中华人民共和国成立15周年期间，第五电影队队长李振清、放映员韩惠敏进京向中央领导作幻灯汇报表演，国家主席刘少奇观看演出。随后，向中央组织部、宣传部、高教部、文化部、北京市委、新华通讯社、中国文联、北京电影制片厂、八一电影制片厂、全国各省、区第一书记及全体国庆观礼代表分别表演，并在中国电影公司放映室、北京饭店、新侨饭店、中阿友好人民公社为国际友人放映。10月1日，县电影五队人员参加国庆观礼。其后，五队先后应邀赴内蒙古自治区呼和浩特、包头，河南省安阳、新乡，湖北省武汉，山西省大同、长治、临汾等地放映。是年，三镜头幻灯机在全国轻工业品展销会上展出，推广全国。至1966年，先后有福建、广东、广西、云南、贵州、甘肃、宁夏、新疆、四川等地电影工作者到安国学习幻灯技术。

1970年后，各公社先后建立电影放映队，各队均配幻灯机，上映电影之前，放映幻灯。1979年后，农村经济逐步繁荣，个体放映队逐渐增多，县电影发行放映公司大力扶持，提供各项服务。1988年，乡、村、个体放映队达55个。近年电影放映处于低谷，县城电影院兼映录相，农村电影队多在红白事时放映。1990年有放映单位58个。

第七节　文物胜迹

一、古　迹

（一）古遗址

马家庄商周遗址　位于县城北偏西8千米处的北马庄村西，占地9万余平方米。地表暴露大量陶片，多为粗绳纹夹砂红陶和灰陶，系鬲、鼎、豆等生活用具碎片。经县文保所分析，为商周村落遗址。因未大规模发掘，布局不详。

安国城汉代遗址 位于县城东南7千米处的西安国城村北。现存南北向长190米，东西向长180米，高1.8米的旧城基一段。近年陆续有陶缸、陶罐、陶井圈出土，多为泥质灰陶。清光绪《祁州乡土志》载：“高帝既平项羽，六年（前201）八月甲子日，始封王陵为安国侯，置县，冬十月……筑城，城在州治东南安国城村，遗址犹存。”

刘秀封将台遗址 在县城东南10千米的垡头村。台高3丈，10丈见方。西汉末年，刘秀为恢复汉室，与邯郸王王郎在安国一带交战获胜。刘秀令士卒筑台，大封将士，此台今已不存。

（二）古墓葬

西北马古墓群 位于县城西南17千米的西北马村北，面积3万平方米。1986年，由该村取土群众发现。经发掘，地表以下10米可分为4个文化层，10米处为古人类生活遗址，从出土石斧、陶鬲等分析，属龙山文化类遗址；距地表8米处为战国时代墓葬，出土有战国铜剑等；4～5米处是西汉墓葬；2～3米处是东汉墓葬。出土陪葬品有陶鼎、豆、罐、匜等多种陶器及大量陶器碎片，现有地表暴露东汉墓8处。

东伏落古墓 位于县城北15千米的东伏落村东北1000米处，主墓是一高大土丘，占地6亩，主墓东北及西南各有一小墓，均占地1亩余。1958年平整土地时，两小墓被毁，有汉代铁剑、头盔、陶猪圈等出土，今存河北省博物馆。两小墓均有砖砌墓道与主墓相通，小墓被毁后及时封死墓道保护了主墓。经鉴定为东汉墓葬，墓主身份不详。

里河汉墓群 位于县城西南10千米的里河村北300米处，面积1.5万平方米。墓穴呈不规则分布，墓室为长方形拱券顶，墓砖32×16×17厘米，两大面满布粗绳纹。墓室筑在沙层，淤满沙土。据测定为汉墓。

梨园古墓群 位于县城西10千米的梨园村西北300米处，占地约7000平方米。地表暴露5个大土丘，南北向排列成两行，东三西二。土丘大者直径约50米，高8米；小者直径5米，高1米。1977年文物普查时，发现大丘正顶有盗墓孔，地面暴露墓室砖墙一段。因未发掘，年代无考。

固城汉墓群 位于城西南15千米处的固城村，占地约7000平方米，地表有3个5米高的土丘。1974—1976年村民取土，墓室暴露，内部结构为主墓室及左右两耳室。主墓室分前、中、后三室，中室两侧有墓道。棺椁置后室，棺下有井。整个主墓长4.5米，宽 2.3米，高5米。墓中出土汉代铜镜1个及部分陶罐。现已夷平。

马村古墓 位于县城东南15千米处的马村西偏北，地表部分为一高阜，1971年平整土地时夷平，出土镞矢、铜币等，为汉代遗物。清乾隆《祁州志》载：“汉丞相陈平墓在马村西北，高阜尚存”。墓中无墓志铭，是否陈平墓不能确考。

伍仁村古墓 位于县城南15千米处的伍仁村，1988年村民取土，挖出古墓葬4座，均为拱券墓。其中之一墓室平面呈乒乓球拍形，墓室长1.74米，高1.6米，北宽0.8米，南宽1.44米，腹宽1.64米；靠东侧有一砖炕，宽0.6米，炕上有男女骨骼各一具，一头南，一头北，相向侧身卧。出土有泥质灰陶罐两个（均碎），从标本和墓砖确定为战国墓葬，此类墓葬在西伯章、北七公、宋固、沙头、奉伯、东寇等村多有发现。与战国时施行“六十还甲子”“空堂坟”的传说相吻合。

北七公碑楼坟 位于县城东北北七公村北1千米处，占地约1500平方米。为元朝镇国上将军贾辅墓。地表原为一古建群体。南至北顺序为大门、东西厢房、碑楼、坟丘，以砖墙围绕。地面建筑毁于1956年，坟丘亦于1978年农田基本建设时被毁。1988年，征集到一件墓内陶瓷枕，银锭形，长0.4米，高0.15米，琉璃面，绿底黄牡丹花饰，前竖面无釉处墨书“承安二年头显”字样。

关汉卿墓　位于县城南15千米处的伍仁村东偏北500米处。原有坟茔长4米，宽3米，高1.5米，东南一西北向。墓前树“关汉卿之墓”石碑，后塌陷，墓碑遗失。1958年，全国剧协主席田汉考察后，国家拨款修成砖墓。1986年，县政府拨款重修。现为直径10米、高3米的砖基大墓，四周遍植松柏，墓前树碑。碑阳“伟大戏剧家关汉卿之墓”由河北省书法家协会主席黄绮书丹。碑铭《重修关汉卿墓碑记》由中华关汉卿研究会常任理事常林炎撰文。

附：重修关汉卿墓碑记

十三世纪，我国伟大的戏剧家关汉卿，号已斋叟，元时祁州伍仁村人。生而倜傥，博学能文，滑稽多智，蕴藉风流，为一时之冠。他既是作家，又是戏剧活动家和演员，为有元一代剧作之卓越代表。著杂剧六十三种，今存十八种，乃民族艺术之精英，人类文化之瑰宝。一生以艺术为武器，为人民代言，向暴政开战，其艺术成就，光耀千秋！一九五八年世界和平大会理事会列他为世界文化名人，全球举行纪念。关汉卿之真正贡献，一如其生平，在旧中国长期被埋没。建国以来，始得光昭。其精神遗产，渐为进步人类所共有。其遗迹传说在故里世代相传，老幼引以自豪。惟今陵园荒芜、墓石坍颓，令人殊感不安。今我国家昌盛，百废俱兴，緬怀先哲，建此碑石，以志纪念。

伟大艺术家永远属于人民！

人民戏剧家关汉卿永垂不朽！

安国县人民政府立

河北省师范学院教授常林炎撰文

中国书法协会理事会胡旻题字

一九八六年四月十日

（三）古建筑

伍仁桥　原名万寿桥，又称贵妃桥。位于伍仁桥村，磁河之上。桥为石质，现基本完好。该桥建于明朝万历二十六年（1598），桥身长65米，宽6.7米。桥基由柏木桩、山炭和石板筑成。该桥为五孔联拱结构，桥墩、拱券、桥身、桥面间均由铁腰、铁锔加固，浑然一体。中孔北壁靠拱券处，嵌有贵妃石一方，色黝黑，质细腻，不同于它石。桥面两侧栏板雕有云纹装饰，26对望柱雕有石狮，狮上雕狮，不可胜数。北有石象，南有石狮雄踞桥头。附属建筑，北有三忠阁，南有万寿坊，东南树九龙碑，西南有三教庵，现无存。1982年7月，该桥被定为省级文物保护单位，保护范围为桥周40米，1986年安束公路改线，于桥西百米处新建混凝土大桥，石桥禁止通行。

附：敕建万寿桥碑记

皇帝二十有六年，乃命建万寿桥于祁之伍仁店。工成，执事者谋镌诸石，以志不朽云。盖祁面北而治，三河如带，其最南泱伍仁店而流者，曰磁河。古渡则舟车之辐辏、京省之要津也。而磁之为河，自五台建瓴而下，输委于天津。身狭势迫，每盛则泛滥洪涛，无航可渡。居民旧以木为桥，辄修辄圮，每不能胜阳候之波。故议者谓欲建百世之利非更而之石不可。而祁蕞尔，邑无足饱，庸人一餮，端望盛明矣。会太监王朴以为请，而天子曰：“可”即命赉内帑金钱，以行于是。众议佥惬，万杵雷应。程工畚土，伐石庀材。已而，公输呈技，冯夷效灵，经始于万历戊戌至辛丑仲夏而落成，横亘百尺，高可数寻，直若弦，折若磬，流若布，平若砥。望之若垂长虹，跨紫虚；履之若徙明河，趣阁道。其役之兴，凡涸帑金者以数千计。縻工之力者，以数万计。盖皇上仁爱吾民也，深将出之，垫隘而予之以百世之福。故为是大费与大劳而不辞也。比者，海内嚣然，殍以泽量，而大内宝镪山积，诸当事者遑遑伏阙下叩阍，为民请命，曾不得一中上心。而中官一言听若转圜，何难易若斯之悬也。盖余因事而窥皇上之志矣，其倾听于中人者，宁不欲借聪于外庭。其始达于一流者，宁不欲横被于四海。其捐金数千而不惜者，宁不欲倾囷倒廪而以六合为盖藏。然则，其桥之成岂仅仅农政之修，区区利济之惠欤。惟是斯世斯民胥跻寿域者，实此为之发端也。夫散斯人之膏血，以寿斯人，还敛斯人之福极，以寿一人，是海内无疆之休，莫非皇上之寿，即石崖天齐，优未足比其久也。扁曰“万寿”不亦宜乎？之役也，督造者即王公朴，系御马监太监，主管乾清宫，而国子生宋君学诗，实佐其事例得备书，是为记。

万历三十七年岁次乙酉季夏吉旦立

药王庙 位于县城南关，占地面积3200平方米，建筑面积971平方米。其前身是皮场王庙，始建自宋太平兴国年间，经历代增修扩建，至清咸丰年间始成现有规模。药王庙集数百年建筑艺术之大成，为县内建筑史上之精品。

药王庙坐东朝西，整体建筑分为三进院落，处在一条东西向轴线上。庙门前是一木质牌楼，高8.4米，建于清嘉庆二十三年（1818）。牌楼为三栋四楹，庑殿顶琉璃瓦面，斗拱飞檐，苏式彩绘，风格典雅凝重。牌楼正面额书“显灵河北”，背面额书“封加南宋”。牌楼两侧配有铁旗杆与石狮，铁旗杆高达24米，每根重约15吨，系采用屯土浇铸法，历时3载，于清道光十二年（1832）铸成。旗杆上铸有两条盘龙，三重刁斗，顶铸翔凤，中部挂有一幅铸铁对联，上联：铁树双旗光射斗；下联：神庥普荫德参天。穿过牌楼便是正门，门楣上悬有“药王庙”匾额，为清乾隆间大学士刘墉所题。

进门为马殿（实为大门过庭），南北分别塑白、红色骏马1匹，造型生动，神骏异常。马旁各有马童。

前院内古柏掩映。钟鼓二楼南北相望，规矩相类，长宽各4米，高8.1米，布瓦歇山顶，银锭玲珑脊，脊饰吻兽。

穿过垂花门，进入中院。垂花门两侧是一带长廊，壁嵌石刻，记录了清代历次修葺药王庙的捐赠盛况。院落正中为药王墓，墓亭建于明永乐年间（1403—1424），高6.3米；飞檐斗拱，金碧辉煌，亭内树一幢套色穿龙透花枣木碑，上刻“敕封明灵昭惠显佑王墓”10个大字。墓亭正东为药王正殿，是药王庙的主体建筑。正殿始建于明永乐年间，规模宏伟壮观，面阔3间，进深3间，叠梁式硬山顶。殿内泥塑彩绘像7尊，正位药王像，黄袍金面，持七星牌，神态端庄。两厢文臣武将，昂首挺胸，英姿勃勃。南北配殿建于清嘉庆二十三年（1818），北殿塑华佗、张介宾、刘河间、孙琳、张子和，南殿塑扁鹊、张仲景、孙思邈、皇甫士安、徐文伯，南北两殿又称名医殿。天井和南北两碑房内碑石林立。

出角门东行至后院。后殿规模与正殿相同，是药王寝宫。内塑药王及王后侍女。

中华人民共和国成立初，药王庙中塑像全部拆除。1959年，国家拨款，修葺该庙，对外观整修剔补和油漆、彩绘。“文化大革命”中，药王庙屋顶吻兽、琉璃瓦被毁，院内石碑被推翻，透花枣木碑被烧，其他设施毁坏严重。1978年，县政府拨款翻新部分漏雨屋顶，修补被砸石狮，并照原貌油漆彩绘。

1985年3月9日，县第九届人大常委会第五次会议审议批准，全面整修药王庙。河北省拨款5万元，保定地区拨款2万元，县内外单位和个人捐助27.44万元，总计投资34.44万元，对药王庙复貌整修。土木工程、泥塑、碑刻分别由流各庄建筑公司古建队、天津泥人张彩塑工作室、曲阳县羊平雕塑建材公司承揽。此次修复，从1985年3月20日始，至9月30日完成，历时194天。修复项目主要有木作、瓦作、油漆作、彩画作、石作、铸作等157项细目，投入百余人。经修葺，基本恢复清代原貌。

金龙大王庙 位于县城西北3.5千米的杨翟村内。建于明代，整体为一建筑群落。由南至北依次为戏台、广场、牌楼、钟鼓楼、东西配楼、正殿、饮马坑等，占地7530平方米。庙中神主为临安谢太后之侄谢绪。

400 多年间，金龙大王庙保存基本完好，“文化大革命”期间，庙宇遭严重破坏，仅存大殿一座，且破败不堪。1985 年，确定该庙为县级文物保护单位。1988 年，县文保所和杨翟村文物管理小组发动群众，集资 3 万元重修，添补吻饰，翻新瓦面，装修门窗，重砌院墙及山门，油漆彩画，使其焕然一新。

（四）古树

至 1990 年，安国有县级文物保护古槐 8 株，见表 17-10。

安国县级文物古槐一览表

表 17-10

位置	腰围（厘米）	高度（厘米）	树帽直径（厘米）	估计树龄（年）
奉伯村	240	750	1200	400
伍仁村	215	800	1050	350
药王庙	220	1000	1100	350
县剧场	350	1200	1200	500
杨翟村	310	800	800	300
北都村	520	1100	1400	560
东巷村	340	900	900	400
南仕庄村	262	600	600	350

安国县文物保管所部分馆藏文物一览表

表 17-11

类别	文物名称	出土或搜集年份	考古分期	规格构造	备注
陶瓷类	陶　鬲	1986	商代	高 0.12 米，口径 0.1 米，圆口折沿方唇，深腹，三足，质地为夹沙灰陶	
	陶　轮	1986	商代	直径 0.045 米，圆轮状，泥质灰陶	
	陶　鼎	1986	战国	两耳，三条锥状足，子母口，盖上装三个菌状握手，高 0.24 米，口径 0.2 米	
	陶　壶	1986	战国	高 0.33 米，口径 0.12 米，足径 0.11 米，敞口折沿，高领颈内收，深腹略鼓	
	陶　豆	1986	战国	高 0.16 米，口径 0.19 米，子母口，球腹，下装喇叭形圈足	
	陶　匜	1986	战国	直径 0.14 米，高 0.04 米，瓢形	
	陶　罐	1986	战国	高 0.25 米，口径 0.17 米，大敞口，唇外翻，短颈，圆肩，深腹细绳纹	
	陶　瓮	1986	汉	高 0.69 米，口径 0.42 米，小口唇外卷，圆肩圆底，肩部铭文“大富”，灰色	
	坛　子	1986	汉	高 0.22 米，口径 0.16 米，足径 0.19 米，敞口方唇，筒腹，平底	
	陶　仓	1986	汉	高 0.19 米，口径 0.1 米，足径 0.12 米，盘口，短颈，筒腹，平底	
	井　圈	1984	汉	直径 0.12 米，高 0.48 米，粗绳纹，夹沙灰陶	
	大板瓦	1984	汉	长 0.41 米，宽 0.25 米，布纹，灰陶，顶部有锯齿口	

续表 17-11

类别	文物名称	出土或搜集年份	考古分期	规格构造	备注
陶瓷类	砖	1984	汉	长 0.34 米，宽 0.18 米，厚 0.07 米，粗绳纹	
	陶　罐	1985	汉	高 0.22 米，口径 0.14 米，足径 0.11 米，小口唇外卷，短颈，圆肩，鼓腹	
	盏　托	1985	宋	高 0.15 米，口径 0.06 米，托径 0.11 米，足径 0.05 米，瓷白细腻，造形灵巧	
	陶　枕	1987	金	银锭形，枕面白底，绿叶黄牡丹花饰，其他部位绿釉不到底	
	双耳白釉壶	1988	元	高 0.16 米，盘口，细颈，圆肩，深腹，略鼓，满布龟裂纹，釉不到底	
	白釉黑彩茶壶	1988	元	高 0.09 米，口径 0.055 米，足径 0.065 米，敛口，圆肩，斜直管状流，有尾，平底，面饰蝴蝶图案及一“福”字，瓷质	
	青白瓷盖罐	1988	元	高 0.15 米，口径 0.09 米，足径 0.085 米，直口，斜肩，深腹，平底，形似莲蓬	
	白瓷碗	1988	元	口径 0.21 米，高 0.07 米，足径 0.08 米，敞口圈足，釉不到底	
	酱釉葫芦罐	1988	元	高 0.16 米，足径 0.06 米，束腰处两环形耳，平底，釉不到底，瓷质	
	黑釉梅瓶	1988	明	高 0.26 米，足径 0.1 米，小口唇外卷，短颈，圆肩，深腹略鼓，腹下收，平底	
	两耳酱釉壶	1988	明	高 0.34 米，足径 0.07 米，小口斜肩，筒腹下收，平底	
	鱼形灯碗	1988	明	直径 0.12 米，平面呈鱼形，黑釉，内不到顶，外不到底	
	蒜头瓶	1988	明	高 0.2 米，足径 0.06 米，陶质，颈和底各有一道回纹，腹部曲折纹	
	铜胎珐琅彩瓶	1988	清	高 0.24 米，口径 0.09 米，足径 0.085 米，大敞口，唇外卷，长颈，圆肩蓝底，绿叶白牡丹饰	
	青白瓷蓝花碟	1988	清	口径 0.15 米，浅腹，圈足，周围饰三组虫草图案，盘心大花一朵	
	青白瓷坛	1988	清	高 0.07 米，口径 0.04 米，小口唇外卷，短颈，圆肩，鼓腰，圈足	
	白瓷小花瓶	1988	清	高 0.11 米，口径 0.015 米，足径 0.05 米，小口唇外卷长颈斜肩，深腹内收	
金类	铜　剑	1986	战国	长 0.33 米，双锋，长柄	已残为两段
	铜菩萨	1975	明	高 0.16 米，重 2.5 千克，面部端庄，衣带自然，横坐犼上，右手执法器。兽卧姿	
	铜　镜	1985	汉	直径 0.155 米，人物花草纹饰	
	铜　镜	1985	宋	直径 0.075 米，柄长 0.07 米，花草纹饰	
	六耳锅	1986	金	铁质，口径 0.37 米，因锈蚀六耳均腐	
	古钱币	1989		包括布币、刀币、蚁鼻钱、五铢钱及历代铜钱共 1001 枚	
石类	石　斧	1986	新石器时代晚期	其一长 0.1 米，宽 0.07 米；其一长 0.01 米，宽 0.05 米。光滑，显刃口	二个
	石　猫	1986	商（判断）	扁圆形，直径 0.29 米，卧姿，中间有一圆孔	

续表 17-11

类别	文物名称	出土或搜集年份	考古分期	规　格　构　造	备注
石类	石浮雕	1986	不可考	高 0.15 米，宽 0.14 米，镌一人形，一兽形，造形原始	
	石雕菩萨	1986	北齐	汉白玉质，高 0.2 米，宽 0.14 米，背雕佛光，立姿，女像	
	双狮虎头砚	1986	元	长 0.15 米，宽 0.1 米，虎口大张，双狮卧于两侧，风格凝重	
	石雕佛	1986	明	高 0.29 米，宽 0.37 米，佛像坐姿，雕工精细，汉白玉石质	

二、革命文物

（一）安国县烈士陵园

位于县城东 0.5 千米处的东山。县烈士陵园于民国 32 年（1943）9 月始建于高业村，1967 年 5 月移于现址，1984 年定为县级文物保护单位。陵园南北长 105 米，东西宽 40 米，占地 4200 平方米。中央为一方形高台，长 68 米，宽 40 米，高 6 米，四周砌砖。主体建筑纪念碑、骨灰堂、东西碑房均在高台之上。纪念碑矗立高台中央，系砖混结构，通高 8.3 米，须弥式底座，方形碑帽。碑阳阴刻楷书“革命烈士永垂不朽”，碑阴为安国县党政军民敬献的悼文。碑后北房 5 间。中 3 间为骨灰堂，存放逝世国家干部或因工牺牲工人的骨灰盒，东西各一间为碑房。西碑房树碑两通，移自高业村烈士陵园，一号碑是抗日战争时期安国县党政军民缅怀英烈的悼词，二号碑是抗日战争时期最后一任县长张克为烈士的题词。东碑房树碑两通，镌刻着抗日战争及解放战争中牺牲的 526 名烈士英名。

陵园内遍植松柏、龙爪槐、龙须柳，林木葱茏，花坛密布，每逢清明节，学生、工人、干部到这里祭扫陵园，缅怀先烈。

（二）毛主席视察纪念馆

1970 年，为纪念中共中央主席毛泽东 1958 年 8 月 5 日到安国视察而建。馆址位于县城东北 1000 米处，占地 1300 多平方米。内有北房 5 间，砖木结构，屋顶起脊。屋内陈列毛泽东主席当年视察时参观农田及与农民交谈的多幅照片，还有安国县自 1958 年以来工农业发展情况的大量图片。院中央即为毛泽东主席当年视察休息过的窝棚，陈列着毛泽东主席用过的竹扇、毛巾、草帽等。东配房 3 间，为馆内工作人员居室。院四周为花格围墙，墙内植塔松数株。

（三）周恩来总理视察纪念馆

设在安国县制药厂内，陈列国务院总理周恩来视察安国县制药厂时的一组照片及周恩来总理为安国制药厂题词：“敢想、敢说、敢干，苦干、实干、巧干”。

（四）西伯章烈士亭

位于县城北 15 千米处的西伯章村北 400 米处，占地 600 平方米，系该村抗日战争中英勇献身的九烈士纪念碑，为县文物保护单位。墓亭基址长宽各 3.2 米，高 5.3 米，通体为砖瓦结构，起脊宝顶，四壁各有拱门一个。亭中树汉白玉石碑一幢，通高 2.67 米，呈四棱柱形，顶端渐收。南面为碑阳，上部竖镌“捐躯殉国流芳百代”8 个大字，下部镌九烈士英名，右下角落款为出卖九烈士的 8 个汉奸及叛徒的名字。西、北、东三面为碑文，记述了在抗日战争年代九位烈士可歌可泣的斗争事迹。亭北 7 米处为烈士公墓，砖砌坟茔，坟前放一石桌。

此墓碑亭建于民国34年（1945），抗日战争胜利后，抗日民主政府惩处叛徒汉奸，勒令其卖田立碑，在烈士殉难的地方建起公墓和碑亭。

（五）万人坑

位于县城北环路南文化馆西侧，为一南北长80米，东西宽60米的深坑。此地是抗日战争时期日军杀害抗日军民弃尸的地方。日军侵占安国期间，实行野蛮的“三光”（杀光、烧光、抢光）政策，制造了数百起骇人听闻的惨案，先后抓捕抗日干部和群众上万人，残杀后弃尸于“万人坑”内。为缅怀先烈，激励后人，1984年政府将这块渗透了中华儿女鲜血、记录了法西斯兽行的地方定为县级文物保护单位。

（六）革命烈士纪念碑

据调查，抗日战争胜利后至中华人民共和国成立初期，全县共建革命烈士纪念碑122通。列表于下：

安国县革命烈士纪念碑分布情况表

表17-12

乡镇名	通数（通）	分布
西伏落乡	6	西伯章2通，东伏落、中伏落、西伏落、张家营各1通
石佛镇	4	南阳村、路景、石佛、立庄
淤村乡	9	小营、北各堡、东各堡、大营、姬庄、观音堂、北河、八五、康庄
大五女镇	3	郑村、大五女、张店
西安国城乡	9	西安国城、东安国城、西寇、堼头、北流罗、南流罗、南堡、北堡、马固
北段村乡	9	瓦子里、北段村、翟家营、北都、黄台、边三庄、南段村、中照村、西照村
郑章乡	8	郑章村、边家庄、谢家庄、行唐、海市、南王买、北王买、南徐辛庄
西崔章乡	5	东崔章、西崔章、八方、固西、固城
南郭村乡	3	沙头、军诜、宋固
焦庄乡	9	南张庄、统一村、郑家庄、焦街、杨横、辛庄、王庄、小南流、焦庄
东河乡	8	北徐辛庄、东长仕、东河、舍二村、子娄、西固、西河、西长仕
伍仁桥镇	8	流昌、奉伯、寺下、中送、伍仁村、南章令、流托、伍仁桥
南娄底乡	7	南娄底、高业村、北张各庄、西北马、东北马、南马、卓头
南仕庄乡	10	东王奇、西王奇、王奇庄、南七公、刘庄、东张庄、流霜、南仕庄、贾村、北仕庄
明官店乡	1	张乡
门东乡	5	门东、大文、阎村、中阳、齐村
常庄乡	8	新安、韩村、常庄、杨翟、西栱、东柴里、营二里、东栱
流各庄乡	5	甄庄、流各庄、郑各庄、南程各庄、东寇
大李庄乡	5	景中、杨庄、里河、西张庄、大李庄

附1：安国县阵亡烈士公墓碑

烈士们用鲜血换来的民主幸福，以头颅争来的国土解放，他们是人民的子女，是人民的父母，更是民族的英雄。回忆抗战开始，国民党军队溃乱逃窜；当时的安国县长张仰文乱搜民脂，拐骗民粮，也飞驰地闻风而南逃。抛弃肥沃的土地，任敌践踏；扔掉我广大人民遭敌惨杀。土匪也趁机遍地蜂起，社会秩序异常混乱，人人昼夜不安。我全县人民陷在水深火热之中，几乎无以图存。赖有共产党领导的八路军转战敌后，挺进冀中，到达我安国县，逐敌灭匪收复失地，人民才见到民主曙光。这两种不同的情况，深刻印在人民的头脑里。永远不能忘掉五一敌人“扫荡”冀中，我安国，亦随之变质，自此敌人更加残暴异常，日日“清剿”，天天抢掠，催夫．抓军、征粮、要钱，刺刀逼着人民自己去掘自己的田地，去挖祖先的坟墓，筑成沟路；折了自己的房子修成岗楼，建碉如林，沟路如网，出门过沟路，抬头见岗楼。敌人整天到村集民开会，锣鼓振天，群众莫不心寒，烧房毒打，捆绑灌水，逼人民早死。无耻的汉奸国特丧尽天良，同敌合流，依势欺人，千方百计杀害抗日军民，强迫人民维护皇军，不服就毒打，摇头就刀杀，更恫吓父奸其女，子淫其母，青年妇女赤身裸体，刀刺孕妇，任意玩弄，会场就是刑场，人间变成地狱。尤以敌人横征暴敛摧毁生产，以致造成水旱虫灾，地养人变成人养地。家家不见米，人人吃糠咽菜，妻离子散，家破人亡。我县人民回想到五一后艰苦的生活及敌人的残害，无不咬牙切齿，摩拳擦掌，恨之入骨髓，残暴的敌人，只能增加人民的仇恨；敌人的暴力，只能激起人民的反抗与气愤；汉奸国特的造谣破坏，只能增强人民的团结与斗争意志。残杀吓不服人民的坚决意志，暴力战不胜人民的正义热血。五一后的两年间，安国人民不怕敌人的狠毒，不受敌人利诱，始终团结在共产党周围，共产党八路军始终是和人民在一起，打成像钢铁一样，誓死顽强抵抗敌人的进攻，英勇打击敌人的残暴。我安国的党政军民各级干部，在上级的正确领导下，对敌人斗争的毅力更加高涨起来，始终坚守着阵地，以不怕牺牲不畏艰险的精神，以反突击来对付敌人的突击，以反清剿对付敌人之清剿。为了保卫人民生命财产，黑夜当白天，风来雨去，睡卧不安，放下笔杆就拿起枪杆，离开文案就上战场，将敌人的法庭当成讲演台，非刑拷打问不出一字真言，吐不出一丝秘密，刺刀威胁着群众也逼不出抗日干部，烈士们临危不屈，壮烈殉国。他们充分发扬了伟大的高尚的民族气节，吓破了敌人的狼心兽胆，终于粉碎了敌人的“清剿”“扫荡”，创造了这许多英勇节烈、可歌可泣的事迹。在历史上是最光荣的一页，是值得我们纪念的。今天在共产党的领导下，党政军民坚强团结一致，努力扩大解放区，收复城市及交通要道，粉碎了敌人之碉堡政策。祖国的旗帜，又在广大土地上威风飘扬，千百万的人民又得到了自由解放，打开了胜利的新局面。这是烈士们的鲜血头颅换来的，我们要为烈士们复仇雪耻，踏着他们的血迹向前迈进，继续奋斗，为覆灭全世界法西斯匪徒，打败日寇，实现民主的联合政府，为建立新民主主义的新中国而努力消灭中国法西斯。

晋察冀冀中七分区安国县党政军民建

附 2：

安国县县长张克为革命烈士题词

献　给

安国县死难阵亡烈士们：

为国家、为民族，英勇殉国。不畏险，忠革命，虽死犹生。前赴后继，我辈要以实际工作来追念；脚踏实地，为彻底打败法西斯而奋斗！

安国县县长张克题词

附 3：

张乡村烈士碑文

碑上所载的芳名，
　　是人民英雄，
　　也是全国的好汉。
　　为了国家独立，民族生存，
　　奋勇捐躯，和敌人拼干！
　　此种精神，博得了人人称赞！
忆昔当年：
　　倭寇侵我边疆，
　　犯我主权，
　　奸淫虏掠，
　　惨绝人寰。
先进的烈士们：
　　慷慨激昂奔赴前线，
　　站在人民的最前面，
　　和暴敌周旋。
　　你们的精神，
　　干！干！干！
　　你们的热血，

沸腾冲天！

先进的烈士们：

整天与敌搏斗！

你们的心，一个个，

锻炼得似钢铁一般，虽置身汤镬，

尚高呼解放，

高呼向前！

烈士们的血：

换来了抗战胜利，

摧毁了数千年的封建。

人心所趋，

民主实现，

国民党反动派，

当然不愿，

因他们骨子里长就了，

独裁卖国的心肝，

借助美帝，

燃起了内战火焰，

人民的革命事业，

岂肯半途中断，

我优秀儿女，

继承抗日经验，

再接！再励！

和反动派们拼干！

先进的烈士们：

冲破了敌人无数的封锁线，

爬过险巅高山，

受尽风露雨晒，

精神愈加奋然，

杀敌似虎英勇向前，

发挥无产阶级高尚品质，

光荣战死前线，

碑碣上才把美名传。

今天在毛主席的领导下：

将反动派根本推翻，

解放的旗帜全国插遍，

烈士们的意志完全实现。

烈士们：

虽永隔台泉，

芳名光辉灿烂，

勒铭碑碣，

阖村腾欢，

春秋常祀，

群众和英灵，

永远为伴，

永远为伴！

张乡村全体村民立

中华民国三十八年七月上旬

第四章　卫　生

第一节　医疗队伍

一、中　医

域内医药发达，中医颇多。唐代，县人张易之因善冶药石被荐于朝庭，受幸武后。金末，伍仁村关汉卿以医术高超而任太医院尹。明、清时期，县内药铺林立，药工、店员耳濡目染，人人粗通医道药理，各村亦均有处方、针灸的看病先生。清末，小有名气者有戴绳武、戴湖、张汝翼、宋洛海等。赴外地行医者，或“坐堂”，或“游方”，详情无考。民国7年（1918），挂牌行医者300余人，在官府备案者90人，其中知名者有金钟大药房的坐堂医生陈善基，延寿堂药铺的坐堂医生王文田，奉伯村宋克已，流昌村崔洛如，北娄村郑毓林，西伏落村邢洛如，霍庄村房洛学、张金元等。七七事变后，药铺大部分倒闭，医生歇业，日军投降前夕，从医者不足百人。

民国35年（1946），县民主政府组织成立医生联合会，鼓励医生开业，年底开业者达230人。1954年，河北省卫生厅确定安国县为卫生工作重点县。7月，从业中医增至321人，翌年达495人，其中内科240人，外科20人，儿科43人，针灸6人，正骨4人，按摩3人，眼科17人，喉科6人，其他156人。中医占医务人员总数的77.4%。是年，改医生联合会为“安国卫生工作者协会”，时有会员410人。此间，知名中医很多，李鹤鸣、李巽鸣、霍超群、史云如、陈从周、平兆霖、陈木堂、张宝贤、高新淼、焦耀然等均有较深造诣。1956年改革医疗体制，组织乡医成立联合诊所，部分庸医被淘汰。至1957年保留中医162人，占医务人员总数的67%。1958年，有80名中医带徒150人，经过4年学习，35人取得从医资格。1966年，有中医180人，占医务人员总数的50%。李鹤鸣、李巽鸣、霍世昌、王兵山等一代中医驰名县内。之后，中医逐年减少，至1978年仅有92人，占医务人员总数的20.8%，其中中医师1人，医士20人。此后，国家重视中医药事业发展，鼓励中医以自学、老带新等方式深造。1980年职称评定中，4人被评为中医师，82人被评为中医士。1985年，实行医务人员职称聘任制，聘中医85人。1990年，在职的93名中医中，有副主任医师1人，主治医师45人，医师35人，医士4人；中药师3人，药士 5人。

二、西　医

民国16年（1927）基督教安国牧区中华圣公会医院开业时，有医生、护士、医务管理人员40余人。民国21年（1932）安国天主堂设立德来眼科诊所时，有医生、护士5人。民国23年（1934）后，县人赵坤璞、南阳村刘亚夫、县城西南关吕鸿钧等人先后在城内开办西医诊所。民国26年（1937），西医达60余人。日军侵占安国后，城内诊所全部停业，教会医院亦萧条冷落，西医从业者锐减。解放后，县民主政府积极扶持发展医药事业，教会医生、军队回乡医官、外地医院回乡医生及县内粗通西医者，相继在城乡开业应诊。民国 37 年（1948），城内西医从业者 14 人。中华人民共和国成立后，西医事业发展很快，1955 年西医诊所 76 家，从业西医 123 人，1957 年西医达 155 人，其中内科 90 人，外科 16 人，妇科 8 人，眼科 4 人，牙科 1 人，妇产科 20 人，药剂员 2 人，护士 12 人，练习生 2 人，131 名西医加入安国县卫生工作者协会。其后，医科大、中专毕业生陆续分配到县，1966 年有西医 200 人，知名者有外科李新、张昆，妇产科吴松泉，儿科曹秀金，内科尹淑玲等。1970 年，农村办合作医疗，每个大队选 2～5 名中青年入村卫生室学医，称“赤脚医生”。1971 年，有西医 182 人，“赤脚医生”648 人。是年和翌年，分两期抽调赤脚医生 30 余人分别到县、祁州镇、庞各庄、伍仁桥医院学习，学后补充到各公社卫生院。1979 年，836 名“赤脚医生”中 730 人参加全省统一资格考试，536 人获“赤脚医生证书”。1980 年，国办和集体所有制西医 386 人，其中大专 32 人、中专 71 人。是年，评定医师 4 人、医士 117 人、护师 2 人、护士 37 人、助产士 4 人、药剂士 16 人、检验师 1 人、检验士 9 人。之后，每年选送医技人员到大中专院校和大中城市医院进修。至 1988 年，县卫校培训农村医生 584 人，大中专院校进修后回县者 20 人。1990 年，全县 476 名西医中有主任医师 2 人、副主任医师 6 人、主治医师 57 人、医师 114 人、医士 37 人；主管护师 8 人、护师 32 人、护士 53 人；主管药剂师 12 人、药剂师 21 人、药剂士 41 人。

1990 年安国县中西医技人员分科情况及学历结构一览表

表 17-13　　　　单位：人

职称＼人数＼项目	小计	专业							学历			
		西医	中医	护理	药剂	放射	化验	其他	大学	大专	中专	学徒或自学
主、副主任医师	10	8	1	1	—	—	—	—	3	5	1	1
主治医师	136	57	45	8	12	8	6	—	18	23	43	52
医　师	260	114	35	72	24	3	11	1	10	26	120	104
医　士	163	37	4	53	46	3	10	10	—	—	26	137
合　计	569	216	85	134	82	14	27	11	31	54	190	294

第二节　医疗单位

一、私营诊所

历史上，域内乡间较大村镇多有药铺，铺主亦东亦掌，药品购销、诊病、配方一身兼顾。城内药铺多聘“坐堂先生”门诊。药铺多前店后厂，诊病处方配药，批发、零售成药。明代著名药店有三槐堂、永和堂、瑞生堂、体延堂等。清光绪五年（1879），城乡有药铺 400 余家，著名者有万春堂、益寿堂、太和堂、世一堂、人和堂、永顺堂、聚盛堂等。老字号药铺多治店严谨，恪守信誉，配药准确，用药地道。民国初，200 多家药铺中，百年以上的老字号达数十家。七七事变后，城内药铺多停业或迁天津等地，安国解放后始又恢复。民国 35 年（1946），城内出现西医诊所，翌年西医诊所有十数家，较大者有夫妇、永康、新新、济兴等。1956 年，组织医生走集体化道路，城内不少诊所归并祁州镇医院，乡村建大队卫生室，私营诊所绝迹。1981 年，大队卫生室解体，城乡个体诊所相继兴办，1990 年城乡个体持照诊所 700 余家，农村个体诊所除诊疗外，还担负着防疫和妇幼保健普查普治。

附 1：中华圣公会医院

民国 10 年（1921），基督教安国中华圣公会于县城东关筹建中华圣公会医院。民国 16 年（1927）建成，6 月 1 日典礼开院。该院占地 14 亩，分男女两院，有房舍 94 间。男院包括门诊、药房、男病房、办公室、护士宿舍等，女院包括女病房、割症房、澡堂、更衣室、医职人员宿舍、库房、厨房等。中华圣公会医院是保定以南百里范围内第一所西医院。该院在日军侵占时遭严重破坏，民国 34 年（1945）县城解放前夕闭院。

附 2：天主堂德来眼科诊所

民国 17 年（1928），安国天主堂德来修女会修女多德于顺德府（邢台）天主教医院就医，愈后留医院学习眼科，兼习儿科。翌年，多德归来，安国教区又派修女安理、玛丽、智劳、智德 4 人赴邢台学习。民国 19 年（1930）4 人回安国，建天主堂德来眼科诊所。诊所有房舍 4 间，自备药品及简单手术器械，免费为教内外患者施治。修女会修女轮流进诊所学习，至民国 26 年（1937），修女会通晓眼科者 20 余人，医惠百里。中华人民共和国成立后，该所一直营诊，1966 年停诊。

二、县级医院

（一）安国县医院

安国县医院前身为民众医院。民国 34 年（1945）12 月，陈海川、刘一民、李福元等人在大五女筹建，时有职工 15 人，翌年迁县城西南关，民国 36 年（1947）迁东关原中华圣公会医院。1950 年，民众医院改称安国县卫生院，由国家拨小米 15 吨作经费修葺房舍，购买设备。时设办公室和公共卫生、医务两股，设病床 15 张，仅有显微镜 1 台。1953 年，职工福利药社并入该院，人员增至 32 人，其中医师 2 人，医士 11 人，护士 5 人，护理员 2 人，助产士、药剂士各 1 人。1956 年，析公共卫生股建县防疫站，始称安国县医院。人员增至 37 人，分设内、外、妇、中医、检验、药房、收费等科室，设病床 30 张。1959 年，卫生部部长李德全考察该院后，国家拨款 40 万元建住院楼，建筑面积 5000 余平方米。增设理疗、五官、麻醉、小儿等临床科室和放射、药剂等技术科室，添置显微镜、X 光机、无影灯等医疗设备，设病床 100 张。翌年，建制剂室，生产葡萄糖、生理盐水、甘露醇等大输液和苯甲醇、安痛定等小针剂 30 余种，年产值 10 万余元。

1974 年，在县医院对面路北扩建门诊楼，始成今两部（门诊部、住院部）、两区（总务区、生活区）格局。人员达 120 人，设病床 200 张。1980 年，辟住院部花园，占地 3000 余平方米。园内山水亭榭，环境幽雅，为病员理想的休憩之所。1981 年后，陆续增设急诊科、病理科、心电图室、理疗科等。1990 年，共有内、外、妇产、五官、儿、老干部病房、急诊、中医、口腔、手术麻醉 10 个临床科室，检验、放射、药剂、功能检查、供应、营养 6 个医技科室，办公、医务、护理、财务、总务、预防保健、保卫 7 个职能科室，职工 337 人，拥有救护车 2 辆，除颤仪 1 台，自动麻醉机 1 台，万能手术床 1 台，心电图机 2 台，脑电图、B 超仪、X 光机各 1 台，高分率显微镜 4 台，以及各种常用器械、仪器。是年，该院门诊 18 万余人次，住院 7381 人次，治愈好转率 97.5%，业务收入 276.4 万元，结余 38.9 万元。

（二）安国县中医院

安国县中医院前身为城关镇光明联合诊所，1955 年由县城内医生自愿组织成立，时有医生 30 人，其中中医 16 人，西医 14 人，为自负盈亏的集体所有制单位。1963 年，改为祁州镇医院，职工增至 39 人，设内、外、妇、儿、眼、牙、针灸 7 个科室和化验、透视、药房 3 个医技室。1971 年，将合作医疗土药厂改为制剂室，生产大输液及丸散膏丹各类中成药。翌年，该院过渡为全民所有制事业单位。1981年，改为安国县中医院，之后建门诊、住院、办公楼4座，总建筑面积6000平方米，辟有天井花园和楼顶花园。1990年，职工180人，设内、外、肛肠、按摩、妇、儿、眼、牙、正骨、针灸、耳鼻喉、康复、熏吸、急诊14个临床科室和B超、X光、脑电、胃电、心电、检验6个医技室，拥有救护车1辆、B超仪1台、X光机3台、高压消毒柜1台，以及脑电、心电、胃电图仪和显微镜、微波理疗机、心脏病急救仪等设备，总值20余万元。1985年和1989年，分别被中华人民共和国地方病防治领导小组、卫生部、全国爱国卫生运动委员会授予“全国地方病防治先进集体”“全国卫生文明单位”“全国卫生工作先进集体”，1989年院长吕德水在《健康报》举办的全国优秀院长评选活动中，被评为全国优秀院长。

三、地段医院

地段医院前身为区卫生所。民国35年（1946）至1951年，先后在伍仁桥、大五女、北段村、石佛建区卫生所，每所3～5人。1958年，北段村、大五女、石佛卫生所分别迁淤村、郑章、庞各庄，并分别与当地联合诊所合并，改称医院，每院20～30人。1963年，经过精简调整，每院剩10～20人，改称地段医院。各院分别设内、外、妇产、中医、放射、检验等科室，简易病床10～20张，多能施行阑尾切除等一般外科手术。1985年，庞各庄地段医院迁西安国城。之后，各地段医院医疗条件明显改善，逐步添置X光机、显微镜、脑血流图仪、心脏诊断仪及心、脑电图仪等医疗设备。淤村、伍仁桥地段医院还购置了电冰箱、恒温箱、B超仪等设备。地段医院担负着所在地区的诊疗、防疫、计划生育“四术”（上环、吸宫、引产、绝育）、妇幼保健等任务。

四、乡镇卫生院

1963年初，根据卫生部《卫生工作四十条》规定，建东河、常庄、焦庄、大五女、大李庄、明官店、南郭村、西崔章、南仕庄、流各庄、西伏落、南娄底、北段村、石佛、门东15处公社卫生所，共有职工73人。时多借用或租赁房屋，备有中西药品和部分小型医疗器械。1972年，公社卫生所转为集体事业单位，改称公社卫生院。同时，采取公社自筹与国家补助相结合的办法营建院舍，至1975年门东公社卫生院最后建成。1984年7月后，公社卫生院改称乡镇卫生院。医疗设备逐渐增多，配备了电冰箱、心脑检查仪、显微镜、X光机等，多数卫生院还购置了心电图、红外线、紫外线仪等。1990年，乡镇卫生院15所，共118人，其中医技人员93人。

五、村保健站

1956年，始建村保健站，由于乡医多数参加了联合诊所，至1957年末仅建80余个。1958年，村保健站合并到大公社卫生院，1963年析出建大队保健站，当年建站146个，医务人员314人。1969年，农村推行合作医疗，保健站改为大队卫生室，配“赤脚医生”，达到村村有医有药。1982年，大队卫生室解体。1988年，各村均建“防保站”。

第三节 医疗技术

一、临床诊治

域内药多、医多，具有较高医疗技术者亦多。清中期，县人戴绳武“谙岐黄之术”，尤善骨科，善配外敷药，常能“敷药立效”。其三子戴湖承父医术，闻名乡里。清末，县人张汝翼尤善斑疹诊治，对危重病者常能起死回生，著有《痘诊秘诀》2卷。民国年间，奉伯村宋克己，有“走马看花红（指天花），回头看斑诊”之技，并根据患者症状，将斑疹分为100余种，区别投药，立有奇效。流昌村崔洛如，善治痈疮，配药去腐肌，对疑难疮症常能妙手回春。西伏落村邢洛如，善治妇科诸症，尤对“血崩”“产后风”等施治有方。北娄村郑毓林以气功及针灸绝技行医故里及附近各县。霍庄村张金元总结出眼科108症的诊断与治疗方法；房洛学的凤凰牌眼膏系祖传秘方，闻名百里。另有诸多治疗耳疾、口疾、肤疾及多种痈疮等秘方，流传民间。

中华人民共和国成立初，挖掘了大量民间土单验方加以试验改进，用于临床，治疗技术有服、敷、炙、吸、刺、拔罐、按摩等。广大医务工作者学习理论，总结经验，医疗技术水平大有提高。20世纪50—60年代，县内即能行剖腹、开胸等外科手术及疑难病症诊治。70年代后，新增外科全胃切除、外伤性肝破裂、部分肝叶切除、尿道吻合、食管癌中下段切除等；妇产科阴道成形、腹膜外剖腹产、腹膜外子宫切除、宫颈癌广泛切除、盆腔淋巴清扫等；五官科巩膜缩短、青光眼小梁缩短、冷冻摘除白内障等；口腔科牙床再植、义齿桩冠术等。内科在治疗心肌梗塞研究上取得突破，1977年县医院收治15例心肌梗塞病人无一死亡。放射科增加子宫造影、脊髓造影、脑电图、脑血流图、A型超声波诊断。检验科增加血总脂测定、类风湿胶乳试验等。1981年，县医院妇产科主任吴松泉成功诊断和摘除一例继发性腹腔妊娠30年石胎，在全国卫生界引起轰动，近30家报纸予以报道。1989年，县医院外科大夫庞军良成功完成一例断手再植手术。1990年，县内又增加颅脑血肿清除、脉管炎股线动静脉吻合、胫骨结节陷植、肝硬化合并门脉高压脾切除加断流、肾全切除、子宫体腺癌子宫广泛切除、输尿管移植、眼前房磁性异物取出、同步注吸晶体囊外摘除、自体牙牙体再植和根尖切除等11项高难度外科项目。中西医结合治疗偏瘫、宫外孕等也取得进展。

二、理论研究

1954年7月，成立安国县旧医学术研究改进委员会，从病理、医案入手，开展中医药研究改进工作，并致力土单验方及知名中医医案挖掘和整理。1958年，结合西医成立安国县中医研究所，设专职研究人员6人，兼职研究人员8人，其主要职责是总结中医经验，研究中医理论，挖掘中医药潜力。同年，该所编辑出版《祁州中医验方集锦》，发行全国。1978年，分别组建安国县中医医学会和安国县西医医学会。中医医学会整理出《祁州中医验方集锦》第二集和《安国县名老中医验方选编》两部书稿，《祁州中医验方集锦》第二集编印发行700余市县。西医医学会开展各科研究项目16项，当年有3项成果参加省地交流。1982年，老中医李鹤鸣编写了 20万字的《针灸临床问答》，由《安国科技》专载。20世纪80年代中后期，两学会开展多学科、多领域、全方位学术探索，在省以上医药刊物发表论文百余篇。

三、民间土单验方

域内民间土单验方很多，用土单验方治病有久远的传统习惯，俗有“偏方治百病”之说，20世纪70年代大办合作医疗时，提倡土方土药，常能收到少花钱治大病的效果。域内秘方多为某氏数十年甚至百余年经数代人不断完善而成，对治疗一种或数种疾病有奇效。秘方来之不易，故不轻易外泄，多祖辈相传，失传者颇多。今尚流传的有北张村霍氏接骨丹、疮疡散，城内赵氏痄腮膏，孙氏口疮散等。域内知名中医多有自己的“绝活儿”，中华人民共和国成立后搜集整理2000余方编辑成书。

附：民间土单验方选（以下土单验方请咨询中医使用）

黄疸丸

【主治】黄疸浮肿，四肢无力，心悸不安

【方药】茵陈30克，栀子15克，苍术15克，赤伏苓45克，白术15克，猪苓15克，泽泻15克，滑石15克，砂仁15克，槟榔15克，厚朴30克，黄柏12克，木通15克，白果15克，龙胆草15克，黑矾（煅透）15克。

【用法】共为细末，面糊为丸，如绿豆大，朱砂为衣，每服20粒，白开水送下。（杜雅儒献方）

冠心病方

【主治】冠心病。胸骨后突然剧烈疼痛，心前区有压迫感，放射到颈部、左肩、左上肢内侧、小指及无名指等处。

【方药】旱三七6克，血竭花6克，沉香18克，郁金18克，没药18克。

【用法】共为细面，每服1.5克，日服2至3次。兼服血府逐瘀汤：当归10克，生地10克，桃仁6克，红花6克，甘草7克，枳壳7克，赤芍7克，柴胡9克，川芎6克，桔梗9克，牛膝10克，水煎服，每日一剂连续服用。

【治验】XX曾患胸痛彻背，左侧胸痛，连及左颈部及左上肢有沉重感，经检查系冠心病。以上方治疗20余日，又服六味地黄汤6剂。经心电图检查，心功能良好。

高血压方

【主治】高血压

【方药】生杜仲15克，生山药24克，牛膝15克，生赭石18克，生地12克，白芍12克，夏枯草12克。

【用法】水煎服

【治验】北段村胡XX（男），脉弦长有力，头痛，脚下无根，用此方2剂减轻，4剂症状消失。（史云如献方）

中风方

【主治】中风，半身不遂，手足麻木，眩晕，头痛，大便秘，言语不利等。

【方药】大黄10克，蝉蜕8克，金银花10克，连翘10克，菊花10克，牛膝20克，草决明20克，石决明20克，代赭石30克，丹参12克，胆南星8克，枳实10克，菖蒲12克，石膏30克，麦冬10克，天麻8克，桃仁10克，红花10克，赤芍10克，地龙12克，桑寄生10克，生地10克，竹茹9克，羚羊角0.5克，槐花10克。

【用法】水煎服

注意：如中风初起昏迷、血压高，可配合针刺疗法，刺人中、十宣、合谷、风池、百会出血，曲池、足三里、中冲、耳尖放血，针后应检测血压，若下降，可继续针，否则不宜针。如病见昏迷，四肢冰凉，可灸关元、神阙。如中风昏迷偏热者，治以清热开窍，可加服牛黄清心丸，或安宫牛黄丸，每次1丸，日服2次。（李鹤鸣献方）

久泻不愈方

【主治】久泻不止，一日数次至数十次，面黄肌瘦，四肢无力。

【方药】党参12克，白术14克，茯苓13克，陈皮12克，生黄芪30克，砂仁10克，肉桂12克，干姜12克，黑附子10克，怀山药15克，泽泻14克，甘草10克，大枣5个，白芍15克。

【用法】水煎服

【治验】安国县城内沈某某，女，患腹泻10余年，面黄肌瘦行动无力，每日大便10余次，经用此方10剂泻止，又服20余剂痊愈。（李鹤鸣献方）

糖尿病方

【主治】中宫失调，脾热，善饥，口渴，多尿，大便秘，体瘦无力，心悸症者。

【方药】知母18克，大黄12克，栀子9克，石膏60克，黄柏9克，金银花15克，黄芩9克，芒硝9克。

【用法】水煎服

【治验】流霜村李某某患三消症，善饥、善渴、善尿、羸瘦如柴，经用此方1剂，大便通，状如羊矢，饥渴减；2剂大轻；5剂症状消失。又西河村赵某某之母，62岁，患三消症兼腹肿，经天津某医院治疗一年反加重，用此方并加针刺，每日1剂，连服半月余症状消失。（李鹤鸣献方）

鹅掌风方

【主治】鹅掌风

【方药】红信6克研细面，香油15克。

【用法】先用火将患手烤3分钟，候冷，将药油抹手掌上搓匀，再用谷草火烤手。切忌入口。（康金华献方）

第四节 药 品

一、中 药

域内药源丰富。清及以前，域内医病用药全部为中药，剂型有汤药和丸、散、膏、丹、露、酊、水等成药。县人多习惯服用汤药，一为便于调方，治病灵活；二为草药便宜，患者易承受。中成药品种颇多，多系药店自制自售。明清时期，固定配方成药达500余种，其中回春丹、益母膏、十全大补丸、大活络丹、牛黄清心丸、冰硼散、接骨丹、安宫牛黄丸等久负盛名。中华人民共和国成立初，亦以中药为主。20世纪50年代后，随西药的大量应用，中药用量相应减少。80年代始，中成药不断改进，多以中药西制的冲剂、片剂、针剂代之，中成药用量逐年回升。

二、西 药

20世纪20年代初引入西药。中华圣公会医院开诊后全部使用西药。当时，县城内中药店有售西药者，仅有阿司匹林、正痛片等少数品种，其量甚微。50年代初，随西医诊所逐年增加，西药广泛用于临床，药物种类有盘尼西林（青霉素）、磺胺、维生素等100余种。1958年后，抗菌药物品种逐年增多，各种消炎止疼药、抗结核药、抗癌药、治疗心血管病药相继被采用。县医院及地段医院均成立制剂室，能生产小针剂30余种，葡萄糖、氯化钠等大输液5种。1990年，县医院投资15万元装备大输液自动生产线和一系列大中型配套设备，所产药品各种技术指标均达国家标准。是年，西药用量达500余种。

第五节　卫生防疫

明清时期，传染病防治事宜由医学提领。民国时期，警察局内设卫生警察，负责传染病监测。民国34年（1945）至1949年，县民政科负责传染病防治，各乡、村建防疫委员会。1950年，县卫生院公共卫生股负责防疫灭病。1956年，成立安国县防疫站，编制8人，1968年与县医院合并为安国县人民卫生防治院，1971年复分设。1974年，防疫站增至12人，设卫生组、防疫组、检查组和办公室。地段医院、公社卫生院、村卫生室设专兼职防疫员，形成防疫网络。1983年，县防疫站增至32人，设卫生科、防疫科、食品卫生科、检验科、宣传科和办公室。1990年县防疫站增至47人，有卫生防疫人员37人，其中，主管医师9人，医、技师21人，医、技士5人。

一、学校卫生

1951年，县政府发文要求学生每天洗手、洗脸、漱口、刷牙，坚持勤理发、勤剪指甲、勤洗衣服。1953年，县内中小学推广广播体操，1954年执行国家《准备劳动与卫国体育制度》，加强学生体育锻炼。1955年，32处完小设立简易药箱，各抽1名教师接受保健培训，各中学设校医。1981年，开始治理学校由“文化大革命”遗留下来的“脏、乱、差”状况，要求学校达到“三无”(无烂砖瓦、无字纸、无痰迹）标准。翌年，文明卫生学校达36所。1983年，县防疫卫生科设学校卫生股，负责学校卫生监测，监测项目为学生视力、龋齿、肠道蛔虫、营养状况、生长发育、课桌凳、室内空气带菌情况、因病缺课率、传染病带菌体等。1990年，抽样检测安国中学、北段村乡中学、边三庄小学、育红小学2185名学生，投药治疗学生近视眼60人，沙眼41人，龋齿450人，驱蛔5650人次，头虱603人次，培训保健教师30人。是年，159所学校开设卫生课。

二、劳动卫生

1959年8月，安国县安全生产委员会从卫生科、劳动科、工业局各抽调1名干部，专门管理工厂的防暑降温和防尘工作，要求严密封闭散发有害气体、粉尘的设备，或安装通风吸尘及净化装置。是月始，对全县职工定期体检。1983年，县防疫站成立劳动卫生股，建立化肥厂、造纸厂、棉纺厂、印刷厂等11个工厂劳动卫生监督监测制度，2616名工人登记立档。翌年，开始对放射性作业场所定期进行铅尘鉴定和X光频度调查，定期体检作业人员。同时，广泛进行农药喷洒作业监测、调查，对农药中毒深入分析、总结并印发农药中毒防治材料。1986年，测定棉纺厂前纺、细纱车间飞花，并采取了保护措施。

三、食品卫生

解放初，县民主政府在组织乡医防疫灭病的同时，广泛宣传饮食卫生知识，教育人们把住病从口入关。1949年，县卫生部门加强对集市饮食卫生监督和检查，禁卖病毒致死牲畜肉。1954年，整顿集市饮食业，要求饮食摊点必须有防蝇防尘设施，不准出售腐败变质食品和生水饮料。1957年夏，广泛进行消化道传染病预防宣传，并在城镇、大五女、伍仁桥庙会举办图片展览。“大跃进”时期，因食堂管理不善，食物中毒时有发生。1959年8月7日，郑章供销社出售病驴肉，致使141人中毒。县医院、祁州镇卫生院、中国医学科学院共53名医护人员投入抢救，138人脱险，3人死亡。1960年和1961年，分别有651人和863人食物中毒。对此，县防疫站加强监督检查，制定食堂炊事员操作规程，强调农药与食品分库存放。1964年，执行对饮食业人员定期体格检查，禁止传染病员从事该业制度。1975年7月31日，霍庄大队小学生误食带皮杏仁，28人中毒，5人死亡。1981年6月11日，东柴大队31名儿童食花生饼中毒，死亡2人。翌年11月3日，县城饭馆售变质马肉中毒。县政府发出通报，严肃处理经营者，并晓示全县，加强食品卫生管理。1983年7月，贯彻执行《中华人民共和国食品卫生法（试行）》，县设食品卫生管理委员会，下设仲裁委员会，负责违法事故裁决。同时大力整顿饮食行业，对全县1256名从业人员进行体格检查，对6名传染病患者调换了工作，对体检合格者颁发了证书。7月底，县政府组织检查团对祁州镇饮食业联合检查，956个受检单位中的860个单位符合卫生标准，对不符合卫生标准的户依法罚款，其中40户被吊销营业执照。1985—1990年，全县联合检查饮食卫生24次，抽检糕点、肉食、冷饮、调料等样品1950份，总合格率70%。

四、疫病防治

（一）疫病流行

域内历史上传染病流行颇烈，主要有霍乱、天花、麻疹、伤寒、疟疾、赤痢、流感、白喉、百日咳、流脑、出血热等10多种，尤以霍乱、天花、麻疹、赤痢、伤寒为害最剧。明正德十三年（1518）、清道光元年（1821）七月两次瘟疫流行，死者无数。光绪二十一年（1895）、二十八年（1902）两次大疫，死亡1000余人。民国年间，疫行无虚年，各种传染病交相为虐，时疫所至，新冢累累，杆幡林立。民国5—7年（1916—1918），域内霍乱、天花、赤痢、伤寒、麻疹5种传染病患者5657人，死亡197人。民国22年（1933），大五女、郑章、大李庄一带霍乱流行，不少人家因疫灭门，大五女村梁某一家3口，两天之内相继染疫身亡。民国37年（1948）麻疹流行，染疫万余人，1～7岁儿童几无幸免，死亡近千人。中华人民共和国成立后，随疫病防治加强和环境卫生改善，霍乱、天花逐渐绝迹，伤寒、麻疹、疟疾、流行性脑膜炎、肺结核等恶性传染病得到控制，流行性感冒、菌痢等季节性传染病及肝炎等，尚时有发生。1962年，流感、白喉、麻疹三疫流行，2个月内患流感4926人，死亡639人。之后，对各疫及时药物治疗，死亡率大幅度降低。1967年，暴发流行性脑膜炎，2月11日县人委发出《关于迅速扑灭流脑病的紧急通知》，组织卫生部门灭疫。全年发病2696人，死亡199人。1964年和1970年，暴发流行性感冒，染病分别为10300人和16971人，无一死亡。1962—1978年，菌痢染疫者有10个年份突破千人，1978年达3302人，1963年和1976年各死亡3人。20世纪70年代初流行小儿麻痹症，危害甚重。1980年、1981年和1989年，暴发流行性肝炎，染疫分别为875人、717人和1003人，无一死亡。1984 年，流霜村出现域内第一例流行性出血热，县防疫站立即组织医务人员深入发病现场，采取以灭鼠为中心的综合性预防措施，防止了疫情蔓延。近年由于养狗成风，被狗咬伤致狂犬病者间有发生，1988—1990 年 10 人发病，全部死亡。1988 年，暴发流行性结膜炎，俗称“红眼病”，染病达 10 万余人。

（二）防疫灭病

域内久有水缸内泡贯众、甘草等中草药，佩带荷包（内装藿香、薄荷、艾）等祛瘟热、防疫病的习惯。遇疫病流行，由斑疹科及伤寒科医生依方辨症施治。治疗霍乱多用针灸。接种防疫首先应用于预防天花，清末域内引种天花患者体苗已较普遍。民国初，开始引进牛痘疫苗，每种 1 颗收费 1 块银圆，因价格昂贵且疫苗有限，一般人多引种于种痘者。1949 年，施行牛痘免费接种，是年春、秋、冬 3 次施种 14.68 万人；引入并接种霍乱疫苗 6382 人。同时以中草药制剂雷击散、仁丹、防疫丹、青叶汤、地公汤、白头翁汤、三白汤和童溺泡鸡蛋等配合预防传染病。1951 年，县卫生科组织 60 人的防疫小分队巡回城乡，进行防疫宣传、疫苗接种、患疫治疗、疫情监测等。1953 年开始的爱国卫生运动，以治理饮水、改善环境卫生为重点，严把病从口入关，有效地控制了消化道传染病。之后，相继引入、接种卡介、伤寒疫苗。1974 年，开始计划防疫，对域内人口建卡立挡，跟踪监测，使儿麻、麻疹、百白破、卡介、流脑、乙脑、白喉 7 种疫苗接种全程化、科学化。1986 年，县政府多次组织大规模灭犬活动，并对留犬注射疫苗。同时防疫站引进狂犬病疫苗，对犬伤人员注射预防，1990 年共注射 2357 人次。历史上，域内肺痨（肺结核）发病率很高，被视作不治之症，久有“干、瘦、气臌、噎，小鬼请到的客（qiě）”之说。中华人民共和国成立后，域内多次进行防痨普查，对肺痨患者积极施治，肺病发病得到控制。1985 年 6 月，县防疫站组建防痨科，编制 6 人，其中主管医师 2 人，医师 4 人。同年，开展肺痨线索调查，查出病员 395 人，全部立档收治。之后，每年立档收治病人，至 1990 年底建病历档案 613 份，对病员实行全程管理，执行全国统一化治疗方案。通过跟踪诊治，已有 450 人康复。

1981—1990 年安国县各种疫苗接种统计表

表 17-14　　　　单位：人份

年　度	儿　麻	麻　疹	白百破	卡介苗	流　脑	乙　脑	白　喉
1981	26456	19347	21210	—	—	24969	7830
1982	21921	34995	14262	—	16308	2498	8250
1983	34585	25486	13128	—	35258	15672	5009
1984	22936	31136	36100	6140	14303	27053	9016
1985	61136	22936	36700	6251	27053	14303	9625
1986	51414	20720	12603	4321	4951	5421	8020
1987	13117	12353	11499	15609	—	5729	6789
1988	19050	14520	20540	15609	23540	28950	7980
1989	31972	21531	25354	14506	20541	24541	7250
1990	17711	19799	11364	15488	9852	14201	8982

1962—1990 年安国县各种疫病发生情况统计表

表 17-15 单位：人

年度＼人数＼病类	流脑		百日咳		猩红热		麻疹		流感		菌痢	
	病	死	病	死	病	死	病	死	病	死	病	死
1962	6	—	51	—	—	—	94	—	4926	639	2	—
1963	—	—	359	—	—	—	757	33	3009	3	1620	3
1964	8	—	98	—	—	—	66	—	10300	—	78	—
1965	19	—	197	—	—	—	2717	—	—	—	184	—
1966	241	—	224	—	3	—	913	—	2168	—	1483	—
1967	2696	199	309	—	—	—	240	2	1489	—	631	—
1968	191	4	52	—	—	—	106	—	—	—	6	—
1969	—	—	14	—	—	—	49	—	—	—	38	—
1970	17	2	112	—	—	—	722	1	16971	—	6	—
1971	131	2	243	—	37	—	489	7	—	—	1887	—
1972	95	4	173	—	4	—	—	—	—	—	1014	—
1973	8	2	1278	—	5	—	648	—	604	—	1701	—
1974	15	1	140	—	2	—	1038	2	4325	—	1478	—
1975	98	9	7	—	—	—	14	—	8368	—	1524	—
1976	189	12	340	—	—	—	142	—	1691	—	1182	3
1977	84	11	354	—	2	—	357	2	569	—	1203	—
1978	33	4	94	—	—	—	644	2	2112	—	3302	—
1979	16	1	40	—	1	—	345	1	35	—	405	—
1980	22	1	37	—	4	—	228	—	600	—	350	—
1981	11	—	162	—	—	—	234	1	—	—	473	—
1982	26	5	35	—	1	—	193	—	—	—	986	—
1983	8	—	32	—	—	—	7	—	—	—	528	—
1984	8	1	32	—	1	—	60	—	96	—	636	—
1985	15	2	21	—	5	—	—	—	—	—	420	—
1986	13	1	100	—	1	—	26	—	—	—	502	—
1987	10	1	30	—	1	—	5	—	—	—	399	—
1988	4	—	12	—	1	—	28	—	—	—	—	—
1989	9	—	14	—	—	—	29	—	—	—	269	—
1990	1	—	24	—	—	—	—	—	—	—	49	—

续表 17-15

年度＼人数＼病类	伤寒		肝炎		儿麻		乙脑		疟疾		白喉		黑热	
	病	死	病	死	病	死	病	死	病	死	病	死	病	死
1962	—	—	—	—	6	—	—	—	—	—	—	—	—	—
1963	407	9	24	—	37	2	139	17	93	3	—	—	9	—
1964	26	—	65	—	13	—	—	—	174	—	—	—	—	—
1965	2	—	52	—	14	—	2	—	414	—	2	—	—	—
1966	12	—	53	—	77	—	4	—	94	—	—	—	—	—
1967	4	—	47	—	27	—	—	—	35	—	—	—	15	—
1968	—	—	2	—	3	—	—	—	—	—	—	—	—	—
1969	4	—	3	1	10	—	—	—	5	—	—	—	—	—
1970	3	—	8	—	4	—	—	—	—	—	—	—	—	—
1971	—	—	370	—	7	—	26	6	14	—	—	—	—	—
1972	1	—	298	—	14	—	7	2	20	—	—	—	—	—
1973	1	—	63	—	—	—	20	6	75	—	—	—	—	—
1974	1	—	23	—	—	—	2	—	12	—	—	—	—	—
1975	9	—	92	—	1	—	2	1	14	—	—	—	—	—
1976	—	—	34	—	—	—	—	—	4	—	—	—	—	—
1977	2	—	93	1	115	—	16	2	—	—	—	—	—	—
1978	32	—	38	—	30	—	5	1	15	—	—	—	—	—
1979	22	—	238	—	1	—	18	4	9	—	—	—	—	—
1980	5	—	875	—	—	—	2	—	2	—	—	—	—	—
1981	10	—	717	—	—	—	9	—	7	—	7	—	—	—
1982	43	—	63	—	—	—	—	—	5	—	1	—	—	—
1983	61	—	58	—	—	—	—	—	3	—	—	—	—	—
1984	7	—	88	—	—	—	—	—	—	—	—	—	—	—
1985	2	—	122	—	—	—	—	—	2	—	—	—	—	—
1986	3	—	266	—	—	—	—	—	3	1	2	—	—	—
1987	2	—	421	—	—	—	—	—	—	—	—	—	—	—
1988	3	—	428	—	—	—	—	—	—	—	—	—	—	—
1989	—	—	1003	—	—	—	—	—	—	—	—	—	—	—
1990	—	—	476	—	—	—	2	—	—	—	—	—	—	—

说明：流行性出血热 1984、1985、1987、1988 年各 1 例，1990 年 2 例；斑疹伤寒 1987 年 4 例

五、地方病防治

历史上，域内有缺碘性甲状腺肿大（俗称气垒脖子）和高氟性氟斑牙两种地方病，甲状腺肿大呈散在分布。氟斑牙呈线状分布，集中发病于齐村、门东、中阳、大文至明官店、小陈庄一线。中华人民共和国成立后，县委、县政府非常重视地方病防治，对出售的食盐全部进行碘含量测定，低碘盐不许出

售。20世纪50年代后期，甲状腺肿大症绝迹。1989年，县中医院研制的加碘食盐长效检测试剂获卫生部医院卫生科研成果二等奖，方便了食盐碘含量测试。20世纪60年代始，县卫生部门对全县水源多次进行水质普查，查明氟斑牙病区地下水表层含氟量高出规定标准，同时进行了改水灭氟试验。70年代后，随普遍饮用深井水，氟斑牙病渐绝。

第六节　爱国卫生运动

民国37年（1948），县民主政府成立卫生委员会，在城乡开展卫生知识宣传，号召人们经常拆洗衣被，保持室内外整洁，勤洗手洗脸，养成卫生习惯。翌年6月，乡镇、村普建卫生委员会。1953年3月，卫生委员会改称爱国卫生运动委员会，响应中央号召，掀起清除杂草、垃圾，填污水坑，捕蝇挖蛹，改良水井，改造厕所等环境卫生高潮。1956年始，爱国卫生运动以除“四害”（老鼠、麻雀、蚊、蝇），讲卫生为主，突击性活动每年常达10数次。1957年，除“四害”工作受省政府表彰，《河北日报》刊登《安国基本消灭四害》报道。

1958年始，爱国卫生运动以“两管、五改”（管水、粪便，改厕所、畜棚、炉灶、猪圈、环境）为重点，先后在八方、马固、东河、明官店、焦庄、焦街等村试点。1961年，“两管、五改”掀高潮，170余村活厕改死厕，成立粪管队，实行垃圾、粪便高温堆肥，水井加盖，公用水筲。

“文化大革命”开始后，爱国卫生运动委员会机构瘫痪，1978年4月恢复，设办公室，成立消（毒）杀（菌）服务研究所和消杀服务队，建消杀药品门市部。同时，再次开展“两管、五改”活动，建成上有棚，下有盖，不渗不漏的双缸化标准厕所159个，单缸厕所1.5万多个；安装压水井1.46万眼，建自来水塔11个，饮、灌两用机井33眼。

1982年，爱国卫生运动转向以“三化”（净化、绿化、美化）为重点，机关、学校、工厂、农村积极开展卫生达标活动，创造花园式环境。1983年，中医院被评为国家级文明卫生单位。1985年后，开展创建文明卫生县活动。1990年，全县统一时间投放鼠药3次，老鼠密度由投药前的农村16.1%，县城7%分别降至1.5%和0.3%，31个村庄安装了自来水，受益人口5.43万人。1985—1987年，连续被保定地区评为文明卫生县。

第七节　妇幼保健

1953年，成立县妇幼保健站，设站长1人，保健员2人。负责妇幼卫生知识宣传，推行新法接生及妇女劳动保护。1968年，妇幼保健站与县医院合并，改称安国县人民卫生防治院。1975年5月，复建妇幼保健站，编制4人，1979年增至8人。1982年1月，改站为所，人员21人，其中医务人员17人，设妇女保健科、儿童保健科和办公室。1985年，开办门诊，设观察病床15张，儿童保健科下设小儿科和独生子女门诊，妇女保健科设妇产科和计划生育门诊。至1990年机构未变。

解放前，医药医疗条件落后，妇女儿童病亡率很高，遇时疫流行妇女儿童死亡更多。民国6年（1917），全县出生婴儿4000人，死亡184人，产妇死亡12人。

民国37年（1948），县民主政府培训接生员，推行新法接生。1953年，县妇幼保健站工作人员深入农村，宣传妇幼卫生知识和示范新法接生。1954年，建8个接生站，孕妇产前检查3063人，新法接生360人。1956年，行政、企、事业单位实行女职工“三调三不调”(经期调干不调湿、孕期调轻不调重、哺乳期调近不调远）和“五期”(经期、孕期、产褥期、哺乳期、更年期）照顾。县医院、地段医院增设妇产科。接生站发展到29个，新法接生员225人，新法接生2190人，占全年新生儿的70%。20世纪60年代初，妇幼保健以治疗营养不良、经闭和子宫脱垂为重点，1961年治疗974人次。70年代后，新法接生逐渐普及，1978年新生儿5867人，新法接生5851人。近年新法接生率均达100%。

1974年，推行计划免疫，全县7岁以下儿童登记上卡，使疫苗接种规律化、制度化。1979年，对1～12周岁儿童投药驱蛔，总有效率达67.4%。至1981年，连续开展预防子宫脱垂和宫颈糜烂为重点的妇女普查普治，对1.3万名已婚妇女作宫颈涂片检查，查出患子宫脱垂、宫颈糜烂者380人，对较重的350人免费治疗。同时，对9800名儿童进行健康检验。1984—1987年，每年对婴儿进行佝偻病预防D滴针注射2.01万人次。1985—1986年，对9741名3岁以下幼儿健康检查，查出贫血病儿1034例，分别进行饮食指导和药物治疗。1981年和1985年至1987年4个年份，对妇女进行防癌普查，共查3万人次，查出宫颈癌患者4人，全部收治。

第八节　医疗制度

一、公费医疗

1952年6月，根据中华人民共和国《关于全国各级人民政府、党派、团体及所属事业单位的国家工作人员实行公费医疗预防的指示》，县内对党政团体、事业单位的国家干部职工、学校教职员工，二等以上残废军人实行公费医疗。向2252人核发公费医疗证，凭证在省内医疗单位就诊。翌年，凭证公费医疗仅限于县内，核准公费医疗人数2128人，协商参加6人，全年公费医疗开支41066.17万元（旧人民币)，超过县财政拨款近1倍。1962年，实行公费医疗定额管理，平均每人月定额1.50元，并划定营养药品自费范围，至1973年基本不超支。1974年，超支4.8万元，翌年5月县革委会整顿公费医疗，实行划区定点医疗、经费包干的管理办法。其后，公费医疗开支逐年增长，1985年每月人均达7.34元。翌年，按工龄分为每人每月2、3、4、5元4个档次，基数包干，超出部分准报50%，个人负担部分总额不超过本人月工资的20%。之后，药费支出总额仍在大幅度增长，1988年逾120万元，人月均18.20元。1990年，再次改革公费医疗管理办法，定额基数每人每月4元，工龄每年加0.15元，超过部分，在职人员报销50%，离退休人员报销60%，个人负担部分最多不超过本人工资的20%（离休人员15%)。是年，公费医疗开支127.8万余元，人月均18.36元。

二、药费减免

民国时期，遇时疫流行，官方有时免费放药医疗或预防。

1953年，县内开始对革命烈士和现役军人直系亲属、带病还乡退役军人实行药费减免。到1990年累计减免30余万元。

1950年始，对染疫者免费治疗。1954年、1956年和1963年域内3次水灾，分别减免灾民药费

58000 元、11354.25 元和 25 万元。1959—1961 年，由于生活困难导致发病率升高，县人委每年大量拨款用于医药费减免。1961 年拨款 85000 元。

三、合作医疗

1969 年 8 月，县人委在焦庄公社辖村试点合作医疗，翌年元月向全县推广，8 月 190 个大队的 20.21 万人参加了合作医疗，占农村总人口的 73.4%。合作医疗资金来源按个人、生产队、生产大队“三、三、四”比例集资，药费减免不低于 70%。为保证入能抵出，各村普遍实行“土方、土医、土药”“自种、自采、自制、自用”方针。是年，种植中药材 66.1 亩，155 个品种，总产 12.3 吨；自采中草药 70 余种，11.934 吨；125 个大队办起土药厂，生产丸、散、膏、丹、片、汤、针剂等 200 余种。年底，196 个大队全部实行合作医疗。1971 年，焦庄、东长仕、王奇庄等 16 个大队实现药费全部减免，180 个大队减免 70%。1975 年后，合作医疗难以为继，至 1979 年解体。

第九节　医药管理

一、管理机构

明洪武十七年（1384），置医学，设典科 1 人，提领域内医药事宜。医学之设贯明清两代，至清宣统元年（1909）奉裁。民国时期，县政府在巡警局设卫生警察，负责域内卫生督察。民国 26 年（1937）10 月，县临时抗日政府民政科设卫生指导员，分管卫生行政工作。1950 年，建县卫生科，设科长、副科长、科员各 1 人。1970 年，卫生科、民政科合并称民卫科，下设卫生股。翌年 4 月，复建卫生科，1975 年 3 月改称卫生局。1984 年，卫生局下设办公室、人秘股、业务股、计财股，1986 年增设药政股，1990 年编制 25 人。1984 年 1 月，县建中药材管理局，是全国县级唯一设此机构的县，后中药材管理局改称医药管理局，专门负责药市医药药材管理、药交会事宜。

二、医　政

明代，实行医户制度，非在籍医户不准行医。对行医者亦有诸多规定，凡庸医误致人死者，以过失杀人论处；以医诈财者，以盗窃论处；因以医诈财致死人命及以医杀人者斩。此法贯明、清两代，在域内影响颇深，医生对危重病人不轻易处方，医生在场病人气绝，为医家大忌。清代，废医户制度，开业行医须按朝廷规定之 13 科严格考试，精通其中一科或数科，发给执照方准行医。民国年间，卫生警察负责统计疫情，督察公共卫生，不具医疗管理职能。医疗事业呈自然消长状态，粗通医道即可行医，医疗事故屡见不鲜。县抗日民主政府成立后，加强行医管理，鼓励医生为抗日出力，为人民大众服务。1954 年，组织医生联合开办诊所。1956 年组织全县乡医走集体化道路，个体行医为非法，予以取缔。1981 年，对就业医生实行在职培训和资格审查，通过业务考核，及格者发给行医资格证书，不及格者不准行医。1983 年，成立安国县医疗事故仲裁委员会，负责医疗事故仲裁和处理。1985 年，县政府规定，对因玩忽职守，不负责任，违反操作规程发生医疗事故者；擅自提高收费标准、开大方、卖假药，伪造出售低劣、霉变、过期失效药品者；敲诈勒索，诈骗病人财物和不接受防疫、妇幼保健等项任务以及发生重大疫情隐瞒不报者，根据情节轻重，分别给予批评教育、吊销营业执照、追究刑事责任等处分。

三、药　政

元皇庆二年（1313），置祁州惠民药局，为域内官办医药机构之始。惠民药局依方配药，遇时疫流行，兼卖兼施。明令禁售毒药、剧药及堕胎药，出售剧毒药物致人死命者处以极刑。同时，取缔耍把戏集众售药者，违者处以重罪。明清及民国时期均有类似规定。清末至民国，药品使用呈自流状态，制造兜售假药者屡见不鲜，骗人钱财，误人病情，贻害良深。

中华人民共和国成立初，药品管理由卫生科负责，紧缺药品计划分配，重点管理的麻醉剂、吗啡、麻黄素等剧毒药由县医药公司统售。卫生科定期检查药品，禁止使用伪、劣、过期及淘汰药品，一旦发现统一收缴处理。1979 年 10 月，成立安国县药检所，负责县内药品质量检查。1984 年，始执行《中华人民共和国药品管理法》，依法管药，多次开展药品检查。1986 年，卫生局设药政股，负责药品质量监督和管理。是年 10 月，对农村医疗单位进行 1 个月的药品联检，共检查 19 个乡镇卫生院，196 个村保健站，450 个个体诊所，查出伪劣药品 16 种，“三无”(无标签、出厂日期、失效期）药品 33 种，淘汰药品 8 种，过期失效药品 48 种，总计 1.54 万片（支、丸）和 9860 克，全部收缴销毁，并处以罚款。1989 年 10 月，县卫生局组织 20 人，对 490 个医药单位进行药品检查，共查出“三无”药品 428 种，9.65 万片（丸、支）；过期失效药品 51 种，3.39 万片（支）；假西药 17 种，1.26 万片（支）；假中药 2580 克；淘汰药品 2 种，400 支；其他变质虫蛀药品 54 种，8780 片（支）和 7488 克，全部没收销毁。同时，取缔私人药贩，对医疗单位的进药渠道实行严格管理。

四、经营管理体制

中华人民共和国成立后，医疗卫生单位的干部任免、人员调配、工作安排统由县卫生局（科）管理，经费由国家统一拨给。1978 年，县卫生局将人、财、经营、管理权部分下放到单位，实行院（站、所）长和科主任负责制。1981 年，率先在 15 所公社卫生院试行经济效益与个人收入挂钩的半浮动工资制，将职工工资分为出勤工资和效益工资两部分。满勤（每月 26 天）发本人基本工资的 50%，效益工资随本人业务收入情况上下浮动，国家和部分省新闻单位均予报道。1984 年 5 月，进一步将半浮动工资改为全浮动工资，并扩展到县级医疗单位，具体规定为：全民所有制医疗单位实行“建设靠国家，吃饭靠自己”，国家拨给的卫生事业费全部作为公共积累和事业投资；医院科室与乡卫生院实行独立核算，自负盈亏，民主管理，按劳分配。体制改革和建设文明医院同步进行，设立严格的考核标准，严禁开大方、兜售贵重药品等单纯金钱行为，一切服从医疗质量。安国的经验向全国推广后，引起很大反响。1985 年，医疗卫生部门实行任期目标管理责任制，各级院（站、所）领导干部实行聘任制，职工实行招聘制，至 1990 年未变。

第五章　体　育

第一节　体育设施

元、明时期，生员以泮池为场地演练弓箭。明天启六年（1626）始辟射圃。民国年间，县内9所高小均建有简易操场，场地内有沙坑、跑道和篮球架，体育器材有操衣、哑铃、篮球、手榴弹等。抗日战争期间，抗日学校校址不断迁移，利用高粱地、坟场等可隐身的地方作体育锻炼场所。每人用一根齐眉棍练习格斗、拼刺。

1950年春，安国中学首建200米跑道的小型操场。师范学校配置了体育器材，设置了体育场地。大部分学校以学校院落作活动场所。翌年11月，定县专区拨安国中学体育购置费1万余元购置篮球、排球、乒乓球、手球、铁饼、铅球、标枪、平衡木、鞍马、跳箱、单双杠、联合器、体操垫等体育器材。1953年3月，安国中学拓建400米跑道体育场，建设备较全的体操馆。是年，修建大药市、文庙、机械厂等处体育场，总占地30余亩。1956年，农机公司、机械厂先后建成两座简易灯光篮球场。是年，陆续修建国办小营、石佛、伍仁桥、明官店、庞各庄、南王买中学操场，陆续装备篮球架、排球网、鞍马、跳箱等。1965年，县文教局投资3000元更新机械厂简易灯光球场设备。1971年12月，成立县体育运动委员会，加强体育工作领导，不断新辟和扩建运动场，多数学校建跑道、沙坑、篮球及乒乓球等活动场地。一些机关和企事业单位也建有小型体育活动场地。1985年后，学校在改善办学条件迁移新址时，均规划相应面积的体育场，1988—1990年扩建、维修体育场地140余亩。1990年，全县有运动场地的学校150所，辟有篮球场地55个，排球场地4个，400米标准田径场3个，200米田径场28个，沙坑50个，联合器5个，单、双杠10个。农民个体游泳池1个。安国中学体育场建有计时台、运动会主席台和容纳1000余人的观众看台。

第二节　学校体育

明清时期，学校体育活动多限于武童及武生员，主要是骑射和诸般兵器演练，练武以备应举。光绪三十年（1904），始兴新学，每周设1节体操课，主要项目为队列及徒手操、哑铃操等。民国12年（1923），始设专职体育教师，体操课改为体育课，每周2节增设田径、篮球、足球等体育项目。民国27年（1938）后，在抗日民主政府领导下，农村学校体育空前活跃，主要项目为队列、刺杀等。民国31年（1942），体育教师赵树青编著《中小学体育教材》，学校始有较系统的体育训练规程。

中华人民共和国成立后，学校体育以强身健体为宗旨。1950年，响应中共中央主席毛泽东“健康第一，学习第二”的号召，学校体育得到加强。小学项目为体操、跳高、跳远、单杠、篮球等；中学项目为田径和体操、篮球、排球、垒球等。河北安国中学、安国县中学、安国师范学校均组织起田径、体操、篮球、排球等代表队。1953年，全国第一套广播体操推行，学校普遍坚持课间操制度。1954年，执行《准备劳动与卫国制度》(简称劳卫制)锻炼标准。学校体育转向达标训练。至1958年，各国办中学学生体育达标率均在80%以上，其中河北安国中学为98%，居全省第一。1959年，由于经济困难，多数学校暂停体育课，河北安国中学、安国县第二中学以每天补助运动员2两粮食的办法坚持体育训练。1961年，中小学体育课逐步恢复。1963年，乡村中心小学配备专职体育教师，中小学恢复执行劳卫制锻炼标准，田径及各种球类教学趋于正常，中小学分别执行少年及儿童第四套广播体操。是年掀起乒乓球热，南关、北流罗、西伯章等完小几乎人手一球拍。“文化大革命”初期，中学体育课停止，小学改为军事体育课，教学内容为队列、刺杀等。1971年，学校体育课恢复正常。翌年，各学站专职体育教师增至2～4人，开始执行“两课”(每周两节体育课)“两操”(广播体操、眼保健操)“两活动”(晨间活动，课外活动)制度。中学相继成立篮球、排球、乒乓球及田径代表队，利用下午课余时间训练。学校间经常进行各类邀请赛。小学篮球、乒乓球、田径锻炼、队列训练亦相应加强。1979年，推行《国家体育锻炼标准》，中小学加强晨间活动增强学生体质，多数学校经常组织大运动量晨间越野跑。同时，加强对体育课管理，要求体育教师按教材备课，严格设计教学环节，扭转“文化大革命”遗留下来的体育课上“一只哨子两个球，教师学生都自由”的风气。至1984年5月，全县学生平均体育达标率为70%。1986—1990年，学校体育无大变化。部分学校因受升学率影响，削弱体育课，经常发生体育课被文化课挤占现象。

第三节　群众体育

一、职工体育

1950年，篮球和田径运动首先在安国中学部分教职工中活跃起来。翌年，以安国中学体育教师为主力建成第一支教工男子篮球队。7月，主力队员韩朋、徐新吾参加在定县举办的定县专区男子篮球义务表演赛，为抗美援朝募捐。1953年，安国干校组建第一支干部篮球队。同年，响应政务院发出的《在政府和机关中开展工间操和其他体育活动的通告》，县制酒厂、制药厂、机械厂、医院和政府机关广泛开展工间操、篮球、乒乓球、田径、举重、拔河、摔跤、越野、自行车赛等体育活动。是年，召开首次职工运动会，此后每年一次，形成制度。“文化大革命”开始后，体育场地和设施破坏严重，职工体育组织解散。1972年2月，县体委组织恢复职工体育活动。县制酒厂、制药厂、机械厂、棉纺厂、玻璃厂、五金厂等单位纷纷组队，机械厂篮球队员技术娴熟实力雄厚，经常与学生队、职工队进行友谊赛，多次与定县、望都、博野、清苑等县举办邀请赛。10月，县体委组织职工蓝球赛，2C个单位参赛。此后，县体委、文教局、工会每年组织职工篮球、乒乓球、羽毛球等比赛项目。1978年后，参加体育活动职工人数增多，并辟中国象棋、围棋、台球等项目比赛。1984年，子娄村农民武术师井金明在药王庙开办鹤翔桩气功培训班，翌年底200余人学习结业。1985年，县建老干部活动中心，设乒乓球、羽毛球、台球、门球、扑克、麻将、象棋、军棋、跳棋等体育项目，其中门球倍受青睐，县老干部门球队经常与邻县互访，多次参加地区赛。1986年后，职工体育赛事频繁，除体委、教委、县工会每年分别组织机关干部、教师、工人进行各种球类比赛外，棋类比赛及各类游艺活动相应增多。1990年，全县职工球类、棋类活动团体达120余个。

二、农民体育

中华人民共和国成立前，农民体育活动以角力、踢毽子、下土棋及武术等项目为主。20世纪50年代始有现代体育项目。毕业回乡的学生闲时借学校运动场地打篮球或进行田径项目锻炼，70年代农村体育活动更加广泛，退伍军人、回乡学生自动组织在一起进行篮球、乒乓球等体育项目锻炼及对抗赛。1974年，县体委在全县分5片进行篮球预选赛，而后在安国中学体育场举行安国县首届农民篮球锦标赛，有20个队240余人参加比赛。1975年2月，保定地区农业学大寨先进县篮球友谊赛在安国中学体育场进行，安国县男女队均取得较好名次。1980年后，新增羽毛球、台球、汽枪射击等项目。1989年1月，伍仁桥、北段村、郑章等乡镇组织农民篮球赛。农民体育活动以传统游艺项目居多，已详记民俗中。

三、民间武术

域内武术运动渊源流长，起源无考。清中叶至民国年间，战事频仍，土匪肆虐，为护庄防身，大部分村庄组织起少林会、武术会等，辟场习武。民国初年，有武术班的村庄十之六七，且多数不只一班。县民习武内外两家功夫均有。外家功夫以花拳居多，常见拳种有大小红拳、查拳、醉拳、猴拳等；内家功夫以太极、行意、八卦、六合等拳种最盛。常见器械有刀、枪、剑、棍、鞭、钩等。武术会多由村内武术精熟者任会头，教习后生，世代相沿。冬春农闲，会友聚集拳场，在师傅指点下练套路、散打。年节期间，多由一村作东，邀请附近村庄武术会竞演，称作"对会"，率由各会中武艺高强者表演，优胜者披红挂花。历代域内有不少学有所成者，明清两代仅武进士、武举即52人。清光绪初，卓有成就的武师有景中村张树德，奉伯村魏凌美，郑各庄村赵洛坤、赵小和，路景村李凤鸣，寺下村李金标等。至清末民初，景中村张茂林，奉伯村王洛文、张洛登、张洛达，郑各庄村赵明奎、赵文选、赵荣彬，杨横村焦友三，王奇庄村刘芳尔，子娄村井立国、井洛敏，东伏落村赵洛念、王洛京等均有较高武功。这些人或务农授徒，或栖身镖局保镖，或为豪门护院维持生计。自19世纪中叶，武术多与深州形意拳河北第一代传人李能然有师承关系。景中村张树德，幼年随本村少林会习武，粗成后拜李能然为师，苦练10载，已臻化境，名振全国。东伏落村赵洛念、王洛京拜李能然大弟子刘奇兰为师，习学形意拳，苦练3年成名。奉伯、郑各庄、路景等村少林会亦多练形意拳。

域内武术界最重武德，武师授徒以武德为先，练武人多以扶危济困、除暴安良为时尚。

清光绪初，深州土匪绰号矬头瓮率众袭扰奉伯一带，奉伯武师魏凌美率众护村，击溃土匪，活擒矬头瓮，保护了村民生命财产。光绪二十六年（1900），武林人纷纷加入义和团，投入反帝斗争。奉伯、寺下和谢庄、刘庄、舍二村、边庄等村少林会配合义和团分别攻打南马和西长仕教堂，影响颇深。

中华人民共和国成立后，习武已不再是人们护庄防身的手段，而被作为强身健体及娱乐活动的传统形式保存下来。20世纪50年代初，奉伯、路景、大李庄、刘家庄、边庄等20余村保留了少林会，冬春习武，节日对会献艺。自50年代末，武术活动陷于停顿。1971年后，谢庄、东各堡、马庄、奉伯、沙头、军诜、景中等村少林会相继恢复。1978年2月，以谢庄武术队为基础组队参加地区比赛。1982年，奉伯少林会首倡少林武术竞演，有域内和深泽、定县等12个村应邀参加，部分村架鼓、高跷、狮子等花会到会助兴。其后，历年元宵节少林会均入城献艺。1987年春，张乡村（自然村）农民杨才顺与南流村农民李树军合资聘请武术教练和文化教员，开办业余武术学校，招收8—13岁小学员，半习文、半习武。1990年，业余武术学校增至2所，分别设在县城和明官店村；有武术队的村有奉伯、北马庄、淤村、南王买、景中、东各堡、谢庄、沙头、军诜等。是年，张乡村（自然村）青年农民李铁岭参加武术国际擂台散打邀请赛获冠军。

第四节　体育竞赛

一、田　径

民国21年（1932），县内9所高小在城内一高举行首届运动会，有长短跑、标枪、铁饼、体操等比赛项目，张乡高小夺团体总分第一名。运动会上，女子高小哑铃操表演，以其娴熟优美的动作赢得满场喝彩。1950年6月，在河北安国中学体育场举行首次安国县中学生田径运动会，参赛队员60人，河北安国中学夺团体总分第一名。此后，县级中学生运动会每年举行一次。1950年8月，河北安国中学派出32人的代表队参加在定县举行的定县专区中学生首届运动会，男女队双获团体冠军。此后至1965年，安国县在历届省、地举行的田径、体操及球类竞赛中取得好成绩，其中地级运动会，参赛9届夺冠36项，省级参赛6届夺冠7项。在1956年河北省中学生运动会上，金志学一人独得女子速滑800米、1500米、3000米三项冠军，均破该三项全省纪录。在全国运动会上，县内运动员得奖6项，夺冠3项，其中在1965年9月大连全国中学生运动会上，安国中学学生赵江茹夺女子铁饼、铅球两个第一名。1963年，县级运动会始有小学生参加。1966年，安国县田径代表队在新城县举行的保定地区中学生运动会上囊括田径单项和团体冠军，成为保定地区学校体育的一面旗帜。1974年，由县育红小学为基干组队，代表保定地区参加在定县举行的河北省少年儿童分片赛，夺儿童组12个比赛项目的11块金牌。1984年春，育红小学、南王买中学先后被保定地区及河北省命名为田径传统项目学校。8月，保定地区传统项目学校田径赛在保定业余体校举行，育红小学获14个比赛项目的9项第一名，8项第二名，夺团体总分第一名。同时举行的保定地区小学生短跑、跳跃比赛，安国县代表队夺5项第一名，两项第二名，团体总分第一名。1986年，安国县以师范附小为主力组队参加在阜平县举行的保定地区小学田径分片赛，夺甲、乙组团体双冠军，被保定地区命名为田径传统项目学校。1987年4月，保定地区中学生运动会在望都举行，安国县分获男女团体第三名。1990年4月，保定地区中学生运动会，在安国中学举行，安国县获高中组男子团体第二名，女子团体第六名，初中组男子团体第三名。历次田径比赛情况见下表：

1974—1990年安国县高中女子组田径最高纪录一览表

表17-16

项　目	成　绩	时间（年．月）	运动会名称
100米	12"8	1984.5	河北省中学生田径运动会
200米	27"3	1984.5	保定地区中学生田径运动会
400米	1'1"1	1976.9	河北省中学生田径运动会
800米	2'16"	1976.9	河北省中学生田径运动会
1500米	4'42"8	1976.9	河北省中学生田径运动会

续表 17-16

项　目	成　绩	时间（年．月）	运动会名称
3000 米	10'40"8	1976.9	河北省中学生田径运动会
100 米栏	16"9	1984.4	安国县中学生田径运动会
4×100 米接力	54"3	1977.10	安国县中学生田径运动会
五项全能	2495 分	1974.5	保定地区中学生田径运动会
跳　高	1.44 米	1990.4	保定地区中学生田径运动会
跳　远	5.05 米	1984.4	保定地区中学生田径运动会
铅　球	11.57 米	1980.5	保定地区中学生田径运动会
铁　饼	34.42 米	1984.4	保定地区中学生田径运动会
标　枪	32.02 米	1988.4	保定地区中学生田径运动会

1975—1990 年安国县高中男子组田径最高纪录一览表

表 17-17

项　目	成　绩	时间（年．月）	运动会名称
100 米	11"4	1983.5	保定地区中学生田径运动会
200 米	23"9	1983.5	保定地区中学生田径运动会
400 米	54"9	1987.4	安国县中学生田径运动会
800 米	2'7"2	1975.5	安国县中学生田径运动会
1500 米	4'28"1	1983.5	保定地区中学生田径运动会
3000 米	9'43"6	1983.5	保定地区中学生田径运动会
5000 米	17'6"	1979.2	保定地区中学生田径运动会
110 米栏	16"6	1981.4	保定地区中学生田径运动会
4×100 米接力	47"7	1989.4	安国县中学生田径运动会
五项全能	2990 分	1989.4	保定地区中学生田径运动会
跳　高	1.72 米	1979.5	保定地区中学生田径运动会
跳　远	6.35 米	1986.4	保定地区中学生田径运动会
三级跳远	13.05 米	1985.4	保定地区中学生田径运动会
铅　球	14.25 米	1989.4	安国县中小学生田径运动会
铁　饼	40.66 米	1988.4	安国县中小学生田径运动会
标　枪	56.66 米	1977.10	安国县中小学生田径运动会
400 米栏	1'22"6	1987.4	保定地区中学生田径运动会

1984—1990 年安国县初中男子组田径最高纪录一览表

表 17-18

项　目	成　绩	时间（年．月）	运动会名称
100 米	11"5	1986	安国县中学生选拔赛
200 米	24"1	1986	安国县中学生选拔赛
400 米	55"6	1990.10	安国县中学生田径运动会

续表 17-18

项　目	成　绩	时间（年．月）	运动会名称
800 米	2'7"9	1990.10	安国县中学生田径运动会
1500 米	4'18"7	1988.4	安国县中学生田径运动会
3000 米	9'50"	1988.4	安国县中学生田径运动会
5000 米	21'21"9	1985.10	安国县中学生田径运动会
110 米栏	16"9	1984.5	保定地区中学生田径运动会
4×100 米接力	49"1	1990.10	安国县中小学生田径运动会
五项全能	3567 分	1988.4	安国县中小学生田径运动会
跳　高	1.62 米	1990.11	安国县中学生田径运动会
跳　远	5.85 米	1987.4	安国县中学生田径运动会
三级跳远	12.30 米	1987.4	保定地区中学生田径运动会
铅　球	15.27 米	1990.10	安国县中小学生田径运动会
铁　饼	53.50 米	1990.10	安国县中小学生田径运动会
标　枪	56.96 米	1987.4	安国县中学生田径运动会
3 公里竞走	16'27"2	1987.4	安国县中学生田径运动会

1965—1990 年安国县初中女子组田径最高纪录一览表

表 17-19

项　目	成　绩	时间（年．月）	运动会名称
100 米	13"2	1986	安国县中小学生田径运动会
200 米	27"9	1987.4	安国县中小学生田径运动会
400 米	1'0"7	1987.4	安国县中小学生田径运动会
800 米	2'16"	1970.9	河北省中学生田径运动会
1500 米	4'42"8	1970.9	河北省中学生田径运动会
100 米栏	16"6	1984.10	保定地区中学生田径运动会
4×100 米接力	54"5	1985.5	保定地区中学生田径运动会
五项全能	2523 分	1986	安国县中学生田径运动会
跳　高	1.28 米	1986	安国县中学生田径运动会
跳　远	5.12 米	1990.10	安国县中学生田径运动会
铅　球	10.80 米	1985.5	保定地区中学生田径运动会
铁　饼	32.62 米	1965.6	保定地区中学生田径运动会
标　枪	32.28 米	1987.4	安国县中学生田径运动会
3 公里竞走	18'26"	1982.4	安国县中学生田径运动会

1984—1990 年安国县小学女子组田径最高纪录一览表

表 17-20

项　目	成　绩	时间（年．月）	运动会名称
100 米	13"9	1988.4	安国县中小学生田径运动会

续表 17-20

项　目	成　绩	时间（年．月）	运动会名称
200 米	29"4	1989.4	安国县中小学生田径运动会
400 米	1'6"	1985.5	保定地区中小学生田径运动会
800 米	2'36"6	1985.5	保定地区中小学生田径运动会
1500 米	5'36"9	1984.8	保定地区中小学生田径运动会
4×100 米接力	57"41	1987.4	安国县中小学生田径运动会
跳　高	1.26 米	1987.4	安国县中小学生田径运动会
跳　远	4.50 米	1987.4	安国县中小学生田径运动会
铅球 3Kg	9.60 米	1987.4	安国县中小学生田径运动会
垒　球	47.40 米	1985.4	安国县中小学生田径运动会

1974—1990 年安国县小学男子组田径最高纪录一览表

表 17-21

项　目	成　绩	时间（年．月）	运动会名称
100 米	13"	1988.4	安国县中小学生田径运动会
200 米	27"3	1989.4	安国县中小学生田径运动会
400 米	59"9	1986	安国县中小学生田径运动会
800 米	2'18"2	1986	安国县中小学生田径运动会
1500 米	5'18"1	1984.8	保定地区中小学生田径运动会
4×100 米接力	53"	1974.8	安国县中小学生田径运动会
跳　高	1.48 米	1988.4	安国县中小学生田径运动会
跳　远	5.03 米	1986	安国县中小学生田径运动会
铅球 3Kg	12.40 米	1988.4	安国县中小学生田径运动会
垒　球	58.60 米	1985.4	安国县中小学生田径运动会

1951—1990 年安国县省级以上运动会个人单项成绩一览表

表 17-22

姓　名	竞赛名称	时间（年．月）	地　点	项　目	成　绩	名　次	备　注
韩　朋	河北省全民运动会	1951.9	保　定	标枪	—	第一	—
金志学（女）	河北省首届运动会	1952	保　定	跳高	1.29 米	第一	—
金志学（女）	河北省运动会	1956	涿　县	女子速滑	—	第一	破 800、1000、1500、3000 米省纪录
宋长路	河北省运动会	1957.7	张家口	体操	—	第四	—
刘希路	河北省运动会	1957.7	张家口	体操	—	第二	—
杨兰英（女）	河北省运动会	1957.7	张家口	体操	—	第二	—
赵子兰（女）	河北省第二届运动会	1958	天津北站	跳高	1.36 米	第二	—

续表 17-22

姓　名	竞赛名称	时间（年．月）	地　点	项　目	成　绩	名　次	备　注
杨兰英（女）	河北省第二届运动会	1958	天津北站	100 米	13"2	第三	—
				200 米	29"2	第六	—
刘庆奎	河北省第二届运动会	1958	天津北站	手榴弹	66.36 米	第一	—
				标　枪	53.73 米	第三	—
董巧玲（女）	河北省第二届运动会	1958	天津北站	五项全能	28.6	第四	—
刘法林	河北省中学生运动会	1964.9	张家口	铁　饼	—	第六	—
张玉珍（女）	河北省中学生运动会	1964.9	张家口	800 米	—	第一	—
胡俊岩（女）	河北省中学生运动会	1964.9	张家口	标　枪	—	第一	—
				铁　饼	—	第二	—
杜树凯	河北省少年田径运动会	1972.6	高碑店	铅　球	—	第三	—
				铁　饼	—	第三	—
霍志坤（女）	河北省第四届青运会	1973.4	衡　水	铁　饼	—	第一	—
李志欣	河北省田径分片赛（南片）	1975.5	定　县	标　枪	53 米	第一	—
				手榴弹	72 米	第一	—
刘兰英（女）	河北省田径单项赛	1976.7	廊　坊	800 米	2'16"1	第三	创该项地区纪录
姜红娟（女）	河北省业余体校比赛	1977.10	邢　台	手榴弹	—	第一	—
李新春	河北省业余体校比赛	1977.10	邢　台	200 米	—	第三	—
袁树英	河北省业余体校比赛	1977.10	邢　台	铁　饼	—	第五	—
刘兰英	河北省第五届全运会	1978.8	—	1500 米	4'40"	第四	—
李占军	河北省第五届全运会	1978.8	—	铅　球	14.70 米	第二	—
				铁　饼	38.60 米	第五	—
高士哲	河北省第五届全运会	1978.8	——	少年象棋	—	第一	—
高士哲	河北省第五届全运会	1980.1	新　城	中国象棋	—	第一	—
王丽欣（女）	河北省中学生运动会	1980.6	张家口	五项全能	—	第一	—
李胜林	河北省第六届运动会	1982.7	—	跳　远	—	第一	—
王光林	河北省第六届运动会	1982.7	—	400 米栏	—	第一	破省纪录
李占军	河北省第六届运动会	1982.9	—	铅　球	—	第四	—
宋建凯	河北省少年田径运动会	1982.10	兴　隆	铅　球	12.96 米	第一	—
李敏英（女）	华北地区大中院校运动会	1983.8	北　京	100 米栏 100 米	—	第一	—
高士哲	河北省首届国际象棋赛	1984.3	—	中国象棋	—	第一	—
刘丽娟（女）	河北省首届国际象棋赛	1984.3	—	中国象棋	—	第五	—
宋建凯	河北省少年田径赛	1984.5	邢　台	铁　饼	47.77 米	第一	—
贺　伟	河北省中学生田径赛	1984.6	石家庄	100 米栏	16"8	第一	—
李时敏（女）	河北省中学生田径赛	1984.5	石家庄	100 米	13"5	第四	初中组
马会卿（女）	河北省中学田径赛	1984.6	石家庄	100 米	1"82	第二	高中组

续表 17-22

姓　名	竞赛名称	时间（年．月）	地　点	项　目	成　绩	名　次	备　注
李占军	河北省高等院校运动会	1984.10	化工学院	铅　球	13.85 米	第一	破全国大学生运动会纪录
宋建凯	河北省青少年比赛	1985.5	—	铁饼 2Kg	40.60 米	第一	—
王光林	河北省首届青运会	1985.5	—	100 米栏	—	第一	—
				400 米栏	—	第一	—
李淑芹（女）	河北省女子举重表演赛	1985.7	衡　水	抓　举	57.5Kg	第一	—
					75Kg	第一	—
					132.5Kg	第一	—
李淑芹（女）	河北省运动会	1988	—	举　重	—	第一	—
金　岩（女）	全国田径赛	—	—	十项全能	—	第一	—
冯杏芬（女）	全国运动会	1953.9	北　京	铁　饼	—	第六	—
匙江茹（女）	全国中学生运动会	1965.9	大　连	铁　饼	—	第一	—
				铅　球	—	第一	—
王英杰	全国田径分区赛	1965	—	铁　饼	—	第一	—
王英杰	全国第一次田径赛	1971	—	铁饼 2Kg	—	第二	—
王英杰	全国田径比赛	1974	—	铁　饼	—	第三	—
李占军	全国田径锦标赛	1978.9	武　汉	铅　球	—	第四	—
李志欣	全国举重锦标赛	1978.9	杭　州	轻量级	—	第二	—
李淑芹（女）	全国举重锦标赛	1980.4	南　宁	中量级	—	第四	—
李占军	全国田径赛	1981.9	大　连	铅　球	—	第一	—
李胜林	全国田径锦标赛	1981.9	北　京	跳　远	6.97 米	—	破河北省纪录
李志欣	全国举重锦标赛	1984.4	—	轻量级	—	第四	—
宋建凯	全国少年协作区赛	1984.5	济　南	铁　饼	47.92 米	第二	—
李淑芹（女）	全国女子浪潮杯举重赛	1985.5	济　南	60 公斤级	抓举 77.5Kg	第五	—
					挺举 75Kg	第三	—
					总成绩 130Kg	第五	—
宋建凯	全国田径分区赛	1985.7	锦　州	铁饼 2Kg	43.03 米	第二	—
李敏英（女）	全国农业院校运动会	1985.8	吉　林	100 米栏	—	第一	—
				100 米	—	第二	—
李淑芹（女）	全国女子举重邀请赛	1985.12	郑州	60 公斤级	抓举 65Kg	第二	—
					挺举 80Kg	第三	—
				总成绩 145Kg		第三	—
李淑芹（女）	全国女子举重比赛	1988	—	56 公斤级	抓举	第一	打破亚洲三项纪录
					挺举	第一	
				总成绩		第一	
李铁岭	国际擂台散打邀请赛	1990.9	沧州	武术散打		第一	—

二、球 类

（一）篮球

1950年春，安国中学相继组建男、女篮球队，8月参加定县专区中学生运动会，囊括男、女篮冠军。自此，安国县中学生篮球队在保定地区比赛中，多次获得好名次。1955年，安国县农民男子篮球队首次参加河北省农民篮球赛，获第一名。1958年，安国中学篮球代表队在保定地区中学生运动会上再次夺得男、女第一名。是年，参加河北省县级中学生篮球赛，获女子第二、男子第四名。1971年，恢复各级运动会，安国中学生篮球队参加在满城举行的保定地区少年篮球赛，因实力不足仅获女篮第三名。1978年，在正定县举行的河北省农民篮球赛中，安国代表队获女子第一、男子第三名。1985年，在保定地区中学生篮球分片赛上，安国男、女队分获蠡县赛区第一名。至1990年无赛事。

（二）排球

1950年春，河北安国中学先后建立男、女排球队，8月参加定县专区运动会，双获第一名。此后，2队同安国县中学男、女排球队一起成为保定地区排球的4支劲旅，竞赛中屡屡夺冠。1956年9月，安国二中女子排球队参加在保定地区举行的河北省中学生排球赛获亚军，翌年5月在石家庄举行的省级比赛中再获亚军，达国家乙级球队水平。1959年，在保定地区排球赛中，安国县男、女代表队再次双获第一名。1973年保定地区排球赛中，安国队获女子第一、男子第六。1984年保定地区排球赛，安国男、女队双获第一名。1988年3月，保定地区青年运动会排球赛在安国中学举行，安国队分获男子组第二名，女子组第三名。1989年，保定地区中学生排球赛在保定举行，安国县分获男、女第三名。1990年4月，保定地区第四届全运会排球赛在定县举行，安国县分获男、女第三名。

三、体 操

1951年春，河北安国中学、安国县中学、安国县师范等学校相继建立体操队，8月河北安国中学体操队代表安国县参加定县专区运动会，双获男女体操团体冠军。此后，安国县中学与河北安国中学争赛，推动了县内体操运动发展。在1956年7月和1958年7月两届保定地区中学生运动会上，安国队夺得男女体操团体冠军。20世纪60年代初，学校体操运动不断发展，中小学体育课增设体操训练项目。“文化大革命”后，由于缺乏师资，技巧性体操一直未能恢复。

四、棋 类

棋类比赛主要为中国象棋，县人闲时对弈久有传统。中华人民共和国成立后，群众性象棋比赛活动渐盛。1976年，安国县中国象棋代表队首次出席保定地区象棋比赛。1978年，安国选手高士哲参加河北省运动会，获中国象棋比赛第一名。1980年，高士哲兼攻国际象棋，在1982年河北省运动会上获国际象棋比赛第一名。1988年1月，保定地区青少年运动会象棋比赛在涞源县举行，安国县获少年男子组第二名。1990年4月，保定地区第四届全运会，中国象棋比赛在唐县举行，安国县获女子团体第四名，男子团体第五名；6月，该运动会国际象棋比赛在涞水县举行，安国县分获女子团体总分第二名，男子团体总分第三名。

第五节　管理机构

明清时期，学校体育活动由学政署兼管，由教授主持定期举行骑射演练，遇骑射比赛，知州主持并颁奖。清光绪三十年（1904），学校体育归劝学所管理。民国 10 年（1921），学校体育由教育科接管。中华人民共和国成立后，教育科（文教科）设专人负责学校体育工作，兼管职工、农民体育活动，组织竞赛。1971 年，成立县体育运动委员会，负责体育工作的领导、组织与协调。学校体育仍由文教局主管。1986 年，文教局成立体育股，主管学校的体育教学及赛事。1987 年，县文教局析建教育委员会后，设体卫股，股长 1 人，办事员 2 人，至 1990 年未变。

第六章　编史修志

第一节　解放前历次修志

自宋代至民国，祁州志凡 11 修，刊印成书者 9 部，久佚莫考其详者 4 部，今仅存 5 部。

一、祁州图志

成书于北宋年间，2 卷本，其书早已湮没不传，详情亦不可考，《文渊阁书目》卷十九仅存其目。

二、祁州志

纂修及刊刻年代不详，域内亦久湮不传，详情莫考，《文渊阁书目》载：《祁州志》，新志，佚。

三、祁州志（明代成化本）

明成化二十年（1484）刊刻，知州童潮修。因久佚，亦莫考其详。

四、祁州志（明代嘉靖本）

知州潘恩修，明嘉靖四年（1525）刊刻，内容涉及疆域、建置、赋役、祠祀、杂志、官师、名宦、选举、人物、文志等，分为六卷。此志久佚，内容亦不可知，唯清乾隆志存其序。

五、祁州志（明代天启本）

明天启六年（1627），知州郭应响修，崇祯元年（1628）刊刻。凡 10 卷，计为舆地、建置、祀典、食货、兵戎、职官、选举、人物、艺文、杂事。亦因年久散佚不存，清康熙志及乾隆志均志其序。

六、祁州志（清代康熙本）

清康熙十九年（1680），知州梅朗中修，同年秋刊印成书。此志在明崇祯志的基础上考订删芟，拾遗补缺而成。总体篇目未动，仅于食货、职官、选举等卷末略有加增。

七、祁州志（清代乾隆本）

清乾隆二十年（1755）春，知州罗以桂修。分为舆地、建置、赋役、官师、选举、人物、艺文、记事8卷。郡人张万铨、刘克缄、戴缙、刁锦、张世祥、李锦雯总纂，马步青、刁维祺、赵汝霖、刘文会、吕大宾、刘光曾、乔克、王琨炎、李锦麟、王凤池、沈介眉、郑范等人协助采访。资料取自旧志及刁锦所写州志稿，历时半载书成。保定知府王楷，祁州知州罗以桂及继任知州王述献分别作序。是年冬十月，吏目傅瑶光督刊成书。

八、祁州续志

光绪元年（1874）知州赵秉恒修。是年李鸿章督直隶，倡修《畿辅通志》，同时倡导各州县修志。知州赵秉恒、举人刘学海等均认为另修新志一是工程浩繁，二是终难脱乾隆志窠臼，遂决定遍采数十年旧事，分类记述，以作旧志之续。遂以刘学海、韩翼亮为总纂，以庙学生员孟宾兴、李际昌、宋玉珊、马殿元、苏元凤、党永锡协助采访，同时告谕四乡乡绅为续志提供素材，经过大量采访，历时2年成稿。续志凡4卷，首卷包括舆地志、建置志、官师志、选举志等，二卷为人物志（上），三卷为人物志（下），四卷为艺文志。该志刊刻成书于光绪八年（1882年），保定知府李培佑，知州赵秉恒，继任知州朱闰保，总纂刘学海等均写了序言。

九、祁州乡土志

约成书于清光绪三十一年（1905），编纂者无考。全志分上下两卷，其中上卷志事，分为本境源流、历代名宦之政绩、历代兵事、历代耆旧、户口、宗教实业、地理、河渠、物产等10章65节；下卷志图，共有村镇形势图72幅。自清末至民国，乡土志一直被作为高等小学的乡土教材。

十、安国县新志稿

清光绪末年举人宋荫桐纂修。宋氏以教授生徒及披阅各家古籍为乐。披阅之余，留意州事，不时辑录，光绪三十二年（1906）新志成稿，请序于知州张祖咏。张阅毕书稿，深为嘉许，称其稿："所因者则述而不作，所创者则信而有征，所辨者则考而必详，所缺者则留而有待"。欣然为其作序。书成后未及刊刻，只以抄本流传于世。1969年，该志稿由台湾成文出版有限公司以补抄本影印出版。全书共3册，内容分为舆图、沿革、封建、建置、河渠、经政、历代兵事、官师8部分。

十一、安国县新志稿续

约成稿于民国20年（1931），由宋荫桐之子宋汝彬编纂，书成未刊刻，以抄本流传，后稿佚，篇目内容均不详。

十二、祁州药志

民国 25 年（1936），北平研究院生理学研究所赵燏黄等编纂。民国 24 年（1935 年）12 月，赵受北京同仁堂乐均士及乐寿堂经纪邑人刘雅岚之推荐，负研究院使命，携同仁钟宪、钟补求、宋晟君 3 人至域内调查中药材，历时 10 日，调查各类中草药材（动物性药材除外）400 余种。回京后又于北平药店将安国暂缺者百余种补齐，将部分中药材形态、科属、药用成分、功效等均详加记载，撰写成书，题名《祁州药志》。是年，由国立北平研究院出版课印行，主编赵燏黄撰写序言。

第二节　解放后史志编修

一、党史资料搜集整理

1959 年夏，中共安国县委决定编写中共安国斗争史，同年 6 月成立党史编写小组，配备工作人员 4 人，开始调查编写。历经 4 个多月，搜集大量资料，基本摸清了自民国 27 年（1938 年）1 月至 1959 年中共安国县委及各级组织的沿革和中国共产党领导域内人民进行艰苦斗争的事迹。10 月，由于工作重点转移，编写组撤销，资料移交县委档案室多已散佚。1981 年 12 月，县委成立党史办公室，翌年 6 月开始党史资料征集。1985 年 8 月，召开安国籍老干部座谈会，应邀到会者有天津市人大副主任路达、北京市委副秘书长苏文，兰州军区副司令员江萍等 53 人。系统回忆中共安国县党史，提供了大量历史资料，核实了一些存疑历史问题。1986 年，党史办公室编制由 2 人扩至 8 人，除整理党史外，还开展了专题调查，1987—1990 年整理出“烈士传”“抗日烽火”“侵华日军暴行录——安国惨案史略”等资料，同时刊印《革命战争回忆录》6 期。

1985 年秋，县委成立组织史编写领导小组，县委副书记李文志任组长，组织部、党史办公室、档案馆组成组织史编写办公室。经大量阅档和调查，编写成《中共安国县组织史》，分上下两册，计 52 万字，1990 年由河北人民出版社出版。

二、县志编纂

1984 年，编修新县志纳入县委、县政府议事日程。县委书记、县长牵头组成安国县地方志编纂委员会（简称编委会），下设办公室（简称方志办），由县政府办公室主任兼主任，同时配备两名编辑人员，与原地名办公室合署办公。是年，制定《安国县志・篇目》第一稿，编委会组织县直各部门建立分志编写组，聘请省、地方志办领导卢振川、王景玉、赵静等到县作专业指导。年底，各部门修志班子基本搭起，编纂任务分解落实。至 1988 年夏，各部门所撰分志陆续送交方志办。

为加强修志力量，1988 年 7 月县政府调政府办公室综合科科长于盼粘和信息科科长赵英到方志办分别任县志主编、副主编。同时从教委、农业局、畜牧局借调 7 人充实编辑队伍。人员到位后，通过审阅各部门所撰分志，发现已成分志资料严重不足。方志办经过研究决定，县志资料调查重新开始，并制定出方志办内部任务分解、责任到人、采编合一的工作方案。之后，方志办全体人员集思广益，研讨县志篇目，重新制定出符合本地特点的第二稿篇目，作为搜集资料的提纲。

10月，方志办倾所有人力，本着“先活后死”、口碑资料与档案资料并重、抢抓口碑资料的原则，首先在县电视台多次播发县政府关于征集修志资料的通告，拟定详细调查提纲和各类数据表格下发各乡镇、村，责成专人开展资料普查，建立安国籍在外工作的老干部、高级知识分子通讯录，广发信函搜集各类资料。随后，编辑人员走出办公室，广泛接触社会各界知情人，了解各行各业的历史情况，通过广泛深入地搜集，掌握了大量有价值的口碑资料。1989年初，资料搜集工作重点转移到查阅档案资料，初期方志办全力投入普查县档案馆和各部门档案。4月以后，分成几个小组，分赴北京、天津、南京、石家庄、保定等地20多个图书馆、档案馆重点查阅民国及以前资料。经过2年艰苦努力，摘录资料卡片万余张，复印资料4000余份，总计2000余万字。1990年12月，保定地区地方志资料工作现场会在安国县召开，地区地方志编委会领导、顾问和全地区20个县市方志办领导出席了会议，安国的经验在全区推广。

三、专业史志编写

1980年后，随着全国修志热潮的兴起，各系统自上而下层层布置编史修志任务。1981年，县交通局聘退休教师霍杰编写交通史，六易寒暑书成，计14万字，印数1000册。1985年3月，为充分发挥药业优势，扩大安国知名度，县长杨建瑞倡导编写一部药业专志，定名《祁州中药志》。编写任务由经济研究中心的马兆民、焦德欣、赵英、沈二强、韩刚承担。经两度春秋，终成书，由河北省科技出版社出版发行。全书分药史、本草、验方3篇，计51万字，印1.65万册，其中精装本1500册。该书1988年10月获中国北方十省市优秀科技图书一等奖。1985年后，县水利局、科学技术委员会、公安局、体育运动委员会先后成立班子编写专业志，由于经费、质量等原因，至1990年均未出版。

第十八编
社会保障

第一章　劳　动

第一节　管理机构

清代祁州公署设6房，工房分掌劳动事宜。

民国初至26年（1937），先后由第二科（主管农矿、水利、工程、劳工等）和实业科、建设科负责劳动管理有关事项。

七七事变后，国民党政府南撤，共产党在县内建立抗日政府，劳动由实业科管理。

中华人民共和国成立初，工商科管理劳动事宜。1963年后，劳动工资划归计划委员会管理。

1969年9月革命委员会成立后，生产指挥处下设计划科，负责工人招收、转正定级和调配工作。同时设知识青年安置办公室。

1975年5月，恢复计划委员会，负责劳动工资工作。1981年，劳动局成立，专司劳动工资工作。1982年，知识青年安置办公室撤销，成立劳动服务公司，负责农村、城镇剩余劳力和待业青年的输出、就业培训，隶属劳动局领导。1987年，劳动服务公司改为事业单位。

1984年，劳动局、人事局合并为劳动人事局，内设办公室、干部股、工人股、工资股、安全股，有职员16人。1987年，劳动人事局增设劳动争议仲裁股、社会劳动保险事业管理所。仲裁股进行劳动争议仲裁时，以县劳动争议仲裁委员会名义出现。安全股除负责劳动安全事项外，还是县安全委员会办公室机构。社会劳动保险事业管理所统管行政机关、企业、事业单位合同制工人养老基金和全县全民、集体企业固定职工的退休金。至1990年底，机构未变。

第二节　劳动就业

一、就业安置

（一）社会人员安置

清代前，域内行业分士、农、工、商。清光绪《祁州乡土志》载，时有工21671人，农54756人，商2577人，士4247人。

民国 7 年（1918），有手工作坊员工 3746 人，商人 6118 人。民国 10 年（1921），仅药业商户就有 2668 家 18381 人。民国 26 年（1937），有药行、转运行、木货行、铁器行、车子链表行、绳席行、杂货行、布线行、首饰行、理发行、饭行和茶业、画店、浴池等 21 种行业 500 余家，共有经理、店员、工匠、学徒 2 万余人。七七事变后，工商各业一蹶不振。城关工商户仅存生熟药行、铁器、木货、杂货和布行、饭行 7 个行业 80 户作坊 240 名员工，大部分员工失业。

中华人民共和国成立初，企业多属私人工商业，公营企业较少，国家实行“公私兼顾、劳资两利”政策。劳动就业采取“政府介绍”和“自谋职业”办法，非农业人口劳动力基本得到妥善安排。

1956 年，完成手工业、资本主义工商业的社会主义改造。按照国家“对各单位多余职工不得裁减，妥善安置”精神，将 875 名国营、合作社营职工全部收为国家职工。是年，国务院提出“劳动招收”和“调配实行统一管理”，就业按政府同意，用人单位招工的办法，对象是城镇和农村青年。

1958 年，大办工业，从农村中招工 3000 余人，工人总数由 1957 年末的 3825 人，猛增到 7200 人，1961 年末达 10900 人。1962 年，按中央减少城镇人口和精减职工的精神，精减下放 4579 人，其中 180 人由全民所有制转为集体所有制，4399 人回农村务农。“文化大革命”中，正常的用工制度被打乱，一方面动员城镇高、初中毕业生和待业青年“上山下乡”，接受贫下中农再教育，一方面从农村招收大批劳力充实工厂、企业，形成城乡劳力对流。1968—1976 年，共接受知识青年（简称知青）2356 人，其中县内中学毕业生 1141 人，从天津、北京、保定、石家庄等全国各地疏散、遣送（受株连子女）回乡劳动知青 1215 人；从农村招收固定工、临时工 2156 人。1978 年 6 月，按照国务院《关于工人退休退职的暂行办法》，办理工人退休、退职子女接班顶替，至 1990 年末，共招收工人退休退职子女接班顶替 365 人。

1979 年，停止知青“上山下乡”，国家落实知青政策，允许知青返城并安置工作。至 1983 年，1349 名知青返回原城市，1101 名知青考入大中专院校或参军入伍，剩余 360 名知青全部招为全民、集体固定工。1989 年，又对 170 户知青家属办理“农转非”户口。

1979 年后，非农业户口的高中、初中毕业生增多，成为城镇待业青年。县劳动部门在国家统筹规划和指导下，实行劳动部门介绍就业，自愿组织起来就业和自谋职业相结合的办法安置待业人员。1982 年，县建劳动服务公司。到 1990 年末，共培训城镇待业青年 1853 人，安置就业 1150 人，培训就业率达 62.1%。劳动部门在解决城镇待业人员安置问题的同时，积极为农村剩余劳力寻找出路。1985—1990 年，向外地近百余家工矿企业输送合同工、临时工、季节工 6000 多人。

二、用工制度

1949 年前，就业者自找门路，用工制度为雇佣制。形式有收授徒弟和招聘职员两种。一是收授徒弟：身具一技之长者，如铁匠、木匠和金银首饰行等手工作坊，为维持生计延续艺业而收徒传艺。药业中，一些店铺商号亦为此形式。收徒标准无统一定例，一般为具备一定资质的 13 ～ 20 周岁青少年。收徒拜师必有中人居间介绍、担保，并订立人身契约。学期 3 年，其间供吃、住，无薪金。学徒工生活很苦，每天除做工外，还要侍奉师父、店主、掌柜起居。学徒期满后，可晋升“伙计”，领取月薪。二是招聘：多在工厂、钱庄银号、药材商号中。招聘财会职员须具备一定资业的人“铺保”方能受聘。职员受聘后领取月薪，薪金由业主自定，业主可随意解雇雇员。

中华人民共和国成立后，国营、集体和私营工商业迅速发展，经过私营工商业社会主义改造，用工制度发生深刻变化。在形式上主要有：

（一）全民固定工

全民固定工是列入国家工资计划的全民所有制职工。全民固定工身份终身保持不变，直至退休。全民所有制单位的固定工人数，由县劳动部门直接控制。1949 年全民固定工 1847 人，1983 年增至 3299 人。1984 年起，改革劳动制度，全民所有制单位保持原固定工。除安置非农业人口复员军人、部队转业志愿兵和技工学校毕业生为固定工外，其余一律招用劳动合同制工人。1990 年末，全民所有制固定工 3605 人。

（二）集体固定工

集体固定工是不列入国家工资计划的集体所有制职工，集体固定工待遇与全民固定工基本相同。主要分布在二轻系统和县社系统。1984 年起，集体所有制单位招工，一律改为合同制。是年末，共有集体固定工 2433 人，1990 年 2526 人。

（三）计划内临时工

计划内临时工是由县以上劳动部门下达招工指标并列入国家工资计划的临时用工。1958 年大办工业，新建棉纺厂、化肥厂、扩建制药厂、制酒厂，从农村招收计划内临时工（轮换工）514 人，后转为全民固定工。1970 年，从农村和城镇招收一批亦工亦农职工，1972 年转为固定工。1990 年末，全民所有制单位仍有计划内临时工 145 人。

（四）计划外临时工

计划外临时工是不列入国家工资计划，经县级劳动部门批准，企业雇用的临时工。1978 年后，全民所有制单位和集体所有制单位始有计划外临时工。1990 年末，全民所有制单位有 347 人，集体所有制单位有 922 人。

（五）季节工

企业根据季节雇临时工。每年使用季节工的单位有轧花厂、食品厂和各乡镇粮库，雇用 300 人左右。

（六）劳动合同制工人

1984 年，始实行劳动合同制。由劳动部门核定招收指标，企业与应招者签定劳动合同，经县劳动争议仲裁股签证受法律保护。因履行劳动合同发生纠纷，由劳动争议仲裁股负责受理、调解、仲裁。劳动合同制工人分为全民所有制和集体所有制两种。是年，招收合同制工人 256 人（包括原临时工录用为合同制工人）。后每年按地区劳动部门分配指标招收合同制工人。1990 年末，有合同制工人 1618 人，其中全民 1043 人，集体 575 人。

1949—1990 年安国县部分年度职工分类统计表

表 18-1

类别/人数/年度	全民所有制					集体所有制				
	合计	固定工	合同制	计划内临时工	计划外临时工	合计	固定工	合同制	计划内临时工	计划外临时工
1949	1847	—	—	—	—	—	—	—	—	—
1950	1934	—	—	—	—	—	—	—	—	—
1952	2084	—	—	—	—	—	—	—	—	—
1953	2318	—	—	—	—	—	—	—	—	—
1957	3825	—	—	—	—	—	—	—	—	—
1958	7296	—	—	—	—	—	—	—	—	—

续表 18-1

年度 \ 人数 \ 类别	全民所有制					集体所有制				
	合计	固定工	合同制	计划内临时工	计划外临时工	合计	固定工	合同制	计划内临时工	计划外临时工
1962	4822	—	—	—	—	—	—	—	—	—
1963	4120	—	—	—	—	—	—	—	—	—
1965	4535	—	—	—	—	—	—	—	—	—
1966	5366	—	—	—	—	—	—	—	—	—
1970	5712	—	—	—	—	—	—	—	—	—
1971	3931	1973	—	—	—	1396	763	—	—	—
1972	3671	3355	—	—	—	1262	549	—	—	—
1973	3638	3299	—	—	—	1123	834	—	—	—
1974	3632	3294	—	—	—	1451	839	—	—	—
1975	3710	3331	—	—	—	1592	886	—	—	—
1976	3760	3375	—	—	—	1180	898	—	—	—
1977	3722	3440	—	—	—	1918	1186	—	—	—
1978	4352	3569	—	250	533	2556	1274	—	—	—
1979	4932	3808	—	342	782	2709	1528	—	217	964
1980	5064	3971	—	295	798	2141	1535	—	244	362
1981	4881	4232	—	255	394	2130	1509	—	252	369
1982	2144	1237	—	209	698	2569	1538	—	159	872
1983	5366	4321	—	381	664	3045	1526	—	120	1399
1984	4077	3299	256	153	369	3719	2433	—	144	1142
1985	1984	1713	130	37	104	3829	2587	—	241	1001
1986	4619	3577	640	42	360	4578	2596	19	283	1680
1987	4461	3581	539	19	322	4567	2631	94	340	1502
1988	5490	3590	897	20	983	4100	2635	284	575	606
1989	5380	3626	931	192	631	4541	2763	481	447	850
1990	5140	3605	1043	145	347	4218	2526	575	195	922

三、职工管理

（一）调配

职工调配是由劳动部门进行的劳动力平衡调剂，主要适用于全民、集体固定工和合同制工人，农业户口的合同制工人只在县内流动。凡因工作、生产需要调动的职工，本人所在单位同意调出，经劳动人事部门履行调动手续后，方可调入新的工作单位。因夫妻两地分居，父母需子女照顾造成家庭生活困难的职工，可申报请调。县内职工调动，由本人向单位提出申请，报请县劳动部门办理调动手续。1983 年后，劳动人事权下放，系统内部职工调动，由主管部门办理手续。跨省、市、县间的职工调动，劳动部门直接商洽并转递档案材料，办理调动手续。工作调动时，全民单位与全民单位，集体单位与集体单位互调，严禁混岗。为照顾职工家庭生活困难，1988 年调入 63 人，调出 57 人，1989 年调入 93 人，调出 46 人，1990 年调入 68 人，调出 59 人。

（二）培训

中华人民共和国成立初，县内职工人数较少，文化、技术素质普遍很低，企业采取以师带徒的办法培训。1953 年，为提高职工思想政治和业务技术素质，国合企业建立职工业余学校 14 个，聘任百余名兼职教师任教。1958 年，较大企业专配文化教员，注重职工思想政治、文化技术教育，培养职工做“又红又专”新人。是年，化肥厂、棉纺厂、水泥厂建成，对 400 余名工人进行上岗前应知培训。1962 年，化肥厂停产后，选送 27 名工人到大中专院校长期培训，1964 年化肥厂重新开工时成为工厂的技术骨干。“文化大革命”期间，政治学习占据职工业余时间，把学技术、学业务视为“走白专道路”“唯生产力论”加以批判，技术培训基本停顿。1978 年后，为适应经济建设形势，把搞好职工培训作为提高生产力的重要措施来抓，职工文化、技术素质普遍提高。培训形式主要有两种：

就业前培训：1983 年始施行“先培训、后就业”方针，由县劳动服务公司成立培训中心直接培训。至 1990 年，共举办裁剪、烹饪、中药材加工、电气焊、家电维修等培训班 30 期，1853 人取得结业证书。1986 年，县在农业技术中学基础上建职业中学，分设农业技术、中药材加工、家电等专业课。为便于学生实践，建校办中药材加工厂、景泰蓝加工厂，为农村和城镇毕业生就业打下了良好基础。县劳动人事局同县卫生学校、中药材学校联合办培训班，至 1990 年培训护理员、中医、中药材栽培、加工人员 700 余人。

岗位培训：（1）文化、技术双补课。1983 年，对在岗职工中 1966—1980 年的初、高中毕业生，年龄在 35 岁以下，技术未达三级工标准的，进行文化、技术补课。应补初中文化课的职工 2500 人，应补高中文化课的职工 853 人，应补技术课的职工 539 人。至 1985 年，2446 人和 806 人分别取得初、高中文化补课合格证书，535 人取得技术补课合格证书。（2）技术培训。1979 年后，经济工作重点转移，企业注重提高职工技术水平。棉纺厂、制药厂、制酒厂经常到外地工厂参观、学习先进生产技术，选送青年职工到专科院校学习深造。1988 年，棉纺厂自办棉纺中专、大专班，聘请河北纺织工业学院教授定期授课，学期 3 年。有 39 名和 105 名职工分别参加中、大专班学习，占全厂无学历职工的 17%。至 1990 年，全县有 7282 名职工参加各级岗位技术培训和岗位职务培训。38 人获高级技术职称，133 人获中级技术职称，2190 人获初级技术职称。（3）技术练兵。1980 年后，工业、商业、供销、金融系统提倡在岗职工练“过硬”本领，并经常组织同行业进行量布、包装、算账、珠算、剔骨、抓中药、压药片、点钞等技术表演、竞赛活动。不少职工在省、地同行业技术表演赛中获得好成绩。

1980—1990 年安国县职工参加省、地技术竞赛名次一览表

表 18-2

姓　名	工作单位	参加项目	名　次	举办时间
陈　凯	工商银行	河北省信贷专业状元赛	第五名	1989 年
韩坤敏	工商银行	保定地区工业信贷统计报表竞赛	第一名	1984 年 8 月
韩坤敏	工商银行	保定地区工业信贷统计报表竞赛	第一名	1985 年
王彦玲	工商银行	河北省机器点钞赛	省级能手	1989 年
高秀珍	工商银行	河北省硬币、多张点钞赛	省级能手	1989 年
朱杏然	城关供销社	保定地区称包比赛	第一名	1984 年 8 月

续表 18-2

姓　名	工作单位	参加项目	名　次	举办时间
李晓五	棉麻公司	保定地区棉检技术表演赛	第一名	1988 年
许春青	棉麻公司	保定地区棉麻系统财务、计算技术比赛	第一名	1988 年
张力加	棉麻公司	保定地区棉检技术个人全能比赛	一等奖	1990 年
刘其振	酒厂	河北省轻工厅装瓶工技术竞赛	第 13 名	1990 年
刘文卯	制药厂	河北省医药系统技术比赛	压片状元	1990 年
郑惠娟	制药厂	河北省医药系统技术比赛	装药技术能手	—
李胜惠	制药厂	河北省医药系统技术比赛	糖衣技术能手	1990 年
王锁庄	制药厂	河北省医药系统技术比赛	水丸技术能手	1990 年
王丽娟	制药厂	河北省医药系统技术比赛	装药技术能手	1990 年
郑惠娟	制药厂	河北省医药系统技术比赛	第二名	1986 年
沈玉秀	制鞋厂	河北省二轻系统绱鞋技术赛	第一名	1982 年
杜庆山	食品公司	保定地区剔骨技术比赛	第一名	1990 年
马占杰	建设银行	保定地区珠算比赛	第一名	1989 年
赵宗芳	建设银行	保定地区掀打加减计算比赛	第一名	1985 年
赵宗芳	建设银行	保定地区珠算计算比赛	第一名	1986 年
赵宗芳	建设银行	保定地区珠算计算比赛	第一名	1987 年
赵宗芳	建设银行	保定地区珠算加减法计算比赛	第一名	1988 年
李成林	棉纺织厂	河北省织布帮接比赛	第一名	1982 年
张玉兰	棉纺织厂	保定地区细纱状元选拔赛	第一名	1990 年
李俊池	棉纺织厂	保定地区布机状元选拔赛	第一名	1990 年
李　璞	农业银行	保定地区珠算掀打百张传票赛	第一名	1984 年
李　璞	农业银行	保定地区珠算掀打百张传票赛	第一名	1989 年
李　璞	农业银行	保定地区珠算计算综合比赛	第一名	1982 年
李　璞	农业银行	保定地区珠算计算综合比赛	第一名	1986 年
李　璞	农业银行	河北省农行第三届业务技术比赛	第三名	1986 年
臧淑贤	农业银行	保定地区信贷技术比赛	第一名	1981 年
臧淑贤	农业银行	河北省信贷技术比赛	第三名	1981 年
许　娜	农业银行	保定地区掀打传票赛	第一名	1982 年

（三）奖惩

解放前，工人地位低下，企业主对雇用工人任意责罚。特别是学徒工，轻则体罚，重则开除。对于有较高劳动技能的工人，业主则给予较丰厚的报酬，做为奖赏。

中华人民共和国成立后，企业职工成为国家的主人，企业内部的奖惩制度不断健全和完善。20 世纪 50—60 年代初，各企业职工除必须遵守国家的政策、法律、法令外，均定有严格的劳动纪律和职工守则。对政治思想好，劳动工作好的职工给予口头表扬、通报表扬，成绩突出者授予“先进生产（工作）者”“劳动模范”等荣誉称号，奖品有奖状、奖章、钢笔、日记本、香皂、毛巾等。受奖情况载入本人档案，做为入党、提干和晋升工资的参考条件。1953 年，百货公司售货员马增田，创造“三快”（开票快、算账快、付货快)、“一准”(账物准确无误）工作法，被授予定县专区先进生产者称号，1956年被评为全国劳模。1956年，副食品公司工人陈寿山，改革传统制醋工艺，制造出深受群众欢迎的优质醋，被评为全国劳模，并出席全国群英会。1951—1964年，被授予省级、全国级先进生产（工作）者、劳模称号的工人有23人。违反劳动纪律和犯有错误职工的惩罚有：在班组会上检查、在全厂职工大会上检讨、记过、开除等。“文化大革命”期间，批判“唯生产力论”“物质刺激”“奖金挂帅”，对评选出的先进职工多给予名誉奖，如颁发“学习毛主席著作积极分子”“先进生产者”奖状，物质奖品为《毛泽东选集》。1977年县农机局在秋耕作业中，首开对参加耕地、播种的机手实行超耕、超播一亩地奖励一角钱的奖励办法。后各行各业相继效仿，物质奖励盛行。1982年4月，国务院发布《企业职工奖惩条例》，对在生产、科研、管理等方面做出优异贡献的职工给予记功、记大功、晋级、通令嘉奖，授予先进生产（工作）者、劳动模范等荣誉称号，并一次性发给奖金。对违反劳动纪律、玩忽职守，使人民生命、国家财产遭受损失的职工，给予警告、记过、记大过、降级、撤职、留用察看、开除处分，在给予行政处分的同时，可给予一次性罚款。1982年后，县委、县政府及总工会、共青团、妇联每年组织评选先进集体和先进个人。至1990年底，工业、商业、供销、金融、交通等系统共评选出县、地、省和全国级先进生产（工作）者、新长征突击手、三八红旗手、四有（有理想、有道德、有纪律、有文化）职工、劳动模范等1822人，其中县级1733人，地区级61人，省级25人，国家级3人。在大力表彰先进的同时，对因工作失误、责任事故等给国家造成经济损失者，亦给以惩处。

第三节　工资福利

一、工资制度

明、清两代，官吏俸银（也称俸禄）从国库领取。清雍正前，知州官秩正5品，月俸银80两；训导正8品，月俸银40两；巡检从9品，月俸银30两；门子、库子、斗级等每名月俸银6两。雍正八年（1730）起，增设养廉银，知州月支80两，巡检月支60两。

民国时期，政府公教人员由政府规定薪水制度，均为月薪。工厂、手工作坊、商号雇佣人员，多为年薪，亦有月薪和计时薪水制。薪水多寡，由业主确定，无统一标准。行政官员实行四级官阶制，分为特任官、简任官、荐任官、委任官，每级又分为若干等，县长为荐任官，官等为荐任5级，支取荐任5级薪额。民国8年（1919），县长月薪大洋300元，科长100元，科员40元或30元，书记10元，公役人员7元。雇工（被地主雇佣农民）工资扣除食宿年约为40元。工人工资，除食宿外年约60元。民国20年（1931），《河北省实业统计》资料载：杂货业人年均工资63元，药业人年均工资95元，盐业人年均工资135元，金融业人年均工资95元，警察工资较高，按等级每月8～40元，团丁月薪8元。

民国27年（1938），域内共产党建政后，党、政、军、群团组织公职人员实行供给制。每人一年两套单衣，两年一套棉衣，三年一套被褥，食粮每人每天0.5千克小米。供给来源，从捐税征收，临时捐款及向地主、富户摊派中取得。民国29年（1940）实行统一累进税后，供给来源从公粮中支出。时战争环境恶劣，公职人员多分散在农民家中食宿，政府印制成统一粮票，每人每天0.75千克小米，吃饭交票，农民凭票抵顶公粮。

安国解放后，中小学教员和少数旧政权留用人员实行粮薪制工资，党、政、群团仍实行较低水平的供给制。1949 年，国家机关工作人员工资普遍实行实物支付形式的供给制，每人每月小米 60 ～ 75 千克。1950 年 5 月，实行供给包干制，以小米支付工资。包干标准分大、中、小灶三个档次；县级享受小灶待遇，每人每月小米 59.5 千克；科局区级享受中灶待遇，每人每月小米 55 千克；一般工作人员享受大灶待遇，每人每月小米 52.5 千克。后增至小灶 107.5 千克，中灶 82.5 千克，大灶 57.5 千克，勤杂人员 56.5 千克，每人每天扣除伙食 0.75 千克，余折价发给本人。

1952 年 2 月，干部实行以“工资分”为计算单位，以实物为计算基础的供给制加津贴工资制，执行河北省人民政府颁发的《各级人民政府一九五二年供给标准》。个人供给部分包括生活费、服装费和津贴费，生活费含粮食、菜金、燃料、鞋袜、被子等。每人每月工资分标准：大灶 60 分，中灶 85 分，小灶 110 分，机关伙食标准大灶 1.5 分，中灶 2 分，小灶 2.5 分。津贴费：勤杂人员每人每月 10 分，科区级以下干部 12 分，县长级 18 分。服装费：每人每年发单衣两套，每套白洋布 34 方尺；棉衣三分之二套，每套白布 67 方尺，棉花 1.5 千克；单、棉帽各 1 顶，白布 6 方尺，棉花 0.1 千克。1 个工资分等于粮食 0.4 千克，白布 0.2 尺，植物油 0.025 千克，盐 0.01 千克，煤 1 千克。实物折价，以当地国营公司或国营零售店中等价格计算。1952 年实行供给加津贴工资制的同时，亦实行等级薪金工资制，薪金制工作人员工资水平略高于供给制工作人员，亦以工资分为计算单位。后工资分值由省工资委员会每月在《河北日报》上公布，各单位按统一分值计算工资，1953 年 1 月 26 日《河北日报》公布 1 月份工资分值为 2306 元。时县级工资分 348 分；正副科长、区长级 310 ～ 210 分；科员、助理员级 210 ～ 110 分；勤杂人员 88 ～ 85 分。

1954 年 10 月，国家工作人员开始改为货币工资制，国营企业职工实行“八级工资制”，并建立职工升级制度，普遍采用计件工资和奖励工资。至 1955 年 7 月，国家工作人员和企业职工全部实行货币工资制，正副县长 13 ～ 18 级；正副科级 17 ～ 20 级；科员 20 ～ 24 级；办事员 24 ～ 27 级；勤杂人员 27 ～ 30 级。工程技术人员、卫生技术人员、中小学教师、商业职工、汽车司机等分别进入各自工资系列。

1956 年，国家改革工资制度，废除“工资分”和“物价津贴”制，直接以货币支付工资。1985 年，国家进行工资改革，行政事业和企业单位实行结构工资制。行政事业单位干部职工的结构工资，由基础工资、职务工资、工龄津贴和奖励工资 4 部分组成。企业单位的结构工资，由基础工资、职务工资、奖励工资 3 部分组成。结构工资的实行，使劳动所得与工作人员所担任职务，应负责任和劳动实绩结合起来。

二、工资调整

1954 年，国家行政人员调整工资，供给制干部有 42 人晋级，工资制干部 1 人晋级。同时，有 17 名试用人员转为国家正式干部，并由 29 级晋升到 25 ～ 26 级，全县共增加工资分 451 分。

1956 年工资改革，重点平衡了职、级不相称的差异，干部职工工资标准有所提高，各类人员之间的工资关系趋于合理。全县干部职工晋级面积达 60% 以上，其中照顾工资较低人员升级 73 人，增资额 1679 元；国家机关各类人员升级 100 人，增资额 1961 元；商业部门升级 64 人，增资额 1796 元；县联社升级 78 人，增资额 1581 元；银行保险升级 35 人，增资额 455 元；粮食企业升级 11 人，增资额 250 元。教育系统升级面最高，小学教职员达 73.8%。

1956年全县小学教职员工升级一览表

表 18-3　　单位：人

职　别	校　长	教导主任	高小教师	初小教师	职　员	工　友	共　计
计　有	33	27	73	419	5	28	585
升级人数	20	16	49	325	4	18	432
占百分比	60.6%	59.3%	67.1%	77%	80%	64%	73.8%

1959年和1961年，分别调整工业、基建、交通、邮电和农林水气、商业、饮食服务业生产工人、职员工资，产业工人升级面为30%，职员10%，农林水气、商业、饮食服务工人、售货员不超过5%。工人升级指标4556人，每级增资8元；职员升级指标690人，每级增资6.5元。

1963年，按上级文件精神，为干部职工升级、纳级、定级，升级面为40%。具体升级办法是，组织上根据工作、生产需要及职工业务能力与工作实绩、劳动态度确定。是年，参加工资评定3775人，升级1518人。是年，安国县被定为执行国家三类工资区标准地区。

1971年，按国务院调资规定：1957年底以前参加工作的三级工，1960年底以前参加工作的二级工，1966年底以前参加工作的一级工，上调一级工资，级差为5元。

1977年，为工龄较长，工资偏低的职工调整工资，范围是1971年底以前参加工作的一级工，1966年底以前参加工作的二级工，上调一级工资，级差5元。1971年底以前参加工作的，除一级工外，其他干部职工按40%升级面评定升级，级差5元。1966年底以前参加工作的中专生，级差7元。

1978年，按2%升级面对技术拔尖的工人和成绩突出的干部考核升级。

1979年，根据劳动态度、技术高低、贡献大小，按40%升级面给干部职工调整工资。时有干部职工6349人，升级人数2547人。其中机关团体359人，事业单位148人。工业613人，农林水气156人，交通邮电12人，商业646人，科研6人，文教卫生719人，金融36人。实际总升级面40.5%。其中，干部升级1205人，占42%；工人升级1342人，占40%。全县月增工资额14572元。1980年，由三类国家工资区标准提高为四类，补发地区差工资4.2万元。

1981年，部分中、小学教师和部分医疗、卫生、保育、体育单位的职工调整了工资。

1982年，集体所有制单位调整工资。时有固定工2140人，升级人数134人，月增资额791元。

1983年，企业职工普调工资，全民企业5366人，集体企业2945人，普调一级工资。

1985年，教育、卫生、体育系统从元月开始，机关事业从7月开始，进行工资改革。废止原执行行政事业26级工资制和企业8级工资制，改为结构工资制。工资类区标准由四类升为五类。参加工资改革的行政、事业干部职工5001人，每人月增资额近20元（超过20元的按20元计发）。企业利用自有资金进行工资改革，使职工的工资同经济效益挂钩，先调整工人的工资标准，再进行套改标准和升级。全民企业参加工资改革4327人，集体企业3829人，全县年实增资154.3万元，人均增资114.2元。

1987年，根据国务院《关于提高中小学教师工资待遇的通知》，自1987年10月将中小学教师和幼儿园教师工资标准提高10%。是年，对专业技术人员评定职称，并兑现聘任专业技术职称工资；安国县由五类工资区标准调为六类工资区标准。

1989年，对国家机关、全民事业单位工作人员普调一级工资。这次升级不搞群众评议，由组织考核确定，行政事业人员5256人升级。是年，对企业职工普调一级工资，全民企业5380人，集体企业4656人升级。后按照企业经济效益与职工工资挂钩的原则，通过核算，经地区劳动人事局批准，又为40个全民企业、871个集体企业的生产一线工人和一般行政、技术干部升半级。全民单位月增资额2888元，集体单位2101元。

三、补贴（津贴）奖金

中华人民共和国成立后，党和政府为保证干部职工生活水准和体现“按劳取酬”原则，除支付标准工资外，还制定了许多补贴办法和实行了奖金制。

（一）补贴（津贴）

1952年，供给制干部每人每月增发10个工资分，作为生活津贴。1965年始，对干部职工实行粮价补贴，补贴标准为口粮15.5～17.5千克者补贴0.9元，15千克以下者补贴0.78元。1968年，实行附加工资制，每人约3元左右。1977年后，随着工资逐步调整，粮食补贴和附加工资逐步冲销，至1984年，附加工资全部冲销。1979年11月，对干部职工实行副食品加价补贴，补贴标准为每人每月5元。全县全民、集体所有制单位9244人享受副食补贴，总额4.622万元。是年，中小学实行班主任津贴，中学每人每月4～6元，小学每人每月3～5元。1980年1月，对卫生系统从事影响身体健康工作的职工，根据工作量大小，时间长短，条件优劣，防护难易及危害程度等情况，分四类发放卫生津贴。一类每人每月13～15元，二类每人每月10～12元，三类每人每月7～8元，四类每人每月4～6元。全年随工资发放各种津贴63.9万元，其中副食价格补贴42.7万元，冬季取暖补贴9万元。1985年4月，随着国家对生肉价格的放开，对非农户口发给猪肉价格补贴，在职人员每人每月3元。是年，进行工资改革，行政、事业机关人员取消每人5元的副食补贴，实行工龄补贴，每年0.5元，30年以上者按30年计发。1985年发放各种津贴、补贴122万元，其中猪肉价格补贴37.5万元，工龄津贴41.6万元。1988年7月，国家实行物价改革，根据物价上涨因素，给予干部职工主要副食品价格补贴，每人每月8元。至1990年底，行政、事业机关每人每月享有猪肉价格补贴、主要副食品价格补贴、工龄津贴、书报费补贴，每年享有冬季取暖补贴。教师享有教龄津贴、班主任津贴。卫生系统有护龄津贴、保健津贴等，公安机关享有值勤岗位津贴、节假日加班费等，企业单位职工无工龄津贴，享有猪肉价格补贴和主要副食品价格补贴。全县全年共计支付各种补贴、津贴440.9万元。

（二）奖金

民国时期，某些企业即实行奖金制度。据民国20年（1931）《河北省实业统计》载，县内有杂货业店员88人，人年均奖金6元；盐业店员38人，人年均奖金13元；钱业职员120人，人年均奖金19元。

中华人民共和国成立不久便建立奖励制度，对超额完成生产指标的职工给予少量的奖金奖励。1956年，按照国务院《关于工资改革的决定》，企业设节约奖、超额奖、质量奖等。20世纪60年代初，县供销社系统曾实行“综合奖”，对先进职工发少量奖金。“文化大革命”开始后，奖金制度以“物质刺激”“奖金挂帅”罪名而取消。1977年，少数单位试行计件超额奖。1978年6月，国务院发出《关于实行奖励和计件工资制度的通知》后，各业恢复奖金制度。是年，全民所有制企业共发放各种奖金2.8万元。1980年后，奖金名目增多，有计件超额奖、燃料原料节约奖、全优奖、利润提成奖、增收节支奖等。1981年，全民、集体所有制单位共发放奖金68.4万元。1984年，国务院颁发《关于国营企业发放奖金有关问题的通知》，规定企业在完成国家计划、税利增加的前提下，奖金可不“封顶”，并实行奖金征税办法。除发明奖、技术改进合理化建议奖、十种特定原料节约奖以外，其他各种奖金按超额累进办法征税。在两个半月标准工资（按 50 元计）以内免征奖金税；两个半月以上四个月以内征 30%；四个月以上六个月以内征 100%；超过六个月征 300%。奖金税从企业职工奖励基金开支。企业间因经济效益不同，发放奖金数额亦有很大差别，奖金多的单位人年均可达七八百元，少的一二百元，亦有经营不景气，基本工资也难保的单位。1984 年，随着国营企业全面完成国家计划、税利增加前提下，发放奖金不“封顶”。1990 年，全民所有制单位各种奖金 238.2 万元，人均 208.6 元；集体所有制单位各种奖金 21.8 万元，人均 53 元。

行政事业单位干部职工从 1980 年始发增收节支奖，按工作态度与实绩评出档次，以鼓励先进。是年，共发奖金 4.4 万元。1983 年，增收节支奖按每人每月 8 元发放。1985 年工资改革后，增收节支奖增为每人每月 17 元，随工资发放。1990 年，增至每人每月 22 元，全年共发放 417 万元。

1970—1990年安国县全民、集体所有制职工工资构成一览表

表18-4

项目 \ 年份	1970	1971	1972	1973	1974	1975	1976	1977	1978	1979	1980	1981	1982	1983	1984	1985	1986	1987	1988	1989	1990
工资总额（万元）	—	371.2	377.1	393.3	307.9	418.2	396.3	421	475.8	511	579	711.2	—	847.8	919.5	1073.8	1315	1588.9	1889.8	2038.1	2341
全民所有制 年平均人数（人）	5712	5827	6098	6088	6019	6150	6395	6394	6304	6879	8247	8785	9037	9373	8558	9014	9152	9724	9724	10560	11410
全民所有制 年人均工资（元）	510.9	494.3	516.6	511.3	511.4	545.7	523.5	507.5	583.3	571.3	661.5	666.1	687.6	743.6	791.8	867.7	1043.8	1175.8	1354.7	1447.7	1598
全民所有制 年工资额（万元）	291.8	288	315	311.3	307.8	335.6	334.8	324.5	367.7	393	545.5	585.2	621.4	697	677.6	782.1	955.4	1143.3	1419.7	1528.8	1824
全民所有制 计时工资（万元）	—	—	—	—	—	334.9	—	—	344.8	350	403.5	472.7	486.2	551.1	508	379.1	289.1	305.9	390.4	373.1	1149
全民所有制 其中 计件超额工资	—	—	—	—	—	—	—	—	—	—	—	—	—	—	2.9	9.4	2.7	42.9	30.6	2.3	25.3
全民所有制 其中 附加工资	—	—	—	—	—	—	—	—	—	14	5.2	4.2	3.1	1.9	—	—	—	—	—	—	—
全民所有制 其中 各种奖金	—	—	—	—	—	—	—	—	—	10	35.9	37.8	55.5	59	73.9	63.7	87.7	120.7	189.1	228.6	238.2
全民所有制 其中 各种津贴	—	—	—	—	—	—	—	—	—	14	52.9	63.9	63.6	72.9	82.9	101.9	119.9	176.4	214.3	285.7	356.4
全民所有制 其中 基础工资	—	—	—	—	—	—	—	—	—	—	—	—	—	—	—	110.2	431.8	481.1	568.1	625.6	—
全民所有制 其中 职务工资	—	—	—	—	—	—	—	—	—	—	—	—	—	—	—	103.3		—	—	—	—
全民所有制 其中 其他	—	—	—	—	—	—	—	—	—	5	3.4	7	14	12.1	10.6	14.5	18.2	16.3	27.2	13.5	55.3
集体所有制 年平均人数（人）	—	1731	1338	1201	1196	1743	1243	1499	2114	2365	2433	2426	—	2694	3496	3850	4329	4533	3915	4336	4116
集体所有制 年人均工资（元）	—	480.6	464.1	682.8	566.1	473.9	494.8	643.8	511.4	489.9	548.7	519.4	—	559.8	691.9	757.7	830.7	983	120.7	1174.6	1256
集体所有制 年工资额（万元）	—	83.2	62.1	82	67.7	82.6	61.5	96.5	108.1	118	133.5	126	—	150.8	241.9	291.7	359.6	455.6	470.1	509.3	517
集体所有制 计时工资（万元）	—	—	—	—	—	—	—	—	—	—	—	—	—	—	—	—	—	—	—	—	317.8
集体所有制 其中 计件超额工资	—	—	—	—	—	—	—	—	—	—	—	4.4	—	—	4.8	9.5	19.7	13.5	29.7	34.2	72.5
集体所有制 其中 各种奖金	—	—	—	—	—	—	—	—	—	2	2	4.5	—	6.3	13.2	20.1	11.8	26.2	24.4	26.2	21.8
集体所有制 其中 各种津贴	—	—	—	—	—	—	—	—	—	—	—	11.5	—	—	7.1	14.8	22.7	25.1	41.4	82.9	54.5
集体所有制 其中 其他	—	—	—	—	—	—	—	—	—	—	—	—	—	—	—	—	—	3.1	0.3	—	10.4

四、职工福利

中华人民共和国成立前，工人除挣工资外，无其他福利。中华人民共和国成立后，在职或非在职干部和职工均依照国家统一规定享有一定的福利待遇。

行政事业单位干部职工福利　1952年，享有的福利费有保健费、医药费、伙食津贴。妇女干部另有妇婴费（包括卫生费、生育费、保育费、保姆费）。之后，干部职工福利待遇不断完善提高。到1990年，每月统一发给个人的福利费有：洗（澡）理（发）费8元（女10元）、交通补贴4.5元、副食品价格补贴8元、肉食价格补贴3元、书报补助费12元，每年夏冬季有防暑费、取暖费。在职干部职工人均年福利性费用460余元，占年人均工资额的28.9%。另外，列有福利费，由单位掌握，作为干部职工家庭生活困难补助、探视慰问病员和集体福利项目开支。

企业单位干部职工福利　除按《劳动保险条例》享受福利待遇外，与行政事业单位的福利相同。此外，企业可根据经营状况，决定本企业职工集体福利事业的规模和项目。1987年，县棉纺厂支付25.6万元，用于职工建房，82户职工有了住房。制药厂、棉纺厂还自建托儿所，解决了职工婴幼儿入托难问题。

第四节　劳动保护

一、安全生产

中华人民共和国成立前，企业职工劳动条件很差，亦不注重安全生产措施。中华人民共和国成立后，企业职工劳动条件逐步改善。1956年，国务院发布《关于厂、矿企业中粉尘危害的决定》《工厂安全卫生规程》《建筑安装工程安全技术规程》《工人职员伤亡事故报告规程》等一系列安全生产、劳动保护文件。对国营、合作社营、公私合营企业的厂院、工作场所、机械设备、电气装备、粉尘毒害、个人防护用品等作了详细规定。劳动者生产条件普遍提高。对通用机械厂工人，国家发放工作服、肥皂、毛巾、工作鞋、防尘口罩等劳保用品。1959年3月，县人委发出《关于编制1959年安全技术劳动保护措施计划的通知》，公布安全技术措施计划项目21条，对于易爆、触电、高温、高寒、毒物、尘埃、易燃等21项危及职工安全生产的生产环节，采取了相应的防护措施。同时，县设安全生产委员会，由一名县级领导任主任，协调各部门抓好安全生产。县属工厂企业均设安全生产领导小组，配备专职人员。之后，工业发展很快，安全生产规程和制度更趋完善。“文化大革命”期间，一些规章制度被破坏，交通肇事、火灾和农业触电、农机伤害等生产事故时有发生。1972年，仅交通肇事和农机伤害事故高达70余起，死亡7人，伤60多人。1975年全国安全生产会议后，认真贯彻“安全第一，预防为主”的方针，掀起安全教育高潮，并对机械、电器等操作工人进行专业安全技术训练。是年，县农机局始对农业机械手进行专业技术训练，农机伤害事故有所控制。1980年，加强生产方面的法制宣传教育。县政府明令，对于玩忽职守，不遵守安全制度，违章作业以及强迫命令、瞎指挥所造成的伤亡事故，要严肃处理责任者，直至追究刑事责任。1984年后，县劳动人事局每年对锅炉等压力容器使用单位进行安全检查。1986年，县复设安全生产委员会，办事机构设在劳动人事局。生产企业设安全生产领导小组，车间设安全监督员。安全生产规章制度进一步建立健全。1986—1990年，在安全生产委员会指导下，全县消除专业生产事故隐患13起。

1949—1990年，仅工业企业发生事故7起，死亡7人，伤21人，经济损失40万元。

附：重大生产事故选例

1975年8月2日，县化肥厂工人违反安全规程，在仓库吸烟，烟蒂引起大火，烧毁合成车间部分设备和仓库物资，直接损失4.6万元。事后追究肇事者刑事责任。

1977年8月25日，大李庄公社西吴庄大队放映电影时，观众挤倒院内电线杆，造成8人触电，经抢救，5人脱险，3人死亡。

1983年9月12日，庞各庄公社西安国城大队社员马新春用五硫化二磷（P_2S_5）在院内拌兑肥料，致猪中毒死亡，其跳进猪圈查看时，也当即中毒死亡。邻居赶去抢救，又有2人中毒身亡。

1986年7月22日，南仕庄乡流霜村利民水泥预制构件厂工人用自制推拉吊车拉运水泥预制构件时，吊车臂触及10千伏高压电线，造成群体触电事故。1人当场死亡，4人不同程度烧伤。

1988年1月23日，西崔章乡八方村鞭炮加工户刘某违章生产，引起火药爆炸，炸死5人，重伤3人，轻伤2人。刘家5间砖房炸为平地，周围80米以内房屋有的震裂，有的震塌，80%的门窗玻璃被震碎。

二、女工保护

为保护女工安全健康，根据上级指示精神，针对女工生理特点，制定了各种女工保护措施，主要有合理安排工种，不让女职工从事负重和高温、低温条件下的作业。加强女工经期、孕期、产后期、哺乳期保护，女工产期增至6个月，对有未满一周岁婴儿的女工，每班给予两次喂奶时间，不安排夜班。为女工干部、职工每月发放卫生费7元。

三、职业病预防

县内化工、纺织、橡胶、制酒、印刷、医院等行业的一些粉尘毒害岗位，对职工身体健康虽有所危害，但尚未发现严重职业病例。为保护职工健康，企业对长期从事有害工种的职工，除给予必备的工作服、防毒面具、滤尘罩、肥皂、毛巾等劳保用品外，均采取预防措施。诸如，经常检查身体状况、调换工种、治理环境、改善劳动条件等。棉纺厂为防止肺吸病、胃下垂等职业病，采取很多预防措施。1972年，购置13部槽通车，降低了60余名档车工的劳动强度，防止胃下垂病发生。之后，清花、梳棉车间采用先进的防罗瓦滤尘设备，以降低粉尘飞花，净化空气，达到国家规定的粉尘含量标准。细纱车间采用地排侧排回风装置，保证了生产工人足够的新鲜空气。此外，棉纺厂每年按岗位发放有利肺功能的黑木耳350余千克，另按岗位每人每天发放0.2～0.3元吸尘费。县医院、中医院为从事放射性工作的医生配置了铅板护胸。

第二章　社会福利

第一节　管理机构

社会福利事业历代均由民政或兼理民政的部门管理。

清朝，祁州公署吏房管理人事、民政。民国初至26年（1937），民国县政府下设3科，第一科兼理民政事。县抗日民主政府成立后，设民政科，司理选举、抗战动员、劳资、救济、卫生、民风宗教、区划、户籍等。解放后，县政府设民政科，兼理土地代耕、优待抚恤、救灾赈济、移民安置等民政事宜，各村设优抚工作委员会。1949年，县民政科设科长1人，科员4人。各村设民政干部，专职拥军优属、民事调解等工作。1958年，县民政科改称民政福利部，1959年复称民政科，1961年改称民政局，1963年又称民政科，1975年5月再称民政局。1982年，各乡镇始设民政助理员1人。1990年，民政局内设办公室、计财股、优抚股、社会救济股、基层政权建设股、民族宗教股、复退军人安置办公室和军队离退休干部安置办公室。辖县光荣院、殡葬管理所、东山陵园、军队离退休干部休养所、扶贫福利服务公司。

第二节　社会救济

解放前，农业生产力水平低下，水、旱、蝗灾及兵燹、瘟疫连年不断，加之徭役繁重，官府严加催科，敲诈勒索，饥馑遍地，虽偶有赈饥贫，杯水车薪，难救民于水火。

共产党建政初期，尚处战争环境，人民生活仍很困苦。抗日民主政府组织民众一面抗击日本侵略者，一面生产自救，节约度荒。中华人民共和国成立后，人民政府拨专款帮助人民恢复生产，即使遇有灾害，亦无卖儿鬻女、流离失所之苦。

一、民国以前赈济

赈灾济贫之举，历代皆有。西汉宣帝时（前73—前70），县内始建常平仓，以平籴粮价，利农便民。后隋、唐、宋、元、明、清朝，域内或设义仓、社仓，或设富人仓、兴济仓、预备仓等，丰年积谷，歉年放赈。至民国25年（1936），城内常平仓及各乡仓储积谷1967担6升。

明以后，设有养济院、留养局等救济机构。明孝宗十五年（1502），于城南建养济院，占地2亩5分，瓦房、平房5间，额养孤贫。天启间（1621—1626），养济院旧额孤贫35名，后添22名，每名银2两8钱8分，共164两1钱6分，遇闰年加银13两6钱8分。冬衣布、花银每名2钱5分，共银14两2钱5分。天启五年（1625）六月，知州郭应响捐银于养济院候补孤贫，并告示百姓："为收恤孤贫辜照得鳏寡孤独：王政所先，本州经设养济院，月给优恤，而四封无告，向隅待弊者，岂尽乏人。况今旱魃为虐，斗米逾百钱，哀此究民，那堪度岁。今查各村有年近耄耋、家乏子姓、灶无突烟者，许地方举报，过堂验实，附孤贫之末。本州每季薄赈一二，无使为沟中瘠，虽尽割锾赎报不辞也。”又示：“新报孤贫知悉：极贫三十二名，每名每季给钱一百文；次贫二十二名，每人每季给钱八十文；又次十六名，每名每季六十文。具本州自捐薄锾，少充你辈饿肠。该房造册，逐年照季支领，仍候补缺。”乾隆十九年（1754），知州罗以桂奉令建留养局3所（药王庙、娄家营、中羊）。每所房2间。知州捐银50两，盐当商人捐银150两，贷商生息。月息2分，岁收患银40两。以赡留养。翌年，从捐资中出银60两买固安民拨补腾骧卫地3.47顷召佃承种，收租制钱10267文。余140两仍商领营运。至清光绪三十一年（1905），岁收息银28两。民国18年（1929），建救济院，每月由地方款项下列支24元，赡养男女孤贫57人。民国23年（1934），从地方款支出救济孤贫口粮款288元。

民国前，每遇灾荒，民间亦有捐钱米、施粥济人者。明崇祯间，大旱饥馑，人相食，城内刁克俊家于南关设粥棚1座，活人无数。清时，县人张金亮勤俭起家，喜济人。雍正初，连岁饥荒，斗米千钱。张金亮施谷80余石，荞麦60余石，钱数万，族戚赖以存活者甚多。清末，赵昌言与弟拨贡生赵昌臣同志济人，舍地1.98顷为义田，粮归义仓，以备赈饥。

民国6年（1917），发生罕见水灾。淹、砸、死伤者2370余人。政府仅发少量钱谷赈济，外出逃荒者8730户43600余人，卖儿女者2040户。民国19年（1930），秋旱无收。是冬，政府开仓平粜。直隶义赈会捐赈洋8404元。国际统一救灾会派员到域内调查，有大小灾民3000余口，每大口给洋1元，小口5角。该组织委托天主教堂发放衣物、粮食3次，第一次粮食87仓，衣服70套；第二次小米12仓，高粱32仓；第三次高粱130仓，小米13仓，玉米45仓。翌年，直隶保定道尹在赈务报告中称：安国“灾民较多，而赈款无几，仍不免有流离转徙情事”。

二、抗日战争和解放战争时期的灾荒救济

民国26年（1937）10月，县临时抗日政府成立后，民政科负责社会救济工作。民国28年（1939），日军扒溏沱河、沙河、潴龙河大堤，域内一片汪洋，灾民无数。抗日民主政府募集薯干、糠、麸数千斤、赈济群众。民国34年（1945）日本投降后，社会救济工作内容增多，有灾荒救济、生产救济、困难救济等。救济粮、款多由民主政府划拨或由乡、村组织募集。民国36年（1947）5月，开展大生产运动，县民主政府向26个村的180个贫困户发放低息贷款900万元，用以购买籽种。翌年7月，发放贷款3880万元，支持47户贫困荣军办起饭馆、药铺、皮货铺、毛巾厂、面房等家庭副业。8月间，发生特大洪灾和虫灾，县南部58个村庄被淹，北部40余村黏虫为害。县委、县民主政府组织200余名党政干部深入灾区抗洪救灾，支援灾区苇席300余领、粮食500余斤。虫灾区建立打虫指挥所，村建打虫大队。组织起打虫互助组千余个，发动劳力万余人，三四天时间便控制了虫灾发展。冬，县委、县民主政府组织发动群众开展烧砖、切药、编筐、纺线、运输等工副业生产自救。把市政建设和生产救灾结合起来，集资3亿元在西徐、南仕庄建砖窑4座，安排90余名贫困受灾户劳力到窑上做工，并组织60余辆大车到山西拉煤，两个月烧砖30万块，开支工资米4.6万斤、运费4600万元。是年，共发放贷款4.189亿元，支持3496户群众恢复生产。民国38年（1949）春，县民主政府又向灾区发放生产补助金和临时困难补助费（均以小米计）1.8万斤；发放救济粮3.3万斤。群众无外出逃荒要饭者。

附：1948年8月14日《冀中导报》刊载文章

安国党政机关开始组织生产救灾工作

本县南部，被水淹了58个村子，占全县村庄的三分之一。南马村、周村、北流罗村、伍仁桥等13个村的统计，倒房865间，砸坏农具1130件。马村、周村、南流罗、北流罗四村统计，淹庄稼5673亩，淹死2人。灾情最重的是伍仁桥、马村，这两个村房倒了一半多。群众有的搬到堤上住，有的在院子里搭席棚住。

安国县委和县区干部，为了结合救济灾情，分头到各灾村调查慰问。首先在马村召开了全村干部和老农座谈会，讨论了救灾办法：第一，先让群众互相帮助拾掇被砸的东西和房屋；第二，发动大伙抢种晚田；第三，对倒塌房子的人家，要进行安置。各村提出了一些本村不能解决的问题：如没有席搭棚，拾掇被砸东西缺少人力，马福海家粮食、柴禾被水冲走，没吃没烧。

县干部把这些情况带回县后，作了具体研究：决定救灾工作为眼下的紧急工作，全体干部到灾区领导生产救灾。推进社要以此为主要工作。还决定各区开展"一撮米"的抢救运动，政府要减轻灾区群众的负担，减少村财政的开支。要组织群众生产，开展运输，调集粮食。撤了水的村，要赶快种晚菜和准备种麦；水没撤的村，要挖沟引水到洼处去。还号召省吃俭用度荒，不要迷信烧香。同时，县政府拨出200领席，借给灾民搭铺用。推进社买来500斤荞麦种分贷给各受灾村，还到外县去购买菜籽。三区区公所向庞各庄等5村借席100领，募集粮食、柴禾千数斤，补救受灾严重的村；还发动了500名民工，自带干粮到灾村马庄帮助拾掇倒房砸住的东西。

除此以外，灾村的干部和群众也自己想了办法：南流罗村用浮财（平分地主之财物）买了320斤荞麦种和菜籽，现已经耩上13亩。安小路还栽了2亩晚烟。马庄村干部领导群众挖沟引水，腾出10亩地。群众们还实行互助，给17家没劳力的军属拾掇和修理了房子，还用浮财购买了一些籽种。八区腾出土地900亩，现正耩晚田。

三、中华人民共和国成立后的救济

（一）受灾救济

1954年洪涝成灾，受灾村114个，受灾人口12万余人，9.52万亩禾稼无收。灾后，人民政府拨放救灾款30万元，救济粮2000吨。全县党政机关、团体干部自动发起为灾区募捐活动，募集棉衣、被褥、鞋帽、钱粮等大量物资送交灾民。1956年7月末至8月初，连降大雨洪水泛滥，全县53万亩庄稼遭受不同程度的灾害，其中34.82万亩收成无几，29个社倒房5.8万余间，受灾15万人。县委、县人委组成生产救灾委员会，带领干部、工人、学生深入农村抢险救灾。灾后县拨出救济款60万元，帮助灾民恢复生产，重建家园。号召全县开展"增产节约，支援灾区"运动，节粮1155吨，节煤120吨，棉布27.164万米。

1954—1956年连续受灾，党和政府以合作互助为基础，采取政府救济和生产自救相结合的政策，除发放救济款、物外，还用以工代赈、开展副业等办法扶助灾民。1955年上半年，全县发放救济款、补助款21.8万元，生活及副业贷款61万元，当年副业收益82.45万元。1956年9月21日，保定专员公署决定用"以工代赈"办法修筑定（县）河（间）公路安国段，共用民工8276人，收入工赈款10.9万余元。12月，保定专区组织灾民参加保定至沧县公路的修路运料任务，安国出运输大车400辆，运石料2500立方米，收入工赈款5.6万余元。至1957年5月，收修路工赈款17.8万余元。在生产自救中，国家发放副业贷款82.6万多元，全县开办副业57种，收入80余万元。发放救济款90.8万元，棉单衣235万件，帮助灾民修房1.9万间。

1963年8月3—9日连降大雨，倒塌房屋18万余间，砸死砸伤160多人，农作物受灾46.8万亩。

县委、县政府带领全体干部冒雨投入抢险救灾，组织350名医护人员送医送药上门。华北局、河北省党政机关派出飞机视察灾情，空投慰问信和救灾物品。全国25个省市自治区发来慰问信电。北京、天津、石家庄、保定等城市，山西、山东、辽宁等省和博野、安平等邻县派慰问团到安国慰问，给予钢材、木料、油毡、煤炭、食品等无偿支援。县发放救济粮8080吨、救灾款76.5万元、煤3050吨、木材1122立方米、布24万米、絮棉15吨。

1985年7月2日，北段村、西伏落、门东、石佛4乡38村遭风雹袭击，12万亩棉花、玉米、春薯、药材等农作物大部绝收。县成立救灾办公室，县领导带领党政机关干部到灾区慰问。县拨救灾款11.5万元，全县党政机关干部、乡村群众和驻军、学生捐款1.61万元支援灾区；明官店、焦庄、庞各庄、常庄、大李庄、郑章等11个受灾较轻的乡支援重灾乡甘薯、辣椒等秧苗422.3万株，农业局、县供销社、农机局、农行、商业局、物资局拨出低价化肥300吨、柴油22吨、籽种5.7吨、食用碱面560千克、玻璃400平方米、木材120立方米和低息贷款7万元、优惠价农机配件5000余台件支援灾区。

（二）孤贫供养

中华人民共和国成立后，共产党和人民政府对失去劳动能力的鳏寡孤独及无依无靠的病残者给予社会救济，使其生活得所。1956年，农业合作化后，农村实行社会保险，按照《一九五六年到一九六七年全国农业发展纲要》规定，对缺乏劳动能力，生活无依靠之鳏寡孤独者，实行“五保”：保吃、保穿、保烧、保教（少年儿童）、保葬。后改“五保”为保吃、保住、保穿、保医、保葬（幼儿保教）。具体供给赡养包括粮、衣、被、住房、木柴、疾病治疗和零用钱。1958年，县投资分别在伍仁桥、祁州镇、庞各庄、淤村、郑章建5所养老院。路景村自办幸福院1所。安置收养48名孤老烈属、残疾复退军人。1959年，养老院增至8所，共收养烈属老人167人，烈士遗孤4人。1962年，5所养老院合并，移舍二村建光荣院，占地6亩，有房48间。1966年，河北省驻安国县常庄村荣复军人疗养院分迁承德、易县，县光荣院迁至常庄村，设院长、会计、医生、服务员，共11人。1979年，有五保户845户1096人。供养办法有院供院养，村供村养，村供亲养，亲供亲养4种。1983年9月，对五保户供养执行河北省政府颁发的《关于五保供给暂行办法》。1986年，全县符合“五保”条件的有714户744人，其中入县光荣院老人23人，每人每月生活费30元。生活医疗、丧葬等各种费用均由国家负担，每年8万元左右。村供村养423人，亲供亲养195人，国家定补救济52人。1987年，东河乡对五保户供养进行法律公证，用法律手段确定供养关系。公证供养分3种形式：一种是村供村养，村供吃、穿、住、病、丧等费用，寿终后被供养者之财产归村集体所有；二是村供亲养，村供日常生活费用，由亲属照料起居，寿终后个人财产由村与亲属对半分得；三是亲供亲养，全部由亲属供养，寿终后财产由亲属继承。1988年后，各乡相继建起敬老院。1990年底，有五保对象426人，其中入敬老院63人，村养54人，亲养35人，国家定期补助198人，应保未保（因自有财产或尚有劳动能力，不愿受供养者）65人。19个乡镇建敬老院，有10所住进五保老人67人。

1988年，国家投资40万元建福利扶贫服务公司，职工14人，盈利用于民政福利事业。

1990 年安国县敬老院、幸福院一览表

表 18-5

名称	建立时间	占地面积（亩）	房屋间数（间）	管理人员（人）	住院人数（人）	
					男	女
路景村	1958 年	20	12	1	7	2
流各庄乡	1986 年	2	9	—	—	—
淤村乡	1987 年	20	10	2	6	—
西安国城乡	1987 年	4.5	10	2	9	—
明官店乡	1987 年	1	7	1	4	—
南娄底乡	1987 年	2.5	8	—	—	—
大李庄乡	1987 年	2.5	14	—	—	—
西崔章乡	1987 年	2	10	—	—	—
伍仁桥镇	1987 年	2.5	7	—	—	—
西伏落乡	1987 年	2.5	10	—	—	—
郑章乡	1987 年	0.8	5	—	1	—
常庄乡	1987 年	0.8	9	1	6	—
南仕庄乡	1987 年	1.5	10	1	6	—
南郭村乡	1987 年	2	5	1	5	—
北段村乡	1987 年	5	21	1	10	—
东河乡	1987 年	1	10	2	7	—
门东乡	1988 年	2	6	—	—	—
大五女镇	1989 年	2	13	—	—	—
焦庄乡	1989 年	4	12	—	—	—
石佛镇	1989 年	2	6	—	—	—

附：路景村幸福院

路景幸福院占地 20 亩，有房屋 12 间。30 多年来，入院最多时达 25 人。1980 年以前，生产队供应每人每年粮食 250 千克，不足者从幸福院种地收入中补充。责任制后，住院者生活费、医药费从村公益金中拨付。该村幸福院院长王同起，对入院老人照顾周到，体贴入微，几十年如一日，连续多年被评为县、地模范共产党员。

（三）扶贫扶优

中华人民共和国成立初，民政局每年发放社会救济款和受灾救济款，支持贫困户和优抚户发展副业生产。1956 年后，以合作社的公益金和国家救济款相结合办法，从生产上扶持贫困户改变贫困。公社化后，下拨穷队救济款、低息贷款扶持发展生产。1980 年开始，社会贫困户和优抚对象的扶持工作（简称双扶），由民政部门全面规划。1983—1984 年分别在南仕庄、东河、焦庄、庞各庄、流各庄、大李庄 6 个乡搞了“双扶”试点。投放扶贫款 3 万元，重点帮助 141 户搞起养殖、来料加工等项家庭副业。1985 年，扶贫扶优工作改变过去单家独户扶持的办法，实行“一管四带办两厂”(齐抓共管，党员、干部、富户、联合体帮富带富，开办双扶厂和福利厂)。是年，全县筹集双扶款 719 万元，其中发动社会力量集资 356 万元，集体投资 84 万元，自筹 272 万元，民政拨款 7 万元，共扶持 1955 户，脱贫率 80%。保定

地区在安国县召开了双扶工作现场会，向全区推广“一管四带办两厂”的经验。东河乡政府出席了河北省双扶经验交流会。1986年，上级取消平原县扶贫资金。县“一靠政策，二靠科技”引导和支持贫困户脱贫致富。首先建立科技服务中心，在淤村乡开展科技扶贫试点，推广全县。是年，共举办缝纫、烹调、药材种植、加工、养殖等各种技术培训班58期7000余人次，其中贫困户占20%以上。同时，结合本地情况，扶持乡镇、村发展了一些生产周期短、见效快、投资少、效益高的工副业生产项目，有柳编、刺绣、机械修配、饮片加工等，为贫困户脱贫创造条件。向北京、天津等地7个科研单位搜求致富信息120多条，引进各种果树、农作物籽种、药材、猪、鸡、兔等新品种79个。到1990年，累计扶持3011户，脱贫2525户，其中405户年收入万元以上。

1976—1990年安国县社会救济和受灾救济款统计表

表18-6　　单位：万元

年度	社会救济款	受灾救济款	年度	社会救济款	受灾救济款
1976	11.3	0.5	1984	9.75	1
1977	9.8	2.1	1985	10	11.5
1978	11.8	2.5	1986	12.4	3
1979	15.11	—	1987	14.2	1
1980	8.48	—	1988	14.7	2.8
1981	9.21	2	1989	12.6	4
1982	12.15	—	1990	16.8	27
1983	7.97	—			

第三节　优　抚

一、优　待

抗日民主政府对革命烈士遗属、残废军人、军属、工属（战争时期的干部家属）给予代耕土地、供应粮柴等优待。1950年，国家颁布有关革命军人、革命工作人员和民工民兵牺牲、病故和伤亡的褒恤条例，并发给抚恤粮、抚恤金。

（一）土地代耕

民国27年（1938）共产党建政后，即组织群众帮助抗日将士家属耕种土地，环境残酷时助耕帮工秘密进行。民国35年（1946）后，执行《冀中区代耕暂行办法》。主力兵团、地方部队、住荣校或回家之一、二等荣誉军人、烈属、复员军人及享受供给制的政民工作人员和参战致残的民工、民兵缺乏人畜力耕作的，享受代耕、助耕待遇。村设代耕队，隶属村优抚委员会领导。凡年满18～55周岁的男子，均为代耕壮丁。代耕工的饭费、工资，按《代耕勤务负担办法》摊派。代耕形式有三种：一为全部代耕。即将抗属土地固定给代耕户耕种，收获后按四邻土地产量向抗属交粮，不足部分照补，超产部分抗二、代八分成。二为助耕。确定抗属部分农活，如锄草、施肥、浇水等，由村派工帮助。三为临时代耕。即不享受代耕和助耕的抗属需要帮忙，临时派工。

民国35年（1946），开展优抚代耕工作竞赛活动。8月，大章村被树为冀中九专区优抚代耕典型，参加了专区优抚代耕经验交流会。9月，改村内代耕为邻村结合代耕、助耕办法，解决了有些村代耕劳力不足问题。《冀中导报》以《安国代耕又一新创造》为题，报道了安国代耕工作经验。因代耕工作搞得好，解决了前线将士和抗属的后顾之忧。

民国36年（1947），实行土地改革，部分抗属土地增多。县政府提出保证抗属不荒地，不减收成，提倡抗属积极参加生产，减轻人民负担。涌现出许多不用代耕，自力更生的模范烈、军、工属。大章村王旦子家种7亩地不用代耕工。荣军刘青山，左臂残废，本应享受代耕，却主动与别人换工耕种2亩地。张文彬，右下肢断，为少用代耕工，坐着板凳装粪，坐着小凳子拿菜虫，还每天坚持纺2两线，从不伸手要优待。民国37年（1948）8月，61名荣属节衣缩食献粮3900斤支援前线。

1951年后，土地代耕实行工票制，优待户如不用帮工可凭工票领粮，帮工者以工票抵工。时享受代耕优待2640户11864人，代耕土地24653.4亩。

（二）工分优待

1956年农业合作化后，优待方式改为优待劳动日。县人委规定优抚对象户的生活水平不低于当地一般群众的平均生活水平。以本村人均工为中等线优待，自作劳动日超过中等线的户不优待，达不到中等线的户给予补齐，或在中等线的基础上提高5%～10%。对孤老烈属，按一个半人标准优待。优待劳动日同样参加分配。是年，全县享受优待劳动日者1426户5406人，优待劳动日17万余个，占全县用工数的0.7%。1961年，优待对象7701人，优待劳动日34万余个。此优待办法一直沿用到1980年。

（三）现金优待

1980年，农村实行家庭联产承包责任制，优待劳动日改为优待现金。优待金额按当地群众生产、生活水平而定，由乡镇按人、地各半摊派的办法筹措。1980—1983年，全县有3452户优待对象，筹措优待款76.2万元，平均每户每年73.5元。1984年，优待标准按优待对象困难程度统一规定为150～300元。并发给优待证书。1986年后，按当地人均收入水平，筹措优待金，户均优待数量逐年增加。1990年，全县2043户军属，发放优待金111.5万元，户均540余元。

二、抚　恤

（一）烈士、因公牺牲、病故抚恤

革命军人、国家行政机关工作人员，参战民兵、民工因公牺牲或病故后，亲属享受此类抚恤。享受抚恤的亲属包括父母、夫妻、子女、16周岁以下弟妹及其直接抚养人。烈士、因公牺牲、病故者抚恤标准有恤金和抚恤费两种。民国35年（1946）后，执行冀中区《革命牺牲将士遗属抚恤办法》《政民工作人员伤亡褒恤条例》《政民工作人员家属补助办法》。抚恤费以粮（小米）计。直接参加抗战及自卫战的主力军、游击队及机关警卫队和有一定职务名列军籍的军人，牺牲和因忠于职守病故者，按生前职级发给恤金。班长战士级，恤金（小米）600斤，排连级900斤，团营级1200斤，旅以上1800斤；如烈属不能维持生计可在其规定标准上加发二分之一。对家属抚恤标准：按当时每户人均富力点（统一累进税规定，农作物按1标准亩折谷12斗，自营地1标准亩1个富力，出租地1.5标准亩1个富力，佃耕地2标准亩1个富力）分三等。半个富力以下者为一等，每人每季补助小米10斤。孤苦残疾不能维持生计者每人每月小米30～35斤、木柴40斤。享受此标准者为烈士家属中妇女及18周岁以下、55周岁以上的男子和18周岁以下、55周岁以上因残不能自养的男子。

对因公牺牲、病故的政民工作人员（指脱产、并享受供给制的政民武委会、机关干部和交通员、警察、炊事员、马夫等，因战因公伤亡者）视其家庭生活状况发给一次性抚恤费（小米）600～900 斤。特殊情况，经行署批准适量增加，最多不超过 1500 斤。其家属抚恤按阵亡将士家属抚恤标准。民国 38 年（1949）第一、二两季，全县 488 户烈属发放抚恤粮 105367 斤。

1953 年，改抚恤粮为抚恤金。分别于 1953、1964、1979、1980、1984、1985 年多次提高抚恤标准。1990 年，执行抚恤标准为：烈士及因公牺牲军人家属城市居民每人每月 50 元，农村每人每月 40 元；病故军人家属城市居民每人每月 45 元，农村每人每月 35 元。享受此类抚恤者 2176 人。

（二）残废抚恤

民国 35 年（1946），按冀中行政公署颁发《荣誉军人抚恤暂行办法》《政民工作人员伤亡褒恤条例》，对因公负伤致残的革命军人、革命工作人员及参战支前负伤的民工、民兵给予残废抚恤。享受此类抚恤人员根据伤残程度分特等、一等、二等、三等甲级、三等乙级。抚恤标准分在职、在乡和住荣校 3 种，抚恤费以粮（小米）计。荣誉军人：一等残废回家者每年给抚恤小米 850 斤，残废恤金（小米）180 斤。在职者除享受供给制待遇外，每年分季发给恤金（小米）240 斤；住荣校者，每年分季发给小米 180 斤。二等回家者每年发抚恤小米 700 斤，残废恤金（小米）120 斤；在职者除享受供给制待遇外，每年分季发残废恤金（小米）180 斤；住荣校者每年发小米 120 斤。三等残废抚恤 5 年，抚恤费一次发清，甲级每年抚恤小米 600 斤，乙级每年小米 400 斤。参加工作者除享受供给制待遇外，5 年内每年分季发给恤金（小米）120 斤。政民工作人员亦按《荣誉军人抚恤暂行办法》评定残废等级。一等返家休养者，每年发给抚恤小米 850 斤，二等每年 700 斤，不发恤金，参加工作者除享受供给制待遇外，一等残废每年抚恤小米 180 斤，二等 120 斤，均长期发给。三等每年发给 80 斤，5 年后停发。同时规定，残废军、政人员伤口复发治疗，在职的治疗期间工资照发；在乡的由民政部门负责。二等以上残废军人享受公费医疗待遇，因伤口复发而亡者，追认烈士，其家属按《革命将士牺牲褒扬暂行条例》给予抚恤。

1953 年后，改发抚恤金。1952—1985 年，国家 7 次提高残废抚恤标准。

1976—1990 年安国县残废抚恤一览表

表 18-7

年度	抚恤金额（万元）	抚恤人数（人）	其中（人）		特等（人）		一等（人）		二等甲（人）		二等乙（人）		三等甲（人）		三等乙（人）	
			在职	在乡	在职	在乡	在职	在乡	在职	在乡	在职	在乡	在职	在乡	在职	在乡
1976	5.1	765	103	662	2	1	16	18	16	60	22	123	32	274	15	186
1977	5.16	772	103	669	2	1	16	18	16	60	22	123	32	281	15	186
1978	9.6	770	102	668	2	1	16	18	16	61	21	121	31	281	16	186
1979	9.7	770	102	668	2	1	16	18	16	61	21	121	31	281	16	186
1980	11.68	769	104	665	2	1	15	17	13	61	21	120	26	294	27	172
1981	11.38	757	122	635	2	1	15	16	13	58	25	118	41	275	26	167
1982	11.83	739	117	622	2	1	15	16	13	58	25	116	37	267	25	164
1983	11.2	743	123	620	2	1	14	16	13	58	25	116	38	262	31	167
1984	13.56	735	123	612	2	1	13	16	13	57	26	113	38	256	31	169
1985	18.6	739	145	594	2	1	4	24	17	52	32	106	49	246	41	165

续表 18-7

年度	抚恤金额（万元）	抚恤人数（人）	其中（人）		特等（人）		一等（人）		二等甲（人）		二等乙（人）		三等甲（人）		三等乙（人）	
			在职	在乡	在职	在乡	在职	在乡	在职	在乡	在职	在乡	在职	在乡	在职	在乡
1986	19.7	730	148	582	2	1	3	23	18	50	33	103	49	244	43	161
1987	21.8	721	150	571	2	1	3	22	19	48	33	102	49	241	44	157
1988	28.2	721	157	564	2	1	3	22	19	48	33	102	49	241	51	150
1989	28.3	719	156	563	—	3	3	21	21	48	32	104	53	235	47	152
1990	27.5	680	133	547	—	1	2	19	19	45	30	121	45	221	37	140

（三）定期定量补助

1950 年开始，对生活困难的烈、军属按期给予实物补助，如小米、衣物等。1951 年，补助 796 户烈军属粮食 13.87 吨。1960 年，对经群众优待后仍有困难的孤、老、病、残和烈、军属及复退军人，实行定期定量补助，定补标准为每人每月 3～5 元。是年，享受定补者 1646 人，每月定补款 5970 元。此标准一直沿用至 1979 年。1980 年，按全国第七次民政工作会议精神，定补标准增加到每人每月 6～8 元。1986 年，对抗日战争时期入伍的 807 人，每人每月补助 15.5 元；解放战争时期入伍的 654 人，每人每月补助 13.5 元，中华人民共和国成立后至 1954 年以前入伍的 379 人，每人每月补助 12.5 元；带病还乡的退伍军人 160 人，每人每月补助 9 元。1985 年前，对生活困难的烈属实行定期定量补助，每人每月 10～15 元，1986 年改为定期抚恤。享受定期抚恤的革命烈士遗属，因公牺牲军人遗属 600 户 655 人。其标准为：在城的每人每月 35 元，在乡的每人每月 25 元；病故军人遗属在城的每人每月 30 元，在乡的每人每月 20 元。改嫁的烈士遗属每人每月 15 元。

1976—1990 年享受国家定补人员一览表

表 18-8

年度	总人数（人）	其中（人）		总金额（万元）
		烈士遗属人数	复退军人人数	
1977	589	550	39	3.1
1978	500	350	150	4.2
1979	949	600	349	5.3
1980	1003	600	403	10.51
1981	1263	610	653	11.5
1982	1187	610	577	11.14
1983	1556	640	916	15.34
1984	1638	627	1011	18.09
1985	1601	586	1015	27.3
1986	2428	588	1840	31.2
1987	2284	617	1667	39.2
1988	2349	605	1744	41.9
1989	2455	601	1854	42.1
1990	2361	543	1818	102

（四）临时补助

临时补助是为解决优抚对象临时生活困难的一项专款。抗日战争和解放战争时期，每年春冬季发放补助粮。全国解放后，逐年发放临时补助款。1980—1990 年，民政部门共向优抚对象发放临时补助款 30 万元，为 10.1 万人次减免医药费 14.9 万元。

1976—1990 年安国县优抚对象统计表

表 18-9　　单位：人

年度	烈属		现役军属		残废军人数	复员军人数	退伍军人数
	户数（户）	人数	户数（户）	人数			
1976	1250	4081	3150	14175	765	6384	21194
1977	1297	4320	3150	14175	772	6384	21194
1978	1293	4278	3135	14065	770	6384	9112
1979	1076	3766	3580	16611	770	1532	3646
1980	1082	3919	2698	20289	769	1547	4091
1981	1077	3922	3804	20766	757	1541	4402
1982	1043	3690	3808	20753	739	1491	4736
1983	883	2604	3815	20764	743	1482	5135
1984	892	2569	3685	16582	735	1467	5635
1985	892	2571	3085	13888	739	1458	6385
1986	892	2566	3064	13767	730	2024	6705
1987	889	2556	3056	13735	721	1945	6978
1988	893	2555	3105	13838	721	1744	7258
1989	912	2181	3015	13145	719	1854	7605
1990	906	2176	3267	13394	680	1813	8140

三、拥军优属

民国 27—38 年（1938—1949），为支援抗日战争和解放战争，安国人民踊跃参军入伍报国杀敌，积极筹粮捐款支援前线。

中华人民共和国成立后，每年元旦、春节、八一建军节，县委、县政府邀请驻县部队负责人和残废军人代表、烈军属代表召开茶话会；县党政领导分赴县内部队驻地、县光荣院、休养所和一些烈军属家慰问。各乡镇也在节日期间召开不同形式的会议，对烈军属、残废军人登门慰问，检查落实拥军优属措施。慰问品以猪、羊、牛肉，粉条，白面为主，20 世纪 70 年代后为糕点、罐头等食品和春联、慰问信。各级妇联、共青团、学校发动妇女、青年、学生，开展为烈军属、残废军人挑水，打扫院落，缝补衣服，拆洗被褥及收种庄稼等多种活动。每年春节前乡镇政府、村委会为烈、军属张贴对联，挂光荣匾。1980—1986 年，县委、县政府为参加对越南自卫反击战将士家属解决妻子、儿女工作安排，入学，入托及住房难问题 23 件（次）。1990 年，据不完全统计，各级党政机关、企业、学校参与拥军优属活动 3 万余人次；为烈、军属，残废军人投入收麦打场、收秋种麦等农活工日 1.6 万余个；为烈、军属做缝补浆洗、治病抓药等好事 8000 余件。

四、复退军人优待与安置

1950 年，始办理复员军人安置工作，至 1953 年由民政科具体负责。1954 年 7 月，县建转业建设委员会。1955 年，转业建设委员会设在民政部门，由兵役局协助安置工作。1950—1956 年，共安置复员军人 1404 人，根据中央以从事农业生产为主的精神，有 1208 人安排回乡参加农业生产，196 人安排到本地（27 人）或外地（169 人）工矿企业工作，另安排 90 名转业军人到县内粮食局、县联社、药材部、农机站、制酒厂等单位工作。1958 年后，除安排少数复员的志愿兵外，主要接收安置退伍军人。退伍军人安置原则为"哪里来，回哪里去"。对患有疾病的退伍军人给予优待补助和治疗。1950 年，县民政部门对患有不同程度疾病的 299 名复退军人分别送外地和县内各级医院治疗，对 53 名不能参加生产劳动的复退军人每人每月补助 5 元。11 月，县委召开全县烈军属荣复军人积极分子大会，603 名荣复、退伍军人被评为社会主义建设积极分子，受到表彰。人民公社化后，对退伍军人的工作安排、疾病治疗和住房困难等，通过国家、集体、个人三方面解决。1980 年后，在新兵征集前即安排好服役期间的优待和退伍后的安置工作。1984 年，县政府颁发《关于新兵优待问题的通知》，规定：新兵服役后，每年优待标准不低于 150 元，优待款分春、秋两次兑现或年终一次兑现；新兵确定后填具优待通知书，部队、家属、乡镇、村各一份；1984 年以前入伍战士（不包括转志愿兵或提干军人）优待标准不低于 150 元；优待款由过去村统筹改为乡统筹。1986 年 8 月县政府转发的民政局、劳动人事局、财政局《关于落实城镇入伍的义务兵及其家属的优待的报告》中规定：城镇待业青年应征入伍，每人每年优待 120 元，在职（包括合同工、临时工）适龄青年应征入伍，原单位照发工资，退伍后仍安排工作。后又规定，城镇待业青年参军退伍后，优先安置到国营单位工作。1961—1990 年，共安置复退转业军人 8243 人，其中 6789 人安置回乡参加农业生产，1454 人安置到机关厂矿企业。

为调动复员、退伍军人在经济建设中的积极性，县委、县政府于 1951 年、1956 年、1959 年、1973 年、1983 年多次召开烈、军属和荣复转退军人先进分子及代表会议，表彰他们的先进事迹，鼓励支持他们为社会主义建设再做新贡献。为帮助和扶持农村复、退军人劳动致富，1980 年以后县、乡两级分别举办种植、养殖、药材加工等各种类型培训班 120 期，2650 名 35 周岁以下在乡退伍军人参加了培训，占应培训人数的 80%。并对贫困复退军人优先提供贷款，优先安置进乡镇企业工作。至 1990 年全县扶持的 2000 余名退伍军人中，年均收入 5000 元的 330 户，万元以上的 67 户。

20 世纪 70 年代初，接收军队离退休干部 22 人，由县武装部代管。1986 年，县建军队离退休干部休养所，县武装部管理的 19 名离退休干部移交民政局代管。至 1990 年未变。

1949—1990 年部分年份安国县复员退伍军人接收安置一览表

表 18-10　　单位：人

年度	复退军人总数	其中	
		安排工作人数	回乡生产人数
1949—1956	1404	196	1208
1959	—	326	
1961	236	—	236

续表 18-10

年度	复退军人总数	其中	
		安排工作人数	回乡生产人数
1973	56	—	56
1974	114	—	114
1975	531	—	531
1976	392	2	390
1977	330	15	315
1978	270	21	249
1979	106	9	97
1980	431	33	398
1981	349	41	308
1982	363	32	331
1983	373	37	336
1984	440	33	407
1985	510	35	475
1986	532	117	415
1987	279	64	215
1988	245	52	193
1989	345	122	223
1990	416	207	209

第三章　保　险

第一节　职工劳动保险

民国时期，民国政府曾颁布《公务员抚恤法实施细则》《雇员给恤法修正条文》《公务员退休法实施细则》，时因战乱不已，均未实行。中华人民共和国成立后，人民政府制定出一系列劳动保险政策、法规。1951 年 2 月，政务院公布《劳动保险条例》，对职工因公负伤、患病、死亡和非因公务伤残、患病、死亡以及养老保险待遇做出具体规定。1953 年和 1956 年，又两度修定《劳动保险条例》，扩大实施范围，提高待遇标准。1957 年始，实施职工劳动保险制度。20 世纪 60 年代，县办集体企业参照执行劳保条例。1966 年、1973 年、1978 年，国务院、劳动部和全国总工会分别改进和提高干部职工医疗制度、养老待遇和因公、非因公伤残等待遇标准。1990 年，全民、集体所有制单位的在职、非在职人员共支出医疗、丧葬抚恤、救济、生活困难补助、离退休费等劳动保险费 599.6 万元，占全县工资总额的 25.6%。

1986 年，县劳动人事局建立社会保险事业管理所，统筹全民企业、事业单位和集体企业的合同制工人养老金。到 1990 年，89 个全民企业、30 个集体企业的合同制工人参加劳动社会保险，共筹集资金 82.1 万元。

一、因工伤残待遇

中华人民共和国成立后，较大企业内部设卫生室，职工因工负伤在该企业的卫生室或医疗所或特约医院治疗。如需转院治疗，由企业领导按照医生处理意见，批准转送其他医院，诊疗费、医药费、住院费，住院时的膳食费与就医路费，均由企业负担，在医疗期间工资照发。职工因工致残，丧失生活能力者，每月付给抚恤费或补助费，按本人工资的 75% 发给，直至死亡。符合残废条件，起居不需扶助者，发给本人工资 60%，直至恢复劳动能力或死亡为止。部分丧失劳动能力尚能工作者，分配适当工作，并发给本人工资 20% 的补助费。

二、医疗待遇

（一）企业职工医疗待遇

1957 年，企业职工多在本企业卫生室或医疗所就诊。需住院，诊疗费、手术费、住院费及普通药费由企业负担；贵重药、住院膳食及路费由职工本人负担，本人经济有困难可酌情给予适当补助。职工因治病停止工作半年以内，按工龄发给本人工资的 60% ～ 100%，超过半年以上按工资的 40% ～ 60% 发给。

（二）行政事业单位工作人员医疗待遇

1952 年，供给制人员享受病号补助。轻病号每人每日补贴 1 个工资分；住院重病号每人每月补贴医院 60 元，个人交伙食费。1981 年，按照国务院关于《国家机关工作人员病假期间生活待遇的规定》，病假两个月以内，发原工资；超过两个月，工龄不满10年，发工资的90%；工龄满10年，工资照发；病假超过6个月的，工龄不满10年，发工资的70%；满10年或10年以上的发工资的80%；1945年9月2日前参加革命工作的，发90%；获得省以上劳动模范、劳动英雄可适当提高。1990年，用于行政事业单位工作人员的医疗费145.5万元。

三、死亡待遇

（一）企业职工死亡待遇

安国解放后，公营职工死亡发给800斤小米，做丧葬抚恤补助，1954年丧葬费200元，1955年之后240元。1957年后，按劳保标准，职工因公死亡，企业发给本企业平均3个月工资作丧葬费；并由企业劳动保险基金项中每月支付供养直系亲属抚恤费，供1人者，支付本人工资的25%，2人者，支付40%，3人以上者支付50%，直至被供养者失去被供养条件为止。工人因病或非因工死亡时，企业支付2个月平均工资作丧葬补助；并从保险基金项一次付给供养直系亲属救济费，标准为供养1人支付本人6个月工资额，2人者支付9个月工资额，3人或以上者，支付12个月工资额。另外，因工死亡者之直系亲属，本企业招工时优先录用。

（二）行政事业单位工作人员死亡待遇

1952年，供给制人员因工在职死亡发中等棺木一口，普通寿衣一套。1955年后，机关事业单位工作人员死后，除支付一些丧葬费外，亦给予遗属临时或定期补助。1957年、1964年、1980年，内务部、民政部、财政部多次发文修订国家机关、事业单位工作人员死亡和遗属生活困难补助的规定。

1990年用于丧葬抚恤救济费11.7万元。

四、养老待遇

（一）干部退职离休退休

退职　中华人民共和国成立初，国家机关工作人员实行退职制度。退职干部多因家庭缺乏劳动力或身有残疾。退职后国家一次性发给棉花1千克、生产补助粮（小米）125～850千克，家属适量补助。1952—1954年，有5名国家干部退职。1955年，国务院签发《国家工作人员退职处理暂行办法》，规定国家工作人员因年老或病弱不能继续工作又不合退休条件的；不适宜现职工作，又不愿接受其他工作而自愿退职的，可以退职，并一次性发给退职金。退职金数目规定有三条：（1）工作满5年或在5年以下的，除发给本人1个月的工资外，每满1年加发本人1个月的工资。（2）年满10年以下5年以上的，除按（1）项发给外，从第6年每满1年加发本人1个半月的工资。（3）工作年满10年以上的，除发（1）（2）项外，从第11年起，每满1年加发本人两个半月的工资。1958年，因县级机构变动，动员126名国家干部退职、退休。

离休、退休　1958年，按国务院规定，国家工作人员实行退休制度。男性二部60岁，女性干部55岁即可退休。退休后，除领退休金外，仍享受公费医疗，对生活困难者适当给予生活补助金。20世纪60—70年代中期，提倡“拉革命车永不松套”的老黄牛精神，干部到规定年龄亦不退休，特别是领导干部，实为终身制。

1978年后，按国务院《关于安置老弱病残干部的暂行规定》，并结合干部体制改革，提倡领导干部

“让贤”，干部退休始制度化。同时，中华人民共和国成立前参加工作的老干部实行离休，已办理退休的干部亦改为离休。干部离休条件与待遇：1937 年 7 月 6 日以前参加工作的，工资 100%，每年增发本人两个月的工资；1937 年 7 月 7 日至 1942 年 12 月 31 日参加工作，工资 100%，每年增发本人一个半月的工资；1943 年 1 月 1 日至 1945 年 9 月 2 日参加工作，工资 100% ，增发本人一个月的工资；1945 年 9 月 3 日至 1949 年 9 月 30 日参加工作，工资 100%。干部退休条件与待遇：连续工龄 30 年不满 35 年，发本人工资的 90%；连续工龄 20 年不满 30 年，发本人工资 85%；连续工龄满 15 年不满 20 年的发本人工资 80%；工龄满 10 年不满 15 年的发本人工资 70%。

1985 年前，干部退休、离休均由本人申请，人事部门批准后办理离退休手续。1986 年后，在职干部到退休、离休年龄后，即由组织上办理手续。离休干部政治待遇与在职干部相同，生活待遇略优，在医疗上，病瘫生活不能自理者，发给护理费。1980—1990 年，共办理干部离休 379 人，退休 279 人。1990 年，离休干部 614 人，其中外地转入 97 人，享受地级待遇的 2 人，县级待遇的 460 人，科级 138 人。

1982 年，县委设立老干部局，专司离、退休老干部管理服务工作。同时，县、乡、村共建老干部活动中心、活动室、门球场等有益于老年人身心健康的文体娱乐场地 28 个。县、乡两级医院、粮站设有老干部门诊、病床和窗口。身体状况较好的离退休干部，经常主动参与社会活动，发挥余热，为社会主义物质文明和精神文明建设做贡献。参加撰写党史回忆录，被聘为地方志编外顾问的有 8 人，兼任校外辅导员的 110 人，被聘帮办乡镇企业的 6 人，从事其他社会公益事业的 270 人。

（二）工人退休

1958—1977 年，按照国务院颁发《职工退休退职条例》办理职工退职退休。男性工人年满 60 周岁，女性工人年满 55 周岁，连续工龄满 10 年者，可以退休。退休后，由单位按不同工龄支付退休金。

1978 年 5 月，为使老年工人和因工、因病丧失劳动能力的工人安度晚年，国务院重新颁布《关于工人退休退职的暂行办法》，规定：工人男年满 60 周岁，女年满 50 周岁，连续工龄满 10 年者享受退休待遇。男年满 50 周岁，女年满 45 周岁，连续工龄满 10 年因工、因病完全丧失劳动能力的工人亦可办理退休手续。退休后，按参加工作时间不同，享受不同待遇；不具备退休条件的丧失劳动能力的工人，可以退职，退职后按月发给相当本人工资标准 40% 的生活费，不足 20 元者按 20 元发给。

1990年安国县在职职工保险福利费用统计表

表 18-11　　单位：万元

类别＼项目＼数量	合计	医疗卫生费	丧葬抚恤救济费	生活困难补助费	文体宣传费	集体福利事业补贴	集体福利设施费	计划生育补贴	交通补贴费	洗理卫生费	其他：小计	其他：其中：冬季取暖补贴
总计	429.6	115	2	7.1	7.8	4.9	7.7	13.5	58.9	132.4	80.3	34.5
1. 全民所有制单位	351.4	93.5	1.2	6.9	7	3.7	6.3	11.5	45.3	106.9	69.1	29.2
其中：农、林、牧、渔、水利业	17.4	4.4	—	0.4	0.1	0.1	0.3	0.8	2.6	5.9	2.8	1.1
工业	90.5	26.4	0.2	2.8	3.1	2	2.2	3.2	10.2	22.4	18	7.9
建筑业	0.5	0.2	—	—	—	—	—	—	0.1	0.1	0.1	—
运输、邮电业	10.3	2.2	0.2	0.2	0.3	0.2	1	0.8	1	2.7	1.7	0.7
商、饮、物、企业	49.2	12.8	0.2	1.5	0.2	0.6	0.8	1	7.2	16	8.9	4.5
房产、公用、服务业	5.3	1.2	—	—		0.1	0.1	1.2	0.1	1.5	1.1	0.7
卫生、体育业	24.1	6.3	0.1	0.3	1.1	0.1	0.5	0.1	0.1	7.9	4.3	1.2
教育、文化、广播事业	80.7	20.8	0.3	0.5	1.9	0.3	1	3	11	26.8	15.1	7
科研、技术服务业	0.9	0.2	—	0.1	—	—	0.1	—	0.1	0.2	0.2	0.1
金融、保险业	10.9	2.9	0.2	0.1	0.1	0.2	0.1	0.8	1.4	3.1	2	0.9
机关、团体	61.6	16.1	—	1	0.2	0.1	0.2	0.6	8.2	20.3	14.9	5.1
2. 集体所有制单位	78.2	21.5	0.8	0.2	0.8	1.2	1.4	2	13.6	25.5	11.2	5.3

1990年安国县非在职人员保险福利费用统计表

表 18-12

类别＼项目＼数量	非在职人员数量（人）：合计	离休	退休	退职	退养	保险福利费用额（万元）：合计	离休金	退休金	退职生活费	退养费	医疗卫生费	护理费	生活补贴	交通补贴	丧葬抚恤救济费	其他：小计	其他：其中肉类等价格补贴
总计	2481	758	1375	23	325	436	124.4	172.5	2.1	29.3	64.6	2	13.4	11.1	2.2	14.4	6
1. 全民所有制单位	1854	696	898	12	248	349.6	115.5	118.1	1.2	23.9	53.9	1.4	12.7	10.6	1.8	10.5	4.5
企业单位	954	128	604	12	210	163.5	18.6	87.1	1.2	20.2	20.1	0.8	5.8	3.9	0.9	4.9	2.3
事业单位	617	317	262	—	38	114.3	53	27.6	—	3.7	16.5	0.2	4.9	4.3	0.5	3.6	1.5
机关单位	283	251	32	—	—	71.8	43.9	3.4	—	—	17.3	0.4	2	2.4	0.4	2	0.7
2. 集体所有制单位	627	62	477	11	77	86.4	8.9	54.4	0.9	5.4	10.7	0.6	0.7	0.5	0.4	3.9	1.5

第二节　投保保险

一、机　构

1951 年，县人民银行设保险股，办理保险业务。翌年 6 月，成立保险公司安国县支公司，工作人员 9 人，后增至 50 余人，设会计、业务、城险、农险、总务、人秘 6 股。1954 年，公司改为办事处，人员减至 7 人，业务范围包括博野、蠡县、安平、深泽、饶阳、肃宁 6 县。1958 年，撤销办事处。1981 年，县人行再度代理保险业务。1985 年，复建保险公司安国县支公司。之后，在全县 20 个乡镇设立保险服务所，招聘专职代办员 21 人。1990 年，保险公司内设人身保险股、财产保险股、机动车辆保险股、营业室、办公室 5 个股（室），干部职工 13 人。

二、险　种

1951 年，始开展保险业务，险种仅企业财产保险 1 种。翌年，增加牲畜保险、麦场火灾保险、机动车辆保险、人身保险等险种。同时，实行机关、国营企业等强制保险，企业财产保险改为固定财产、物资定期和物资流动强制险种。1953 年，保险种类有固定财产强制保险、物资强制保险、普通火灾保险、简易火灾保险、牲畜保险、驿运保险、杂项运输保险、车辆保险、团体人身保险、旅客意外伤害保险等，保险费额 10121 万元。其后，陆续试办棉田雹灾保险、家庭财产保险及货运保险等。1958 年，保险业务停办。

1981 年 10 月，恢复保险业务，以企业财产保险为主。到 1984 年，机动车保险、麦场火灾保险、人身保险等相继恢复。之后，保险种类及金额逐年增加。1990 年底，保险种类有企业财产、机动车、自行车、种植业（包括棉田雹灾、西瓜雹灾、果林雹灾、麦场火灾等）、养殖业（包括水貂、兔、鸡、猪、大牲畜等）、家庭财产、人身［包括学生平安保险、建筑工人保险、独生子女保险、农村基层干部（厂长、经理）综合保险、团体意外伤害保险、简易人身保险］、个人养老金保险等 21 种，承保金额达 23420 万元，保险费收入 185.8 万元，理赔 317 起，金额 39.7 万元。

第十九编
宗教　民俗　方言

第一章　宗　教

第一节　佛　教

佛教传入域内历史久远，具体年代无考。明天启五年（1625），域内寺院多达 40 余所，其中以广惠寺、兴国寺最为著名，香火经久不断。清末，东山奶奶庙及东长仕三教庵仍有尼姑 80 余人。民国年间，佛教活动渐少。抗日战争时期，仅有和尚 3 人，另有东长仕村三教庵女尼 42 人。民国 36 年（1947），年轻女尼还俗，人民政府妥善安置 7 名老尼，土地平分时分给房产田地，准许在家作佛事。1956 年，对丧失劳动能力的老尼、和尚实行“五保”。至 1988 年，域内和尚、尼姑相继去世。

第二节　道　教

宋代，在城东南建五老观。相传为定州王老、深州赵老、晋州李老、赵州马老、祁州冯老 5 位道士募化而建，有殿宇 7 间，生铁铸瓦，彩绘梁栋，小巧别致，代有道士侍奉香火。明天启五年（1625），城东 3 里有碧霞宫，州治西有圣母行宫，均为道士、道姑修道之所。五老观圮于清初。清中期碧霞宫、圣母行宫相继圮坏。同时期，南马、北张各庄、军诜、伍仁村有道士 10 余人。清末民初，南关药王庙仍驻 10 名道士。瓦子里、常庄、西枕、西徐、东柴里、伍仁桥等村“道场会”均请道士念经祭坛，个别户办理丧事也请道士念经祭奠。民国 26 年（1937），道教活动停止。今道教在部分群众中仍有一定影响。

第三节　伊斯兰教

明永乐二年（1404），部分回民随大移民从南京二龙岗迁入，定居在东安国城村，域内始有伊斯兰教。至今东安国城村回民中仍流传有“家住南京二龙岗，永乐二年离家乡”的说法，当时迁入人数无考。历明清两代，陆续有回民迁入，均散居。民国初，又有部分回民自河间、定县迁入，定居在观音堂村及县城内。至 1949 年，伊斯兰教有 1962 人，分布在东安国城、观音堂、北大街等 14 个村。

域内有伊斯兰教清真寺两处。东安国城清真寺始建于明永乐年间（1403—1424），因年久失修，1975年拆除。1982年，村委会拨集体房屋9间，修整后作为宗教活动场所。祁州镇清真寺始建于民国9年（1920），有房屋7间。

中华人民共和国成立后，人民政府保护伊斯兰教的正常宗教活动。每逢开斋、古尔帮、圣纪三大节日为信徒放假庆贺。1990年，域内伊斯兰教2955人。

第四节　天主教

奉伯村宋氏最先接受洗礼加入天主教，其后南马村相氏、卓头村李氏相继入教。至清咸丰年间（1851—1861），西长仕、小南流、西各堡等村部分村民入教。同治年间（1862—1874），北京教区主教府设祁州总铎区，辖束鹿、祁州、博野、蠡县4个本堂区。光绪元年（1874），撤祁州总铎区。所辖4个本堂区划归保定总铎区。光绪二十六年（1900）七月二十四日，义和团攻打长仕教堂，杀教众70余人，焚烧教堂，引起教案争端。翌年，祁州向教会赔款11.2万缗，天主教用赔款建长仕、南马、南流诸村教堂。清末民初，域内有教徒400余人。民国6年（1917），洪涝成灾，天主教放赈，教徒发展到2000余人。当时流传有“为什么奉教？为铜线八吊”的民谣。民国13年（1924），析保定总铎区设蠡县教区，安国本堂区属之。民国15年（1926），比利时人神甫雷鸣远到安国传教。翌年，蠡县教区主教府徙安国县城西关，改称安国教区，辖安国、博野、蠡县、高阳、束鹿、深泽县，孙德贞首任主教。民国18年（1929），建成主教府和大教堂。安国教区设1总铎区，下设10个分堂，143个支堂，共有神甫19人，教徒3.5万人。安国分堂辖南马中心支堂及小南流、刘庄、奉伯、扬横、海市、东崔章、西长仕、东桃、南王买、西各堡、南流罗、庞各庄、西固、石佛、西张庄支堂，教徒最多时达4400余人。民国21年（1932），安国教区成立德来修女会、耀汉兄弟会，雷鸣远任耀汉兄弟会会长。民国23年（1934），成立天主教育婴堂诊所。七七事变后，雷以耀汉兄弟会为骨干，组织教友成立救护队，奔赴抗日前线，做战地救护。

中华人民共和国成立后，天主教正常的宗教活动受到保护，在坚持“独立自主，自办教会”和“三自”（自治、自养、自传）方针的基础上，开展宗教活动。1957年，成立天主教友反帝爱国会。1986年，建立安国县天主教教务管理委员会，教徒集中的村镇相继建立教务管理小组。同时，开放西关天主教堂和南马、西长仕、小南流等10个活动点，方便教徒正常的宗教活动。1990年，域内共有天主教徒1927人，神职人员2人，分布在56个村。

第五节　基督教

清光绪二十五年（1899），中华圣公会华北教区派英国人孟贺苓到祁州传教，租房为会址。至翌年，仅3户入教，教徒10余人。民国元年（1912），华北教区又派英国人牧师狄德罗到祁州传教，入住南关李家客栈，适值乱军抢劫，狄教士被乱军所杀。民国2年（1913），复派英国人胡士伟至祁县主持教务，处理狄被杀教案争端。该案以祁县赔款息讼。翌年，基督教以“安国洒下了福音的血种”，取得在安国传教优惠权，于城内东街（现城隍庙街）买地建礼拜堂，成立中华圣公会华北教区安国牧区，开始在城乡传教。民国6年

（1917）洪灾后，基督教放赈，广延信徒，发展至1500余人。民国10年（1921），安国中华圣公会采取教会拨款与信徒捐助办法筹建医院，东街信徒许洛喜献出东关外园地1块，教会又购买道北北七公村民地1块，历时6年建成1座占地14亩，有内、外科的西医医院。民国16年（1927）6月1日，举行开院典礼，华北教区主教鄂方智主领开院仪式，命名为中华圣公会医院。民国26年（1937），域内基督教信徒近400人，有城内福音堂、中华圣公会医院各1处，农村设新安、崔章、流昌3个支堂，曲堤、焦庄、谢庄、宋固聚会点，城乡教会小学各1所。抗日战争中，设在乡村的支堂受到日军破坏，宗教活动停顿。中华人民共和国成立后，基督教恢复正常的宗教活动。1990年，有基督教信徒50人，长老1人，分布在民主街、曲堤、新安、小营、西照等13个村。逢教节集中到县城进行宗教活动的信徒有30人左右。

第二章　习　俗

第一节　生活习俗

一、服　饰

（一）常服

男　清代，冬季外穿长及足面的偏襟大袄，腰间束布带，俗称“搭袍”，内穿对襟蒜疙瘩扣小袄，颜色多黑、蓝色。春秋季节外穿长身偏襟大褂。夏季穿戳领、托肩、对襟小褂，多为白色、浅褐色（俗称紫花色）。棉单裤均为掩腰式，棉裤外一般不另罩单裤，裤角扎带。春秋两季内穿单裤，外套衩裤。冬戴毡帽、麻虎帽，春秋季戴顶缀黑疙瘩的瓜皮帽，俗称“帽盔儿”，有功名者顶缀红疙瘩、前镶玉。夏季用芦篾或秫秆篾编织蘑菇形草帽遮凉。脚穿千层底纳帮布鞋，冬棉夏单，冬天农村富者多穿毡鞋。袜为软纳底，冬棉春单，夏秋季节农人赤足穿鞋，富人、商人等内套单布袜。民国初常服多同清代，后中山服、制服、西服及里伏尼皮底鞋、皮鞋、礼帽出现，只富者穿戴。同时，机织线袜渐多。20世纪50年代，外罩长褂、长袄者渐少，多以短身对襟袄褂替代，头包白色羊肚毛巾，干部、工人上身多穿棉、单三口袋制服、中山服，下着制服裤，多为黑、蓝、灰色。50年代末，农民着制服者渐多。1966年“文化大革命”开始后，干部、工人、农民、学生多着草绿色、蓝色军制服，头戴军帽，冬穿草绿色、灰色军大衣，褐色翻毛鹿皮鞋，夏穿塑料凉鞋，春秋穿绿色军鞋、方口布鞋，至1990年草绿色军大衣仍很普遍。70年代中期后，灰色、深蓝色四口袋制服、中山服、鸭舌帽、黑皮鞋、鸡腿裤，渐普遍。80年代，多着西服、皮夹克、夹克衫、羽绒服、毛呢上衣、毛大衣等各式服装，颜色多种多样。前期流行喇叭裤，后期流行筒裤，年轻人多穿牛仔裤，皮鞋样式由前方变前尖，皮凉鞋渐多，冬季棉帽少见，多戴鸭舌帽、辣椒帽，青年多免冠。

女　清代女子穿偏襟大褂，多包边、挽袖或带云肩，分长短两种，长者及足面，短者及臀下。中老年服多蓝色，青年服颜色多种。裤为掩腰，裤角扎带，青年服裤脚多包花边，中老年服以丝带束下口，至清末渐肥短，亦有人穿衩裤，前面多绣花。鞋前尖后圆，木底高跟，鞋脸绣花。少妇多穿大红色外鞋，内套软底睡鞋。民国初同清代，后省去上下衣花边和挽袖。少数人穿旗袍，颜色多样。木底鞋渐被布质千层底素面鞋取代。20世纪50年代，中老年妇女穿着变化不大，青年妇女始穿制服。50年代末至60年代，女式制服普及，冬春头戴方巾，夏穿方口偏带布鞋。“文化大革命”期间，年轻女子亦喜穿军制服、军大衣，服装颜色多为绿、蓝、灰色。70年代，女式西服始流行，裤瘦而短，年轻女子改方巾为长条围巾，翻毛鹿皮鞋、黑皮鞋广泛流行。80年代，女式服装花色繁多，连衣裙、百褶裙、筒裙、喇叭裤、牛仔裤、健美裤、毛呢大衣、翻毛大衣、羊毛衫、羽绒衣、风衣等多种多样，中年妇女多穿制服、西服，部分老年妇女仍穿便服。青年女子鞋由平底变半高跟、高跟，夏季部分人穿长筒丝袜。中老年妇女仍多穿平底鞋。

（二）礼服

参加庆典活动时穿礼服，男女有别。

男 清代，穿长袍、马褂，多为黑、蓝色，头戴春帽、凉帽，脚蹬高厚底鞋。民国年间，鞋底渐薄，后期除结婚穿长袍、马褂，戴礼帽外，其他庆典活动一般穿常服。中华人民共和国成立后，无礼服常服之分，参加庆典活动穿着较新。

女 清代穿氅衣、裙子，多黑蓝色，青年女子穿用多红、绿色。民国时期略同清代。中华人民共和国成立后，无礼服常服之分。20 世纪 80 年代，结婚时穿红衣、红鞋。拍结婚照时，有穿拖地长裙者。

（三）首饰

女人装饰之物。清及民国，富家女子头戴髻簪、冠子花、压髻花、压发花、耳坠等多种饰物，腕戴软硬金镯、玛瑙钏等，手指戴金戒指，多镶玛瑙翡翠，指甲套多纯金点翠，颈部有项链用以系兜肚，襟头挂牙签。富家女出嫁，另戴九凤箍，胸前悬挂“三式子”“五式子”（状似如意，类童之银锁，四周多金玉饰件），珠翠满头，环佩叮当。贫家女饰物有耳环、髻簪、冠子花、戒指、手镯等，多为铜银质。中华人民共和国成立后，佩饰物被视为奢侈。女青年以头巾、围巾、辫绳、辫花等为装饰品。近年戴耳环、戒指、项链者渐多。

附：发型

男发型 清代，头顶前部剃光，拢发于后束长辫。或将前部头发分成小缕，缕缕相压拧在一起，至额上拢于脑后束成大辫，俗称“拧锅圈”。至民国剪发，有留齐颈短发者，俗称“麻刷头”。农民多剃光头。学生留分头，官、商界人多留分头或背头。20 世纪 50—60 年代，青年多平头、分头，国家工作人员多分头、背头，中老年农民多光头。70 年代后，青年多留“一边倒”，80 年代多留长发，压耳护颈。清至民国多蓄须，唇上短髭，颏下山羊胡。中华人民共和国成立后，蓄须者极少见，今少数青年有蓄髭者。

女发型 清及民国，已婚女子束圆头，或束“抓髻”。圆头即将头发于脑后扎起，盘成大髻，以丝网罩住，用簪子固定。抓髻即将头发于脑后编辫，折三四折，中间以绳束住。姑娘多于脑后束独根大辫，辫根辫梢用红头绳扎住。20 世纪 40—50 年代，已婚女子依然束圆头，或将齐肩发束拢上折，用卡子卡住，俗称“鸭子尾巴”。未婚女子于脑后束两根长辫，或剪成齐耳短发。60 年代，女青年束羊角小辫，70 年代多留青年发，80 年代烫发流行，波浪式、爆炸式、披肩发等样式多种，并有多种髻发出现。

二、饮 食

（一）餐制

日餐次多为忙时三餐，闲时两餐。明、清及民国时期多为两稀一干，早晚喝稀粥，中午吃干粮，冬闲多两餐稀粥。20 世纪 60 年代中期后，多两干一稀、一干一稀，农忙时早午吃干粮，晚餐为稀粥，冬闲时早餐干粮，晚餐稀粥。70 年代末始，多数农家冬闲时也一日三餐，每餐干稀搭配，饭菜齐备。

（二）常饭

粥 俗称“白粥”，以高粱或玉米、小米粗面做成。放入干、鲜菜称“菜白粥”，放入鲜、干甘薯分别称“山药白粥”“山药片白粥”。

饭 指小米饭、大米饭，有干饭、稀饭、饭汤之分，干饭有蒸米饭、捞米饭、熬米饭，掺入干、鲜菜称“菜饭”，做主食。饭汤需佐以干粮。

饼子 用高粱、玉米或小米粗面掺水和面，贴于铁锅壁上，熟后一面焦，称“饹馇饼子”。在笼屉中蒸熟，鱼背式的称“饼子”，空肚圆锥形的称“窝窝头”。掺入糠菜，称“糠饼子”“菜饼子”。

烙饼 俗称“旋饼”。有高粱面、甘薯面、白面之分。民国年间高粱面饼居多，20 世纪 50—60 年代多为甘薯面，至 1990 年已多为白面做成。

饸饹 用荞麦面、高粱面或甘薯面做成。20 世纪 50 年代前多用高粱面，后多用甘薯面。市场卖饭者多用荞麦面。

包子 域内专指菜、肉馅包子。多以甘薯面、玉米面、白面为皮，瓜、萝卜干、各类鲜菜和猪、羊、牛肉为馅，蒸熟。

块垒 俗称“苦累”。用高粱或玉米粗面掺鲜菜或浸泡过的干菜、榆钱等拌均，摊在笼屉内蒸熟。

面条 有白面、甘薯面、杂面之分。用擀面杖擀成。炒菜加水煮，称“原汤面”。白水煮熟另加汤菜、炸酱为“打卤面”“炸酱面”。杂面条以豆面为主，加入白面，多做原汤面。甘薯面条又称“把子”，掺入榆皮面粘合。

水饺 皮有白面、甘薯面之分，馅分菜馅、肉馅两种，包好煮之。

馃子 白面加矾、碱、盐和软面，做成方、圆、条、环等多种形状，置热油中炸熟。

馒头 俗称“卷子”。白面发酵蒸制而成，20 世纪 70 年代前，农家蒸馒头多掺入玉米面、小米面等。

豆包 用白面、玉米面、小米面发酵，或用不发酵的甘薯面做皮，将小豆熬软搓烂做馅，有的掺入甘薯片、大枣、山药豆等，蒸熟。县北部豆包亦称馒头。

折饼 亦称“饼折”“奴挠儿”。小米面或玉米面、高粱面加水成糊状，置饼折锅内煎、焖，熟后对折取出。多为春节食品。亦有用制淀粉后的酸浆或猪血掺甘薯面或小米、玉米面而做者，称“酸饼折”“血饼折”。

（三）小吃

马蹄烧饼 圆形，鼓腔，内空，一侧开口，成马蹄状。分底、瓤、盖三层。瓤含五香调料，盖上粘满芝麻，在烧饼炉内用锯末烘烤而成，外焦里嫩，夹猪头肉、熏肉或香肠食用，香脆可口，俗有“烧饼卷肉，吃了没够”之说，为安国独特风味。

熏肉 猪肉加五香料煮熟，用锯末熏烤，肉色酱红，食之不腻。

卤煮鸡 白条鸡加香料，用老汤文火煮熟，肉软脱骨，味香可口。

扒糕 荞麦面加香料置沸水中搅、熬至熟，冷却做饼，蘸醋、蒜泥食用。

荞麦面饸饹 软面压条在滚锅内煮熟，佐以葱、姜丝、香菜、辣椒油等食用。

切糕 以大枣、糯米或黄米为料，煮至半熟捞出，置于蒸笼，一层米一层枣铺好，蒸熟，随切随卖。

老豆腐 豆腐点卤后倾于锅内，锅底置温火，以韭菜、蒜泥、辣椒粉、香料佐餐。多挑于街市叫卖。

煎饼 将荞麦面或小米面加水为浆，调以鸡蛋和香料，在鏊上煎熟，薄如纸，绵软清香，冬夜沿街叫卖。

凉粉 用冷水稀释淀粉，置沸水中搅熬至熟，呈肉冻状。切成短条，加蒜泥、醋、盐、麻酱、冷水食用，是降暑佳品，夏季沿街叫卖。

花馃子 白面发酵加碱和半硬面，擀成薄片，铺糖糊卷卷，做成花及各种动物形状，置热油中炸熟。多用馈赠亲友。

干饼　白面加入盐、五香面、鸡内金和成半硬面，擀成薄片，撒上少许芝麻，在锅中烙脆，为儿童食品，有消食作用。

棋子饼　发酵白面擀成薄片，撒上芝麻，切成小棱形块，在锅中烙熟。是儿童食品。

散子　发酵白面加矾、碱、醋、糖、盐等辅料，作成小薄片切丝拧成束，热油炸熟。特点：香、甜、脆。

（四）佐料、佐菜

安国人口味喜咸，除饮用多不用糖。中华人民共和国成立前，穷苦人多自熬小盐食用，很少用其他佐料，唯食粗食常佐辣椒，称辣椒为“送糠王”，意为辣椒助食欲。今城乡普遍食用加碘海盐、大料、花椒、生姜、大蒜、料酒、五香肉料及味精等佐料。

佐菜以咸为主，辅以酸、辣。

腌咸菜　将白萝卜、胡萝卜、芥菜、黄瓜、豆角、辣椒等放入缸中，加盐水腌制。

腌蛋　将鲜鸡蛋、鸭蛋、鹅蛋放入缸中加盐水腌制。

腌蒜、腌蒜薹　（1）5月底、6月初，将鲜蒜、鲜蒜薹置容器中用盐水腌制，或用醋，适量加盐或糖腌制。（2）农历腊月，将蒜去皮，白菜帮切成小块，置容器中加醋闷制，十几天后呈绿色，俗称“腊八憋绿蒜”。清口去腻。

炒菜　午餐炒菜较多，一般素炒各种鲜菜，春鲜菜少时，炒干菜食用，如萝卜片、干白菜等。

还有泡酸菜、闷冬菜、憋制五香疙瘩头，做西瓜酱（俗称“豆豉”）等俗。

（五）宴席

域内多肉头席，有“四大件”“八大碗”“十大碗”“十二盏灯”等多种。

四大件席　鸡、鱼、肘子、方子肉或条子肉为四大件，配4冷盘、4热盘。

八大碗席　多为鸡、鱼、肘子、核桃肉、条子肉、方子肉、甜饭等8碗，配8盘或10盘冷热菜。

十大碗席　在八碗席的基础上，加米粉肉、丸子、拔丝山药（或苹果、甘薯）等两碗，配10盘或12盘冷热菜。另有“十响一咕咚”席，即10个碗，另加1大盘肉（约2～2.5千克）。

十二盏灯席　共12个碗，配8冷盘、8热盘。

还有海味席，以山珍海味为原料，解放前，富豪之家多摆此宴，今无纯海味席，只是在肉头席中加一些海参、尤鱼、海蜇之类。豆腐席，将豆腐如法炮制，亦有八碗、十碗之分，解放前多为一般人家所用，今已无纯豆腐席。经济条件较差的人家摆肉头席，多用萝卜、白菜、豆腐等楦底，上摆肉，称“肉帽”，俗谓“估当子”。药膳席，碗、盘数不定，有黄芪炖鸡、虫草爬肘子等数十种，风味独特。

附：烟酒茶

1.烟　安国人吸烟至清始有文字记载。清代，吸烟不分男女，吸烟者多佩带烟锅儿、烟荷包（烟袋）、火镰。人们往往以“不知不觉，一年抽个裤子袄”相戒，但吸烟之风不减。中华人民共和国成立后，年轻妇女吸烟者锐减，今女性吸烟者不多见。纸烟自民国初传入，吸者多为官僚、商人。20世纪50年代后，吸纸烟者多工薪阶层，70年代中后期农村吸烟者增加，今城乡成年男子大多吸纸烟。纸烟为待客、送礼之物，宴席必有高档烟。

2.酒　安国人喜饮浓香型曲酒。20世纪60年代以前，多饮薯干酒和枣酒。70年代后，多饮县产“红粮大曲”“祁州大曲”“祁州陈酿”。近年县内兴起“祁州大曲”“祁州陈酿”热，无论公宴、私宴，必备之。夏季，饮啤酒成习。县人饮酒豪爽，主待客多饮为敬。一般酒席，前三杯必喝，有“酒过三巡，菜过五味”方自便之习，酒兴起，猜拳行令。大五女一带待客有跪酒之风，客人不喝不起，一醉方休。

3. **茶** 20世纪60年代以前，乡间多饮大枣茶，县城居民多饮花茶。近年，城乡以茶待客成习，茶叶品种有花茶、龙井、铁观音等，间有菊花茶、黄芪茶等药茶。农民饮茶者少。

三、居 住

（一）庭院格局

城内民居多一家一宅，除县城外，很少伙院。明、清及民国时期，富户多为四合院。以北房5间，东西配房各3间，南房5间为最佳，称“五正三厢”，门庭在南5间之数。有功名之家开中门，一般农家，门多在偏东南位置，称“巽门”。院落多者可至三重，称“三进三出”。一般两重院落以上者，一进院落多设猪圈、牲口棚、水井、仓库、工房等。若仅一套四合院，多带跨院，设碾、磨、牲口棚、库房等。小康之家多为小四合院，一般北房3间，东西配房各2间，南房3间，门庭在南3间之数，猪圈、茅厕另设一院。一般户为一院，正房朝向不一。院门在正房对面一角，猪圈、茅厕建在门对侧，配房建在顺门一侧，迎门有照壁。中华人民共和国成立后，四合院渐淘汰，多以北房为正房，顺院门一侧建配房，猪圈、茅厕在院门对侧。

（二）屋宇形制

明、清及民国时期，富户多高堂大屋，正房5间的中3间有廊，俗称“厦架”，两边各1间向前突出与廊齐，称“虎抱头”。正房多5道檩6趟椽。坡顶或平顶坡檐，坡处覆瓦，配房多为4趟椽。正房门前多3或5级石阶，称“三脚台”或“五脚台”，配房一般低一级台阶。大门以木雕、砖雕装饰，门旁设石鼓、阶下设石狮，门内彩绘照壁，图案以松鹤居多，或单书“福”字。贫户多土坯房，通常3间，中间横跨较两头大。亦有中3间大，两头各1小间，俗称“三间两跨”。进深一般为4道檩，5趟椽。

中华人民共和国成立后的30年间，建房多为平顶四角齐式，一户多三四间，另建配房。之后，一户多4间，进深5～6米。盖顶以水泥预制板为主，常见有挑檐、挑梁式两种。挑檐式于房前墙体上方出40～80厘米水泥构件檐；挑梁式也叫“厦架”，用水泥沿隔山墙向外浇制挑梁，上放预制板，有“两头沉”“一头沉”之分，“沉”即不设廊，房出与廊齐。近年城乡建楼者渐多，一般为2层，“挑梁”者居多。房外体装饰，20世纪70年代前门窗上方用砖雕装饰，青灰兜墙或水泥勾缝。80年代初，一般用水泥刷石装饰前墙，中期后瓷砖、马赛克贴面渐多，亦有瓷砖壁画贴面和涂料涂面者。

20世纪50年代前，门窗样式多为厚木板两扇门，花棂窗糊纸，60年代后出现玻璃门窗。进入80年代，门窗规格越来越大，室内宽敞明亮，空气新鲜。

（三）室内格局

20世纪70年代前，农村建房，堂屋多为厨房，两边为卧室，称“里间屋”，俗称“三间屋子两头炕”。土炕盘于前房山窗下，靠后山墙多放立柜或板柜，迎门山墙下放迎门桌，桌上放靠山镜。堂屋门内两侧盘灶通里间土炕，后山墙隔板架放炊具。至70年代中期，有靠里屋后山墙盘土炕者。近年木板床取代土炕，或前山放床，或后山放床，厨房设在靠边一间房内或设于配房，堂屋多改为客厅。

四、行 旅

县人行路，解放前富者乘骡马轿子车，贫者多步行，少数人乘驴车。轿子车整挂为3套，辕马1匹，捎马2匹，俗称“二龙吐须”。车体楠木辕，檀木轴，拱顶平檐，顶幔于檐际下垂，俗称“燕飞式”。车帷冬绒夏绸，颜色或蓝或红，前挂帘，两侧及车后均有玻璃小窗。小有之家走亲多在大车上支架，上覆芦席代帷，称“蒲棱车”，也有人坐敞车或骑毛驴，赶集上店、出门办事多步行。20世纪30年代，引进自行车，一般公职人员骑用。中华人民共和国成立后，自行车数量猛增，至60年代成为主要代步工具。80年代初，始有个人购买摩托车者，后期又有个人小轿车（汽车）出现。今出行或骑自行车，或骑摩托车，绝少步行者。远行者就近坐公共汽车。

民国及以前，外出多选黄道吉日，遇月忌天不出门，亲人送行多嘱“一路小心”，并为远行之人焚香祈祷，祝其一路平安。解放后，此俗渐绝。

五、器 用

（一）摆设

解放前，富户讲究八仙桌、太师椅（或圈椅）、条案、书架、茶几、方凳、床帐、梳妆台、衣箱、立柜、卧板柜、迎门桌、大衣架等。摆设有盆花、盆景、鱼缸、古玩、画轴、座钟、挂表等。小有之家仅迎门桌、卧柜或立柜、衣箱等，注重生活必需品。贫寒之家，则旧桌破凳，绝少摆设。中华人民共和国成立初期，农家略添家具，样式沿旧。20世纪70年代，城乡流行穿衣柜、写字台、高低柜、圆桌、五屉橱等新式家具，多黄褐色。80年代中后期，城乡流行组合家具、沙发、梳妆台等，多蓝、乳白、乳黄色，还有镀铬腿圆桌、折叠椅、茶色玻璃茶几等。茶具、酒具有陶瓷、玻璃、塑料等多种，样式有高脚、平底等多样。家庭摆设有盆花、盆景、画轴、挂历等，各种家具、家用电器亦有摆设之效果。

（二）卧具

域内传统卧具为土炕，上铺苇席，富户加炕毡。20世纪70年代后，兴起铁床（床架用铁管、角铁焊成，床板仍用木板）、胶合板包厢床、绒布包厢床。床上铺毡、毯，罩床单。1985年后，出现席梦思床垫，农村仍以土炕和铁、木床居多。中华人民共和国成立前，被褥多印染土布做成，以蓝底白花居多。20世纪60年代后，多红绿大花被褥，80年代绸、缎料被面增多，花色多种，被单、被头多方格、长条图案，被罩多白、粉红、浅蓝色。枕头，60年代前多圆柱形，后多为扁形，上罩枕巾。

（三）炊具

农家多盘灶台，配风箱，灶台上安铸铁锅，烧柴禾或煤。20世纪70年代后，铝锅渐多，以三条腿铁炉烧煤，用风箱吹风，俗称“砟子火”。80年代，兴起蜂窝煤炉，少数家庭使用煤气灶。

（四）灯具

明清时期，灯具有灯台，多陶瓷、铁、铜质，底座与顶托均呈圆盘形，圆茎，顶托上置瓢形油碗，灯捻在瓢把儿处外伸；灯碗，下有喇叭形底座，顶有油碗，类小高脚杯形，常用以供神；蜡台，有银、铜、铁质之分，形制各异，大小不一，由底座、茎、顶台3部分构成，顶台上有针状蜡扦，精致者底座与顶台四周均有镂花；宫灯，八角形，分上中下3部分，均有饰物，多以纱围成，内燃蜡，富户逢节日、庆典悬于屋檐、大门处，兼有装饰作用。庆典活动燃蜂蜡，一般照明燃棉籽油（俗称黑油）、豆油。

民国时期，机关、学校、铺户多以煤油灯照明。灯体多为玻璃质，灯信、灯捻为线捻或纸捻。种类有煤油灯、罩子灯，多用于室内照明；靠山灯多为路灯；桅灯（又称提灯、马灯）多用于行路照明；汽灯多用于教室、戏棚和交际场。农家兼用棉籽油和煤油。

中华人民共和国成立初，仍多用煤油，灯具沿民国时期。1958年，农村开始用电照明。灯具分照明灯与装饰灯。照明灯有白炽灯、日光灯、碘钨灯、高压汞灯等；装饰灯有彩灯、霓红灯等。室内照明多用日光灯、白炽灯。80年代，室内灯具向照明兼装饰型发展，分台灯、壁灯、吊灯等。

（五）取暖、降温

明清时期，冬季取暖富户备火盆、手炉、脚炉，燃木炭；穷户以火盆盛做饭余炭取暖。民国时期，富户生煤火。20世纪50年代后，农家取暖渐用煤火。80年代，县城较大单位用锅炉送暖，有水暖、汽暖两种，城内居民一般安装土暖气，农村也有少数安装者。夏季降温多用扇，俗有“立了夏把扇架，立了秋把扇丢”之说。80年代，城乡电扇增多，分吊扇、台扇、落地扇多种。少数单位、家庭装有空调。

（六）家用电器

20世纪60年代，部分家庭有收音机，70年代普及。80年代，录音机、电视机、洗衣机、电冰箱、电风扇、空调、热水器、抽油烟机等进入城乡家庭。

（七）记时

历史上，域内以日、月升降、圆缺，植物荣枯、动物来去记时。清末，少数富户有进口座钟、挂钟、怀表，民国20年（1931）后出现手表。中华人民共和国成立后，国家工作人员多带手表。20世纪80年代中期，城乡手表普及。手表品种有机械表、石英表、电子表。机械座钟、挂表渐被豪华型石英钟替代。

第二节　礼仪习俗

一、婚　嫁

（一）议婚

解放前，男女婚姻仅凭“父母之命，媒妁之言”。男女届婚龄，媒婆上门提亲，双方经打问，同意联姻，择吉互换庚帖。双方庚帖交算命先生推算，如无岁数、生肖、五行等冲克，不妨公婆，婚事便妥。由于父母包办，重门第、财产，不重人品，致“好汉无好妻，赖汉娶花枝”的姻缘屡见不鲜，悲剧常有发生。

解放后，提倡婚姻自主，自由恋爱者日多。农村多数婚姻仍需人介绍，双方打问对方家境、人品后，如有意，便约定时间、地点，让男女青年见面，俗称“相亲”。一方相不中先行告辞，婚事作罢。若双方有意，男女单独攀谈，俗称“谈话”，之后男女自行约会。其间，姑娘要由母亲、媒人或其他亲属陪同到男方家中做客，俗称“认门”“相门户”。如中意，一干人接受男方盛宴款待。

（二）定婚

解放前，婚事议妥便择吉下定。男方生辰八字及“恭候玉音”书于红贴（又称大书、龙凤贴），并12枚铜钱（称压书礼，闰月13枚）装入拜匣，由媒人送达女家。女家收下拜匣，款待媒人。数日后，女家将姑娘生辰八字及“乾坤定矣”书于来贴，托媒人原匣送回（女方不即回书，俗为“压婆婆性儿”），即为正式定婚。是日，男方招待媒人。

中华人民共和国成立后，贯彻婚姻法，废除凭婚书定婚的作法，男女定婚到政府办理结婚登记手续。定婚日期由男方选定，届期邀女方到政府办理结婚证书用法律的形式把婚姻固定下来。是日，姑娘由媒人、婶或嫂等陪同赴男家，男方摆宴款待。近年，定婚宴多摆二三桌，邀亲朋赴宴。

（三）纳彩

女方向男家索要彩礼，向受人鄙薄。清乾隆《祁州志》载：“男不责陪嫁之有无，女不计衣饰之多寡，此风最为淳朴。”男方送彩礼不过几件衣料、首饰。有产之家嫁女往往薄彩礼而厚妆奁。此风一直延续至20世纪50年代。60年代中期，渐变为双方互换“四色礼”，男方备衣料、袜子、头巾等4样礼品，另加几十元钱，用红布包裹由媒人送女家。女方备床单、秋衣、枕巾等“小四色礼”由媒人回送男家。至70年代中后期，渐不备“四色礼”而折人民币二三百元不等。80年代，奢风骤起，彩礼越办越重，竞相攀比，由四五百元渐至二三千元，甚则逾万元，且名目越来越多。定婚后女方要男方陪同进城购物，女方随意挑拣，男方出钱，动辄二三百元，甚至上千元；又讲“登记不登空”，办理结婚证书之日，男方要给女方钱物，等。

（四）定吉期

中华人民共和国成立前，定婚后，男方选择完婚之日，并于婚前一个月具贴通知女方及亲友，称撒“娶帖”“对月帖”。中华人民共和国成立后，撒“娶贴”之俗渐绝。男方择定婚期后，请媒人通知女方，或男女双方协商而定。婚期一般集中在腊月下旬，也有定于五一国际劳动节、十一国庆节，元旦等节日完婚者。

（五）过妆

抬催妆　县城周围及东、南乡村称“抬食箩”。婚前，男方备小麦100余斤（旧时为100个馒头），猪肉10余斤，五色线1束，粉条五六斤，另有面条、芫荽、五色粮、酵母、石子等装入贴有大红喜字的食盒。或人抬、或车拉，将“食箩”送达女家。有婚期将到，催促上妆之意。女方设宴款待后，备两副碗筷，煮两碗面条，上搁两片肉，称“离娘肉”，剔两根猪骨，用红线束住，称“离娘骨”，并男方所送粉条让抬催妆者带回男家。20世纪80年代后，有不抬催妆而折款一二百元给女方者。

抬嫁妆　嫁妆，俗称“陪送”，丰廉视家境而定。一般与抬催妆同时进行，县东、南部则于婚日先轿而行。民国前，富户陪送被褥、家具和多种生活用品，俗称“大铺床”。贫户只陪送壶碗、梳妆匣、饭桌数件。每件嫁妆都贴喜字，容器内装硬币。20世纪50—60年代，嫁妆从简，70年代后期渐增，近年越办越大，床、被、自行车、缝纫机、电视机、洗衣机、录音机、箱、柜、桌椅等一般价值千元，高者逾万元。送嫁妆时，大件车拉，小件人抬，多者数十人。县城北有送红包之俗，抬嫁妆者宴后临行，男方送红包，谓“喜钱”，若喜钱给得少，折回“道喜”，男方须再加钱、烟等。间有女方不送嫁妆，由男方送催妆时顺便捎回者。

（六）完婚

完婚俗谓“小登科”，极为隆重。

准备　完婚前一天，男方鸣炮晓示乡邻，收受贺礼，新郎四出邀请亲朋，路远者备车接。帮办人将屋宇院落整饰一新，院内外遍贴大红喜字，门楣上喜字倒贴，寓意“喜到”。喜堂搭于堂屋外左首，正面贴大红喜字。喜桌上放柽子、粮斗，斗内蓄粮，红纸幔顶，上插秤杆。新房内被褥叠放整齐，窗明几净。至晚新郎由本族男性长辈或平辈年长者陪同请家族长辈赴婚宴，俗称“拜门”。是晚，男家通宵达旦备办婚宴及有关事宜。

迎娶新娘 明、清及民国时期，迎娶新娘用轿。新郎乘官轿，伴郎［俗称娶客（qie 下同）］2 人乘暖轿或轿子车。同时，备花轿（子母轿）、炮铳，邀鼓吹。富户豪门多前一天晚上发轿，炮手开道，鼓乐随行。至门，新郎大礼谒拜岳父母，女家盛宴款待，通宵达旦。将近良辰，新娘盛妆，于闺房内入子轿，先由兄弟辈 2 人将子轿抬出，再入花轿，鸣炮起程。一般户迎娶新娘，亦备花轿，一般早起发轿，不入女家。女家在门外以酒菜待客，谓之“小待”。女家送新娘的人有男“送客”(一般由叔兄担任)，女“送客”(一般由婶嫂担任)，另有一小男孩随之，称“挎轿的”(后称“压车的”)。新娘上轿怀揣铜镜（谓照妖镜），胸别钢针。过河桥或遇他家娶亲队伍炮手放炮，新娘折钢针，谓避邪。解放后，迎亲骑马，男女披红戴花。20 世纪 50 年代，改坐篷车，60—70 年代改骑自行车，80 年代县城多用汽车，农村多用拖位机，少数用汽车。

婚礼 花轿进门，鸣鞭炮，生肖相克者回避。新娘用轿子抬至天地神位前（俗称“掐小轿”），男方女眷一人扶新娘登红毡下轿，新郎、新娘拜天地。然后，新郎用秤杆挑去新娘盖头，女眷手托托盘为新娘象征性开脸（在脸上虚铰十字），土布铺路导新娘入洞房。堂屋上门槛放两块粘糕（寓意迈门高），门内放一副马鞍，下置两个染红的鸡蛋，炕沿下放石头（寓意平安给子）。新娘跨鞍、踏石上炕，坐炕洞处（寓意婚后日子热火），然后梳洗，由女眷陪同入席。上房内“娶客”及族中长辈陪男“送客”入席。这两席谓之“官席”，主人竭力营办，务尽丰盛。宴罢，在天地神位下，新娘向婆家长辈逐一行礼，长辈赠钱币（俗称“拜钱”，大五女一带无此俗）。拜毕，“送客”观新房，谒家主，询问回门日期，并嘱“诸事多担待”等语，即告辞。是日，男家宴请赠喜幛随份子的乡友，谓喝喜酒。

中华人民共和国成立初，提倡婚事简办，喜堂内贴毛主席像，新人向毛主席像鞠躬，婚筵 2 桌，邻里小酌庆贺。近年摆宴之风甚盛，少者四五桌，多则数十桌，公婆和新郎、新娘逐一向来宾敬酒。亦有为婚礼录像者，亲朋同事“随份”少则三五元，多则数十元，穷于应酬，成为负担。政府提倡婚事新办，出现旅行结婚、集体婚礼。1987 年，县民政局在西伯章村召开现场会，为 11 对青年男女举办集体婚礼。是年，流各庄乡一对青年干部领取结婚证书后，去石家庄市学习食用菌栽培、服装设计，共度蜜月。之后，旅行结婚、集体婚礼渐兴。

（七）闹洞房

俗称“逗媳妇”。县内有“新媳妇三天不论大小辈”之说。20 世纪 30 年代以前，逗新娘先看脚，脚大称“底沉”，被取笑。50 年代后，让新娘点烟，新婚夫妻对咬苹果、糖块，谈恋爱经过等。“文化大革命”中，增添新娘背诵毛主席语录、诗词等内容。后多以开玩笑为主，间有用录音机放舞曲，邀新娘伴舞者。闹洞房一直到深夜。新婚夫妻安寝前，嫂辈儿女双全者代为铺床，边铺边说“被边压被边儿，生个小子做大官儿”等语，并将花生、红枣、粟子等放入被窝，寓意花搭生（男女间生），早立子。夫妻安寝后，新房外多有人窃听，以私房话作笑料，谓“听房”。如无人听房，婆母多邀人听或在窗下放一把扫帚，意为防鬼怪作祟。

（八）拜门与回门

完婚第二天，新娘由婆母或婆婶引领拜宗亲，俗称“踢门槛”。解放前，新娘见长辈行跪拜礼，解放后改为鞠躬礼。新娘拜门不走空，长辈给“拜钱”。是日，新娘出门后，妯娌辈入新房翻看新娘妆奁，俗称“翻富”。

第三天，新郎陪伴新娘回娘家，俗称“回门”，新郎兄弟一人随往。20 世纪 60 年代前，回门带 100 个大馒头，后多为糕点烟酒等。岳家宴客后，引领新郎拜见岳门长辈，称“认门”。是日，新娘同辈女子逗女婿，有为新郎带纥拉、抹黑脸之俗。70 年代后，逗婿多为男性青年，间有扒衣服、抢鞋帽、装麻袋、骑墙头等非文明行为。年底结婚者，俗于正月初二回门。

（九）婚后来往

中华人民共和国成立前，回门时岳家留新郎小住，俗称“住九”。至婚后第九天，将新郎、新娘送回，称“送九”。是日，女方亲戚备礼同往男家，俗称“会亲家”。新娘备礼盒，内放糖馃子、烙饼或鸡、鱼等，馈男方长辈亲友和酬谢媒人。男方亲友收礼盒后装钱于盒内回赠新娘。20 世纪 50 年代后，“住九”之俗渐绝。今一般正月初六新娘家亲戚去男家“接闺女”，男方亲戚亦带礼品去男家“送饭”。城北“送九”之俗一直保留。正月初十过后，岳家接新郎，俗称“住十五”“新郎躲灯”，此俗一直沿袭。婚后一个月内，新娘为夫家每人做鞋一双，俗称“对月鞋”“便脚鞋”，婆母出钱酬针工。新婚妇多住娘家，但清明、芒种、处暑等节须回婆家。

附：其他婚俗

1. 童养媳

解放前，贫户因生活所迫，将未成年女孩许人，并送婆家寄养，称“童养媳”。婆家往往对童养媳打骂虐待，让其从事繁重的体力劳动，常有未成年便劳累成疾而死者。童养媳成年后，婆家择吉日将男女归入一室，俗称“圆房”，庆典从简。

2. 换亲

两户无力为儿娶妻，或有某些缺陷娶妻困难者，将女互配对方，达双方娶妻之目的。亦有 3 个家庭换亲者，俗称“转亲”。“文化大革命”期间，家庭成分高或有“政治问题”家庭多行此法。近年换亲极少发生。

3. 叔接嫂、妹续亲

兄长亡故后，寡嫂带孩子度日艰难，遇有小叔尚未婚配，叔嫂结婚称“叔接嫂”。妹续亲即姐姐亡故，留有遗孤，为抚养后代，妹嫁姐夫，今叔接嫂、妹续亲已不多见。

4. 娶寡妇

解放前，寡妇为亡夫守节为贞，改嫁受舆论谴责，婆家刁难，故寡妇改嫁多偷娶。新娘进门，接下车人向其身上撒黑豆，意去其晦气，一切典仪从简。今寡妇改嫁受法律保护，与初婚无异。

5. 入赘

旧称“倒插门”，即女娶男，婿须随岳父姓，受人歧视。近年，实行计划生育，提倡男到女家落户，婿不改姓，生产、生活诸方面受到优待，各项权益受法律保护。男到女家落户者日多。

二、丧　葬

（一）停灵

人将断气，子女齐集床前，使垂危者头西脚东，将寿衣搭其身上。气绝时将铜钱一枚放其口中，谓“不走空”。然后打破窗纸，床边焚烧纸钱，谓“倒头纸”。随后一人持死者鞋一只于房顶烟囱处拍三下，喊三声“ XXX（死者姓名）穿鞋来”，同时燃放二响炮竹，晓喻乡邻。而后，孝子为死者擦洗。用棉球蘸清水擦眼称“开光明”。同时，亲属协助为死者换寿衣。装裹停当后，孝子一人由族人带领，大声嚎哭，到本姓家族或本村亲朋各家跪拜报丧，称“磕头”。族人及乡邻闻讯后，即去相帮。在堂屋放灵床，按头里脚外俗，移尸其上。将死者枕头撕开一口，放灵床下，铺草苫，孝眷分男左女右守灵。在堂屋门外侧设供桌，摆供品，点长明灯，竖铭旌。院门外按死者男左女右挑“坐扦”。然后，遣人通知亲友，俗称“道孝”。出嫁女父母亡故须回婆家磕头（不得戴孝），一路嚎哭，跪见公婆，告以凶信。否则婆家不备礼，不吊孝。

（二）破孝

丧主破孝，远近有别。死者之子女、儿媳孝最重。子头顶白布一方，白带束住，前额缀3朵棉花，腰系麻缕，白布幔全鞋，鞋须趿拉。儿媳、女从头到脚，遍身衣白。义子女与亲生子女同。侄、孙辈只限于头孝脚孝，白布幔半鞋。破孝一般延及两三代。解放前，富户多破大孝，亲朋遍身衣白，执事人等各孝带一条。中华人民共和国成立后，国家工作人员办丧，有臂裹黑纱者。今多丧间戴孝，丧事后臂戴黑纱月余。

（三）照庙

昔，人死当晚，孝子孝妇赴五道庙，孝子用白纸一张在庙内墙壁贴放，认为附着不下处即为灵魂所在处，烧纸上供毕，大哭而返。此俗尚存。

（四）开吊

民国及以前，富户遇丧多大办，停灵三七（21天）、五七（35天）或七七（49天）。日日小吊，遇七大吊。一般人家多停灵三五天，停灵即开吊。男吊客至门，点纸后于灵前行四叩首礼，孝子匍匐回礼。女吊客至门，须哭吊数声，由孝妇叩首回礼。解放前，亲朋致吊多带冥宴，或半桌或整桌，整桌称全饭全席，在灵前排开，吊仪同上。女婿致吊须大哭三声。亲朋故旧多送挽幛，俗称“提旌”，近年亦有送花圈者。停灵凭吊期间，摆账桌，乡邻凑“说书份”“炮仗份”，多寡不等。亦有亲朋送戏、电影、鼓吹者。亲戚上“干礼”一般数十元、上百元不等。

（五）入殓

入殓在当日或隔日，棺底铺草木灰、棉和纸，撒入五色粮、五色线、石子、酵母等。孝子、孝妇向棺内撒硬币，谓“垫背钱”。入棺后，将打狗棒（用面糊涂在高粱穗上烧成的棒状物）、面饼塞入死者手中。如死者高寿，乡邻在死者身下抢硬币（给孩子带在身上，乞长寿）。一切就绪，执事人拉开孝眷，盖棺封钉，孝眷喊“躲钉”。

（六）送盘川

又称送“逃魂马”。人死第三天（张家营、西伯章、西伏落等村于葬埋前一天）午夜后，孝子、孝妇将纸扎车马放置灵旁，唤死者上车，然后抬至街心（亦有至村西大道），放入草料、岁数饼（大小如钮扣，数目与死者岁数同）焚烧。有焚烧车马后抢岁数饼之俗，意小孩吃了胆子大。

（七）出殡

历代沿袭土葬，葬埋日破土筑坟。早饭后族中长者领死者长子去祖茔行破土仪式，鼓乐相随。划定坟穴位置，孝子亲手在墓穴三角各掘一锨土。筑墓一般为砖椁，墓穴方向多西北东南或东北西南。20世纪60年代后，渐不筑砖椁，直接下棺土葬。出殡多在午后，解放前孝子拉灵车（有些村仍沿此俗），后改用牲畜车，今多用拖拉机或汽车。棺罩有纸扎、布扎（俗称布车）之分，布车为孝女出资。70年代前，多用纸扎棺罩，近年搭布车之风又渐兴起。张家营一带无扎棺罩、搭布车之俗。解放前该地多用32人抬龙头凤尾大轿，解放后改公用灵车至今。出殡时，长子扛“引魂幡”，其他孝男执哭丧棒，跪迎灵柩上车，亲朋依次路祭，孝子“摔献”（摔瓦一片）起柩。炮手、吹鼓手在前开路，孝男后为灵车，孝女、儿媳扶棺哭行。灵车上一人撒买路钱。亲友送丧女眷在灵车后坐车相随，一路嚎哭，缓缓而行。入坟前将布车或棺罩焚于路旁。

（八）下葬

民国及以前，富豪之家多在下葬前由有名望人主持“点主”仪式，解放后革除。至墓，抬棺下葬，将堂旌盖于棺上，上放盛有果饼的小瓷罐（俗称“咸食罐”），然后封闭砖椁。孝子及送葬人将哭葬棒丢进墓坑，亲朋依次排班行礼（俗称“拜圹”）。孝眷绕墓坑3周，随走随向墓坑扔土，并以孝服兜土径直回家，不许回头，将土置于自家粮缸下边。送葬人离后帮办人填土成丘，将引魂幡插于坟顶。

（九）圆坟

殡后三日，孝子凌晨上坟拔幡，扔于百步之外。县南部有用锨打倒幡即回之俗。早饭后，孝眷亲朋备供品上坟祭奠，为墓上土，俗称“圆坟”，亦称“填坟”。是日多送阴阳宅等纸扎。解放后送阴阳宅俗渐废，今又复旧。

解放前孝子守孝，三年不饮酒，不食荤，不剃头，三年后方脱去孝衣称“除服”。解放后守孝之俗简，唯孝子、女穿白鞋一年。

附：其他葬俗

解放前，妇女产后亡故，将灵柩封存路边，百日后方可入祖坟。未婚男女亡故，不得入祖坟，多草草葬于路侧地头。未及满月幼婴夭折，用芦席裹尸弃之荒野或浅埋地头。

1974年，县建殡葬管理所，始推行火化。是年，在子娄村西南建火化场，占地20亩，设有殡仪室、尸体存放室、骨灰堂等，有接尸车1辆，工作人员14人，固定资产31万元。建成后，各级政府广泛宣传，大力推行火葬，当年火化尸体688具，翌年火化尸体2020具，火化率84%。1979—1983年，土葬又复，1983年仅火化尸体13具。翌年，县政府制定《关于继续推行火化，搞好殡葬改革的意见》，把推行火化作为移风易俗的大事来抓，全年火化尸体1300具。1986年，火化率达100%，被省民政厅命名为“殡葬改革先进县”。1988年后，多恢复土葬，虽有火化者，亦多为棺材装骨灰盒土葬。

三、生　育

（一）产俗

县内称生孩子为“坐月子”。孕妇临产，娘家接回吃面条，俗称“过道面”。意为促其早生，祝分娩顺利。产后，让产妇吃鸡蛋（生男吃8个，生女吃7个），喝小米稀粥，称“定心饭”。同时，遣人携篮至娘家报喜，生男篮内放书本，生女放花朵。娘家回108个或98个鸡蛋，寓意“扒住”（张家营一带回100个）。亲朋邻里多送鸡蛋、挂面。产妇食物以鸡蛋、挂面、小米稠饭为主，炒芝麻佐餐。喝红糖姜水，少食肉类、鲜菜。产妇月内不出户，由母亲或婆母侍候终月。解放前，贫户产妇营养极差，产后三五天即下地劳作，多落得一身病痛，加之产后卫生知识少，产房门窗紧闭不透风，产妇被褥不晾晒，俗称“捂月子”，至妇婴死亡现象较多。后此俗渐改，产妇临期多住医院生产。

（二）过满月

婴儿出生一个月称“满月”。是日，亲朋贺喜，所带礼品除营养品外，还有婴儿衣服、长命锁、玩具等，有“姑姑的裤子姨的袄，妗子的纥拉跑不了”之说。所送裤、袄为蓝色，取意“拦”。姥姥家蒸100个大馒头（俗称“百岁”）为礼品，每个馒头内有红枣两枚。近年姑、姨、舅等亲属也蒸“百岁”为贺礼，多为50个，主家将“百岁”留一半，双方馈送乡邻，有“送百家孩子成人”之说，主家设午宴招待亲友。

宴毕，将产妇母子接回娘家，俗称“接满月”。走前将孩子穿戴整齐，鼻尖抹锅灰，姑母抱出“串百家”，接受乡邻祝福。回娘家路上遇街口、路口撒小米和硬币，至家由姨抱入，擦去鼻尖锅灰，放炕上滚三滚，谓“认姥姥家”。

四、庆　寿

解放前，有“穷没生日富没年”之说，穷人无力庆寿，富户一般五十九岁开始每年庆寿，每隔十年一大庆，忌庆满寿，五十九岁称六十大寿。庆寿时，亲朋送寿面、寿桃、寿幛、焚香上供，寿老上座后，晚辈依次行礼，寿主设宴招待。20 世纪 50—70 年代，很少庆大寿者，寿诞日多吃“长寿面”，孩子生日煮鸡蛋，放炕上滚一滚，祝孩子有“翻身运”。近年庆寿活动渐多，子女亲朋多送生日蛋糕，并改向寿老行礼为敬酒，贺词多为“寿比南山”“健康长寿”“万事如意”等吉祥语。

五、禁　忌

（一）节日禁忌

春节，忌打碎器具；忌说死、倒霉、穷、完了、终了等不吉利话；忌打骂孩子；忌哭；起五更忌打喷嚏；姑娘忌女红，忌看锅底（不做饭）。二月二，忌女红；忌新媳妇住婆家。

（二）婚嫁禁忌

喜双忌单；忌见生肖相克者；忌新嫁娘相遇；结婚忌黑道日；有“初五、十四、二十三，新媳妇不走月忌天”之说；娶亲忌姑接，嫁女忌姐送；娶亲忌走重道、放“二踢脚”（两响炮）。

（三）丧葬禁忌

办丧忌穿红衣；忌带孝串门；忌猫狗从灵床下经过；未婚男女死后禁入祖坟；产后死亡百日之内禁入祖坟；外丧忌从正门入家；忌新坟见新坟，同年死亡，先亡者坟墓须用席片遮掩。

（四）生育禁忌

产后第四、六天（张家营一带加第九天），禁送礼、探视，防“四、六风”。忌孕妇进入产房，有防“沾奶”之说，偶遇产妇断奶，误入产房的孕妇要为产妇“送饭”（送礼品），意还奶。产妇未满月忌串门。

（五）其他禁忌

打场忌外人借物；扬场禁横跨粮食码道；打井禁妇女到现场；盖房忌孕妇看上梁；月忌天忌动土、出游；借药锅忌送还；喝酒行令禁说五魁首；下午忌探视病人；已嫁女忌在娘家过年、生孩子；忌倒茶、酒壶嘴对人；忌左手盛饭勺子向左倒、右手盛饭勺子向右倒；寿诞日忌吃饺子。

六、称　谓

（一）亲属称谓

安国县亲属称谓一览表

表 19-1

亲属关系	当面称	介绍称	社会称
曾祖父	老爷	老爷、曾祖父	老爷、曾祖父
曾祖母	老奶奶	老奶奶、曾祖母	老奶奶、曾祖母
祖　父	爷	祖父、爷	祖父、爷
祖　母	奶奶	奶奶、祖母	奶奶、祖母
姑祖父	姑爷	姑爷	姑爷
姑祖母	老姑姑、姑奶奶	老姑姑、姑奶奶	老姑姑、姑奶奶
舅祖父	舅爷	舅爷	舅爷
舅祖母	舅奶奶	舅奶奶	舅奶奶
外祖父	姥爷	姥爷、外祖父	姥爷、外祖父
外祖母	姥姥	姥姥、外祖母	姥姥、外祖母
父　亲	爹、爸爸	父亲、爹、爸爸	父亲、爹、爸爸
母　亲	娘、妈	母亲、娘、妈	母亲、娘、妈
伯　父	大爹、大大、大伯	伯父、大爹、大大、大伯	伯父、大爹、大伯
伯　母	大娘、大妈	伯母、大娘	大妈、大娘
叔　父	叔叔	叔叔	叔叔
婶　母	婶子	婶子	婶子
姑　父	姑夫	姑夫	姑夫
姑　母	姑姑	姑姑	姑姑
舅　父	舅、舅舅	舅、舅父	舅、舅父
舅　母	妗子	妗子、舅母	妗子、舅母
姨　父	姨夫	姨夫	姨夫
姨　母	姨儿	姨儿	姨、姨儿
公　爹	爹、爸爸	公公	公公
婆　母	娘、妈	婆婆	婆婆
岳　父	爹、爸爸	岳父、丈人	岳父、丈人
岳　母	娘、妈	岳母、丈母娘、孩子他姥姥	岳母、丈母娘
兄	哥、哥哥	哥哥	哥哥
弟	呼名	弟弟、兄弟（排行称）	兄弟（排行称）
姐	姐、姐姐	姐姐（排行称）	姐姐（排行称）
妹	呼名	妹妹、妹子（排行称）	妹子（排行称）
嫂	嫂子	嫂子（排行称）	嫂子（排行称）
弟　妇	弟妹、呼名	弟妹、兄弟媳妇儿	兄弟媳妇儿

续表 19-1

亲属关系	当面称	介绍称	社会称
堂　兄	哥哥	堂兄	党兄
堂　弟	呼名	堂弟	堂弟
堂　姐	姐姐	堂姐	堂姐
堂　妹	呼名	堂妹	堂妹
表　兄	哥哥、表兄	表兄	表兄
表　弟	呼名	表弟	表弟
表　姐	姐姐、表姐	表姐	表姐
表　妹	呼名	表妹	表妹
妻　兄	哥哥	大舅子（儿）、孩子他舅、内兄	大舅子、内兄
妻　弟	呼名	小舅子（儿）、孩子他舅、内弟	小舅子、内弟
妻　姐	姐姐	大姨子（儿）、孩子他姨儿	大姨子
妻　妹	呼名	小姨子（儿）、孩子他姨儿	小姨子
姐　夫	姐夫	姐夫	姐夫
妹　夫	呼名	妹夫	妹夫
妯　娌	幼对长称嫂，长对幼呼名	对长：嫂子；对幼：孩子他婶子	妯娌
连　襟	幼对长称姐夫，长对幼呼名	挑担、孩子他姨夫	挑担、连襟
夫	当家的、老头子、孩子他爹、呼名	丈夫、女婿、爱人、当家的、老头子、孩子他爹	当家的、老头子、男人、丈夫、女婿、爱人
妻	孩子他娘或呼名	妻子、媳妇、俺们家里、爱人、家属、老婆子、内当家、贱内、贤内助	妻子、媳妇、爱人、家属、老婆子、内当家
子	呼名	儿子、小子	儿子、小子、少的
女	呼名	闺女、女儿	闺女、女儿
儿　媳	老X（儿子排行）家、呼名	儿媳妇、老X（儿子排行）家	儿媳妇
女　婿	呼名	女婿、姑爷	女婿、姑爷
甥（甥女）	呼名	外甥（外甥女）	外甥（外甥女）
侄（侄女）	呼名	侄儿、侄子（侄女）	侄儿、侄子（侄女）
内侄（内侄女）	呼名	内侄（内侄女）	内侄（内侄女）
孙（孙女）	呼名	孙子、（孙女）	孙子、（孙女）
外孙（外孙女）	呼名	外甥（外甥女）	外甥（外甥女）
曾孙（曾孙女）	呼名	重孙子（重孙女）	重孙子（重孙女）
丈夫的兄长	哥哥	大大伯儿、大伯子	大大伯儿、大伯子
丈夫的弟弟	直呼其名	小叔儿、小叔子	小叔儿、小叔子
丈夫的爷爷	爷爷	公公爷	公公爷
丈夫的奶奶	奶奶	婆婆奶奶	婆婆奶奶
丈夫的伯父、伯母、叔父、叔母、姑姑、姑父、姨、姨夫、舅父、舅母	同丈夫称	同丈夫称，前加“婆婆”二字，如婆婆大娘、婆婆姨、婆婆姑父，唯伯父称公公大爹，叔叔称叔公	同前栏

（二）社会称谓

邻里称谓按“乡亲辈儿”称“爷、奶奶、叔、大爹、哥、嫂”等，且多带名称呼。如“某某爷”“某某叔”。陌路人打招呼，解放前多称“先生”“老乡”，解放后多称“同志”，近年亦有称“师傅”者。解放前称教师为“先生”，解放后称“老师”。机关厂矿人与人之间互称“同志”，对领导则称呼其职务，如“某书记”“某局长”“某校长”，亦可直呼其姓如“小李”“老王”。另因性别、年龄不同而称呼不同。

安国县社会称谓一览表

表 19-2

被称人	称呼
老年男子	老大爷、大伯、老大伯、老人家、老先生
老年妇女	老大娘、大娘、老人家、老大嫂、老嫂子、老奶奶
中年男子	大哥、老兄、大叔、老乡
中年妇女	大娘、大婶儿、大嫂、大嫂子
青少年女子	大姐、大妹子
青少年男子	小老弟、小兄弟、小伙子

第三节　节日习俗

一、传统节日

（一）春节

过节准备　春节，俗称“过年”，庆典最隆重，准备最充分。解放前，贫户视过年为“鬼门关”，为无力营办年货或躲债而犯愁。域内流传着一句顺口溜：“年关一到，闺女要花，小子要炮，老婆子要裹脚，愁得老头子要上吊”。债务缠身者为躲债，直到除夕半夜才敢回家。一般农家进腊月中旬后，家家赶做新衣，杀猪宰鸡，碾米磨面，煮肉蒸馍。“年集”上年货充盈，人山人海，无论贫富竭力营办年货，有“宁省一年，不省一节”之说。至下旬，筹备更加紧张，群众总结“腊月忙”说：“二十一去赶集，二十二插谷穗儿，二十三灶火爷上天，二十四扫屋子，二十五磨豆腐，二十六去割肉，二十七碾稷米，二十八蒸枣花，二十九去打酒，三十晚上挂灯笼”。春节，尚团圆，住家姑娘回婆家，游子返乡。俗语说：“吃了腊八粥，往家溜”，在外地工作者除夕前必赶回家。近年依旧，年货备办更加充裕。

除夕　农历腊月三十日，俗称“过小年”。旧俗，早饭后清扫庭院、街道，贴对联、年画，猪圈、鸡窝、大车、碾磨、井台遍贴“肥猪满圈”“鸡鸭成群”“车行万里保平安”等吉祥贴，街上悬吊挂、立秋千。下午，安诸神，供天地。傍晚，老少相携，上坟祭祖，烧纸上香，鸣放鞭炮，点燃草把“引请”祖先回家过年，俗称“燎星”。夜晚，悬吊灯笼，遍燃蜡烛，焚香上供，燃放鞭炮，庭院“撒碎”（将芝麻秸撒在院中，踩上去沙沙作响，谓可惊八叉神）。添油会吹吹打打，走街串户，为神前灯盏添油。乡友邻里，携酒互访，共饮隔年酒，通宵达旦，称“守岁”。平时小有纠葛，一杯隔年酒，怨愤尽解。解放后，迷信习俗渐少。近年，隔年酒后，家家收看中央电视台春节联欢节目。燃放鞭炮之风更盛，通宵不断。

大年初一 农历正月初一日，阖家“起五更”，人人新服盛装。男子放炮、供神、祭祖、煮饺子；女人梳妆（是日女人不下橱，有“女忙一年，男忙一天”之说）。饺子上桌请长辈上坐，晚辈拜年。饭后，男子、媳妇分别与同宗同辈人串户拜年，晚辈行跪拜礼，受拜者待以烟酒茶糖。平辈人相见拱手，互祝发财。从早至午，人流不断，满街满户欢声笑语。城西南张村一带先挑灯拜年，后吃饭。下午，同年人相聚打扑克、打秋千尽情娱乐；姑娘、媳妇相约看新嫁娘。

串亲 从正月初二至十五，亲戚带礼品互访，称“讲礼”。20世纪70年代前，礼品多为馒头、豆包，80年代后多为糕点。俗定初二新婚夫妇回女家省亲，婿向女方长辈拜年。初三、初五日，中老年妇女回娘家祭墓。当年有丧者，亲戚于初三、初五日串亲，上坟焚纸。正月十五前，你来我往，行人不断；乡邻宴请新媳妇和新闺女（当年出嫁的姑娘）。

（二）其他节日

元宵节 农历正月十五日，古称“上元节”，又称“灯节”。民国前，家家门首悬挂各式彩灯，社火、花会为节日助兴。至晚，大街小巷遍置灯盏，大放焰火。磁、沙河沿岸放河灯。游人如云，观灯、赏焰火。中华人民共和国成立后，文化部门每年于是日组织花会进城，城乡群众于街头赏会。1989年，雪照元宵节，久负盛名的里河吹歌，子娄武术，奉伯少林，东伏落、大文、民主街的架鼓，常庄的高跷，韩村的旱船、跑驴子等，齐集县城献艺。城内人众如潮，锣鼓喧天，热闹非凡。翌年元宵节，花会规模更大。至晚，放焰火，盛况空前。1990年，乡间灯会已无，城乡食元宵之风渐盛。

二月二 农历二月初二。旧有引龙之俗，1990年已无。20世纪60年代前，乡间用高粱篾插小鸡，放于窗棂、梁檩及房内四隅，谓可避复苏的蝎子、蜈蚣等毒虫。清晨早起，上敲房梁，下敲锅底，口诵“二月二敲房梁，蝎子蜈蚣无处藏”“二月二敲锅底，又有柴又有米”。是日，吃煎饼、摊咸食，谓“煎蝎子笛儿”。新嫁女回娘家过节。1990年，插小鸡之俗少见，吃煎食之俗仍存。

清明节 扫墓祭祖。俗有清明日以前上坟，正日谓“老清明”，被视为不孝。上坟时焚纸钱，添新土，坟顶压纸条，俗称“挂纸”(丧不满三年不填土，不挂纸)。出嫁女及在外游子亦于清明前回家上坟。民国及以前，有墓产的家族于清明日阖族老幼吃伙饭，称“吃会”，其间序年齿，排辈份，续家谱。费用由墓产开支，剩余款项按股均分。

解放后，清明节祭扫烈士墓，向烈士敬献花圈，请革命前辈讲烈士事迹和革命传统，缅怀先烈。清明上坟祭祖之风仍盛。

四月二十八 药王生日。旧俗每年节前月余，方圆百里的善男信女谒庙进香，许愿还愿。至是日形成高潮，庙外人流如潮，庙中香烟缭绕，祈祷声不绝于耳。清代起，从四月上旬始，全国各地药业商帮轮流邀班唱戏，祭祀药王和十大名医，持续20多天。解放后破除迷信，香客渐少。1985年重修药王庙后，是日旅游者和香客渐多。

端午节 农历五月初五，家家门首插艾；姑娘戴艾簪柳；儿童带五彩线，挂荷包（内装藿香、艾、薄荷等）驱毒祛瘟；食粽子、喝黄酒；以粽子馈亲友；是日捉蛤蟆，塞墨于腹，制蛤蟆墨，疗腮腺炎，故旧有歇后语“五月端午的蛤蟆——躲灾”。今端午节家家改善生活，包粽子之俗已不普遍。

乞巧节 农历七月初七，又称“七夕”。是日，姑娘设瓜果祀织女乞巧。姑娘、儿童是夜躲在葡萄架下，言能听到牛郎织女窃窃语声。此俗今绝。

中元节 农历七月十五。家家上坟祭祖，出嫁女回娘家上坟化纸。古有供麻谷祭墓俗，意在向祖先报丰年、供新粮。今上坟化纸俗存，供粮俗绝。

中秋节 农历八月十五，俗称“团圆节”。食月饼、水果、祭月。入八月，各式月饼、水果上市，家家争相购买，馈赠亲友。届日，以肉食品改善生活。至晚，于庭院以月饼、鲜果供月，举家团坐饮酒赏月。近年，至节邻里相邀饮酒。大五女一带自十四至十六三夕聚饮。是日，遇亲人在外，桌旁设虚位，以示团圆并遥祝平安。

重阳节　农历九月初九，旧有登高、饮黄酒、食菊糕之俗，多为文人墨客所为，久已湮没。清及民国年间，是日糊窗户，占寒温，有谚语："九月九阴，一冬温；九月九晴，一冬凌"，遇晴天裘皮商大吃大喝祝走运。近年，是日开展敬老活动。

下元节　农历十月初一。上坟祭祖，略同中元节。唯此日烧寒衣（用彩纸剪成），意在严冬将至，送衣予亡人御寒（丧不满 3 年不送寒衣）。

腊八　农历腊月初八。是日，食小米、大米、麦仁、高粱米、各色豆、花生、大枣等杂粮粥，称"腊八粥"。食前将粥甩在门、窗、碾、磨、大车、井台等处，意在供诸神。甩粥之俗绝。

腊月二十三　是日晚祭灶，将灶码（灶王神像）揭下，与黄表纸、草料袋一齐焚化，供以糖瓜、清水。糖瓜甜且粘，意让灶王食后粘住嘴，上天后不说坏话，并祈祷灶王"上天言好事，回宫降吉祥"。1990 年祭灶之俗散存。

二、新节日

（一）元旦

公历元月 1 日，称"新年"，又称"阳历年"。中华人民共和国成立后，采用公元纪年，元旦节渐被县民接受。节前，朋友间互赠贺年片，机关团体召开各种形式的座谈会、茶话会，总结一年工作，同事之间交流思想，增进友谊。节日期间，领导干部深入工厂、学校慰问。届日，放假一天，机关、学校多组织文艺节目为节日助兴，农村改善生活。

（二）国际劳动妇女节

公历 3 月 8 日。民国 36 年（1947），妇女界代表于县城大药市集会，首次隆重庆祝三八国际劳动妇女节。会场遭国民党军队飞机轰炸，死 3 人，伤 9 人。中华人民共和国成立后，县妇联每年 3 月 8 日组织召开妇女界大会，庆祝节日，表彰在社会主义建设中涌现出的妇女先进人物。1990 年 3 月 8 日，县妇联在南关大礼堂召开 2000 多人参加的妇女界先进人物表彰大会，向 98 名优秀妇女干部、勤劳致富先进典型、三八红旗手颁发了奖状及荣誉证书。会上，中、小学生作慰问演出。

（三）植树节

公历 3 月 12 日。1979 年 3 月 12 日，首次举办植树节。全县干部、工人、农民、学生 10 万余人参加植树活动，植树 100 余万株。每年植树节各级领导干部均带领群众义务植树。

（四）国际劳动节

公历 5 月 1 日。民国 27 年（1938）5 月 1 日，中共安国县委组织劳动界集会庆祝五一国际劳动节，县委书记马建民、县长师荣之到会讲话，宣传共产党抗日救国主张，介绍国际国内形式，号召加强和巩固民族统一战线，赶走日本侵略者。会后，社会各界贴标语、散传单，宣传抗日救国道理。后每年庆祝五一成定例，民国 31 年（1942）日军五一大"扫荡"，纪念活动被迫停止。解放后，每年 5 月 1 日均进行不同形式的庆祝活动。县委、县政府召开劳动模范、先进人物表彰会；县工会、农会、文化团体联合举办文艺会演、歌咏比赛、灯谜竞猜、有奖征联等文艺活动。1990 年 5 月 1 日，县工会举办业余歌手联欢晚会，县电视台播放实况，节日气氛十分活跃。是日，行政、企事业单位法定休假 1 天。

（五）中国青年节

公历5月4日。民国28年（1939），域内青年首次庆祝中国青年节。青年抗日先锋队组织抗日演讲，散发传单，声讨日本帝国主义侵华暴行。解放后，共青团安国县委及基层组织每年均组织庆祝活动，内容有表演文艺节目，请革命老人讲传统，学雷锋做好事，召开主题团会等。并多于是日举行入团仪式接纳新团员。

（六）国际儿童节

民国年间，小学生过4月4日儿童节，官办学校有庆祝活动。1949年12月，中华人民共和国政务院确定公历6月1日为儿童节。1950年6月1日，首次召开儿童节庆祝大会。此后，每年6月1日多以学区为单位举行庆祝活动，主要表彰三好学生、颁发奖品及文艺会演。少年先锋队多于此日举行新队员入队仪式。每届儿童节县领导及教委、妇会等部门赴学校慰问，赠送节日礼品，为优秀学生颁奖。近年，乡镇、村、企业也于是日向儿童赠送纪念品。

（七）中国共产党建立纪念日

公历7月1日。民国36年（1947），域内共产党组织由秘密转为公开，始有庆祝活动。中华人民共和国成立后，每年是日县委召开庆祝大会，对党员进行革命传统教育，表彰优秀共产党员。1980年后，届期县委召开老党员座谈会，征求对各级党组织的意见，县委领导下基层慰问老党员。1990年，文化系统组织“颂党恩”演唱会，县电视台向全县转播。

（八）解放军建军节

公历8月1日。是日，各级组织军民联欢会，广泛开展拥军优属活动。县领导慰问驻军、军烈属及复、退、伤、残军人，青年团、少先队为军烈属做好事。1985年后，军民共建精神文明活动于是日掀起高潮。

（九）教师节

明清两代，县民将冬至日作为尊师日，家长拜望先生，馈赠礼品，邀先生赴宴。民国政府将6月6日定为教师节，是日有尊师活动。1984年，国务院规定9月10日为教师节。是年教师节，县内开展大规模庆祝活动，县委、县政府召开庆祝大会，设1个主会场，15个分会场，全县教师参加大会。各部门、各单位为教师做好事，向教师供应紧俏商品总值10万余元，并解决部分教师住房、子女就业等困难。此后，历年教师节各级均召开教师座谈会，表彰先进，颁发奖品、纪念品，县、乡镇领导到会慰问。

（十）国庆节

公历10月1日。1949年10月1日，县城隆重集会庆祝中华人民共和国成立，沿街设收音机收听开国大典实况。会后万人挥彩旗、花束上街庆祝游行。后历年举行庆祝活动，机关、企业、学校升国旗、插彩旗、挂横幅、吊红灯，节日气氛甚浓。1959年中华人民共和国成立10周年大庆，工人、农民搭彩车集县城游行庆祝。每年国庆节前夕，各行业均组织向国庆献礼活动。1989年中华人民共和国成立40周年大庆，各行业均开展不同形式的座谈会、报告会，回顾中华人民共和国成立40年来取得的丰功伟绩和失误、教训，坚定建设中国特色社会主义国家的信心。行政、企、事业单位人员法定节间，休假2天。

第四节　游艺习俗

一、儿童游艺

（一）跑麻绳

儿童面对面手拉手站成两列，列与列间隔一段距离。甲组发话“野鸡翎”，乙组答“跑麻绳”，甲组对“麻绳开”，乙组答“把你家小鸡撒过来”。甲组即出一人向对方队列冲击，冲开为胜，被捉为输。下轮乙组冲甲组，程序同上。

（二）老鹰捉小鸡（亦称甩大鞭）

选一人作老鹰，一人作母鸡，其余人作小鸡。母鸡站排头，小鸡依次牵前者衣襟站成竖列。老鹰冲向排尾抓小鸡，母鸡支开双臂阻拦，若排尾被捉，被捉者作老鹰，老鹰归鸡队，排母鸡后。

（三）打汰

儿童拾柴间隙的一种游戏。将砍下的树枝截成段，在地上画痕为界。两人猜拳分先后，后者将木段置于界一边，先者以自己木段掷对方木段，撞过界则为胜。此俗20世纪60年代绝。

（四）蹦格儿

用粗1厘米左右，长4厘米左右的红荆或枣树枝小段（俗称格儿），两人或数人面墙壁奋力甩出，格儿弹回。弹远者将格儿捡起向前跨一步，向弹近者掷去，称吃子，格儿落在被吃者规定距离内为赢。超出距离之外，被吃者依式吃前者。此俗20世纪60年代绝。

（五）弹球

选择平坦场地，在地上抠一浅坑划一圆圈，谓之锅，距锅四五米划一横线，谓之疆。两人或数人猜拳分先后，以疆作起线，用食指和拇指将玻璃球向锅弹去，球入锅者方有吃球资格，吃球时相撞为胜。另有一种玩法，不划定锅、疆，在街上边走边弹，称玩跑儿的。

（六）抓子

女童游戏。选大如栗子的石子，7颗为一副。在地上铺一层细土或细沙，两人或数人猜拳分先后。玩时将7子抛起，先用手背接一次，再向上抛起转为手心接，只能接一个，这一子称脑袋儿。然后抛起脑袋儿，按1次1、2、3个或3、2、1个的规定抓地上的石子。抓时不能触到其他子。抓起后翻手接住脑袋儿。失败或犯规，即让于后一人玩。

（七）踢方

女童游戏。20世纪60年代前，踢方场地为“田”形格或“田”形格，两人或数人猜拳定先后，将一瓦片抛在格内，蜷起一腿跃入方格内，逆时针依格将瓦片踢出方格外，每踢一次，瓦片入格顺序依逆时针递增一格。70年代后变为单格纵向排列，规定各格分别为“瞎子”“望天”“平走”等，抛瓦时背对方格，瓦片落入哪格，须按哪格规定将瓦片踢出。失败或犯规，即让于后一人玩。

（八）撞拐

男童游戏，两人玩或多人分组玩。双方均将一腿蜷起，用手将脚扳住端平，膝盖朝前，单腿跳跃奔向对方，将对方撞倒为胜。

（九）斗草

夏秋，群童于田间、路畔采摘车前、白茅、霸王草、马蔺等野草茎叶，或槐、杨叶柄，做斗草之戏。两人各出草一根或数根套在一起用力拉，拉断对方为胜。斗至酣处，各出多根类拔河状较力。另有一类斗草游戏，采稗、霸王草、水葱等光滑的茎或国槐叶柄，掐成等段，参斗者暗攥齐出，以多少为序，作挑梗游戏。将各出草梗聚在一起，平地划圈撒于其内，用草棍逐根向外挑，触其他梗为犯规，交后一人如式做。挑出多者为胜。

（十）杏核游戏

碰杏核 平地划圈，众童蹲四周，暗攥杏核伸手于圈上方，齐念“古儿棱，古儿棱，巴儿巴儿你家先出城”，即张手验数，多者为先。然后将杏核共撒圈内，先弹者以小手指从两颗中间划线（触子犯规），食指弹子两颗相撞捡出，至所剩无法使手指从间划过或犯规，即转后一人如式做，至杏核完，赢多为胜。

砸杏核 在砖上凿一小坑，猜拳决先后，后者将一杏核放坑内，先者捏一去仁灌铅杏核从正上方瞄准砸下，砸出归己，对方再放一枚，砸不出交对方如式做。

弹杏核 平地划 4 或 6 个小方格，编号：距格七八米处划横线为起线，猜拳决先后。斗者将一枚杏核放于起线向格方向弹 4 次入格，每弹一次念一数字谣，“一崩崩、二尺葱、三疙瘩将，四上坑”。第四次弹入第几格，对方输几枚杏核。一人斗一次，轮番进行。

（十一）印印模

将胶泥（红黏土）揉成团，嵌入用红土烧制的圆形印板，细细按压扣出，精美图案便清晰地印在泥片上。春秋季节，儿童三五成群去野外坑塘采泥，肩荷头顶而归，在光石板上揉、摔，而后印晒。此俗 20 世纪 70 年代前为盛，后渐衰。

（十二）甩药包

以两片纸对折后十字相叠，折角依次内折，叠成方块状，俗称药包。两人各出一方，猜拳决先后，先者用一药包击地，扇起的气流将地上药包掀翻为赢。近年增以火柴盒皮或硬纸片对斗，手掌击地，气流掀翻纸片为赢，此游戏 1990 年仍盛行。

（十三）天下太平

平地画“田”字格，两人或数人口念“你输我赢，天下太平”猜拳，赢 1 次按“天下太平”笔画于格内书 1 笔，先书完 4 字为胜。如图：

天	下
太	平

此外，儿童游戏尚有捉迷藏、丢手绢、拉拉鞋带（近似丢手绢，所不同的是用脚带鞋、丢鞋）、踢毽子、打木陀螺（俗称打懒老婆）、跳皮筋、拔河、放风筝、拔萝卜等。20 世纪 60 年代前，月朗星稀夜，儿童饭后聚在街上捉迷藏、甩大鞭、丢手绢、撞拐等，欢声笑语每至夜阑。70 年代后，电视节目冲淡了儿童的游戏活动。

二、成人游艺

（一）打秋千

春节期间，农村多在街口闲场树秋千，青年男女或单人或约伴同荡，上下翻飞，争相竞技，秋千之下围观如堵，热闹异常。

（二）踢毽子

冬闲，男女老幼聚于场院，踢毽子表演或比赛。娴熟者能使鸡毛毽子上下翻飞，毽随身转，赢得满场喝彩。八旬老翁临场献艺，技压群雄者不乏其人。20 世纪 60 年代后此俗渐绝。

（三）踢铁球

选平地划场，一人将铁球踢出，另一人踢铁球撞前球，相撞为胜，出界犯规。可两人踢，亦可多人踢。多于冬闲时做此游戏，间有以此赌博者，此游艺绝于 20 世纪 70 年代末。

（四）角力

域内角力游戏有摔跤、翻腕、拉腕数种。地头小憩、工作之余，好胜青年主动向他人挑战，遇对手，难解难分，众人鼓励，败北者下，不服者上，轮流进行，力角胜者。

（五）下土棋

农村下土棋历史久远，且常盛不衰。此活动常于夏日进行，房荫树下，就地划盘，两人对弈。域内土棋种类颇多，仅列几例。

摺方　盘如图。双方在棋盘两线交叉处轮流着子，一方占据 1 格 4 角，称“方上”，即去对方 1 子，一方占据 1 条横线 5 点，称“龙上”，去对方 2 子，去子处不再着子。若着子时未能去子，着满后各去 1 子开始走棋，方 1 次吃对方 1 子，龙 1 次吃对方 2 子，吃子多者为胜。

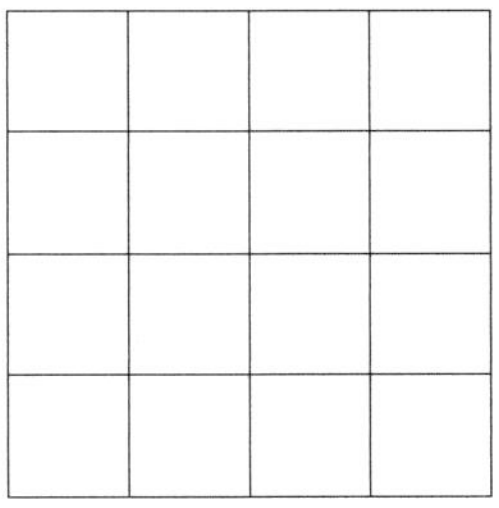

摺连　盘如图，棋法与“摺方”同。占据直线 3 个点，称“连上”，去对方 1 子，一方剩至 2 子为负。

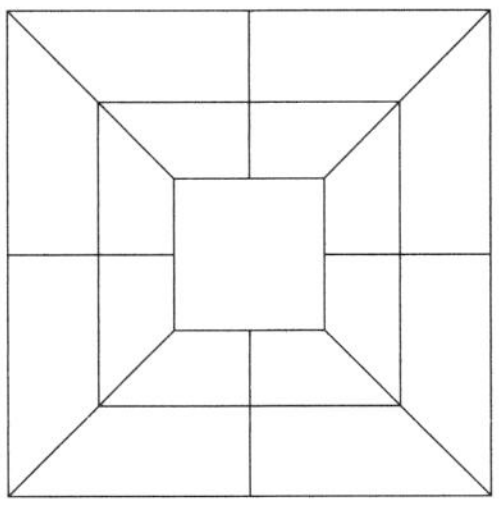

夹吃挑担　盘如图。在棋盘线交叉处轮流着子，两子夹对方 1 子为“夹吃”，去掉其子；1 子着对方两子中间为“挑担”，去掉该两子。去子处不再着子。走棋时夹吃、挑担均换子，至将对方吃光为胜。

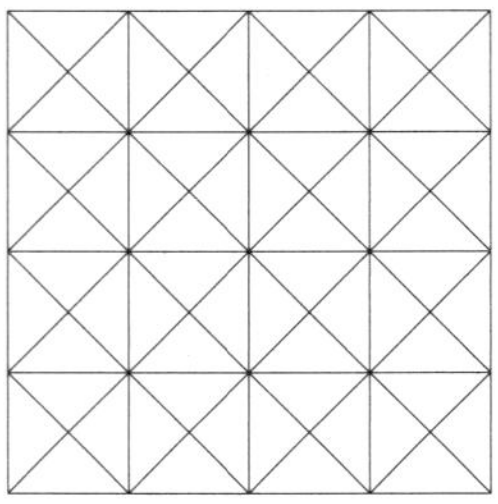

此外，还有“憋茅子”“狼吃羊”等。域内下象棋、打扑克之风亦很盛。近年，街头游艺增多，如汽枪射击、打台球、电子游戏等；城乡还盛行玩麻将。

第五节　命名习俗

一、人名命名

民国及以前，县内人名有乳名（小名）与官名（大名）之分，官名又有名与字之别，文人墨客尚有雅号。贫寒之家无甚讲究，只有乳名，多无官名。人届中年，称乳名不雅，乡邻择名相赠，称“贺号”。20 世纪 40 年代已无“贺号”之俗，60 年代后取乳名者渐少。

（一）乳名

亦称小名。多系父母或祖父母名就。解放前新生儿伤亡较多，家长恐孩子夭折，多命贱名，如腻歪、硌硬、淘气、老臊、臭旦、嘎子、跑不了、狗剩儿、摆不丢等。亦有男取女名者，如闺女、丫头等。另有一种命名法，于满月后抱孩子出门，撞见何物便以何物命名，如锅台、门楼、碌碡、鸡笼、槐树、枣树、猫儿、狗儿等。有“胡叫胡成”之说。

（二）官名

孩子届入学年龄，家长为其命官名，又称“学名”“大名”。官名多寄托家长对孩子的某种希望。明清及民国时期多围绕福、寿、禄、德等字命名，如降福、满仓、金箱、银柜、长发、全有；寿永、鹤龄、长山、永康、僧保；进元、连登、腾云、耀庭、文蔚、建功、振邦；怀忠、执德、行仁、志信、秉正等。另有以降生年月日时的天干地支命名者，如丙午、庚申、甲寅、辛未、占卯、占辰等。

20 世纪 40 年代后，命名的时代特色明显，如平分、分田、抗战、胜利、建国等。合作化至“大跃进”时期则有建庄、建社、丰收、跃进等。“文化大革命”时期又有文革、永革、卫东、永红、要武、卫红等。70 后代后，一改两字命名惯例，一字命名增多，如赵刚、王宁、张钊、李颂、董欣、吴亮、宋明等。

（三）女子命名

历史上以两字命名为主。清代，女子命名用字以“女”“姐”为多，如贞女、全女、淑女、胜女、焕女、明姐、兰姐、玉姐、连姐等；其次珠、环、秀、兰、凤、枝、梅、翠、云、灵等字较多，一直沿用至民国后期。中华人民共和国成立后，“女”“姐”在女子命名中已属罕见。20 世纪 50—60 年代，美、俊、红、秀、仙、巧、素、彦等字最常见。70—80 年代，女子命名也多为一字，以红、丽、娜、静、颖、娟、敏、燕等字使用较多。

二、地名命名

（一）村庄命名

以姓氏或人名命名。多为某姓人在一地立村，便以其姓氏命村名，或一村中几个姓氏，以大户姓氏命村名，还有后代子孙感先祖创业之德，以立村祖先的名字命村名。有张家营、娄家营、孟庄、刘庄、王奇庄等。亦有用几个姓合在一起命村名者，如田袁李等。县内以姓氏命名的村庄 69 个。

以传说或古迹命村名。以古代城地、战场、知名度较高的古迹、传说故事命村名的 30 个村庄。有门东、安国城、北都、流霜、流托、西伏落、大五女、石佛等。

以地理环境命村名。靠河边、土岗、堤坡、道旁的村庄，以其位置命名，有河西、曲堤、滩头、黄台等。还有为记载自然环境变迁而命名的村庄，如淤村等。以地理环境命名的村庄 13 个。

以邻村方位命村名。一个村分成两个村以上，或在已命名的村庄旁建村，按方位命名的村庄有 86 个，有南七公、北七公、东北马、西北马、南马、南阳、北阳、中阳等。

以古军事设施命村名。有大营、小营、茂山卫、南堡、北堡等，此类命名的村庄有 8 个。

以山河命村名。安国俗有“三山不显、四水不流”之说，“三山四水”是 6 个村名，1 个坛台。“三山”是东山（亦叫太平山，实为神农坛，因高筑土台，在县城东而得名）、铁龙山（今军诜村，因村边沙带成龙脊状而得名）、茂山（今茂山卫，因村处沙滩一高岗，芦苇茂盛而得名）；“四水”是东河、西河、北河、里河，均系河道沟汊方位而得名。

以有纪念意义的词语命村名。中华人民共和国诞生时，为纪念人民当家做主，走向光明大道，城镇的几条街（村级），分别命名为“光明街”“民主街”“农民街”等。因民国及以前县城南关为药材市场，因之命名为“药市街”。为纪念 1958 年 8 月 5 日中共中央主席毛泽东视察流村，将其改名“八五”村。

（二）自然区域名称

自然区域多以方位、特点及历史因素而得名。县域因方位分为 4 个较大的自然区域，称东乡、西乡、南乡、北乡。以其特点而得名的有“北大跑”，指县城以北西伏落乡、北段村乡及淤村乡北部一带低洼地；“东大跑”，指石佛镇一带；另有沙河南、一溜十八庄、北五村等。乡村地块也有习惯称呼，如黄瓜园、关家园、娄营道等。

三、商号命名

民国及以前，商号命名，多取吉祥、和顺、如意、持久词语，祈求生意兴隆，财源茂盛。熟药铺多附“堂”字于后，有彭寿堂、益寿堂、仁术堂、永济堂、盛德堂等。生药行字号则不加“堂”“店”等限制词，有广德兴、益福隆、长益厚、万顺和、永泰长、同兴斋等。大车店、车行多以主东姓氏命名，有李记大车店，张家车行等。

1956 年公私合营后，商业单位根据经营性质命名，有安国县中药材收购站、安国县百货公司等。

20 世纪 80 年代，个体经商者增多，商号多以质朴、明快词汇命名，并显示经营性质。有大昌药行、宏兴货栈、忠诚药栈、宾乐餐厅、同仁饭馆、吉祥旅社、新潮发廊、美美发屋、宝宝童装店等。有用人名、地名命名者，有汉香饭馆、东关旅社；亦有与外地联营企业用双方地名命名者，有京安药栈、祁津药材收购批发站等。一些商号命名俗中有雅，有又一村、好再来、吃吃看等。商号命名，形式多样，不可胜记。

第六节 经济活动习俗

一、生产习俗

（一）耕作

明、清时期，立春日打春牛。立春前一天，官民在县城东先农坛（今东山）观土牛（纸糊的牛）迎春。俗谓芒神（根据每年《黄历》上的芒神图像用纸糊的牵牛人）赤两足涝，赤一足风调雨顺，两足着鞋干旱。翌日，届立春时刻，以棍棒将土牛及芒神打碎，谓“打春”。乡民相聚宴饮，做春糕，敬芒神，开始春耕。春播、夏收、秋收时，农民早午多在田间就餐，妇女挎篮提罐送饭至田间。粮食登场，脱粒扬净后，俗在粮堆上插扫把，焚香放鞭炮敬五谷神。秋粮收尽后作秋社，例于秋分日以米酒敬五谷神、土地神。至民国，社日饮宴，敬神之俗渐绝。解放后，打场放鞭炮之俗偶见。

（二）建房

旧时动土前，请阴阳先生堪舆，安排宅院布局，决定正房朝向，择吉日动土挖房基，此俗今散存。夯地基俗称“打底脚”，领夯人高唱打夯歌，操夯众人随声应和，按节奏起落。夯歌为固定曲调，夯词则是领夯即兴唱出，兼有指挥、活跃气氛、调整节奏三重作用。砌起根基即立柱、上梁。于脚手架最高处挂红旗，上梁前摆供品，以酒奠梁头。上梁时鸣放鞭炮。梁上贴书有“姜太公在此，诸凶神退位”或“上梁恰遇紫微星”等语的红贴，以五彩线扎红筷子一双系梁上；柱上贴“立柱欣逢黄道日”“立柱大吉”。门窗上贴“吉星高照”“安门大吉”“安窗大吉”等红贴。摆檩讲“口不吃日”，檩头以燕尾扣相衔，燕尾槽不得向东向南。新房盖顶后，即于每间屋内点燃一堆火，意为已动烟火，人占屋，鬼怪不敢侵占。然后于梁上放旧棉裤、棉袄，意同前。近年，建房盖顶多用水泥预制板，故先砌墙，后盖板，盖板时鸣放鞭炮。挂红旗、贴红贴等俗仍存。

（三）凿井

20世纪50年代前，多凿土井、砖井。俗于掘土前摆供桌，焚香，高挂红旗。井坑挖好后向坑内倒酒三杯敬龙神。打井之家备酒菜，下井人饮酒抗寒。凿井避忌很多，禁说“坍”“塌”等语，禁妇女到场。田间打井多受益人按股摊钱、摊劳力。其他习俗同上。60年代田间多凿机井，70年代户院多打压水机井，挂红旗俗存，其他俗绝。

（四）烧窑

解放前，窑工信奉太上老君，装窑点火之日犒工，众人聚餐之时，司炉（俗称“大把”）避开众人在大窑洞内摆供、焚香、奠酒，求老君护佑。忌说“烧红了”“烧坍了”等语。解放后烧窑迷信活动渐绝，点火之日犒工之俗仍存。20世纪70年代前，烧马蹄窑，春秋两季脱坯，坯干窑主点数付工钱。若夏至或霜降过后继续扣坯，脱坯工人不负责天灾损失，坯子上架即点数。80年代中后期，转盘窑代替马蹄窑，但脱坯付款之俗未变。

二、贸易习俗

（一）议价

集市交易，一般买卖双方讨价还价，药材、牲口、粮食、木材等大宗贸易有交易员从中撮合。对交易员，药市称“经手”“跑合的”，牲口市、木材市等称“经纪”。撮合方式有明讲、暗讲两种。明讲即交易员当面讲价，对双方都不隐瞒，得正常手续费；暗讲即买卖双方不会价，交易员分头了解要价、出价情况，再分头撮合，交易员可从中渔利。暗讲有“摸手”和“行话”等方式。

摸手 春、秋、冬季，交易员将手伸入卖方或买方衣袖中或衣襟下，夏季用毛巾盖在手上，用代表不同数目的手势触对方手，双方满意即说“行啦”，如不满意也用手指讨价还价。手指表示的数字，1～5分别用1个、2个、3个、4个、5个手指表示，挠手为6，捏手为7，叉开拇指与食指为8，勾食指为9，1990年此俗尚存。

行话 不同的行业交易行话不同，讨价还价中以文字代数字，域内粮食市的行话为“一豆、二贝、三挺、四长、五人、六土、七木、八拐、九王、十加”；牲口市的行话为“一溜、二次、三虎、四吊、五拐、六挠、七柴、八别、九弯”。此俗已绝。

（二）商幌

实物幌 卖什么挂什么。如卖馒头，竖一杆，将馒头插在顶端。挂实物幌的有烧饼、馃子、切糕、面人、糖人、风筝、气球等。

象征幌 酒馆挂酒壶，下挂红布条；饭铺挂笊篱，下挂红布条；轧房（加工棉花）挂烂棉；修车铺挂自行车瓦圈，用麻猴在中间拼一“车”字；劁猪者在自行车把插红缨；制卖鼠药者挂鼠皮或鼠尾；点心铺挂空点心包，等等。

文图幌 用文图介绍商品。有书于墙壁、木牌、门窗玻璃之分。商店、餐馆在门窗书写“烟酒茶糖”“日用百货”“食品罐头”“各种炒菜、包办酒席”等等，或用图形代替文字。域内牌幌较多，有木、铁质之分，高者达四五米，俗称“冲天幌”。药栈牌幌多写“川广云贵，地道药材，丸散膏丹，样样具全，遵古炮制，信誉第一”等文词；修理机动车者多写“修理各种机动车、电打气、电汽焊”等。1986年，北方中药材贸易货栈安装县内第一个霓虹灯冲天幌。此后，药都饭店、药交会办事处大楼、粮食局服务楼、祁州商场、邮电局等单位，亦先后安装霓虹灯幌。

（三）市声

集日或庙会，卖鼠药、裂子药、五香面等生意人以唱、数来宝、快板等形式招徕顾客。卖五香面者多边摇小磨边唱“走走东来望望西，谁的好来买谁的，花椒大料香桂皮，闻闻这个好味气”。肩挑、车推沿街叫卖的商贩和手艺人，卖什么或干什么吆喝什么，且各行叫卖多有较固定的韵调。

安国域内叫卖词语一览表

表19-3

生意项目	叫 卖 词 语
卖小鸡	卖小鸡了，卖小鸡了
卖老豆腐	老豆腐热哟
卖豆腐	豆腐了，或“腐了”

续表 19-3

生意项目	叫　卖　词　语
卖煎饼	热煎饼
卖桃	买甜桃来
卖豆腐丝	豆腐丝喽嗷
卖烧鸡	肥软噢鸭子鸡噢
收购破烂	有破烂的卖；铺扯套子换洋火
收购活鸡	有鸭子鸡的卖；钱买鸭子鸡噢
收购药材	有药材的卖，有 ××（药材名）的卖
磨剪子	磨剪子来哎镪菜刀
扒锅锔盆	锔碗啰锔盆喽；生铁钴镂锅
修理风箱	收拾风箱吧
劁猪	劁猪豪
张罗	张马尾罗哟
卖冰棍儿	冰棍儿，雪糕小碗冰淇淋蛋卷
卖鞭梢	有黄鼬猫皮的换鞭梢
卖糖胡芦	冰糖胡芦

唤头，做生意用的固定响器，不同生意用不同的唤头。

安国域内生意唤头一览表

表 19-4

唤　头	生　意　项　目
敲小锣（俗称镗锣）	卖香油；卖酱油、醋
敲吊铛	锔　盆
敲大锣	耍猴；卖烧饼馃子
敲无把梆子	卖棉花籽油
敲有把梆子	卖豆腐
摇鼓	收购破烂（大鼓）、染布（小鼓）
吹铜号	磨剪子
吹螺号	卖馒头（今改塑料管响器，声似蛙鸣）
甩甩子	刨笤帚
拉梭子	剃　头
摇胡兰	卖野药
敲盆	卖　盆
敲竹板	算　卦
敲洋鼓	卖雪花膏
放录音	卖家用电器、录音、录相磁带等

第七节　交往习俗

一、交往礼节

（一）见面礼

清以前，多行拱手礼，民国初出现握手礼，不太熟悉者行点首礼，见长者行脱帽鞠躬礼。今通行握手礼，点首礼仍存。见面问询，多说“吃了没有？”“干什么去？”“地里去啊？”“上班去啊？”“回来啦？”等。询问并非求答，见面寒喧而已。乡邻间问询，对长辈和平辈年长者加尊称，如“XX叔”“XX哥”等，近年来多用面问“你好”等文明用语。

（二）接待礼

登门造访，须于屋外打招呼，贸然闯屋为失礼。主迎出，邀客进屋，让座、献茶。交谈中，主人主动拉话，不使冷场，不看钟表，免有逐客之嫌。用饭，请客上座，主人下陪。菜上先让客，注意为客人斟酒、布饭。县人向有劝酒、劝饭之习，致意客人喝好、吃好，客用饭毕，主人才能放下筷子。饭后让茶，茶罢客人常以“客不走，主不安”等语告辞，主人送至门外，嘱以“慢走”“常来”“一路顺风”“欢迎再来”等语，客人答以“回去吧”“不要送了”“谢谢”“再见”等语。

二、邻里交往

安国人重邻里和睦相处，讲远亲不如近邻，凡事总以培养感情为上。

（一）日常串换

逢婚嫁、待客、庆寿、做满月或改善生活多以食物馈邻里。乡邻串门遇宴客，多盛邀入席，吃喝随意，遇生育、患病等，乡邻多备鸡蛋、糕点、挂面等食品探视，谓“送小礼”。邻里间求借随便，解放前人民生活艰难，大到牲口、车，小到米面油盐，均有求借，庄户人讲“家有万贯，也有一时不便”，无人以求借为怪。拆借一时，凑手便还，俗讲“勤借勤还，再借不难”。米面油盐之类多“借轻还重”。邻里偶有交易，多请第三者“端价”，或多放款，让卖主留，卖主多不取足值，称“留面子”。

（二）帮丧助婚

遇丧事乡邻多认为是大家的事，从停灵至入葬均由乡邻一力承办。丧主请一人主管，俗称“管事的”。主管人安排吊唁、发丧诸事，安排赶（驾）车、收礼记账、刨坟、烧火、做饭等一应杂工时，人无二辞，各司其职，尽心尽力。旧时遇穷困之家无力办丧，葬物多由乡邻自愿捐助，至今乡邻吊唁仍有打问丧主诸事是否齐备之俗。20世纪60年代前，西伏落一带发丧大轿多32人抬，闻出丧全村青壮年人沿街等候，轿至主动喊“换杠”，替换抬轿人。

遇婚嫁乡邻亦主动相帮，喜主请“管事的”，放炮、抬轿（开车）、下厨等均由乡邻承担。解放前，贫户将就结婚，新房内一无所有。被褥、摆设，甚至待客的米面油盐全凭乡邻周济。婚嫁乡邻上礼一直延续，20世纪70年代前几角至几元，至1990年几元至几十元、数百元。

（三）迁建帮工

帮工称“攒忙”。旧时建房，乡邻多义务帮工，亦不用主家管饭，闻听哪家建房，放下自己活计主动相帮。中华人民共和国成立后，建房多管饭，但帮工者向不择食，且多主动为主家筹划，尽量节俭。遇乔迁新房，乡邻主动帮忙搬箱抬柜，布置房间。

喜迁新居，乡邻亲友致贺，俗称“安房”。致贺者多以熟食相馈，意在房主迁新居，诸事未备，送熟食助一时不便。近年，房主摆筵盛待“安房”客。城西韩村路根一带和城北西伏落一带，兴起带鞭炮“安房”之俗。

三、亲戚交往

域民注重亲戚间交往，俗讲“不来不去不算亲戚”。亲戚分亲疏，交往各异，血亲中以姑姨娘舅最亲密，来往较多。甥侄辈婚嫁、生育，姑姨娘舅必有馈赠。表亲中，姑表与姨弟兄之间亲疏有别，有“姑姑亲，辈辈亲，死了姨娘断了亲”之俗语。姑姨娘舅中，以亲娘舅最有权威，兄弟分家需有娘舅参加，遇有争执，娘舅断定，甥不敢违迕。

外孙到外祖家最受欢迎，俗有“人人有个偏爱心，怀抱外甥手拉孙”之谑语。女婿至岳家，岳父母待为上宾，俗语谓“丈母娘待女婿——没差心”。亲家相会旧俗称男方父母为上门客，女方父母需陪小心。中华人民共和国成立后，废除男尊女卑观念，双方平等，相互尊重。

亲戚间多经济往来，讲“亲顾”，即互相照顾，互相接济。拆借多向亲戚开口，一般有求必应，竭力满足。

四、其他交往

（一）小姓会

民国及以前，家族观念较重，村中同姓少的户，为办事方便，多组成“小姓会”，会员遇婚丧等事同本宗一样对待。

（二）老人会

老人会又称“老儿会”。“老人”意为人去世。解放前，贫户死人无力殡葬，数十家联合在一起组成“老人会”，会员遇丧，入会户各出钱、米若干相帮。20 世纪 50 年代后，此俗少见。

（三）同乡会　同学会

旅居或求学一地的安国人，多相聚成立同乡会，旨在互相照应。七七事变前，县内有黄埔军校安国同学会，之后又有旅津药界安国同乡会等。中华人民共和国成立后，虽无同乡会、同学会组织，但旅居一地的安国籍同乡常聚一起怀旧，谈论家乡。近年，域内公职人员中同村、战友、同学联系较多，春节期间常聚一起畅叙友情。

（四）拜把子　认干亲

此俗久远。男子间结拜称“拜干哥儿”，女称“拜干姐儿”。亦有父母为儿女认“干老”者。“干儿”“干女”12 岁前要到“干老”家过生日。遇红白事干亲同血亲等同对待。中华人民共和国成立后，认干亲、拜把子之风大减。近年结拜之风复行，1990 年县委发文禁止党员干部拜把子，此风有所收敛。

第八节　社会风气

一、良风美德

自古，安国人以勤劳向善、急公好义、惜老怜贫、修桥补路为美德。中华人民共和国成立后，良风美德进一步发扬光大，好人好事层出不穷。

（一）义捐

历史上，域内人有义捐优良传统。清乾隆《祁州志》载："王绍绪，平生喜修理桥梁，施潴龙河渡船一只，捐地四十亩赡水手……。遇河水涨发，马庄村将就湮没，绍绪亲督水手来往济渡，全活一村""郑希圣……施沙、清、唐河义渡船两只，并地五十亩以赡水手""赵昌言……设义仓，入地一顷九十八亩为义田以济之，又立义学一所，教乡民以俊秀者……""刘错……乾隆五十八年大饥，卖地十亩以济饿者"。民国年间，亦有不少捐款济贫、便民义举。解放后，义捐更多。民国35年（1946）8月，县民捐款122万余元支援解放战争。民国37年（1948）12月28—30日，全县群众向平津战场解放军将士捐献慰问袋总值2亿7千万元。1951年夏，全县人民献粮、献款，支援抗美援朝战争。1954年10月，党政干部捐献棉衣、棉鞋、棉帽等防寒物品，支援域内洪涝灾区。1985年，全县人民为修复古迹药王庙捐资10万余元。1987年，县内部分妇女为老山前线将士捐做军鞋、背心、领衬、手帕等1596件。同年，药市11户药商为增建南大寺小学捐款3.35万元。1988年，西秋元致富户王和平为本村修路、建校捐款8万元。1989年，西伯章村致富户赵彦红为建校捐款5万元。海市村农民捐款8万元建成县内第一所太阳能采暖学校，该村致富户冯同乐先后捐款2.2万元为本村建校、修路、办电。是年7月25日，部分干部职工捐款3600元支援完县灾区。1990年，各界为亚运会捐款5万元。

（二）助人为乐

抗日战争和解放战争时期，互助之风甚盛，干部群众自动组织起来为军烈属、困难户代耕。中华人民共和国成立初，共产党员、共青团员主动与贫困户结合在一起，互帮互助，共同致富。1963年，洪水冲毁房屋，人们自动组织义务帮工队重建家园。1964年后，学雷锋渐成风气，全县广泛开展为千家万户送温暖活动。1978年改革开放后，县内互相帮助，救人急难之风愈浓。1988年，观音堂村民黄跃军家失火，其妻及两个孩子被烧死，黄被烧成重伤。在村党支部、村委会倡导下，全村干部群众捐资3000余元，助其疗伤。1989年"三夏"间，常庄村民王美杰突患急病，邻居李保槐连夜将其送到县医院抢救，护理通宵，天明回家邀20余人帮王家割麦打场，抢种玉米。是年，县职业中学学生墨云景因家庭生活困难辍学，同学们自动捐款300余元，粮票200余千克，助其重返学校。常庄村王林拴生活困难，养花致富户王银同无偿向其提供花秧、花盆，传授技术，使其家当年人均收入逾千元，摆脱了困境。西秋元村王清彦家贫，王和平资助其500元发展养殖业，使之脱贫致富。1990年3月9日，齐村复退军人陈小昌昏倒在县医院门口，该院医护人员将其救醒，得知其生活困难无力医病后，全院医护人员主动捐款3414元，粮票10余千克，助其治病。是年，曲堤村王英尔之子患腹腔积水症，无力医治，村民王志明倡导村民捐款2300余元，助其赴京医病。

（三）尊老爱幼

域内旧有尊老爱幼之美德，老年人意见在后生中最有权威，言语冒犯老年人要受到严厉申斥，家长还要赔礼道歉。家庭中晚辈克尽孝道，悉心奉养老人。今对老年人多礼貌相待，遇事主动相帮。东安国城村妇会主任刘爱乔自1953年开始收养八旬孤寡老人刘凤楼，直至1986年老人110岁寿终。1978年，石庄村共青团员石新甫等3位姑娘自动担负起侍奉本村一位八旬孤身老人的义务。她们轮流为老人做饭洗衣，并经常把花生焙熟轧面，满足老人无牙喜食花生米之愿。老人病重，熬汤喂药，为老人洗脚、梳头、剪指甲，端屎接尿。6年如一日，至老人寿终。韩村青年农民刘志军勤劳致富后，自费8000元办起老年人活动室，置备象棋、麻将、台球、书报、文体器材供老人娱乐。1990年，他又自费租车邀20多位老人去正定等地旅游。为此，中共河北省委副书记吕传赞为其题词："弘扬中华民族敬老养老传统美德"。海市村妇女王银乔孝敬公婆、长辈，是村内有名的好媳妇。30余年中，她先后为公婆、婆伯父母、叔公一门5位老人养老送终。县人重视儿童教育，注重培养良好品德。20世纪80年代后，独生子女增多，家长视孩子为掌上明珠，更加注重智力投资。海市村王新茹嫁到夫家不数月，婆母谢世，抛下3个小姑子（最小者3个月）。王新茹20年含辛茹苦，把3个小姑子拉扯成人，而自己却终身未育。

（四）拾金不昧

县人把拾金不昧视为崇高美德，拾金不昧者屡见不鲜。1988年6月27日，杜庄村徐占仙拾巨款12万元，当即交到药市派出所，经多方查找归还失主。1989年，西关个体旅馆服务员王新爱在整理客房时发现褥子下有现金及支票1万余元，当即唤来同伴，清点数目后妥善保管，当曲阳县白灰厂业务员张三周来寻找失款时，如数交还。德发药栈经理谢德发前后两次将拾到的现金和药品总值近万元交给失主。友谊旅馆刘喜姑将所拾1.2万元交给失主。县水利局干部王国平拾人民币4000余元，送还失主。学校把拾金不昧当做德育教育的重要内容，拾金不昧之风甚盛，小至1分硬币，大到万元巨款，拾到即交学校找失主。1989年，县师范附小学生高卫拾到1.5万元存折，主动交到公安局。伍仁桥中学学生付志安拾到现金1000元，在学校的帮助下，多方查找交还失主。近年全县统计，学生拾款上交金额每年均在万元以上。

二、陋习积弊

（一）供神

民国前，村村有神庙，较大村镇多达10余处。东长仕的太中山庙，县城南关的药王庙，杨翟村的金龙四大王庙，石佛的天齐庙规模较大，香火最盛。常见的庙宇有关帝庙、老母庙、阎王庙、马王庙、龙王庙、土地庙、武道庙、二圣庙、二郎庙、三贤庙、三官庙、玉皇庙、周公庙、奶奶庙、雹神庙、韩祖庙、贾辅庙、老君庙，等等。每座庙都有固定的祭祀日期。如相传的农历四月二十八药王生日，二月十九老母生日，正月十八城隍出巡等。届期，善男信女谒庙进香。每个家庭，每个行当都有自己供奉的主神，木匠供鲁班，铁匠供尉迟敬德，戏班供唐明皇，庄户人家供灶王、南海观世音，生意人供财神。信奉不同，供神各异。凡求福寿、祈平安、招财宝、续子嗣等皆求于神。多数人属遇事方求神，正所谓"平日不烧香，急来抱佛脚"。民国初，拆庙兴学，但迷信之风不减。解放后，破除封建迷信，供神活动锐减，至1990年供神者减少。

（二）占卜

解放前，民间占卜之风甚盛，有疑难之事委决于占卜。占卜分请算命先生算命与家庭卜筮两类。算命先生多盲人，他们揣度问卜者心理，言辞闪烁，尽量使问卜者满意。另有摇签、抽贴等占卜形式。家庭卜筮最为普遍，常见者有六爻八卦、请桃花女、请灯光菩萨及用物占卜等。解放后挂牌算命者已无，游方算命者偶有所见，家庭卜筮渐少。

（三）查吉日观风水

解放前，遇婚丧、迁建、出游等大事，多从黄历上查吉日，此俗今已绝。建房、择坟茔请阴阳先生“堪舆”，俗称“观风水”。阴阳先生以五行八卦相生相克推算吉凶，赞划房宅格局，骗人钱财。此俗今略衰。

（四）求子

解放前，无子者为传宗接代，常求子于奶奶庙，亦称老母庙。农历二月十九，求子者备供品赴庙上香，施舍油钱，祈神赐子，是日，奶奶庙香火大盛，若得子，便认为是神灵所赐，每年二月十九放饭1锅（1斗米），至子12岁方止。亦有怕独子夭折者，于是日备长命锁携子谒庙锁锁，意将孩子锁于神前，俗称“锁娃娃”。间有是日向奶奶庙送纸扎人1个，俗称送“替僧”，意把儿子送于神灵，自会受神灵保佑。此俗中华人民共和国成立后绝。

（五）祈雨

清乾隆《祁州志》载：“六月……若遇天旱，妇人洗箕于河，以求雨”。至清末演变为“扫坑”求雨，令七八岁童子于坑塘内学蛙鸣，老年寡妇持箕帚扫坑塘。还有大规模祭神求雨活动，或祭龙王，或祭关帝。求雨程序有为偶像挂袍、抬偶像游行夸官、送偶像归棚、祈祷等。神棚外两厢置大缸蓄水插柳，一般以7日为限，到时不雨再续数天。偶遇雨，秋后则唱戏酬神。沿河一带求雨均到杨翟村迎金龙四大王。中华人民共和国成立后革除此俗，近来个别村庄又有求神祈雨者。

（六）游城隍

清及民国时期，春节后乡间举行游城隍活动，意为祛凶。大五女一带规模尤甚，正月十二日于县城城隍庙挂袍迎神，将木偶神像置抬竿上，一人执铁链跟随，迴避牌前导，对鼓双号，金瓜钺斧，旗幢伞盖，浩浩荡荡。路过村镇，家家摆香案跪迎，年轻人换班送至村外。一方之内，村村串到，十七日将城隍偶像置于搭好的神棚内，唱戏起庙会，翌日请道人做道场，十九日将偶像送回。

（七）求神治病

下神　下神多系巫婆，亦有神汉。解放前缺医少药，人们患病多认为邪祟缠身，赖巫医驱邪。巫婆神汉以神仙附身行骗，当地信奉“三家”，一为“狐家”（狐狸），二为“长家”（蛇），三为“黄家”（黄鼬），伪借狐仙附体治病者居多，称“明下功”，巫医以香灰或符水为药害人。还有一类巫医，称“明眼”，自言能眼见鬼祟所在，装模作样，用烟熏、火烧、鞭打、被捂、灌冷水等残忍手段残害患者，往往将人致死。巫医以上油钱、纸钱为名勒索钱财。解放后除此俗，但未根除。1965年，门东村刘金习之女患病，请巫婆诊治，巫婆胡诌其8岁的儿子是“叫驴精”，作祟害姐，非烫掉身上毫毛不能治服妖孽。刘竞伙同女婿、巫婆将其子用火筷活活烫死。1985年、1988年，伍仁村、农民街分别发生神汉、巫婆以封建迷信致死人命案。

捉妖　解放前多由江湖术士、游方道人为之。有些人家有病人或事不遂心，便认为鬼怪作祟，请术士捉妖。术士作法，骗取钱财，误病误事害人。现此俗绝。

招魂　夜晚带孩子外出，抱回家后呼唤不醒，即认为丢了魂。在扫帚上披孩儿衣去原处招魂，唤儿名拖扫帚回家，将衣披于儿身，言魂可招回。此俗今绝。

贴夜啼贴　婴儿夜啼往往终夜不止。因不明病因，则认为是鬼怪作祟，书贴“天隍隍，地隍隍，我家有个夜哭郎，过路君子念三遍，一觉睡到大天亮”，遍贴各处。此俗20世纪70年代末尚见，后绝。

（八）缠足

俗称裹脚，何时传入无考。旧时姑娘脚大难找婆家。有女必缠足，自五六岁开始，及长成尖足小脚，最小者仅3寸，称“三寸金莲”。民国初明令放足，由于习惯势力束缚，令难畅行。民国17年（1928），县长宋殿选令在南关搭台唱戏吸引了城乡民众，而后派兵包围现场，强令妇女当场放足，竟有封建观念至深女子跳井自杀。后民国县政府组织“查脚队”挨村串户敦促放足。20世纪30年代后，此俗根除。

（九）吸毒

清道光年间（1821—1850），鸦片传入域内，清末及民国年间，县城及较大村镇“烟鬼”随处可见，大多周身无衣，披麻袋片，遮羞御寒。冬夜，啼饥号寒之声不断，冻死路旁者常有所见。民国20年（1931），沿南护城河北岸，尚有烟馆数处，每天吗啡、海洛因的销售额达现洋2000余元。翌年，县成立戒烟局，强行戒烟，禁闭859名吸毒者，公开处决3名烟贩。民国24—26年（1935—1937），县长张仰文厉行戒烟，仍未根除。解放后，政府切断了毒品输入渠道，烟患遂绝。

（十）纳妾

民国及以前，县内有纳妾之习，俗称妾为“小婆子”。纳妾者多为富人，一般为一妻一妾，少数一妻多妾。妾在家庭中地位极低，倍受正室虐待。俗有“狗肉不动刀子，小婆子不上桌子”之说，吃饭不能与正室同桌而食，待客无资格陪席，与奴仆无异。中华人民共和国成立后，贯彻《中华人民共和国婚姻法》，厉行一夫一妻制，多妻者择其一，与其他妻妾解除婚约，彻底革除了纳妾陋习。

（十一）卖淫

历史上民以挂牌卖淫为羞。民国时，县城有数户暗娼，俗称“半掩门儿”。庙会期间，有北京、保定等外地妓院老鸨率妓女赶庙会者。妓女分一、二、三等，平常年份赶会一、二等妓女五六十名，散居城内各处，三等妓女为数较多，集中在护城河北河沿一带。解放后，严厉打击卖淫活动，此陋习基本革除。

（十二）赌博

清及民国年间，县城及较大村镇多有宝局，招人聚赌。因赌破产者时有所见。民国时，西伯章村董某，家有良田近百亩，只因嗜赌成癖，家田耗尽，竟至卖妻，后惨死路旁。更有游手好闲者以赌为业，赢则大吃大喝，输则入室行窃，域内有“奸出人命，赌出贼”之说。解放后，厉行禁赌，赌风大减，少数赌徒由明转暗。1986年后，利用麻将赌博之风渐起，1989年县政府将禁赌列为“扫六害”之一，严厉打击赌博活动，赌风有禁。

（十三）早婚与买卖婚姻

明清两代，男加冠（18岁）女及笄（16岁）即行婚配。民国年间，殷实之家男十三四岁即行完婚，更有乏人持家者，八九岁小儿娶成年女子为妻，男子成年，女子青春已逝，造成夫妻感情不合。贫户男子届婚龄无力娶妻，到三四十岁薄有积蓄，花钱买贫家女为妻，此类婚姻多男长女10～20岁，老夫少妻，更无感情可言。中华人民共和国成立后，贯彻《中华人民共和国婚姻法》，早婚与买卖婚姻渐少，偶有不办理结婚手续的早婚发生。

（十四）请客送礼

民国及以前，有钱人打官司或有其它求官之事多送礼，称“打点”。解放后，办事凭介绍信，绝少请客送礼。20世纪70年代后，请客送礼风渐盛，至80年代中期愈烈。当兵、农转非、就业等多需请客送礼，甚至公事不请客送礼也难办成，公款大吃大喝之风盛极一时。经反腐败治理，此风有敛。

第三章　谣　谚

域内群众在漫长的生产、生活交流中创造、借用了许多歌谣、谚语、歇后语，丰富了会话的语言色彩。仅谚语就有1000多条收入中国民间文学集保定地区谚语卷。其他如歌谣、歇后语蕴量亦很丰厚，择要录下。

第一节　歌　谣

一、苦情谣

苦菜和着眼泪煮

提起“北大跑”，
心惊肉又跳。
春天白茫茫，
秋天水汪汪。
苦菜和着眼泪煮，
官府催粮如虎狼。

（“北大跑”是县域北部大面积低洼盐碱地，解放前农业产量极低，人们终年以糠菜度日。）

上工谣

正月里，正月正，
小做活的来上工。
上工先挑几担水，
扫扫院子进牛棚。

下工谣

十月一，一年过，
地净场光衣裳破，
做活的啼哭当家的乐。

（解放前，每年农历十月初一是长工下工日，地主百般克扣。长工所剩无几，难以养家糊口，时有冻馁之厄。）

乞讨歌

你家的房，盖得高，
不缺吃来不愁烧。
你不叫，我就来，
明儿你家准发财，
你不给，我不去，
明儿你家准生气。
你不给，我不走，
在你家门前要骨头。

老鸹筋

老鸹筋，大长根，
姥姥看着外甥亲。
亲呗亲，好呗好，
今年粮食打得少。
糠窝窝，秕古拉枣，
叫你家娘儿们吃个饱，
来住着，来住着。

二、生活谣

启明谣

哏儿哏儿哏儿，明咧，
小鸡跳咧城咧，
老牛撅咧尾咧，
闺女小子都该起咧。
闺女起来纺个穗儿，
小子起来拾泡粪儿。

小两口打架不记仇

绵羊打架头碰头，
小两口打架不记仇，
白日吃的一锅饭，
黑间枕的一个枕头。

哄儿歌

拉大锯，拽大锯，
姥姥家门上唱大戏。
请闺女，叫女婿，
外甥女儿你也去。

当天来当天走

蒲棱车，大马拉，
新娶的媳妇儿回娘家。
爹看见，好欢喜儿，
娘看见，亲闺女儿，
哥哥看见接包袱儿，
嫂子看见一扭搭。
“嫂子嫂子你别扭，
不吃你的饭，不喝你的酒，
我当天来，当天走。”

闹元宵

正月十五闹花灯，
划旱船来放河灯。
天上烟花红似火，
地上炮竹响连声。
庙内香火烟云绕，
锣鼓喧天祈年丰。
秧歌舞，高跷蹬，
拉开长线放风筝。

三、抗战歌谣

槐树叶儿青又青

槐树叶儿青又青，
三月初三来了日本兵。
先占占的大五女，
后占占的祁州城，
杀人放火真是凶。
国民党军队不抵抗，
早就逃出祁州城。

（1938年农历三月初三日军第一次侵占安国县城）

保卫米和棉

一滴血，一滴汗，
血汗变成米和棉。
有了吃，有了穿，
才能坚持游击战。
谁要来抢米，
给他个手榴弹。
谁要来抢棉，
打他个伏击战。
用我们的血和汗，

保卫我们的米和棉。

卸红妆

姐妹卸红妆，
一齐背上枪，
我们妇女界，
从此求解放。

报仇去投八路军

大哥呀，真伤心，
小妹我无处可安身，
逃难找亲人。
日本鬼子太可恨，
奸淫烧杀中国人，
报仇去投八路军。

做军装

妇救会，工作忙，
给咱部队做军装。
战士们喜洋洋，
穿上新衣打胜仗。

劝妈妈

人家的女儿走路快又快，
女儿我走路真痛苦。
妈妈娘你好糊涂，
我也要放足。
人家的女儿能写又会算，
女儿我两眼黑达拉乎。
妈妈娘你好糊涂，
我也要读书。
人家的女儿站岗又放哨，
你把女儿关在屋。
妈妈娘你好糊涂，
我也要进步。

开展敌后游击战

腊月里，三九天，
日寇出动抓青年。
抓青年，当伪军，
自己人打自己人。
青年们要齐心，
千万别当皇协军。
皇协军，是汉奸，
帮着鬼子杀害咱。
当民兵，做骨干，
参加八路是好汉。
军队民兵携起手，
开展敌后游击战。

小小灯儿

小小灯儿暗幽幽，
丈夫打仗把我丢，
不悲不伤也不愁，
给他缝件棉衣暖柔柔。
小小灯儿照窗前，
我给战士缝衣衫，
一针一线快快缝，
缝啊缝好送前线。
小小灯儿亮花花，
我给丈夫绣红花，
红花给你胸前戴，
为妻我也光荣呀。
小小灯儿亮堂堂，
我给部队做干粮，
一锅一锅急忙蒸，
吃饱肚子打东洋。

大普选

晋察冀边区好晴天，
年年来一次大普选。
留心把那好人选，
不选那坏蛋和汉奸。

民主权力党给咱，
晋察边区好晴天。

做军衣

一更鼓儿敲，
一更鼓儿敲，
拿起剪子找来布，
尺寸照着旧衣铰。
二更鼓儿嘣，
二更鼓儿嘣，
拨拨灯捻儿灯光明，
忙把棉衣缝。
三更鼓儿咚，
三更鼓儿咚，
棉衣做好心高兴，
子弟兵穿上暖烘烘。

儿子回来把桃收

妈妈放宽心，
妈妈别担忧，
儿子当兵去不了三五秋。
门前种棵小桃树，
桃树结了桃，
儿子回来把桃收。

四、生产歌谣

齐心合力麦收忙

南风吹，小麦黄，
农业社里活儿忙。
割麦拉麦整劳力，
妇女铡麦又打场。
婶子大娘择麦根，
儿童拾麦紧跟上。
互助协作来支持，
齐心协力麦收忙。
比一比来赛一赛，
劳动模范多荣光。

送粪大队

送粪大队长又长，
歌声笑声四处扬。
千车万车送到田，
一车粪来一车粮。

五、儿童歌谣

雨　歌

老天爷，下大雨，
收了麦子供飨你。
老天爷，别下了，
割了麦子栽山药。

盼年歌

哩溜哩溜莲花儿，
几时熬到年下儿？
吃好的，穿好的，
骑着小驴“讲礼”（串亲）去。

晒暖儿歌

老爷儿老爷儿毒毒，
我没穿着棉裤。
老爷儿老爷儿晒晒我，
我给你搬砖垒灶火。

种西瓜

小小子儿，上南洼，
刨个坑儿种西瓜。

先长叶，后开花，
结个西瓜给爹妈。

打日本

小日本儿，不说理儿，
抢走中国的大铜子儿。
大铜子儿，真是圆，
抢走中国的大洋钱。
大洋钱，当当敲，
这才兴了大片刀。
大片刀，真是快，
这才兴了武装带。
武装带，装枪子儿，
乒乒乓乓打日本儿。

保卫祖国保家乡

小英雄，小儿郎，
手里拿着木头枪。
树林里，广场上，
瞄准敌人乒乓响。
儿童们，快快长，
又放哨，又站岗，
谁不夸俺好儿郎。
小英雄，好儿郎，
骑大马，扛大枪，
保卫祖国保家乡。

儿童团

儿童团，不一般，
站岗放哨捉汉奸。
送信体操练大刀，
唱歌演戏搞宣传。

送哥哥

早晨太阳红彤彤，
手拿鲜花笑盈盈。
人家问我做什么，
欢送哥哥去当兵。
花喜鹊，叫喳喳，
我送哥哥离开家。
今天哥哥应征去，
全家戴上光荣花。
大红马儿高又高，
骑马戴花真是好。
等我年满十八岁，
一定报名把国保。

小镰刀

小镰刀，弯又弯，
太阳一照光闪闪。
放学跟我去下地
他是我的小伙伴。
割起草儿嗖嗖响，
猪羊吃得滚瓜圆。
爸爸笑，妈妈夸，
我为致富做贡献。

种瓜王

小铁锨儿，明又亮，
我和哥哥种瓜王。
多施粪，勤浇水，
小锄儿，把苗耪。
西瓜长成大地球，
一半献给爹和娘，
一半献给共产党。

幼儿园

幼儿园，真是好，
小朋友，都来到。
不淘气，不打闹，
学知识，学礼貌。
见了阿姨行个礼，
阿姨夸我好宝宝。

拍手谣

你拍一，我拍一，春暖花开种黄芪。

你拍二，我拍二，北雁南归掐芥穗。
你拍三，我拍三，欢歌笑语辫紫菀。
你拍四，我拍四，秋高气爽捋故子。
你拍五，我拍五，晒完知母晒贝母。
你拍六，我拍六，发财致富种栝楼。
你拍七，我拍七，滋身健体食薏米。
你拍八，我拍八，重阳佳节赏菊花。
你拍九，我拍九，收了白丑收黑丑。
你拍十，我拍十，家家户户刨白芷。

第二节　谚　语

一、事理　修养类

求神不如求人。
求人不如求自己。
上梁不正下梁歪。
家有千口主事一人。
人捧人高，人摁人低。
狗眼看人低。
养儿防备老，栽树图歇凉。
久赌无赢家。
有理不在声高。
要想公道，打个颠倒。
饱汉子不知饿汉子饥。
吃一回亏，学一回俏。
听景不如看景。
耳听为虚，眼见为实。
不怕千人看，就怕艺人见。
前人就是后人眼。
不怕不识货，就怕货比货。
为人不做亏心事，半夜叫门心不慌。
有一兴必有一败。
是灰比土热。
瘦死的骆驼比马大。
老土地靠山坡，图了自在没香火。
宁绕十步远，不走一步喘。
远道没轻载。
鹰饱不拿兔，兔饱不出窝。
多年的大道走成河，多年的媳妇熬成婆。
在家千般好，出门事事难。
穷家富路。（意指宁可家里难些，出门也要多带盘川）
炕上有病人，炕下有愁人。
贪多嚼不烂。
人凭衣裳马凭鞍。
三家犯靠，塌了锅灶。
知冷知热是夫妻。
儿不嫌母丑，狗不嫌家贫。
好儿不赔祖业产，好女不穿嫁妆衣。
不听老人言，吃亏在眼前。
人要实在火要暄。
千里去烧香，不如家里敬爹娘。
人心换人心，八两换半斤。
玄虚不久，实老常在。
人比人就得死，货比货就得扔。
与人方便，自己方便。
骡子马大值钱，人大不值钱。
打人别打脸，骂人别揭短。
没有过不去的火焰山。
师傅领进门，修行在个人。
学好三年，学坏三天。
一口吃不成胖子。
人争一口气，佛争一炷香。
人过留名，雁过留声。
无功不受禄。
为人为到底，送人送到家。
君子一言，快马一鞭。

穷死不做贼，饿死不为娼。

懒驴上磨屎尿多。

没事不找事，有事不怕事。

二、气象类

先下牛毛无大雨，后下牛毛天不晴。

火烧云，明儿晒死人。

早晨烧霞，晚上涝麻。

八月初一下一阵，旱到来年五月尽。

九月九，看十三，十三无雨一冬干。

九月九晴一冬凌，九月九阴一冬温。

不怕初一下，就怕初二阴。

八月十五云遮月，正月十五雪打灯。

大风夜无露。

三月南风下大雨，四月南风晒河底。

日不瞒午。（阴雨天中午往往放晴见太阳）

狼山戴帽儿，赶快赶道儿。（狼山指安国西北方的远山）

下雪不冷化雪冷。

风刮一大片，雹打一条线。

水缸一发洇，大雨要来临。

晴雾阴，阴雾晴。

有雨天边亮，无雨顶上光。

老爷儿泼在云里，白粥舀在盆里。（指太阳没在乌云里，晚饭时就下雨）

云后变红，一阵大风。

东虹云彩西虹雨，南虹北虹卖儿女。

早看东南，晚看西北。（早晨东南云重、晚西北云重有雨）

今天月下有横云，明天大雨要倾盆。

六月北风当日雨，好像亲娘看闺女。

六月十三，道儿不干。

冷生雨，热生风。

天上扫帚云，不出三天雨淋淋。

日出东南红，无雨必有风。

清明刮了坟头土，连刮四十五。

风三风三，一刮三天。

立夏不起尘，起尘刮死人。

立夏东风摇，麦子水里捞。

立秋下雨一秋吊，吊不起来一秋涝。（吊：指断雨）

头伏有雨，伏伏有雨。

半环风，圆环雨。（环：月晕）

发不发，六月二十八。（发：指发水）

七月十五定旱涝，八月十五定收成。

早起雨丝丝，等不到吃饭时。（谓要下大雨）

晚晴十八日。

东南风是开天锁。

有钱难买五月旱，六月连雨吃饱饭。

连刮三天西南风，下雨不用问先生。

逆风云彩顺风雨。

窑洞不出烟，不下雨就阴天。（窑洞：灶烟道）

南风暴，北风斜，东西上来叫爷爷。

数伏凉，浇倒墙。

大旱不过五月二十三。

三、时令类

二月清明青茫茫，三月清明光堂堂。（指正月末的田间）

谷雨前后，种瓜点豆。

惊蛰不开不过三五日。（开，指化冻）

谷雨麦怀胎。

立夏麦呲牙。（或出芒）

芒种三天见麦茬。

春风不刮，草芽不发。

谷雨早，小满迟，立夏的棉花正当时。

枣芽发，耩棉花。

喝了白露水，蚊子就蹬腿。

十七、十八，月亮刹一刹。

落五不落六。（十五的月亮黎明西沉，十六至明不落）

十五不圆十六圆，十七、十八缺半边。

天河调角儿，准备裤子袄儿。

立秋十八日，寸草都结籽。

小雪不耕地，大雪不行船。

一九二九不伸手，三九四九冰上走，

五九六九河边看柳，七九河开，八九燕来，

九九加一九，耕牛遍地走。

立冬不出（刨）葱，必定心里空。

立冬不出菜，别把天爷怪。

霜降不掰烟，霜打莫怨天。

去暑找黍，白露割谷。

六月六看谷秀。

七月十五花红枣。

立了夏把扇架，立了秋把扇丢。

白露花不回家。（白露节后棉花开的花没收成）

六月二十三，高粱红了尖。

立了秋大小一齐揪。（指棉花打顶）

处暑不拿镰，没有十天闲。

芒种芝麻夏至豆，秋分种麦正时候。

白露早，寒露迟，秋分的麦子正当时。

立冬不出土，不如土里捂。（指小麦）

头伏萝卜二伏菜三伏有雨多种麦。（亦谓头伏楼子）

去了暑被子捂。（去暑：处暑）

四、生产类

谷耪八遍饿死狗。（意指没有秕子）

棉花耪八遍，桃子结成串。

粪大水勤不用问人。

土换土，打石五。

头水晚，二水赶。（指浇小麦）

头锄浅，二锄深，三锄要壅根。

倒茬如施粪。

深耕一寸，顶茬粪。

涝浇园，旱耪田。

深埋实砸，棒槌发芽。（指栽种的树木）

浇花不浇子。

稚黍晚麦，不收别怪。

稀留密，密留稀，去了小的留大的。

种地不施粪，等于瞎胡混。

浅种年年收，深种碰年头。（指棉花）

稀长强，密打多。

谷倒一把草。

高粱生了吃白面，谷子生了一把糠。

一穗半穗，一月打兑。（庄稼出穗后，一个月左右既可收获）

密倒高粱稀倒谷。

花见花四十八。（棉花开花至摘棉四十八天）

棉花攥攥拳，一年顶十年。

旱小豆，涝绿豆。

干打高粱湿打谷。

穷豆秸，富谷脑。

要打多，一棵挨一棵。

抢秋夺麦。

七成熟，八成得，十成闹个大噘嘴。

要吃面，泥里陷。

站牛谷子卧牛黍。

饿死老娘，不吃种粮。（种：籽种）

救苗如救火。

苗多欺草，草多欺苗。

黏土掺沙土，一亩顶两亩。

多收少收在肥，有收无收在水。

沙土花生粘土麦。

深栽茄子浅栽烟。

一指浅，二指深，三指过了就要闷。（指播种棉花）

秋收一月，麦熟一晌。

勤紧勤紧，十拿九稳。

扫帚响，粪堆长（zhǎng）。

桃三杏四梨五年，枣树当年就还钱。

一棵树富一户，一片林富一村。

小树不修不成材。

枣树当年不算死，杨柳当年不算活。（植树）

家有千棵树，不愁吃和住。

马不吃夜草不肥。

寸草铡三刀，无料也上膘。

马瘦毛长耷拉鬃。

买不起的骡子喂不起的马。

草膘料劲水精神。

鸡，二十一；鸭，二十八；鹅儿，一月抬脖儿。（指孵化期）

猫三狗四猪五羊六。小兔儿，小鸽儿，一月一窝儿。（指怀胎期）

五、生活类

宁省囤尖，不省囤底。

吃饭穿衣论家当。

丰年还当欠年过。

新三年，旧三年，缝缝补补又三年。

一顿省一口，一年省一斗。

细水长流，吃穿不愁。

你一吊我一吊修座药王庙，你一文我一文建个大城门。

不知不觉一年抽个裤子袄。（抽：吸烟）

有钱不置半年闲。

熟食天贱，不如支锅做饭。

不当家不知柴米贵。

年轻受贫不算贫，老来受贫贫杀人。

一勤生百巧，一懒生百病。

吃不穷，穿不穷，打算不到就受穷。

耙子搂的快，架不住杈子扬。

宁吃半顿，不吃断顿。

打鱼摸虾，误了庄稼。

秋天猫猫腰，胜过冬天跑十遭。

吃馋唠，歇懒唠。

一儿一女一枝花，多儿多女多冤家。

好儿子不如好媳妇，好闺女不如好女婿。

儿孙自有儿孙福。

庄稼主儿三件宝，丑妻近地破棉袄。

养家不争气，争气不养家。（争气：斗气）

妯娌和睦家不散。

会疼的疼媳妇，不会疼的疼闺女。

男大当婚女大当嫁。

孩的娘，耳朵长。

满堂儿女，不如半路夫妻。

饱带干粮，暖带衣裳。（指外出）

春捂秋冻，不生杂病。

饭后百步走，能活九十九。

原汤化原食。

紧活不紧食。

有钱难买老来瘦。

无火不生风。

酒大伤身。

吃饭先喝汤，老来不受伤。

三分吃药七分养。

大葱蘸酱，越吃越胖。

男怕穿靴，女怕戴帽。（穿靴：脚肿。戴帽：头肿。指垂危病人的不详之兆）

饱吹饿唱。

六、药业类

不怕旱，不怕涝，就怕没了祁州庙。

要想富得快，多多种药材。

祁州庙药全，鄚州庙货全。

不到祁州药不全。

祁州庙，举步可得天下药。

黄金有价药无价。

药材金子药材土。

多了是草，少了是宝。

买起不买落。

贱种贵卖。

骑马坐轿不如切药。

切乌药赛如坐轿，切灵仙赛如上天。（指这两种药不易切）

切木通十刀九通。

槟榔不见边，木通飞满天。（谓要求切得片薄）

小皮草子烂当归，要命的桑皮。（指不好加工）

桂枝常山乌药灵仙，切在夏天。（四味药宜在夏天用水浸透后切片）

三月茵陈，四月蒿，五月砍来当柴烧。

熊胫扁，豹胫圆，虎胫就象一只船。（三种药材的外形）

逢俏不赶，逢迟不丢。（指种药材）

第三节　歇后语

伍仁桥的狮子——数不清。

坐落在伍仁桥村南明代所建万寿桥，桥栏的 52 根望柱上，各雕有一个大石狮，每个大石狮背腹部、爪上下、耳朵内外、毛中，无规律地雕有许多小石狮，反复数也数不清。

伍仁桥的布袋——装蒜。

伍仁桥一带久以出产紫皮大蒜闻名。大蒜收获后，当地人将一辫辫大蒜装入土机织的布袋驮至市场出售，故有此谑语。

王麻子的膏药——找病。

相传域内有一郎中，人称王麻子，自制一种膏药，吹得神乎其神。一次，王麻子当众为患者试贴，不想，因膏药太稀慢慢下滑，引起旁观者哄笑，王麻子解释说：“它在找病”。留下了笑柄。

东伏落的陪客——没干过。

民国年间，东伏落村某家娶亲，邀一朋友作“陪客”。陪客迎女方“送客”时送客向其行拱手礼，陪客不知如何还礼，慌乱中趴在地上向送客行跪拜礼，引起一阵哄堂大笑。陪客出了丑，忙不迭地说：“没干过，没干过”。

许村的驴——雇（顾）不得。

民国年间，安国至保定有一条简易公路途经博野县许村。伍仁桥一生意人坐车回家，至许村遇路不通，雇该村毛驴做脚力，讲明到桥上（伍仁桥人称伍仁桥为桥上，距许村约 30 千米）付大洋 3 元。赶脚人牵驴行到许村村边小桥即让其下驴，言已到目的地。生意人因言意不明，难以争执，连声抱怨：“许村的驴真雇不得”。留下此谑。

王糊涂看呈子——够你呛（或够他呛、够我呛）。

相传，清末祁州有一捐班知州，姓王，因识字少胡乱断案，人送绰号“王糊涂”。一天两个人到大堂告状，王糊涂将诉状（俗称呈子）颠来倒去看了半天，看不出头绪。原告说：“请大老爷为小民做主。”王答：“哼，够你呛！”原告又说：“我是原告。”王又答：“哼，够他呛。”被告问：“小人不知身犯何罪？请大老爷明示。”王自语：“哼，够我呛。”

王老道捉妖——瞎胡闹。

清初，一王姓道士，寄住城北流村，自言精于分身术，村人遇有疑难病症，多请其“捉妖”，他每次“捉妖”都设法坛，摆供品，仗剑作法，但从未见有何效验，久之“王老道捉妖——瞎胡闹”便流传乡间。

鸡刨疙脑——有逗（豆）。

咸菜拌豆腐——不用言（盐）。

老母猪逮豆芽子——沥沥拉拉（逮：大口吞食）。

腥油炸丸子——混（荤）蛋。

鸡蛋掉在油篓里——滑蛋。

鸭子过门坎——蹾屁股摔脸。

推着小车上阶台——一步一个坎儿。

洗脸盆里扎猛子——不知深浅。

娶媳妇打迎头幡儿——凑热闹。

戏台上的官儿——乐呀一天儿是一天儿。

戏台上的胡子——活的。

老生戴胡子——正办（扮）。

戏台底下相媳妇——一厢情愿。

脑袋顶儿上长疮脚心里流脓——坏透了。

猴儿拉稀——坏杂碎。

屎克螂落在烟锅儿上——拱火儿。

屎克螂推车——滚蛋球。

屎克螂白眼圈——少有。

屎克螂跟着屁跑——闻香不到口。

下雨不打伞——轮（淋）着咧。

猪八戒照镜子——里外不是人。

老太太上鸡窝——笨（奔）蛋。

屎克螂打嚏喷——满嘴喷粪。

庙门口的旗杆——光棍一条。

八百钱掉在井里——难摸你这一吊。

高粱地里的甜瓜秧——记着呢。

老头儿搓泥钱——撂下的活咧。

望乡台上打莲花落——不觉蹑的鬼。

八十里不换肩——硬抬。

夜壶镶金边——嘴儿强。

晒干的老鸹——光是个嘴儿。

老太太吃冰糖——焖咧。

袖儿里吞棒槌——直来直去。

蛇蚤玩拳——小架式儿。

脚丫子和面——不是（使）手。

枣核儿结板——没几句（锯）儿。

秋后的蚂蚱——蹦跶不了几天咧。

高粱地里逮牛——不摸门（哞）儿。

蝎子拉屉屉——独（毒）份（粪）儿。

衙门口的狮子——有嘴没嗓子眼。

锛达木子死在树窟窿里——吃了嘴的亏。

日本人吃高粱米——没法子。

八月十五包粽子——趁早（枣）儿。

王八钻灶膛——憋气窝火。

王八盖子量米——什么声（升）儿？

西瓜皮钉鞋掌——不是那块料。

芝麻茧子喂驴——尽到唠没不是。

王八刨蹶子——有前劲没后劲。

拐骡子——没走儿。

尾巴尖上长疮——没多大脓水儿。

药王爷耍大刀——干的老本行（相传安国药王庙供奉的药王邳彤为东汉武将）。

脚面深的水——平蹚。

鸡儿不尿泡——就有一变（便）。

老鼠拉木锨——大头在后头呢。

老和尚瞧嫁妆——下辈子再说。

挑菜拾了个大北瓜——闹着咧。

耧斗里塞套子——一个子儿也不出。（套子：旧棉）

驴给牛碰头——豁着脸上。

兔子长犄角——个别。

胡萝卜剜小人——菜小儿一个。

木匠的斧子——一面砍。

马车上公路——没辙。

老太太攥脓带——手拿把攥。

田鼠儿打哆嗦——惯（灌）的。

凉锅贴饼子——出溜咧。

砘子碰碌碡——实（石）打实（石）。

阎王爷贴告示——鬼话连篇。

要饭的摔破瓢——闹穷脾气。
劁猪不用刀子——硬挤。
铁旗杆上绑鸡毛——好大的胆（掸）子。
药王爷放屁——神气。
耕地不留横头——豁（耠）出去咧。
打井的吃饭——上来咧。
大年初一吃饺子——没外人。
丈母娘待女婿——没差心儿。
气蛤蟆垫桌子腿——鼓着劲的干。
庄稼主儿的牛——全活。
美孚的洋油——唬（虎）牌的。
后娘打孩子——暗里使劲儿。
掐喽腿的蛛蛛——受罪的蛋蛋儿。
丈八的灯台——照远不照近。
王母娘娘的裹脚——条条鲜（仙）。
仨坯砌个锅台——什么腔儿？
放屁打嗝儿——反使劲。
狗长犄角——洋（羊）式的。
屎克螂不蜇——碰劲儿。
瓦灰鸡串房檐——格（鸽）子式的。
抱着孩子赴席——送腻歪不觉。
狗戴嚼子——胡勒。
萝卜不大——长在辈（背）上咧。
撂下拐棍作揖——老交情。
老公公背儿媳过河——费力不讨好。
屎克螂落在面缸里——充小白人。
屎克螂落在车辕上——充大掌鞭的。

第四节　俗　语

糟饸饹不起碗。（指不被人看重的人）
癞狗搁不上墙去。（指不争气的人，别人帮都帮不上去）
黑狗花狸猫。（指互有成见的人见面就斗气）
老虎还有打盹的时候呢。（指再精明的人也有疏忽和失误）
烧香引唠鬼来。（办好事没落好）
骑着脖子尿尿。（指欺人太甚）
丢人不看好日。（不看场合，出洋相）
光脚的不怕穿鞋的。（无牵挂不怕有牵挂者）
穿新鞋不踩臭狗屎。（不与蛮不讲理的人争执）
插着门过日子。（指凡事不与人交往的人和人家）
青天白日借不出干油灯来。（①被借者吝啬。②求借者无人缘）
拉锯就出末儿。（干事就有效果）
鼻子比脸大。（①指求人不易。②指某人不好求）
倒唠油瓶不扶。（懒惰，诸事不操心）
吐唾沫砸坑儿。（说了就算）
吐唾沫就是疙。（承认下来的事就抹不掉）
压上碌碡挤不出个屁来。（指木讷者）
拿屎盆子往脑袋上扣。（把不光彩的事往自己身上揽）
吃着锅里，占着碗里。（喻人太贪心）
牵着不走打着捎。（指人不识抬举）

骑着驴找驴。（①物件在身边，到处找。②干着一件事想着另一件事）
走着道问道。（指做事无目的，到哪儿说哪儿）
没梯子上天。（指孩子淘气）
骑驴的不知道赶脚的苦。（喻人不能为他人设身处地的着想）
鸟儿飞就有个影儿过。（多指人做了坏事，总要留下蛛丝马迹）
利索不在穿衩裤。（多指办事干练）
没有不倒的捻捻转儿。（捻捻转：一种用手捻在平面上转的玩具。多用于对得势人的诅咒和告诫）
推饸饹床儿。（互相推诿）
是骡子是马拉出来遛遛。（有没有真本事，做出来让大家看看）
没有臭鸡蛋还不做槽子糕吗？（意为做事离了谁都行）
光打响鼻不拉套。（喻只说不干的人）
当时不用，用时不当。（告诫人们不常用的东西也要准备着）
羊毛出在羊身上。（办事的费用由受益者负担）
肉烂了在锅里。（多指糊涂账）
公鸡头，草鸡头，不在这头在那头。（在多方争执、推卸、猜测中，必定要落实在一方或几方）
不信小兔不吃麦苗。（不相信能做的事做不来）
小兔驾唠辕，谁还买大骡子大马？（嘲讽无能者）
没吃过猪肉，还没见过猪走？（①句前加“你”字，为挖苦人。②句前加“我”字为不服气）
常吃山药，眼就是秤。（意为经验多了，一眼就能看出十之八九）
天塌大家死，过河有矬子。（意与人相比什么都不怕）
好记性眼儿，不如烂笔杆儿。（多用于告诫人们对较大事情作笔录）
棱子面上不的供，外庄子发不的横。（封建排外意识）
掐不死蝇子捏不死蛆。（指处事不果断）
提溜起大长，撂下一滩。（指无主见，无能者）
蔫肚儿萝卜难擦。（指有心计而不流露言表者不好斗）
破罐子熬了柏木筲。（喻体弱者寿命超过体壮者）

第四章 方 言

第一节 方言概说

安国方言，按照《中国语言地图集》划分，属于冀鲁官话保唐片的定霸小片，明显带有定霸小片的两个突出语音特点：今去声在轻声字前分阴阳去；后缀“儿”与前字连读有构成儿化韵、儿尾韵之分。例如城关话：

救·的 tɕiou$^{51}_{45}$ ti≠ 旧·的 tɕiou$^{51}_{21}$ ti

救·的 tɕiou$^{51}_{45}$ ti≠ 舅·的 tɕiou$^{51}_{21}$

豹·子 pau$^{51}_{45}$ tsɿ≠ 刨·子 pau$^{51}_{21}$ tsɿ

盖儿 kɐr^{51}| 本儿 pər^{213}

钉儿 tiŋ$^{44}_{45}$ ŋər| 小猪儿 siau$^{213}_{21}$ tʂu$^{44}_{45}$ uər

在安国方言内部，存在着新老派的不同和地区性差别。

新老派的不同主要表现在用词上，例如：

例词	妈妈	爸爸	中午	晚上	昨天	太阳
老派	娘	爹	晌火	后晌	咧喽	老爷儿
新派	妈	爸爸	中午	晚上	昨天	太阳

新老派差别在语音上也有，例如 [uau] 韵母新派口中已经没有。

地区性差别，突出表现在声调上，本县方言依照声调的异同情况，大体可分为三片，各片的代表点及声调状况如表 19-5 所示。

安国三片方言声调对照表

表 19-5

古声调	平		上			去		入		
古声母	清	浊	清	次浊	全浊	清	浊	清	次浊	全浊
例　字	天	田	水	米	淡	对	路旧	湿急铁活汁	辣摸	拔匣
北　京	꜀55	꜁35	꜂214		51꜄			阴阳上去阴	去阴	阳阳
城　关	꜀44	꜁22	꜂213		51꜄			阴阳上去阴	去阴	阳阳
大五女	꜀33	꜁213	꜂35		51꜄			阴阳上去阴	去阴	阳阳
伍仁桥	꜀34	꜂213	51꜄		33꜆			平	去 33꜆	上 33꜆

附：伍仁桥话的今声调及古今调类对应关系同另两处比较两个明显区别

第一，安国城关、大五女，今有阴阳上去 4 个单字调，今调类与古四声的对应关系与北京话基本相同；伍仁桥今有阴平、阳平上、去声和入声 4 个调类，古今调类关系与北京话也有重大差别。

第二，伍仁桥语音区今念 33 调的都来自古入声。就古今声调对应关系说，古清音声母入声字今绝大部分念 33 调，极少数字今归"阳平上"或去声；古全浊声母入声字今多归"阳平上"，古次浊声母入声字今多归去声，少数古浊入今念 33 调，与绝大多数来自古清入的字同调。本志把今调值为 33 的单字调，称为入声，后附《伍仁桥话入声字》是《方言调查表》中古入声字今念入声的字。今安国县方言属官话中的冀鲁官话，冀鲁官话一般今无入声，伍仁桥话今有独立的入声调，但无入声韵。就现已掌握的河北方言资料看，河北今有入声的方言均属晋语——山西及其毗连地区有入声的方言。伍仁桥不与山西毗连，该处方言四周也无晋语，该方言的形成背景有待进一步调查研究，目前姑且视为某一方言的方言岛。

本志主要记录安国城关的老派方言，该方言通行于全县绝大部分地区，本志也称之为安国话。发音合作人王哲欣，75 岁，高小文化，世居安国县城。于俊卿，68 岁，高小文化，曲堤人，久居县城内。

第二节　音标符号

本志标音用国际音标，所用音标符号如下：

一、辅　音

本志所用辅音符号见下表。

安国方言辅音符号表

表 19-6

部位＼方法	塞		塞擦		鼻音	边音	擦	
	不送气	送气	不送气	送气			清	浊
双唇	P	P‘			m			
唇齿							f	
舌尖前	t	t‘	ts	ts‘	n	1	s	
舌尖后			tʂ	tʂ‘			ʂ	ʐ
舌面前			tɕ	tɕ‘	ȵ	ɕ		
舌面后	k	k‘			ŋ	x		

二、元　音

本志所用舌面元音符号见舌面元音图。

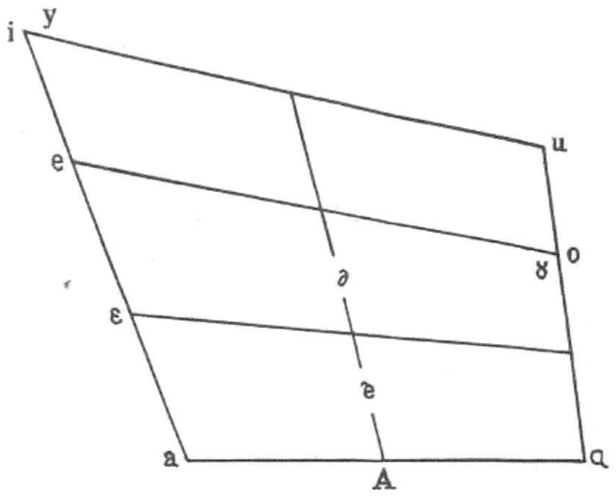

卷舌元音在元音符号之后加 r 表示，例如 [ɐr] 是 [ɐ] 的卷舌元音。

本志所用元音符号，除元音图上的之外，还有舌尖元音 [ʅ ʅ]。

三、声调符号

调值符号　本志标记调值采用五度制声调符号，即把单字调的相对音高分成低、半低、中、半高、高五度，分别用 1、2、3、4、5 表示，记音时，单字调标在字音的右上角，连续变调标在字音的右下角，例如安国话：

带儿　tɐr^{51}

树林儿　ʂu$^{51}_{53}$ liər^{22}

安国话有阴平、阳平、上声、去声 4 个单字调，各调的调值是：

阴平	阳平	上声	去声
44	22	213	51

安国话连读变调的调值符号有以下五种：

45　　24　　53　　42　　21

调类符号　本志标记调类，采用传统标四声画半圈的办法，安国话阴阳上去四个调类的标法如下：

阴平	阳平	上声	去声
꜀□	꜁□	꜂□	□꜃
诗 ꜀ʂʅ	时 ꜁ʂʅ	使 ꜂ʂʅ	是 ʂʅ꜃

调类符号有时标在调值符号的四角上，这表示某调类的调值。例如“c44”表示阴平的调值是 44；“33ɔ”表示入声的调值是 33。

轻声音节有时在字或注音之前加圆点表示，有时不标声调符号，例如安国话：

桃儿　t‘au^{22}•uər

救•的　tɕiou$^{51}_{45}$ ti≠旧•的 tɕiou$^{51}_{21}$ ti

棒•子　paŋ$^{51}_{21}$ tsɿ

本志还使用一些其它符号，一并说明如下：[ ] 表示里面是国际音标；无必要时国际音标外的方括号省去。

‹ 表示其前之音由其后之音变来。

‿　加在两个字或音节之下，表示两字或两个音节合音。

~~　加在字下表明写的是同音字，加在注音之下表示该音读法较为特殊。

～　夹在两音之间表示前后两读均用。

字或标音之下加单横线表示白读，加双横线表示文读。

字或注音右下角加小号字“〈老〉、〈新〉、〈旧〉、〈多〉、〈少〉”等，依次表示该说法或该读音老派多用、新派多用、旧时所用、多用、少用等。

□表示有音无字。

还有些符号随文说明。

四、本志所用音标和汉语拼音方案对照表

安国方言声母音标与汉语拼音方案对照表

表 19-7

本志所用音标	汉语拼音方案	本志所用音标	汉语拼音方案
p	b	x	h
p‘	p	tɕ	j
m	m	tɕ‘	q
f	f	ɕ	x
t	d	tʂ	zh
t‘	t	tʂ‘	ch
n	n	ʂ	sh
l	l	ʐ	r
k	g	ts	z
		ts‘	c
k‘	k	s	s
ŋ	ng	ø	一（零声母）

安国方言韵母音标与汉语拼音方案对照表

表 19-8

本志所用音标	汉语拼音方案	本志所用音标	汉语拼音方案
ər	er		
ɿ	i（zi、ci、si 的韵母）	iɛ	ie
ʅ	i（zhi、chi、shi、ri 的韵母）	yɛ	üe
i	i（舌面元音）	ai	ɑi
u	u	iai	—
y	ü	uai	uɑi
a	ɑ	ei	ei
ia	iɑ	uei	uei
ua	uɑ	au	ɑo
o	o	iau	iɑo
uo	uo	uau	uɑo
ɤ	e	ou	ou
ɛ	ê	iou	iou
an	ɑn	ɑŋ	ɑng
ian	iɑn	iaŋ	iɑng
uan	uɑn	uaŋ	uɑng
yan	üɑn	əŋ	eng
ən	en	iŋ	ing
in	in	uŋ	ong
uən	uen	yŋ	iong
yn	ün	uəŋ	ueng

附：伍仁桥话入声字

收字以《方言调查字表》为限，《字表》中咸开一入声合韵字未收。

来自古清入的：

塔榻塌溻磕札眨插夹（～着书）夹（～袄）恰掐胛鸭押压接摺褶劫跌帖（字～）贴夹（～菜）法缉涩执湿急吸揖擦撒（～手）割葛渴喝扎察杀瞎别鳖薛哲蜇揭歇蠍憋撇（～开）铁节切楔结洁噎拨泼掇脱撮括豁刷刮雪拙说发（理～）发（出～）决诀缺血笔匹七漆悉虱质失吉讫乞不猝骨窟忽黢戌恤出桔绋屈博作（～房）各阁搁胳郝恶爵雀鹊削着（～衣）酌绰焯脚约（～—～）郭廓霍藿劐镬剥驳朴（～素）朴（～刀）桌卓琢啄戳捉觉（自～）角饺北得德塞刻（时～）黑逼即鲫息熄行稙侧色织百伯迫拍魄拆窄醋格赫掰摘责策栅革隔戟僻积脊惜昔炙尺适释劈的（目～）滴嫡踢绩戚锡析击吃扑仆（～倒）秃速谷（五～），山～屋笃酷沃福幅蝠复腹覆肃宿竹祝菊曲（酒～）足促粟烛嘱触锔曲（歌～）

来自古全浊入的：

闸炸狭峡洽匣捷叠蝶牒谍协乏习袭蛰十什及达辖别（离～）辙伐罚穴疾实勃突佛搖倔凿嚼着（睡～）勺芍浊镯学贼值直植或惑白帛泽择宅核（审～），核（果～）屐（木～）辟籍夕掷石寂瀑族斛服伏袱复（～员）轴熟淑俗赎局

来自古次浊入的：

曰摸亦译觅

另外，今有舒入两读的：

꜂猾꜆｜꜂绝꜆｜꜂膝꜆｜꜂秩꜆｜꜂卒꜆｜꜂拾꜆｜꜂极꜆｜꜂一꜆｜刻用刀～k‘ɤ꜄，k‘ei꜆｜客k‘ɤ꜄，tɕ‘iɛ꜆｜八꜀pa〈新〉，pa꜆〈老〉｜获① ꜂xuai ～鹿② xuo꜆～奖｜卜① po꜆占～② pu꜄姓氏｜鹤xɤ꜄，xau꜆｜

第三节　语音分析

一、声　母

安国方言共有23个声母，零声母在内。

安国方言声母表

P	布备 八拔	P‘	破怕 盘扑	m	麻苗 骂木				
						f	非肥 佛福		
t	堤堵 大达	t‘	替同 土托	n	南女 藕袄			l	兰吕 路猎
ts	早祖 精积	ts‘	仓粗 取七			s	三心 苏席		
tʂ	遮招 朱桌	tʂ‘	抄拆 插出			ʂ	蛇书 杀蜀	ʐ	让柔 如入
tɕ	加居 剧交	tɕ‘	轻屈 乞翘			ɕ	鞋许 歇蓄		
k	高鼓 格国	k‘	抗苦 刻哭	ŋ	鹅呃 啊请～	x	好坏 盒获		
ø	耳要 五玉								

1. [n] 拼齐撮呼韵母念 [ɳ]，拼开合口韵母时是 [n]，本志均写作 [n]。

2. 安国话分尖团，即古精组字变来的今齐齿撮口字和古见组、晓组字变来的今齐齿撮口字，今声母不同，如：“精、酒、聚、蛆、抢、取”等读 [ts] 组，而“经、九、巨、羌、曲、虚”读 [tɕ] 组。

3. 古影疑二母开口一二等，北京今念零声母开口呼的字“安、爱、恩、袄、岸、傲”等，本方言一般今念 [n] 声母字。果摄开口一等疑母字“鹅”，老派今念 [ŋ] 声母，属例外；另，今安国老派念 [ŋ] 声母的还有“啊”在应答中表赞同。

4. 古知庄两组部分字（多属古入声）的今声母，本方言老派口语音与普通话不同，常用字字音对照如下：

例　字　　　泽择责　　　册策　　　　　　　洒所森涩色

普通话	ts ——	tsʻ ——	s ——
安国话	tʂ ——	tʂʻ ——	ʂ ——

二、韵　母

（一）安国方言韵母表

本方言有 41 个韵母，儿化韵在外：

ɿ	资词 四私	i	梯地 你踢	u	古午 布福	y	居聚 女玉
ʅ	师知 吃日						
ər	儿而 耳二						
a	怕塔 哈那	ia	加牙 匣下	ua	花瓦 瓜刮		
o	坡磨 佛勃			uo	果多 伙阔		
ɤ	棵河 鸽特						
ɛ	欸拜	iɛ	姐别 解灭	yɛ	雪月 决缺		
ai	盖卖 白百	iai	欸你去～	uai	歪怪 坏踹		
ei	妹背 黑美			uei	灰龟 威柜		
au	报道 告毛	iau	表叫 秒票	uau	镐桌		
ou	狗走 头粥	iou	球秀 九牛				
an	蓝南 杉斩	ian	监嵌 捻电	uan	短欢 弯晚	yan	权元 远犬
ən	恩根 人本	in	金民 芹敏	uən	困文 春混	yn	勋均 军云
aŋ	刚张 忙胖	iaŋ	亮香 向江	uaŋ	光狂 王窗		

əŋ	朋争 孟坑	iŋ	冰明 杏顷	uəŋ	翁嗡 瓮	yŋ	永穷 雄用
				uŋ	公东 荣哄		

（二）音值说明

[a] 在 [ai、iai、uai、an、ian、uan、yan] 中为 [a]；在 [a、ia、ua] 中为 [A]；在 [au、iau、uau、aŋ、iaŋ、uaŋ] 中是 [ɑ]。

[ɤ] 在轻声音节中多是 [ə]。

（三）古今韵母演变特点：

同北京话相比，本方言的韵母在古今演变上有以下特点：

1. 古蟹摄合口一等端组字今读开口呼 [ei] 韵。如：推 ꜀t'ei| 腿 ꜂t'ei| 退蜕 t'ei꜄ | 对兑队 tei꜄。止合三章组禅母字“谁睡”本方言老派读开口韵：谁 ꜁ʂei | 睡 ʂei꜄。

2. 古通摄泥母合口一等字北京今念合口韵 [uŋ]；安国话今读开口韵 [əŋ]，如：农、浓、脓 ꜁nəŋ。通摄合口一等来母中，“弄”安国话也读 [əŋ] 韵母。

3. 古宕摄开口三等入声来母、影母及精组字，江摄入声见晓组字，北京今念 [yε] 韵母，安国话今文读也念 [yε] 韵母字，白读都念 [iau] 韵母。如：略 lyε^{51}，liau^{51} | 乐 yε^{51}，iau^{51}| 觉$_{自}$～ tɕyε^{213}，tɕiau^{213}。

4. 古梗摄开口二等入声帮组北京今念 [o] 韵母的字，安国话今文读也念 [o] 韵母，白读 今念 [ai] 韵母。如：伯 ꜁po，꜁pai| 迫魄 p'o꜄，꜂p'ai。知组字“泽择$_{选～}$”北京今念 [ɤ] 韵母，本方言今文读也念 [ɤ] 韵母，白读念 [ai] 韵母，如：泽 tsɤ꜄，tʂai꜄| 择$_{选～}$ ꜁tsɤ，꜁tʂai。

5. 古宕摄开口一等来母字和开口三等日母字北京今念 [uo] 韵母的字，安国话今文读也念 [uo] 韵母，白读都念 [au] 韵母，如：落$_{树叶儿～下来}$骆络 luo꜄，lau꜄| 洛 luo꜄，꜂lau | 若弱 ʐuo꜄，ʐau꜄。

（四）儿化韵、儿尾韵

后缀“儿”与前字连读时，本方言的读法因前字韵母的不同，可分为两种，下文分别说明。

1. 与前字韵母构成儿化韵，安国话中这类韵母有 12 个，共形成 8 个儿化韵。儿化韵同基本韵母的关系如下：

ɐr〈(ai　an)	iɐr〈(ian)	uɐr〈(uai　uan)	yɐr〈(yan)
ər〈(ei　an)	iər〈(in)	uər〈(uei　uan)	yər〈(yn)

儿化韵举例

ɐr（ai　an）　带儿　tɐr^{51}|　鸡蛋儿　tɕi$^{44}_{45}$ tɐr

iɐr（ian）　靠边儿　k'au$^{51}_{53}$ piɐr^{44}

uɐr（uaiuan）　一块儿　i$^{44}_{45}$ k'uɐr^{51}1　管儿　kuɐr^{213}

yɐr（yan）　手绢儿　ʂou$^{213}_{21}$ tɕyɐr^{51}

ər（ei ən）　畦背儿　tɕ'i$^{22}_{44}$ pər^{51}|　根儿 kər^{44}

iər（in）　树林儿　ʂu$^{51}_{53}$ liər^{22}

uər（uei uən）　堆儿　tsuər^{44} | 一顿儿 i$^{44}_{45}$ tuər^{51}

yər（yn） 一群儿 i^{44}tɕ‘yər^{22}

2. 与前字韵母构成儿尾韵

安国话中能构成儿尾韵的韵母有 26 个共形成 26 个儿尾韵。儿尾都自成音节，念轻声，儿尾的音值往往受前面音素的影响而发生音变。儿尾读音的具体规律是：

[–u –ŋ] 尾韵，儿尾分别念 [uər ŋər]；

舌面高元音韵母 [i y] 之后，儿尾分别念 [iər yər]；

舌尖高元音韵母 [ɿ ʅ] 之后，儿尾分别念 [zər ʐər]；

其余能带儿尾的韵母之后，儿尾念 [ər] 但在 [a o ɤ ε] 之后时，往往近于 [ɐr]，本志记音一律记 [ər]。

儿尾韵举例

au • uər	桃儿	t‘au^{22} • uər
iau•uər	豆角儿	tou$^{51}_{53}$ tɕiau$^{213}_{42}$ • uar
uau•Uər	小镐儿	siau$^{213}_{24}$ kuau$^{213}_{42}$ • uər
ou•uər	墙头儿	ts‘iaŋ$^{22}_{44}$ t‘ou^{22} • uər
iou • uər	球儿	tɕ‘iou^{22} • uər
aŋ•ŋər	药方儿	iau$^{51}_{53}$ faŋ$^{44}_{45}$ • ŋər
iaŋ•ŋər	鞋样儿	ɕiε$^{22}_{45}$ iaŋ$^{51}_{21}$ • ŋər
uaŋ•ŋər	小筐儿	siau$^{213}_{24}$ k‘uaŋ$^{44}_{45}$ • ŋər
əŋ•ŋər	小坑儿	siau$^{213}_{24}$ k‘əŋ$^{44}_{45}$ • ŋər
iŋ•ŋər	小镜儿	siau$^{213}_{24}$ tɕiŋ$^{51}_{45}$ • ŋər
uŋ•ŋər	小虫儿	siau$^{213}_{24}$ tʂ‘uŋ^{22} • ŋər
uəg•ŋər	小瓮儿	siau$^{213}_{24}$ uəg$^{51}_{45}$ • ŋər
yŋ•ŋər	小熊儿	siau$^{213}_{24}$ ɕyŋ^{22} • ŋər
i•iər	小鸡儿	siau2$^{213}_{24}$ tɕi$^{44}_{45}$ • iər
y•yər	金鱼儿	tɕin^{44}y^{22} • yər
ɿ•zər	铁丝儿	t‘iε$^{213}_{21}$ sɿ$^{44}_{45}$ • zər
ʅ•ʐər	柳枝儿	liou$^{213}_{21}$ tʂʅ$^{44}_{45}$ • ʐər
a•ər	小塔儿	siau2$^{213}_{24}$ t‘a$^{213}_{42}$ • ər
ia•ər	一家儿	i^{44}tɕia$^{44}_{45}$ • ər
ua•ər	白花儿	pai^{22}xua$^{44}_{45}$ • ər
o•ər	小磨儿	siau2$^{213}_{21}$ mo$^{51}_{21}$ • ər
uo•ər	枪托儿	tsiaŋ^{44}tuo$^{44}_{45}$ • ər
ɤ•ər	小车儿	siau$^{213}_{21}$ tʂ‘ɤ$^{44}_{45}$ • ər
iε•ər	小街儿	siau$^{213}_{21}$ tɕiε$^{44}_{45}$ • ər
yε•ər	木撅儿	mu$^{51}_{53}$ tɕyε^{22}• ər
u•ər	花布儿	xua$^{44}_{45}$ pu$^{51}_{45}$ • ər

另外，因地域不同，在儿化过程中尚有如下情况：

1. 安国话的 [ɛ　ər　iai] 3 个韵母没有儿化韵或儿尾韵。

2. i　u　y　a　ia　ua　o　uo　ɤ　iɛ　yɛ　ʅ　ʅ这 13 个韵母的儿尾韵轻读时，分别读成儿化韵 iər　uər　yər　ar　iar　uar　or　uor　ɤr　iɤr　yɤr　ər（ʅ　ʅ两韵母的儿化韵）。如：小皮皮儿 siau$^{213}_{24}$ pi^{22}•piər| 鸡抱肚儿 tɕi$^{44}_{45}$ pau$^{51}_{45}$ •tuər| 驴驹儿 ly^{22} •tɕyər| 小把把儿 siau$^{213}_{21}$ pa^{51}•par| 一掐掐儿 i^{44}tɕ‘ia$^{44}_{45}$ •tɕiar ｜小娃娃儿 siau$^{213}_{24}$ ua^{22}• uar | 转磨磨儿 tʂuan$^{51}_{53}$ mo$^{51}_{21}$ •mor| 蝈蝈儿 kou$^{44}_{45}$ •kuor| 车车儿 tʂɤ$^{44}_{45}$ tʂɤr| 小憋憋儿 siau$^{213}_{21}$ piɛ^{44}piɤr ｜小撅橛儿 siau$^{213}_{24}$ tɕyɛ^{22}•tɕyɤr| 小小子儿 siau$^{213}_{24}$ siau$^{213}_{42}$ tsər ｜小枝枝儿 siau$^{213}_{21}$ tʂʅ$^{44}_{45}$ tʂər。

3. 东固、张乡一带的基本韵母除 [ɛ　ər] 没有儿化韵或儿尾韵外，其余韵母均能儿化。

4. 南章、庞各庄、东固、霍庄一带 [-ŋ] 尾韵儿化后，丢去 [-ŋ] 尾，主要元音也不鼻化，分别举例如下：

ar（aŋ）	药方儿	iau$^{51}_{53}$ far^{44}
iar（iaŋ）	小羊儿	siau$^{213}_{21}$ iar^{22}
uar（uaŋ）	小床儿	siau$^{213}_{21}$ tʂ‘uar^{22}
ɤr（ɤŋ）	小风儿	siau$^{213}_{21}$ fɤr^{44}
iɤr（iŋ）	苇缨儿	uei$^{213}_{21}$ iɤr^{44}
uɤr（uŋ uəŋ）	小桶儿	siau$^{213}_{24}$ t‘uɤr^{2}13 \| 小瓮儿 siau$^{213}_{21}$ uɤr$^{51}_{57}$
yɤr（yŋ）	小熊儿	siau$^{213}_{24}$ xyɤr^{22}

三、声　调

（一）单字调

安国话的单字调有 4 个，轻声在外，列表说明如下。例字中单竖线后面的，来自古入声。

安国方言调类、调值表

表 19-10

调类	调值	例　　　　　　字
阴平	44	边偏飞方低梯天尊三专伤猪抽高开婚衣威｜八拍搭秃桌出刷七
阳平	22	平扶房唐才曹随床神穷熊寒魂麻难龙人牙文云初｜白罚答碟杂闸石学
上声	213	比普粉短体走草死纸手古口喊买努老染掩五｜百匹铁足促祝节媳各
去声	51	抱淡坐社变怕放店病饭大自助树共帽怒漏让瓮用｜麦木纳六绿日物

阴平调值有时也念 45，本志一律记做 44。

（二）古今调类关系

安国话的古今调类关系与北京话基本相同，即：古平声清音声母字今读阴平，古平声浊音声母字今读阳平，古上声清音声母、次浊声母字今读上声，古去声字今读去声；古全浊入字今归阳平，次浊入字今归去声，古清入字今归阴阳上去四声的都有。安国话与北京话在古今调类关系方面也有些差别，主要有以下两个：

1. 安国话今去声单字调是一个，调值是 51；但是“去声 + 轻声”的两字组连读时，前字去声的变

调情况因该字古声母的清浊而异，也就是说能分出阴去和阳去。分化规律大致是：古清音声母字今变为45调，为阴去；古浊音声母字，包括来自古全浊上声、古次浊入声的，今变为21调，为阳去。例如：豹•子 pau $^{51}_{45}$ tsɿ≠ 刨子$_{\text{木工用具}}$ pau $^{51}_{21}$ tsɿ| 救•的 tɕiou $^{51}_{45}$ ti≠ 旧•的 tɕiou $^{51}_{21}$ ti。下面分阴去和阳去举些例子：

阴去　簸•箕 po $^{51}_{45}$ tɕ‘i | 炮•仗 p‘au $^{51}_{45}$ •tʂaŋ | 屁•股 p‘i $^{51}_{45}$ •xu
骗•子 p‘ian $^{51}_{45}$ tsɿ | 票•子 p‘iau $^{51}_{45}$ tsɿ | 铺•子 p‘u $^{51}_{45}$ tsɿ
废•物 fei $^{51}_{45}$ •u | 带•子 tai $^{51}_{45}$ tsɿ | 凳•子 təŋ $^{51}_{45}$ tsɿ
对•付 tei $^{51}_{45}$ •fu | 对•头儿 tei $^{51}_{45}$ t‘ou•uər | 吐•沫 t‘u $^{51}_{45}$ •mə
四•月 sɿ $^{51}_{45}$ •yɛ | 帐•子 tʂaŋ $^{51}_{45}$ •tsɿ | 正•经 tʂəŋ $^{51}_{45}$ •tɕiŋ
翅•膀 tʂ‘ʅ $^{51}_{45}$ •paŋ | 臭•虫 tʂ‘ou $^{51}_{45}$ •tʂ‘uŋ | 价•钱 tɕia $^{51}_{45}$ •tʂ‘ian
镜•子 tɕiŋ $^{51}_{45}$ •tsɿ | 去•过 tɕ‘i $^{51}_{45}$ •kuo | 裤•子 k‘u $^{51}_{45}$ •tsɿ

阳去　棒•子 paŋ $^{51}_{21}$ •tsɿ | 被•子 pei $^{51}_{21}$ •tsɿ | 病•咧 piŋ $^{51}_{21}$ liɛ
帽•子 mau $^{51}_{21}$ •tsɿ | 稻•子 tau $^{51}_{21}$ •tsɿ | 道•儿 tau $^{51}_{21}$ uər
豆•腐 tou $^{51}_{21}$ •fu | 浪•头 laŋ $^{51}_{21}$ •t‘ou | 痢•疾 li $^{51}_{21}$ •tsi
利•息 li $^{51}_{21}$ •si | 露•水 lu $^{51}_{21}$ •ʂuei | 坐•下 tsuo $^{51}_{21}$ •ɕiɛ
丈•人 tʂaŋ $^{51}_{21}$ •zən| 上•去 ʂaŋ $^{51}_{21}$ •tɕ‘i | 妗•子 tɕin $^{51}_{21}$ •tsɿ

2. 古清入字安国话今归上声的较北京话多。从《方言调查字表》中选出的300个古清入字，安国话今念上声的有80余个，北京念上声的只有40多个，见下表。

古清入字今安国方言调类比较表

表19-11

北　京	安国今上声
阴　平	撮$_{\text{一～米}}$郭廓息熄悉昔惜约$_{\text{节～}}$
阳　平	福幅蝠得$_{\text{～到}}$德则足执职逐烛吉脊$_{\text{～梁}}$节结$_{\text{团～}}$菊角$_{\text{～色}}$觉$_{\text{自～}}$媳袭阁格国
上　声	百柏北笔瘪卜匹癖撇$_{\text{～捺}}$朴$_{\text{简～}}$法得$_{\text{我～去}}$塔铁帖$_{\text{请～}}$撒$_{\text{～种}}$索 窄嘱尺色$_{\text{～儿}}$甲脚雪给骨谷$_{\text{河～}}$乙嗍
去　声	发$_{\text{理～}}$迫$_{\text{压～}}$复腹的$_{\text{目～}}$策册促质祝室鲫切$_{\text{一～}}$雀鹊各客$_{\text{来～}}$咧刻$_{\text{时～}}$霍

（三）连读变调

仅志两字组连调情况。

1. 非叠字两字组　本方言非叠字两字组的前字有阴阳上去4种，后字有阴阳上去及轻声5种，共形成20种组合，连调方式分为22种。表中每种连调方式举一个例子，字有变调时，变调调值标在字的右下角，不变调的字不标调值。

安国方言非叠字两字组连调一览表

表 19-12

后字 连调方式 前字	阴平 44	阳平 22	上声 213	去声 51	轻声
阴平 44	阴天	方言	村长	公 $_{45}$ 社	桌 $_{45}$ 子 黑 $_{21}$ 豆
阳平 22	农村	羊 $_{44}$ 毛	河 $_{44}$ 北	邮 $_{44}$ 票	牌子
上声 213	手 $_{21}$ 枪	好 $_{24}$ 人	手 $_{24}$ 表	好 $_{21}$ 地	椅 $_{42}$ 子
去声 51	背 $_{53}$ 心儿	过 $_{53}$ 河	大 $_{53}$ 嫂	麦 $_{53}$ 地	罐 $_{45}$ 头 被 $_{21}$ 子

补充说明：

①“阴＋轻”的两种连调方式前一种多见，后一种少用，分化条件不明。后一种常见的还有青菜 ts‘iŋ $^{44}_{21}$ ts‘ai ｜高业（村名）kau $^{44}_{21}$ iɛ 等。

②古清浊音声母今念去声的字，单字调只有 1 个，调值都是 51，但在轻声之前来自古浊音声母的多数变为 21 调，与来自古清音声母的（都变为 45 调）不同调。本志称前者为阳去，称后者为阴去。此外，古浊音声母字今念去声的在轻声前有读阴去的，如状元 tʂuaŋ $^{51}_{45}$ yan| 凤凰 fəŋ $^{51}_{45}$ xuaŋ| 大米 ta $^{51}_{45}$ mi| 妹子 mei $^{51}_{45}$ tʂɿ，等等，可见阴阳去有合流趋势，而合流的趋向是阳去并入阴去。

2. 叠字两字组　本方言的叠字两字组包括叠音词、重叠式合成词和单音词的重叠式三部分，叠音词和重叠式合成词主要是名词，其他词类很少见。这两类名词连读，后字都念轻声，后字带儿尾的，儿尾也念轻声；前字变调规律分别举例说明如下：

①阴平前字　阴平前字的连调方式分两种：

甲、多数前字变 45，例如：妈妈 ma $^{44}_{45}$ ma| 公公 kuŋ $^{44}_{45}$ kuŋ| 尖尖儿 tsian $^{44}_{45}$ tsiɐr| 蛛蛛 tʂu $^{44}_{45}$ tʂu| 蛐蛐 tɕ‘y $^{44}_{45}$ tɕ‘yər| 蝈蝈 kuo $^{44}_{45}$ • kuor| 饽饽 po $^{44}_{45}$ pə 等。

乙、少数前字变为 21，例如：哥哥 kɤ $^{44}_{21}$ kɤ| 姑姑 ku $^{44}_{21}$ ku| 叔叔 ʂou $^{44}_{21}$ ʂou 等。

甲乙两种连调方式的分化条件不明。

②阳平前字不变，例如：爷爷 iɛ^{22}iɛ| 婆婆 po^{22}pə 等。

③上声前字变调方式也分两种，大致规律是，逢亲属称谓词变为 21，否则变为 42。前者如：姐姐 tsiɛ$^{213}_{21}$tsiɛ| 奶奶 nai $^{213}_{21}$ nai| 姥姥 lau $^{213}_{21}$ lau；后者如：筒筒 t‘uŋ $^{213}_{42}$ t‘uŋŋər| 卷卷儿 tɕyan $^{213}_{42}$ tɕyɐr| 眼眼儿 ian $^{213}_{42}$ iɐr| 碗碗 uan $^{213}_{42}$ uɐr| 口口儿 kou $^{213}_{42}$ kouuər。

④去声前字变调规律同非叠字两字组“去声＋轻声”，阴去前字变 45，如：太太 t‘ai$^{51}_{45}$ t‘ai| 票票 p‘iau $^{51}_{45}$ p‘iau；阳去前字变 21，如：舅舅 tɕiou $^{51}_{21}$ tɕiou| 大大$_{大伯}$ ta $^{51}_{21}$ ta| 道道 tau $^{51}_{21}$ tau。

单音词重叠式的连调情况，因词性而异：

名词、量词一般都不变调，例如：家家 tɕia^{44}tɕia^{44}| 天天 t‘ian^{44}t‘ian^{44}| 人人 zʅən^{22}zʅən^{22} | 年年 nian-^{22}nian^{22}| 斗斗 tou^{213}tou^{213}| 口口 k‘ou^{213}kou^{213}| 队队 tei^{51}tei^{51}| 个个 kɤ^{51}kɤ^{51}。

动词后字都变轻声，前字逢上声变为 24，去声变为 53，其余各调不变，如：

上声前字　　走走　tsou $^{213}_{24}$ tsou　|　想想　siaŋ $^{213}_{24}$ siaŋ

　　　　　　烤烤　k‘au $^{213}_{24}$ k‘au　|　写写　siɛ $^{213}_{24}$ siɛ

阴平前字	听听 t‘iŋ^{44}t‘iŋ | 说说 ʂuo^{44}ʂuo	
阳平前字	拿拿 na^{22}na | 学学 ɕiau^{22}ɕiau	
去声前字	看看 k‘an$^{51}_{53}$k‘an | 救救 tɕiou$^{51}_{53}$tɕiou	
	念念 nian$^{51}_{53}$nian | 坐坐 tsuo$^{51}_{53}$tsuo	
	贺贺 xɤ$^{51}_{53}$xɤ	

四、声韵配合

安国方言的基本音节（不计四声的声韵组合）有 446 个，其中有音无字者 16 个，本方言特有用字字音 6 个，尖音 30 个，与普通话相同者 394 个。本方言的声韵配合表中有音无字者用外加圆圈的数码表示，多音字在字的右上角加数码 1、2、3 等区分，[iai] 韵字只见于语流音变，表中未收。

安国方言声韵配合表

表 19-3

声母＼韵母 配合	开口呼															齐齿呼								
	ɿ	ʅ	a	o	ɤ	ɛ	ai	ei	au	ou	an	ən	aŋ	əŋ	ər	i	ia	iɛ	iau	iou	ian	in	iaŋ	iŋ
p			巴	玻			掰	杯	包		般	锛	邦	崩		逼	⑨	憋	彪		边	宾	(13)	兵
p‘			趴	坡			拍	披	炮	抛	攀	喷	旁	朋		劈	⑩	撇	漂		偏	拼	(14)	平
m			妈	膜	么	③	埋	妹	毛	某	满	闷	忙	蒙		米		灭	苗		免	民		明
f			发	佛				飞		否	翻	分	方	风										
t			搭		得		呆	兑	刀	豆	单	扽	当	灯		地	(11)	爹	刁	丢	掂			丁
t‘			他		特		胎	退	掏	偷	瘫	⑤	趟	疼		踢		贴	挑		天			听
n			那		讷		挨	内	孬	沤	安	摁	昂	弄		你		捏	鸟	牛	年	您	娘	宁
l			拉		乐		来	勒	老	楼	兰	⑥	狼	楞		里	俩	列	辽	溜	连	林	粮	岭
k			嘎		哥		该	给	高	勾	干	根	刚	埂										
k‘			喀		科		开	刻	考	抠	堪	肯	糠	坑										
ŋ			①		鹅															*				
x			哈		喝		孩	黑	薅	后	憨	很	夯	哼										
tɕ																鸡	家	街	教	纠	间	金	江	京
tɕ‘																欺	掐	怯	跷	球	牵	钦	腔	轻
ɕ																希	瞎	歇	嚣	休	掀	欣	香	邢
tʂ		支	扎		遮		摘	这	招	周	毡	真	张	争										
tʂ‘		吃	插		车		拆		抄	抽	搀	抻	昌	撑										
ʂ		师	杀		奢		筛	谁	捎	收	山	深	商	生										
ʐ		日	②		热				绕	揉	然	人	让	扔										
ts	姿		匝		责		栽	贼	遭	揍	簪		脏	增		集		姐	焦	揪	尖	津	浆	精
ts‘	次		擦		测		猜		糙	凑	蚕		仓	曾		七	(12)	切	瞧	秋	千	亲	枪	青
s	斯		撒		色		塞		臊	搜	三		桑	僧		西		楔	削	修	鲜	新	相	腥
ø			阿	喔	鹅[2]	欸	唉		噢		④		⑦	⑧	耳	衣	呀	噎	药	油	烟	因	秧	英

续表 19-3

声母 \ 配合 \ 韵母	合口呼										撮口呼				
	u	ua	uo	uau	uai	uei	uan	uən	uaŋ	uəŋ	uŋ	y	yɛ	yan	yn	yŋ
P	不															
P‘	铺															
m	母															
f	福															
t	督		多			兑	端	吨			冬					
t‘	秃		托			退	团	吞			捅					
n	奴		挪				暖				农	女	虐			
l	鲁		罗				乱	轮			笼	律	劣			
k	姑	瓜	锅	镐	乖	龟	官	棍	光		公					
k‘	哭	夸	阔		快	亏	宽	坤	筐		空					
ŋ																
x	呼	花	伙		坏	灰	欢	混	慌		轰					
tɕ												驹	撅	娟	君	
tɕ‘												区	缺	圈	群	穷
ɕ												虚	靴	玄	熏	雄
tʂ	朱	抓	捉	桌	拽	追	砖	准	装		中					
tʂ‘	出	（15）	戳		揣	吹	穿	春	窗		冲					
ʂ	书	刷	说	嘲	摔	水	拴	顺	双							
ʐ	入	挼	若		（16）	瑞	软				荣					
ts	足		坐			醉	钻	尊			宗	聚	绝			
ts‘	粗		错			催	窜	村			葱	取	鹊			
s	苏		梭			岁	酸	孙			松	须	雪			
ø	屋	哇	窝		歪	偎	晚	温	汪	瓮		鱼	哕	园	云	永

注：

（1）ŋa^{22} 叹词，表赞同或应答，有人写做“啊”。

（2）ʐa^{22}“人家”的合音：那不是我的，是～的。

（3）mɛ^{33}“没欸”的合音，问是否已做某事或问是否有某物时用：你吃咧～？｜你有书～？

（4）an^{213} 叹词$_s$用于追问；你是叫我呢拜，～？

（5）t‘ən^{44} 见下文（6）

（6）t‘ən^{44}lən^{22} 形容词$_s$形容肥胖的肉颤动的样子：他真胖，一走道儿身上的肉～～的。

（7）aŋ^{44} 叹词，用于祈使句：你去吧，～！

（8）əŋ^{44} 叹词，用于追问；表应答时念去声。

（9）（10）pia^{44}、p‘ia^{44} 均为象声词，形容枪声等。

（11）tia^{213} 形容词，女子美貌：她长得真～。

（12）ts‘ia^{44} 象声词，形容钹声。

（13）（14）piaŋ^{44}、p‘iaŋ^{44} 象声词，形容打耳光之类的声音。

（15）tʂ‘ua^{44} ①形容动作快：猫～的一下扑上去。②动词，扑上去用爪抓住：猫～老鼠。

（16）ʐuai^{44} 咕～，咀嚼不力，东西在嘴里倒来倒去。

五、异读字

异读字指同一个字而读音有两种或两种以上。主要有 3 类：

（一）误读与标准音并存，如：

例字	胞	波	捕
误读	꜀p‘au	꜀p‘uo	꜂p‘u
正音	꜀pau	꜀po	꜂pu

（二）方音与普通话标准音并存，如

例字	贞	所	饿袄安等	睡谁
方音	꜀tʂəŋ	꜂ʂuo	n 声母	开口韵
标准音	꜀tʂən	꜂suo	零声母	合口韵

（三）传统的读书音与说话音并存，这类字可称文白异读字。本方言这类字常用的列为下表，排列以文读音的声母为序。标音文读在前，白读在后，当中用斜线隔开。文白读用例有别时，分别举例。

剥 ꜀po ～削　/　꜀pau ～皮

薄 ꜀po 浅～　/　꜀pau ～厚

避 pi꜄ 逃～　/　pei꜄ ～雨

迫 p‘o꜄　/　꜂p‘ai 压～

摸 ꜀mo　/　꜀mau ～索

谋 ꜀mou　/　꜀mo 阴～

得 ꜂tə　/　ctei ～奖

虐 nyɛ꜄　/　niau꜄ ～待

挨 ꜀nai　/　꜀niɛ 紧～看

伯 ꜀po ～父　/　꜀pai 大～

笔 ꜂pi　/　꜂pei 毛～

披 ꜀p‘i　/　꜀p‘ei ～风

篾 ꜀miɛ　/　꜀mei 竹～子

墨 mo꜄　/　mei꜄ ～汁

德 ꜀tə　/　꜀tei 道～

特 t‘ə꜄　/　t‘uo꜄ ～殊

疟 nyɛ꜄ ～疾　/　iau꜄ 发～子

诺 nuo꜄　/　ʐuo꜄ 许～

略 lyɛᵓ / liauᵓ 策～

勒 lɤᵓ / ꜀lei ～住缰绳

骆 luoᵓ / lauᵓ ～驼

掠 lyɛᵓ / liauᵓ ～夺

炼 lianᵓ / luanᵓ ～铁

联 ꜀lian / ꜀luan ～合

在 tsaiᵓ / laiᵓ ～哪儿

做 tsuoᵓ / tsuoᵓ ～饭

择 ꜀tsɤ / ꜀tʂai ～菜

责 ꜀tsɤ / ꜀tʂai ～任

侧 tsʻɤᵓ / tsʻuoᵓ ～面儿

策 tsʻɤᵓ / ᶜtʂʻai 政～

涩 sɤᵓ / ʂɤᵓ 柿子～

塞 ꜀sai / ꜀suei ～进去

俗 ᶜsu / ꜀sy 风～

所 ᶜsuo / ᶜʂuo 处～

桌 ꜀tʂuo / ꜀tʂuau ～子

唇 ꜀tʂʻuən / ꜀tɕʻyn 嘴～

叔 ꜀ʂu / ꜀ʂou ～～

睡 ʂueiᵓ / ʂeiᵓ ～觉

弱 ʐuoᵓ / ʐauᵓ 瘦～

就副词、连词 tɕiou / tsouᵓ 我～来

倾 ꜀tɕʻiŋ / ᶜkʻəŋ ～向

雀 tɕʻyɛᵓ 麻～ / ᶜtsʻiau 家～

噙 ꜀tɕʻin / tɕʻyn 嘴里～着

学 ꜀ɕyɛ / ꜀ɕiau 上～

隔 ꜀kɤ ～离 / ꜀tɕiɛ ～一堵墙

耕 ꜀kəŋ / ꜀tɕiŋ ～地

客 kʻɤ / tɕʻiɛ 来～了

扩 kʻuoᵓ / kʻɤ ～大

获 xuoᵓ / xuᵓ 收～

扬 ꜀iaŋ / ꜀ʐaŋ ～场

慰 ueiᵓ / yᵓ ～问

跃 yɛᵓ / iauᵓ 飞～

映 iŋᵓ / ꜀iaŋ 反～

落 luoᵓ / lauᵓ ～树叶儿

洛 luoᵓ / lauᵓ ～水

乐 lɤᵓ / luoᵓ 快～

链 lianᵓ / luanᵓ 铁～子

练 lianᵓ / luanᵓ 锻～

绺 ᶜliou 一～头发 / li 小～扒手

再 tsaiᵓ / taiᵓ ～吃点儿

则 ᶜtsɤ / ᶜtsuo 原～

泽 tsɤᵓ / tʂaiᵓ 恩～

厕 tsʻɤᵓ / tsʻuoᵓ ～所

测 tsʻɤᵓ / tsʻuoᵓ ～量

册 tsʻɤᵓ / ᶜtʂʻai 花名～儿

色 sɤᵓ / ʂai 颜～

撒 ᶜsa / ᶜʂa ～了一地

漱 souᵓ / ʂuᵓ ～口

澄 ꜀tʂʻəŋ / təŋᵓ ～清

酌 ᶜtʂuo / ᶜtʂau 斟～

绰 tʂʻuo / ꜀tʂʻau 宽～

闰 ʐuənᵓ / linᵓ ～月

谁 ꜀ʂuei / ꜀ʂei 他是～

若 ʐuoᵓ / ʐauᵓ ～干

觉 ᶜtɕyɛ / ᶜtɕiau 自～

确 tɕʻyɛᵓ / tɕʻiauᵓ ～实

鹊 tɕʻyɛᵓ 喜～ / tsʻiau 麻衣～

衅 ɕinᵓ / ɕynᵓ 挑～

寻 ꜀ɕyn / ꜀suan ～觅

更 ꜀kəŋ / ꜀tɕiŋ 打～

刻 kʻɤᵓ / ᶜkʻei 时～

括 kʻɤᵓ / kʻuoᵓ 包～

虹 ꜀xuŋ 长～ / tɕiaŋᵓ 出～了

额 ɤᵓ / nuoᵓ 超～

尾 ᶜuei 扫～ / ᶜi ～巴

约 ꜀yɛ / ᶜiau 大～

岳 yɛᵓ / iauᵓ ～父

六、合　音

安国话中合音现象不多，但是有些合音词语在日常口语中常用，例如：

俩　两・个　ᶜlia　～人

仨　三・个　꜀sa　～工人／十～人

□　四・个　Sɤᵓ　～孩子／二十～人

□　十・个　ʂɤ　来二～人／买三～鸡蛋；“十个”的“十”不轻读的不能合音，参见后文《附录二》“十个”。

解　几・个　ᶜtɕiɛ　来～人？／你给我～扣子，我等着用。

□　这・一　tʂeiᵓ　①后接量词（或具有量词性质的名词）时，意思同“这一”～个人／～年雨水多。②后接数词时意思同“这”：～八个／～十五个。

甭：不・用 ᶜpiŋ$_{老}$～ᶜpiŋ$_{新}$　你～去咧。

不・欸 pɛ 用于询问意愿、计划、然否等等的正反问：你说想去北京，到底去～？／你知道～？

□　没欸　mɛ　用于询问有无某物或是否已做某事的正反问：你说去北京，去来 ～？／有书～？

□　去欸　tɕʻiai　想要书，你跟他要～！／家里有急事，你快点回～！

第四节　词　汇

一、天文　地理

老爷儿	lau$^{213}_{24}$ iɛ^{22}ər	太阳
日头	ʐʅ$^{51}_{45}$ tʻou	
贼星	tsei^{22}siŋ	流星
阴胡兰	in^{44}xu^{22}lan	月晕；“胡兰”当是“环”的分音
火烧云	xuo$^{213}_{21}$ ʂau^{44}yn^{22}	晚霞
闹天道	nau$^{51}_{53}$ tʻian$^{44}_{45}$ tau	变天
凌锥	liŋ^{22}tʂuei	冰锥
霜雪	ʂuaŋ$^{44}_{45}$ syɛ	霜
雹子	pau^{22}tsʅ	冰雹
雨魔	y$^{213}_{42}$ mə	迫近的风雨声
雨脚	y$^{213}_{42}$ tɕiau	远处云下飘落的雨线：西北上在下雨，你看，～都扎下来了。
红眼儿风	xuŋ^{22}iarfəŋ^{44}	尘土飞扬的狂风。
勺儿星	ʂau^{22}uərsiŋ^{44}	大熊星座
劈雷	pʻi^{44}lei^{22}	霹雳
雷闪忽闪	lei^{22}ʂanxu$^{44}_{53}$ ʂan	雷电交加

园子地	yan^{22}tsɿti^{51}	水肥条件好的地
上地	ʂaŋ^{51ti51}	
沙巴漏碱	ʂa$^{44}_{45}$ palou$^{51}_{53}$ tɕian^{213}	沙荒盐碱地
土疙瘩	tʻu$^{213}_{21}$ kɤ$^{44}_{45}$ ta	土丘
水濠	ʂuei$^{213}_{24}$ xau^{22}	水塘
老鸹枕头	lau$^{213}_{42}$ kuatʂən$^{51}_{21}$ tʻou	河卵石
河光石	xɤ^{22}kuaŋ^{44}ʂɿ^{22}	
姜疙瘩石儿	tɕiaŋ$^{44}_{45}$ kɤtaʂɿ^{22ər}	砂姜
胶泥土	tɕiau$^{44}_{45}$ nitʻu^{213}	黏土
车道沟儿	tʂʻɤ$^{44}_{45}$ tau$^{51}_{53}$ kou$^{44}_{45}$ uər	车辙
车道径儿	tʂʻɤ$^{44}_{45}$ tau$^{51}_{53}$ tɕiŋ$^{51}_{45}$ ŋər	
□ 土	tʻaŋ^{22}tʻu	尘土
塔灰	tʻa$^{213}_{42}$ xuei	悬在屋壁、屋顶的尘土
抄道儿	tʂʻau$^{44}_{45}$ tauuər	田间踩出的捷径

二、时间处所方位

早先儿	tsau$^{213}_{42}$ siar	过去
早咧	tsau$^{213}_{42}$ liɛ	很久以前
年上	nian^{22}ʂaŋ	去年
头年儿里	tʻou$^{22}_{44}$ niɐr^{22}ni	春节前
过年儿	kuo$^{51}_{21}$ niɐr	明年
前年	tsʻian$^{22}_{44}$ nian^{22}	去年的去年
秋里	tsʻiou$^{44}_{45}$ ni	秋天
麦里	mai$^{51}_{45}$ ni	麦收季节
上秋子	ʂaŋ$^{51}_{53}$ tsʻiou$^{44}_{45}$ tsɿ	一入秋
刹冷儿	ʂa^{44}ləŋ$^{213}_{42}$ ŋər	初冬
入冬儿	ʐu$^{51}_{53}$ tuŋ$^{44}_{45}$ ŋər	
过过儿	kuo$^{51}_{53}$ kuor	过一段时间：这事儿～再说吧
过了明儿	kuo$^{51}_{45}$ laumiŋ^{22}ŋər	后天
后儿	xou$^{51}_{21}$ uər	
夜了个儿	iɛ$^{51}_{21}$ laukər	昨天
今儿个	tɕiər$^{44}_{45}$ kɤ	今天
傍明子	paŋ$^{51}_{53}$ miŋ^{22}tsɿ	黎明
早清儿	tsau$^{213}_{21}$ tsʻiŋ$^{44}_{45}$ ŋər	早晨
早起	tsau$^{213}_{42}$ tɕʻin	
饭时	fan$^{51}_{53}$ ʂɿ^{22}	早饭时分
前半天儿	tsʻian^{22}putʻiɐr	上午

晌火	ʂaŋ ${}^{213}_{22}$ xuo	中午
后半天儿	xuo ${}^{51}_{21}$ putʻiar	下午
傍黑子	paŋ ${}^{51}_{53}$ xei ${}^{44}_{45}$ tsɿ	黄昏
后上	xou ${}^{51}_{21}$ ʂaŋ	晚上
黑介	xei ${}^{44}_{45}$ tɕiɛ	
一下子	i ${}^{44}_{45}$ ɕia ${}^{51}_{21}$ tʂɿ	一会儿功夫：你等会儿，我～就来
一会会儿	i ${}^{44}_{45}$ xuər ${}^{51}_{21}$ xuər	
老半天	lau ${}^{213}_{21}$ pan ${}^{51}_{53}$ tʻian^{44}	指时间很长
老大会子	lau ${}^{213}_{21}$ ta ${}^{51}_{53}$ xuei ${}^{51}_{21}$ tsɿ	
屋里田下	u ${}^{44}_{45}$ nitʻian^{22}ɕiɛ	当屋地
就地儿	tsiou ${}^{51}_{53}$ ti ${}^{51}_{21}$ iər	地上
斗地儿	tou ${}^{51}_{53}$ ti ${}^{51}_{21}$ iər	
门道口	mən^{22}tau ${}^{51}_{45}$ kʻou	门背后
过道里	kuo ${}^{51}_{45}$ tauni	门洞内
当块儿	taŋ ${}^{51}_{53}$ kʻuɐr51	同村
这一弯子	tʂei ${}^{51}_{53}$ i ^{44} uan ${}^{44}_{45}$ tsɿ	这一带
这弯儿	tʂei ${}^{51}_{21}$ uɐr	这片儿；这一块： 我们村～都姓王，那弯儿都姓李
远处儿里	yan ${}^{213}_{42}$ tʂʻuŋŋərni	远处儿，较远的地方
近处儿里	tɕin ${}^{51}_{21}$ tʂʻuŋŋərni	近处儿，附近
房后身儿	faŋ^{22}xou ${}^{51}_{53}$ ʂər44	屋后
房上	faŋ^{22}ʂaŋ	屋顶上
当街	taŋ^{44}tɕiɛ^{44}	街道上
这里	tʂɤ ${}^{51}_{21}$ ni	这里
这儿价	tʂɤr ${}^{51}_{21}$ tɕiɛ	那里
那里	xa ${}^{51}_{45}$ ni	
那儿价	xar ${}^{51}_{21}$ tɕiɛ	
这沿儿	tʂei ${}^{51}_{45}$ iɐr	这边儿
那沿儿	xai ${}^{51}_{45}$ iɐr	那边儿
南沿儿	nan^{22}iɐr	南边儿
北沿儿	pei ${}^{213}_{42}$ iɐr	北边儿
东沿儿	tuŋ ${}^{44}_{45}$ iɐr	东边儿
西沿儿	si ${}^{44}_{45}$ iɐr	西边儿
上手儿	ʂaŋ ${}^{51}_{53}$ ʂou ${}^{213}_{42}$ uər	左首，习惯以左为上，故称～
下手儿	ɕia ${}^{51}_{53}$ ʂou ${}^{213}_{42}$ uər	右首
后尾儿	xou ${}^{51}_{53}$ i ${}^{213}_{42}$ iər	后头
当巴间儿	taŋ ${}^{44}_{45}$ patɕiɐr^{51}	中间

脚头儿起	tɕiau $^{213}_{42}$ t‘ouuərtɕ‘i^{213}	卧床时脚下方
脑头儿起	nau $^{213}_{42}$ t‘ouuərtɕ‘i^{213}	卧床时头上方

三、植　物

梭子	suo $^{44}_{45}$ tsɿ	小麦
麦糠	mai $^{51}_{53}$ k‘aŋ^{44}	麦粒外面的壳儿
麦余子	mai $^{51}_{53}$ y^{22}tsɿ	麦秕子：你轧轧那～去，看还能扬出点来不！
麦梃儿	mai $^{51}_{53}$ t‘iŋ^{22}ŋər	麦穗柄
山药	ʂai $^{44}_{21}$ iau	甘薯
山药片儿	ʂai $^{44}_{21}$ iaupiɐr^{51}	生甘薯片
山药干儿	ʂai $^{44}_{21}$ iaukɐr^{44}	熟甘薯干儿
长果	tʂ‘aŋ $^{22}_{44}$ kuo^{213}	花生
花生仁儿	xua^{44}ʂəŋ^{44}zər^{22}	花生米
棒子	paŋ $^{51}_{21}$ tsɿ	玉米
棒子葫娄儿	paŋ $^{51}_{21}$ tsɿxu^{22}louuər	玉米穗轴
谷	ku^{44}	谷子
干草	kan $^{44}_{21}$ ts‘au	谷秸
谷挠	ku^{44}nau^{22}	脱粒后的碎谷穗
蒙糠	məŋ^{22}k‘aŋ	谷穗上的蒙片
高粱	kau $^{44}_{45}$ liaŋ	高粱
秫秸	ʂu^{22}tɕiɛ	高粱秸
梃杆	t‘iŋ^{22}kar	高粱穗柄
炊帚梃儿	tʂ‘uei $^{44}_{45}$ tʂut‘iŋ^{22}ŋər	指脱了粒的高粱穗
豆子	tou $^{51}_{21}$ tsɿ	专指大豆
疙挠	kɤ $^{44}_{45}$ nau	脱粒后的碎豆秸
芝麻茧儿	tʂɿ $^{44}_{45}$ matɕiɐr^{213}	芝麻秸
望竹莲	uaŋ $^{51}_{45}$ tʂulian^{22}	向日葵
望枝莲	uaŋ $^{51}_{45}$ tʂɿlian^{22}	
辣疙瘩	la $^{51}_{45}$ kɤta	芥菜
秦椒	ts‘in^{22}tsiau	辣椒
棱子	ləŋ^{22}tsɿ	荞麦
倭瓜	uo $^{44}_{45}$ kua	北瓜
玉瓜	y $^{51}_{45}$ kua	西葫芦
倒栽柳	tau $^{51}_{53}$ tsai^{44}liou^{213}	垂柳
笨槐	pən $^{51}_{53}$ xuai^{22}	国槐
槐连丹	xuai^{22}liantan^{44}	国槐果实

臭椿铃铛	tṣou$^{51}_{45}$ tṣuənliŋ^{22}taŋ	椿树果实
扎扎嘴儿	tṣa$^{44}_{45}$ tṣatsuər^{213}	大蓟
猪耳朵棵	tṣu^{44}ər$^{213}_{42}$ tauk'ɤ^{44}	车前
雀虫蛾旦儿	ts'iau$^{213}_{42}$ tṣuŋuo^{22}tɐr	血见愁
宿根儿	su$^{51}_{53}$ kɤr	白茅根
甜甜根儿	t'ian^{22}t'ian^{22}kɤr^{44}	
谷莠子	ku^{44}iou4$^{213}_{42}$ tsɿ	谷莠
谷谷莠	ku$^{44}_{45}$ kuiou^{213}	
马生儿菜	ma$^{213}_{42}$ ṣəŋŋərts'ai^{51}	马齿苋
梢葫兰儿	ṣau$^{44}_{45}$ xulɐr	一种野生草本植物，果实梭形，嫩时可食
曲菜	tɕ'y$^{44}_{21}$ ts'ai	苦菜
榨蓬棵	tṣa$^{51}_{45}$ p'əŋk'ɤ^{44}	一种野菜，叶针状
姑姑英	ku$^{214}_{21}$ kuiŋ^{44}	蒲公英
妈妈管儿	ma$^{44}_{45}$ makuɐr^{213}	地黄
串株莲儿	tṣ'uan$^{51}_{53}$ tṣu44liɐr22	野生喇叭花

四、动　物

锛打木儿	pən$^{44}_{45}$ tamu$^{51}_{21}$ uər	啄木鸟
黄娄儿	xuaŋ^{22}louuər	黄鹂
野鹊	iɛ$^{213}_{42}$ ts'iau	喜鹊
麻尾雀	ma^{22}its'iau^{2i3}	
家雀	tɕia$^{44}_{45}$ ts'iau	麻雀
唧唧梆儿	tsɿ$^{44}_{45}$ tsɿpaŋ$^{44}_{45}$ ŋər	麻雀样大、黑毛白颈、鸣“吱吱本儿”的鸟
吱吱本儿	tsɿ^{44}tsɿ^{44}pər^{213}	
窝兰儿	uo$^{44}_{45}$ lɐr	云雀
老根儿嘎咕	lau$^{213}_{21}$ kɤr^{44}ka^{44}ku^{22}	杜鹃
地唔儿	ti$^{51}_{53}$ u^{22}uər	一种鸟，嘴长，据说善食蚁，多见于夏秋之交
叫驴	tɕiau$^{51}_{45}$ ly	公驴
草驴	ts'au$^{213}_{42}$ ly	母驴
蛋羊	tan$^{51}_{21}$ iaŋ	公羊
叫猪	tɕiau$^{51}_{21}$ tṣu	公猪
窠郎	k'ɤ$^{44}_{45}$ laŋ	架子猪
奶光子	nai$^{213}_{21}$ kuaŋ$^{44}_{45}$ tsɿ	仔猪
豚儿	t'ər^{22}	母仔猪

豮儿	tsəŋ $^{51}_{45}$ ŋər	公仔猪
狐子	xu^{22}tsɿ	狐狸
长虫	tʂ‘aŋ^{22}tʂ‘uŋ	蛇
缠虫	tʂ‘an $^{22}_{21}$ tʂ‘uŋ	（东固一带称蛇）
地拍拍	ti $^{51}_{21}$ p‘aip‘ai	鼹鼠
蚰蜒	liou $^{22}_{21}$ ian	蜈蚣
蝎虎儿	ɕiɛ $^{44}_{45}$ xuər	蜥蜴
爬墙虎	p‘a^{22}ts‘iaŋ $^{22}_{44}$ xu^{213}	壁虎
饸饹虫	xɤ^{22}lautʂ‘uŋ^{22}	蚯蚓
疥蛤蚂	tɕiɛ $^{51}_{45}$ xɤma	蟾蜍
别虎	piɛ^{22}xu	蚂蚁，本字当是“蚍蜉”
米蝆	mi $^{213}_{42}$ iaŋ	吃粮食的牛子虫
米象	mi $^{213}_{42}$ xiaŋ	
蜜虫	mi $^{51}_{21}$ tʂ‘uŋ	蚜虫
油龙	iou^{22luŋ}	（沙河以南叫名）
火蛛子	xuo $^{213}_{21}$ tʂu ^{44}tsɿ	红蜘蛛
拉蛄	la $^{44}_{45}$ ku	蝼蛄
刀螂	tau $^{44}_{45}$ laŋ	螳螂
促织儿	su $^{51}_{45}$ tʂər	蟋蟀
蛐子	iou^{22}tsɿ	雄性蝈蝈
驴驹儿	ly^{22}tɕyər	雌性蝈蝈
蚂螂	ma $^{44}_{45}$ laŋ	蜻蜓
唧了	tsi $^{44}_{45}$ liau	蝉
唧了鬼儿	tsi $^{44}_{45}$ laukuər^{213}	蝉的幼虫
老蛄哝	lau $^{213}_{21}$ ku $^{44}_{45}$ nəŋ	
臭大姐	tʂou $^{51}_{53}$ ta $^{51}_{53}$ tsiɛ^{213}	椿象
屎克螂	ʂɿ $^{213}_{21}$ k‘ɤlaŋ	蜣螂
瞎虻	ɕia $^{44}_{45}$ məŋ	牛虻
马蜂	ma $^{213}_{42}$ p‘əŋ	黄蜂
盖子虫	kai $^{51}_{45}$ tsɿtʂ‘uŋ^{22}	土鳖
虼蚤	kɤ $^{51}_{45}$ tʂ‘au	跳蚤
肚子	tu $^{213}_{42}$ tsɿ	动物胃
腥油	siŋ^{44}iou^{22}	猪油
上水	ʂaŋ $^{51}_{45}$ ʂuei	供食用的动物心肝肺
下水	ɕia $^{51}_{45}$ ʂuei	供食用的动物肠胃
腰子	iau $^{44}_{45}$ tsɿ	肾
尿脬	suei $^{44}_{45}$ p‘au	膀胱
鸡抱肚儿	tɕi^{44}pau $^{51}_{45}$ tuər	鸡胗

百叶	pai $^{213}_{42}$ iɛ	牛胃
杂碎	tsa^{22}suei	动物内脏的统称

五、人身　人品

半桩子	pan $^{51}_{53}$ tʂuaŋ $^{44}_{45}$ tsɿ	少年
外庄子	uai $^{51}_{53}$ tʂuaŋ $^{44}_{45}$ tsɿ	外村或外乡人
填房儿	t‘ian^{22}faŋŋər	男子的继室
散头儿	san $^{51}_{53}$ t‘ouuər	离婚的人
暮生儿	mu $^{51}_{45}$ ʂəŋŋər	遗腹子
带犊儿	tai $^{51}_{45}$ tuər	随母改嫁的孩子
小闺女儿	siau $^{213}_{21}$ kuən $^{44}_{45}$ niər	女孩儿
小小子儿	siau $^{213}_{21}$ siau $^{213}_{42}$ tsər	男孩儿
后婚儿	xou $^{51}_{53}$ xuər^{44}	改嫁的寡妇
脑瓜顶	nau $^{213}_{42}$ kuatiŋ^{213}	头顶
额了盖儿	iɛ $^{51}_{21}$ laukɐr^{51}	额头
眼支眉	ian $^{213}_{42}$ tʂʅmei^{22}	眉毛
眼支毛	ian $^{213}_{42}$ tʂʅmau^{22}	睫毛
鼻骨梁	pi^{22}kuliaŋ^{22}	鼻梁
耳刀	ər $^{213}_{42}$ tau	耳朵
鼻子窟窿儿	pi^{22}tsɿku $^{44}_{45}$ ləŋŋər	鼻孔
鼻子眼儿	pi^{22}tsɿiɐr^{213}	
脖嗉儿	po^{22}su $^{51}_{45}$ ər	喉结
肩巴头儿	tɕian $^{44}_{45}$ pat‘ou^{22}uər	肩膀
前心	ts‘ian^{22}sin^{44}	前胸
圪拉拜儿	kɤ $^{44}_{21}$ lapɐr^{51}	膝盖
踝子骨	xua^{22}tsɿku^{213}	踝骨
拘挛儿头	tɕy $^{44}_{45}$ liɐrt‘ou^{22}	卷发
吊鬓	tiau $^{51}_{53}$ pin^{51}	额角毛发脱落
窝嘟眼	uo $^{44}_{21}$ tuian^{213}	眼窝深陷
暴凸眼	pau $^{51}_{45}$ tuian^{213}	眼球突出
眵么糊	tʂ‘ʅ22maxu^{22}	眼眵
暴齿牙	pau $^{51}_{45}$ tʂ‘ʅia^{22}	宽大的下颌
盖齿	kai $^{51}_{45}$ tʂ‘ʅ	上齿偏前
曲抽纹	tɕ $^{44}_{45}$ tʂ‘ouuər^{22}	皱纹
头发帘儿	t‘ou^{22}faliɐr^{22}	留海儿
门楼头	mən^{22}lout‘ou^{22}	前额突出
前鸡心	ts‘ian^{22}tɕi $^{44}_{45}$ sin	鸡胸

跑合儿的	pʻau $^{213}_{24}$ xɤ^{22ərti}	药业经纪人
老娘婆	lau $^{213}_{42}$ niaŋpo^{22}	接生婆
庄稼汉	tʂuaŋ $^{44}_{45}$ tɕiɛxan^{51}	农民
买卖人	mai $^{213}_{21}$ maizən^{22}	商人
打铁的	ta $^{213}_{24}$ tʻiɛ $^{213}_{42}$ ti	铁匠
教书的	tɕiau^{44}ʂu $^{44}_{45}$ ti	教师
先生	sian $^{44}_{45}$ ʂəŋ	医生
老实头	lau $^{213}_{42}$ ʂʅtʻou^{22}	本分人
红脸汉子	xuŋ $^{22}_{44}$ lianxan $^{51}_{45}$ tsɿ	自尊自重的人
坐地虎	tsuo $^{51}_{53}$ ti $^{51}_{53}$ xu^{2i3}	称霸一方的恶棍
浪荡梆子	laŋ $^{51}_{45}$ taŋpaŋ $^{44}_{45}$ tsɿ	游手好闲的人
落道梆子	lau $^{51}_{45}$ taupaŋ $^{44}_{45}$ tsɿ	放荡、行为不端的人
刺儿头	tsʻɿ $^{51}_{45}$ ərtʻou^{22}	爱说怪话、出难题，不好管束的人
小店儿	siau $^{213}_{21}$ tiɐr^{51}	小家子气
楞头青	ləŋ $^{51}_{53}$ tʻou^{22}tsʻiŋ^{44}	冒失的年轻人
眼子头	ian $^{213}_{42}$ tsɿtʻou^{22}	受人捉弄的人
榆木疙瘩	y^{22}mukɤ $^{44}_{45}$ ta	不开窍，认死理的人
缠磨头	tʂʻan^{22}mətʻou^{22}	遇事好纠缠的人
孙头子	suən^{44}tʻou^{22}tsɿ	吝啬的人
草鸡毛	tsʻau $^{213}_{42}$ tɕimau^{22}	怯懦，胆小怕事的人
干家儿	kan $^{51}_{45}$ tɕiɐr	精明强干的人
怯兜子	tɕʻiɛ $^{51}_{53}$ tou $^{44}_{45}$ tsɿ	人前羞怯的孩子
二不楞登	ər $^{51}_{21}$ puləŋtəŋ^{44}	不安分且不服管教的人
半彪子	pan $^{51}_{53}$ piau $^{44}_{45}$ tsɿ	鲁莽汉
吃菜包子	tʂʻʅ $^{44}_{45}$ tsʻaipau $^{44}_{45}$ tsɿ	无能的人
吃菜	tʂʻʅ $^{44}_{45}$ tsʻai	
菜包子	tsʻai $^{51}_{53}$ pau $^{44}_{45}$ tsɿ	
王八头	uaŋ^{22}patʻou^{22}	对娼妇之夫的蔑称
楞葱	ləŋ $^{51}_{53}$ tsʻuŋ^{44}	办事鲁莽的人
半挂子	pan $^{51}_{53}$ kua $^{51}_{45}$ tsɿ	性情鲁莽的人
夜猴子	iɛ $^{51}_{21}$ xoutsɿ	晚上不肯早睡的人
俗胎子	sy^{22}tʻai^{44}tsɿ	庸俗的人
冤大头	yuan $^{44}_{45}$ ta $^{51}_{53}$ tʻou^{22}	被捉弄，受冤枉的人
馕包	naŋ $^{213}_{21}$ pau	食量大的人
光棍儿	kuaŋ $^{44}_{21}$ kuər	蛮横无人敢惹的人
跑荒子	pʻau $^{213}_{21}$ xuaŋ $^{44}_{45}$ tsɿ	不务正业在外面跑的青年人
茶邪匪	niɛ^{22}siɛfei^{213}	我行我素，遇事不吭声的人
顺毛驴	ʂuən $^{51}_{53}$ mau $^{22}_{44}$ ly^{22}	吃顺不吃戗的人

白眼儿狼	pai^{22}iɐrlaŋ^{22}	没良心的人
踹货	tʂʻuai $^{51}_{45}$ xuo	犹说废物
瞎话篓子	ɕia $^{44}_{45}$ xua $^{51}_{53}$ lou $^{213}_{42}$ tsɿ	好说谎的人
财迷疯	tsʻai $^{22}_{44}$ mi^{22}fəŋ^{44}	极吝啬贪财的人
二八扣	ər $^{51}_{53}$ pa^{44}kʻou^{51}	好说大话、说话不着边际的人
滑出哩	xua^{22}tʂʻuli^{44}	指人油滑：那个人～的
酸毛臭疍	suan^{44}mau^{22}tʂʻou $^{51}_{53}$ tan^{51}	尖酸小气
鸡肠小肚	tɕi^{44}tʂʻaŋ^{22}siau $^{213}_{21}$ tu^{51}	度量小
小眼子薄皮	siau $^{213}_{24}$ ian $^{213}_{42}$ tsɿpau $^{22}_{44}$ pʻi^{22}	小气；斤斤计较
小家局子	siau $^{213}_{21}$ tɕia^{44}tɕy^{22}tsɿ	小家子气
傻哩瓜唧	ʂa $^{213}_{42}$ likua $^{44}_{45}$ tsi^{44}	傻乎乎的：他～的
鬼仗	kuei $^{213}_{42}$ tʂaŋ	精明；狡黠
鬼头蛤蟆眼儿	kuei $^{213}_{24}$ tʻou^{22}xɤ^{22}maiɐr^{213}	机灵
潦儿胡哨	liau^{22}uərxu $^{22}_{44}$ ʂau^{51}	马马虎虎
嘎咕	ka $^{213}_{42}$ ku	心眼儿坏
撒嘎	sa^{44ka213}	使坏
狗脸	kou $^{213}_{42}$ liɐn	爱翻脸
斯样	sɿ $^{44}_{45}$ iaŋ	吝啬
蹋撒	tʻa $^{44}_{45}$ sa	吊儿浪当
茶邪	niɛ^{22}siɛ	慢性子
拐孤	kuai $^{213}_{42}$ ku	性格孤僻，古怪
敞荡	tʂʻaŋ $^{213}_{42}$ taŋ	大度，爱说笑
随呼噜打躺声儿	suei^{22}xu $^{44}_{45}$ luta $^{213}_{24}$ taŋ $^{213}_{42}$ ʂəŋər	随声附和
蔫乎	nian $^{44}_{45}$ xu	腼腆
鸡眉狗眼	tɕi^{44}mei^{45}kou $^{213}_{24}$ ian^{213}	气急败坏
高呼噜大嗓	kau $^{44}_{45}$ xulouta $^{51}_{53}$ saŋ^{213}	大喊大叫
干巴利落脆	kan $^{44}_{45}$ pali $^{51}_{45}$ luotsʻuei^{51}	办事利落
娇水	tɕiau $^{44}_{45}$ ʂuei	娇气
臭坑	tʂʻou $^{51}_{53}$ kʻəŋ^{44}	人人讨厌的人：他是个～，没有理他
沾直	tʂan $^{44}_{45}$ tʂʅ	鲠直，正派；不贪人便宜
没拉杆儿	mei$_{4}^{2}{}_{4}^{2}$la^{22}kɐr	说话、做事没遮拦
深沉	ʂən $^{44}_{45}$ tʂʻən	办事老练
死巴	sɿ $^{213}_{42}$ pa	不灵活
一根筋	i^{44}kən^{44}tɕin^{44}	脾气倔犟
没言话语儿	mei $^{22}_{44}$ nian^{22}xua $^{51}_{53}$ y $^{213}_{21}$ ər	腼腆，不爱说话
毛脚	mau^{22}tɕiau	冒失
潦乎	liau^{22}xu	马虎

八成火	pa$^{44}_{45}$ tʂ‘əŋxuo^{213}	缺心眼
缺魂儿	tɕ‘yɛ^{44}xuər^{22}	

六、行　为

气害	tɕ‘i$^{51}_{45}$ xai	嫉妒
烧包	ʂau^{44}pau^{44}	恃财忘形，任意挥霍
摆邪	pai$^{213}_{24}$ siɛ^{22}	使性子
结记	tɕiɛ$^{213}_{42}$ tɕi	惦记
哨闲片儿	ʂau$^{51}_{53}$ xian^{22}p‘iər^{44}	闲聊天
吵包子	tʂ‘au$^{213}_{21}$ pau$^{44}_{45}$ tsɿ	吵嘴
扒够	pa$^{44}_{45}$ kou	踮起脚尖够物或看东西
骨蹲儿	ku$^{44}_{45}$ tuər	蹲着
上兴	ʂaŋ$^{51}_{53}$ ɕiŋ^{44}	逞脸：这孩子可好跟爷爷～呢！
个蹦眼	kɤ$^{51}_{45}$ pəŋian^{213}	睁一眼，闭一眼地看：～打枪才瞄得准
提溜	ti$^{44}_{45}$ liou	提起来
鼓捣	ku$^{213}_{42}$ tau	修理；摆弄
抬	t‘ai^{22}	小心收藏好：这件衣裳我舍不得穿，老～着
着搁	tʂau$^{44}_{45}$ kɤ	收拾：晾的衣裳干了你给～起来
硌硬	kɤ$^{51}_{45}$ iŋ	讨厌
圪蹴	kɤ$^{51}_{21}$ tsiou	蹙眉；哈腰
脱空	t‘no^{44}k‘iig^{44}	旷工
脱工	t‘uo^{44}k‘uŋ^{44}	
崴泥	uai$^{213}_{24}$ ni^{22}	腻歪
玩儿不转	uər^{22}putʂuan^{51}	没能力办某事
揳	siɛ^{44}	捶打物体到里面；打（人）：～他一顿
扯	tʂ‘ɤ^{213}	走：在那儿呆一会儿，我就～回来了 跑：他～得可快呢，赛跑老是第一
嚷和	zaŋ$^{213}_{42}$ xuo	大声嚷嚷
调嘟	tiau$^{51}_{21}$ tu	原地打转转
暗藏背掖	nan$^{51}_{53}$ ts‘aŋ^{22}pei$^{51}_{53}$ iɛ^{51}	背地里藏东西据为己有
隔业	kɤ$^{44}_{45}$ iɛ^{51}	孩子打架
打整	ta^{22}tʂəŋ	收拾；打扮
打憋	ta$^{213}_{21}$ piɛ^{44}	彼此怄气，互不搭理： 那两口子又～呢，几天没说话咧
打猫猫趞趞儿	ta$^{213}_{21}$ mau$^{2}_{4}$$^{2}_{4}$mausyɛ^{22}syɤr	因头晕而转圈圈： 我一巴掌打得他就～咧
打倒	ta$^{213}_{21}$ tau^{51}	退货

打点儿	ta$^{213}_{24}$ tiɐr^{213}	暗示
打坠弯儿	ta$^{213}_{24}$ tʂuei$^{51}_{21}$ uɐr	孩子往下坠使人抱不起来
打调抻儿	ta$^{213}_{24}$ tiau$^{51}_{21}$ tʂʻər	百般刁难使事情无法办成
打落	ta$^{213}_{21}$ lau^{51}	无意购买却讨价还价
打过	ta$^{213}_{42}$ kuo	打逗；推让
踅摸	syɛ^{22}mə	寻找
不哼不哈	pu^{44}xəŋ^{44}pu^{44}xa^{44}	不吭声
打闪劈	ta$^{213}_{24}$ ʂan$^{213}_{21}$ pʻi^{44}	露一下面，又借故溜走：今天一上班他来打咧个闪劈就走了
干茧子	kan$^{51}_{53}$ tɕian$^{213}_{42}$ tsɿ	吵架
拿捏	na^{22}nian	刁难
拿糖	na$^{22}_{44}$ tʻaŋ^{22}	摆架子
呲打	tsʻɿ$^{44}_{45}$ ta	训斥
呲搡	tsʻɿ$^{44}_{45}$ saŋ	
听风了耳	tʻiŋ^{44}fəŋ^{44}liau$^{213}_{24}$ ər^{213}	偷听别人谈话
多嫌	tuo$^{44}_{45}$ ɕian	嫌弃
和唠	xɤ$^{51}_{21}$ lau	挑拨是非
日叫	ʐʅ$^{51}_{45}$ tɕiau	破口大骂
摆活	pai$^{213}_{42}$ xuo	夸夸其谈
摆治	pai$^{213}_{42}$ tʂʅ	摆弄
笑白	ɕiau$^{44}_{45}$ pai	奚落
筛筛	ʂai$^{44}_{21}$ ʂai	背地宣传他人短处
[口楞]	ləŋ44	用拳头捶人：　～他一拳
出溜	tʂʻu$^{44}_{45}$ liou	滑下
谝	pʻian^{213}	显示自己
处待	tʂʻu$^{51}_{53}$ tai	事后报答别人的帮助
搅包	tɕiau$^{213}_{21}$ pau^{44}	强辞夺理
捅毛儿斗爪儿	tʻuŋ^{44} mau^{22} uərtou$^{51}_{53}$ tʂua$^{213}_{42}$ ər	打逗
不承望	pu^{44}tʂʻəŋ^{22}uaŋ	料想不到
叨脖嗉儿	tiau^{44}po^{22}su^{51}ər^{51}	抓把柄
嚼舌头	tsiau$^{22}_{44}$ ʂɤ^{22}tʻou	说别人闲话
打眼	ta$^{213}_{21}$ ian^{213}	看走了眼
爽	ʂuaŋ^{213}	退缩：他胆小怕事，遇事儿就往后～
囚磨	tsʻiou^{22}mə	倦缩着不动弹
掂对	tian$^{44}_{45}$ tei	安排
掂掇	tian$^{44}_{45}$ tuo	上下掂；权衡
短人	tuan$^{213}_{24}$ ʐən^{22}	卡人

转灯	tʂuan$^{51}_{53}$ təŋ^{44}	四处求借
撩	liau^{22}	一种缝纫手法
乱	luan^{51}	将粉末等搅入水中
忙儿着	mɐr^{22}tʂau	快着：你～去
克查	k‘ɤ$^{44}_{45}$ tʂ‘a	文火煮
背拉	pei$^{44}_{45}$ la	平均
帮补	paŋ$^{44}_{45}$ pu	帮助
补扶	pu$^{213}_{42}$ fu	报答
拦	lan^{22}	施肥～麦子去
炕	k‘aŋ^{51}	焙干
量粮	liaŋ$^{22}_{44}$ liaŋ^{22}	买粮食
嘚	tei^{44}	抛物击人
争	tʂəŋ^{44}	欠：他～人钱
轱辘	ku$^{44}_{45}$ lou	滚动物体
供作	kuŋ^{44}tsuo^{44}	供料，打下手：你垒墙，我和泥，给你～
周	tʂou^{44}	用脚面踢
觉蹑	tɕiau$^{213}_{21}$ niɛ^{51}	自觉
胡拉	xu^{22}la	用手掌将散落的东西聚拢在一起；摩挲
呼	ts‘y$^{44}_{45}$ xu	往前凑
贬	pian^{213}	用脚踩平踏实
踹	tʂ‘uai^{213}	用脚踩：下种后，把畦～平
揎	suan^{51}	用鞭子或细枝条抽
哕	yɛ^{213}	呕吐
搋	tʂ‘uai^{44}	以手用力压和揉：～面
㧟	k‘uai^{213}	挎在小臂上
膏	kau^{51}	为机械加润滑油
耨	nou^{213}	柴火湿烧不着，光～烟
打哇哇	ta$^{213}_{24}$ ua^{22}ua	指反悔
梃	t‘iŋ^{51}	拳或棒直顶过去
打遭儿	ta$^{213}_{21}$ tsau$^{44}_{45}$ uər	开玩笑；办事不认真，不严肃
搊下巴	tʂou$^{44}_{45}$ xia$^{51}_{21}$ pa	抓住话柄给予回击
张牙欠口	tʂaŋ^{44}ia^{22}tɕ‘ian$^{51}_{53}$ k‘ou^{213}	打哈欠
吹脖梗儿	tʂ‘uei^{44}po^{22}kəŋ$^{213}_{42}$ ŋər	吹嘘
干茧儿	kan$^{51}_{53}$ tɕiɐr^{213}	干活儿
浇园	tɕiau^{44}yan^{22}	烧地
洇地	in$^{44}_{45}$ ti^{51}	浇白地
耪地	p‘aŋ$^{213}_{21}$ ti^{51}	中耕
掘地	tɕyɛ$^{22}_{44}$ ti^{51}	翻地

打耙地	ta$^{213}_{21}$ pati^{51}	把翻过的地整平
扦	ts‘ian^{44}	从长着的禾秆上割下穗：～高粱
掰棒子	pai^{44}paŋ$^{51}_{21}$ tsɿ	收获玉米
杀芝麻	ʂa^{44}tʂʅ^{44}ma	割芝麻
钹豆子	p‘o^{44}tou$^{51}_{21}$ tsɿ	割豆子
找黍子	tʂau$^{213}_{24}$ ʂu$^{213}_{42}$ tsɿ	用“找镰”从长着的黍秧上掐下黍穗
拾茬子	ʂʅ$^{22}_{44}$ tʂ‘a^{22t}sɿ	把庄稼茬捡出来
起茬撂地	tɕ‘i$^{213}_{24}$ tʂ‘a^{22}liau$^{51}_{53}$ ti^{51}	田中庄稼收割后不再耕种

七、衣　服

秋衣，秋裤	ts‘iou^{44}i44ts‘iou$^{44}_{45}$ k‘u^{51}	针织衬衣，衬裤
裤衩儿	k‘u$^{51}_{53}$ tʂ‘a$^{213}_{42}$ ər	短裤
背心儿	pei$^{51}_{53}$ siər^{44}	无袖筒、大领窝的背带上衣
搭包	ta$^{44}_{45}$ p‘au	长衣束腰的带子
	又音 ta$^{44}_{45}$ pau	
大氅	ta$^{51}_{53}$ tʂ‘aŋ^{213}	大衣
套鞋	t‘au$^{51}_{45}$ ɕiɛ	棉鞋
手巴掌儿	ʂou$^{213}_{21}$ pa$^{44}_{45}$ tʂaŋŋər	手套
凉鞋	liaŋ$^{22}_{44}$ ɕiɛ^{22}	塑料鞋的统称
呱嗒板儿	kua$^{44}_{45}$ tapɐr^{213}	拖鞋
蹋拉板儿	t‘a$^{44}_{45}$ lapɐr^{213}	
围脖儿	uei$^{22}_{44}$ po^{22}ər	围巾
手巾	ʂou$^{213}_{42}$ tɕin	毛巾
小手巾儿	siau$^{213}_{24}$ ʂou$^{213}_{42}$ tɕiər	手帕
囤囤儿	tuən$^{51}_{21}$ tuər	肚兜
圪拉褂儿	kɤ$^{44}_{21}$ lakua$^{51}_{45}$ ər	小孩后开襟的罩褂儿
连脚裤	lian$^{22}_{44}$ tɕiau$^{213}_{21}$ ku^{51}	小孩连脚兜住的裤子
壳篓鞋	k‘ɤ$^{51}_{21}$ louɕiɛ^{22}	小孩穿的将裤脚兜住的鞋
屁股帘儿	p‘i$^{51}_{21}$ xuliɐr^{22}	小孩穿开裆裤系在屁股后面的小垫子

八、饮　食

白粥	pai^{22}tʂou	玉米糁粥
原汤面	yan^{22}t‘aŋ$^{44}_{45}$ mian^{51}	炒菜加水煮熟的面条
干挑儿面	kan^{44}t‘iau$^{213}_{42}$ uərmian^{51}	捞面
包子	pau$^{44}_{45}$ tsɿ	菜包儿
馒头	man^{22}t‘ou	豆包

卷子	tɕyan$^{213}_{42}$ tsɿ	馒头
□饼	sian^{22}piŋ	饼
苦垒	kʻu$^{213}_{42}$ lei	玉米、高粱等粗粮的糁子加菜拌后蒸熟的食物
疙瘩	kɤ$^{44}_{45}$ ta	
馃子	kuo$^{213}_{42}$ tsɿ	油条
大馃子	ta$^{51}_{53}$ kuo$^{213}_{42}$ tsɿ	点心
槽子糕	tsʻau^{22}tsɿkau	蛋糕
茶食条	tʂʻa^{22}ʂʅtʻiau^{22}	江米条儿
清酱	tsʻiŋ$^{44}_{45}$ tsiaŋ^{51}	酱油
漂油	pʻiau$^{213}_{24}$ iou^{22}	卫生油
黑油	xei^{44}iou^{22}	未经加工处理的棉籽油

九、宅 院

庄户	tʂuaŋ$^{44}_{45}$ xuo	宅院
影壁	iŋ$^{213}_{42}$ pei	照壁
台子	tʻai^{22}tsɿ	台阶
茅子	mau^{22}tsɿ	厕所
配房	pʻei$^{51}_{45}$ faŋ	厢房
里间屋	li$^{213}_{21}$ tɕian^{44}u^{44}	卧室
外间屋	uai$^{51}_{53}$ tɕian^{44}u^{44}	堂屋
过道屋	kuo$^{51}_{45}$ tauu^{44}	穿堂屋
厦架屋	ɕia$^{51}_{45}$ tɕiau^{44}	出厦屋
头棚	tʻou^{22}pʻəŋ^{44}	牲口圈
戳斗房	tʂʻuo^{44}tou$^{213}_{24}$ faŋ^{22}	外墙用砖，一层横卧、一层横戳交替垒成的房
煤火炕	mei$^{22}_{45}$ xuo$^{213}_{21}$ kʻaŋ^{51}	煤火通炕

十、农具 器物

车子	tʂʻɤ$^{44}_{45}$ tsɿ	自行车
蒲棱车	pʻu^{22}ləŋtʂʻɤ^{44}	带棚车
花轱辘车	xua^{44}ku$^{44}_{45}$ loutʂʻɤ^{44}	老式大车
胶皮车	tɕiau$^{44}_{45}$ pʻitʂʻɤ^{44}	胶轮车
辘辘	lau$^{51}_{45}$ lu	旧式提水农具
斗子	tou$^{213}_{42}$ tsɿ	辘辘上用的汲水斗
水车梆子	ʂuei$^{213}_{21}$ tʂʻɤ^{44}paŋ$^{44}_{45}$ tsɿ	八卦水车水斗连成的部分
铁锨	tʻiɛ$^{213}_{42}$ ɕian	铁锹

木锨	mu $^{51}_{45}$ çian	沙河南称铁锨
薅锄	xau^{44}tʂʻu^{22}	单手用的小锄
锄杠	tʂʻu^{22}kaŋ^{51}	大锄的柄
找镰	tʂau $^{213}_{42}$ lian	扦穗的一种小刀
钐谷刀子	ʂan $^{51}_{53}$ ku^{44}tau^{44}tsɿ	钐谷穗用的弯刀
耠子	xɤ^{44}tsɿ	犁杖
种什	tʂuŋ $^{51}_{45}$ ʂʅ	播种农具
耧	lou^{22}	
盖擦儿	kai $^{51}_{53}$ tʂʻa $^{44}_{45}$ ər	也叫盖，平整土地的一种农具
耙	pa^{51}	碎土整地的农具
瓢	pʻiau^{22}	水舀子的总称
炊帚	tʂʻuei $^{44}_{45}$ tʂu	炊具
笊篱	tʂau $^{51}_{45}$ ly	滤水用具
盖垫（天）	kai $^{51}_{45}$ tian（tʻian）	用席篾编成的锅盖
光勺	kuaŋ^{44}ʂau^{22}	炒勺
杌子	u $^{51}_{45}$ tsɿ	凳子
床子	tʂʻuaŋ^{22}tsɿ	小板凳
拍子	pʻai $^{44}_{45}$ tsɿ	麦秸编织的蒲团
板凳	pan $^{213}_{42}$ tʻəŋ	长条凳
迎门桌子	in^{22}mən^{22}tʂuau $^{44}_{45}$ tsɿ	迎堂前、靠后墙摆放的厨桌
抽洞（抽抽）	tʂʻou $^{44}_{45}$ tuŋ（tʂʻou $^{44}_{45}$ tʂʻou）	抽屉
案子	nan $^{51}_{45}$ tsɿ	案板
擀杖	kan $^{213}_{42}$ tʂaŋ	擀面杖
罗	luo^{22}	筛面工具
罗床	luo^{22}tʂʻuaŋ	筛面时架在罗下的支架儿
马勺	ma $^{213}_{42}$ ʂau	木制的盛饭舀子
木碗儿	mo $^{51}_{45}$ uɐr	用木材制的碗
小勺儿	siau $^{213}_{24}$ ʂau^{22}uər	汤匙
汆子	tʂʻuan $^{44}_{45}$ tsɿ	烧水器具
暖壶	nan $^{213}_{24}$ xu^{22}	暖水瓶
箅帘儿	pi $^{51}_{53}$ liɐr^{22}	用梃杆穿成，用以盖缸瓮等物
搌布	tʂan $^{213}_{42}$ pu	屉布
机子	tɕi $^{44}_{45}$ tsɿ	缝纫机
戏匣子	ɕi $^{51}_{53}$ ɕia^{22}tsɿ	收音机
抿什	min $^{213}_{42}$ ʂʅ	抹子
捅条	tʻuŋ $^{44}_{45}$ tʻiau	捅火用的火钎子
榔头	laŋ^{22}tʻou	总指锤子
吊线锤儿	tiau $^{51}_{53}$ sian $^{51}_{53}$ tʂʻuər^{22}	瓦工用的以吊线的铅坠

拢子	luŋ$^{213}_{42}$ tsɿ	梳子
电棒儿	tian$^{51}_{53}$ paŋ$^{51}_{21}$ ŋər	手电筒
灯篓	təŋ$^{44}_{45}$ lou	桅灯
提灯	t'i^{22}təŋ^{44}	
洋火	iaŋ^{22}xuo^{213}	火柴
烟锅儿	ian^{44}kuo$^{44}_{45}$ ər	旱烟袋

十一、病　痛

闹病	nau$^{51}_{53}$ piŋ^{51}	得病
闹肚子	nau$^{51}_{53}$ tu$^{51}_{21}$ tsɿ	泻肚
跑肚	p'au$^{213}_{21}$ tu^{51}	
头旋	t'ou^{22}suan	头晕
挠攘	nau^{22}ʐaŋ	烦燥不安：孩子们吵得我心里真～
干哕	kan$^{44}_{45}$ yɛ	恶心
哕	yɛ^{213}	呕吐
发疟子	fa^{44}iau$^{51}_{45}$ tsɿ	疟疾
发眼	fa^{44}ian^{213}	眼球充血发红
毒瘤子	tu$^{22}_{44}$ liou^{22}tsɿ	癌瘤
耳刀底子	ər$^{213}_{42}$ tauti$^{213}_{42}$ tsɿ	中耳炎
闹嗓子	nau$^{51}_{53}$ saŋ$^{213}_{42}$ tsɿ	喉头或扁桃腺发炎
发疙瘩	fa$^{44}_{45}$ kɤta	痤疮
伤风	ʂaŋ^{44}fəŋ^{44}	感冒
气鼓	tɕ'i$^{51}_{53}$ ku^{213}	肝腹水
噎食	iɛ$^{44}_{45}$ ʂɿ	食道癌
淋尿	lin^{22}suei	尿频
风瘫	fəŋ$^{44}_{45}$ t'an	脑血栓
半身不遂	pan$^{51}_{53}$ ʂən^{44}pu^{44}suei^{22}	
倒血山	tau$^{213}_{24}$ xiɛ$^{213}_{21}$ ʂan^{44}	子宫大出血
血崩	xiɛ$^{213}_{24}$ pəŋ^{44}	

十二、数量词

十几多个	ʂɿ^{22}tɕituo$^{44}_{45}$ kɤ^{51}	十到二十个之间
百把十个	pai$^{213}_{42}$ paʂɿ$^{22}_{44}$ kɤ^{51}	近一百个
一头二百	i^{44}t'ou^{22}ər$^{51}_{53}$ pai^{213}	— 二百
千儿八百	ts'ian$^{44}_{45}$ ərpa^{44}pai^{213}	近一千个
万子八千	uan$^{51}_{45}$ tsɿpa^{44}ts'ian^{44}	近一万个

岗尖	kaŋ$^{51}_{53}$ tsian^{44}	容器装物满得冒了尖
打欠儿	ta$^{213}_{21}$ tɕiɐr^{51}	接近某数量略有不足： 这头猪估计摸着一百斤～
一沓儿	i^{44}ta^{22ə}r	重叠起来的纸和其它薄的东西 （一般不是很厚）
一摞儿	i^{44}luo^{22ə}r	用于重叠放置的东西：～碗
一丁儿	i^{44}tiŋ$^{44}_{45}$ ŋər	～油也没有咧
一拧拧儿	i^{44}niŋ^{22}niŋŋər	
一拨儿	i^{44}po$^{44}_{45}$ ər	～人刚走，～人又来
满世界	man$^{213}_{21}$ ʂʅ$^{51}_{53}$ tɕiɛ	各处儿；到处儿
三停儿有一停儿	san^{44}t‘iŋ^{22}ŋəriou$^{213}_{21}$ i^{44}t‘iŋ^{22}ŋər	三分之一
百里不扣一儿	pai$^{213}_{42}$ nipu^{44}tʂ‘ou^{44}i$^{44}_{45}$ ər	少数；少见：得癌症的人～
一段地	i$^{44}_{45}$ tuan$^{51}_{53}$ ti^{51}	①一段路程：他才走，也就出去咧～ ②田间两条横道间的范围： 这～的庄稼不如那～的好
一百子畦	i^{44}pai$^{213}_{42}$ tsʅtɕi^{22}	田地中两条浇灌垄沟之间的地段
一条	i^{44}t‘iau^{22}	指一口袋的量：～麦子

十三、副　词

旋	suan^{51}	慢慢地：他一时想不通，咱们别急，～来。
倍儿	pɤr^{51}	非常：～好
着实	tʂau^{22ʂ}ʅ	特；特别：～快
血	ɕiɛ^{213}	非常，带贬义：～没脸
楞	ləŋ^{51}	表程度高：今年夏天～热
硬	iŋ^{51}	不叫他去，他～要去
立时会儿	li$^{51}_{53}$ ʂʅ$^{22}_{44}$ xu^{22ər}	马上；立刻：你别耽误着咧，～走吧
一混汤儿	i$^{44}_{45}$ xuən^{51}taŋ$^{44}_{45}$ ŋər	全都
说话就	ʂuo$^{44}_{45}$ xuotsou	年节～到咧
对故意儿	tei$^{51}_{45}$ kui$^{51}_{45}$ iər	故意
别价	piɛ$^{51}_{45}$ tɕiɛ	别
挺	t‘iŋ^{213}	很，天气～好
敢情	kan$^{213}_{42}$ ts‘iŋ	那～好
敢自	kan$^{213}_{42}$ tsʅ	
尽可量儿	tsin$^{51}_{53}$ kɤ$^{213}_{21}$ liaŋ$^{51}_{45}$ ŋər	尽量

第五节 语 法

一、语法特点

(一)“老”(或“喽”)、“咧$_1$”和“咧$_2$”

普通话的动态助词“了”(有人称做“了$_1$”)和语气词“了”(有人称做“了$_2$”),都念轻声的[lə];安国话与这两个“了”相当的虚词也有两个,但“了$_1$”表将来完成和已经完成时读音不同。

1. 了$_1$,读 lau 或“喽”lou,表将来完成,例如:

①你们几个先坐好~!

②我到~北京一定给你来信。

③这点活儿我能干完~。

④你老不注意身体,病倒~怎么办?

2. 了$_1$,读 liɛ ,表已经完成,例如:

①他们早来~,你快去吧。

②我吃~饭咧$_2$。

③那篇发言稿你写完~没欸?

④他今天一早就走~。

那场球赛我们赢~五分。

3. 了$_2$,读 liɛ,用法与普通话的语气词“了”(或说“了$_2$”)相同。例如:

①领导同意叫我去~。

②他到咧好几天~。

③他也没咧$_1$法子~。

二、程度状语

普通话里“极、很”是表示程度高的副词,经常充当状语。安国话充当这类状语的,常用“挺、着、着实”等。分别举例如下:

挺 ᶜt‘iŋ 这菜~好吃 | 他~聪明。

着 ᶜtʂau 这瓜~甜 | 他跑得~快。

着实 ᶜtʂauʂ ʅ 意义、用法同上。

三、可能补语

安国话的可能补语,否定式与普通话相同;肯定式和疑问形式与普通话有区别。现就有区别的部分举例对照如下:

普通话	安国话
这箱子我拿得动。	这箱子我拿动唠。
这活儿今天干得完。	这活儿今天干完喽。
这西红柿红得了（音 ᶜliau）。	这西红柿能红唠。
生水也喝得。	生水也喝得唠。
这鞋我穿得。	这鞋我穿得喽。
这箱子拿得动拿不动？	这箱子拿动唠啡？
这活儿今天干得完干不完？	这活儿今天干完唠啡？
生水喝得喝不得？	生水喝得唠啡？
这笔用得用不得？	这笔使得唠啡？

附：标音举例：

①麻衣鹊，	ma^{22}i^{44}tʂʻiau^{213}，
尾巴长，	i$^{213}_{42}$ patʂʻaŋ^{22}，
娶唠媳妇儿忘老娘，	tʂʻy$^{213}_{42}$ lausi$^{213}_{42}$ fəruaŋ$^{51}_{21}$ launiaŋ^{22}，
把娘背得山沟里，	pa$^{213}_{24}$ niag^{22}pei^{44}tiʂan^{44}kou$^{44}_{45}$ ni，
把媳妇搁的炕头上，	pa$^{213}_{24}$ si$^{213}_{42}$ fərtʂou$^{44}_{45}$ tikʻəŋ$^{51}_{53}$ tʻou^{22}ʂaŋ，
白面旋饼（大饼）卷麻糖，	pai^{22}mian$^{51}_{53}$ sian^{22}piŋtɕyan$^{213}_{24}$ ma^{22}taŋ，
（一种油炸的薄脆酥甜的食品）	
媳妇儿媳妇儿你尝尝。	si$^{213}_{42}$ fərsi$^{213}_{42}$ fərni$^{213}_{24}$ tʂʻaŋ^{22}tʂaŋ^{22}。
②小小子儿，	siau$^{213}_{24}$ siau$^{213}_{42}$ tsər，
坐门墩儿。	tsuo$^{51}_{53}$ mən^{22}tuər^{44}。
啼哭妈哭要媳妇儿。	tʻi^{22}xuma$^{44}_{45}$ xuiau$^{51}_{53}$ si$^{213}_{42}$ fər。
要媳妇儿干嘛？	iau$^{51}_{53}$ si$^{213}_{42}$ fərkan$^{51}_{53}$ ma^{51} ？
白天说话，	pai^{22}tʻian^{44}ʂuo$^{44}_{45}$ xua^{51}，
后上脱鞋脱袜。	xou$^{51}_{21}$ ʂaŋ$^{51}_{53}$ tʻuo^{44}ɕiɛ^{22}tʻuo$^{44}_{45}$ ua^{51}。
③拉锯，拽锯，	la$^{44}_{45}$ tɕy^{51}，iɛ$^{51}_{53}$ tɕy^{51}，
姥姥家门上唱戏。	lau$^{213}_{21}$ lautɕiɛmən$^{22}_{44}$ ʂaŋ$^{51}_{53}$ tʂʻaŋ$^{51}_{53}$ ɕi^{51}。
请闺女，叫女婿，	tʂʻiŋ^{213}kuən$^{44}_{45}$ ni，tɕiau$^{51}_{53}$ ny$^{213}_{42}$ sy，
外甥女儿你也去。	uai$^{51}_{21}$ ʂəŋny$^{213}_{42}$ ərni$^{213}_{42}$ iɛtɕʻi^{51}。
一个馒头吃不饱，	i$^{44}_{45}$ kɤman^{22}tʻoutʂʻʅ^{44}pu^{44}pau^{213}，
两个馒头撑个大仰巴脚。	liaŋ$^{213}_{42}$ kɤman^{22}tʻoutʂʻəŋ$^{44}_{45}$ kəta$^{51}_{53}$ niaŋ$^{213}_{42}$ patɕiau^{213}。

四、语法例句

①谁欸？我是老三。　　ʂei^{22}iai? uo$^{213}_{21}$ ʂʅlau$^{213}_{21}$ san。

②老四呢？　　他正给一个朋友说话儿呢。

lau$^{213}_{21}$ sʅ$^{51}_{53}$ ni?　　tʻa$^{213}_{21}$ tʂəŋ$^{51}_{53}$ kei$^{213}_{21}$ i$^{44}_{45}$ kɤpʻəŋ^{22}iouʂou$^{44}_{45}$ xua$^{51}_{21}$ ərni。

③他还没说完呢啊？　　估摸着再有一会儿就说完咧。

t‘a $^{213}_{21}$ xai $^{22}_{44}$ mei^{22}ʂuo^{44} uan^{22} niaŋ?　ku $^{44}_{45}$ motʂautai $^{51}_{53}$ iou $^{213}_{21}$ i $^{44}_{45}$ xuər^{213}tsou $^{51}_{53}$ ʂuo^{44} uan^{22} liɛ。

④他说立时就走，怎么这么半天咧还在家里呢欸？

t‘a $^{213}_{21}$ ʂuo^{44}li $^{51}_{53}$ ʂʅ^{22}tsou $^{51}_{53}$ tsou^{213}，tsɿ^{44}məntsɿ $^{51}_{53}$ mənpan $^{51}_{53}$ t‘ian $^{44}_{45}$ liɛxai^{22}lai $^{51}_{53}$ tɕia $^{44}_{45}$ niniai?

⑤你往哪儿去欸？　　我往城里去！

ni $^{213}_{24}$ uaŋ $^{51}_{53}$ nɤr^{22}tɕ‘iai?　uo $^{213}_{21}$ uaŋ $^{51}_{53}$ tʂ‘əŋ^{22}nitɕ‘i!

⑥在那儿呢，没在这儿价。　　lai $^{51}_{53}$ xɤr^{22}ni，mei $^{22}_{44}$ lai $^{51}_{53}$ tʂɤr^{22}tɕiɛ。

⑦拿动唠啡？　　na^{22}tuŋ $^{51}_{21}$ laupai?

⑧我拿动唠，他拿不动。　　uo $^{213}_{24}$ na^{22}tuŋ $^{51}_{21}$ lau，t‘a $^{213}_{21}$ na^{22}putuŋ^{51}。

⑨真不轻，沉得连我都拿不动。　　tʂən^{44}pu^{44}tɕ‘iŋ4^{4}，tʂ‘ən^{22}tilian $^{22}_{44}$ uo $^{213}_{21}$ tou^{44}na^{22}putuŋ^{51}。

⑩说咧个过儿，又说咧个过儿。　　ʂuo $^{44}_{45}$ liɛkɤkuo $^{51}_{21}$ ər，iou $^{51}_{53}$ ʂuo $^{44}_{45}$ liɛkɤkuo $^{51}_{21}$ ər。

⑪ 这会儿还早呢，等会儿再去吧。　　tʂei $^{51}_{51}$ xuər $^{51}_{21}$ xai $^{22}_{44}$ tsau $^{213}_{21}$ ni，təŋ $^{213}_{24}$ xuərtai $^{51}_{53}$ tɕ‘i $^{51}_{53}$ pa。

⑫ 吃唠饭再去，行啡？　　tʂ‘ʅ $^{44}_{45}$ laufan $^{51}_{53}$ tai $^{51}_{53}$ tɕ‘i^{51}，ɕiŋ^{22}pai?

⑬ 坐着吃比立着吃好。　　tsuo $^{51}_{21}$ tʂautʂ‘ʅ^{44}pi $^{213}_{21}$ li $^{51}_{45}$ tʂautʂ‘ʅ^{44}xau^{213}。

⑭ 这个吃得喽，那个吃不得。　　tʂei $^{51}_{21}$ kɤtʂ‘ʅ $^{44}_{45}$ tilou，xai $^{51}_{21}$ kɤtʂ‘ʅ $^{44}_{45}$ puti。

⑮ 他吃咧$_{1}$饭咧$_{2}$，你吃咧$_{1}$没欸？　　t‘a $^{213}_{21}$ tʂ‘ʅ $^{44}_{45}$ liɛfan $^{51}_{21}$ liɛ，ni $^{213}_{21}$ tʂ‘ʅ $^{44}_{45}$ liɛmɛ?

⑯ 来，闻闻这朵花儿香啡？　　lai^{22}，uən^{22}uəntʂei $^{51}_{53}$ tuo $^{213}_{21}$ xua $^{44}_{45}$ ərɕiaŋ $^{44}_{45}$ pai?

⑰ 挺香，是啡？　　t‘iŋ $^{213}_{21}$ ɕiaŋ^{44}，ʂʅ $^{51}_{21}$ pai?

⑱ 你说的他。　　ni $^{213}_{21}$ ʂuo $^{44}_{45}$ tit‘a。

⑲ 好儿走，别跑。　　xau $^{213}_{24}$ uərtsou^{213}，piɛ $^{51}_{53}$ p‘au^{213}。

⑳ 我非去不结。　　uo $^{213}_{21}$ fei $^{44}_{45}$ tɕ‘i $^{51}_{53}$ putɕiɛ^{213}。

㉑ 随走，随说。　　suei $^{22}_{44}$ tsou^{213}，suei^{22}ʂuo^{44}。

㉒ 我该来啡？　　uo $^{213}_{21}$ kai^{44}lai^{22}pai?

㉓ 你还想去啡？　　ni $^{213}_{21}$ xai $^{22}_{44}$ siaŋ $^{213}_{21}$ tɕ‘i $^{51}_{45}$ Pai ?

㉔ 还有饭没欸？　　xai^{22} iou $^{213}_{24}$ fan $^{51}_{21}$ mɛ?

㉕ 你去过北京没欸？　　ni $^{213}_{21}$ tɕ‘i $^{51}_{53}$ kuopei $^{213}_{21}$ tɕiŋ $^{44}_{45}$ mɛ?

㉖ 你猜着唠啡？　　ni $^{213}_{24}$ ts‘ai^{22}tʂau^{22}laupai?

㉗ 云彩着风刮咧$_{1}$、跑咧$_{2}$。　　yn^{22}ts‘aitʂau $^{213}_{21}$ fəŋ^{44} kua $^{44}_{45}$ liɛp‘au $^{213}_{42}$ liɛ。

第二十编
人　物

在漫长的历史进程中，安国这方沃土孕育出众多光照千秋的风流人物，古代有安邦治国、抵御外侮的名将贤臣；有博学多识、多才多艺的梨园帅首；有矢志教育、著书立说的志士仁人。近现代更是人才济济，民族英烈、实业巨子及学者、专家灿若群星。他们对中华民族的繁衍昌盛，为人类文明的发展颇多建树。特别是在土地革命、抗日战争、解放战争及社会主义建设中，无数英烈为人民的解放、民族的兴旺、安国的发展英勇奋斗、前仆后继，他们是安国人的光荣与骄傲，英名与伟绩昭垂千古。本志亦择罪恶昭彰之徒并载，以警后来。

第一章　人物传

刘　祐

刘祐（？—169）　字伯祖，后汉安国人，汉室宗亲。少时读《公羊颜氏春秋》《小戴礼》《古文尚书》，注重品行修养。刘祐为某郡主薄时，郡将之子常使刘祐买果品，刘祐却屡买回纸笔予他。郡将责问，刘祐答道：你儿子已到入学年龄，但性傲骄横，不明事理，人们说你府上无教养，请让我教他读书。其子遂拜刘祐为师，终成学业。

适遇察举孝廉，刘祐补任尚书侍郎，他办事干练，笔锋犀利，处理奏章、公务及时准确，颇受同僚敬重，后官拜任城令，政绩突出，升扬州刺史。时会稽太守梁旻依仗堂兄梁冀之势横行无忌，刘祐不畏强暴具实劾奏，使梁旻受到惩治。继而升河东太守，属县官吏多为中官子弟，横行霸道，鱼肉乡民，百姓深受其害。刘祐惩贪官雪冤案，百姓安居乐业，成为三河（河东、河西、河南）表率。延熹四年（161）刘祐官拜尚书令，旋任河南尹，转司隶校尉，在任执法严明，誉满朝野。时卸职州郡官吏携财返京，至刘祐辖区都改换装束、车马，隐匿财宝，唯恐被查获。后刘祐官拜宗正，转大司农。时中常侍苏康、管霸把持朝政，霸占良田美业、山林湖泽，民不聊生，怨声载道，无人敢惹。刘祐不畏权势，颁令没收所占财产。苏、管怀恨，诬告刘祐，桓帝怒将刘祐降职囚禁，后获释，官复原职。刘祐因不满权奸当道，托病辞归，诏封中散大夫，遂闭门谢政。后每当朝中三公位缺，桓帝便有意起用刘祐，皆因权奸谗言而作罢。

建宁元年（168），灵帝刘宏继位，陈蕃辅政，复用刘祐为河南尹。陈蕃等谋诛宦官失败后，刘祐罢官回乡，卒于家。

张行成

张行成（586—653） 字德立，唐代安国人，少时师从大学者刘炫。刘常对人说："行成文才过人，虚怀若谷，乃国家栋梁之才。"隋大业末年，张行成被举为谒者台散从员外郎，后事王世充（隋官员，废杨桐，自称帝，国号郑）任度支尚书。武德四年（621），王世充兵败，张行成降唐任谷熟尉，迁陈仓尉，后被荐为富平主簿，才华显露，升殿中侍御史。张行成为官清廉，执法严明。李世民继位后，一次宴中李世民谈及关中、山东人时言语失之偏颇，行成直言道："天子应以四海为家，不能有地域之分，否则会在百姓中造成隔阂"。太宗以为是，赐行成名马一匹，钱十万，衣一称。此后，每议事，均令行成参与，行成直言不讳，所提建议，大部分被李世民采纳，累迁给事中，刑部侍郎，太子少詹事。

张行成随太子李治驻定州时，向李治推荐了不少人才。李治每有要事奏报，均令行成前往。一次，李世民巡视灵州，欲诏皇太子随从，行成劝阻道："皇太子当留京都掌管国事，料理朝务，既能控制京师重地，又能诏示盛德于天下。"太宗纳谏，以其忠，封侍中，兼刑部尚书。

李治继位，是为高宗，张行成封北平县公，监修国史。后出任尚书左仆射，太子少傅。永徽四年（653）三至五月滴雨未下，人心浮动。行成引咎请辞，高宗劝道："国家遭灾，乃我寡德，非宰相之过。"又赐以宫女、黄金器。行成执意要走，高宗哭求作罢。不久卒于尚书省舍，年 67 岁。高宗下诏，九品以上官吏为其陪灵送葬，并赐谥号"定"。弘道元年（683）配享高宗庙庭。

张昌宗　张易之

张昌宗（？—705）张易之（？—705） 唐代安国人。张行成族子。张易之少时即被封官。武则天称帝后张昌宗受太平公主举荐入宫，专侍武后。昌宗复荐张易之，言其才过人，且善冶炼药石。武后见易之体貌俊美，通晓音乐，留宫中。兄弟二人皆受幸于武后。不久，张昌宗封云麾将军，行左千牛中郎将；张易之封司卫少卿，赐甲第，赏布帛，给奴婢。二人名声显赫，满朝文武皆惧之，连武后的兄弟都争相结纳，讨好奉承，并称易之为"五郎"，昌宗为"六郎"。圣历二年（699），武后诏建控鹤府，张易之为府监，后改称奉宸府，易之任府令。武后每诏宴群臣，俱令易之、昌宗亲侍。一些人为讨好张昌宗，说他是王子晋转世。武后便准其穿羽衣吹笛箫跨寓鹤，在庭中嬉耍，阿谀之辈争相献诗作赋，借以取媚武后。久之，朝廷内外议论纷纷，武则天为避人口舌，诏令张昌宗在宫中著述，同李峤、张说等编撰《三教珠英》，封张昌宗为司仆卿，张易之为麟台监。后封张昌宗春官侍郎，邺国公，张易之恒国公。

二张依仗武后，专横跋扈。御史大夫魏元忠劾奏张易之，反被其诬，罢官免职。邵王重润及永泰郡主私议二张，被赐死。御史台几次劾奏，武后方诏命宗晋卿、李承嘉、袁恕己等查问。司刑正贾敬言知武则天本意，只言张昌宗强市，当赎罪。李承嘉等力主二张罪当免官。张昌宗强词狡辩，声称"臣有功于国，不应免官"。内史令杨再思为其开脱，武后即下令赦免。此后，二张益愈肆行，满朝文武敢怒不敢言。

武则天患病后，久居长生院，宰相亦不得进见，只许张昌宗侍奉。二张借此把持朝政，为所欲为。武后病重，昌宗恐其死后祸至，乃与私党日夜谋划，企图作乱。阴谋暴露后，左台御史中丞宋璟奏请武后镇压，武后佯装准奏，旋即下诏将宋璟外调幽州，改命司刑卿崔神庆办理，崔妄奏武后，言二张应赦免。宋璟等直谏武后，请求将二张依法斩首，武则天始终未准。

神龙元年（705），张柬之、崔玄暐等率羽林军迎中宗李显复位，斩张昌宗、张易之于迎仙院。

齐　浣

齐浣（约678—750）　字洗心，唐代安国人。少时以词学著称，20岁中进士，初任蒲州（今山西域内）司法参军。景云二年（711），中书令姚崇荐齐浣为御史。开元年间（713—741），升任给事中、中书舍人，为玄宗李隆基撰写诏书旨令，颇受侍中宋璟、中书侍郎苏颋器重，常使其参与机要，号“解事舍人”。唐玄宗诏令秘书监马怀素，右常侍元行冲编修《四库全书》，二人奏请玄宗，举荐齐浣为编修使，任秘书少监。开元十二年（724），齐浣出任汴州（今开封县）刺史，上任后励精图治，社会井然有序，受到百姓称颂，遂升为右丞。开封府王毛仲奸诡弄权，齐浣直言劾奏，玄宗对其忠直给以褒奖。不久大理丞麻察贬兴州别驾，齐浣为他饯行时谈了对圣上的谏言。麻察将齐浣所说俱奏玄宗。玄宗大怒，贬齐浣为高州良德（今广东高州东北）丞。后历数年，齐浣累迁至常州刺史。开元二十五年（737），齐浣任润州刺史，兼江东道采访处置使。当时，长江边沿积沙20余里，航道被阻，舟船绕行，常遭风浪袭击，翻沉损伤惨重，齐浣组织人力开凿伊娄运河25里，同时建伊娄坝，南通瓜州渡口，遂复为往来通津，每年省绕行费用数十万两白银。齐浣再任汴州刺史，该境虹县至临淮50里水路水流湍急，船行艰难。他奏明玄宗，另辟河道30余里，船舶畅行无阻。

齐浣开漕利民，颇有建树，但也沾染了官场流弊。开元末年，因行贿被李林甫劾奏罢官。天宝初年，齐浣重被起用，任员外少詹事，任职东都（今洛阳），期间与绛州刺史严挺交往甚密，李林甫为防齐浣有谋，天宝五年（746）将其调任平阳郡太守，卒于任所，终年72岁。肃宗继位后，褒赐齐浣为礼部尚书。

关汉卿

关汉卿　元代伍仁村人，号已斋叟，约生于金末，卒于宋亡（1279）之后，其祖上世代为官，他曾任太医院尹。汉卿幼年勤奋好学，过目成诵，善诗赋。县试名列榜首，后赴中都应试，因考官作梗而不第。从此认清官场腐败，不屑仕途。约元成宗元贞年间，只身移居大都（今北京），与杂剧作家白朴、赵子祥等组织领导了杂剧作家团体——玉京书会，结交了杂剧作家杨显之、费君祥、梁退之，散曲作家王和卿，著名杂剧女艺人朱帘秀等。元人熊自得《析津志·名宦传》说他“生而倜傥，博学能文，滑稽多智，蕴藉风流，为一时之冠。”元人周德清把他与马致远、白朴、郑光祖并称为“元曲四大家”。

关汉卿是元曲作家中最杰出的代表，共创作杂剧60余种，今存《窦娥冤》《救风尘》《拜月亭》《调风月》《望江亭》《单刀会》《蝴蝶梦》《玉镜台》《金线池》《谢天香》《绯衣梦》《西蜀梦》《哭存孝》13种，《哭香囊》《春衫记》《孟良盗骨》3种仅存残曲。另《鲁斋郎》《陈母教子》《五侯宴》《裴度还带》《单鞭夺槊》《西厢记》（第5本）6种，是否为他所作，尚无定论。所作散曲现存套曲10余套，小令50余首。其创作题材十分广泛，大多干预社会，力倡人道，诅咒战争，向往和平，深刻揭露了封建社会的黑暗和腐败，着意表现人民，特别是下层妇女的苦难遭遇和反抗精神。塑造了窦娥、赵盼儿、王瑞兰、谭记儿等多种典型的妇女形象，人物性格鲜明，结构完整，情节生动，曲词本色而精练，对元杂剧和后来戏曲的发展起了很大作用。

关汉卿不仅是一位剧作家，他还非常重视舞台实践，明人臧晋权撰《元曲选·序》中载：“关汉卿辈争挟长技自见，至躬践排场，面敷粉墨，以为我家生活，偶倡优而不辞。”这使他掌握了丰富的舞台经验，更加理解和接近广大观众，从而创作质量不断提高，赢得民众爱戴。贾仲明补撰《录鬼簿》吊词中赞他“姓名香四大神州，驱梨园领袖，总编修帅首，捻杂剧班头”。近代人王国维《宋元戏曲考》中评价道：“关汉卿一空倚傍，自铸伟词，而其言曲尽人情，字字本色，故当为元人第一。”到了晚年，为推动杂剧发展，关汉卿不顾年老体衰，行程万里，南下杭州、扬州，为杂剧南移作了很大努力。北归故里后，病逝于伍仁村关家园。

关汉卿的作品在国内外产生了巨大而广泛的影响，有些剧目至今盛演不衰，远在百年之前，《窦娥冤》即有法文译本，促进了东西方文化交流。1958 年，关汉卿被世界和平理事会列为世界文化名人。

杨　果

杨果（1195—1270）　字正卿，金元时期安国人。幼丧父母，成年后在亳州、许昌流落 10 余年，以教书为生。金正大元年（1224）中进士。他风姿绰约，才思敏捷，性格幽默诙谐。在许昌时，与参政李蹊交往甚密，李极为赏识他的才能，经举荐，出任偃师县令，后改任蒲城、陕县县令，所任皆为大县，政绩卓著。元初，中原经金末战乱，民生凋蔽。杨果非常关心人民疾苦，当他跟随杨奂征收河南课税，参议经略天泽军时，“随宜赞划，民赖以安”，对安定民心、恢复生产起到了很大作用。元世祖中统元年（1260），杨果任北京（今辽宁省陵源县以西）宣抚使，次年迁参知政事。至元六年（1269）出任怀孟路（今河南沁阳县）总管，任间力倡教育，修文庙，办学校。旋告老还乡。

杨果工于文章，长于词曲，是金元之际的著名文学家，也是促进“曲”这种形式由民间转向文坛的重要曲家。著有《西庵集》（今已失传），传世有散曲小令 16 首，最著名者是［越调・小桃红］小令 11 首，曲风清丽漪艳，典雅之中透露出淡淡伤感情绪。《太和正音谱》称其曲词“如花柳芳妍”。

杨果品行高尚，为人称道。微贱时与一流离女成婚，虽历任显官却始终如一，与之偕老。元世祖至元七年（1270）杨果故于家中，享年 75 岁，谥号“文献”。

吴弘道

吴弘道　生卒年不详，元代安国人，字仁卿，号克斋先生。元曲作家，以府判致仕，大德年间已成名，著有《中州启札》四卷。所著散曲集《金缕新声》，选编的《曲海丛珠》及《子房货剑》《火烧正阳门》《醉游阿房宫》《楚大夫屈原投江》等杂剧作品，当时即盛行天下。今存散曲选本《阳春白雪》《太平乐府》《乐府群珠》中均有他的小令套数佳作。其作品明快、流畅，给人以清新之感。明《太和正音谱》评其曲“如山间明月”。如其小令《南吕・金字经》：“落花风飞去，故枝依旧鲜。月缺终须有再圆，圆，月圆人未圆。朱颜变，几时得重少年？”

吴弘道一生致力于散曲创作，享寿颇高，钟嗣成《录鬼簿》列其为“方今才人相知者”。 天一阁本《录鬼簿》贾仲明所补挽词写道：“克斋弘道老仁卿，衣紫腰金府判升。银鞍紫马敲金镫，锦衣乡中过一生。老来也，致仕心宁。手卷记子房货剑，锦乐府天下盛行。曲海丛珠，金缕新声。”

贾文备

贾文备（？—1304）　字仲武。元代安国人。其父贾辅原为金祁州刺史，为避金将武仙谋害，投归元太祖铁木真，历官左副元帅、行军千户，顺天、河南路军民万户等职。贾辅逝世后，贾文备袭父千户职，驻守三汉口，多次击退宋军进攻，宪宗赏赐丰厚。宪宗五年（1255），复令袭左副元帅职，兼领顺天路。世祖中统四年（1263），升万户屯兵亳州抗击宋军。至元二年（1265），封昭勇大将军，真定路总管兼府尹，后调任卫辉路总管、河南路统军等职。至元九年（1272年），贾文备奉旨移驻蔡州（今河南汝南），兼管水路漕运，时宋兵常到蔡州抢劫粮饷，贾文备多次击退宋军，缴获不少战船，朝廷赐以金鞍、锦衣、白金等。至元十一年（1274），任汉军都元帅，再驻亳州。宋将夏贵来攻，贾文备巧设伏兵，大败宋军。丞相伯颜伐宋，文备领左翼诸军随征，至郢州（今湖北江陵县北），宋沿江陈兵，伯颜被阻，文备驾舟由沦河直出大江，佯攻武矶堡。宋军调兵增援，江防空虚。伯颜趁机渡江，一举攻下鄂汉等地。文备改封昭毅大将军，镇守鄂州（今湖北武昌）。至元十二年（1275），文备随平章政事阿里海牙攻打湖南。潭州（今长沙市）之战，贾文备亲冒锋镝攻城，炮伤右手，矢中左臂，力杀宋军主将李芾，迫转运判官钟蜚英等献城。翌年，封昭武大将军，驻守潭州。至元十五年（1278），改封镇国下将军、湖南道宣慰使，率兵攻下琼崖等州及广东沿海诸城。至元十六年（1279），拜淮东宣慰使，加金吾上将军，镇守庆元。至元十八年（1281），复授都元帅，至元二十三年（1286）拜湖广行省参知政事，至元二十四年（1287）辞职回乡。元成宗大德八年（1304）病故。延祐四年（1317），元仁宗追封武威郡公，谥号“壮武”。

刁　包

刁包（1603—1669）　原名基命，字蒙吉，别号用六居士。明清时祁州镇人。刁包幼年聪敏好学，明天启七年（1627）中举，后再试不第，叹道：“读圣贤书者，不过求为忠臣，求为孝子，求为仁人义士而已，岂必弋取功名，艳心富贵哉！”遂绝仕念。于城内僻静处建“潜室亭”“肥遁斋”，读书无间寒暑，从学者众。

隐居期间，与当时名士北平孙承泽、蔚州魏象枢及无锡高世泰等东林诸君子相交甚厚，常“各以所得，遥相质正”，每有疑义，必往复辩论，从不苟同。教育弟子“以学为学，兼以问为学”。刁包对《四书》《五经》及宋元以来理学书籍，反复研读，每有心得，虽夜半更深亦必点灯记之，遂成《潜室劄记》二卷、《易酌》十二卷、《四书翊注》十六卷、《辩道录》八卷、《用六集》十二卷、《用六学案》四卷、古今文章200余篇，附加评注，辑为《斯文正统》十二卷。均收录于《四库全书》中。刁包治学严谨，以“君子守身之道”为言行之准，将“言语不苟，取予不苟，出处不苟”为座右铭，力倡身行。

刁包以孝闻名，善事其母。母病，刁包端汤喂药，夜守榻边，极尽孝道，门人倍受感动。康熙六年（1667）秋，其母卒，包顿足痛哭，昏仆倒地，日渐憔悴。于康熙八年（1669）去世，终年66岁。门人乡里私谥文孝先生。后诰赐通奉大夫布政使。文学家归庄为刁包题联：“道衍二程无异学，理宗一贯有真传”。常山举人张起鸿赋诗赞道：“道学于今第一人，全于辩道见其真，能分王陆为旁派，应是程朱有后身。上谷名山藏副本，祁阳新冢卧高麟，愧无当日延陵剑，寂寞低回感已辰。”

刁承祖

刁承祖（1672—1739） 字步武，号醇庵，祁州镇人，系刁包嫡孙。承祖幼勤于攻读，磊落有大志。康熙三十八年（1699）中举，康熙五十四年（1715）中进士。历任陕西扶风、上元知县，太平知府，湖南驿盐粮储道，湖北提刑按察使，江苏按察使，河南、浙江、江西、广东承宣布政使司布政使等职。

刁承祖一生洁身自好，忠亮正直，勤慎廉明。谨守“言语不苟，取予不苟，出处不苟”祖训，常言：“心无乃有妄念乎？言无乃有妄发乎？事无乃有妄行乎？”

刁承祖初选扶风县令，因处事公道，受到百姓拥戴。知上元时，江南州县官吏任意加额征收漕粮，中饱私囊，而刁承祖征收漕粮“不溢勺粒”，被誉为“江南第一廉吏”。任凤阳护理庐道时兼理泗州事，革除水脚费，捐资修筑临西坝，不累一民。按察湖北、江苏时，发现犯贪污罪的官员多为家计贫困者，任职湖北后，便捐数百金分发俾书吏佐以养廉，使属下不敢有舞文弄墨贪财枉法行径。刁承祖清名誉满江南，后雍正诏见刁承祖时，在其奏折上亲批：“果能如此存心，事事心口相符，则不负朕心之任用也，大哉”。

乾隆元年（1736），刁承祖迁江苏按察使司按察使，时江苏“刑名繁甲天下”，到任后力革诸弊，“案无留牍”。是年，刁承祖晋升江苏布政使司布政使。时省布政使司为钱粮总汇，省、州、县重耗解费，陋规弊端百出。刁承祖到任后，将旧例“悉行禁革”，一省钱粮“出入均平”，而布政使司却成了“清水”衙门。乾隆二年（1737），刁承祖再次受到皇帝诏见，赏赐颇丰，并恩准叩谒泰陵，荣耀一时。任河南布政使时，他常勉属下：“为官应恪尽职守，以天下为公”。曾为岳武穆庙题联：“蓬首垢面跪阶前，想想当年宰相；端冕垂旒临座上，看看今日将军”。可见其为人。后刁承祖又连任浙江、广东布政使，政绩多不胜书。大者如：豁免昌化县虚粮；聘士教黎民百姓读书识字；革除海塘捐派杂费等。刁承祖为官20年，其家尚“不及中人产”。因积劳成疾于乾隆四年（1739）卒于广东任上，终年67岁。

沈鸣珂

沈鸣珂（1839—1908） 字晓珊，大文村人，幼年丧母，生活清苦，立志向上。清同治元年（1862）进士及第，官至户部主事加郎中衔。

沈鸣珂身居显位不忘乡亲，每遇灾荒，出其屯粮，周济村民。其家备有婚丧什物，无偿供本村及邻村乡亲使用。乡民送其“德沐乡里”金字大匾。沈鸣珂为官清正，一次属下私收礼品，怒加责罚，令其退还。光绪间，列强侵华，不平等条约丧权辱国。沈鸣珂愤而上书，主张对列强“分文不予，寸土不让”，触怒朝廷革职为民。回归故里后，致力于教育。他将书房和东西厢房辟为学堂，不论贫富，广收童子入学。他教授学生循循善诱，从不体罚，常说：“先生打学生，不如先打自己”。晚年，沈鸣珂忧国忧民，关注国事，全身心投入教育事业。光绪三十四年（1908）卒于家中，终年69岁。

谷雄一

谷雄一（1905—1931） 乳名库儿，曾用名谷文会、谷隧、郭松仁、肖曼、苏亦雄，安国县北各堡村人。谷雄一出生在一个贫苦农民家庭，父亲因生活所迫闯关东，他随母居康主外祖母家。民国4年

(1915)，入康庄国民小学读书。民国8年（1919），考入北段村高级小学，受五四运动影响，在校长李雄启发下，萌发了爱国思想。民国10年（1921），谷雄一考入保定育德中学，是年加入学校进步组织“社会科学研究社”。他热情而执着地探求革命真理，潜心研读了《共产党宣言》《社会主义从空想到科学的发展》等马列主义经典著作，积极参加共产党领导的学潮，并成为骨干分子。民国14年（1925）上海“五卅”惨案发生后，谷雄一与进步学生一起奔走呼号，声讨帝国主义的侵略罪行。6月8日，谷雄一率领保定市郊大粪场工人，同保定6000余名爱国学生游行示威，声援上海罢工斗争。这一时期，谷雄一思想境界产生飞跃，立志推翻旧制度，解民于水火，他在书桌上写下“卧薪薪能刺吾心；尝胆胆能壮吾志；有志竟成”的对联，作为座右铭自勉。他于育德中学毕业时，向党组织表示，要为共产主义事业贡献自己的一切。

民国14年（1925）夏，党组织选派谷雄一到冯玉祥开办的西北陆军干部学校学习。毕业后在西北军任下级军官，后到方振武部任中校参谋。其间，谷雄一同在冯玉祥部队中担任领导工作的著名共产党人刘伯坚、刘志丹、李林、刘天章、张兆丰等建立了密切联系。翌年，经张兆丰介绍，谷雄一加入中国共产党，在部队中从事党的活动。大革命失败后，共产党人被迫离开国民联军，谷雄一受党组织派遣到北平河北政治军事学校任教。由于谷雄一有良好的军事素质，很受商震器重，被任命为军校步兵第三中队上尉区队长。他在学员中密秘宣传马列主义，常用自己的津贴救济家境贫困的学员。一年中，他先后发展党员20多人，秘密建立了党支部。这些党员后来被分配到各地，从事党的武装斗争。

民国18年（1929）7月，谷雄一负责中共北方局军运工作。在华北各派系军队中开展共产党军运工作。时受党内“左倾”错误影响，中共北方局制定了武装起义计划。谷雄一和薄一波、张兆丰、马镇北等秘集唐山，准备唐山兵变。因消息走漏起义主力部队被扣押，兵变失败。谷雄一被悬赏通缉，他化装到天津，继续从事革命活动。翌年5月，谷雄一在天津被捕，同彭真、薄一波、李运昌、徐彬如等关押在河北省第三监狱，经党组织周旋，转“临时自新院”。被押期间他革命信念坚定不移，与同志们一起认真研究革命理论，总结斗争经验和教训。在狱中寄出的家书里写道：“吾在反动派的监狱里是一名政治犯，但这并不是我的耻辱，而是革命者的光荣。金钱不能动吾心，权威不能动吾志。吾早有坚定的政治信念，岂能如一叶轻舟随波飘逐。”9月，经党组织营救获释。

民国19年（1930）秋，谷雄一任山西省省委委员兼军委书记。他常奔波于驻山西各地的国民党军旅，使山西军运工作不断发展。翌年5月，谷雄一在中共山西特委军事工作会议上提出“平定兵变”计划，经请示中共中央同意，山西特委决定兵变由谷雄一领导。

是月3日下午，谷雄一秘密到达平定，向高桂滋部地下党组织传达了特委的决定。翌日傍晚，谷雄一主持召开紧急会议，作出具体部署。是夜10时，起义部队迅速攻占了平定县政府。随即部队北上清城一带休整。7月5日，经中共中央批准，起义部队改编为中国工农红军第二十四军，任命郝光为军长，谷雄一为政治委员。部队稍加整顿后，转战到河北省西部山区阜平县，攻克县城后，红军开仓放粮，释放在押犯。群众高呼：“救星到了！”青壮年纷纷入伍。7月26日，谷雄一主持阜平县苏维埃政府成立大会。华北地区第一个苏维埃政权的出现，引起国民党当局的恐惧和震惊，天津《益世报》发表社论，惊呼“假使有共军千人，则不久即能满万。俟其羽翼养成则包围无所施，窜扰不及防，较之江西，有过之无不及也。”该报还特别提到谷雄一“为人智略精详，颇具组织才能”。8月初，国民党军队沈克部诈降红军。谷雄一等20余人前往慰问，遭沈部伏击，全部被俘。第二天，谷雄一被解到北平陆海空军司令行营军法处。在狱中他面对敌人的威胁，视死如归，从容自若，和难友们下棋争胜，谈笑风生。看守说他：“好样的，有骨气！”8月中旬，谷雄一被秘密枪杀在北平西直门护城河边。就义前，他面不改色，高呼“中国共产党万岁！”“中国工农红军万岁！”牺牲时，年仅26岁。

1961年7月1日，在纪念中国共产党诞生40周年之际，薄一波在《人民日报》发表文章，高度评价谷雄一对中国革命做出的贡献。娄凝先赋悼念谷雄一诗一首：“献身革命意盎然，英雄事业千古传，叱咤风云雷声起，犹是翩翩一少年。”

刘鸣琴

刘鸣琴（1914—1941） 乳名小进、小文。安国县南章村人。刘鸣琴受其姑夫——博野县早期共产党人徐云甫革命思想熏陶，自幼便同情穷人，乐于助人。

民国18年（1929），刘鸣琴高小毕业后常帮徐云甫传递情报。民国20年（1931）经徐云甫介绍加入中国共产党。翌年8月下旬，刘鸣琴因参加高蠡暴动，暴露身份，经党组织介绍去北平于学忠部当兵。民国26年（1937）七七事变后，刘鸣琴受中共博野县委派遣，到河北民军特务营工作，期间积极发展党的力量，到民国27年（1938）4月发展党员30余人。是年5月10日，刘鸣琴率特务营在献县驻防时，被张阴梧亲信张文祥团解除武装。刘鸣琴在献县县长掩护下，转道河间投奔人民自卫军孙志远部任第七团特派员，后改任三营营长。

民国28年（1939）夏秋间，中共冀中区抗日部队对敌展开运动战，刘鸣琴身先士卒，带病指挥作战，劳累吐血，部队决定其回地方养病。回家后，刘鸣琴积极帮助村干部动员新兵入伍，鼓励妻子参加抗日工作。是年冬，刘鸣琴病愈归队，调晋察冀军区所属十七团二营任营长。他率部在高门屯、宣村、南龙岗等战斗中重创日军。晋县小樵镇伏击战，缴获机枪5挺，手枪30余支，被称为“钢铁营”，敌军闻风丧胆。翌年12月下旬，刘鸣琴营奉命在定县西南二十里处伏击敌军火车，将日军全部消灭，缴获两门山炮，将无法搬动的坦克、野战炮等全部炸毁。刘鸣琴受到八路军朱德总司令、彭德怀副总司令通令嘉奖。民国30年（1941）7月，二营在定县马阜才一带被敌重兵包围。战斗打响后，刘鸣琴指挥若定，英勇顽强，打退敌人多次进攻。救援部队赶到后，刘鸣琴组织火力猛烈反击，冲杀中胸部中弹，壮烈牺牲，年仅27岁。刘鸣琴牺牲后，朱德总司令、彭德怀副总司令深感痛惜，通令全军向他学习。

陈景林

陈景林（1898—1941） 又名秋虎，安国县郑章村人。自幼家境贫寒，14岁时讨饭下关东，给地主放过猪，当过铁路搬运工、挖煤工。日军侵占东北后返回家乡。

七七事变后，日军侵入华北。陈景林在东北目睹日军暴行，饱尝亡国奴之苦。为抗日救国，民国27年（1938）参加八路军，在十七团担任侦察员。他机智勇敢，多次出色完成任务。是年，加入中国共产党，提升为侦察连副连长。民国28年（1939）初，日军在郑章村构筑据点。陈景林奉命回村隐蔽，打入村维持会，以搜集敌军情报。9月，根据陈景林情报，17团决定拔掉郑章炮楼。陈景林带20余名战士扮作民夫混入据点，陈景林抱住日军岗哨从5米高房跳下，两人未摔死，日军开枪击中他的右腿，惊动守敌，陈景林等撤退。

民国28年（1939）冬，日军增兵郑章，日军小队长山田一郎奸淫妇女、杀人放火，无恶不作，百姓恨之入骨。陈景林带着除掉山田的任务，秘密返回郑章村。在村支部配合下摸清了山田的活动规律。一天，山田全副武装到村中理发，当剃头匠黑子给山田刮脸时，陈景林上前将山田紧紧抱住，中共党员党和庆夺过山田怀中的枪，用枪托狠砸山田的头；同村游击队员党锁柱、党小申一人用铁棍、一人用铁锨打；陈急喊："割脖子！"黑子操刀割断山田咽喉，山田当即毙命。他们把山田的尸体拖到村南河中。为群众除掉一害，震慑了日军。《冀中导报》刊登了陈景林英雄事迹，抗日小学以《剃头》文章编入课本，极大地鼓舞了冀中抗日热情。

民国 29 年（1940）5 月，陈景林率侦察连到郑章乡执行护麦任务。陈景林提出要保住粮食，必须拔掉郑章据点，并建议采取"引蛇出洞"速战速决的作战方案。团部研究同意后，陈景林率侦察连埋伏在预定地点。日伪军被引入伏击圈后，三面伏兵一齐开火，将 50 余名日伪军全部歼灭，并焚毁炮楼。此战缴获机枪 3 挺，"三八"步枪 50 余支，子弹 5000 余发。保证了群众安全收获夏粮。

民国 30 年（1941），陈景林随八路军十七团参加定县马阜才战役，担负阻击定县援敌任务。在广阔的平原上，陈率部与五倍于我的敌军作战，一上午击退日军 8 次进攻，为保证马阜才战役胜利赢得了时间。在战斗中，陈景林指挥若定，大量杀伤日军，直到子弹打尽。当日军围近他时，拉响最后一颗手榴弹，壮烈牺牲。时年 43 岁。

李寿江

李寿江（1922—1941）又名李海水，西娄底村人，出身农民家庭，小学毕业后，在家务农。他自幼胆大心细，豪爽仗义，乐于助人。李寿江的父亲是村内早期中共党员，受其父影响，少时即怀报国之心。民国 27 年（1938）日军侵占安国后，他积极参加抗日活动，翌年初被选为村青年抗日救国先锋队队长。时日军推行"强化治安"，域内公路如网，岗楼林立。为有力打击日军，李寿江把破坏日军电话线作为目标，挑选 7 名青抗先队员，秘密建立"破线小组"，经常割掉县城西部的日军电话线，中断日军联络。

民国 28 年（1939）7 月中旬的一天凌晨，李寿江等剪断定（县）安（国）公路新安至路根段 8 空电话线。正在收线时，被日军巡逻队发现，李等弃线撤进青纱帐，待日军接上线离开后，李寿江一人又连剪了 3 空电话线。为了提高"破线"成功率，他随时注意观察和了解敌人电话线的布设及守护情况，抓住时机，避敌出击，曾在一个月内剪线 28 次，上缴区政府电线数千斤，换回 13 支撅枪和弹药，武装了村抗日游击队。

驻守日军为加强电线防护，杆上挂马灯，杆下埋地雷，增兵巡视，还经常派兵设伏。民国 29 年（1940）9 月的一天傍晚，李寿江刚爬上电话线杆就被埋伏在附近的日伪军发现，枪弹猛射，他手一松，腿一挺，顺杆滑下，敌人以为他被打死，蜂拥而上。李寿江猛然跃起，将手榴弹投落敌群，两个日本兵被当场炸死。趁敌惊慌之际，他迅速钻入青纱帐。10 月，李寿江加入中国共产党，对敌斗争更加英勇。他有时"声东击西"，将一目标明显的电杆上的马灯击碎，等敌人出动，他却已奔向另一处破袭目标；有时"破而不露"，把线剪断后，用皮条或绳索将断头接上，使敌一时查不出断路原因；有时"原物利用"，把敌人埋在线杆下的地雷起出，埋在公路上，多次炸毁侵略者军车、炸死敌兵。在破线中，李寿江练就了一身爬杆、绕线本领，剪下电话线后，顺线就地一滚，一空电话线便缠在腰间，干净利落。抗日群众称他为"铁丝阎王"。民国 29 年（1940）8 月至民国 30 年（1941）6 月，他和战友们除割取大量电话线外，还挖取地雷 210 余枚，摘马灯 270 余盏。日军对李寿江恨之入骨，多次谋划抓捕均未得逞。

民国 30 年（1941）7 月，由于叛徒出卖，李寿江在东柴村被捕，日军对其严刑拷打，逼问同伙，李寿江大义凛然，痛斥敌酋。敌人恼羞成怒，当场用刺刀割下他一个耳朵，他依然大骂不止。翌日，李寿江在伍仁桥据点遇难，时年仅 19 岁。

刘吉年

刘吉年（1908—1942） 别名刘迪刚、王焕章、贾炼，安国县南章村人。家中较富裕，7 岁上学。民国 8 年（1919）考入安国县石佛高小，民国 11 年（1922）考入保定烈士田教会中学，民国 14 年（1925）转保定同仁中学，民国 17 年（1928）毕业回家务农。

刘吉年结识了中共党员徐云甫，他们常在一起谈古论今，探讨民族兴旺、民众解放等问题。民国 19 年（1930），刘吉年担任本村小学教师，是年参加民国县政府教育科举办的师资培训班，受中共地下党员王晓楼老师影响，接受了马列主义。民国 21 年（1932），刘吉年加入中国共产党，在庞各庄学校以教书为掩护，从事党的秘密活动。民国 23 年（1934），回本村任教，为便于活动与本村党员合伙开办一木货厂，常以买树木为由走东村串西村，传递情报，动员进步青年投身革命。

民国 26 年（1937）冬，刘吉年组建起南章村抗日动员会，配合全县抗日形势，组织印发传单、集会游行。在讲演会上，他怒斥日军侵略罪行和国民党不抵抗政策，发出“宁作断头鬼，不当亡国奴”的誓言，使本村群众抗日情绪异常高涨。他抓住时机，秘密发展党员，动员 20 余名抗日积极分子参加了区、县抗日组织。是年，刘吉年调县抗日总动员会工作。民国 27 年（1938）夏，刘吉年任中共安国县委组织部长。是年 12 月，日军侵占安国，环境异常残酷，为坚定干部群众抗日信心，刘吉年四处奔走，分析形势，统一思想，鼓舞士气，使党组织在恶劣环境下不断壮大。刘吉年家中有 5 口人参军或参加抗日工作，被誉为“革命家庭”。当时，一些十六七岁的男女青年从学校、农村出来参加革命，刘吉年十分关心他们的生活、学习和工作。一次远离家乡的女青年刘守璞发烧昏迷，刘吉年煎汤喂药，直至病愈。青年们亲切地称他为“刘妈妈”。

民国 28 年（1939）冬，刘吉年奉调延安学习，结束后被分配在华北局社会部（政工部），在北平做地下工作。民国 31 年（1942）秋，执行任务时在河北省易县与敌遭遇，壮烈牺牲。时年 34 岁。

刘云生

刘云生（1914—1942）又名刘镇昌，安国县马固村人，7 岁入学，15 岁高小毕业。民国 18 年（1929），考入保定志存中学，在校期间，积极参加反军阀、反侵略的学生运动。九一八事变后，民族危亡，刘云生毅然投笔从戎，在于学忠部 118 师督察处担任文书。他精明干练，能书善画，颇受张庆余器重，不久被提升为少尉参谋。部队纪律松驰，扰民事件时有发生，他常对士兵讲：“百姓是我们的父母，我们是兵不是匪，吃百姓穿百姓，就要救护百姓。”

民国 22 年（1933）中日塘沽协定后，于学忠部 118 师奉命改为冀东保安第一总队，名义上属非战区专员殷汝耕管辖，实际指挥权仍属于学忠，抗日活动未受限制，刘云生继续在参谋处任职。七七事变，日军驻北平司令部调保安队攻打宋哲元部，刘云生、张庆余等以“枪口对内，恕不从命”拒绝。日军欲以保安队通“匪”罪消灭。消息走漏，保安总队发动通县暴动，刘云生率参谋处官兵活捉了汉奸殷汝耕等数十人。保安队撤离途中，遭日军飞机轰炸，部队溃散。刘云生辗转到达北平，因日军悬赏捉拿难以立足。

民国 26 年（1937）10 月，刘云生返回安国县，参加抗日斗争。翌年 3 月，刘云生加入中国共产党，任安国县农会主任，积极领导减租减息斗争。民国28年（1939）4月，任中共安国县委宣传部部长。翌年4月，任县委书记。在残酷环境下，他带领全县人民坚持抗战，同日伪军殊死斗争，成功地运用伏击战、麻雀战、挑帘战打击敌人，巩固和发展了抗日政权和抗日武装。冀中七分区授予安国“抗日工作模范县”称号。敌人对刘云生无计可施，将他全家七口人抓到定县，企图迫其投降，并许以“要钱给钱，要官给官”。面对敌人的威胁利诱，刘云生坚定地表示：“就是老少七口全牺牲了，我也要抗日到底！”。

民国31年（1942）11月12日，刘云生在大户村工作时，由于叛徒出卖，住处被日伪军包围，面对重敌，警卫员孙书本倚窗与敌激战。突围时，刘云生中弹负伤，他命令警卫员“我掩护，你突围”，不容警卫员分说，就爬进东草棚，猛烈向敌还击。日伪军见不能生擒便凶残地点燃了东草棚。刘云生不顾火烧烟熏，顽强地向敌射击，直至柱倒棚塌，壮烈牺牲在熊熊大火之中。时年仅28岁。事后，县委召开追悼大会，将11月12日定为刘云生殉国纪念日。

张晓湖

张晓湖（1920—1943）　别名徐锋，安国县张家营村人。张晓湖在高小读书时，受进步教师李佛光影响，积极参加抗日宣传和游行示威活动，经常徒步30里到县城与进步学生联系，在同学中秘密传阅革命书籍。

民国27年（1938），张晓湖参加抗日工作，在本村文建会负责宣传。民国28年（1939），张晓湖调安国县委宣传部任干事，是年加入中国共产党。民国30年（1941）任二区区委副书记，翌年调五区任区委副书记兼区长。五一“扫荡”期间，五区干部大半被捕和牺牲，有些干部群众抗日情绪低沉。张晓湖带领区小队惩汉奸，破公路，扒电线，神出鬼没打击敌人。7月中旬，他率区小队巧妙伏击日伪军，缴获自行车5辆，军用物资一部，抗日士气大振。随即，又向据点伪军展开政治攻势，他亲自撰稿，印发宣传品，深夜潜伏据点外，投书喊话，动摇日伪军心。民国31年（1942）底，日伪强征砖瓦木料，准备修建张家营炮楼。为破坏敌人的计划，张晓湖夜闯张家营，发动群众把砖瓦木料搬运一空。

民国32年（1943）夏，张晓湖辗转于县城附近村庄开辟工作。7月4日，奔波一天的张晓湖和周英住宿马家庄。5日拂晓，日伪军突然包围村庄，二人分头突围。张晓湖村口遇敌，躲入民宅，随即被围。张晓湖边打边向伪军喊话，劝他们改邪归正，不要为日军卖命屠杀同胞。死心塌地的伪军将房顶掀开，投下手榴弹，张晓湖左腿受伤，他将最后一颗子弹对准自己的太阳穴，子弹哑火。当他砸毁手枪时，被俘。日伪军反捆张晓湖双手，用门板抬到街上，面对乡亲，张晓湖大声喊道：“我死了不要紧，你们要坚持抗战，把日本鬼子打出中国去。”下午张晓湖被解往县城。当天，伪队长劝降，张晓湖怒斥：“你们把祖先都背叛了，还有脸和我讲话！”面对劝降的叛徒，张晓湖声色俱厉：“你们叛党叛国，猪狗不齿！我宁做枪下鬼，不当亡国奴！”在狱中，他抱定以死报国之志拒绝进食。日军恼羞成怒，将其双腿锯掉，昏迷中晓湖尚喃喃自语：“程云同志，拿我的拐棍来，一起打日本去。”8月8日，张晓湖流尽最后一滴血，牺牲在狱中。事后，冀中文艺宣传队编排了话剧《最后一颗子弹》，歌颂张晓湖的英雄事迹。

曹　平

曹平（1919—1943）　又名曹振鸣，安国县南马村人。15岁考入定县第九中学，参加了学校进步组织“物理研究班”，除学习机械原理外，主要研究唯物主义。七七事变后辍学，回家务农。

民国26年（1937）秋，抗日烽火燃遍冀中。曹平积极投身革命加入中国共产党，并担任村党支部宣传委员，兼任青救会主任。民国27年（1938）初，任冀中七分区游击队指导员。曹平率游击队在沙河一带活动，关心体贴战士，把自己的新棉衣送给战士穿；把省下的津贴给战士花；虽在本县活动，几过家门而不入，被干部、战士传为佳话。民国28年（1939）10月，曹平从分区回到安国，主动要求到最艰苦的地区去工作，县委分配他到敌人活动猖獗，党的力量比较薄弱的五区任区委书记。曹平到任后，整顿党组织，建立完善村级抗日政权，发展抗日武装，发动群众减租减息、锄奸反特，五区抗日形势迅速好转。

民国29年（1940）4月，曹平任县委宣传部部长，主持创办了县委机关刊物《战斗报》，在残酷环境里《战斗报》刊行162期，被誉为不倒的战旗。他还主持开办“毛泽东小学”，培训抗日干部100余人次；组织成立“战斗剧社”，在根据地村庄巡回演出，为唤起民众坚持抗战发挥了极大作用。

民国31年（1942）4月，曹平任安国县委副书记，翌年春代理书记。五一“扫荡”后，安国环境异常艰苦，抗日组织遭到严重破坏。曹平带病坚持工作，重新组织抗日力量，粉碎敌人的多次围剿，民国32年（1943）9月24日，曹平在赴大李庄村途中遭敌伏击，中弹牺牲，时年24岁。

魏元信

魏元信（1893—1944） 字复乾，安国县奉伯村人。清宣统二年（1910）考入保定官立中学堂，民国元年（1912）肄业，在安国县伍仁桥村任教。民国4年（1915），考入直隶省立高等师范学校图画音乐专修科，毕业后赴英国留学，系统学习西方绘画理论，绘画技巧有很大提高。他的山、水、人物、梅、兰、荷等作品，以墨色润泽、沉雄、郁茂、挥洒姿肆而不失条理著称。经过潜心钻研，反复实践，他将中西方绘画艺术融为一体，画风别具一格。民国24年（1935）11月，编写出中国第一部绘画教科书《透视学》(1939年由商务印书馆出版），对中西绘画透视原理进行了科学的阐述。李麟玉在为此书所作“弁言”中写道：“安国魏复乾先生殚精美术，留学英国有年，于斯道尽得其秘。最近辑有《透视学》一书，钩玄提要，真切详明，颇能助学者自修，诚艺术界之曙光也”。魏元信曾在安国伍仁桥第四高小、保定第二师范、河南信阳第三师范、开封第二中学、北平西山温泉中学等地任教。他诲人不倦，循循善诱，培养了大批美术专业人才。在伍仁桥任教期间，对关汉卿籍贯、生平及《西厢记》作者等问题进行了长期考察，以大量确凿论证和考察实例，撰写出《西厢记著作人氏考证》《关于西厢记的作者》等论文数篇，在民国25年（1936）、民国26年（1937）上海出版的《逸经》杂志上连续刊载，为确定关氏故里提供了重要佐证。七七事变后，魏元信由北平返回家乡。翌年，日军侵占安国，他挺身而出，担任奉伯村首届抗日救国会主任，组织领导村民开展抗日救亡工作。民国30年（1941），魏元信被聘抗大二分校附中任教。五一“扫荡”时，该校向平汉铁路以西转移，因其身体虚弱，学校决定让他回家隐蔽。民国32年（1943）春，因汉奸告密被捕，后经党组织营救出狱。是年夏，被介绍到安徽亳州以教书为掩护，从事抗日宣传和发动工作。民国33年（1944）6月病逝。

李绍唐

李绍唐（1910—1945） 又名坤午，锡尧，安国县东北马村人。保定志存中学毕业后，以优异成绩考入天津南开大学，品学兼优，爱憎分明。毕业后毅然参加吕正操的抗日部队，任参谋，随军转战到达延安，民国 32 年（1943）加入中国共产党。

民国 33 年（1944）冬，李绍唐经中共中央副主席周恩来介绍，担任美军驻延安观察组晋察冀边区观察小组的中方翻译官。他随同观察小组深入晋察冀边区实地考察期间，恪尽职守，如实介绍解放区情况和日本侵略者的暴行，加深了美国人对中国共产党及所从事事业的了解。民国 34 年（1945 年）1 月 25 日，李绍唐与美军观察人员返回延安途中，在山西榆社县堡下村遭日军突然袭击。经激战，李绍唐等冲出包围后，发现美军观察小组成员惠特尔西尚未脱险，他不顾个人安危再次冲入堡下村，保护惠特尔西一起向外冲杀，终因寡不敌众双双遇难。

1978 年，中共中央组织部、外交部、政治部追认李绍唐为革命烈士，将其遗骨移放到山西省太原市烈士陵园。

田　夫

田夫（1911—1946）　原名田增欣，安国县东河村人。高小毕业后，因生活所迫回村务农。

民国 26 年（1937）七七事变后，日军大举进攻冀中平原，抗日浪潮风起云涌。田夫毅然参加抗日救国运动。翌年，田夫被安国县抗日民主政府任命为第一区政府秘书，民国 29 年（1940）加入中国共产党。五一“扫荡”中，田夫随区委在县城周围开展游击活动，坚持武装斗争。

民国 34 年（1945）8 月，田夫报名参加支援东北解放工作队。行前未及告别父母和即将分娩的妻子，便随队北上。到达东北后，田夫被分配在本溪县田师傅区任区委委员。田师傅区地理位置偏僻，山高林密，日伪残余、土匪、特务活动猖獗。为尽快打开工作局面，田夫和区委成员一起深入山村，宣传党的方针政策，搜集敌特土匪活动情况，发动群众组建民主政权。民国 35 年（1946）1 月，田夫领导组织发动田师傅煤矿工人清算斗争了封建把头，处决了作恶多端的日军头目福岛敬二和生吃中国人心的小田部勇，大大激发了贫苦百姓的斗争积极性。是年 2 月，田夫率区干部和保安队员深入马家城地区 11 个村，开展减租减息运动。历时 3 个月共动员 3000 余人参加反奸清算斗争，建立农会 31 个，改造村级政权 21 个。5 月，在本溪县第一次农民代表大会上，田夫当选为农民解放联合会副主任，并出任县武装部部长。不久国民党调集军队进攻本溪，县委、县政府驻地迁至田师傅区，并增建泉水区，田夫被任命区委书记。上任后，他很快打开了工作局面，建立了区、村两级民主政权，成功地领导了土地改革运动。10 月 18 日，国民党军一个团进攻小市被击退后，20 日又以两个师的兵力向解放区进攻。田夫率泉水区干部战士转移，21 日，在兰河峪西沟的四道沟，与国民党军搜索部队遭遇。在敌我兵力悬殊的情况下。田夫沉着冷静指挥战斗，在掩护干部战士强行突围中，不幸中弹牺牲，年仅 35 岁。为纪念革命烈士，当地人民把田夫安葬在太子河畔的兰河峪西沟。

冯　志　刘志华

冯志（1917—1946）　曾用名冯小坡、滑小坡、滑志刚，安国县东固村人。7 岁过继东王奇村的舅妈，17 岁时毕业于县立高级小学。民国 31 年（1942）加入中国共产党，历任东王奇村粮秣员，城关区第二小区支部委员、农救会组织委员、区政府助理员。

刘志华（1915—1946）　曾用名李小校，安国县南章村人。民国 27 年（1938）6 月加入中国共产党，历任村抗日救国会主任、北流罗村党支部书记、二区政府教育助理。

民国34年（1945）8月安国解放后，冯志和刘志华响应党的号召，参加了支援东北解放工作队。时，冯志28岁，家中有母亲、妻子和3岁的女儿。行前，未及与亲人告别，只给家人留下一封短信，写道："经过八年抗战，现在胜利了，应该与亲人团聚了，可是东北同胞仍在日本鬼子和汉奸地主的压榨下，需要我们去解放他们。我是党员，党组织需要我。忠孝不能两全，妈妈，恕儿不孝。"冯志北上不久，其妻患病去世，留下母亲和女儿。11月到达东北局所在地本溪，冯志和刘志华被分配到本溪县草河口区，冯志任区委副书记、农会主任，刘志华任民委组织委员。为迅速打开工作局面，他们一起深入山村，挨门挨户走访群众，宣传组织起来建立人民政权的意义。在草河口区蓝甸子村建立起全区第一个农会和基干民兵队。民国35年（1946）1—2月，冯志和刘志华领导当地穷苦人民开展反奸清算、减租减息斗争，镇压了一批汉奸、恶霸、土匪头子，穷苦百姓拍手称快。3月，国民党先后3次向本溪发动进攻，他们一起参加了三保本溪的战斗。4月下旬，国民党调集两个师的兵力再犯本溪，区委决定由冯志、刘志华率30名保安队员深入农村继续发动群众，开展减租减息，保护农民既得利益。5月6日，伪警察出身的县大队三队队长孙家良带队叛变，勾结土匪包围了区委驻地沙河沟村贺家大院，战斗中冯志、刘志华双双遇难。

陈　英

陈英（1919—1946）　又名陈增寿，安国县海市村人。民国25年（1936）毕业于县立高级小学。

抗日战争爆发后，18岁的陈英当选村抗日联合会教育主任，是年加入中国共产党。民国30年（1941），调安国一区任财粮助理。日军五一"扫荡"后，域内环境残酷，陈英随一区领导活动在县城附近，从事军需征集和情报传递工作。民国34年（1945）安国解放后，陈英辞别年轻的妻子和3岁的女儿，参加了北上工作队。10月，工作队到达山海关外沟帮子时，与大股土匪遭遇，队伍被冲散。陈英辗转到达东北局所在地本溪，分配在本溪县小市区任区委组织委员兼区农会副主任。陈英率1个班保安队战士到达泉水区，很快发动起群众，建立了村级人民政权。民国35年（1946），陈英组织扩大保安队时，牛心台区一暗藏特务暗中策动20余人，以报名参军的名义到区上骗枪。陈英发现报名人情绪不对，通过与其中一些人谈心，使他们说出真情，并向他们讲明共产党的政策，使一些青年真心实意地参了军，制止了一场严重事故。是年4月30日，陈英率7名战士，前往山城子水簸箕沟发放春耕贷款，在久才峪村与一冒充解放军的土匪相遇，同行到水簸箕沟村时，土匪突然开枪，陈英中弹牺牲。为纪念陈英烈士，本溪县人民政府颁令，水簸箕沟村改为陈英村，并谱写了陈英纪念歌。

马　刚

马刚（1920—1946）　又名马吉瑞，安国县西伯章村人。出身于贫苦农民家庭，13岁便给地主扛长活。民国27年（1938），加入中国共产党，先后担任西伯章村地下公安员、安国县第三区工会主任。任职期间，组织民兵自制土枪、土炮，发动群众为前线筹粮筹款，带领武工队员割敌电话线，破敌公路，有力地打击了日军。

民国34年（1945）9月，马刚奉调支援东北解放区。11月初，分配到沈阳北郊蒲河区工作。他同当地武装一起消灭了作恶多端的反动地主武装东大会、西大会。11月底，被任命为蒲河区政府刘千户分区区委书记兼区长。他深入群众，访贫问苦，宣传党的政策，开展起轰轰烈烈的减租减息斗争。民国35

年（1946）2月，马刚组建刘千户分区区小队，开展武装斗争，牵制和袭击国民党军队，打击土匪恶霸。6月，遭国民党军队207师一部突袭。为掩护区小队安全撤离，马刚主动留下，独自与敌周旋，他时而在树林里向敌射击，时而从庄稼地里向敌人投掷手榴弹，把敌人打得晕头转向。小队转移后，他将敌引至回龙沟，藏在滴水漏子里躲过敌人搜捕。不久，刘千户区小队改编为沈铁抚联合县第六中队，马刚任指导员。6月20日晚，他率第六中队部分战士护送一首长和军费到二道沟村，由于叛徒高云程告密，被国民党军队包围。战斗中，为了首长和军费的安全，他毅然将首长推上马，把两袋军款扔上马背。这时，叛徒高云程开枪打中马刚，马驮着首长和军费冲出了包围。马刚转过脸对叛徒骂道："你们这些败类，人民是饶不了你们的！"叛徒又向他连击数枪，马刚壮烈牺牲。1949年3月，沈阳市新城子中心区委在蒲河分区召开马刚烈士追悼大会，将他的坟墓从二道沟村迁至刘千户村，并将刘千户村及村小学改名为马刚村和马刚小学，他的事迹被编入沈阳市中小学思想品德教育课本。

许泽普　许子素

许泽普（1879—1948）　字慰农，号伟迪，安国县西桄村人。许子素（1909—1976）乃许泽普之子。许泽普出生于药商家庭，青年时考入北洋师范大学，毕业后在保定育德中学任博物教员。

辛亥革命后，许泽普当选为直隶省议会议员，遂迁居天津。在津结识了诸多商界名人，为实现其实业救国之抱负，与同乡合资开办起天一堂药店。又集资在宣化下花园开办宣南煤矿，后因军阀混战交通阻断，而负债累累，民国19年（1930），药店、煤矿倒闭。许泽普为偿还债务，将家中土地卖掉，与长子许子素在津创办伟迪氏制药厂，生产"三鱼牌正痛丸"。当时，天津德、英、日、法药品充斥市场，难以打开销路。许泽普便转向农村，在原籍祁州药市上推销，由于药效好价格低，深受欢迎，一时风靡华北。民国21年（1932），许泽普将伟迪氏制药厂迁回安国，并扩大生产规模，在冀、晋、鲁、豫等省建有2000余个分、代销点。民国23年（1934），许泽普父子为打开城市销路，重返津门，由许子素主持在天津北马路设立伟迪氏制药厂办事处。入津后，销路很快畅通，伟迪氏制药厂又聘请药师扩大生产。生产的制备原料有薄荷脑、碳酸钙、小苏打等，成药有娃娃宁、正痛片、消炎晶、眼药水等。民国27年（1938）底，日军侵占安国，制药厂迁天津。泽普年迈，药厂由许子素主管。民国37年（1948）许泽普逝世。

许子素接管药厂后，因战乱产品销路不畅，为求生存，许子素把销路转向西北内地，委派其弟许钊设立西安伟迪氏制药厂办事处，恢复和发展代理店业务，勉强维持。民国31年（1942），许子素在兰州设立办事处，多次向延安和陕甘宁边区输送药品。民国34年（1945），日本投降后，许子素踌躇满志，他在天津北站外置地百亩，准备新建厂房扩大生产。但不久内战爆发，所置土地被国民党军队强占。面对乱世，他只好维持原来生产。

1949年天津解放后，许子素如鱼得水。他投入全部资金，在天津北站外兴建新厂房。时国内原料药奇缺，大部分依赖进口。许子素征聘药师、化学工程师等各种技术人员12人，聘请著名药学家赵燏黄、薛愚、孙润畲等为顾问，组成研究小组，试制成功碳酸钙、碳酸氢钠、氢氧化铝、非那西丁、红溴汞和盐酸麻黄素，并建起盐酸麻黄素生产车间，使国家摆脱了部分原料药依靠进口的困境。抗美援朝时，许子素积极接受国家加工订货，以食盐片、消毒水等药品支援朝鲜战场，并捐献飞机一架。许子素积极拥护国家对资本主义工商业的改造政策，1954年7月伟迪氏制药厂实现公私合营，改称天津市人民制药厂，许子素任第一副厂长。1956年，许子素调天津市制药公司任副经理。1976年病故。

刘青山

刘青山（1916—1952） 曾用名刘顺山，安国县南章村人，出身贫苦家庭，幼年即在博野县南白沙村当长工。

民国20年（1931），刘青山经徐云甫介绍加入中国共产党。翌年，随中国工农红军第二十七军第一支队参加高蠡暴动。民国26年（1937）10月，刘青山被选送抗大学习。翌年8月，出任河北省大城县县委组织部长，常以青塔书店掌柜身份到乡村卖书，宣传抗日，为壮大共产党组织，刘青山等人组办民运训练班，培训出很多优秀干部。同时他和县委一起创建县大队和八个区小队抗日武装。民国30年（1941）3月，刘青山任中共大城县委书记，领导粉碎日伪清剿，使大城县抗日队伍和根据地不断发展壮大。日伪以1500块大洋悬赏捉拿他。民国31年（1942）五一“扫荡”后，环境十分恶劣，党内出现一批叛徒，对抗日斗争造成极大危害。刘青山领导大城县委及时开展了镇压反革命运动，沉重打击了敌特汉奸的嚣张气焰，并开辟了文安洼抗日根据地，使全县抗日形势好转。是年9月，刘青山调任任河（任丘、河间）县委书记。民国33年（1944）10月，任冀中中共八地委城工部长，翌年10月任冀中中共八地委书记兼任冀中军区第八军分区政治委员、地委党校校长。民国38年（1949）9月，任天津地委书记，1951年8月任石家庄市委第一副书记。10月，作为中国青年友好代表团成员，出席在奥地利首都维也纳召开的世界青年和平友好联欢会。

1951年底，中共中央发动“三反”“五反”运动。11月24日，在中共河北省委第三次会议上，刘青山被揭发有贪污罪行。12月2日，出国归来的刘青山一下火车即被逮捕，4日被开除党籍。同时，河北省人民政府成立“刘青山、张子善大贪污案调查处理委员会”，将案情向中央人民政府政务院报告。翌年2月10日，中央人民政府最高人民法院令准，河北省人民法院临时法庭在保定市体育场召开公审大会宣判：“刘、张二犯在资产阶级思想严重侵蚀下，为达到个人挥霍，假借经营机关生产之名，利用职权，狼狈为奸，于1950年春至被捕前，先后盗窃国家救济粮、治河专款、干部家属救济粮、地方粮，克扣民工粮、机场建筑款及骗取国家银行贷款等，总计达171亿6272万元（旧人民币）……综上所举，大贪污犯刘青山、张子善盗窃国家资财，克扣民工灾民，勾结奸商非法经营谋利，瓦解国家企业机关及贪污行贿等严重罪行证据确凿，该二犯亦供认不讳。如此背叛国家背叛人民，实属罪大恶极，国法难容。奉中央人民政府最高人民法院令准，判处大贪污犯刘青山、张子善死刑立即执行并没收其本人全部财产……”。当天，刘青山被押往保定东关大校场枪决。

徐　萍

徐萍（1911—1963） 又名徐云章，河北省博野县解营村人。徐萍出身农民家庭，自幼酷爱农业，青年时期就对农作物的繁育、栽培感兴趣。民国16年（1927），徐萍从河北省立第三中学毕业后务农。抗日战争爆发后参加革命，民国30年（1941）加入中国共产党。翌年，在博野创办共产党领导下的第一个农场，任场长。民国38年（1949）6月，调安国任太平山（今东山）农场推广科科长，1951年任场长。其间，徐萍建议县政府应借助药材集散地优势，大力发展中药材种植。他除搞好农业技术推广外，开始在农场试种大黄、白芷、木香等10多个中草药品种。他坚持田间观察，探索研究中药材栽培管理技术，取得高产经验后，向农民推广。1956年1月，农场改为安国县药材场。徐萍开始对药材引种、试种及栽培管理技术系统研究。经过两年多努力，研究总结出薏米黑穗病防治，天南星、白术摘穗，木香秧块切除顶芽和菊花打顶等增产技术，在全县大面积推广，取得较好经济效益。1958 年 9 月 12 日和 14 日，全国人大常委会委员长刘少奇、国务院副总理李先念视察安国时，先后在药材场接见徐萍。1959 年，安国县成立药材种植研究指导组，徐萍出任组长。他带领全组人员进行野生和外地药材驯化、移植试验，其中安徽白芍、浙江枸杞、江苏元胡、山东金银花等 10 多个品种引种成功，促进了安国药材种植业发展。1962 年，徐萍在心脏病经常发作的情况下，仍然坚持观察记录，病重卧床后还每天询问药材生长情况，坚持记录。6 年中，徐萍手记药材观察资料 20 余万字。

1963 年 4 月 11 日，徐萍病逝于东山药材场。

李福谦

李福谦（1888—1966）　字聚五，安国县祁州镇人。出生于世代书香门第。18 岁就读于北平甲等工艺学校。毕业后在南王买村乙种工艺学校任教。李福谦学识渊博，熟谙音律，尤爱昆曲。对昆曲的唱、念都有很深的造诣。民国 20 年（1931），他在执教之余，创办怡志楼昆曲研究会，研究探讨昆曲的词牌和音律，注释词义，校正牌曲，校对、考订了许多剧目。民国 24 年（1935）始，用两年时间勘校昆曲剧目 96 出，均用简谱记载。之后，编成《怡志楼曲谱》（共 6 册）石印成书。民国 34 年（1945）8 月安国解放后，编写昆曲剧本《庆祝胜利》，讴歌中国人民打击日本侵略者所取得的胜利，与研究会刘韧组织学生演出。1950 年，被县政府推选为人民代表。1959 年应邀赴高阳县北昆戏校任教。

李福谦一生致力于昆曲艺术的研究与发掘，为昆曲的继承和发展提供了有益的借鉴。他编写的《怡志楼曲谱》保留了许多北昆艺术和传统剧目，直至 20 世纪 60 年代初仍被昆曲戏校做为教科书。

李杏阁

李杏阁（1910—1964）　女，安国县流昌村人。因家贫 12 岁即会纺织，15 岁重病不起，父母为给她找个“棺材主”，将她嫁给安平县报子营村比她年长 13 岁的单身汉。病好后，她和丈夫靠卖烧饼为生。她生下第三个孩子时丈夫去世，靠乞讨度日。七七事变后，她看到八路军说话和气，纪律严明，爱护人民，便全身心投入支前工作。民国 31 年（1942）日军发动五一“扫荡”，环境异常残酷，她不顾个人安危，千方百计掩护抗日干部，精心护理伤病员，成为村里第一个掩护抗日干部和八路军伤病员的“堡垒户”。她在家里挖了两个地洞，供伤员隐蔽、疗养，军分区派卫生员长住她家，并备有医疗器械和药品，她家成了名副其实的“地下医院”。她对伤员关怀备至，自己吃糠咽菜，把节省下的粮食换鸡蛋，给伤员增加营养，伤员拉着她的手说：“你真比俺亲娘还亲！”有的伤员不能小便，她端着盆去接，伤员不肯，她嗔怪道：“俺是你娘，亲娘俩不拘细礼儿”。她还学会了简单的护理技术，当时缺乏麻醉剂，她给伤员换药、洗伤口非常小心，尽量减少伤员痛苦。有 5 名生命垂危的重伤员，在她的精心护理下起死回生，重新奔赴前线。在艰苦的环境下，她曾数次落入敌手，任凭敌人严刑拷打只字不露，保护了伤病员的安全。民国 33 年（1944）11 月，冀中区党委和冀中军区授予她“冀中子弟兵的母亲”光荣称号。翌年 1 月，她出席了晋察冀边区群英会，1950 年被评为全国劳动模范。1964 年 11 月 16 日因病去世，终年 54 岁。

刘华圃

刘华圃（1903—1968） 又名刘春永，安国县西王奇村人。15岁辍学，在药店学徒。17岁入天津隆顺榕药庄，潜心钻研业务，虚心学习中药鉴别、加工技术，几年后擢升隆顺榕药庄总经理。

民国28年（1939），刘华圃被推举为天津市国药同业公会会长，多次冒险接待来自全国各地的抗日志士。民国31年（1942），太平洋战争爆发后，日军加紧对天津商界掠夺，苛捐杂税名目繁多，刘华圃等人组织领导国药业进行抗税斗争，被日军宪兵司令部传讯扣押。解放战争期间，刘华圃利用自己的身份，多次掩护共产党地下工作者，协助他们向解放区转运药品。

1949年天津解放后，刘华圃任第一届天津市政协委员、市财经委员会委员、市投资公司董事、工商业联合会常务委员。1951年初，刘华圃参加中央人民政府西南区土改工作团，到四川省大足县进行土改工作。是年7月，返津筹办华北城乡物资交流会。会间，刘华圃针对广大地区缺医少药的情况，提出“发展国药，研究提炼，改革剂型，进一步发展中成药”“成药下乡”的建议，得到周恩来总理支持。翌年，刘华圃创建全国首家国药提炼厂——隆顺榕国药提炼厂。仅两年时间，该厂即发掘研制出10个新剂型，300余个品种。社会主义改造时，隆顺榕药庄为天津市第一家实现公私合营的企业。1956年后，刘华圃当选为天津市和河北省第二、三届人民代表大会代表及第二、三届政协委员，并作为天津市代表出席政治协商会议全国第二、三届代表大会。1957年，刘华圃将自己20余间私宅全部交给国家。1959年，他又将多年收藏的古董、名人字画、珍贵皮毛大衣、楠木家具等物品献出，支援国家偿还外债。是年，他组织天津市中药界老人编写《中药发展史》《抗牙税斗争》《天津生药协会》等历史资料，总结整理中药材采集、鉴别，中药制作和临床应用经验等资料计700余万字。1965年邢台地震后，刘华圃每月从工资中拿出100元捐赠灾区。

1968年12月11日，刘华圃病故于天津。

郑毓琳

郑毓琳（1896—1967） 字玉林，号怀壁，生于安国县北娄村一中医世家。清宣统二年（1910），郑毓琳继承家学，从父辈学医。民国元年（1912），拜著名医师曹顺德为师。民国5年（1916）又师从身怀绝技的霍洛顺（博野县南白沙村人）专习针灸。学成后先后在安国、博野、安平、保定、北平等地行医。郑毓琳以精湛医术治愈前清翰林学士蒋式芬之女癔疾，蒋以唐寅“竹林七贤图”真迹相赠，并赋诗：“慈善高师法巨天，神术秘诀中指点。精微奥妙常来转，针灸取病似仙丹”书赠。郑毓琳为人治病，从不论贫富，不争报酬，颇受世人称道。抗日战争爆发后，他热情支持抗战，先后为吕正操部捐款1000元，战马10匹。1949年全国解放后，郑毓琳赴北京，在长子郑魁山开办的诊所应诊。同时加入北京中药学会和中华医学会。1954年3月，郑毓琳被华北卫生局、华北中医试验所评为三级针灸专家，受聘于政务院医务室工作。因其医术精湛，常为中央首长针灸治病。政务院秘书长齐燕铭、中华全国妇女联合会名誉主席著名画家何香凝赠送他“技术独特，妙手回春”“梅花傲雪”书、画。是年，郑毓琳治愈印度共产党总书记姜博文（译音）的类风湿关节炎，颇受外国友人赞誉。郑毓琳熟读各家针灸专著，他遵古而不泥古，在长期刻苦钻研和临床实践中创出“针刺热凉补泻”“导痰法”等针灸术和“二龙戏珠”“喜鹊登梅”“老驴拉磨”“金钩钓鱼”“金鸡啄米”“白蛇吐信”“怪蟒翻身”“鼠爪刺”针刺八法，在国内外影响颇大。1954 年底，郑毓琳调卫生部中医研究院针灸研究所任第三研究室主任。他用烧山火、透天凉独特手法治疗半身不遂、痹症、胃病、眼病的科研项目取得良好效果。郑毓琳对技术从不保守，门人颇多，有不少弟子成为国内著名教授专家。1954—1964 年，他先后出版和发表《郑毓琳医案》《临症经验》等论文、专著 10 余篇（部）。其中《针刺治疗视网膜出血的初步观察》一文，获 1958 年卫生部科研成果奖。

1967 年 2 月 9 日，郑毓琳病故于北京。1988 年被收入上海辞书出版社出版的《中国人物辞典》。

李秋野

李秋野（1915—1968）　安国县明官店村人，少怀大志，聪慧过人。民国 24 年（1935）从冀县中学毕业后，先后在山东博山县和安国县伍仁桥镇小学任教。民国 26 年（1937），投奔革命队伍，先入山西民族革命大学读书，翌年 4 月转入陕西公学，7 月加入中国共产党。历任中共晋察冀分局青委会组织部干事，中共华北局行政处处长、生产处秘书长，山东渤海利民盐业公司经理，天津市军管会军代表，华北长芦盐业公司经理，中国盐业公司经理，北京对外贸易专科学校校长，北京对外贸易学院院长兼党委书记等职。

抗日战争时期，李秋野长期从事晋察冀边区党的工作，尤擅青年、组织和群众工作，积累了丰富的政治工作经验。解放战争时期，他一直从事党的经济工作，为打破国民党对解放区的经济封锁，积极开展同蒋管区的贸易，从物资和财政上为解放战争的胜利做出贡献。民国 37 年（1948）他出任渤海利民盐业公司经理后，为组织当时的战略物资食盐的生产和贸易，不顾环境的残酷发动群众，组织生产、运输，多次累得吐血仍坚持工作。为支援解放军南下作战输送了大批食盐，并大大增加了解放区的财政收入，多次受到党组织表彰。1949 年被选为劳动模范，出席了晋察冀边区群英会。1951 年，李秋野受命创建中央贸易部高级商业干部学校（对外经济贸易大学前身），为新中国培养出第一批外贸干部。1954 年，成立北京对外贸易学院，李秋野领导全院教职员工虚心学习中国人民大学等兄弟院校的办学经验，很快建起一整套教学和管理制度，在校舍和设备条件很差的情况下保证了教学质量。1964 年，党中央制定外语教育七年规划，该学院被列为重点院校。李秋野坚持党的教育方针，克服重重困难，使招生人数成倍增长。他深入教学第一线，和教师一起备课，亲自授课，深受广大师生尊重和爱戴。“文化大革命”开始后，李秋野遭受诬陷，被强加种种罪名，遭批判、游斗。1968 年，在他身患重病之际被非法关押，刑讯逼供，百般折磨。李秋野始终保持共产党人的气节，坚持同帮派体系斗争。是年 6 月，李秋野被迫害致死，时年 53 岁。

1979 年 4 月，中共北京对外贸易学院党委为李秋野平反昭雪。

李济林

李济林（1892—1970）　安国县西章令村人，自幼家境贫寒，成年后扛长工为生。民国 28 年（1939）加入中国共产党，担任地下交通员。解放战争中，李济林多次参加支前民工团，出生入死，转战千里，荣获“支前功臣”称号。

民国 36 年（1947）新保安战役前，年过五旬的李济林报名支前未批准，他只身赶到支前民工团驻地，硬抢了一副担架。每逢行军，他一路上总拾一大捆柴草，到宿营地后便抢着为民工、伤员烧洗脚水、做饭。战斗中，李济林不顾自己安危，从火线上救出9名伤员。在抬送伤员途中遇敌机扫射轰炸，李济林用身体护住伤员；伤员行动不便，他用自己的毛巾和饭碗给伤员接大小便；他还自费为伤员买鸡蛋、香烟等物品。伤员感动地说："你待我比亲娘老子还好，养好伤一定立功报答你。"战斗间隙，李济林在民工连发起劳军募捐活动，把自己的零用钱全部捐出。是年11月6日，冀中九分区前方后勤指挥部发出指示，号召各县支前民工广泛开展学习李济林运动，晋察冀军区司令员聂荣臻为其题写"支前功臣"匾。

民国37年（1948）察南冀东战役前，县组织支前民工，李济林第一个报名未被批准，本村民工推选他为支前民工的"总管家"，负责民工家属的生产、生活。出征那天，李济林把家里的烟叶背出来分给民工并叮嘱说："出了门烟挺缺，从家里带着点出去了少花钱。家里的事都放心，争取全立功回来。"李济林除管好本村民工家属的生产、生活外，还关心其他村支前民工家属。19天时间，他走了36个村，访问民工家属近千户，收集了300余封民工家信转送前方。是年12月，平津战役前夕，他三番五次找县武装部长要求："这是解放华北的最后一次机会了，我一定要出征支前"。获准参加民工队后，他高兴地逢人就讲："我扛了一辈子长活，这会儿翻了身，一定要卖卖老精神，再做点贡献"。到达前线后，他运送军需给养，抬送伤病员，毫不逊于年轻人，战后获华北解放纪念章一枚。

全国解放后，李济林在家乡带头发展生产，被评为县劳动模范。抗美援朝开始后，他送17岁的长子赴朝参战。1951年，他以劳动模范身份，随叶剑英为团长的慰问团到朝鲜慰问中国人民志愿军。在农村社会主义建设中，李济林处处领先，样样带头，被誉为"老英雄""老积极"。1970年11月16日病故。

王洛合

王洛合（1886—1971） 曾用名于致祥，安国县刘家庄村人。家境贫寒，13岁便为西章令村一富户当长工。为维持生计，一个姐姐、两个妹妹先后被卖掉。18岁时开始从事贩运粮食、木柴、煤炭等小本生意。

民国27年（1938），共产党建立村政权后，他当选副村长，组织17户农民建立起全县第一个合作社。合作社先后开办轧花、纺线、织布、木器加工副业，获得较好经济效益，使贫困的农民看到了组织起来走集体道路的广阔前景。是年冬，日军侵占安国，王洛合对日军野蛮屠杀中国人民的罪行义愤填膺，他积极参加抗日活动，让13岁的长子参加了抗日队伍。翌年，王洛合加入中国共产党。民国31年（1942）日军发动五一大"扫荡"，环境恶化，他带领群众坚壁清野、挖地道、掩护抗日干部，凡是抗日工作，他都走在前边，大伙称他为"旗手"。

民国34年（1945）初春，抗日政府动员解放区开展劳动生产运动。王洛合带头办起全县第一个生产互助组，还拿出多年积余的40石粮食作为基金，办起一个小型合作社，恢复轧花、纺线、织袜子等副业。又办起村民合作社，经营存款、贷款业务，带动了全县大生产运动。是年5月，县委发起"于致祥（王洛合化名）运动"，号召全县学习王洛合。10月，他被评为劳动英雄，先后出席冀中区、晋察冀边区群英大会。民国36年（1947），王洛合被群众推选为合作社主任，主持制定了合作社章程，并提出："农业是命根子，副业是钱兜子，搞好农业、副业，支援解放战争。"他带领村民凿井、挖渠、扩大水浇地；创出麦棉间作法；研究出白菜种植新技术和除治蝼蛄的新办法。同时，新办染坊、面坊、铁厂、运输队等合作社。《冀中导报》多次报道王洛合的先进事迹，被树为冀中的一面旗帜。

土改运动开始后，王洛合积极拥护党的政策，他说："要想大家都过好日子，非得平分不可，自家有了地，有了房，生产干劲大，生活会越过越好”。当时，他家有 15 亩地，主动拿出 5 亩好地分给贫苦户，还将自己的财产进行登记，交贫民团处理。由于群众信任，王洛合被选为农民代表，领导全村农业生产。民国 37 年（1948）12 月，为解决安国市政建设、群众盖房和生产打井用砖问题，冀中九专区、专区银行和安国市政府共同筹资 3 亿元。在西徐、西仕庄两村各建砖窑 4 座，王洛合被聘为总经理。是年，河水泛滥，灾民较多，砖窑招工时，王洛合采取“以工代赈”办法，在重灾区东、西崔章两村召集 90 多名灾民上窑做工，还组织这两村的 60 多辆大车到深泽县拉煤，既解决了用砖不足问题，又解决了部分灾民的生活困难。

全国解放后，年逾六旬的王洛合仍劳作不辍，有人劝他该休息了，他却说：“好不容易熬到解放，赶上新社会，我还要为建设新中国多干几年哩。”1950 年，县里大办工副业，王洛合受命在祁州镇办起饭店、染坊、铁厂、木器厂、油漆厂等企业，并取得较好的社会效益和经济效益。1951 年 6 月，全县掀起抗美援朝运动，王洛合捐献小米 2500 千克，边币 200 万元。10 月，因王洛合工作成绩显著，被评为河北省劳动模范。

1953 年，王洛合离职回乡，1971 年去世。

卜孝怀

卜孝怀（1909—1970） 又名宪中，河北安国人。幼年喜绘画。民国 21 年（1932）毕业于北京大学艺术学院。师承徐燕荪等人，工于人物画。曾先后任教于国立北京艺专、北华美专、京华美专、艺光国画社。中华人民共和国成立后，曾在北京人民美术出版社、吉林省艺术专科学校工作。为中国美术协会会员、吉林省文联委员、美协吉林分会理事。擅长重彩和自描人物画，作品有《横槊赋诗》《革命故事画》《公孙大娘舞剑图》等。1970 年去世。

殷希彭

殷希彭（1900—1974） 又名殷同寿，安国县小营村人，少怀大志，崇拜民族英雄。民国 15 年（1926），保定河北省立医学院毕业后留校任教，翌年被选送日本公费留学，获病理科医学博士学位，民国 20 年（1931）7 月回国，任河北省立医学院病理学系主任、教授。

民国 26 年（1937）9 月，日军侵占保定后，殷希彭不为日伪做事，愤然携眷回乡。后日伪以厚禄招其出任伪河北省教育厅厅长，遭严辞拒绝。翌年，中共冀中军区卫生部长张珍邀请殷希彭参加八路军，他毅然接受，任冀中军区卫生训练队教务长兼后方医院医务主任。民国 28 年（1939）初，国际共产主义战士白求恩率东征医疗队来到冀中，殷希彭和他一起工作生活，其认真负责的工作态度、渊博的学识和高明的医术颇受白求恩赞赏。是年 6 月，晋察冀军区创办卫生学校（后改称白求恩卫生学校），殷希彭任教务主任。民国 31 年（1942），殷希彭加入中国共产党。是年，他出任晋察冀边区医药技术指导委员会主任，并创办《卫生建设》刊物，对边区卫生事业发展起到推动指导作用。翌年，殷希彭任晋察冀军区卫生学校校长。任职期间，他坚持亲自授课，利用课余时间，先后编写了组织学、病理学、药物学等教材。他以教课认真、督导严厉、平易近人而倍受教、学员尊重。

民国 32 年（1943）春秋间，殷希彭的两个儿子先后牺牲在抗日战场。同志们怕他经受不住连丧二子的打击，劝他保重节哀。他说道：“天下父母心一样，要说我不心痛，那是骗人。但是请同志们放心，这决不会影响我的革命斗志，相反会使我更加坚强。”他化悲痛为力量，工作更加勤奋。在一次急行军中，他患痢疾，腹泻不止，仍坚持步行，将自己的马让给伤病人员。民国36年（1947）后，历任华北人民政府卫生部长、华北军区卫生部长，先后参加了清风店、石家庄、太原、平津等战役。

中华人民共和国成立后，殷希彭先后担任华北军区卫生部部长兼军医学院院长，第一军医大学校长，军事医学科学院副院长、院长，中国人民解放军总后勤部卫生部副部长。1955年，被授予少将军衔，曾荣获二级独立自由勋章、一级解放勋章。1974年，因癌症在北京去世。

李光壁

李光壁（1914—1976） 又名昭平，安国县祁州镇人，历史学家。民国26年（1937年）7 月，毕业于北京大学中文系。历任冀中区行政公署文书，北京大学文学院讲师、副教授，保定河北省立师范学校副教授，北京中国大学国文系副教授。中华人民共和国成立后，出任天津河北师范学院中文系教授、代理系主任，河北大学历史系教授，兼中国古代中世纪教研室主任。他长期从事中国古代史的教学与研究，治学严谨，成就以明史为最，撰有《明朝史略》。曾主编《中国历史人物论集》《中国农民起义论集》《中国科技人物论集》等。

张　岩

张岩（1901—1976） 字冲霄，安国县西伏落村人。民国11年（1922）毕业于保定河北省立医学院，在北京一家德国人开的医院就职。民国15年（1926），任北京国立北平大学医院解剖学讲师。民国23年（1934），赴德国，入柏林大学解剖学院为研究员，民国25年（1936）回国，任保定河北省立医学院解剖学教授。民国26年（1937），在贵州安顺军医学院任解剖学技正教官。民国36年（1947），任国立沈阳医学院解剖学教授兼教务长，民国37年（1948）任北京石景山钢铁厂医院院长。1949年全国解放后，任河北医学院解剖学教授、解剖学教研室主任、副院长。1956年，加入九三学社，先后担任九三学社保定分社主任委员，九三学社石家庄分社副主任委员。他是中国解剖学会理事，河北省第一届人大代表，河北省人民委员会委员，第一、二、三、四届全国人大代表。著述有《解剖学名词的分析和知识》《评巴黎解剖学名词》《肝动脉末稍在肝内的分布》《实验性结扎家兔胃壁某些血管后其旁血管道变化的观察》等，并主编《人体解剖学》一书。

1976年1月1日，在石家庄病故。

王云龙

王云龙（1892—1980） 安国县南关人。祖籍枣强县，明朝永乐年间其祖上迁祁州，世代以打制药刀为业。王家“福盛炉”所制药刀经久耐用，享誉药界，世人誉为药刀王。王云龙幼从父学艺，成年后继承祖业。他打制药刀技术超过上代。民国初“药刀王”牌药刀畅销全国。

民国27年（1938），王云龙的店铺被日军焚毁，是年冬随药业商户迁天津红桥区赵家场大街开设忠福盛药刀炉。天津解放后，王云龙积极响应政府发展生产的号召，广收门徒，扩大作坊。为发展机械化生产，应天津机械厂之邀，用独特技艺打造、配制了质量上乘的切烟刀、火柴刀。1950年后，添置刨床、钻床、磨光机等设备，由仅生产药刀的手工作坊，发展为量具刃具厂。

1954 年 4 月，王云龙因杀死续妻和奸夫罪，被判死缓。服刑期间，他愿献祖传秘艺立功赎罪。当时杨柳青新生监狱玻璃厂切割高温玻璃剪刀因质量低，三五天换一把，严重影响生产，管教部门让王云龙攻克这项技术难关。经多次试验，王云龙终于试制出锋钢粘贴剪刀，使用寿命达半年以上。后又为玻璃厂研制出高强度抗热机用剪刀。在狱中，王云龙还带出不少徒弟。根据王云龙表现，连续三次减刑，1960 年获释，留新生玻璃厂指导生产，他常说：“我能干就多干点，为社会主义多做点儿贡献”。

1980 年 1 月，王云龙去世。

李鹤鸣

李鹤鸣（1912—1983） 安国县流霜村人。县内著名中医主治医师，长于妇科、小儿科、针灸等医术。

李鹤鸣 13 岁时受塾馆先生影响，对治病产生兴趣，先生授以针灸、脉诀、药性等医学常识。16 岁到天津西门内泰和堂药店学徒，因他聪敏勤快，虚心好学，颇得坐堂中医孟宪章赏识，传其医道。苦学 4 年，终有所成。民国 23 年（1934），李鹤鸣在安国自设药铺行医。七七事变后重返天津，在河北大街广安栈挂牌行医。他除应诊外，其余时间多用于攻读医书，系统地学习了《寒温条辩》《景岳全书》等著述，常结合所见病症，对一些成处方加以改进，医术日臻成熟。1949 年，李鹤鸣回故里，加入安国县医学联合会，任秘书。1953 年，李鹤鸣被选为安国县中医学研究指导委员会主任。1956 年，他参与组织成立城镇中西医联合诊疗所（安国县中医院前身），任所长。1957 年，李鹤鸣受聘为河北中医业余学校辅导员。授课之余，根据自己多年的临床经验，整理编写了《祁州中医验方集锦》第一集。

1958 年，李鹤鸣自塑五彩针灸模型，精心研究针灸技术，撰写出《简易针灸选编》。与人合作研制出三用经络探测器。1962 年，李鹤鸣被评为全国先进工作者。

“文化大革命”开始，李鹤鸣受冲击被解除医生职务。被管制期间，他潜心总结自己的医术实践，编写出 14 万字的《中医针灸问答》。1977 年，李鹤鸣重回医院工作。1979 年，他编写出《祁州中医验方集锦》第二集，同年当选为安国中医学会理事长，保定地区中医学会理事。年逾古稀的李鹤鸣仍潜心医道，坚持应诊。晚年撰写出《治疗中风痛的点滴体会》《关于痢疾的临床体验介绍》《以针灸治疗为主的治疗子宫下垂》《中医治疗脱疽的经验介绍》等数篇论文，分别发表在省、地医学刊物上。

李鹤鸣终因积劳成疾，于 1983 年 3 月 2 日去世。

胡振渭

胡振渭（1919—1984） 字涵泾，安国县大五女村人。民国 29 年（1940），毕业于西北工学院，获冶金工程学士。民国 30 年（1941），任四川西昌西康技艺专科学校助教；民国 32 年（1943），任重庆中央工业专科学校机械科讲师。民国 34 年（1945）10 月，到美国宾夕法尼亚州莱镇钒厂实习，翌年春入卡内基大学冶金研究院进修，攻读冶金学、金属物理学等课程。民国 37 年（1948）2 月，获卡内基大学冶金工程硕士学位，6 月途经日本回上海，8 月受聘于由开封南迁苏州的河南大学理学院化学系任教授。天津解放后任天津大学教授，兼河北工学院、华北工学院教授。1952 年，调清华大学，受命筹建北京钢铁学院金属系。1953 年春，调哈尔滨军事工程学院，历任金工金相教研室主任、院务委员，教学工作委员会委员，基础课部副主任，哈工大金相及热处理专业研究生、本科生历届考试委员会主席、黑龙江省金属学会副会长。1970年7月，转长沙工学院。1978年，长沙工学院改建为国防科技大学，入军队序列。他曾任材料系副主任，湖南省政协委员，中国宇航学会材料工艺专业委员会副主任委员，中国航空学会复合材料专业委员会主任委员，湖南省宇航学会常务理事及复合材料委员会主任委员、校学术委员和学位评定委员会委员。他提出的“材料及工艺研究要以复合材料为主攻方向”建议得到国防科委副主任钱学森的赞同。他曾先后率代表团、组，去日本、美国、西德考察复合材料发展情况和进行学术交流。

他毕生致力于材料科学研究，是国内知名专家。为中国复合材料学科的创立和发展做出了巨大贡献。一生著述很多，主要有《锋钢热处理》《金相学及热处理》《沉淀硬化》《定向凝固共晶合金复合材料》《复合材料的特征及对发展复合材料的建设》《碳化硅纤维增强铝复合材料实验研究》等23部（篇）。

1983年10月，胡振渭加入中国共产党。1984年1月15日，逝世于长沙国防科大医院。国家有关方面负责人张爱萍、邹家华、张宸寰、钱学森、朱光亚、宋健等发唁电致哀。

袁 英

袁英（1913—1987） 安国县流霜村人，其父是民间雕塑、彩画、裱褙艺人。袁英12岁辍学，随父走城串乡，从事庙宇塑像、彩画、建筑油漆、裱褙等民间艺术。民国27年（1938），袁英参加本村抗日组织，民国29年（1940）加入中国共产党，任村青年抗日先锋队队长。翌年，调七区任区游击队队长。民国32年（1943）5月，日军包围流霜村，袁英被捕，14日被解往井陉煤矿做劳工，8月初冒死逃出，避居外地。日本投降后，袁英从哈尔滨返故里，继续从事民间彩绘、油漆匠作，他执着追求民间彩绘、雕塑、裱褙艺术，在继承家传“工笔重彩”绘画风格、“三矾九染”着彩技艺的基础上借鉴西方油画技艺，打下了自己丰厚的艺术功底。几十年间，他参加过太原钢厂、石家庄铁工局、北京大红门、北京北海公园、清华大学、保定古莲池、天津清真寺、南开天主教堂、天津基督教堂等新建和修复工程的木雕、油漆和彩饰工程，均受到建筑单位和艺术界好评。

袁英三度参修药王庙，为宏扬中医药事业，宣传安国药业做出贡献。1958年，修缮药王庙，袁英协助其父承担油漆、彩画、腊染工程，使药王庙重现庄重、辉煌之貌，受到在安国参观的党和国家领导人及外国友人赞赏。1977年，再修药王庙，袁英承揽了正偏殿、走廊药王故事，十大名医故事的雕刻彩绘工程，带领工友们完成了石狮补塑、木花雕饰、全部彩油工程。1985年4月，袁英在身患肺癌的情况下，第三次应邀担任修复药王庙顾问。他拖着虚弱的病体，参加了修复计划的制定，精心雕刻了药王及十大名医小样。在修复工程接近完成之际，袁英病情恶化，于1987年7月26日去世。

赵亚平

赵亚平（1912—1989） 女，安国县东伏落村人。民国20年（1931），考入保定第二女子师范学校，因社会活动能力强，当选学生会主席。九一八事变后，因参加学生运动被校方开除。翌年，在北京参加反帝大同盟，从事宣传活动，民国22年（1933）被反动当局逮捕，在狱中顽强斗争，表现了革命者的高尚气节，后经保释出狱。民国26年（1937）春回到家乡，七七事变后加入中国共产党，任博野县抗日动员会妇女部长。民国27年（1938）5月15日，在冀中区第一次妇女代表大会上当选为冀中区妇救会主任。组织领导广大妇女参加抗战，冀中干部群众亲切称她为“赵司令”。民国30年（1941），调晋察冀日报社。日本投降后，任张家口市妇联主任。全国解放后，历任全国妇联妇女干校教务主任、副校长，林业部教育司副司长，林业总局政治部副主任等职。

刘管乐

刘管乐（1918—1990）　又名海水，安国县南章村人，自幼酷爱音乐，具非凡音乐天赋，16岁起习吹笛子，随班参加婚丧嫁娶演奏，是安国一带著名民间艺人。

抗日战争爆发后，刘管乐毅然投身革命。民国28年（1939），加入中国共产党。先后担任安国县委教育干事、宣传委员，赵县三区区委书记，藁城县委地下联络干事。民国36年（1947），刘管乐回原籍，从事文化宣传工作。1949年夏，被中共安国县委推荐到河北艺术学校专修音乐。毕业后分配到天津音乐工作团，后转入天津歌舞剧院，专司笛子演奏。1951年夏，他作为中国音乐家代表团成员，参加在捷克举行的首届“布拉格之春”国际音乐节，1953年随慰问团到朝鲜慰问赴朝作战将士。之后，他随团赴苏联、阿富汗、埃及、叙利亚等国巡回演出，高超的笛子演奏得到观众的热情赞誉。

刘管乐创作了很多笛子独奏曲目，1956年出版了《笛子独奏曲集》，其中的《荫中鸟》《卖菜》等作品，成为中国民族乐坛的保留曲目，一直被全国音乐院校笛子专业沿用为必修教材。之后，他又创作出版《刘管乐笛子曲选》一书。刘管乐的作品独具风格，他被音乐界公认为中国北派笛子的代表人物之一。刘管乐在笛子的演奏技巧和传统乐器改革方面做出了卓越贡献。他研制的九孔笛、调音插口笛，大大丰富了笙子的表现力，被民间乐团广泛采用。

刘管乐从事音乐工作几十年，勤奋耕耘，呕心沥血，培养了一批活跃在民族乐坛的后起之秀，为中国文艺事业做出重要贡献。先后被吸收为中国音乐家协会会员，中国音乐家协会天津分会理事。被誉为中国著名笛子演奏家、教育家。

1990年5月27日，刘管乐因病在天津去世。

解殿臣

解殿臣（1901—1953）　又名解伦，安国县张店村人。

解殿臣于民国27年（1938）加入人民武装自卫队，民国29年（1940）任安国县公安局司法股干事。民国31年（1942），解殿臣经不住残酷环境考验携枪叛变，将公安局内部档案交给日伪军。是年8月，解殿巨将本村抗日村长张栓成夫妇和区委干部唐俊如抓到东秋元村，扒光三人衣服后毒打逼供，索得巨款后将两名妇女释放，把张栓成交日军杀害。9月25日，解殿臣带日本特务将滩头村公安员党仕祥杀害。11月，又伙同日军特务10余人窜到大户村，枪杀村党支部书记李小须，纵火烧死中共安国县委书记刘云生，抓捕警卫员孙书本，带到安国城内残害致死。之后，解殿臣又带领日军黑夜包围西照村，当场杀死村干部杨泽道，抓乔文斌、杨文华等4人到安国县城内严刑拷打，勒索巨款后将杨文华等2人放回，其余2人下落不明。解殿臣投靠日军后，吃、喝、嫖、赌、抽五毒俱全，还经常到乡村、店铺抢夺勒索财物，坏事做绝。民国34年（1945年）日本投降后，解殿臣潜逃天津、北京等地匿名经商。1951年8月，将其逮捕归案，1953年11月5日依法枪决。

第二章　人物表

一、历代进士及官职表

安国县历代进士及官职一览表

表 20-1

朝代	姓名	登科时间		曾任最高职务	备注
		历史纪年	公元纪年		
唐	齐　浣	—	—	中书舍人	—
	齐　抗	—	—	户部尚书	—
宋	卢之翰	—	—	转运副使	—
	齐　恢	—	—	相州知州	—
金	杨　果	正大年间	1224—1232	参知政事	—
元	王光祖	—	—	浙江新昌尹	—
	董　珪	至治元年	1321	颍州知州	状元
	李　齐	至顺元年	1330	太常博士	状元
明	郝　海	弘治六年	1493	两淮盐运使	—
	王用贤	嘉靖二十九年	1550	御史参议	—
	许国士	天启二年	1622	两淮盐运使	—
清	李时蓁	顺治三年	1646	浙江平湖知县	—
	袁我武	顺治九年	1652	白草口都司	武进士
	童　炜	顺治十七年	1660	浙江海盐知县	—
	郑　侨	顺治十八年	1661	浙江上虞知县	—
	李继泌	康熙三十九年	1700	浙江缙云知县	武进士
	王永锡	康熙三十年	1691	四川守备	武进士
	安于仁	康熙三十六年	1697	山西壶关知县	武进士
	刁承祖	康熙五十四年	1715	广东布政使	—
	李友绛	雍正元年	1723	江南休宁知县	—
	赵耀甲	雍正二年	1724	龙门教谕	—
	刁显祖	雍正七年	1729	—	—
	李锦辉	乾隆年间	—	山东临淄知县	—
	杜三德	乾隆元年	1736	四川昭化知县	—
	李基生	乾隆二年	1737	浙江淳安知县	—
	王允恭	乾隆七年	1742	山东守备	武进士，齐村人
	张钟淇	乾隆四十五年	1780	山东高唐州游击	武进士
	李寅清	嘉庆十五年	1810	翰林院编修	赐，流村人

续表 20-1

朝代	姓名	登科时间		曾任最高职务	备注
		历史纪年	公元纪年		
清	孟国图	嘉庆二十三年	1818	—	立家庄人
	孟汉图	嘉庆二十四年	1819	浙江处州府都司	武进士，立家庄人
	江培筠	道光三十年	1850	陕甘军营都司	武进士，王玉巷村人
	谢　炳	咸丰二年	1852	陕甘庆阳营参将	武进士，谢家庄村人
	沈鸣珂	同治元年	1862	户部主事加郎中衔	大文村人
	郝荣衔	同治二年	1863	户部主事加郎中衔	齐村人
	刘天爵	同治三年	1864	山东候补都司	武进士，王奇人
	杨卓云	同治四年	1865	山东惠民县知县	淤村人
	李光斗	同治十三年	1874	户部主事	东路景村人
	杨德润	同治十三年	1874	翰林院检讨	赐，杨家庄人
	马　德	光绪二年	1876	翰林院检讨	赐，马家庄人
	张子仪	光绪二年	1876	侍卫	武进士，舍二村人

二、明清举人及官职表

安国县明、清举人及官职一览表

表 20-2

朝代	姓名	中举时间		曾任最高职务	备注
		历史纪年	公元纪年		
明	刘　焕	洪武五年	1372	州判	—
	孟　庸	建文四年	1402	光禄署丞	—
	杨　习	永乐六年	1408	安定知县	—
	吕岳中	永乐九年	1411	淮府典仪	—
	郑　福	永乐九年	1411	—	—
	刘　涌	永乐十二年	1414	刑部员外	—
	杨　谊	永乐十二年	1414	高陵知县	—
	王　纲	永乐十八年	1420	商河训导	—
	张　企	永乐二十一年	1423	—	—
	丁泰亨	宣德四年	1429	副都御史	—
	张　绅	景泰七年	1456	六安教谕	—
	李　冕	景泰七年	1456	文登知县	—
	刘　绍	成化元年	1465	武涉知县	—
	吕　凯	成化元年	1465	—	—
	郑　春	成化四年	1468	冠县知县	—
	王用贤	嘉靖二十五年	1546	御史参议	1550 年进士

续表 20-2

朝代	姓名	中举时间		曾任最高职务	备注
		历史纪年	公元纪年		
明	郝　海	成化二十二年	1486	两淮盐运使	1493 年进士
	刘继祖	弘治五年	1492	淇县知县	—
	赵士贤	正德八年	1513	阳谷知县	—
	贺　坚	正德十一年	1516	河内知县	—
	魏尚质	正德十四年	1519	孝义知县	—
	金　章	正德十四年	1519	浙江提举	—
	郝　桓	嘉靖四年	1525	忻州知州	—
	张祖良	嘉靖三十七年	1558	户部郎中	—
	张尚贤	嘉靖四十年	1561	—	—
	刘懋勋	嘉靖四十三年	1564	东平知州	—
	曹志学	嘉靖四十三年	1564	—	—
	赵帮瑞	嘉靖年间	1522-1566	山西山阳县知县	东伏落村人
	江子澜	隆庆元年	1567	—	—
	张光祖	万历四十三年	1615	昌乐知县	—
	张大典	万历十九年	1591	—	—
	许国士	万历二十八年	1600	两淮盐运使	1622 年进士
	邢东鲁	万历三十一年	1603	赞皇教谕	—
	刘明才	万历三十四年	1606	简州知州	—
	徐人豪	天启四年	1624	—	—
	刁基命	天启七年	1627	—	—
	李　珍	崇祯十二年	1639	—	—
	李艾兰	崇祯十五年	1642	—	—
	李时蓁	崇祯十五年	1642	浙江平湖知县	1646 年进士
清	徐人望	顺治三年	1646	通州学正	—
	李白生	顺治八年	1651	大城教谕	—
	刘凤翀	顺治十一年	1654	—	—
	童　炜	顺治十一年	1654	浙江海盐知县	—
	安靖方	顺治十七年	1660	盐山教谕	—
	赵定国	顺治十七年	1660	—	武举人
	赵安国	顺治年间	1644—1661	守备	武举人
	李刚峰	顺治年间	1644—1661	—	武举人
	刘鸿勋	顺治年间	1644—1662	—	武举人
	唐维藩	顺治年间	1644—1663	卫千总	武举人
	唐维翰	顺治年间	1644—1664	—	武举人
	石怀阳	顺治年间	1644—1661	—	武举人
	唐大有	顺治年间	1644—1661	守备	武举人
	贾二酉	康熙八年	1669	国子监助教	—
	张可法	康熙十四年	1675	—	武举人

续表 20-2

朝代	姓名	中举时间		曾任最高职务	备注
		历史纪年	公元纪年		
清	程飞鹏	康熙二十一年	1682	—	武举人
	李继泌	康熙二十六年	1687	浙江缙云知县	1700 年进士
	宋之彬	康熙二十六年	1687	—	武举人，伍仁桥村人
	宋国柱	康熙二十六年	1687	—	武举人，伍仁桥村人
	安于仁	康熙三十二年	1693	山西壶关知县	1697 年进士
	王永锡	康熙年间	1691	四川守备	1691 年进士
	刘笃生	康熙三十二年	1693	赵州学正	—
	刘　藩	康熙三十五年	1696	肥乡教谕	—
	张鹏万	康熙三十五年	1696	—	—
	李继渤	康熙三十八年	1699	—	—
	刘　淑	康熙四十一年	1702	候补中书	—
	李文魁	康熙四十一年	1702	肥乡教谕	—
	赵念祖	康熙四十四年	1705	—	武举人
	冯　濬	康熙四十七年	1708	—	武举人
	宋宏佑	康熙五十年	1711	—	武举人
	李光绪	康熙五十年	1711	—	武举人
	徐孚璟	康熙五十二年	1713	辽阳学正	—
	张万铨	康熙五十二年	1713	上思州知州	—
	赵绳祚	康熙五十三年	1714	—	武举人
	李继浩	康熙五十三年	1714	威远知县	—
	胡其实	康熙五十三年	1714	—	—
	王三汲	康熙五十三年	1714	夏津知县	—
	赵昌荣	康熙五十六年	1717	—	武举人
	李足发	康熙五十九年	1720	—	武举人
	戴三聘	雍正元年	1723	南宫教谕	—
	李元丹	雍正元年	1723	武邑教谕	—
	赵文潢	雍正元年	1723	淮徐督运千总	武举人
	郑元勋	雍正元年	1723	江淮协运千总	武举人
	靳　煌	雍正元年	1723	—	武举人
	王其昌	雍正二年	1724	协运千总	武举人
	李　栻	雍正二年	1724	—	武举人
	李　梁	雍正二年	1724	协运千总	武举人
	王　镃	雍正二年	1724	—	武举人
	刘克详	雍正二年	1724	—	武举人
	刁显祖	雍正七年	1729	—	—
	刘景曾	雍正七年	1729	—	—
	陈大猷	雍正七年	1729	—	武举人

续表 20-2

朝代	姓名	中举时间		曾任最高职务	备注
		历史纪年	公元纪年		
清	张锡书	雍正七年	1729	大同千总	武举人
	王　勋	雍正七年	1729	—	武举人
	刘型会	雍正七年	1729	浙杭督运千总	武举人
	赵钜勋	雍正十年	1732	—	武举人
	赵文雄	雍正十年	1732	淮徐督运千总	武举人
	刘克昌	雍正十年	1732	浙湖协运千总	武举人
	赵文元	雍正十年	1732	南阳千总	武举人
	刁　镕	雍正十年	1732	—	—
	刁　钥	雍正十三年	1735	—	—
	刁世昌	雍正十三年	1735	靖边知县	—
	王允恭	雍正十三年	1735	山东守备	1742 年进士
	王　镳	雍正十三年	1735	山东濮州所协运千总	—
	李基生	乾隆元年	1736	—	—
	李实生	乾隆元年	1736	—	—
	杜三德	雍正十年	1732	四川昭化知县	—
	谢　礼	乾隆元年	1736	—	—
	刁　铠	乾隆元年	1736	—	—
	马必达	乾隆元年	1736	—	武举人
	曹宪文	乾隆二年	1737	—	—
	李种仁	乾隆三年	1738	—	—
	戴　缙	乾隆三年	1738	成安教谕	—
	刁　锦	乾隆三年	1738	—	—
	刁　铨	乾隆三年	1738	—	—
	赵树坊	乾隆三年	1738	卢龙教谕	—
	张世杰	乾隆三年	1738	—	武举人
	陈熼武	乾隆六年	1741	—	武举人
	刘锡绶	乾隆九年	1744	—	—
	李种芳	乾隆十二年	1747	—	—
	戴　绾	乾隆十二年	1747	—	—
	张世祥	乾隆十五年	1750	—	—
	陈升平	乾隆十七年	1752	领运千总	武举人，齐村人
	李锦雯	乾隆二十一年	1756	房山训导	城内人
	李其灿	乾隆二十一年	1756	曲阜知县	城内人
	刘瞻云	乾隆三十三年	1768	遵化州学正	门东村人
	刘际泰	乾隆三十六年	1771	永年教谕	门东村人
	杨晖吉	乾隆四十四年	1779	—	武举人，石佛村人
	刘　镔	乾隆四十四年	1779	—	武举人，北马村人
	刁世俞	乾隆四十五年	1780	广昌教谕	城内人

续表 20-2

朝代	姓名	中举时间		曾任最高职务	备注
		历史纪年	公元纪年		
清	陈鹏飞	乾隆四十八年	1783	—	武举人，齐村人
	孟思恭	乾隆五十一年	1786	宁晋教谕	立家庄村人
	史敬业	乾隆五十一年	1786	—	武举人，北段村人
	徐永发	乾隆五十三年	1788	长垣教谕	东路景村人
	李汝襄	乾隆五十四年	1789	—	副榜，城内人
	李发祥	乾隆五十四年	1789	领运千总	武举人，军诜村人
	李启祥	乾隆五十六年	1791	—	武举人，城内人
	崔钦瑞	乾隆五十七年	1792	—	程各庄人
	赵群玉	乾隆五十七年	1792	领运千总	武举人，郑各庄人
	曹兆龙	乾隆六十年	1795	—	武举人，阎村人
	张连科	乾隆六十年	1795	—	武举人，齐村人
	郝其元	嘉庆六年	1801	—	武举人，齐村人
	陈鹏举	嘉庆九年	1804	—	武举，齐村人
	刘荣太	嘉庆九年	1804	—	武举，北马村人
	邵清海	嘉庆九年	1804	—	武举，西河村人
	王之蕙	嘉庆九年	1804	固安训导	安国城村人
	杜永纯	嘉庆九年	1804	国子监学正	流昌村人
	胡三湛	嘉庆十五年	1810	—	中阳村人
	崔兰岭	嘉庆十五年	1810	—	武举，程各庄人
	李凌阁	嘉庆十八年	1813	—	武举，流各庄人
	李　杜	嘉庆十八年	1813	—	副榜，路景村人
	甄殿元	嘉庆十八年	1813	领运千总	武举，甄家庄人
	孟壮图	嘉庆十八年	1813	—	武举，立家庄人
	史玉振	嘉庆二十三年	1818	—	武举，北段村人
	徐元章	嘉庆二十四年	1819	—	武举，大文村人
	马玉衡	嘉庆二十四年	1819	—	武举，米家庄人
	周象垣	道光元年	1821	—	齐村人
	赵　炳	道光二年	1822	—	武举，郑各庄人
	刘殿元	道光五年	1825	—	武举，南章村人
	由中立	道光八年	1828	—	武举，中阳村人
	刘学海	道光八年	1828	内部职导	石佛村人
	陈怀谨	道光八年	1828	—	武举，齐村人
	韩炳文	道光十一年	1831	—	副榜，张乡村人
	李芳馨	道光十一年	1831	—	武举，军诜村人
	赵连元	道光十二年	1832	大桃知县	西伯章村人
	李庆安	道光十二年	1832	—	武举，流各庄人
	孟宾兴	道光十四年	1834	—	副榜，立家庄人

续表 20-2

朝代	姓名	中举时间		曾任最高职务	备注
		历史纪年	公元纪年		
清	朱清汉	道光十四年	1834	—	副榜，西伯章人
	马慎修	道光十四年	1834	—	武举，马庄村人
	杨鹏越	道光十五年	1835	—	武举，石佛村人
	李国勋	道光十五年	1835	—	武举，大李庄人
	焦维藩	道光十五年	1835	—	赐，武举，焦庄人
	陈玉树	道光十七年	1837	—	大文村人
	邵干城	道光十七年	1837	—	武举，西河村人
	崔焰炤	道光十九年	1839	—	武举，程各庄人
	王维藩	道光十九年	1839	—	北段村人
	李国兴	道光二十年	1840	—	武举，固显村人
	戴奎泰	道光二十年	1840	—	武举，东伯章村人
	孟昭衡	道光二十年	1840	—	副榜，高业村人
	刘凤鸣	道光二十三年	1843	—	赐，副榜，南章村人
	郑连壁	道光二十四年	1844	—	武举，郑家庄人
	帅凌阁	道光二十六年	1846	—	武举，南关人
	杨步云	道光二十九年	1849	咸安县训导	副榜，淤村人
	赵凤山	咸丰元年	1851	兵部差官	武举，郑各庄村人
	胡锡赓	咸丰元年	1851	—	副榜，中阳村人
	赵受壁	咸丰元年	1851	辽阳知州	—
	刘锦枝	咸丰元年	1851	—	舍二村人
	王致泰	咸丰元年	1851	玉田教谕	大李庄村人
	张廷杨	咸丰二年	1852	胶州知州	城内人
	张彭岭	咸丰十一年	1861	—	赐，副榜，王奇村人
	刘福常	同治元年	1862	兵部差官	武举，北马村人
	刘卿云	同治六年	1867	—	东伏落村人
	刘镇川	同治六年	1867	—	武举，安固城村人
	张锡田	同治六年	1867	—	武举，舍二村人
	谷锡田	同治九年	1870	—	副榜，北各堡村人
	吴钟秀	同治九年	1870	—	武举，大五女村人
	崔有恒	同治十二年	1873	—	副榜，陈各庄村人
	王　宾	同治十二年	1873	—	副榜，王买村人
	董丙南	光绪元年	1875	—	西伯章村人
	赵受谦	光绪元年	1875	—	副榜，西伯章村人
	王荫甲	光绪元年	1875	—	副榜，西伯章村人
	马镇山	光绪二年	1876	—	武举，安国城村人
	赵受璋	光绪二年	1876	—	西伯章村人
	邢荫棠	光绪二年	1876	—	西伏落村人
	陈其藻	光绪二年	1876	—	齐村人
	平天申	光绪二年	1876	—	赐，举人，奉伯村人

三、中华人民共和国安国籍党政军副地师级以上人物表

中华人民共和国安国籍党政军副地师级以上人物一览表

表 20-3

姓名	曾用名	性别	出生年月	籍贯（村）	参加工作时间	政治面目	入党时间	任职单位及曾任最高职务	备注
丁一	刘国华	男	1923.11	固显	1940	中共党员	1944	化工部技术司副司长、化工部科技局副局长	—
马跃章	黄捷三	男	1923.3	南阳	1938.11	中共党员	1938.11	河北省人大常务委员、河北省财经委员会主任	—
马化民	—	男	1932.11	茂山卫	1953.7	中共党员	1952	中共保定地委副书记	—
马建章	马振昌	男	1926.1	大文	1945.11	中共党员	1949.12	水利电力部财务司司长	—
马锡照	—	男	1931.5	南马	1946.2	中共党员	1947.12	中国出口商品基地建设总公司总经理	—
马国谦	马计才	男	1943.5	大文	1961.8	中共党员	1963.1	中国人民解放军成都军区空军司令部航行处处长	特级飞行员
马泮官	—	男	1927.2	马家庄	1946.12	中共党员	1941.10	中国人民解放军海军某部	—
马跃池	—	男	1929.1	南阳	1947.10	中共党员	1949.4	中国人民解放军海军航空兵某师副师长	—
王延宗	—	男	1924.9	奉伯	1940.6	中共党员	1946.3	中国人民解放军外国语学院系主任	—
王金泉	—	男	1923.7	里河	1939.2	中共党员	1939.7	中国人民解放军成都军区副司令员	—
王寿仁	—	男	1919.11	西北马	1937.9	中共党员	1938.6	中央广播事业局副局长	—
王子建	—	男	1924.4	西伯章	1938.10	中共党员	1938.11	中国人民解放军兰州军区副政治委员	—
王飞	王延灼 王振生	男	1922	奉伯	1938.8	中共党员	1940.6	中国人民解放军河北省保定军分区副司令员	—
王登云	王林青	男	1924.1	郑家庄	1938.1	中共党员	1940.8	中国人民解放军第二炮兵西安技术学院自动控制室主任	—
王进良	—	男	1940.9	刘家庄	1959	中共党员	1960	中国人民武装警察部队警卫局副处长	—
王晓光	王伟	男	1924.7	里河	1939.1	中共党员	1939.6	最高人民检察院副检察长	—
王志	王惠忠	男	1916.5	海市	1938	中共党员	1939.7	云南省机械设备成套局副局长	—
王宣	王润梅	男	1913.12	南徐辛庄	1937	中共党员	1941.2	锦州印染厂党委书记	—
王洪思	王军	男	1926.10	南王买	1943.3	中共党员	1943.3	中国人民解放军四川省军区某部副师长	—
王冠良	—	男	1922.2	曲堤	1938.9	中共党员	1939.4	中国人民解放军第二军医大学校长	—
王汝忠	—	男	1923.1	曲堤	1940.8	中共党员	1941.2	中国人民解放军广东省肇庆军分区政治部副主任	—

续表 20-3

姓　名	曾用名	性别	出生年月	籍贯（村）	参加工作时间	政治面目	入党时间	任职单位及曾任最高职务	备　注
王　铮	王顺起	男	1929.11	里　河	1947	中共党员	1946	国务院办公厅老干部局副局长	—
王振发	—	男	1936	西伯章	1953	中共党员	1961	中国人民解放军 51352 部队司令部	—
王鸿昌	—	男	1920.9	曲　堤	1938.10	中共党员	1940.4	5007 厂党委书记	—
王　敏	王同庚	男	1926.3	流　昌	1941.6	中共党员	1945.12	中国人民解放军石家庄铁道兵工程学院院长、党委书记	—
王冠臣	—	男	1922.12	曲　堤	1938.6	中共党员	1940.2	第四机械工业部 632 厂厂长	—
王庆德	—	男	1924.7	固　西	1941.6	中共党员	1945.12	中国人民解放军总参三部某处处长	—
王振华	—	男	1933.3	姬家庄	1947.8	中共党员	1949.5	中国人民解放军海军兴海公司副总经理	—
王子川	王铭绅	男	1925.11	石　佛	1940.6	中共党员	1943.2	中国驻联合国工业发展组织代表	—
王　寒	王世诚	男	1925.7	大李庄	1941.7	中共党员	1940.2	空军指挥学院文化部部长	—
王　焕	—	男	1918.10	里　河	1938.7	中共党员	1943.2	广东省经委主任	—
王　林	王进明	男	1921	南娄底	1938.10	中共党员	1939.12	甘肃省建工学院副院长	—
王洪儒	—	男	1920.3	北娄底	1939	中共党员	1939.10	保定地委副书记、副专员	—
王增康	—	男	1934.9	里　河	1950.6	中共党员	1952.9	湖北省委组织部副部长	—
王玉胡	王玉瑚	男	1924.9	石　佛	1937.12	中共党员	1939.2	新疆维吾尔自治区文联党组书记	—
兰凯民	—	男	1918.12	茂山卫	1938.9	中共党员	1938.6	河北省人民政府副省长	—
方　敏	宋式尚	男	1920	景　中	1938.9	中共党员	1938.10	兵器部六一八厂厂长	—
文　毓	寇俊士	男	1927.4	东　寇	1945.8	中共党员	1946.11	中国人民解放军海军某工厂厂长	—
冯海晏	冯忑义	男	1920.10	侯　村	1938.9	中共党员	1938.9	四川省交通厅副厅长	—
平义杰	平立冬	男	1937.11	奉　伯	1961.8	中共党员	1955.8	沧州地委书记	—
平　健	—	男	1927.9	奉　伯	1943	中共党员	1943	中国对外贸易运输总公司董事长	—
边延亭	刘景松	男	1922.10	新刘庄	1939.3	中共党员	1938.7	石家庄市政协副主席	—
田　云	田幼芸	男	1923.10	西安国城	1938.3	中共党员	1938.7	中国人民解放军广东省军区副政委	—
李子君	李明	男	1919.10	卓　头	1938.1	中共党员	1939.10	河南省水利厅副厅长	—
李增祺	王中兴	男	1926.1	东北马	1940.11	中共党员	1940.9	中共天津市委城建部部长	—
李文全	—	男	1918.3	韩　村	1937	中共党员	1939.10	天津市物价委员会主任	—
李　英	李光宗	男	1925.11	—	1941	中共党员	1944.1	中共甘肃省纪监委副书记	—

续表 20-3

姓　名	曾用名	性别	出生年月	籍贯（村）	参加工作时间	政治面目	入党时间	任职单位及曾任最高职务	备　注
李文福	—	男	1924.10	寺下	1941.7	中共党员	1945.11	甘肃省武都军分区参谋长	—
李　兰	许运生	男	1917.1	西张庄	1943.8	中共党员	1940.8	郑州市计委副主任	—
李　建	李冠如	男	1924.8	石佛	1939.8	中共党员	1945.10	兵器工业部724厂厂长	—
李福田	—	男	1927.3	立家庄	1941.5	中共党员	1942.8	河北省机电工业设计院院长兼书记	—
谷雄一	谷　隧 肖　曼	男	1905.4	北各堡	1925	中共党员	1926	中国工农红军第二十四军政委	—
李宗海	—	男	1923.9	东柴里	1939	中共党员	1945.5	中国人民解放军陆军第一医院副院长	—
李　川	—	男	1923.10	中阳	1938	中共党员	1939	中国国际贸易促进委员会副主任	—
李曼克	—	男	1913.10	南娄底	1937.11	中共党员	1948.11	天津市财贸委员会副主任	—
刘兆堃	刘兆平	男	1925.10	门　东	1949.3	中共党员	1950.12	中国人民解放军总后勤部生产管理部广州联络处主任	—
刘景沂	—	男	1934.3	刘家庄	1960.9	中共党员	1949.4	河北省林学院党委副书记	—
刘卓甫	刘云章	男	1911.3	南娄底	1937	中共党员	1938	中华人民共和国物价局局长	—
刘大囤	—	男	1947.5	固　城	1964.2	中共党员	1966.8	中国人民解放军辽宁省丹东军分区政治部主任	—
刘志田	—	男	1928.12	西王奇	1944.10	中共党员	1945.8	中国人民解放军空军副司令员	—
刘　一	刘东江 刘英杰	男	1926.3	海　市	1942.10	中共党员	1945.12	北京医科大学组织部副部长	—
刘　抗	刘贵发	男	1924.11	西崔章	1944.6	中共党员	1941.11	交通部水运局副局长	高级工程师
刘保岩	—	男	1931.2	南大街	1945.12	中共党员	1945.8	天津市委老干部局副局长	—
刘子明	—	男	1932	南　章	1948.2	中共党员	1947.3	中国人民解放军江西省军区参谋长	—
刘　光	—	男	—	—	1942	中共党员	1941.7	河北省人民检察院副检察长	—
刘成章	刘文彬	男	1905.9	南　章	1937.10	中共党员	1938.3	武汉市委政法办公室副主任	—
刘占祥	刘明有	男	1927.3	八　方	1941.6	中共党员	1947.6	中国人民解放军兰州军区西安84529部队政委	—
刘振杰	—	男	1927.11	西章令	1944.6	中共党员	1945.1	中国人民解放军总参谋部办公厅副主任	—
刘树欣	刘红昌	男	1940.8	西仕庄	1966.9	中共党员	1966.4	中共保定市委纪律检查委员会书记	—
刘世昌	—	男	1921	东安国城	1938	中共党员	1938	中国人民解放军空军政治部副主任兼空军学院政委	—
刘　琪	—	男	1926.10	—	1946.8	中共党员	1947.7	河南省财政厅副厅长	—
刘振亚	张兴洲	男	1908.9	路　景	1939.9	中共党员	1938.9	河南省农业科学院副院长	—

续表 20-3

姓　名	曾用名	性别	出生年月	籍贯（村）	参加工作时间	政治面目	入党时间	任职单位及曾任最高职务	备　注
刘克天	邢　琨	男	1920.8	宋　固	1937.8	中共党员	1938.7	铁道部北京铁路局党委书记	—
刘青山	—	男	1916	南　章	1934	中共党员	1931	天津地委书记	—
刘　凯	冯　坚	男	1921.6	龙王店	1938.1	中共党员	1946.2	上海市公安局副局长	—
刘玉柱	—	男	1927.3	南娄底	1940.2	中共党员	1946.2	中国人民解放军第二炮兵第五十六基地参谋长	—
刘云峰	—	男	1908.5	南　章	1937.8	中共党员	1929.4	新疆维吾尔自治区外贸局党组书记	—
刘振帮	刘振赦	男	1929.11	龙王店	1946.12	中共党员	1944.1	中国人民解放军北京军区军医学校副政委	—
刘云成	崔文波	男	1916.10	里　河	1940.2	中共党员	1939.10	沈阳市人事局局长	—
刘　谦	—	男	1908.8	北章令	1930	中共党员	1939.8	张家口地区行政公署专员	—
刘亚夫	刘斯曼	男	1910.8	南　阳	1937.11	中共党员	1945.3	中国人民解放军第二军医大学长征医院副院长	—
刘　侠	庞心贞	男	1926.3	八　方	1939.3	中共党员	1939.3	中国科学院地球物理研究所副所长	—
刘佩昌	—	男	1929.12	北娄底	1945.7	中共党员	1948.9	中国人民解放军北京军区炮兵党委纪委书记	—
纪颖逵	—	男	1924.7	流各庄	1939.3	中共党员	1940.12	航空航天工业部第七设计研究院院长、党委书记	—
纪志成	志　多	男	1925.2	西　徐	1938.11	中共党员	1941.5	中国人民解放军第二炮兵五十二基地副政委	—
安振民	—	男	1930.8	南流罗	1943.2	中共党员	1943.2	云南汽车制造厂厂长、党委书记	—
安　谦	—	男	1927.10	北流罗	1945.6	中共党员	1946.6	中国人民解放军铁道兵司令部办公室副主任	—
许驰远	许砚田	男	1921.9	西　河	1937.10	中共党员	1938.5	陕西省商业厅厅长	—
许润儒	—	男	1931.11	新　安	1946.12	中共党员	1945.7	中国人民解放军内蒙古军区政治部联络处处长	—
许宗琪	—	男	1925.5	西　柍	1941.6	中共党员	1941.5	中国人民解放军后勤部司令部政治部主任	—
许仲坚	许忠勤	男	1923.12	西　柍	1938.12	中共党员	1939.9	中国人民解放军国防科委 29 基地第一研究所政委	—
吕瑞亭	吕双环	男	1919.10	北　都	1938.5	中共党员	1938.5	中国人民解放军海军舟山基地副参谋长	—
吕志军		男	1936.10	北　都	1964.8	中共党员	1958.1	保定地区行署副专员	—
吕文甫	—	男	1926.12	东柴里	1942.7	中共党员	1940.3	北京中医药学院副院长	—
江　萍	—	男	1918	东　巷	1937	中共党员	1938	国防科工委副司令员	—
江　维	江振武	男	1915.5	东　巷	1937.10	中共党员	1939.5	铁道部工业总局副局长	—
江维洲	—	男	1921.3	东　巷	1938.8	中共党员	1941.11	山西省粮食厅副厅长	—
邢维民	张庆如	男	1920.11	西伏落	1939.6	中共党员	1939.8	铁道部办公厅副主任	—

续表 20-3

姓名	曾用名	性别	出生年月	籍贯（村）	参加工作时间	政治面目	入党时间	任职单位及曾任最高职务	备注
朱进昌	—	男	1925.9	宋固	1942.4	中共党员	1939.8	陕西省荣军休养院党委书记	—
齐兆英	齐江云	女	1926.7	南王买	1942.8	中共党员	1942.8	郑州市人事局副局长	—
张国华	陈四平	男	1921.3	景中	1938.5	中共党员	1938.8	沈阳市物资局局长、党委书记	—
张建华	张增祥	男	1931.8	景中	1945.6	中共党员	1948.8	中国广东动植物检疫总所所长	—
张文质	张峰	男	1924.5	景中	1942.4	中共党员	1939.7	安庆地区行政公署副专员	—
张曙	张晓波	男	1916.10	张家营	1938.4	中共党员	1942.12	天津市人大教科文卫委员会办公室副主任	—
张庚申	张玉科	男	1927.4	张家营	1940.10	中共党员	1940.10	机械电子工业部西安电子技术研究所党委书记	—
张毅然	张绍绅	男	1925	寺下	1938.10	中共党员	1938.7	中国人民解放军空军航空兵十四师政治部副主任	—
张正伦	—	男	1907.2	行唐	1943	中共党员	1939	江西省总工会副主席	—
张琪岩	张其岩	男	1926.10	北张各庄	1946.8	中共党员	1946.8	河北省委党史研究室主任	—
张达九	—	男	1908.10	沙头	1938.10	中共党员	1939.12	国务院商业部纪律检查组检查员	—
张振亚	—	男	1927.4	奉伯	1941.7	中共党员	1948.8	航空航天工业部第一研究院十五所党委书记	—
张光山	张广山	男	1926.10	寺下	1941.11	中共党员	1941.11	国家建材局技术情报研究所党委书记	—
张梦吉	—	男	1923.7	行唐	1941.5	中共党员	1940.10	中国人民解放军第 30 师司令部副参谋长	—
张文源	张辛未	男	1931.4	沙头	1951.1	中共党员	1948.9	中国人民解放军总参谋部第三部后勤部纪检委副书记	—
张志超	—	男	1931.6	沙头	1948.11	中共党员	1947.8	中国海关总署监管一司司长	—
张志恒	张树楷	男	1924.4	沙头	1838.2	中共党员	1938.10	中国人民解放军 80302 部队副参谋长	—
张梦山	苏路	男	1923.9	流霜	1938.10	中共党员	1939.9	中国人民解放军沈阳军区空军司令部副政委	—
张克	孟绍兴	男	1915.6	高业	1933	中共党员	1938	唐山地区行署副专员	—
张喜录	—	男	1935.4	中阳	1950.11	中共党员	1954.1	中国人民解放军第二炮兵审计局审计员	—
张林昌	—	男	1928.2	军诜	1942.5	中共党员	1942	太原重型机器厂副厂长	—
张魁元	—	男	1901	军诜	1938	中共党员	—	第五机械工业部五局副局长	—
宋抗	宋欣吾	男	1925	伍仁桥	1942	中共党员	1941	中央文化干部管理学院分部副主任	—
宋志学	宋栓友	男	1927.3	南娄底	1941.5	中共党员	1944.12	吉林市人大常委会副秘书长	—
宋德仁	—	男	1917.11	伍仁桥	1937.10	中共党员	1938.10	邮电部办公厅主任	—
宋秋池	—	男	1944.8	南大街	1962.8	中共党员	1964.6	中国人民武装警察部队北京指挥学校校长	—

续表 20-3

姓　名	曾用名	性别	出生年月	籍贯（村）	参加工作时间	政治面目	入党时间	任职单位及曾任最高职务	备　注
宋发祥	—	男	1926.4	固　城	1941.6	中共党员	1945.11	广东省侨办主任	—
宋殿元	—	男	1914.6	景　中	1938.1	中共党员	1938.6	郑州铁路局副局长	—
宋文焕	—	男	1925.12	寺　下	1941.8	中共党员	1941.7	中国人民解放军空军某师政治部主任	—
宋征杰	宋礼库	男	1927	中　送	1944	中共党员	1941	中央芭蕾舞团革委会副主任	—
宋凯会	宋改会	男	1929.1	伍仁桥	1947.6	中共党员	1950.1	天津市第一商业局副局长	—
宋尔绍	宋　奭	男	1926.10	伍仁桥	1941.1	中共党员	1941.1	甘肃省军区庆阳军分区副参谋长	—
宋　振	宋泽鸣	男	1918.11	伍仁桥	1939.7	中共党员	1939.7	天津市公安局副局长	—
宋志乾	—	男	1917.2	南娄底	1938.6	中共党员	1940.1	国家统计局工交司副司长	—
宋志林	宋志霖	男	1927.7	南娄底	1938.1	中共党员	1938.10	航空部 114 厂厂长	—
宋志功	—	男	1919	南娄底	1938	中共党员	1940	国家物资总局六枝矿物局副局长	—
宋银章	—	男	1939.1	伍仁桥	1963.9	中共党员	1958.12	天津市广播局副局长	—
苏良才	王　毅	男	1923.5	东　巷	1938.10	中共党员	1939.2	中国人民解放军航空兵云南昆明场站站长	—
孟秋舫	—	男	1908	立家庄	1937	中共党员	1937.9	河北省科学技术委员会副主任	—
孟　西	—	女	1922.12	寺　下	1938.10	中共党员	1939.10	国家统计局人事司副司长	—
孟庆元	王子兴	男	1911.2	高　业	1937.9	中共党员	1945.1	河北省基本建设委员会副主任	第六届全国政协委员
孟　栋	孟祥庚	男	1921.5	立家庄	1939.6	中共党员	1944.7	河北省商业厅副厅长	—
孟宪章	孟墨欣	男	1929.8	茂山卫	1945.4	中共党员	1947.8	武警北京总队后勤部部长	—
杨锡春	—	男	1926.11	行　唐	1941	中共党员	1945.1	沈阳军区炮兵政治部副主任	—
杨锦江	—	男	1926	行　唐	1941	中共党员	1945	河北省城乡建设环境保护厅副厅长	—
杨锦科	—	男	1924	祁州镇	1941.5	中共党员	1940.10	中国驻葡萄牙大使馆武官	—
杜如森	杜如申	男	1925.6	流　昌	1941.8	中共党员	1945.10	西安弹簧厂厂长	—
杜良玺	—	男	1923.4	北　堡	1941.7	中共党员	1946.3	中国人民解放军总后勤部技术装备研究院研究所顾问	—
杜新波	—	男	1913	流　昌	—	中共党员	1939	天津市副市长	—
邵德俊	—	男	1926.10	北　堡	1941.7	中共党员	1946.3	第二炮兵第一研究所第一研究室主任	—
邵振国	—	男	1924.7	西　河	1942	中共党员	1940	天津市印刷物资公司经理	—

续表 20-3

姓名	曾用名	性别	出生年月	籍贯（村）	参加工作时间	政治面目	入党时间	任职单位及曾任最高职务	备注
江申	江升瑞	男	1928.9	东寇	1945.3	中共党员	1946	中国人民解放军总参防化研究所副所长	—
陈西夫	陈锡福	男	1924.1	郑章	1938.10	中共党员	1939.2	新疆维吾尔自治区人大常委会副主任	—
陈玉田	—	男	1921.2	药市街	1938.10	中共党员	1939.1	中国人民解放军北京军区炮兵副参谋长	—
陈治平	陈志昌	男	1927.11	立家庄	1941.11	中共党员	1941.11	河北省组织部常务副部长	河北省人大常委会常委
吴文正	林方	男	1926.8	东柴里	1941.7	中共党员	1945.11	最高人民检察院检察员	—
吴瑞英	吴春江	女	1920	大五女	1941	中共党员	1941	沈阳市电业局纪委书记	—
吴子信	—	男	1929.16	大五女	1945.6	中共党员	1946.12	解放军陆军学院通信士官训练大队大队长	—
沈力	沈笙	男	1922.4	大文	1939.3	中共党员	1941	中国科学院地质科学研究所副所长	—
周惠	周银水	男	1930.3	齐村	1947.7	中共党员	1945.11	解放军第二炮兵司令部机类局局长	—
周志彬	—	男	1931	齐村	1952	中共党员	1949	天津市机电公司党委书记	高级政工师
岳毅	刘振	男	1921.8	王街	1939.6	中共党员	1939.6	湖北省大冶钢厂党委副书记	—
金致忠	—	男	1924.9	固显	1940.8	中共党员	1940.5	解放军二炮 54 基地宣传处处长	—
金祝三	—	男	1914.5	寺下	1937.9	中共党员	1939.8	商业部计划局副局长	—
庞志民	—	男	1912.10	—	1938.2	中共党员	1938.2	天津市河西区人大主任	—
庞士杰	—	男	1921.6	固城	1938.6	中共党员	1945.8	中国人民解放军工程兵四总队副总队长	—
郑继岑	—	男	1922.11	北娄	1938.6	中共党员	1938.11	济南军区空军后勤部副部长	—
赵志民	赵庚寅	男	1923.12	郑各庄	1938	中共党员	1942	上海第二军医大学附属医院院长	—
赵鸿志	—	女	1926.3	东伏落	1938.8	中共党员	1940.12	中国人民解放军 201 医院药局主任	—
赵堆来	—	男	1929.6	郑各庄	1945.5	中共党员	1944.7	解放军总参三部上海地面卫星实验站副主任	—
赵保廉	—	男	1926.7	郑各庄	1945.7	中共党员	1947.6	北京军区空军石家庄医院医务处主任	—
赵昭	赵松	男	1923.10	郑各庄	1937	中共党员	1938	中国人民解放军南京军区空军政委	—
赵云	赵云章	男	1926	西河	1944.4	中共党员	1940.10	解放军航空兵 43 师副参谋长	—
赵建之	金水	男	1926.10	中照	1946	中共党员	1947	天津市高级人民法院办公室副主任	—
赵一之	—	男	1921.3	郑各庄	1937.11	中共党员	1938.5	河北机电学院副院长	—
赵云慈	—	男	1923.3	东伏落	1941.6	中共党员	1940.3	中国人民解放军总参测绘局一处处长	—

续表 20-3

姓　名	曾用名	性别	出生年月	籍贯（村）	参加工作时间	政治面目	入党时间	任职单位及曾任最高职务	备　注
赵　江	王肇江	男	1926.8	西伯章	1939.10	中共党员	1940.10	解放军陆军某军政委	—
赵振兴	—	男	1941.7	南章令	1968.7	中共党员	1971.12	河北省民政厅副厅长	—
赵志祥	—	男	1921.7	西　河	1938.1	中共党员	1938.4	七级部第三研究院 521 厂厂长	—
赵文波	—	男	1923.10	石　佛	1940.2	中共党员	1941.10	安徽省芜湖市副市长	—
赵　仁	法　曾	男	1926	庞各庄	1942.7	中共党员	1942.7	郑州市政府副秘书长兼市政府外事办主任	—
赵宪斌	赵贤彬	男	1924.3	流　托	1938.3	中共党员	1939.7	山西日报社副总编	—
赵　钧	—	男	1928.9	郑各庄	1944.8	中共党员	1944.8	解放军第二炮兵副参谋长	—
赵朕言	赵秉辰	男	1925.9	路　景	1945.5	中共党员	1945.12	国防科工委第二十试验训练基地技术部政委	—
赵荫桎	—	男	1915.3	郑各庄	1937.11	中共党员	1939.2	国家物资总局木材局副局长	—
赵丹林	赵荫枫	男	1912.12	郑各庄	4938.4	中共党员	1938.4	北京市邮政管理局副局长、副书记	—
赵荫楠	—	男	1913.10	郑各庄	1940.7	中共党员	1940.7	农业部直工部副部长	—
钟炳辉	钟进奎	男	1923.12	张家营	1940.5	中共党员	1940.3	天津市商业委员会副主任	—
钟　明	—	男	1924	张家营	1939.5	中共党员	1939.8	天津市物价委员会副主任	—
钟翔云	—	男	1917.11	张家营	1938.7	中共党员	1939	保定市市长、市委第一书记	—
相玉刚	—	男	1924.4	南　马	1941.6	中共党员	1946.1	中国民航天津市管理局党委书记	—
娄兆异	—	男	1924.10	东　寇	1941.6	中共党员	1945.8	中国人民解放军陆军某师副师长	—
贺启文	—	男	1923	东伏落	1941.7	中共党员	1946.6	甘肃省兰州市警备区政委	—
胡友之	—	男	1914	大五女	1932	中共党员	1938	中国人民解放军总政治部组织部副部长	—
胡　坚	胡毅刚	男	1919.8	南　阳	1938.10	中共党员	1938.10	河北省科协办公室主任	—
殷希彭	—	男	1900.6	小　营	1938.10	中共党员	1942.7	解放军总后勤部卫生部副部长	—
殷子烈	—	男	1933	小　营	1958	中共党员	1952	中国国际企业合作公司总经理	—
崔荣汉	—	男	1928	庞各庄	1938.9	中共党员	1938.11	辽宁省人大常委会副主任	—
崔建栋	—	男	1923.1	南娄底	1939.2	中共党员	1941.7	西安市顾问委员会常委	—
唐朴农	田正义	男	1901.12	大五女	1922.8	中共党员	1942.8	天津市图书馆副馆长	—
高福临	—	男	1926.6	东　街	1941.4	中共党员	1945.12	辽宁省军区朝阳军分区司令员	—

续表 20-3

姓　名	曾用名	性别	出生年月	籍贯（村）	参加工作时间	政治面目	入党时间	任职单位及曾任最高职务	备　注
高　举	高鸿举	男	1924.12	高　街	1939.6	中共党员	1939.4	沈阳军区旅大警备区守备一师副政委	—
高岐山	汉　春	男	1923.10	高　街	1941.6	中共党员	1945.3	兰州军区空军后勤部司令部参谋长	—
徐志麟	—	男	1925.4	高　业	1941.7	中共党员	1946.7	陕西省卫生防疫站党委书记	—
党文章	—	男	1930.11	西　河	1946.4	中共党员	1948.12	中国建设部国际合作司副司长	—
贾绳武	谷　峰	男	1924.10	中　阳	1940.6	中共党员	1940.8	新华通讯社农村部主任	—
章　予	张金翠	女	1928.5	行　唐	1945.8	中共党员	1945.11	江西省南昌市妇联副主任	—
曹振刚	—	男	1927.10	南　马	1940.10	中共党员	1940.10	河北省唐山市委书记	—
曹鸣宗	—	男	1926.3	寺　下	1941.6	中共党员	1945.1	中国人民解放军总参管理局供应处处长	—
曹玉臻	—	男	1927.9	西崔章	1941.8	中共党员	1946.2	济南军区后勤部军事医学研究所所长	—
曹　勃	曹国风	男	1924.9	西崔章	1944.6	中共党员	1945	国营黄河机器制造厂党委副书记、代书记	—
康　克	史凯元	男	1907.9	西王奇	1938.10	中共党员	1942.11	白求恩医科大学副校长	—
萧良臣	萧庆吉	男	1937.8	张　乡	1954.3	中共党员	1960.6	中国人民解放军总参谋部管理局生产经营办公室主任	—
韩福州	韩辅周	男	1927.5	张　乡	1938.2	中共党员	1938.10	总参三部三局研究员	—
焦选青	—	男	1923.11	焦　街	1939	中共党员	1945	北京市出版事业管理局副局长	—
焦庚辰	—	男	1940.11	东崔章	1958.4	中共党员	1960.8	中央军事委员会办公厅警卫处副处长	—
焦　岩	—	男	1937.6	焦　庄	1958.12	中共党员	1962.10	军事科学院工务部军财处助理员	—
葛福存	葛福春	男	1923.10	中　阳	1938.8	中共党员	1939.4	中央财政部外事财务司司长	—
董增生	董小娃	男	1935.1	茂山卫	1951.10	中共党员	1955.4	邢台地区中级人民法院院长、党委书记	—
傅望兴	沈　彪	男	1917.2	寺　下	1939	中共党员	1939	水电部第一工程局副局长	—
路　达	王景荣	男	1912.7	曲　堤	1938.4	中共党员	1938.7	天津市人大常委副主任	—
甄　科	甄宏喜	男	1929.10	霍　庄	1945.8	中共党员	1946.3	中国人民解放军总参三部五局政委	—
霍惠卿	—	男	1929.10	霍　庄	1947.1	中共党员	1947.1	解放军二炮后勤部副部长	—
霍志钧	霍彭盛	女	1931.6	大南流	1944.10	中共党员	1944.10	山西省纺织工业厅副厅长	—
王立中	王昌尔	男	1933.10	西伯章	1947.3	中共党员	1954.4	兰州军区副司令员	—

中华人民共和国安国籍党政军享受副地、师级以上待遇人物一览表

表 20-4

姓　名	曾用名	性别	出生年月	籍贯（村）	参加工作时间	政治面目	入党时间	任职单位及曾任最高职务	备注
王景仁	—	男	1923.10	流　霜	1939.2	中共党员	1939.12	河北省出版社第二社长	—
平　原	平全贵	男	1922.3	北徐辛庄	1939.8	中共党员	1941.5	湖南省公安厅政治保卫处处长	—
许庆余	—	男	1920	西张庄	1941.7	中共党员	1941.7	承德地区畜牧局副局长	—
许　彪	许兰柱	男	1923.3	西　枕	1937.9	中共党员	1939	辽宁省锦州市公安局副局长	—
吕志英	吕桂欣	男	1945.11	北　都	1963	中共党员	1971	中国人民解放军 84609 部队	—
任海水	—	男	1930	北徐辛庄	1946	中共党员	1948.5	中国长城铝业公司水泥厂党委书记	—
张　荣	张志荣	男	1923.4	寺　下	1938	中共党员	1938	许昌地区农业局局长	—
陈聚增	—	男	1924.10	齐　村	1941.4	中共党员	1945.11	新疆吐鲁番地区工会副主席	—
陈纪夫	—	男	1927.2	南王买	1944.7	中共党员	1944.3	许昌地委组织部副部长	—
周汉卿	—	男	1925.3	西　寇	1941.7	中共党员	1947.7	甘肃省测绘局处长	—
岳　刚	秦春生	男	1922.4	西　照	1940.8	中共党员	1940.8	河北省委研究室综合处副处长	—
赵彩东	余　光	男	1930.7	流　托	1946	中共党员	1946.10	总电业局山西工程局办公室主任	—
赵　钊	—	男	1923.2	郑各庄	1941.5	中共党员	1947.11	空军第十一航校副校长	—
赵素贞	—	女	1926	南仕庄	1941	中共党员	1943	西安市第二职工医院院长	—
贾子珍	—	男	1926.12	中　阳	1941.1	中共党员	1941.1	农业部畜牧局调研员	—
程文修	程一志	男	1920.8	西　徐	1946.8	中共党员	1946.8	天津市粮食局修建公司副书记	—
傅国祯	—	男	1929.11	祁州镇	1943.4	中共党员	1943.4	军事科学院战史部研究员	—
甄玉峰	甄增来	男	1928.1	甄　庄	1943.2	中共党员	1943.2	二炮 55 基地后勤部副政委	—
翟丙辰	—	男	1925.10	八　方	1942	中共党员	1940.9	包头市二轻工业局局长	—
黎　明	臧清儒	男	1924.7	边三庄	1939.5	中共党员	1942.6	邯郸市委宣传部顾问	
魏　影	魏淑婉	女	1925.10	奉　伯	1941	中共党员	1941.6	第二炮兵幼儿园主任	—
魏　邵	魏顺生	男	1927.7	奉　伯	1941.6	中共党员	1946.1	中国上海渔船检查处渔港监督处处长	—
魏立人	魏　仲	男	1923	奉　伯	1938.5	中共党员	1938.6	首钢工会主席、北京市重工业组织长	—

四、副教授以上技术职称人物表

安国籍副教授以上技术职称人物一览表

表 20-5

姓　名	性别	出生年月	籍贯（村）	参加工作时间	政治面目	入党时间	工作单位	技术职称	备　注
丁　一	男	1923.11	固　显	1940	中共党员	1944	化工部技术司	高级工程师	—
刁竹筠	女	1934	祁州镇	1961	中共党员	1952	天津市邮电管理局	高级统计师	—
刁振刚	男	1939.12	光明街	1964.9	群　众	—	化工部第一胶片厂磁带分厂	高级工程师	—
卜茹田	女	1939	南大街	1963.8	—	—	北京八一中学	中学高级教师	—
王玉风	女	1937	王　庄	1970.8	中共党员	1972.12	北京医科大学	研究员	博士学位
王进忠	男	1929.9	东　庄	1948.3	中共党员	1944.9	中国人民银行保定分行	高级经济师	—
王文勋	男	1938	东　固	1959.8	中共党员	1962.5	安国师范学校	中学高级教师	—
王志英	男	1939	大李庄	1955.10	群　众	—	安国县南王买中学	中学高级教师	—
王彦堃	女	1929.7	伍仁桥	1942.1	中共党员	1945.1	北京市文化用品公司	高级经济师	—
王冠良	男	1922.2	曲　堤	1938.9	中共党员	1939.4	第二军医大学	教　授	—
王彦淑	女	1940	西伯章	1963	群　众	—	安国县医院	副主任医师	—
王春兴	男	1941	东　河	1966.9	中共党员	1984.1	安国县医院	副主任医师	—
王国英	男	1938.12	西伯章	1958.8	中共党员	1985	安国职业中学	中学高级教师	—
王久芬	女	1942.12	常　庄	1968.7	中共党员	1965.8	山西太原机械学院	副教授	—
王伍顺	男	1943.07	明官店	1968.12	中共党员	1966.2	北京 738 厂	高级工程师	—
王国志	男	1939.12	里　河	1960.6	中共党员	1958.12	机电部十三所	高级工程师	—
王　新	女	1932.10	西伯章	1946.11	中共党员	1946.11	天津市化工设计院	副教授	—
王树英	男	1938.7	里　河	1965.7	中共党员	1958.12	中国社会科学院	副教授	—
王振海	男	1940.6	景　中	1966.9	中共党员	1970.12	保定市教育科学研究所	中学高级教师	—
石芳科	男	1937	大　户	1962.10	群　众	—	安国县中医院	副主任医师	—
石力学	男	1938	庞各庄	1963.8	中共党员	1970.11	安国县植保公司	高级农艺师	—
冯俊婷	女	1944.12	南大街	1969.7	群　众	—	大连理工大学	副教授	—
卢永州	男	1938.7	南娄底	1964.9	中共党员	1977.7	石家庄铁路分局保定机务段	高级工程师	—

续表 20-5

姓　名	性别	出生年月	籍贯（村）	参加工作时间	政治面目	入党时间	工作单位	技术职称	备　注
李　庆	男	1938.10	前　李	1963.9	群　众	—	河北安国中学	中学高级教师	—
李文刚	男	1938.1	流　霜	1963	中共党员	1965	华北石油管理局第三中学	中学高级教师	—
李文海	男	1934.2	祁州镇	1947.11	中共党员	1956.3	海军青岛基地后勤部军港污染监测站	高级工程师	—
李博文	男	1933.7	南大街	1947.9	中共党员	1984.1	河北安国中学	中学高级教师	—
李培英	男	1932.2	—	1955.9	中共党员	1958.8	西藏自治区医药公司	高级经济师	—
李泽普	男	1942.3	南大街	1965.2	中共党员	1986.12	安国县文化馆	二级美术师	—
李维新	男	1942.10	观音堂	1966	群　众	—	河北安国中学	中学高级教师	—
李士俊	男	1923	—	1949	—	—	中国世界语刊授学校	教　授	院　士
李增发	男	1936.8	韩　村	1960.9	中共党员	1961.6	天津南开大学	副教授	—
李　建	男	1924.8	石　佛	1939.8	中共党员	1945.10	东北机器制造厂	高级工程师	—
李庆泉	男	1911	—	—	—	—	中国统计学社	教　授	—
李宪明	男	1937.8	西娄底	1964.9	—	—	国营第七三八厂	高级工程师	—
李　珍	男	1925.11	高　业	1938.8	中共党员	1943.3	山西医学院第一附属医院	副主任医师	—
刘兆堃	男	1925.10	门　东	1949.3	中共党员	1950.12	总后勤部生产管理部广州联络处	高级经济师	—
刘子明	男	1932.11	南　章	1948.2	中共党员	1947.3	江西师范大学	教　授	—
刘正杰	男	1941.11	东安国城	1968.8	中共党员	1984.10	安国县教育委员会	中学高级教师	—
刘永安	男	1939.9	流　霜	1959.8	中共党员	1965.3	河北安国中学	中学高级教师	—
刘振杰	男	1927.11	西章令	1944.6	中共党员	1945.0	总参谋部办公厅	研究馆员	—
刘东海	男	1934	刘　庄	1950.1	中共党员	1989.2	西藏自治区农业科学研究所	研究员	—
刘振东	男	1932	张家营	1953.8	中共党员	1949.10	安国师范学校	高级讲师	—
刘义昌	男	1942.11	北章令	1967.9	中共党员	1964.10	军事科学院	研究员	—
刘国珺	男	1944.9	寺　下	1970	中共党员	1974.2	天津南开大学	副教授	—
刘　琪	男	1926.10	—	1946.8	中共党员	1947.7	河南省财政厅	高级会计师	—
刘哲斌	男	1925.3	南娄底	1938.1	中共党员	1948.6	兰州市第二人民医院	副主任医师	—
许志平	男	1940.10	西　桄	1964.7	中共党员	1966.4	《湖北社会科学》编辑部	副编审	笔名纪屏
许荣昌	男	1935.6	西　桄	1958.8	中共党员	1972.12	内蒙古广播电视大学包头分校	副教授	—

续表 20-5

姓　名	性别	出生年月	籍贯（村）	参加工作时间	政治面目	入党时间	工作单位	技术职称	备　注
许秀堂	男	1938	小　内	1962.7	中共党员	1972	安国职业中学	中学高级教师	—
许秀成	男	1934	小　内	1957.8	中共党员	1971.7	安国县农业局技术中心	高级农艺师	—
许驰远	男	1921.9	西　河	1937.10	中共党员	1938.5	陕西省商业厅	研究员	—
安庆昌	男	1922	北流罗	1955.6	中共党员	1956.6	安国北方中药材贸易货栈	副主任中药师	—
安振东	男	1928	北流罗	1956	中共党员	1975.12	安国县医院	副主任医师	—
纪桂馥	男	1935.10	西　徐	1963.3	中共党员	1990.10	天津石油化工公司	高级工程师	—
陈增光	男	1925.4	齐　村	1951.3	中共党员	1959.5	天津市医药公司	主任药师	—
齐守珍	男	1939.11	东关街	1959.8	中共党员	1985.1	河北安国中学	中学高级教师	—
邢路军	男	1934	东北马	1960.8	中共党员	1983.12	安国县伍仁桥中学	中学高级教师	—
乔　志	男	1938.2	东王奇	1965.8	中共党员	1984	河北安国中学	中学高级教师	—
吕志英	男	1945.11	北　都	1963	中共党员	1971	解放军 86409 部队	副译审	—
张同昌	男	1943.12	北大街	1968	群　众	—	华北石油管理局二连石油勘探开发公司	高级工程师	—
张增木	男	1943.10	南张庄	1968	中共党员	1984	河北美术出版社	副编审	—
张德正	男	1936.11	伏　村	1955.7	中共党员	1985.6	河北安国中学	中学高级教师	—
张文英	男	1942.11	行　唐	1967.7	中共党员	1966.1	山西省农村电话局	高级经济师	—
张志存	男	1926.11	行　唐	1842.1	中共党员	1946.5	黑龙江省海林县教师进修学校	高级讲师	—
张玉兴	男	1943.5	大　章	1968.12	中共党员	1984.10	河北安国中学	中学高级教师	—
张彦娟	女	1940.10	西　河	1959	群　众	—	河北安国中学	中学高级教师	—
张荣庆	男	1937	沙　头	1962	—	—	中国书法家协会	副编审	—
张志英	男	1929.10	大五女	1945.5	中共党员	1951.2	太原机械学院	副教授	—
张家惠	男	1932.1	祁州镇	1949.10	中共党员	1953.1	天津南开大学	副研究员	—
张志波	男	1933	沙　头	1960.12	中共党员	1960.12	北方交通大学	副教授	—
张奎元	男	1901	军　诜	1938	中共党员	—	第五机械工业部五局	高级工程师	—
张福增	男	1938.1	里　河	1965.8	中共党员	1982.3	海军作战指挥自动化研究所	高级工程师	—
张锦秀	男	1935.9	北张各庄	1952.9	中共党员	1955	太原重型机械学院	副教授	—
张锦良	男	1928.7	北张各庄	1947	中共党员	1956	河北省财委办公室	高级审计师	—

续表 20-5

姓　名	性别	出生年月	籍贯（村）	参加工作时间	政治面目	入党时间	工作单位	技术职称	备　注
宋振玉	男	1915.5	伍仁桥	1954	中共党员	1984	中国医学科学院药物研究所	研究员教授	—
宋文雪	女	1926.2	伍仁桥	1944.10	中共党员	1941.7	北京医科大学人民医院	副研究员	—
宋英杰	男	1930.8	伍仁桥	1945.8	中共党员	1946.3	河北省话剧院	一级导演	—
宋一民	男	1925.4	伍仁桥	1941.5	中共党员	1941.5	石家庄第一医院	副主任医师	—
宋志宁	男	1926.5	伍仁桥	1941.6	中共党员	1941.5	天津市黄河道医院	主任医师	—
宋惠敏	男	1945.7	伍仁桥	1970	中共党员	1971	空军第六研究所	高级工程师	—
宋国安	男	1938.11	伍仁桥	1964.9	中共党员	1984.7	地质矿产部水文地质工程地质技术方法研究所	高级工程师	—
宋杏昌	男	1939.11	伍仁桥	1960.7	中共党员	1962	第二炮兵第三研究所	高级工程师	—
宋银章	男	1939.1	伍仁桥	1963.9	中共党员	1958.12	天津市广播电视局	高级编辑	—
谷文英	男	1935.5	北各堡	1957	中共党员	1985	天津市钢厂机械动力部	高级工程师	—
沈秀然	女	1942	大　文	1967	群　众	—	石家庄灯泡厂	高级工程师	—
沈　昌	男	1933.4	大　文	1953.7	九三学社社员	—	鞍山焦化耐火材料设计研究院	高级工程师	—
沈　双	男	1919.12	大　文	1949	群　众	—	冶金部第五冶金建设公司	高级工程师	—
沈方舟	女	1905	大　文	1937	中共党员	1958	上海复旦中学	中学高级教师	—
沈　娟	女	1938.6	大　文	1955.7	群　众	—	保定市化纤厂中学	中学高级教师	—
沈　璞	女	1940	大　文	1957	—	—	北京房山县 407 所	高级工程师	—
沈在埙	男	1948.3	大　文	1968	—	—	中国科学院遥感技术研究所	高级工程师	—
吴新彦	女	1935	大五女	1952.7	中共党员	1985.2	安国县育新小学	中学高级教师	—
吴法祥	男	1937.2	西吴庄	1965	中共党员	1965.7	天津南开大学	副教授	—
汪受田	男	1924.11	东　寇	1941.6	中共党员	1945	军事科学院	研究员	—
杜丙申	男	1942.7	流　昌	1966.7	群　众		河北省博物馆	高级美术师	—
杜俊岩	男	1918.9	流　昌	1936.6	中共党员	1956.3	天津市棉纺织公司	高级工程师	—
杨俊英	女	1936.11	南　阳	1963.8	中共党员	1966.6	海军总医院	副主任医师	—
郑魁山	男	1918.12	北　娄	1951.8	中共党员	1981.9	甘肃省中医学院	教　授	—
郑礼恒	男	1927.12	南仕庄	1941.5	中共党员	1942.7	廊坊市卫生学校	高级教师	—
郑秀杰	女	1937.12	北　娄	1963.9	中共党员	1980	华北石油管理局医院	副主任医师	—

续表 20-5

姓　名	性别	出生年月	籍贯（村）	参加工作时间	政治面目	入党时间	工作单位	技术职称	备　注
周双锁	男	1944.8	北娄底	1969.8	中共党员	1986.12	河北安国中学	中学高级教师	—
周成彬	男	1938.9	北娄底	1965	中共党员	1973	天津市经委工业技术开发服务中心	高级工程师	—
苗志勋	男	1943.2	西　河	1968.12	中共党员	1985.1	河北安国中学	中学高级教师	—
武连生	男	1941.12	北大街	1962.8	中共党贯	1988.11	衡水师范专科学校	副教授	—
武丰煜	男	1935.8	北大街	1960	—	—	中国科学院电工研究所	高级工程师	—
单素英	女	1939	北　河	1964.9	中共党员	1979.12	国家建筑材料工业局玻璃钢研究设计院	高级工程师	—
赵凯勋	男	1934.10	大　营	1951	群众	—	保定市药材采购供应站	主管中药师	—
赵堆来	男	1929.6	郑各庄	1945.5	中共党员	1944.7	总参三部第二技术工作站	研究员	—
赵其昌	男	1929.10	郑各庄	1953	中共党员	1987	北京首都博物馆	研究员教授	—
赵瑞英	女	1926	南仕庄	1941	中共党员	1943	四川省人民医院	副主任医师	—
赵冠英	男	1926.10	郑各庄	1945.7	中共党员	1946.10	解放军总医院	教　授	—
赵仲坤	男	1934.7	郑各庄	1955.7	群众	—	河北安国中学	中学高级教师	—
赵建智	男	1934	中　照	1951.6	中共党员	1966.4	安国县医院	副主任医师	—
赵鸿志	女	1926.3	东伏落	1938	中共党员	1940.12	解放军 81501 部队	副主任药剂师	—
赵鸿迪	女	1936	东伏落	1961	中共党员	1954.12	东北工学院	副教授	—
赵广增	男	1902	—	1940	九三学社社员	—	中国科学院应用物理研究所	研究员	—
赵　云	男	1926	西　河	1944.4	中共党员	1940.10	航空兵四十三师	研究员	—
赵泮滨	男	1922.4	西伯章	1946	中共党员	1938.10	天津人民美术出版社	一级画师	—
赵忠宪	男	1938.10	新　安	1964	中共党员	1980	中国科学院动物研究所	副研究员	—
赵云慈	男	1923.3	东伏落	1941.6	中共党员	1940.3	总参测绘局	研究员	—
赵　平	男	1938	齐　村	1965	中共党员	1987	天津石油化工公司化工厂	高级工程师	—
赵志尧	男	1936.4	大五女	1960	中共党员	1984.10	保定市儿童医院	副主任医师	—
胡达佛	男	1895	中　阳	1938	—	—	晋察冀军工部南厂（304 厂）	高级工程师	—
胡振渭	男	1919.2	大五女	1941	中共党员	1983.10	国防科技大学	教　授	—
侯志义	男	1940.1	观音堂	1965.8	中共党员	1973.9	新华社河北分社	主任记者	—
殷子烈	男	1933	小　营	1958	中共党员	1952	中国国际企业合作公司	高级工程师	—

续表 20-5

姓　名	性别	出生年月	籍贯（村）	参加工作时间	政治面目	入党时间	工作单位	技术职称	备　注
贾绳武	男	1924.10	中　阳	1940.6	中共党员	1940.8	新华社农村部	高级编辑	—
贾惠萱	女	1941.3	观音堂	1967.7	中共党员	1964.7	北京大学日本研究中心	副教授	—
党占青	男	1939.2	东大街	1962.7	—	—	石家庄师范专科学校	副教授	—
党子英	男	1925.3	东大街	1955.9	群　众	—	天津市药材公司	主任中药师	—
党文章	男	1930.11	西　河	1946.4	中共党员	1948.12	国家建设部国际合作司	高级工程师	—
崔玉坤	男	1934	南娄底	1953.7	群　众	—	安国县南娄底中心小学	中学高级教师	—
曹士魁	男	1921.10	北　都	1938.5	中共党员	1939.11	中国药材公司	主管中药师	—
曹惠芳	女	1936.9	东伏落	1961	中共党员	1960.1	天津化工	—	—
康　克	男	1907.9	行　唐	1938	中共党员	1942	白求恩医科大学	主任医师	—
萧淑贞	女	1935.4	张　乡	1961.9	中共党员	1970.10	北京市第六十七中学	中学高级教师	—
焦兵站	男	1934.3	东崔章	1951.7	中共党员	1958.12	河北省进出口商品检验局	高级工程师	—
焦长治	男	1938.9	东崔章	1956	中共党员	1973	太原粮食工业联合厂	高级工程师	—
焦新庆	男	1942.12	东崔章	1967.7	中共党员	1964.5	太原机械学院	高级工程师	—
傅英勋	男	1936.10	东　固	1953.8	群　众	—	河北安国中学	中学高级教师	—
傅国祯	男	1929.11	南大街	1942	中共党员	1943.4	中国人民解放军军事科学院	研究员	—
葛福存	男	1923.10	中　阳	1938.8	中共党员	1934.4	中央财政部外事财务司	高级经济师	—
谢正国	男	1938	谢　庄	1963.8	中共党员	1976.10	安国县土肥站	高级农艺师	—
韩福增	男	1932	庞各庄	1947	中共党员	1959.9	北京军区总医院	主治医师	—
韩广博	男	1938.5	东王奇	1959.9	中共党员	1985.6	河北安国中学	中学高级教师	—
韩福州	男	1927.5	庞各庄	1941.6	中共党员	1945.1	中国人民解放军总参三部三局	研究员	—
解永钧	男	1944.6	南张村	1968	中共党员	1977	张家口市群众艺术馆	副研究员	—
翟锡铭	男	1928.1	八　方	1941.6	中共党员	1946.2	总参三部五十八所	研究员	—
霍志钧	女	1931.6	大南流	1944.10	中共党员	1944.10	山西省纺织工业厅	高级工程师	—
魏庚人	男	1901.3	奉　伯	1925	中共党员	1981.7	陕西师范大学	教　授	—

在安国县工作的客籍副教授以上技术职称人物一览表

表 20-6

姓　名	性别	出生年月	籍　贯	参加工作时间	政治面目	入党时间	工作单位	技术职称	备　注
张君哲	男	1922	清苑县	1949.4	中共党员	1959.3	安国县医院	副主任医师	—
张志俊	女	1935	清苑县	1950.7	中共党员	1956.12	安国县医院	副主任医师	—
于婉琴	女	1933	保定市	1949.8	中共党员	1986.12	安国县医院	副主任医师	—
王海昌	男	1933	蠡　县	1948.5	中共党员	1953.10	安国县医院	副主任医师	—
郑婉怡	女	1924	北京市	1949.4	中共党员	1981.12	安国县医院	副主任医师	—
张　崑	男	1932	清苑县	1955.8	中共党员	1960.6	安国县医院	副主任医师	—
房秀生	女	1936	定兴县	1952.8	中共党员	1983.6	安国县医院	副主任医师	—
庞春新	男	1943	新城县	1964.11	中共党员	1975.12	安国县医院	副主任医师	—
范长通	男	1938	安平县	1959.8	中共党员	1973.1	安国县医院	副主任医师	—
刘梦洲	男	1937	天津市	1959.3	中共党员	1985.4	安国县制酒厂	高级工程师	—
于小宗	男	1941	安平县	1955.5	中共党员	1960.5	安国县老调剧团	二级演员	—
梁佩英	男	1933	定州市	1961.9	群　众	—	安国县农业局技术中心	高级农艺师	—
李铁山	男	1934	定州市	1954.7	中共党员	1985.1	安国中学	中学高级教师	—
刘伟德	男	1930	徐水县	1952.7	中共党员	1956	安国中学	中学高级教师	—
崔丙林	男	1930	高阳县	1954.7	中共党员	1985.1	安国中学	中学高级教师	—
王风涛	男	1934	枣强县	1953.7	中共党员	1985	安国中学	中学高级教师	—
胡志信	男	1934	博野县	1958.8	中共党员	1958.8	安国中学	中学高级教师	—
么锡生	男	1928	定州市	1949.7	中共党员	1983.11	安国中学	中学高级教师	—
张桂枝	女	1945	辽宁省	1967.7	群　众	—	安国中学	中学高级教师	—
刘希平	男	1940	辽宁省	1966.8	中共党员	1984.6	安国中学	中学高级教师	—
胡宝申	男	1931	清苑县	1952.7	中共党员	1984	安国中学	中学高级教师	—
赵彦芳	男	1936	深　县	1953	中共党员	1956	安国中学	中学高级教师	—
李永彬	男	1937	行唐县	1964.9	中共党员	1985.3	安国中学	中学高级教师	—
马维赛	女	1939	行唐县	1963.9	群　众	—	安国中学	中学高级教师	—

五、安国县省级以上劳动模范、先进工作者人物表

安国县省级以上劳动模范、先进工作者一览表

表 20-7

姓名	性别	出生年月	工作单位	荣誉称号	批准单位	批准时间	备注
马增田	男	1928	安国县百货公司	全国先进工作者	国务院	1956	—
陈寿山	男	1910	安国县供销社	全国先进生产者	国务院	1956	同年被评为河北省劳模
吴国英	男	—	安国县公安局	全国公安、检察、司法先进工作者	国务院	1959	—
胡翠菊	女	—	安国县检察院	全国公安、检察、司法先进工作者	国务院	1959	—
王　克	男	1921	安国农中教师	全国先进工作者	国务院	1960	—
么锡生	男	1928	安国中学	全国五讲四美为人师表优秀教师	国务院	1983	—
苗志勋	男	1943	安国中学	全国劳动模范	国务院	1986	同年被评为河北省劳模
刘新建	男	—	甄庄村	劳动模范	河北省人民政府	1951	—
唐全生	男	1908	郑　村	劳动模范	河北省人民政府	1951	—
董兰梦	女	—	安国西关	劳动模范	河北省人民政府	1951	—
徐景芬	男	—	大文村	劳动模范	河北省人民政府	1951	—
陈贵芬	女	—	北段村	劳动模范	河北省人民政府	1951	—
钟香改	女	—	张家营村	劳动模范	河北省人民政府	1951	—
肖东彦	男	1927	安国轧花厂	劳动模范	河北省人民政府	1951	—
郑老硬	男	—	郑家庄村	劳动模范	河北省人民政府	1951	—
王洛合	男	—	刘家庄村	劳动模范	河北省人民政府	1951	—
李俊果	女	1936	安国百货公司	先进工作者	河北省人民政府	1956	同年被评为全国商业先进工作者
李来丰	男	1928	安国酒厂	劳动模范	河北省人民政府	1956	—
王振兴	男	1928	安国针织厂	劳动模范	河北省人民政府	1956、1959	—
刘育生	男	1921	大五女粮管所	劳动模范	河北省人民政府	1956	—
张玉民	男	1931	安国棉电厂	劳动模范	河北省人民政府	1958、1959	—
王玉山	男	1922	安国被服厂	劳动模范	河北省人民政府	1958、1959	—
周志忠	男	—	安国制鞋厂	劳动模范	河北省人民政府	1958	—
牛新忠	男	1936	安国工程队	劳动模范	河北省人民政府	1958	—

续表 20-7

姓　名	性别	出生年月	工作单位	荣誉称号	批准单位	批准时间	备　注
李洪昌	男	1931	安国县交通局	劳动模范	河北省人民政府	1958	—
刘振生	男	1923	安国通用机械厂	劳动模范	河北省人民政府	1958	—
王坤苓	女	1932	安国支行	财贸系统劳动模范	河北省人民政府	1959	—
马丙申	男	1932	祁州中心商店	劳动模范	河北省人民政府	1959	—
马玉增	男	1926	安国城关粮站	劳动模范	河北省人民政府	1959	—
苏大群	男	1926	安国粮食加工厂	劳动模范	河北省人民政府	1959	—
刘银长	男	1921	棉纺手工业合作社	劳动模范	河北省人民政府	1956	—
王亮经	男	1933	伍仁桥公社文化馆	劳动模范	河北省人民政府	1960	—
邢振刚	男	1911	中送村	劳动模范	河北省人民政府	1960	—
刘丽敏	女	1938	刘庄幼儿园	劳动模范	河北省人民政府	1960	—
张　昆	男	1930	安国医院	劳动模范	河北省人民政府	1960	—
王彦玲	女	—	南张村学校	先进工作者	河北省人民政府	1960	—
马兆民	男	1942.3	西安国城村	劳动模范	河北省人民政府	1964	—
王长锁	男	—	流　村	劳动模范	河北省人民政府	1979	—
宋占江	男	—	寺下村	劳动模范	河北省人民政府	1979	—
崔国军	男	—	安国县农业技术站	劳动模范	河北省人民政府	1979	—
齐福强	男	—	西伯章村	劳动模范	河北省人民政府	1979	—
焦占钢	男	—	焦庄公社农机站	劳动模范	河北省人民政府	1979	—
刘进才	男	—	安国县粮食局	财贸系统劳动模范	河北省人民政府	1980	—
周　英	男	1919	安国县联社	劳动模范	河北省人民政府	1981	—
李　云	女	1948	安国针织厂	劳动模范	河北省人民政府	1981	—
张青山	男	—	安国制酒厂	劳动模范	河北省人民政府	1981	—
姚新贞	—	—	北河村	劳动模范	河北省人民政府	1981	—
郑造礼	男	—	门东村	劳动模范	河北省人民政府	1981	—
苏佳明	男	—	民主街	劳动模范	河北省人民政府	1981	—
靳立君	男	1931	安国县统计局	先进工作者	河北省人民政府	1986	—
陈庭虎	男	—	安国县火化厂	劳动模范	河北省人民政府	1986	—

六、安国县“老药工”人物表

1985年安国县获国家医药管理总局“老药工”证书人物一览表

表20-8

姓　名	性别	出生年月	籍贯（村）	工作单位
安庆昌	男	1921	北流罗	北方贸易货栈
张　钧	男	1925	东大街	北方贸易货栈
王英俊	男	1920	流　昌	北方贸易货栈
孟兆信	男	1923	孟　庄	北方贸易货栈
周付友	男	1936	齐　村	北方贸易货栈
郭璧林	男	1927	西各堡	北方贸易货栈
靳伯钧	男	1923	东大街	北方贸易货栈
邢丙祥	男	1927	北七公	北方贸易货栈
张新芳	男	1921	齐　村	北方贸易货栈
张维瑞	男	1923	八　五	北方贸易货栈
张　彬	男	1922	光明街	北方贸易货栈
相子欣	男	1929	西　照	北方贸易货栈
冯国英	男	1929	侯　村	北方贸易货栈
苏洪卓	男	1923	民主街	北方贸易货栈
刘俊生	男	1938	西仕庄	安国药材公司
刘会仁	男	1936	北七公	安国药材公司
韩文斌	男	1925	药市街	安国药材公司
李福乐	男	1924	前　李	安国药材公司
崔金芬	女	1924	流　昌	安国药材公司
郭成林	男	1923	西各堡	安国药材公司
郭贵彬	男	1921	西各堡	安国药材公司
郝占英	男	1926	齐　村	安国药材公司
王谷桥	男	1916	肖　街	安国药材公司
姬士平	男	1920	姬　庄	安国药材公司
同贺年	男	1918	娄　营	安国药材公司
陈文郁	男	1921	陈　庄	安国药材公司
单云昌	男	1924	北　河	安国药材公司
崔庆昌	男	1919	流　昌	安国药材公司
安国俊	男	1932	北流罗	安国制药厂
刘子云	男	1911	东　河	安国制药厂
安　瑜	男	1932	北流罗	安国制药厂
史振江	男	1933	药市街	安国制药厂
马兆杰	男	1928	垫　头	安国制药厂

续表 20-8

姓　名	性别	出生年月	籍贯（村）	工作单位
徐鹤年	男	1924	杜　庄	安国制药厂
李锡兴	男	1933	安平县X村	安国制药厂
刘朝东	男	1923	光明街	安国制药厂
王振全	男	1928	南王买	安国制药厂
李跃平	男	1922	博野县李村	安国制药厂
陈振林	男	1936	定县北齐	安国制药厂
党振科	男	1932	西　河	安国制药厂
霍英敏	男	1931	北张村	安国制药厂
崔士良	男	1923	东　栿	安国制药厂
李俊章	男	1924	北章令	安国制药厂
李英勋	男	1925	东　韩	安国制药厂
曹国荣	男	1931	淤　村	安国制药厂
邵桂芬	女	1924	西　河	安国制药厂
马庆林	男	1928	埑　头	安国制药厂
刘志永	男	1931	民主街	安国制药厂
张士明	男	1926	北段村	安国县药材局
张兰庆	男	1930	药市街	安国县中医院

第三章　革命烈士英名录

鸦片战争后，安国人民为雪国耻，求自由，浴血奋战，不少人为国捐躯。特别是抗日战争爆发以后，在中国共产党领导下，安国人民同帝国主义、封建主义、反动势力进行了殊死博斗，千百名英雄抛头颅、洒热血、以身殉国。抗美援朝战争中，安国子弟兵发扬国际主义精神，英勇战斗，血洒异土。社会主义革命和建设事业中，亦有不少安国人为了国家和人民利益而献身。在安国籍 2579 名（含外地转来 26 名）烈士中，第二次国内革命战争时期 5 人，抗日战争时期 1729 人，解放战争时期 681 人，抗美援朝战争中 106 人，社会主义革命和建设时期 58 人；中国共产党党员 647 人，中国共产主义青年团团员 6 人；女 16 人；部队团以上干部 22 人，排以上营以下干部 378 人，战士 1604 人；地方革命干部 309 人，民兵民工 266 人。

南娄底乡

茂 山 卫： 董俊刚　董振雨　马洛连　李立凯　徐德润　董同庚　马拴起　赵三尼　马春立　董长雨　葛立恒　杨胖身　董福国　陈福贵　董小喜　张铁秋　董玉林　马四福　董三祥　董大娃

北张各庄： 张古道　张开锁　陈　烈　张振旅　张计和　张保占　陈德山　陈瑞年　张后辰　张旦子　张小倍　张全贵　张文宗　贾洛迷　贾增贵　张木和

南　　马： 相友光　曹　平　相文刚　周增章　曹小忠　马庆全　相金山　曹士英　曹振水　曹春水　张海江　张哲文　相　林　马林增　马志刚

西 北 马： 孙记保　王翠峰　王福全　张记州　布志彬　布建刚　王金福　曹记山　王双林　许兰水　王大朋　许荣合　李合金　王焕然　李国英　李胜林　李庆春　张志林　李礼山　王录山　李福祥　许中秋　王英俊　许子荣　许海彬　王礼江　王虎林　王洛黑　孟斜子　张春海

东 北 马： 耿长生　李春焕　刘秋成　邢五胜　王小奎　李小云　李中欣　谢江夕　李丙武　李二林　邢丙须　刘夕联　李印池　宋任庚　阎黑皂　邢大波　侯春长　李绍堂　刘俊山

高　　业： 徐振基　孟小乐　宋文科　孟　三　徐志卿　孟繁章　徐瑞福　孟繁生

卓　　头： 李强活　李增奎　李清臣　王祖女　李起祥　李孟贤　李东波　李小科　李文程　李成禄　李兰亭　李建国　郭盛林　李小贵　冯胖小　冯虎林

北 娄 底： 薛奎民　王洪斌　刘其祥

南 娄 底： 王各英　崔　名　李其俊　宋志新　崔连科　宋静波　刘虎子　刘锦涛　郭志名　王春明　王国锡　崔玉俊　李增奎　李金林　宋志伟　刘同增　袁喜章　刘顺海　王守成　刘长进　崔　争　王根瑞　刘金文　李小三　王申庚　李瑞增　王　英

西崔章乡

东 崔 章：焦礼申　胡长明　焦新胜　焦进学　焦文杰　刘小祥　曹洛奎　焦小云　焦福贵　焦小旦　焦新春　胡双来　胡林章　焦明俊　胡小旦　焦振远　傅玉秀　焦进榜

固　　西：王英杰　王长福　马庆刚　王三友　王　哲　王桂花　张喜云　王大肚

西 崔 章：宋贡珍　曹全有　宋子和　曹树俊　宋彩珍　崔春科　曹树仁　孙矽尔　周振奎　曹桂保　周文进　宁礼江　孙　坤　曹国栋　邸畔致　刘甲尼　刘四胜　孙　兴　孙法增　曹桂良　孙金奎　陶玉全　曹国英　崔怀信　曹全贵　李国华　胡要居

固　　城：庞全成　刘六起　刘多福　刘林元　刘礼海　刘海林　刘士一　刘黑旦　刘恒坤　刘闹火　张　董　刘锡三　刘庆林　庞黑子　刘点点　刘木欣　刘臭粪　庞庚喜　刘风五　刘振山　刘峰子

八　　方：翟建尧　程云书　刘喜增　程守礼　刘明科　庞车子　程老坏　刘喜元　程次闹　刘洛存　刘庆堂

焦庄乡

焦　　庄：焦锦跃　焦风明　焦英春　焦锦林　焦国均　郝振江　焦大奎　焦双来　焦志庆

杨　　横：焦小五　郑文台　焦硬尔　焦五米　焦皂尔　郑大臣　孙计全　焦同立　孙堂成　王三多

张　　庄：张腊八　张新山　王金榜　张锡林　张振楷　张子州　崔礼全　张九长　张小闹　张三元　张庆昌　崔国江　张青山

焦　　街：郑开元　焦同柱　焦丙水　焦士英　焦保全

新 刘 庄：刘继军　王纪福　王明科　王明德

郑　　庄：赵大庆　郑福生　郑南海　王造堂

统 一 村：石三合　副计生　赵全水　谷占军　赵福生　赵振元

辛　　庄：霍常有

小 南 流：杨胜同　王顺江

王　　庄：刘小旦　焦长锁　刘造荣　王　勇

流各庄乡

东　　寇：李腻丢　汪小才　汪甲子　汪秋阳　汪志祥　汪孟贤　汪子信　马荣彬　汪玉林　寇焕玉　汪记兴　汪大庄　寇三元　娄满仓　汪子铭　马良士　马双杏　娄洛闷　马良志　汪洪耀

石　　庄：石锦芬　石小旦　石根道　石清兴　石振江

马　　村：李跃华　李同科　李小榜　郭玉根　李三元　郑兰科　李秋红　李　江

郑 各 庄：赵甲良　赵小乱　赵九成　赵　玉　赵贵芬　赵小坏　赵英年　赵大羊　张丙良　赵庚辰　张秋发　赵风彩　赵大有　赵里顺　赵小信　赵振东　赵老冲　赵耀宗　赵景春　赵丰玉　赵子光　赵义宪　赵孟同　朱增宝　赵计善　赵进生　赵锡纯　赵臣柱　赵　俊

流 各 庄： 李大发 纪廷兰 李林山 王大垫 赵声远 纪新广 刘里增 李根山 李宝宣 高彦欣 李秋增 石兴子 李振奎 刘兵子 纪永来 纪德欣 刘连生 刘兵臣 刘兵跃

北程各庄： 王老必 郝润甫 高占奎 郝国栋 王福同 郝良俊 王国柱

东 马 庄： 马老审 马竞清 齐步云 马振海 马汗臣 齐小福 马小库 马法兴 马中来 马福才 马立根 马春林 马小雄 马小麦

固　　显： 张风岗 张聚兴 李宗昌 李全贵

甄　　庄： 甄爱臣 马玉林 甄小卯 甄小球 甄景山 甄福如 甄祥宗 甄运同 甄井然 甄会明 刘吉祥 甄福水 甄福聚 甄永春 马大兴 甄立吉 甄瑞昌 甄秋芝 甄进才 甄金锁 甄顺清 甄大来

米　　庄： 马丰吉 马丰顺 齐小窝 王庆林 马元力 马庚子 王小科 金　秃

南程各庄： 崔小六 袁小闹 崔荣珍 崔国昌 崔大旦 袁胜刚 崔德胜 崔金明 崔锅巴 崔增路 张树行 崔小四 崔学孔 崔汝峰 崔秋来 崔树平 王杏来 王小艮 赵益三 袁庆功 崔丙军 崔光跃 崔济云 崔福祥 崔小毛 崔跃亭 崔秋福 崔跃信 崔会通 崔小生

大李庄乡

杨　　庄： 杨连清 杨永贞 杨庆云 杨畔成 王明珠 杨黑刚 杨洪计 杨小友

大 李 庄： 王庆刚 王保奇 王五棍 王明路 李春苍 王同兴 王更需 王连波 田进宝 李振学 王福全 李　峰 李士英

东 秋 元： 王春贵 王上午 王玉生 王国宣 王继臣 王新贞 王庆水

西 张 庄： 许明川 吴福昂 王喜春 许祥云 吴根顺 许内桐 张英林 许生尔 吴国春 张贵良 吴根元 王彦才 张双林 许继堂 许喜全 许世芳 吴振华

袁 李 庄： 袁振法 袁小兵 袁振汉 袁礼兰 袁小奎 袁喜录 刘胜奎 袁起运 刘德新

东 吴 庄： 吴根祥 吴玉池 吴介芝 吴午臣

景　　中： 王长有 宋兆明 张记五 解书贞 张东来 宋黑锅 宋武胜 高五起 杨记根 张义杰 孙登艮 张文江 宋跃禹 张文海 张德山 杨老尖 王文波 张造栓 宋福顺 石有兄 宋福合 姜闹兵 张艮水 宋清元 王进福 张子亮 张银更 王江海 宋荣苍 张庆科 李不闹 张天苍 王银全

里　　河： 崔银昌 刘风仪 胡俊旅 胡俊客 吴忠尔 吴起春 胡洛臣 胡贵林 张大进 吴式增

西 吴 庄： 吴锡华 吴盈州 吴海水 吴登科 吴庆奎 李风春 李香河 吴合永 吴四海 吴法昌 吴金全

伍仁桥镇

寺　　下： 张文元 金增瑞 宋停贵 张东坡 宋立根 金振湖 张德胜 金同科 李才科 宋小才 刘瞎抗 张老正 曹佩生 张洛响 张大群 刘云海 金瑞科 张余贵 金亮海 傅臣子 金靠常 张小生 金将成 刘德仁 傅艮中 张振奎 宋计僧 傅胖怀 李振川 张兴儿 金芳起 李小海 张福录 张康宗 张之瑞 张拴庄 王小六 张二闹

奉　　伯：王延炯　魏玉宣　施小怀　梁振生　平里荣　魏小根　魏凌霄　平艮锡　平胜凯　袁乃标　刘玉生　王明根　魏瑞科　魏防林　宋三春　刘占岗　魏中虎　魏拴起　魏际全　刘义之　刘永海　魏小娃　王全友　崔进财　李清江　王振英　魏振洪　王立欣　李小熬　魏文恒　魏计有　施方珍　魏晓云

流　　托：王明义　赵嘉普　赵　信　赵小江　赵喜元　赵文江　赵解楼　赵志英　赵春生　赵小拴　赵国元　赵振川　赵瑞才　赵必成　赵小禄

中　　送：邢大标　邢志远　邢金生

南 章 令：王福增　刘旦子　李二闹　李过造

流　　昌：杜立堂　杜旦子　杜福财　杜兆辉　杜守图　李胖顿　杜进功　王小拴　王大虎　邢大申　王大旦　杜振生　曹风琴　吕学敏　杜俊波　刘国柱　杜礼兰　杜匣堂　杜长海　王占元　杜兆希　崔丕中　刘振生　吕学奎　王瑞恒　杜庆志　杜冬至　崔冠如　李俊桐　崔拴庄　杜方子　杜志刚　崔福春　王长法　杜义里　李景元　杜志义　杜不信　刘娃子　杜喜乱

伍 仁 桥：邢振海　平江科　宋东庆　宋满顿　宋嘉瑞　宋明杰　宋大树　殷树春　宋瑞福　宋茂申　平江海　宋树德　张礼造　宋士庚　宋黑锅　李长春　宋振水　宋同良　宋占元　杨登科　宋振铎　宋振华　平进远　宋小旦　宋秋科　宋永福　宋全喜　宋进财　薛刚强　宋小五　李干巴　杜梅合　宋坤山　薛明刚　杨瑞生　邢四喜　王臭文　宋嘉兴　杨春喜

伍 仁 村：宋才学　宋洪申　王计申　李金泉　王贵全　李树基　宋景奎　宋根元　李进喜　李武奎　李计奎　李大乐　杜增云　薛振栓　李叫唤　许振刚　王兵乱　李长造

郑章乡

郑　　章：陈　均　陈如俊　王国贞　陈全盛　党彦生　王锡恩　陈如连　陈景林　陈其球　王拴良　陈胜海　王福贵　陈根学　阎建勋　党国贤　王兴年　陈其震　陈凤全　陈万全　陈福国　陈小具　王河川　谢喜林

边　　庄：徐占房　徐振江

谢　　庄：谢常庆　谢拴成　袁景珍　谢兆年　谢振东　谢跃现　谢朝柱　谢大兵　谢孟兰　谢俊跃　谢式军

北 王 买：贾小旦　王　全　贾学真　齐进才　齐才进　贾洪江　马子宏　唐述仁　田景和　贾六尔　贾新民　贾洪水　王胜科　齐景生

南 王 买：王喜顺　齐香计　王全阵　齐大水　王天义　程兆昌　张树山　王田顺　王老白　王宗仁　王东海　王文胜　邵国彬　齐来生　齐自明　王海申　齐更尔　王根山　赵小明　王福更

行　　唐：张洛杰　杨锡池　邢贞祥　张换成　张阴芳　杨合明　杨计福　张增路　张全占　杨福成　张小胜

南徐辛庄：王玉梅

海　　市：王全水　崔小水　王秋来　王九成　陈　英　王大兵　王三长　王春科

西安国城乡

北 流 罗：安小江 安凤山 安小三 安根立 安元祥 安黑羊 安 信 安臭粪 安振海 安振怀 安兵山 安振宗 安济业 安会昌 安树全

南 流 罗：王 才 安青山 吕国泰 安振和 王花池 吕克明 安瑞生 吕小五 齐进才 安余庆 吕进学 齐福增 安化堂 宋明福 安寿明 宋介之 宋立根

东安国城：刘奎五 刘香彦 刘臣祥 刘香斗 刘福祥 刘良才 李鹤年 李树云 刘向锦 马保聚 刘贺卿 刘国华 刘青发 刘长才 锁素坤 刘银海 刘凤山 锁相臣 刘进良 白贵生 李振生 李国华 王采泽 刘文田 刘德华 王铁刚 王汝彬 刘宝玉 吴殿臣 刘宝仁 李 卓 刘辛庄 张奇君 刘长俊 李文海 刘上起 李彦云 马 栓 马洪俊 马小六 李鹤亭

西安国城：马小友 张进忠 马大兵 王兴民 马庆云 李维中 马小升 马小六 田海水 张建强 马俊轻 李树芬 李小德 王少文 李树荣 李俊山 李小文 王华锋 刘庆荣 田锦彬 马永欣 李开福 李立栓 李新班 李告录 赵 涛 李树贞 李红来

西 寇：张翠峰 王云品 张庆安 王秋水 周德志 周小发 张焕卿 寇兴仁 周小便 张宝兴 周双珠 周珠元 周小根 周新房 周小来 张振坡 刘来顺

西 街：马锡恩 石庆友 孙小根 马计坡 马士杰 石小顺

北 街：韩春京 韩小扁 韩毛红 高义夹 韩焕子 韩渣子

南 街：周俊发 孔庆安 孔宪杰 孙小仓 周愣黑 郭增福 韩根发 韩老黑 周振国

东 街：孔祥来 高增臣 高记增 高老营 孔繁颖 高小印 高炳跃 高 志 高顺芝 高福明 孔繁翠 高云顺 高金水 高小旦

南 堡：李明生 李志三 宋 钦 宋维民 李兵乱 宋小法 张小五 张木耕 李振远 张小西 李振国 宋维本

埝 头：王 兴 马呈府 张桂芳 马启志 马记辰 张福昂 马苟旦 马兆吉 庞丙辰 马生友 马礼道 杨四顺 张洛速 马呈年 马守城 王占元 马小锁

北 堡：邵德路 刘 贞 耿瑞吉 郑秀峰 刘朝祥 董小六 杜良善 郑大乱 耿焕平 金喜来

马 固：李大来 李贺泽 李造堂 马小红 杜三九 刘洛明 李洛登 刘二辰 李桂喜 范金河 刘洛臣 李长春 赵福星 李玉长 刘云生 李小科 马立坡 李树英 范其祥 李远月 刘习学 刘小甫 宋青余 刘小彬 李双柱

石佛镇

路 景：沈黑销 赵福山 姚志安 徐连奎 徐旺林 赵保善 徐小柱 魏英俊 徐杏林 侯建坡 李振生 李双仁 崔秋池 徐小乱 江春林 汪玉增 李双车 王进山 江宗元 徐金雨 赵小水

东 巷：江大同 江封臣 江雪轩 江维新 江顺果 江小柜 江申林 江云亭 江国平 江兴来 江子祥 江进才 江宜生 江进生 江克敬 江增路 江忠言 江忠义

北　　阳：田子敏　田士荣　孟振江　常继章

南　　阳：刘福申　刘文科　刘江池　屈英华　刘计友　马记庚　姚新年　马福刚　马振江　刘礼元　张山岭　郑自奎　徐　英　郑新友　刘艮发

高　　街：高维勤　高小贵　高镜花　高文安　宋同榜　高瑞欣

李　　街：李汉忠　李寿田　李保章　李树凯　李国艮

王　　街：王大刚　王法海　梁明科　王自强　王沛林　王　让　王万增　王九才　王小三

石　　佛：杨汝雨　杨卯槐　李春德　刘升级　刘小豹　黄狗旦　刘小马　刘长增　吴志远　李双进　刘布营　黄大洞　李继先　范木头　刘积善　杨其象　黄小水　张恳堂　杨金安　孟小秋　黄玉客　黄会云　刘青海　王春峰　范万川　刘　麦　刘小喜　杨松位　李大刚

立 家 庄：孟更子　李建国　孟　健　李小马　李福昌　孟仪民

南　　章：刘玉秀　刘爱国　刘鸣琴　刘贵增　刘学新　刘洛趁　刘记增　刘福友　王小银　刘长需　刘俊华　刘迪刚　刘晓明　刘国停　刘志华　刘仕新　刘小须　刘艮汉　刘林波　刘文华

常庄乡

韩　　村：李洛坏　李木英　李志英　周志歧　李占珧　李占江　孟庆生　李同顺　李葆珊　周桂秋　周喜田　周洛五　李海水　纪小喜　王木头　李永财　周白旦　王清云

侯　　村：贾进才　冯黑球　田根珠　田义申　田贵福　单云田　陈　雷　郝俊明

营 二 里：李计山　刘虎成　杨友子　纪金铎　杨桂申　李计水　杨合庆

杨　　翟：郭金堂　薛门柱　傅同贞　张金玉　薛寿仁　代福胜　薛振才　薛造计

东　　栿：李东刚　李万福　李春来　李羊尔　李停彬　孙玉其　崔文明　李占奎　李玉英　崔小海　孙老芳　李猫子

常　　庄：吕英俊　王志元　王捷三　何久长　王小卷　王会奇　王乱兵　吕福谦　王彦娄　王风瑞　王更寅　纪冬至　王喜亭　李拴卯　王次尔　王造海　王振国　李银苍

西　　栿：许文哲　许宗跃　尹全贵　吕兆欣　吕国贞　吕志恒　许铁锁　许来胜　许录尔　吕黑毛　吕新有　许顺义

新　　安：张德合　许兆峰　张士英　侯石头　刘大乱

西　　徐：田志才　田士祯　田士凯

梨　　园：丁焕然　丁老旭　李宗欣　刘福昌

路　　根：李小根　李俊英　任汉章　李瑞生　李怀林　王明时　李清元　李金坡　李　造

东李王庄：王同振

西李王庄：李京尔　李小申　李小金　李计尔　梁长锁　李铁锤

东　　柴：吕文其　冯朝禄　张青昌　吕艮茂　吕小拴　吕辰兰　马俊科　吕壬丙　吕占奎　吕小盆　冯胖尔　吕兆贞　白小水　吕海水

南仕庄乡

流　　霜：石志奎　高金榜　石小双　石星华　李老巩　徐永全　王东长　王新年　张东华　徐尚伍

李四保　崔占山　陈　信　袁尚义　张永江　张文山　徐虎臣　石印戸　张冬雪　张光发

西王奇：刘建章　刘五臣　刘福奎　刘同胜　刘全胜　刘双科　刘小美　刘万增　刘其华　刘春青
李贵良　林瑞生　刘大水　刘造火　王春林　刘福兴　刘顺元　李　海　刘满长

东王奇：汪大乱　刘小进　张子峰　张洪昌　李国正　吴汗江　王小柱　张占江　崔志刚

南七公：邢喜元　李小喜　张金木　李　宣　马贵福　赵贵章　张金佩　李其章　李大雨　赵树同
李增福

南仕庄：肖小眼　郑锦昌　郑金木　郑中林　赵进忠　郑造拴　赵子明　王文忠　郑礼捋　赵子明
肖玉娄　肖根虎　赵羊子　赵兰玉

东张庄：李仕英　马宗范　张占民

刘　庄：刘济华　刘锡录　刘　森　刘锡华

贾　村：王长明　袁长生　刘小亮　王国乱　袁仕和　王洪彬　王国生　袁国军　王计永　王小计
袁英利

王奇庄：刘计全　刘秋振　刘保元　刘大江　刘艮雪　刘计增

北仕庄：刘双凤　刘里成　井润田　刘斌文　刘广月

西仕庄：刘志草　匙连池

南郭村乡

宋　固：王山熊　孟瑞起　邢长申　王长秋　邢天月　邢造申　孟双增　孟祥欣　张钰芹　邢长录

南郭村：魏连生　宋满昌　魏树兴　王根武　宋小狗　魏小更　魏拉古　魏进生

大　章：张和顺　张三刚　张艮生　李瑞祥　张德胜　张树华　张景山　张占元　张春和　孟立柱
张义兴　王升同

沙　头：张满墩　张进考　张增池　张之刚　李计拴　赵发生　张夫昴　张西明　张俊卿　张大彬
张奎生　赵立冬　赵古录　李根有　李庆春　张锡田　张洪拴　张春发　李瑞起

军　诜：张瑞生　李文庆　王奎平　张小三　张青山　李义乾　宋五须　张四保　张国华　张学梦
石甲申　王洪义　李福友　李皂发　李双九　王占林　李国栋　张明录　石永真　张德胜
王记增　张国英　李占军　王志新　张彩森

门东乡

北七公：金皂忠　张枫州　张旭生　刘吉林　金拴礼　金清克　赵小力　金国祥

中　阳：胡贵秋　张茂生　张东梅　贾街生　冉老虎　戈老胖　葛田尼　胡俊造　冉丙辰　胡要林
张庚柱　李兆昌　贾法昌　李海申　戈四水　孙红子

曲　堤：李玉彩　王冠儒　马衣海　王树南　霍希贤　马子刚

北　娄：郑庆昌　张小发　郑福森　郑振江　郑跃森　张双尔　郑冬至　郑叫唤　李侯尔　郑民国
郑兰喜　郑清民　刘　申　郑进生　张福昌　宫造拴

河　西：牛朝品　牛根考　牛洛迪

阎　村：赵洛七　孟锡里　张路尔　马文凯　李俊生　姚作州　王汝才　王玉华　张三成　王五尔

李小眼　曾福增　曹起顾　王嘉烈　王殿奎　张东生　王杏合　沈国才　曹沛玉　夏增会
夏增田　张广彪

南　　娄：刘双吉　刘振江　刘国华

齐　　村：张焕新　陈庆昌　周洪增　周同益　周造堂　李建阁　陈纪温　陈玉祯　陈小歉　张旭肩
周化南　艾纪汇　郝望先　代志民　郝金科　陈跃起　陈全友　陈合全　陈三林　陈士才
张德茂　郝丙岩　郝麟英　张力峰　周洛脸　张小练　李建英　张玉轩　陈福全　张新槐
郝纪恒　周旭昌　张　旺　周士英　陈贺祥　陈铁成　陈同江　陈永昌　艾增华　刘生尔
张万春　周洪义　郝小发　张小昌　陈纪昌　李金海　郝东海

大　　文：陈志发　刘里造　刘度华　陈明乱　马冠军　马金科　徐仕楼　马皂辰　高文友　陈长锁
李树申　陈辛田　沈根忠　马进才　马振海　李振楼　马如超　马丕英　马车生　马英杰
马法生　沈介英

门　　东：郑福兴　刘文科　刘星奎　郑福瑞　郑小约　刘福兴　刘春友　郑广兴　刘吵尔　郑新房
郑景川　陈景先　刘明川　刘狗尔　郑文标　刘成斌　郑混子　于德水　郑福恒

大五女镇

大 五 女：吴连川　吴浩然　解风刚　唐全志　胡超凡　解俊儒　贾庆泰　高老坏　吴瑞池　吴锡录
吴登拴　解风文　胡来峰　解秋儿　高振国　刘常山　解奇英　唐国栋　吴锡川　解里增
吴金波　刘福录　张老恒　唐士祯　贾同乐　解家斌　吴小顺　梁焕章　吴荣素　唐国忠
胡玉英　李文生　吴士英　唐有尔　解风文

张　　店：张春香　张造里　张文祥　张拴成

南　　店：刘连生　刘英杰　刘增海

北　　店：李国栋　李书振　刘胖蛋　李胖蛋　李洪文　李洛茂　李艮贵　刘叫唤　刘金库　李吉普
邸奇明　邸洪进　邸竹林　张三成　李意民　刘金要　刘金辉　李寿昌

滩　　头：刘玉海　贺进财　贺纪忠　党士全　党士祥　党志刚　李金川　刘同顺

南 张 村：王造根　李风岐　解小盼　李兵尔　李五合　张贵米　王兰库　王景花　李全海　解小计
李合木　李福英　解泽普　解寿义　张志仁　解旦子　王明东　解良尔　王秋尔　王文顺
王猛虎　王甲须　李廷禄　解树山　李连奎　李新发　解占国　王新卯　李　英　解玉英

北 张 村：霍计国　霍壮尔　霍九春　霍德新　霍国兵　霍汗文　霍生尔　霍皂拴　霍树凡　霍计锁
霍筐尔　王　胡　霍冠甲　刘狗拴

郑　　村：魏庆林　唐清波　张国彦　魏根库　魏大胜　魏金苓　魏清海　唐其进　唐法兵　唐小水
唐小旦　魏小五　唐小波　魏山坡　魏子斌　唐灯军　魏振江　魏春成　魏孝贤　魏彦卿
魏大山　魏奉明

西 娄 底：李寿江　王生尔　徐建华　张兆祥　张文德　刘金良　张国生

西 秋 元：张计友　王佐周　王成顺　王芝顺　季大庆　王艮科　王保全　张全有　钮昌福　王福全

北段村乡

西　　照：秦明珠　杨文远　秦　林　乔金斗　杨泽道　杨国华　杨文贞　杨金榜　杨国堂
北马庄：李维周　宋喜尔　臧艮锁　李春田
北　　都：吕金春　陈玉昌　吕文顺　陈国彦　吕洛秋　吕步瑞　曹士英　陈社尔　郄艮生　吕玉才
吕贵喜　吕士林　吕福友　吕金田　吕培德　吕保孔　杨小辰　吕明兰　吕国荣　吕化民
吕文清　吕锡章　王老婆　吕全福　吕四尔　姬英尔　王六尔　陈四合
中　　照：赵　杰　宋广林　宋保记　宋元祥　赵振法　宋振帮　宋晓峰　宋德远　宋元才　王风瑞
李贺轩　赵庆生　宋福昌　宋彦秋　王宏才　李庆山　赵记友　王小旦
小　　内：许斌卿　侯老云　许金拴
黄　　台：墨小臣　墨春云　封树山　墨库尔　可风彬　墨海波　墨益钦　墨增尔
边三庄：臧艮卯　臧拴池　刘老海　钟志兴　胡占奎　张发科　臧老忠　张喜顺　边小辰　张维范
南段村：郭锅尔　张士凯　王久月　王木生　史小会　张科尔　张砚忠　刘造起　刘玉成　王方尔
张占英　张志英　王久泉　张更新　苏志片　刘进才　张甲科
瓦子里：白新宅　张国顺　张金斗　裴双喜　裴桂常　赵艮考
北段村：史同居　王合成　赵洪顺　张福元　史建三　郭壮尔　王文志　史皂尔　陈景州　郭洪生
胡洪庆　胡玉书　史久成　郭俊生　郭洪钦　陈双喜　胡万红
翟　　营：翟进全　于红喜　于振昌　翟更壬　董荣华　于海龙　于士伦　董庆山　于振华　梁景珍
于振计

西伏落乡

张家营：吴　森　钟士全　翟金柱　刘书田　张荣庆　张晓湖　纪国英　齐同顺　纪国柱　钟志坤
陆贯祥　钟振路　李金义　杨来子　冯全顺　纪　凯　钟　谨　翟进京　钟春林　钟胜学
纪志祥　齐骡子　翟二胖　钟西路　刘老波　钟田文　赵新池　杨造周　杨茂林　钟玉新
刘新田　祝宝申　刘里壮　纪成霸
西伯章：董成祥　朱纪增　朱纪先　董风山　赵洛由　王林虎　赵瑞祥　马福来　代文考　聂保进
赵书信　张福禄　张小货　王贵房　赵连宗　王兆里　代进福　胡金奎　董文学　代小科
王作辰　王家敏　董广增　胡殿英　吴国华　朱造尔　王振刚　赵安国　朱进元　赵多运
马　刚　赵云生　王子舟　苏云波　赵作坤　赵　军　董景勋　董福增　王林春　张福壮
赵坤峰　代小全　马老虎
东伏落：刘振付　赵启峰　刘进水　何路平　段振江　赵喜见　赵志虎　赵玉生　赵国英　刘振山
刘振华　刘德志　段振永　刘红尊　曹阴桐　赵广仁　邢更国　赵鹏飞　王国造　赵之殉
王秋保　赵香树　刘吉臣　赵校尔　赵东雪　赵家一　张　克　刘卓民　刘德山　王金乔
赵来山　刘同全　彭　克　王同路　王长更　段术子　赵会计　段云吉　曹根副　刘德成
西伏落：邢连芳　赵明远　赵夕瑞　张四成　张林和　赵增福　邢宗余　张振生　赵庚申　赵焕然
邢建勋　邢景和　赵保银　邢连堂　张义来　邢树坤　邢砚儒　邢爱勋　邢进才　邢冠军

赵玉科 张建儒 赵四尔 赵清湖 邢兰田 邢国军 赵仕其 赵同保 赵柱尔 赵保尔
邢进国 邢三元 赵玉明 赵保纯 赵根祥 邢连水 邢保连

中伏落：王新彩 王学文 段群子 周立新 段弟敬 段金波 陈拴柱 何士英 何金波 王保柱
段喜元 段贵福 赵林庄 张茂林 王造拴 段保林

东河乡

伏村：张荣庆 赵振山 张习恋 刘海泉 张国英 陈汝江 赵子起 刘小拴

东固：王振宗 王超岩 刘风林 吴进良 冯虎林 冯纪波 赵礼壮 冯吉元 冯计增 冯秋保
冯五斗 刘中海 冯志英 冯俊兵 冯志 刘才法 刘维边

东长仕：娄建章 赵鸿申 吕金榜 娄清海 娄秀坡 赵小拴 赵宪章 赵同顺 吕有绪 赵海申
赵丙须 赵占科

子娄：匙洛忍 井金林 吴甲寅 井里堂 匙仁福 李明 匙品格 肖福雨 井小盆 井小永
井子水 肖振基 井小水 井庆林 井庆波 井苦茬 井开文 匙丁位 井柱聚 许生财
井振科 井良才 许寿仁

大南流：霍小坡 霍小福 霍秋坡 霍振山 霍树芬 霍青山 霍香文 霍兼绰 霍黑山 霍彦斗
霍东海 霍志山 霍金水 霍树芳

舍二村：张济林 刘荣勋 刘福珍 张风臣 张同生 张荣昌 刘国华 张恒昌 张三明 赵福山
刘国文 张荣庆

东河：田小桂 刘绍乾 王国贞 王麦熟 刘德增 王春山 王义兰 王进山 田夫 王金贵
田孝来 王建亭 王国征 王桂申 梁茂兴 王秋波 刘荣庆 王华考 田树风 田国才
王泉更 刘拴成 田树生

西河：马珠魁 邵振生 马长胜 邵四海 张宏昌 许中仁 邵银泉 张海祥 张双锁 马青山
赵振江 张德义 马洪有 邵占元 侯义 张小眼 赵计有 张东长 马洪生 张福艮
马狗旦 党丙雪 邵国章

霍庄：赵国俊 赵奉堂 王喜全 孙继祖 李旭东 霍维民 李庆元 霍金质 赵新宅 邢振武
赵振友 孙继责 王木林

西固：赵主英 崔计生 崔进科 崔东魁 崔五朋 袁小奎 崔更福 崔旭卿

西长仕：郭一来 张保芹 刘士昌 胡连奎 刘玉华 刘喜学 郭兆祥 勒兵艮 史礼瑞 刘小坡
刘喜奎 史拴山 史振国 史山河 刘文生 刁银更

北徐辛庄：焦福顺

淤村乡

北各堡：谷雄一 谷宣 何辍喜 马登明 谷忠会 谷建 谷瑞生 谷振英 谷文凯 何俊英
何振清 纪小柱 纪小屯

姬庄：沈建华 李振勇 王文发 孙登科 姬进忠 姬小庄 王云忠 王焕斌 侯树英 李杏林
姬孝忠 王振明 王汉明 于银锁

八　　五：李民杰　李署尔　王纪增　王　根　李八子　王铁茂　张全有　张跃民　杨三风　张忠志　张大木　张庆田　张士英　李五进　张保玉　张文祥　张造申　张景坡

郭北庄：王丙辉　胡洪士　郭文庭　王更尔

杜　　庄：蔡路尔

康　　庄：刘　杰　李小春　李皂里　刘世昌　刘捷三　刘庆昌　康志英　刘桂芳　李福来　刘计生　刘浩然　李树青　康士林　李山林　刘冠军　刘福成　刘要增　康小银

西各堡：黎六尔　郭　祯　郭汉民　李如林　郭三堂　郭建光　郭兵其　黎新柱

北　　河：单云秋　单良民　单桂三　姚洪兴　姚兵贞　刘洪计

大　　营：齐禄英　李春花　马小同　刘纪山　李庆章　赵金忠　陈盼来　田洪喜　田振玉　赵鸿禄　马福志　陈小学

小　　营：李皂火　高记永　殷同锦　殷同乾　高　林　高辛月　殷子刚　李青尔　殷德玉　高宝斌　殷子义　高小柱　殷子欣　高树川

淤　　村：杨振五　黎增福　杨顺申　郭柱安　王福头　杨老乐　杨洪斌　杨计宝　王振华　王洪斌　杨国范　王志忠　杨坤峰　杨洪义　张庆昌

观音堂：李得才　苏风明　李清汗　黄金标

东各堡：王　瑛　王白文　刘进禄

明官店乡

大　　户：张关山　李兆瑞　李忠团　佟卫工　石建初　佟卫忠　张造火　李菜春　崔兆民　李满仓　石玉辉　石辰良　李宝申　李里奎　张振华　李兰祥　李虎禄　张金兰　张海群　赵三江　李青坡

肖　　街：肖锅台　肖伯臣　肖路臣　肖廷哲　肖四臣　石振江　肖利坡　石纪海　田右清　肖纪清　王顺田　肖子彦　肖小俊

陈　　庄：陈二林　陈贵清　李小林

西　　韩：韩荣新　韩大胡　韩大生　韩运江　杨六顺　韩木水　袁福增　杨彦山　袁梅顺　袁大将　杨增伟　韩春林

前　　李：李计学　李胜机　李占户　李瑞林　李照其　李拴柱　李志勋　李文圈　李福申　李宝全　李宏勋

北章令：刘登杰　刘廷浚　赵风堂　刘士英　刘计兴　陈小增　刘瘦八

西章令：李福增　刘德新　刘大吉　李福全　刘利芬　刘兴武　李造拴　李贵生　李小仑　李里全

明官店：刘小池　施小俊　施志申　于大水　李锡昌　李小土　邢二黑　高炳年　陈焕章　杨计友　施会民　李秋记　高炳斗　刘克臣　王书仁　高汗章　刘东坡　邢福申　李三虎　刘丙跃

东　　庄：王林仓　刘小计　刘新考

东　　韩：袁建章　韩春德　袁志清　袁喜生　胡连成　袁大合

祁州镇

民 主 街：吕宝科　王世武　侯二保　墨三保　王文海　孙可昌　郝春清
东 关 街：沈国荣　许成章　刘士民
孟　　庄：刘春玉
北 大 街：李亚英
农 民 街：侯焕义　王永生
西 关 街：侯瑞林　纪德胜　王跃军　侯振英
东 大 街：许士衡　许文考
光 明 街：李宝增　马砚田　乔振山　夏云程　张文阔

外地转来安国籍烈士

钟丁奎　吴子珍　胡　胜　李进贤　杜石登　郝培国　张浮亭　焦拴成　周德义　董进其　宋　毅
魏连生　王金英　王国祥　肖忠武　姜玉珍　袁喜生　徐　利　刘　守　王香友　宋逸民　张万新
宋克宽　继德胜　解景和　李文君

附：国民党军队安国籍抗日阵亡将士名录

于焕文　马金元　王柱祥　王凤岐　孙治生　刘廷玉　刘荫琪　刘风起　李福顺　李维新　李万春
宋棣成　张运通　张玉和　张福善　杨丙辉　杨青山　何以发　陈玉林　陈玉雯　郑俊英　胡佩鑫
赵治中　曹瑞林　梁春芳　董瑞麟　戴国祥

说明：《国民党军队安国籍抗日阵亡将士名录》资料源自南京中国第二历史档案馆

附　录

一、党和国家领导人视察、考察、参观安国县

1958 年，毛泽东、刘少奇、李先念、贺龙、罗荣桓、聂荣臻、杨成武、薄一波、胡乔木、陈毅、李富春、黄克诚、蔡畅、肖华、甘泗其、张宗逊、赖传珠、徐立清、周恩来、胡耀邦等党和国家领导人、老一辈无产阶级革命家，先后到安国视察、考察和蹲点劳动，田间、工厂、学校、医院、农民家庭到处留下他们的足迹。

毛泽东视察安国县

1958 年 8 月 4 日，中共安国县委接到上级通知：中共中央主席毛泽东要到安国县视察。当天夜里，县委机关的干部们，临时在县委书记的办公室里搭起床铺，铺上崭新的被褥，准备让毛泽东休息；简陋的会议室里，摆了瓷壶、茶碗和西瓜、苹果、葡萄等当地的水果。屋里屋外打扫得干干净净。保定地委机关的领导和《东风日报》的记者也连夜赶到安国，等候毛主席的到来。

8 月 5 日上午 10 点半，安国县长焦家驹同前来迎接的河北省委书记解学恭、副省长张明河、保定地委书记李悦农从定县火车站陪同毛泽东到安国。途经新安村时，看到新安在田间劳作的农民，毛泽东下车跟社员们亲切攀谈。中午 12 点多，毛泽东到流村红星农业社视察，在田间一个苇席窝棚里休息时，先后接见了红星社支部书记王长锁、淤村乡党委书记郭健和部分在田间劳作的社员。随后，毛泽东还视察了玉米、高粱、棉花等丰产田。下午 3 点，毛泽东到县委机关，接见了县委机关干部，与县委书记刘振宗进行了谈话。下午 4 时，毛泽东一行离开安国。

刘少奇视察安国县

1958 年 9 月 12 日下午 2 点多，中共中央副主席、全国人民代表大会常务委员会委员长刘少奇和夫人王光美，在中共河北省委书记处书记解学恭、中共保定地委书记处书记宋琏陪同下，经定县到安国。刘少奇一行到安国后，在县委机关听取了安国县 1958 年生产情况和 1959 年生产计划后，不顾旅途劳累，立即由中共安国县委书记刘振宗、县长焦家驹陪同，乘车到东风人民公社视察。

在东风人们公社，刘少奇先后视察了南娄底干部试验田、卓头村的多穗高粱，最后又视察了安国县中药材试验场，观看了白芷、板蓝根、薄荷、生地、紫苏、薏米等药材的生长情况后说：“安国人民有种药的传统经验，要大力开展中药材生产，搞好试验，扩大种植品种，满足人民需要。”还说，要发挥

安国县的优势，把安国建成药材县。下午7点多，刘少奇一行离开安国。

李先念到安国县考察

1958年9月14日下午至15日上午，中共中央政治局委员、国务院副总理、财政部部长李先念，财政部副部长戎子和，国务院第五办公室副主任段云，粮食部副部长陈国栋等到安国县考察。陪同考察的还有中共保定地委书记处书记宋琏。

14日下午，李先念等人在安国县长焦家驹陪同下，前往伍仁桥、南娄底村参观玉米、棉花、甘薯等农作物生长情况。

9月15日上午，李先念在县委会议室与县领导座谈如何搞好人民公社财政管理。听了副县长谷杰关于安国县财贸工作汇报，详细询问了全县幸福院的建立情况，并作了重要指示。上午12点，李先念一行离开安国。

贺龙、罗荣桓、聂荣臻、杨成武等到安国县考察

1958年10月11日下午至12日，贺龙、罗荣桓、聂荣臻元帅和杨成武、陈其涵上将，裴周玉、罗文坊少将，在中共保定地委书记处书记、保定专署专员杨培生，中共安国县委第一书记刘振宗，兵役局局长甄好修等陪同下，考察了东风人民公社南娄底大队的丰产棉花和晚玉米、伍仁桥大队的“千亩天下第一田”和东风人民公社医院，还冒雨考察了安国制药厂。

12日下午，元帅和将军们离开安国，临行前，罗文坊少将赋诗《安国赞》留念。

薄一波、胡乔木到安国县考察

1958年10月15日，中共中央政治局候补委员、国务院副总理、国家经济委员会主任薄一波，中共中央书记处候补书记胡乔木，在中共河北省委书记处书记张承先、保定地委书记李悦农、书记处书记严镜波陪同下，到安国县考察。

上午10时，薄一波、胡乔木等在中共安国县委书记刘振宗、县长焦家驹陪同下，首先参观了城关先锋人民公社流村大队的丰产麦田、棉花和甘薯。他们详细询问了棉花的管理措施，并和正在田间劳动的社员亲切交谈。11时，到中共安国县委机关，听取了县委书记刘振宗、县长焦家驹关于安国几年来工农业生产情况和实现机械化、电气化的规划汇报。下午，考察了南娄底大队的丰产棉花、晚玉米和伍仁桥小麦“千亩天下第一田”，下午5时许考察了安国制药厂，10月16日上午离开安国。

陈毅、李富春、黄克诚、蔡畅等到安国县考察

1958年11月2日，中共中央政治局委员、国务院副总理兼外交部长陈毅，中共中央政治局委员、书记处书记、国务院副总理、国家计划委员会主任李富春，中共中央政治局委员、书记处书记、中国人民解放军总参谋长黄克诚大将，中共中央政治局委员、中华全国妇女联合会主席蔡畅及中华全国妇女联合会书记处书记康克清、化工部部长彭涛、铁道部副部长吕正操、冶金工业部副部长吕东等21位中央领导人到安国县考察。

陈毅一行于11月1日中午到达保定。下午，中央领导在保定听中共安国县委书记刘振宗汇报了安

国县工农业生产情况。11月2日上午8时，中央领导在保定地委书记李悦农、书记处书记严镜波，中共安国县委书记刘振宗、书记处书记袁硕儒等陪同下，首先考察了先锋人民公社的“万亩卫星田”，接着考察了东风人民公社焦庄大队的小麦“万亩魁元方”，陈毅当场挥笔题诗。李富春、黄克诚、蔡畅也签了名字。上午10时，中央领导考察了伍仁桥的“千亩天下第一田”，南娄底大队的丰产玉米、多穗高粱和棉花，下午考察安国县制药厂后离开安国。

赖传珠、徐立清到安国县参观

1958年11月14日，中国人民解放军总政治部赖传珠上将、徐立清中将到安国县参观。

上午9时，两位将军在中共安国县委军事部部长甄好修陪同下，参观了先锋人民公社的“万亩卫星田”，东风人民公社焦庄大队的小麦“万亩魁元方”，南娄底大队的丰产玉米、多穗高粱和棉花。下午，在中共安国县委书记处书记袁硕儒、军事部长甄好修等陪同下，参观了安国制药厂和先锋人民公社刘庄大队的“四化两院”。下午3时离开安国。

肖华、甘泗淇、张宗逊等到安国县参观

1958年11月20日，中共中央委员、中国人民解放军总政治部副主任肖华、甘泗淇上将、中共中央候补委员、中国人民解放军总参谋部副总参谋长张宗逊上将，中国人民解放军总政治部副主任刘志坚中将，国防部办公厅主任肖向荣中将，中国人民解放军政治学院副院长莫文骅中将，武装力量监察部副部长钟赤兵中将，军事检察院副检察长李贞少将等军政领导一行15人到安国县参观。上午9时，军政领导在中共安国县委书记刘振宗、书记处书记袁硕儒、军事部部长甄好修等陪同下，先后参观了先锋人民公社的“万亩卫星田”、东风人民公社焦庄大队的小麦“万亩魁元方”、南娄底大队的丰产玉米和棉花、东风人民公社的“千亩天下第一田”。下午，参观了先锋人民公社的“四化两院”和安国制药厂。5时，肖华等一行离开安国县。

周恩来视察安国县

1958年12月24日早晨7点，中共中央副主席、国务院总理周恩来，在保定飞机场的专机上，接见并听取了河北省委书记处书记解学恭、中共保定地委书记李悦农、中共安国县委书记刘振宗工作汇报后，便一同乘火车南行至定县，尔后换乘汽车到安国县视察。

在安国，周恩来先后视察了东长仕村打井工地、焦庄小麦“万亩魁元方”、伍仁桥公社医院、食堂、农户、幼儿园等。下午1点30分，周恩来到安国制药厂视察，并当场给制药厂题词。从制药厂出来后，周恩来又视察了刘庄幼儿园、通用机械厂和安国中学。下午5点，周恩来离开安国。

到周总理家作客

1958年12月25日，安国县县长焦家驹和伍仁桥、庞各庄、祁州三个公社的代表，出席了中央召开的全国农业先进单位代表大会，并参加了主席团。会议期间，国务院总理周恩来将安国的代表接到家里

座谈，吃了饭。

文化、教育、艺术界知名人士到安国县参观

1958年9月23—24日，以中国文联主席团成员、中国戏剧家协会主席田汉为团长，中国文联主席团成员、著名作家老舍为副团长，以中国影联主席蔡楚生，中国美术学院院长、著名画家吴作人，著名作家曹禺，著名国画家蒋兆和，舞蹈家戴爱莲，雕塑家滑田友等20人为成员的参观团到安国县参观。他们在伍仁村关汉卿故居遗址关家园、关汉卿墓前瞻仰。田汉说："安国出了个足以与莎士比亚媲美的关夫子，这不仅是你们的光荣，同时也是华夏民族的骄傲。关汉卿属于全世界"。24日，大家参观了安国制药厂、安国中学和安国通用机械厂。

胡耀邦到安国县考察、劳动

1959年5月10—15日，中共中央委员、中国共产主义青年团中央书记胡耀邦一行5人在安国县齐村大队蹲点劳动。在齐村大队，中央领导同社员们一起先后参加了点播棉花、甘薯插秧、点种玉米等农活。16日，胡耀邦参观了安国县伍仁桥小麦"千亩天下第一田"后，应保定团地委邀请，向在安国县召开的保定专区公社以上团干部作了形势教育报告。17日，胡耀邦一行离开安国。

1960年9月23日，中共中央委员、共青团中央书记胡耀邦第二次到齐村大队参加劳动。此时，正值秋收大忙季节，胡耀邦总是脏活累活抢着干。他和社员同吃、同住、同劳动3天，于26日到团县委听取了安国县共青团建设情况汇报，28日离开安国。

二、药王庙碑铭牌匾录

据文献资料载，药王庙内存宋、元、明、清、民国时期的石碑达数十通，牌匾数百块。至“文化大革命”后，庙内碑、牌匾所剩无几。可喜药王庙文管所、县档案局尚存明、清、民国间碑文拓片十余贴，牌匾铭文百余，为保存资料，择其中部分附录。

（一）碑　铭

重修皮场祠记

赐进士奉直大夫协政庶尹知隶祁州事慈溪童潮撰文

征仕郎判官荣河王吉篆额

征仕郎判官泽州申端书丹

成化二十三年春二月清明节，知祁州事慈溪童潮三考满任，将之京师。行李已具，同寮州判官荣河王君吉、泽州申君端请曰：“皮场为州之灵神，祀典虽不列，而前朝封制具存，其恤民隐，药民灾，寿民命，阴骘民於冥冥中之显应不减昨，□匪淫祀也，佚昔协我寮□，新其庙宇，饰其象设，拓其址基，创其燕寝，无非为民也，不有文记之，岁月弗泯乎。”予允二君请命，搜石为碑。庙西百步得一古砆，坚方而厚，肤质如玉，申君率数卒舆庙下，命工砻之，树於制碑右，碑辞曰：祁之土神兮，曰皮场。庆昔有庙兮，祁之阳，恒岳峙其北兮，南汇于滋唐。中山负于西兮，东博陵之方。土地钟其灵兮，厥异攸彰。系宋之时兮，云有秦王。遘疠疾於身兮，坚隐膏肓。医巫举莫疗兮，心欲狂。神忽感于梦寝兮，挈厥伤。分刀圭于青囊兮，药其疮。□厥疾遂愈兮，安且康。遣使踪其异兮，名遂扬。骏奔祈于四郡兮，车相望。□龙章下锡兮，始侯而王。庙食迄今兮，卫民之殃。闻声救苦兮，捷于影响。蹇予守祁兮，罹时之荒。既水而疾厉兮，民多夭殇，爰周于神兮，睹庙貌之匪成。曰为民而事神兮，胡时诎之妨。会公家之羡兮，聿新其堂。栋宇翚飞兮，神其妥藏。自今以载兮，降福禳禳。民安物阜兮，曷有乎不详。千秋万祀兮，媲美岐黄。岁在柔北兮，贞于敦牂。镌石记辞兮，俾民无忘。其迎神曲曰：神之来，来乘黄，越人秦缓从其傍，蓬莱之药贮满囊。诛二竖，走三彭，置我民兮，春熙之堂。送神曲曰：神之去，鸾锵锵，仓公素女同翱翔，龙虎之药留丹房，砭散露，艾旗张，登我民兮，不死之乡。

成化丙午春三月朔

敕封重修明灵昭惠显佑王新碑记

赐进士出身吏科都给事中刘为楫撰文

奉直大夫知东平州事郡人刘懋勋篆额

保定府儒学生员刘世荣书丹

尝谓事人而不能事神，则其道其所未尽，事神而或遗其显著者，则其心有所未安。矧夫名邦大郡灵祇攸宅，非捌启玄宫，庄严法象，其所以对冥觋之昭赫，慰黎庶之蕲求哉？明灵昭惠显佑王庙建自成祖文皇帝，阴巩皇图，默延从祉，代有显绩，光翊乾符，倾动远迩，齐沐仰瞻，奔走一时，盖遑遑乎名邑之伟观也。及宪宙违和，梦神手治，觉即全愈，所谓保和圣躬，功参造化，而神之英灵益彰矣。宗社日被，其鸿庇黎庶默受其庥，征世称独。三皇氏开万世医学之宗旨，巍巍乎不可尚矣，而神之精明昭格，护国佑民，功超千古，直与先圣相后先。而奠献之仪，岁祀之典无闻焉。庙始建未勒石以口口美，诚阙典也。兹御马监太监等官吴进寺各捐廪金立碑以记其事，甚盛举也。吴公等以天植之资，忠诚之性，恭侍主上，俱谅其精白而极其隆眷。公等虽居身贵显，小心翼翼者，拳拳焉惟以报主上，以丕扬神之休烈，俾郡人世世不忘。庙而祠之，凡有疾者，则祷之，此民之心也，亦公等之心也。虽然，公等固不征己之福而虔诚昭格，神亦不啬公等之佑矣。其默相公等于无穷，俾与主上延万寿共享康宁，庆明良相，会于有恒，□理之必然也。公等之善行岂小补之，若神之英明灵验，而诸公之乐善好施之心亹亹乎不倦，郡人氏自有口碑在焉，不独立此而传矣。不佞。

时万历岁在强圉作噩皋月吉日

重修明灵昭惠显佑王祠记

祁州儒学学正粤西怀阳李守佶撰文

奉直大夫知东平州事郡人刘懋勋篆额

辛卯科举人张大典书丹

奉直大夫张公，讳应征，号怀泉，西蜀南充阀阅族也，系江右贤令，擢守祁土。下车之初，礼宜遍告群神，以矢精白。寻至关南入谒敕封明灵昭惠显佑王，见其庙貌森严，英爽袭人，及读碑刻制文，有曰：医之所难疗者，神能疗之，显济一方。又曰：肇迹东京，显灵河北，厥贶甚大。读毕，遂以其故询左右，佥曰："父老传言，前朝有秦王遘疾，诸医莫疗，适一医后至，供药数丸而愈。问其姓名，对曰：祁州南关人也。遣使即其地访之，始知为神，嗣是以医鸣于宋。累荷龙章晋锡，自侯而公，而王，莫不各有徽号美谥。虽祀典不列，而先朝之封制具存，且梦寐疗民，间有疾者，莫不辄应。时清明寒食，四方瞻仰进香，赛祷于祠下，车毂填门，非淫祀也。"公得其详，岁时礼焉不忒，亦恪遵有功于民社则祀之，遗意也。迩来，马殿、廊庑、围墙、障壁以风雨倾颓，似非所以妥神灵者。公乃而诚心捐俸余，命义民焉。延忠等劝募少许，鸠工聚财，适兴土木。民皆乐于趋事，更二朔功告成。规制仍诸旧贯，而檐阿之华采，边幅之整饰，较昔焕然一新矣。公理幽之道何伟哉？众信诣予，请铭诸石，以志不忘。予不佞，谨述封制故事，组文以为辞曰：惟祁有神兮，太乙储精。惟神茂异兮，正直聪明。医愈宋王兮，褒封宠荣。梦起沉疴兮，普济众生。濯濯厥灵兮，福善祸淫。赫赫厥声兮，耀古传今。时其将享兮，崇极匪轻。轮舆鼎新兮，奉神保民。勒诸贞珉兮，奕世钦承。

万历二十六年岁在戊戌季夏之吉

新建皮王神阁碑记

畿南上谷大宁兼署两关司命右眉姜熊兆撰

旧博野县知县今兵科给事中蜀人明时举议工立石

钦差提督军务巡抚辽东山海关等处都察院右佥都御史阎鸣泰篆

壬戌春仲，有衲子持皮神阁碑额索予为记，口称："上谷之蒲阴，有土神屡以医显灵，且其医具在梦寐中，药饵与针砭均施，即有危疾，霍然良已。先皇帝御寓四十六年，居民马自贵母病，几不起，诣神祈安，母中夜恍忽梦神授之剂，觉而沉疴顿减，厥明乃疗。贵深有德于神也，出黄金百锾，铸神像，更捐地若干亩，岁收其毛以供香火，而建崇阁祀之，州守宋君为匾，其阁曰皮王神阁。众将永诸石，以图不朽，敢恃桑梓，托公为重。"予思神挟岐黄之术，疗人于幽寐中，其事甚奇而不经见，尝窃疑之。

至问其出处、名号，纳子不详也。问其显灵于何时，纳子又不详也。无已，而核祁之州志，得童公信之所著《皮场王传》读之，叙中称述先朝有秦王得异疾，诸医莫疗，最后一医至，药数丸，乃应手而苏，问其姓名，对曰：祁之南关人也，遣使访之，始知其为神。念之马自贵与昔之秦王，其事若出一辙，然则神之以医显也，其弗信矣乎？宋建中靖国元年封灵贶侯，寻改侯为公，咸淳六年又加封为明灵昭惠显佑王，凡有灾殓，必遣使祷之。制文一则曰：显济一方，厥贶甚大；再则曰：显灵河北，寿民夭扎。而新其庙貌列诸祀典，以故，四方之祈求疗治者驰奔祠下，殆无虚日。至节届清明，轮蹄辐辏，尤甚，或犛金钱，或输诸币，金鼓导迎，远近如响，非有所感召，曷克臻此哉？医经称，上医寿民，亦以寿国；祭法云，能御大灾祀之，能捍大患祀之。今神之寿民、御灾，既以章章如是，迩者口事告急，三辅为骚，幽赞庙谟然捍大患以寿国，行将于神乎？是倚口仅仅一医之足述云。古者安期生、葛稚川、叶法善皆仙人也，神楼散时后方及照心之镜，至今传为神奇，而梦医如神，乃不得与三神仙并垂不朽乎？由是欣然操笔记之。

天启贰年岁在壬戌仲春廿五之吉

重修皮王阁神碑记

原任山东兖州曲阜县知事乾隆丙午科举人王□撰文

保定府祁州儒学廪膳生员李灵云书丹

祁州南关药会，天下驰名旧矣。祁州药全，况以北京人全，久成俗语，触处熟闻。其所由来，厥惟皮王明灵昭惠显佑感于四方，以有此冬春二会。所谓神之为德使天下之人齐明盛服，承祭祀，置其然也。迩年来，百货倍多，药客云集，每逢朔望，男男女女进香于庙者指不胜屈，是以布施浩繁，络绎不绝。自庙中宫殿至墙垣、门坊靡不年夕修葺，彩画维新。而且于正殿前增铸铁火池一座，庙门外戏楼重修，增其□廊，高其门阁，巍巍然祁郡一大观。夫庙宇之建，肇于宋，扩于明，而当庙宇未建之先，旧有皮王阁一座，在今庙之右后北偏南向，上下六间，外有围墙、大门，虽与庙连，别为一院，盖皮王之故宫也。今者庙宇辉煌，而阁之旧地依然残缺，未谋完造，其何以安神灵而大观瞻？主持道人拜恳首事人等，募化四方商贾、高官贵客及本郡各施主，鸠工庀材，因前曰之旧制扩为五间，重新建造，不日功成。栋宇榱楹焕然一新，与庙中廷殿前后互为辉映。其所以妥侑神灵者，无遗憾矣。其所以壮观瞻者，亦无弗备矣。妥之，一碑以志时日，以叙阁之由来，与今日之所以重修，并重修首事人等，同各施主姓名有布施之大小开列于后，厥惟不没人善之意，亦以见吾王明灵昭惠显佑之德。人人寝寐而四方黎庶之仰其照明，感其德意者，殆未不输诚以献也，自时厥后不历久靡新者哉？是为记。

大清嘉庆玖年岁次丁巳十一月上浣之吉

河南彰德府武安县合帮新立碑记

盖闻太上有立德，其次立功，次立言，顾功与德非言不传。往哲前贤其功德之不可见者，而载籍犹炳若日星，使非有立言者以为之继，即功德亦将终泯焉，立言顾不重乎哉？

祁州南门处，旧有药王庙一座，奉祀明灵昭惠显佑王。相传神自有宋时以医术鸣世，多所存活。迨后遇有沉疴，医治莫效者，祈祷顿瘳。神之惠济苍生者不胜偻指，土人建庙祀之，自有宋而元而明，迄今国朝，历数数百余年之久，未尝或废。非功在生民，德足寿世者，其孰能与于斯！自庙之既建，每岁春秋二季，商贾云集，称盛会焉，而药行尤巨。凡药商载药来售者，各分以省，省自为帮，各省共得十三帮。而河南彰德府之武安帮独阙。有间，咸丰辛酉冬，季公久青，其同行之孔公广能、胡公连元、梁公玉堂倡议兴立，又有同藉荐引数家亦乐为之勷理而怂恿之，一时义举，乐输者三百余家，则皆由季公等一言倡也。自辛酉迄癸亥共捐资若干，复得彰德帮解囊相助，共成义举。于是张灯结彩，演剧酬神，自是武安帮遂因以成立。公议首事者四十二家，每岁以六人值年，轮董其事。凡帮中有争竞凌侮事，首事者为之弥缝其缺而正其是非。以故历会之始终，鲜有以不平起衅者，则又诸公议有以激之，而首事之能持其平也。余与梁公为世好，甲子秋，以武安帮之成来请记于余。余惟，是举也，始倡于季公等之一言，又得诸家乐为之助。而神之功德在，民遂赖以俱永。故曰：惟功与德，非言不传。即诸公之倡立是帮，固当与贞珉并寿。是之举，功与德而兼之矣。后之来者，因时纪理，毋使废坠，则是帮之成，庶可期诸久远，其好义亦当与诸公等，而功德与言亦庶乎其不泯焉。余多季公等之义，故历综其始末，而乐以为之记。

诰封奉政大夫军功钦加同知衔，山东汶上县理淄川县署事古遂张锡纶撰文

钦加五品蓝翎衔候选直隶州州同古阳邑董昀书丹

保阳郡樊县儒学生员军功赏加七品衔常春亭篆额

会　首：荣丰泰　兴顺成　合义恒　双和祥　韩新顺　杨春和　广德永　天意成　泰和李　六合祥　徐永泰　广和恒　三合义　公义合　德玉沛　福兴盛　顺发成　义盛德　吉庆恒　会祥成　广和公　庆合顺　锦和庆　三益堂　永顺安　胡恒聚　胡统顺　广盛永　常统顺　祥盛公　马广义　刘正泰　春和正　万顺发　胡恒盛　吉祥号　同和公　连合顺　洪源泰　靳同和　义生堂　广魁恒

首　事：季久青　梁玉堂　孔广能　胡连元等敬立

经　理：阎　照

清同治肆年端阳月吉日

增修明灵昭惠显佑王庙碑记

祁之崇祀药王也，自宋迄明而独隆于当代，赫声濯灵，历久弥光，甚盛典也。惟旧存碑碣均未详其巅末，识者憾焉。考之邑乘，王为光武时二十八将之一，邳姓彤名，邑之南关有王之故墓在，遂祀焉。宋建中初封灵贶侯，寻封公，咸淳六年加封明灵昭惠显佑王。夫王佐世祖成帝业，功盖天下，声施烂然，生而英，死而灵，其昭兹来许者亦固其所，况吾祁为桑梓之乡，发祥之地哉。故春秋两季，南北药贾，奔走而来遍海内，则益信王之所布护者大而远，固不第耀一时，荣一邑也。道光初年，和中公卜氏谓神庥既普，庙貌宜崇，爰集同人暨各省商贾，量力资助，鸠工庀材，而神宇以廓；又于殿前建两庑，以历代名医配之，其左则季汉华元化，唐孙林，金刘河间、张子和，明张惠卿；其右则皇甫世安、战国秦扁鹊、汉张仲景及唐之孙思邈、徐文伯，祀典煌煌，洵祁邑一胜迹也。顾增修既久，剥落渐多，公之侄凤鸣公暨公孙名兆晋者，惧终无以妥神栖而承先志也，复倡议捐资，增其式廓，而规模愈宏壮矣。自癸酉迄己卯而工竣，函致京师嘱为文，勒石以垂久远。因不揣谫陋，即以考之邑乘者记之如右。

壬戌科进士户部山西司主政钦加郎中衔沈鸣珂撰文

岁贡生刘景何书丹

文生卜金洳篆额

大清光绪六年岁次庚辰孟夏谷旦

重修明灵昭惠显佑王庙碑记（摘录）

……

函余以为之记，以王崇祀吾祁也，其由来不可考。据邑乘所载，为东汉灵寿侯邳太常，宋初封公，寻封王，庙之前有墓存焉。按汉书，王信都人，则我祁之祀之也，说当不谬。独是王不以医名而祠以药王祀之，抑独向欤？其王固精于医而史乘未记，而史乘所记称其大而略其细欤？礼云：能御大灾则祀之，能捍大患则祀之。王佐光武成帝业，清莽室妖气，以戡河北之乱，宇宙雍熙，人后获享太平之福，厥功亦伟矣！所谓泽加于时德重后世考非欤？然则数千百年之俎豆馨香，王固有予人以不待详而实予人以不详之详考。是为记。

傅金科　卜兆普等敬立

大清光绪六年

明灵昭惠显佑王碑记

安国人之崇祀药王，由来久矣。王显于宋迄于有明，未偿或异。至民国初建而隆耀尤烜焉，赫声濯灵，历久弥光，洵甚盛也。闲尝考诸邑乘，王汉光武时人，邳姓彤名，为云台二十八将之一，南关有王之故墓在，遂祠焉。宋建中初封灵贶侯，寻封公，咸淳六年加封明灵昭惠显佑王。殊未考以医术行于世，盖王之生而英，死而灵，功烈虽震皪寰区，犹必以济物救人为已任，矧于桑梓之乡能弗庇阴欤？以故春冬两会，南北各行省药商相率而来者，肩相摩，毂相击也。吾县人之业药行者咸赖之以谋生活，利益溥及，则益信神之布护大而且远，不第荣一时，耀一邑也。自前清道光年以来，庙会特盛，经邑人倡议重修庙貌，焕然一新，遂倚药行以振商业，亦厚民生。民国二年春，药市忽起风潮，庙会大受影响。众惴惴焉莫可若何，岌现举刀断流之势，百计维持而人事终无济。不得已遂祷诸神乞援，拯嗣于默默中，渐臻弭妄，虽无用药石，如起沉疴。然所谓出水火而登衽席者，非耶，噫！神矣哉。诚聪明正直之谓也。爰倡同人酬资若许，欲寿之石以垂纪念。嘱余为记，意以答神庥焉。夫儒者，非崇神道胡为此述？信之举哉。礼经云：能为民御灾捍患者则祀之。况王之灵应无毫发□，且泽溢安国，四民咸被其德，其昭兹来许于兹发祥之地者，洵无愧矣。后之伟人如继王之显应，以保卫梓里为怀，则当顶礼膜拜以颂之。是为记。

大文村公民沈价铭撰文

南关党梦庚书丹

南关公民宋济题额

药行经手人等同此敬立

中华民国二年

（二）牌 匾

药王庙匾额一览表

表 21-1

献匾者	匾文	献匾者	匾文
溧阳县	福佑故颐	京通卫帮	千旋化育
关东帮	福越东海	绍兴府	灵丹济世
祁州知事	福庇春辉	无　极	益生济众
济　南	普救十方	—	祖述神农
武安县	普济无疆	房山县	惠及五方
中山县	保佑无方	吴兴县	荫垂慈竹
枣强县	有求必应	估衣行	万物皆春
柏乡县	敬感灵应	定州天清堂	必天地心
京都博济堂	历尽赭鞭	高邑县	神灵默佑
清苑县良寨村	泽及商贾	河　南	神灵默佑
遵化马兰峪	圣灵默佑	藁　城	应为意祝
定州西关	圣功神化	热　河	跻民仁寿
昌平州	功益化育	□□□	降福霖疆
深泽县	普济众生	怀　柔	圣德好生
正定府	惠被商旅	昌黎县	灵称六合
关中药行	德阴默黎	武清县	神灵普佑
博野县	德配神农	正定县	功同神农
蔚　州	保命全身	彰德府	神功普佑
安平县	默佑回春	唐　县	神能寿世
北　京	灵苗济世	浑源县	登民寿域
涿　县	惠我无方	亳　州	德济群生
津　门	道济群生	吉林依通河	万物为春
晋　州	道济群生	彰　帮	感荷神庥
山东馆陶县	默　佑	—	辨性养民
涿　州	神灵默佑	蓟　县	佑商驯盗
蔚　州	普济群生	天　津	福自东来
历　城	感应昭彰	大同县	灵应普照
赤城县	恩被宏深	杨柳青	功参造化
宣化府	仁民寿世	京　东	紫金飞云
密　云	普救万方	霸　州	神默佑
冀　州	酬圣德	山东济宁州	道接岐黄

续表 21-1

献匾者	匾文	献匾者	匾文
合　肥	神灵默佑	曲阳县	灵应遐迩
山西太谷县	酬圣德	任丘县	寿世保元
山西平定州	灵　应	张家口	普济群生
山西五台县	应如意祝	湘　南	功并群生
井陉县	苍生托命	中　州	华岳道永
蠡　县	灵应无穷	□　□	道泄兰台
河　间	太医权横	□　□	保和太和
覃　怀	弥纶天地	五合子	贵化调元
武邑县	调燮德普	奉天兴京	功同造化
河　内	术济生民	黄芪社	默佑默黎
古北口	利济群生	武陟县	□□□□
安平路	大造同仁	抚宁县	□□□□
博野县	龙宫神妙	依通河	□□□□
博　陵	有求必应	兴化县	化育同天
丰　镇	化天宣化	宁河县	普济群生
奉天开源县	跻民仁寿	吉林省	普济群生
高阳县	德感重生	太　原	济世真君
通　州	普济群生	热　河	英灵千载
京　都	紫阳仙观	章　州	盖取诸离
山西寿阳	燮理阴阳	禹　州	十全寿世
新乐县	功参造化	古北口	德参造化
开原县	□□□□	山西乐平县	被神光
□□□	二书法传	山　东	仁心仁术
昌黎县	□□□□	□□□	博施济众
营　口	济世活人	唐　县	琼液霏香
热　河	道继黄农	静　海	佑我慈亲
宁　波	同荷载慈	湘　湖	贻福礼长
陕西宝鸡县	泽市鸿钧	山东乐陵	福应旅人
□□□	理术参天	汉　口	雨露其恩

（原载 1940 年 10 月伪河北省秘书厅情报处编《安国药王庙事迹》）

三、考　证

（一）药王考

安国药王庙内所供奉之药王，有说为神农，有说为张森，亦有谓邳彤者。究系何人？ 多年来始终未有定论，据这次修志所得历史资料，考略如下，备参考。

关于神农之说。清道光二十二年（1842），祁州人卜中节撰写的《重修皮王神阁碑记》中写道：“皮王，浑名也。……考州之志，此处旧为交易皮场，又察主殿之左则有古碑，此处旧有神农庙，凡四方远近士农工商祈医屡应。昔在宋封侯封公又封昭惠显佑王……”。依此之说，药王应为古神农。但此说与庙内所供神像不符。民国29年（1940）10月，伪河北省公署秘书厅情报室编《安国药王庙事迹》载：“说者谓似神农，但以衣冠论，神农应赤身，时代然也。虽不赤身，亦须着平天冠，披周天子之服，方合理耳。”然而，“正殿供奉者属武将威仪，两旁站像亦属武者”。至今庙内供奉者确为武将，以此推断决非神农。神农之说似不可信。还有一种说法，药王庙是仿照宋代临安（今杭州）皮场土地祠而建，庙中之神是古神农，因此安国药王也是神农。据宋代钱塘（今杭州）人吴自牧所作《梦粱录》载，南宋时，临安确有一座皮场庙，书中记道：“神在东京显仁坊，名曰皮场土地祠。政和年间赐庙额，封王爵，中兴，随朝到杭，累加封号曰明灵昭惠慈佑王……其神乃古神农……”据此，临安皮场土地祠与安国药王庙有三点差异：一是建庙原因不同。安国药王庙是因为有一个祁州人给宋室王亲治好了病才“诏立庙祀之。”临安的皮场土地祠是为祭祀传说中有古神农而建。二是建庙时间不同。安国药王庙是北宋太平兴国年间（976—984）所建，临安皮场土地祠是南宋绍兴八年（1138）高宗赵构定都临安以后才建。安国药王庙比临安土地祠早150多年，不存在“仿建”。三是封号不同，安国药王庙封号是“明灵昭惠显佑王”，而临安的皮场土地封号为“明灵昭惠慈佑王”。如为仿建不会出现“显”“慈”二字之差。因此仿建”一说是不正确的。

关于张森之说。清光绪二十七年（1901）编《祁州乡土志》提出药王是张森的说法。志中写道：“考《夷坚志》《西湖游览志》《俞氏樾丛书》，皮场王姓张名森，相州汤阴人，生为疡医，有方书一册。《绀珠闲录》《燕翼贻谋录》《汴京遗迹志》《文献通考》皆以为皮场土地。”民国20年（1931），国立中央研究院社会科学研究所郑合成为搞清药王到底是谁，曾查阅《西湖游览志》等书，他结论为：“药王庙是皮场庙之误，正殿像乃是张森”。

《如梦录》一书（中州古籍出版社1984年版，孔宪易校注）中关于皮场庙的建立原因是，“相传，有神张森，相州汤阴人。县故有皮场镇，萃河北皮鞹，蒸馈，产蝎，螫人辄死，张森时为场吏，素谨事神农氏，祷神杀蝎，镇民德之，遂立祠。凡诊疡疮，有祷者应。汉建武间守臣以闻，遂崇奉之。傍邑皆立庙。宋时，建庙于汴京显仁坊。”安国当时可能受其影响，也建立了皮场庙。但安国药王庙建庙的原因，明崇祯间郭应响修《祁州志》载：“相传，先朝有宋秦王得疾诸医莫疗。一医后至，进药数丸立愈。问其姓名，对曰，祁州南门外人也，遣使即其地，始知为神，诏立庙祀之。”如果排除迷信的因素，事实上安国药王庙乃为给宋秦王治好病的“祁州人”而建。只是因找不到那个“祁州人”，而附会到“神”身上去了。因此安国药王庙药王乃张森一说不能成立。

关于邳彤之说。药王是邳彤的说法已有200多年的历史，这是一个较为普遍的说法。据《后汉书》

邳彤传记载：邳彤字伟君，信都（今冀县）人。他原是王莽的部下，为下曲阳（今河北晋县西）卒正，后归汉光武帝刘秀，曾于信都、和成、堂阳、中山、邯郸等地与王郎大战。不仅战功显赫，而且为国而不顾家，是光武皇帝的二十八员大将之一，被封为灵寿侯，官至太常少府。后来汉明帝刘庄为了追感前世功臣，将其图象画于南宫云台。

邳彤如何由武将被尊为药王庙的药王，今存最早的文字记载为清乾隆二十年（1755）修《祁州志》载："汉邳彤王墓，在南门外。""汉邳彤王庙，俗呼为皮场王庙。即药王也，在邑南关。"还有清光绪六年（1880）沈鸣珂撰写的碑文载："祁之崇祀药王也，惟存碑碣均未详其巅末，识者憾焉，考之邑乘：王为光武时二十八将之一。邳姓彤名，邑南关有王之故墓在，遂祀焉。"之后直至民国初年，庙内又有不少碑、匾颂扬邳彤。在正殿两旁，有清光绪年间山西药商悬挂的一副对联："从白水真人而游，业恢炎汉，绩懋邯郸，伟烈彪垂廿八将；钟岐黄济世之道，术衍灵枢，惠遗商旅，仁风广被十三州"。可见邳彤之说的影响是相当深远的。

邳彤之说的形成是当时药业发展需要。在整个清朝统治的200多年间，正是安国药业的全盛时期。全国各地药商云集祁州，对药王的朝拜活动日趋隆重。在迷信盛行的社会背景下，药王庙的药王没有真名实姓无法吸引与回答客商。这就迫使祁州的官宦士绅必须树起一个使人相信的药王形象，可是清朝以前又没有药王是谁的记载，立谁为王，很可能经历了一个相当长的酝酿阶段，最后才把邳彤搬了出来。因为邳彤是汉朝大将，祁州南关又有邳彤墓，且给宋秦王治病之人又称是祁州南门外人，宋廷既然找不到那个人，岂不是邳彤显灵了吗？所以说，邳彤成为药王，是一定历史条件下封建迷信的产物。

邳彤既成了药王，就必须让人们信服，立邳为王的人深知邳戎马生涯，史书又无他行医的记载，于是便迎合当时社会的迷信潮流，利用了北宋年间出自御口的"死人"给"活人"治病的传说，反过来以"活人"给"死人"立说。因此，在安国一带一直流传着一些邳彤生前医术如何高明，如何为平民百姓治病的传说故事。

为了抬高邳彤的地位，扩大他的影响，清嘉庆年间（1796—1820）还在墓亭两侧增修了名医殿，配塑了十大名医，增塑了两匹战马，以示邳彤之威武。药王为邳彤之说能否确立，用历史唯物主义观点分析，邳彤成为药王是人为的附会，不可置信。

安国药王庙所供奉之药王到底是谁？据以上考据，真正的药王是为宋王室看好病的那个"祁州人"。但是邳彤作为安国药王的形象已有200多年历史，几代相传，沿袭至今，药王就是邳彤，邳彤就是药王的说法已在相当广泛的地区和人们中流传。从尊重群众习惯认识出发，无妨让邳彤继续充当药王。

（二）关汉卿故里考

关汉卿，号已斋叟（一作一斋），是中国元代杰出的戏剧作家，所作杂剧60余种和大量散曲，不仅在国内产生了广泛影响，而且对全世界文化交流起了巨大作用。1958年，被列为世界文化名人。然关汉卿究系何方人氏，多年来一直众说不一，主要有四：一为大都（今北京市）说，见元钟嗣成《录鬼簿》："关汉卿，大都人。太医院尹，号已斋叟。"二为解州（山西解县）说，见清邵远平《元史类编》："关汉卿，解州人，工乐府，著北曲六十种。"三为燕人说，见元熊自得《析津志》；四为祁州（今安国县）说，见清乾隆《祁州旧志》："关汉卿时祁之伍仁村人也……"比较而言，前三者皆语焉不详，且惟此仅见，缺少佐证。而祁州说所言较详，较具体，且当地又有大量关于关氏遗址、遗事的传说等佐证，多数关学研究者皆倾向此说。今就关氏是否伍仁村人做一考证，以备博考。

1. 伍仁村及关姓

伍仁村位于安国县城南 13.5 千米处，磁河于村南由西流来，至村东南折向东北。《河北省地名词典》记载该村为汉时古村，据传刘秀走国时经此，遇村旁五人赌博，问路不答，怒斩之，而得此名。清《祁州续志》云："村西有石人五，有身无首，相传为汉光武所杀"。1990 年仍存石人二，背部刻有"大中九年"字样。因此，不存在关氏早而该村晚的问题，该村村东磁河上原有石桥一座，名"同济桥"，有建桥碑，碑上资助人姓名里边刻有"关灿（传说为汉卿叔父）捐银五十两"（1958 年后碑失）。证明伍仁村确曾有过关姓（今无）。

2. 关宅

清乾隆《祁州志》载，"……然伍仁村旁有高基一所，相传为汉卿故宅。"实地勘察，伍仁村西北角确有高基一所，面积九亩九分（取九九双阳吉祥意），相当规则。相传院内原有小楼一座，为关氏读书写作处。1985 年经勘测、发掘，发现宅由南、中、北三院组成，北院确有楼基。据说关家世代为宦，现其宅遗址，果有世家气势，绝非一般小户人家。村里人讲，原来这里叫"关家院"，后来无人居住种了园子，即把"关家院"叫成了"关家园"，因地势较高，又叫"高园"。时至 1990 年，宅基处新房林立，但人们仍是这样叫法。"关家园"出土的双狮虎头砚、陶瓷碗、插瓶、火盆、古砖等（县文物保管所存），经鉴定均系宋、金、元时期造物。

3. 关墓

伍仁村东北 600 米处的堤弯处有一土坟，坟前有"官（不作关）汉卿之墓"的墓碑，周围另有几座小坟堆，这就是人们所说的"关家坟"。占地亦为九亩九分，这里地势较高，显然是为防水淹而择高地建坟的。长期以来当地一直流传着"谁动了关家的坟头就头痛"的说法。直至解放前关墓仍在。1958 年"大跃进"期间大平坟头，关墓及其它小坟头被平，墓碑亦失。是年 9 月，周扬、田汉、老舍等来此考察后，又建起一座大砖冢。1966 年，被当作"四旧"又予摊平，后经多次堆平不时变换位置。

4. 传说

伍仁村一带长期流传着关汉卿的大量传说，摘其要者于下：

据云：关汉卿少时在家攻书，兼学医理。他天资聪敏，才智过人。其时家道殷富（有修同济桥一次捐银五十两和宅基规模为证），所以汉卿自幼能有一个好的学习环境和条件，也为以后成为剧作家打下了基础。在汉卿十八九岁时，一日邻村伍仁店（祁之南镇）修北门楼，向其叔父求书匾额（其叔精通医理、书法闻名），适叔出诊，汉卿私自代笔，"蒲水威观"四个字一挥而就，笔力雄劲洒脱，叔回后见之大喜，即交求书者（匾尤存，已折为两段）。金朝末年，关汉卿曾于太医院供职，因此《录鬼薄》说他为"太医院尹"。元朝建立后，以"金遗民，入元不仕"（见夏庭之《青楼集》）而辞官，在大都一带行医谋生，并经常出入勾栏瓦肆，编剧作曲，结识了梁进之、杨显之、朱帘秀等一批剧作家、作曲家和演员。一时成为"驱梨园领袖，总编修帅首，捻杂剧班头"。后曾去杭州一段时间。考虑到"叶落归根"，因此晚年回归故里，在关园的小楼上寄愤而写《西厢记》。说关园后的伍仁寺（亦称双阳寺，1956 年毁于洪水，今为伍仁村小学）正是《西厢记》中的普救寺，剧中以蒲关在关园西侧蒲水湖畔（今湖水已涸，然仍见一处洼地，积水旧痕尚存），莺莺为蒲水湖中之芦苇缨缨（谐音），红娘为苇杆上爬上爬下的红瓢虫（俗称红姑娘）等。最后，《西厢记》未完呕血而逝。关园小楼地板上留下了关汉卿构思《西厢记》时来回踱步磨出的深深足迹。

根据乾隆《祁州志》"至今竖子庸夫犹能道其遗事"的记载，可知关汉卿的这些美丽动人故事在清乾隆以前即久为流传，且相沿至今。按当地社会而言，编剧唱曲，社会地位最为低下，是遭人鄙视的行为，是绝对没人争抢的。既然不存在“抢关”，那为什么关于关氏的诸多传说在伍仁村一带流传这样久远、广泛，而且又符合事实呢（有实物和史料为证）？这绝非凭白无故，这充分证明关汉卿与伍仁村有着极其重要的千丝万缕的联系。

清乾隆《祁州志》载：“汉卿元时祁之伍仁村人也。高才博学，而艰于遇。因取《会真记》作《西厢》以寄情。稿未完而死，棺中每作哭泣之声。状元董君章往吊，异之。乃检遗稿，得《西厢记》十六出，曰：‘所以哭者为此耳！吾为子续之’。携去，而哭声遂息。续后四出，以行于世。”按查董珪字君章，祁州人，元至治辛酉状元，《弘治保定府志》《祁州志》均有传。汉卿逝，作为同里好友的董君章往吊自然合乎情理，亦可为关汉卿为祁人之一证。

古人的籍里，或因传闻失真，或因祖籍与生地不同，或因客居与家乡有异等，常有异说，更何况正史不予记载的“低下卑贱”者，有几种说法更不足为奇。关汉卿是祁州伍仁村人，但要行医或者作剧演出，就不能只住在伍仁村，就需要到人烟密集的地方去，这种地方在附近莫过于大都。因此，他长期活动于此。在大都度过他一生当中最辉煌之时期。这便是大都说的由来。不少“关学”研究者认为，元大都并不专指京城所在，凡中书省所辖之地均可称为大都，而祁州伍仁村正是大都属地，因此，大都说与祁州说是一致的。更有的学者说：“燕与祁州是一致的，祁人说正是对燕人说的补充和具体化，燕人即河北人。”犹如元曲作家史人散仙之父史天倪，《元史》本传云：“史天倪，燕之永清人”。我们亦可说：“关汉卿，燕之祁州伍仁村人。”至于解州说，有人推测或祖籍解州，或曾客居解州，等等。

综上所述，我们的结论用常林炎先生的一段话就是：“关汉卿，祁州（今安国）伍仁村人，祖籍解州，重要的戏曲活动在大都。最后回到伍仁村故里，便终于此。一些传说便在这里世代相传”（见《关汉卿全集校注·序》）。

条目索引

第一编　建置区划

县名考略…… 43
清以前祁州公署简介…… 54
祁州镇…… 57
伍仁桥镇…… 57
大五女镇…… 57
石佛镇…… 58
西伏落乡…… 58
北段村乡…… 59
淤村乡…… 59
门东乡…… 59
常庄乡…… 59
南仕庄乡…… 60
东河乡…… 60
郑章乡…… 60
西安国城乡…… 60
流各庄乡…… 60
大李庄乡…… 61
明官店乡…… 61
焦庄乡…… 61
西崔章乡…… 61
南郭村乡…… 62
南娄底乡…… 62

第二编　自然环境

下元古界及太古界…… 76
中上元古界长城系…… 76
中上元古界蓟县系…… 76
中生界…… 76
下第三系孔店组…… 77
下第三系沙河街组…… 77
下第三系东营组…… 77
上第三系馆陶组…… 77
上第三系明化镇组…… 77
第四系平原组…… 77
河流…… 85
安国域内唐河故道考略…… 89
坑塘洼地…… 89
类型与分布…… 91
动态特征…… 93
理化特征…… 93
褐土…… 95
潮土…… 95
养分…… 98
等级…… 101

第三编　人　口

自然生死…… 122
战争及灾害影响…… 123

人口迁徙……………………………………………… 124
人口暂时流动…………………………………………… 125
体格特征……………………………………………… 127
残疾人比例…………………………………………… 127
营养水平……………………………………………… 127
寿命…………………………………………………… 128
百岁老人简介………………………………………… 128
安国县部分姓氏考略………………………………… 138
婚姻状况……………………………………………… 140
婚姻基础……………………………………………… 140
婚姻质量……………………………………………… 141
婚姻登记……………………………………………… 141
家庭人口……………………………………………… 144
性别比例……………………………………………… 145
节育…………………………………………………… 147
计划生育政策………………………………………… 148
管理机构……………………………………………… 148

第四编　基础设施

凿井…………………………………………………… 149
社会主义大井………………………………………… 149
提水…………………………………………………… 151
引灌…………………………………………………… 151
蓄水…………………………………………………… 154
河道整治……………………………………………… 154
沥涝治理……………………………………………… 156
外地施工……………………………………………… 158
管理机构……………………………………………… 159
工程管理……………………………………………… 160
水利投资……………………………………………… 160
节约用水……………………………………………… 162
电力设施……………………………………………… 163
电力分配……………………………………………… 165
用电管理……………………………………………… 167
触电事故……………………………………………… 168
经营机构……………………………………………… 168
煤炭购销……………………………………………… 169
节约用煤……………………………………………… 169
县办煤矿……………………………………………… 169
经营机构……………………………………………… 170
石油购销……………………………………………… 170
节油…………………………………………………… 171
储运设备……………………………………………… 171
安全管理……………………………………………… 171
柴草…………………………………………………… 172
沼气…………………………………………………… 172
太阳能………………………………………………… 172
地热…………………………………………………… 173
古道…………………………………………………… 174
油面路………………………………………………… 175
乡村土路……………………………………………… 177
古桥…………………………………………………… 178
永久性大型桥梁……………………………………… 179
运输工具……………………………………………… 179
客运…………………………………………………… 181
货运…………………………………………………… 181
搬运…………………………………………………… 182
转运…………………………………………………… 183
管理机构……………………………………………… 183
公路修筑……………………………………………… 184
公路养护……………………………………………… 184
养路费征收…………………………………………… 185
监理机构……………………………………………… 186
违章肇事处理………………………………………… 186
重大事故选例………………………………………… 187
水运…………………………………………………… 187
码头…………………………………………………… 188
渡口…………………………………………………… 188
邮路…………………………………………………… 190
邮政业务……………………………………………… 190
邮政设施……………………………………………… 192
电报…………………………………………………… 193
电话…………………………………………………… 194
街道…………………………………………………… 196
公共建筑物…………………………………………… 198

居民住宅…………………………………… 199
排水供水…………………………………… 199
伍仁桥镇…………………………………… 200
大五女镇…………………………………… 201
石佛镇……………………………………… 202
村民住宅…………………………………… 202
公共设施…………………………………… 203
重点村庄建设选介………………………… 203
设计………………………………………… 204
施工设备…………………………………… 204
建筑技术…………………………………… 204
建筑材料…………………………………… 205
环境污染…………………………………… 205
污染治理…………………………………… 207
管理机构…………………………………… 207
规划管理…………………………………… 207
安国县建筑工程公司……………………… 208

第五编　经济总情

私有制农业经济…………………………… 209
减租减息与土地改革……………………… 210
农业合作化………………………………… 212
人民公社…………………………………… 213
家庭联产承包责任制……………………… 214
私有制工商业经济………………………… 215
手工业社会主义改造……………………… 215
资本主义工商业社会主义改造…………… 216
工商企业体制改革………………………… 216
三年国民经济恢复时期（1949—1952）………… 220
第一个五年计划时期（1953—1957）………… 220
第二个五年计划和三年调整时期
（1958—1965）……………………………… 220
第三和第四个五年计划时期（1966—1975）…… 221
第五和第六个五年计划时期（1976—1985）…… 221
第七个五年计划时期（1986—1990）………… 222
解放前农民生活…………………………… 232
解放后农民生活…………………………… 234
中华人民共和国成立前职工生活………… 241
中华人民共和国成立后职工生活………… 242

第六编　农　业

粮食作物…………………………………… 245
经济作物…………………………………… 249
品种改良…………………………………… 253
耕作制度…………………………………… 255
作物栽培…………………………………… 256
病虫害防治………………………………… 257
土地平整…………………………………… 260
沙荒改造…………………………………… 260
碱地改良…………………………………… 261
管理机构…………………………………… 262
农技单位与队伍…………………………… 263
花卉………………………………………… 266
育苗………………………………………… 267
育苗重点村——北娄……………………… 267
沙荒造林…………………………………… 267
国营焦庄林场……………………………… 268
“四旁”植树 ……………………………… 268
植树节……………………………………… 269
主要果园简介……………………………… 270
病虫害种类………………………………… 271
防治………………………………………… 271
安国县政府焚毁带疫山楂苗引起的诉讼案……… 271
林木管护…………………………………… 272
林业政策…………………………………… 273
管理机构…………………………………… 273
牛…………………………………………… 274
马…………………………………………… 274
驴…………………………………………… 275
骡…………………………………………… 275
猪…………………………………………… 275
羊…………………………………………… 275
兔…………………………………………… 276
貂…………………………………………… 276

貉……………………………………………………… 276
狐……………………………………………………… 276
鹿……………………………………………………… 277
熊……………………………………………………… 277
鸡……………………………………………………… 277
火鸡…………………………………………………… 277
鸭……………………………………………………… 277
鹅……………………………………………………… 277
鸽……………………………………………………… 278
蜂……………………………………………………… 278
饲养体制……………………………………………… 278
饲养技术……………………………………………… 279
繁殖…………………………………………………… 281
八五养鸡场…………………………………………… 282
饲草…………………………………………………… 282
饲料…………………………………………………… 283
疫病防治……………………………………………… 284
畜禽检疫……………………………………………… 285
常见病防治…………………………………………… 285
兽医队伍……………………………………………… 286
耕整机具……………………………………………… 287
播种机具……………………………………………… 287
中耕机具……………………………………………… 288
排灌机具……………………………………………… 288
植保机具……………………………………………… 288
收获机具……………………………………………… 289
拖拉机………………………………………………… 292
柴油机………………………………………………… 292
电动机………………………………………………… 292
管理机构……………………………………………… 294
农机协会……………………………………………… 294
农机队伍……………………………………………… 295
农机经营……………………………………………… 295
农机供应……………………………………………… 296
农机监理……………………………………………… 296

第七编　药　业

南关药市……………………………………………… 298
西关药市……………………………………………… 302
祁州药市……………………………………………… 302
药王庙会……………………………………………… 304
药材交流会…………………………………………… 305
中华药材节…………………………………………… 308
解放前药材经营……………………………………… 308
解放后经营体制……………………………………… 314
安国县部分药材经营企业简介……………………… 329
河北省医药保健品进出口公司驻安国药材加
　工厂………………………………………………… 332
产后加工……………………………………………… 335
切制加工……………………………………………… 335
炮制加工……………………………………………… 336
中成药………………………………………………… 336
著名中成药生产厂家………………………………… 337
药物保健品…………………………………………… 338
安国地道药材种植管理方法选录…………………… 345
药材种植试验场……………………………………… 346
药交会交易管理……………………………………… 353
药市交易管理………………………………………… 353
安国县人民政府关于加强药业管理的暂行规定…… 354

第八编　工商业

县属集体工业………………………………………… 358
乡村集体工业………………………………………… 359
纺织…………………………………………………… 360
五金　机械…………………………………………… 361
建材…………………………………………………… 361
化工…………………………………………………… 362
造纸　印刷…………………………………………… 363
食品　酿造…………………………………………… 363
服装鞋帽……………………………………………… 364
木器加工……………………………………………… 365

县属重点工业企业选介…… 368
供销合作商业…… 375
县供销合作社部分企业简介…… 376
其他集体商业…… 377
商业局系统部分企业简介…… 378
商店…… 379
集市…… 380
购进…… 381
销售…… 384
对外贸易…… 385
饮食业…… 386
旅馆业…… 386
理发业…… 386
浴池照相…… 387
修理业…… 387
自由购销…… 390
统购统销…… 391
粮油票证…… 393
储存…… 393
简易粮仓…… 394
保管…… 394
“四无”粮仓…… 395
调运…… 395
粮食加工…… 396
油脂加工…… 396
工业…… 403
建筑业…… 403
商业饮食业…… 404
服务业…… 405
重点企业…… 405
乡村龙头产业…… 407
管理机构…… 408
经营管理…… 409

第九编　财税　金融

财政收入…… 414
财政支出…… 415
企业利润监交…… 419
生产发展资金管理…… 419
行政事业费管理…… 420
公费医疗管理…… 420
预算外资金管理…… 420
财经纪律检查…… 420
公债…… 420
国库券…… 421
农业税…… 422
工商税…… 424
杂税杂捐…… 430
农业税减免…… 430
工商税减免…… 431
管理机构…… 432
征收管理…… 432
税收检查…… 433
当铺…… 434
钱庄　银号…… 434
银行…… 435
信用合作社…… 436
货币演变…… 437
货币流通…… 438
货币管理…… 440
农业信贷…… 443
工商信贷…… 443
基建拨款与贷款…… 446
同城结算…… 446
异地结算…… 447

第十编　经济综合管理

农副产品销售价格调整…… 454
工业品销售价格调整…… 456
长度…… 461
重量…… 461
容量…… 462
其他类计量…… 462
计量器具生产…… 462

第十一编　政　党

县委…………………………………………………… 477
基层组织…………………………………………… 481
第一届党员代表大会……………………………… 491
第二届党员代表大会……………………………… 491
第三届党员代表大会……………………………… 491
第四届党员代表大会……………………………… 492
第五届党员代表大会……………………………… 492
第六届党员代表大会……………………………… 492
第七届党员代表大会……………………………… 492
第八届党员代表大会……………………………… 493
党员教育…………………………………………… 493
组织整顿…………………………………………… 495
机构沿革…………………………………………… 500
纪律检查工作……………………………………… 501
工作制度…………………………………………… 502
中共安国县委常委会议事规则…………………… 503
工作方法…………………………………………… 506

第十二编　政权　政协

日伪县政府………………………………………… 517
日伪新民会………………………………………… 518
人大代表…………………………………………… 520
历届会议…………………………………………… 522
机构………………………………………………… 524
主要活动…………………………………………… 524
安国市……………………………………………… 532
政协安国县第一届委员会………………………… 533
政协安国县第二届委员会………………………… 533
政协安国县第三届委员会………………………… 534
政协安国县第四届委员会………………………… 534
政协安国县第五届委员会………………………… 534
政协安国县第六届委员会………………………… 534
政协安国县第七届委员会………………………… 535
政协安国县第八届委员会………………………… 535

第十三编　政　务

会议………………………………………………… 539
公文………………………………………………… 540
县长分工负责制…………………………………… 540
调查研究…………………………………………… 541
安国县人民政府 1987 年第 12 次常务会议纪要 … 541
干部来源…………………………………………… 543
干部状况…………………………………………… 544
干部管理…………………………………………… 546
扩修学宫…………………………………………… 559
赈灾兴废…………………………………………… 559
革马政之弊………………………………………… 559
革递马之弊………………………………………… 560
保境安民…………………………………………… 560
浚河补堤…………………………………………… 561
推广桑蚕…………………………………………… 562
协修堤防…………………………………………… 562
教案争端…………………………………………… 562
兴新学……………………………………………… 563
拆庙兴学…………………………………………… 563
剪辫放足…………………………………………… 563
接管县城…………………………………………… 564
恢复工商业………………………………………… 565
抢险护堤…………………………………………… 566
国民经济调整……………………………………… 566
抗洪救灾…………………………………………… 567
改造低洼盐碱沙荒地……………………………… 569
拨乱反正…………………………………………… 570
开放市场发展药业………………………………… 570
发展商品经济……………………………………… 571
实施“4115”工程………………………………… 572
兴建 110 千伏变电站……………………………… 573
抗美援朝…………………………………………… 574
镇压反革命………………………………………… 574
“三反”…………………………………………… 575
“五反”…………………………………………… 576

肃反…………………………………………………… 577
整风反右………………………………………………… 577
“大跃进”………………………………………………… 578
反右倾…………………………………………………… 580
整风整社………………………………………………… 581
“四清”运动 ……………………………………………… 582
“文化大革命”…………………………………………… 583
“农业学大寨”…………………………………………… 585

第十四编　公安　司法

治安机构………………………………………………… 587
日伪警察所……………………………………………… 587
户口管理………………………………………………… 588
禁毒…………………………………………………… 588
禁妓…………………………………………………… 588
人犯监押………………………………………………… 589
消防…………………………………………………… 589
审判机构………………………………………………… 589
案件审理………………………………………………… 590
两郑家打官司…………………………………………… 590
县及派出机构…………………………………………… 591
村治安组织……………………………………………… 591
禁毒禁妓禁赌…………………………………………… 592
打击刑事犯罪…………………………………………… 592
取缔反动会道门………………………………………… 593
“四类分子”教育改造 …………………………………… 594
破获“10·4”蒙面入室抢劫案 ………………………… 594
侦破西河盗窃团伙案…………………………………… 595
火灾事故选例…………………………………………… 598

第十五编　军　事

清以前地方武装和驻军………………………………… 609
民国时期地方武装和驻军……………………………… 610
日伪驻军及土匪武装…………………………………… 611
安国县日伪军据点、碉堡分布情况…………………… 612
抗日战争和解放战争时期地方武装和驻军……… 612
中华人民共和国成立后地方武装和驻军………… 614
日伪抓壮丁……………………………………………… 617
参军…………………………………………………… 621
参战…………………………………………………… 621
锄奸反特………………………………………………… 622
执勤保卫………………………………………………… 622
抢险救灾………………………………………………… 623
生产建设………………………………………………… 623
解放战争时期安国支前民工团活动纪实………… 626
抗日“堡垒” ……………………………………………… 628
抗击日军第一战………………………………………… 632
县城争夺战……………………………………………… 632
反摩擦战斗……………………………………………… 633
埝头伏击战……………………………………………… 633
南阳伏击战……………………………………………… 633
安博公路伏击战………………………………………… 634
西伯章伏击战…………………………………………… 634
南张村伏击战…………………………………………… 634
三打郑章据点…………………………………………… 634
流托护麦伏击战………………………………………… 635
石佛据点强攻战………………………………………… 635
流昌地雷战……………………………………………… 636
固显突围………………………………………………… 636
田袁李反击战…………………………………………… 636
火烧明官店炮楼………………………………………… 636
解放县城………………………………………………… 637
日伪军暴行录…………………………………………… 637

第十六编　社会团体

组织机构………………………………………………… 643
主要活动………………………………………………… 644
青年团体………………………………………………… 645
少年儿童团体…………………………………………… 646
组织机构沿革…………………………………………… 648
主要活动………………………………………………… 648
农民协会………………………………………………… 650
农民抗日救国会、农会………………………………… 650

贫下中农协会…………………………………… 650
商会…………………………………………… 651
工商业联合会…………………………………… 651
个体劳动者协会………………………………… 651
抗日总动员会…………………………………… 652
抗日救国联合会………………………………… 652
回民抗日建国会………………………………… 652
文化教育界抗日建国会………………………… 652
科学技术普及协会……………………………… 652
中医学会………………………………………… 654
中药材研究会…………………………………… 654
林果学会………………………………………… 654
畜牧水产学会…………………………………… 654
群众文学艺术联合会…………………………… 655
文学艺术界联合会……………………………… 655
商帮…………………………………………… 657
丐帮…………………………………………… 657
三皇会………………………………………… 658
安清帮………………………………………… 658
万善公会………………………………………… 658
积善公会………………………………………… 659
一贯道………………………………………… 659

第十七编　教科文卫体

庙学…………………………………………… 661
书院…………………………………………… 662
社学…………………………………………… 662
义学…………………………………………… 662
私塾…………………………………………… 662
幼儿教育………………………………………… 663
安国县幼儿园…………………………………… 663
小学教育………………………………………… 664
育红小学………………………………………… 665
特种小学教育…………………………………… 665
中学教育………………………………………… 666
河北安国中学…………………………………… 667
师范学校………………………………………… 668
农业中学………………………………………… 669
安国县职业中学………………………………… 669
其他职业学校…………………………………… 669
农民教育………………………………………… 671
职工教育………………………………………… 672
电视大学………………………………………… 673
基本状况………………………………………… 673
教师待遇………………………………………… 673
教师进修………………………………………… 674
教育经费………………………………………… 676
教学设备………………………………………… 676
科普宣传………………………………………… 682
技术培训………………………………………… 682
科技推广………………………………………… 683
科研活动………………………………………… 683
科技成果………………………………………… 685
管理机构………………………………………… 688
科研管理………………………………………… 689
人员管理………………………………………… 689
经费管理………………………………………… 690
管理机构………………………………………… 692
文化事业单位…………………………………… 692
文化设施………………………………………… 695
戏剧…………………………………………… 696
曲艺…………………………………………… 698
花会…………………………………………… 699
音乐…………………………………………… 700
舞蹈…………………………………………… 701
美术书法摄影…………………………………… 702
诗文选录………………………………………… 710
药王传说………………………………………… 714
药王庙的传说…………………………………… 715
太中山寺的传说………………………………… 715
金龙大王的传说………………………………… 716
刘秀、贾复的传说……………………………… 716
韩村“五粮疙瘩”的传说……………………… 717
报刊…………………………………………… 718
通讯…………………………………………… 719

广播…………………………………………………… 719
电视…………………………………………………… 720
电影…………………………………………………… 721
古迹…………………………………………………… 721
重修关汉卿墓碑记…………………………………… 723
敕建万寿桥碑记……………………………………… 723
革命文物……………………………………………… 727
安国县阵亡烈士公墓碑……………………………… 728
安国县县长张克为革命烈士题词…………………… 729
张乡村烈士碑文……………………………………… 729
中医…………………………………………………… 731
西医…………………………………………………… 731
私营诊所……………………………………………… 732
中华圣公会医院……………………………………… 733
天主堂德来眼科诊所………………………………… 733
县级医院……………………………………………… 733
地段医院……………………………………………… 734
乡镇卫生院…………………………………………… 734
村保健站……………………………………………… 734
临床诊治……………………………………………… 735
理论研究……………………………………………… 735
民间土单验方………………………………………… 736
民间土单验方选……………………………………… 736
中药…………………………………………………… 737
西药…………………………………………………… 737
学校卫生……………………………………………… 738
劳动卫生……………………………………………… 738
食品卫生……………………………………………… 739
疫病防治……………………………………………… 739
地方病防治…………………………………………… 742
公费医疗……………………………………………… 744
药费减免……………………………………………… 744
合作医疗……………………………………………… 745
管理机构……………………………………………… 745
医政…………………………………………………… 745
药政…………………………………………………… 746
经营管理体制………………………………………… 746
职工体育……………………………………………… 748
农民体育……………………………………………… 749
民间武术……………………………………………… 749
田径…………………………………………………… 750
球类…………………………………………………… 756
体操…………………………………………………… 756
棋类…………………………………………………… 756
祁州图志……………………………………………… 758
祁州志………………………………………………… 758
祁州志（明代成化本）……………………………… 758
祁州志（明代嘉靖本）……………………………… 758
祁州志（明代天启本）……………………………… 758
祁州志（清代康熙本）……………………………… 758
祁州志（清代乾隆本）……………………………… 759
祁州续志……………………………………………… 759
祁州乡土志…………………………………………… 759
安国县新志稿………………………………………… 759
安国县新志稿续……………………………………… 759
祁州药志……………………………………………… 760
党史资料搜集整理…………………………………… 760
县志编纂……………………………………………… 760
专业史志编写………………………………………… 761

第十八编　社会保障

就业安置……………………………………………… 763
用工制度……………………………………………… 764
职工管理……………………………………………… 766
工资制度……………………………………………… 769
工资调整……………………………………………… 770
补贴（津贴）、奖金 ………………………………… 772
职工福利……………………………………………… 775
安全生产……………………………………………… 775
重大生产事故选例…………………………………… 776
女工保护……………………………………………… 776
职业病预防…………………………………………… 776
民国以前赈济………………………………………… 777
抗日战争和解放战争时期的灾荒救济……………… 778
1948 年 8 月 14 日《冀中导报》刊载文章 ……… 779

中华人民共和国成立后的救济…… 779
路景村幸福院…… 781
优待…… 782
抚恤…… 783
拥军优属…… 786
复退军人优待与安置…… 787
因工伤残待遇…… 789
医疗待遇…… 789
死亡待遇…… 790
养老待遇…… 790
机构…… 793
险种…… 793

第十九编　宗教　民俗　方言

服饰…… 798
发型…… 799
饮食…… 799
烟酒茶…… 801
居住…… 802
行旅…… 803
器用…… 803
婚嫁…… 804
其他婚俗…… 807
丧葬…… 807
其他葬俗…… 809
生育…… 809
庆寿…… 810
禁忌…… 810
称谓…… 811
传统节日…… 813
新节日…… 815
儿童游艺…… 817
成人游艺…… 819
人名命名…… 820
地名命名…… 821
商号命名…… 821
生产习俗…… 822
贸易习俗…… 823
交往礼节…… 825
邻里交往…… 825
亲戚交往…… 826
其他交往…… 826
良风美德…… 827
陋习积弊…… 828
苦情谣…… 831
苦菜和着眼泪煮…… 831
上工谣…… 831
下工谣…… 831
乞讨歌…… 831
老鸹筋…… 831
生活谣…… 832
启明谣…… 832
小两口打架不记仇…… 832
哄儿歌…… 832
当天来当天走…… 832
闹元宵…… 832
抗战歌谣…… 832
槐树叶儿青又青…… 832
保卫米和棉…… 832
卸红妆…… 833
报仇去投八路军…… 833
做军装…… 833
劝妈妈…… 833
开展敌后游击战…… 833
小小灯儿…… 833
大普选…… 833
做军衣…… 834
儿子回来把桃收…… 834
生产歌谣…… 834
齐心合力麦收忙…… 834
送粪大队…… 834
儿童歌谣…… 834
雨歌…… 834
盼年歌…… 834
晒暖儿歌…… 834

种西瓜…………………………………………… 834
打日本…………………………………………… 835
保卫祖国保家乡………………………………… 835
儿童团…………………………………………… 835
送哥哥…………………………………………… 835
小镰刀…………………………………………… 835
种瓜王…………………………………………… 835
幼儿园…………………………………………… 835
拍手谣…………………………………………… 835
事理修养类……………………………………… 836
气象类…………………………………………… 837
时令类…………………………………………… 837
生产类…………………………………………… 838
生活类…………………………………………… 839
药业类…………………………………………… 839
伍仁桥话的今声调及古今调类对应关系同另
两处比较两个明显区别………………………… 845
辅音……………………………………………… 845
元音……………………………………………… 846
声调符号………………………………………… 846
本志所用音标和汉语拼音方案对照表………… 847
伍仁桥话入声字………………………………… 848
声母……………………………………………… 849
韵母……………………………………………… 850
声调……………………………………………… 853
补充说明………………………………………… 855
声韵配合………………………………………… 856
异读字…………………………………………… 859
合音……………………………………………… 861
天文地理………………………………………… 861
时间处所方位…………………………………… 862
植物……………………………………………… 864
动物……………………………………………… 865
人身人品………………………………………… 867
行为……………………………………………… 870
衣服……………………………………………… 873
饮食……………………………………………… 873
宅院……………………………………………… 874
农具器物………………………………………… 874
病痛……………………………………………… 876
数量词…………………………………………… 876
副词……………………………………………… 877
语法特点………………………………………… 878
程度状语………………………………………… 878
可能补语………………………………………… 878
标音举例………………………………………… 879
语法例句………………………………………… 879

第二十编　人　物

刘祐……………………………………………… 881
张行成…………………………………………… 882
张昌宗　张易之………………………………… 882
齐浣……………………………………………… 883
关汉卿…………………………………………… 883
杨果……………………………………………… 884
吴弘道…………………………………………… 884
贾文备…………………………………………… 885
刁包……………………………………………… 885
刁承祖…………………………………………… 886
沈鸣珂…………………………………………… 886
谷雄一…………………………………………… 886
刘鸣琴…………………………………………… 888
陈景林…………………………………………… 888
李寿江…………………………………………… 889
刘吉年…………………………………………… 890
刘云生…………………………………………… 890
张晓湖…………………………………………… 891
曹平……………………………………………… 891
魏元信…………………………………………… 892
李绍唐…………………………………………… 892
田夫……………………………………………… 893
冯志　刘志华…………………………………… 893
陈英……………………………………………… 894
马刚……………………………………………… 894
许泽普　许子素………………………………… 895

刘青山…………………………………………… 896
徐萍……………………………………………… 896
李福谦…………………………………………… 897
李杏阁…………………………………………… 897
刘华圃…………………………………………… 898
郑毓琳…………………………………………… 898
李秋野…………………………………………… 899
李济林…………………………………………… 899
王洛合…………………………………………… 900
卜孝怀…………………………………………… 901
殷希彭…………………………………………… 901
李光壁…………………………………………… 902
张岩……………………………………………… 902
王云龙…………………………………………… 902
李鹤鸣…………………………………………… 903
胡振渭…………………………………………… 903
袁英……………………………………………… 904
赵亚平…………………………………………… 904
刘管乐…………………………………………… 905
解殿臣…………………………………………… 905
历代进士及官职表……………………………… 906
明清举人及官职表……………………………… 907
中华人民共和国安国籍党政军副地师级以上
　人物表………………………………………… 913
副教授以上技术职称人物表…………………… 923
安国县省级以上劳动模范、先进工作者人物表… 930
安国县“老药工”人物表……………………… 932
南娄底乡………………………………………… 934
西崔章乡………………………………………… 935
焦庄乡…………………………………………… 935
流各庄乡………………………………………… 935
大李庄乡………………………………………… 936
伍仁桥镇………………………………………… 936
郑章乡…………………………………………… 937
西安国城乡……………………………………… 938
石佛镇…………………………………………… 938
常庄乡…………………………………………… 939
南仕庄乡………………………………………… 939
南郭村乡………………………………………… 940
门东乡…………………………………………… 940
大五女镇………………………………………… 941
北段村乡………………………………………… 942
西伏落乡………………………………………… 942
东河乡…………………………………………… 943
淤村乡…………………………………………… 943
明官店乡………………………………………… 944
祁州镇…………………………………………… 945
外地转来安国籍烈士…………………………… 945
国民党军队安国籍抗日阵亡将士名录………… 945

附　录

毛泽东视察安国县　…………………………… 947
刘少奇视察安国县　…………………………… 947
李先念到安国县考察…………………………… 948
贺龙、罗荣桓、聂荣臻、杨成武等到安国县
　考察…………………………………………… 948
陈毅、李富春、黄克诚、蔡畅等到安国县考察… 948
赖传珠、徐立清到安国县参观　……………… 949
肖华、甘泗淇、张宗逊等到安国县参观　…… 949
周恩来视察安国县……………………………… 949
到周总理家作客………………………………… 949
文化、教育、艺术界知名人士到安国县参观…… 950
胡耀邦到安国县考察、劳动　………………… 950
碑铭……………………………………………… 951
牌匾……………………………………………… 956
药王考…………………………………………… 958
关汉卿故里考…………………………………… 959

编 后 记

《安国县志》编纂工作始于1984年，历时十三载，六易其稿，始得问世。

1984年9月，县组建地方志编纂委员会，下设办公室，县政府办公室主任兼主任，配备两名编辑人员，与地名办公室合署办公。1986年，办公室制定县志篇目，由县直各部门编写分志。至1988年夏，部门分志完成，但由于资料严重缺乏，历史断限较多，难以总纂成书。是年7月，县政府为加快修志进度，保证志书质量，充实方志办力量，首先从政府办公室选调于盼粘、赵英分别担任《安国县志》主编、副主编，又先后从教育、文化等部门借调朱孟申、宋义军、霍寿松、吴丽英、王新友、李振清、刘跃民、史巧英8人充实修志队伍，并聘请袁德根、徐广仁、赵振甲、谢亭、史朴、张聪秀、王志秋、刘永波、李士英、靳立君、刘义11名情况熟、通文字的老干部担任县志编辑指导，修志工作步入正轨。

在《安国县志》编纂过程中，主要经历了拟定篇目，搜集资料，撰稿总纂，修改定稿4个阶段。1988年9月，拟定志书篇目。在制定篇目的同时，制定志稿任务分解、责任到人、采编合一的工作方案。主编、副主编分工：主编于盼粘负责大事记、建置、自然环境、人口、农业、公安司法、文化事业、风俗编的文稿修改、全书文字统一及最后修改、定稿；副主编赵英负责政党、政权政协、政务、基础设施、药业、军事、社团、人物、社会保障编及附录的文稿修改；副主编李建亚负责经济总情、工商业、财政金融、经济综合管理编的文稿修改。各编章执笔分工：于盼粘负责概述、建置编和政务编的政事辑要章的部分文稿；朱孟申负责自然环境、人口、风俗编及社团编的宗教、帮会章，文化事业编的教育、科学技术、文学艺术、卫生、编史修志章，经济综合管理编的土地管理章，经济总情编的经济结构章和政务编的政事辑要章部分文稿；李建亚负责经济总情编生产关系变革与经济体制改革、经济概况章，工商业编的商业章、工业章，财政金融编的财政、税务金融章，经济综合管理编的计划、统计章，政务编的政事辑要章的部分文稿；刘彩英负责政党编及政权政协编的人民权力机关、政治协商会议章，社团编的群众团体、学术团体、公益团体章，政务编的共产党领导方法章及政事辑要章部分文稿；宋义军负责公安司法编及基础设施编的能源、邮电章，农业编的畜牧业、农业机具章，政务编的政事辑要部分文稿；赵英负责药业编及基础设施编中的交通章，军事编的支前章，政务编的政府施政方式章，附录和政务编的政事辑要章的部分文稿；霍寿松负责基础设施编的水利、城乡建设章，农业编的林业章，工商业编的乡镇企业章文稿；李振清负责人口编的婚姻家庭章，经济总情编的人民生活章，政务编的人事管理章，社会保障编的劳动章文稿；王建涛负责军事编文稿；王新友负责农业编的种植业章，人物编的人物传和大事记的部分文稿。吕全顺负责大事记和建置编的部分文稿；李建欣负责经济综合管理编的工商行政管理、物价管理、标准计量管理章文稿；刘跃民负责人物编的人物表、革命烈士英名录章文稿。吴丽英负责文化事业编的体育章文稿。

1988年10月，进入资料搜集阶段。资料是写好志书的基础，本着口碑资料与档案资料并重，先抢口碑资料的原则，广泛搜集资料。两年间搜集、整理、核实口碑、档案、文献等各种资料2000余万字，突破许多资料难点，并填补了民国时期安国没有志书的资料空白。1990年12月，保定地区地方志资料工作现场会在安国召开，搜集资料的经验在全省推广。1991—1992年完成160余万字的县志初稿，经多方征求意见，1994年春完成送审稿。在整个编写过程中，虽有严格分工，但是大家在篇目设计上，群策群力，相互探讨；在资料搜集使用上，统一搜集，相互补充；在谋篇表述上，一人执笔，大家切磋，主编定稿；在日常生活中，互相关心，互相照顾，处处体现着精诚合作众手成书的精神。

在志稿总纂期间，方志办工作人员加班加点工作。于盼粘从没有休息过节假日，部分同志晚上加班，于盼粘、宋义军、朱孟申每天晚上工作到12点左右，坚持吃住在机关，其他同志有时也加班到晚10点。刘跃民、吴丽英、史巧英承担了数百万字的抄录誊写任务。

1994年6月，召开有中国地方志指导小组，河北省地方志办公室，保定地区地方志办公室，安国市委、市政府有关领导及有关专家参加的《安国县志》稿评会。稿评会后，按专家意见，进行了认真修改。最后主编于盼粘又用半年时间修改定稿，力求观点准确、资料无误、结构严谨、语言精练，每改一稿，志稿质量都有所提高。

1995年底，志书定稿后准备出版时，主编于盼粘调任安国市供销合作社联合社主任兼党委书记。副主编赵英接替主编完成校对出版工作。

修志期间，得到各级领导及社会各界人士大力支持与合作。县（市）委、人大、政府、政协领导不但重视县志编修工作，从人、财、物各方面给予支持，还亲自参与志稿的修改审定。三任市委书记李文志、肖贺田、高天民，二任市长李振忠、刘彦华先后担任编委会总监修、主任职务。历届主管副县（市）长袁德根、党泽普、郭金起、孙玉秀多次为方志办解决工作中的实际问题。县（市）直各部门、各乡镇积极支持修志，提供入志资料。县（市）档案局、统计局、党史办公室、中药材管理局、药市办事处、民政局、文化局、文联、教委、农业局、水利局、二轻局、人行等单位，提供了许多历史档案、文献或调查资料、数据，有的还从人、财、物方面给予大力支持。各级地方志领导机构对《安国县志》的编写均给予指导。中国地方志指导小组办公室主任、《中国地方志》杂志主编诸葛计，河北省地方志编纂委员会办公室主任卢振川、副主任王广才，保定地区地方志编纂委员会办公室主任赵静、副主任刘宝营，保定地委、行署退休老干部、修志顾问张荣、崔季辛、靳述凡，多次到安国，对县志编写给予指导，提出许多宝贵的修改意见。河北大学中文系教授陈淑静对方言章倾注了心血，亲临安国考证修定文稿。安国籍在外地工作的老干部、专家、学者及药业前辈唐朴农、张琪岩、孙佐培、郑魁山、赵其昌、马彦力、陈宝昌、刘锡铎、纪桂馥及县内冯海泉、焦德欣、安振西、唐延彬、程兆祥、赵国彦、李文策、宋继兵、仝德仁、杨明远等热情支持修志工作，提供、编写了不少资料线索和入志资料。冯同乐、李练刚、崔大虎、王兰锁、纪志强、肖会章、李同欣、郭军、刘振法、王瑞全等慷慨解囊，资助县志编修。

《安国县志》自清末至20世纪80年代百年失修，此次修志为中华人民共和国成立后县内第一部社会主义新志书，其工程之大，涉面之广，卷帙之繁，历时之久，在安国修志史上均无先例。为修出一部新观点、新方法、新体例、新资料，具有思想性、科学性、时代性的志书，方志办全体同志团结一致，以勤奋向上百折不挠的精神，不畏严寒酷暑，不计名利得失，数年呕心沥血笔耕不辍，终不负众望，完成了历史赋予的重任。《安国县志》的问世，是所有参与编写人员心血凝成的结晶，是集体智慧的硕果。

最后，我们衷心地向为《安国县志》题词的全国政协副主席吕正操、杨成武和指导、帮助、关心《安国县志》的三河县志主编金城、丰南县志主编李继隆、华北石油史志研究室的李玉屏，河北省、保定市方志办的马长征、任丽英、赵光、宫卫红、李薇等为《安国县志》做出过努力的人们表示深深的感谢！

由于我们水平所限，加之经验不足，书中难免舛误之处，敬请读者批评指正。

安国市地方志编纂委员会办公室
一九九六年九月